Kruse/Graumann/Lantermann (Hg.) – Ökologische Psychologie

Ökologische Psychologie

Ein Handbuch in Schlüsselbegriffen

Herausgegeben von
Lenelis Kruse
Carl-Friedrich Graumann
Ernst-Dieter Lantermann

Psychologie Verlags Union
München 1990

Anschriften der Herausgeber:
Professor Dr. Lenelis Kruse, Fern Universität Gesamthochschule Hagen,
Ökologische Psychologie, Fleyer Str. 204
5800 Hagen

Professor Dr. Carl-Friedrich Graumann, Psychologisches Institut
der Universität Heidelberg, Hauptstr. 47 - 51,
6900 Heidelberg

Professor Dr. Ernst-Dieter Lantermann, Universität Kassel, GH
Fachbereich 3, Heinrich-Plett-Str. 40,
3500 Kassel

Anschriften des Wissenschaftlichen Beirates des Psychologie-Programms

Prof. Dr. Dieter Frey, Institut für Psychologie der Universität Kiel, Olshausenstraße 40/60,
2300 Kiel
Prof. Dr. Siegfried Greif, Universität Osnabrück, Fachbereich 8 Psychologie, Knollstraße 15,
4500 Osnabrück
Prof. Dr. Ernst-D. Lantermann, Universität Kassel GH, Fachbereich 3, Heinrich-Plett-
Straße 40, 3500 Kassel
Prof. Dr. Rainer K. Silbereisen, Fachbereich Psychologie, Universität Gießen, Otto-Behaghel-
Straße 10, 6300 Gießen
Prof. Dr. Bernd Weidenmann, Universität der Bundeswehr München, Fachbereich Sozial-
wissenschaften, Werner-Heisenberg-Weg 39, 8014 Neubiberg

Lektorat:
Dr. H. Jürgen Kagelmann

CIP-Kurztitelaufnahme der Deutschen Bibliothek

Ökologische Psychologie : ein Handbuch in Schlüsselbegriffen / hrsg.
von Lenelis Kruse ...- München : Psychologie-Verl.-Union,
1990
    ISBN 3-621-14321-1
NE: Kruse, Lenelis [Hrsg.]

Umschlagentwurf: Dieter Vollendorf, München
Herstellung: Christine Jehl, Landshut
Satz: Computersatz Wirth, Regensburg
Druck und Bindung: Ludwig Auer GmbH, Donauwörth
Printed in Germany
© Psychologie Verlags Union 1990
ISBN 3-621-14321-1

Inhalt

Hinweis des Verlages

Bücher haben fast immer eine (interessante) Geschichte. Manche Bücher können in Rekordzeit publiziert werden, bei anderen kommen so viel widrige Dinge zusammen, daß die Publikation immer wieder verzögert wird. Dafür gibt es viele Gründe, wie zum Beispiel den, daß mit einem Thema Neuland betreten wird, und sich erst im Laufe der Editions- und Publikationszeit die Probleme zeigen, die mit der „Beackerung" dieses Themas verbunden sind.

Auch die Publikation dieses Buches hat ihre eigene Geschichte und das Problem, daß die Fertigstellung sehr viel länger gedauert hat, als alle Beteiligten – Verlag, Herausgeber, Autoren – ursprünglich angenommen hatten. Die Entwicklung dieses Faches schreitet aber – wie die der Psychologie insgesamt – weiter voran, so daß ein Großteil der Beiträge aktualisiert werden mußte. Wo dies nicht mehr vollständig möglich war, um die Fertigstellung des Buches nicht noch länger aufzuschieben, hat der Verlag die Autoren gebeten, bei der letzten Korrekturmöglichkeit nur die wichtigsten Korrekturen und Aktualisierungen vorzunehmen.

Für kritische Hinweise sind die Beteiligten – Verlag, Herausgeber, Autoren – dankbar, sie sollen in eine geplante zweite Auflage einmünden.

I. Ökologische Psychologie: Zur Einführung

A. Historisches

Die Ökologische Psychologie (environmental psychology, Umweltpsychologie), wie sie sich im letzten Jahrzehnt des 20. Jahrhunderts darbietet, existiert in ihrer zeitgenössischen Form erst seit zwei bis drei Jahrzehnten. Einige ihrer Wurzeln jedoch reichen gut hundert Jahre zurück, vor allem wenn man ihren multidisziplinären Charakter in Rechnung stellt. Denn trotz der Bezeichnung Ökologische bzw. Umwelt-Psychologie handelt es sich bei diesem Wissenschaftszweig nicht um eine bloße Teildisziplin der Psychologie, auch wenn sie im Psychologie-Curriculum einiger Universitäten als Prüfungsfach der Diplomstudienordnung für Psychologie erscheint. Vielmehr ist sie seit ihrer Institutionalisierung als Lehr- und Forschungsgebiet auf das Zusammenwirken von Psychologen mit Sozialwissenschaftlern, Humangeographen, Architekten und – gelegentlich – Ethologen angewiesen.

Im Sinne dieser Multidisziplinarität hat die Ökologische Psychologie nicht nur eine Wurzel, sondern mehrere, so wie es auch ganz verschiedene Anstöße zu ihrer Entwicklung gegeben hat. Wir beschränken uns zur Einführung auf die Hauptwurzeln und die wesentlichen Anstöße.

Beginnt man mit der Psychologie, so muß man in Deutschland als einen der ersten an Umwelteinflüssen auf das Seelenleben interessierten Wissenschaftler Willy Hellpach nennen, dessen Studium der Wirkungen der Großstadt wie allgemein der „geopsychischen" Phänomene zu Beginn des Jahrhunderts einsetzt (Hellpach 1902, 1911). Nicht unwesentlich für diese allgemeine Geopsychologie wie die spezifische Psychologie der Großstadt ist die Tatsache, daß Hellpach, dem wir auch den Begriff einer „Psychologie der Umwelt" (1924) verdanken, als Nervenarzt Mediziner und (als Schüler Wundts) Psychologe war und seine Geopsychologie mit den Erkenntnissen der Biometeorologie und Bioklimatologie anreicherte – ein Ansatz, der bis heute Modell geblieben ist und dringend des updating bedarf.

Ein weiterer Impuls, der aus der deutschen Psychologie gekommen ist, aber erst kürzlich „wiederentdeckt" wurde, war der Versuch von Martha Muchow, der Schülerin und Mitarbeiterin von William Stern, den „Lebensraum" des Großstadtkindes möglichst phänomengetreu zu beschreiben, als den Raum, in dem das Kind lebt, den das Kind erlebt und den es lebt (Muchow & Muchow [1935] 1980). Der Einfluß Jakob von Uexkülls und dessen Umweltbegriffs ist hier unverkennbar. Die *Umwelt*, die von Uexküll (1921) als für jede Spezies spezifische Merk- und Wirkwelt konzipierte, findet sich in den erlebnis- und verhaltensdeskriptiven Analysen der heutigen Ökologischen Psychologie als individuum- oder gruppenspezifische Umwelt wieder. Während hier eine prinzipiell subjekttheoretische Umweltlehre einsetzte, war schon vorher in der *Biologie* eine objektive Konzeption von Ökologie entwickelt worden, nämlich durch Ernst Haeckel (1866), der in seiner „Generellen Morphologie der Organismen" die Ökologie als denjenigen Zweig der Biologie bestimmte, der die Beziehung zwischen Organismen und Außenwelt untersuchte.

Dieses Verständnis von Ökologie wurde, um eine weitere für die Ökopsychologie konstitutive Wissenschaft einzubeziehen, in die *Soziale Ökologie* übertragen. Deren erste Blütezeit liegt, um jetzt zur amerikanischen Vorgeschichte der Umweltpsychologie überzuwechseln, in der sogenannten Human Ecology der Chicagoer Schule (Park, Burgess & McKenzie 1925). Zwar konnten manche Thesen dieser Richtung nicht aufrechterhalten werden, weil sie allzusehr in Analogie zur biologischen Ökologie formuliert waren (→ *Sozialökologie*), doch ist die ökologische Betrachtungsweise heute ein Bestandteil der Soziologie geworden, stellenweise auch der *Sozialgeographie*.

Die vor allem von Psychologen in den sechziger Jahren in den USA begründete *environmental psychology* konnte, was ihre psychologische Tradition betrifft, zum Teil auf Ideen dreier in Amerika bekannt gewordener Emigranten zurückgreifen. Egon Brunswik, der schon vor seiner Emigration Psychologie vom Gegenstand her betrieben hatte, legte 1943 in den USA den Entwurf einer „environmental psychology" vor, die er in eine „psychologische Ökologie" (= die Analyse der Umweltwahrscheinlichkeiten) und eine „ökologische Psychologie" (= die Analyse der Auseinandersetzung des Individuums mit solchen Wahrscheinlichkeiten) gliederte. Zwar ist dieses Programm in dieser Systematik nicht aufgegriffen worden; doch finden sich in der gegenwärtigen Ökopsychologie, oft konkurrierend, die beiden Ansätze wieder: die einer objekt- oder stimulus-zentrierten und die einer subjekt- oder verhaltens-zentrierten Vorgehensweise.

Auch aus der gestalttheoretischen Tradition waren Impulse gekommen, die ökopsychologisch relevant wurden. Dazu gehört Koffkas (1935) Unterscheidung von „geographischer" und „Verhaltensumwelt", also der Umwelt, wie sie vor allem Erleben und Verhalten quasi-physikalisch bestimmbar ist, und wie sie sich rein als Korrelat menschlicher (vorwissenschaftlicher) Aktivität zeigt. Was für Koffka eine seine „Prinzipien" durchziehende Grundthematik aller Psychologie war, wurde für Kurt Lewin zu einem allgemein psychologischen Problem, als er den Vorschlag machte, Verhalten als Funktion von Person und Umwelt zu begreifen. Die Formel, V=f(P,U), ist insofern kontrovers, als Lewin im Sinne seiner Feldtheorie (Lewin 1982) einerseits eine Interdependenzbeziehung zwischen P und U annahm und damit auch P=f(U) und U=f(P), was andererseits die Brauchbarkeit seiner „Funktionsgleichung" minderte, die P und U als unabhängige Größen aufzufassen nahelegt. Die objektive „psychologiefremde" Umwelt interessierte Lewin im Rahmen seiner „Psychologischen Ökologie" (Lewin 1982) als reine Randbedingung, innerhalb deren sich die Person oder die Gruppe zu ihrer Umwelt, so wie sie sie erleben, verhalten. Wiederum also die beiden Spielarten der ökologischen Perspektive in der Psychologie, die sich letztlich als zwei Themen der Ökopsychologie herausbilden: die stärker objekt-zentrierte und die von der subjektiven Erfahrung ausgehende Beschäftigung mit der Umwelt bzw. der Wechselwirkung von Person(en) und Umwelt(en).

Ein amerikanischer Schüler Lewins, Roger Barker, ist es dann gewesen, der, was bei Lewin eher ein Nebenprodukt war, zu einer systematischen und dauerhaften Forschungsrichtung gemacht hat, wenn auch mit einer Lewin gegenüber signifikanten Abänderung. Im Mittelpunkt der „Ecological Psychology" von Barker (1968) steht die Analyse von → *behavior settings* wie Läden, Kneipen, Klassenzimmer, zwischen deren räumlich-dinglicher Anordnung und den darin typischerweise anzutreffenden Verhaltensmustern eine „synomorphe" Beziehung angenommen wird. Heute gehört die inzwischen weiterentwickelte Behavior-Setting-Analyse zu einem festen Bestandteil ökopsychologischer Methodik, wenn auch wegen des erforderlichen Aufwands selten kanonisch eingesetzt.

Als in den sechziger Jahren sich die Umweltpsychologie zuerst in den USA, wenig später in Europa, mit der Schaffung von speziellen Lehr- und Forschungseinrichtungen, Curricula und Fachorganen institutionalisierte, waren dafür jedoch weniger die diversen Vorgeschichten als aktuelle Anlässe verantwortlich.

Dazu gehört sicherlich der in diesen Jahren weltweit aufkommende Zweifel an einem ungebremsten wirtschaftlichen Wachstum und dessen ökologische Folgen. Dieser Zweifel, der bald Gewißheit wurde, trug mit zu der Bildung des sogenannten Umweltbewußtseins bei. Dieses wachsende Umweltbewußtsein ist nicht nur Rahmenbedingung und Motor der sich rasch entwickelnden Umweltpsychologie geworden, sondern inzwischen auch selbst Untersuchungsgegenstand.

Ein konkreter Anlaß für die Entstehung der environmental psychology waren Probleme, die sich Ärzten, besonders Psychiatern, Psychologen und Architekten bei der adäquaten Gestaltung von Krankenhäusern und Heilanstalten stellten. Diese frühen Formen der Zusammenarbeit von Medizinern, Psychologen, Architekten und Planern führten in Amerika und Europa zur Konzeption einer *„Architekturpsychologie"* (vgl. Bailey et al. 1961), die, wenn auch nicht unbedingt mehr unter diesem Namen, zu einem notwendig interdisziplinär unternommenen wesentlichen Forschungszweig der Ökologischen Psychologie wurde. Der Zusammenhang von Planen, Bauen, Wohnen und seelischer Gesundheit ist Forschungsthema geworden und -desiderat geblieben.

Damit in engem Zusammenhang steht ein zweiter Impuls, der aus der Nachkriegsmisere des Städtebaus stammt, durch das Ausmaß der kriegsbedingten Zerstörungen in Europa intensiver als in Amerika. Zwar waren aus der frühen Soziologie und Psychologie der Großstadt bereits gewisse ökologische Themen vorgegeben (vgl. Simmel 1903, Wirth 1938, Hellpach 1939); doch bedurfte es unübersehbarer Mißerfolge im Städte- und Wohnungsbau, speziell im Errichten neuer Stadtviertel, sogenannter Satellitenstädte, und im „sozialen Wohnungsbau", um außer der Schelte der verantwortlichen Bauherren und Architekten auch den Appell an die Sozial- und Verhaltenswissenschaften auszulösen. Die Psychologie war hier weniger vorbereitet als die Soziologie, die eine längere stadtsoziologische Tradition hatte. Doch Wohnungsnot, Entfremdung, Anonymität, Isolierung bzw. Gettoisierung, kurz die „Unwirtlichkeit unserer Städte" (Mitscherlich 1965), und die Reaktionen in Gestalt der Steigerung von Morbiditäts- und Kriminalitätsraten, „Vandalismus", aber auch von Bürgerinitiativen, betrafen und betreffen so sehr jeden einzelnen Städter in bezug auf seine Lebensqualität und Wohnzufriedenheit, daß die Psychologie sich dieser Probleme mehr und mehr annehmen mußte. Dazu gehört, daß die schon zu Anfang des Jahrhunderts von Hellpach (1902) und Simmel (1903) aufgeworfene Frage nach der Wirkung des soziophysischen Gebildes Großstadt auf den Städter bzw. das Erleben der Großstadt (Milgram 1970) als Thema ökopsychologischer Grundlagenforschung auf die Agenda kam.

Schließlich hat eine weitere Irritation der öffentlichen Meinung und – durch die Medien multipliziert – der Politiker der Entwicklung einer auch verhaltenswissenschaftlichen Ökologie Schub gegeben: die Sorge über eine globale *Umweltverschmutzung und -schädigung*. Auch hier bedurfte es erst einiger weltweit publik gemachter Katastrophen, sei es durch Öltanker, Kernenergie- oder Chemiewerke, dann aber auch der ubiquitär auftretenden Gefährdung des Wassers, des Bodens und der Luft und dadurch ganzer Spezies, vor allem aber der menschlichen Gesundheit und Sicherheit, bis das Thema der Wechselwirkung von menschlicher Tätigkeit und Veränderungen der Umwelt über das theoretische Interesse an dem Verhältnis von P und U hinaus zu einem zentralen Forschungsproblem der Ökopsychologie wurde.

Durchweg dominieren in der Ökologischen Psychologie Fragestellungen der psychologischen Grundlagenforschung, die bereits den Anfang dieser neuen Forschung kennzeichneten, wie ein Blick auf die erste einflußreiche umweltpsychologische Anthologie (Proshansky et al. 1970) und das erste maßstabsetzende Lehrbuch (Ittelson et al. 1974) zeigt: Welche Rolle spielt die in ihrer Materialität und Räumlichkeit genauer (als in der Psychologie bisher üblich) spezifizierte Umwelt als Rahmenbedingung, Medium und Objekt menschlichen individuellen und sozialen Verhaltens? Wie drücken sich interpersonale und soziale Beziehungen in räumlichen Parametern aus (soziale Distanz, personaler Raum, Dichte und Enge)? Wie wird Umwelt, natürliche wie gebaute, wahrgenommen und repräsentiert, aufgrund welcher Repräsentationsformen orientieren wir uns in realen („natürlichen") Situationen? Welche Funktionen haben unterschiedliche Einstellungen und Werthaltungen auf umweltbewußtes Handeln? Wie eignen wir uns im Verlauf unserer Sozialisation Umweltwissen an? Wie ist Umweltkompetenz in verschiedenen Lebensaltern ausgeprägt? Welche Umweltphänomene werden als angenehm, erholsam, welche als bedrohlich und belastend erfahren?

Für manche dieser die ökopsychologische Grundlagenforschung der letzten Dekaden charakterisierenden Fragestellungen muß man dem nicht-psychologischen Leser einen psychologiehistorischen Hinweis geben. Die Psychologie, vor allem die für die Theorieentwicklung maßgebliche Allgemeine Psychologie, war traditionell aus methodologischen Erwägungen, die hier nicht rekonstruiert werden können, so sehr mit dem experimentell isolierten Individuum und dessen Reaktionen auf – vorzugsweise in Laboratorien – manipulierte Reize befaßt, daß darüber die Beobachtung und Beschreibung von Menschen in „natürlichen", alltäglichen Situationen in den Hintergrund geraten war. Die Idee einer Ökologischen oder Umweltpsychologie war entsprechend auch von Anfang an von dem – zuerst von Hellpach (1924, S. 110) formulierten – Bemühen getragen, das Studium des

„künstlich individuierten Seelenlebens" der laborexperimentell forschenden Psychologie durch das der „Psyche, sofern sie von ihrer tatsächlichen Umwelt abhängig ist", zu ergänzen. Wobei Hellpach – und das ist für die Entwicklung der heutigen Ökopsychologie letztlich entscheidend geworden – die „tatsächliche Umwelt" auf drei Ebenen zu untersuchen empfahl: (1) als natürliche, (2) als soziale und (3) als kulturelle Umwelt. Auch die völlig unabhängig in den USA entstandene Tendenz zur Weiterentwicklung und zum verstärkten Einsatz von sogenannten *naturalistischen Verfahren*, besonders von unaufdringlichen Methoden (Webb et al. 1975), hat auch der dortigen environmental psychology die Funktion einer komplementären Psychologie verliehen.

Zu dieser „naturalistischen Komponente" hinzugetreten ist die Bereitschaft und allmählich auch die Kompetenz, sich mit *hochkomplexen Sachverhalten* methodisch auseinanderzusetzen, wie das zumindest auf der Ebene der sozialen und der kulturellen Umweltanalyse erforderlich und für Ökosysteme charakteristisch ist. So gesehen, ist die bisherige Entwicklung der Ökologischen Psychologie eben nicht nur die einer Teildisziplin, auch nicht lediglich die einer synthetischen „Interdisziplin". Sie hat gerade durch ihren hier nur angedeuteten Komplementaritätscharakter durchaus das Potential, die Psychologie im ganzen zu verändern. Sie tut dies durch das Einbringen der *ökologischen Perspektive* (Graumann 1978).

Damit sind wir historisch bei den Anfängen der neueren Ökologischen Psychologie in Deutschland, deren zeitliche Markierung Kaminski (1978) deswegen auf das Jahr 1974 festgesetzt hat, weil in diesem Jahr mit dem Thema „Räumliche Umwelt" ein „Beitrag zu einer psychologischen Umwelttheorie" als erste psychologische Dissertation in diesem neuen Gebiet (Kruse 1974) veröffentlicht wurde, vor allem aber zum ersten Mal auf einem Kongreß der Deutschen Gesellschaft für Psychologie ein von Kaminski (1976) organisiertes Symposium über Umweltpsychologie die Fachöffentlichkeit auf das neue Forschungsfeld aufmerksam machte. Dessen Teilnehmer, die aus allen Teildisziplinen der Psychologie stammten, kamen auf diesem und einem weiteren Symposium in Hinblick auf ihre künftigen Forschungen überein, die ökologische Perspektive in allen Teilbereichen der Psychologie auf ihre Fruchtbarkeit und auf die aus ihr resultierenden methodischen Probleme zu prüfen und zu entwickeln. Es entspricht dieser Haltung, Ökopsychologie nicht als „Bindestrich"-Psychologie zu betreiben, sondern als eine auf ökologische Repräsentativität bedachte, interdisziplinär vernetzte Psychologie.

Das Wachstum der environmental psychology in Amerika und der Ökologischen Psychologie in Deutschland ist wissenschaftssoziologisch gut zu erkennen an der Einführung von Studiengängen, der Schaffung bzw. Zuordnung von Professuren, der Gründung von eigenen Fachzeitschriften (wie vor allem „Environment and Behavior" seit 1969, „Journal of Environmental Psychology" seit 1981, „Architecture et Comportement" seit 1985), der Herausgabe eines repräsentativen Handbuchs (Stokols & Altman 1987), einer internationalen Bibliographie (Kruse & Arlt 1984, Kruse & Schwarz 1988), an Monographieserien (die von Altman und Wohlwill begonnene Reihe „Human Behavior and Environment. Advances in Theory and Research", in der seit 1976 inzwischen zehn Bände erschienen sind, die von Baum und Singer initiierte Reihe "Advances in Environmental Psychology", die seit 1978 erscheint, die von Zube und Moore 1987 begründete Reihe „Advances in Environment, Behavior, and Design"), an der Gründung von multidisziplinären Fachverbänden wie EDRA (Environmental Design Research Association) und IAPS (International Association for the Study of People and their Physical Surroundings), die regelmäßig große Konferenzen abhalten und publizieren. Auch auf den nationalen und internationalen Kongressen der psychologischen Fachverbände hat die Ökologische Psychologie seit Jahren ihren Platz.

Zusammenfassend kann man sagen, daß sich in den wenigen Jahren die Psychologie daran gewöhnt hat, daß „die Umwelt" (einst nur das Gegenstück zu „der Anlage") ein für sie relevantes und sie forderndes Dauerthema geworden ist. Leider ist es für die (soziale) „Umwelt" der Psychologen, für die Politiker, Planer und Umwelttechnologen, noch nicht ebenso selbstverständlich, daß Umwelt auch Bedingung, Medium, Objekt und Produkt menschlichen Verhaltens und damit legitimes Thema der Verhaltenswissenschaft ist.

B. Überblick über dieses Handbuch

Gliederung und Inhalt dieses Bandes spiegeln die aktuellen Entwicklungstrends in der ökologischen Psychologie wider. Die *Heterogenität* theoretischer Konzepte und Themen, die *Unverbundenheit* einer großen Zahl von Einzelbeiträgen, das *weitgehende Fehlen an interdisziplinär angelegter Forschung* und auch die *Uneinheitlichkeit* ökopsychologischer Forschungsstrategien – sie sollen in diesem Buch keineswegs unterschlagen werden.

Der offenkundig fragmentarische Charakter des gegenwärtigen Zustandes dieser noch jungen Disziplin verstellt jedoch, wie wir meinen, allzu leicht den Blick auf das Gemeinsame, Verbindende, auf den „integrativen Kern" ökopsychologischer Ansätze und Forschungsaktivitäten. Bereits ein flüchtiger Blick auf das Inhaltsverzeichnis, besser noch das Stichwortverzeichnis dieses Buches wird manchen Leser, dem die psychologische Fachliteratur nicht gänzlich unvertraut ist, in Erstaunen versetzen: Soviel „Welt", so viele Verweise auf *konkrete* Umwelten, auf akute gesellschaftliche Problemlagen in einem psychologischen Handbuch sind ungewöhnlich. Gerade diese Hinwendung zu Verhalten und Erleben von Menschen in und gegenüber spezifischen, konkreten Alltagsumwelten ist aber eine wesentliche Charakteristik der Ökologischen Psychologie. An die Stelle von bloß „formal" bestimmten Umwelten, „Situationen", „Reizkonstellationen", wie wir es hinlänglich aus der Psychologie kennen (soweit diese „Umwelt" überhaupt in den Blick gerät), treten Umwelten, deren Struktur und Dynamik von ihren physischen, sozialen, historischen und kulturell präformierten Merkmalen her begriffen und konzipiert werden.

Mit der (trivialen) Einsicht, daß Verhalten und Erleben immer von personalen *und* „situativen" Faktoren mitbestimmt werden, ist noch wenig oder nichts an Erkenntnis hinzugewonnen. Solange die „Situation" nicht in ihrer Vielschichtigkeit, Komplexität und Konkretheit, und zugleich die „Person" ohne Bezug auf ihre je konkrete Lebenswelt, also „umweltvergessen" begriffen werden, so lange bleiben Person x Situation-Analysen im Grunde unbestimmt, da inhaltsleer.

Der Umwelt den Stellenwert einzuräumen, der ihr für eine psychologische Analyse individuellen Verhaltens und Erlebens zukommt, ist wesentliche Leitlinie und Gegenstand ökopsychologischer Forschung.

Die einzelnen Beiträge des *Kapitels VII* „Umwelten und Umweltnutzer" demonstrieren dies eindringlich für unterschiedliche Umwelten und Lebensbereiche für unterschiedliche Nutzergruppen. Die Umwelt eines Kindes ist eine andere als die eines Jugendlichen oder die eines alten Menschen. Kinder, Jugendliche oder Alte nehmen ihre Umwelten in unterschiedlicher Weise wahr und nutzen diese höchst verschiedenartig. Die jeweiligen Umwelten setzen andere Grenzen, bieten Anregungen, fordern zu unterschiedlichen Aktivitäten auf und antworten in besonderer Weise auf die verschiedenen Nutzer. Der Umgang mit einer bestimmten Umwelt – deren „Aneignung" – vollzieht sich in gänzlich anderer Weise, je nachdem, welche Person oder Personengruppe wir betrachten.

Umwelten können zum Lernen oder Arbeiten anregen, Lernen und Arbeiten erleichtern oder erschweren, Behinderten und Kranken Hilfe offerieren oder dazu beitragen, diese Gruppen in noch stärkerem Maße hilflos oder von anderen Menschen isoliert zu halten. Umwelten zementieren die soziale Stigmatisierung benachteiligter Randgruppen oder erhöhen die Chance ihrer Reintegration. Aber immer sind es *konkrete* Umwelten, mit denen Menschen sich auseinandersetzen und die den Handlungs- und Entwicklungsspielraum ihrer Nutzer bestimmen.

Die *Stadt* als spezifischer Lebensraum war und ist bevorzugter Gegenstand der Ökopsychologie. Hier auch wird die Notwendigkeit interdisziplinärer Ansätze besonders augenfällig; die Autoren der einzelnen Beiträge des *Kapitels VIII* „Spezielle Umwelt: Stadt" sind daher keineswegs ausschließlich Psychologen, wie auch die Autoren des anschließenden *Kapitels IX* „Umweltplanung und Umweltgestaltung". Deren Herkunft aus verschiedenen anderen Disziplinen (u.a. der Architektur, Soziologie, Stadt- und Regionalplanung, Linguistik, Wirtschaftswissenschaften) veranlaßt sie jedoch keineswegs zu einer Geringschätzung ökopsychologischer Perspektiven. Gerade in diesen Artikeln wird eindringlich auf den Nutzen und den Bedarf einer stärkeren Einbeziehung ökopsychologischen Expertenwissens bei der Planung, Ausführung und Evaluation von Umweltgestaltung in öffentlichen und privaten Räumen verwiesen.

Die theoretische und empirische Zentrierung auf konkretes Verhalten und Erleben innerhalb, gegenüber und in wechselseitigen Bezügen zu ganz speziellen Umwelten, also auf *Transaktionsprozesse* zwischen Mensch und Umwelt jenseits des Labors, hat methodologische und methodische Implikationen, die Gegenstand des *Kapitels IV* „Methoden" sind. Empirisch fundierte ökopsychologische Forschung kann nur partiell auf den Methodenkanon zurückgreifen, der im Zuge einer am naturwissenschaftlichen Ideal orientierten Psychologie in den vergangenen Jahrzehnten entwickelt und erprobt wurde. Das Experiment spielt in der Ökopsychologie nur eine untergeordnete Rolle. Anstelle einer systematischen Manipulation einiger weniger „unabhängiger Variablen", einer Beschränkung auf einfache, leicht quantifizierbare und singuläre Verhaltensakte als „abhängige" Variablen sind für ökopsychologische Fragestellungen eher solche Methoden angemessen, die – jenseits der artifiziellen Welt des Experiments – möglichst verläßliche Beobachtungen und „Daten" über Verhaltens- und Erlebens-Sequenzen und Merkmale der Umwelt sowie über Austauschprozesse zwischen Person und Umwelt bereitstellen. Einige, aus ökopsychologischer Sicht relevante, ihrem Gegenstand adäquate Methoden werden im *Kapitel IV* vorgestellt.

Die Einbeziehung von „Umwelt" als zentrales Konstrukt wissenschaftlicher Analysen ist nun keineswegs ein Privileg der Ökologischen Psychologie. Im *Kapitel II* „Der multidisziplinäre Ansatz" werden diverse Disziplinen vorgestellt, die aus ihren je besonderen Perspektiven die „Umwelt" erfassen, auf den Begriff bringen und mit unterschiedlichen Aspekten menschlicher Eigenarten, Fähigkeiten, Funktionen sowie unterschiedlichen Momenten des Mensch-Umwelt-Bezuges in Beziehung setzen. Bei der Lektüre dieser Beiträge wird dem Leser recht bald deutlich, in welchem Maße eine richtig verstandene Ökologische Psychologie auf Erkenntnisse, Theorien und Methoden solcher Nachbardisziplinen zurückgreifen kann.

Das *Kapitel III* „Theoretische Zugänge" dagegen umfaßt solche Beiträge, die genuin psychologische Modelle, Theorien und Konzeptionen von Mensch-Umwelt-Beziehungen zum Thema haben. Bei der Auswahl dieser theoretischen Beiträge haben wir uns bemüht, ein möglichst breites Spektrum durchaus heterogener und kontroverser theoretischer Ansätze zur Sprache zu bringen.

Doch auch zwischen den so offensichtlich heterogenen und einander unverbundenen Mensch-Umwelt-Konzeptionen bestehen mehr Gemeinsamkeiten, als auf den ersten Blick deutlich werden mag. Wohl aber werden Akzente recht unterschiedlich gesetzt. In einzelnen Beiträgen werden kognitive, emotionale und behaviorale Bewältigungsprozesse und adaptive Anforderungen, die aus den physischen und sozialen Charakteristika einer Umwelt erwachsen, zu zentralen Themen. Andere Beiträge konzipieren Umwelt vornehmlich als Orte und Gelegenheiten für die Ausführung zielgerichteter Handlungen. Der Handlungsspielraum einer Person, ihre Entscheidungen für oder gegen die Ausführung einer bestimmten Handlung, werden von den Einschränkungen und Möglichkeiten, die eine bestimmte Umwelt ihren Nutzern setzt, wesentlich mitbestimmt. Die individuellen Handlungen wiederum sind darauf gerichtet, die Umwelt in der Weise zu verändern, daß die Akteure sowohl ihre Ziele erreichen als auch ihren künftigen Handlungsspielraum sichern können. Ein eher „multikontextueller" Ansatz liegt etwa den Beiträgen zum systemtheoretischen oder zum Behavior-Setting-Ansatz zugrunde. Verhalten von Individuen in konkreten Umwelten wird stets zugleich mitbestimmt von den sozialen, ökonomischen und kulturellen Kontexten, die die jeweilige Umwelt, in der Menschen agieren, überlagern und tangieren. In den

Beiträgen zum phänomenologischen Ansatz, zur Aneignung oder aus der Sicht der Kritischen Psychologie schließlich wird, wenn auch aus recht unterschiedlichen Perspektiven, auf die Notwendigkeit einer Beachtung der historischen Gewordenheiten aller konkreter Umwelten, auf die wir intentional bezogen sind, verwiesen. Ohne diesen Rekurs auf die historische Dimension von Mensch-Umwelt-Bezügen, auf die auf Umwelt immer schon bezogene Eigentümlichkeit des Menschen greifen psychologische Konzeptionen von Mensch-Umwelt-Beziehungen zu kurz.

In *Kapitel V* „Umweltkognition" und *Kapitel VI* „Raum und Bewegung" werden nun zentrale *ökopsychologische Konzepte und Konstrukte* zum Gegenstand der einzelnen Beiträge. Untersuchungen zur Umweltwahrnehmung und -kognition nehmen einen breiten Raum innerhalb ökopsychologischer Forschung ein. Die Umwelt wirkt weitgehend erst über unsere Wahrnehmungen und Interpretationen auf unser Verhalten und Erleben ein. Im Prozeß der Perzeption, Kognition und Bewertung spezifischer Umwelten amalgamieren individuelle Erfahrungen, sozial erworbene Bewertungen und kulturell vermittelte Deutungsmuster von Mensch-Umwelt-Bezügen. Die Ökologische Psychologie trug von Anfang an dieser zentralen Stellung kognitiver und perzeptiver Prozesse für die Analyse von Mensch-Umwelt-Beziehungen Rechnung. Konzepte wie „kognitive Karte", „Risiko-Einschätzung" oder „Image" wurden zwar teilweise aus anderen Disziplinen übernommen, erfuhren jedoch innerhalb ökopsychologischer Forschung auf die besondere Themenlage zugeschnittene Erweiterungen und Präzisierungen.

Ein wichtiges Problem stellt zudem die zunehmende Komplexität und Unbestimmtheit der Umwelt dar, so wie wir sie erfahren, sowie eine mit mangelnder Umwelt-Transparenz zusammenhängende Gefährdung unserer Handlungskompetenz zur Abwehr drohender Umweltkatastrophen. Welche kognitiven Anforderungen in diesem Kontext an uns gestellt werden, zeigt der Beitrag „Ökologisches Denken und Problemlösen".

Für eine adäquate theoretische und empirische Durchdringung spezifischer Aspekte der Mensch-Umwelt-Beziehung wurden in der Ökologischen Psychologie erste „interaktive" oder „transaktionale" Konstrukte formuliert. Der persönliche Raum, Territorialität oder Dichte und Enge (*Kapitel VI*) kennzeichnen keine Umwelt-„Eigenschaften", die unabhängig von den in ihr agierenden Personen gedacht werden könnten; vielmehr repräsentieren diese ökopsychologischen Konstrukte je besondere *Beziehungen* zwischen Orten und Personen, die keineswegs auf ihre „personalen" oder „situativen" Determinanten zurückführbar sind.

Im *Kapitel X* „Umweltbelastung und ökologisches Handeln" sind Artikel versammelt, die zu einer Aufhellung von Entstehungs- und Stabilisierungsbedingungen umweltverantwortlichen Handelns beitragen. Einige Beiträge fokussieren auf *individuelle* Bedingungen ökologischen Handelns, wie Einstellungen, Werte oder internalisierte Normen („Umweltbewußtsein: Einstellung und Verhalten", „Umwelt und Werte" oder „Energieverbrauch und Energiesparen"); andere Analysen beziehen in stärkerem Maße das soziale oder pädagogische Umfeld in ihre Analysen ein. Aus den Beiträgen zu diesem aktuellen Thema können durchaus konkrete

Strategien zur Förderung des Umweltbewußtseins und des ökologischen Handelns in verschiedenen Problemfeldern abgeleitet werden. Zugleich verweisen sie nochmals eindringlich auf eine besondere Charakteristik der Ökopsychologie: Mensch und Umwelt sind nur in ihren wechselseitigen Bezügen sinnvoll zu konzipieren – und mit einer bloß allgemein gehaltenen Erörterung von „Umwelt" oder „Situation" ist es nicht getan.

C. Dank

Es ist, wie der Leser weiß, längst zur Gepflogenheit geworden, den Ehepartnern, Mitarbeiter(inne)n und insbesondere den Sekretärinnen für ihr Verständnis und ihre mühevolle Kleinarbeit dankzusagen, ohne die ein solch umfangreiches Buchprojekt nicht hätte verwirklicht werden können. Wir schließen uns dieser liebgewordenen Tradition an – mit einem Zusatz: Ohne die tatkräftige Unterstützung von Regina Simmes vom Beginn bis zur Fertigstellung des Manuskripts wäre die „Ökologische Psychologie – ein Handbuch in Schlüsselbegriffen" wohl nie erschienen. Das verzögerte Erscheinen ist zuallerletzt *ihr* anzulasten, ebensowenig den Autoren, denen wir an dieser Stelle für ihre Mitwirkung und Geduld noch einmal herzlich danken möchten. Besonders sei auch der Psychologie Verlags Union für ihre Unterstützung des vorliegenden Buches gedankt.

Literatur

Altman, I. & Wohlwill, J. (et al.) (Eds.) (1976ff.). Human behavior and environment. Advances in theory and research. New York: Plenum.

Bailey, R., Brand, C. & Taylor, C.W. (Eds.) (1961). Architectural psychology and psychiatry: An exploratory national research conference. Salt Lake City: University of Utah.

Barker, R. (1968). Ecological psychology. Stanford: Stanford University Press.

Baum, A. & Singer, J. (et al.) (Eds.) (1978ff.). Advances in environmental psychology. Hillsdale, NJ: Erlbaum.

Brunswik, E. (1943). Organismic achievement and environmental probability. Psychological Review 50, 255-272.

Graumann, C.F. (Hg.) (1978). Ökologische Perspektiven in der Psychologie. Bern: Huber.

Haeckel, E. (1866). Generelle Morphologie der Organismen. Berlin: Reimer.

Hellpach, W. (1902). Nervosität und Kultur. Berlin: Räde.

Hellpach, W. (1924). Psychologie der Umwelt. In E. Abderhalden (Hg.), Handbuch der biologischen Arbeitsmethoden. Abt. VI: Methoden der experimentellen Psychologie. C, 3. Berlin: Urban & Schwarzenberg.

Hellpach, W. (1939). Mensch und Volk der Großstadt. Stuttgart: Enke.

Hellpach, W. (1977). Geopsyche (8. Aufl.). Stuttgart: Enke (1. Aufl. 1911).

Ittelson, W., Proshansky, H., Rivlin, L. & Winkel, G. (1974). Introduction to environmental psychology. New York: Holt, Rinehart & Winston (dt. 1977).

Kaminski, G. (Hg.) (1976). Umweltpsychologie. Stuttgart: Klett.

Koffka, K. (1935). Principles of Gestalt psychology. New York: Hartcourt & Brace.

Kruse, L. (1974). Räumliche Umwelt. Die Phänomenologie räumlichen Verhaltens als Beitrag zu einer psychologischen Umwelttheorie. Berlin: de Gruyter.

Kruse, L. & Arlt, R. (Eds.) (1984). Environment and Behavior. An international and multidisciplinary bibliography 1970-1981 (2 Vols.). München: Saur.

Kruse, L. & Schwarz, V. (Eds.) (1988) Environment and Behavior. An international and multidisciplinary bibliography 1982-1987 (2 Vols.). München: Saur.

Lewin, K. (1982). Psychologische Ökologie. In: K. Lewin, Feldtheorie (Hrsg. v. C.F. Graumann). Bd. 4 der Kurt-Lewin-Werkausgabe (S. 291-312). Bern: Huber/Stuttgart: Klett-Cotta.

Milgram, S. (1970). The experience of living in cities. Science 167, 1461-1468.

Mitscherlich, A. (1965). Die Unwirtlichkeit unserer Städte. Anstiftung zum Unfrieden. Frankfurt: Suhrkamp.

Muchow, M. & Muchow, H. (1980). Der Lebensraum des Großstadtkindes (2. Aufl.). Bensheim: päd extra (1. Aufl. 1935).

Park, R.E., Burgess, E.W. & McKenzie, R.D. (1925). The city. Chicago: Chicago University Press.

Proshansky, H., Ittelson, W., & Rivlin, L. (Eds.) (1970). Environmental psychology. Man and his physical setting. New York: Holt, Rinehart & Winston.

Simmel, G. (1903). Die Großstädte und das Geistesleben. In Jahrbuch der Gehe-Stiftung 9,185-205.

Stokols, D. & Altman, I. (Eds.) (1987). Handbook of environmental psychology (2 Vols.). New York: Wiley.

Uexküll, J.v. (1921). Umwelt und Innenwelt der Tiere (2. Aufl.). Berlin: Springer.

Webb, E.J., Campbell, D.T., Schwartz, R.D. & Secrest, L. (1975). Nichtreaktive Meßverfahren. Weinheim: Beltz.

Wirth, L. (1938). Urbanism as a way of life. American Journal of Sociology 44, 3-24.

Zube, E. & Moore, G. (Eds.) (1987ff.). Advances in environment, behavior, and design. New York: Plenum.

Lenelis Kruse
C.F. Graumann
und Ernst-D. Lantermann

II. Der multidisziplinäre Ansatz

Biologische Ökologie und Ethologie

1. Fragestellungen und Besonderheiten des ökobiologischen Ansatzes

Seit Haeckel (1866) versteht man unter „Ökologie" eine Teildisziplin der Biologie, welche die Wechselbeziehungen zwischen Organismen und ihrer Umwelt analysiert. Nach je bevorzugtem Ansatzpunkt kann man zwischen Autökologie, Demökologie und Synökologie unterscheiden.

Gegenstand der *Autökologie* sind die Umweltbeziehungen des Individuums bzw. die artspezifischen Formen der Interaktion mit Faktoren wie Licht, Temperatur, Feuchtigkeit etc. Die *Demökologie* befaßt sich mit den Umweltbedingungen und der Sozialstruktur von Populationen. Welche Dichte eine Population, also die Gesamtheit aller Individuen einer Art in einem bestimmten Gebiet, maximal erreichen kann, wie sich die Populationsmitglieder über den Lebensraum verteilen, welcher Altersaufbau und welche Geschlechteranteile für eine Population und/oder eine geographische Region typisch sind, schließlich wie sich diese Zusammenhänge über die Zeit hinweg verändern (Populationsdynamik) sind die wesentlichen Themen dieser Forschungsrichtung. Die Analyse von „Ökosystemen" als ganzheitlichen Wirkungsgefügen von Lebewesen verschiedener Arten und deren abiotischen Lebensbedingungen ist die Aufgabe der *Synökologie*. Zu ihren Forschungsergebnissen zählt die Beschreibung ökosystemischer Regulation (Thienemann 1956), etwa der Wechselwirkung zwischen der Artenzahl in einem Biotop und Vielfältigkeit der dort gegebenen Lebensbedingungen.

Trotz der Verschiedenartigkeit der Fragestellungen im einzelnen läßt sich ein konzeptueller Rahmen skizzieren: Ökologische Biologie bemüht sich zum einen um die Herausarbeitung allgemeiner Prinzipien des Lebens mittels des Vergleichs möglichst vieler Tierarten, in den der Mensch lediglich als Spezialfall einbezogen wird. Zum zweiten geht es ihr neben der Analyse der physiologischen und ontogenetischen Bedingungen des Verhaltens immer auch um dessen stammesgeschichtliche Entwicklung. Daraus ergibt sich zum dritten eine Differenzierung der Umweltbedingungen in unmittelbare (proximate) und mittelbare (ultimate) – d.h. im Laufe der Generationsfolge wirksam werdende – Faktoren (Suomi & Immelmann 1983).

Typisch ist viertens die funktionalistische Betrachtungsweise: Merkmale, so auch Verhaltensweisen, werden an ihrer Anpassung an die natürlichen Umweltbedingungen, ihrem „Überlebenswert" gemessen.

2. Theoretische Grundlagen ökobiologischer Forschung

Die verschiedenen Beiträge zur Biologischen Ökologie weisen eine Gemeinsamkeit auf: Sie stehen im Einklang mit dem Evolutionskonzept Darwins (1859). Als Hauptdeterminanten des evolutionären Geschehens gelten zufällige und sprunghafte Veränderungen der Erbsubstanz (Mutationen) sowie die Zunahme der Erbanlagen der am besten an die jeweiligen Umweltbedingungen angepaßten Individuen in der Population bei gleichzeitiger Abnahme der Erbanlagen weniger gut angepaßter Individuen (Selektion oder „natürliche Auslese"). Aufgrund ihrer Bedeutung für die Umweltpsychologie werden für die folgende Darstellung theoretische Ansätze aus zwei gedanklichen Schulen ausgewählt: Ethologie und Soziobiologie.

2.1 Der theoretische Beitrag der Ethologie

Der Ausbau der Ethologie zur wissenschaftlichen Disziplin ist vor allem Lorenz (1937, 1950) und Tinbergen (1951) zu verdanken. Tinbergens Instinktmodell beinhaltet eine systematische Darstellung der (motivations)theoretischen Annahme: Verhalten wird danach über hierarchisch geordnete nervöse Zentren gesteuert. Während das höchste Zentrum überwiegend durch organismusgesteuerte Faktoren (z.B. Hormone) aktiviert wird, setzt die Erregung der nächstniedrigeren Zentren die Konfrontation des Organismus mit einem *Schlüsselreiz* voraus. In diesem Falle wird die gewöhnlich vorherrschende Blockierung der Erregungsübertragung aufgehoben, und der Organismus zeigt – über einen *Angeborenen Auslösemechanismus* vermittelt – eine artspezifisch festgelegte, für das jeweils erregte Zentrum typische Bewegungsabfolge *(„Erbkoordination")*, oft in Form einer Endhandlung (z.B. Begattungsbewegungen), mit der das „biologische Ziel" einer ganzen Verhaltenskette erreicht wird.

Beim Ausbleiben adäquater Umweltreize fließt die Erregung jenen Zentren zu, über die das *Appetenzverhalten* reguliert wird, eine Folge von „Suchbewegungen" (z.B. die die Begattung vorbereitende Synchronisation der Geschlechter), die durch Lernen modifizierbar ist.

Bleibt das Appetenzverhalten „erfolglos", so kann die die eigentliche Endhandlung ausmachende Bewegungsfolge auch am „Ersatzobjekt" (z.B. Kopulationsversuche mit Individuen anderer Arten) oder gänzlich ohne Objekt *(„Leerlaufhandlung")* ablaufen.

Was die Rolle der Umweltfaktoren bei der Steuerung des Verhaltens angeht, hat sich gezeigt, daß Reize mit „Auslöserqualität" wirksamer sind, wenn sie simultan (z.B. mehrere Sender) oder sukzessiv mehrfach dargeboten werden oder in ihrer Eigenart ungewöhnlich stark ausgeprägt sind *(„Übernormale Auslöser")*.

Bezüglich der Verhaltensentwicklung sind zum einen *Prägungen* (Lorenz 1935) zu nennen als eine Gruppe von sehr rasch ablaufenden, meist sehr früh in der Ontogenese angesiedelten Lernvorgängen mit ausgesprochen stabilen, oft irreversiblen Ergebnissen, z.B. dauerhaften Bindungen an bestimmte Lebensräume.

Zum anderen ist auf (ontogenetisch wie phylogenetisch bedingte) *Ritualisierungen* zu verweisen, Vereinfachungen und/oder Übertreibungen einzelner Bewegungselemente (z.B. das Entblößen der Zähne bei Primaten), die als Verbesserung des Signalaustauschs interpretiert werden.

2.2 Theoretische Beiträge der Soziobiologie

Soziobiologie als die im Vergleich mit der Ethologie jüngere Disziplin verfolgt das anspruchsvolle Ziel einer systematischen Analyse der biologischen Grundlagen aller Formen des Sozialverhaltens bei allen Spezies (Wilson 1975, 1978). In Abhebung von der Ethologie setzt sie demökologische Akzente, indem sie Auslesevorteile bestimmter Sozialstrukturen abzuschätzen oder zu berechnen versucht, womit eine stärkere Beachtung innerartlicher Verhaltensvarianz einhergeht.

Die Theoriebildung geht von der Grundannahme aus, Evolution sei das Ergebnis der an Genen (genauer: alternativen Allelen) in Mendelschen Populationen ansetzenden natürlichen Auslese. Weder Individuum, Gruppe, Population oder Art kommen danach als „Selektionseinheit" in Betracht, wohl aber die Gene, und zwar aufgrund ihrer Langlebigkeit und der relativ hohen Zuverlässigkeit ihrer Replikation (Williams 1966). Sie steuern das Verhalten ihrer Träger (auch gegenüber Artgenossen) im „Interesse" ihrer eigenen Vervielfältigung, eine Annahme, die Dawkins (1976) auf die Kurzformel vom „egoistischen Gen" gebracht hat.

Bahnbrechend war der Ansatz von Hamilton (1964), der u.a. eine mit der Evolutionstheorie verträgliche Interpretation altruistischen Verhaltens ermöglicht: Wenn es in erster Linie um die Erhaltung der Gene geht, so sollte ein Individuum alle jene anderen unterstützen, die Gene mit ihm gemeinsam haben. Zusammenarbeit von Individuen müßte danach um so eher zu beobachten sein, je näher sie miteinander verwandt sind (vgl. auch Wickler & Seibt 1977). Nach Hamiltons „Verwandtschaftstheorie" muß der Selektionswert eines Gens daher so bestimmt werden, daß zum Fortpflanzungserfolg eines Trägers dieses Gens *(Individual-Eignung)* noch die Fortpflanzungserfolge der mit diesem Träger verwandten Individuen, mit dem jeweiligen Verwandtschaftsgrad gewichtet, addiert werden *(Gesamt-Eignung)*.

Die Frage, inwieweit dieses Modell – wie Krebs und Davies (1978) meinen – eine tragfähige Grundlage für die „genetische Interpretation" allen Sozialverhaltens abgibt, kann sicher nicht unter Ausklammerung des Ansatzes von Trivers (1971) beantwortet werden. Der Autor versucht zu zeigen, unter welchen Bedingungen altruistisches Verhalten nicht nur zwischen nicht verwandten Artgenossen, sondern auch zwischen verschiedenen Spezies angehörenden Tieren (Symbiosen) evolvieren kann: Wenn der Empfänger eines altruistischen Aktes durch dessen Vollzug einen Nutzen hat, der größer ist als die dem Sender entstehenden Kosten, der Sender aber erwarten darf, daß er aufgrund einer Umkehrung der Rollen zu einem späteren Zeitpunkt selbst der Nutznießer dieses Verhältnisses sein wird, so liegt eine Interaktion vor, die Trivers „*reziproker Altruismus*" nennt.

Diese Form prosozialen Verhaltens hat vermutlich besonders bei jenen Arten evolutionär entstehen können, bei denen sich die einzelnen Individuen „persönlich" kennen und daher auch in der Lage sind, Artgenossen, die Hilfe annehmen, aber selbst nicht helfen, als „Betrüger" zu entlarven.

Wie altruistisches Verhalten erforscht und analysiert die Soziobiologie letztlich alle Verhaltensweisen und Umweltbeziehungen (also auch Aggression, Individualdistanz, Territorialität, Dichteregulation usw.) auf ihre Instrumentalität für die Gesamt-Eignung. Zunehmend werden dabei Kosten-Nutzen-Modelle entwickelt, um der Tatsache Rechnung zu tragen, daß es aufgrund der in aller Regel hohen Komplexität der ökologischen Umstände praktisch nie *die* Methode zur Erreichung eines lebenswichtigen Ziels gibt, sondern fast immer Verhaltensalternativen, zwischen denen es zu entscheiden gilt. Solche „Optimalitätstheorien" (vgl. Krebs & Davies 1978) werden auch bemüht, um die Wechselbeziehungen zwischen sozialer Organisation und Umweltbedingungen zu analysieren. So versucht beispielsweise Zimen (1976) unter Berücksichtigung der Variablen Populationsdichte, Beutedichte und -größe vorherzusagen, welche Strategie ein Wolfsrudel wählt, um sich dem jahreszeitlich bedingten Wechsel des Nahrungsangebotes anzupassen.

3. Methodologie ökobiologischer Forschung

Zur Aufdeckung der Zusammenhänge zwischen dem Verhalten einer Tierart und Umweltbedingungen bedient sich die Ökobiologie zweier grundlegender Strategien. Zum einen geht es um den Vergleich derselben Art angehörender oder genetisch eng miteinander verwandter, aber unter verschiedenen ökobiologischen Bedingungen lebender Tiere. Können hierbei Verhaltensunterschiede festgestellt werden, so liegt es nahe, sie auf verschiedene Umwelt(selektions)drücke zurückzuführen. Alcock (1979), der diesen Ansatz an der Gegenüberstellung von am Boden und auf Felsklippen nistenden Möwen veranschaulicht, spricht in diesem Zusammenhang von *„divergenter Evolution"*. Die zweite Strategie zielt darauf ab, Verhaltensgemeinsamkeiten bei nicht verwandten, aber unter gleichen ökologischen Bedingungen existierenden Tieren nachzuweisen (*„konvergente Evolution"*, Alcock 1979). Bei Primaten, Webervögeln und anderen Tierarten ist z.B. mit diesem Ansatz eine Korrelation zwischen Nahrungsverteilung und Gruppengröße gefunden worden (Crook 1970).

Um den Vergleich unter nicht verwandten bzw. verwandten Tierarten, aber mit jeweils anderer Zielsetzung geht es bei Analogie- versus Homologiestudien. Durch *„Analogiestudien"* desselben Verhaltens an vielen Tierarten sollen gesetzesartige Aussagen mit weitreichendem Geltungsanspruch gewonnen werden (Eibl-Eibesfeldt 1979). Soll hingegen Verhalten als stammesgeschichtlich entwickeltes untersucht werden, so bieten sich *„Homologiestudien"* nahe verwandter Arten an, etwa um die Ähnlichkeit von Rangordnungen, Territorialverhalten und/oder Inzesttabus bei Menschenaffen und Menschen aufzuzeigen.

Was die *Datenerhebung* angeht, wird der *systematischen Beobachtung* des Verhaltens in seinem natürlichen Kontext besondere Bedeutung beigemessen; dies unter der Zielsetzung, detaillierte Verhaltensinventare („Ethogramme") zu erstellen (→ *Feldforschung*). Zur Bestimmung der biologischen Bedeutung der Außenreize wird aber auch experimentell gearbeitet, so bei den bekannten *Attrappenversuchen*. Steht der Nachweis stammesgeschichtlicher Entwicklung von Verhaltensweisen im Vordergrund *humanethologischer* Forschung, so werden besonders Gruppen von Menschen betrachtet, für die eine relativ günstige Vergleichsbasis gegeben scheint. Bevorzugt werden Kinder und Kleinstkinder, Blind- und Taubgeborene oder in anderer Weise sensorisch Behinderte sowie Angehörige primitiver Stämme (vgl. Eibl-Eibesfeldt 1979). Wenn sich direkte Vergleiche verbieten, dienen Tierversuche „ als Modell", man denke an *Deprivationsstudien* (z.B. Harlow & Harlow 1962) zur Auswirkung früher Mutterentbehrung bei nichtmenschlichen Primaten.

Mit dem Aufkommen der Soziobiologie gewinnen mathematische – z.B. spieltheoretische – Modelle an Bedeutung, auf deren Grundlage sich Vorhersagen darüber treffen lassen, welche *Verhaltensstrategien* sich innerhalb einer gegebenen Population von Tieren gegenüber Alternativen durchsetzen, sich also langfristig als überlegen bzw. als „*evolutionsstabil*" erweisen (vgl. Maynard Smith 1974).

4. Biologische Ökologie und Psychologie

Fragen wir nach dem potentiellen Nutzen der Biologischen Ökologie für die Psychologie, so zeigt erstens ein Blick in einschlägige Lehrbücher (z.B. Altman 1975), daß speziell die Umweltpsychologie einige ihrer zentralen forschungsleitenden Konstrukte (→ *Territorialität;* → *Personaler Raum;* → *Dichte und Enge*) einer biologischen Orientierung verdankt. Der Einfluß biologischer Ökologie reicht aber u.E. über Anregungen zu Konstruktbildung und analoger Forschung im Humanbereich hinaus.

So regt zweitens die Berücksichtigung stammesgeschichtlicher Vorprogrammierung zur Überprüfung und Weiterentwicklung, möglicherweise auch zur Revision vorliegender Theorien an. Zumindest beim Phänomen des kindlichen Bindungsverhaltens spricht die mittels der Strategie des Artenvergleichs gewonnene empirische Evidenz (vgl. Rajecki, Lamb & Obmascher 1978) für die Überlegenheit der ethologischen Konzeption Bowlbys (1969) gegenüber psychoanalytischen und lerntheoretischen Ansätzen. In ähnlicher Weise fruchtbar erwies sich die biologisch-funktionalistische Betrachtungsweise bei der Analyse des Fremdelns, einer Erscheinungsweise im kindlichen Verhalten, die von Experimentalpsychologen einst als „nicht existent" erklärt worden war, inzwischen aber im Rahmen einer ethologischen Theorie in ihrer Wechselbeziehung zum Bindungsverhalten konsistent erklärt werden kann (vgl. Sroufe 1977).

Ein dritter Gesichtspunkt betrifft die Anwendung verhaltensbiologischer Forschungsmethoden im Humanbereich: Deren heuristischer Wert läßt sich an einer

Reihe bereits vorliegender – meist entwicklungspsychologischer – Studien aufzeigen (z.B. Hutt & Hutt 1970; Blurton Jones 1972; Charlesworth 1979), die sich „ethologischer" Beobachtungsverfahren bedient haben. Gerade der Umweltpsychologie mit ihrer naturalistischen Akzentuierung könnte die stärkere Nutzung dieser methodischen Möglichkeiten zu größerer Durchschlagskraft verhelfen. Daß auf diese Weise auch von dieser Disziplin vernachlässigte Wirklichkeitsbereiche erschlossen werden können, zeigt beispielhaft eine Studie von Austin und Bates (1974) zur Dominanzhierarchie und ihren ökologischen Korrelaten innerhalb einer Gefangenengruppe. Methodische Vorteile im weiteren Sinne zeichnen sich sogar für die Experimentalpsychologie ab, indem Ökobiologie die Auswahl und Gestaltung biologisch bedeutsamer Laborsituationen und damit u.a. die Überwindung einer allzu kognitivistisch angelegten Sozialpsychologie anzuregen scheint (Öhmann & Dimberg 1984).

Ökobiologie liefert viertens die Kriterien, die persönlichkeitspsychologische Forschung beachten sollte, will sie zum einen das spezifische Merkmalsprofil vom Homo sapiens, die „Natur des Menschen", zum anderen jene Dimensionen bestimmen, auf denen sich die relevantesten Unterschiede zwischen Menschen abbilden lassen (Buss 1984). Eine der Aufgaben, die Umweltpsychologie dabei erfüllen könnte, wäre die Erforschung jener ökologischen Umstände, die die phänotypische Varianz genotypischer Eigenschaften bewirken.

Ohne sie hier einer Bewertung unterziehen zu wollen, sei schließlich noch auf die Möglichkeit einer menschengerechten, d.h., auf die artspezifischen Eigenschaften des Menschen abgestimmten Umweltplanung auf ökobiologischer Grundlage verwiesen. Beispiele hierzu finden sich bei Greenbie (1976; für die Stadtplanung) und implizit auch bei Orians (1980; für die Landschaftsgestaltung).

Nachdem vom Nutzen der Verhaltensbiologie für die Psychologie die Rede war, sollte nicht versäumt werden, abschließend auf aus einer Kooperation beider Disziplinen erwachsende Vorteile zu verweisen. Sie lassen sich am deutlichsten an den jüngsten Bemühungen um die Konstruktion „koevolutionärer Theorien" (Durham 1976, Plotkin & Odling-Smee 1979, Lumsden & Wilson 1981) ablesen. Diese Autoren gehen zwar von einer Einbettung der kulturellen Evolution in den von der biologischen Evolution vorgegebenen Rahmen aus, betonen aber zugleich die Notwendigkeit, auf Ergebnisse der Psychologie zurückzugreifen, soll menschliches Verhalten auch in seiner längerfristigen Entwicklung voll verstanden werden.

Dieser Forderung kann man nur beipflichten, bedenkt man die mit einer rein biologischen Betrachtungsweise verbundenen Gefahren einer reduktionistischen Konzeption des Mensch-Umwelt-Verhältnisses. Über verschiedene Spezies hinweg beobachtete Ähnlichkeiten im Verhalten können eben nicht, will man der „Natur" des Menschen gerecht werden, als basale Gesetzmäßigkeiten betrachtet werden, sondern bestenfalls als Arbeitshypothesen, die es im Humanbereich erst einmal in angemessener Weise zu überprüfen gilt. Wenn es um die Analyse von insbesondere über kognitive Zwischenprozesse gesteuerten komplexen Formen menschlichen Erlebens (z.B. Umweltbewußtsein) oder Zusammenlebens (z.B.

Entscheidungen in Planungsgruppen) geht, auf die gerade die Umweltpsychologie nicht verzichten kann, dürften einem Beitrag der Ökobiologie enge Grenzen gezogen sein!

Literatur

Alcock, J. (1979). Animal behavior. An evolutionary approach (2nd ed.). Sunderland, MA: Sinauer.

Altman, I. (1975). The environment and social behavior. Monterey, CA: Brooks & Cole.

Austin, W.T. & Bates, F.L. (1974). Ethological indicators of dominance and territory in a human captive population. Social Forces 52, 447-455.

Blurton Jones, N. (Ed.) (1972). Ethological studies of child behavior. Cambridge: Cambridge University Press.

Bowlby, J. (1969). Attachment and loss. Vol. 1: Attachment. New York: Basic Books.

Buss, D.M. (1984). Evolutionary biology and personality psychology. American Psychologist 39, 1135-1147.

Charlesworth, W.R. (1979). Die Beobachtung adaptiven Verhaltens: Eine ethologische Ergänzung zur Entwicklungspsychologie in ökologischer Sicht. In: H. Walter & R. Oerter (Hg.), Ökologie und Entwicklung. Mensch-Umwelt-Modelle in entwicklungspsychologischer Sicht (S.185-199). Donauwörth: Auer.

Crook, J.H. (Ed.) (1970). Social behaviour in birds and animals. London: Academic Press.

Darwin, C.R. (1859). On the origin of species. London: Murray.

Dawkins, R. (1976). The selfish gene. Oxford: Oxford University Press (dt.: Das egoistische Gen. Berlin: Springer 1978).

Durham, W.H. (1976). The adaptive significance of cultural behavior. Human Ecology 4, 89-121.

Eibl-Eibesfeldt, I. (1979). Human ecology: concepts and implications for the science of man. Behavioral and Brain Sciences 2, 1-57.

Greenbie, B.B. (1976). Design for diversity. Planning for natural man in the neo-technic environment: An ethological approach. Amsterdam: Elsevier.

Haeckel, E. (1866). Generelle Morphologie der Organismen. 2 Bände. Berlin: Reimer.

Hamilton, W.D. (1964). The genetical theory of social behaviour. Journal of Theoretical Biology 7, 1-52.

Harlow, H.F. & Harlow, M.K. (1962). Social deprivation in monkeys. Scientific American 207, 136-146.

Hutt, S.J. & Hutt, C. (1970). Direct observation and measurement of behavior. Springfield, IL: Thomas.

Krebs, J.R. & Davies, N.B. (Eds.) (1978). Behavioral ecology – an evolutionary approach. Oxford: Blackwell (dt.: Öko-Ethologie. Berlin: Parey 1981).

Lorenz, K. (1935). Der Kumpan in der Umwelt des Vogels. Journal für Ornithologie 83, 137-213 und 289-413.

Lorenz, K. (1937). Über den Begriff der Instinkthandlung. Folia Biotheoretica 2, 17-50.

Lorenz, K. (1950). The comparative method of studying innate behavior patterns. In Society for Experimental Biology (Ed.), Symposium No.4: Physiological mechanisms in animal behavior (S. 221-268). New York: Academic Press.

Lumsden, C.J. & Wilson, E.O. (1981). Genes, mind, and culture: The coevolutionary process. Cambridge, MA: Harvard University Press.

Maynard Smith, J. (1974). The theory of games and the evolution of animal conflicts. Journal of Theoretical Biology 47, 209-221.

Öhmann, A. & Dimberg, U. (1984). An evolutionary perspective on human social behavior. In W.M. Waid (Ed.), Sociophysiology (pp. 47-86). New York: Springer.

24

Orians, G.H. (1980). Habitat selection: General theory and applications to human behavior. In: J.S. Lockard (Ed.), The evolution of human social behavior (pp. 49-66). New York: Elsevier.

Plotkin, H.C. & Odling-Smee, F.J. (1979). Learning, change and evolution. Advances in the Study of Behavior 10, 1-41.

Rajecki, D.W., Lamb, M.E. & Obmascher, P. (1978). Toward a general theory of infantile attachment: A comparative review of aspects of the social bond. Behavioral and Brain Sciences 1, 417-464.

Sroufe, L.A. (1977). Wariness of strangers and the study of infant development. Child Development 48, 731-746.

Suomi, S.J. & Immelmann, K. (1983). On the process and product of cross-species generalization. In D.W. Rajecki (Ed.), Comparing behavior: studying man, studying animals (pp. 203-224). Hillsdale, NJ: Erlbaum.

Thienemann, A.F. (1956). Leben und Umwelt. Vom Gesamthaushalt der Natur. Reinbek: Rowohlt.

Tinbergen, N. (1951). The study of instinct. Oxford: Oxford University Press. (dt.: Instinktlehre. Berlin: Parey 1952).

Trivers, R.L. (1971). The evolution of reciprocal altruism. Quarterly Review of Biology 46, 35-57.

Wickler, W. & Seibt, U. (1977). Das Prinzip Eigennutz. Ursachen und Konsequenzen sozialen Verhaltens. Hamburg: Hoffmann und Campe.

Williams, G.C. (1966). Adaptation and natural selection. Princeton, NJ: Princeton University Press.

Wilson, E.O. (1975). Sociobiology: The new synthesis. Cambridge, MA: Harvard University Press.

Wilson, E.O. (1978). On human nature. Cambridge, MA: Harvard University Press (dt.: Biologie als Schicksal. Die soziobiologischen Grundlagen menschlichen Verhaltens. Frankfurt a.M.: Ullstein 1980).

Zimen, E. (1976). On the regulation of pack size in wolves. Zeitschrift für Tierpsychologie 40, 300-341.

Manfred Fischer
Fachbereich I – Psychologie
der Universität Trier
und
Egon Stephan
Psychologisches Institut
der Universität zu Köln

Sozialmedizin

1. Einleitung

Sozialmedizin ist ein interdisziplinäres Fachgebiet. Es verbindet die sozialwissenschaftliche mit der medizinischen Sichtweise von Gesundheit, Krankheit und Behinderung und wendet sie in Prävention, Sozialtherapie und Rehabilitation praktisch an (→ *Kranke und Behinderte;* → *Therapeutische Umwelten*).

Werden sozialmedizinische Fragen – theoretisch wie praktisch – auf psychische Erkrankungen bezogen, so sprechen wir von *Sozialpsychiatrie.* Wir sprechen von *Sozialpädiatrie,* wenn Erkrankungen bei Kindern im Mittelpunkt stehen, von *Arbeitsmedizin* bei arbeitsbedingten Krankheiten, von *Umweltmedizin* oder *ökologischer Medizin*, wenn es sich um Krankheiten handelt, die durch Veränderungen in der biologischen Umwelt (Luftverschmutzung, Wasserverunreinigung etc.) entstanden sind.

Während im 19. Jahrhundert eine soziale Medizin von einer vornehmlich naturwissenschaftlichen Medizin abgelöst wurde, lassen sich jetzt – gegen Ende des 20. Jahrhunderts – Anzeichen eines Paradigma-Wechsels hin zu einer ökologischen Medizin erkennen (Catalano 1979).

Als wissenschaftliche Grundlagendisziplinen der Sozialmedizin gelten insbesondere Epidemiologie, Medizinsoziologie, Gesundheitsökonomie und Gesundheits- und Sozialpolitik. Ist Sozialmedizin damit ein „Superfach"? Ich glaube nicht, vielmehr ist die Einbeziehung der genannten Disziplinen die Konsequenz aus der Komplexität ihres Gegenstandes (Gesundheit und Krankheit in der Gesellschaft), der von der Medizin allein nicht befriedigend „behandelt" werden kann. Liefert Sozialmedizin eine neue Theorie der Medizin? Auch das ist m.E. nicht der Fall. Sozialmedizin ist aber angewiesen auf Theorien, die die Beziehung von medizinischen und sozialwissenschaftlichen Merkmalen erfolgreicher erklären können als das naturwissenschaftlich geprägte medizinische Krankheitsmodell. Solche Theorien sind: das psychosomatische Krankheitsmodell, das Streß-Coping-Krankheitsmodell, das Risikofaktorenmodell, das sozioökonomische Krankheitsmodell (Waller 1985).

2. Sozialmedizinische Grundlagen

Epidemiologie ist die Methode der Sozialmedizin. Sie ist eine auf Fragen der Häufigkeit und Verteilung von Krankheiten spezialisierte empirische Sozialforschung und Statistik. Sie beschäftigt sich besonders mit der Beschreibung und Analyse von Sterberaten (Mortalität) und Krankheitshäufigkeiten (Morbidität) in der Bevölkerung (vgl. z.B. Pflanz 1973).

Einige wichtige Ergebnisse/Erkenntnisse der Epidemiologie sind (Abholz 1976, McKeown 1982, McCarthy 1982):

– Die Erhöhung der durchschnittlichen Lebenserwartung entstand aufgrund gesamtgesellschaftlicher Einflüsse (Verbesserung der hygienischen Verhältnisse, der Ernährungsbedingungen, der Wohnbedingungen etc.), die die Sterblichkeit insbesondere in den ersten Lebensjahren verringerten.

– Der Wandel der Haupterkrankungen und Todesursachen von akuten zu chronischen Krankheiten (Herz-Kreislauf-Erkrankungen, Krebs, rheumatische Erkrankungen, psychische und psychosomatische Erkrankungen) erfolgte ebenfalls primär aufgrund der Veränderung von Umwelt-, Ernährungs- und Konsumbedingungen.

– Die meisten Krankheiten und vorzeitigen Todesfälle konzentrieren sich in den unteren Sozialschichten der Bevölkerung.

Medizinsoziologie ist als „Erkenntnistheorie" der Sozialmedizin bezeichnet worden (Lüth 1984). In der Beziehung Gesundheit/Krankheit – Gesellschaft, die im Zentrum sozialmedizinischen Interesses steht, thematisiert die Medizinsoziologie die gesellschaftliche Seite; z.B. in der Erklärung des Gesundheits- und Krankheitsverhaltens in Abhängigkeit von bestimmten sozialen Merkmalen wie Sozialschicht, Arbeitssituation oder Familienbedingungen, Migration (→ *Die Lebenswelt der Arbeitslosen;* → *Familien;* → *Migration*), in der Analyse medizinischer Institutionen und medizinischer Berufe, in der theoretischen Ausformulierung von sozialen Stressoren und Bewältigungsmustern bei der Entstehung bzw. Bewältigung von Krankheit etc. (vgl. z.B. Mechanic 1978).

Einige wichtige Ergebnisse und Erkenntnisse der Medizinsoziologie sind (Siegrist 1977, 1982):

– Das Gesundheitsverhalten der Bevölkerung ist nicht primär aufgrund fehlender Kenntnisse und Informationen über bestimmte Gesundheitsrisiken wie z.B. Rauchen, Bewegungsmangel, Streß etc. unzureichend, sondern aufgrund der geringen Spielräume, die alltägliche Arbeits- und Lebensbedingungen für gesundheitsgerechtes Verhalten lassen (z.B. durch Werbung vermittelte individuelle Konsumzwänge oder durch Subventionierung verstärkte Produktion gesundheitsschädigender Waren).

– Das Krankheitsverhalten ist nicht nur von der Art und Schwere der Beschwerden abhängig, sondern von einer Reihe sozialer und psychischer Merkmale (z.B. das Ausmaß, in dem die Krankheitssymptome das Familienleben, die Arbeit und andere soziale Aktivitäten beeinträchtigen, das Vorhandensein von Behandlungseinrichtungen, ihre Nähe sowie die psychologischen und finanziellen Kosten, die mit ihrem Aufsuchen verbunden sind, kulturelle Annahmen und Erklärungen von sowie die Toleranzschwelle gegenüber Symptomen, das Vorhandensein eines sozialen Netzes, das als Laien-Überweisungssystem fungiert etc.

– Medizinische Institutionen und medizinische Berufe entwickeln Normen, Werte und Routinen, die den Interessen der Patienten häufig entgegenstehen (berufsständische Interessen gegen Patienteninteressen, Hierarchie gegen Solidarität, Routine gegen individuelle Bedürfnisse, Spezialisierung gegen ganzheitliche Behandlung etc.). Darüber hinaus übernehmen medizinische Institutionen gesellschaftliche Aufgaben, die nicht primär mit Gesunderhaltung und Krankheitsbewältigung zu tun haben, wie z.B. Entscheidungen über Arbeitsfähigkeit, über die Zuschreibung des Status als Behinderter, sowie über Ausgrenzung und Verwahrung abweichender Personen.

Gesundheitsökonomie beschäftigt sich mit wirtschaftswissenschaftlichen Problemen im Gesundheitswesen, so z.B. mit den Gesamtkosten der Gesundheitsversorgung bezogen auf das Bruttosozialprodukt oder mit Kosten von Teilbereichen des Gesundheitswesens wie z.B. der Krankenhausversorgung. Im Mittelpunkt gesundheitsökonomischer Analysen stehen Kosten-Nutzen-Analysen, die sich entweder ebenfalls auf das gesamte Gesundheitswesen oder auf Teilbereiche beziehen, um Fragen der Effizienz zu beantworten (vgl. z.B. Herder-Dornreich 1980).

Einige wichtige Ergebnisse und Erkenntnisse der Gesundheitsökonomie sind (Abel-Smith 1976, BMJFG 1985):
– Die Gesamtausgaben für Gesundheitsleistungen betragen etwa 10% des Bruttosozialproduktes, d.h. ca. 200 Milliarden DM. Der Anteil von Ausgaben für präventive Maßnahmen ist mit 6% dieser Gesamtausgaben vergleichsweise gering.
– Kosten-Nutzen-Analysen zeigen, daß die Versorgung in der Gemeinde im Vergleich zur stationären Versorgung häufig nicht nur bedürfnisgerechter, sondern auch kostengünstiger ist.
– Das System der Vergütung ärztlicher Leistungen prägt nicht nur das Arzt-Patienten-Verhältnis, sondern auch Schwerpunkte und Engagement ärztlicher Tätigkeit: so fördert die Bezahlung ärztlicher Leistungen nach der sog. Kopf-Pauschale (Anzahl der Bewohner, die sich in die Arztliste eingetragen haben, wie z.B. in England) eher präventives und soziales Engagement, die in der BRD vorherrschende Bezahlung nach Einzelleistungen eher diagnostische und technisch-therapeutische Maßnahmen.

Gesundheits- und Sozialpolitik in der Sozialmedizin beschäftigt sich mit Fragen der Umsetzung von Gesundheitsbedürfnissen der Bevölkerung in Versorgungsstrukturen und der Berücksichtigung der vielfältigen und häufig divergierenden Interessen zwischen Ärzten, übrigen Gesundheitsberufen, Staat, pharmazeutischer Industrie und den Konsumenten bzw. Patienten. Sie befaßt sich mit Fragen der sozialen Absicherung im Falle von Krankheit, Berufskrankheit, Unfall, Invalidität, Behinderung und mit Fragen von Selbsthilfe und Mitbestimmung von Patienten im Gesundheitswesen. Damit ist Gesundheits- und Sozialpolitik in der Sozialmedizin auch die Klammer zwischen sozialmedizinischen Grundlagen und sozialmedizinischer Praxis (vgl. z.B. von Ferber 1971, 1983, Walker 1982).

Einige wichtige Ergebnisse und Erkenntnisse der Gesundheits- und Sozialpolitik im Gesundheitswesen sind (WSI 1975, Badura et al. 1981):
– Die weitgehende Trennung der Teilbereiche des Gesundheitswesens in ambulante und stationäre Versorgung und öffentliches Gesundheitswesen sowie die Trennung von medizinischen und sozialen Diensten führen zur Zerstückelung

der Verantwortung, Verhinderung von Kooperation, Benachteiligung der Patienten und Verteuerung der Gesundheitsversorgung.
- Die Stärkung des Selbsthilfepotentials in der Bevölkerung führt zu qualitativ neuen Möglichkeiten der insbesondere psychosozialen Betreuung durch die Betroffenen, zur verbesserten Durchsetzung von Patienteninteressen gegenüber professionellen Routinen und zur zielgerichteten Inanspruchnahme professioneller Dienstleistungen.
- Dagegen sind die Möglichkeiten der Mitbestimmung der „Konsumenten von Gesundheitsleistungen" bei der Planung und Durchführung von Gesundheitsdiensten wenig entwickelt, obwohl sie beispielsweise in den Sozialleistungsträgern wie etwa den Krankenkassen ansatzweise vorhanden sind. Partizipationsmodelle in der Gemeindeversorgung (wie z.B. Community Health Councils in England) oder in der stationären Versorgung (z.B. in Form von Patientenvollversammlungen wie in einigen psychiatrischen Modelleinrichtungen) fehlen ganz oder werden nur selten praktiziert.

3. Sozialmedizinische Praxis

Prävention wird in Primärprävention (Krankheitsverhinderung), Sekundärprävention (Krankheitsfrüherkennung) und Tertiärprävention (Vermeidung des Rückfalls = Rehabilitation) unterteilt. In der Primärprävention lassen sich strukturelle und individuelle Maßnahmen unterscheiden. Strukturelle Maßnahmen sind z.B. die Kontrolle von Umweltgiften, von Nahrungsmittelzusätzen und von Zigaretten- und Alkoholwerbung. Individuelle Maßnahmen sind durch Gesundheitserziehung bzw. -aufklärung unterstützte bzw. motivierte Verhaltensänderungen (bewußte Ernährung, ausreichende Bewegung, Nichtrauchen, geringer Alkoholkonsum etc.). Im Gegensatz zur Primärprävention zielen sekundärpräventive Maßnahmen nicht auf die Verhinderung von Krankheiten ab, sondern auf das frühzeitige Erkennen von Krankheitssymptomen und die durch rechtzeitige medizinische Intervention erhöhten Heilungschancen. Allerdings ist die Beteiligung an den im Rahmen der gesetzlichen Krankenversicherung angebotenen Früherkennungsmaßnahmen z.T. sehr gering, so daß es psychologisch und sozialwissenschaftlich orientierter Analysen (insbesondere der Bedingungen des Gesundheitsverhaltens) und gesundheitspolitischer Alternativen (z.B. Früherkennung am Arbeitsplatz, zu Hause etc.) bedarf, um effektiver zu sein (vgl. z.B. Karmaus 1982, Schneidermann 1981).

Das sozialmedizinische Konzept der Prävention ist zu ergänzen um das politische Konzept der Gesundheitsförderung. Dieses Konzept der Gesundheitsförderung hat die intersektorale Durchdringung aller Politikbereiche (z.B. Verkehrspolitik, Energiepolitik, Landwirtschaftspolitik) im Sinne der Berücksichtigung gesundheitsfördernder Maßnahmen zum Ziel (Anderson 1983). Das sozialökologische Konzept der Gesundheitsförderung besteht in der Stärkung von Netzwerken und Selbsthilfe als Formen gesundheitsfördernder sozialer Unterstützung (Trojan 1986a und b).

Sozialtherapie ist die „Behandlungsmethode" der Sozialmedizin. Wir sprechen
– auf der institutionellen Ebene – dann von sozialtherapeutischen Maßnahmen, wenn folgende Prinzipien eingelöst werden:
– Integration medizinischer und sozialer Dienste;
– Kooperation von unterschiedlichen Gesundheitsberufen (Ärzten, Psychologen, Sozialarbeitern, Gemeindeschwestern etc.);
– Gemeindenähe der Versorgung.

Beispiele für sozialtherapeutisch orientierte Institutionen sind Gesundheitszentren, sozialpsychiatrische Dienste, Sozialstationen etc. In der therapeutischen Beziehung sprechen wir dann von Sozialtherapie, wenn die eine Krankheit prägenden psychosozialen Lebensbedingungen im Behandlungsprozeß berücksichtigt werden (vgl. z.B. Trojan & Waller 1980a und b, Keupp & Rerrich 1982).

Rehabilitation meint die Wiederherstellung bestmöglicher Gesundheit des Patienten und die Wiedereingliederung in seine „normalen" Lebensbezüge. Dabei werden medizinische, pädagogisch-schulische, berufliche und soziale Maßnahmen unterschieden. Einrichtungen der Rehabilitation sind z.B. sozialpädiatrische Zentren, Behindertenwerkstätten, therapeutische Wohngemeinschaften. Allerdings sind Art und Intensität insbesondere von beruflichen Rehabilitationsmaßnahmen z.T. abhängig von der jeweiligen konjunkturellen Lage und dem damit verbundenen Bedarf an Arbeitskräften (vgl. z.B. Bundesarbeitsgemeinschaft Rehabilitation 1984, Heinze & Runde 1982).

Literatur

Abel-Smith, B. (1986). Values for money in health services. London: Heinemann.
Abholz, H.-H. (Hg.) (1976). Krankheit und soziale Lage. Befunde der Sozialepidemiologie. Frankfurt: Campus.
Anderson, R. (1983). Health promotion: an overview. Copenhagen: WHO.
Badura, B., Ferber, C. v., Krüger, J., Riedmüller, B., Thiemeyer, T. & Trojan, A. (1981). Sozialpolitische Perspektiven. In B. Badura & C. v. Ferber (Hg.), Selbsthilfe und Selbstorganisation im Gesundheitswesen (S. 5-38). München: Oldenbourg.
BMJFFG (Bundesministerum für Jugend, Familie, Frauen und Gesundheit) (1984). Daten des Gesundheitswesen. Bundesarbeitsgemeinschaft für Rehabilitation (Hg.): Die Rehabilitation Behinderter. Köln: Deutscher Ärzteverlag.
Catalano, R. (1979). Health, behavior, and the community. An ecological perspective. New York: Pergamon.
Ferber, C.v. (1971). Gesundheit und Gesellschaft. Stuttgart: Kohlhammer.
Ferber, C.v. (1983). Sozialpolitische Grundlagen von Prävention, Behandlung und Rehabilitation. In H. Silomon (Hg.), Sozialmedizin für Sozialarbeiter und -pädagogen (S. 73-84). St. Augustin: Asgard.
Heinze, R.G. & Runde, P. (Hg.) (1982). Lebensbedingungen Behinderter im Sozialstaat. Opladen: Westdeutscher Verlag.
Herder-Dornreich, P. (1980). Gesundheitsökonomie. Stuttgart: Enke.

Karmaus, W. (1982). Phasen präventiver Strategien. In H.-H. Abholz et al. (Hg.), Risikofaktorenmedizin (S. 27-36). Berlin: De Gruyter.

Keupp, H. & Rerrich, D. (Hg.) (1982). Psychosoziale Praxis. München: Urban & Schwarzenberg.

Lüth, P. (1983). Ein Desiderat namens Medizinsoziologie. Mensch, Medizin, Gesellschaft 9, 147-149.

McCarthy, M. (1982). Epidemiology and policies for health planning. London: King Edward's Hospital Fund.

McKeown, T. (1982). Die Bedeutung der Medizin. Frankfurt: Suhrkamp.

Mechanic, D. (1978). Medical Sociology (2nd ed.). New York: Free Press.

Pflanz, M. (1973). Allgemeine Epidemiologie. Stuttgart: Thieme.

Schneidermann, L.J. (Ed.) (1981). The practice of preventive health care. Menlo Park: Addison-Wesley.

Siegrist, J. (1977). Lehrbuch der Medizinischen Soziologie (3. Aufl.). München: Urban & Schwarzenberg.

Siegrist, J. (1982). Soziologie in der Medizin. Genf: Sandoz-Institut.

Trojan, A. (1986a). Wissen ist Macht. Eigenständig durch Selbsthilfe in Gruppen. Frankfurt: Fischer.

Trojan, A. (1986b). Gesundheitsförderung durch soziale Netzwerke in der Gemeinde. Blätter der Wohlfahrtspflege 2, 29-33.

Trojan, A. & Waller, H. (Hg.) (1980a). Gemeindebezogene Gesundheitssicherung. München: Urban & Schwarzenberg.

Trojan, A. & Waller, H. (Hg.) (1980b). Sozialpsychiatrische Praxis. Wiesbaden: Akademische Verlagsgesellschaft.

Walker, A. (Ed.) (1982). Community care. Oxford: Blackwell & Robertson.

Waller, H. (1985). Sozialmedizin. Grundlagen und Praxis für psychosoziale und pädagogische Berufe. Stuttgart: Kohlhammer.

WSI (Wirtschafts- und Sozialwissenschaftliches Institut des DGB) (Hg.) (1975). Integrierte medizinische Versorgung. WSI-Studie Nr. 32. Köln: Bund Verlag.

Heiko Waller
Fachbereich Sozialwesen
der Fachhochschule
Nordostniedersachsen in Lüneburg

Umweltsoziologie und Stadtsoziologie

Eine Umweltsoziologie als eigenständige Forschungsrichtung gibt es bislang nur in Ansätzen. Diese werden zuerst dargestellt. Sodann ist Umwelt in zwei Formen Bestandteil der sozialwissenschaftlichen Stadtforschung: als Analyse räumlicher Kontexte (z.B. Nachbarschaft) und – damit verbunden – methodologisch als Kontextvariable zur Erklärung individuellen Verhaltens. Beide Forschungsrichtungen gehen auf die klassische → *Sozialökologie* zurück.

1. Umweltsoziologie

Der Ausdruck „Umweltsoziologie" (*environmental sociology*) wurde erst 1971 in der Soziologie eingeführt (Klausner 1971). Hierunter ist eine Forschungsrichtung zu verstehen, die sich mit der Anpassung der Individuen oder einer Gesellschaft an die physischen Umweltbedingungen beschäftigt. Es wird ein eigenständiger Effekt der Umwelt und der verfügbaren Ressourcen auf Verhalten und Einstellungen der Individuen, aber auch die soziale Organisation einer Gesellschaft (z.B. Entwicklung neuer Technologien zur Anpassung an knappe Ressourcen, Gesetze) angenommen. Die Analyse solcher Effekte ist der weite Themenbereich der Umweltsoziologie (vgl. ausführlich Dunlap 1979).

Forschungen, die sich hierzu rechnen lassen, richten sich u.a. auf folgende Sachverhalte: a) Einflüsse der baulichen Umwelt auf das Verhalten von Personen, wofür die Diskussion über Gebäudestrukturen und Kriminalität („defensible space") ein gutes Beispiel ist (Newman 1972); b) die Analyse der Reaktionen auf Umweltverschmutzung, z.B. des Wassers (Friedman 1977); c) die generelle Frage nach der Tragfähigkeit eines Lebensraumes (u.a. Burch 1971); d) die Anpassung an Naturkatastrophen durch Prävention oder durch Hilfsmaßnahmen (z.B. Quarantelli & Dynes 1977); schließlich e) die Analyse von Einstellungen zu Umweltproblemen und das Entstehen von Umweltbewegungen (z.B. Galtung 1986) (→ *Ökologische Bewegung;* → *Umweltbewußtsein*).

2. Umwelt als räumlicher Kontext

Speziell umgrenzte räumliche Umwelten und ihre Effekte auf das Verhalten von Individuen sind zuerst in der Sozialökologie untersucht worden. Die zahlreichen Studien lassen sich nach der Größe des räumlichen Kontextes ordnen. Die größte Gruppe stellen seit der Chikagoer Schule (vgl. die Beiträge in Theodorson 1982) Studien über *Stadtteile* einer Stadt: über die Verteilung von Kriminalitätsraten, psychische Erkrankungen oder aber auch die Selbstmordraten (Welz 1979). In ihnen wird durchgängig eine Korrelation der Zielvariablen mit anderen Merkmalen der Stadtteile festgestellt, z.B. dem Anteil der Arbeiter, dem Anteil Arbeitsloser, der Scheidungsrate. In diese Gruppe gehören auch die zahlreichen Wahlstudien, in denen das Wahlverhalten aus der sozioökonomischen Struktur von Stadtteilen erklärt werden soll.

Eine räumliche Ebene tiefer setzen Studien über städtische *Milieus* (Keim 1979) und Nachbarschaften an, z.B. über das Ausmaß nachbarschaftlicher Kontakte, sowie die zahlreichen Studien über Neubausiedlungen oder einzelne Wohnquartiere (z.B. Becker & Keim 1975, Dorsch 1972, Zapf, Heil & Rudolph 1969) (→ *Nachbarschaft;* → *Wohnen und Wohnzufriedenheit*). Einen wiederum kleineren räumlichen Kontext wählen Studien über die Effekte des *Wohnblocks.* So zeigt die Studie von Meier (1985) einen Zusammenhang zwischen der Sozialstruktur in (architektonisch identischen) Blocks einer Neubausiedlung und den Kriminalitätsraten von Jugendlichen. Die hohe Variation der Kriminalitätsraten ließ sich weitgehend durch in den Blocks unterschiedliche Anteile an Arbeitslosen, Sozialhilfeempfängern und unvollständige Familien erklären (→ *Kriminalität und Vandalismus*). Dieses Ergebnis, nämlich hohe Effekte der Sozialstruktur, läßt sich auch auf den nächstkleineren Kontext, die *Wohnung*, übertragen. Hier überwiegen Studien über die Effekte der externen (Einwohner pro Hektar, Wohnungen pro Gebäude) und der internen (Personen pro Raum) Dichte auf das (abweichende) Verhalten der Individuen. Den zahlreichen Forschungsergebnissen zufolge läßt sich die vereinfachte Annahme, Dichte führe zu Aggression, weder in Tierexperimenten methodisch hinreichend nachweisen (King 1973) noch auf menschliches Verhalten übertragen. Die Ergebnisse sprechen vielmehr dafür, daß abweichendes oder „pathologisches" Verhalten am ehesten durch einen starken direkten Effekt der Sozialstruktur und einen indirekten über die Dichte auf das abweichende Verhalten erklärt werden kann (→ *Dichte und Enge*).

Der Nettoeffekt des räumlich-baulichen Umweltmerkmals ist demnach gering. Dies dürfte für die meisten Umweltmerkmale gelten, da städtische Umwelten mit der Sozialstruktur der Bewohner kovariieren, letztere jedoch die stärkeren Effekte hat (vgl. die zusammenfassende Darstellung von Mühlich et al. 1978).

Hieraus ergibt sich das methodologische Problem, die Effekte der Umwelt zu bestimmen (Kontext- und Mehrebenen-Analysen). Umwelt wird als *Kontextmerkmal* verwendet, um das Verhalten von Individuen – neben Individualeffekten – auch durch Kontexteffekte zu erklären. Solche Kontexte können soziale (Gruppe, Schulklasse) oder sozial-räumliche sein (Stadtteil, Stadt). Beispiel für Studien über sozial-räumliche Kontexte sind das Wahlverhalten in Abhängigkeit von dem sozialen Status des Stadtteils, in dem eine Person lebt, oder das Verhalten von ethnischen Minderheiten in einem Stadtteil, einer Stadt oder einer Region in Abhängigkeit von – meist administrativ definierten – räumlichen Einheiten. Allerdings konnte Esser (1982) in einer Studie über ausländische Arbeitsmigranten in 16 Quartieren einer Stadt feststellen, daß sich das Erlernen der deutschen Sprache vornehmlich durch Individualmerkmale erklären ließ. Von den Quartiermerkmalen hatte nur „Bildungsmilieu" (durchschnittliche Schulbildung der Quartierbewohner) einen zusätzlichen Effekt, nicht jedoch der Anteil der Ausländer im Quartier. Die widersprüchlichen Forschungsergebnisse zeigen an, daß mit „räumlichen" Merkmalen genauer soziale und physische Merkmale von räumlichen Einheiten gemeint sind.

Auf einen größeren sozial-räumlichen Kontext bezogen ist die Hypothese einer „southern subculture of violence". Sie besagt, daß sich Individuen in den Südstaaten in den USA aggressiver als in den Nordstaaten verhalten, weil es andere Normen gebe (Gastil 1971, Hackney 1969, Smith & Parker 1980). Ob sich die unterschiedlichen Kriminalitätsraten in den Nord- und Südstaaten hierdurch zusätzlich erklären lassen, ist bislang umstritten.

Obgleich die mathematischen Modelle vorhanden sind, um individuelle und Kontexteffekte zu trennen (Boyd & Iversen 1979), bleibt doch zumeist theoretisch unzureichend geklärt, auf welche Weise ein Merkmal des Kontextes sich auf das Verhalten von Individuen auswirkt. Dieses Problem stellt sich bei vielen derartigen Studien, aber auch beispielsweise bei einer Veröffentlichung wie dem „Krebsatlas". Das theoretische Bindeglied zwischen Individual- und Kontextmerkmalen können nur Hypothesen über die Wahrnehmung dieser Kontexte bzw. Umwelten durch die Individuen sein, sowie die Handlungschancen und -restriktionen, die ein Kontext für individuelles Handeln enthält.

Literatur

Becker, H. & Keim, D. (1975). Wahrnehmung in der städtischen Umwelt. Stuttgart: Kohlhammer.

Boyd, H. & Iversen, R. (1979). Contextual analysis: Concepts and statistical techniques. Belmont, CA: Wadsworth.

Burch, W.R. (1971). Daydreams and nightmares: A sociological essay on the American environment. New York: Harper & Row.

Dorsch, P. (1972). Eine neue Heimat in Perlach. Das Einleben als Kommunikationsprozeß. München: Piper.

Dunlap, R.E. (1979). Environmental sociology. Annual Review of Sociology 5, 243-273.

Esser, H. (1982). On the explanation of contextual effects on individual behavior. The case of language acquisition by migrant workers. In W. Raub (Ed.), Theoretical models and empirical analysis (pp. 131-165). Utrecht: Explanatory Sociology Publishers.

Friedman, J.J. (1977). Community action on water pollution. Human Ecology 5, 329-353.

Galtung, J. (1986). The green movement: A socio-historical explanation. International Sociology 1, 75-90.

Gastil, R.P. (1971). Homicide and a regional culture of violence. American Sociological Review 36, 412-427.

Hackney, S. (1969). Southern violence. In H.G. Graham & T.R. Gurr (Eds.), Violence in America (pp. 505-527). New York: Signet Books.

Keim, D. (1979). Milieu in der Stadt. Stuttgart: Kohlhammer.

King, J.A. (1973). The ecology of aggressive behavior. Annual Review of Ecology and Systematics 4, 304-327.

Klausner, S.Z. (1971). On man and his environment. San Francisco: Jossey Bass.

Meier, U. (1985). Kriminalität in Neubausiedlungen. Frankfurt: Lang.

Mühlich, E., Zinn, H., Kröning, W. & Mühlich-Klinger, I. (1978). Zusammenhang von gebauter

Umwelt und sozialem Verhalten im Wohn- und Wohnumweltbereich. Bonn-Bad Godesberg: Schriftenreihe des BM Bau.

Newman, O. (1972). Defensible space. London: Architectural Press.

Quarantelli, E.L. & Dynes, R.R. (1977). Responses to social crisis and desaster. Annual Review of Sociology 3, 23-49.

Smith, M.D. & Parker, R.N. (1980). Type of homicide and variation in regional rates. Social Force 59, 136-147.

Theodorson, G.A. (Ed.) (1982). Urban patterns. University Park/London: Pennsylvania State University Press.

Welz, R. (1979). Selbstmordversuche in städtischen Lebensumwelten. Weinheim: Beltz.

Zapf, K., Heil, K. & Rudolph, J. (1969). Stadt am Stadtrand. Frankfurt: Europäische Verlagsanstalt.

Jürgen Friedrichs
Universität Hamburg
Forschungsstelle Vergleichende Stadtforschung

Sozialökologie

1. Begriff

Der Begriff „Human Ecology" wurde zum ersten Mal 1936 von Robert E. Park verwendet: „Innerhalb städtischer Gemeinden – tatsächlich innerhalb jedes natürlichen Bereichs menschlicher Siedlung – sind Kräfte am Werk, die tendenziell eine ordentliche und typische Gruppierung iher Institutionen hervorbringen. Die Wissenschaft, die diese Faktoren isolieren und solche typischen Konstellationen von Personen und Institutionen beschreiben möchte, die das Zusammenwirken solcher Kräfte hervorbringt, nennen wir, im Unterschied zu Pflanzen- und Tierökologie, Humanökologie." Auch Amos H. Hawley (1950, S. 68) bezieht sich in seiner Definition auf die biologische Ökologie: „Humanökologie kann also definiert werden als die Untersuchung der Form und der Entwicklung von Gemeinden in menschlichen Populationen." In ihrer kritischen Auseinandersetzung verwendet Milla A. Alihan (1938) zuerst den Begriff „Social Ecology". Die deutsche Übersetzung „Sozialökologie" wurde von Atteslander und Hamm (1974) verwendet, um das naturwissenschaftlich-bioökologische oder physiologisch-medizinische Erkenntnisinteresse vom sozialwissenschaftlichen zu unterscheiden.

Im angelsächsischen Sprachraum werden sowohl „human ecology" als auch „social ecology" verwendet, im deutschen Sprachraum hat sich „Sozialökologie" durchgesetzt. In Frankreich wird „écologie humaine" verwendet, sehr viel gebräuchlicher ist dort aber, im Anschluß an Emile Durkheim (1897/98), der Begriff „morphologie sociale".

2. Geschichte

Robert E. Park hat in Europa studiert und dort die wichtigsten Anregungen für die Formulierung der Sozialökologie erhalten (Darwin, Haeckel, Durkheim, Simmel, Booth, Ratzel). Er kam 1914 als Professor für Soziologie nach Chicago, einer Stadt mit extrem hoher Zuwanderung verschiedenster ethnischer Gruppen und bereits klar segregierten Wohngebieten (→ *Ethnische Gruppen*). Im Rahmen der Arbeitsbeschaffungsmaßnahmen während des 1. Weltkrieges wurde ein großer Teil des empirischen Materials erarbeitet, auf das Ernest W. Burgess (1923) seine berühmte Theorie der *Stadtentwicklung* in konzentrischen Zonen aufbauen konnte. Die Arbeiten dieser klassischen Schule waren ausgerichtet auf das Studium der räumlichen Verteilung „sozialpathologischer" Phänomene (Kriminalität, Prostitution, Geisteskrankheiten usw.) auf der einen, das Studium des sozialen Lebens in und der Entwicklung von segregierten Wohngebieten auf der anderen Seite (vgl. u.a. Burgess & Bogue 1964, Theodorson 1961, 1982; Short 1971).

Die klassische Schule geriet in den dreißiger Jahren unter Beschuß. Alihan, Hollingshead u.a. warfen ihr insbesondere vor, materialistisch orientiert zu sein und die Rolle kultureller Faktoren (Werte, Normen, Glauben usw.) zu vernachlässigen. Andere (Davie, Hoyt, Harris und Ullman) bestritten die Gültigkeit der Zonentheorie und setzten ihr alternative Modelle entgegen (Sektoren-, polyzentrisches Modell). Robinson wies auf die Gefahr ökologischer Fehlschlüsse hin, d.h. irreführende Schlüsse von Korrelationen zwischen Aggregatdaten auf solche zwischen Individualdaten.

Die Auseinandersetzung um den sozialökologischen Ansatz bekam um 1950 eine neue Richtung. Die klassische Schule fand ihren Höhepunkt und vorläufigen Abschluß mit der Synthese von James A. Quinn (1950). Ebenfalls 1950 publizierte Amos H. Hawley sein Werk „Human Ecology – A Theory of Community Structure", das er zusammen mit seinem Lehrer Roderick D. McKenzie begonnen hatte. Er lieferte damit dem sozialökologischen Ansatz ein systematisches theoretisches Fundament (das vorher nur in Entwürfen existierte, vgl. Park 1936).

George A. Theodorson hat darin den Beginn der neoklassischen Schule gesehen, die dann mit Arbeiten von Hawley, Otis D. Duncan, Leo F. Schnore, Jack P. Gibbs und Walter T. Martin weitergeführt wurde: Duncan (1959) entwickelte das Konzept des „Ecological Complex", und Gibbs und Martin (1959) sprechen nun von der *Subsistenzorganisation* menschlicher Gemeinschaften als dem Gegenstand der Sozialökologie. Der neoklassische Ansatz folgte in einem sehr wichtigen Punkt der klassischen Schule (ohne damit ihre Biologismen zu übernehmen): Sozialökologie befaßt sich ihrem Erkenntnisinteresse nach mit den Formen und Veränderungen sozialräumlicher Organisation, die aus dem Zusammenwirken von Bevölkerungsentwicklung (P), Umwelt (E), sozialer Organisation (O) und Technologie (T) (daher „POET"-Modell oder Ökologischer Komplex) erklärt werden können.

In Opposition zu dieser neoklassischen Konzeption hat sich die soziokulturelle Schule entwickelt. Walter Firey hat mit „Land Use in Central Boston" (1947) die grundlegende Arbeit dazu verfaßt. Das zentrale Argument dieser Schule lautet, daß die Formen und Veränderungen der Landnutzung und der sozialen Segregation nur erklärt werden können, wenn man „kulturelle Faktoren" (Werte, Überzeugungen, Glauben, Ideologien der untersuchten Teilpopulation) als unabhängige Variable heranzieht. Dieser Ansatz ist heute in der Sozialökologie von geringerer Bedeutung ($\rightarrow$ *Die ökologische Perspektive in der Kulturanthropologie;* $\rightarrow$ *Ökologische Sozialisationsforschung*).

Die sozialökologische Forschung der sechziger und siebziger Jahre war jedoch weitgehend bestimmt durch eine dritte Richtung, deren Anfänge ebenfalls in der Zeit um 1950 liegen: die *Sozialraumanalyse* und die *Faktorialökologie* ($\rightarrow$ *Humangeographie*). Die allgemeine Beschreibung und theoretische Begründung der Sozialraumanalyse wurde 1955 von Shevsky und Wendell Bell publiziert. Sie stützen sich dabei nicht nur auf die sozialökologische Theorie, sondern beziehen eine Theorie sozialen Wandels („increasing societal scale") in ihre Konzeption mit ein. Bell hat zuerst die Faktorenanalyse auf sozialökologische Aggregatdaten angewendet und damit den entscheidenden Anstoß zur Entwicklung der *Faktorialöko-logie* (Sweetser) gegeben. Inzwischen liegen hier reiche Erfahrungen aus mehreren hundert faktorialökologischen Untersuchungen von Geographen und Soziologen (Hamm 1982, 1990) vor.

Damit ist das klassische Schisma der Sozialökologie – hier allgemeine, disziplinübergreifende Theorie der wechselseitigen Anpassung zwischen menschlichen Populationen und ihrer Umwelt, dort Theorie und Empirie der *Stadtentwicklung* – faktisch zugunsten letzterer entschieden worden.

Im deutschen Sprachraum hat sich die Sozialökologie erst spät durchgesetzt (Atteslander & Hamm 1974). 1977 erschienen gleich vier Arbeiten, die in die Theorie einführen und/oder empirische Untersuchungen darauf stützen (Friedrichs, Hamm, Hoffmeyer-Zlotnik, Rhode).

3. Gegenwärtiger Stand

Die Sozialökologie stellt weiterhin die international wichtigste Tradition in der empirischen sozialwissenschaftlichen Stadtforschung dar (→ *Gemeindepsychologie*). Dazu hat sie einen unerschöpflichen Fundus an Forschungsergebnissen geliefert. Immer sind räumlich aggregierte Populationen (städtische Teilgebiete, Städte, Regionen) ihr Untersuchungsgegenstand. Beobachtungseinheiten sind in der Regel statistische Bezirke, und ihre Daten stammen meist aus der amtlichen Statistik. Von primärem Forschungsinteresse ist die Binnendifferenzierung städtischer Gebiete und ihre Dynamik. Dabei geht es einmal um die Verteilung von *Landnutzungen* (Dienstleistungen, Gewerbe, Industrie, Wohnen etc.), zum zweiten um die soziale *Segregation* der Wohnbevölkerung nach sozialer Schicht, Stellung im Lebenszyklus und ethnisch-kultureller Zugehörigkeit. Typische Prozesse sind etwa die Konzentration von Dienstleistungen in städtischen Zentren, die Dispersion von Gewerbe und Industrie, die Invasion und Sukzession von Teilpopulationen, Ghettobildung, Suburbanisierung und räumliche Separierung sowie ihre jeweilige Ursachen und Folgen. Zumindest für westlich-kapitalistische Gesellschaften ist daraus eine wohlfundierte Theorie *städtischer Entwickung* entstanden. Bis in die siebziger Jahre hinein herrschte dabei eine Fallstudien-Strategie vor; heute liegt das Schwergewicht auf systematisch vergleichender Forschung (Friedrichs 1978, 1985, Hamm 1987). Neben dem theoretischen Interesse steht oft auch das Interesse, zur planerisch-praktischen Bewältigung städtischer Probleme beizutragen (Vaskovics 1976).

Dennoch ist nicht zu verkennen, daß viele Arbeiten der Sozialökologie überwiegend deskriptiv sind. Eine bessere gesellschaftstheoretische Begründung ist noch zu leisten. Sie wird neben Faktoren der gesellschaftlichen Entwicklung auch politische Entscheidungsprozesse und ökonomische Verwertungsbedingungen, klassenspezifische Herrschaftsinteressen und Machtungleichgewichte, soziale Diskriminierung und die Rolle sozialer Bewegungen mit einbeziehen müssen (Hamm 1984) (→ *Umweltsoziologie und Stadtsoziologie)*.

38

Literatur

Alihan, M.A. (1938). Social ecology. New York: Columbia University Press.

Atteslander, P. & Hamm, B. (Hg.) (1974). Materialien zur Siedlungssoziologie. Köln: Kiepenheuer & Witsch.

Burgess, E.W. & Bogue, D.J. (Eds.) (1964). Contributions to urban sociology. Chicago: University of Chicago Press.

Duncan, O.D. (1959). Human ecology and population studies. In P.M. Hauser & O.D. Duncan (Eds.), The study of population (pp. 678-716). Chicago: University of Chicago Press.

Firey, W. (1947). Land use in Central Boston. Cambridge, MA: Harvard University Press.

Friedrichs, J. (1977). Stadtanalyse. Reinbek: Rowohlt.

Friedrichs, J. (Hg.) (1978). Stadtentwicklungen in kapitalistischen und sozialistischen Ländern. Reinbek: Rowohlt.

Friedrichs, J. (Hg.) (1985). Stadtentwicklung in West- und Osteuropa. Berlin: De Gruyter.

Gibbs, J.P. & Martin, W.T. (1959). Towards a theoretical system of human ecology. Pacific Sociological Review 2, 29-36.

Hamm, B. (1977). Die Organisation der städtischen Umwelt. Frauenfeld: Huber.

Hamm, B. (1982). Social area analysis and factorial ecology – A review of substantive findings. In G.A. Theodorson (Ed.), Urban patterns. University Park: Pennsylvania State University Press.

Hamm, B. (1984). Aktuelle Probleme sozialökologischer Analyse. Kölner Zeitschrift für Soziologie und Sozialpsychologie 36, 272-292.

Hamm, B. (1987). Soziale Segregation im internationalen Vergleich. Trier: Schwerpunkt Stadt- und Regionalplanung.

Hamm, B. (Hg.) (1990). Progress in Social Ecology. New Delhi: Mittal.

Hawley, A. (1950). Human ecology. New York: Ronald.

Hoffmeyer-Zlotnik, J. (1977). Gastarbeiter im Sanierungsgebiet. Hamburg: Christians.

Park, R.E. (1936). Human ecology. American Journal of Sociology 42, 1-15.

Park, R.E., Burgess, E.W., & McKenzie, R.D. (1925). The city. Chicago: University of Chicago Press.

Quinn, J.A. (1950). Human ecology. New York: Prentice Hall.

Rhode, B. (1977). Die Verdrängung der Wohnbevölkerung durch den tertiären Sektor. Hamburg: Christians.

Schnore, L.F. (1958). Social morphology and human ecology. American Journal of Sociology 63, 620-634.

Shevsky, E. & Bell, W. (1955). Social area analysis. Stanford: Stanford University Press.

Short, J.F. (Ed.) (1971). The social fabric of the metropolis. Chicago: University of Chicago Press.

Theodorson, G.A. (Ed.) (1961). Studies in human ecology. Evanston: Harper & Row.

Theodorson, G.A. (Ed.) (1982). Urban patterns. University Park: Pennsylvania State University Press.

Vaskovics, L. (1976). Segregierte Armut. Frankfurt: Campus.

Bernd Hamm
Fachbereich Wirtschafts- und
Sozialwissenschaften/Mathematik
der Universität Trier

Umweltethik

Die Umweltethik, auch ökologische Ethik oder Ethik der Verantwortung (des Menschen gegenüber der Natur) genannt, hat sich den 70er Jahren als ein Zweig der normativen Ethik herausgebildet. Sie sucht die allgemeine Fragestellung der Ethik „Was soll ich tun?" auf das Verhältnis Mensch – Umwelt anzuwenden; ihr Gegenstand ist somit das richtige Umwelthandeln.

Der Versuch, die Verantwortung des Menschen auf Nicht-Menschliches auszudehnen, ist vergleichsweise jungen Datums – jedenfalls in der abendländischen Ethik-Diskussion. Bis zum Ende des Zweiten Weltkrieges ist man in der philosophischen Ethik im allgemeinen davon ausgegangen, daß ethische Verpflichtungen allein für zwischenmenschliche Verhältnisse begründbar seien, wobei freilich Denker wie Schopenhauer bereits wesentlich früher eine Verantwortung des Menschen gegenüber der Natur angenommen hatten, zumindest insoweit diese leidensfähig ist.

Auch nach dem Zweiten Weltkrieg blieben Versuche, moralische Verpflichtungen des Menschen gegenüber der Natur zu begründen, eher randständig. Es entstand nur eine einzige Mensch und Lebewesen umgreifende ethische Theorie von Rang: Schweitzers Lehre von der Ehrfurcht vor dem Leben. Erst mit der Wiederentdeckung der Endlichkeit der Erde im Anschluß an die „Grenzen des Wachstums" von Meadows (1972), verbunden mit dem ersten „Ölschock" (1973) wurde mit der Sorge um die Umwelt des Menschen auch die Frage nach seiner Verantwortung für diese Umwelt hoch aktuell.

1. Die gegenwärtigen Strömungen

Vor allem in der jüngsten Vergangenheit ist in rascher Folge eine fast unübersehbare Menge von Aufsätzen und Abhandlungen sowie eine Reihe von Monographien zum Thema „Umweltethik" publiziert worden. Diese Arbeiten können – grosso modo – drei Grundorientierungen zugeordnet werden. Es sind dies
– eine theologisch orientierte Umweltethik (z.B. G. Altner, H.E. Bahr, W. Beinert, E. Eppler, E. Gräßer, G. Liedke, A. Schweitzer, G.M. Teutsch)
– eine philosophisch orientierte Umweltethik (z.B. C. Amery, B. Birnbacher, F. Capra, F. Fraser-Darling, J. Feinberg, H. Jonas, G.F. Kaltenbrunner, K.M. Meyer-Abich, G. Patzig, R. Spaemann)
– eine naturwissenschaftlich-ökologisch orientierte Umweltethik (z.B. A. Bechmann, H. Bossel, R. Coenen, J. Dahl, J. Huber, H. Weinzierl).

Die *theologisch* orientierte Umweltethik geht von der Gleichrangigkeit von Mensch und Natur als Geschöpfe Gottes aus. Der Mensch ist Teilhaber und Partner der Natur, der schöpfungsgeschichtliche Herrschaftsauftrag („Machet Euch die Erde untertan") macht den Menschen nicht zum Herrn, dem die Natur als Objekt zu Füßen liegt, sondern bedeutet einen Auftrag zur Hege und Pflege der

Natur. Nur insofern und insoweit sich das Handeln des Menschen im Rahmen seiner Gottebenbildlichkeit bewegt, ist das *dominium terrae* gerechtfertigt. Als Verwalter, nicht Eigentümer der Natur hat der Menschen keinen Freibrief zu deren Ausbeutung; er ist Gott auch für sein Handeln gegenüber der Natur verantwortlich.

Die *philosophisch* orientierte Umweltethik fragt vor allem nach dem gebotenen Umwelthandeln bzw. nach den Prinzipien, aus denen eine Verpflichtung des Menschen für die Natur abgeleitet werden kann. Je nachdem ob sie in der subjektivistischen Begründung der Moral verbleibt oder aber die anthropozentrische Fixierung der Ethik zu überwinden sucht, dehnt sie Normen, die bislang nur für zwischenmenschliche Verhältnisse Geltung beanspruchten, auf das Verhältnis Mensch – Natur aus oder muß sie neue Normen (und damit auch neue Begründungsinstanzen) für dieses Verhältnis einführen.

Die *naturwissenschaftlich-ökologisch* orientierte Umweltethik geht zunächst von der Beschreibung der Funktionsfähigkeit des Naturhaushaltes bzw. der Ökosysteme aus und dies so, daß der Mensch immer nur ein Teil dieses Naturhaushaltes sein kann. Das Überleben des Menschen kann zuverlässig nur sichergestellt werden bei einem symbiotischen Verhältnis von Mensch und Natur. Bei unterstelltem Interesse am weiteren Fortbestehen der Menschheit sind daher konkrete handlungsleitende Normen für das Umweltverhalten aus diesem Systemzusammenhang zu entwickeln (→ *Umwelt und Werte*).

2. Was muß eine Umweltethik leisten?

Die Umweltethik hat Antwort auf die Frage zu geben, was der einzelne angesichts der immer umfassender werdenden Eingriffe des Menschen in den Naturhaushalt und angesichts der inzwischen sichtbar werdenden Folgen dieser Eingriffe tun soll. Sie hat nichts Geringeres zu leisten als die Aufrichtung einer Macht über die mit ihm verbundene Naturbeherrschung. Sie muß den von seinen eigenen Erfolgen geblendeten Menschen zur Selbstbeschränkung veranlassen, bevor ihm die Natur – die Endlichkeit der Biosphäre – unwiderruflich und unter furchtbaren Opfern in seine Schranken verweist.

3. Wie ist die Umweltethik zu begründen?

Auch wenn die Notwendigkeit einer Umweltethik noch so plausibel sein mag, über ihre Begründung ist damit noch nichts gesagt. Am leichtesten scheint es zunächst die *theologische* Begründung zu haben. In ihrem Kontext sind Mensch und Natur als Geschöpfe Gottes von vornherein gleichwertig und außerdem im Sinne einer pfleglichen Statthalterschaft des Menschen aufeinander bezogen. Bei näherem Hinsehen wird freilich ein entscheidendes Manko sichtbar: die theologische Position kann sich vor der Vernunft nicht behaupten, weil ihre Begründungsinstanz außerhalb aller Vernunft liegt. Für den Ungläubigen bleibt diese Ethik vollkommen unverbindlich.

Für die Diskussion der philosophisch orientierten Ethik hat Birnbacher die entscheidende Frage gestellt: „Gibt es eine Verantwortung für die Natur, die unabhängig von unserer Verantwortung für lebende und zukünftige Menschen besteht?" (1980a, S. 103). Reicht eine anthropozentrisch ausgerichtete Ethik der – abgeleiteten – Verantwortung des Menschen für die Natur aus, oder gibt es eine unmittelbare Verpflichtung gegenüber der Natur?

Diese – anthropozentrische – Variante hat den Vorzug, daß sie vor der Vernunft bestehen kann und sich nicht – wie die theologische Position – auf Außermenschliches berufen muß oder aber – wie so häufig bei der naturwissenschaftlich-ökologischen Position – Normen aus deskriptiven Sachverhalten gewonnen werden. Dem einzelnen werden auch keine illiberalen Normen auferlegt, sondern lediglich diejenigen Pflichten zugemutet, deren Erfüllung er von den anderen Menschen erwarten muß, damit seine eigenen Rechte auf die Nutzung der Umwelt längerfristig gewahrt bleiben. Mit Rücksicht auf die Zukunft muß die Gesellschaft darüber hinaus die Willkür der heute Lebenden gegenüber den später Geborenen einschränken (vgl. hierzu v.a. Patzig 1983 und Spaemann 1980).

Zunächst erscheinen Klugheitsgründe wie die Sorge um die Erhaltung einer menschenwürdigen Umwelt und die Vorsorge für künftige Generationen zwingend genug, um zu einem die Umwelt schonenden, die Natur schützenden und bewahrenden Handeln zu verpflichten. Wenn es unabweisbar ist, daß Mensch und Natur nur zusammen eine Zukunft haben, dann geht es, wo immer es um die Natur geht, stets auch um den Menschen.

Allerdings verbleibt jede Klugheitsethik innerhalb anthropozentrischer Grenzen und damit in einem Umweltverständnis befangen, das die Natur immer schon auf vom Menschen gesetzte Zwecke instrumentalisiert hat. Solange der Mensch seine Umwelt lediglich als Ressource für seine Bedürfnisse versteht und ihren Schutz unter diesem Verständnis betreibt, wird er im Zweifel stets gegen die Natur entscheiden. Er wird das Problem lediglich als Problem einer Güterabwägung verstehen und von der Natur nur das übriglassen, was im Augenblick noch nicht unbedingt gebraucht wird (Spaemann 1980).

Der anthropozentrisch orientierte Umweltschutz mit seinem funktionalistischen Denken ist offenkundig nicht fähig, die treibenden Kräfte, die „Triebfedern" bereitzustellen, die eine Umweltethik in der Realität wirksam werden lassen. Das bloße Interesse am langfristigen Überleben der Gattung reicht hierzu nicht aus, es bedarf einer Ethik der „Ehrfurcht vor dem Leben" (Schweitzer).

4. Ansätze zu einer nicht anthropozentrischen Umweltethik

So einleuchtend es sein mag, eine Ethik der „Ehrfurcht vor dem Leben" zu fordern, so schwierig ist es, Begründungen für eine solche Ethik beizubringen, die vor der Vernunft bestehen können. Zwar kommen aus allen drei Grundströmungen umweltethischen Denkens – der theologischen, der philosophischen und der naturwissenschaftlich-ökologischen Umweltethik – erste Ansätze einer nicht mehr anthropozentrisch fixierten Ethik. Die Mehrzahl dieser Ansätze ist freilich noch auf der Suche nach der richtigen Theorie. Häufig genügen sie nicht einmal den einfachsten Anforderungen an innere Logik und Konsistenz. Birnbacher (1980b) hat in eindrucksvoller Weise gezeigt, in welchem Ausmaß gerade in diesem Bereich logische Fehlschlüsse und erschlichene Beweise anzutreffen sind.

Besonderer Beliebtheit erfreuen sich illegitime Anleihen bei der philosophischen Tradition, insbesondere bei der Ethik Kants. Immer wieder trifft man auf den Versuch, den kategorischen Imperativ dadurch zu ökologisieren, daß man seinen Geltungsbereich einfach auf die Natur ausdehnt. Aus dem „Handle so, daß die Maxime deines Willens jederzeit zugleich als Prinzip einer allgemeinen Gesetzgebung dienen könnte" wird dann: „Handle so, daß die Wirkungen deines Handelns vereinbar sind mit der Permanenz einer funktionstüchtigen Natur" usw.

Wer in dieser Form die Natur in die Ethik Kants einbringt, ist aus dem Begründungszusammenhang dieser Ethik ausgestiegen und hat damit auch ihre Verbindlichkeiten preisgegeben. Kaum einer der großen ethischen Denker hat seine Morallehre mit solcher Entschiedenheit auf das Selbstverhältnis der Subjektivität gegründet und damit nicht nur das Schielen auf die Folgen verboten, sondern vor allem jede heterogene Bestimmung des menschlichen Handelns von seiten der Natur ausgeschlossen. Weder die Sorge um künftige Generationen noch die um das Wohl der Natur kann Anwendungsfälle der Ethik Kants sein.

Nur wenige Versuche, die anthropozentrische Fixierung der Umweltethik zu überwinden, lassen ein Wissen um die Dimension des damit verbundenen Begründungsaufwandes erkennen. Zu diesen Ausnahmen gehören z.B. die Arbeiten von Altner, Capra, Jonas, Meyer-Abich und Spaemann. Bei allen Unterschieden im einzelnen sind sich diese Denker in der Überzeugung einig, daß eine dem heutigen Problemdruck angemessene Umweltethik das überlieferte Mensch-Umwelt-Paradigma nicht nur ausweiten und verfeinern, sondern aufbrechen und erneuern muß. Es ist hinter die aus dem Selbstsein des Ich abgeleitete Ethik zurückzugehen, um für die Umweltethik eine neue Basis zu gewinnen. Das Grundprinzip einer Ethik der Gleichrangigkeit von Mensch und Natur kann nicht mehr in der Lehre vom Handeln des Menschen und damit letztlich im Selbstverhältnis des Ich liegen, sondern in der Lehre vom Sein und damit in der Metaphysik.

Am weitesten vorgedrungen auf diesem Weg sind m.E. Capra und Jonas. In seinem Buch „Wendezeit" hat Capra zwar keine explizite Umweltethik entworfen; er hat jedoch mit seiner Lehre von einem fundamentalen Paradigmenwechsel – dem Übergang von einem mechanistischen Weltbild zu einem organisch-spirituellen – wichtige Prämissen für eine biozentrische Umweltethik beigebracht. Jonas schließlich hat mit dem „Prinzip Verantwortung" (1979) den bislang einzigen ausgeführten Entwurf einer nicht anthropozentrischen Umweltethik vorgelegt. M.E. ist der Versuch mißlungen, durch eine Revitalisierung der Metaphysik – insbesondere der Lehre von den absoluten Zwecken – die Kluft zwischen Sein und Sollen zu überwinden. Gleichwohl hat Jonas die Richtung markiert, in der weitergedacht werden muß, wenn man die Hoffnung auf eine Ethik nicht aufgeben will, für die die Natur nicht primär Instrument für vom Menschen gesetzte Zwecke ist, sondern Selbstzweck, der aus eigenem Recht Ansprüche an den Menschen zu stellen vermag (→ *Umwelt und Werte;* → *Umweltbewußtsein*).

Literatur

Altner, G. (1981). Natur als Orientierungspunkt der Ethik.
Altner, G. (1985). Umwelt, Mitwelt, Nachwelt – Umweltethik als Voraussetzung individuellen und gesellschaftlichen Handelns. In M. Jänicke, U.E. Simonis & G. Weigmann (Hg.), Wissen für die Umwelt (S. 279ff). Berlin: de Gruyter.
Amery, C. (1974). Das Ende der Vorsehung. Die gnadenlosen Folgen des Christentums. Hamburg: Rowohlt.
Bechmann, A. (1984). Leben wollen – Anleitungen für eine neue Umweltpolitik. Köln.
Beinert, W. (1977). Die Verantwortung des Christen für die Zukunft des Kosmos. In Catholica 31.
Birnbacher, D. (1980a). Sind wir für die Natur verantwortlich? In D. Birnbacher (Hg.), Ökologie und Ethik (S. 103ff.). Stuttgart: Reclam.
Birnbacher, D. (Hg.) (1980b). Ökologie und Ethik. Stuttgart: Reclam.
Bossel, H. (1978) Grundwerte und Orientierung. In Öko-Institut (Hg.), Alternativen. Anders denken – anders handeln (S. 9ff). Freiburg: Dreisam/PRO.
Capra, F. (1983). Wendezeit. München: Scherz.
Coenen, R. (1972). Alternativen zur Umweltmisere. Raubbau oder Partnerschaft. München.
Dahl, J. (1983). Ökologie pur – Zur Verteidigung des Federgeistchens. Natur Nr. 10.
Eppler, E. (1981). Wege aus der Gefahr. Hamburg: Rowohlt.
Fraser-Darling, E. (1980). Die Verantwortung des Menschen für seine Umwelt. In D. Birnbacher (Hg.), Ökologie und Ethik (S. 9ff). Stuttgart: Reclam.
Gräßer, E. (1979). Neutestamentliche Erwägungen zu einer Schöpfungsethik. Wissenschaft und Praxis in Kirche und Gesellschaft 68.
Huber, J. (1982). Die verlorene Unschuld der Ökologie. Frankfurt: Fischer.
Jonas, H. (1979). Das Prinzip Verantwortung. Frankfurt: Suhrkamp.
Kaltenbrunner, G.K. (Hg.) (1976). Überleben und Ethik. Die Notwendigkeit, bescheiden zu werden. Freiburg: Herder.
Liedke, G. (1972). Von der Ausbeutung der Kooperation. Theologisch-philosophische Überlegungen zum Problem des Umweltschutzes. In E. von Weizsäcker (Hg.), Humanökologie und Umweltschutz (S. 48 ff). Stuttgart.
Meadows, D. (1972). Die Grenzen des Wachstums. Stuttgart.
Meyer-Abich, K.M. (Hg.) (1980). Frieden mit der Natur. Freiburg: Herder.
Meyer-Abich, K.M. (1984). Wege zum Frieden mit der Natur. München: Hanser.
Patzig, G. (1983). Ökologische Ethik – Innerhalb der Grenzen bloßer Vernunft. Göttingen: Vanderhoeck & Ruprecht.
Schweitzer, A. (1976). Die Lehre von der Ehrfurcht vor dem Leben. München: Beck.
Spaemann, R. (1980). Technische Eingriffe in die Natur als Problem der politischen Ethik. In D. Birnbacher (Hg.), Ökologie und Ethik (S. 180ff.). Stuttgart: Reclam.
Teutsch, G.M. (1978). Umwelt als Schöpfung. Braunschweig.
Weinzierl, H. (Hg.). (1975) Natur in Not. München: Gersbach.

Stefan Summerer
Umweltbundesamt
Berlin

Umweltpolitik und -recht

In der Bundesrepublik Deutschland beginnt eine systematische Umweltpolitik 1969 mit der Regierungserklärung der sozial-liberalen Koalition. Noch in den frühen sechziger Jahren war der Begriff Umweltpolitik sowohl in der Bundesrepublik als auch im Ausland nahezu unbekannt. Die zum Schutze der Umwelt notwendigerweise auch in früheren Jahren durchgeführten Maßnahmen waren lediglich punktuelle Aktivitäten, nicht aber Bestandteil weiterreichender umweltpolitischer Konzeptionen.

Eine zunehmende und immer offensichtlicher werdende Verschlechterung der Umweltqualität sowie eine Häufung von Umweltkatastrophen führten jedoch national und international zu einer kontinuierlichen Politisierung des Umweltthemas und zum Aufgreifen der Thematik in parteipolitischen Programmen.

Mit dem Umweltprogramm 1971 wurde die Umweltpolitik offiziell in den Handlungsrahmen der Bundesregierung einbezogen: „Die Bundesregierung ist der Überzeugung, daß Umweltpolitik den gleichen Rang hat wie andere große öffentliche Aufgaben, z.B. soziale Sicherheit, Bildungspolitik oder innere und äußere Sicherheit." Mit dieser Erklärung erhielt die Umweltpolitik formal einen mit anderen Politikbereichen vergleichbaren Stellenwert.

Der Begriff Umweltpolitik wurde in dem Programm wie folgt definiert: „Umweltpolitik ist die Gesamtheit aller Maßnahmen, die notwendig sind,
– um dem Menschen eine Umwelt zu sichern, wie er sie für seine Gesundheit und für ein menschenwürdiges Dasein braucht,
– um Boden, Luft und Wasser, Pflanzen und Tierwelt vor nachteiligen Wirkungen menschlicher Eingriffe zu schützen und
– um Schäden oder Nachteile aus menschlichen Eingriffen zu beseitigen."
Die Gesetzgebungszuständigkeit auf dem Gebiet der Umweltpolitik in der Bundesrepublik Deutschland ist zwischen Bund und Ländern aufgeteilt.

Der Bund hat die volle Gesetzgebungszuständigkeit für den Immissionsschutz (Luftreinhaltung und Lärmbekämpfung), die Abfallbeseitigung, den Strahlenschutz und die Reaktorsicherheit; er kann in diesen Bereichen alle wesentlichen Fragen durch Umweltgesetze des Bundes regeln, während die Länder lediglich ggfs. Ausführungsgesetze erlassen können (z.B. Immisionsschutzgesetze und Abfallgesetze der Länder). Für die Bereiche Wasserhaushalt, Naturschutz und Landespflege besitzt der Bund Rahmenkompetenz: Der Bund hat das Recht, Rahmenvorschriften zu erlassen, das Schwergewicht der Gesetzgebung liegt jedoch bei den Länderparlamenten (z.B. Wasser-, Naturschutz- und Landschaftspflegegesetze der Länder).

Die Federführung in der Umweltpolitik des Bundes hatte jahrelang der Bundesminister des Inneren. Wichtige Aufgaben, z.B. Naturschutz und Schutz der Hohen See, waren allerdings auch in anderen Bundesministerien angesiedelt. 1986 kam es im Zuge der „Tschernobyl-Ereignisse" zur Gründung des Bundesumweltministeriums (Bundesminister für Umwelt, Naturschutz und Reaktorsicherheit). Ob diese Organisationslösung für die Effizienz der Umweltpolitik insgesamt vorteilhaft ist, wird in der Literatur unterschiedlich beurteilt (vgl. hierzu insbes. E. Müller 1986).

Wichtige umweltpolitische Aufgaben des Bundes unterhalb der Ministerialebene werden von zahlreichen spezialisierten Bundesoberbehörden und Bundesanstalten wahrgenommen. Von besonderer Bedeutung ist hierbei das Umweltbundesamt in Berlin.

Die Aufteilung umweltbezogener Aufgaben auf sieben Bundesministerien ist in verschiedener Hinsicht problematisch und erschwert die Erarbeitung und Durchführung einer umweltpolitischen Gesamtkonzeption unter Berücksichtigung ökologischer Zusammenhänge. Eine auf den Schutz des gesamten Ökosystems abzielende Konzeption wird zusätzlich erschwert durch die überwiegend isolierte Behandlung der verschiedenen Umweltmedien Wasser, Luft und Boden.

Der Vollzug des geltenden Umweltrechts – wie überhaupt die Umsetzung umweltpolitischer Ziele und Planungen – ist in erster Linie Aufgabe der Bundesländer. Der Bund hat – von einigen Ausnahmen abgesehen – lediglich den Vollzug von produktbezogenen Rechtsvorschriften wahrzunehmen, z.B. Zulassung von Pflanzenschutzmitteln.

Die Zuständigkeit der Kommunen liegt vor allem im Bereich der Abfall- und Abwasserbeseitigung, der Wasserversorgung, der Bauleit- und der Verkehrsplanung.

Grundbestandteil der Umweltpolitik ist die Definiton von *Umwelt*qualitätszielen (→ *Lebensqualität*). Diese Zielaussagen sind von handlungsleitendem Charakter und beziehen sich auf die einzelnen Problembereiche der Umweltpolitik (Luft, Wasser, Abfall, Boden, Landschaftsnutzung etc.), wobei der Definition allgemeiner Zielaussagen die Festsetzung konkreter Emissions- und Immissionswerte oder anderer Handlungsvorgaben folgen muß.

Die Bestimmung politisch akzeptabler Umweltqualitätsnormen ist im allgemeinen ein sehr schwieriger Prozeß, da in der Regel Zielkonflikte mit anderen Politikbereichen zu überwinden sind und zudem oftmals nicht ausreichende wissenschaftliche Kenntnisse die Bestimmung wirkungsbezogener Umweltqualitätsnormen erschweren.

Von besonderer Bedeutung in der umweltpolitischen Diskussion ist die *Wirtschaftsverträglichkeit* von Maßnahmen. Zur Bestimmung der Wirtschaftsverträglichkeit von Umweltschutzmaßnahmen werden Kosten-Nutzen-Analysen durchgeführt, mittels deren Erkenntnisse zur Verhältnismäßigkeit von Maßnahmen gewonnen werden können. Dabei werden die Kosten zur Vermeidung der Schäden den zu erwartenden Schadenskosten als Folge nicht durchgeführter Maßnahmen bilanzierend gegenübergestellt. Diese Berechnungen weisen methodische Schwierigkeiten auf, die insbesondere auf die Probleme bei der monetären Bewertung des Nutzens zurückzuführen sind.

Im Rahmen einer Untersuchung der „Organisation for Economic Cooperation and Development" (OECD 1981) wurde festgestellt, daß durch Umweltverschmutzung in den entwickelten Ländern Schadenskosten von 3-5% des Brutto-sozialprodukts verursacht werden (bezogen auf die Bundesrepublik Deutschland entspricht das 40-70 Mrd. DM/Jahr), die Kosten des Umweltschutzes jedoch nur etwa 1-2% des Bruttosozialproduktes betragen. Es scheint daher der Schluß gerechtfertigt, daß die Kosten der Umweltpolitik im allgemeinen durch die Schadensverringerung kompensiert werden.

Die Implementierung von Umweltschutzmaßnahmen erfolgt mittels *umweltpolitischer Instrumente*, die auf dem Verursacher- oder dem Gemeinlastprinzip basieren. Für die umweltpolitische Praxis sind folgende Instrumentengruppen von Bedeutung:
– Auflagen
– Abgaben
– Subventionen, Abschreibungserleichterungen und öffentliche Investitionen.
Die erstgenannten Gruppen sind Instrumente nach dem Verursacherprinzip, während die letztgenannte Instrumentengruppe dem Gemeinlastprinzip folgt. Diese Instrumente weisen verschiedene Vor- und Nachteile auf, wobei im allgemeinen die Instrumente, die vom Verursacherprinzip ausgehen und die Kosten für Umweltschutzmaßnahmen den Verursachern der Umweltverschmutzung anlasten, bevorzugt in Betracht kommen gegenüber den Instrumenten nach dem Gemeinlastprinzip, bei dem die Kosten von der öffentlichen Hand übernommen werden.

Die Instrumente selbst unterscheiden sich insbesondere hinsichtlich ihrer ökonomischen Effekte und ihrer politischen Durchsetzbarkeit.

Das Gemeinlastprinzip kommt dann zur Anwendung, wenn der Verursacher selbst bei grober Zurechnung der Schäden nicht ermittelt werden kann oder wenn die durch das Verursacherprinzip bewirkten Preis- und Nachfrageverschiebungen politisch unerwünscht sind. Auf das Gemeinlastprinzip wird insbesondere bei in der Vergangenheit entstandenen Schäden durch zum gegebenen Zeitpunkt nicht mehr ermittelbare Verursacher zurückgegriffen. Wesentlicher Nachteil des Gemeinlastprinzips ist die mangelnde wirtschaftliche Lenkungsfunktion als Folge des fehlenden Investitionsanreizes für Umweltschutzmaßnahmen seitens der Unternehmer.

Die ökonomisch effiziente Lösung der Umweltproblematik ist die nach dem Verursacherprinzip, wobei die marktwirtschaftlich orientierte Abgabenlösung gesamtwirtschaftlich effizienter ist als die administrativ verordnete Emissionsauflage, die unabhängig von wirtschaftlichen Aspekten auch Kleinemittenten die Einhaltung bestimmter Grenzwerte vorschreibt.

In der politischen Praxis der Bundesrepublik Deutschland wurde diese Aufgabenlösung bisher nur in einem Fall, beim Abwasserabgabengesetz, realisiert. Zukünftig ist jedoch ein verstärkter Einsatz marktwirtschaftlich orientierter Instrumente gegenüber den traditionellen Instrumenten regulativer Politik zu erwarten.

Abschließend seien einige neuere Elemente der Umweltpolitik genannt:

Mit der fortschreitenden Erkenntnis über die weiträumige Verteilung von Schadstoffen in der Umwelt (50% der bundesdeutschen Schwefeldioxidimmissionen stammen aus dem Ausland) wuchs die Notwendigkeit, *international koordinierte Maßnahmen* zu ergreifen. Aufgrund des hier zu befolgenden Konsensprinzips sind jedoch nur allmählich Fortschritte zu erzielen, zumal die Priorität des Umweltschutzes in den einzelnen Staaten sehr unterschiedlich eingeschätzt wird. Mit Fragen der Luftreinhaltung, der Meeresverschmutzung und der Klimabeobachtung sind heute eine Reihe internationaler Gremien und Konferenzen befaßt. Eine besondere Rolle spielt die *Europäische Gemeinschaft (EG)*. Aufgrund der Römischen Verträge sind nicht-tarifäre Handelshemmnisse ausgeschlossen, wozu nach herrschender Auffassung auch produktbezogene Umweltschutzregelungen gehören, z.B. die obligatorische Einführung schadstoffarmer Kraftfahrzeuge. Entsprechende Regelungen müssen in allen Mitgliedsländern der EG daher zugleich in Kraft treten. Auch dies mag ein Grund dafür sein, daß sich Bundesregierung und Industrie verstärkt bemühen, Umweltschutzanforderungen an Produkte in sogenannten *Industrieabkommen* oder *Branchenvereinbarungen* zu regeln (z.B. Asbestersatz in Hochbauprodukten, Verringerung der Lösemittelemissionen aus Anstrichstoffen), die jedoch rechtlich unverbindlich sind. Entscheidend für den Erfolg dürfte das Durchsetzungsvermögen der unterzeichnenden Industrieverbände bei den Mitgliedsländern sein.

Bemerkenswert ist im Zuge des ständig steigenden → *Umweltbewußtseins* auch die zunehmende Durchdringen des Umweltschutzgedankens in allen Bereichen des gesellschaftlichen Lebens.

Umweltverbände und Bürgerinitiativen (→ *Partizipation und Protest*) finden Unterstützung durch Verbraucherverbände, Kirchen bis hin zu Gewerkschaften, Handel und Industrie. Dies korrespondiert mit der Einsicht, daß staatliche Umweltpolitik nur einen Teil dessen regeln kann, was für den Umweltschutz insgesamt getan werden müßte. Dies besagt allerdings nicht, daß trotz allen Konsens in Grundsatzfragen im Einzelfall sich immer wieder wirtschaftliche Erwägungen durchsetzen werden (wie etwa beim Kraftwerk Buschhaus). (→ *Lärm*; → *Abfall*; → *Energiesparen*)

Literatur

Als Einstieg in die Probleme der Umweltpolitik seien empfohlen:

Bick, H. et al. (Hg.) (1983). Angewandte Ökologie – Mensch und Umwelt. Frankfurt: G. Fischer.
Hartkopf, G. & Bohne, E. (1983). Umweltpolitik 1. Opladen: Westdeutscher Verlag.
Müller, E. (1984). Umweltpolitik der sozial-liberalen Koalition. Zeitschrift für Umweltpolitik 2, 115-141.

Müller, E. (1986). Innenwelt der Umweltpolitik. Zum Einfluß der Regierungs- und Parlaments-organisation auf die Umweltpolitik der sozial-liberalen Koalition. Opladen: Westdeutscher Verlag.

Zeitschrift „Umwelt", Informationen des Bundesministers für Umwelt, Naturschutz und Reaktor-sicherheit. (Zu abonnieren beim Bundesumweltministerium, Ref. Öffentlichkeitsarbeit, Postf. 120629, 5300 Bonn 1.

Hedi Schreiber und Harald Neitzel
Umweltbundesamt Berlin

Die ökologische Perspektive in der Kulturanthropologie

1. Einleitung

Für die Kulturwissenschaften impliziert die Übernahme eines ökologischen Verständnisses der Mensch-Umwelt-Beziehung ganz allgemein eine Auffassung von Kultur als einer zwar artspezifischen, aber dennoch historischen Veränderungen unterliegenden Strategie der Auseinandersetzung des Menschen mit seiner spezifischen natürlichen Umwelt.

So versteht z.B. Orlove (1980, S. 239) unter der ökologischen Anthropologie „(...) die Analyse der Beziehungen zwischen Populationsdynamik, sozialer Organisation und der Kultur menschlicher Populationen sowie der Umwelt, in der sie leben" (Übersetzung durch die Autoren).

Die unterschiedliche Umsetzung des ökologischen Denkmodells innerhalb der Kulturanthropologie ist Gegenstand einer Reihe von Arbeiten, deren Systematisierungsversuche im wesentlichen wissenschaftstheoretisch ausgerichtet sind (Anderson 1973, Bargatzky 1986, Feldman 1975, Hardesty 1977, Helm 1962, Orlove 1980, Vayda & Rappaport 1968). Die Differenzierung verschiedener ökologisch orientierter kulturanthropologischer Ansätze in diesen Analysen läßt drei Unterscheidungsmerkmale deutlich werden, mittels deren ein jeweils spezifisches Verständnis der ökologischen Orientierung zu verschiedenen Phasen der Wissenschaftsentwicklung beschreibbar wird.

a) *Die inhaltliche Bestimmung* des Bindegliedes zwischen Mensch und Umwelt (und damit das wesentliche Kriterium für die Auswahl der Analyseeinheit bei der Betrachtung dieser Beziehung) wird unterschiedlich festgelegt. Vivelo (1981) beispielsweise benennt bei seiner Skizzierung ökologischer Kulturanthropologie Formen der wirtschaftlichen, sozialen, kognitiven und politischen Organisation sowie die Ausgestaltung der expressiven Institutionen einer Kultur, welche alle zur inhaltlichen Beschreibung der Mensch-Umwelt-Interaktion unter ökologischer Perspektive herangezogen werden können.

b) Damit zusammenhängend wird die *unterschiedliche Verwendung der Konzepte der Ökologie* (Ökosystem, Nische, Habitat, Populationsdynamik) für die kulturanthropologische Modellbildung angesprochen. Mit den Möglichkeiten und Grenzen der Übertragbarkeit solcher biologischer Konzepte auf den Humanbereich (Bargatzky 1986, Eckensberger 1978, Eckensberger & Burgard 1976, Friedrichs 1977, Richerson 1977) wird gleichzeitig auch die Verbindung zur Humanökologie deutlich.

Moran (1979), der die menschliche Adaptationsfähigkeit in verschiedenen Ökosystemen als Grundlage für die Betrachtung unterschiedlicher Kulturen benutzt, schlägt die Unterscheidung von vier unterschiedlichen Prozessen vor, die die Passung zwischen menschlichem System und abiotischem Umweltanteil gewährleisten: ökosystemische Beziehungen (Populationsdynamik, Energiefluß), menschliche physiologische Anpassungsreaktionen (Kreislauf, Ernährung), soziokulturelle Regulationsmechanismen (Wissensbestand, Technologie, Sozialstruktur) und schließlich Informations- und Entscheidungsprozesse, welche funktional für das Überleben des Ökosystems sind.

c) Schließlich unterscheiden sich die ökologisch orientierten Ansätze der Kulturanthropologie in dem Verständnis der *Art der Verknüpfung* (kausal, interaktionistisch) zwischen Mensch und Umwelt. Bennett (1976) unterscheidet in dieser Hinsicht fünf paradigmatische Sichtweisen: Deterministische Anthropogeographie (Umweltdeterminismus), Possibilismus (Kulturdeterminismus), Stewards (1935) kulturelle Ökologie (als Mischform mit Schwerpunkt auf der Kausalbedeutung der Umwelt), den kulturellen ökosystemaren Ansatz (als interaktionistische Beziehung zwischen kulturellen Parametern und Umweltressourcen unter dem Gesichtspunkt der Erhaltung des lokalen Systemgleichgewichts) und ein dynamisch-adaptives Denkmodell, das die Handlungsstrategien und Entscheidungsprozesse der Kulturträger als zentrales Merkmal der wechselseitigen Verknüpfung von Mensch und Umwelt thematisiert.

2. Hominide vs. humanide Anthropologie als Pole anthropologischer Theoriebildung

Die in den wissenschaftshistorischen Darstellungen aufgezeigten Schwerpunktverschiebungen sind u.E. rekonstruierbar als ein Hin- und Herpendeln zwischen den von Mühlmann (1984) herausgearbeiteten Grundpositionen einer hominiden und humaniden Anthropologie. Dabei wird gleichzeitig durch den Versuch des Einbezugs der jeweils vorausgehenden Ansätze das Verständnis der Mensch-Umwelt-Beziehung immer komplexer und integrierter (im Sinne der zunehmenden gleichzeitigen Berücksichtigung der beiden Grundpositionen). Diese Auffassung von der Entwicklung der ökologischen Perspektive in der Kulturanthropologie dient als Leitfaden der folgenden Darstellung und wird in Abbildung 1 verdeutlicht.

Die *hominide Anthropologie* verfährt streng naturwissenschaftlich, d.h. sie interpretiert den Menschen als Naturwesen, als reines Objekt der Forschung und erklärt seine Veränderung evolutionstheoretisch, d.h. Veränderungsursachen werden in umweltspezifischen und/oder anlagespezifischen Konstellationen gesucht. Die *humanide Anthropologie* dagegen, die wohl gleichzusetzen ist mit der aus der Tradition der europäischen Moral- und Lebensweltphilosophie sowie der romantischen Volksgeistidee entstandenen Ethnologie (vgl. Stagl 1974, Müller 1981), versteht den Menschen als Kulturwesen, das „(…) nur aus verstehend-menschlicher Gleichartigkeit heraus zu erfassen (…)" ist (Mühlmann 1984, S. 21). Sie thematisiert als geisteswissenschaftliche Disziplin gerade die subjektiven Sinngebungen als Spezifikum des Menschen, die den Ausgangspunkt für die Entstehung der Kulturenvielfalt darstellen. Sozialer Wandel wird nur im Rahmen historischer Betrachtung verständlich; Veränderungsursachen werden im wesentlichen in den vom Menschen selbstgeschaffenen Bedingungen gesehen.

	HOMINID	HUMANID
betrachteter Entwicklungsprozeß	Evolution	Geschichte
wissenschaftstheoretische Position	nomothetisch	idiographisch
Erkenntnisziel	Erstellung allgemeiner Gesetzesaussagen	kontexterhaltende Rekonstruktion
angenommene Entwicklungsursache	Umwelt/Anlage	kultur-/kohortenspezifische Bedürfnisse
Grundpositionen	Umweltdeterminismus, generelle Evolution	Kulturdeterminismus historischer Partikularismus

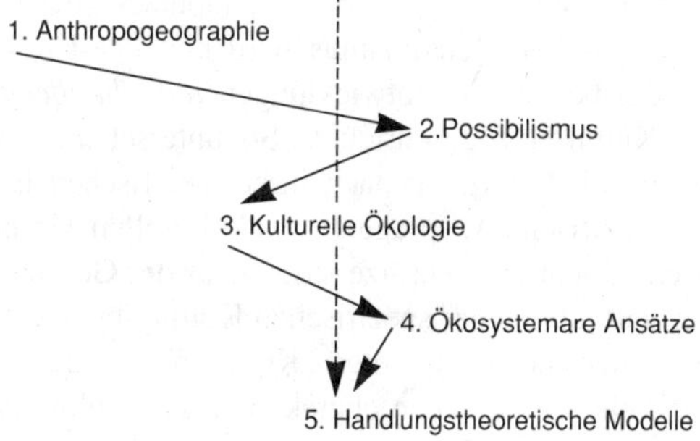

1. Anthropogeographie

2. Possibilismus

3. Kulturelle Ökologie

4. Ökosystemare Ansätze

5. Handlungstheoretische Modelle

Abb. 1: Ökologische Ansätze in der Kulturanthropologie

3. Konzeptuelle Schwerpunkte in öko-kulturellen Modellen der Anthropologie

Überträgt man die Unterscheidung in hominide und humanide Anthropologie auf die verschiedenen Varianten einer ökologischen Perspektive in der Kulturanthropologie, so scheinen zunächst die beiden Pole des Umweltdeterminismus (*environmentalism*) und des Kulturdeterminismus bzw. historischen Partikularismus das gleiche Spektrum abzubilden (Anderson 1973).

Die *umweltdeterministischen Ansätze* betonen die Bedeutung von materiell-physikalischen Umweltfaktoren als Bedingung der Entstehung bestimmter kultureller Merkmale. Von der Antike bis zum Beginn des 20. Jhs. spielt dieses rigide

Verständnis von Umwelt als Hauptmotor kultureller Entwicklung eine bedeutsame Rolle in den Kulturwissenschaften (Feldman 1975, Hardesty 1977). So findet sich analog zu Watsons Aussage über die Bildbarkeit von Individuen in der Psychologie für die Kulturanthropologie Cousins Ausspruch. „Gib mir die geographische Lage eines Landes (...) und ich gelobe im voraus anzugeben, (...) welche Rolle dieses Land in der Geschichte spielen wird." (zit. nach Spate 1968, Übersetzung durch die Autoren)

Die von dem Anthropogeographen Ratzel (1882) begründete Kulturkreislehre oder die von Mason (1905) beschriebene Unterteilung von Nordamerika in zwölf Regionen, die er „ethnic environments" nannte, gehen ebenfalls grundsätzlich von der Auffassung aus, daß zwischen den vorherrschenden klimatischen Bedingungen einerseits und der Kulturentwicklungsgeschichte seiner Bewohner andererseits ein kausaler Zusammenhang besteht (Müller 1981). Allerdings ist bei beiden – vor allem bei Ratzel durch die Thematisierung von Diffusions- und Migrationsphänomenen – auch auf die Bedeutung der historisch-idiographischen Betrachtung verwiesen.

Dieser Gesichtspunkt rückt dann als zentrales Bestimmungsstück beim *Possibilismus* in den Mittelpunkt. In der Folge des von Boas in die amerikanische Kulturanthropologie eingeführten Standpunktes des historischen Partikularismus und des kulturellen Relativismus wird hier der Umwelt lediglich ein begrenzender, d.h. ein bestimmte Entwicklungen *ausschließender* Einfluß auf die Entstehung von Kulturen zugeschrieben. So unterscheidet Meggers (1954) beispielsweise Typen von Umwelten nach ihrer spezifischen Eignung für Ackerbau. Herkunft und spezifische Ausprägung von kulturellen Merkmalen werden durch „possibilistisch" orientierte Ansätze jedoch aus der Geschichte von Diffusions- und Migrationsverläufen einer spezifischen Kultur abgeleitet. Analyseeinheit solcher Ansätze wurden die sogenannten „Kulturareale", die definiert sind als „geographische Territorien, in welchen charakteristische kulturelle Muster erkennbar sind durch die wiederholte Verknüpfung spezifischer Kulturmerkmale mit üblicherweise einem oder mehreren Subsistenzmodi, welche mit einer bestimmten Umwelt verbunden sind" (Ehrlich & Henderson 1968, S. 563, Übersetzung durch die Autoren).

Die Umsetzung dieser Analyse läßt unterschiedliche Schwerpunktsetzungen der einzelnen Autoren erkennen: vornehmlich an der räumlichen Verbreitung und deren zeitlicher Veränderung interessiert, entwickelt sich im Anschluß an Ratzels Anthropogeographie die Kulturkreislehre (Graebner 1905, Schmidt & Koppers 1924) und in den USA Wisslers (1923) „cultural area"-Forschung. In Fordes (1934) „human communities" und Kroebers (1939) „cultural areas" werden dagegen geschichtlich entstandene und eher ganzheitlich konzipierte „kulturelle Muster", die bestimmte Möglichkeiten des Umgangs und der Auseinandersetzung mit der Umwelt bedingen, als Definitionsmerkmale kultureller Einheiten benutzt und nicht deren räumliche Ausbreitung.

Die von Steward (1955) konzipierte „*cultural ecology*" stellt dann den Versuch dar, gerade diese relativistische Auffassung von Kulturgeschichte und ihrer impliziten Annahme, „daß Kultur von Kultur kommt", erneut zu überwinden. Seine Analyse lokaler kultureller Einheiten setzt bei den Variablen an, die am engsten mit der Benutzung der Umwelt in kulturell vorgeschriebener Weise verbunden sind. Die Analyse solcher „Kulturkerne" hat zum Ziel, die Beziehung zwischen Umweltanforderungen und spezifischen, primär subsistenzwirtschaftlichen und technologischen Adaptationen der Kultur in Form allgemeingültiger Gesetzmäßigkeiten abzubilden und somit bewußt von historisch entstandenen, kulturspezifischen sekundären Merkmalen zu abstrahieren. Entsprechend schlägt Steward (1955, S. 40f) eine dreistufte Vorgehensweise bei der Analyse von Kulturen vor: (1) „(…) die Wechselbeziehung von exploitativer und produktiver Technologie mit der Umwelt muß analysiert werden (…); (2) „die Verhaltensmuster, welche verknüpft sind mit der Nutzung eines bestimmten Areals mittels einer bestimmten Technologie müssen analysiert werden (…)"; (3) „die dritte Vorgehensweise ist die Bestimmung, in welchem Ausmaß die in die Nutzung der Umwelt involvierten Verhaltensmuster andere kulturelle Merkmale bedingen" (Übersetzung durch die Autoren).

Stewards Verständnis von sozialem Wandel als Adaptationsprozeß führt zur Konzipierung verschiedener „Niveaus soziokultureller Integration", die jeweils neue Gleichgewichtszustände zwischen der sozialen Organisation, der Technologie und bestimmten Umweltanforderungen darstellen. Trotz der Betonung von Prozessen der Adaptation an bestimmte Umwelten als Grundlage der Kulturentwicklung enthält sein multilineares Verständnis der kulturellen Entwicklung allerdings auch den Versuch, spezifische historische Entwicklungen zu berücksichtigen. Eine ähnliche Lösung des Problems, die Spannung zwischen dem Aufstellen allgemeiner Gesetze unter Beibehaltung der Bedeutung konkreter Kontexte zu überbrücken, ist in der von Sahlins und Service (1960) vorgeschlagenen Differenzierung von genereller und spezifischer Evolution zu sehen.

Die vierte Phase der ökologischen Anthropologie, die von Orlove (1980) „neofunctionalism" und von Bennett (1976) „ecosystemicism" genannt wird, entspringt der Unzufriedenheit mit der Überbewertung technologischer und direkt an die Ausnutzung von Umweltressourcen eingebundener Kulturelemente (technologischer Determinismus) sowie der Kritik an der Universalität der von Steward beschriebenen Adaptationsniveaus (Vayda & Rappaport 1968). Ausgehend von der Übertragung des Ökosystemmodells auf die Kulturwissenschaften werden soziale Organisationsformen und andere Kulturmerkmale spezifischer Populationen zwar als funktionale Adaptationen interpretiert, die den jeweiligen Populationen erlauben, ihre Umwelt erfolgreich auszubeuten, ohne die Belastbarkeit des Gesamtsystems zu überschreiten. Das Erkenntnisinteresse richtet sich dabei jedoch besonders auf die funktionale Adaptabilität kognitiver Strukturen (Glaubenssysteme, Wissen von der Welt, Religion).

So zielt Frakes (1973) „ethnoscience" auf die ethnographische und emische Beschreibung der kulturspezifischen Verhaltensvorschriften im Umgang mit Dingen. Rappaport (1971) untersucht bei den Tsembaga (Neu Guinea) die Übereinstimmung des „cognized model", dem Wissen und Glauben über die Welt (in diesem

Fall die rituelle Ordnung der Kriegsführung und der Aufzucht und Opferung von Schweinen) mit dem „operational model", das auf der Grundlage des ökologischen Systems einschließlich des Menschen in Übereinstimmung mit den Annahmen und Methoden der Ökologie entworfen ist. Die diesen Ansätzen gemeinsame Annahme eines statischen Gleichgewichts zwischen biotischen und abiotischen Systembestandteilen, die Betonung der funktionalistischen Passung von sozialen und ideellen kulturellen Strukturen mit spezifischen Umweltbedingungen (vgl. Orlove 1980) sowie das damit implizit verbundene Postulat von quasi unveränderlichen Belastbarkeitsgrenzen des betrachteten Systems schränken die Anwendbarkeit des ökosystemaren Ansatzes jedoch auf Kulturen ein, die relativ isoliert, auf subsistenzwirtschaftlichem Niveau und möglichst unberührt von Entwicklungsprozessen jeglicher Art existieren. Vayda und McCay (1975) entwickeln in der Folge der Kritik an dem ökologischen Gleichgewichtsmodell neue Schwerpunkte einer ökologischen Anthropologie, wie den Einbezug der Reaktionen des Individuums auf Systemstörungen und die Betrachtung des Wandels im Verhältnis zur Homöostase.

Konsequent knüpft hier auch die fünfte Phase der ökologischen Anthropologie an, die sich von der synchronen Analyse lokal abgegrenzter Gleichgewichtssysteme löst und sich dem Wandel sowie den grundlegenden Prozessen innerhalb und zwischen solchen Systemen zuwendet. Diese bei Orlove (1980) als „Aktor- oder Prozeß-Modell (*processual approaches*)" und bei Bennett (1976) als „adaptiv dynamische Modelle (*adaptive dynamics*) bezeichneten Ansätze enthalten sowohl die biologisch-organismischen und psychologischen Voraussetzungen der kulturtragenden Individuen als auch die jeweilige Umweltkonstellation in ihrer historischen Konkretheit, indem sie die Genese und die Konsequenzen von Entscheidungen analysieren, die die Grundlage individueller und kollektiver Handlungen im Umgang mit bestimmten Umwelten und Umweltproblemen bilden.

Orlove (1980) unterscheidet bei diesen Aktor-Modellen kognitive und mikroökonomische Ansätze. Erstere analysieren die aktuellen psychologischen Prozesse bei der Herausbildung der kognitiven Repräsentation von Handlungsalternativen und der anschließenden Auswahlprozedur (Prozeß der Entscheidung); letztere versuchen durch eine Reihe von Gruppen- oder Individualzielen zu einer Gewichtung des Resultats von Entscheidungen zu kommen. Bei dieser handlungstheoretischen Auffassung der Mensch-Umwelt-Beziehung wird Umwelt als gestalteter Handlungs- und Lebensraum gesehen, der sowohl Bedingung als auch Ergebnis der Handlungen einzelner und ganzer Gruppen darstellt. So sieht z.B. Greverus (1978) die Perspektive kulturökologischer Ansätze in der Thematisierung des „(...) täglichen Lebens mit seinen kulturspezifischen Bedürfnissen, Werten, Erwartungen und Verhaltenschancen als möglichen oder gestörten Ort des Gleichgewichts" (S. 50). Für die Autorin liegt das eigentliche Erkenntnisziel kulturökologischer Ethnologie in den wechselseitigen Beziehungen zwischen dem mit Werten besetzten Kulturraum und dem menschlichen Verhalten in diesem Raum. Als Analyseeinheit wird hier die Regionalkultur bedeutsam, da nur innerhalb eines solchen überschaubaren Gebietes die Mitgestaltungsmöglichkeit von

Lebensräumen gewährleistet ist, die Greverus (1984) als Grundlage für die Entstehung einer im Gleichgewicht befindlichen Beziehung zwischen Lebensraum und Bewohner betrachtet.

Hier wird deutlich, daß sich der als entscheidend angesehene Beziehungsaspekt zwischen Mensch und Umwelt von einer rein materialistischen Ressourcen- und Subsistenzorientierung in Richtung auf eine psychologische Konzipierung des Verhältnisses Mensch/Raum verschiebt. Diese Perspektive wird auch im Rahmen volkskundlicher Arbeiten zum Heimatbegriff eingenommen (vgl. Zeitungskolleg 1980, Bausinger 1984, Greverus 1979), die in Konzepten wie Identität, Zugehörigkeit, Vertrautheit oder Kontrolle die eigentlichen Parameter einer anthropologisch orientierten Betrachtung des Verhältnisses zwischen Lebewesen und ihrer abiotischen Umwelt sehen.

Hier deutet sich nicht nur eine Verbindung von humanider und hominider Perspektive in der Anthropologie an (den Menschen als Lebewesen mit spezifischen Bedürfnissen und Zielen zu betrachten, dessen Auseinandersetzung mit der Umwelt gerade durch seine artspezifische Fähigkeit zur Produktion von vielfältigen Kulturen gekennzeichnet ist), sondern es zeigen sich gleichzeitig starke Überschneidungen mit dem Erkenntnisinteresse der Umweltpsychologie und einer Kulturpsychologie, die den Kulturvergleich nicht nur auf eine Forschungsstrategie reduziert.

Literatur

Anderson, J.N. (1973). Ecological anthropology and anthropological ecology. In J.J. Honigman (Ed.), Handbook of social and cultural anthropology (pp. 179-239). Chicago: Rand McNally.

Bargatzky, T. (1986). Einführung in die Kulturökologie. Berlin: Reimer.

Bausinger, H. (1984). Auf dem Wege zu einem neuen, aktiven Heimatverständnis. In H.G. Wehling (Hg.), Heimat heute (S. 11-33). Stuttgart: Kohlhammer.

Bennett, J. (1976). The ecological transition. London: Pergamon Press.

Eckensberger, L.H. (1978). Die Grenzen des ökologischen Ansatzes in der Psychologie. In C.F. Graumann (Hg.), Ökologische Perspektiven in der Psychologie (S. 49-79). Bern: Huber.

Eckensberger, L.H. & Burgard, P. (1976). Ökosysteme in interdisziplinärer Sicht. Bericht über ein DfG-Symposium in Reisensburg 1976. Saarbrücken: Universität des Saarlandes, Arbeiten der Fachrichtung Psychologie.

Ehrlich, R. & Henderson, G.M. (1968). Culture area. In D. Sills (Ed.), International encyclopedia of the social sciences, Vol. 3 (pp. 563-568). New York: Macmillan & Free Press.

Feldman, D.A. (1975). The history of the relationship between environment and culture in ethnological thought: an overview. Journal of the History of the Behavioral Sciences, 11, 67-81.

Forde, C.D. (1934). Habitat, economy and society: a geographical introduction to ethnology. New York: Dutton.

Frake, C.O. (1973). Die ethnographische Erforschung kognitiver Systeme. In Arbeitsgruppe Bielefelder Soziologen (Hg.), Alltagswissen, Interaktion und gesellschaftliche Wirklichkeit. Bd. 2: Ethnotheorie und Ethnographie des Sprechens (S. 323-337). Reinbek: Rowohlt.

Friedrichs, J. (1977). Sozialökologische Konzeptualisierungen. In J. Friedrichs (Hg.), Stadtanalyse (S. 20-47). Reinbek: Rowohlt.

Graebner, F. (1905). Kulturkreise und Kulturschichten in Ozeanien. Zeitschrift für Ethnologie 37, 28-53.

Greverus, J.-M. (1978). Kultur und Alltagswelt. München: Beck.

Greverus, J.-M. (1979). Auf der Suche nach Heimat. München: Beck.

Greverus, J.-M. (1984). Öko pro Region – Region zwischen Planung und Protest. In J.-M. Greverus & E. Hämdl (Hg.), Notizen. Bd. 16: Ökologie, Provinz, Regionalismus (S. 15-35). Frankfurt a. M.

Hardesty, D.L. (1977). Ecological anthropology. New York: Wiley.

Helm, J. (1962). The ecological approach in anthropology. American Journal of Sociology 67, 630-639.

Kroeber, A.L. (1939). Cultural and natural areas of native North America. Berkeley: California Press.

Mason, O.T. (1905). Environment. In F.W. Hodge (Ed.), Handbook of American Indians of North Mexico. Smithsonian Institution, Bureau of American Ethnology, Bulletin 30.

Meggers, B.J. (1954). Environmental limitation on the development of culture. American Anthropologist 56, 801-824.

Moran, E.F. (1979). Human adaptability. An introduction to ecological anthropology. Boulder: Westview Press.

Mühlmann, W.F. (1984). Geschichte der Anthropologie (3. Aufl.). Wiesbaden: Aula-Verlag.

Müller, K.E. (1981). Grundzüge des ethnologischen Historismus. In W. Schmied-Kowarzik & J. Stagl (Hg.), Grundfragen der Ethnologie (S. 193-232). Berlin: Riemer.

Orlove, B.J. (1980). Ecological anthropology. Annual Review of Anthropology 9, 235-273.

Rappaport, R.A. (1971). Nature, culture, and ecological anthropology. In H.C. Shapiro (Ed.), Man, culture, and society (pp. 237-267). London: Oxford University Press.

Ratzel, F. (1882). Anthropo-Geographie oder Grundzüge der Anwendung der Erdkunde auf die Geschichte. Stuttgart.

Richerson, P.J. (1977). Ecology and human ecology: a comparison of theories in the biological and social sciences. American Ethnologist 4, 1-26.

Sahlins, D. & Service, E.R. (1960). Evolution and culture. Ann Arbor: University of Michigan Press.

Schmidt, W. & Koppers, W. (1924). Völker und Kulturen I. Gesellschaft und Wirtschaft der Völker. Regensburg.

Spate, O.H.K. (1968). Environmentalism. In D.L. Sills (Ed.), International encyclopedia of the social sciences, Vol. 7 (pp. 26-27). New York: Macmillan & Free Press.

Stagl, J. (1974). Kulturanthropologie und Gesellschaft. München: List.

Steward, J. (1955). Theory of culture change. Urbana: University of Illinois Press.

Vayda, A.P. & McCay, B. (1975). New directions in ecology and ecological anthropology. Annual Review of Anthropology 4, 293-306.

Vayda, A.P. & Rappaport, R. (1968). Ecology, cultural and noncultural. In J. Clifton (Ed.), Introduction to cultural anthropology (pp. 477-497). Boston: Houghton Mifflin.

Vivelo, F.R. (1981). Handbuch der Kulturanthropologie. Stuttgart: Klett.

Wissler, C. (1923). Man and culture. New York: Crowell.

Zeitungskolleg (1980). Heimat heute. Tübingen: DIFF.

Bernd Krewer und Lutz H. Eckensberger
Institut für Psychologie
der Universität des Saarlandes,
Saarbrücken

Humangeographie
(bes. Wahrnehmungs- und Verhaltensgeographie)

1. Das geographische Interesse am Thema „Umweltwahrnehmung"

Das Hauptthema der klassischen Geographie des 19.-20. Jahrhunderts war die Auseinandersetzung regionaler Lebensformen-Gruppen mit ihrem konkreten ökologischen Milieu. Die Geographie formulierte ihr im Kern human- und kulturökologisches Thema nicht viel anders als die heutige Umweltpsychologie – nämlich als das Studium der Mensch-Umwelt-Relation. Die Geographen waren aber vor allem auf landschaftlich-regionale Maßstäbe und relativ einfache, vorwiegend agrarische Lebensformen und Umwelten spezialisiert, und ihr Gegenstand war weniger individuelles Verhalten als die Umweltrelation ganzer (Lebensform-) Gruppen oder sogar ganzer Kulturen. Im Rahmen dieser Thematik ist die allgemein- und regionalgeographische Literatur seit dem 19. Jahrhundert ein unerschöpfliches Repertorium für originäre Fallstudien über die ganze Erde. (Zu den Metatheorien und „Hintergrunddoktrinen" dieser geographischen Kulturökologie vgl. Hard 1973, S. 175f., 212ff.)

In den Jahrzehnten nach 1950 wurde, vom angelsächsischen Sprachraum ausgehend, dieses klassische, stark auf eine vorindustrielle Lebenswelt und auf periphere Landschaften bezogene disziplinäre Paradigma grundsätzlich umgeformt. Die neue „quantitative und theoretische Geographie" (im Folgenden: ThG) interpretiert Lebensformen, Landschaften, räumliche Muster und raumwirksames Verhalten nun (tendenziell) nicht mehr kulturökologisch, d.h. als Mensch-Natur-Anpassungssysteme, sondern eher als ökonomisch, sozial und politisch reguliert.

In diesem neuen intellektuellen Milieu setzte sich dann auch rasch die Einsicht durch, daß auch Entscheidungen und Handlungen gegenüber Umwelt und Natur nicht mehr einfach in bezug auf das „Realmilieu" („die Umwelt, wie sie wirklich ist") interpretiert werden sollten, sondern in bezug auf ein „Psychomilieu", auf eine „subjektive" und letztlich gesellschaftliche Konstruktion der Wirklichkeit (→ *Kognitive Karte und Kartierung*). Für dieses „innere Modell der Außenwelt" hat sich in der Geographie die Metapher „mental map" oder „kognitive Landkarte" durchgesetzt (→ *Umweltrepräsentation*), eine Metapher, die allerdings leicht zu der falschen Annahme verführt, diese als verhaltensorientierend gedachte „innere Repräsentation der Außenwelt" sei im Normalfalle kartographischer Art oder habe doch wenigstens die Form eines räumlichen, mit den Mitteln der euklidischen Geometrie darstellbaren Schemas (→ *Methoden der Umweltrepräsentation*). Der Teil der Humangeographie, der seit den sechziger Jahren das Programm „environmental perception (bzw. cognition) and behavior" verfolgte, wird im allgemeinen als „Wahrnehmungs-" oder „Verhaltensgeographie" (behavioral geography) bezeichnet (im Folgenden: WG). Ihr Programm umfaßt neben einer

Beschreibung der wahrgenommenen und der „realen Umwelten" auch einen Vergleich von realer und mentaler Umwelt (z.B. nach Gesichtspunkten wie Übereinstimmung und Nichtübereinstimmung, Abbildungstreue und Abbildungsgenauigkeit, Isomorphie und Verzerrung); die rekonstruierten „kognitiven Umweltkarten" sollten ferner durch ihre Genese im sozialen Kontext erklärt und unter Umständen im Interesse der Beforschten verbessert werden.

Diese WG war seit den sechziger Jahren eine anerkannte Ergänzung der ThG, gewann aber nie deren konzeptuelle und methodische Geschlossenheit; sie blieb eher eine ziemlich lockere Ansammlung unterschiedlicher und zuweilen kurzlebiger Ansätze, die mit unterschiedlichen Disziplinen kommunizieren (z.B. Psychologie, vor allem Umwelt- und ökologische Psychologie; Architektur und Städtebau, Stadt- und Regionalplanung, Ethnologie und Kulturanthropologie); einzig der Natural-Hazard-Ansatz war und blieb weitgehend geographisches Eigengewächs. Die Forschungsberichte (bei Saarinen 1976, Gold 1980, Saarinen & Sell 1980, 1981, 1982, Cox & Golledge 1982) geben einen guten Eindruck von der thematischen Breite und Buntheit der WG wie auch von ihrem sehr weit gespannten Wahrnehmungsbegriff. Es liegt also in der Natur der Sache begründet, wenn die folgende Skizze der zentralen Fragestellungen und Themen ein ziemlich pointillistisches Bild bietet, und dies trotz einer weitgehenden Begrenzung auf die WG im engeren Sinne, d.h., auf diejenige WG, welche sich auf die Wahrnehmung der physisch-räumlichen Umwelt bezieht.

2. „Wahrnehmungsgeographie" im kommunal- und stadträumlichen Maßstab

Mikrogeographische Studien im Maßstab von Innenräumen, Einzelgebäuden und Straßenräumen waren und sind in der Geographie selten (vgl. aber z.B. Geipel u.a. 1979): die weit überwiegende Zahl der Arbeiten verbleibt im traditionell geographischen Maßstab von Stadt (bzw. Siedlung), Landschaft/Region und Land (→ Kognitive Karte; → Image). Im Maßstab von Siedlung und Stadt haben Geographen (nicht zuletzt in Anknüpfung an Lynch 1960) vor allem untersucht, wie Stadtbewohner und vor allem Kinder im Laufe ihrer Entwicklung eine städtische Umwelt kognitiv strukturieren und schematisieren, welche objektiven und subjektiven Faktoren die Lesbarkeit und Vorstellbarkeit einer Stadt bestimmen und wie die Bekanntheit bestimmter Stadtelemente zustande kommt. Nicht zuletzt aber findet man in der WG zahlreiche Arbeiten zur „kognitiven Distanz", d.h. Untersuchungen über die typischen, z.B. richtungs-, standort- und verkehrsmittelabhängigen Einschätzungen und „Verzerrungen" der „tatsächlichen" Distanzrelationen in der Stadt. Weitere Themen waren die Wohnzufriedenheit, die „räumliche Identifikation" (oder „symbolische Ortsbezogenheit") und die territoriale Selbstbehauptung in unterschiedlichen Stadtquartieren, z.B. gegen das Vordringen anderer Gruppen und Nutzungen (vgl. z.B. Firey 1947, Boal 1969, Ley 1974).

Seit den sechziger Jahren waren auch die räumlichen Informations-, Aktivitäten-, Kontakt- und Präferenzfelder der Stadtbewohner ein häufiger Untersuchungsgegenstand, und da diese „Felder" auch das Suchverhalten bei innerstädtischen Umzügen zu steuern schienen, wurden wahrnehmungs- und verhaltensgeographische Arbeiten dieser Art nicht selten mit Studien zur innerstädtischen Mobilität verbunden (vgl. z.B. Höllhuber 1982, Weichhart 1986; für eine dörfliche Siedlung z.B. Hard & Scherr 1976) (→ *Wohnortwechsel*).

Andere stadträumliche Perzeptionsstudien knüpfen an Fragestellungen der lokalen Politikforschung an. Wie und mit welchen Folgen nehmen die lokalen Eliten und andere Gruppen der Stadtbevölkerung welche städtebaulichen, sozialen und ökologischen Probleme wahr? (Vgl. z.B. Hard 1981, Pohl & Geipel 1983; zur Problemwahrnehmung von Kindern vgl. Kreibich 1977, Kammermeier u.a. 1979.) Wie werden „sperrige", d.h. unerwünschte und politisch schwer zu vermittelnde Infrastruktureinrichtungen, z.B. Kern- und andere Kraftwerke, Flughäfen, Erdölraffinerien usf. von unterschiedlichen Gruppen wahrgenommen und bewertet? (Vgl. z.B. Niedenzu, Stöckl & Geipel 1982.)

3. „Wahrnehmungsgeographie" im Maßstab von Landschaft und Land

Auf der regionalen bis nationalen Maßstabsebene fand vor allem die Frage nach dem Image und der Präferenzordnung von Regionen und Städten eine großes Interesse, und zwar nicht zuletzt deshalb, weil man auch hier einen Faktor und Prädiktor für intra- und interregionale Wanderungsbewegungen zu finden glaubte. Wegen ihrer multivariat-statistischen Eleganz, weniger wegen ihres Erklärungs- und Prognosegehalts sind die Arbeiten von Gould über die „Beliebtheitsoberfläche" der USA, Englands, Schwedens und einiger afrikanischer Länder sehr bekannt geworden (vgl. z.B. Gould & White 1974); einige deutschsprachige Arbeiten haben das Studium von „Raumwahrnehmung" und „Raumbewertung" aber stärker mit der tatsächlichen Mobilität zu verknüpfen versucht (vgl. z.B. Ruhl 1971, Monheim 1972, Muske 1975).

In der historischen Geographie wird schon lange sehr bewußt versucht, historische Landschaften und Regionen „mit den Augen der Zeit" und in diesem Sinne als wahrgenommene Verhaltensumwelten zu betrachten (vgl. dazu Prince 1971, Wright 1966); hierher gehören z.B. auch Studien über die dramatischen, handlungs- und politikwirksamen Veränderungen in der Perzeption Alaskas (Coyne 1974), Kaliforniens (Thompson 1969, Vance 1972) und der Great Plains vor allem im 19. Jahrhundert.

Es gibt in der Geographie auch ein altes Interesse für die Ästhetik und die ästhetische Wirkung von Landschaften (→ *Ästhetik*); in jüngerer Zeit haben Geographen wiederum einiges zu den (überdisziplinären) Bemühungen beigesteuert, die Ressource „landschaftliche Schönheit" bzw. „Attraktivität" zu erfassen, sei es durch eine Registrierung und Gewichtung „objektiver Landschaftsmerkmale", sei es, indem man wertende Reaktionen auf Landschaftsbilder zu messen versuchte (vgl. z.B. Zube u.a. 1975). Von einem Geographen stammt auch eine ebenso anregende wie fragwürdige Generaltheorie ästhetischer und emotionaler Reaktionen auf landschaftliche Konfigurationen aller Art (Appleton 1975). Unter der Devise „landscapes are made by landscape tastes" wurden nationale Landschaftwahrnehmungen und Landschaftsideale sowie deren Auswirkungen auf den Umgang mit Landschaft beschrieben (z B. Lowenthal & Prince 1964, 1965, Lowenthal 1968) – eine Art Ikonologie der Kulturlandschaften findet man aber z.B. unter der Formel „Landschaft als objektivierter Geist" schon in der Tradition der deutschen Landschaftsgeographie. In jüngerer Zeit haben solche symbolisch-ideologische Aspekte der Landschaftswahrnehmung wie überhaupt die „topophilic sentiments" aller Art wieder großes Interesse gefunden (vgl. z.B. Tuan 1974 und in anderer Weise z.B. Jüngst 1984). Dieser oft stark literarisch gefärbte und methodisch „weiche" Angang beschreibt sich selber z.T. als hermeneutisch und phänomenologisch, positivismuskritisch und partizipatorisch, auf Lebenswelt und teilnehmende Erkenntnis gerichtet (als resümierender Einstieg: Buttimer 1984, vgl. auch Buttimer & Seamon 1980).

Von der Fachtradition her lag es auch in der WG nahe, Wahrnehmung und Bewertung von Naturumgebungen und Naturereignissen zu studieren – sei es aus der Perspektive von Urlaubern und Erholungssuchenden (Prototyp: Lucas 1970), sei es aus der Perspektive der von extremen geophysikalischen Ereignissen (Überflutung, Erdbeben, Vulkantätigkeit, Sturm und Schneesturm, Dürre, Bodenerosion, Erdrutsch, Lawine usf.) ernstlich Betroffenen. Die klassischen und in ihrer Weise kaum mehr übertroffenen Exempel der an zweiter Stelle genannten „Humanökologie extremer Naturereignisse" stammen aus der „Chicago school of natural hazard studies": z.B. die „Hochwasser-Studien" von Burton, Kates und White (seit 1962) sowie die Arbeit von Saarinen (1966) über die Perzeption von „Dürrekatastropen" in den Great Plains. Man erfährt in diesen Arbeiten nicht nur etwas über die Art und Weise, wie die einschlägigen Umweltrisiken, Schadensereignisse und Katastrophenfolgen von den Betroffenen und den Experten wahrgenommen wurden, sondern auch über die Lebensformen, Landnutzungssysteme und Anpassungsleistungen in diesen „high-risk areas", über die Schadensbeseitigung und Rekonstruktionsprozesse, die Weiter- und Wiederbesiedlung der verwüsteten Gebiete sowie über die sozial und technisch-ökonomisch optimalen Reaktionen auf die einschlägigen natural hazards. (In der deutschsprachigen Literatur vgl. v. a. Geipel 1977, Steuer 1979.)

Der Ansatz hat interessante Weiterentwicklungen hervorgebracht, z.B. Studien über alle in einer Region möglichen Extremereignisse (z.B. Hewitt & Burton 1971), über „man-made hazards" wie z.B. „urban environmental hazards", also artifizielle und städtische Umweltprobleme aller Art (vgl. Smith 1976) – sowie über hazard-Perzeptionen und Reaktionen in ganz anderen kulturellen und sozialökonomischen Kontexten, z.B. in Ländern der Dritten Welt (vgl. z.B. White 1974, Burton u.a. 1968).

Der Aspekt „Naturkatastrophe als Sozialkatastrophe" blieb allerdings oft etwas unterbelichtet (vgl. hierzu z.B. Schmidt-Wulffen 1982, Dobler 1980), und in peripheren Regionen übersah man leicht, in welch hohem Maße die von den geophysikalischen Extremereignissen ausgelösten sozialen Extremereignisse oft nur extreme Versionen von Dauerproblemlagen darstellen, die einer ganz anderen Erklärung bedürfen. Andere Schwächen der Natural-Hazard-Forschung allerdings traten in anderen Themenbereichen der WG (z.B. in den Arbeiten über kognitive Karten und Mobilität in der Stadt) noch weit deutlicher hervor: Vor allem erwies es sich als überaus schwierig, Umweltwahrnehmungen und „kognitive Landkarten" theoretisch und empirisch-prognostisch mit dem tatsächlichen Verhalten zu verknüpfen, und außerdem legte der Ansatz es nahe, individuelles Verhalten auch da von Perzeptionen, Kognitionen, Einstellungen, Motiven, Präferenzen und Wahlentscheidungen her zu interpretieren, wo die Individuen tatsächlich unter fast unausweichlichen Zwängen (constraints) handelten und angesichts der bestehenden Angebote (z.B. auf dem Wohnungsmarkt) kaum Wahlmöglichkeiten hatten.

4. Einige Grenzen des Ansatzes

Nachdem die Leistungen der WG wenigstens grob umrissen sind, können schließlich – der Kürze halber ziemlich abstrakt und überpointiert – noch einige andere Begrenzungen dieser Forschungsrichtung angedeutet werden.

Erstens: Auch beim kompetenten und erfolgreichen Handeln benötigt der Handelnde in vielen Fällen überhaupt keine jener kognitiven Karten des Handlungsfeldes, wie sie von Perzeptionsgeographen erhoben werden. Auch der Stadtbewohner orientiert sich im Alltagshandeln nicht an einer (oder gar an *einer)* räumlichen kognitiven Karte dieser Art (vgl. z.B. Werlen 1986).

Zweitens: Kognitive Karten und verwandte Kognitionen können nicht als Stimuli, sondern eher als aspekthafte Deutungen von Handlungssituationen aufgefaßt werden. Sie geben auf medial gefilterte und verzerrte, jedenfalls auf sehr vieldeutige Weise wieder, wie der Handelnde gewisse physisch-räumliche Aspekte (z.B. Handlungszwänge und Handlungsmittel) in seiner Handlungssituation wahrnimmt, deutet oder erlebt (→ *Handlungstheorie*). Diese kognitiven Karten sind also an spezifische Handlungsmuster und Handlungsziele gebunden. Die von Perzeptionsgeographen erhobenen kognitiven Karten sind nun im allgemeinen auf die Handlungssituation „Befragung" bezogen, gleichgültig, wie raffiniert die Befragung konstruiert sein mag. Schon wer z.B. im Alltag nach einem Weg gefragt wird, konstruiert i.a. nicht *seine* kognitive Karte (sofern er überhaupt eine solche hat und gebraucht); er konstruiert vielmehr i.a. *ad hoc* jene kognitive Karte, von der er glaubt, daß sie für den *Fragenden* handlungsbedeutsam ist. In der perzeptionsgeographischen Forschung müßte also auch und gesondert geprüft werden, ob und inwiefern die jeweils erhobene kognitive Landkarte auch außerhalb der Befragungssituation für Verhalten oder Handeln der Befragten bedeutsam ist. Solche Nachweise wurden selten in Angriff genommen, ja oft nicht einmal als notwendig erachtet. Daher tendiert diese Perzeptionsforschung fast systematisch zur Produktion von Artefakten (im Sinne von Kriz 1981).

Der *dritte* Kritikpunkt ist stärker innergeographisch orientiert. Es wird eingewandt, daß die beschriebene WG durchweg eine Art von „Psychogeographie" bleibe und weithin ihr eigenes Programm verfehle, Teil einer *Sozial*geographie zu sein. Sie erhebt zwar, wie gewisse Ausschnitte aus der physischen Welt (oder deren räumliche Strukturen) in bestimmten (Befragungs-)Situationen psychisch-mental repräsentiert werden. Diese psychischen Repräsentationen von physisch-räumlichen Umweltausschnitten waren und sind aber im allgemeinen mehr oder weniger verzerrte, verblaßte und selektive „private Kopien" von standardisierten, „offiziellen" Umweltbildern und Raumabstraktionen, die in der *sozialen* Welt – meist von (Groß-)Organisationen wie Behörden, Unternehmen, Schulsystemen usf. – produziert und (zu Orientierungs- und Steuerungszwecken) in die soziale Kommunikation eingeschleust werden. Eine *sozial*geographische Perzeptionsgeographie müßte wohl stärker als bisher diese offiziellen Ur- und Vorbilder (statt deren mentale Nachbilder) studieren – z.B. ausgehend von der Frage: Welche sozialen Systeme erzeugen Umwelt- und Raumabstraktionen für welche Funktionen und für welche Adressaten, und welche Erfolge und Mißerfolge haben sie dabei? (Für eine an Luhmanns Theorie sozialer Systeme orientierte Ausarbeitung dieser Frage vgl. Klüter 1985.) ($\rightarrow$ *Systemtheorie*).

Die beschriebenen Leistungsgrenzen der WG werden auch da (und gerade da) sichtbar, wo mit statistischen Modellen und großen Datenmengen gearbeitet wurde.

Zwei Beispiele: In Steuers Arbeit über „Wahrnehmung und Bewertung von Naturrisiken am Beispiel zweier Gemeindefraktionen in Friaul" (1979) testet der Autor 1134 (!) Kreuztabellen mit soziodemographischen, kognitiven und einstellungsbezogenen Variablen auf Signifikanz. Hätte er (was vom statistischen Modell her unbedingt notwendig gewesen wäre) sein Alpha an die Zahl seiner Einzeltests adjustiert (vgl. z.B. Stelzl 1982), dann hätte er bemerkt, daß seine aufwendige Arbeit praktisch ergebnislos geblieben ist. Bei analoger statistischer Betrachtung der Arbeit von Geipel über „Friaul – sozialgeographische Aspekte einer Erdbebenkatastrophe" (1977) kommt man zu dem Ergebnis, daß der Autor bei seinem Versuch, die (erfragte) Erdbebenwahrnehmung und Erdbebenbetroffenheit mit (gleichfalls erfragten) Reaktionsbereitschaften zu verknüpfen, vermutlich nur auf einen einzigen signifikanten Zusammenhang stieß, welcher überdies numerisch mäßig (Cramers V = 0.30) und inhaltlich trivial war und von dem unklar bleiben muß, ob er auch außerhalb der Fragebögen existiert. (Es handelt sich um den Zusammenhang von Eigentum und bei Befragung geäußerter Wiederaufbaumotivation: Eigentümer gaben eher als Mieter an, das Haus wiederaufbauen zu wollen.) Sollten wirklich andere Zusammenhänge signifikant gewesen sein, dann waren sie doch, wie die niedrigen Werte der Zusammenhangsmaße anzeigen, theoretisch und praktisch irrelevant.

Es versteht sich, daß diese Bemerkungen über die Leistungsgrenzen des Ansatzes nicht dessen Wert im ganzen in Frage stellen. Auch in der Didaktik des Faches sowie in planungsdidaktischen Überlegungen haben die Ideen der WG sehr anregend gewirkt (vgl. z.B. Schultz 1981, Niedenzu, Stöckl & Geipel 1982, Wenzel 1985).

Literatur

Appelton, J. (1975). The experience of landscape. London: Wiley.

Blouet, B.W. & Lawson, M.P. (1975). Images of the Plains. Lincoln, NE: University of Nebraska Press.

Boal, F.W. (1969). Territoriality on the Shankhill-Falls Divide, Belfast. Irish Geography 6, 30–50.

Burton, J. Kates, R., & White, G.F. (1968). The environment as a hazard. New York: Oxford University Press.

Buttimer, A. (1984). Raumbezogene Wahrnehmung: Forschungsgegenstand und Perspektiven. In A. Buttimer (Hg.), Ideal und Wirklichkeit in der angewandten Geographie (S. 11-64). Kallmünz/Regensburg: Verlag Michael Laßleben (Münchener Geographische Hefte, Nr. 51).

Buttimer, A. & Seamon, D. (Eds.) (1980). The human experience of space and place. London: St. Martin.

Cox, K. & Golledge, R. (Eds.) (1982). Behavioral problems in geography revisited. New York: Methuen.

Coyne, J. (1974). Image of a ressource frontier region. Ph.D. Thesis, University of London.

Dobler, R. (1980). Regionale Entwicklungschancen nach einer Katastrophe. Ein Beitrag zur Regionalplanung in Friaul. Kallmünz/Regenburg: Verlag Michael Laßleben (Münchener Geographische Hefte, Nr. 45).

Downs, R.M. & Stea, D. (Eds.) (1973). Image and Environment. Chicago: Aldine.

Downs, R.M. & Stea, D. (1982). Kognitive Karten: Die Welt in unseren Köpfen. New York: Harper & Row.

Downs, R.M. (1947). Land use in Central Boston. Cambridge, MA: Harvard University Press.

Geipel, R. (1977). Friaul, Sozialgeographische Aspekte einer Erdbebenkatastrophe. Kallmünz/Regensburg: Verlag Michael Laßleben (Münchener Geographische Hefte, Nr. 40).

Geipel, R., Klassen, K., Klingbeil, D. u.a. (1979). Geographie des Mikromaßstabs. Der Erdkundeunterricht, Heft 31. Stuttgart: Klett.

Gold, J.R. (1980). An introduction to behavioral geography. Oxford: Oxford University Press.

Gould, P.R. & White, R.R. (1974). Mental maps. Harmondsworth: Penguin Books.

Hard, G. (1973). Die Geographie. Eine wissenschaftstheoretische Einführung. Berlin: De Gruyter.

Hard, G. (1981). Problemwahrnehmung in der Stadt. Studien zum Thema Umweltwahrnehmung. Selbstverlag des Fachbereichs Kultur- und Geowissenschaften: Osnabrück. (Osnabrücker Studien zur Geographie, Bd. 4).

Hard, G. & Scherr, R. (1976). Mental maps, Ortsteilimage und Wohnstandortwahl in einem Dorf der Pellenz. Berichte zur deutschen Landeskunde 50, 175-220.

Hewitt, K. & Burton, J. (1971). The hazardousness of a place: A regional ecology of damaging events. Toronto: University of Toronto Press.

Höllhuber, D. (1974). Zur Perzeption des Trockenheitsrisikos: Die Dürre im Sahel. Geographisches Institut der Universität Karlsruhe (Karlsruher Manuskripte zur Mathematischen und Theoretischen Geographie, Heft 6).

Höllhuber, D. (1982). Innerstädtische Umzüge in Karlsruhe. Plädoyer für eine sozialpsychologisch fundierte Humangeographie. Erlangen: Selbstverlag der Fränkischen Geographischen Gesellschaft in Kommission bei Palm & Enke (Erlanger Geographische Arbeiten, Sonderbd. 13).

Jüngst, P. (Hg.) (1984). Innere und äußere Landschaften. Zur Symbolbelegung und emotionellen Besetzung von räumlicher Umwelt. Kassel: Gesamthochschulbibliothek (Urbs et Regio 34).

Kammermeier, B. Kreibich, B., Meyer-Falk, H. u.a. (1979). Umweltbegriff, Wahrnehmung und Sozialisation. Stuttgart: Klett (Der Erdkundeunterricht, Heft 30).

Kates, R.W. (1962). Hazard and choice perception in flood plain management. Chicago: University of Chicago, Department of Geography, Research Paper 78.

Klüter, H. (1985). Raum als Element sozialer Kommunikation. Phil. Diss. Münster.

Kreibich, B. (1977). Stadtplanung aus Schülersicht. Stuttgart: Klett (Der Erdkundeunterricht, Sonderheft 5).

Kriz, J. (1981). Methodenkritik empirischer Sozialforschung. Stuttgart: Teubner.

Ley, D. (1974). The black inner city as frontier outpost. Images and behavior of a Philadelphia neighborhood. Washington: Monographs of the American Association of Geographers No. 7.

Lowenthal, D. (1968). The American scene. Geographical Review 58, 61-88.

Lowenthal, D. & Prince, H.C. (1964). The English landscape. Geographical Review 54, 309-346.

Lowenthal, D. & Prince, H.C. (1965). English landscape tastes. Geographical Review 55, 188-222.

Lucas, R.C. (1970). User concepts of wilderness and their implications for resource management. In H.M. Proshansky, W.H. Ittelson, & L.G. Rivlin (Eds.), Environmental psychology (pp. 297-303). New York: Holt, Rinehart & Winston.

Lynch, K. (1960). The image of the city. Cambridge, MA: The M.I.T. Press & Harvard University Press. (dt.: Das Bild der Stadt. Berlin: Ullstein 1965 [Bauwelt Fundamente 16])

Monheim, H. (1972). Zur Attraktivität deutscher Städte. Einflüsse von Ortspräferenzen auf die Standortwahl von Bürobetrieben. München: In Kommission bei der Geographischen Buchhandlung. (Wirtschaftsgeographisches Institut – Berichte zur Regionalforschung, Heft 8).

Moore, G.T. & Golledge, R.G. (Eds.) (1976). Environmental knowing. Stroudsburg, PA: Dowden, Hutchinson & Ross.

Muske, G. (1975). Motive für die Wahl des Studienortes München. Kallmünz/Regensburg: Verlag Michael Laßleben (Münchener Geographische Hefte, Nr. 38).

Niedenzu, A., Stöckl, H. & Geipel, R. (1982). Wahrnehmung und Bewertung sperriger Infrastruktur. Kallmünz/Regensburg: Verlag Michael Laßleben (Münchener Geographische Hefte, Nr. 47).

Pohl, J. & Geipel, R. (1983). Umweltqualität im Münchener Norden. Wahrnehmungs- und Bewertungsstudien. Kallmünz/Regensburg: Verlag Michael Laßleben (Münchener Geographische Hefte, Nr. 49).

Prince, H.C. (1971). Real, imagined and abstract world of the past. Progress in Geography, Vol. 3 (pp. 1-86). London: Edward Arnold.

Ruhl, G. (1971). Das Image von München als Faktor für den Zuzug. Kallmünz/Regensburg: Verlag Michael Laßleben (Münchener Geographische Hefte, Nr. 34).

Saarinen, T.F. (1966). Perception of drought hazard on the Great Plains. Chicago: University of Chicago, Department of Geography, Research Paper 106.

Saarinen, T.F. (1976). Environmental planning, perception and behavior. Boston: Houghton Mifflin.

Saarinen, T.F. & Sell, J.L. (1980). Environmental perception. Progress in Human Geography 4, 525-548.

Saarinen, T.F. & Sell, J.L. (1981). Environmental perception. Progress in Human Geography 5, 527-547.

Saarinen, T.F. & Sell, J.L. (1982). Environmental perception. Progress in Human Geography 6, 515-546.

Saarinen, T.F., Seamon, D., & Sell, J.L. (Eds.) (1983). Environmental perception and behavior: Inventory and prospect. Chicago: University of Chicago, Department of Geography, Research Paper No. 209.

Schmidt-Wulffen, W. (1982). Katastrophen: Natur- und Sozialkatastrophen. L. Jander, W.

Schramke & H.-J. Wenzel (Hg.), Metzler Handbuch für den Geographieunterricht (S. 137-143). Stuttgart: Metzler.

Schultz, H.D. (1981). Die Stadt als erlebte Umwelt. Osnabrück: Selbstverlag des Fachbereiches Kultur- und Geowissenschaften (Osnabrücker Studien zur Geographie, Bd. 3).

Smith, G.C. (1976). Responses of residents and policy-makers to urban environmental hazards. Area 8, 279-283.

Stelzl, I. (1982). Fehler und Fallen der Statistik. Bern: Huber.

Steuer, M. (1979). Wahrnehmung und Bewertung von Naturrisiken am Beispiel zweier ausgewählter Gemeindefraktionen in Friaul. Kallmünz/Regensburg: Verlag Michael Laßleben (Münchener Geographische Hefte, Nr. 43).

Thompson, K. (1969). Insalubrious California: Perception and reality. Annals of the Association of American Geographers 59, 50-64.

Tuan, Yi-Fu (1974). Topophilia. A study of environmental perception. Attitudes and values. Englewood Cliffs, NJ: Prentice Hall.

Tzschaschel, S. (1986). Geographische Forschung auf der Individualebene. Darstellung und Kritik der Mikrogeographie. Kallmünz/Regensburg: Verlag Michael Laßleben (Münchener Geographische Hefte, Nr. 53).

Vance, J.E. (1972). California and the search for the ideal. Annals of the Association of American Geographers 62, 185-210.

Weichhart, P. (1986). Wohnsitzpräferenzen im Raum Salzburg. Salzburg: Geographisches Institut der Universität Salzburg (Salzburger Geographische Arbeiten, Bd. 15).

Wenzel, H.-J. (1985). Umweltwahrnehmung in der Geographie – konzeptionelle Erweiterung der Sozialgeographie und schülerorientierte Fundierung der Geographiedidaktik. Internationale Schulbuchforschung, 7 (Heft 2[3], S. 93-119). Braunschweig: Westermann.

Werlen, B. (1986). Handlungstheoretische Sozialgeographie. Phil. Diss. Freiburg (Schweiz).

White, G.F. (Ed.). (1974) Natural hazards: local, national, global. New York: Oxford University Press.

Wright, J.K. (1966). Human nature in geography. Cambridge, MA: Harvard University Press.

Zube, E.H., Brush, R.O., & Fabos, J.G. (Eds.) (1975). Landscape assessment. Values, perceptions, and resources. Stroudsburg, PA: Dowden, Hutchinson & Ross.

Gerhard Hard
Universität Osnabrück

Kulturvergleich und Ökopsychologie

1. Die verpaßte Chance der kulturvergleichenden Psychologie

Faßt man kulturvergleichende Psychologie als Teilbereich psychologischer Forschung und Theoriebildung auf, in dem es um die Analyse der interaktiven Verknüpfung von individuellen psychologischen Merkmalen und Funktionen mit soziokulturellen Bedingungen geht, so läßt sich erkennen, daß dieser Ansatz nicht nur viele Merkmale einer ökologischen Perspektive in der Psychologie (Graumann 1978, Kaminski 1976, Willems 1973, Walter 1982) enthalten könnte, sondern seinerseits diese sogar bereichern würde, wenn die Kooperation zwischen beiden Forschungsfeldern in stärkerem Maße gesucht würde (Eckensberger 1976, 1979a). Durch den Bezug zum Kulturkonzept wird nämlich theoretisch interdisziplinäre Arbeit (hier mit der Kulturanthropologie), praktisch die Hereinnahme eines unmittelbaren Lebenszusammenhanges in die Forschung sowie die Beachtung eines größeren Kontexts und einer komplexeren Vernetzung der untersuchten Phänomene nahegelegt, und methodisch bietet sich eine naturalistische Orientierung (Willems 1967) an.

Leider hat man im Kulturvergleich, insbesondere in der amerikanischen Tradition, jedoch wenig dazu beigetragen, die psychologischen Fragestellungen „lebensnäher" zu gestalten und eine ökologische Perspektive wirklich vorzubereiten oder gar zu etablieren. Weil man einerseits an der bloßen Überprüfung der Generalisierbarkeit psychologischer Gesetzmäßigkeiten, andererseits an der spezifischen Wirkung kultureller Kontexte auf Art und Ausprägung psychologischer Funktionen interessiert war (Berry & Dasen 1974, Brislin, Lonner & Thorndike 1973, Eckensberger 1973, Frijda & Jahoda 1966, Triandis, Malpass & Davidson 1971), schloß man sich weitgehend der Logik einer experimentellen Denkweise an, indem man variierende kulturelle Bedingungen isolierte und als unabhängige Variablen in einem „natürlichen Experiment" interpretierte. Betrachtet man jedoch die kulturvergleichende Psychologie aus dem Blickwinkel einer ökologisch orientierten Psychologie, so zeigt sich, daß die einzelnen Forschungstraditionen aus der Sache heraus sehr wohl in einer – wenn auch unterschiedlichen – Nähe zur ökologischen Psychologie stehen, auch wenn das nicht immer explizit gemacht ist.

2. Kulturvergleich als implizite Verwirklichung einer ökologischen Psychologie

Selbst jener Teil kulturvergleichender Forschung, der dem skizzierten üblichen Ansatz folgt, ist implizit, zumindest teilweise, ökologisch orientiert. Denn in dem Versuch, zu prüfen, welche Auswirkungen „kulturelle Bedingungen" auf die Ausbildung genereller psychischer Strukturen und/oder Funktionen haben bzw. inwieweit sie mit diesen interagieren, werden diese kulturellen Bedingungen als verschiedene Umweltaspekte (materiell/physische, natürliche, soziale, symbolische), als konkrete Umwelterfahrungen oder konkrete Lebenskontexte für den einzelnen Probanden entweder explizit untersucht oder implizit erschlossen. Diese Untersuchungen betreffen die ganze Bandbreite psychologischer Konzepte als „abhängige Variablen".

Überblicke finden sich für Piaget-Konzepte bei Dasen und Heron (1981) sowie bei Schöfthaler und Goldschmidt (1984), für kognitive Prozesse allgemein bei Pick (1980), für Wahrnehmungsprozesse bei Deregowski (1980), für die wichtigsten Motivklassen der Bindungsmotivation und Aggression bei Kornadt, Eckensberger und Emminghaus (1980), für Emotionen bei Izard (1980), für Wertsysteme bei Zavalloni (1980) und für moralische Urteilsprozesse bei Edwards (1981, 1984) und Snarey (1985).

Eine explizite Ableitung der Fragestellungen aus ökologisch orientierten Theorien oder auch nur eine Diskussion der ökologischen Validität von Messungen (vgl. Pawlik 1976) findet hier allerdings sehr selten statt. Eine Ausnahme bildet die vergleichsweise frühe Studie von Segall, Campbell und Herskovits (1966), die deshalb als Beispiel verwendet wird.

Mitte der 50er Jahre beschlossen Melville J. Herskovits und Donald T. Campbell einen jahrelangen Disput über die Frage, ob natürliche und kulturelle Umweltbedingungen die optische Wahrnehmung beeinflussen (Herskovits) oder nicht (Campbell), durch eine empirische Untersuchung zu beenden. Aus diesem Entschluß entstand die Arbeit über den Einfluß der Winkelhäufigkeit (*carpenteredness*) sowie der Raumtiefeerfahrung in der Alltagswelt auf die Anfälligkeit gegenüber spezifischen optischen Täuschungen. Theoretisch erfuhr diese Studie ihre Begründung einerseits aus der anthropologischen Position des kulturellen Relativismus in der Tradition Boas' (Anthropologie), andererseits aus der ökopsychologischen Wahrnehmungstheorie von Egon Brunswik (Brunswik & Kamiya 1953), in der postuliert wurde, daß das Wahrnehmungssystem Annahmen über die Welt bildet, in der der Mensch lebt, und daß diese Annahmen zu (unbewußten) Sinngebungen von Einzelreizen (*cues*) führen. Diese sind normalerweise, d.h. in der Alltagswelt, sinnvoll, sie können aber bei bestimmten Reizkonstellationen Fehlinterpretationen produzieren. In diesem Bezugsrahmen lassen sich einige optische Täuschungen (Müller-Lyer, M-L; Sander-Parallelogramm, S-P; Horizontal-Vertikal-Täuschungen, H-V-Täuschungen) als „irrtümliche" Korrekturen des Wahrnehmungssystems interpretieren.

Segall, Campbell und Herskovits (1966) untersuchten u.a. diese Täuschungen bei fast 1900 Probanden aus 13 nicht-westlichen (Afrika, Philippinen) und drei westlichen (USA, Südafrika) Populationen, die sie so auswählten, daß aus den Umwelterfahrungen der gleichen Stichproben jeweils gegenläufige (starke bzw. geringe) Anfälligkeiten für die beiden Täuschungstypen (M-L, S-P einerseits, H-V-Täuschungen andererseits) vorhersagbar waren. Sie realisierten damit einen Forschungsplan, der eine für den Kulturvergleich ungewöhnlich hohe interne Validität hatte. Die Ergebnisse der Studie bestätigten die Hypothesen weitgehend.

Leider erbrachten andere Untersuchungen der gleichen Täuschungen, oder von Täuschungen aus der gleichen Familie, abweichende Ergebnisse: Einerseits reagierten nicht alle nicht-westlichen Stichproben hypothesengerecht (Jahoda 1966), oder die Argumente zur Erklärung der H-V-Täuschungen mußten spezifiziert werden (Deregowski 1967); andererseits liegen sogar Daten in der Literatur – bereits vor Segall, Campbell und Herskovits (1966) – vor, die deren Hypothese nicht stützen (Mundy-Castle & Nelson 1962, Morgan 1959). Schließlich werden die Täuschungen auch anders interpretiert, etwa durch Erfahrungen mit spezifischen Schriftformen (Richardson et al. 1971) oder gar mit Hilfe der Melanisierung des Augenhintergrunds, also durch eine physiologische Bedingung, die zwar einen völlig anderen erklärenden Status hat (Pollack & Silver 1967), aber kulturvergleichenden Daten durchaus nicht widerspricht (Berry 1971, Jahoda 1971).

3. Verwendung und Analyse umweltpsychologischer Konzepte und Kategorien im Kulturvergleich

Näher am Selbstverständnis der ökologischen Psychologie dürften all jene kulturvergleichenden Studien liegen, die sich explizit auf umweltpsychologische Konzepte beziehen, also auf unterschiedliche Auffassungen oder Sichtweisen des Menschen in seiner Stellung zur Natur, auf Umweltkognitionen und Umweltwahrnehmungen (Interpretation von Luftbildern; Landkarten; kognitive Repräsentation von Städten oder Orten allgemein; Distanzschätzungen, Ortspräferenzen u.ä.m.), auf umweltbezogenes Verhalten (Privatheit; Isolation; Dichte; Territorialität; persönlicher Raum) auf unterschiedliche Beeinflussung von Umwelt (Hausbau; Siedlungsformen) sowie auf das „Behavior Setting" als spezifische Umwelt-Verhaltens-Untersuchungseinheit. Überblicke über diese Forschung finden sich bei Altman und Chemers (1980) sowie bei Moore und Golledge (1976).

Die Ergebnisse dieser Forschungen sind vielfältig und widersprüchlich. Als Grundproblem bei der Analyse der umweltbezogenen Kognitionen und Verhaltensweisen erweist sich die Schwierigkeit einer Unterscheidung in (als universell angenommene) psychologische Prozesse und kulturspezifische Inhalte. Bei den Untersuchungen des Zusammenhangs zwischen Siedlungs- bzw. Hausformen und spezifischen Umweltbedingungen zeigt sich generell, daß hieran natürliche Umweltbedingungen einen weit geringeren Anteil haben als kulturelle Wertsysteme.

Als Beispiel aus diesem heterogenen Forschungsbereich sei die transnationale Anwendung des „Behavior Settings" als einer genuin ökopsychologischen Untersuchungseinheit durch Barker und Barker (1961) und Barker und Schoggen (1978) in „Midwest" (USA) und „Yoredale" (England) benutzt (→ Behavior Setting). Barker und seine Mitarbeiter untersuchten nicht nur die Zahl unterscheidbarer Behavior Settings in den beiden genannten Orten, sondern auch die Zahl und Dauer, in der die Bewohner an der Aufrechterhaltung vergleichbarer Settings beteiligt waren. Diese Analyse erbrachte nicht nur mehr Behavior Settings für Midwest, sondern auch weniger Personen, die diese Settings bildeten. Aus der Theorie des Behavior Settings (Barker 1968), nach der gering besetzte Settings für die Teilnehmer belastender sind als „optimal" besetzte, folgte für die Autoren, daß unabhängig von persönlichen Präferenzen die Menschen in

Midwest zu einer größeren Partizipation in der Gemeinde, zur Übernahme von mehr Verantwortlichkeit etc. gezwungen sind.

Interessant ist, daß das Konzept des Behavior Setting als einer Untersuchungseinheit später nicht nur von den Whitings aufgegriffen (Whiting & Whiting 1975), sondern auch sonst noch im Kulturvergleich benutzt wurde (z.B. Berkowitz 1971), daß dagegen der Rückbezug auf die zugrundeliegende Theorie nicht im gleichen Maße erfolgt.

Allerdings zeigt gerade unter theoretischen Gesichtspunkten die kulturvergleichende Psychologie besonders deutlich die Grenzen des Behavior-Setting-Konzeptes: Quantitative und qualitative Unterschiede im Verhalten in prinzipiell abgrenzbaren Settings (bei Berkowitz: Einkaufs-, Park- und Vergnügungszentren) in deutlich verschiedenen Kulturen waren in ihrer Bedeutung nicht interpretierbar, d.h. die Analyse konkreter Settings führt nicht zum Verständnis kultureller Bedingungen, sondern dieses ist bei der Interpretation von Settings gerade vorausgesetzt (Eckensberger 1978).

4. Eine ökologische Orientierung in der Kultur- und Persönlichkeitsforschung

Ebenfalls in den 50er Jahren erwächst aus der klassischen „Kultur- und Persönlichkeitsforschung" der Kardiner-Tradition (Kardiner 1945) das großangelegte „Six-culture-project" der Universitäten Harvard, Cornell und Yale (Whiting 1963), das trotz einer zunehmenden Beschränkung auf einzelne Persönlichkeitsaspekte im ganzen darauf abzielte, psychologische, anthropologische und ökologische Bedingungen miteinander zu verknüpfen. Die six-culture-study knüpft an das alte Kardiner-Schema an: Auf der Grundlage bestimmter primärer Institutionen (Erziehungsstrategien, familiäre Beziehungen, Ernährungsverhalten, etc.) entwickelt sich danach eine für die Angehörigen einer kulturellen Gruppe typische „basic personality structure", welche ihrerseits die Bedingungen für die Genese sekundärer Institutionen in Form „projektiver Systeme" abgibt, die die geistigen Komponenten (Glaubens- und Wertsysteme) einer Kultur ausmachen. Dieses Schema wird nun unter einem ökologisch orientierten Kulturbegriff ausgeweitet: Die primären Institutionen werden präziser gegliedert (ein ökonomisches „maintenance system" wird von der eigentlichen Lernumwelt der Kinder unterschieden), zusätzlich aber selbst auf ökologische (geographische, klimatische) Bedingungen und historische Antezedenzien zurückgeführt.

Obgleich dieser Gesamtansatz in der Folgezeit kritisiert wurde (Frijda & Jahoda 1966), erbrachte er doch insgesamt fruchtbare Ergebnisse über den funktionalen Zusammenhang zwischen psychologischen Merkmalen (Interaktionsformen), den Arbeitsbedingungen (Lernumwelten) der Kinder und der Komplexität der kulturellen Gruppen. So ließ sich auf der Basis von sechs kulturell sehr verschiedenen lokalen Gemeinschaften (Taira an der Nordküste von Okinawa, Taron auf den Philippinen, Khalapur im indischen Staat Utar Pradesh, Nyansongo in Kenia, Juxtlahuaca in Mexiko und Orchard Town, USA) zeigen, daß einerseits Hilfsbereitschaft und Verantwortlichkeit häufiger bei sehr einfachen, subsistenzwirtschaftlich orientierten Kulturen auftrat, andererseits eine höhere Komplexität der Kulturen und damit ihre Unabhängigkeit von ökologischen Kontexten mit einer größeren Unselbständigkeit und einem höheren Maß an Egoismus bei den Kinder korrelierte (Whiting & Whiting 1975).

5. Ein öko-kulturelles Modell

Erst Ende der 60er, Anfang der 70er Jahre entsteht dann innerhalb der kulturvergleichenden Psychologie ein mehr oder weniger eigenständiger öko-kultureller Ansatz, der heute vor allem mit dem Namen John Berry verbunden ist. Berry greift in sehr systematischer Weise zwei Theorien auf: Einerseits das Konzept einer „bio-sozialen Psychologie" seines Lehrers Dawson, das ihm weitgehend als Erklärungsmodell dient, andererseits das inhaltliche Konstrukt der Feldabhängigkeit/-unabhängigkeit, das von Witkin und seinen Mitarbeitern erarbeitet wurde (Witkin et al. 1962). Dawsons (und damit Berrys) theoretische Konzeption ist relativ eindeutig dem Neofunktionalismus (*ecosystemicism*) in der Tradition von Vayda und Rappaport (1968) verpflichtet (Kulturanthropologie), denn, wie Dawson (1969) ausführt, interessiert man sich in der „(...) bio-sozialen Psychologie für die Art und Weise, in der Anpassung an verschiedene biologische Umwelten zur Entwicklung spezifischer Gewohnheiten, Wahrnehmungsinferenzen, kognitiver Prozesse und psychologischer Fertigkeiten führt. Zusätzlich wird berücksichtigt, daß eine Anpassung an verschiedene biologische Umwelten auch zur Bildung korrespondierender sozialer Systeme führt, die ihrerseits die Ausformung solcher psychologischen Fertigkeiten unterstützten, die für das Überleben benötigt werden. Zwar befaßt sich die bio-soziale Psychologie primär mit Umwelten, die der unmittelbaren Erhaltung dienen (*subsistence environments*), bio-soziale Problemstellungen existieren jedoch genauso in modernen Gesellschaften, z.B. die Überbevölkerung, Isolation, Armut sowie ökologische Probleme (S. 1, Übers. durch die Autoren).

Dabei verschrieben sich beide Autoren einem „moderaten Umweltdeterminismus" (Berry 1975). So stellen bereits Berry und Annis (1974) fest, daß man die postulierten öko-kulturellen Zusammenhänge überhaupt nur auf dem Niveau subsistenzwirtschaftlich organisierter kultureller Gruppen erwarten kann, daß man umgekehrt, sobald man sie auch für technologisch hochstehende Gesellschaften postuliert, einen wichtigen Parameter des Modells verletzt. Dawson (1969) seinerseits erwartet, daß ökologisch sinnvolle Anpassungsleistungen von kulturellen Gruppen nur in extremen Umwelten auftreten und leichter bestimmbar sind als in weniger extremen Umwelten. Berry (1966) benutzte wie Dawson (1967a, 1967b) diesen Rahmen, um zu zeigen, daß die Eskimos, die in einer harschen, großräumigen Umwelt leben, einen feldunabhängigeren kognitiven Stil haben als die

Temne (Afrika), die in einer gefälligeren wahrnehmungsmäßig begrenzteren Umwelt (Dschungel) siedeln. Die Autoren versuchen nicht nur zu argumentieren, daß diese unterschiedlichen kognitiven Stile in beiden Umwelten optimal angepaßt sind, sondern auch, daß sich innerhalb dieser Gruppen Erziehungsstile herausgebildet haben, die ihrerseits adaptiv in den verschiedenen Umwelten sind.

Berry (1975, 1976) hat diesen Ansatz dann weiter zu einem „öko-kulturellen" Modell (eco-cultural model) ausgearbeitet, das seither in der kulturvergleichenden Literatur eine starke Verbreitung gefunden hat. Es enthält insgesamt sechs Komponenten, die untereinander mehr oder weniger vollständig systemar vernetzt sind: (a) *Die ökologische Komponente,* die im Prinzip biologische Aspekte der Umwelt wie der Organismen umfaßt, die zusammen die ökonomischen Möglichkeiten einer kulturellen Gruppe sowie deren demographische Verteilung und Siedlungsform bestimmen. (b) *Die traditionelle Kultur:* Sie wird betrachtet unter den Gesichtspunkten der Rollendifferenzierung, der sozio-kulturellen Stratifizierung und der Erziehungseinstellungen (Nachgiebigkeit vs. Strenge) in verschiedenen Sozialisationsbereichen (Verantwortlichkeit, Leistung etc.). Das Hauptinteresse besteht hier an den Einflüssen, die zu den spezifischen Sozialisationsprozessen führen. (c) *Das traditionelle Verhalten:* Diese Komponente basiert ausschließlich auf dem Differenzierungskonzept. Es wird unterschieden zwischen der Differenzierung in den Bereichen der Wahrnehmung, des Sozialverhaltens und der Affektkontrolle. Das Ausmaß der Differenzierung wird weitestgehend auf die Sozialisationsprozesse zurückgeführt; dabei wird eine inverse Beziehung zwischen der sozio-kulturellen und der psychologischen Differenzierung angenommen. (d) *Akkulturationseinflüsse:* Hier werden vier Bereiche unterschieden (Urbanisierung, Handel, Erziehung von Fertigkeiten, Werten, Technologien und die Lohnarbeit), die unter dem Gesichtspunkt der Einflußgeschichte, ihrer Dauer, Kontinuität und ihres Zweckes betrachtet werden. Zwischen den einzelnen Bereichen werden Wechselwirkungen angenommen. (e) *Die Kontaktkultur:* Sie wird durch eine einsinnige Wirkungsfolge zwischen vier Wirklichkeitsbereichen umschrieben: Durch die landwirtschaftliche Methoden, welche zu typischen Siedlungsmustern führen. Diese bestimmen ihrerseits die Differenzierung (und Stratifizierung) der Population, die dann die o.g. Sozialisationsstrategien bedingt. Dabei werden Kontakt- und traditionelle Kultur nicht als exklusive Kategorien betrachtet, sondern als Kontinua. (f) *Akkulturationsverhalten:* Hier werden zwei Verhaltensaspekte getrennt. Zum einen wieder die psychologische Differenzierung in den drei genannten Bereichen, zum anderen ein Akkulturationsstreß, der mit Marginalität und abweichendem Verhalten korrespondieren kann. Zentrale Konzepte sind hier die Einstellung zur „dominanten" Gesellschaft sowie die ethnische Identität der Angehörigen einer Kultur.

Obgleich das Gesamtmodell von Berry außerordentlich systematisch präsentiert wird, ist es im Detail doch sehr eklektisch, allgemein und eher unausgereift. Berry (1976) hat es jedoch in einer groß angelegten Studie an immerhin 21 Stichproben (aus Afrika, Australien, Kanada, Neuguinea und Schottland) empirisch über zehn Jahre hinweg geprüft und seiner Meinung nach bestätigen können. Allerdings sind seine Methoden z.T. (in den Fragebogenteilen) sehr schlicht, seine

Statistik ist sehr klassisch (einfache Korrelationen und Varianzanalysen) und erlaubt in keiner Weise eine Prüfung der Wirkungs- und Wechselwirkungsannahmen zwischen den theoretisch anspruchsvoll vernetzten Variablen seines Systems. Zudem sind alle Aspekte, die sich auf Akkulturationsprozesse beziehen, nur für wenige Stichproben untersucht. Die Differenzierung ist weitgehend auf Wahrnehmungsdifferenzierung beschränkt. Die Beziehung zwischen ökologischen Bedingungen, Erziehungsstrategien und der kognitiven Differenzierung auf dem Niveau subsistenzwirtschaftlich funktionierender Kulturen scheint am ehesten gesichert (zu einer ausführlichen Kritik s. Jahoda 1980).

6. Ökopsychologie als Kulturpsychologie

Die getrennte Betrachtung kultureller und psychischer Phänomene korrespondiert, wie angedeutet, in den beschriebenen Ansätzen mit einer Reihe von Defiziten: Die Verkürzung aller erklärungsbedürftigen Phänomene auf rein psychologische Variablen und damit das Ausklammern der Kultur selbst als eines spezifisch menschlichen Phänomens im klassischen Ansatz der kulturvergleichenden Psychologie, die Begrenzung des öko-kulturellen Modells von Berry auf strukturell einfache Kulturen, die mangelnde Reflexion des Zustandekommens der Behavior Settings im Sinne Barkers müßten nach unserer Auffassung an sich dazu führen, daß sich eine ökologisch orientierte Psychologie nicht nur (auch) einer kulturvergleichenden Strategie bedient, wenn sie an der spezifischen Wirkung spezifischer Umweltbedingungen oder an der Generalisierbarkeit allgemeiner Konzepte oder Zusammenhänge interessiert ist, sondern sie müßte sich darüber hinaus zunehmend selbst als Kulturpsychologie verstehen, die darauf abzielt, die Wechselwirkungen zwischen individuellem und kollektivem Handeln mit der Umwelt zu analysieren. Sie müßte zu einer Psychologie werden, die davon ausgeht, daß einerseits eine Vielzahl von materiell/physischen Umweltelementen Bestandteile der materiellen Kultur darstellen, und daß andererseits selbst natürliche Umwelt immer erst durch (kulturell mitbedingte) Sinngebungen zur Umwelt des Menschen wird (Boesch 1971, 1976, 1980, 1983) (→ *Phänomenologischer Ansatz*). Unter einer ökologischen Perspektive müßte sich also auch die kulturvergleichende Psychologie konsequent in eine Kulturpsychologie wandeln (Eckensberger 1985), die bemüht ist, eine Erhaltung sowohl konkreter Alltagskontexte als auch die Formulierung allgemeiner Gesetzmäßigkeiten zu ermöglichen.

Dieses Ziel wäre nach unserer Auffassung allerdings auch mit einem Wechsel im Menschenbild verbunden, das den Theorien in der Psychologie zugrunde liegt (Eckensberger 1979b), nämlich einer Hinwendung zu dynamischen Handlungstheorien (→ *Handlungstheorie*). Der abstrakte Kulturbegriff würde sich zu einem regional definierten Alltagskulturbegriff wandeln müssen, der konkrete Handlungsgrenzen und -möglichkeiten für das Subjekt enthält. Aspekte einer regionalen Alltagskultur (Dialekt, raum- und ortsbezogene Handlungen, regionalkulturell normierte Interaktionen) würden in einem solchen Ansatz zu „Identitätsankern" für den einzelnen (Krewer, Momper & Eckensberger 1984), die es erst ermöglichen, seine konkrete (regional-)kulturelle Identität zu bestimmen. In ihnen würde sich der in der Ökopsychologie gesuchte „Person-Umwelt-Bezug" ganz konkret manifestieren. Interessanterweise korrespondiert dieses Konzept mit dem „Heimatkonzept" der modernen Volkskunde (Bausinger 1984, Greverus 1979) und findet die handlungstheoretische Orientierung ihre Entsprechung in den „actor-based models" der Anthropologie, eine Konvergenz, die nicht zufällig ist, sondern durch analoge Reflexionen vorhandener Theorien bedingt wird. Vielleicht deutet sich hier sogar die Möglichkeit einer zumindest partiellen Integration von Anthropologie und Psychologie an.*

Literatur

Altman, J. & Chemers, M.M. (1980). Cultural aspects of environment-behavior relationships. In H.C. Triandis & R.W. Brislin (Eds.), Handbook of cross-cultural psychology. Vol. 5: Social Psychology (pp. 335-392). Boston: Allyn & Bacon.

Barker, R.G. (1968). Ecological psychology. Stanford: Stanford University Press.

Barker, R.G. & Barker, L. (1961). Behavior units for the comparative study of cultures. In B. Kaplan (Ed.), Studying personality cross-culturally (pp. 475-476). New York: Harper & Row.

Barker, R.G. & Schoggen, P. (1978). Behavior-generating machines: Models Midwest and Yoredale. In R. Barker and associates (Eds.), Habitats, environments, and human behavior (pp. 265-284). San Francisco: Jossey-Bass.

Bausinger, H. (1984). Auf dem Wege zu einem neuen, aktiven Heimatverständnis. In H.G. Wehling (Hg.), Heimat heute (S. 11-33). Stuttgart: Kohlhammer.

Berkowitz, L.R. (1971). A cross-cultural comparison of some social patterns of urban pedestrians. Journal of Cross-Cultural Psychology 2, 129-144.

Berry, J.W. (1966). Temne and Eskimo perceptual skills. International Journal of Psychology 1, 207-229.

Berry, J.W. (1971). Müller-Lyer-susceptibility: culture, ecology and race. International Journal of Psychology 6, 193-197.

Berry, J.W. (1975). An ecological approach to cross-cultural psychology. Netherlands Journal of Psychology 30, 51-84.

Berry, J.W. (1976). Human ecology and cognitive style. Beverly Hills: Sage/Halstead.

Berry, J.W. & Annis, R.C. (1974). Ecology, culture, and psychological differentiation. International Journal of Psychology 9, 173-193.

Berry, J.W. & Dasen, P.R. (Eds.) (1974). Culture and cognition: Readings in cross-cultural psychology. London: Methuen.

Boesch, E.E. (1971). Zwischen zwei Wirklichkeiten. Bern: Huber.

Boesch, E.E. (1976). Die Psychopathologie des Alltags. Bern: Huber.

Boesch, E.E. (1980). Kultur und Handlung. Bern: Huber.

Boesch, E.E. (1983). Das Magische und das Schöne. Stuttgart-Bad Cannstatt: Frommann-Holzboog.

Brislin, R., Lonner, W.J., & Thorndike, R.M. (1973). Cross-cultural research methods. New York: Wiley.

Brunswik, E. & Kamiya, J. (1953). Ecological cue validity of proximity and other Gestalt factors. American Journal of Psychology 66, 20-32.

Dasen, R.P. & Heron, A. (1981). Cross-cultural tests of Piaget's theory. In H.C. Triandis & A. Heron (Eds.), Handbook of cross-cultural psychology. Vol. 4: Developmental psychology (pp. 295-341). Boston: Allyn & Bacon.

Dawson, J.L.M. (1967a). Cultural and physiological influences on spatial-perceptual processes in West Africa, Part 1. International Journal of Psychology 2, 115-125.

* Dieser Beitrag wurde 1986 abgeschlossen.

Dawson, J.L.M. (1967b). Cultural and physiological influences on spatial and perceptual processes in West Africa, Part 2. International Journal of Psychology 2, 171-185.

Dawson, J.L.M. (1969). Research and theoretical bases of bio-social psychology. Inaugural lecture from the Chair of Psychology, University of Hongkong: Supplement to the Gazette 16, (2), 1-10.

Deregowski, J.B. (1967). The horizontal-vertical illusion and the ecological hypothesis. International Journal of Psychology 2, 269-273.

Deregowski, J.B. (1980). Perception. In H.C. Triandis & W.J. Lonner (Eds.), Handbook of cross-cultural psychology. Vol. 3: Basic processes (pp. 21-115). Boston: Allyn & Bacon.

Eckensberger, L.H. (1973). Methodological issues of cross-cultural research in developmental psychology. In J.R. Nesselroade & H.W. Reese (Eds.), Life-span developmental psychology: methodological issues (pp. 43-64). New York: Academic Press.

Eckensberger, L.H. (1976). Der Beitrag kulturvergleichender Forschung zur Fragestellung der Umweltpsychologie. In G. Kaminski (Hg.), Umweltpsychologie – Perspektiven, Probleme, Praxis (S. 73-98). Stuttgart: Klett-Cotta.

Eckensberger, L.H. (1978). Die Grenzen des ökologischen Ansatzes in der Psychologie. In C.F. Graumann (Hg.), Ökologische Perspektiven (S. 49-76). Bern: Huber.

Eckensberger, L.H. (1979a). Die ökologische Perspektive in der Entwicklungspsychologie: Herausforderung oder Bedrohung? In H. Walter & R. Oerter (Hg.), Ökologie und Entwicklung in der Ökologie (S. 264-282). Donauwörth: Auer.

Eckensberger, L.H. (1979b). A metamethodological evaluation of psychological theories from a cross-cultural perspective. In L.H. Eckensberger, J.H. Poortinga, & W.J. Lonner (Eds.), Cross-cultural contributions to psychology (pp. 255-275). Lisse: Swets & Zeitlinger.

Eckensberger, L.H. (1985). De essentie van theorieen in de cross-culturele psychologie. In J.M.H. van de Koppel (Hg.), Verkenningen in de cross-culturele psychologie (S. 71-103). Lisse: Swets & Zeitlinger.

Edwards, C.P. (1981). The comparative study of the development of moral judgment and reasoning. In R.H. Munroe, R.C. Munroe & B.B. Whiting (Eds.), Handbook of cross-cultural human development (pp. 501-527). New York: Garland.

Edwards, C.P. (1984). Cross-cultural research on Kohlberg's stages: The basis for consensus. In S. Modgil & Modgil (Eds.), Lawrence Kohlberg: Consensus and controversy.

Frijda, N. & Jahoda, G. (1966). On the scope and methods of cross-cultural research. International Journal of Psychology 1, 109-127.

Graumann, C.F. (Hg.) (1978). Ökologische Perspektiven in der Psychologie. Bern: Huber.

Greverus, I.-M. (1979). Auf der Suche nach Heimat. München: Beck.

Izard, C.E. (1980). Cross-cultural perspectives on emotion and emotion communication. In H.C. Triandis & W.J. Lonner (Eds.), Handbook of cross-cultural psychology. Vol. 3: Basic Processes (pp. 185-221). Boston: Allyn & Bacon.

Jahoda, G. (1966). Geometric illusions and environment: a study in Ghana. British Journal of Psychology 57, 193-199.

Jahoda, G. (1971). Retinal pigmentation, illusion susceptibility, and space perception. International Journal of Psychology 6, 199-208.

Jahoda, G. (1980). Theoretical and systematic approaches in cross-cultural psychology. In H.C. Triandis & W. Lambert (Eds.), Handbook of cross-cultural psychology, Vol. 1: Perspectives (pp. 69-141). Boston: Allyn & Bacon.

Kaminski, G. (Hg.) (1976). Umweltpsychologie – Perspektiven, Probleme, Praxis. Stuttgart: Klett-Cotta.

Kardiner, A. (1945). The psychological frontiers of society. New York: Columbia Press.

Kornadt, H.J., Eckensberger, L.H., & Emminghaus, W.B. (1980). Cross-cultural research on motivation and its contribution to a general theory of motivation. In H.C. Triandis & W.J. Lonner (Eds.), Handbook of cross-cultural psychology. Vol. 3: Basic processes (pp. 223-321). Boston: Allyn & Bacon.

Krewer, B., Momper, M. & Eckensberger, L.H. (1984). Das Saarland war zumeist Objekt der Geschichte. Der Bürger im Staat 3, 178-187.

Moore, G.T. & Golledge, R.G. (Eds.) (1976). Environmental knowing. Section 6: Cross-cultural perspective (pp. 219-258). Stroudsburg: Dowden, Hutchinson & Ross.

Morgan, P.A. (1959). A study of perceptual differences among cultural groups in Southern Africa, using tests of geometric illusions. Journal of the National Institute of Personnel Research 8, 39-43.

Mundy-Castle, A. & Nelson, G.K. (1962). A neuropsychological study of the Knysna forest workers. Psychologica Africana 9, 240-272.

Pawlik, K. (1976). Ökologische Validität: Ein Beispiel aus der Kulturvergleichsforschung. In G. Kaminski (Hg.), Umweltpsychologie – Perspektiven, Probleme, Praxis (S. 59-72). Stuttgart: Klett-Cotta.

Pick, A. (1980). Cognition: Psychological perspectives. In H.C. Triandis & W. Lonner (Eds.), Handbook of cross-cultural psychology. Vol. 3: Basic processes (pp. 117-153). Boston: Allyn & Bacon.

Pollak, R.H. & Silver, S.D. (1967). Magnitude of Müller-Lyer illusion as a function of the pigmentation of the fundus oculi. Psychonomic Science 8, 83-84.

Richardson, S., Lock, C.H., Lee, A., & Tee, T.S. (1971). The Müller-Lyer illusion: a cross-cultural study in Singapore ergonomics 13, 526.

Schöfthaler, T. & Goldschmidt, D. (1984). Soziale Struktur und Vernunft. Frankfurt: Suhrkamp.

Segall, M., Campbell, D.T., & Herskovits, M.J. (1966). The influence of culture on visual perception. Indianapolis: Bobs-Merril.

Snarey, J. (1985). Cross-cultural universality of social-moral development: A critical review of Kohlbergian research. Psychological Bulletin 97, 202-232.

Triandis, H.C., Malpass, R.S., & Davidson, A.R. (1971). Cross-cultural psychology. Biennial Review of Anthropology 7, 1-84.

Vayda, A.P. & Rappaport, R. (1968). Ecology, cultural and noncultural. In J. Clifton (Ed.), Introduction to cultural anthropology (pp. 477-497). Boston: Houghton Mifflin.

Walter, H. (1982). Umweltpsychologie – Bestandsaufnahme und Perspektiven. In H. Janig, E. Löschenkohl, J. Schofnegger & G. Süssenbacher (Hg.), Umweltpsychologie – Bewältigung neuer und veränderter Probleme (S. 17-31). Wien: Literas.

Whiting, B.B. (1963). Six cultures: studies of child rearing. New York: Wiley.

Whiting, B.B. & Whiting, J.W.M. (1975). Children of six cultures: a psycho-cultural analysis. Cambridge, MA: Harvard University Press.

Willems, E.P. (1967). Toward an explicit rationale for naturalistic research methods. Human Development 10, 138-154.

Willems, E.P. (1973). Behavioral ecology and experimental analysis: Courtship is not enough. In J.R. Nesselroade & H.W. Reese (Eds.), Lifespan developmental psychology: methodological issues (pp. 195-217). New York: Academic Press.

Witkin, H., Dyle, R.B., Faterson, H.F., Goodenough, D.R., & Karp, S.A. (1962). Psychological differentiation. New York: Wiley.

Zavalloni, M. (1980). Values. In H.C. Triandis & R.W. Brislin (Eds.), Handbook of cross-cultural psychology. Vol. 5: Social psychology (pp. 73-120). Boston: Allyn & Bacon.

Lutz H. Eckensberger und Bernd Krewer
Psychologisches Institut
der Universität Saarbrücken

Ökologische Sozialisationsforschung

Das Merkmal eines ökologischen Paradigmas der Sozialisationsforschung ist die Untersuchung von Entwicklung in der aktuellen Umwelt, in der der Mensch aufwächst. Die formelle Definition lautet: „Die Ökologie der menschlichen Entwicklung befaßt sich mit der fortschreitenden gegenseitigen Anpassung zwischen dem aktiven, sich entwickelnden Menschen und den wechselnden Eigenschaften seines unmittelbaren Lebensbereiches. Dieser Prozess wird fortlaufend von den Beziehungen dieser Lebensbereiche untereinander und von den größeren Kontexten beeinflußt, in die sie eingebettet sind" (Bronfenbrenner 1981, S. 37). Die Quellen dieses Paradigmas können ein Jahrhundert zurückverfolgt werden, bis zu der Zeit, in der Schwabe und Bartholomai (1870) eine Untersuchung mit dem Ziel durchführten, Unterschiede im „Vorstellungskreis der Berliner Kinder in verschiedenen Stadtteilen" festzustellen. Aber erst in den siebziger Jahren unseres Jahrhunderts wurde eine systematische theoretische Formulierung der ökologischen Sozialisationforschung veröffentlicht (Bronfenbrenner 1976, 1979).

Die Hauptmerkmale dieser Orientierung sind folgende: Erstens wird die in der Entwicklung begriffene Person nicht als *tabula rasa* betrachtet, auf der die Umwelt ihre Eindrücke hinterläßt, sondern als wachsende dynamische Einheit, die das Milieu, in dem sie lebt, fortschreitend in Besitz nimmt und umformt ($\rightarrow$ *Aneignung)*. Da aber auch die Umwelt Einfluß ausübt, und so ein Prozeß „gegenseitiger Anpassung" nötig wird, muß – zweitens – beachtet werden, daß die Interaktion zwischen Person und Umwelt in beide Richtungen wirkt, daß sie durch *Reziprozität* charakterisiert ist ($\rightarrow$ *Phänomenologischer Ansatz)*. Und drittens entspricht die für die Entwicklungsprozesse relevante Umwelt, wie sie hier definiert ist, nicht nur einem einzigen, dem unmittelbaren Lebensbereich um die Person; sie umfaßt mehrere Lebensbereiche und die Verbindungen zwischen ihnen, auch äußere Einflüsse aus der weiteren Umwelt. Schließlich hat das ökologische Entwicklungssystem auch eine zeitliche Dimension, die nicht nur das Individuum, sondern auch die Umwelt umfaßt.

Diese erweiterte Umweltvorstellung ist erheblich breiter und differenzierter als die der Psychologie im allgemeinen und der Entwicklungspsychologie im besonderen. Man muß sich die Umwelt aus ökologischer Perspektive topologisch als eine ineinandergeschachtelte Anordnung konzentrischer, ineinandergebetteter Strukturen vorstellen. Diese Strukturen werden als *Mikro-, Meso-, Exo-, Makro-* und *Chronosysteme* bezeichnet und wie folgt definiert:

1. Ein *Mikrosystem* ist ein Muster von Tätigkeiten und Aktivitäten, Rollen und zwischenmenschlichen Beziehungen, das die in Entwicklung begriffene Person in einem gegebenen Lebensbereich mit seinen eigentümlichen physischen und materiellen Merkmalen erlebt. Ein Lebensbereich ist ein Ort, an dem ein Mensch direkte Interaktionen mit anderen eingehen kann.
2. Ein *Mesosystem* umfaßt die Wechselbeziehungen zwischen den Lebensberei-

chen, an denen die sich entwickelnde Person aktiv beteiligt ist (für ein Kind etwa die Beziehungen zwischen Elternhaus, Schule, und Spielkameraden; für einen Erwachsenen die Beziehungen zwischen Familie, Arbeit und Bekanntenkreis) (→ *Kind und Umwelt;* → *Jugend und Umwelt;* → *Familien*).

3. Unter *Exosystem* verstehen wir einen Lebensbereich oder mehrere Lebensbereiche, an denen die sich entwickelnde Person nicht selbst beteiligt ist, in denen aber Ereignisse stattfinden, die ihren Lebensbereich beeinflussen oder davon beeinflußt werden. Beispiele eines Exosystems eines kleinen Kindes sind der Arbeitsplatz der Eltern, die Schulklasse älterer Geschwister oder der Bekanntenkreis der Eltern.

4. Der Begriff des *Makrosystems* bezieht sich auf grundsätzliche formale und inhaltliche Ähnlichkeiten in den Systemen niedriger Ordnung (Mikro-, Meso- und Exosystem), die in der Subkultur oder der ganzen Kultur bestehen oder bestehen könnten, einschließlich der ihnen zugrundeliegenden Weltanschauungen und Ideologien.

5. Der Begriff *Chronosystem* bezieht sich auf langfristige Forschungsmodelle, in denen die zeitliche Veränderung oder Stabilität nicht nur der sich entwickelnden Person, sondern auch des Umweltsystems in Betracht gezogen werden können. Es können zwei Formen von Wandel unterschieden werden. Der Prototyp eines Chronosystems ist ein *Lebensübergang* (→ *Umwelt und Persönlichkeit*), der stattfindet, wenn eine Person ihre Position in der ökologisch verstandenen Umwelt durch einen Wechsel ihrer Rolle oder ihres Lebensbereichs verändert; z.B. die Geburt eines Kindes, Eintritt in den Kindergarten oder die Schule, Bestehen der Abschlußprüfung oder vorzeitiges Verlassen der Schule, Suche nach einer Anstellung, deren Wechsel oder Verlust – Heirat, der Entschluß, ein Kind zu bekommen – Ferien, Reisen – Scheidung, neue Heirat, Berufswechsel usw. Die zweite, kompliziertere Form des Chronosystems ist eine Kette von Übergängen über eine längere Zeit hinweg, die Elder (1974, 1985) als „life course" (Lebenslauf) bezeichnet hat. Ökologisch gesehen, ist jeder Lebensübergang oder eine Kette davon sowohl Folge als auch Anstoß von Entwicklungsprozessen (Bronfenbrenner 1985).

Die Anwendung der ökologischen Perspektive in der Entwicklungs- und Sozialisationsforschung hat zu neuen Untersuchungsmodellen geführt, die Befunde hervorgebracht haben, die nicht nur für die Wissenschaft bedeutungsvoll sind, sondern auch für die Praxis und die Gesellschaftspolitik.

Besonders zu erwähnen sind zwei Arten von Vorhaben. Erstens solche, die sogenannte *Effekte zweiter Ordnung* erhellen, d.h., z.B. wird nicht nur der direkte Einfluß des Vaters auf das Kind betrachtet, sondern auch der indirekte Effekt, den der Vater durch seinen Einfluß auf die Mutter-Kind-Beziehung ausübt. Eine zweite, noch leistungsfähigere Strategie ist das *Prozess-Person-Kontext-Modell*. Zugrunde liegt die Annahme einer Wahrscheinlichkeit, daß Sozialisationsprozesse sich einerseits nach der Struktur des ökologischen Systems, in dem der Mensch lebt, ändern und andererseits nach den Persönlichkeitseigenschaften des Individuums.

Ein Beispiel der beiden Mechanismen findet man in einer Untersuchung von Crockenberg (1985). In einer Stichprobe von alleinstehenden Müttern in England und den Vereinigten Staaten untersuchte eine Forscherin den Einfluß des Sozialnetzwerkes der Mutter auf die Mutter-Säugling-Beziehung und auf die Entwicklung des Kindes, d.h. den Einfluß der Verwandten, Freunde, Bekannten der Mutter und auch der Versorger, die sich um den gesundheitlichen, materiellen und psychologischen Wohlstand der Mutter und des Kindes bemühten. Es gab drei Hauptresultate: 1. Die Existenz eines sozialen Netzwerkes (→ soziale Netzwerke) förderte auch die Reziprozität der Mutter-Säugling-Interaktion und die physische und psychologische Entwicklung des Kindes; 2. der Effekt des Familienunterstützungssystems war besonders stark bei frühgeborenen und sensiblen Kindern. Der positive Einfluß der Versorger war in England effektiver als in den Vereinigten Staaten. Crockenberg interpretiert dieses Resultat als eine Spiegelung der unterschiedlichen Wohlfahrtssysteme in beiden Ländern. In den Vereinigten Staaten muß die Mutter normalerweise in eine Klinik oder zur Sprechstunde gehen und wird vom Arzt behandelt. In England kommt eine Schwester ins Haus. Hier handelt es sich um einen Entwicklungsprozeß (Mutter-Kind-Interaktion), der durch einen anderen Menschen (Effekt zweiter Ordnung), durch die Eigenschaften des Kindes selbst (Person) und durch die gesellschaftliche Umwelt (Kontext) beeinflußt wird.

Andere ökologisch orientierte Untersuchungen behandeln eine Reihe von Themen, wie den Effekt der elterlichen Arbeitsbedingungen auf das Verhalten und die Entwicklung des Kindes (Hoffman 1984); die wechselseitigen Einflüsse der Familie, der Gleichaltrigen, der Schule und des Arbeitsplatzes auf den Lebenslauf der Jugendlichen (Silbereisen & Kastner 1985); die Konsequenzen des Großstadtlebens für Familien und Kinder (Rutter 1981); den zerstörenden Einfluß der Armut und der Arbeitslosigkeit (→ Arbeitslosigkeit) auf die ganze Familie und daher auch auf die Zukunft aller ihrer Mitglieder, der Großen wie der Kleinen (Elder 1974, Elder, Caspi & van Nguyen 1985); und die positive Bedeutung einer stabilen Ehe für die Entwicklung effektiver Bildungs- und Geschäftsleiter in der modernen Gesellschaft (Mortimer, Lorence & Kumka 1982). Eine Zusammenfassung und Diskussion dieser und anderer neuerer Untersuchungen findet man in den Veröffentlichungen von Bronfenbrenner (1985), Bronfenbrenner und Crouter (1983), Parke (1984), Silbereisen und Eyferth (1985).

Literatur

Bronfenbrenner, U. (1976). Ökologische Sozialisationsforschung. Stuttgart: Klett.
Bronfenbrenner, U. (1979). The ecology of human development: Experiment by nature and design. Cambridge, MA: Harvard University Press.
Bronfenbrenner, U. (1981). Die Ökologie der menschlichen Entwicklung. Stuttgart: Klett.
Bronfenbrenner, U. (1985). Recent advances in research on the ecology of human development. In R.K. Silbereisen & K. Eyferth (Eds.), Development as action in context (pp. 287-310). Heidelberg: Springer.
Bronfenbrenner, U. & Crouter, A.C. (1983). The evolution of environmental models in developmental research. In W. Kessen (Ed.), History, theory and methods (Vol. 1 of P.H. Mussen [Ed.], Handbook of child psychology, 4th ed.) (pp. 357-414). New York: Wiley.
Crockenberg, S.B. (1985). Professional support and care of infants by adolescent mothers in England and the United States. Journal of Pediatric Psychology 10, 413-428.

Elder, G.H., Jr. (1974). Children of the Great Depression. Chicago, IL: University of Chicago Press.

Elder, G.H., Jr., Caspi, A., & van Nguyen, T. (1985). Resourceful and vulnerable children: Family influences in stressful times. In R.K. Silbereisen & K. Eyferth (Eds.), Development in context: Integrative perspectives on youth development (pp. 167-186). New York: Springer.

Hoffman, L.W. (1984). Work, family, and the socialization of the child. In R.D. Parke (Ed.), The family (pp. 223-282). Chicago, IL: University of Chicago Press.

Mortimer, J.T., Lorence, J., & Kumka, D. (1982). Work and family linkages in the transition to adulthood. A panel study of highly-educated men. Western Psychological Review 13, 50-68.

Parke, R.D. (Ed.) (1984). The family. Chicago, IL: University of Chicago Press.

Rutter, M. (1981). The city and the child. American Journal of Orthopsychiatry 51(4), 610-625.

Schwabe, H. & Bartholomai, F. (1870). Der Vorstellungskreis der Berliner Kinder beim Eintritt in die Schule. In Berlin und seine Entwicklung: Statistisches Jahrbuch für Volkswirtschaft und Statistik, Vierter Jahrgang. Berlin: Guttentag.

Silbereisen, R.K. & Eyferth, K. (Eds.) (1985). Development as action in context. Heidelberg: Springer.

Silbereisen, R.K. & Kastner, P. (1985). Entwicklung von Drogengebrauch – Drogengebrauch als Entwicklung? In R. Oerter (Hg.), Lebensbewältigung im Jugendalter. Weinheim: VCH.

Urie Bronfenbrenner
Department of Human Development and Family Studies
Cornell University

Ergonomie

1. Einleitung

„Ergonomie befaßt sich mit der Optimierung von Arbeitssystemen." (Röbke 1980) Diese knappe Definition läßt erkennen: Ergonomie ist eine praxisorientierte Wissenschaft oder im Sinne von Herrmann (1979) „Technologie", die „praktische" Ziele durch Einsatz von Erkenntnissen von Grundlagendisziplinen wie auch von durch eigene angewandte Forschung gewonnenem Wissen erreichen will. Mit Ergonomie kann man praktisch das in den USA gebräuchliche „Human Factors Engineering" oder „Human Factors" oder die weniger gebräuchliche „Anthropotechnik" gleichsetzen. Wenn auch die Belastungsoptimierung oft als vorrangiges Ziel der Ergonomie angegeben wird (vgl. Schmidtke 1976), dient doch Ergonomie noch anderen Zielen, wie Schädigungsfreiheit, Gesundheit, Zufriedenheit.

Zwar legt das Wort „Ergonomie", gebildet aus ergon – Arbeit und nomos – Gesetz nahe, dieser Disziplin die Optimierung von *Arbeitssystemen* als vordringliche Aufgabe zuzuweisen, jedoch überschreitet sie in ihrer tatsächlichen Ausübung und Problemweite Arbeitsverhältnisse im herkömmlichen Sinn. Lange, Hagenkötter und Doerken (1979) betrachten es daher wohl mit Recht als Aufgabe der Ergonomie, „das Zusammenwirken von Mensch und Technik im Sinne des Menschen zu verbessern." (a.a.O.). Lanc (1975, S. 11) äußert sich ähnlich: „Ergonomie soll dem Menschen helfen, seine Kontrolle über seine technische Umwelt zu sichern."

Damit erhält die Ergonomie eine umfassendere Bedeutung als angewandte Wissenschaft zur Optimierung des Verhältnisses des Menschen zu seiner Umwelt – eine Aufgabe neben anderen –, der die Ökopsychologie als Ganzes verpflichtet ist. Indem aber „Ergonomie" als Schlüsselbegriff in eine zusammenfassende Darstellung der Ökologischen Psychologie aufgenommen wird, trägt man der Tatsache Rechnung, daß der Lebensraum des Menschen in erheblichem Umfang durch Technik geprägt ist. Für die Lösung ergonomischer Aufgaben werden wissenschaftliche Erkenntnisse sehr unterschiedlicher Art benötigt. Zwar nehmen *Arbeits-* und *Ingenieurpsychologie* – besonders in den angelsächsischen Ländern – in der Ausbildung von Ergonomen einen breiten Platz ein, jedoch würde die Behauptung, Ergonomie sei ein Teil der Angewandten Psychologie, auf erheblichen Widerstand stoßen. In der Bundesrepublik Deutschland spielen *Arbeitsphysiologie* und ingenieurwissenschaftlich orientierte *Arbeitswissenschaft* in der Praxis der Ergonomie eine dominierende Rolle. Unbestritten aber ist Ergonomie ohne Bezug zur *Kybernetik* und *Systemanalyse* nicht zu denken (→ *Systemtheorie*). *Biomechanik, Anthropometrie, Trainingslehre* u.a. Disziplinen tragen ebenfalls zu den Zielen der Ergonomie bei. Auf sie kann aber im Rahmen dieses Beitrags nicht weiter eingegangen werden.

Die Umweltaspekte, die damit thematisiert sind, lassen sich nicht auf bestimmte Klassen von Situationen oder bestimmte Settings eingrenzen. Ergonomische Bemühungen sind überall da angezeigt, wo technische Erzeugnisse in die Erfüllung von Lebensaufgaben integriert sind. In diesem Sinne kann man in der Betrachtung ergonomischer Ziele so weit zurückgreifen, wie der Mensch Werkzeuge für seine Lebensbewältigung gebraucht hat. Was den Werkzeuggebrauch in früheren Epochen betrifft, so lehrt jeder Besuch eines einschlägigen Museums, wie Werkzeuge schon immer den Kräften des Menschen und den Gegenständen der Bearbeitung angepaßt waren. Andererseits wurden noch um 1900 Verladearbeiten mit so primitiven Schaufeln durchgeführt, daß Taylor (1915) ein weites Feld der Arbeitsgestaltung vorfand. Die frühe Industrialisierung brachte überhaupt zahlreiche neue Geräte und Hilfsmittel hervor, zu deren Bedienung die Menschen kaum auf frühere Erfahrungen zurückgreifen konnten.

Die Einsicht in die Notwendigkeit, die Arbeit an den Menschen anzupassen, setzte sich erst mit den Arbeiten der früheren Psychotechniker durch. Unter diesen ist H. Münsterberg (1863-1916) an erster Stelle zu nennen; weiterhin W. Moede (1888-1958), F. Giese (1890-1935), H. Rupp (1880-1954) und viele andere (vgl. Dorsch 1963). Die Bemühungen, die Arbeit optimaler zu gestalten, bezeichneten sie als *Objektpsychotechnik*.

2. Mensch-Maschine-Systeme

Von einer Ergonomie im modernen Sinne konnte man erst sprechen, als sich für die Betrachtung der Beziehungen zwischen Mensch und Gerät, Mensch und Maschine, die Systembetrachtung durchsetzte, und forthin *Mensch-Maschine-Systeme* (MMS) als Gegenstand der Ergonomie betrachtet wurden. Diese Systembetrachtung bringt gegenüber früheren Ansätzen den Vorteil, daß die menschlichen Faktoren schon bei der Entwicklung von MMS im Hinblick auf dessen Ziel und Zweck beachtet werden können (→ *Systemtheorie*). Gerät und Mensch können von vornherein optimal aufeinander abgestimmt werden, da man – zumindest in groben Zügen – die Eigenschaften des Menschen und der Maschine kennt.

Ergonomische Aufgaben haben sich im Zuge des technischen Wandels fortlaufend geändert. Dieser Sachverhalt wird besonders deutlich, wenn man „Entwicklungsstufen" von MMS betrachtet (vgl. Klix 1971, Hoyos 1974, Hollnagel 1990). In einfachen MMS wird die Regelungstätigkeit vom Menschen übernommen, der in den Prozeß eingreift und Steuerbefehle gibt (z.B. Arbeit an einfachen Werkzeugmaschinen). Auf einer „höheren Entwicklungsstufe" eines MMS werden Steuerbefehle noch direkt in die Anlage hinein umgesetzt; diese hält aber ihre Parameter nach Größe, Höhe oder Richtung konstant und gibt lediglich eine Trendmeldung an den Operateur, der bei drohender Grenzüberschreitung eingreift (z.B. das Einrichten und Überwachen automatischer Drehbänke). Der Informationsaustausch zwischen Mensch und Maschine ist reduziert, die Anlage kann damit komplexer werden, ohne die Verarbeitungskapazität des Operateurs zu überfordern.

Auf einer weiteren Entwicklungsstufe ist das System adaptativ und arbeitet nach vorgegebenen Gütekriterien. Dem Operateur werden lediglich nicht korrigierbare Regelabweichungen zurückgemeldet. Anlagen dieser Art sind etwa Start- und Landeautomatiken von Flugzeugen, Ölraffinerien. Der Operateur ist jetzt schon mit hochkomplexen Anlagen konfrontiert, deren Überwachung – darum handelt es sich bei seiner Tätigkeit – einen tieferen Einblick in die zu steuernden Prozesse und ein selbständiges Problemlösen bei Fehlfunktionen erfordert.

Auf der höchstentwickelten Stufe ist das MMS nach Klix „… ein selbstoptimierendes, lernfähiges technisches System, das in der Lage ist, nicht optimale Entscheidungen unter späteren, analogen Bedingungen nicht zu wiederholen" (Klix 1971, S. 47). Diese Aufgabe wird von einem Prozeßrechner geleistet. Der Operateur greift nun nicht mehr direkt in die Prozesse ein, sondern formuliert seine Kommandos in Programmen einer Rechnersprache, die er dem Maschinensystem zuführt.

Damit gilt für den Menschen im MMS:

1. Seine Arbeit ist überwiegend informatorische Arbeit (weniger manuell-körperlich, aber das Informationsangebot wird komplexer).
2. Kontroll-, Überwachungs- und Entscheidungsfunktionen werden mehr und mehr von der Maschine übernommen, die selbst den Charakter eines kybernetischen Systems gewinnt.
3. Ist der Operateur bei einfachen MMS sensorisch und motorisch beansprucht, so verlagert sich das Anforderungsgewicht bei MMS höherer Stufen auf die kognitive Seite.
4. Auf der höchsten Entwicklungsstufe sind MMS und Mensch-Rechnersysteme identisch.

Die Zunahme von Systemen der höchsten Stufe hat die Diskussion neu entfacht, welche Aufgaben vorteilhafter dem Menschen und welche vorteilhafter der Maschine zugewiesen werden sollten. In Anbetracht der rasanten Entwicklung der elektronischen Rechner droht diese Frage mehr zu einem Argument für *Rationalisierung* als für *Systemoptimierung* zu werden. Als *Leistungsvorteile des Menschen* kann man aber – u.a. – immer noch verbuchen: Entdecken schwacher Signale, Raumwahrnehmung, Flexibilität und Improvisation, langfristiges Behalten, Lernen, Antizipation, Durchführen komplexer Entscheidungen, während Maschinen mehr Energiearten verarbeiten können (z.B. UV-Licht, radioaktive Strahlen), sehr schnell arithmetische Operationen ausführen und besser differenzieren und integrieren können, nicht ermüden, gegen Umwelteinflüsse weniger empfindlich sind (vgl. Lanc 1975, 1980, Bubb 1981, Hoyos 1990).

3. Grundlagen und Aufgaben der Ergonomie

Die *Optimierung von MMS* unter bestimmten Zielkriterien (Abschnitt 4) erfordert Kenntnisse und Wissen sehr umfangreicher und vielfältiger Art. In einem orientierenden Kurzbeitrag können praktisch nur die typischen Gegenstände und Themen dieser Wissenschaft aufgelistet werden.

In den Lehrbüchern der Ergonomie (einige Titel finden sich im Literaturverzeichnis) findet man regelmäßig mehr oder weniger ausführliche Hinweise auf die wichtigsten Themen der Humanwissenschaften, besonders der Psychologie: sensorische Prozesse, Informationsverarbeitung und Entscheiden, Motivation, Lernen, Kommunikation, Psychomotorik, Stoffwechsel und Energieumsatz, Biorhythmen, um nur die wichtigsten zu nennen. Für den Ergonomen unerläßlich sind Kenntnisse der Umwelteinflüsse, die auf den Menschen einwirken, wie *Beleuchtung* ($\rightarrow$ *Licht und Farbe*), $\rightarrow$ *Lärm, Klima* usw.

Bemühungen zur Anpassung der Maschine an den Menschen haben sich hauptsächlich auf die Mensch-Maschine-„Schnittstellen" bezogen, das sind einerseits die Steuer- und Bedienelemente, mit denen Informationen an die Maschine gegeben werden, und andererseits Informationsgeber für die Übertragung der Informationen, die bei der Maschine anfallen, auf den Menschen. Steuerelemente wie Hebel, Tasten, Knöpfe, Steuerknüppel, müssen sich bei optimalen Kräften und sicher bedienen lassen, Verwechslungen sollten ausgeschlossen sein, ihre Stellrichtung soll plausiblen Erwartungen entsprechen (z.B. Energiefluß steigt bei Drehung nach rechts).

Informationen aus der Maschine müssen dem Operateur „angezeigt" werden. Dies beginnt bei einfachen Ein/Aus-Anzeigen, geht über Höhenmesser bis hin zu komplexen, dynamischen Funktionsabläufen ganzer Anlagen auf Bildschirmen. Wichtigste Gestaltungsziele sind: Beschränkung auf die notwendige Information, einfache und kontrastreiche Darbietung, Plausibilität in bezug auf die angezeigten Vorgänge. Da Ein- und Ausgabe zumeist rückgekoppelt sind, gehört zu den Gestaltungszielen auch die *Kompatibilität* zwischen Steuerelementen und Anzeigen, aber auch zwischen verschiedenen Anzeigen und verschiedenen Steuerelementen. In größeren Anlagen (z.B. Kraftwerken) fallen Informationen in großer Menge an, und es gibt ebenfalls zahlreiche Eingriffsmöglichkeiten für den Operateur. Dabei entsteht das Problem der adäquaten Anordnung der Anzeigen und Stellteile mit der Tendenz ihrer Integration zu komplexen Informationsdarstellungen, z.B. auf einem Bildschirm.

Nicht zuletzt der „Vormarsch" rechnergestützter Systeme und die damit geforderte anspruchsvolle Interaktion hat die Notwendigkeit erkennen lassen, nicht nur die Schnittstellen zwischen Mensch und Maschine, sondern auch die „dahinter" sich vollziehenden Abläufe in die ergonomische Gestaltung einzubeziehen. Das gilt insbesondere für rechnergestützte Systeme und hat zu dem heute noch recht schlagwortartigen Begriff der *„Software-Ergonomie"* geführt. So soll auch die *Software* eines Systems auf die menschlichen Kapazitäten und Funktionsweisen abgestimmt werden.

In diesen Aufgabenbereich sind die *Umgebungseinflüsse* einzubeziehen, ist also für geeignete Beleuchtung zu sorgen, Lärm zu vermeiden, das Klima zu verbessern usw.

Da Gestaltungsfragen dieser Art sehr häufig anfallen, aber keineswegs überall optimal gelöst werden, gibt es seit einiger Zeit Bestrebungen, auch ergonomische Daten und Grundsätze in Norm- und Regelwerken festzuhalten. Das gilt für die DIN-Normen wie für die ISO-Standards.

Schließlich hat die Ergonomie (wenn auch nicht immer unter diesem Namen) Eingang in zahlreiche Gesetze und Verordnungen gefunden. Ich erwähne nur das Betriebsverfassungsgesetz. Zur Unterstützung der ergonomischen Gestaltungsaufgaben hat die Ergonomie selbst Hilfsmittel wie Arbeits- und Tätigkeitsanalyseverfahren, Prüflisten und Bewertungsverfahren entwickelt (z.B. im Überblick bei Schmidtke, 1981, dargestellt).

Ganz zwangsläufig haben sich bei der Gestaltung von Mensch-Maschine-Umwelt-Systemen Maßnahmen auch auf den Menschen zu beziehen. Klassische Interventionen sind *Auslese* und *Ausbildung*. Auf Personalauslese wollen wir hier nicht eingehen. Das Interesse der Ergonomie an Ausbildung und *Training* hat zu sehr verschiedenen Ansätzen geführt, die sich auf lernpsychologische Grundlagen stützen, aber auch eigene Wege gegangen sind. Um nur einige Themen zu nennen: die Entwicklung von Trainingssimulatoren, ergonomisch „richtige" Gestaltung von Instruktionen und Handbüchern, rechnergestüzten Trainingsverfahren (allgemein zur Ingenieurpsychologie und zur Gestaltung von MMS vgl. Hoyos & Zimolong 1990).

4. Gestaltungsziele, Teilgebiete, Ausbildungsfrage

Schmidtke (1976) hat der Ergonomie einen verhältnismäßig engen Rahmen gesteckt, indem er sie auf Arbeit und Beanspruchung hin orientierte. Tatsächlich hat sich das Fach unter einem breiteren Zielkatalog entfaltet und sich Gestaltungsproblemen zugewandt, die sich nicht mehr recht unter dem Titel „Arbeit" subsumieren lassen. Wohl am bekanntesten wurden die vier Ziele, die Rohmert (1973) der Arbeitsgestaltung vorgegeben hat. So müsse eine Arbeit ausführbar, erträglich und zumutbar sein sowie die *Zufriedenheit* des Beschäftigten verbessern. Ulich (1983) hat diese Liste etwas modifiziert und für die Gestaltung menschlicher Arbeitstätigkeit gefordert:
1. Schädigungsfreiheit
2. Beeinträchtigungslosigkeit
3. Persönlichkeitsförderlichkeit
4. Zumutbarkeit." (a.a.O., S. 111).

Neuberger (1980) kam bei der Diskussion von Humanisierungszielen immerhin auf 15 Kriterien, anhand deren man Gestaltungskriterien bewerten könne.

Die Universalität solcher Kriterien und die Ausbreitung von Technik hat zu einer Aufteilung der Ergonomie auf verschiedene Teilgebiete geführt. Z.B. kann man Arbeits- und Gesundheitsschutz dem Kriterium der Schädigungsfreiheit zuordnen. Um das Systemziel „Sicherheit" zu erreichen, kann man auf eine „Sicherheitsergonomie" zurückgreifen, die u.a. bei der Gestaltung von Schnittstellen auf die Minimierung von Fehlhandlungen hinarbeitet. Die Sorge um besondere Klassen von Personen haben spezielle „Ergonomien" hervorgebracht: für Behinderte (Wieland, Laurig & Schulze-Icking 1984), für ältere Menschen, Patienten (Krankenhaus-Ergonomie), Sicherheitsprobleme, aber auch marktstrategische Überlegungen haben ergonomische Bemühungen um handelsübliche Produkte gefördert (Produkt-Ergonomie: Autohersteller werben mit ergonomischer Gestaltung). Neue Techniken ziehen (leider wegen ergonomischer Defizite, Gott sei Dank wegen wachsenden Ergonomie-Bewußtseins) spezielle ergonomische Bemühungen nach und mit sich. Auf die „Software-Ergonomie" wurde schon hingewiesen. Büroautomation hat den Rang eines eigenen Ergonomie-Teilgebietes erreicht. All diese Aktivitäten können einsichtigerweise nur geleistet werden, wenn auch geeignete Fachleute zur Verfügung stehen. In der DFG-„Denkschrift zur Lage der *Arbeitsmedizin* und der Ergonomie in der Bundesrepublik Deutschland" (Rutenfranz, Luczak, Lehnert et al. 1980) werden Mängel, Schwierigkeiten und Rückstände gegenüber dem Ausland registriert. Diese Analyse betrifft allerdings im wesentlichen die Ausbildung von Ingenieuren in Ergonomie. Einen vergleichenden Überblick von Ausbildungsgängen haben Bernotat und Hunt (1977) im Anschluß an ein spezielles NATO-Symposium erarbeitet. In der Ausbildung von Psychologen spielt die Ergonomie nur eine marginale Rolle, nicht zuletzt wegen des begrenzten Einblicks, den Psychologiestudenten normalerweise in industrielle Prozesse besitzen.

Literatur

Bernotat, R. & Hunt, D.P. (1977). University curricula in ergonomics. Meckenheim: Forschungsinstitut für Anthropotechnik.

Bubb, H. (1981). Technische Informationsverarbeitung im Mensch-Maschine-System. In H. Schmidtke (Hg.), Lehrbuch der Ergonomie (S. 340-351). München: Hanser.

Dorsch, F. (1963). Geschichte und Probleme der angewandten Psychologie. Bern: Huber.

Herrmann, Th. (1979). Psychologie als Problem: Herausforderungen der psychologischen Wissenschaft. Stuttgart: Klett.

Hollnagel, E. (1990). Die Komplexität von Mensch-Maschine-Systemen. In C. Graf Hoyos & B. Zimolong (Hg.), Ingenieurpsychologie (Enzyklopädie der Psychologie: Wirtschafts-, Organisations- und Arbeitspsychologie, Bd. 2) (S. 31–54). Göttingen: Hogrefe.

Hoyos, C. Graf (1974). Arbeitspsychologie. Stuttgart: Kohlhammer.

Hoyos, C. Graf (1990). Menschliches Handeln in technischen Systemen. In C. Graf Hoyos & B. Zimolong (Hg.), a. a. O., 1990, S. 1-30.

Hoyos, C. Graf & Zimolong, B. (Hg.) (1990). Ingenieurpsychologie (Enzyklopädie der Psychologie: Wirtschafts-, Organisations- und Arbeitspsychologie, Bd. 2). Göttingen: Hogrefe.

Klix, F. (1971). Die Optimierung des Informationsaustausches in Mensch-Maschine-Systemen als psychologische Aufgabenstellung. In F. Klix et al. (Hg.), Psychologie in der sozialistischen Industrie (S. 40-74). Berlin: Deutscher Verlag der Wissenschaften.

Lanc, O. (1975). Ergonomie. Stuttgart: Kohlhammer.

Lanc, O. (1980). Mensch-Maschine-Umwelt-Systeme. In C. Graf Hoyos et al. (Hg.), Grundbegriffe der Wirtschaftspsychologie (S. 477-488). München: Kösel (2. Aufl. München: Psychologie Verlags Union 1987).

Lange, W., Hagenkötter, M. & Doerken, W. (Hg.) (1979). Vorwort zur Reihe „Praxis der Ergonomie". Köln: Verlag TÜV Rheinland.

Neuberger, O. (1980). Woran wird Humanisierung gemessen – wann gilt sie als eingelöst? In L. v. Rosenstiel & M. Weinkamm (Hg.), Humanisierung der Arbeitswelt – vergessene Verpflichtung? (S. 81-93). Stuttgart: Poeschel.

Röbke, R. (1980). Arbeitsgestaltung. In C. Graf Hoyos et al. (Hg.), Grundbegriffe der Wirtschaftspsychologie (S. 316-327). München: Kösel.

Rohmert, W. (1973). Psycho-physische Belastung und Beanspruchung von Fluglotsen. Berlin: Beuth-Verlag.

Rutenfranz, J., Luczak, H., Lehnert, G., Rohmert, W. & Szadkowski, D. (1980). Denkschrift zur Lage der Arbeitsmedizin und der Ergonomie in der Bundesrepublik Deutschland. Boppard: Boldt.

Schmidtke, H. (1976). Ergonomische Bewertung von Arbeitssystemen. München: Hanser.

Schmidtke, H. (Hg.) (1981). Lehrbuch der Ergonomie. München: Hanser.

Taylor, F.W. (1915). The principles of scientific management. New York: Harper.

Ulich, E. (1983). Industrieroboter. Chance oder Gefahr für die Humanisierung der Arbeit? Psychosozial 18, 109-124.

Wieland, K., Laurig, W. & Schulze-Icking, G. (1984). Arbeitsplätze für Behinderte – Handbuch technischer Arbeitshilfen zur Arbeitsplatzgestaltung. Forschungsbericht Nr. 375. Dortmund: Bundesanstalt für Arbeitsschutz.

Weitere Lehrbücher

Kantowitz, B.H. & Sorkin, R.D. (1983). Human factors: understanding people-system relationships. New York: Wiley.

Kraiss, K.-F. & Moraal, J. (1976). Introduction to human engineering. Köln: Verlag TÜV Rheinland.

McCormick, E.J. & Sanders, M.S. (1982). Human factors in engineering and design (5th ed.). New York: McGraw-Hill.

Neumann, J. & Timpe, K.-P. (1976). Psychologische Arbeitsgestaltung. Berlin: Deutscher Verlag der Wissenschaften.

Salvendy, G. (1987). Handbook of human factors. New York: Wiley.

Van Cott, H.P. & Kinkade, R.G. (1972). Human engineering guide to equipment design. Washington, DC.: U.S. Government Printing Office.

Carl Graf Hoyos
Lehrstuhl für Psychologie
der TU München

Gemeindepsychologie

1. Einleitende Bemerkungen

Das Stichwort „Gemeindepsychologie" in einem in Schlüsselbegriffen gefaßten Handbuch der Umweltpsychologie vertreten zu sehen, weckt Erwartungen. Die Verbindung von Gemeinde- und Umweltpsychologie mag nicht nur für Wandersmann, Andrews, Riddle et al. (1983, S. 121) eine für beide Seiten wünschenswerte „natürliche Heirat" darstellen. Leider scheint es sich bislang aber um eine recht platonische Beziehung zu handeln. In fast sämtlichen von Keupp und Rerrich (1982) zitierten und auch in allen neueren gemeindepsychologischen Übersichtsarbeiten finden sich Ausführungen, die auf die zentrale Bedeutung umweltpsychologischer Themen aufmerksam machen (vgl. Iscoe & Harris 1984, Rappaport & Seidman 1983, Susskind & Klein 1985). Umgekehrt sind aber trotz vieler Gemeinsamkeiten von Gemeinde- und Umweltpsychologie solche Hinweise in umweltpsychologischen Texten leider recht selten (vgl. Holahan & Wandersman 1987, Wicker 1979, S. 189f). Umwelt- und Gemeindepsychologie haben u.a. die gemeinsame Vorstellung, keine abgegrenzten Fachgebiete bzw. keine neuen „Bindestrich-Psychologien" sein zu wollen. Sie verstehen sich vielmehr als eine Art von Fragestellung oder Perspektive auf der Suche nach einem neuen Paradigma (Graumann 1976, Keupp 1982). Diese Unschärfe soll sich für die Theorie- und Methodenentwicklung als fruchtbar erweisen, sie erschwert aber eine kohärente Darstellung von Gemeindepsychologie und ihren umweltpsychologischen Bezügen.

2. Entstehungsgeschichte

Vor etwa 25 Jahren wurde die Gemeindepsychologie zu einem neuen Fachgebiet erklärt. Diese kurze Zeitspanne macht verständlich, warum sie bislang weder über einen allgemeingültigen Rahmen noch über ein hinreichend verläßliches methodisches und technisches Instrumentarium verfügt. Gemeindepsychologie verdankt im wesentlichen ihre Existenz den Anregungen, die sich in den USA aus den Notwendigkeiten einer gemeindenahen psychiatrischen Versorgung („Community Mental Health") ergaben. Neue Versorgungskonzepte (Prävention, Selbst- und Laienhilfe etc.) und massive soziale Probleme (z.B. Armut) überforderten die herkömmlichen Konzepte der (klinischen) Psychologie. Dies begründete eine zum Teil radikale kritische Haltung vor allem gegenüber individualpsychologischen Theorien (vgl. Sarason 1981). Mangels alternativer Konzepte führte diese Haltung aber zugleich zu einer „Initialkrise" der Gemeindepsychologie und machte sie zunächst mehr zu einer „Psychologie des sozialen Bewußtseins" (vgl. Keupp 1980, Murrell 1973, Rappaport 1977) (→ *Soziale Netzwerke*).

Auf der Suche nach einem neuen Paradigma wurden Grundpositionen festgelegt, die eine andere Herangehensweise an den Gegenstand versprachen („holistisch", „systemar", „naturalistisch", „interdisziplinär",„politisch engagiert", weniger „technizistisch"). Auf diese Weise sollte gewährleistet werden, daß Gemeindepsychologie sich mehr an der Lebenswelt von Personen und ihren Bedürfnissen orientieren kann und so auch keine reduktionistische Psychologisierung von sozialen Problemen vornimmt. Man wollte darüber hinaus das Verhältnis zwischen Forschung und Praxis enger gestalten, und zugleich mehr Mitsprachemöglichkeiten für die Betroffenen bzw. Untersuchungspartner schaffen. Nicht nur auf diesem Wege sollten die Betroffenen dazu „ermächtigt" werden, ihre politischen Rechte und Möglichkeiten besser wahrzunehmen (vgl. Keupp 1982).

3. Varianten und Merkmale

Dieser sehr unscharfen Bestimmung von Gemeindepsychologie stehen Auffassungen gegenüber, sie doch als ein abgegrenztes psychologisches Fachgebiet aufzufassen (vgl. Sommer 1982). Einige wollen sie gar als eine für behavioristische oder kognitive Modellvorstellungen spezifische „Domäne" verstanden wissen. Für gemeindepsychologische Fragestellungen aber werden meist sehr unterschiedliche Theorien (Streß-, Rollen-, soziale Lern- und Handlungstheorien) als sinnvoll erachtet. Abgelöst werden sollen diese Partialtheorien durch ein „ökologisches Paradigma". Dies besitzt bislang aber allenfalls den Status einer Metapher, in deren Kontext Ökologiebegriffe zum Tragen kommen, die in unterschiedlichster Weise in Teilgebieten wie → *Sozialökologie*, Ökologischer, Umwelt- und Organisationspsychologie verwandt werden (vgl. Rappaport 1977).

Abgrenzungen von Strömungen wie der „Clinical Community Psychology", der „Community Mental Health" bzw. „Community Psychiatry" verstärken diese Ablösungsversuche. „Clinical Community Psychology" wendet klinisch-psychologisches Wissen systematisch auf Gemeindeebene an. „Community Mental Health" dagegen widmet sich vor allem dem Aufbau von Versorgungsstrukturen, psychosozialen Diensten und individuenzentrierten, sozialintegrativen Aufgaben. Dabei nutzt sie das Wissen der „Community Psychiatry" um biologische und soziale Ursachen psychischer Störungen. Gemeindepsychologie will demgegenüber vornehmlich Umweltverhältnisse analysieren bzw. verstehen lernen, um sie dann im Sinne einer Optimierung von Person-Umweltbeziehungen zu stabilisieren oder zu verändern (→ *Person-Umwelt-Kongruenz*).

In *methodischer Hinsicht* setzt man sich von den traditionellen Vorgehensweisen der Psychologie, insbesondere von Laboruntersuchungen ab. Felduntersuchungen (→ *Feldforschung;* → *Nicht-reaktive Methoden*), Aktionsforschung oder gar „sozialpolitische Experimente" erhalten einen zentralen Stellenwert (vgl. Fairweather & Tornatzky 1977, Munoz, Snowden & Kelly 1979). Klassische Versuchsplanungen behalten ihren Einfluß, da der methodisch-empirische Status der Gemeindepsychologie als problematisch eingestuft und auf sie ein zum Teil erheblicher Legitimationsdruck ausgeübt wird (vgl. z.B. Hormuth, Fitzgerald & Cook 1985, Linney & Reppucci 1982).

Merkmalslisten dienen der eher konstitutiven Bestimmung von Gemeindepsychologie. Sie kennzeichnen vor allem ihren Gegenstand, die Ansatzpunkte für mögliche Interventionen und die dabei denkbaren beruflichen Rollen bzw. normativen Orientierungen. Die Bedeutungsmuster von „ *Gemeinde*" reichen von subjektiven Konzepten, wie z.B. „Gefühlen für das Leben in einer Gemeinde" (vgl. den Begriff des „Sense of Community" von Sarason 1974), über sozialökologische und verwaltungstechnologische Festlegungen bis hin zum Begriff der „Gemeinschaft" nach Tönnies. Individuen, soziale Einheiten (z.B. Stützsysteme) ($\rightarrow$ *Soziale Netzwerke*), Organisationen, Institutionen und politisch-kulturelle Makrosysteme sind *Ebenen* und *Ansatzpunkte* für gemeindepsychologische Analysen und Interventionen. In Abhängigkeit vom Ausmaß an „Bescheidenheit" und politischem Engagement bestimmen sich die beruflichen Rollen des Gemeindepsychologen als Berater, als intellektuelle Avantgarde, als Teilnehmer bei sozialen Programmen („participant-conceptualizer") oder als politischer Aktivist im Kontext sozialer Bewegungen. Werte ($\rightarrow$ *Werte und Umwelt*) wie das Recht auf individuelle und kulturelle Freiheit, auf „anarchistische Weltbilder", persönliches Wachstum oder verschiedene Formen optimaler Person-Umweltbeziehungen definieren die normative Orientierung der Gemeindepsychologie (vgl. Keupp 1980, 1982, Kommer & Röhrle 1981, Rappaport 1977, Sommer et al. 1978).

4. Zum Verhältnis von Umwelt- und Gemeindepsychologie

Die Grundpositionen der Gemeindepsychologie, zum Teil auch ihre methodischen Orientierungen und ihr sozialpolitisches Engagement (man denke an die sozialpolitisch ausgerichteten „Transformationsexperimente" von Bronfenbrenner 1979), sind seit langem Allgemeingut in der Umweltpsychologie (vgl. Kaminski 1978, Kaminski & Bellows 1982, Mogel 1984). Angesichts der weltweiten ökologischen und sozialen Probleme nimmt auch die Bereitschaft zu, Umweltpsychologie anwendungsbezogener werden zu lassen (vgl. Stokols 1982). Gemeindepsychologie mit Umweltpsychologie gleichzusetzen oder sie nur als eine angewandte Variante zu begreifen, wäre aber zu weitgehend. Zu unterschiedlich sind noch die Interessen- und Entstehungszusammenhänge. Die größere Distanz zu individualpsychologischen Orientierungen, ihre stärkere normative Gebundenheit und das größere Ausmaß an sozialpolitischem Engagement lassen sie doch noch als eigenständiges Fachgebiet oder abgrenzbare Perspektive erscheinen. Wenn dennoch eine engere Verbindung von Gemeinde- und Umweltpsychologie gewünscht wird, so erhofft man sich eine Reihe von Vorteilen (vgl. insgesamt Jeger & Slotnick 1982, Insel 1980, Kommer & Röhrle 1983, O'Connor & Lubin 1984).

4.1 Umweltpsychologische Konzepte in der Gemeindepsychologie

Für die Gemeindepsychologie hat der Gebrauch von umweltpsychologischen Konzepten zunächst den Vorteil, daß sie die Wahl eines „ökologischen Paradigmas" *rechtfertigen* helfen. Dies wird vor allem dann deutlich, wenn auf bedeutsame umweltpsychologische Partialtheorien (z.B. Barkers ökopsychologischer Ansatz) oder auf Untersuchungen zur Wirkung pathogener, streßerzeugender Umwelten (z.B. übermäßige soziale oder räumliche Dichte; → *Umweltstreß;* → *Dichte*) verwiesen wird (vgl. z.B. Gibbs, Lachenmeyer & Sigal 1980, Heller & Monahan 1977, Mann 1978). Zum Teil wenig mit den Werten und Grundpositionen der Gemeindepsychologie verbundene umweltpsychologische Untersuchungen sollen die Annahme rechtfertigen, daß Umweltfaktoren von größter Bedeutung für das Wohlergehen von Personen bzw. ganzer Gemeinden sind. Diese Hinweise tragen aber allenfalls dazu bei, den Blick auf Lebensbedingungen zu lenken, die etwas zur Entstehung psychosozialer Probleme beitragen können. Um diese Annahme zu stützen, sind in Zukunft mehr eigenständige gemeindepsychologische Untersuchungen notwendig. Die gesetzten methodischen und theoretischen Ansprüche müssen dabei mehr zum Tragen kommen. Die von der Umweltpsychologie deutlich seltener thematisierten sozio-ökonomischen, politischen und kulturellen Zusammenhänge sollten zudem mehr in den Vordergrund gerückt werden. Sozialökologische und epidemiologische Betrachtungsweisen können hierbei hilfreich sein (vgl. z.B. Catalano 1979) (→ *Sozialökologie*).

Praktische Relevanz haben umweltpsychologische Konzepte und Befunde, wenn es um die Gestaltung therapeutischer Settings (→ *Therapeutische Umwelten*) geht (vgl. Canter & Canter 1979) oder z.B. soziale Stützsysteme analysiert und genutzt werden sollen (vgl. Heller & Swindle 1983). In diesem Zusammenhang sind die Forschungen von Moos (1984) bedeutsam geworden. Der besondere Verdienst dieser Arbeiten besteht nicht allein darin, daß sie subjektive Bewertungen der sozialen Klimata (→ *Umwelteinschätzung*), u.a. auch von gemeindepsychologischen Programmen, möglich machen, sondern daß sich damit auch normative Kriterien (z.B. in Hinsicht auf individuelle Wachstumsmöglichkeiten) für die Beurteilung von gemeindepsychologisch relevanten Umweltbeständen (z.B. Schulen, Arbeitsplätze etc.) ergeben. Die damit gewonnenen Erkenntnisse über dimensions- und effektspezifische Person-Umwelt-Interaktionen führten zur Formulierung eines Rahmenmodells zur Verarbeitung streßerzeugender Lebensbedingungen, das für die Gemeindepsychologie sehr fruchtbar werden könnte (vgl. Vincent & Trickett 1983). So wurde u.a. deutlich, daß das soziale Klima in Schulklassen vornehmlich die Lernzufriedenheit beeinflußt, aber kaum etwas zum Aufbau von Freundschaftsbeziehungen (→ *Lernumwelt Schule*) beiträgt. Das Rahmenmodell faßt nicht nur solche Zusammenhänge, sondern bietet zugleich einen umfassenden ökologischen Kontext für einen möglichen Streßverarbeitungsprozeß, der zahlreiche Interventionsmöglichkeiten für Gemeindepsychologen andeutet.

Den *biologischen Ökologiebegriff (→ Biologische Ökologie)* haben sich auch Gemeindepsychologen wie Kelly zunutze gemacht (vgl. zur Übersicht Trickett 1984, Vincent & Trickett 1983). Als heuristisch fruchtbare Metapher dient er vor allem der empirischen Analyse komplexer Umwelten (Gemeinden, Schulen, soziale Stützsysteme), der Entwicklung von Beratungs- und Präventionskonzepten und als Leitlinie für die Art der Forschungstätigkeit. Vier Grundprinzipien sind dabei tragend: „interdependence", „cycling of ressources", „succession" und „adaptation". Sie lenken den Blick des Gemeindepsychologen auf vernetzte Wirkungszusammenhänge von Setting und Personen und eröffnen den Zugang zur Analyse kybernetischer, den Umfluß psychosozialer Ressourcen bewirkender Prozesse. Sie begründen zugleich eine historische Betrachtungsweise dieser Zusammenhänge. Sie liefern auch Anhaltspunkte für je spezifische, günstige oder nachteilige Person-Umwelt-Konstellationen.

4.2 Zur Allianz von Gemeinde- und Umweltpsychologen

Eine unkritische, nur rechtfertigende Übernahme von Theorien und Methoden der Umweltpsychologie könnte in vielen Fällen zu einer von Gemeindepsychologen gefürchteten „technizistischen Psychologisierung" ihres Gegenstandbereiches führen. Im Extremfall würde so Umweltpsychologie im Kontext der Gemeindepsychologie zum Gehilfen bei neuen Formen der sozialen Kontrolle werden (vgl. Hellerich 1981). Deshalb sollten Gemeindepsychologen versuchen, den „metaphorischen Gehalt" des ökologischen Paradigmas ohne Aufgabe ihrer Grundpositionen (naturalistischer Akzent, Parteilichkeit etc.) empirisch tragfähiger zu machen. Dies mag aber auch zu einer größeren Bescheidenheit in bezug auf die Verwirklichung eben dieser Grundpositionen führen, so daß dann auch der Rückgriff auf umweltpsychologische Theorien und Methoden besser legitimierbar wäre. Umgekehrt mag eine gewisse theoretische und methodische Unbescheidenheit auch Umweltpsychologen anregen, sich mehr ihrer in vielen Teilen vergleichbaren Grundpositionen zu erinnern. Die gemeinsamen Anteile dieser Grundpositionen verbinden sich zu einer kritischen Allianz bei der Entwicklung eines neuen „Paradigmas" in der Psychologie, welches das Erleben und Verhalten größerer sozialer Einheiten in globalen Umweltbezügen fassen könnte. Im Rahmen dieser Allianz mag Umweltpsychologie insofern auf Gemeindepsychologie einen günstigen Einfluß nehmen, als sie mit ihrer konservativen Änderungsbereitschaft in bezug auf hochkomplexe Umweltsysteme, oft auch vor unvorsichtigen umweltorientierten Interventionen warnen kann. Andererseits könnte die Bereitschaft der Gemeindepsychologie, sich auf soziale Experimente einzulassen, auch Umweltpsychologen zu einem größeren Wagemut veranlassen, weitreichende politisch bedeutsame Umweltveränderungen zu induzieren bzw. zu fordern. Solche Formen der Kooperation sind angesichts der sich verschärfenden, alle Lebensbereiche mehr und mehr tangierenden „ökologischen Krise" sicher eine gute Voraussetzung, um den sich in diesem Zusammenhang stellenden Aufgaben gemeinsam besser begegnen zu können. Dabei mögen die explizit parteilichen, normativen und in Hinsicht auf Forschungsmethoden auch mehr partizipativ konzipierten Positionen der Gemeindepsychologie zu Formen der „Umweltpflege" führen, wie sie von Umweltpsychologen bislang wenig thematisiert wurden. Umgekehrt können umweltpsychologische Kriterien optimaler Person-Umweltkonstellationen dazu beitragen, normative Zielsetzungen in der Gemeindepsychologie zu differenzieren und kritisch zu bewerten.

Literatur

Bronfenbrenner, U. (1979). The ecology of human development. Experiments by nature and design. Cambridge, MA: Harvard University Press (dt.: Die Ökologie der menschlichen Entwicklung. Natürliche und geplante Experimente. Stuttgart: Klett 1981).

Canter, D. & Canter, S. (Eds.) (1979). Designing for therapeutic environments. A review of research. New York: Wiley.

Catalano, R. (1979). Health, behavior and the community. An ecological perspective. New York: Pergamon.

Fairweather, G.W. & Tornatzky, L.G. (1977). Experimental methods for social policy. New York: Pergamon.

Gibbs, M.S., Lachenmeyer, J.R. & Sigal, J. (Eds.) (1980). Community psychology. Theoretical and empirical approaches. New York: Gardner.

Graumann, C.F. (1976). Die ökologische Fragestellung – 50 Jahre nach Hellpachs „Psychologie der Umwelt". In G. Kaminski (Hg.), Umweltpsychologie. Perspektiven-Probleme-Praxis (S. 21-29). Stuttgart: Klett.

Heller, K. & Monahan, J. (1977). Psychology and community change. Homewood, IL: Dorsey.

Heller, K. & Swindle, R.W. (1983). Social networks, perceived social support, and coping with stress. In R.D. Felner, L.A. Jason, J.N. Moritsu & St.S. Farber (Eds.), Preventive psychology. Theory, research and practice (pp.87-103). New York: Pergamon.

Hellerich, G. (1981). Gemeindepsychologie. In G. Rexilius & S. Grubitzsch (Hg.), Handbuch psychologischer Grundbegriffe. Mensch und Gesellschaft in der Psychologie (S. 376-379). Reinbek: Rowohlt.

Holahan, C.J. & Wandersman, A. (1987). The community psychology perspective in environmental psychology. In D. Stokols & I. Altman (Eds.), Handbook of environmental psychology (pp. 827-867). New York: Wiley.

Hormuth, St.E., Fitzgerald, N.M. & Cook, Th.D. (1985). Quasi-experimental methods for community-based research. In E.C. Susskind & D.C. Klein (Eds.), Community research. Methods, paradigms and applications (pp. 206-249). New York: Praeger.

Insel, P.M. (Ed.) (1980). Environmental variables and the prevention of mental illness. Lexington, MA: D.C. Heath.

Iscoe, J. & Harris, L.C. (1984). Social and community interventions. Annual Review of Psychology 35, 333-360.

Jeger, A.M. & Slotnick, R.S. (Eds.) (1982). Community mental health and the behavioral ecology. A handbook of theory, research and practice. New York: Plenum.

Kaminski, G. (1978). Ökopsychologie und Klinische Psychologie. In: U. Baumann, H. Berbalk & G. Seidenstücker (Hg.), Klinische Psychologie. Trends in Forschung und Praxis, Band 1 (S. 32-73). Bern: Huber.

Kaminski, G. & Bellows, S. (1982). Feldforschung in der Ökologischen Psychologie. In J.-L. Patry (Hg.), Feldforschung, Methoden und Probleme sozialwissenschaftlicher Forschung unter natürlichen Bedingungen (S. 87-116). Bern: Huber.

Keupp, H. (1980). Psychosoziale Reformpraxis und Probleme einer parteilichen Forschung. In F. Seeger & M. Stadler (Hg.), Die gesellschaftliche Verantwortung der Psychologen. Band 2: Die Diskussion in der Bundesrepublik Deutschland (S. 49-71). Darmstadt: Steinkopff.

Keupp, H. & Rerrich, D. (Hg.) (1982). Psychosoziale Praxis. Ein Handbuch in Schlüsselbegriffen. München: Urban & Schwarzenberg.

Keupp, H. (1988). Gemeindepsychologie. In R. Asanger & G. Wenninger (Hg.), Handwörterbuch der Psychologie, 4. Aufl. (S. 219-226). München: Psychologie Verlags Union.

Kommer, D. & Röhrle, B. (1981). Handlungstheoretische Perspektiven primärer Prävention. In W.-R. Minsel & R. Scheller (Hg.), Brennpunkte der klinischen Psychologie. Band 2: Prävention (S. 89-151). München: Kösel.

Kommer, D. & Röhrle, B. (Hg.) (1983). Gemeindepsychologische Perspektiven 3: Ökologie und Lebenslagen. Tübingen: DGVT.

Linney, J.A. & Reppucci, N.D. (1982). Research designs and methods in community psychology. In Ph.C. Kendall & J.N. Butcher (Eds.), Handbook of research methods in clinical psychology (pp. 535-566). New York: Wiley.

Mann, Ph.A. (1978). Community psychology. New York: The Free Press.

Mogel, H. (1984). Ökopsychologie. Eine Einführung. Stuttgart: Kohlhammer.

Moos, R.H. (1984). Context and coping. Toward a unifying conceptual framework. American Journal of Community Psychology 12, 1, 5-36.

Munoz, R.F., Snowden, L.R. & Kelly, J.G. (Eds.) (1979). Social and psychological research in community settings. Designing and conducting programs for social and personal well-being. San Francisco: Jossey-Bass.

Murrell, St.A. (1973). Community psychology and social systems. A conceptual and intervention guide. New York: Behavioral Publications.

O'Connor, W.A. & Lubin, B. (Eds.) (1984). Ecological approaches to clinical and community psychology. New York: Wiley.

Rappaport, J. (1977). Community psychology. Values, research and action. New York: Holt.

Rappaport, J. & Seidman, E. (1983). Social and community interventions. In C.E. Walker (Ed.), Handbook of clinical psychology. Homewood, IL: Dow-Jones Erwin.

Sarason, S.B. (1974). The psychological sense of community. Prospects for a community psychology. San Francisco: Jossey-Bass.

Sarason, S.B. (1981). Psychology misdirected. New York: The Free Press.

Sommer, G. (1982). Gemeindepsychologie. In R. Bastine, P.A. Fiedler, K. Grawe, St. Schmidtchen & G. Sommer (Hg.), Grundbegriffe der Psychotherapie (S. 113-119). Weinheim: Edition Psychologie.

Sommer, G., Kommer, B., Kommer, D., Malchow, C. & Quack, L. (1978). Gemeindepsychologie. In L.J. Pongratz (Hg.), Klinische Psychologie. Handbuch der Psychologie, Band 8/2 (S. 2913-2979). Göttingen: Hogrefe.

Stokols, D. (1982). Environmental psychology. A coming of age. In A.G. Kraut (Ed.), The G. Stanley Hall Lecture Series. Vol. 2 (pp. 155-205). Washington, D.C.: American Psychological Association.

Susskind, E.C. & Klein, D.C. (Eds.) (1985). Community research. Methods, paradigms and applications. New York: Praeger.

Trickett, E.D. (1984). Toward a distinctive community psychology: An ecological metaphor for the conduct of community research and the nature of training. American Journal of Community Psychology 12, 3, 261-279.

Vincent, T.A. & Trickett, E.J. (1983). Preventive interventions and the human context: Ecological approaches to environmental assessment and change. In R.D. Felner, L.A. Jason, J.N. Moritsugu, & St.S. Farber (Eds.), Preventive Psychology. Theory, research and practice (pp. 67-86). New York: Pergamon.

Wandersmann, A., Andrews, A., Riddle, D. & Fancett, C. (1983). Environmental psychology and prevention. In R.D. Felner, L.A. Jason, J.N. Moritsugu & St.S. Farber (Eds.), Preventive psychology. Theory, research and practice (pp. 104-127). New York: Pergamon.

Wicker, A.W. (1979). An introduction to ecological psychology. Monterey: Brooks/Cole.

Bernd Röhrle
Fachbereich Psychologie der Philipps-Universität Marburg

III. Theoretische Zugänge

Der phänomenologische Ansatz in der ökologischen Psychologie

1. Die Affinität von phänomenologischer und ökologischer Perspektive

Man kann die Thematik des phänomenologischen Ansatzes in der Psychologie als Strukturanalyse der *intentionalen* Person-Umwelt-Interaktion charakterisieren. Intentionalität meint im phänomenologischen Kontext einen Grundzug menschlichen Bewußtseins (Erlebens) und Handelns (Verhaltens), nämlich sein Gerichtetsein auf etwas, das als vom jeweiligen Gerichtetsein unabhängig gemeint wird (Graumann 1985, S. 41). Diese prinzipiell als unauflöslich konzipierte Bindung aller Modalitäten des Bewußtseins und Handelns einer Person an Einheiten ihrer Umwelt hat eine methodologische Konsequenz. Während in der Psychologie das Individuum in seinen Verhaltensweisen oder in seinen mentalen (z.B. kognitiven) Inhalten und Prozessen die analytische Einheit abgibt, ist es im phänomenologischen Ansatz die als intentional interpretierte Person-Umwelt-Interaktion (→ *Person-Umwelt-Kongruenz*). Als Interaktion wird die Person-Umwelt-Relation bezeichnet, weil von prinzipiell gleicher Wichtigkeit die Wirkung der Umwelt auf die Person wie jene der Person auf die Umwelt ist und diese Wechselwirkung bei keinem intentionalen Akt auszuschließen ist, wie „aktiv" oder „passiv" er auch von einer Person erlebt werden mag.

Ein weiterer Grund, die intentionale Person-Umwelt-Beziehung als interaktional zu konzipieren, ist der *Sinnbezug* aller Intentionalität. Die Umwelt(ausschnitte), auf die wir uns erkennend-handelnd richten, erfahren wir immer in bestimmten Bedeutungen, als sinnhaft. Dabei wird weder – subjektivistisch – angenommen, daß die Person die „sinngebende" Instanz ist, noch wird – objektivistisch – vorausgesetzt, die Dinge trügen ihre eigenen Bedeutungen in sich, die lediglich zu entnehmen oder zu entdecken wären. Vielmehr konstituiert sich Sinn jeweils in der *Situation* als der Grundeinheit intentionaler Person-Umwelt-Interaktion (Graumann 1985, 1988b) (→ *Wert und Umwelt*).

Affinität der phänomenologischen Orientierung zur ökologischen Perspektive in der Psychologie kann also darin gesehen werden, daß es in beiden Fällen dem Psychologen nicht primär um das Individuum und dessen Erleben und Verhalten, sondern um die Wechselwirkungen von Person(en) und Umwelt(en) zu tun ist. Personen werden in ihren Umwelten und in Hinblick auf sie, Umwelten in Hinblick auf Personen und Personengruppen untersucht. Der Unterschied besteht in der nur aus phänomenologischer Sicht betonten und thematisierten Intentionalität der Wechselwirkung. Sie zu explizieren, ist die Voraussetzung für die Beantwortung der Frage, worin der Nutzen einer phänomenologischen Vorgehensweise für die ökologische Psychologie liegen kann (vgl. hierzu auch Fischer 1979).

2. Die intentionale Beschreibung des Person-Umwelt-Verhältnisses

Da die Person prinzipiell als situiert und die Situation als sinnhaft konzipiert werden, richtet sich die intentionale Beschreibung des Person-Umwelt-Verhältnisses primär auf den Sinn, den die jeweilige Umwelt, aus der heraus und zu der sich eine Person verhält, für diese Person hat. Das heißt, daß der phänomenologische Umweltbegriff die *„intentionale Umwelt"* (Taylor 1964, 1975) ist, d.h. die Welt der Dinge, Personen und Ereignisse, so wie und rein in den Grenzen, in denen sie erfahren werden. Um es mit der drastischen „Kryptophänomenologie" von E.C. Tolman (1967, vgl. hierzu Kruse 1974, 86ff.) zu illustrieren, „ist" ein und derselbe Hocker für einen Erwachsenen in der einen (Standard-) Situation „Sitz" (*sit-upon-ableness*), in einer anderen „Tritt" (*climb-upon-ableness*), in Rage oder Notwehr „Waffe", für sein Kleinkind „Häuschen", für seine Katze „Ausguck" – und eben in all diesen Situationen unter Umständen nur dieses und nichts anderes. Die Dinge sind, hier in reiner Verhaltensdeskription, das, als was wir sie behandeln (*manipulanda*), woran wir uns orientieren (*discriminanda*), wozu wir sie nutzen (*utilitanda*).

Was hier noch behavioristisch verkürzt erscheint, läßt sich erlebnisdeskriptiv und interpretativ anreichern, wenn wir Dinge und Ereignisse berücksichtigen, die beispielsweise jemanden erfreuen, ängstigen, anwidern, aufregen, gleichgültig lassen etc. (→ *Umweltästhetik*). Gleich ob erlebnis- oder verhaltensdeskriptiv oder -interpretativ, intentionale Analyse verlangt, daß die Umwelt aus der Perspektive der in ihr handelnden Person beschrieben wird, was im Grunde der Idee des durch von Uexküll (1909) eingeführten Umweltbegriffes entspricht, der die Merk- und Wirkwelt jeweils nur für eine Spezies zu bestimmen zuläßt, später, auf den Menschen übertragen, für Individuen bzw. Gruppen von Individuen (→ *Biologische Ökologie und Ethologie*).

Die unverkürzte Deskription des situierten Subjekts geht der aus der Utrechter Schule stammenden Tradition entsprechend (vgl. Graumann 1988a) von dessen *Leiblichkeit* aus. Gerade für die ökopsychologische Fragestellung hat sich, wie es Arbeiten von Seamon (1979), Hill (1985) und Graumann (1989b) exemplifizieren, dieser Ansatz als fruchtbar erwiesen, ist doch das leiblich verstandene Subjekt immer als das Korrelat konkreter räumlich-dinglicher Umwelten zu verstehen. Ein und derselbe „Weltausschnitt" bietet aber sehr verschiedene Umwelten für ein Kleinkind (Frühkindliche Umwelt), einen Erwachsenen, einen Behinderten (→ *Kranke und Behinderte*), eine Schwangere, für gewichtige, kleinwüchsige und übergroße Menschen. Je nach dem „Körperschema", das eine Person entwickelt, je nach körperlichen Verfassungen, in denen sie sich findet, wird sie ihre Umwelt anders erleben, sich anders zu ihr einstellen und verhalten. Sie wird auch anderes für möglich halten; denn das, was sie zu tun für möglich hält, wird immer auch von der Einschätzung des eigenen Könnens abhängen. Für dieses Können ist die von der Phänomenologie thematisierte – Sinnlichkeit, Geschlechtlichkeit, Affektivität, Ausdruck und Verhalten umfassend – breit konzipierte Leiblichkeit nicht die einzige personale Rahmenbedingung, wohl aber die die Person besonders eng an ihre konkrete räumlich-materielle Umwelt bindende.

In der Leiblichkeit verankert ist auch die *Perspektivität* unserer Erfahrung, d.h. die Tatsache, daß wir immer anschauliche Gegenstände wie unanschauliche Sachverhalte aus einer Position (Blickpunkt, Ausgangspunkt) aus in bestimmten Aspekten des jeweiligen Objekts innerhalb eines Erwartungs- bzw. Erfahrungshorizonts zur Kenntnis nehmen, beziehungsweise die Erfahrung eines anderen, d.h. von einer anderen Position aus, um so besser verstehen, je mehr wir in der Lage sind, uns in die Perspektive des anderen zu versetzen (Graumann 1989a). Die durch die intentionale Person-Umwelt-Relation konstituierte Situation ist immer eine perspektivisch strukturierte Situation.

Als Korrelat des in seiner Leiblichkeit verstandenen Subjekts interessiert intentionalanalytisch die Umwelt primär in ihrer sinnhaften *Räumlichkeit* und *Dinglichkeit*. Hiermit ist die anschauliche und verhaltensmäßige Konkretheit so unterschiedlicher Umwelten angesprochen, wie die des eigenen Heims (z.B. Ekambi-Schmidt 1972, Relph 1976, Tuan 1977, Kruse 1980, Korosec-Serfaty 1984, Dovey 1985, Graumann 1989b), des Arbeitsplatzes, der Straße und des Verkehrs (z.B. Linschoten 1954, Jones 1984, van Lennep 1953a), eines Hotelzimmers (van Lennep 1953b), einer unsicheren Gegend (Goffman 1974a), der geschlossenen Welt der Asyle bzw. totalen Institutionen (Goffman 1972, 1974b), der Spielplätze bzw. des „Lebensraums des Großstadtkindes" (Muchow & Muchow 1935/1980) bis hin zu den Mikrowelten der alltäglichen profanen, schönen und kitschigen Dinge (z.B. Giesz 1960, Moles 1972, Graumann 1974, Csikszentmihalyi & Rochberg-Halton 1988) (→ *Büro und Umwelt;* → *Straße und Verkehr;* → *Gefängnis und andere Haftumgebungen;* → *Kind und Umwelt*).

Zwei Zweige der interdisziplinär verstandenen Humanökologie haben sich des phänomenologischen Ansatzes bei zwei zentralen Themen der Umweltanalyse bedient: (1) die Architekturpsychologie zur genaueren Bestimmung der Sinn- und Werthaltigkeit bebauten und offenen Raumes (z.B. Norberg-Schulz 1971, 1980, Relph 1976); (2) die Humangeographie (→ *Humangeographie*) zur Erfassung von Landschaften als Lebenswelten (z.B. Seamon 1979, 1982, Buttimer 1984, Pickles 1985, vgl. Tuan 1974, Seamon & Mugerauer 1985, Seamon 1987). Bei der so unterschiedlichen wissenschaftlichen Herkunft von Architekten, Stadt- und Regionalplanern, Geographen, Soziologen und Psychologen nimmt es nicht wunder, wenn die Auffassungen von Phänomenologie sehr weit streuen und entsprechende Kontroversen entstehen. Als das allen, die ihre Arbeitsweise phänomenologisch nennen, Gemeinsame läßt sich aber der Versuch nennen, die Subjektbezogenheit und damit die personale und soziale Relevanz von Bauten und Dingen, Plätzen und Landschaften herauszuarbeiten. (Zur allgemeinen Phänomenologie der Räumlichkeit und des räumlichen Verhaltens vgl. Bollnow 1971, von Dürckheim 1932, Kruse 1974, Merleau-Ponty 1966.) (→ *Raum und Bewegung*)

Sicher nicht selbstverständlich für jede Spielart ökologischer Psychologie (vgl. etwa den → *Ökologischen Realismus*) ist die Berücksichtigung der *Sozialität*, in die jede intentionale Person-Umwelt-Relation eingebettet ist. Wir werden hineingeboren in eine Umwelt, die in ihren einzelnen Dingen zu benennen und mit denen umzugehen wir von anderen lernen (→ Aneignung). Fast alles von dem, was wir uns im Laufe unseres Lebens an Kenntnissen und Fähigkeiten aneignen, wird uns von anderen vermittelt, wird durch sie bestätigt, korrigiert, in Frage gestellt und beurteilt. Welche Räume, Bauten, Wege und Dinge als zugänglich oder unzugänglich, als verfügbar oder verwehrt, als öffentlich oder privat, als sakral oder profan, als sicher oder gefährlich gelten, entscheiden in der Regel Normen, Gebote oder Verbote der Gesellschaft, in der wir sozialisiert werden. Nicht nur die vom Menschen gebaute und konstruierte Umwelt, die von ihm geschaffenen Objekte sind (als symbolische) Träger und Verkörperungen von Bedeutungen und Werten (vgl. hierzu Ittelson et al. 1977, S. 12, Rapoport 1969). Auch die als Natur „belassene" Umwelt ist als in bestimmten Kulturen als „Wildnis", „Wüste", „paradiesische" Natur, als Katastrophen- oder als Erholungsgebiet (Kruse 1983) „definierte" Umwelt Träger sozialer Werte und Bedeutungen, und das heißt: aufzusuchende oder zu meidende, auszubeutende oder zu belassene, zu erschließende oder zu schützende Natur.

Oft genügt die *Sprache*, d.h. die von der jeweiligen Kulturgemeinschaft gewählte sprachliche Bezeichnung, nicht selten geprägt und elaboriert in der entsprechenden schöngeistigen Literatur (vgl. Bachelard 1960, Großklaus & Oldemeyer 1983, Reichel 1987), um das – vor allem emotionale – Verhältnis von Generationen zu einer Landschaft zu bestimmen. Schließlich ist unser allgemeiner Begriff von der Natur eine historischen Wandlungen unterworfene *soziale Konstruktion* (hierzu Moscovici 1982, Graumann & Kruse 1990).

Sprache ist nicht nur Medium und Organon des intentionalen Person-Umwelt-Verhältnisses und erschließt uns damit auch die Strukturen der Räumlichkeit. Diese sind in der Fülle deiktischer Formen und räumlicher Metaphern selbst unablösbare Elemente sprachlicher Kommunikation geworden (vgl. Jarvella & Klein 1982, Canisius 1987, Graumann 1989a, Habel et al. 1989).

Keines der bisher angesprochenen Themen intentionaler Deskription war ausführbar ohne den zumindest impliziten Bezug auf die Temporalität bzw. *Historizität* der sozial fundierten Person-Umwelt-Interaktion. Gleich ob wir beim Leibsubjekt dessen Alter und Altern in Rechnung stellen müssen oder das seiner Mitsubjekte oder seine und ihre biographische Einmaligkeit, für jede Erfahrung ist deren temporale Struktur konstitutiv, die antizipatorisch auf Realisation, retentional auf Gelerntes (Wissen und Können) oder auch nur Erinnertes und präsentisch auf momentan Affizierendes gerichtet ist. Es gehört aber zu unseren biographisch unterschiedlichen Erfahrungen mit Menschen und Dingen, daß sie als sozial vermittelte (s.o.) in einer Tradition stehen, die wir handelnd fortführen. Doch auch die Dinge selbst wie Gebrauchsobjekte, Bauten, Plätze, Stadtviertel, Städte und ganze Landschaften tragen, oft unverkennbar, Zeichen ihres Alters bzw. ihrer Geschichtlichkeit an sich. Wenn wir in phänomenologischer Einstellung die intentionale Umwelt in ihrer Symbolhaltigkeit (s.o.), d.h. als kulturelle Umwelt, verstehen, dann heißt das, sie bzw. unsere Interaktionen mit ihr in ihrer Historizität zu fassen versuchen. Hier berührt sich der phänomenologische Ansatz mit denen der Kulturgeographie und -ökologie (z.B. Altman et al. 1980; Rapoport 1969) und der Kulturpsychologie (Boesch 1980) (→ *Die ökologische Perspektive in der Kulturanthropologie*).

3. Die psychologische Identität der Stadt

Eines der zentralen Themen der neueren Ökopsychologie ist die Stadt bzw. das Erleben der Großstadt (Aktivitätsmuster in der Stadt). Zwar gibt es eine sehr schmale und nicht sehr kontinuierliche Tradition einer Psychologie der Großstadt (vgl. Graumann i.Dr.), doch stammen die entscheidenden Forschungsimpulse einmal aus Konzeptionen, wie sie innerhalb der Stadtsoziologie entwickelt worden sind und ein letztlich anomisches Bild der Großstadt ergeben haben. Zum anderen geriet das umweltpsychologische Studium der Stadt in die kognitive Perspektive und führte zu einer Präokkupation mit „Kognitiven Karten" (→ *Kognitive Karte und Kartierung*) bzw. einer primär kognitiven Umweltrepräsentation (→ *Umweltrepräsentation*). Um diesem doppelten (dem „negativistischen" und „kognitivistischen") Bias zu entgehen, wurde im Rahmen einer Studie zur psychologischen Identität der Stadt (und zur Identifikation von Bürgern mit ihrer Stadt bzw. ihrem Stadtviertel) bewußt der phänomenologische Ansatz gewählt (Schneider 1986, Schneider & Graumann 1986, vgl. Schneider 1985). Denn wenn man die Einwohner einer Stadt oder eines Viertels möglichst frei bzw. unter Verwendung auch qualitativer Verfahren (Schneider 1985) über ihre städtische Umwelt reden läßt, dann kommt die Stadt aus der Perspektive des Städters, aus dessen kognitiven, emotionalen, motivationalen und Verhaltens-Intentionalitäten sehr viel reicher zur Präsentation, als es am Leitfaden einer primär oder ausschließlich kognitiv verstandenen Repräsentation möglich wäre. Vor allem ist die Stadt als intentionale Umwelt, d.h. die Stadt, besonders das Viertel, so wie sie ihren Bewohnern erscheint, auch die Umwelt, die erkennen läßt, was daran als Identifikationsmöglichkeit erlebt und behandelt wird und damit zur „Ortsidentität" (Proshansky 1978) beiträgt (→ *Territorialität;* → *Wohnortwechsel*). In die erlebte Identität urbaner Umwelten geht die gelebte Möglichkeit ein, sich mit ihnen zu identifizieren (vgl. hierzu auch Katzenstein 1989). Wie immer sich im einzelnen die Identifikation mit beispielsweise einem Stadtviertel äußert, von der emotionalen Bindung bis zur Aktivität in einer Bürgerinitiative, immer ist das Viertel intentionale Umwelt, unlöslich an Subjekte in einem historisch-sozialen Kontext gebunden.

Literatur

Altman, I., Rapoport, A., & Wohlwill, J.F. (1980). Environment and culture. Human behavior and environment, Vol. 4. New York: Plenum.

Bachelard, G. (1960). Poetik des Raumes. München: Hauser.

Boesch, E.E. (1980). Kultur und Handlung. Einführung in die Kulturpsychologie. Bern: Huber.

Bollnow, O.F. (1971). Mensch und Raum (2. Aufl.). Stuttgart: Kohlhammer.

Buttimer, A. (1984). Ideal und Wirklichkeit in der angewandten Geographie. Kallmünz: Lassleben.

Canisius, P. (Hg.) (1987). Perspektivität in Sprache und Text. Bochum: Brockmeyer.

Csikszentmihalyi, M. & Rochberg-Halton, E. (1988). Der Sinn der Dinge. Das Selbst und die Symbole des Wohnbereichs. München: Psychologie Verlags Union.

Dovey, K. (1985). Home and homelessness. In I. Altman & C.M. Werner (Eds.), Home environments (pp. 33-64). New York: Plenum.

Dürckheim, K. von (1932). Untersuchungen zum gelebten Raum. Neue Psychologische Studien 6, 383-480.

Ekambi-Schmidt, J. (1972). La perception de l'habitat. Paris: Editions Universitaires.

Fischer, M. (1979). Phänomenologische Analyse der Mensch-Umwelt-Beziehung. In S.H. Filipp (Hg.), Selbstkonzeptforschung (S. 47- 73). Stuttgart: Klett-Cotta.

Giesz, L. (1960). Phänomenologie des Kitsches. Heidelberg: Rothe.

Goffman, E. (1972). Asyle. Frankfurt: Suhrkamp.

Goffman, E. (1974a). Normale Erscheinungen. In E. Goffman, Das Individuum im öffentlichen Austausch (S. 318-433). Frankfurt: Suhrkamp.

Goffman, E. (1974b). Die Verrücktheit des Platzes. In E. Goffman, Das Individuum im öffentlichen Austausch (S. 434-503). Frankfurt: Suhrkamp.

Graumann, C.F. (1974). Psychology and the world of things. Journal of Phenomenological Psychology 4, 309-404.

Graumann, C.F. (1985). Phänomenologische Analytik und experimentelle Methodik in der Psychologie – das Problem der Vermittlung. In K.H. Braun & K. Holzkamp (Hg.), Subjektivität als Problem psychologischer Methodik (S. 38-59). Frankfurt: Campus.

Graumann, C.F. (1988a). Johannes Linschoten und die Analyse der primären Erfahrung. In G. Jüttemann (Hg.), Wegbereiter der Historischen Psychologie (S. 310-315). München: Psychologie Verlags Union.

Graumann, C.F. (1988b). Phänomenologische Psychologie. In R. Asanger & G. Wenninger (Hg.), Handwörterbuch Psychologie (4. Aufl.) (S: 538- 543). München: Psychologie Verlags Union.

Graumann, C.F. (1989a). Perspective setting and taking in verbal interaction. In R. Dietrich & C.F. Graumann (Eds.), Language processing in social context (S. 95-122). Amsterdam: North-Holland.

Graumann, C.F. (1989b). Towards a phenomenology of being at home. Architecture & Comportement/Architecture & Behaviour 5, 117-126.

Graumann, C.F. (i. Dr.). Ansätze zu einer Psychologie der Großstadt. Zeitschriftenreihe des Zentrums für Umweltforschung der Universität Saarbrücken: Urban-industrielle Ökosysteme (Hg. G. Lensch).

Graumann, C.F. & Kruse, L. (1990) The environment: Social construction and psychological problems. In H.T. Himmelweit & G. Gaskell (Eds.) Societal Psychology (pp. 212-229). London: Sage.

Großklaus, G. & E. Oldemeyer (Hg.) (1983). Natur als Gegenwelt. Beiträge zur Kulturgeschichte der Natur. Karlsruhe: von Loeper.

Habel, C., Herweg, M. & Rehkämpfer, K. (Hg.) (1989). Raumkonzepte in Verstehensprozessen. Tübingen: Niemeyer.

Hill, M.H. (1985). Bound to the environment: Towards a phenomenology of sightlessness. In

D.R. Seamon & R. Mugerauer (Eds.), Dwelling, place, and environment: Towards a phenomenology of person and world (pp. 99-111). Dordrecht: Nijhoff.

Ittelson, W.H., Proshansky, H.M., Rivlin, L.G. & Winkel, G.H. (1977). Einführung in die Umweltpsychologie. Stuttgart: Klett-Cotta.

Jarvella, R.J. & Klein, W. (Eds.) (1982). Speech, place, and action – studies in deixis and related topics. Chichester: Wiley.

Jones, F.M. (1984). The provisional homecomer. Human Studies 7, 227- 247.

Katzenstein, H. (1989). Die Stadt im Erleben Grün-Alternativer (Unveröffentlichte Diplomarbeit, Psychologisches Institut der Universität Heidelberg).

Korosec-Serfaty, P. (1984). The home, from attic to cellar. Journal of Environmental Psychology 4, 303-321.

Korosec-Serfaty, P. (1985). Experience and use of the dwelling. In I. Altman & C.M. Werner (Eds.), Home environments (pp. 65-86). New York: Plenum.

Kruse, L. (1974). Räumliche Umwelt. Die Phänomenologie des räumlichen Verhaltens als Beitrag zu einer psychologischen Umwelttheorie. Berlin: de Gruyter.

Kruse, L. (1980). Privatheit als Problem und Gegenstand der Psychologie. Bern: Huber.

Kruse, L. (1983). Katastrophe und Erholung – Die Natur in der umweltpsychologischen Forschung. In G. Großklaus & E. Oldemeyer (Hg.), Natur als Gegenwelt. Beiträge zur Kulturgeschichte der Natur (S. 121-135). Karlsruhe: von Loeper.

Lennep, van D.J. (1953a). Psychologie van het chaufferen. In J.H. van den Berg & J. Linschoten (Eds.), Persoon en wereld (pp. 155-167). Utrecht: Bijleveld.

Lennep, van D.J. (1953b). De hotelkamer. In J.H. van den Berg & J. Linschoten (Eds.), Persoon en wereld (pp. 33-40). Utrecht: Bijleveld.

Linschoten, J. (1954). Die Straße und die unendliche Ferne. Situation 1, 235-260.

Merleau-Ponty, M. (1966). Phänomenologie der Wahrnehmung. Berlin: de Gruyter.

Moles, A.A. (1972). Théorie des objets. Paris: Editions Universitaires.

Moscovici, S. (1982). Versuch über die menschliche Geschichte der Natur. Frankfurt: Suhrkamp.

Muchow, M. & Muchow, H. (1935/1980). Der Lebensraum des Großstadtkindes. Bensheim: päd.extra buchverlag.

Norberg-Schulz, C. (1971). Existence, space, and architecture. New York: Praeger.

Norberg-Schulz, C. (1980). Genius Loci. Towards a phenomenology of architecture. London: Academic.

Pickles, J. (1985). Phenomenology, science, and geography: Spatiality and the human sciences. Cambridge: Cambridge University Press.

Proshansky, H.M. (1978). The city and self-identity. Environment and Behavior 10, 147-169.

Rapoport, A. (1969). House form and culture. Englewood Cliffs, NJ: Prentice-Hall.

Reichel, N. (1987). Der erzählte Raum. Darmstadt: Wissenschaftliche Buchgesellschaft.

Relph, E. (1976). Place and placelessness. London: Pion.

Schneider, G. (1985). Qualitativität als methodologisches Desiderat der Umweltpsychologie. In G. Jüttemann (Hg.), Qualitative Forschung in der Psychologie (S. 297-323). Weinheim: Beltz.

Schneider, G. (1986). Psychological identity of and identification with urban neighbourhoods. In D. Frick (Ed.), The quality of urban life (pp. 203-218). Berlin: de Gruyter.

Schneider, G. & Graumann, C.F. (1986). Städtische Umwelt: Identität und Identifikation. In M. Krampen (Ed.), Environment and human action (pp. 237-240). Berlin: Hochschule der Künste.

Seamon, D.R. (1979). A geography of the life-world. New York: St. Martin's Press.

Seamon, D.R. (1982). The phenomenological contribution to environmental psychology. Journal of Environmental Psychology 2, 119-140.

Seamon, D.R. (1987). Phenomenology and environment-behavior research. In E.H. Zube & G.T. Moore (Eds.), Advances in environment, behavior, and design, Vol. 1 (pp. 3-27). New York: Plenum.

Seamon, D.R. & Mugerauer, R. (Eds.) (1985). Dwelling, place, and environment: Toward a phenomenology of person and world. Dordrecht: Nijhoff.

Taylor, Ch. (1964). The explanation of behaviour. London: Routledge & Kegan Paul.

Taylor, Ch. (1975). Erklärung und Interpretation in den Wissenschaften vom Menschen. Frankfurt: Suhrkamp.

Tolman, E.C. (1967). Purposive behavior in animals and men. New York: Appleton-Century-Crofts.

Tuan, Yi-Fu (1974). Topophilia – A study of environmental perception, attitudes, and values. Englewood Cliffs, NJ: Prentice-Hall.

Tuan, Yi-Fu (1977). Place and space: The perspectives of experience. Minneapolis: University of Minnesota Press.

Uexküll, J. von (1909). Umwelt und Innenwelt der Tiere. Berlin: Springer.

Carl-Friedrich Graumann
Psychologisches Institut
der Universität Heidelberg

Systemtheorie

1. Ursprünge der Systemtheorie

Einen Forschungsgegenstand als *System* aufzufassen bedeutet, seine Eigenschaften und sein Verhalten aus dem geordneten Zusammenspiel seiner Komponenten untereinander zu erklären. Dies widerspricht der „klassisch"-naturwissenschaftlichen (Newtonschen) Methode, die Eigenschaften des Ganzen aus denen der isoliert untersuchten Teile abzuleiten. Die ganzheitlich-systemare Betrachtung ist nicht neu, sondern reicht – wie v. Bertalanffy (1972) betont – in die antiken Anfänge der europäischen Wissenschaft zurück.

Neu sind allerdings die durch Norbert Wiener 1948 begründete kybernetische Systemtheorie (s. Wiener 1968) sowie die durch v. Bertalanffy unmittelbar vor dem Zweiten Weltkrieg angeregte und in den Jahren danach zusammen mit anderen entworfene Allgemeine Systemtheorie (s. v. Bertalanffy 1949). Beide Ansätze bilden zusammen die Wurzeln der heutigen Systemtheorie, die sich zu einer sehr „polyphonen" (Klir 1972, S. 1) Disziplin entwickelt hat und eine Reihe recht unterschiedlicher Modelle, Hypothesen und Methoden vereinigt (z.B. mathematische Theorie formaler Sprachen, Automatentheorie, fuzzy sets, Graphentheorie, Netzwerktheorie, Informationstheorie, Computersimulation, Kontrolltheorie, Warteschlangentheorie). Aus diesem Grund ist es auch nicht möglich, in diesem Rahmen eine Charakterisierung der Systemtheorie von ihren Inhalten her zu geben, und ist selbst „eine Aufzählung einzelner Elemente von Systemtheorien ein ebenso sinnloses wie nicht erfüllbares Unterfangen" (Kappel & Schwarz 1981, S. 29). Statt dessen soll versucht werden, einige Variationsdimensionen von Systemen aufzuzeigen, auf Merkmale „ökobehavioraler" Systeme (vgl. Kaminski 1983) hinzuweisen und den Beitrag der Systemforschung im Hinblick auf Umweltprobleme darzustellen.

2. Systemauffassung in der Psychologie

In der Psychologie gab es bereits früher Epochen, die durch ein ausgeprägt ganzheitliches Denken gekennzeichnet waren, etwa in Form von Gestalt- oder Feldtheorie, und solche, in denen ausgesprochen systemfremde, mechanistische Paradigmen dominierten (z.B. Behaviorismus). In den letzten zwanzig Jahren ist eine Renaissance des Systemansatzes in der Psychologie zu beobachten, bedingt durch das zunehmende Interesse an kognitiven und Handlungstheorien (→ *Handlungstheorie*) und nicht zuletzt auch durch die Entwicklung von Computern, die eine Repräsentation und Simulation von Systemmodellen erlauben. Für die Ökologie (vgl. Haber 1978) wie für die ökologische Psychologie (vgl. Kaminski 1978) ist der Systemansatz ein konstituierendes Element.

3. Struktur- und Funktionsmerkmale von ökobehavioralen Systemen

Ökopsychologie befaßt sich mit der „Wechselwirkung zwischen Mensch und Umwelt" (Stapf 1978, S. 252), d.h. mit „ökobehavioralen" Systemen (vgl. Kaminski 1983). Solche Systeme sind stets *offen* und *dynamisch*. Offen bedeutet, daß sie eine Systemumwelt haben, mit der sie in einem materiellen oder informationellen Austauschverhältnis stehen. Dynamisch heißt, daß der Zustand des Systems (der sich aus den Attributen seiner Elemente ergibt) sich mit der Zeit ändern kann. Eine Schule – als Beispiel eines solchen ökobehavioralen Systems – ist offen, indem sie die Aktivitäten anderer kommunaler Systeme beeinflußt (z.B. die Trainingszeiträume von Vereinen) und durch sie beeinflußt wird (z.B. Einwohnerfluktuation); sie ist dynamisch, indem sich die Attribute ihrer Komponenten (Lehrerzahl, Schülerzahl, Stundenpläne) mit der Zeit ändern. Die Struktur von ökobehavioralen Systemen kann ferner auf einem Kontinuum zwischen *Integration* und *Streuung* variieren: Integrierte Systeme (z.B. ein lebender Organismus oder eine Organisation) bestehen aus Subsystemen oder Elementen, die in enger Wechselwirkung stehen; Variationen der Struktur sind nur in engen Grenzen möglich, wenn das System seine Identität behalten soll. Gestreute (dispersed, „scattered") Systeme dagegen (z.B. eine Spezies oder eine Menschenmasse in einem Fußballstadion) bestehen aus einer größeren Zahl von (meist ähnlichen) Elementen, von denen nur einige sich gegenseitig beeinflussen und deren Zahl in weiten Grenzen schwanken kann, ohne daß das Gesamtsystem seine Identität verliert. Integrierte Systeme setzen zur Erhaltung ihrer Struktur bei starker Interdependenz der Teile *Kontrollmechanismen* voraus. Der hierarchische Aufbau ist deshalb ein Grundmerkmal integrierter Systeme. Sie können meist ein Fließgleichgewicht (v. Bertalanffy 1968, S. 149) innerhalb enger Grenzen erhalten oder von unterschiedlichen Ausgangswerten her erreichen. Gestreute Systeme erfahren hierarchische Kontrolle nur durch die variable Systemumwelt und können sich dieser in ihrer Struktur sehr flexibel anpassen (etwa die Zahl der Individuen einer Spezies).

Ökobehaviorale Systeme, wie das Wirtschafts- und Sozialgefüge einer Stadt oder eine Organisation mit personellen Über- und Unterordnungsverhältnissen, Arbeits- und Kommunikationsabläufen, sind meist auch *komplex*, d.h. bestehen aus einer größeren Zahl von Elementen, die untereinander oder mit der Systemumwelt in Wechselwirkung stehen. Sie sind für menschliche Akteure deshalb meist auch teilweise intransparent und verhalten sich oft geradezu kontraintuitiv (Forrester 1971). Eine differenzierte psychologische Analyse des Umgangs menschlicher Akteure mit komplexen Systemen hat Dörner (1983) in den letzten Jahren vorgenommen (→ *Ökologisches Denken und Problemlösen"*).

4. Simulationsmodelle der Mensch-Umwelt-Interaktion

Neben der Anregung zum Systemdenken und der Bereitstellung von Grundbegriffen hat die Systemtheorie den nachhaltigsten Einfluß auf die wissenschaftliche und öffentliche Umweltdiskussion durch die Methode der Systemsimulation und ihre Anwendung auf globale Umweltprobleme ausgeübt. Die Situation zu Beginn der 70er Jahre mit den immer erkennbarer werdenden Umweltproblemen, die durch wissenschaftliche Einzeldisziplinen nicht hinreichend erfaßt werden konnten, in Verbindung mit dem sich rasch entwickelnden technischen und methodischen Rüstzeug (Computer, Programmiersprachen) stellten die „Stunde der Systemforschung" dar (Kappel & Schwarz 1981, S. 44). Die damals entwickelten Simulationsmodelle können auch heute noch – trotz mancher Kritik – als „Initialzündung von historischer Bedeutung" (Buchwald 1980, S.13f.) gelten.

Der amerikanische Wissenschaftler Jay W. Forrester vom Massachusetts Institute of Technology wurde 1970 vom Club of Rome beauftragt, ein globales Modell der Bevölkerungs-, Wirtschafts- und Umweltentwicklung auf der Basis der auf ihn zurückgehenden Methode der „system dynamics"(ursprünglich „industrial dynamics") aufzubauen. Nach Forresters stark an die Kontrolltheorie angelehnten Systemauffassung (1972) ist jedes dynamische System aus vermaschten Regelkreisen aufgebaut, die in seinem Simulationsmodell als Programmschleifen repräsentiert sind. In diesen Schleifen werden hochaggregierte Variablen des Gesamtsystems (im Weltmodell z.B. der Bevölkerungsstand oder der Verschmutzungsgrad der Erde) im Zeittakt hochgerechnet, indem Flußvariablen (z.B. Geburten- und Sterberaten, Verschmutzungserzeugung und -absorption) in Differenzen- oder Differentialgleichungen eingesetzt werden. Ein Modellzyklus ist dann abgeschlossen, wenn alle endogenen Variablen berechnet sind. Als Output werden die interessierenden Variablen zur Charakterisierung des Gesamtsystems in Zeitreihen angegeben. So entstand als erster Bericht an den Club of Rome die Weltmodellstudie über die Grenzen des Wachstums von Forrester und Meadows (vgl. Meadows 1972), in der Umweltprobleme in ihrem globalen Ausmaß und in dynamischer Interaktion gezeigt wurden. Dies war ein „absolutes Novum" (Kappel & Schwarz 1981, S. 44).

Eine detaillierte Beschreibung der zwischenzeitlichen Entwicklung ist in diesem Rahmen nicht möglich (vgl. dazu Mesarovic & Pestel 1974, Buchwald 1980, Vester 1980). Nachfolgende Modelle versuchten vor allem zwei Kritikpunkte auszugleichen: (1) Die mit der extremen Aggregierung auf Globalniveau einhergehende Vereinfachung wurde durch eine Desaggregierung in Regionen und Länder vermindert, so bei dem unten dargestellten Deutschlandmodell. (2) Durch die Einführung von Szenarien wurden die ursprünglich geschlossenen Systeme zu offenen Systemen. Szenarien sind Annahmen über die langfristige Veränderung von Variablen und Parametern, deren Zustandekommen im Modell nicht erfaßt wird, z.B. Gesetzgebungsmaßnahmen oder das Verhalten von Organisationen oder Konsumenten. Durch den Einsatz unterschiedlicher Szenarien wird es möglich, verschiedene Wege der Veränderung „experimentell" durchzuspielen.

Als neueres Beispiel soll das Deutschlandmodell (Pestel et al. 1978) erwähnt werden, das in dem 1975 von Pestel gegründeten Institut für angewandte Systemforschung und Prognose (ISP, Hannover) entwickelt wurde. Das Deutschlandmodell besteht aus fünf Modellgruppen: (1) dem Bevölkerungsmodell, das – gegliedert nach Alter, Geschlecht und Staatsangehörigkeit – die Bevölkerungsentwicklung berechnet, (2) dem Ausbildungsmodell, das in Verbindung mit dem Bevölkerungsmodell die Ausbildungsstufe der aus dem Bildungssystem entlassenen Personen bestimmt, (3) dem Wirtschaftsmodell, das in branchenmäßiger Gliederung der Wirtschaft Merkmale der Angebotsseite (Produktionspotential) und der Nachfrageseite (z.B. private Konsumnachfrage) voraussagt, (4) dem Technologiemodell, das den Bedarf an Arbeit, Energie und Materialien bestimmt, und (5) Prozeßmodellen, die durch Koppelung von Einzelmodellen Prozesse, wie z.B. den Stromverbrauch, simulieren sollen. Der Anschluß an das Weltmodell (von Mesarovic & Pestel 1974) ist über die Teilmodelle Wirtschaft (in Verbindung der nationalen Wirtschaft mit der Weltwirtschaft) und Technologie (Verfügbarkeit von Technologien aus dem Ausland) möglich.

Simulationsmodelle dieser Art erlauben eine Abschätzung möglicher zukünftiger Entwicklungen auf einer wesentlich breiteren und komplexeren Grundlage, d.h. unter Einbeziehung von mehr Variablen und differenzierterer Abbildung ihres Zusammenspiels, als dies durch reine Trend-Extrapolationen bisheriger Entwicklungen möglich wäre. Sie können jedoch keinen Prognosewert im engeren Sinne beanspruchen, sondern immer nur mögliche Entwicklungen unter der Voraussetzung aufzeigen, daß die Modell- und Szenarioannahmen zutreffen.

Problematisch sind solche Abschätzungen zukünftiger Entwicklungen jedoch immer dann, wenn das simulierte System stark durch menschliches Verhalten beeinflußt wird (z.B. Energieverbrauch) und die Veränderung dieses Verhaltens (z.B. aufgrund veränderter Werte, Einstellungen, Wissen) nicht modelliert wird. Ansätze zur Modellierung gesellschaftlicher Entscheidungen auf der Grundlage der Prädikatenlogik wurden von Bossel (1977) gemacht. So wurden etwa die Bewertungen von Energiestrategien durch die politischen Parteien in der Bundesrepublik aufgrund ihrer Sach- und Wertkonzepte mit dem nichtnumerischen Programm DEDUC simuliert. Zur Erklärung der Abweichungen der simulierten von den öffentlichen Bewertungen durch die Parteien können zusätzliche sozialwissenschaftliche Annahmen eingeführt werden, etwa der aus der Einstellungsforschung bekannte Inertia-Effekt. Hier zeigt sich eine wichtige Funktion der Systemsimulation für die Einzeldisziplinen: die Hypothesenbildung und schrittweise Modellverfeinerung.

Mit einer sozialpsychologischen Modellierung menschlicher Akteure (Energiekonsumenten) in Form von Blockindividuen (Vester 1976), die jeweils für ein großes Kollektiv von Einzelpersonen stehen, arbeiten Engemann et al. (1984a, b) bei der Simulation von Entscheidungen für Heizungssysteme. Diese Art der Modellbildung geht davon aus, daß der Entscheider sich auf der Grundlage eines inneren Modells der Realität verhält, also Wissen, Meinungen, Einstellungen, Werte haben kann, die seine Entscheidung bestimmen. Unter der Annahme, daß diese inneren Determinanten von Entscheidungen (z.B. Werte, Wissen über Umwelt-probleme) sowie äußere Bedingungen (z.B. Anschaffungs- und Verbrauchsko-sten, gesetzliche Regelungen) das Verhalten der Konsumenten bestimmen, läßt sich die Attraktivität von Heizungssystemen unter unterschiedlichen zukünftigen Bedingungen simulieren. Ein Problem dieser Art der Modellbildung ist jedoch die empirische Absicherung, da viele Spezifikationen der psychologischen Modelle vorgenommen werden, für die es keine empirischen Daten gibt.

5. Synergetik – ein neuer wissenschaftlicher Ansatz auch für die Umweltpsychologie?

Dieser in den letzten 15 Jahren überwiegend in der theoretischen Physik (Haken 1978, 1981) entwickelte Ansatz kann als eine spezielle Weiterentwicklung der Systemtheorie betrachtet werden, die bisher in der Psychologie wenig beachtet wurde. Die Synergetik beschreibt Selbstorganisations- und Strukturveränderungs-prozesse in Vielelementensystemen aufgrund der Interaktionen der Elemente. Ein gleichgerichtetes Interagieren der Elemente kann auf der Ebene des Gesamtsy-stems zu diskontinuierlichen Phasenübergängen führen. Haken (1981) spannt einen weiten Bogen von Anwendungen synergetischer Prinzipien von elementa-ren physikalischen über biologische bis hin zu sozialwissenschaftlichen Phä-nomenen. Ein Beispiel eines solchen Phasenübergangs ist der Wechsel vom Deut-schen zum Englischen als Wissenschaftssprache. Durch die Emigration führender Wissenschaftler in den dreißiger Jahren nach USA und England und ihre dort ein-setzende englischsprachige Publikationstätigkeit sowie durch die große Zahl von Lesern und Bibliotheken in den USA bekommen diese Zeitschriften eine immer stärkere Rolle auf dem Weltmarkt und übernehmen im Sinne der Synergetik die Rolle eines Ordners. Ihre hohe Attraktivität führt wiederum dazu, daß auch eu-ropäische Wissenschaftler sich um eine Publikation in einer amerikanischen Zeit-schrift bemühen. Nach Abschluß dieses Phasenübergangs scheint alles Wesentli-che aus den USA zu kommen.

Weidlich (1971, 1972) gibt eine detaillierte Analyse von Polarisierungsprozes-sen in der öffentlichen Meinung mit Hilfe synergetischer Modellvorstellungen. Auch hier können die Interaktionen individueller Meinungsträger auf der Ebene des Gesamtsystems bei kritischen Werten von individuellen Meinungsunterschie-den zu einem diskontinuierlichen Phasenübergang, einem Zerfallen des Mei-nungsspektrums in zwei Meinungsblöcken führen.

Es wäre interessant zu prüfen, ob dieser Ansatz nicht verstärkt auch für ökolo-gische Fragestellungen nutzbar gemacht werden kann.

Literatur

Bertalanffy, L.v. (1949). Das biologische Weltbild. Bd. 1: Die Stellung des Lebens in Natur und Wissenschaft. Berlin: Francke.

Bertalanffy, L.v. (1968). General system theory. London: Allen Lane Penguin Press.

Bertalanffy, L.v. (1972). The history and status of general systems theory. In G.J. Klir (Ed.), Trends in general systems theory (pp. 21-41). New York: Wiley.

Bossel, H. (1977). Modelling of the cognitive processes determining nonroutine behavior. In H. Bossel (Ed.), Concepts and tools of computer-assisted policy analysis, Vol. 3: Cognitive systems analysis (pp. 457-481). Basel: Birkhäuser.

Buchwald, K. (1980). Umwelt und Gesellschaft zwischen Wachstum und Gleichgewicht. In K. Buchwald & W. Engelhardt (Hg.), Handbuch für Planung, Gestaltung und Schutz der Umwelt, Band 4: Umweltpolitik (S. 1-32). München: BLV.

Dörner, D., Kreuzig, H.W., Reither, F. & Stäudel, T. (1983). Lohausen: Vom Umgang mit Unbestimmtheit und Komplexität. Bern: Huber.

Engemann, A., Kimmelmann, G. & Ritter, B. (1984a). Simulation von Intentionen beim Kauf von Heizungssystemen für Neubauten mit dem Programm „REASON". Psychologische Beiträge 26 (2), 201-223.

Engemann, A., Radtke, M. & Sachs, S. (1984b). Simulation von Verhaltensintentionen mit „REASON". Psychologische Beiträge 26 (2), 185-200.

Forrester, J.W. (1971). Counterintuitive behavior of social systems. Technology Review 73, 1-16.

Forrester, J.W. (1972). Grundsätze einer Systemtheorie. Wiesbaden: Gabler (engl. Original 1968).

Francois, C. (1983). Integrated, scattered and other systems: A plea for non-procustean models. Cybernetica 26 (1), 13-22.

Haber, W. (1978). Fragestellung und Grundbegriffe der Ökologie. In K. Buchwald & W. Engelhardt (Hg.), Handbuch für Planung, Gestaltung und Schutz der Umwelt, Bd. 1: Die Umwelt des Menschen (S. 74-86). München: BLV.

Haken, H. (1978). Synergetics. Berlin: Springer.

Haken, H.. (1981). Erfolgsgeheimnisse der Natur. Synergetik: Die Lehre vom Zusammenwirken (3. Aufl.). Stuttgart: DVA. Kaminski, G. (1978). Ökopsychologie und klinische Psychologie. In U. Baumann (Hg.), Klinische Psychologie: Trends in Forschung und Praxis (S. 33-73). Bern: Huber.

Kaminski, G. (1983). Probleme einer ökopsychologischen Handlungstheorie. In L. Montada, K. Reusser & G. Steiner (Hg.), Kognition und Handeln (S. 35-53). Stuttgart: Klett-Cotta.

Kappel, R. & Schwarz, I. (1981). Systemforschung 1970 - 1980. Entwicklungen in der Bundesrepublik Deutschland. Göttingen: Vandenhoeck & Ruprecht.

Klir, G.J. (1972). The polyphonic general systems theory. In G.J. Klir (Ed.), Trends in general systems theory (pp. 1-18). New York: Wiley.

Meadows, D. (1972). Die Grenzen des Wachstums. Stuttgart: DVA.

Mesarovic, M. & Pestel, E. (1974). Menschheit am Wendepunkt. 2. Bericht an den Club of Rome zur Weltlage. Stuttgart: DVA.

Pestel, E., Bauerschmidt, R., Gottwald, M., Hübl, L. Möller, K.-P., Oest, W. & Ströbele, W. (1978). Das Deutschlandmodell: Herausforderungen auf dem Weg ins 21. Jahrhundert. Stuttgart: DVA.

Stapf, K.H. (1978). Ökopsychologie und Systemwissenschaft. In C.F. Graumann (Hg.), Ökologische Perspektiven in der Psychologie (S. 251-273). Bern: Huber.

Vester, F. (1976). Ballungsgebiete in der Krise. Stuttgart: DVA.

Vester, F. (1980). Zukunftsprognosen, Modelle, Strategien. In K. Buchwald & W. Engelhardt (Hg.), Handbuch für Planung, Gestaltung und Schutz der Umwelt, Bd. 4: Umweltpolitik (S. 32-93). München: BLV.

Weidlich, W. (1971). The statistical description of polarization phenomena in society. British Journal of Mathematical and Statistical Psychology 24, 251-266.
Weidlich, W. (1972). The use of statistical models in sociology. Collective Phenomena 1, 51-59.
Wiener, N. (1968). Kybernetik. Reinbek: Rowohlt (engl. Original 1948).

Alwin Engemann
Stuttgart

Handlungstheorie

1. „Handeln" und Handlungstheorie in der Psychologie

Unter „Handeln" wird zumeist zielgerichtete, plangerecht ausgeführte Aktivität, unter „Handlung" eine darin abgrenzbare Einheit verstanden. Als Gegenstand der Psychologie hat „Handeln" eine lange Tradition (Below 1981); jedoch wird es erst mit wachsender Kritik am „S-(O)-R"-Paradigma verbreiteter beachtet und bearbeitet (Miller, Galanter & Pribram 1973; von Cranach et al. 1980). Als charakteristisch neu und forschungsmethodisch problematisch wird daran insbesondere seine *„Komplexität"* gesehen (Kuhl & Waldmann 1985). Der Terminus „Handlungstheorie" kann dabei unterschiedlich spezifische Bedeutung annehmen: (a) ein Satz *allgemeinster Bestimmungsstücke*, der die Gegenstände „Handeln" bzw. „Handlung" aufzusuchen und rahmenhaft eingrenzen hilft (vgl. Lenk 1978); (b) ein etwas spezifischer ausgestaltetes *Interpretationsschema*, das (in Varianten) jeweils auf einen bestimmten *Typus* von „Handeln" bzw. „Handlung" paßt, diesen als solchen konzeptuell grundlegend artikulierbar macht; (c) ein sich auf bestimmte Arten von „Handeln" beziehendes System von empirisch prüfbaren (mehr oder weniger bewährten) *Hypothesen* (vgl. Kuhl & Waldmann 1985). – Je nach Spezifitätsgrad kann „Handlungstheorie" unterschiedliches leisten: bestimmte Gegenstandsfelder (Zustände und Abläufe) ausgrenzbar machen, sie beschreibbar machen, auf sie bezogene Hypothesenbildung anregen, unmittelbare konzeptuelle Grundlage für empirische Forschung sein (Kaminski 1979).

Da sich Ökologische bzw. Umwelt-Psychologie mit alltäglichen Mensch/Umwelt-Beziehungen befaßt und da für deren konzeptuelle Artikulation Handlungstheorien vorrangig geeignet erscheinen, besteht zwischen dem Konzept „Handlung" (bzw. Handlungstheorien) und Ökologischer bzw. Umwelt-Psychologie besondere Affinität. Dabei ist zwischen drei Verwendungsarten des Handlungs-Konzeptes zu unterscheiden (s. Unterpunkte 2, 3 und 4).

2. „Handeln" als Forschungsgegenstand in der Ökopsychologie

Hier sind handlungstheoretische Ansätze zu erwähnen, die sich der Ökopsychologie (bzw. *environmental psychology*) zurechnen bzw. ihr relativ nahekommen.

Vorläufer. Erwähnt sei hier nur Lewin, der in den „topologischen" Anteilen seines „Lebensraum"-Konzepts dem (kognitiv repräsentierten) *Umfeld* handlungsmitsteuernde Funktionen zuwies (1936). Er forderte selbst als Komplement dazu eine „psychologische Ökologie" (1963), verband jedoch die dafür vorgesehenen (vieldeutig bleibenden) Grundkonzepte „Kanal", „Pforte" und „Pförtner" nur locker mit seiner Lebensraum-Handlungstheorie.

Der Verhaltensstrom als Handlungstrom: Barker ließ im Rahmen seiner „psychologischen Ökologie" „Verhaltensströme" vor allem von Kindern über ganze Tage hin beobachten und beschreiben; alltagssprachlich-untheoretisch zwar, aber sie wurden in (als molare Handlungen aufgefaßte) „Episoden" segmentiert und mehrstufig hierarchisch untergliedert, wobei häufig „Überlappungen" (Mehrfachhandeln) aufgefunden wurden (Barker 1963, Wright 1967).

In späteren handlungstheoretischen Interpretationen werden Annahmen über *interne Prozesse* gemacht (Zielantizipationen, Operationsabrufe, Überprüfungsprozeduren, u.a.m.; vgl. Kaminski 1981), mittels deren die dynamischen Charakteristika derartiger Handlungsströme erklärbar werden sollen (vgl. Miller, Galanter & Pribram 1973, Atkinson & Birch 1970, von Cranach et al. 1980). Die wesentlichste Determination für Handlungsströme schien Barker aus äußeren Kontexten, speziell → *„Behavior Settings"* zu stammen (vgl. „Behavior-Setting-Analyse"; neuere handlungstheoretische Überlegungen dazu bei Kaminski 1983a, 1983b).

Handeln als Regulation und als Coping. Wenn objektive Umgebungsbedingungen auf die Verwirklichung von Zielen und Plänen störend Einfluß nehmen, bedarf es kontinuierlicher *„regulativer" Anpassung* des Handelns an die wechselnden Umstände. Sich auf diese Perspektive spezialisierende Handlungstheorien müssen Umgebungsbedingungen und Aktivitäten gleichrangig berücksichtigen („ökopsychologische" Handlungstheorien; Kaminski 1983c, Fuhrer 1983). Sie betonen das fundamentale Miteinanderverflochtensein beider Komponenten und sprechen gern von „Transaktions-" statt von Aktions- oder Interaktions-Geschehen. „Dynamische" Umgebungsbedingungen nötigen einerseits zu regulativer Sicherung der Verwirklichung antizipierter Ziele, z.B. bei produzierender Arbeit (Hacker 1986, Volpert 1983, Oesterreich 1981). Andererseits können sie dem fortlaufend Handelnden – u.U. sehr plötzlich – auch neue Handlungsaufgaben aufwerfen, z.B. beim Autofahren oder in bestimmten Sportarten (Kaminski 1982, Fuhrer 1983, 1984, vgl. auch Kaplan 1983).

Wenn man nur gelegentliche oder wiederholte einzelne (dabei emotional mehr oder weniger belastende) Herausforderungen und die dadurch ausgelösten „Transaktionen" im Blick hat, spricht man von „Coping" (bzw. Coping-Theorie; vgl. Lazarus & Cohen 1977, Campbell 1983). Die in diesem Felde operierenden Handlungstheorien betonen den engen Zusammenhang zwischen Handeln, kognitiven und emotionalen Prozessen (Lantermann 1983a, 1983b; vgl. Scherer 1981); sie haben einen engen Bezug zu den Konzepten „Kontrolle" (des Akteurs über Umgebungsbedingungen; vgl. Oesterreich 1981, Carver & Scheier 1981, Dörner et al. 1983a, Kuhl 1983) bzw. „Kontrollverlust" und „Streß" (Schönpflug & Schulz 1979) (→ *Kontrolle und Kontrollverlust;* → *Umweltstreß*).

Handeln im aktuellen sozialen Feld. Ein besonders gewichtiger Komplex von Umgebungsbedingungen ist das Anwesendsein (und das Handeln) anderer Menschen. Die davon ausgehenden Anforderungen gegenüber Handeln sind Gegenstand mikrosoziologischer, sozialpsychologischer und sprachpsychologischer Handlungstheorien (Lofland 1976, Graumann 1972, Herrmann 1985).

In der Ökopsychologie interessieren speziell *räumliche* Aspekte des Sozialverhaltens: *Distanz*- und *Territorialregulationen*, die unter Konzepten wie Privatheit, personaler Raum, Dichteerleben (*crowding*), Territorialität bearbeitet werden (Altman 1975, Kruse 1980, Hall 1966, Sommer 1969, Kaminski & Osterkamp 1962, Scheflen & Ashcraft 1976), wobei die Regulationsinstrumente der nichtverbalen Kommunikation besondere Aufmerksamkeit finden (Scherer & Ekman 1982) (→ *Dichte und Enge;* → *Territorialität*).

Handeln im kulturellen Umfeld. Aus der Erlebensperspektive des Handelns betrachtet, erscheint die alltägliche Umwelt als vielfältig mit „Bedeutungen" durchsetzt (Boesch 1978, 1980, 1983, Eckensberger 1978). Mittels *phänomenologischer Analyse* erschließt Boesch an alltäglichen Mensch/Umwelt-Interaktionen mannigfache handlungstheoretisch konzeptualisierte Fragestellungen. Der Analyseschwerpunkt liegt teils in der (erlebten, kognitiv organisierten, „gewußten") Umwelt, teils beim Handelnden selbst, seinen persönlichen Motiven, Zielsetzungen, Fertigkeiten, Gefühlen. In der Ontogenese bilden sich – im Handeln – *Schemata* von Umwelten und von Gegenständen heraus. Umwelt und Gegenstände selbst werden in Kulturgemeinschaften – mittels Handlungen – geschaffen, kulturspezifisch geprägt und benannt (vgl. Kruse 1974, Graumann 1974, Kruse & Graumann 1978, Korosec-Serfaty 1982) (→ *Die ökologische Perspektive in der Kulturanthropologie*). Diese kulturelle Umwelt besetzt das Individuum von frühester Kindheit an auch mit *subjektiven Bedeutungen.* Alltagshandeln wird teilweise von komplexen Antizipationssystemen (*„Fantasmen"*, Boesch 1980, 1983) geleitet (vgl. das „personal project"-Konzept von Little 1983) (→ *Kulturvergleich und Ökologische Psychologie* → *Aneignung*).

Umweltgestaltung als „Handeln". Große Anteile menschlicher Lebensumwelt – z.B. bauliche Umwelt – gehen aus individuellen und/oder kollektiven Entscheidungs- und Gestaltungsprozessen hervor (→ *Umweltplanung und -gestaltung*). Auch diese lassen sich als „Handeln" interpretieren und analysieren. In benachbarten Disziplinen entwickelte deskriptive Konzeptionen beziehen sich in der Regel selektiv und unverbindlich auf handlungstheoretische bzw. problemlösungstheoretische Konzepte (vgl. z.B. Sanoff 1977, Zeisel 1981). Mittels psychologisch-handlungstheoretischer Konzeptualisierung werden Prozesse intendierter Umweltveränderung für die empirische Analyse – zur Auffindung von Schwachstellen – aufgeschlossen (Kaminski 1975, Kaminski & Fleischer 1984, Dörner et al. 1983a).

3. „Handlungstheorie" als Systematisierungsinstrument

Die Aufgabe einer Systematisierung stellt sich wohl nirgendwo sonst in der Psychologie mit solcher Dringlichkeit wie in der rasch und unübersichtlich expandierenden „Ökopsychologie" (bzw. *environmental psychology*). Mehrere Systematisierungsversuche basieren auf folgendem Gedanken: Letztlich intendierter Gegenstand aller Ökopsychologie ist „Handeln" in alltäglichen Umwelten, welches selbst ein komplexer Prozeß ist. Nimmt man an, daß jeder ökopsychologische Forschungsansatz jeweils nur eine (oder einzelne) Handlungskomponente(n) fokussiert, dann müßten sich alle vorzufindenden „ökopsychologischen" Ansätze – nach diesen Brennpunkten – in einem rahmenhaften Handlungsmodell spezifisch lokalisieren lassen. Solches versuchten Stokols (1977) mit einem Vier-Komponenten-Einfachmodell; Bell, Fisher und Loomis (1978) mit einem wesentlich komponentenreicheren Coping-Grundmodell; Russell und Ward (1982) mit einem hierarchisierten dreiphasigen Zielhandlungs-Modell.

4. „Handlungsforschung"

Wird von „Handlungsforschung" (Aktionsforschung) gesprochen, wird „Handlung" nicht als ein Gegenstandsfeld verstanden, das theoretisch erschlossen oder empirisch erforscht werden soll (→ *Soziale Netzwerke*). Gemeint ist vielmehr, daß wissenschaftliche Erkenntnisgewinnung – vornehmlich in Sozial- und Verhaltenswissenschaften – in einer besonderen Modalität betrieben wird bzw. werden soll, eben „im Handeln". Zwar kann wissenschaftliche Erkenntnisgewinnung jeglicher Art, auch diejenige im Experiment, als „Handeln" interpretiert werden (Holzkamp 1968). Bei „Handlungsforschung" wird demgegenüber verändernde Praxis, eingreifendes Handeln in den Vordergrund gerückt. Es soll nicht zuerst – bezüglich eines bestimmten Realitätsbereichs – ein Grundbestand hinreichend gesicherten empirischen Wissens erarbeitet werden und dann erst zu „technologischer" Wissensanwendung im Dienste praktischer Ziele übergegangen werden. Vielmehr sollen Veränderungen problematisch erscheinender Realität unmittelbarer in Angriff genommen werden, wobei die Risiken einer noch wenig ausgearbeiteten und/oder abgesicherten Wissensbasis in Kauf genommen werden müssen. Die Erforschung eines bestimmten Realitätsausschnittes soll dann also innerhalb eines auf praktische Zielsetzungen ausgerichteten Handelns erfolgen.

Obwohl der Handlungsbegriff dabei nur unspezifisch – und zwar methodologisch, auf den Wissenschaftler bzw. den Praktiker – angewendet und auch kein Bezug auf Handlungstheorien genommen wird, erscheint dieses Verfahren hier erwähnenswert. Typischerweise wird es in der Ökopsychologie – trotz seiner methodischen Problematik – mehr als sonst in der Psychologie anempfohlen und gerechtfertigt (Sommer 1977, Schmittmann 1985). In für Ökopsychologie charakteristischen Praxisfeldern entstehen nicht selten Änderungsaufgaben, die sowohl sehr komplex und neuartig sind als auch für ihre Bewältigung – bei zudem hoher Risikobelastung – nur eng begrenzte Zeit lassen (Kaminski & Fleischer 1984). Unter derartigen Umständen kann die oft weit ausholende und detaillierende Art der Erkenntnisgewinnung und -absicherung, wie sie nach den methodischen Standards wissenschaftlicher Grundlagenforschung betrieben wird, unbrauchbar sein. Demzufolge werden dann Erkenntnisbeschaffung („Forschung") und Praxis („Handeln") – oft in einer Art Spiral-Prozeß – verflochten. Ein solches Vorgehen wird in ökopsychologischer Praxis oft auch noch dadurch zusätzlich motiviert, daß es „partizipationsfreundlich" ist, d.h., daß es gestattet, Betroffene in die Gestaltung bzw. Umgestaltung ihrer Lebensumstände mit einzubeziehen (→ *Partizipation und Protest*).

Literatur

Altman, I. (1975). The environment and social behavior. Privacy, personal space, territory, crowding. Monterey, CA: Brooks/Cole.

Atkinson, J.W. & Birch, D. (1970). The dynamics of action. New York: Wiley.

Barker, R.G. (Ed.) (1963). The stream of behavior. Explorations of its structure and content. New York: Appleton-Century-Crofts.

Bell, P.A., Fisher, J.D. & Loomis, R.J. (1978). Environmental psychology. Philadelphia: Saunders.

Below, E. (1981). Metatheoretische Analysen psychologischer Handlungstheorien. München: Minerva.

Boesch, E.E. (1978). Kultur und Biotop. In C.F. Graumann (Hg.), Ökologische Perspektiven in der Psychologie (S. 11-32). Bern: Huber.

Boesch, E.E. (1980). Kultur und Handeln. Einführung in die Kulturpsychologie. Bern: Huber.

Boesch, E.E. (1983). Das Magische und das Schöne. Zur Symbolik von Objekten und Handlungen. Stuttgart: Frommann-Holzboog.

Campbell, J.M. (1983). Ambient stressors. Environment and Behavior 15, 355-380.

Carver, C.S. & Scheier, M.F. (1981). Attention and self-regulation: A control theory approach to human behavior. New York: Springer.

Cranach, M. von, Kalbermatten, U., Indermühle, K. & Gugler, B. (1980). Zielgerichtetes Handeln. Bern: Huber. *

Dörner, D., Kreuzig, H.W., Reither, F. & Stäudel, Th. (Hg.) (1983a). Lohhausen. Vom Umgang mit Unbestimmtheit und Komplexität. Bern: Huber.

Dörner, D., Reither, F. & Stäudel, Th. (1983b). Emotion und problemlösendes Denken. In H. Mandl & G.L. Huber (Hg.), Emotion und Kognition (S. 61-68). München: Urban & Schwarzenberg.

Eckensberger, L.H. (1978). Die Grenzen des ökologischen Ansatzes in der Psychologie. In C.F. Graumann (Hg.), Ökologische Perspektiven in der Psychologie (S. 49-76). Bern: Huber.

Fuhrer, U. (1983). Überlegungen zur Ökologisierung handlungspsychologischer Theoriebildung. In L. Montada, K. Reusser & G. Steiner (Hg.), Kognition und Handeln (S. 54-63). Stuttgart: Klett-Cotta.

Fuhrer, U. (1984). Mehrfachhandeln in dynamischen Umfeldern. Vorschläge zu einer systematischen Erweiterung psychologisch-handlungstheoretischer Modelle. Göttingen: Hogrefe.

Graumann, C.F. (1972). Interaktion und Kommunikation. In C.F. Graumann (Hg.), Sozialpsychologie (7. Band, 2. Halbbd., Handbuch der Psychologie) (S. 1109-1262). Göttingen: Hogrefe.

Graumann, C.F. (1974). Psychology and the world of things. Journal of Phenomenological Psychology 4, 389-404.

Hacker, W. (1986). Arbeitspsychologie: Psychische Regulation von Arbeitstätigkeiten. Bern: Huber.

Hall, E.T. (1966). The hidden dimension. Garden City, NY: Doubleday (dt.: Die Sprache des Raumes. Düsseldorf: Schwann 1976).

Herrmann, T. (1985). Allgemeine Sprachpsychologie. Grundlagen und Probleme. München: Urban & Schwarzenberg.

Holzkamp, K. (1968). Wissenschaft als Handlung: Versuch einer neuen Grundlegung der Wissenschaftslehre. Berlin: De Gruyter.

Kaminski, G. (1975). Entscheidungsprozesse in ökologisch-psychologischer Praxis. In H. Brandstätter & B. Gahlen (Hg.), Entscheidungsforschung (S. 161-181). Tübingen: Mohr.

Kaminski, G. (1979). Die Bedeutung von Handlungskonzepten für die Interpretation sportpädagogischer Prozesse. Sportwissenschaft 9, 9-28.

Kaminski, G. (1981). Überlegungen zur Funktion von Handlungstheorien. In H. Lenk (Hg.), Handlungstheorien – interdisziplinär. Band 3. Erster Halbband (S. 93-121). München: Fink. *

Kaminski, G. (1982). What beginner skiers can teach us about actions. In M. von Cranach & R. Harré (Eds.), The analysis of action. Recent theoretical and empirical advances (pp. 99-114). Cambridge: Cambridge University Press.

Kaminski, G. (1983a). Potentielle Beiträge handlungstheoretischer Konzeptionen zur Neuorientierung motivationspsychologischer Perspektiven im Sport. In J.P. Janssen & E. Hahn (Hg.), Motivation, Handlung, Aktivierung und Coaching im Sport (S. 146-158). Schorndorf: Hofmann.

Kaminski, G. (1983b). Methodologische Probleme und Konsequenzen der Anwendung handlungstheoretischer Konzepte. In J.P. Janssen & E. Hahn (Hg.), Motivation, Handlung, Aktivierung und Coaching im Sport (S. 206-220). Schorndorf: Hofmann.

Kaminski, G. (1983c). Probleme einer ökopsychologischen Handlungstheorie. In L. Montada, K. Reusser & G. Steiner (Hg.), Kognition und Handeln (S. 35-53). Stuttgart: Klett. *

Kaminski, G. & Fleischer, F. (1984). Ökologische Psychologie: Ökopsychologische Untersuchungs- und Beratungspraxis. In H.A. Hartmann & R. Haubl (Hg.), Psychologische Begutachtung. Problembereiche und Praxisfelder (S. 329-358). München: Urban & Schwarzenberg.

Kaminski, G. & Osterkamp, U. (1962). Untersuchungen über die Topologie sozialer Handlungsfelder. Zeitschrift für experimentelle und angewandte Psychologie 9, 417-451.

Kaplan, S. (1983). A model of person-environment compatibility. Environment and Behavior 15, 311-332.

Korosec-Serfaty, P. (1982). The home, from attic to cellar. Paper given at the 2nd Annual Irvine Symposium on Environmental Psychology, April 2nd.

Kruse, L. (1974). Räumliche Umwelt. Die Phänomenologie des räumlichen Verhaltens als Beitrag zu einer psychologischen Umwelttheorie. Berlin: De Gruyter.

Kruse, L. (1980). Privatheit als Problem und Gegenstand der Psychologie. Bern: Huber.

Kruse, L. & Graumann, C.F. (1978). Sozialpsychologie des Raumes und der Bewegung. In K. Hammerich & M. Klein (Hg.), Materialien zur Soziologie des Alltags (S. 177-219). Köln: Westdeutscher Verlag.

Kuhl, J. (1983). Motivation, Konflikt und Handlungskontrolle. Berlin: Springer.

Kuhl, J. & Waldmann, M.R. (1985). Handlungspsychologie: Vom Experimentieren mit Perspektiven zu Perspektiven fürs Experimentieren. Zeitschrift für Sozialpsychologie 16, 153-181. *

Lantermann, E.D. (1983a). Kognitive und emotionale Prozesse beim Handeln. In H. Mandl & G.L. Huber (Hg.), Emotion und Kognition (S. 248-281). München: Urban & Schwarzenberg.

Lantermann, E.D. (1983b). Handlung und Emotion. In H. Mandl & H.A. Euler (Hg.), Emotionspsychologie. Ein Handbuch in Schlüsselbegriffen (S. 273-282). München: Urban & Schwarzenberg.

Lazarus, R.S. & Cohen, J.B. (1977). Environmental stress. In I. Altman & J.F. Wohlwill (Eds.), Human behavior and environment. Advances in theory and research. Vol.2 (pp. 90-127). New York: Plenum.

Lenk, H. (1978). Handlung als Interpretationskonstrukt. In H. Lenk (Hg.), Handlungstheorien – interdisziplinär. Handlungserklärungen und philosophische Handlungsinterpretation. Bd. 2: Erster Halbband (S. 279-350). München: Fink.

Lewin, K. (1936). Principles of topological psychology. New York: McGraw-Hill. (dt.: Grundzüge der topologischen Psychologie. Bern: Huber 1969).

Lewin, K. (1963). Feldtheorie in den Sozialwissenschaften. Bern: Huber 1963.

Little, B.R. (1983). Personal projects: A rationale and method for investigation. Environment and Behavior 15, 273-309.

Lofland, J. (1976). Doing social life. The qualitative study of human interaction in natural settings. New York: Wiley.

Miller, G.A., Galanter, E. & Pribram, K.H. (1973). Strategien des Handelns. Pläne und Strukturen des Verhaltens. Stuttgart: Klett (Orig.: Plans and the structure of behavior. New York: Holt, Rinehart & Winston 1960). *

Oesterreich, R. (1981). Handlungsregulation und Kontrolle. München: Urban & Schwarzenberg.

Russell, J.A. & Ward, L.M. (1982). Environmental psychology. Annual Review of Psychology 33, 651-688.

Sanoff, H. (1977). Methods of architectural programming. Stroudsburg, PA: Dowden, Hutchinson & Ross.

Scheflen, A.E. & Ashcraft, N. (1976). Human territories. How we behave in space-time. Englewood Cliffs, NJ: Prentice Hall.

Scherer, K.R. (1981). Wider die Vernachlässigung der Emotion in der Psychologie. In W. Michaelis (Hg.), Bericht über den 32. Kongreß der Deutschen Gesellschaft für Psychologie in Zürich 1980, Band 1 (S. 304-317). Göttingen: Hogrefe.

Scherer, K.R. & Ekman, P. (Eds.) (1982). Handbook of methods in nonverbal behavior research. Cambridge: Cambridge University Press.

Schmittmann, R. (1985). Architektur als Partner für Lehren und Lernen. Eine handlungstheoretisch orientierte Evaluationsstudie am Großraum der Laborschule Bielefeld. Frankfurt: Lang.

Schönpflug, W. & Schulz, P. (1979). Lärmwirkungen bei Tätigkeiten mit komplexer Informationsverarbeitung. Feldstudien in einem Industriebetrieb und Laboruntersuchungen. Umweltforschungsplan des Bundesministers des Innern. Lärmbekämpfung. Forschungsbericht 79-105 01 201. Im Auftrag des Umweltbundesamtes. Institut für Psychologie, Freie Universität Berlin.

Sommer, R. (1969). Personal space. The behavioral basis of design. Englewood Cliffs, NJ: Prentice Hall.

Sommer, R. (1977). Action research. In D. Stokols (Ed.), Perspectives on environment and behavior. Theory, research, and applications (pp. 195-203). New York: Plenum.

Stokols, D. (1977). Origins and directions of environment-behavioral research. In D. Stokols (Ed.), Perspectives on environment and behavior. Theory, research, and applications (pp. 5-36). New York: Plenum.

Volpert, W. (1983). Das Modell der hierarchisch-sequentiellen Handlungsorganisation. In W. Hacker, W. Volpert & M. von Cranach (Hg.), Kognitive und motivationale Aspekte der Handlung (S. 38-58). Berlin/DDR: Deutscher Verlag der Wissenschaften und Bern: Huber.

Wright, H.F. (1967). Recording and analyzing child behavior. New York: Harper & Row.

Zeisel, J. (1981). Inquiry by design. Tools for environment-behavior research. Monterey, CA: Brooks/Cole.

*) Mit diesem Zeichen ist die Literatur markiert, die zu grundlegender Orientierung am ehesten geeignet erscheint.

Gerhard Kaminski
Psychologisches Institut
der Universität Tübingen

Kritische Psychologie

Im „erstaunlichen Nebeneinander theoretischer wie empirischer Ansätze" (Walter 1979, S. 28) sich ökopsychologisch verstehender Arbeitsrichtungen scheint sich (psychologiegeschichtlich erneut, vgl. Graumann 1978) im wesentlichen *ein* Grundproblem psychologischen Denkens quasi nach außen gestülpt zu haben: das Problem menschlicher Gesellschaftlichkeit bzw. des Mensch-Welt-Zusammenhangs. So gesehen ist das „Nebeneinander" von Ansätzen durchaus begreifbar – da mit diesem Grundproblem *jeder* psychologischer Forschungs- und Denkansatz (mit eben verschiedenen, ansatzspezifischen Lösungen) konfrontiert ist.

In dieser Perspektive greift die Definition Pawliks (1975, S. 275), „unter *Ökopsychologie* die wissenschaftliche Erforschung der Abhängigkeit menschlichen Erlebens und Verhaltens von seinen (insbesondere molaren) Umweltbedingungen zu verstehen", zu kurz. Wenn der Mensch-Welt-Zusammenhang ein Grundproblem psychologischen Denkens überhaupt konstituiert, ist er als psychologisches Einzelproblem oder Gegenstand einer *Sub*disziplin unterbestimmt; vielmehr ist ihm nur auf einer der theoretischen bzw. subdisziplinären Spezifizierung vorgelagerten Ebene beizukommmen.

Soweit in der gegenwärtigen Hausse ökopsychologischer Überlegungen ein Defizit der gesamten Psychologie zum Ausdruck kommt, ist daran weniger interessant, *ob* sich diese nicht oder zuwenig mit „Umwelt" befaßt habe, sondern in erster Linie, *wie* sie den prima vista imponierenden und insofern trivialen und unleugbaren Lebensumstand „Umwelt" gefaßt hat, sofern sie nicht völlig von ihm abstrahieren zu können glaubte.

Pawliks zitierte Definition von Ökopsychologie scheint mir, auch wenn sie in *denselben Termini* um eine *Wechselwirkung* von „Individuum und Umwelt" erweitert wird (vgl. Pawlik 1976, S. 60), repräsentativ für die variablenpsychologische, also Mainstream-Bestimmung dieses Verhältnisses zu sein: Es ist als *historisch-gesellschaftliches* schon in der Grundbegrifflichkeit ausgeklammert. „Umwelt" wird reduziert auf ein Bündel von „Bedingungen" (unabhängige Variablen), auf deren *unmittelbare* Einwirkung hin die Individuen in Erleben und Verhalten „reagieren" bzw. „zurückwirken" (abhängige Variablen) (→ *Phänomenologie*).

Was in der variablenpsychologischen Orientierung besonders prägnant vor Augen tritt, die *Unmittelbarkeit der gegenseitigen Einwirkung* und die *Ahistorizität* und *Äußerlichkeit der Beziehung Individuum/Umwelt,* ist nach den Analysen der Kritischen Psychologie (vgl. z.B. Holzkamp 1979) für alle traditionellen psychologischen Ansätzen kennzeichnend, auch wenn sie zwischen die beiden „Pole" Zusatzvariablen schieben, die die unmittelbaren Einwirkungen der *Menschen aufeinander* thematisieren oder, wie etwa die Psychoanalyse, die „Umweltbedingtheit" des Verhaltens in biographisch-klinischen Settings untersuchen.

Nach dem Gesagten müßte eine demgegenüber grundsätzlich kritische Psychologie ihre Bedeutung für die im Bemühen um ökopsychologische Perspektiven zum Ausdruck kommenden Desiderate *der* Psychologie darin erweisen, daß sie die Grundlegung einer die Beschränkung der vorfindlichen Begriffe überwindenden Begrifflichkeit und eines entsprechenden methodologischen Entwurfs leistet. Damit ist nicht weniger als ein *paradigmatisch innovativer Anspruch* formuliert: Das in der Frage des Mensch-Welt-Zusammenhangs zutage tretende Defizit der Psychologie wird als in der Art ihrer Begrifflichkeit liegend angesehen, so daß es weder mittels einer bloßen Erweiterung eben dieser Begrifflichkeit nach demselben Begriffsbildungsmodus noch durch die Kombination traditioneller psychologischer (oder psychoanalytischer) Begriffe mit polit-ökonomischem Vokabular behoben werden kann. Damit ist keineswegs eine pauschale Abwertung der vorfindlichen psychologischen Begriffe gemeint, wohl aber, daß die Aufhebung ihres Erkenntnisgehaltes einer neuen kategorialen Grundlegung der Psychologie bedarf. Diese ist nicht bloß Programm, sondern ein Stück weit in den Forschungen der Kritischen Psychologie zu realisieren versucht worden.

Das „menschliche Wesen", heißt es in Marx' berühmter 6. Feuerbachthese, „ ist kein dem einzelnen Individuum innewohnendes Abstraktum. In seiner Wirklichkeit ist es das Ensemble der gesellschaftlichen Verhältnisse." (Marx/Engels Werke Bd. 3, S. 6). Nicht „der Mensch" ist das Ensemble der gesellschaftlichen Verhältnisse, wie milieutheoretische Verflachung zu kolportieren weiß, sondern das menschliche Wesen: Man kann den Menschen in seiner Besonderheit, dem Wesentlichen seiner Existenzweise, nicht begreifen, wenn man nur das einzelne Individuum (samt seiner direkten sozialen Beziehungen) betrachtet, also *nicht* die vom Menschen geschaffene, sich historisch reproduzierende Welt seiner Lebensbedingungen einbezieht und den einzelnen als in diesem *Realzusammenhang* sein Leben führend, sich als Persönlichkeit entwickelnd etc. analysiert.

Will man den damit angesprochenen Mensch-Welt-Zusammenhang psychologisch konkret begreifen, muß man ihn in seiner Geschichtlichkeit theoretisch und methodologisch ernst nehmen – nicht in dem trivialen Sinne, daß ihm Zeitlichkeit eignet, sondern so, daß er in seinen wesentlichen Charakteristika aus seiner Gewordenheit mit Hilfe historisch-empirischer Verfahren erkennbar wird (zur Entwicklung der Vorgehensweisen und zu den Resultaten vgl. Holzkamp 1973, 1983, Schurig 1975a und b, 1976, Holzkamp-Osterkamp 1975, 1976) (→ *Aneignung).*

Als zentral stellte sich dabei heraus, daß mit dem Dominantwerden gesellschaftlicher Formen der Lebensgewinnung (gegenüber höchsten Formen tierischer Existenz) und zunehmend arbeitsteiligen Strukturen der *unmittelbare* Zusammenhang zwischen der *Schaffung* von Lebensmitteln bzw. -bedingungen und deren *Nutzung* durch ein und dasselbe Individuum durchbrochen wird. Holzkamp (1983) kommt zu dem Ergebnis, daß die so gegebene „*gesamtgesellschaftliche Vermitteltheit"* individueller Existenzgewinnung als „*objektives gesamtgesellschaftliches Grundverhältnis* des Individuums im gesellschaftlichen Mensch-Welt-Zusammenhang" (S. 193) als *allgemeinste* Bestimmung der Spezifik gesellschaftlicher Lebensgewinnung gesehen werden muß. Deren psychische Aspekte müssen demgemäß *als Aspekte dieses Grundverhältnisses* analysiert werden: Dies ist es, was m.E. in *ökopsychologischer Perspektive* voranzutreiben ist.

Dabei stößt man u.a. auf das Problem, daß die gesellschaftlichen Strukturen dem Individuum ja nie in ihrer Totalität, sondern immer nur in den Ausschnitten gegeben sind, die ihm in seiner unmittelbaren Lebensbewältigung „zugewandt" sind. („Gesellschaftlichkeit" ist kein unmittelbarer Erfahrungstatbestand; vgl. dazu auch Holzkamps Überlegungen zur phänomenologischen Orientierung in der Psychologie, 1984) (→ *Phänomenologischer Ansatz*). Objektiv bewegt sich damit der Lebensprozeß des Individuums in der „Gegenläufigkeit des gesamtgesellschaftlichen Prozesses von der Produktionsweise her und der Strukturierung des personalen Lebensprozesses von der Reproduktion des individuellen Daseins her" (Holzkamp 1983, S. 358). Dies wird nun in dem Maße psychologisch relevant werden, in dem sich mit der Entwicklung der Produktivkräfte die gesellschaftliche Organisiertheit (der Arbeit) differenziert und kompliziert. In der entwickelten *bürgerlichen* Gesellschaft mit der für sie kennzeichnenden Verbindung von höchstem gesellschaftlichen Differenzierungsgrad und dem Ausschluß der Masse der Gesellschaftsmitglieder von relevanten Möglichkeiten der Verfügung über ihre Lebensumstände muß die genannte Gegenläufigkeit, also das widersprüchliche Verhältnis zwischen der gesellschaftlichen *Vermitteltheit* der Lebenslage des einzelnen und der *Unmittelbarkeit* ihrer Erfahrung, spektakuläre Formen annehmen: Die *allgemeine* Problematik unmittelbarer Lebensbewältigung unter Verkennung von deren gesellschaftlicher Vermitteltheit gewinnt in der bürgerlichen Gesellschaft *systematische* Bedeutung.

Die Grundlegung einer neuen psychologischen Begrifflichkeit muß also eine Konkretisierung ihrer Bestimmungen in Richtung auf die Analyse bürgerlicher Formbestimmtheit psychischer Erscheinungen enthalten. Indem im angedeuteten historisch-empirischen Verfahren versucht wird, durch Erreichen einer Isomorphie von genetischen und begrifflichen Verhältnissen die Frage, welche Bestimmungen allgemeiner, spezifischer etc. sind, dadurch entscheidbar zu machen, daß sie als Frage nach ihrer Genese gestellt werden kann, ist auch von der Voraussetzung her analysierbar, was es eigentlich ist, das in der bürgerlichen Gesellschaft verkürzt, pervertiert, mystifiziert erscheint. Damit soll es auch möglich werden, die vorfindlichen Konzeptionen und Begriffe auf ihre Tragfähigkeit und daraufhin zu prüfen, inwieweit sie bürgerliche Lebensformen als allgemein-menschliche universalisieren (vgl. dazu etwa bezüglich der Psychoanalyse Holzkamp-Osterkamp 1976, des Einstellungskonzeptes Markard 1984) (→ *Die ökologische Perspektive in der Kulturanthropologie*).

Auf der Grundlage der im historischen Paradigma gewonnenen Ergebnisse können nicht nur auf neuer Ebene grundlagentheoretische Debatten geführt werden (vgl. etwa Holzkamp 1985a, 1985b, Graumann 1985), sie ist ebenso für die Gewinnung einzeltheoretischer Fragestellungen wie auf aktuelle Empirie bezogener methodischer Verfahrensweisen vorausgesetzt (vgl. dazu Holzkamp 1983, Kap. 9, Markard 1985a, b) (→ *Phänomenologischer Ansatz*).

Eine im historischen Paradigma fundierte Psychologie muß sich einerseits als *universelle Ökopsychologie* konstituieren, d.h. Psychologie und Ökopsychologie gleichsetzen in dem Sinne, daß sie die „Umwelt" des Menschen nicht als Inbegriff unmittelbarer Reizeinwirkung, sondern in ihrer systematischen Eigenständigkeit als gesellschaftliche, (re)produzierte Lebenswelt des Menschen faßt. Andererseits ist solche Psychologie das gerade Gegenteil von Ökopsychologie, da sie eben nicht „Ökologie" als dem Menschen äußerliche Lebensumstände ansieht und sein Verhalten und Erleben im übrigen in den üblichen (sozial-)psychologischen Grundbegriffen thematisiert, sondern das Psychische selbst von Grund auf aus dem Vermittlungszusammenhang zwischen gesellschaftlicher und individueller Lebensgewinnung begrifflich und methodisch aufzuschließen versucht.

Literatur

Braun, K.-H. & Holzkamp, K. (Hg.) (1985). Subjektivität als Problem psychologischer Methodik. 3. Internationaler Kongreß Kritische Psychologie, Marburg 1984. Frankfurt: Campus.

Graumann, C.F. (Hg.) (1978). Ökologische Perspektiven in der Psychologie. Bern: Huber.

Graumann, C.F. (1985). Phänomenologische Analytik und experimentelle Methodik in der Psychologie – das Problem ihrer Vermittlung. In K.-H. Braun & K. Holzkamp (Hg.), Subjektivität als Problem psychologischer Methodik (S. 38-59). 3. Internationaler Kongreß Kritische Psychologie, Marburg 1984. Frankfurt: Campus.

Holzkamp, K. (1973). Sinnliche Erkenntnis – Historischer Ursprung und gesellschaftliche Funktion der Wahrnehmung (4. Aufl.). Frankfurt: Athenäum, 1978.

Holzkamp, K. (1979). Zur kritisch-psychologischen Theorie der Subjektivität I. Das Verhältnis von Subjektivität und Gesellschaftlichkeit in der tradionellen Sozialwissenschaft und im Wissenschaftlichen Sozialismus. Forum Kritische Psychologie 4, 10-54.

Holzkamp, K. (1983). Grundlegung der Psychologie. Frankfurt: Campus.

Holzkamp, K. (1984). Kritische Psychologie und phänomenologische Psychologie. Oder: Der Weg der Kritischen Psychologie zur Subjektwissenschaft, Forum Kritische Psychologie 14, 5-55.

Holzkamp, K. (1985a). Selbsterfahrung und wissenschaftliche Objektivität: Unaufhebbarer Widerspruch? In K.-H. Braun & K. Holzkamp (Hg.), Subjektivität als Problem psychologischer Methodik (S. 17-37). 3. Internationaler Kongreß Kritische Psychologie, Marburg 1984. Frankfurt: Campus.

Holzkamp, K. (Koordinator) (1985b). Zur Funktion phänomenologischer Analyse in der Psychologie, speziell: Kritische Psychologie. In K.-H. Braun & K. Holzkamp (Hg.), Subjektivität als Problem psychologischer Methodik (S. 142-167). 3. Internationaler Kongreß Kritische Psychologie, Marburg 1984. Frankfurt: Campus.

Holzkamp-Osterkamp, U. (1975). Grundlagen der psychologischen Motivationsforschung I. Frankfurt: Campus.

Holzkamp-Osterkamp, U. (1976). Grundlagen der psychologischen Motivationsforschung II. Die Besonderheit menschlicher Bedürfnisse – Problematik und Erkenntnisgehalt der Psychoanalyse. Frankfurt: Campus.

Markard, M. (1984). Einstellung – Kritik eines sozialpsychologischen Grundkonzepts. Frankfurt: Campus.

Markard, M. (1985a). Projekt „Subjektentwicklung in der frühen Kindheit". In Projekt SUFKI: „Subjektentwicklung in der frühen Kindheit": Der Weg eines Forschungsprojekts in die Förderungsunwürdigkeit, Forum Kritische Psychologie 17, 72-101.

Markard, M. (1985b). Konzepte der methodischen Entwicklung des Projekts Subjektentwicklung in der frühen Kindheit. In Projekt SUFKI: „Subjektentwicklung in der frühen Kindheit": Der Weg eines Forschungsprojekts in die Förderungsunwürdigkeit, Forum Kritische Psychologie 17, 101-120.

Marx, K. (1969). Thesen über Feuerbach. In K. Marx & F. Engels, Werke, Bd. 3 (S. 5-7). Berlin/DDR: Dietz.

Pawlik, K. (1975). Umweltpsychologie und Ökopsychologie. In W. Tack (Hg.), Bericht über den 29. Kongreß der Deutschen Gesellschaft für Psychologie in Salzburg 1974. (Bd. 2) (S. 275-278). Göttingen: Hogrefe.

Pawlik, K. (1976). Ökologische Validität: Ein Beispiel aus der Kulturvergleichsforschung. In G. Kaminski (Hg.), Umweltpsychologie. Perspektiven – Probleme – Praxis (S. 59-72). Stuttgart: Klett.

Projekt SUFKI: „Subjektentwicklung in der frühen Kindheit": Der Weg eines Forschungsprojekts in die Förderungsunwürdigkeit, Forum Kritische Psychologie 17, 41-125.

Schurig, V. (1975a). Naturgeschichte des Psychischen 1. Psychogenese und elementare Formen der Tierkommunikation. Frankfurt: Campus.

Schurig, V. (1975b). Naturgeschichte des Psychischen 2. Lernen und Abstraktionsleistungen bei Tieren. Frankfurt: Campus.

Schurig, V. (1976). Die Entstehung des Bewußtseins. Frankfurt: Campus.

Walter, H. (1979). Ökologie und Entwicklung. Zur Standortbestimmung des Konstanzer Symposions. In H. Walter & R. Oerter (Hg.), Ökologie und Entwicklung. Mensch-Umwelt-Modelle in entwicklungpsychologischer Sicht (S. 10-32). Donauwörth: Auer.

Morus Markard
Berlin

Aneignung

1. Zum Begriff der Aneignung

Mit dem Begriff der Aneignung, der in den 70er Jahren Eingang in die ökologische Psychologie gefunden hat, wird die aktive, speziell die interaktive, Komponente des Mensch-Umwelt-Verhältnisses genauer bezeichnet. Der Begriff wird dabei nicht dem Alltagssprachgebrauch entnommen, in dem etwa die Aneignung von Sachen eine eher unrechtmäßige Inbesitznahme meint, während mit der Aneignung einer Fertigkeit auf einen erfolgreichen Lernprozeß verwiesen wird. Vielmehr wird innerhalb der Ökopsychologie, wenn auch nicht einheitlich und nicht hinreichend explizit, Bezug genommen auf den Aneignungsbegriff, der innerhalb der kulturhistorischen Schule der Psychologie (Wygotski – Leontjew – Lurija) entwickelt wurde. Auf diese Begriffsgeschichte und auf die Frage, inwieweit dieser psychologische Aneignungsbegriff von dem Marxschen und damit aus der kritischen Rezeption Hegels durch Marx hergeleitet werden kann, wird hier nicht eingegangen (vgl. hierzu die Arbeiten von Holzkamp & Schurig 1973, Graumann 1976, Wacker 1977, Keiler 1983, 1988). Dafür sollen die vor allem bei Leontjew explizierten Bedeutungsmomente diskutiert werden, die den Aneignungsbegriff für die ökologisch zentrale Person-Umwelt-Relation so geeignet erscheinen lassen.

Das Feld, in dem der psychologische Aneignungsbegriff entstanden ist, ist das der Entwicklung des Psychischen; denn es geht um den von einer Reihe von Wissenschaftlern festgehaltenen Grundtatbestand, daß das Individuum sich in einer relativ kurzen Zeitspanne die Errungenschaften einer ganzen Kultur zu eigen macht und letztlich verinnerlicht. Ob der angemessene Umgang mit Gegenständen des täglichen Gebrauchs oder mit der Sprache anzueignen ist, immer geschieht dies im sozialen Kontext in dem doppelten Sinne, daß der angemessene Umgang erstens gesellschaftlich quasi präformiert und tradiert und zweitens in der Regel interpersonal vermittelt bzw. gelehrt wird. Wie man sich eines Löffels, einer Leiter, eines Ruders bedient, muß zwar von jedem einzelnen in irgendeiner Phase seiner Sozialisation über Fehler gelernt werden, doch die zu erwerbende Bewegungsgestalt muß nicht neu erfunden, sondern kann übernommen werden, wobei zumeist andere modellhaft anleitend, korrigierend und bekräftigend mitwirken. Diese doppelte Sozialität der Aneignung gilt nicht nur für Gegenstände mit Werkzeugcharakter, sondern auch für den Erwerb einer Sprache.

Daß ein bestimmtes Ding ein Spielzeug ist, das „Roller" heißt, hört das Kind von anderen ebenso, wie es den angemessenen (oder auch falschen) Gebrauch dieses Dinges an anderen beobachtet bzw. von diesen beigebracht bekommt. Durch andere und in bezug auf andere lernt das Kind zugleich, was es bedeutet, ein solches Spielzeug als eigenes zu besitzen oder kein eigenes haben zu dürfen, was es bedeutet, damit besonders geschickt, ausdauernd oder sonstwie eindrucksvoll umgehen und mit Hilfe dieses Spielzeugs mit anderen spielen zu können.

Prinzipiell treffen im Konzept der Aneignung zusammen (a) der *historische* Prozeß der menschlichen Aneignung der Natur (ihrer Rohstoffe und Kräfte) und daraus resultierender Produkte und (b) der *biographische* Prozeß der individuellen Aneignung. Subjekt des ersten Prozesses, der prinzipiell Phylogenese und Geschichte umfaßt, ist die Menschheit, differenziert nach Kulturen; Subjekt des zweiten Prozesses, der Ontogenese wie Aktualgenese umfaßt, ist das einzelne Individuum als gesellschaftliches Wesen (vgl. Leontjew 1973, Keiler 1983). Im Aneignungskonzept der kulturhistorischen Schule ist demnach die psychologische mit der anthropologischen Bedeutung von Aneignung verklammert ($\rightarrow$ *Kulturanthropologie*).

Besondere Aufmerksamkeit verdient auch die auf Hegel und Marx zurückverweisende Person-Umwelt-*Dialektik* des Aneignungsbegriffs. Denn in dem Maße, wie der Mensch, gleich ob als Gattungswesen oder als Individuum, sich etwas aus seiner Umwelt aneignet und es damit, vor allem durch Bearbeitung und Nutzung, zu etwas ihm eigenen (humanum) macht, zu einem Gegenstand, der die Aktivität des Menschen „widerspiegelt", wird auch der so wirkende Mensch selbst durch die Entwicklung entsprechender Fähigkeiten und Fertigkeiten, durch die umweltspezifische Verwirklichung seiner selbst ein „anderer". Der triviale, weil in unserer Kultur alltägliche Prototyp der Dialektik von Haben und Gehabtwerden, von Besitzen und Besessenwerden, ist der des Privateigentums an wertvollen Dingen (bzw. an Geld) (vgl. hierzu Graumann 1987).

2. Modalitäten der Umweltaneignung

Konzediert man, daß die menschliche Aneignung von räumlich-bedingter Umwelt sich sowohl in anthropologisch-historischer wie in psychologisch-biographischer Perspektive untersuchen und darstellen läßt, dann sind Anzahl und Reichweite der unterscheidbaren Aneignungsmodalitäten beachtlich. Sie reichen von den frühesten Formen menschlicher Auseinandersetzung mit der Natur bis zu den jüngsten Versuchen, drohende Umweltkatastrophen abzuwehren, von den ersten Versuchen des Säuglings, räumliche Innen- und Umwelt tastend zu „begreifen", bis zu den verzweifelten Bemühungen des von monotoner Architektur umstellten Menschen, seine unmittelbare Umwelt zu „personalisieren" (s.u.). Die in Tabelle 1 wiedergegebene Auflistung der wichtigsten Aneignungsmodalitäten gibt einen Überblick über mögliche Themenfelder, die zum Teil in verschiedenen Disziplinen (wie Geschichte, Ökonomie, Sozialwissenschaften, Psychologie) bearbeitet werden, zum großen Teil jedoch noch unbearbeitet sind.

Begrenzen wir uns auf das psychologische Niveau der Raumaneignung und exemplifizieren auf ihm einige der am besten untersuchten Modalitäten. Mit zu den ersten Themen einer ökologisch orientierten Entwicklungspsychologie gehört der

Tab. 1 Modalitäten der Umweltaneignung (aus Kruse & Graumann 1978, S. 186)

A. Die anthropologisch-historische Perspektive (Modalitäten der Definition, Ordnung, Veränderung der Umwelt. Umwandlung der Natur in Kultur durch Sprache und Arbeit).

1. Markieren, benennen, kategorisieren, bewerten = Räume definieren als geeignet oder ungeeignet, als in Besitz genommen oder noch frei, mit Hilfe von Zeichen, Wörtern, Normen, Regeln, Verordnungen, Gesetzen.

2. Bewegung im und durch den Raum; explorieren, erforschen = Ordnen des Raumes durch Bewegung in der Natur (wodurch, auch unwillkürlich, Wege entstehen), wandern, reisen, fahren, segeln, fliegen … = Aneignung von Land, Wasser und Luft.

3. Ausbeutung der Natur zum Lebensunterhalt: a) Ordnen und verändern durch Kultivieren des Bodens, der Wälder etc., Züchten von Pflanzen; b) Jagen, fischen, ernten, Vieh züchten.

4. Ausbeutung der Natur als Rohstoffspender (Bergbau etc.).

5. Aneignung durch Domestikation von Tieren (z.B. Züchten von distanz-überwindenden Tieren wie Hunde, Pferde, Brieftauben).

6. Aneignung durch Eroberung und Unterwerfung anderer Menschen und Völker.

7. Aneignung durch vom Menschen gemachte Strukturen: a) vom Menschen gemachte Dinge („Produkte"); b) vom Menschen gemachte Häuser, Straßen, Kanäle, Siedlungen.

8. Aneignung durch künstlerische oder wissenschaftliche Darstellungen von Raum (Bilder, Modelle, Grafiken, Fotografien etc.).

9. Aneignung durch Kommunikation = Überwindung von Distanzen.

B. Die psychologische Perspektive der Aneignung (die Entwicklung von Aneignung).

1. Bewegung und Fortbewegung (Raumrichtung): a) Dinge berühren und ergreifen (Form, Oberfläche, Textur, Ecken und Ränder etc.), der Eigenleib als Urraum (Mundraum), b) krabbeln, sitzen, aufrecht stehen, gehen, springen, werfen (schießen), reiten, fahren, segeln, fliegen.

2. Erforschung des Raumes mit Hilfe der Sinne (sehen, hören, riechen, schmecken, berühren, kinästhetische Empfindungen).

3. Manipulieren, Machen, Kategorisieren, Produzieren, Formen, Entwickeln und Zerstören von Dingen.

4. Kognitiv-sprachliches Beherrschen des Raumes (Kartieren, Vermessen, Abbilden, Benennen von Raum).

5. Kommunikation: Gebrauch des Raumes und räumlicher Objekte als Kommunikationsmittel.

6. Inbesitznahme, Verfügung, Verwaltung von Natur (Wasser, Land, Luft), von Räumen, Domänen, Gebäuden, Objekten
   – vorübergehend oder dauerhaft;
   – durch Besetzung, Beschlagnahme, Sit-ins, durch Markierung von Räumen als Besitz oder Eigentum, als aufgegeben oder enteignet;
   – durch Einfrieden und Einzäunen;
   – durch Verteidigung, Wahrung von Gesetz und Ordnung;
   – durch Verwüstung (verbrannte Erde);
   – durch legale oder illegale Besetzung, durch Verletzung von Normen und Regeln;
   – durch Kaufen, Verkaufen, Mieten und Vermieten;
   – durch Erbschaft.

7. Personalisierung von Räumen: Möblieren von Zimmern, dekorieren, markieren, mit Pflanzen schmücken, Verteilen und Aufstellen persönlicher Dinge, verändern und umformen, umbauen = Raum bewohnbar, wohnlich machen = wohnen.

Lebensraum des Großstadtkindes (z.B. Muchow & Muchow 1980, Harms et al. 1985, Jacob 1984, Rauschenbach & Wehland 1989) (→ *Spielumwelt;* → *Jugend und Umwelt;* → *Aktivitätsmuster in der Stadt*). Differenziert nach Lebensalter, Geschlecht, Milieu und Wohnviertel bzw. Straße eignen sich Kinder ihre Umwelt wesentlich durch ihre Spiele und ihre Treffpunkte an. In weitgehender Unabhängigkeit von der funktionalen Bedeutung, die Bauten, Straßen, Plätze und Viertel für ältere Jugendliche und für Erwachsene haben, „definieren" Schulkinder diese Räume durch ihr Verhalten als „Spielräume", „Streifräume" (→ *Kind und Umwelt*), als „ihr" Gebiet (Territorium, *turf,* usw.). Aneignung heißt also auch hier nicht nur die Bedeutungsverleihung, Benennung, Nutzung und gegebenenfalls Veränderung von Räumen für eigene Zwecke, sondern immer auch soziale Differenzierung und Markierung gegen andere. Schon das regelmäßige Treffen an irgendeiner Stelle „macht" diesen Raum zu einem für die eigene wie für fremde Gruppen sozial bedeutsamen, „macht" zugleich auch das einzelne Kind zu einem Angehörigen eines Stammes, einer Bande usw. Es entwickelt sich „Ortsidentität" (→ *Territorialität*).

Gerade bei Jugendlichen spielt die „territoriale" Form der Raumaneignung im Vollzug der Cliquenbildung und damit verbundener *„ingroup-outgroup"*-Interaktionen eine wichtige sozialisatorische Rolle (vgl. Whyte 1943, Müller 1983, Harms et al. 1985, die „Westside Story"), wie überhaupt die Sozialisation auf der und durch die Straße steigendes Interesse findet (Zinnecker 1979). Während Kinder und Jugendliche, wie übrigens mehr und mehr auch alte Menschen, sich Räume dadurch aneignen, daß sie sie frequentieren (Korosec-Serfaty 1973) und damit für sich physisch, perzeptiv und emotional *„besetzen"* (bis hin zur Aneignung ganzer Strände und Inseln durch Rucksacktouristen), geht die Aneignung durch Häuserbesetzung darüber hinaus zur regelrechten Besitznahme.

Nicht jede Besetzung hat Besitznahme zum Ziel. Zu den Formen des politischen und ökologischen Protests (→ *Ökologische Bewegung*) gehören die Besetzung von Bauten (wie Botschaftsgebäuden), Straßen (vor Waffendepots), Schornsteinen (von umweltverschmutzenden Fabriken), das Versperren von Wasserwegen (für Giftmüllverbrennungsschiffe) usw. als Formen *symbolischer Aneignung* zur Durchsetzung politischer Forderungen (durch medienvermittelte Publizität). Nicht um das Gebäude, die Straße, den Schornstein geht es bei diesen Aneignungsakten, sondern um deren Symbolgehalt und um die symbolische Funktion des Besetzens unter Einsatz des eigenen (verletzlichen) Leibes. Symbolische Aneignung ist sicher eine der ältesten Formen der Aneignung von Natur durch den Menschen, durch Namengebung, durch die Einrichtung von heiligen und profanen Wahrzeichen und Merkmalen, das Ziehen von Grenzen, das Kodifizieren von räumlichen Ordnungen usw. In diesem Sinne ist die moderne Welt eine weitgehend symbolisch angeeignete, d.h. aber immer auch von den einen angeeignete, anderen jedoch enteignete Welt (vgl. Chombart de Lauwe 1977, Flade 1987).

Gegen die vom Menschen gemachte anonyme Umwelt der Massenarchitektur, die für die in ihr Lebenden nichts Eigenes mehr widerspiegelt, eher also die Enteignung verkörpert, haben sich in der jüngsten Zeit zwei Formen symbolischer Aneignung manifestiert, die auch das Interesse der Ökopsychologie gefunden haben. Die eine Form sind die Graffiti (→ *Graffiti*), mit denen unpersönliche, vor allem seriell-monotone Wände von Wohnblocks, öffentlichen Gebäuden wie von Verkehrsmitteln dekoriert werden (Mailer 1974). Graffiti reflektieren in exemplarischer Weise den oben skizzierten dialektischen Charakter der Aneignung von Umwelt: Ganz bestimmte Mauern und ganz bestimmte Waggons der Subway sind in die Augen springend aus der Masse der Wände und Wagen herausgehoben als unverwechselbar „Cay 161" oder „Apache" zugehörig; sie haben durch die Graffiti Identität gewonnen. Entsprechend ragt Cay 161, für alle sichtbar, als der durch sein Werk jedem Subwayfahrer bekannte Graffitikünstler aus der Masse der anonymen Verkehrsteilnehmer heraus. Andere Graffiti verweisen statt auf ein Individuum auf eine Gruppe, die so ihr Revier markiert (Ley & Cybriwsky 1974) (→ *Umweltästhetik*).

Soweit wir zurückblicken können, war eine (nicht seltene) Modalität von Aneignung die *Zerstörung*, sei es der Natur, sei es der Kultur anderer im Vollzug von Kriegen, Revolutionen und Eroberungen. Mit einem der Praxis ethnischer Diskriminierung entlehnten Begriff spricht man (leider sogar in der Psychologie) von „Vandalismus" (→ *Kriminalität und Vandalismus*), um bestimmte Formen der „sinnlosen Zerstörung" von Kulturgütern (ursprünglich von Kunstwerken) zu bezeichnen (z.B. Koch 1986, Klockhaus & Trapp-Michel 1988). Auf diese Form (meist jugendlichen) destruktiven Verhaltens gegenüber gebauter Umwelt, die fließende Übergänge zu anderen Formen der Negation des Bestehenden aufweist, sei hier nur hingewiesen als auf eine extreme negative Form von Aneignung, deren Symbolfunktion als eine Form von Kontrolle in vielen Fällen unverkennbar ist (vgl. hierzu auch Flade 1987). Wie ganz besonders bei der Gräberschändung deutlich wird, ist die physische Veränderung, etwa das Umstürzen oder Beschmieren von Grabsteinen, als symbolische Manifestation, z.B. eines intransigenten Antisemitismus, zu sehen.

Schließlich bleibt als eine sowohl symbolische wie reale Aneignung noch die sogenannte *Personalisierung* zu erwähnen, die als persönliche Markierung von sonst als „unpersönlich" oder neutral erscheinenden Räumen, vor allem in der (individuellen) Ausgestaltung und Dekoration von Wohnräumen untersucht worden ist (Hansen & Altman 1976, Korosec-Serfaty 1985, Werner et al. 1985, Flade 1987). Als Individualisierung soll diese „persönliche" Ausgestaltung des Nahbereichs einerseits „Unverwechselbarkeit" schaffen und sei es auch nur durch eine besondere Anordnung von „Gemüt" symbolisierenden Dingen (wie Nippes oder Gartenzwerge) (vgl. Csikszentmihalyi & Rochberg-Halton 1988). Zum anderen dient Personalisierung der Schaffung einer die Eigenart und Eigenwelt des Individuums ausdrückenden Privatsphäre (vgl. Kruse 1980).

Im Grunde ist die sogenannte Personalisierung nur eine spezifische Ausprägung des Grundzuges aller Aneignung: In der aktiven Auseinandersetzung des Menschen mit seiner Umwelt sucht der Mensch, sie sich zu assimilieren, ihr seinen Stempel aufzudrücken, um sich in ihr wiederfinden zu können. Dadurch aber, daß der Mensch sich im Verhältnis zu einer bestimmten Umwelt realisiert, verändert er sich selbst durch das, was er im Prozeß der Aneignung hervorbringt und „seine" Umwelt ihm abverlangt. Ähnlich dem → *phänomenologischen Ansatz* verlangt das streng genommene Konzept der Aneignung, den Menschen von „seiner" Umwelt, die Umwelt von „ihren" Menschen her zu verstehen.

Literatur

Chombart de Lauwe, P.H. (1977). Aneignung, Eigentum, Enteignung. Sozialisationspsychologie der Raumaneignung und Prozesse gesellschaftlicher Veränderung. Arche 34, 2-6.

Csikszentmihalyi, M. & Rochberg-Halton, E. (1988). Der Sinn der Dinge. Das Selbst und die Symbole des Wohnbereichs. München: Psychologie Verlags Union.

Flade, A. (1987). Wohnen, psychologisch betrachtet. Bern: Huber.

Graumann, C.F. (1976). The concept of appropriation (Aneignung) and modes of appropriation of space. In P. Korosec-Serfaty (Ed.), Appropriation of space (Proceedings of the Strasbourg Conference) (pp. 113-125). Strasbourg: Université Louis Pasteur.

Graumann, C.F. (1987). Haben und Habenwollen. Jahrbuch für Rechtssoziologie und Rechtstheorie 12, 274-289.

Hansen, W.B. & Altman, I. (1976). Decorating personal process: A descriptive analysis. Environment and Behavior 8, 491-504.

Harms, G., Preissing, C. & Richtermeier, A. (1985). Kinder und Jugendliche in der Großstadt. Berlin: Fortbildungsinstitut für die pädagogische Praxis.

Holzkamp, K. (1973). Sinnliche Erkenntnis. Historischer Ursprung und gesellschaftliche Funktion der Wahrnehmung. Frankfurt: Athenäum.

Holzkamp, K. & Schurig, V. (1973). Zur Einführung in A.N. Leontjews „Probleme der Entwicklung des Psychischen". In A.N. Leontjew, Probleme der Entwicklung des Psychischen (S. XI-LII). Frankfurt: Athenäum.

Jakob, J. (1984). Umweltaneignung von Stadtkindern. Wie nutzen Kinder den öffentlichen Raum? Zeitschrift für Pädagogik 5, 687-697.

Keiler, P. (1983). Das Aneignungskonzept A.N. Leontjews. Forum Kritische Psychologie 12, 89-122.

Keiler, P. (1988). Betrifft „Aneignung". Forum Kritische Psychologie 22, 102-122.

Klockhaus, R. & Trapp-Michel, A. (1988). Vandalistisches Verhalten Jugendlicher. Göttingen: Hogrefe.

Koch, J.J. (1986). Vandalismus – Sozial- und umweltpsychologische Aspekte destruktiven Verhaltens. Gruppendynamik 17, 65-82.

Korosec-Serfaty, P. (1973). The case of newly constructed zones: Freedom, constraint, and the appropriation of spaces. In R. Küller (Ed.), Architectural Psychology (pp. 389-396). Stroudsburg, PA: Dowden, Hutchinson & Ross.

Korosec-Serfaty, P. (1985). Experience and use of the dwelling. In I. Altman & C.M Werner (Eds.), Home environments. Human behavior and environment, Vol. 8 (S. 65-86). New York: Plenum.

Kruse, L. & Graumann, C.F. (1978). Sozialpsychologie des Raumes und der Bewegung. In K. Hammerich & M. Klein (Hg.), Materialien zur Sozialpsychologie des Alltags (S. 177-219). Opladen: Westdeutscher Verlag.

Leontjew, A.N. (1973). Probleme der Entwicklung des Psychischen. Frankfurt: Athenäum.

Ley, D. & Cybriwsky, R. (1974). Urban graffiti as territorial markers. Annuals of the Association of American Geographers 64, 491-505.

Mailer, N. (1974). The faith of graffiti. In M. Kurlansky (Ed.), The faith of graffiti. New York: Praeger.

Muchow, M. & Muchow, H.H. (1935/1980). Der Lebensraum des Großstadtkindes. (2. Aufl.). Bensheim: päd. extra.

Müller, H.V. (1983). Wo Jugendliche aufwachsen. München: Juventa.

Obermaier, D. (1980). Möglichkeiten und Restriktionen der Aneignung städtischer Räume. Dortmund: Arpud.

Rauschenbach, B. & Wehland, G. (1989). Zeitraum Kindheit – Zum Erfahrungsraum von Kindern in unterschiedlichen Wohngebieten. Heidelberg: Asanger.

Wacker, A. (1977). Überlegungen zum Begriff der Aneignung bei Leontjew. Psychologie und Gesellschaft: Zeitschrift zur Kritik bürgerlicher Psychologie 1, 63-78.

Werner, C.M., Altman, I., & Oxley, D. (1985). Temporal aspects of home: A transactional perspective. In I. Altman & C.M. Werner (Eds.), Home environments. Human behavior and environment, Vol. 8 (pp. 1-32). New York: Plenum.

Whyte, W.F. (1943). Street corner society. Chicago: University of Chicago Press.

Zinnecker, J. (1979). Straßensozialisation. Versuch, einen unterschätzten Lernakt zu thematisieren. Zeitschrift für Pädagogik 25, 727-747.

Carl-Friedrich Graumann
Psychologisches Institut
der Universität Heidelberg

Stimuluszentrierter Ansatz

In den hier zu besprechenden Ansätzen wird die physische Umwelt nicht als aus Objekten, Orten oder Institutionen bestehend, sondern als eine Quelle von Stimulation angesehen, die die Person auf allen Ebenen ihres Erlebens, von der Wahrnehmung bis zur Handlung beeinflußt. Der Begriff der Stimulation bezieht sich hier auf die Qualitäten und Dimensionen der Umwelt, die die Eigenschaften besitzen, den Menschen durch seine Sinnesorgane zu stimulieren.

Wir werden uns somit mit der Wirkung der Stimulation auf die Person beschäftigen, und zwar in bezug auf Wahrnehmung, Motivation, Leistung und Wohlergehen. Die Rolle, die gegebene Stimulationsniveaus spielen, wird behandelt, insbesondere in Hinsicht auf die Wirkung extremer Bedingungen von *Unter- und Überstimulation* und auf die Hypothese der *„optimalen Stimulation"*. Zuletzt wird der Begriff des *Adaptationsniveaus* als Moderator der Wirkung der Umweltreizung besprochen.

1. Stimulation und Wahrnehmung

Auf dem Gebiet der Wahrnehmung steht die physische Umwelt als Quelle von Reizen, genauer gesagt von Reiz-Energien, schon seit langer Zeit im Mittelpunkt psychologischen Denkens. Diese Auffassung spielt eine besonders wichtige Rolle in der Wahrnehmungstheorie von Gibson und seinen Nachfolgern (1966, 1979). In diesem Ansatz wird die Analyse von Eigenschaften der mannigfaltigen Reize der ökologischen Umwelt betont, die das Individuum, dank seines Sinnesapparates, als Informationen aufnehmen kann. In seinen späteren Arbeiten befaßte sich Gibson ferner mit dem Prinzip der Umwelt als Quelle von „Affordanzen" (affordances), d.h. von Informationen über funktionell relevante Eigenschaften von Dingen und Bestandteilen der Umwelt (s. Gibson 1979). So ist z.B. der Sessel eine Affordanz für das Sitzen, die Schere für das Schneiden. Dieser Begriff ist bedeutsam für eine ökologisch ausgerichtete Analyse der Umwelt und hat auch bereits das Interesse einiger Umweltpsychologen geweckt (Heft 1981, Kaplan & Kaplan 1982) ($\rightarrow$ *Ökologischer Realismus*).

2. Aufmerksamkeit, Erregung und Motivation

Seit Erscheinen von Hebbs (1949) *The Organization of Behavior* ist man sich immer mehr der entscheidenden Bedeutung der Umweltstimulationen nicht nur für die Wahrnehmung, sondern auch für die Entwicklung und Aufrechterhaltung normalen Verhaltens bewußt geworden. Hier muß besonders der Bedarf des Organismus an gegliederter Reizung und an variiertem Input von Reizen betont werden, die unerläßlich sind, um Wachsamkeit und Erregung aufrechtzuerhalten. Deutliches Zeugnis hiervon geben die dramatischen Wirkungen von starker Reduzierung der Stimulation (s.u. den Abschnitt über Unterstimulation). Aber abgesehen von solchen ziemlich extremen Bedingungen scheint der Mensch bestimmte Grade der Intensität und wohl auch der Verschiedenheit von Reizen vorzuziehen oder sich auszusuchen, um ein optimales Erregungsniveau aufrechtzuerhalten. So weisen Fiske und Maddi (1961) darauf hin, daß das optimale Erregungsniveau von verschiedenen Bedingungen abhängig ist, wie z.B. von der der Person gestellten Aufgabe oder dem von ihr verlangten Verhalten, wie auch von der Tageszeit und damit verbundenen Einflüssen auf den momentanen Erregungszustand.

Bei der Behandlung der Beziehung zwischen Stimulation und Erregung oder Motivationszustand muß man sich bewußt sein, daß es sich bei den Stimuli wiederum um Dimensionen der physischen Umwelt, wie z.B. den Schallpegel, die Variation und Stärke der Beleuchtung oder von Farben, den Grad des Kontrasts und der Bewegung in der Umwelt, handelt (→ *Lärm;* → *Licht und Farbe*). Allerdings läßt sich diese Auffassung auch auf die soziale Umwelt erweitern, etwa wenn eine Gruppe oder Ansammlung von Menschen nicht als aus einzelnen Individuen bestehend, sondern als eine undifferenzierte Menge aufgefaßt wird, in bezug auf den Grad der Dichte und die Häufigkeit von Kontakt und Begegnung mit anderen Menschen. (In diesem Zusammenhang ist Milgrams (1970) Begriff der „sozialen Überlastung" als Eigenschaft des städtischen Lebens relevant, auf den weiter unten eingegangen wird.)

3. Umweltreize als Auslöser affektiver Reaktionen

In engem Zusammenhang mit der Wirkung der Umweltreize auf Erregung und Motivationszustand steht ihre Funktion für das Interesse an und die Präferenz für affektive Reaktionen auf Umweltreize, eine Funktion, die von zentraler Bedeutung für die (→ *Umweltästhetik*) ist. Diese Thematik geht in erster Linie auf die Theorie und die experimentelle Forschung von Berlyne (1960, 1971) zurück, letztlich auf seinen Begriff der „kollativen Stimuli", demzufolge die aktive Exploration eines Reizes und das Interesse daran von dem Grad abhängt, in dem dieser Unsicherheit oder Konflikt in einer Person auslöst. Somit werden Umwelteigenschaften wie Komplexität, Neuheit und Inkongruenz als maßgeblich für die Regulierung des Interesses an der Umwelt betont (s. Wohlwill 1976).

Forschung mit künstlich hergestellten, sowie der realen Umwelt entstammenden Reize haben diese Hypothese wiederholt bestätigt, soweit es um das Interesse oder um die freie Exploration geht; dagegen erweisen sich die Beziehungen zwischen diesen Variablen und Präferenz- oder affektiven Reaktionen als viel weniger konsistent (Wohlwill 1976, Ulrich 1983). Zu dieser Frage sollte noch ein weiterer Ansatz erwähnt werden, der die Umweltästhetik von einer mehr kognitiven Perspektive betrachtet und Begriffe wie „legibility" und „mystery" zur Erläuterung der Präferenz-Reaktionen auf die Umwelt heranzieht (Kaplan & Kaplan 1982). Diese Begriffe werden insbesondere für die Erklärung unterschiedlicher Reaktionen auf natürliche und künstliche Umwelt als bedeutsam betrachtet.

4. Wirkungen der Unterstimulation

Die schon erwähnte Auffassung von Hebb (1949) vom Bedarf eines Organismus an einer genügenden Menge abwechslungsreicher und differenzierter Stimulation wurde durch die dramatischen Ergebnisse der Forschung auf dem Gebiet der „sensorischen Deprivation", die zwischen 1955 und ca. 1970 in den USA äußerst intensiv betrieben wurde, weitgehend unterstützt.

In diesen Untersuchungen geht es um die Wirkung einer drastischen Verminderung von Stimulation jeder Art, insbesondere von Reizvariation, z.B. indem man die Person in einen entweder vollkommen dunklen oder nur durch diffuses Licht beleuchteten Raum bringt. In der hierzu benutzten Kammer ist ferner keinerlei Schall oder allenfalls nur ein anhaltendes Hintergrundgeräusch von „weißem Rauschen" hörbar; außerdem wird jede kinästhetische Stimulation durch Selbstbewegung ausgeschaltet. Ist jemand solchen Bedingungen mehrere Tage lang ausgesetzt, so beobachtet man in der Tat mancherlei Symptome und Phänomene, von physiologischen Streßsymptomen und körperlichen Beschwerden bis zur Leistungsminderung bei Denkproblemen usw., die auf eine allgemeine Beeinträchtigung des physischen und psychischen Zustands hinweisen (s. Zubek 1969). Diese Wirkungen sind offenbar von mehr theoretischem als praktischem Interesse für die Umweltpsychologie. Immerhin könnte man auf die psychologischen Probleme, die ein längerer Aufenthalt in der Antarktis verursacht, hinweisen, wo verschiedene Wahrnehmungs-, Motivations- und Leistungsphänomene auftreten, die denen der Experimente zur sensorischen Deprivation ähnlich sind (s. Smith 1966, Gunderson 1973).

Andererseits sei auf die These von Suedfeld (1980) aufmerksam gemacht, derzufolge die Verminderung der Stimulation unter Umständen eine positive Wirkung haben kann. So hat man z.B. gefunden, daß bei mäßiger Dauer (etwa acht Stunden lang) ein Erlebnis sensorischer Deprivation verschiedene therapeutische Wirkungen haben kann, z.B. das Aufgeben des Rauchens zu erleichtern und sogar milde Formen neurotischen Verhaltens zu mildern vermag. In diesem Zusammenhang sollte auch hingewiesen werden auf die kommerzielle Ausnützung eines kurzzeitigen sensorischen Deprivations-Erlebnisses, das dadurch zustande kommt, daß eine Person eine Stunde in einem Wassertank eingetaucht verbringt (Suedfeld, Ballard & Murphy 1983).

5. Die Hypothese des optimalen Stimulationsniveaus und die Frage der Überstimulation

So schädlich ein länger anhaltender Reizmangel für das Wohlergehen des Menschen wie auch seine Entwicklung sein kann, wäre es doch ein Irrtum anzunehmen, daß ein Höchstmaß an Reizen oder ein maximales Stimulationsniveau unbedingt entsprechend positive Wirkungen auf den Menschen ausübt. Dagegen spricht das Prinzip des *optimalen Stimulationsniveaus*, demzufolge für jede Person in einer gegebenen Situation ein mittleres Niveau von Stimulation existiert, das für ihre Leistung optimal ist oder von ihr am meisten geschätzt wird. Forschung auf dem Gebiet der menschlichen Leistung sowie auch auf dem der ästhetischen Präferenz hat dieses Hypothese weitgehend bestätigt (s. z.B. Berlyne 1971). Ob jedoch, wie verschiedene Theoretiker annehmen, das optimale Stimulationsniveau eines Individuums (was die Komplexität der Stimulation betrifft) sich im Laufe der Entwicklung steigert, ist durch Forschungsergebnisse bis jetzt noch nicht eindeutig erwiesen (s. Wachs 1977). Insbesondere wäre entsprechend der Hypothese des optimalen Stimulationsniveaus zu erwarten, daß übermäßig hohe Stimulationsgrade ebenso wie niedrige schädlich für das Verhalten, das Wohlergehen usw. sind. Zu dieser Frage gibt es aber nur wenige empirische Daten.

Tatsächlich haben Zuckerman und seine Mitarbeiter (1969) festgestellt, daß eine acht Stunden lange, ungemein intensive „Diät" verschiedener visueller und auditiver Stimulation (in Form von Dias, Schallplatten usw.) eine Reihe physiologischer und psychologischer Symptome auslöst, die den Wirkungen einer entsprechenden Periode sensorischer Deprivation ziemlich ähnlich ist (s. Wohlwill 1974). Dagegen empfanden aber die Teilnehmer an diesem Experiment dieses als ein eher angenehmes Erlebnis, während die Reaktion auf sensorische Deprivation erheblich negativer war. Ferner fanden Wohlwill et al. (1975), daß Personen, die einer vielseitigen „Diät" auditiver Stimulation (teils musikalischer, teils sprachlicher Art, teils aus Bürogeräuschen bestehend) ausgesetzt waren, dies wohl mehr oder minder leicht ertragen konnten, daß danach aber die Konsequenzen einer solchen Belastung deutlich wurden, und zwar als geringeres Beharren bei der Lösung eines (unlösbaren) Problems.

Bedenkt man, daß die Bedingungen solcher Untersuchungen viel eher (als dies der sensorischen Deprivations-Experimente) den Erlebnissen des Alltags – zumal im Großstadtleben der industrialisierten Welt – entsprechen (s. Lipowski 1975), so erscheint es um so bedauerlicher, daß, sieht man von einigen wenigen Untersuchungen ab, die Forschung auf dem Gebiet der „Überstimulations"wirkung bisher nur geringe Fortschritte aufzuweisen hat. Insbesondere wäre es wichtig, dieses Problem bei Kindern zu untersuchen, da diese verhältnismäßig wenig Möglichkeit haben, die Umweltstimulation selbst zu regulieren und vermutlich auch weniger entwickelte Adaptationsprozesse besitzen, um sich an solche Bedingungen anzupassen. Tatsächlich hat Wachs konsistent negative Wirkungen von hohem

Stimulationsniveau in der Wohnung auf Säuglinge und kleine Kinder (verursacht durch Fernsehapparate, hohe Belegungsdichte der Wohnung, Straßenlärm usw.) gefunden (s. Wohlwill & Heft 1987).

6. Das Überlastungsproblem

Die eben beschriebenen Erscheinungen der Überstimulation sind von denen der *Überlastung* (overload) zu unterscheiden (→ *Kontrolle und Wahlfreiheit*). Dieser Begriff bezieht sich auf Information, die von der Person entschlüsselt und verarbeitet werden muß, um einer Aufgabe gerecht zu werden. Ein gutes Beispiel hierfür bietet die Situation des Fluglotsen eines Großstadtflughafens, der an seinem Radarschirm oft Signale von mehreren Flugzeugen, die sich in der Nähe des Flughafens befinden, gleichzeitig verfolgen und daraufhin den Piloten Anweisungen geben muß. Hier handelt es sich offenbar nicht um eine Reaktion auf Stimulationen, sondern um die Auswertung informationsreicher Signale. Man findet hier eine Reihe interessanter Strategien, die die Person anwendet, um einer solchen Situation Herr zu werden (Miller 1960). So kann man z.B. das Phänomen des „queueing" beobachten, bei dem sich die Reaktion auf ein Signal verzögert, während die Person sich noch mit den vorausgegangenen Signalen beschäftigt. Eine andere Strategie besteht darin, die der Aufgabe angemessene Differenzierung zwischen verschiedenen Signalen oder auch zwischen den erforderlichen Reaktionen zu verringern (so daß z.B. acht Signale in etwa vier unterschiedliche Gruppen zusammengefaßt bzw. durch nur vier unterschiedliche Reaktionen differenziert werden). Im Extremfall kommt es dann dazu, daß die erforderliche Reaktion auf ein Signal einfach ausfällt.

Dieses Problem mag eher dem Gebiet der Ingenieur- als dem der Umweltpsychologie zugehörig erscheinen. Milgram (1970) hat jedoch die Überlastungsanalyse von Miller auf die Art und Weise angewandt, wie die Bewohner einer Großstadt die Menge visueller Kontakte mit anderen Menschen bewältigen, der sie alltäglich ausgesetzt sind. So meint Milgram, daß die angebliche Unfreundlichkeit der städtischen Bevölkerung gegenüber Fremden einfach eine solche Reaktion des Ausschaltens von unnützen (sozialen) Signalen ist.

7. Das Adaptationsniveau als Moderator von Stimulationswirkungen

Wirkungen der Stimulation hängen freilich nicht allein von den absoluten Werten der Reize ab, sondern drücken sich bei verschiedenen Personen unterschiedlich aus. Hierbei ist eine besonders wichtige Determinante das *Adaptationsniveau* (Helson 1964), das ein Individuum durch andauernde Erfahrung in seiner eigenen Umwelt in bezug auf spezifische Stimulationsdimensionen etabliert hat. Ein klassisches Beispiel dafür ist die Reaktion auf die örtliche Temperatur: Kommt jemand im Winter aus einem südlichen Klima in den Norden, so empfindet er die Kälte dort erheblich stärker als andere, die stets im Norden gelebt haben. Dieses Prinzip hat man in bezug auf verschiedene Dimensionen der Umwelt bestätigt, von Temperatur, Lärm und Luftverschmutzung ($\rightarrow$ *Lärm*) bis zu subjektiven Phänomenen wie „crowding" ($\rightarrow$ *Dichte und Enge*) und „Sicherheitsgefühl" (s. Wohlwill 1974, Wohlwill & Kohn 1976). Dieses Prinzip scheint im zeitlichen Sinn sogar rückwärts zu wirken: Leute, die aus kleineren Städten in eine Großstadt übersiedeln, schätzen danach ihre Ursprungsorte, dank des Kontrasts zur Großstadt, als erheblich weniger laut, verschmutzt, eng usw. ein. Andererseits findet man, daß eine besonders extreme Umwelt (wie es bei der Stadt New York der Fall zu sein scheint) die Wirkung des Adaptationsniveaus aufzuheben vermag, d.h. die Einschätzung der Qualitäten einer derartigen Umwelt scheint von vorher ausgebildeten Adaptationsniveaus unabhängig zu bleiben (Wohlwill & Kohn 1976). Dagegen können Adaptationsniveaus die Reaktion auf ein Erlebnis sensorischer Deprivation im Labor beträchtlich beeinflussen. Dies zeigte eine Untersuchung an einer Gruppe von Einsiedlern in Norwegen, die viel schwächere Reaktionen und psychische Symptome auf diese Situation zeigten als eine andere Gruppe von Studenten aus der Großstadt (s. Wohlwill 1974).

Diese Befunde werfen die Frage auf, wieweit der Mensch es vermag, sich an extreme und außergewöhnliche Umstände in seiner Umwelt anzupassen, und zwar sowohl im biologischen wie auch im psychologischen Sinne. Diese Frage erscheint gerade in unserer Zeit von besonderem Belang, bereitet man sich doch darauf vor, Menschen auf längere Zeit ins Weltall zu schicken und sie damit besonders extremen Bedingungen (wie Ausschaltung der Schwerkraft, drastischen Veränderungen des Tageszyklus und einer erheblichen Stimulationsreduktion und -variation) auszusetzen. Bis jetzt aber ist unser Wissen über die Reaktion des Menschen auf solche speziellen und langwierigen Bedingungen noch sehr beschränkt.

Literatur

Berlyne, D.E. (1960). Conflict, arousal, and curiosity. New York: McGraw-Hill.
Berlyne, D.E. (1971). Aesthetics and psychobiology. New York: Appleton-Century-Crofts.
Fiske, D. & Maddi, S. (1961). A conceptual framework. In D. Fiske & S. Maddi (Eds.), Functions of varied experience (pp. 11-55). Homewood, IL: Dorsey Press.
Gibson, J.J. (1966). The senses considered as perceptual systems. Bosten: Houghton-Mifflin.
Gibson, J.J. (1979). The ecological approach to visual perception. Boston: Houghton Mifflin. (dt.: Wahrnehmung und Umwelt: der ökologische Ansatz in der visuellen Wahrnehmung. München: Urban & Schwarzenberg 1982).
Gunderson, E.K.E. (1973). Individual behavior in confined or isolated groups. In J.E. Rasmussen (Ed.), Man in isolation and confinement (pp. 145-166). Chicago: Aldine.
Hebb, D.O. (1949). The organization of behavior. New York: Wiley.
Heft, H. (1981). An examination of constructivist and Gibsonian approaches to environmental psychology. Population and Environment 4, 227-245.

Helson, H. (1964). Adaptation-level theory. New York: Harper & Row.

Kaplan, S. & Kaplan, R. (1982). Cognition and environment: Functioning in an uncertain world. New York: Praeger.

Lipowski, Z.J. (1975). Sensory and information inputs overload: Behavioral effects. Comprehensive Psychiatry 16, 199-221.

Milgram, S. (1970). The experience of living in cities. Science 167, 1461-1468.

Miller, J.G. (1960). Information input overload and psychopathology. American Journal of Psychiatry 116, 695-704.

Smith, W.M. (1966). Observations over the lifetime of a small isolated group: Structure, danger, boredom, and vision. Psychological Reports 19, 475-514.

Suedfeld, P. (1980). Restricted environmental stimulation: Research and clinical application. New York: Wiley.

Suedfeld, P., Ballard, E.J. & Murphy, M. (1983). Water immersion and flotation: From stress experiment to stress treatment. Journal of Environmental Psychology 3, 147-156.

Ulrich, R.S. (1983). Aesthetic and affective response to natural environment. In I. Altman & J.F. Wohlwill (Eds.), Behavior and the natural environment. Human behavior and environment, Vol. 6 (pp. 85-126). New York: Plenum Press.

Wachs, T.D. (1977). The optimal stimulation hypothesis and early development: Anybody got a match? In I.C. Uzgiris & F. Weizmann (Eds.), The structuring of experience (pp. 153-178). New York: Plenum Press.

Wohlwill, J.F. (1974). Human adaptation to levels of environmental stimulation. Human Ecology 2, 127-147.

Wohlwill, J.F. (1976). Environmental aesthetics: The environment as a source of affect. In I. Altman & J.F. Wohlwill (Eds.), Human behavior and environment, Vol. 1 (pp. 37-86). New York: Plenum Press.

Wohlwill, J.F. & Heft, H. (1987). The physical environment and the development of the child. In D. Stokols & I. Altman (Eds.), Handbook of environmental psychology (pp. 281-328). New York: Wiley.

Wohlwill, J.F. & Kohn, I. (1976). Dimensionalizing the environmental manifold. In S. Wapner, S.B. Cohen & B. Kaplan (Eds.), Experiencing the environment (pp. 19-54). New York: Plenum Press.

Wohlwill, J.F., Nasar, J.L., DeJoy, D.M. & Foruzani, H.H. (1975). Behavioral effects of a noisy environment: Task involvement vs. passive exposure. Journal of Applied Psychology 61, 67-74.

Zubek, J.P. (Ed.) (1969). Sensory deprivation: Fifteen years of research. New York: Appleton-Century-Crofts.

Zuckerman, M., Persky, H., Miller, L. & Levine, B. (1976). Sensory deprivation versus sensory variation. Journal of Abnormal Psychology 76, 76-82.

Joachim F. Wohlwill
verstorben 1987
früher: College of Health and Human Development
Pennsylvania State University

Ökologischer Realismus und ökologische Wahrnehmungspsychologie

1. Ökologischer Realismus

Der ökologische Realismus geht davon aus, daß Lebewesen als Wahrnehmende und sich Verhaltende und ihre Umwelt durch reale, ökologische Reziprozitäten konstituiert sind und daß der epistemische Kontakt des Lebewesens mit seiner Umwelt direkt (d.h. nicht über mentale Objekte vermittelt) sein kann (direkter Realismus). Vorausgesetzt ist dabei, daß die von unserem Denken als unabhängig gesetzte Umwelt auf verschiedenen Maßstabsebenen beschrieben werden kann, und daß die für die Psychologie fundamentale Maßstabsebene einer schmalen Bandbreite terrestrischer Größenordnungen entspricht, auf der die für die Psychologie relevanten Reziprozitätsverhältnisse auffindbar sind.

Der ökologische Realist glaubt nicht daran, daß die bestimmten ontologischen und epistemologischen Grundlagen, von denen man in psychologischer Theoriebildung implizit oder explizit ausgeht, gleichgültig dafür sind, wie fruchtbar psychologische Theoriebildung sein kann.

Der ökologische Realismus begründet einen eigenständigen, *grundlagentheoretischen* Ansatz in der Psychologie (ökologischer Ansatz), dessen Programmatik, Methoden und Ergebnisse als *ökologische Psychologie* bezeichnet werden (ökologische Wahrnehmungspsychologie, Aktionstheorie, Kognitionstheorie, Lerntheorie, Entwicklungstheorie).

Dieser ökologische Ansatz geht zurück auf das Werk des Wahrnehmungspsychologen J.J. Gibson (1904-1979). Seit 1989 präsentiert er sich in einem eigenen Organ, der Zeitschrift „Ecological Psychology".

Die Bedeutung des ökologischen Realismus für die Psychologie liegt darin, daß in dieser Orientierung die ökologische Umwelt von vornehrein integraler Bestandteil psychologischer Theoriebildung ist (s.u.).

Die am weitesten ausgebildeten Disziplinen dieser Orientierung sind die ökologische Wahrnehmungspsychologie (Gibson 1973), insbesondere aber der ökologische Ansatz zur visuellen Wahrnehmung (Gibson 1982), der als der bedeutendste und weitreichendste Aufweis der Fruchtbarkeit eines ökologisch-realistischen Vorgehens in der Psychologie angesehen werden muß (Lombardo 1987, S. 355ff.).

2. Ökologische Wahrnehmungspsychologie (insbesondere visuelle Wahrnehmung)

Der Grundgedanke der ökologischen Wahrnehmungspsychologie ist: Wenn die reale, zu den Lebewesen reziproke Umwelt von Lebewesen in einem relativ engen Größenordnungsbereich eigens dekomponiert wird, dann werden informationelle Korrespondenzen zwischen Energieanordnungen (z.B. Licht, Schall) im Medium (der freien Luftschicht über der Erdoberfläche) und den Oberflächenanordnungen und Texturen der substantiellen Umwelt auffindbar, die bei Dekompositionen im Geiste der herkömmlichen Physik, in welcher die Umwelt als eine solche vom Körpern im Raum geschildert werden müßte, nicht auffindbar bzw. experimentell demonstrierbar wären. So stellt etwa die ökologische Optik Gibsons (Gibson 1961) ein Repertoire von Grundbegriffen bereit (s. Gibson 1982), durch welche die substantielle Umwelt mit ihren Oberflächen und optischen Gegebenheiten im Medium und die Wahrnehmungsaktivitäten des Beobachters in einem systematischen Zusammenhang konzeptualisiert werden können.

Wahrnehmen kann auf dieser Basis als ein Prozeß verstanden werden, der durch die Aufnahme ökologischer Information und nicht auch durch vermittelnde mentale Objekte hinlänglich erklärbar ist.

Dieser Ansatz ist als die Theorie der direkten Wahrnehmung bekannt geworden und wird teilweise sehr kontrovers diskutiert (s. Ullman 1980, vgl. Munz 1989). Das für die Psychologie Bedeutungsvolle dieser Theorie ist, daß die ökologische Umwelt in dieser Theorie als ein Moment des Wahrnehmungsprozesses selbst konzeptualisiert wird (und nicht etwa als eine physikalische Ursache, die als etwas nur Physikalisches notwendig jenseits dessen bleibt, was sie qua physikalische Ursache im mentalen Bereich bewirkt). Dies ist besonders evident in der Theorie der reversiblen Verdeckung und der Theorie der Angebote (engl. „affordances"), die im Rahmen des ökologischen Ansatzes zur visuellen Wahrnehmung entwickelt wurden (s. Gibson 1982).

2.1 Die Theorie der reversiblen Verdeckung

Reversible Verdeckung ist eine Tatsache der visuellen Wahrnehmung. Sie besagt, daß bestimmte Arten des Aus-der-Sicht-Gehens und des In-Sicht-Kommens von undurchsichtigen Flächen (Flächen von Plätzen, von losen Objekten, von Flächen des Beobachters selbst) an verdeckenden Kanten geschieht.

Verdeckende Kanten sind Kanten von Flächen, die in bezug auf einen bestimmten Beobachtungsort die für diesen Beobachtungsort verdeckten (d.h. optisch nicht in diesen Ort projizierten Flächen) und nicht verdeckten (d.h. die für diesen Beobachtungsort projizierten Flächen) Flächen teilen und zugleich verbinden. Der Vorgang des Aus-der-Sicht-Gehens einer vorher sichtbaren Oberfläche kann sich dann vollziehen, wenn sich ein Beobachter von einem Beobachtungsort, in den die Fläche projiziert war, in einen Beobachtungsort bewegt, in den diese

Fläche nicht mehr projiziert ist. Die Fläche wird dabei zunehmend an einer verdeckenden Kante verdeckt. Durch die umgekehrte Bewegung des Beobachters kann die Fläche an derselben verdeckenden Kante wieder aufgedeckt werden (reversible Verdeckung).

Die verdeckende Kante ist – und das ist das eigentlich Wichtige – informationell spezifiziert. An der die verdeckende Kante spezifizierenden optischen Kontur im Medium findet im Falle des Aus-der-Sicht-Gehens eine Löschung der optischen Struktur statt, welche die zunehmend sich verdeckende Fläche spezifiziert. Im Falle des wieder In-Sicht-Kommens der Fläche findet dagegen an derselben optischen Kontur ein optischer Strukturzuwachs statt. Es ist dieser reversible Vorgang der Löschung von Struktur bzw. des Zuwachses von Struktur, welcher die ökologische Information für eine verdeckende Kante bereitstellt (Kaplan 1969).

An verdeckenden Kanten kann sich ein Beobachter u.a. Ausblicke in ihm möglicherweise noch fremde Flächenauslagen öffnen, er kann sich an verdeckenden Kanten Einblicke in Umschließungen erschließen usw.

Das Nicht-Öffnen-Können (und -Dürfen) von möglichen Einblicken, bzw. für andere Personen das Öffnen-Können, ist eine Bedingung der Möglichkeit für *Privatheit* bzw. privates Wissen.

Die Kenntnis der Reihe von Ausblicken, die in einer verwinkelten Gegend lokomotorisch geöffnet werden müssen, wenn man ein bestimmtes Ziel (etwa das Zuhause) erreichen will, konstituiert nach Gibsons *Orientiertheit* (Wege finden; Orte kennen) in einer Gegend.

2.2 Die Theorie der Angebote

Für die ökologische Psychologie möglicherweise noch bedeutsamer ist die Theorie der Angebote. Im Rahmen der Theorie der Angebote („affordances") erscheint die phänomenologische Wert- und Bedeutungshaftigkeit der Inhalte unseres Wahrnehmens (→ *Phänomenologischer Ansatz*) als etwas, das im Rahmen der ökologischen Optik rekonstruierbar bzw. experimentell untersuchbar (Warren 1984) ist.

In jede Wahrnehmung von Umwelt geht nach Gibson ein Moment von Eigenwahrnehmung ein. Dies ist deshalb so, weil die reale Umwelt eines Lebewesens diesem reziprok ausdrückt, was sie ihm anbietet. Anbietungen der Umwelt nennt Gibson „affordances" (dt. „Angebote"). Solche Angebote haben einen *funktionalen* und einen *strukturellen* Aspekt. Beide Aspekte sind informationell spezifiziert.

Die informationellen Spezifikationen beziehen sich dabei auf Kombinationen von Umwelteigenschaften, die eine bestimmte Disposition zum Nutzen oder Schaden für das Lebewesen konstituieren.

So bietet etwa eine Erdoberfläche dann Unterstützung an, wenn sie annähernd horizontal (anstatt konvex oder konkav), genügend ausgedehnt (relativ zur Größe des Lebewesens) und von starrer Substanz ist (relativ zum Gewicht des Lebewesens). Auf einer solchen Unterlage kann man nicht einsinken, wie das etwa bei der Oberfläche eines Sumpfes der Fall wäre (Gibson 1982, S. 137)

Durch die Aufnahme von Information über solche nützlichen oder schädlichen Dispositionen der Umwelt können wir uns nach Gibson wahrnehmungshaft auf unsere eigenen Motivationen und Bedürfnisse beziehen und dieser epistemischen Beziehung entsprechend handeln.

Der strukturelle Aspekt der Theorie der Angebote sagt darüber hinaus, daß wir uns durch die Wahrnehmung solcher Dispositionen auf die Verhaltensweisen epistemisch beziehen können, durch welche diese realisiert werden können (s. Warren 1984). So bietet der Erdboden nicht nur eine Unterlage an, sondern wir können auf ihm sitzen, stehen, gehen usw.

Gibson gibt eine Menge von Beispielen für Umweltkomponenten, die relativ zu uns (und anderen, mit unserer Lebensweise vergleichbaren Lebewesen) solche dispositionalen Eigenschaften haben. Er schildert dabei nicht nur die unbelebte Umwelt in Form ganzer „Angebotelandschaften", sondern auch die belebte und soziale (interagierende) Umwelt (vgl. McArthur & Baron 1983).

Die Theorie der Angebote – aber auch die Theorie der reversiblen Verdeckung – hat besondere Bedeutung für die *Architekturpsychologie*, um nur ein offensichtlich bedeutendes Beispiel für die Umweltpsychologie zu nennen.

Aus der Sicht der Angebotetheorie erscheint die Tätigkeit des Architekten, insofern er Gestaltungen von Umwelt plant, zumindest implizit auch als Tätigkeit, welche die Gestaltung bzw. Veränderung von Angeboten einleitet. Dieser Aspekt geht aber durch die Art und Weise, in welcher Architekten die Umwelt geometrisch repräsentieren (Pläne), weitgehend verloren. Die Architekturpsychologie kann sich hier im Rahmen der Theorie der Angebote einen Aufgabenbereich erschließen, in dem Repräsentation und Repräsentationssysteme der tatsächlichen oder möglichen Angebotestrukturen von Umwelten erarbeitet werden. Dies wäre von nicht geringer Relevanz für eine Fülle praktischer bzw. technologischer Fragestellungen.

Literatur

Ecological Psychology (Hg: W.M. Mace) seit 1989. Hillsdale, NJ: Erlbaum.

Gibson, J.J. (1961). Ecological optics. Vision Research 1, 253-262.

Gibson, J.J. (1973). Die Sinne und der Prozeß der Wahrnehmung. Bern: Huber (Original 1966: The senses considered as perceptual systems).

Gibson, J.J. (1982). Wahrnehmung und Umwelt. München: Urban & Schwarzenberg (Original 1979: The ecological approach to visual perception).

Kaplan, G.A. (1969). Kinetic disruption of optical texture: The perception of depth at an edge. Perception and Psychophysics 6, 193-198.

Lombardo, T.J. (1987). The reciprocity of perceiver and environment. Hillsdale, NJ: Erlbaum.

McArthur, L.Z. & Baron, R.M. (1983). Toward an ecological theory of social perception. Psychological Review 90 (3), 215-238.

Munz, C.W. (1989). Der ökologische Ansatz zur visuellen Wahrnehmung: Gibsons Theorie der Entnahme optischer Information. Psychologische Rundschau 40, 63-75.

142

Ullman, S. (1980). Against direct perception. Behavioral and Brain Sciences 3, 373-415.
Warren, W.H. (1984). Perceiving affordances: Visual guidance of stair climbing. Journal of Experimental Psychology: Human Perception and Performance 10 (4), 683-703.

Christian Munz
Psychologisches Institut
der Technischen Universität Berlin

Person-Umwelt-Kongruenz

1. Einleitung

In manchen Bereichen der Psychologie bildet die Analyse der Beziehungen zwischen dem Menschen oder einer Gruppe von Menschen und ihrer Umwelt konzeptuell und methodologisch ein grundlegendes Problem. Im Rahmen der sich in den siebziger Jahren verstärkenden Bemühungen um eine ökologische Orientierung in der Psychologie wurde diese Beziehung zu einem konstitutiven Problembereich (vgl. z.B. Kaminski 1976, Graumann 1978, Stokols 1978, Fuhrer 1983). Dabei dominieren transaktionale Konzeptionen der Mensch/Umwelt-Beziehung (*person-environment transaction*; Stokols 1982, Holahan 1982). Unter dem Attribut *„transaktional"* wird allgemein verstanden, daß Person und Umwelt nicht voneinander trennbare Komponenten sind, sondern permanent miteinander in wechselseitiger Beziehung stehen. Die Person kann nicht ohne ihre Umwelt, diese nicht ohne die Person gedacht werden. Die Beziehung wird als dynamische aufgefaßt, in der Person und Umwelt ständigen Veränderungen unterliegen. Eine erste umfassende Diskussion transaktionaler Modelle sowie eine Herausarbeitung der Unterschiede zu anderen Mensch/Umwelt-Modellen wurde jüngst von Altman und Rogoff (1987) vorgelegt.

In der Regel werden in der Literatur verschiedene Konstrukte benutzt, um Prozesse der Wechselwirkung (im Sinne von „Transaktion") zwischen der Person und ihrer unmittelbaren Umwelt zu beschreiben (→ *Umweltstreß*). Die Begriffe der *Passung* (fit) und der *Kongruenz* (meist synonym verwendet; vgl. Stokols 1982), der *Synomorphie* (der Barker-Schule zuzurechnen) sowie des Gleichgewichts im Sinne von Piaget (1969, vgl. Boesch 1978) sind in der Literatur am häufigsten anzutreffen.

Wechselwirkung im Sinne von (An-)Passung impliziert eine Optimierung der Beziehung zwischen der Person und ihrer Umwelt (vgl. Stokols 1978). Optimierung findet ihren Niederschlag im Wohlergehen der Person und/oder in der Herstellung „optimaler Umwelten" (Stokols 1978, S. 258). Vor diesem Hintergrund wurden Kongruenz-Modelle auch zur praktischen Anwendung entwickelt, z.B. im Bereich der Streßforschung (Stokols 1979), im Kontext von Erziehung und Industrie (Stern 1970) oder in der Gesundheits- und Altersfürsorge (Carp & Carp 1984).

2. Person-Umwelt-Kongruenz

Das Phänomen einer Person-Umwelt-Kongruenz wurde in verschiedenster terminologischer Etikettierung diskutiert (z.B. Barker 1968, Wicker 1972, Kahana 1975, Stokols 1982), wobei sich die Begriffe Passung/Kongruenz in der Regel beziehen auf das Ausmaß in der Anpassung zwischen Zielen und Bedürfnissen der Person(en) und den Möglichkeiten ihrer Erfüllung durch den jeweiligen Umweltausschnitt (Harrison 1978). Die berühmt gewordene Formel von Lewin (1951, 1982), daß das Verhalten eine Funktion der psychischen Umwelt sei, und Murrays (1938) Bedürfnis-Spannungs-Theorie bilden dabei die Grundlage zur Entwicklung verschiedener Kongruenz-Modelle (z.B. French, Rogers & Cobb 1974, Kahana 1975, Kahana et al. 1980, Nehrke et al. 1981, Lawton 1982, Stokols 1981, Carp & Carp 1984).

In der Konzeption von Stokols (1979) ist Kongruenz eine Funktion zweier Komponenten: der *Umwelt-Kontrollierbarkeit* und der *motivationalen Bedeutsamkeit von Umwelt* (*environmental salience*) (→ *Kontrolle und Kontrollverlust*). Erstere definiert sich als Grad der Modifizierbarkeit von Umwelt in Abhängigkeit von Zielen und Bedürfnissen der Person – dem Verhältnis zwischen aktueller und erwünschter Zielverwirklichung und Bedürfnisbefriedigung. Letztere bezieht sich auf das Ausmaß, in dem ein bestimmter Umweltausschnitt für eine bestimmte Person motivational bedeutsam und wahrnehmungsmäßig auffallend ist.

In jüngerer Zeit wurden die Kongruenz-Konzepte in zweierlei Weise erweitert: Implizieren ältere und vor allem umweltpsychologische Konzeptionen noch eher eine Analyse des Passungsgrades zwischen einzelnen Dimensionen von Umwelt (z.B. Lärm, Dichte) und entsprechenden individuellen Einzelbedürfnissen, so betonen neuere Konzeptionen demgegenüber, in welcher Weise Passung zwischen mehreren Bedürfnissen und Zielen und der Unterstützung und Behinderung/Erschwerung dieser Umwelt realisiert wird (Stokols & Shumaker 1981, Stokols 1982) (→ *Aneignung*). Ähnliches findet man auch schon in den auf dem Murray-Modell aufbauenden Konzeptionen, die von Schreiner (1973) als Ansätze zur „kollektiven Wahrnehmung" bezeichnet werden. Im weiteren fassen neuere Konzeptionen Passung nicht mehr allein als Funktion von Kontrollierbarkeit und motivationaler Bedeutsamkeit auf, sondern bringen sie auch mit der *wahrgenommenen Wichtigkeit* individueller Bedürfnisse in Beziehung (vgl. Stokols 1981) (→ *Persönlicher Raum*).

Ein hoher individueller Grad an Kongruenz kann sich in Phänomenen ausdrücken wie „Ortsabhängigkeit" (*place dependency*; Stokols & Shumaker 1981), in Proshanskys „Ortsidentität"; Ittelsons „environment as self" oder Pervins „self-environment similarity" (vgl. zsf. Fischer 1984).

2.1 Strukturgleichheit von Verhalten und Milieu

Einführung und Benutzung des Synomorphie-Konzeptes gehören sicherlich zu den bleibenden Verdiensten von Barker (1968), bildet es doch ein wesentliches Bestimmungsstück seiner Behavior-Setting-Theorie (→ *Behavior Setting*). Unter *Synomorphie* versteht Barker (1968) eine Strukturähnlichkeit oder essentielle Passung zwischen individuellem sensumotorischen Verhalten (in Form standardisierter Verhaltensmuster) und Umwelt (in Form des physischen und sozialen Milieus). Zwei illustrative, von Barker selbst nicht verwendete Beispiele verdeutlichen dies: Sitzen auf einem Stuhl und Treppensteigen. In der Tat entsprechen sich hier ein bestimmter Milieuausschnitt und Verhalten strukturell genau. Barker (1968) hat eine Reihe von Bedingungen aufgezählt, die einer Synomorphie zugrunde liegen:

- *Physische Kräfte*: Die Anordnung physischer Umgebungskomponenten kann bestimmte Verhaltensmuster erzwingen und andere verhindern. So muß sich der Besucher eines Gottesdienstes aufgrund der Anordnung der Bänke nach vorne auf die Kanzel richten.
- *Soziale Kräfte*: Soziale Faktoren in Form von Handlungsvorschriften und Normen (als Rollen- und Konformitätsdruck) können bestimmte Verhaltensmuster nahelegen. So ist Essen im Gottesdienst (nicht aber Beten) untersagt, demgegenüber paßt Beten nicht unbedingt in ein Restaurant-Geschehen, Essen aber sehr wohl.
- *Physiologische Prozesse*: Verhaltensmechanismen, die bei einer bestimmten Beschaffenheit des Milieus (z.B. ein bestimmter Lärmpegel, bestimmte Temperaturbereiche) unmittelbar vollzogen werden.
- *Wahrnehmung der „Milieu-Physiognomie"*: Milieuadäquate Formung des Verhaltens geschieht auch durch visuelle Wahrnehmung materieller und sozial definierter Konfigurationen von Raummerkmalen.
- *Lernen*: Milieukonformes Verhalten durch Lernen von Verhaltensweisen, die für bestimmte Orte angemessen sind (z.B.: im Lesesaal einer Bibliothek spricht man nicht laut).
- *Selektion settingspezifischer Verhaltensmuster*: Personen wählen aufgrund ihres Verhaltensrepertoires bestimmte Settings aus, während sie an anderen nicht teilnehmen. Wer zum Beispiel nicht Schlittschuhlaufen kann, begibt sich nicht auf die Eisbahn.
- *Selektion durch „Behavior Settings"*: Behavior Settings verfügen über Zutrittsbeschränkungen, durch die bestimmte Personen von der Teilnahme ausgeschlossen sind, die den Anforderungen von seiten der vorgeschriebenen Verhaltensmuster und des Milieus nicht genügen. Wer das „Skript" für ein bestimmtes Bibliotheks-Setting nicht besitzt, kann dort kein Buch ausleihen (es sei denn, er frage oder beobachte andere, vgl. Fuhrer 1990).
- *Einfluß des Verhaltens auf das Milieu*: Physische Spuren im Milieu (z.B. ein Trampelpfad durch die Wiese des Parkes zur Verkürzung des Schulweges) schaffen mit der Zeit neue, verbindliche Verhaltensmuster für bestimmte Orte.

Die Auflistung solcher Bedingungen erscheint bei Barker (1968) weder systematisiert noch weiter auf Psychologie hin theoretisch elaboriert. Bedauerlicherweise haben sich weder Barker noch seine Mitarbeiter um eine Weiterentwicklung des Synomorphie-Konzeptes gekümmert (vgl. Barker et al. 1978).

2.2 Subjektive Bedeutungszuweisung durch Handeln

Bei der Konzeptualisierung der Wechselwirkung zwischen Mensch und Umwelt geht Boesch (1978) von Piagets (1969) Konzept der Anpassung aus, mit dem ein Gleichgewicht zwischen Akkommodation der Aktivität an die Dinge und der Assimilation der Dinge an die eigene Aktivität gemeint ist (→ *Handlungstheorie*). Ein *„ökopsychologisches Gleichgewicht"* besteht in der Strukturierung der Hantierungsmöglichkeiten von Objekten und der Nutzung von „Handlungszonen" (Boesch 1978, S. 17). Dies impliziert zum einen eine Veränderung von Umwelt entsprechend den Zielen und Plänen der Person und zum anderen den Aufbau sensorisch-motorischer und kognitiver Strukturen (Boesch 1978). Bei einer Entsprechung von Situation und Handlung kommt es zu optimalen Funktionserlebnissen beim Handeln. Allerdings determiniert die physische Umwelt die auf sie bezogenen Handlungen nicht eindeutig; je nach der subjektiv unterschiedlichen Zuschreibung funktionaler Bedeutungen an physische Umwelten und Objekte wirken sie sich – auch bei objektiv gleicher Qualität – in verschiedener Weise aus. Topographische, kognitive und symbolische Ordnungen des Handlungsfeldes bestimmen die Angemessenheit des Handelns in einer Situation.

So unterscheidet sich das Handeln auch dahingehend, ob man sich an einem traditionsgebundenen, eher an einem gegenwartsgebundenen oder an einem auf Zukunft hin orientierten Ort aufhält. In jedem Fall wird im Handeln eine Beziehung gestiftet zwischen dem Akteur und einer Konstellation von Umweltgegebenheiten sozialer, materieller und ideeller Art (Stokols & Jacobi 1984, Boesch 1984).

Im weiteren können Handlungsfelder in räumlichen und zeitlichen Dimensionen sowie nach objektgebundenen Regeln geordnet werden (die „Objektivierung"; Boesch 1978) und dann mit Innenerfahrungen verknüpft werden (die „Subjektivierung", Boesch 1978), wodurch Handlungsmöglichkeiten des Individuums den Inhalten des Handlungsfeldes als notwendige Bedeutungskomponenten zugeordnet werden.

Umwelt und Handeln wirken jedoch nicht nur durch ihre an Objekte oder an Orte gebundenen Qualitäten, sondern auch durch ihre Bedeutungen – ihre *Symbolik* (→ *Image: Bedeutungsbezogene Umweltrepräsentation*). Dadurch wird deutlich, daß der Wirklichkeit eine Repräsentationsqualität zukommt, die sich aus der Konnotation von Objekten (vgl. Boesch 1978, 1983) oder Orten ableitet (vgl. Stokols & Jacobi 1984). Diese Bedeutungen können sich im Handlungszusammenhang verändern. Anpassungszwänge können von den Objekten aufgrund ihrer durch soziale Konventionen festgelegten Qualitäten ausgehen; durch deren funktionale Bedeutung vermögen sie dem Individuum auch einen persönlichen Handlungsspielraum zu eröffnen. Diese Doppelbedeutung des Objektes wie des Subjektes bestimmt das *„kulturelle Gleichgewicht"* (Boesch 1978) (→ *Die ökologische Perspektive in der Kulturanthropologie*). Die Erreichung eines solchen Gleichgewichts, ein Prozeß, der nie endet, besteht in der sachlichen Angleichung sensumotorischer Verläufe an die Struktur der Objekte (als Verbesserung der Synomorphien im Sinne von Barker 1968), in der Strukturierung des Person-Umwelt-Bezuges durch die Zuschreibung subjektiver Bedeutungen an Umweltgegebenheiten (ihre Symbolik) und in einer konzeptuellen Strukturierung der Beziehung zwischen Person und Umwelt, was sich in der Einhaltung bestimmter Handlungsregeln manifestiert (vgl. hierzu die Konzepte „Fantasmus" und „Mythos" bei Boesch 1982). Menschliches Handeln dient der Herstellung konsistenter Ordnungen hinsichtlich der Ich-Umwelt-Beziehung, was auch auf einer Erweiterung des „Handlungspotentials" basiert (Boesch 1984). Ordnungshandeln bildet demnach eine wesentliche Komponente der Regulation von Mensch-Umwelt-Beziehungen.

3. Gruppe-Umwelt-Kongruenz

In der frühen Setting-Forschung hat man sich weitgehend um Wechselwirkung sowie um Passung zwischen Einzelpersonen und ihrer Umwelt (z.B. French, Rogers & Cobb 1974, Kahana 1975, Wicker 1984, Stokols 1979), aber relativ viel weniger um diejenige zwischen Gruppen und ihrer unmittelbaren physischen Umwelt gekümmert (im Sinne von group-environment congruence, Stokols 1981). Das Ausmaß der Interdependenz zwischen einer bestimmten Gruppe und einem bestimmten Ort ist nach Stokols (1981) abhängig von der Kapazität des Ortes, in Personen sozio-kulturelle Bedeutungen zu evozieren, die von vielen geteilt werden – der *sozialen Vorstellbarkeit* (*social imageability*) eines Ortes. Diese bezieht sich auf die für die Benutzer bedeutsamen Merkmale eines Ortes und ist eine Funktion der evaluativen, motivationalen und funktionalen Bedeutung von Orten (Stokols 1981). In diesem Sinne würde zum Beispiel dem örtlichen Fußballstadion von den heimischen Fanclubs eine hohe soziale Vorstellbarkeit zugeschrieben.

All die aufgeführten Komponenten sind bedeutsam für die Herstellung einer Kongruenz zwischen einer Gruppe und ihrer Umwelt, d.h., dem Ausmaß, in dem eine bestimmte Umwelt der Erreichung wichtiger Gruppenziele und -aktivitäten entgegenkommt, und dem Ausmaß, in dem positive oder negative Gefühle durch die physische Umwelt in Benutzern erzeugt werden. So betrachtet, könnte durchaus auch das Fußballstadion der gegnerischen Heimmannschaft für bestimmte Fanclubs eine relativ viel höhere soziale Vorstellbarkeit besitzen als das Stadion des eigenen Clubs, weil es bestimmten Zielen sogar besser dient (z.B. Vandalismus, Rowdytum).

4. Person-Setting-Kongruenz

Strukturgleichheit zwischen individuellem Verhalten und dem Milieu, wie es Barker (1968) ausführlich beschrieben hat, umfassen mehr als nur eine Angleichung zwischen Verhalten und einzelnen Objekten. Vielmehr handelt es sich um eine

Einpassung des Verhaltens in ein bestimmtes raum-zeitlich ausgrenzbares Gesamtgeschehen, das von Barker (1968) als „Behavior Setting" bezeichnet wurde. In jüngerer Zeit haben sich vor allem Wicker (1987) und Fuhrer (1990) für die psychologischen Prozesse interessiert, die Kongruenz zwischen individuellem Verhalten und einem bestimmten Behavior Setting vermitteln. Personen wissen in der Regel gut darüber Bescheid, wie man sich in bestimmten Settings und Situationen richtig verhält (vgl. Price & Bouffard 1974). Über die psychologischen Mechanismen, die solche Anpassungen ermöglichen, weiß man noch relativ wenig, kann aber annehmen, daß Settingbenützer, wollen sie ihr Verhalten zum Setting-Geschehen in Kongruenz bringen, über eine wie auch immer strukturierte kognitive Repräsentation dieses Geschehens verfügen müssen (vgl. Kruse 1986). Ausgehend von Wicker (1983) sollen einige theoretische Konzeptionen skizziert werden, die zur Interpretation herangezogen werden können, um das Zustandekommen von Kongruenzen zwischen einem Setting und individuellem Verhalten aufzuhellen.

– *Person-Setting-Kongruenz durch operantes Lernen*: Eine Verhaltens-Setting-Kongruenz kann einmal das Ergebnis von „Versuch und Irrtum" sein. Angemessene Verhaltensweisen werden positiv, unangemessene negativ verstärkt. Auch Settings haben für ihre Benutzer den Charakter „diskriminativer Reize", die signalisieren, welche Verhaltensweisen erwünscht sind und welche nicht.

– *Kongruenz durch Beobachtungslernen*: Wer sich in einem unvertrauten, neuartigen Setting zurechtfinden lernen möchte, d.h., „programmgemäß" handeln will, kann andere, kompetente Teilnehmer (z.B. Insider) beobachten, die settingadäquat handeln. Andere Teilnehmer am Setting werden – als Modelle oder Verhaltensvorbilder – beobachtet, und deren Verhalten wird imitiert (vgl. Bandura 1986).

– *Kongruenz durch „soziale Referenz"*: Das Verhalten anderer kann auch bloß dazu genutzt werden, um zu sehen, wie diese die Verhaltensvorschriften interpretieren, nach denen man sich im Setting richten soll. Das bedeutet noch nicht, daß man diese Interpretationen in entsprechendes Verhalten umsetzt. Feinman (1982) bezeichnete diesen Prozeß als „social referencing".

– *Kongruenz durch Fragen kompetenter anderer*: Wer nicht weiß, wie man sich in einem neuen Setting verhält, kann sich das Wissen anderer zunutze machen und sie fragen (vgl. Fuhrer 1990).

– *Kongruenz aufgrund visueller Instruktion*: Oftmals kann es effektiver sein, sich beim Erwerb settingangepaßten Verhaltens auf geschriebene Instruktionen zu stützen (z.B. Hinweisschilder, Informationstableaus, „Here Are You-Maps" etc.).

– *Kongruenz durch „sozialen Austausch"*: Wendet man die Theorie von Thibaut und Kelley (1959) auf den Problembereich der Person-Setting-Kongruenz an, so hieße das, daß Personen Settings aufsuchen, die der Erreichung ihrer Ziele und Ansprüche förderlich sind, und jene meiden, die ihren Zielen und Bedürfnissen entgegenwirken oder sie nicht zu erfüllen vermögen. Anwendungen dieses Modells auf das Kongruenzproblem findet man bei Stokols (1981) sowie bei Stokols und Shumaker (1981).

– *Die „Regulation" von Behavior Settings – ein kongruenz-theoretisches Modell*: Behavior Settings werden von Barker (1968) als selbstregulierende, homöostatische Systeme aufgefaßt. Die von dem Setting-Teilnehmer durch einen „sensing mechanism" wahrgenommenen Vorgänge im Setting dienen als Informationsbasis bei der Überprüfung (*executive mechanism*) des Ist-Zustandes des Setting-Geschehens hinsichtlich der Erfüllung jener subjektiven Kriterien, die das Individuum an das wünschbare Setting (Soll-Zustand) heranträgt. Wird der Ist-Zustand als die eigenen Kriterien erfüllend eingeschätzt, werden bestimmte standardisierte Verhaltensmuster ausgeführt (*operating mechanisms*). Werden die Vorgänge im Setting als der Erfüllung der subjektiven Kriterien hinderlich eingeschätzt (z.B. bei Abweichungen vom Setting-Programm), werden Vorkehrungen getroffen, die der Stabilisierung oder Aufrechterhaltung des Setting-Geschehens dienen (*maintenance mechanisms*). Die Effektivität dieser Mechanismen wird daraufhin geprüft, ob nun der Zustand des Settings den subjektiven Kriterien entspricht. Werden immer noch Diskrepanzen festgestellt, werden weitere Maßnahmen eingesetzt, die der Stabilisierung des Settings dienen. Die Analogie zu Regelkreismodellen ist deutlich und wird von Barker (1968) selbst hervorgehoben (Weiterentwicklungen dieses Modells findet man bei Fuhrer, 1990).

Diese Vorschläge, die explizit die Herstellung einer Passung zwischen individuellem Verhalten und einem Gesamtgeschehen (als Behavior Setting aufgefaßt) fokussieren, stellen insgesamt eine Ergänzung zu den von Barker (1968) aufgelisteten Bedingungen von Synomorphie dar.

5. Setting-Kontext-Kongruenz

Eine interessante Anwendung des Konzeptes der Synomorphie wurde von Stokols (1985) vorgeschlagen. Wenn man Behavior Settings nicht – wie Barker (1968) dies getan hatte – als von anderen Settings sowie vom sie umgebenden Kontext isolierte Geschehnisse betrachtet, kann man sich fragen, wieweit ein bestimmtes Setting auf andere abgestimmt ist oder in seinen umgebungsbezogenen Kontext paßt. Der Protest, der sich beim Bau eines Atomkraftwerkes (das Behavior Setting) manifestiert, ist ein Indiz dafür, daß ein solches Behavior Setting sich nicht in Kongruenz zum geographischen und sozio-kulturellen Kontext befindet. Auch ein Supermarkt, durch dessen Präsenz sich der Geschäftsgang benachbarter kleinerer Geschäfte verschlechtert, dürfte nicht mit diesen kongruent sein. Letzteres könnte man als Frage nach der Kongruenz zwischen zwei oder mehr Settings oder als Problem der *Inter-Setting-Kongruenz* auffassen. Demgegenüber hat sich die Setting-Forschung fast ausschließlich um Fragen der Kongruenz innerhalb von Settings, um Probleme der *Intra-Setting-Kongruenz* (z.B. Verhalten-Milieu-Synomorphie; Barker 1968) gekümmert (vgl. aber Fuhrer, 1989). Jüngst hat allerdings die Gruppe um Alan W. Wicker ihr Forschungsinteresse vermehrt den Einflüssen zugewendet, die solche kontextuellen Faktoren (z.B. ökonomische, gesetzliche, kulturelle) auf die Entwicklung von Behavior Settings haben (vgl. Wicker 1987, Wicker & King 1988).

6. Ausblick: Das Kongruenz-Problem – Aufgabe für künftige ökopsychologische Forschung

Die Darstellung all jener qualitativ aufgefaßten Konstrukte zur Deskription bestimmter Person/Gruppe-Umwelt-Beziehungen als Passung, Kongruenz, Synomorphie oder Gleichgewicht, die auch allesamt eine Optimierung der jeweiligen Beziehung implizieren, darf nicht darüber hinwegtäuschen, daß diese Konstrukte mehrheitlich recht vage gehalten sind und weiterer theoretischer Elaborationen bedürfen. Mindestens fünferlei müßte dabei geleistet werden.

1. Zunächst sollte eine Kongruenz-Analyse von einer deskriptiven *Identifizierung, Typisierung* und Taxonomisierung verschiedenster Fälle von Kongruenz ausgehen. Kahana (1982) hat hierzu einen ersten bemerkenswerten Beitrag geleistet (vgl. Fuhrer 1989).
2. Durch eine solche Deskription könnte dann gezeigt werden, daß es *die* Kongruenz oder *die* Synomorphie nicht gibt, sondern daß Kongruenz immer ein mehrdimensionales Konstrukt ist. Boesch (1978) hat bereits auf die Vielschichtigkeit des Synomorphie-Konzeptes aufmerksam gemacht. Auch im Beitrag von Kahana (1982) werden solche Unterscheidungen verschiedener Kongruenzdimensionen getroffen. Die Beziehungen zwischen Person/Gruppe-Umwelt ließe sich – wohl adäquater – durch Partial-Kongruenzen charakterisieren, d.h., es müßten verschiedene „Ebenen" von Synomorphie oder Kongruenz unterschieden werden. Es wäre u.a. zu denken an eine:
   - *Kongruenz im Bereich beobachtbaren, sensumotorischen Verhaltens* (im Sinne von Barkers Verhaltens-Milieu-Synomorphie);
   - *Kongruenz im kognitiven Bereich*: eine Entsprechung zwischen Denk- und Wissensstrukturen einerseits und Geschehensstrukturen (z.B. in Behavior Settings, Situationen, Organisationen) andererseits (vgl. Fuhrer 1985, Kruse 1986);
   - *Kongruenz im emotionalen Bereich*: eine Passung zwischen momentaner Stimmung und „sozialem Klima" (Moos 1976);
   - *Kongruenz im motivationalen Bereich*: eine Entsprechung von Zielen/Bedürfnissen/Motiven und dem Grad der Erleichterung ihrer Erfüllung durch die physische und sozio-kulturelle Umwelt (vgl. Stokols 1981, Stokols & Jacobi 1984).
3. Unter *umweltpsychologischen* oder *umweltpolitischen* Gesichtspunkten kommt der Frage nach der Kongruenz zwischen Settings und zwischen Settings und ihrem unmittelbaren Umgebungskontext mehr und mehr eine zentrale Bedeutung zu. So müßte z.B. nach der Kongruenz (als Frage nach der „Umweltverträglichkeit") bestimmter Settings für bestimmte Standortkontexte gefragt werden, was wiederum präzise Bestimmungen des Kongruenzkonzeptes bedingt (vgl. Stokols 1985, Wicker 1987).

4. Solche Präzisierungen des Kongruenzkonzeptes müßten vor allem eine Bestimmung der Parameter umfassen, durch die sich eine bestimmte Person/Gruppe und ihre unmittelbare Umwelt auszeichnen. Dies wiederum macht eine empirisch brauchbare *Operationalisierung* dieser Parameter notwendig (vgl. dazu Stokols 1981, Carp & Carp 1984).

5. Der Bezug zur modernen Problemlöseforschung (z.B. zu Konzepten der Kompetenz und Kontrolle, vgl. Dörner et al. 1983) sowie zu jenen handlungstheoretischen Konzeptualisierungen, die individuelles oder gruppenbezogenes Handeln als gleichzeitig aus mehreren, relativ unabhängigen Teilhandlungen bestehend auffassen, könnte hergestellt werden (vgl. Fuhrer 1984, Cranach, Ochsenbein & Valach 1986). Die Regulation von Kongruenzen und insbesondere eine dynamischere Auffassung des Problems der Kongruenz-Regulation kann – als ein Mehrfachhandlungsgeschehen aufgefaßt – eine vielversprechende Perspektive zur psychologisch-theoretischen Elaboration des Kongruenzproblems eröffnen (→ *Handlungstheorie;* → *Behavior Setting;* → *Kontrolle*).

Literatur

Altman, I. & Rogoff, B. (1987). World views in psychology and environmental psychology: Trait, interactional, organismic, and transactional perspectives. In D. Stokols & I. Altman (Eds.), Handbook of environmental psychology (pp. 7-40). New York: Wiley.

Bandura, A. (1986). Social foundations of thought and action. Englewood Cliffs, NJ: Prentice Hall.

Barker, R.G. (1968). Ecological psychology. Stanford: Stanford University Press.

Barker, R.G., et al. (1978). Habitats, environments, and human behavior. San Francisco: Jossey Bass.

Boesch, E.E. (1978). Kultur und Biotop. In C.F. Graumann (Hg.), Ökologische Perspektiven in der Psychologie (S. 11-32). Bern: Huber.

Boesch, E.E. (1982). Fantasmus und Mythos. In J. Stagl (Hg.), Aspekte der Kultursoziologie (S. 59-86). Berlin: Reimer.

Boesch, E.E: (1983). Das Magische und das Schöne. Stuttgart: Frommann-Holzboog.

Boesch, E.E. (1984). Eine Symboltheorie des Handelns. Unveröffentl. Manuskript.

Carp, F.M. & Carp, A. (1984). A complementary congruence model of well-being or mental health for the community elderly. In I. Altman, M.P. Lawton, & J.F. Wohlwill (Eds.), Elderly people and the environment (pp. 279-336). New York: Plenum.

Cranach, M. v., Ochsenbein, G., & Valach, L. (1986). The group as a self-active system: outline of a theory of group action. European Journal of Social Psychology 16, 193-229.

Dörner, D. et al. (1983). Lohhausen. Vom Umgang mit Unbestimmtheit und Komplexität. Bern: Huber.

Fischer, M. (1984). Phänomenologische Analyse der Person-Umwelt-Beziehung. In S.-H. Filipp (Hg.), Selbstkonzeptforschung (S. 47-73) (2. Aufl.). Stuttgart: Klett-Cotta.

French, J., Rogers, W., & Cobb, F. (1974). Adjustment as person-environment fit. In D.A. Coelho, D.A. Hamburg, & J.E. Adams (Eds.), Coping and adaptation (pp. 316-333). New York: Basic Books.

Fuhrer, U. (1983a). Überlegungen zu einer Ökologisierung handlungspsychologischer Theoriebildung. In L. Montada, K. Reusser & G. Steiner (Hg.), Kognition und Handeln (S. 54-63). Stuttgart: Klett-Cotta.

Fuhrer, U. (1983b). Ökopsychologie: Some general implications from a particular literature. Journal of Environmental Psychology 3, 239-252.

Fuhrer, U. (1983c). Zur Bedeutung des Attributs „ökologisch" in der Psychologie: Eine Standortbestimmung. Schweizerische Zeitschrift für Psychologie und ihre Anwendungen 42 (4), 255-279.

Fuhrer, U. (1984). Mehrfachhandeln in dynamischen Umfeldern. Göttingen: Hogrefe.

Fuhrer, U. (1985). Das Konzept „Behavior Setting": Überlegungen zu seiner für die Psychologie relevanten „Aufbereitung". In P. Day, U. Fuhrer & U. Laucken (Hg.), Umwelt und Handeln im Alltag (S. 239-261). Tübingen: Attempto.

Fuhrer, U. (1989). Konstruktive Paradigmenwahl als Arbeitsmethodik. In I. Beerlage & E.M. Fehre (Hrsg.) Praxisforschung zwischen Intuition und Institution. Tübingen: DGTV-Verlag, 71-82.

Fuhrer, U. (1990). Handeln – Lernen im Alltag. Bern: Huber.

Graumann, C.F. (Hg.) (1978). Ökologische Perspektiven in der Psychologie. Bern: Huber.

Graumann, C.F. & Kruse, L. (1987). Environmental psychology in Germany. In D. Stokols & I. Altman (Eds.), Handbook of environmental psychology (pp. 1195-1225). New York: Wiley.

Harrison, R.V. (1978). Person-environment fit and job stress. In C.L. Cooper & R. Payne (Eds.), Stress at work. New York: Wiley.

Holahan, C.J. (1982). Environmental psychology. New York: Random House.

Kahana, A. (1975). A congruence model of person-environment interaction. In P.G. Windley et al. (Eds.), Theoretical developments in environments for aging (pp. 181-214). Washington, D.C.: Gerontological Society.

Kahana, E. (1982). A congruence model of person-environment interaction. In M.P. Lawton, P.G. Windley, & T.O. Byerts (Eds.), Aging and the environment. Theoretical approaches (pp. 92-121). New York: Springer.

Kahana, E. et al. (1980). Alternative models of person-environment fit. Journal of Gerontology 35, 584-595.

Kaminski, G. (1976). Umweltpsychologie. Stuttgart: Klett.

Kruse, L. (1986). Drehbücher für Verhaltensschauplätze oder: Scripts für Settings. In G. Kaminski (Hg.), Ordnung und Variabilität im Alltagsgeschehen (S. 135-153). Göttingen: Hogrefe.

Lawton, M.P. (1982). Competence, environmental stress and adaptation. In M.P. Lawton et al. (Eds.), Aging and environment (pp. 33-59). New York: Springer.

Lewin, K. (1951/1982). Feldtheorie: Kurt Lewin Werkausgabe Bd. 4 (Hrsg. v. C.F. Graumann). Bern/Stuttgart: Huber/Klett-Cotta.

Moos, R.H. (1976). The human context. New York: Wiley.

Murray, H.A. (1938). Explorations in personality. New York: Oxford University Press.

Nehrke, M.F. et al. (1981). Toward a model of person-environment congruence. Experimental Aging Research 7, 363-379.

Piaget, J. (1969). Nachahmung, Spiel und Traum. Stuttgart: Klett.

Price, R.H. & Bouffard, D.L. (1974). Behavioral appropriateness and situational constraint as dimensions of social behavior. Journal of Personality and Social Psychology 30, 570-586.

Schreiner, G. (1973). Schule als sozialer Erfahrungsraum. Frankfurt: Fischer.

Stern, G. (1970). People in context. New York: Wiley.

Stokols, D. (1978). Environmental psychology. Annual Review of Psychology 29, 253-295.

Stokols, D. (1979). A congruence analysis of human stress. In I.G. Sarason & C.D. Spielberger (Eds.), Stress and anxiety (Vol. 6) (pp. 27-53). Washington, D.C.: Hemisphere Press.

Stokols, D. (1981). Group x place transactions: Some neglected issues in the psychological research on settings. In D. Magnusson (Ed.), Toward a psychology of situations (pp. 393-415). Hillsdale, NJ: Erlbaum.

Stokols, D. (1982). Environmental psychology: a coming of age. In A.G. Kraut (Ed.), The G. Stanley Hall Lectures Series (Vol. 2) (pp. 155-205). Washington, D.C.: American Psychological Association.

Stokols, D. (1985). Theoretical and policy implications of ecological psychology for the management of environmental crisis. In P. Day, U. Fuhrer & U. Laucken (Hg.), Umwelt und Handeln (S. 1-28). Tübingen: Attempto.

Stokols, D. & Jacobi, M. (1984). Traditional, present oriented and futuristic modes of group-environment relations. In K.J. Gergen & M.M. Gergen (Eds.), Historical social psychology (pp. 441-480). Hillsdale, NJ.: Erlbaum.

Stokols, D. & Shumaker, S.A. (1981). People in places: A transactional view of settings. In J. Harvey (Ed.), Cognition, social behavior, and the environment (pp. 441-480). Hillsdale, NJ: Erlbaum.

Thibaut, J.W. & Kelley, H.H. (1959). The social psychology of groups. New York: Wiley.

Wicker, A.W. (1972). Processes which mediate behavior-environment congruence. Behavioral Science 17, 265-277.

Wicker, A.W. (1984). An introduction to ecological psychology. Cambridge: Cambridge University Press.

Wicker, A.W. (1987). Behavior settings reconsidered: Temporal stages, resources, internal dynamics, context. In D. Stokols & I. Altman (Eds.), Handbook of environmental psychology (pp. 613-653). New York: Wiley.

Wicker, A.W. & King, J. (1988). Life cycles of behavior settings. In J.P. McGrath (Ed.), The social psychology of time (pp. 182-200). Beverly Hills: Sage.

Urs Fuhrer
Psychologisches Institut
der Universität Bern

Behavior-Setting-Analyse

1. Die Entdeckung des Behavior Setting

Roger G. Barker wollte – nach dem Vorbild der → *Biologischen Ökologie* – eine *„psychologische Ökologie"* begründen und beobachtete mit seinem Feldforschungsteam *„Verhaltensströme"* vor allem von Kindern über ganze Tage hin. Dabei zeigten sich die eklatantesten Verhaltens-Unterschiede beim Überwechseln von einem Kontext zu einem anderen: Ein Kind verhält sich in einer Mathematik-Unterrichtsstunde wesentlich anders als beim Einkaufen im Lebensmittelgeschäft, usw. Intra- und interindividuelle Verhaltens-Variabilität scheint, so gesehen, weniger durch Motive, Ziele, Eigenschaften als durch derartige überindividuell-systemare „Kontexte" determiniert zu sein, für die Barker den Begriff *„Behavior Setting"* prägte (Barker et al. 1978, Barker 1987, Koch 1986, Schoggen 1989).

2. Barkers Behavior-Setting-Survey-Methodik

Bei einem Behavior Setting Survey (BSS, Barker 1968) werden (z.B. in einer Gemeinde, für ein Jahr) sämtliche Behavior Settings, die öffentlich zugänglich sind, identifiziert und beschrieben. Als Behavior Setting gilt dabei ein raumzeitlich konkret eingrenzbares – oft interaktives – Handlungsgeschehen, das sich in wiederkehrenden Verhaltensmustern *(standing patterns of behavior)* verwirklicht und dabei in seine physischen Umgebungsbedingungen (das *Milieu*) eingepaßt *(„synomorph"* zu ihnen) ist. Beispiele: Eine Mathematik-Unterrichtsstunde, das Geschehen in einem Lebensmittelgeschäft, eine Sportveranstaltung, ein Gottesdienst u.ä.m. Das Gleichbleiben der Verhaltensmuster scheint in einem Behavior- Setting-*„Programm"* begründet zu sein, dessen Einhaltung durch Selbsterhaltungsmechanismen des Systems gewährleistet und gegenüber Störungen verteidigt wird. Die individuellen Partizipanten der Behavior Settings („inhabitants") scheinen weitgehend auswechselbar zu sein. – (Später, 1978, diskutiert Barker die Beziehungen zwischen dem überindividuellen System Behavior Setting und dem Individuum in seiner Gesamtheit etwas differenzierter: Das an vielen verschiedenen Behavior Settings partizipierende Individuum benutzt diese zur Erfüllung vieler Handlungszielsetzungen und Bedürfnisse. Dabei können Diskrepanzen zwischen den verschiedenen „Handlungsbereichen" (Boesch 1985) des Individuums immanenten Interessen und den Behavior Settings auftreten.

Jedes Behavior Setting wird beschrieben u.a. nach Häufigkeit und Dauer seines Auftretens, der Anzahl und Art seiner „Inhabitanten", ferner danach, welche *Handlungsmuster* (ästhetische, „geschäftliche", erzieherische, Verwaltungs-, Ernährungs- u.a. Aktivität; 11 Kategorien) und welche *Verhaltensmechanismen* (affektives, grobmotorisches, feinmotorisches, sprachliches und „denkerisches" Verhalten) in welcher prozentualen Anteiligkeit darin auftreten, und nach welchen „Stufen der Befugtheit" (*„penetration"*) die Partizipation gegliedert ist (z.B. Führer sein, untergeordneter Mitwirkender sein, oder gar nur Zaungast sein; 6 Stufen) (→ *Handlungstheorie*).

Mit Behavior Setting Surveys wurde u.a. sichtbar gemacht, wie zwei kleinere Ortschaften in den USA und in England sich als „Sozialisationshabitats" für ihre Kinder unterscheiden (Barker & Schoggen 1973) und welche „Lebensqualität" komplexeren Habitats zukommt (vgl. Harloff 1985, Fox 1990).

3. Weiterentwicklungen des Behavior-Setting-Konzeptes

Der enorme Arbeitsaufwand der Behavior Setting Surveys zwang zu kritischer Besinnung: In der Barker-Schule selbst spezialisierte man sich auf das *„manning"* in Behavior Settings, d.h. den Grad ihres personellen Ausgestattetseins (undermanning, overmanning; understaffing, overstaffing) und dessen psychologische Auswirkungen (Wicker 1979b, Saup 1985). Ferner wurde versucht, den Ansatz für eine *„Behavior-Setting-Technologie"* nutzbar zu machen (Bechtel 1977, Wicker 1979a, Willems 1976). Dabei wurde das „Behavior Setting" durch Verknüpfung mit sozialpsychologischen Konzepten teilweise „liberalisiert", und für die *„Behavior-Setting-Analyse"* (wie dazu jetzt gesagt wurde; Wicker 1981) wurden wesentliche methodische Auflockerungen und Anreicherungen empfohlen, teils auch praktiziert. (Gewisse Ähnlichkeiten zu diesen Entwicklungen sind in dem Ansatz von Welter erkennbar, der in dem Stichwort „Therapeutische Umwelten" skizziert wird.)

Außerhalb der Barker-Schule bemühte man sich um methodisch-reduktive Vereinfachungen (Price & Blashfield 1975; vgl. Saup 1985), und führte man konzeptuelle Modifikationen des Behavior-Setting-Ansatzes ein, um seine heuristischen Potenzen zu nutzen (Bronfenbrenner 1979, Forgas 1979, Stokols & Shumaker 1981, Kruse 1986; vgl. auch Argyle et al. 1981).

Obwohl sich die „ökologische Perspektive" sozusagen epidemisch auszubreiten begann (Graumann 1978, Stokols 1982), spielte das Behavior-Setting-Konzept selbst dabei eine relativ geringe Rolle (Kaminski 1983): Es mochte theoretisch und methodisch allzu komplex und/oder vage, psychologisch unbewältigbar erscheinen.

4. Neuere Auffassungen von Behavior-Setting-Analyse

Neuerdings gibt es Versuche, das Behavior-Setting-Konzept zu reaktualisieren (Kaminski 1986a, 1989, Wicker 1987, Schoggen 1989), da mit ihm Wichtiges aufgefunden zu sein schien, das bisher nirgends angemessene Berücksichtigung

findet. Vorerst ist nicht absehbar, ob die Einheit „Behavior Setting" künftig nur eine gewisse rahmentheoretische-konzeptuelle Bedeutung behalten wird, oder ob sie darüber hinaus einen (neuen) eigenen Platz in empirischer Forschung, vielleicht auch in ökopsychologischer Praxis erobern wird. – Man kann heute mindestens *vier* (einander nicht ausschließende) *Auffassungen* von „Behavior Setting" bzw. „Behavior-Setting-Analyse" unterscheiden:

Die ursprüngliche *Barkers* erscheint heute im Vergleich als eine *„behavioristisch"-geschehenszentrierte*: Ein Behavior Setting, seine Charakteristika und Systemeigenschaften werden möglichst weitgehend von *beobachtbarem Verhalten* aus definiert bzw. erschlossen; sein *„Programm"* ist kaum mehr als die sichtbare Verhaltensgleichförmigkeit. Auch seine *Außenbeziehungen* werden so bestimmt. Über klassifikatorische Deskription hinausgehende individual- oder sozialpsychologische Interpretationen fehlen fast völlig.

Wicker (1987) vertritt neuerdings eine primär *soziologisch-strukturalistische* Auffassung: Ein Behavior Setting existiert zunächst in den *strukturellen Grundlagen* für sein „Programm"; es ist primär eine spezifische Form von *Organisation* oder Organisationsbestandteil. So verstandene Behavior Settings (z.B. ein Lebensmittelgeschäft, eine Tankstelle u.ä.m.) werden durch eine konstruktive Zielhandlung geschaffen, müssen dann als Organisation wachsen, funktionieren, sich bewähren, sich anpassen, wandeln, eventuell auch wieder „eingehen". (Auf den „Lebenszyklus" von Behavior Settings wurde auch von Stokols & Shumaker 1981 hingewiesen.) Die programmgemäße Aktivität im Behavior Setting *(„interne Dynamik")* dient der Verwirklichung der Organisations- und der Individual-Ziele der Beteiligten. Das Behavior Setting ist als ein *offenes System* mit der sich ständig wandelnden *Umgebung* durch vielfältige *Austauschbeziehungen* verbunden.

Eine ausgearbeite Methodik der *Behavior-Setting-Analyse* gibt es hierfür noch nicht; *Beschreibungsaspekte* sind: *„Ressourcen"* des Behavior Setting (Personen, Handlungsobjekte, Räumlichkeiten, Informationen und „Reserven" wie Geldkapital u.ä.); Komponenten der *„inneren Dynamik"* (Kognitionen und Motivationen der Beteiligten, ihre Aktivitäten, soziale Prozesse; Entwicklungs- und Wandlungsprozesse all dessen); allgemeinere und speziellere *Kontextbedingungen* (sozialkulturelle, rechtliche, ökonomische; historische Vorbedingungen; Eingebundensein in diverse das Funktionieren ermöglichende Netzwerke). – Individual- und sozialpsychologische Interpretationskonzepte werden integriert, wo immer dies möglich und fruchtbar erscheint.

Psychologisch-kognitivistische Auffassungen tendieren zu einer „Psychologisierung" des Behavior Setting bzw. bestimmter Anteile, etwa wenn das Behavior Setting als ein „Orientierungskontext" für den Partizipanten interpretiert wird, in dem er sich mittels komplexen *(„Skript-"* o.ä.) Wissens zurechtfindet (Kaminski 1982, Kruse 1986, vgl. Abelson 1981, Schank 1982, Fuhrer 1990). Hierhinein gehört auch das *„soziale Image"* vom reich mit sozialen Bedeutungen besetzten Milieu eines Behavior Setting (Stokols & Shumaker 1981). Angesichts der vielfältigen Wirksamkeit sozialregulativer (z.B. auch sprachregulativer) Wissensbestände erscheint die Bezeichnung „*Soziales Setting*" (statt Behavior Setting) passender (Kruse 1986). – „Behavior-Setting-Analyse" setzt hier primär in Kognitionen von Individuen an.

Als „*dilemmatisch*"*-pluralistisch* (vgl. McGrath 1981, auch Wicker 1987) sei eine Auffassung bezeichnet, die den vorgenannten vorgeordnet werden könnte. Nach ihr muß „Behavior Setting" in erfahrungswissenschaftlicher Forschung in mindestens drei Stufen konstituiert werden, wobei sich die Einheit „Behavior Setting" in eine *Pluralität* von Gegenständen auflöst (Kaminski 1986b). Bei derartig komplexen Wirklichkeitsausschnitten (aber nicht nur dort) gerät man in ein „*Breite/Tiefe-Dilemma*": Entweder man möchte noch den Gesamtkomplex „Behavior Setting" im Griff behalten; dies gelingt nur mittels „oberflächlicher" („subpsychologisch" bleibender) Erfassung (wie bei Barker). Oder man ist an psychologiespezifischer Erkenntnisgewinnung interessiert; dann muß man innerhalb des „Behavior Setting" irgendwo in die Tiefe gehen und kann den Gesamtkomplex nur noch als *unscharfen Rahmen* im Hintergrund halten (z.B. bei den erwähnten kognitions- bzw. wissenspsychologischen Ansätzen).

In der Mehrstufigkeit der *Behavior-Setting-Analyse* wird der Interessengegenstand zunächst provisorisch grob eingegrenzt. In einer nächsten Stufe wird für das Arbeiten innerhalb dieses Rahmens ein „*Paradigma*" gewählt bzw. konstruiert (Kaminski 1986b). Dabei ist für (mindestens acht) *Kategorialbereiche* festzulegen, mit welchen apriorisch-konzeptuellen Voraussetzungen an den Bereich „Behavior Setting" herangegangen, d.h. auf welchem *Kompliziertheitsniveau* gearbeitet werden soll; z.B. ob Aktivität in Einheiten von Responses (bzw. Operants), von Handlungen, von hierarchischen Handlungen, von Mehrfachhandeln segmentiert und interpretiert werden soll. Die Entscheidung über dieses Niveau bzw. über das Gesamt-Paradigma ergibt sich aus der je besonderen Interessenlage. Es können Paradigmen mit spezifisch psychologischen Voraussetzungen, aber auch einfachere gewählt werden, die den Ansätzen benachbarter *Sozial-* und *Umweltwissenschaften* wie Kulturanthropologie, Soziologie, Geographie entsprechen (vgl. Greverus 1986, Hamm 1986, Weber 1986). In weiteren Stufen der Behavior-Setting-Analyse werden dann im Rahmen je spezifischer Paradigmen – mehr oder weniger theoriegeleitet – Fragestellungen formuliert und die *methodischen Details* für ihre Bearbeitung festgelegt ($\rightarrow$ *Die ökologische Perspektive in der Kulturanthropologie;* $\rightarrow$ *Sozialökologie*).

Literatur

Abelson, R.P. (1981). Psychological status of the script concept. American Psychologist 36, 715-729.

Argyle, M., Furnham, A. & Graham, J.A. (1981). Social situations. Cambridge: Cambridge University Press.

Barker, R.G. (1968). Ecological psychology: Concepts and methods for studying the environment of human behavior. Stanford, CA: Stanford University Press.

Barker, R.G. (1978). Theory of behavior setting. In R.G. Barker et Associates, Habitats, environments, and human behavior: Studies in ecological psychology and eco-behavioral science from the Midwest Psychological Field Station, 1947-1972 (pp. 213-228). San Francisco: Jossey-Bass.

Barker, R.G. (1987). Prospecting in environmental psychology. Oskaloosa revisited. In D. Stokols & J. Altman (Eds.), Handbook of environmental psychology (pp. 1413-1432). New York: Wiley.

Barker, R.G. et al. (1978). Habitats, environments, and human behavior: Studies in ecological psychology and eco-behavioral science from the Midwest Psychological Field Station, 1947-1972. San Francisco: Jossey-Bass.

Barker, R.G. & Schoggen, P. (1973). Qualities of community life: Methods of measuring environment and behavior applied to an American and an English town. San Francisco: Jossey Bass.

Bechtel, R.B. (1977). Enclosing behavior. Stroudsburg, PA: Dowden, Hutchinson & Ross.

Boesch, E.E. (1985). Verhaltensort und Handlungsbereich. In G. Kaminski (Hg.), Ordnung und Variabilität im Alltagsgeschehen. Das Behavior Setting-Konzept in den Verhaltens- und Sozialwissenschaften (S. 129-153). Göttingen: Hogrefe.

Bronfenbrenner, U. (1979). The ecology of human development. Cambridge, MA: Harvard University Press.

Forgas, J.P. (1979). Social episodes: The study of interaction routines. New York: Academic Press.

Fox, K.A. (1990). The eco-behavioral approach to surveys and social accounts for rural communities: Exploratory analyses and interpretations of Roger G. Barker's microdata from the Behavior Setting Survey of Midwest, Kansas in 1963-64. Ames, Ia: Iowa State University Publications.

Fuhrer, U., (1990). Handeln-Lernen im Alltag. Bern: Huber.

Graumann, C.F. (Hg.) (1978). Ökologische Perspektiven in der Psychologie. Bern: Huber.

Greverus, I.-M. (1986). Zur kulturanthropologischen Relevanz des Behavior Setting-Konzepts. In G. Kamínski (Hg.), Ordnung und Variabilität im Alltagsgeschehen. Das Behavior Setting-Konzept in den Verhaltens- und Sozialwissenschaften (S. 179-189). Göttingen: Hogrefe.

Hamm, B. (1986). Behavior Setting – eine sozialökologische Interpretation. In G. Kaminski (Hg.), Ordnung und Variabilität im Alltagsgeschehen. Das Behavior Setting-Konzept in den Verhaltens- und Sozialwissenschaften (S. 190-202). Göttingen: Hogrefe.

Harloff, H.J. (1985). Das Behavior Setting-Konzept Barkers im Dienste der Umweltgestaltung. In G. Kaminski (Hg.), Ordnung und Variabilität im Alltagsgeschehen. Das Behavior Setting-Konzept in den Verhaltens- und Sozialwissenschaften (S. 230-250). Göttingen: Hogrefe.

Kaminski, G. (1982). What follows from looking at behavior settings in a naturalistic way. Paper read at the Second Annual Symposium on Environmental Psychology, University of California, Irvine, April 1 +2.

Kaminski, G. (1983). The enigma of ecological psychology. (Book Review). Journal of Environmental Psychology 3, 85-94.

Kaminski, G. (Hg.) (1986a). Ordnung und Variabilität im Alltagsgeschehen. Das Behavior Setting-Konzept in den Verhaltens- und Sozialwissenschaften. Göttingen: Hogrefe.

Kaminski, G. (1986b). Paradigmengebundene Behavior Setting-Analyse. In G. Kaminski (Hg.), Ordnung und Variabilität im Alltagsgeschehen. Das Behavior Setting-Konzept in den Verhaltens- und Sozialwissenschaften (S. 154-176). Göttingen: Hogrefe.

Kaminski, G. (1989). The relevance of ecologically oriented conceptualizations to theory building in environment and behavior research. In E.H. Zube & G.T. Moore (Eds.), Advances in environment, behavior, and design, Vol. 2 (pp. 3-36). New York: Plenum.

Koch, J.-J. (1986). Behavior Setting and Forschungsmethodik Barkers: Einleitende Orientierung und einige kritische Anmerkungen. In G. Kaminski (Hg.), Ordnung und Variabilität im Alltagsgeschehen. Das Behavior Setting-Konzept in den Verhaltens- und Sozialwissenschaften (S. 33-43). Göttingen: Hogrefe.

Kruse, L. (1986). Drehbücher für Verhaltensschauplätze oder: Scripts für Settings. In G. Kaminski (Hg.), Ordnung und Variabilität im Alltagsgeschehen. Das Behavior Setting-Konzept in den Verhaltens- und Sozialwissenschaften (S. 135-153). Göttingen: Hogrefe.

McGrath, J.E. (1981). Dilemmatics. American Behavioral Scientist 25, 179-210.

Price, R.H. & Blashfield, R.K. (1975). Explorations in the taxonomy of behavior settings: Analysis of dimensions and classifications of settings. American Journal of Community Psychology 3, 335-351.

Saup, W. (1985). Weiterentwicklung des Behavior Setting-Konzepts im Rahmen der Barker-Schule. In G. Kaminski (Hg.), Ordnung und Variabilität im Alltagsgeschehen. Das Behavior Setting-Konzept in den Verhaltens- und Sozialwissenschaften (S. 44-60). Göttingen: Hogrefe.

Schank, R.C. (1982). Dynamic memory. A theory of reminding and learning in computers and people. Cambridge: Cambridge University Press.

Schoggen, Ph. (1989). Behavior settings. A revision and extension of Roger G. Barker's „Ecological Psychology". Stanford. CA: Stanford University Press.

Stokols, D. (1982). Environmental psychology: A coming of age. In A. Kraut (Ed.), G. Stanley Hall lecture series (Vol. 2) (pp. 155-205). Washington, DC: American Psychological Association.

Stokols, D. & Shumaker, S.A. (1981). People in places: A transactional view of settings. In J.H. Harvey (Ed.), Cognition, social behavior, and the environment (pp. 441-488). Hillsdale, NJ: Erlbaum.

Weber, P. (1986). Räumliche Bedingungen des Verhaltens in der Geographie. In G. Kaminski (Hg.), Ordnung und Variabilität im Alltagsgeschehen. Das Behavior Setting-Konzept in den Verhaltens- und Sozialwissenschaften (S. 203-217). Göttingen: Hogrefe.

Wicker, A.W. (1979a). Ecological psychology: Some recent and prospective developments. American Psychologist 34, 755-765.

Wicker, A.W. (1979b). An introduction to ecological psychology. Monterey, CA: Brooks/Cole.

Wicker, A.W. (1981). Nature and assessment of behavior settings: Recent contributions from the ecological perspective. In P. McReynolds (Ed.), Advances in psychological assessment, Vol. 5 (pp. 22-61). San Francisco: Jossey-Bass.

Wicker, A.W. (1987). Behavior settings reconsidered: Temporal stages, resources, internal dynamics, context. In D. Stokols & I. Altman (Eds.), Handbook of environmental psychology (pp. 613-653). New York: Wiley.

Willems, E.P. (1976). Behavioral ecology, health status, and health care: Applications to the rehabilitation setting. In I. Altman & J.F. Wohlwill (Eds.), Human behavior and environment. Advances in theory and research, Vol.1 (pp. 211-263). New York: Plenum.

Gerhard Kaminski
Psychologisches Institut
der Universität Tübingen

Umwelt und Persönlichkeit

Einleitung

Der Zusammenhang zwischen Umwelt und Persönlichkeit kann in zweifacher Weise betrachtet werden:

1. Geht man von der Umweltpsychologie aus, dann wird erkennbar, daß bei der Absteckung thematischer Felder und der Beschreibung umweltpsychologischer Fragestellungen zumeist „Persönlichkeit und Umwelt" als ein wichtiger Inhaltsbereich angesehen wird. Das Gebiet Umwelt und Persönlichkeit gehört in gleicher Weise zu den Forschungsbereichen wie Umweltwahrnehmung, Umweltkognitionen oder Umwelteinstellungen (Craik 1977, Stokols 1978).

2. Innerhalb der Persönlichkeitspsychologie kommt der Person-Umwelt-Beziehung eine grundlegende Bedeutung zu. Insbesondere seit der Feldtheorie von Lewin (1935) wird das Verhalten (V) als Funktion (F) der Person (P) und der Umwelt (U) gesehen: V=F(P,U). Ausgehend davon entwickelte sich die Frage nach dem Grad an Person- und Situationsabhängigkeit des Verhaltens bzw. nach der Stabilität von Persönlichkeitsmerkmalen zu einer zentralen Kontroverse der Persönlichkeitspsychologie (Schneewind 1984, Pervin 1985).

In den bisherigen deutschsprachigen Publikationen zum Verhältnis von Umwelt und Persönlichkeit lag der Schwerpunkt auf den Beiträgen ökopsychologischer Konzepte und Denkansätze für die Weiterentwicklung der Persönlichkeitspsychologie (vgl. Lantermann 1978, Pawlik 1978, Fischer 1979). Demgegenüber orientieren sich diese Ausführungen an der umgekehrten Blickrichtung. Es geht in erster Linie darum, welche Impulse die Ökopsychologie als relativ neuer Forschungsbereich der Psychologie von der Persönlichkeitspsychologie als klassisch-traditioneller Teildisziplin erhalten kann.

1. Beiträge der Persönlichkeitspsychologie zur Umweltpsychologie

Die Bedeutung persönlichkeitspsychologischer Konzepte und Vorgehensweisen für die Umweltpsychologie ergibt sich zunächst aus zwei Aspekten (vgl. Craik 1976, Craik & McKechnie 1977) (→ *Umwelteinschätzung*):

a) *Die Entwicklung von Meßinstrumenten zur Erfassung von Umweltdispositionen.* Üblicherweise beziehen sich Persönlichkeitsdimensionen auf die Art und Weise, in der eine Person mit sich selbst und ihrer Mitwelt umgeht. In Ergänzung dazu kommen in den Dispositionen gegenüber der Umwelt („environmental dispositions") überdauernde persönliche Stile der Beziehung zur alltäglichen physischen Umwelt zum Ausdruck (Kap. 2).

b) *Die Anwendung von Persönlichkeitsvariablen zur Vorhersage menschlichen Handelns gegenüber der physischen Umwelt.* Dabei können sowohl traditionelle Persönlichkeitsmerkmale wie auch die eben erwähnten Umweltdispositionen Verwendung finden (Kap. 3).

Zusätzlich muß berücksichtigt werden, daß ein wesentliches Element der Persönlichkeitspsychologie in der Konzipierung von Theorien über Aufbau und Struktur der Person liegt. Hieraus wird eine dritte Aufgabe erkennbar, die bisher weniger im Mittelpunkt des Interesses stand:

c) *Berücksichtigung von Modellen der Persönlichkeitspsychologie für die Abbildung innerpsychischer Prozesse bei umweltrelevanten Verhaltensweisen.* Erst dann läßt sich von einer systematischen Einbeziehung persönlichkeitspsychologischer Überlegungen in die Umweltpsychologie sprechen. Zudem erhält man einen Strukturrahmen zur Ordnung verschiedener Untersuchungsergebnisse, die bisher relativ unverbunden nebeneinander stehen (Kap. 4).

2. Erfassung von Umweltdispositionen

In analoger Weise zum Vorgehen bei traditionellen Persönlichkeitsvariablen wurden psychometrische Meßinstrumente für Umweltdispositionen entwickelt ($\rightarrow$ *Umwelteinschätzung*). Von diesen primär für Forschungszwecke erstellten Inventarien können drei Verfahren hervorgehoben werden.

a) Beim „Environmental Response Inventory" (ERI) von McKechnie (1974, 1977, 1978) handelt es sich um ein breit gestreutes, acht Skalen umfassendes Persönlichkeitsinventar. Die nachfolgende Bezeichnung der Skalen verdeutlicht, daß verschiedene sich auf alltägliche Mensch-Umwelt-Gegebenheiten beziehende Persönlichkeitsmerkmale erfaßt werden.

– Aufgeschlossenheit für ländliche und naturbezogene Lebensgewohnheiten (pastoralism);
– Interesse an Gegebenheiten des Stadtlebens (urbanism);
– Präferenz für Umweltveränderungen (environmental adaptation);
– Suche nach Anregungen (stimulus seeking);
– Vertrauen in die Umwelt (environmental trust);
– historische Vorlieben (antiquarianism);
– Bedürfnis nach Privatheit (need for privacy);
– mechanisch-handwerkliche Orientierung (mechanical orientation).

Man erhält mit den ERI-Variablen einen recht vielfältigen Einblick in die Beziehungen eines Menschen zu seiner natürlichen, sozialen und kulturellen Lebensumwelt.

b) Die Erfassung individueller Unterschiede hinsichtlich Präferenzen für verschiedene Umweltsettings bildet das Ziel des „Environmental Preference Questionnaire" (EPQ) von Kaplan (1973, 1977). Bei der wichtigsten der sieben Skalen („Nature") sollen die Personen angeben, wie sehr sie sich an Naturphänomenen wie Wälder, Wiesen, Wildnis, Flüsse, Wasserfälle usw. erfreuen bzw.

diese aktiv aufsuchen. In weiteren Skalen werden Bereiche wie Präferenz für die Vorzüge großer Städte oder das Interesse an sozial-kommunikativen Aktivitäten thematisiert. Eingebettet ist die Entwicklung des EPQ in Bemühungen, die Rolle der natürlichen Umwelt für das psychische Wohlbefinden des Menschen zu untersuchen (vgl. Ulrich 1983).

c) Die Frage nach den primären Objekten der Umwelt, an denen sich Individuen orientieren, bildet die Grundlage für das Konzept der „Person-Ding-Orientierung" und die dazugehörige T-P-Skala (thing-person-scale) von Little (1976). Ausgehend von der grundlegenden Unterscheidung, daß sich Menschen in ihrem Lebensalltag eher an Personen beziehungsweise an Dingen orientieren, entwickelte Little (1976) eine Personentypologie. Neben den „Person-Spezialisten" (hoher Person-Wert, niedriger Ding-Wert) sowie den „Ding-Spezialisten" spricht er von „Generalisten" (hoher Person-Wert und hoher Ding-Wert) und „Nicht-Spezialisten" (niedrige Person- und Ding-Werte). Der Anwendungsaspekt dieser Klassifikation zeigt sich in dem Befund von Sewell und Little (1973), daß die Beteiligung an ökologisch bedeutsamen Aktivitäten insbesondere von Individuen mit hoher Person- und hoher Ding-Orientierung ausgeht (→ Umweltbewußtsein; → Umwelt und Werte).

3. Persönlichkeitsmerkmale und umweltrelevantes Handeln

Am Beispiel des Konstrukts der Kontrollüberzeugungen („locus of control" → Kontrolle und Wahlfreiheit) von Rotter (1966) soll gezeigt werden, wie klassische Persönlichkeitsmerkmale ihre Anwendung fanden bei der Erklärung von Unterschieden in umweltbezogenen Handlungsweisen. Bei Levenson (1974) zeigte sich eine negative Beziehung zwischen der Häufigkeit einer Teilnahme an Umweltaktivitäten und der generalisierten externalen Erwartung „Kontrolle durch Zufall".

In einer darauf aufbauenden Untersuchung berücksichtigten Trigg et al. (1976) den moderierenden Effekt einer eher pessimistischen oder optimistischen Einschätzung des Handlungserfolgs. Die Koppelung von internalen Kontrollüberzeugungen und optimistischer Zukunftseinschätzung erwies sich als bedeutsam für die Realisierung umweltbezogener Verhaltensweisen.

Die bisher differenzierteste Analyse der Zusammenhänge zwischen Kontrollüberzeugungen und Umwelthandeln legten Huebner und Lipsey (1981) vor. Umweltengagierte Personen glauben in hohem Maße an ihre eigenen Fähigkeiten zur Beeinflussung von Umweltereignissen. Sie schreiben wenig dem Zufall zu, erkennen jedoch an, daß es mächtige, außerhalb ihrer Person liegende Interessengruppen gibt, die ebenfalls Einfluß auf die Veränderung der ökologischen Gegebenheiten nehmen.

Die zusätzliche Existenz weiterer – jedoch weniger systematisch angelegter – Studien zeigt die Bedeutung der Locus-of-control-Variablen als differentialpsychologisches Konstrukt zur Erklärung von Umweltaktivitäten (vgl. Swan 1970, Kinnear, Taylor & Ahmed 1974, Tucker 1978). Allerdings ist es erforderlich – insbesondere, wenn die innerpsychischen Prozesse bei der Aktivierung umweltschützender Handlungen abgebildet werden sollen – das Persönlichkeitsmerkmal Kontrollüberzeugungen in ein strukturierendes Person-Umwelt-Modell einzuordnen.

4. Persönlichkeitsmodelle als Strukturrahmen

Iwata (1981-82, 1986) entwickelte ein Modell für die Teilnahme an umweltschützenden Aktivitäten („proenvironmental behavior"). Dabei berücksichtigt er neben der mit internalen Kontrollüberzeugungen einhergehenden wahrgenommenen Effektivität eigenen Handelns die subjektive Nutzen-Kosten-Einschätzung, die wahrgenommene Handlungsnotwendigkeit und das Umweltwissen bzw. Umweltverständnis als zentrale Modelldeterminanten. Die Abbildung 1 zeigt, daß zusätzlich personale, soziale und Umweltvariablen die Höhe der Umweltkenntnisse beeinflussen.

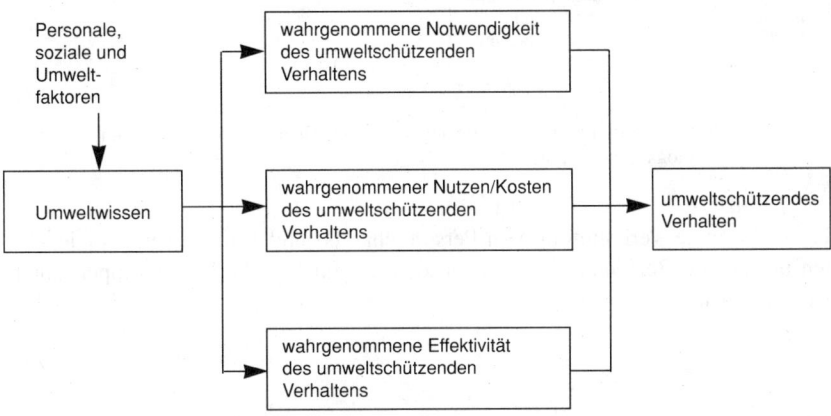

Abb. 1: Modell für die Erklärung umweltschützender Verhaltensweisen (nach Iwata 1986, S. 192)

Eine Person wird dann an freiwilligen Umweltschutzaktivitäten (z.B. → *Abfall,* → *Energiesparen*) teilnehmen, wenn sie von der Wirksamkeit ihres Handelns ausgeht, die subjektiven Handlungskosten nicht zu hoch sind und das Verhalten als notwendig eingeschätzt wird.

Nicht nur auf umweltschützende Verhaltensweisen bezieht sich ein von Taylor (1983) entwickelter Ordnungsrahmen, der abschließend hervorgehoben wird. Damit können die bisher existenten persönlichkeitspsychologischen Beiträge zur Umweltpsychologie in eine systematische Form gebracht werden. Die Grundlage bildet das interaktive Persönlichkeitsmodell von Murray (1938) und dessen Un-

164 .

terscheidung zwischen „alpha press" (objektive Umweltgegebenheiten) und „beta press" (subjektive Umweltwahrnehmung). Abbildung 2 verdeutlicht, daß die fünf Variablengruppen objektive Außenwelt (alpha press), subjektive Umweltrepräsentation (beta press), klassische Persönlichkeitsmerkmale, Umweltdispositionen und umweltrelevante Verhaltensweisen als bedeutsam angesehen werden.

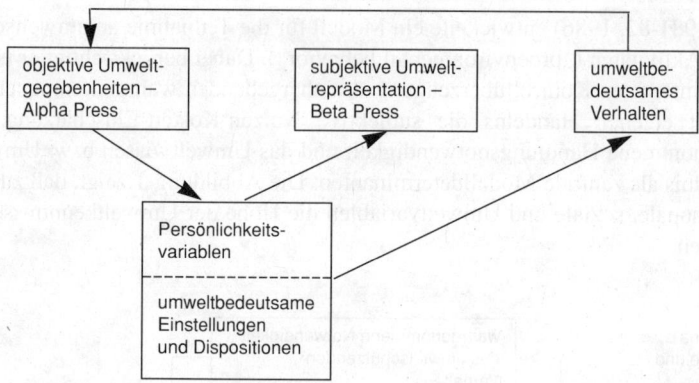

Abb. 2:   Rahmenmodell für mögliche Beziehungen zwischen Persönlichkeits- und Umwelt-
          psychologie (nach Taylor 1983, S. 38)

Für die weitere Verknüpfung von Persönlichkeits- und Umweltpsychologie sollten primär die Beziehungen zwischen den obigen fünf Variablengruppen untersucht werden.

Literatur

Craik, K.H. (1976). The personality research paradigm in environmental psychology. In S. Wap-
    ner, S.B. Cohen & B. Kaplan (Eds.), Experiencing the environment (pp. 55-79). New York:
    Plenum.
Craik, K.H. (1977). Multiple scientific paradigmas in environmental psychology. International
    Journal of Psychology 12, 147-157.
Craik, K.H. & McKechnie, G.E. (1977). Editor's introduction: Personality and the environment.
    Environment and Behavior 9, 155-168.
Fischer, M. (1979). Phänomenologische Analysen der Person-Umwelt-Beziehung. In S.-H.
    Filipp (Hg.), Selbstkonzept-Forschung (S. 47-73). Stuttgart: Klett.
Huebner, R.B. & Lipsey, M.W. (1981). The relationship of three measures of locus of control to
    environmental activism. Basic and Applied Social Psychology 2, 45-58.
Iwata, O. (1981-82). An examination of a model of anti-pollution behavior. Journal of Environ-
    mental Education 13, 2, 16-19.
Iwata, O. (1986). The relationship of personality to environmental vulnerability and proenviron-

mental orientation. In B.A. Maher & W.B. Maher (Eds.), Progress in experimental personality research, Vol. 14 (pp. 165-203). Orlando: Academic.

Kaplan, B. (1973). Some psychological benefits of gardening. Environment and Behavior 5, 145-162.

Kaplan, B. (1977). Patterns of environmental preference. Environment and Behavior 9, 195-215.

Kinnear, T.C., Taylor, J.R., & Ahmed, S.A. (1974). Ecologically concerned consumers: Who are they? Journal of Marketing 38, 20-24.

Lantermann, E.-D. (1978). Situation x Person: Interindividuelle Differenzen des Verhaltens als Folge und Ursache idiosynkratischer Konstruktion von Situationen. In C.F. Graumann (Hg.), Ökologische Perspektiven in der Psychologie (S. 143-160). Bern: Huber.

Levenson, H. (1974). Activism and powerful others: Distinctions within the concept of internal-external control. Journal of Personality and Assessment 38, 377-383.

Lewin, K. (1935). A dynamic theory. Selected papers. New York: McGraw-Hill.

Little, B.R. (1976). Specialization and the varieties of environmental experience: Empirical studies within the personality paradigm. In S. Wapner, S.B. Cohen, & B. Kaplan (Eds.), Experiencing the environment (pp. 81-116). New York: Plenum.

McKechnie, G.E. (1974). ERI manual. The environmental response inventory. Palo Alto, CA: Consulting Psychologists.

McKechnie,G.E. (1977). The environmental response inventory in application. Environment and Behavior 9, 255-276.

McKechnie, G.E. (1978). Environmental dispositions: Concepts and measures. In P. McReynolds (Ed.), Advances in psychological assessment, Vol. 4 (pp. 141-177). San Francisco: Jossey-Bass.

Murray, H.A. (1938). Explorations in personality. New York: Oxford.

Pawlik, K. (1978). Umwelt und Persönlichkeit: Zum Verhältnis von ökologischer und differentieller Psychologie. In C.F. Graumann (Hg.), Ökologische Perspektiven in der Psychologie (S. 112-134). Bern: Huber.

Pervin, L.A. (1985). Personality: Current controversies, issues, and directions. Annual Review of Psychology 36, 83-114.

Rotter, J.B. (1966). Generalized expectancies for internal versus external control of reinforcement. Psychological Monographs 80.

Schneewind, K.A. (1984). Forschungsleitende Konzepte der Persönlichkeitspsychologie. In M. Amelang & H.-J. Ahrens (Hg.), Brennpunkte der Persönlichkeitspsychologie, Bd. 1 (S. 11-29). Göttingen: Hogrefe.

Sewell, W.R.D. & Little, B.R. (1973). Specialists, laymen, and the process of environmental appraisal. Regional Studies, 161-171.

Stokols, D. (1978). Environmental psychology. Annual Review of Psychology 29, 253-295.

Swan, J.A. (1970). Response to air pollution: A study of attitudes and coping strategies of high school youth. Environment and Behavior 2, 127-152.

Taylor, R.B. (1983). Conjoining environmental psychology with social and personality psychology. In N.R. Feimer & E.S. Geller (Eds.), Environmental psychology (pp. 24-59). New York: Praeger.

Trigg, L.J., Perlman, D., Perry, R.P., & Janisse, M.P. (1976). Antipollution behavior: A function of perceived outcome and locus of control. Environment and Behavior 9, 307-313.

Tucker, L.R. (1978). The environmentally concerned citizen: Some correlates. Environment and Behavior 10, 389-418.

Ulrich, R.S. (1983). Aesthetic and affective responses to natural environment. In I. Altman & J.F. Wohlwill (Eds.), Human behavior and environment, Vol. 6 (pp. 85-127). New York: Academic Press.

Wolfgang Nöldner
Institut für Psychologie
der Universität Regensburg

Kontrolle und Kontrollverlust

1. Grundfragen psychologischer Kontrollforschung

Kontrolle als dem menschlichen Individuum innewohnendes Bestreben, Ereignisse und Zustände seiner Umwelt beeinflussen, vorhersehen oder zumindest erklären zu können, ist zu einem zentralen Gegenstand insbesondere klinisch- und sozialpsychologischer Forschung geworden (vgl. Averill 1973, Miller 1979, Thompson 1981, Osnabrügge, Stahlberg & Frey 1985). Der weitaus größere Teil empirischer Studien geht der Frage nach, wie sich Kontroll- oder Freiheitsverlust auswirken.

1.1 Die Folgen von Kontrollverlust

Einen Kontrollverlust erlebt z.B. eine Person, die erwartet, lauten → *Lärm* abstellen zu können, dann aber erfahren muß, daß keine ihrer möglichen Reaktionen zum gewünschten Erfolg führt. Nach der bekannten Theorie von Seligman (1975) können Erfahrungen dieser Art, insbesondere wenn sie häufiger und in verschiedensten Situationen gemacht werden, zu „erlernter Hilflosigkeit" führen. Dieser Zustand beeinträchtigt die Motivation des Individuums, Einfluß auszuüben, erschwert das Erkennen und Erlernen objektiv gegebener Zusammenhänge und ist mit Furcht verbunden, die in Depression übergehen kann. Gemäß der attributionstheoretischen Reformulierung durch Abramson, Seligman und Teasdale (1978) sind vor allem Individuen gefährdet, die annehmen, sie seien als einzige gegenüber den gegebenen Umständen hilflos, und diese Hilflosigkeit sei auf globale und stabile Merkmale der eigenen Person zurückzuführen.

Eine andere Art von Kontrollverlust liegt vor, wenn eine Person, die davon überzeugt ist, sich in einer bestimmten Situation frei verhalten zu können, eine Einengung dieser Freiheit erlebt. Einschränkungen dieser Art lösen nach Brehm (1966) „psychische Reaktanz" aus, einen aversiven Erregungszustand, über den auf Wiederherstellung der Freiheit abzielende Aktivitäten vermittelt werden.

Wird also Kontrollverlust stets als aversiv erlebt, aber je nach Art des Verlustes mit Hilflosigkeit oder Widerstand beantwortet? Wortman und Brehm (1975) sagen vorher, daß im allgemeinen beide Reaktionsformen auftreten, allerdings in zeitlicher Staffelung: Kontrollverlust löst zunächst Reaktanz, also eine Steigerung der Kontrollmotivation aus; erst wenn sich wiederholte Versuche, die Kontrolle zurückzugewinnen, als erfolglos erweisen, schwächt sich diese Motivation ab, um schließlich unter das Ausgangsniveau zu sinken. Diese Sequenz tritt besonders deutlich bei Personen auf, die einen Lebensstil bevorzugen, der als „Typ-A-Verhaltensmuster" bezeichnet wird (Friedman & Rosenman 1974). Solche Menschen neigen zu wettbewerbsorientiertem Leistungsstreben und Aggressivität, und sie leiden oft unter Zeitdruck. Daß innerhalb dieser Typ-A-Gruppe häufig Koronarkrankheiten zu finden sind, gilt als Hinweis auf das hohe Gesundheitsrisiko, das mit dem Bestreben verbunden ist, immer und überall Kontrolle auszuüben, und zwar auch gegenüber faktisch nicht kontrollierbaren Umweltgegebenheiten.

Die Erfahrung, die Umwelt durch aktive Einflußnahme („primäre Kontrolle" nach Rothbaum, Weisz & Snyder 1982) nicht so verändern zu können, daß sie im Einklang mit persönlichen Motiven und Zielen steht, darf aber keineswegs als unmittelbarer Auslöser körperlicher oder psychischer Erkrankungen gesehen werden. Das menschliche Individuum verfügt offenbar über vielfältige Formen kognitiver Aktivität zur Bewältigung objektiv unkontrollierbarer Situationen (vgl. v.a. Thompson 1981, Osnabrügge et al. 1985). Kontrollerleben kann sich etwa einstellen, wenn Informationen über bevorstehende Ereignisse aufgenommen („Vorhersehbarkeit") oder bereits eingetretene Ereignisse auf bestimmte Ursachen zurückgeführt werden können („Erklärbarkeit"). Ja sogar bezüglich völlig zufallsabhängiger Ereignisfolgen kann ein Individuum überzeugt sein, Einfluß nehmen zu können („Illusion von Kontrolle", Lefcourt 1973). Wenn primäre Kontrolle scheitert, weicht die Person – so Rothbaum et al. (1982) – auf Mechanismen „sekundärer Kontrolle" aus, d.h., sie paßt ihre Motive und Ziele den Umweltbedingungen an, erreicht also durch kognitive Aktivität Selbst-Umwelt-Kongruenz.

Das Zusammenspiel zwischen primärer und sekundärer Kontrolle läßt sich an Konfliktsituationen veranschaulichen. Vor der endgültigen Wahl einer Verhaltensalternative „erlebt" das Individuum Freiheit, und zwar um so stärker, je höher die Anzahl der wählbaren Alternativen ist und je attraktiver sowie gleichwertiger die verschiedenen Verhaltenskonsequenzen zu sein scheinen (Steiner 1970). Da jedoch mit jeder Entscheidung Alternativen aufgegeben werden müssen, wird eine Konfliktsituation zugleich auch als Freiheitsbedrohung erlebt. Dem begegnet das Individuum mit einer besonderen Form sekundärer Kontrolle: mit herannahendem Zeitpunkt der Entscheidung werden die Bewertungsunterschiede zwischen den Alternativen verringert, d.h., die subjektive Freiheit (im Sinne Steiners) erhöht. Da die Ausübung primärer Kontrolle, also der Vollzug der Wahl, zugleich Kontrollverlust bedeutet, kommt auch nach der Entscheidung sekundäre Kontrolle ins Spiel, z.B. als Abwertung nicht gewählter Alternativen zum Zwecke der Minderung kognitiver Dissonanz (vgl. Festinger 1957).

Im Gegensatz zur Klinischen und Sozialpsychologie hat sich die Entwicklungspsychologie stärker um die Analyse „positiver" Kontrollerfahrungen bemüht.

1.2 Positive Kontrollerfahrungen

Besondere Beachtung verdienen die Studien zur Bedeutung reaktionskontingenter Stimulation in der frühesten Kindheit (s. dazu Gunnar 1980). Mit ihnen konnte nachgewiesen werden, daß bestimmte Umweltveränderungen, die unmittelbar nach einem Verhaltensakt auftreten (z.B. das Einsetzen der Schwingungen eines Mobiles als Folge einer Kopfbewegung), nicht nur zu häufigerem Auftreten dieses Verhaltens führen, sondern auch positive Emotionen auslösen und – so die Ergebnisse von Längsschnittstudien – die Motivation zu Erkundungsverhalten zu fördern scheinen. Mit Gunnar kann angenommen werden, daß frühe Kontrollerfahrungen mit „responsiven Umwelten", aber auch das Erleben von Wahlfreiheit beim ungehinderten Aufsuchen von Objekten oder Räumen vom Krabbelstadium an mit die Basis legen für den Aufbau relativ stabiler Erwartungen, Einfluß auf die Umwelt nehmen zu können, z.B. von „Internalen Kontrollüberzeugungen" (Rotter 1966) oder „Selbstwirksamkeits"-Erwartungen (Bandura 1977).

Den theoretischen Hintergrund für die gerade erwähnten Arbeiten hat White (1959) geliefert. Der Autor postuliert ein „effectance motive", ein organismusinhärentes Bestreben, sich um des Erlebens eigener Wirksamkeit willen mit der Umwelt auseinanderzusetzen (vgl. auch DeCharms 1968). Insofern als Beeinflussung der Umwelt häufig deren Zugänglichkeit voraussetzen dürfte, ist es nur folgerichtig, wenn Proshansky, Ittelson und Rivlin (1970, ähnlich Oesterreich 1981) von einer auf Maximierung der Wahlfreiheit abzielenden Grundtendenz des Verhaltens ausgehen.

Inwieweit kommen aber die Umweltbedingungen diesem Streben nach Freiheit und Wirksamkeit entgegen, wie ist kontrollierbare Umwelt beschaffen? Fragen, deren Beantwortung in erster Linie von der Umweltpsychologie erwartet wird.

2. Beiträge der Umweltpsychologie

2.1 Zum Begriff „Umweltkontrollierbarkeit"

Wenden wir uns zunächst Bemühungen um eine Bestimmung des Begriffs „Umweltkontrollierbarkeit" zu. „Environmental controllability" bedeutet für Stokols (1979) das Ausmaß, in dem ein Umweltbereich so verändert oder erhalten werden kann, daß er in Kongruenz zu persönlichen Vorlieben steht und psychisches Wohlbefinden fördert, sowie das Ausmaß, in dem die Konfrontation mit diesem Bereich vom Individuum reguliert werden kann. Als Korrelat so verstandener Kontrollierbarkeit zieht der Autor auch „objektive" Merkmale der Umwelt in Betracht: die Ausschnitte des Umweltbereichs, die hinsichtlich der Herstellung von Kongruenz am bedeutsamsten sind, sollten auch wahrnehmungsmäßig am besten zugänglich sein. Trotzdem muß Stokols' Ansatz als „subjektivistisch" gelten, d.h., er setzt zur quantitativen Bestimmung der Kontrollierbarkeit eines Umweltbereichs individuelle Befragungen, zumindest aber personenspezifische Beobachtungen voraus.

Diese methodischen Schritte lassen sich umgehen, wenn man wie Oesterreich (1981) einem „objektivistischen" Zugang den Vorzug gibt: „Kontrolle eines Handlungsbereichs" bezeichnet danach das Gesamt an unabhängig von den Kompetenzen einer Person möglichen Handlungen und erreichbaren Zielen. Je vielfältiger die von jeweils erreichten Zielen aus bestehenden Möglichkeiten der Handlungsfortsetzung und je wirksamer die entsprechenden Handlungen bezüglich des Erreichens weiterer Ziele sind, desto besser kontrollierbar ist der Handlungsbereich. Maximale Kontrolle einer Umwelt könnte nach diesem Modell eine Person ausüben, die über ein umfassendes und unverzerrtes Bild der objektiv gegebenen Möglichkeiten verfügt.

In methodologischer Hinsicht zwar gegensätzlich, gleichen sich die beiden Ansätze doch darin, daß sie sowohl dem Forscher als auch dem Praktiker nur sehr allgemeine Prinzipien der Gestaltung kontrollierbarer Umwelt anzubieten haben. Konkretere Vorstellungen lassen sich entwickeln, wenn auf spezifische Umweltbereiche Bezug genommen wird. Ein Beispiel dafür ist der Ansatz von Hoff und Hohner (1986), die → *Arbeitsumwelten* danach unterscheiden, inwieweit sie objektiv veränderbar sind sowie Ausdruck und Entfaltung von Individualität zulassen oder sogar fordern (→ *Büroumwelt*). Umweltkontrollierbarkeit ergibt sich für die Autoren aus Gelegenheiten zur eigenständigen Strukturierung der Arbeitszeit, zur Veränderung des Bewegungsraumes, zur Aufnahme und Strukturierung sozialer – auch informeller – Kontakte, aus Selbstverantwortlichkeit für Materialien, Medien, Organisationsformen und andere Personen, aus Qualifikationsanforderungen auf allen Ebenen der Handlungsregulation und schließlich aus Möglichkeiten, Stressoren wie Hitze oder Lärm hinsichtlich Häufigkeit, Intensität und Qualität selbst regulieren zu können (→ *Umweltstreß*).

Ein weiteres Beispiel ist die Wohnvierteltypologie, die LaGory (1982) entwickelt hat. Danach kann der einzelne seine Wohnumwelt um so besser kontrollieren, je dichter sie besiedelt und je stärker die Rollendiversifikation innerhalb der Nachbarschaft ausgeprägt ist. Solche Wohnviertel bieten in quantitativer wie qualitativer Hinsicht größte Wahlfreiheit bezüglich der Aufnahme und Gestaltung von Sozialbeziehungen.

2.2 Räumlich-materielle Umwelt und Kontrolle

Wie hoch die Bedeutung von Kontrolle und Wahlfreiheit für die Regulation menschlichen Lebens und Zusammenlebens gerade von der Umweltpsychologie veranschlagt wird, läßt sich besonders gut an jenen ihrer Konstrukte und Modelle aufzeigen, welche die Analyse der Beziehungen der Menschen zur räumlich-materiellen Umwelt anleiten oder Raum und Materie als Verhaltenskorrelate zumindest mitberücksichtigen.

Nach Altman (1975) spielt bei Prozessen sozialer Interaktion und Beziehungsentwicklung das Bestreben der beteiligten Individuen, Kontrolle über Art und Menge der ausgetauschten „persönlichen" Informationen auszuüben, eine zentrale Rolle. Neben verbaler Kommunikation fungieren dabei Veränderungen der räumlichen Distanz und Territorialverhalten als bedeutsame Kontaktkontrollmechanismen (→ *Territorialität*). Deren Versagen kann z.B. dazu führen, daß einer der Interaktionspartner gezwungen ist, zu viele oder zu intime Informationen über den anderen aufzunehmen, eine Situation, in der die erlebte „Privatheit" geringer ist als die erwünschte.

Die Wirksamkeit von Kontrollverhalten in Form räumlicher Grenzziehung veranschaulichen Feldstudien an männlichen Dyaden, deren Mitglieder sich bereit erklärt hatten, für mehrere Tage in sozialer Isolation zu leben, um gemeinsam bestimmte Tätigkeiten zu verrichten. Nur jene Dyaden, die zu Beginn der Isolationszeit ausgeprägtes Territorialverhalten zeigten, entwickelten harmonische Beziehungen und verrichteten effiziente Arbeit.

Kontrolle findet sich auch in verschiedenen Crowding-Modellen (Stokols 1976, Baron & Rodin 1978, Schmidt & Keating 1979) als wesentliche Komponente (→ *Dichte und Enge*). Durch Überstimulation, Ressourcenknappheit und/oder Behinderung der Lokomotion gekennzeichnete Dichtesituationen führen danach zum Erleben von Kontrollverlust, den die betroffenen Individuen durch spezifische Verhaltensweisen (z.B. Rückzug) oder kognitive Aktivitäten (z.B. Änderung von Verhaltensabsichten) zu bewältigen suchen. Insofern Kontrollverlust durch Verletzung des Personalen Raums bedingt ist, dürfte er von Personen mit internaler Kontrollüberzeugung als weniger gravierend erlebt werden (→ *Personaler Raum*). Gemäß Duke und Nowicki (1972) finden Kontrollerwartungen dieser Art in größerer Toleranz gegenüber geringen räumlichen Distanzen zum Interaktionspartner ihren Ausdruck. Und auch Personen, die qua Rolle aktiv Kontrolle über den Partner ausüben, scheinen durch Dichtebedingungen weniger beeinträchtigt zu werden (Edney 1975).

Auf eine besondere Art von Kontrolle verweisen die Analysen von Allen und Greenberger (1980): danach gehen destruktive Einwirkungen auf die materielle Umwelt mit Kontrollgefühlen einher, insbesondere in Situationen, wo es schwer möglich ist, Einfluß auf die soziale Umwelt auszuüben.

2.3 Ökologische Übergänge und Kontrolle

Kontrolle als „höhere Form des Überlebensstrebens" (Oesterreich 1981) dürfte in all ihren Spielarten in Zusammenhang mit ökologischen Übergängen (Einschulung, Wohnortwechsel, Inhaftierung usw.) aktiviert werden. Fischer und Stephan (1984) nehmen an, daß die Adaptation nach solchen Übergängen wesentlich durch Bemühungen gekennzeichnet ist, zunächst „passive Kontrolle" (valide Diagnose der Zusammenhänge zwischen den einzelnen Umweltbedingungen und valide Vorhersage ihrer Entwicklung) und danach „aktive Kontrolle" (Selektion der im Sinne persönlicher Ziele beeinflußbaren Umweltbedingungen) zu gewinnen. Individuen, die aufgrund bisheriger Kontrollerfahrungen besonders gut in der Lage sind, zwischen kontrollierbaren und unkontrollierbaren Umweltbereichen zu unterscheiden, sollte gemäß der transitionstheoretischen Überlegungen der Autoren die Neuanpassung am besten gelingen.

Eine gezielte empirische Überprüfung aus diesen Grundannahmen ableitbarer Hypothesen steht aus, doch finden sich in der Literatur Hinweise auf ihre Stichhaltigkeit. So konnte Schmidt-Denter (1982) zeigen, daß Kleinkinder nach dem Eintritt in eine Kindergartengruppe Gleichaltrige erst über eine gewisse Zeitstrecke hinweg beobachten, bevor sie dazu übergehen, deren Verhalten durch eigene Spielinitiativen zu beeinflussen. Eine kontrolltheoretische Interpretation bietet sich auch für die Ergebnisse eines Feldexperimentes von Pastalan (1973) an. Innerhalb einer Gruppe alter Menschen, denen vor der Verlegung in ein anderes Altersheim Gelegenheit gegeben worden war, die neue Umwelt zu erkunden und dort Orientierungsaufgaben zu lösen, gab es nach dem Umzug signifikant weniger Todesfälle als in einer Kontrollgruppe ($\rightarrow$ *Altenheim*). Es ist zu vermuten, daß „Vorinformationen" (im Sinne der passiven Kontrolle) über Umwelten als zukünftige Lebenskontexte Voraussetzungen für deren effizientere Beeinflussung (aktive Kontrolle) schaffen. Eine kontrolltheoretische Analyse weiterer Untersuchungen zur Umsiedlung in Alten- und Pflegeheime findet sich bei Schulz und Brenner (1977).

2.4 Kontrolle in Alltagsumwelten – einige Beispiele kontrolltheoretischer Feldforschung

Das Spektrum kontrolltheoretischer und zugleich umweltpsychologisch bedeutsamer Forschung ist überaus breit und heterogen (vgl. Baum & Singer 1980, Langer 1983). Die Auswahl der im folgenden kurz dargestellten empirischen Studien erfolgte unter zwei Gesichtspunkten. Zum einen wurden sie in Umwelten durchgeführt, deren Lebensqualität entscheidend über personale Kontrolle bestimmt zu sein scheint. Zum zweiten verdeutlichen diese Untersuchungen den Anspruch umweltpsychologischer Forschung, anwendungsrelevante Ergebnisse zu liefern.

Um die Frage, ob Kontrollerleben durch die architektonische Gestaltung von Studentenwohnheimen beeinflußt wird, ging es in Untersuchungen von Baum und Valins (1977). Die Autoren verglichen Studenten aus zwei unterschiedlich gestalteten Wohnheimen miteinander. Die Bewohner des „corridor design" waren in Zweibettzimmern zu beiden Seiten eines langen Flurs untergebracht, der als Verbindungsweg zu Bade- und Aufenthaltsraum diente, die gemeinsam genutzt wurden. Die „suite design"- Bewohner lebten dagegen in kleineren Einheiten von zwei oder drei Zweibettzimmern; jeder Einheit waren ein eigener Bade- und Aufenthaltsraum zugeordnet. Die Annahme, daß unter Korridorwohnbedingungen die Kontrolle der Sozialkontakte erschwert ist, weil wegen der ungleich größeren Zahl potentieller Begegnungen mit anderen Art und Verlauf der Interaktionen weniger gut vorhergesagt werden können, fanden die Autoren durch folgende Ergebnisse gestützt: Korridorbewohner gaben signifikant häufiger als Suitebewohner an, sie fühlten sich beengt, genössen weniger Privatheit und neigten dazu, das Zusammentreffen mit Nachbarn aktiv zu vermeiden; darüber hinaus zeigten sie bei experimentellen Spielen weniger Kooperationsbereitschaft.

Die Ergebnisse einer Längsschnittstudie (Baum, Aiello & Calesnick 1979) stehen ebenfalls in Einklang mit der „Kontaktkontrollhypothese", erlauben aber zugleich deren Ausdifferenzierung: das Verhalten der unter Bedingungen hoher sozialer Dichte lebenden Studenten verändert sich in den ersten sieben Wochen nach ihrem Einzug ins Heim nach Art der Reaktanz-Hilflosigkeits-Sequenz (s. 1.1).

Eine Verallgemeinerung dieser Befunde auf alle Gruppen von Heimbewohnern scheint jedoch ohne weitere Analysen nicht möglich zu sein. Im Rahmen der Umgestaltung eines Heims für geistig schwer behinderte Frauen und Männer erwies sich das Korridordesign gegenüber dem Familienwohnungen stärker ähnelnden Suitedesign als die günstigere Renovierungsvariante (Zimring, Weitzer & Knight 1982) (→ *Kranke und Behinderte;* → *Therapeutische Umwelten*). Das Verhalten der Korridorbewohner veränderte sich am stärksten in Richtung des Anstiegs positiver sozialer Kontakte, der vermehrten Nutzung eigener und Respektierung anderen zugedachter Bereiche, der Abnahme ziellosen Umherwanderns u.ä. Die Autoren führen diese Unterschiede auf die stärkere Kontrollierbarkeit der Korridor-Wohnumwelt zurück, innerhalb deren die Behinderten in akustisch gut abgeschirmten (Privatheit!) Ein- oder Zweibettzimmern lebten, die sie eigenständig verschließen und beleuchten konnten. Zudem waren die Korridorbereiche, in denen allerdings jeweils nur Männer oder Frauen wohnten, über ein Wahlfreiheit gewährendes Aktivitätszentrum miteinander verbunden, so daß sie als „semiprivate Übergangszone" erlebt werden konnten.

Kontrollierbarkeit im Sinne der visuellen Zugänglichkeit anderer Personen bzw. der Möglichkeit, sich deren Blicken zu entziehen, erwies sich in einer Gefängnisstudie von Moore (1980) als wesentliches Korrelat der Krankmeldungsrate unter den Gefangenen. Krankmeldungen traten deutlich häufiger innerhalb der Gruppe jener Insassen auf, die in nach der „Offensystem-Bauweise" gestalteten Zellblöcken untergebracht waren. Anders als in den „Kammsystem-Blöcken" war es hier möglich, durch die Gitterstäbe einer Zelle Einblick in fast 100 der gegenüberliegenden Zellen zu nehmen, aber auch von deren Bewohnern beobachtet zu werden (→ *Gefängnis*).

Daß sich schon geringfügig erscheinende Erhöhungen der Kontrollierbarkeit positiv auswirken können, zeigt eine Untersuchung von Langer und Rodin (1976). Die Autorinnen legten den Bewohnern eines Altersheimes nahe, sich selbst (und nicht das Pflegepersonal) stärker für ihr Leben verantwortlich wahrzunehmen und zusätzlich eine Zimmerpflanze selbst zu versorgen. Im Vergleich zu den Mitgliedern einer Kontrollgruppe konnten bei diesen alten Menschen höhere Werte bezüglich Zufriedenheit sowie kognitiver und sozialer Aktivität festgestellt werden, Veränderungen, die sich als stabil erwiesen (Rodin & Langer 1977).

Ähnliche Verbesserungen der psychischen und physischen Zustände älterer Heimbewohner konnte Schulz (1976) erzielen, indem er ihnen Gelegenheit gab, Besuche von Studenten zu empfangen, und dabei dafür sorgte, daß Zeitpunkt und Dauer der Besuche von den Bewohnern vorhergesehen und/oder beeinflußt werden konnten. Daß sich ihr Zustand wieder verschlechterte, führen Schulz und Hanusa (1978) auf den mit dem Ausbleiben der Studenten nach Beendigung der Studie erlebten Kontrollverlust zurück.

Ein Fazit aus dieser Auswahl an Untersuchungsergebnissen könnte lauten, daß auf die Erhöhung von Kontrolle abzielende Intervention offenbar eine vielversprechende Strategie zur Verbesserung der Lebensqualität in verschiedensten Kontexten darstellt, wobei sowohl die Umwelt als auch die Person selbst als Ansatzpunkt geeignet scheint.

Literatur

Abramson, L.Y., Seligman, M.E.P., & Teasdale, J.D. (1978). Learned helplessness in humans: Critique and reformulation. Journal of Abnormal Psychology 87, 49-74.

Allen, V.L. & Greenberger, D.B. (1980). Destruction and perceived control. In A. Baum & J.E. Singer (Eds.), Advances in environmental psychology (Vol. 2) (pp. 85-111). Hillsdale, NJ: Erlbaum.

Altman, I. (1975). The environment and social behavior. Privacy, personal space, territory, crowding. Monterey, CA: Brooks/Cole.

Altman, I. & Taylor, D. (1973). Social penetration: The development of interpersonal relationships. New York: Holt, Rinehart & Winston.

Averill, J.R. (1973). Personal control over aversive stimuli and its relationship to stress. Psychological Bulletin 80, 286-303.

Bandura, A. (1977). Self-efficacy: Toward a unifying theory of behavioral change. Psychological Review 84, 191-215.

Baron, R.M. & Rodin, J. (1978). Personal control as a mediator of crowding. In A. Baum, J.E. Singer & S. Valins (Eds.), Advances in environmental psychology (Vol. 1) (pp. 145-180). Hillsdale, NJ: Erlbaum.

Baum, A., Aiello, J.R. & Calesnick, L.E. (1979). Crowding and personal control: Social density and the development of learned helplessness. In J.R. Aiello & A. Baum (Eds.), Residential crowding and design (pp. 141-159). New York: Plenum Press.

Baum, A. & Singer, J.E. (Eds.) (1980). Applications of personal control (Advances in environmental psychology Vol. 2). Hillsdale, NJ: Erlbaum.

Baum, A. & Valins, S. (1977). Architecture and social behavior: Psychological studies of social density. Hillsdale, NJ: Erlbaum.

Brehm, J.W. (1966). A theory of psychological reactance. New York: Academic Press.

DeCharms, R. (1968). Personal causation. New York: Academic Press.

Duke, M.P. & Nowicki, S. Jr. (1972). A new measure and social-learning model for interpersonal distance. Journal of Experimental Research in Personality 6, 119-132.

Edney, J.J. (1975). Territoriality and control: A field experiment. Journal of Personality and Social Psychology 31, 1108-1115.

Festinger, L. (1957). A theory of cognitive dissonance. Stanford: Stanford University Press.

Fischer, M. & Fischer, U. (1985). Ökopsychologische Analyse mobilitätsbedingter Anpassungsprozesse bei Individuum und Familie. In W.F. Kugemann, S. Preiser & K.A. Schneewind (Hg.), Psychologie und komplexe Lebenswirklichkeit. Festschrift zum 65. Geburtstag von Walter Toman (S. 253-276). Göttingen: Hogrefe.

Fischer, M. & Stephan, E. (1984). Überlegungen zur Konzeption einer ökopsychologischen Transitionstheorie und zu Problemen einer empirischen Überprüfung. Vortrag, 26. Tagung experimentell arbeitender Psychologen an der Universität Erlangen-Nürnberg.

Frey, D. (1978). Die Theorie der kognitiven Dissonanz. In D. Frey (Hg.), Kognitive Theorien der Sozialpsychologie (S. 243-292). Bern: Huber.

Friedman, M. & Rosenman, R.H. (1974). Type A behavior and your heart. New York: Knopff.

174

Gunnar, M.R. (1980). Contingent stimulation: A review of its role in early development. In S. Levine & H. Ursin (Eds.), Coping and health (pp. 101-119). New York: Plenum Press.

Hoff, E.-H. & Hohner, H.-U. (1986). Occupational careers, work, and control. In M.M. Baltes & P.B. Baltes (Eds.), Aging and the psychology of control (pp. 345-371). Hillsdale, NJ: Erlbaum.

LaGory, M. (1982). Toward a sociology of space: The constrained choice model. Symbolic Interaction 5, 65-78.

Langer, E.J. (1983). The psychology of control. Beverly Hills: Sage.

Langer, E.J. & Rodin, J. (1976). The effects of choice and enhanced personal responsibility: A field experiment in an institutional setting. Journal of Personality and Social Psychology 34, 191-198.

Lefcourt, H.M. (1973). The functions of the illusion of control and freedom. American Psychologist 28, 417-425.

Linder, D.E. & Crane, K.A. (1970). Reactance theory analysis of predecisional cognitive processes. Journal of Personality and Social Psychology 15, 258-264.

Linder, D.E., Wortman, C.B. & Brehm, J.W. (1971). Temporal changes in predecision preferences among choice alternatives. Journal of Personality and Social Psychology 19, 282-284.

Miller, S.M. (1979). Controllability and human stress: Method, evidence, and theory. Behavior Research and Theory 17, 287-304.

Moore, E.O. (1980). A prison environment: Its effects on health care utilization. Michigan: Michigan University Press (unpubl. doctoral diss.).

Oesterreich, R. (1981). Handlungsregulation und Kontrolle. München: Urban & Schwarzenberg.

Osnabrügge, G., Stahlberg, D. & Frey, D. (1985). Die Theorie der kognizierten Kontrolle. In D. Frey & M. Irle (Hg.), Theorien der Sozialpsychologie. Bd. 3: Motivations- und Informationsverarbeitungstheorien (S. 127-172). Bern: Huber.

Pastalan, L.A. (1973). Involuntary environmental relocation, death and survival. In W.F.E. Preiser (Hg.), Environmental design research, Vol. 2 (pp. 410-415). Stroudsburg: Dowden, Hutchinson & Ross.

Proshansky, H.M., Ittelson, W.H. & Rivlin, L.G. (1970). Freedom of choice and behavior in a physical setting. In H.M. Proshansky, W.H. Ittelson & L.G. Rivlin (Eds.), Environmental psychology: Man and his physical setting (pp. 173-183). New York: Holt, Rinehart & Winston.

Rodin, J. & Langer, E.J. (1977). Long-term effects of control-relevant intervention with the institutionalized aged. Journal of Personality and Social Psychology 35, 897-902.

Rothbaum, F., Weisz, J.R. & Snyder, S.S. (1982). Changing the world and changing the self: A two-process model of perceived control. Journal of Personality and Social Psychology 42, 5-37.

Rotter, J.B. (1966). Generalized expectancies for internal versus external control of reinforcement. Psychological Monographs 80 (whole No. 609).

Schmidt, D.E. & Keating, J.P. (1979). Human crowding and personal control: An integration of the research. Psychological Bulletin 86, 680-700.

Schmidt-Denter, U. (1982). Der Eintritt in den Kindergarten als soziale Belastungssituation. In H. Janig, E. Löschenkohl, J. Schofnegger & G. Süssenbacher (Hg.), Umweltpsychologie: Bewältigung neuer und veränderter Umwelten (S. 143-148). Wien: Literas.

Schulz, R. (1976). Effects of control and predictability on the physical and psychological well-being of the institutionalized aged. Journal of Personality and Social Psychology 33, 563-573.

Schulz, R. & Brenner, G. (1977). Relocation of the aged: A review and theoretical analysis. Journal of Gerontology 32, 323-333.

Schulz, R. & Hanusa, B. (1978). Long term effects of control and predictability-enhancing interventions: Findings and theoretical issues. Journal of Personality and Social Psychology 36, 402-411.

Seligman, M.E.P. (1975). Helplessness. On depression, development, and death. San Francisco: Freeman (dt.: Erlernte Hilflosigkeit. München: Urban & Schwarzenberg, 1979; 3. erw. Aufl. 1986).

Steiner, I.D. (1970). Perceived freeedom. In L. Berkowitz (Ed.), Advances in experimental social psychology, Vol. 5 (pp. 187-247). New York: Academic Press.

Stokols, D. (1976). The experience of crowding in primary and secondary environments. Environment and Behavior 8, 49-86.

Stokols, D. (1979). A congruence of human stress. In I.G. Sarason & C.D. Spielberger (Eds.), Stress and anxiety, Vol. 6 (pp. 27-53). Washington: Hemisphere.

Thompson, S.C. (1981). Will it hurt less if I can control it? – A complex answer to a simple question. Psychological Bulletin 90, 89-101.

Watson, J.S. & Ramey, C.T. (1972). Reactions to response-contingent stimulation in early infancy (pp. 219-227). Merrill-Palmer Quarterly 18, 219-227.

White, R.W. (1959). Motivation reconsidered: The concept of competence. Psychological Review 66, 297-333.

Wortman, C.B. & Brehm, J.W. (1975). Responses to uncontrollable outcomes: An integration of reactance theory and the learned helplessness model. In L. Berkowitz (Ed.), Advances in experimental social psychology, Vol. 8 (pp. 277-336). New York: Academic Press.

Yarrow, L.J., Rubenstein, J.L. & Pedersen, F.A. (1975). Infant and environment: early cognitive and motivational development. New York: Wiley.

Zimring, C., Weitzer, W. & Knight, R.C. (1982). Opportunity for control and the designed environment: The case of an institution for the developmentally disabled. In A. Baum & J.E. Singer (Eds.), Advances in experimental psychology, Vol. 4 (pp. 171-210). Hillsdale, NJ: Erlbaum.

Manfred Fischer
Fachbereich I – Psychologie
der Universität Trier
und Egon Stephan
Psychologisches Institut
der Universität zu Köln

Umweltstreß

1. Streß als Anpassungskrise

Um Wohlbefinden, Gesundheit und Leben zu sichern, vollbringt der Mensch eine doppelte Anpassungsleistung. Zum einen paßt er die Umwelt seinen eigenen Bedürfnissen an: Durch Verbesserung äußerer Ressourcen (z.B. Steigerung von Ernteerträgen), durch Minderung von Risiken (z.B. Ausrottung von Krankheitserregern), durch Abbau von Hindernissen (z.B. Untertunnelung von Gebirgen) sowie durch Gewinnung von Hilfen (Entwicklung von Werkzeugen, Organisation sozialer Unterstützung, Schutz vor fremden Einflüssen u.ä.). Zum anderen verlangt die Ausbeutung und Umgestaltung der Umwelt vom Menschen selbst eine Anpassung: Er muß die hierzu nötigen Fähigkeiten erwerben, und er muß – sowohl für das Erlernen als auch für den Einsatz dieser Fähigkeiten – Anstrengungen unternehmen, d.h., eigene Ressourcen abgeben. Dabei wird er um so mehr Anstrengungen aufzubringen haben, je höher die Schwierigkeit seiner Aufgaben ist, je kleiner der Wirkungsgrad seiner Hilfen und je geringer seine Fähigkeiten. Zwischen der Anpassungsleistung und der Bedürfnislage besteht eine wechselseitige Abhängigkeit. Fortschritte in der Anpassung ermöglichen die Befriedigung neuer Bedürfnisse; so wird der Drang nach Befriedigung zum Motor für die weitere Anpassung.

Werden äußere Ressourcen knapp (z. B. bei Hungersnöten), nehmen die Risiken zu (z.B. bei Flutkatastrophen), bauen sich neue Hindernisse auf (z.B. feindselige Konkurrenten) oder versagen die gewohnten äußeren Hilfen (z.B. bei Maschinenschäden, Desorganisation sozialer Institutionen), so droht der Anpassungsprozeß ins Stocken zu geraten und mitunter ganz zusammenzubrechen. Für derartige Erschwerungen der Anpassung sorgt zum einen die Eigendynamik der Umgebung (z.B. bei Einfall von Schädlingen), zum anderen der Mensch selbst durch sein anpassungswidriges Verhalten (z.B. Vergiftung von Pflanzen durch Düngemittel). Angesichts solcher Erschwerungen steht der Betroffene zunächst vor der Entscheidung, ob er seine Kräfte schonen, die Minderung der Umweltqualität hinnehmen und auf die Befriedigung von Bedürfnissen verzichten soll. Oft stehen freilich Leben und Gesundheit auf dem Spiel, hohe Anreize (z.B. Sonderprämien), kulturelle Normen (z.B. ethische Verpflichtungen) und starke individuelle Vornahmen (z.B. Karrierepläne), und die Betroffenen sind zu einem Verzicht nicht bereit. Dann gilt es, die entstandenen Probleme zu bewältigen und zu einer Neuanpassung zu gelangen. Bei Verfügbarkeit ausreichender Fähigkeiten wird das mühelos gelingen. Reichen die vorhandenen Fähigkeiten jedoch nicht oder nur knapp aus, so wird hohe Anstrengung gefordert sein, die vorhandenen Fähigkeiten möglichst gut auszunutzen und schnell zu erweitern.

Der hohe Einsatz organismischer Ressourcen zur Bewältigung aktueller Anpassungskrisen ist das wichtigste Merkmal jenes Zustands, den man – in Anlehnung an die Terminologie der physikalischen Elastizitätslehre – *Streß* nennt. Als Cannon 1914 den Begriff in die psychophysiologische Fachliteratur eingeführt hat, beschrieb er bereits die starken emotionalen, vegetativen und hormonalen Reaktionen, die mit Herausforderungen und Gefährdungen verbunden sind. Selye hat seit 1936 den Streßzustand – charakterisiert durch die drei aufeinander folgenden Phasen Alarm, Widerstand und Erschöpfung – ausdrücklich als Syndrom zur Überwindung von Anpassungsschwierigkeiten gedeutet (s. Selye 1953). Will man betonen, daß die Auslöser des Zustands aus der Umgebung stammen, bezeichnet man ihn als *Umweltstreß*. Teilweise hat sich für die als Auslöser betrachteten Umweltfaktoren ebenfalls der Ausdruck Streß eingebürgert, doch sollten sie lieber konsequent *Stressoren* genannt werden, damit Wirkung und Ursache begrifflich scharf getrennt bleiben.

2. Individuelle Wertung von Stressoren

Grundsätzliche Bedenken gegenüber dem Begriff Umweltstreß (u.a. Hamilton 1979, S. 6) seien nicht verschwiegen. Der Begriff weise einseitig der Umwelt die Schuld für die Entstehung von Streßzuständen zu. Dabei erwachse doch Streß aus der Interaktion des Menschen mit seiner Umgebung; erst die menschliche Wahrnehmung der Umwelt und die Ansprüche des Menschen an seine Umwelt ließen diese zur Belastung werden. Tatsächlich unterliegen Stressoren einer doppelten Bewertung durch den Betroffenen: Er schätzt zum einen ihre Bedrohlichkeit und Beschwerlichkeit ein (*primäre Bewertung* nach Lazarus 1966), zum anderen die Möglichkeiten ihrer Bewältigung (*sekundäre Bewertung* nach Lazarus 1966). Tritt eine Umweltgegebenheit als Stressor ins Bewußtsein, so begleiten sie zahlreiche Kognitionen: Die – möglicherweise auf früherer Erfahrung beruhende – Erwartung schädlicher Folgen (Hamilton 1983), der fehlende Glaube an die Beeinflußbarkeit des Stressors (Glass & Singer 1972), die Unsicherheit über den Zeitpunkt seines Auftretens (Miller 1981), das mangelnde Zutrauen in die eigenen Fähigkeiten zur Bewältigung des Stressors und seiner Auswirkungen (Moos & Billings 1982) und schließlich das Vermissen sozialer Unterstützung (Quast & Schwarzer 1984) und technischer Hilfe. Derartige Kognitionen bestimmen auch die empfundene Stärke und Zumutbarkeit eines Stressors.

3. Umweltstressoren und ihre Verbreitung

Umweltstressoren können in allen Bereichen der geographischen, technischen und sozialen Umwelt ihren Ursprung haben (vgl. Evans 1982, Goldberger & Breznitz 1982, Hockey 1983). Ihrer Art nach sind sie ebenso individuell, kulturell und historisch geprägt wie die übrigen Lebensbedingungen. So hat die naturbelassene Situation (z.B. die See, das Gebirge, die Wüste) ihre eigenen Risiken wie

Versorgungsengpässe und ungünstige klimatischen Bedingungen. In den Städten der Industrieländer sind solche Risiken in der Regel durch leistungsfähige Versorgungs- und Schutzeinrichtungen gebannt, doch ergeben sich dort aufgrund eben dieser Einrichtungen und der mit ihnen verbundenen Wohndichte eigene Belastungsquellen: Die Produktions-, Energie- und Verkehrstechnik (u.a. durch Luftverschmutzung und Lärmbelästigung), die Organisation von Arbeits-, Verwaltungs-, Gesundheits- und Bildungseinrichtungen (u.a. durch Zeitdruck) sowie die Wohn- und Freizeitverhältnisse (u.a. durch hohe Belegung von Wohnräumen und Andrang auf öffentlichen Plätzen). Der Familien- und Freundeskreis bringt Krisensituationen eigener Art hervor (u.a. Erkrankungen, Todesfälle und Geburten). Kriegerische Phasen in den Beziehungen der Völker gehen mit erheblichen Versorgungsstörungen (u.a. Brennstoffmangel) einher und darüber hinaus mit existentiellen Bedrohungen für das militärische Personal und die Zivilbevölkerung (u.a. durch Bombardierung).

Man kann versuchen, Stressoren in Klassen einzuteilen: Nach ihrem Ursprung in physische und soziale, nach ihrer Dauer in aktuelle und chronische, nach der Menge der Betroffenen in individuelle und kollektive. Ihrer Art nach kann man – oft mit nur geringer Trennschärfe – unterscheiden: Schwierige Arbeitsaufgaben (z.B. schwere Traglast), erschwerende Arbeitsbedingungen (z.B. Rauch), starke oder sonstwie unangenehme Reizung (z.B. Blendung), krisenhafte Lebensereignisse (z.B. Scheidung), Entscheidungskonflikte (z.B. bei der richterlichen Zumessung von Strafen), Verlust und Entzug (z.B. Arbeitslosigkeit), Einschränkung der Bewegungsfreiheit (z.B. in einem Verkehrsstau) sowie andere Begrenzungen des Handlungsspielraums (z.B. durch behördliche Verbote). Nicht selten wirken Stressoren durch ihre Häufung (z.B. Zusammenfallen von Arbeitsbelastungen mit Familienkonflikten).

Die Feststellung der Verbreitung von Stressoren ist in den westlichen Industrieländern inzwischen fortgeschritten. Berücksichtigt wird dabei vor allem der Wohn- und Arbeitsbereich. Stressoren (u.a. Lärm durch Flug- und Straßenverkehr, durch Industrie- und Gewerbeanlagen sowie durch Freizeiteinrichtungen) werden dabei nach ihrer Häufigkeit, ihrer Intensität und nach ihrer Verteilung über den Tag erfaßt. Ein Problem von Stressorenerhebungen ist deren Repräsentativität. Vorbildlich in dieser Hinsicht ist die vom Statistischen Bundesamt im Jahre 1978 durchgeführte Untersuchung der Belastung von Wohngebieten durch Lärm, Gerüche, Abgase und Staub, welcher eine repräsentative Stichprobe von einem Prozent der Wohnungen in der Bundesrepublik Deutschland zugrunde liegt.

Während es durch gesetzgeberische und administrative Umweltschutzmaßnahme sowie durch technische, medizinische und organisatorische Fortschritte gelungen ist, viele als gewichtig zu erachtende Stressoren (Makrostressoren) abzubauen, scheinen kleinere Stressoren (Mikrostressoren, „Alltagsärger" im Sinne von Lazarus & Cohen 1977) zuzunehmen oder zumindest stärkere Beachtung zu erfahren.

4. Psychische Auswirkungen von Stressoren

Streß wird zumeist als aversiver Zustand bewertet (*Distress* nach Selye), doch werden ihm auch – zumindest bei schwächerer Ausprägung und kürzerer Dauer – anregende und lustvolle Qualitäten zugesprochen (*Eustress* nach Selye). Menschen setzen sich mitunter freiwillig und ohne äußere Notwendigkeit gefährlichen und anstrengenden Situationen aus (z.B. beim Bergsteigen, beim Fallschirmspringen). Diese Situationen verhelfen ihnen zu einer willkommenen Abkehr vom Gewohnten, zu einer wohltuenden Funktionsaktivierung, zu angenehmen Gefühlen, zur Entfaltung und Bestätigung persönlicher Fähigkeiten, zu dem Eindruck sozialer Überlegenheit – im ganzen zu einer beträchtlichen Steigerung der Selbsterfahrung sowie zu einer Bereicherung des Selbstbildes (Zuckerman 1979). Die positive Bewertung von Stressoren scheint freilich eine ausreichende Kompetenz zu ihrer Bewältigung vorauszusetzen; diese Kompetenz beugt gleichzeitig der Entstehung psychischer Störungen vor.

Eine negative Bewertung von Stressoren und psychische Störungen durch Streß sind dann zu erwarten, wenn die verfügbare Kompetenz zur Bewältigung von Stressoren und Streßwirkungen nicht oder nur knapp ausreicht. Bei Arbeit und Lernen, Kommunikation und sozialer Interaktion, Spiel und Entspannung sowie beim Schlaf läßt sich das beobachten. Stressoren beeinträchtigen den geordneten Ablauf kognitiver Tätigkeiten, erzeugen so Fehlbehandlungen und schmälern den beabsichtigten Erfolg. Zur Vermeidung von Fehlhandlungen werden zusätzliche Anstrengungen aufgebracht. Unterbleiben solche Anstrengungen oder können sie Fehlhandlungen nicht verhindern, so ergibt sich die Notwendigkeit der Kompensation auftretender Mißerfolge durch Wiederholungen von Tätigkeiten oder Wiedergutmachung von Schäden. Lästigkeitsempfindungen, nicht selten begleitet von unangenehmen Emotionen – vor allem Ärger – liegen dann nahe (Schönpflug 1983).

Die gerade aufgezählten Störungen ereignen sich während des Auftretens von Stressoren; es sind Simultanwirkungen. Daß Streßwirkungen sich auch nach Verschwinden von Stressoren fortsetzen können, ist eine gut begründbare Annahme. Drei mögliche Folgewirkungen sind zu erwähnen: 1. Die zur Vermeidung von Fehlhandlungen und zur Kompensation von Mißerfolgen aufgebrachten Anstrengungen fordern einen beschleunigten Energieabbau; nachfolgende Tätigkeiten können dann nicht mehr oder nur noch mit verminderter Energie ausgeführt werden (psychische Adaptationskosten nach Glass, Singer & Friedman 1969). 2. Im Streßzustand eignen sich Individuen unzweckmäßige (zu aufwendige oder fehlerträchtige) Strategien an; nach Abklingen des Streßzustands werden diese beibehalten (Schulz 1981). 3. Die mit Fehlhandlungen, Mißerfolgen und gesteigerten Anstrengungen verbundenen Emotionen und physiologischen Reaktionen gehen über in chronische Fehlregulationen und treten als psychosomatische Erkrankungen (etwa Migräne, Kreislaufstörungen, Verdauungsstörungen) in Erscheinung (vgl. Elliot & Eisdorfer 1982). Langfristige Streßwirkungen, vor allem etwaige psychosomatische Erkrankungen geben auch deshalb zur Sorge Anlaß, weil sie die Resistenz gegenüber weiteren Stressoren herabsetzen und damit eine Ausbreitung von Streßphänomenen fördern.

(→ *Kontrolle und Kontrollverlust;* → *Dichte und Enge;* → *Lärm;* → *Straße und Verkehr*).

Literatur

Cannon, W.B. (1914). The interrelations of emotions as suggested by recent physiological researches. American Journal of Psychology 25, 256-282.

Elliot, G.R. & Eisdorfer, C. (1982). Stress and human health. New York: Springer.

Evans, G.W. (Ed.) (1982). Environmental stress. Cambridge: Cambridge University Press.

Glass, D.C. & Singer, J.E. (1972). Urban stress. New York: Academic Press.

Glass, D.C., Singer, J.E. & Friedman, L.N. (1969). Psychic costs of adaptation to an environmental stressor. Journal of Personality and Social Psychology 12, 200-210.

Goldberger, L. & Breznitz, S. (Eds.) (1982). Handbook of stress. New York: Free Press.

Hamilton, V. (1979). Human stress and cognition: Problems of definition, analysis, and integration. In V. Hamilton & D.M. Warburton (Eds.), Human stress and cognition. Chichester: Wiley.

Hamilton, V. (1983). The cognitive structure and processes in human motivation and personality. Chichester: Wiley.

Hockey, R. (Ed.) (1983). Stress and fatigue in human performance. Chichester: Wiley.

Lazarus, R.S. (1966). Psychological stress and the coping process. New York: McGraw Hill.

Lazarus, R.S. & Cohen, J.B. (1977). Environmental stress. In I. Altman & J. Wohlwill (Eds.), Human behavior and the environment, Vol. 1. New York: Plenum.

Miller, S.M. (1981). Predictability and human stress: Towards a clarification of evidence and theory. In L. Berkowitz (Ed.), Advances in experimental social psychology, Vol. 14. New York: Academic Press.

Moos, R.H. & Billings, A.G. (1982). Conceptualizing and measuring coping resources and processes. In L. Goldberg & S.Breznitz (Eds.), Handbook of stress. New York: Free Press.

Quast, H.-H. & Schwarzer, R. (1984). Social support and stress: Theoretical perspectives and selected empirical findings. In R. Schwarzer (Ed.). The self in anxiety, stress, and depression. Amsterdam: North Holland.

Schönpflug, W. (1983). Coping efficiency and situational demands. In R. Hockey (Ed.), Stress and fatigue in human performance. Chichester: Wiley.

Schulz, P. (1981). Die Beeinträchtigung von Lernprozessen durch Verkehrslärm bei unterschiedlich leistungsfähigen Personen. In A. Schick (Hg.), Akustik zwischen Physik und Psychologie. Stuttgart: Klett-Cotta.

Selye, H. (1953). Einführung in die Lehre vom Adaptationssyndrom. Stuttgart: Thieme.

Statistisches Bundesamt (o.J.) 1%-Wohnungsstichprobe 1978. Wohnumfeld – Infrastruktur und Umwelteinflüsse. Heft 6. Stuttgart: Kohlhammer.

Zuckerman, M. (1979). Sensation seeking: beyond the optimal level of arousal. Hillsdale, NJ: Erlbaum.

Wolfgang Schönpflug
Institut für Psychologie
der Freien Universität Berlin

IV. Methoden

Feldforschung

1. Umweltpsychologie und Feldforschung

Feldforschung ist die Durchführung empirischer wissenschaftlicher Untersuchungen, in denen mindestens eine Variable zumindest teilweise oder in einer bestimmten Hinsicht „natürlich" ist, d.h. nicht durch die Tatsache, daß eine Untersuchung stattfindet, beeinflußt worden ist (für eine Präzisierung dieser Definition s.u., Abschnitt 3). Forschungstechnisch und -logisch ist dies häufig aufwendiger und problematischer als die Forschung mit künstlichen (kontrollierbaren) Variablen (vgl. Kerlinger 1979, S. 605f), die sog. „Laborforschung".

Zum einen ist es einfacher, im Labor Untersuchungen durchzuführen: Vielfach sind die dafür notwendigen Räumlichkeiten schon vorhanden, und man verwendet Apparaturen, die an diese gebunden oder nur unter Aufwand transportierbar sind, man kann mit den *„Versuchs*personen" – wir sprechen im weiteren lieber von „Akteuren" – im Rahmen des ethisch Erlaubten fast nach Belieben verfahren, etc. Ferner können allfällige Störeffekte eliminiert und plausible rivalisierende Hypothesen (Campbell 1969) überprüft werden, was zu einer Erhöhung der inneren Validität führt (Campbell & Stanley 1963).

Deshalb wird in der psychologischen Forschung in der Regel die Laborforschung bevorzugt (vgl. etwa Fried, Gumpper & Allen 1973). Daß dabei Artefakte produziert werden (können), wird vielfach ignoriert (Bungard & Bay 1982).

In der Umweltpsychologie wird allerdings deutlich mehr Feldforschung betrieben als in den meisten anderen psychologischen Disziplinen (Ross & D.E. Campbell 1978, 1979), ja Feldforschung ist für die Umweltpsychologie nach Ansicht von Kaminski und Bellows (1982, S. 87) geradezu konstitutiv, wird doch psychologische Forschung meist aus (mindestens) einem der zwei folgenden, eng mit der Feldforschung zusammenhängenden Gründen „umweltpsychologisch" genannt:

(i) Der erste Grund bezieht sich auf Präferenzen in den *Forschungsmethoden*: Es wird eine *naturalistische* Vorgehensweise bei der Untersuchung psychologischer Phänomene propagiert (Gründe dafür finden sich bei Miller 1977); damit ist die Feldforschung direkt angesprochen. Allerdings wird vielfach das „Naturalistische" undifferenziert der kritisierten „Laborforschung" gegenübergestellt und a priori als überlegen, wertvoller etc. beurteilt. Es ist die Frage zu stellen, ob diese Überlegenheit tatsächlich gegeben ist, einerseits bezogen auf die Qualität der Aussagen – wir haben die diesbezüglichen Vorteile der Laborforschung bereits angesprochen –, andererseits bezogen auf das Ziel der Forschung. Besteht dieses Ziel darin, letztlich *ökologisch valide* Aussagen zu machen, was in der umweltpsychologischen Forschung manchmal der Fall ist (Kaminski & Bellows 1982, Kruse & Graumann 1984), kann Feldforschung notwendig sein; allerdings ist sie auch dann nicht immer notwendig.

Ökologisch valide sind Aussagen darüber, wie sich der Mensch in seiner sozialen und materiellen Umwelt verhält, welche Einstellungen, Kognitionen, Emotionen, etc. er hat, *auch wenn er nicht Gegenstand einer wissenschaftlichen Untersuchung ist,* wenn also kein Versuchsleiter (Vl) einen Einfluß ausübt (dies ist das Kriterium für „Natürlichkeit") bzw. wenn keine durch die Versuchssituation bedingten Artefakte in die Aussage eingehen (vgl. zu dieser Definition Bracht & Glass 1968, Brunswik 1943, Oerter 1979, Patry 1986, Pawlik 1976, Snow 1974, Willems 1969, u.v.a.m.). Man kann auch sagen, ökologisch valide sei eine Aussage dann, wenn sie auch für Situationen Geltung hat, auf die der Wissenschaftler keinen Einfluß zu Forschungszwecken ausgeübt hat. Es soll also beispielsweise nicht nur untersucht werden, was Menschen unter *experimentellen* Bedingungen tun, sondern deren *natürliches* Verhalten unter *natürlichen* Bedingungen soll beschrieben und erklärt werden.

Man kann nicht ohne weiteres annehmen, daß unter Laborbedingungen bestätigte Hypothesen auch für natürliche (Feld-)Bedingungen gültig sind (vgl. auch Gadenne 1976, Westmeyer 1982): Wenn man Labor und Feld als zwei unterschiedliche Situationen interpretiert – im Feld sind die Randbedingungen anders (meist komplexer) als im Labor (vgl. etwa Westmeyer 1979) –, dann kann man vom Labor nur dann aufs Feld schließen, wenn man für diese Situationen *transsituationale Konsistenz* unterstellt, d.h. annimmt, daß sich die gleichen Menschen in unterschiedlichen Situationen gleich verhalten (Patry 1986, 1987a); transsituationale Konsistenz kann jedoch zumindest im Bereich des Sozialverhaltens nicht ohne weiteres vorausgesetzt werden (Mischel 1968, 1984). Die Behauptung, eine Aussage sei auch für andere (Feld-)Bedingungen als jene, in denen sie untersucht worden ist, gültig, ist deshalb jeweils zu belegen. Dies kann auf zweierlei Arten geschehen: Man kann *theoretisch* begründen, warum transsituationale Konsistenz angenommen wird (dann mag es nicht notwendig sein, Feldforschung zu betreiben); dazu bedarf es aber einer bewährten Konsistenz- oder Generalisationstheorie (Patry 1987a,b). Man kann aber auch Aussagen auf ihre ökologische Validität hin *überprüfen*; um dies zu tun, ist Feldforschung unerläßlich.

(ii) Zweitens können die *untersuchte Theorie* und der Gegenstand der Untersuchung zu Feldforschung zwingen: Es werden Mensch-Umwelt-Beziehungen thematisiert, wobei die interessierende Umwelt „natürlich" ist, d.h., nicht oder kaum zum Zwecke der Forschung beeinflußt wurde. Dadurch wird ebenfalls Feldforschung bedingt. Allerdings ist zu fragen, ob sich Feldforschung tatsächlich aufdrängt oder ob es nicht sinnvoller ist, die entsprechenden Beziehungen im Labor unter kontrollierten Bedingungen zu untersuchen; man kann deshalb präzisieren, daß Feldforschung mindestens dann notwendig ist, wenn unter den zu untersuchenden Variablen (auch) solche „natürlicher" Art sind, wenn also Phänomene (z.B. Mensch-Umwelt-Interaktionen) thematisiert werden, wobei sich die entsprechenden Variablen nicht oder nur schwer unter künstlichen Bedingungen realisieren lassen (z.B. → *Öffentliche Plätze;* → *Verkehrsmittelnutzung*) oder künstliche Eingriffe ethisch nicht zu verantworten sind (→ *Umzug*).

2. Laborforschung oder Feldforschung?

Es gibt in der Umweltpsychologie ganz unterschiedliche Auffassungen darüber, ob und wieweit sich Feldforschung aufdrängt (vgl. Stapf 1976, S. 32ff.). Wie angedeutet, ist Feldforschung schwieriger und aufwendiger als Laborforschung. Dies ist jedoch kein Grund, Theorien oder Fragestellungen, die Feldforschung notwendig machen, aufzugeben mit der Begründung, die entsprechenden Untersuchungen ließen sich nicht realisieren. Umgekehrt scheint es auch nicht gerechtfertigt, die Laborforschung völlig zugunsten der Feldforschung aufzugeben – mit der Begründung, im Labor könnten ohnehin keine ökologisch validen Resultate gefunden werden. Der Entscheid zugunsten von Labor- oder von Feldforschung (oder sogar von beidem) sollte nicht von methodischen Vorlieben determiniert werden, vielmehr scheint es angemessener, von einer sinnvollen und interessanten Fragestellung, möglichst basierend auf einem vernünftigen theoretischen Hintergrund, auszugehen und die dann optimale Forschungsmethode zu wählen.

Nun erfolgen Untersuchungen in der Regel nicht isoliert, sondern sind meist in Forschungsprogrammen eingebaut (vgl. dazu Herrmann 1976; wir beziehen uns im weiteren auf Forschungsprogramme von Typ b: eine Theorienkonzeption wird auf eine Reihe von Untersuchungen angewandt). Auf die Feldforschung angewandt, kann man sich als Forschungsprogramm ein Wechselspiel zwischen Laborforschung und Feldforschung vorstellen. Wir haben solche Strategien an anderer Stelle (Patry 1982) differenzierter dargestellt. Auf diese Weise braucht man dann, wenn man das Ziel ökologisch valider Aussagen verfolgt, nicht auf die Erkenntnis zu verzichten, die die bisherige Laborforschung erbracht hat.

Beispielsweise geht man von einer interessanten feldbezogenen Fragestellung aus; aufgrund der Ergebnisse von Laborforschungen und aufgrund von Labortheorien – andere sind ja kaum verfügbar – werden erste, allgemein gehaltene Hypothesen formuliert; in Feldforschung werden die Hypothesen präzisiert und überprüft; allenfalls werden neue Hypothesen formuliert, welche im Labor zu prüfen sind, um dann diese unter Feldbedingungen zu untersuchen, etc.; all dies geschieht nach Möglichkeit im Rahmen einer Theorie, welche sich sowohl auf das Labor als auch auf das Feld anwenden läßt.

Solche Strategien lassen sich nicht bei allen Fragestellungen anwenden, doch kann man sicherlich häufiger solche Übergänge finden, als im allgemeinen angenommen wird.

3. Valide Feldforschung

Im folgenden soll nun auf die Feldforschung zur Prüfung von Hypothesen eingegangen werden. Es werden ein paar Prinzipien dargestellt, die u.a. darauf hinweisen, wie man trotz der Schwierigkeiten, die die Feldforschung mit sich bringt, zu validen Resultaten kommen kann; es handelt sich dabei um Grundsätze, die für die Laborforschung nicht weniger gelten als für die Feldforschung.

Ausgehend vom experimentellen Paradigma zur Prüfung von Wenn-Dann-Hypothesen (Campbell & Stanley 1963) lassen sich zwei Variablen(-arten) unterscheiden, die je *künstlich* oder *natürlich* sein können (Tunnell 1977, Willems 1969): die Wenn-Komponente, welche wir auch unabhängige Variable (UV) oder *Treatment* nennen, und die Dann-Komponente, auch abhängige Variable (AV) oder (gemessenes) *Verhalten* genannt. Für die Natürlichkeit dieser Variablen ist wesentlich, ob das *Setting* während des Treatments bzw. während der Messung der AV, d.h. der Ort, an dem der entsprechende Teil der Untersuchung stattfindet, künstlich oder natürlich ist (vgl. auch Tunnell 1977), sowie ob die Akteure während des Treatments bzw. während der Messung des Verhaltens *wissen, daß sie einer Untersuchung unterzogen werden* (Campbell 1957, S. 308). Die Möglichkeiten sind in der Abbildung 1 schematisch zusammengestellt.

	natürlich	im natürlichen Setting	Untersuchung unbekannt[a]
Treatment (UV)	A	B	C
Verhalten (AV)	D	E	F

Abb. 1   Kriterien der Natürlichkeit einer Untersuchung (nach Patry 1982, S. 20, vereinfacht)
a: Die Tatsache, daß eine Untersuchung durchgeführt wird, ist dem Akteur nicht bekannt.

Eine Untersuchung kann ohne weiteres in bezug auf einen dieser Aspekte natürlich sein (z.B. weiß der Akteur während der Messung des Verhaltens nicht, daß er beobachtet wird; F in der Abbildung), während sie bezogen auf einen anderen Aspekt künstlich ist (z.B. wird ein künstliches Treatment, A, in natürlichem Setting, B, angewandt). Für jeden der genannten Aspekte gilt, daß es einen kontinuierlichen Übergang von völliger Künstlichkeit zu völliger Natürlichkeit gibt (Patry 1982, Willems 1969). Es ist also nicht von einer Dichotomie Labor – Feld auszugehen, sondern von mehr oder weniger ausgeprägter Natürlichkeit der einzelnen Variablen. Es gibt nur sehr wenig Untersuchungen, die in jeder Hinsicht natürlich sind, und die Validität ihrer Resultate ist vielfach gefährdet. Es ist aber auch nicht unbedingt notwendig, in bezug auf alle Möglichkeiten Natürlichkeit zu bevorzugen.

Entsprechend der Wenn-Dann-Hypothese können drei Validitätsklassen unterschieden werden: die Validität der Wenn-Komponente (UV; angedeutet in Cook & Campbell, 1979, S. 60ff.), jene der Dann-Komponente (AV; u.a. in der Testtheorie diskutiert) sowie jene des Schlusses von der Wenn- auf die Dann-Komponente, welche wir als Design-Validität (i.S. von Campbell & Stanley 1963, Cook & Campbell 1979) bezeichnen.

Im folgenden seien diese Validitätsklassen kurz diskutiert. Wir beginnen mit dem Verhalten, weil dieses in der Literatur (z.B. zur Testtheorie) am häufigsten thematisiert wird (vgl. z.B. Lienert 1969); wir wollen diese jedoch nicht wiederholen.

Es sei erwähnt, daß sowohl das Verhalten als auch das Treatment und das Design reliabel sein müssen; wir gehen im weiteren jedoch nur auf die Reliabilität des erfaßten Verhaltens ein.

3.1 Verhalten

Unter „Verhalten" verstehen wir hier die AV, also jene Variable, die gemessen wird. Die verschiedenen Validitätstypen sind häufig thematisiert worden (vgl. z.B. Cronbach & Meehl 1955). An dieser Stelle soll nur auf die konvergenten und diskriminanten Validitäten nach Campbell und Fiske (1959) kurz eingegangen werden. Angenommen, es werden zwei oder mehrere Konstrukte (z.B. Verhaltensdispositionen, *Traits*) miteinander verglichen, wobei jedes in zwei oder mehreren Operationalisationen (Messungen mit verschiedenen Methoden, z.B. systematische Beobachtungen einerseits und Fragebogen andererseits) mit den gleichen Personen verfügbar ist. Man kann dann Vorhersagen folgender Art machen:
- Messungen des gleichen Konstrukts („Traits") mit unterschiedlichen Methoden sollten hoch korrelieren, Campbell und Fiske nennen dies „konvergente Validität"; sie ist hoch, wenn Übereinstimmung besteht.
- Messungen unterschiedlicher Konstrukte mit gleichen Methoden sollten nicht miteinander korrelieren, und erst recht nicht, wenn unterschiedliche Methoden verwendet werden. Die genannten Autoren nennen dies „diskriminante Validität"; diese ist hoch, wenn *keine* Übereinstimmung besteht.

Während bezüglich der meisten Validitätstypen der AV (Konstrukt-, Inhalts-, konvergente und diskriminante Validitäten, etc.) keine grundsätzlichen Unterschiede zwischen Labor- und Feldforschung bestehen, ist die *ökologische Validität* (vgl. oben Abschnitt 1) eine Spielart *kriterieller* Validität, d.h. die Frage, ob das Verhalten im oben definierten Sinne natürlich sei oder nicht (D in Abb. 1), ist besonders relevant. Sie ist dann gefährdet, wenn die Akteure nicht wissen oder ahnen, daß ihr Verhalten beobachtet wird (F in der Abb.); dies führt zu Reaktivität (→ *Nicht-reaktive Methoden*).

Wenn Fragebogen, Interviews und ähnliche Techniken verwendet werden, ist es sehr schwierig, *Reaktivität* zu vermeiden. Bei weniger offenkundigen Verhaltensmessungen kann die Reaktivität jedoch reduziert oder gar eliminiert werden, etwa mittels *„nicht-reaktiver Verfahren"*. Ferner kann *systematische Beobachtung des Verhaltens* verwendet werden; dann bestehen u.a. folgende Möglichkeiten der Reaktivitätsreduktion (Patry 1986; vgl. auch Haynes & Horn 1982): Die Akteure können sich an die Untersuchungssituation *gewöhnen* und deshalb mit der Zeit vergessen, daß sie beobachtet werden (Johnson & Bolstad 1973), sie können ganz in ihrer Aufgabe *aufgehen* (involviert sein, vgl. etwa Geller 1978), es können völlig *automatisierte* Verhaltensweisen beobachtet werden oder das Verhalten kann in *„naturalistischen" Situationen* beobachtet werden.

In diesen Situationen gehen die Akteure zwar zum Zwecke einer Untersuchung an einen bestimmten Ort (psychologisches Labor), müssen aber angeblich noch warten, und dieses Warteverhalten (z.B. die Interaktion mit einer anderen Person, die vom Vl entsprechend instruiert worden ist) wird ohne ihr Wissen beobachtet (Ickes 1982, Mehrabian 1971).

3.2 Treatment

Unter einem *natürlichen* Treatment (A in Abb. 1) verstehen wir eine Variable, die als UV aufgefaßt, jedoch nicht vom Vl beeinflußt wird (Tunnell 1977, Willems 1969). Beispielsweise werde der Einfluß der architektonischen Umwelt auf den Menschen untersucht: Der Vl hat keinerlei Kontrolle über die Konzeption oder Form dieser Umwelt, er kann höchstens festzustellen versuchen, wie sich unterschiedliche Umwelten auf die Personen auswirken. Man kann natürliche Treatments als exogene Variable i.S. der Regressionsanalyse verstehen (vgl. Kerlinger & Pedhazur 1973, S. 308), da nicht interessiert, wie die Variation dieser Variable zu erklären ist. Kerlinger (1975, S. 89) nennt sie „zugewiesene" Variable. Demgegenüber wird die Variation im künstlichen Treatment durch die Aktivität des Vl erklärt (man kann von einer „endogenen Variable" sprechen), und in der Terminologie von Kerlinger handelt es sich um eine „aktive" Variable.

Ein natürliches Treatment findet immer im natürlichen Setting (B in der Abb.) statt, d.h. der Vl übt keinen Einfluß auf die Umweltbedingungen aus, in denen das Treatment stattfindet. Künstliche Treatments können hingegen in künstlichen wie in natürlichen Settings stattfinden. Das Wissen darum, daß eine Untersuchung stattfindet (C in der Abb.), kann schließlich sowohl bei natürlichen wie bei künstlichen Treatments eine Rolle spielen (etwa beim Placebo- oder Hawthorne-Effekt oder beim John-Henry-Effekt).

Beim John-Henry-Effekt (Saretsky 1972, Cook & Campbell 1979, S. 55) geht es darum, daß ein Akteur der Kontrollgruppe, der weiß, daß in der Experimentalgruppe fördernde Bedingungen bestehen, sich besonders anstrengt, um mit der Experimentalgruppe konkurrieren zu können.

Da das Wissen um das Treatment in der Regel dazu führt, daß die Akteure wissen, daß ihr Verhalten beobachtet wird – was zu Reaktivität führt –, dürften diese beiden Einflüsse meist konfundiert sein.

Untersuchungen mit natürlichen Treatments unterscheiden sich von den korrelativen Untersuchungen dadurch, daß die Prinzipien der Gruppenzuweisung bekannt sind (vgl. unten: „natürliches Experiment") und daß die als Treatment aufgefaßte Variable in der Regel nur wenige Ausprägungen hat (z.B. eine Gruppe mit, eine ohne Treatment, oder zwei unterschiedliche Treatments, etc.). Wie bei korrelativen Untersuchungen muß man jedoch in der Regel auf eine Interpretation der Wirkungsrichtung verzichten.

Ein zentrales *Validitäts*problem mit natürlichen Treatments ist die Frage, ob *tatsächlich* das variiert wurde, was man zu variieren *vorgab*, ob also das gewählte Treatment wirklich eine Operationalisierung der Wenn-Komponente in der zu prüfenden Hypothese ist (Cook & Campbell 1979, S. 60ff).

Diese Treatmentvalidität kann u.a. als *Konstruktvalidität* der UV konzipiert werden; wir werden unten (in 3.4) darauf eingehen. Bei künstlichen Treatments kann man zusätzlich *ökologische Validität* entsprechend jener der AV (vgl. oben) konzipieren; andererseits können auch künstliche Treatments, zu denen es kein analoges natürliches Treatment gibt (die also keine ökologische Validität aufweisen), praktisch relevant sein, nämlich wenn sie von Praktikern außerhalb wissenschaftlicher Untersuchungen (im Anwendungskontext) zur Erreichung nichtwissenschaftlicher Ziele eingesetzt werden (können). Beispiele dafür sind alle technologischen Mittel, die u.a. zu wesentlichen Grundlagen unseres täglichen Lebens geworden sind, jedoch natürlicherweise nie auftreten würden.

3.3 Design

Ein Design ist *valide*, wenn die durch dieses ermöglichten Aussagen, d.h. der Schluß von der UV auf die AV – bezogen auf Bedingungen, für die in der Untersuchung Repräsentativität beansprucht wird (äußere Validität; Bracht & Glass 1968, Campbell & Stanley 1963) – gültig ist.

So gilt u.a., daß die innere Validität Voraussetzung für äußere Validität ist, daß *„plausible rivalisierende Hypothesen"* betreffender Faktoren, welche die innere Validität gefährden können, aufzustellen und zu widerlegen sind (Campbell 1969) und daß *echte Experimente* (mit Zufallszuweisungen zu den Experimental- und Kontrollgruppen) Aussagen mit der größten inneren Validität erlauben (Campell & Stanley 1963).

Es gibt keinen grundsätzlichen Unterschied zwischen den *Bedingungen* der Validität von Labor- und Feld-Untersuchungen (vgl. auch Kerlinger 1979, S. 613). Hingegen lassen sich diese Bedingungen in umweltpsychologischen Felduntersuchungen häufig schwerer realisieren. In manchen Fällen sind jedoch beispielsweise selbst echte Experimente möglich, etwa unter Ausnützung natürlicher (nicht vom Vl veranlaßter) zufälliger bzw. pseudozufälliger Gruppenbildungen („natürliches Experiment", vgl. Cook & Campbell 1976). Anderenfalls empfehlen sich trotz vieler Probleme (Frey & Frenz 1982) Gruppenvergleiche mit verschiedenartigen Gruppen (Quasi-Experimente, Cook & Campbell 1979).

Eine Wenn-Dann-Aussage ist nur dann ökologisch valide, wenn sowohl die UV als auch die AV ökologisch valide sind und der entsprechende Zusammenhang für die interessierenden Bedingungen gilt. Allerdings lassen sich unter Feldbedingungen im Gegensatz zum Labor viele potentiell einflußreiche Variablen nicht eliminieren oder kontrollieren. Aus diesem Grunde ist es oft angemessen, den Einfluß von mehreren UV und deren Wechselwirkungen, wie sie für das Feld typisch sind, gleichzeitig zu untersuchen. Ein faktorieller Versuchsplan kann dann indiziert sein.

Solche Versuchspläne sind oft mit gewissen Problemen verknüpft. So ist man bei natürlichen Treatments auf die verfügbaren Gruppen angewiesen, wenn man ein echtes natürliches Experiment (mit zufälliger Gruppenbildung) realisieren will, und Konstellationen, die dem faktoriellen Versuchsplan entsprechen, sind unwahrscheinlich. Bei künstlichen Treatments besteht die Tendenz, für alle Treatment-Kombinationen gleich viele Akteure zu untersuchen und gleich viele Messungen durchzuführen, was zu einer künstlichen Orthogonalisierung führen kann (Pawlik 1978, S. 116): Zum ersten sind gewisse Treatment-Kombinationen gegenüber den natürlichen Bedingungen überrepräsentiert (bzw. kommen dort überhaupt nicht vor), und zweitens sind gewisse dieser Kombinationen, psychologisch gesehen, absurd.

Sowohl bei künstlichen wie bei natürlichen Treatments besteht zudem das Problem, genügend Akteure zu untersuchen. Gerade wenn man zur Erhöhug der ökologischen Validität der AV die aufwendigere systematische Beobachtung anstelle von ökonomischen Fragebögen o.a. verwendet, läßt sich mit den verfügbaren Mitteln oft nur eine relativ kleine Zahl von Akteuren untersuchen – zu klein, verglichen mit den für faktorielle Versuchspläne notwendigen Stichprobengrößen. Als erste Faustregel wird man deshalb häufig davon ausgehen müssen, es sollen in Felduntersuchungen möglichst viele Akteure untersucht werden – es werden immer noch zu wenige sein.

Auswege aus diesen und weiteren Dilemmata bieten neben den erwähnten Quasi-Experimenten vor allem *Einzelfallanalysen* (Hersen & Barlow 1976). Insbesondere kann man sich Designs vorstellen, bei denen sukzessive unterschiedliche situative Bedingungen als natürliche Treatments in einem Reversions-Versuchsplan interpretiert werden.

In einem Reversions-Versuchsplan (ABAB-Design, vgl. Hersen & Barlow 1976) wird zunächst das Verhalten unter bestimmten Umweltbedingungen verändert und das resultierende Verhalten beobachtet (B-Phase). Sodann werden die ursprünglichen Umweltbedingungen wiederhergestellt und das Verhalten erneut beobachtet (zweite A-Phase), worauf wiederum eine B-Phase folgt, etc. Man kann auch unterschiedliche Situationen als Bedingungen (A, B, etc.) interpretieren. Ein solches Design ist nur dann möglich, wenn die Intervention (B) reversibel ist.

3.4 Wechselwirkungen zwischen den Validitätsklassen

Die genannten drei Validitätsklassen sind natürlich nicht gegenseitig unabhängig. Ein Ansatz, der es erlaubt, Wechselwirkungen zu thematisieren, ist der *Kritische Multiplizismus*. Dieser ist eine Strategie (Shadish 1989), um Kritiken wissenschaftstheoretischer Art an der gängigen Forschungspraxis zu entkräften, ohne dabei methodologische Erkenntnisse zu vernachlässigen (Cook 1985, Houts et al. 1986, S. 53); es handelt sich um eine Erweiterung des Ansatzes der Triangulation (Campbell 1966, Campbell & O'Connell 1982, Crano 1981, Fiske 1982), der darin besteht, zur Beantwortung einer Fragestellung jeweils mehrere Ansätze zu verwenden (vgl. auch Patry 1989). Im vorliegenden Zusammenhang ist nur der multiple Operationalismus als Teilbereich des Kritischen Multiplizismus relevant.

Grundlage des multiplen Operationalismus ist, daß die Beziehungen zwischen Konstrukt und Operationalisation bei der UV analog konzipiert werden kann wie bei der AV (vgl. oben 3.1 sowie die Testtheorie, Lienert 1969, u.a.). Das Prinzip besteht dann darin, sowohl auf seiten der UV wie auf der der AV jeweils mehrere Konstrukte mit je mehreren Operationalisationen zu realisieren (vgl. Abb. 2), wobei Hypothesen bezüglich der Gleichheit und der Unterschiedlichkeit der Resultate aufgestellt werden, zunächst auf Konstrukt-Ebene:
– Wenn das Treatment-Konstrukt (UV auf Konstrukt-Ebene) K(UV) realisiert wird, führt dies zu einer bestimmten (vorhergesagten) Veränderung in bezug auf das Verhaltens-Konstrukt, K(AV). Beispielsweise wird durch eine Verände-

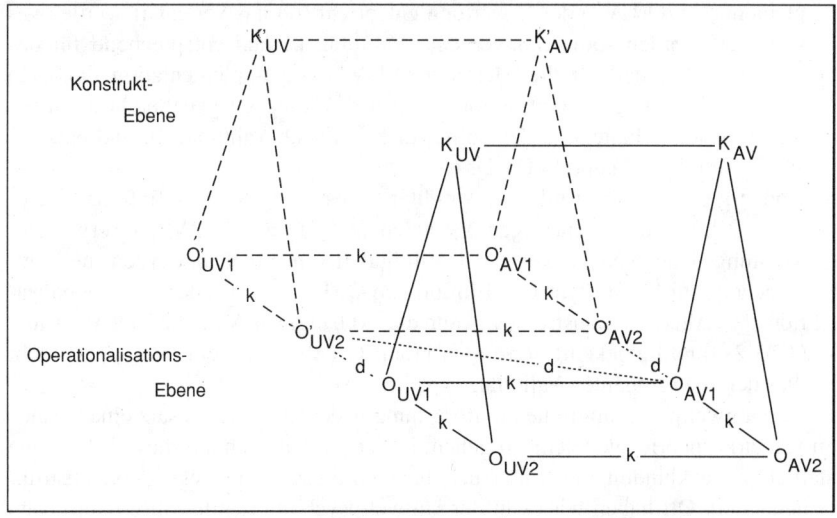

Abb. 2: Mehrere Konstrukte, mehrere Operationalisationen: Beziehungen zwischen den Konstrukten und deren Operationalisationen im Kritischen Multiplizismus (vgl. Text).
k: konvergente Validitäten; d: diskriminante Validitäten (Auswahl)

rung in der Umwelt entsprechend einem Prinzip (Konstrukt) eine Veränderung in einer bestimmten Verhaltenstendenz von Menschen (Dispositionen, ebenfalls ein Konstrukt) bewirkt. Man kann hier im Einklang mit der Terminologie von Campbell und Fiske (1959; vgl. oben 3.1) von konvergenter Validität – diesmal aber des Designs und auf Konstrukt-Ebene – sprechen (in der Abbildung nicht angegeben).

– Wenn das *andere* Treatment-Konstrukt, K'(UV), nicht aber K(UV) realisiert wird, sollte *keine* Veränderung in bezug auf das Konstrukt K(AV) erfolgen. Dies entspricht der diskriminanten Validität des Designs auf Konstrukt-Ebene (in der Abbildung nicht eingezeichnet).

Nun kann man die Konstrukt-Ebene nicht beobachten. Deshalb werden Vorhersagen auf der Operationalisations-Ebene gemacht, die empirisch geprüft werden können:

– Konvergente und diskriminante Validitäten der AV (Verhalten), wie oben in 3.1 dargestellt: Korrelationen von O(AV1) (erste Operationalisation des Konstruktes K(AV)) mit O(AV2) bzw. O'(AV1) mit O'(AV2) für die konvergenten (k in der Abb.) und von O(AV1) mit O'(AV1) etc. für die diskriminanten Validitäten (d).

– Konvergente und diskriminante Validitäten der UV (Treatment): Die künstlichen Implementationen der Treatments (O(UV1) und O'(UV1)) werden mit Hilfe mindestens je eines Instrumentes gemessen (O(UV2) und O'(UV2)), oder die natürlichen Treatments werden mit je mindestens zwei unabhängigen Instrumenten erfaßt. Man dann untersuchen, ob die Messung O(UV1) der Implementation O(UV2) der Erwartung entspricht (ob das verändert wurde, was verändert werden sollte: konvergente Validität, k) und entsprechend für das Konstrukt K', und ob die Messung O(UV1) der Implementation O'(UV2) keine Veränderung anzeigt, demnach also das konstant gehalten worden ist, was konstant gehalten werden sollte (diskriminante Validität, d), und entsprechend für O'(UV1) und O(UV2).

– Konvergente und diskriminante Validitäten des Designs: Beeinflußt das Treatment O(UV1) die Abhängigen Variablen O(AV1) und O(AV2) in erwarteter Richtung, kann von konvergenter Validität (k) gesprochen werden, und entsprechend für K'. Besteht *kein* Einfluß von O'(UV1) – also der Operationalisation des Alternativkonstruktes – auf die Abhängigen Variablen O(AV1) und O(AV2) (und umgekehrt von O(UV1) auf O'(AV1) und O'(AV2)), entspricht dies der diskriminanten Validität.

Für die umweltpsychologische Feldforschung bedeutet dieser Ansatz eine Chance zu verstärkt theoriegeleitetem Vorgehen. In der Tat läßt sich auf diese Weise eine stärkere Zurückbindung der Untersuchungen an die zugrundeliegenden Konstrukte herstellen. Oft haben wir es in der Umweltpsychologie mit völlig natürlichen Treatments zu tun. Dann empfiehlt es sich, jeweils *zwei* oder mehr Messungen der Implementation und gleichzeitig Messungen, die sich auf Aspekte beziehen, die im Treatment nicht enthalten sein sollten (also etwa plausible rivalisierende Hypothesen thematisieren, die ausgeschlossen werden sollen), durchzuführen, wenn theorierelevante Aussagen, d.h. Aussagen auf Konstrukt-Ebene, gemacht werden sollen. Die theoretischen Aussagen erlauben dann auch die Generalisierung der Erkenntnisse auf andere Bedingungen, so daß die Forschungsergebnisse nicht mehr, wie bisher oft der Fall war, lokal begrenzt sind, sondern in gewissem Grade allgemeinere Gültigkeit beanspruchen können.

4. Schlußfolgerungen

Feldforschung ist mit einer Vielzahl von Problemen behaftet, von denen nur ein paar diskutiert werden konnten und die in Laborstudien oft besser bewältigt werden können. Es ist deshalb nicht grundsätzlich erstrebenswert, alle genannten Aspekte (UV, AV, Setting, Wissen; vgl. Abb. 1) in einer Untersuchung in ihrer natürlichen Form (gemäß den obigen Definitionen) zu realisieren (vgl. auch Berkowitz & Donnerstein 1982, Mook 1983); vielmehr ist es sinnvoll, sich am Optimum relativ zur Fragestellung, zum bereits verfügbaren Wissen, zu den Möglichkeiten und zur angestrebten Validität zu orientieren (Stapf 1976). Entsprechende Strategien wurden angedeutet. Hingegen mögen Feldforschung bzw. die Natürlichkeit bestimmter Aspekte in der Umweltpsychologie u.U. angemessener sein (validere Aussagen ermöglichen) als andere Methoden. Dabei ist es notwendig, die Feldforschung und deren Methodologie differenzierter zu thematisieren, als es in der Regel getan wird. Wir haben oben einen Versuch dazu unternommen, welcher gleichzeitig ein paar Vorschläge zur Verbesserung von Feldforschung beinhaltet. Insbesondere zeigt es sich, daß es nicht notwendig ist, zwischen völliger Laborforschung, die das Feld ausschließt, und völliger Feldforschung ohne jedes Labor zu unterscheiden, sondern daß vielmehr je nach Bedarf und Fragestellung die optimale Kombination an natürlichen und künstlichen Aspekten zu berücksichtigen.

Literatur

Berkowitz, L. & Donnerstein, E. (1982). External validity is more than skin deep. Some answers to criticism of laboratory experiments. American Psychologist 37, 245-257.

Bracht, G.H. & Glass, G.V. (1968). The external validity of experiments. American Educational Research Journal 5, 437-474.

Brunswik, E. (1943). Organismic achievement and environmental probability. Psychological Review 50, 255-272.

Bungard, W. & Bay, R.H. (1982). Feldexperimente in der Sozialpsychologie. In J.-L. Patry (Hg.), Feldforschung. Methoden und Probleme sozialwissenschaftlicher Forschung unter natürlichen Bedingungen (S. 183-205). Bern: Huber.

Campbell, D.T. (1957). Factors relevant to the validity of experiments in social settings. Psychological Bulletin 54, 297-312.

Campbell, D.T. (1966). Pattern matching as an essential in distal knowing. In K.R. Hammond (Ed.), The psychology of Egon Brunswick (pp. 81-106). New York: Holt, Rinehart and Winston.

Campbell, D.T. (1969). Prospective: Artifact and control. In R. Rosenthal & R. Rosnow (Eds.), Artifact in behavior research (pp. 351-382). New York: Academic.

Campbell, D.T. & Fiske, D.W. (1959). Convergent and discriminant validation by the multitrait-multimethod matrix. Psychological Bulletin 56, 81-105.

Campbell, D.T. & O'Connell, E.J. (1982). Methods as diluting trait relationship rather than adding irrelevant systematic variance. In D. Brinberg & L.H. Kidder (Eds.), Forms of validity in research (pp. 93-111). San Francisco: Jossey-Bass.

Campbell, D.T. & Stanley, J.C. (1963). Experimental and quasi-experimental designs for research on teaching. In N.L. Gage (Ed.), Handbook of research on teaching (pp. 171-240). Chicago: Rand McNally (also published as a separate, Experimental and quasi-experimental designs for research. Chicago: Rand McNally 1966).

Cook, T.D. (1985). Postpositivist critical multiplism. In R.L. Shortland & M.M. Mark (Eds.), Social science and social policy (pp. 21-62). Beverly Hills, CA: Sage.

Cook, T.D. & Campbell, D.T. (1976). The design and conduct of quasi-experiments and true experiments in field settings. In M.D. Dunette (Ed.), Handbook of industrial and organizational research (pp. 223-326). Chicago: Rand McNally.

Cook, T.D. & Campbell, D.T. (1979). Quasi-experimentation. Design and analysis issues for field settings. Chicago: Rand McNally.

Crano, W.D. (1981). Triangulation and cross-cultural research. In M.B. Brewer & B.E. Collins (Eds.), Scientific inquiry and the social science: A volume in honor of Donald T. Campbell. San Francisco: Jossey-Bass.

Cronbach, L.J. & Meehl, P.E. (1955). Construct validity in psychological tests. Psychological Bulletin 52, 281-302.

Fiske, D.W. (1982). Convergent-discriminant validation in measurement and research strategies. In D. Brinberg & L.H. Kidder (Eds.), Forms of validity in research (pp. 77-92). San Francisco: Jossey-Bass.

Frey, S. & Frenz, H.-G. (1982). Experiment and Quasi-Experiment im Feld. In J.-L. Patry (Hg.), Feldforschung. Methoden und Probleme sozialwissenschaftlicher Forschung unter natürlichen Bedingungen (S. 227-258). Bern: Huber.

Fried, S.B., Gumpper, D.C. & Allen, J.C. (1973). Ten years of social psychology: Is there a growing commitment to field research? American Psychologist 28, 155-156.

Gadenne, V. (1976). Die Gültigkeit psychologischer Untersuchungen. Stuttgart: Kohlhammer.

Geller, D.M. (1978). Involvement in role-playing simulations: A demonstration with studies on obedience. Journal of Personality and Social Psychology 36, 219-235.

Haynes, S.N. & Horn, W.F. (1982). Reactivity in behavioral observation: A review. Behavioral Assessment 4, 369-385.

Herrmann, Th. (1976). Die Psychologie und ihre Forschungsprogramme. Göttingen: Hogrefe.

Hersen, M. & Barlow, S.H. (1976). Single case experimental designs. Strategies for studying behavior change. New York: Pergamon.

Houts, A.C., Cook, T.D. & Shadish, W.R. jr. (1986). The person-situation debate: A critical multiplist perspective. Journal of Personality 54, 52-105.

Ickes, W. (1982). A basic paradigm for the study of personality, roles, and social behavior. In W. Ickes & E.S. Knowles (Eds.), Personality, roles, and social behavior (pp. 305-341). New York: Springer.

Johnson, S.M. & Bolstad, O.D. (1973). Methodological issues in naturalistic observation: Some problems and solutions for field research. In L.A. Hamerlynck, L.C. Handy, & E.J. Mash (Eds.), Behavior change: Methodology, concepts, and practice (pp. 7-67). Champaign, IL: Research Press.

Kaminski, G. & Bellows, S. (1982). Feldforschung in der Ökologischen Psychologie. In J.-L. Patry (Hg.), Feldforschung. Methoden und Probleme sozialwissenschaftlicher Forschung unter natürlichen Bedingungen (S. 87-116). Bern: Huber.

Kerlinger, F.N. (1975/1979). Grundlagen der Sozialwissenschaften. Band 1/Band 2. Weinheim: Beltz.

Kerlinger, F.N. & Pedhazur, E.J. (1973). Multiple regression in behavioral research. New York: Holt, Rinehart and Winston.

Kruse, L. & Graumann, C.F. (1987). Environmental psychology in Germany. In D. Stohols & T. Altman (Eds.), Handbook of environmental psychology (pp. 1195-1255) New York: Wiley.

Lienert, G.A. (1969). Testaufbau und Testanalyse. Weinheim: Beltz.

Mehrabian, A. (1971). Verbal and nonverbal interaction of strangers in a waiting situation. Journal of Experimental Research in Personality 5, 127-138.

Miller, D.B. (1977). Roles of naturalistic observation in comparative psychology. American Psychologist 32, 211-219.

Mischel, W. (1968). Personality and assessment. New York: Wiley.

Mischel, W. (1984). Convergences and challenges in the search for consistency. American Psychologist 39, 351-364.

Mook, D.G. (1983). In defense of external validity. American Psychologist 38, 379-387.

Oerter, R. (1979). Welche Realität erfaßt die Unterrichtsforschung? Unterrichtswissenschaft 7, 24-43.

Patry, J.-L. (1982). Laborforschung – Feldforschung. In J.-L. Patry (Hg.), Feldforschung. Methoden und Probleme sozialwissenschaftlicher Forschung unter natürlichen Bedingungen (S. 17-82). Bern: Huber.

Patry, J.-L. (1986). Transsituationale Konsistenz, Generalisierbarkeit und das Labor-Feld-Problem. Bericht zur Erziehungswissenschaft Nr. 55, Pädagogisches Institut der Universität Freiburg (Schweiz).

Patry, J.-L. (1987a). Transsituationale Konsistenz des Verhaltens und Handelns in der Erziehung. Habilitationsschrift, eingereicht bei der Philosophischen Fakultät der Universität Freiburg (Schweiz).

Patry, J.-L. (1987b) Aussagen haben größere Anwendungschancen, wenn sie im Anwendungskontext gültig sind. Einige Überlegungen zum Theorie-Praxis-Problem. In G.-A. Eckerle & J.-L. Patry (Hg.), Theorie und Praxis des Theorie-Praxis-Bezugs in der empirischen Pädagogik (S. 83-102). Baden-Baden: Nomos.

Pawlik, K. (1976). Ökologische Validität: Ein Beispiel aus der Kulturvergleichsforschung. In G. Kaminski (Hg.), Umweltpsychologie. Perspektiven – Probleme – Praxis (S. 59-72). Stuttgart: Klett.

Pawlik, K. (1978). Umwelt und Persönlichkeit. Zum Verhältnis von ökologischer und differentieller Psychologie. In C.F. Graumann (Hg.), Ökologische Perspektiven in der Psychologie (S. 112-134). Bern: Huber.

Ross, R.P. & Campbell, D.E. (1978). A review of the EDRA proceedings: Where have we been? Where are we going? In W.E. Rogers & W.H. Ittelson (Eds.), New directions in environmental design research. Washington, D.C.: Environmental Design Research Association.

Ross, R.P. & Campbell, D.E. (1979). A subject index of environmental design research. Abstracted in JSAS Catalog of Selected Documents in Psychology 9, 1816.

Saretsky, G. (1972). The OEO P.C. experiment and the John Henry effect. Phi Delta Kappan 53, 579-581.

Shadish, W.R. (1989). Critical multiplism: A research strategy and its attendant tactics. In L. Sechrest, H. Freeman & A. Mulley (Eds.), Health services research methodology: A focus on AIDS (pp. 5-28). Rockville, Maryland: National Center for Health Services Research and Health Care Technology Assessment, Public Health Service, U.S. Department of Health and Human Services.

Snow, R.E. (1974). Representative and quasi-representative design for research on teaching. Review of Educational Research 44, 265-292.

Stapf, K.H. (1976). Bemerkungen zur Gegenstands- und Methodendiskussion in der Umweltpsychologie. In G. Kaminski (Hg.), Umweltpsychologie. Perspektiven – Probleme – Praxis (S. 26-39). Stuttgart: Klett.

Tunnell, G.B. (1977). Three dimensions of naturalness: An expanded definition of field research. Psychological Bulletin 84, 426-437.

Westmeyer, H. (1979). Zur Handlungsrelevanz der Verhaltenstheorie. Einige kritische Aspekte. In V. Krumm (Hg.), Zur Handlungsrelevanz der Verhaltenstheorien. Über den Zusammenhang von Verhaltenstheorien und Pädagogischer Verhaltensmodifikation (S. 146-155). München: Urban & Schwarzenberg.

Westmeyer, H. (1982). Wissenschaftstheoretische Aspekte der Feldforschung. In J.-L. Patry (Hg.), Feldforschung. Methoden und Probleme sozialwissenschaftlicher Forschung unter natürlichen Bedingungen (S. 67-84). Bern: Huber.

Willems, E.P. (1969). Planning a rationale for naturalistic research. In E.P. Willems & H.L. Raush (Eds.), Naturalistic viewpoints in psychological research (pp. 44-71). New York: Holt, Rinehart & Winston.

Jean-Luc Patry
Pädagogisches Institut
der Universität Freiburg (Schweiz)

Nicht-reaktive Methoden

1. Begriffserklärung

Zu den klassischen Methoden der empirischen Sozialpsychologie zählen die schriftliche oder mündliche *Befragung* (Fragebogen oder Interview), die teilnehmende *Beobachtung* und das *Experiment*. Den Kernpunkt der Kritik an den Unzulänglichkeiten dieser Methoden oder Meßverfahren bildet das Problem der Reaktivität (s. Campbell 1957, Esser 1975): Danach ist zu vermuten, daß das Wissen um die Teilnahme an einer wissenschaftlichen Untersuchung – das Bewußtsein des „Getestet-Werdens" – das Verhalten der Versuchsperson (Vp) modifizieren kann, indem z.B. diese in einer vom Versuchsleiter (Vl) nicht intendierten und nicht kontrollierbaren Weise auf die Versuchssituation reagiert. Allgemein gesprochen, liegt dann Reaktivität vor, wenn die Tatsache der Messung das zu messende Phänomen verändert, mithin die Untersuchung Artefakte liefert. Für Campbell (a.a.O., S. 299) ist ein Meßvorgang sehr wahrscheinlich reaktiv, wenn er nicht Teil der normalen Umwelt des zu untersuchenden Individuums ist.

So kann die Messung des Blutdrucks in einer Tauglichkeitsuntersuchung durch den Amtsarzt wegen der Aufgeregtheit des Probanden deutlich höhere Wert erbringen, als dies unter normalen Umständen der Fall wäre; hingegen wird die Messung der Körpergröße ein vergleichsweise unverzerrtes Ergebnis liefern.

In Einstellungsuntersuchungen, bei denen die Bewerber Fragebogen über ihr Sozialverhalten auszufüllen haben, ist mit einer Antworttendenz in Richtung sozialer Erwünschtheit („Schönfärberei") zu rechnen.

Daß Lern- und Gedächtnistests wegen der Übungseffekte in hohem Maße reaktive Verfahren darstellen, leuchtet unmittelbar ein.

Die Beobachtung des Fußgängerverhaltens an einem Zebrastreifen mit Verkehrsampel durch einen uniformierten Polizisten stellt ein reaktives Registrierverfahren dar; tritt der Beobachter jedoch ohne Uniform auf, also getarnt als gewöhnlicher Passant, kann die Beobachtung als nicht-reaktiv gelten.

Künstlich herbeigeführte (Labor- oder Test-)Situationen besitzen nach Orne (1962, 1969) für die Vp einen spezifischen Aufforderungscharakter (demand characteristic), demzufolge sie im allgemeinen bestrebt sein wird, eine „gute Vp" zu sein und folglich die Erwartungen des Vl bzw. die von ihr vermutete experimentelle Hypothese zu bestätigen. In diesem Sinne ist die freiwillige Teilnahme an einer Untersuchung als Selektionsmerkmal zu werten und nicht selten mit der aktiven Mitarbeit der Vp am Gelingen des Versuchs gepaart, wenngleich auch der gegenteilige Effekt, eine Oppositionshaltung der Vp aufgrund der von ihr im Experiment erlebten Beschränkung ihrer Handlungsfreiheit, zu beobachten ist (psychologische Reaktanz, vgl. Brehm 1972). Eingedenk derartiger unerwünschter

Fehlerquellen und der kritischen Methodendiskussion ist das Bemühen vieler empirischer Sozialforscher in den zurückliegenden 20 Jahren verständlich, als methodische Alternative nicht-reaktive Meßverfahren zu entwickeln, zu erproben und auch anzuwenden.

Zusammenfassend sind die charakteristischen Merkmale nicht-reaktiver (nonreactive) oder unaufdringlicher (unobtrusive) Meßverfahren darin zu sehen, daß die Vp ohne das Bewußtsein reagiert, Daten für eine Untersuchung zu liefern, und daß aus der Interaktion zwischen Vl und Vp sowie aus der Rolle der Vp selbst keine Störeffekte erwachsen. Sie sind damit als *naturalistische Forschungsmethoden* zu bezeichnen.

Einen maßgeblichen Anstoß zur Kritik an den reaktiven Methoden und zur Erforschung der durch sie provozierten Artefakte bildete der sog. *Hawthorne-Effekt* (Roethlisberger & Dickson 1939). Da in den Hawthorne-Studien trotz Verschlechterung der physischen Arbeitsbedingungen die Arbeitsleistung in den Versuchsgruppen anstieg, schlossen die Autoren daraus, daß sich durch die Untersuchung selbst ein verändertes Arbeitsklima mit verbesserten sozialen Beziehungen zwischen den Versuchspersonen, aber auch zur Betriebsführung und zum Forschungspersonal entwickelt hatte: Danach waren die durch die positive Interaktion gewandelte Einstellung und Motivation der Arbeitenden, ihr gewandeltes Wir-Gefühl und ihre Rollenauffassung als Elite-Gruppe des Betriebes für die Leistungssteigerung verantwortlich. Damit hatte sich unversehens eine (Stör-)Variable gebildet, die sich sozusagen zwischen die ursprüngliche unabhängige Variable (UV) und die abhängige Variable (AV) schob und nun als Dritt-Variable bzw. neue UV für die Variation der AV verantwortlich gemacht wurde. Spätere Analysen der Resultate der Hawthorne-Studien durch Sykes (1965) und Carey (1967) haben dieser Interpretation von Roethlisberger und Dickson widersprochen und als Erklärungshypothese durchaus das ökonomische Interesse der Arbeitenden am höheren Verdienst durch gesteigerte Leistung formuliert. Folgt man dieser Interpretation, so ist der von Roethlisberger und Dickson postulierte Zusammenhang zwischen sozialem Arbeitsklima und Arbeitsleistung als Artefakt einzustufen.

Nicht-reaktive Methoden finden in der empirischen Sozialforschung seit dem Erscheinen der engagierten Monographie von Webb et al. (1966, dt. 1975, vgl. auch Sechrest 1979) stärkere Beachtung. Die Rezeption dieser Methoden in der deutschsprachigen Fachliteratur wird durch die Übersichtsarbeiten von Albrecht (1972), Bungard und Lück (1974, 1982) sowie Petermann und Noack (1984) belegt.

2. Anwendungsgebiete nicht-reaktiver Methoden

Der Sozialwissenschaftler mag sich wie ein Kriminalist vorkommen, wenn er nicht-reaktive Methoden einsetzt. Denn beispielsweise Spuren- und Dokumentenanalyse oder getarnte Beobachtung gehören in der Kriminalistik zum methodischen Handwerkszeug. Aber auch von Archäologen, Kulturanthropologen und Geschichtsforschern sind einfallsreiche nicht-reaktive Methoden entwickelt worden.

(1) Die *Analyse physischer Spuren* in Form von Abnutzungen (Erosionsmaße) oder Ablagerungen (Akkumulationsmaße) kann interessante Aufschlüsse vermitteln. Nach Webb et al. (1975) beobachtete man z.B. im Museum of Science and

Industry in Chicago, daß die Fußbodenfliesen rund um den Ausstellungskasten mit schlüpfenden Küken etwa alle sechs Wochen erneuert werden mußten, während der Fußboden in der Nähe anderer Ausstellungsstücke bei gleicher Qualität über Jahre verwendbar war. Von den Abnutzungen läßt sich auf die Besucherfrequenz und auf die Attraktivität der Exponate schließen.

Eine meßtechnische Verfeinerung der Erfassung der Bewegung von Personen in Räumen wurde durch Bechtel (1967) entwickelt, indem er eine Vielzahl mit Zählwerken gekoppelter Kontaktschwellen im Fußboden installierte. Dieses als Hodometer bezeichnete nicht-reaktive Meßverfahren fand Eingang in die umweltpsychologische Fachliteratur (s. Craik 1970, S. 29-31).

Der Abnutzungsgrad bei Büchern einer Leihbibliothek mag Aufschluß über die hohe oder geringe Benutzerhäufigkeit und damit über die Beliebtheit des Lesestoffs bzw. über die Interessen der Leser geben.

Zur Kategorie der Erosionsmessungen ist beispielsweise auch die Erfassung der Hyperaktivität von Kindern durch bewegungsmessende Armbanduhren zu zählen (vgl. Schulman & Reisman 1959).

Die systematische Erfassung von Ablagerungen und Abfällen kann Hinweise über vergangenes menschliches Verhalten liefern. Historische Uniformen und Rüstungen legen Zeugnis ab von der Körpergröße der Menschen früherer Jahrhunderte und dokumentieren eine deutliche Zunahme des Größenwachstums. Der akkumulierte Bleigehalt von Straßendecken – verursacht durch Auto-Abgase – ist ein Indiz für die Verkehrsdichte. Eine Häufung von Bremsspuren kann auf gefahrenträchtige Straßenabschnitte hinweisen.

Die Abfallforschung eröffnet Einblicke in Konsumgewohnheiten, die bei direkter Befragung nicht zugegeben werden. Z.B. kann von den Flaschen im Abfall auf Art und Menge des Alkoholkonsums in verschiedenen Wohngebieten geschlossen werden, wobei allerdings der Zeitfaktor genau zu kontrollieren ist, da der Alkoholkonsum an Wochenenden oder Feiertagen allgemein ansteigen dürfte.

Politische Mauerinschriften, → *Graffiti* oder Beschriftungen und Zeichnungen auf Toiletten können als Spurenmaße bei intra- und interkulturellen Vergleichen herangezogen werden (vgl. Sechrest & Flores 1969).

(2) Die *Auswertung von Archivdaten* sowie die *Inhaltsanalyse von biographischen und historischen Dokumenten* bilden eine weitere Klasse nicht-reaktiver Methoden. Webb et al. (1975, S. 145) heben die Relevanz dieser Verfahren für die empirische Sozialforschung hervor und verweisen auf den Aussagewert von Quellenmaterial mit einem chinesischen Sprichwort: „Die blasseste Tinte ist deutlicher als die beste Erinnerung."

Z.B. bilden Personenstandsregister über Geburt, Heirat und Tod eine Fundgrube für Sekundäranalysen. Als diesbezügliche Pionierleistungen gelten Galtons (1870) Studie über geniale Persönlichkeiten und deren Erbgänge und Verwandtschaftsverhältnisse sowie Durkheims Studie über den Selbstmord (1897, dt., 1973) mit dessen Abhängigkeit von soziologischen Merkmalen, aber auch von der Jahreszeit.

Prinzing (1931) wies anhand des Sterberegisters nach der Hamburger Cholera-Epidemie von 1891 einen schichtspezifischen Gefährdungsgrad der Bevölkerung nach.

Nach der Analyse von gerichtlichen Verurteilungen für Körperverletzungen in Bayern zwischen 1882 und 1937 fand Dünnbier (1944) einen statistischen Zusammenhang zum Bierkonsum.

Forschungsergebnisse zur Arbeitsmotivation und Arbeitszufriedenheit, die häufig auf reaktivem Wege über Befragungen gewonnen werden, können mittels Fluktuations- und Kündigungsraten Statistiken zum Absentismus oder zum Krankenstand von Arbeitnehmern validiert werden.

Aufschlußreiche Informationen lassen sich durch die Inhaltsanalyse von öffentlichem Schriftgut wie Zeitungsartikel oder politischen Reden (vgl. Lisch & Kriz 1978) und aus persönlichen Dokumenten wie Tagebuchaufzeichnungen oder Abschiedsbriefen von Selbstmördern gewinnen (vgl. Osgood & Walker 1959).

(3) *Nicht-reaktive Verhaltensbeobachtung* kann unterteilt werden in teilnehmende und nichtteilnehmende Beobachtung (zur Beobachtungsmethode vgl. Cranach & Frenz 1969). Der Forscher als teilnehmender Beobachter nimmt mehr oder weniger passiv am Gruppenprozeß teil und registriert dabei das Verhalten der einzelnen Gruppenmitglieder, ohne als „Fremdkörper" erkannt und erlebt zu werden. Auf diese Weise untersuchten z.B. Friedrichs und Lüdtke (1973) die Interaktionsformen Jugendlicher in einem Freizeitheim; Whyte (1943) verschaffte sich Zugang zu Straßenbanden und studierte ihre Gruppenstruktur.

Während in einer häuslichen Befragungsaktion die befragten Personen einen Fragebogen ausfüllten, protokollierten Pappi und Pappi (1978) die Einrichtungsgegenstände des Wohnzimmers und analysierten auf diese Weise die Stilelemente der Wohnumwelt.

Barker und Wright (1955) sowie Smith (1957) weisen darauf hin, daß durchgängige Passivität oder Schweigen des Beobachters den übrigen Beteiligten auffallen und dann „reaktives" Verhalten auslösen kann.

Die nichtteilnehmende, also getarnte Beobachtung erfordert in der Regel technische Hilfsmittel wie Einwegscheiben oder versteckte (Video-)Aufzeichnungen (vgl. „Candid Camera"). Mit der modernen, transportablen Restlicht-Videokamera sind unbemerkte Aufzeichnungen in natürlichen Situationen möglich.

Mit bloßem Auge beobachteten Robertson et al. (1972) an einer günstigen Straßenstelle, ob Autofahrer den Sicherheitsgurt angelegt hatten. Über die Autokennzeichen wurden anschließend die Fahrer identifiziert und zum Problem des Tragens von Sicherheitsgurten befragt, wodurch Einstellung und Verhalten verglichen werden konnten.

(4) *Nicht-reaktive Feldexperimente* liegen vor, wenn zur Erhöhung der externen Validität unter natürlichen Bedingungen der Versuch unternommen wird, eine oder mehrere UV wenigstens in begrenztem Maße zu manipulieren (vgl. die Übersichten bei Blickman & Henchy 1972, Swingle 1973, Bungard & Lück 1974). Lefkowitz et al. (1955) studierten die Vorbildwirkung von unterschiedlich gut gekleideten Personen (UV) auf das Nachahmungs-Verhalten (AV) von Passanten bei der bewußten Übertretung von Verkehrsregeln an Fußgängerüberwegen.

Berühmt geworden ist die von Merritt und Fowler (1948) entwickelte und durch Milgram et al. (1965) verbreitete *„Technik der verlorenen Briefe"* (lost-letter-technique), bei der adressierte und frankierte Briefe absichtlich „verloren" werden. Als UV dienen die Adressen, der Fundort oder der Briefinhalt – durch Metallplättchen simuliertes Hartgeld –, als AV dient die Quote der durch die Finder abgesandten Briefe. Auf die Grenzen dieser Technik haben Lück und Manz (1973) nach eigenen Untersuchungen hingewiesen. Sie geben auch ein Beispiel für das Reaktiv-Werden des nicht-reaktiven Verfahrens, wenn es als solches bekannt wird: Einer der rückgesandten Briefe trug den handschriftlichen Vermerk: „Guten Forschungserfolg und herzliche Grüße vom Finder" (zit. n. Bungard & Lück 1982, S. 330).

Eine ebenfalls originelle Methode haben Gaertner und Bickman (1971) mit der *„Verwähl-Technik"* (wrong-number-technique) erprobt. Ein Anrufer wählt die Telefonnummer zuvor ausgesuchter Personen, gibt dann vor, sich verwählt zu haben, aber auch kein Kleingeld mehr für ein weiteres Telefonat zu besitzen und bittet schließlich den Angerufenen um einen kleinen Gefallen. Hierbei fungieren Sprechweise bzw. Sprachcode oder die simulierte Notlage des Anrufers als abstufbare UV, das Verhalten des Angerufenen als AV. Das Verfahren ist ökonomisch, der Täuschungseffekt der Vp in der Regel perfekt. Allerdings bleibt es beschränkt auf Telefonbesitzer, und falls die angerufene Person der geäußerten Bitte nicht nachkommt, lassen sich keine eindeutigen Schlüsse über deren Verhaltensmotive ziehen.

(5) Der Versuch nicht-reaktiver Messungen im Labor ist kein Paradox, sondern ein vor allem in der experimentellen Sozialpsychologie durchaus übliches Vorgehen. Es dient der Abschwächung des reaktiven Charakters der Experimentalsituation, um „echte" Reaktionen der Vp hervorzurufen. Freilich ist dies im Regelfall nur durch ein Verschweigen des Untersuchungsziels oder um den Preis einer planmäßigen Fehlinstruktion oder Täuschung der Vp zu erzielen. Die z.T. schockierenden Resultate der Experimente von Milgram (1963) zum extremen Gehorsam mit getäuschten Vpn haben sofort eine heftige Diskussion über forschungsethische Probleme entfacht (Baumrind 1964, Kelman 1967), die bis heute andauert.

3. Schwächen und Probleme von nicht-reaktiven Methoden

Freilich besitzen die skizzierten nicht-reaktiven Methoden z.T. recht gravierende Schwächen oder werfen ernstzunehmende ethische Probleme auf:

(1) Die methodologischen Schwierigkeiten beginnen mit dem sog. *Operationalisierungsproblem*. Bei der Operationalisierung werden Begriffe in Forschungsoperationen „übersetzt". Man überlegt sich Indikatoren, die dasjenige messen oder ermitteln können, was der Begriff bedeutet. Der abstrakte Begriffsapparat der Theorie wird so mit Sachverhalten, die der Beobachtung besser zugänglich sind, in Beziehung gebracht. Eine Operationalisierung ist zweckmäßigerweise nicht als eine Definition, sondern als eine Hypothese oder eine Hypothesenauswahl zu betrachten, die wahr oder falsch sein kann und deshalb der Validierung bedarf

(Gadenne 1984, S. 26, Bunge 1967, S. 153-193). Im Sinne von Opp (1984, S. 54) sind die nicht-reaktiven Methoden empirische Operationalisierungen; sie beinhalten oft eine Vielzahl von Hilfsannahmen, die explizit herauszuarbeiten sind.

Bei nicht-reaktiven Verfahren werden die Untersuchungsbedingungen nicht experimentell hergestellt und präzise kontrolliert, sondern es werden natürliche Situationen aufgesucht, die über eine Vp Informationen liefern können. Dabei lassen sich gewöhnlich nicht alle Hilfsannahmen überprüfen bzw. ausschließen, so daß eine erhebliche Schwäche der internen Validität bei nicht-reaktiven Methoden in Kauf genommen werden muß. Als Ausweg schlagen Webb et al. (1975, S. 17) multiple Operationen vor, „… d.h. multiple Messungen, die hypothetisch die gleichen theoretisch relevanten Komponenten teilen, die aber unterschiedliche Strukturen von irrelevanten Elementen haben." (Vgl. auch konvergente und diskriminate Validität bei Campbell & Fiske 1959).

(2) Nicht-reaktive Methoden erfreuen sich immer noch einer gewissen *Kuriosität*, sie sind bisher relativ selten eingesetzt und kaum in Replikationsstudien erprobt worden, folglich existieren nur geringe methodische Erfahrungen. Ein Grund dafür ist vermutlich in ihrer *inhaltlichen Begrenztheit* zu erblicken. „Sie scheinen sich besonders zur Erfassung von sichtbarem Verhalten (Mimik, Gestik, Haltung, Sprache usw.), weniger dagegen für die Erfassung subjektiver, emotional-affektiver oder auch kognitiv-rationaler Prozesse zu eignen. (…) Andere Anwendungsbereiche wären alle solchen, die sich auf historisch überliefertes Material beziehen." (Bungard & Lück 1974, S. 137).

(3) So nimmt es nicht wunder, daß über die Gütekriterien nicht-reaktiver Methoden vergleichsweise wenig bekannt ist. Während die Objektivität durch die Kenntnis des Untersuchungsziels und die Interpretation des zu untersuchenden Geschehens seitens des Beobachters gefährdet sein kann, dürfte die Reliabilität von Spuren- oder Archivanalysen von dem Umstand profitieren, daß durch wiederholte Messungen keine systematischen Verzerrungen resultieren. Durch längerfristige Beobachtungen hingegen kann sich die Beobachtungsfähigkeit des Beobachters selektiv verändern oder auch „abnutzen", womit ein systematischer Instrumentierungseffekt eintritt („instrument decay", s. Campbell & Stanley 1963, S. 179).

Bei Inhaltsanalysen von Dokumenten hängt die Reliabilität entscheidend von der Güte des Kategoriensystems und der Unabhängigkeit der Kategorie ab, worauf Lisch und Kriz (1978) hingewiesen haben.

Allerdings ist insgesamt über die Zuverlässigkeitsproblematik wenig bekannt, da so gut wie keine konkreten Reliabilitätsprüfungen einzelner nicht-reaktiver Methoden vorliegen.

Bei der Beurteilung der Aussagekraft nicht-reaktiver Methoden ist zu beachten, daß nolens volens Einbußen der internen Validität hingenommen werden müssen und die externe Validität im Vordergrund steht. Für die lebensnahe Erfassung von Alltagsgegenständen genügt jedoch keinesfalls die bloße Augenschein-Gültigkeit. Bungard und Lück (1982, S. 331) beschreiben das Dilemma: „Im Labor reagieren die Vp auf die Erhebungssituation und auf das experimentelle Treatment, wie die

Artefaktforschung gezeigt hat, aber worauf reagieren die untersuchten Personen im Felde? Eine adäquate Interpretation ist wahrscheinlich nur dann möglich, wenn die individuellen Situationsdefinitionen der Probanden in Erfahrung gebracht werden können. Dies setzt aber eine Kommunikation einschließlich reaktiver Effekte voraus." Auf diese Kommunikation wird man nicht verzichten können, denn Artefakte resultieren u.a. aus unterschiedlichen Interpretationen der Untersuchungs-Realität durch Vp und Vl. Beläßt es der Forscher bei seiner „face validity", lauert auch bei nicht-reaktiver Feldforschung die Artefakt-Gefahr.

Als aussichtsreiches, wenngleich aufwendiges Validierungskonzept für nicht-reaktive Methoden kann die Multi-Trait-Multi-Method-Technik (MTMM) von Campbell und Fiske (1959) angesehen werden, die bei einer Kombination verschiedener Meßverfahren im Sinne der von Webb et al. (1975, S. 17ff) geforderten multiplen Operationen Aussagen über die konvergente und diskriminante Validität gestattet.

(4) Nicht-reaktive Feldexperimente verlieren entscheidend an Aussagekraft, wenn keinerlei Möglichkeiten zu einer *Kontrolle*, *Variation* oder *Randomisierung* der situativen Bedingungsfaktoren bestehen oder auch nur ansatzweise vorgenommen werden können (vgl. Cook & Campbell 1976). In solchen Fällen wird man über reine Situationsbeschreibungen kaum hinauskommen. Denn die Fehlschlüsse bei „ökologischen Korrelationen" (Robinson 1950), die keine Ursache-Wirkung-Beziehung wiedergeben, sondern einen trivialen Zusammenhang zwischen abhängigen Variablen einer gemeinsamen Ursache, müssen im Auge behalten werden.

(5) Methodisch ebenfalls ernst zu nehmen sind die *Selektionseffekte* bei den untersuchten Stichproben. Ohne nachträgliche Befragung läßt sich wohl nicht sicherstellen, ob tatsächlich eine annähernd repräsentative Personenauswahl zu bestimmten Zeiten etwa als Fußgänger bestimmte Örtlichkeiten (z.B. Zebrastreifen, Parkanlagen, Schaufensteranlagen, Plakatflächen usw.) passiert und dabei hinsichtlich ihrer Verhaltensweisen unauffällig beobachtet werden kann. Eine methodische Schwäche von Archivdaten besteht in deren möglicher selektiver Anlage (z.B. nur bestimmte Personen führen Tagebücher) oder im selektiven „Überleben" von Archiven (Abschiedsbriefe werden eher aufbewahrt).

(6) *Ethische und rechtliche Probleme* treten beileibe nicht nur in der reaktiven Laborforschung bei der massiven Beeinflussung der Vp durch den Vl oder wegen einer Täuschung der Vp auf; auch die unaufdringlichen, nicht-reaktiven Methoden sind ethisch durchaus problematisch. Denn die Tatsache, daß der Vp nicht bewußt ist, an einem Versuch teilzunehmen und unbemerkt beobachtet oder gefilmt zu werden, kann als Verletzung ethischer Normen angesehen werden. Die Vp nimmt nicht freiwillig, sondern ungefragt an der Untersuchung teil; es besteht sozusagen kein Kontrakt zwischen Vp und Vl, der auf eine strikte Begrenzung der preisgegebenen Verhaltensdaten achtet und damit den Schutz von Privatsphäre und Persönlichkeitsrechten garantiert (zur Diskussion dieser Problemstellung s. Silverman 1975, Wilson & Donnerstein 1976, Kruse & Kumpf 1981, Schuler 1982). Ist beispielsweise das Filmen „mit versteckter Kamera" moralisch vertret-

bar, wenn sich Personen durch unglückliche Umstände in nahezu peinlicher oder hilfloser Lage befinden? Die Diskussion dieses Fragenkomplexes ist keineswegs abgeschlossen; das allgemeine Problembewußtsein in der zurückliegenden Dekade ist jedoch erheblich gestiegen.

4. Nicht-reaktive Methoden und Ökologische Psychologie

Nicht-reaktiven Methoden kommt in der Ökologischen Psychologie insofern eine besondere Bedeutung zu, als zur adäquaten Erfassung ihres Gegenstands naturalistische Vorgehensweisen gefordert werden (Willems & Raush 1969) und das experimentelle Eingreifen und Gestalten des Untersuchers – sei es im Labor oder im Feld – aus grundsätzlichen Erwägungen weitgehend vermieden werden soll (vgl. Kaminksi & Bellows 1982, S. 96f). Strenggenommen kann sich nach den ökopsychologischen Grundintentionen ein methodischer Zielkonflikt ergeben: Einerseits gehört es zum ökopsychologischen Programm, den Komplexitätsgrad des Verhaltens in natürlichen Situationen methodisch möglichst nicht zu reduzieren, andererseits führt kompromißlose nicht-reaktive Messung zu einer restriktiven Erfassung lediglich partikularer Verhaltensausschnitte mit verminderter sozialer Relevanz (so Bungard & Bay 1982, S. 190f). Da Methodenmonotonie zwangsläufig eine Einschränkung der ökologischen Repräsentativität und Validität nach sich zieht, bleibt als Ausweg nicht etwa der schlichte Austausch von z.B. Laborgegen Feldforschung oder reaktiver gegen nicht-reaktive Messung, sondern eine theoriegeleitete und problemangemessene Methodenkombination (Stapf 1976).

Ein gutes Beispiel für einen multiplen Methodeneinsatz in der ökopsychologischen Forschung liefern die Untersuchungen von Baum und Valins (1977) über Kontaktverhalten in Abhängigkeit von der sozialen Dichte. Hier kommen naturalistische Beobachtung und nicht-reaktive Messung neben reaktiver Befragung und Experiment zum Zuge. Wegen des Dilemmas, daß alle Methoden letztlich fehlerbehaftet sind und methodologischer Begrenztheit unterliegen, wie McGrath (1981) anschaulich zeigt, ist Ergänzung, Ausgleich und Kontrolle durch Methodenvielfalt anzustreben. (→ *Feldforschung*).

Literatur

Albrecht, G. (1972). Zur Stellung historischer Forschungsmethoden und nicht-reaktiver Methoden im System der empirischen Sozialforschung. Kölner Zeitschrift für Soziologie und Sozialpsychologie, Sonderheft 16, 242-293.

Barker, R.G. & Wright, H.F. (1955). Midwest and its children: The psychological ecology of an American town. Evanston, IL: Row.

Baum, A. & Valins, S. (1977). Architecture and social behavior: Psychological studies in social density. Hillsdale, NJ: Erlbaum.

Baumrind, D. (1964). Some thoughts on ethics of research: After reading Milgram's behavioral study of obedience. American Psychologist 19, 421-423.

Bechtel, R.B. (1967). Hodometer research in architecture. Milieu 2, 1-9.

Bickman, L. & Henchy, T. (Eds.) (1972). Beyond the laboratory: Field research in social psychology. New York: McGraw-Hill.

Brehm, J.W. (1972). Responses to the loss of freedom: A theory of psychological reactance. Morristown: General Learning Press.

Bungard, W. & Bay, R.H. (1982). Feldexperimente in der Sozialpsychologie. In J.-L. Patry (Hg.), Feldforschung (S. 183-205). Bern: Huber.

Bungard, W. & Lück, H.E. (1974). Forschungsartefakte und nicht-reaktive Meßverfahren. Stuttgart: Teubner.

Bungard, W. & Lück, H.E. (1982). Nicht-reaktive Meßverfahren. In J.-L. Patry (Hg.), Feldforschung (S. 317-340). Bern: Huber.

Bunge, M. (1967). Scientific research II: The search for truth. Berlin: Springer.

Campbell, D.T. (1957). Factors to the validity of experiments in social settings. Psychological Bulletin 54, 297-312.

Campbell, D.T. & Fiske, D.W. (1959). Convergent and discriminant validation by the multitrait-multimethod matrix. Psychological Bulletin 56, 81-105.

Cambell, D.T. & Stanley, J.C. (1963). Experimental and quasi-experimental designs for research on teaching. In N.L. Gage (Ed.), Handbook on research on teaching (pp. 171-246). Chicago: Rand McNally.

Carey, A. (1967). The Hawthorne studies: A radical criticism. American Sociologist Review 32, 403-416.

Cook, T.D. & Campbell, D.T. (1976). The design and conduct of quasi-experiments and true experiments in field settings. In D. Dunette (Ed.), Handbook of industrial and organizational psychology (pp. 223-326). Chicago: Rand McNally.

Craik, K.H. (1976). Environmental psychology. New Directions in Psychology 4, 1-121.

Cranach, M. v. & Frenz, H.G. (1969). Systematische Beobachtung. In C.F. Graumann, (Hg.), Handbuch der Psychologie. Bd. 7: Sozialpsychologie (1. Halbband) (S. 269-331). Göttingen: Hogrefe.

Dünnbier, H. (1944). Verbrechen und Verbrechertum in Bayern 1882 bis 1937. Beiträge zur Statistik Bayerns, Bd. 138. München (zit. n. Bungard, W. & Lück, H.E. (1974)).

Durkheim, E. (1897). Le suicide. Paris. (dt.: Der Selbstmord. Neuwied: Luchterhand 1973).

Esser, H. (1975). Zum Problem der Reaktivität bei Forschungskontakten. Kölner Zeitschrift für Soziologie und Sozialpsychologie 27, 257-272.

Friedrichs, J. & Lüdtke, H. (1973). Teilnehmende Beobachtung. Weinheim: Beltz.

Gadenne, V. (1984). Theorie und Erfahrung in der psychologischen Forschung. Tübingen: Mohr (Siebeck).

Gaertner, S. & Bickman, L. (1971). Effects of race on the elicitation of helping behavior: the wrong number technique. Journal of Personality and Social Psychology 20, 218-222.

Galton, F. (1870). Hereditary genius. New York: Appleton.

Kaminski, G. & Bellows, S. (1982). Feldforschung in der Ökologischen Psychologie. In J.-L. Patry (Hg.), Feldforschung (S. 87-116). Bern: Huber.

Kelman, H.C. (1967). Human use of human subjects: The problem of deception in socialpsychological experiments. Psychological Bulletin 67, 1-11.

Kruse, L. & Kumpf, M. (Hg.) (1981). Psychologische Grundlagenforschung: Ethik und Recht. Bern: Huber.

Lefkowitz, M., Blake, R.R., & Mouton, J.S. (1955). Status factors in pedestrian violation of traffic signals. Journal of Abnormal and Social Psychology 51, 704-706.

Lisch, R. & Kriz, J. (1978). Grundlagen und Modelle der Inhaltsanalyse. Reinbek: Rowohlt.

Lück, H.E. & Manz, W. (1973). Die Technik der verlorenen Briefe – ein neues Instrument verhaltensbezogener Einstellungsmessung? Zeitschrift für Soziologie 2, 352-365.

McGrath, J.E. (1981). Dilemmatics: The study of research choices and dilemmas. American Behavioral Scientist 25, 179-210.

Merritt, C.B. & Fowler, R.G. (1948). The pecuniary honesty of the public at large. Journal of Abnormal and Social Psychology 43, 90-93.

Milgram, S. (1963). Behavioral obedience. Journal of Abnormal and Social Psychology 67, 371-378.

Milgram, S., Mann, L., & Harter, S. (1965). The lost-letter technique: A tool of social research. Public Opinion Quarterly 29, 437-438.

Opp, K.D. (1984). Wissenschaftstheoretische Grundlagen der empirischen Sozialforschung. In E. Roth (Hg.), Sozialwissenschaftliche Methoden (S. 47-71). München: Oldenbourg.

Orne, M.T. (1962). On the social psychological experiment: With particular reference to demand characteristics and their implications. American Psychologist 17, 776-783.

Orne, M.T. (1969). Demand characteristics and the concept of quasi-controls. In R. Rosenthal & R.L. Rosnow (Eds.), Artifact in behavioral research (pp. 143-179). New York: Academic Press.

Osgood, C.E. & Walker, E. (1959). Motivation and language behavior: a content analysis of suicide notes. Journal of Abnormal and Social Psychology 59, 58-67.

Pappi, F.U. & Pappi, J. (1978). Sozialer Status und Konsumstil. Eine Fallstudie zur Wohnzimmereinrichtung. Kölner Zeitschrift für Soziologie und Sozialpsychologie 30, 87-115.

Petermann, F. & Noack, H. (1984). Nicht-reaktive Meßverfahren. In E. Roth (Hg.), Sozialwissenschaftliche Methoden. Lehr- und Handbuch für Forschung und Praxis (S. 450-470). München: Oldenbourg.

Prinzing, F. (1931). Handbuch der medizinischen Statistik. Jena: Fischer.

Robertson, L.S., O'Neill, B., & Wixon, C.W. (1972). Factors associated with observed safety belt use. Journal of Health and Social Behavior 13, 18-24.

Robinson, W.S. (1950). Ecological correlations and behavior of individuals. American Sociologist Review 15, 351-357.

Roethlisberger, F.J. & Dickson, W.J. (1939). Management and the worker. Cambridge, MA: Harvard University Press.

Schuler, H. (1982). Ethische Probleme. In J.-L. Patry (Hg.), Feldforschung (S. 341-364). Bern: Huber.

Schulman, J.L. & Reisman, J.M. (1959). An objective measure of hyperactivity. American Journal of Mental Deficiency 64, 455-456.

Sechrest, L. (Ed.) (1979). Unobtrusive measurement today. San Francisco: Jossey-Bass.

Sechrest, L. & Flores, L. (1969). Homosexuality in the Philippines and the United States: The handwriting on the wall. Journal of Social Psychology 79, 3-12.

Silverman, I. (1975). Nonreactive methods and the law. American Psychologist 30, 764-769.

Smith, E.E. (1957). The effects of clear and unclear role expectations on group productivity and defensiveness. Journal of Abnormal and Social Psychology 55, 213-217.

Stapf, K.H. (1976). Bemerkungen zur Gegenstands- und Methodendiskussion in der Umweltpsychologie. In G. Kaminski (Hg.), Umweltpsychologie (S. 26-39). Stuttgart: Klett.

Swingle, P.G. (1973). Social psychology in natural settings. A reader in field experimentation. Chicago, IL: Aldine.

Sykes, A.J.M. (1965). Economic interest and the Hawthorne researches. Human Relations 18, 253-263.

Webb, E.J., Campbell, D.T., Schwartz, R.D., & Sechrest, L. (1975). Nichtreaktive Meßverfahren. Weinheim: Beltz.

Wilson, D.W. & Donnerstein, E. (1976). Legal and ethical aspects of nonreactive social psychological research: An excursion into the public mind. American Psychologist 31, 765-773.

Whyte, W.F. (1943). Street corner society. Chicago, IL: University of Chicago Press.

Willems, E.P. & Raush, H.L. (Eds.) (1969). Naturalistic viewpoints in psychological research. New York: Holt, Rinehart & Winston.

Kurt H. Stapf
Psychologisches Institut
der Universität Tübingen

Umwelteinschätzung (Environmental Assessment)

1. Begriffsgeschichte

Der Begriff „Assessment" stammt aus der Persönlichkeitspsychologie (z.B. Wiggins 1973). Er taucht um 1948 in dem Titel „The Assessment of Men" auf (Murray et al. 1948). 1949 wird das Institute of Personality Assessment and Research an der University of California gegründet. 1963 fügt das „Journal of Projective Techniques" seinem Titel „and Personality Assessment" hinzu. 1968 plädiert McReynolds für ein über den Begriff des „Personality Assessment" hinaus erweitertes „Psychological Assessment" und schreibt: „It is also possible to apply assessment techniques to an entire psychological ecology – a school, a psychiatric ward, or a neighbourhood – in terms of its application for behavior" (McReynolds 1968, S. 3). Assessment besteht in der Zuweisung eines Gegenstandes zu einer Kategorie (Nominalskalierung, z.B. Diagnose in der Psychopathologie) oder in einer Plazierung auf einem numerischen Kontinuum (Ordinal- oder Intervallskalierung, z.B. Punktwerte auf Testdimensionen). Es zeichnen sich früh drei Modelle von Assessment ab: das Trait(Eigenschaften)-Modell, das entscheidungstheoretische Modell und das analytische Modell, ersteres mit Schwerpunkt auf Reliabilität und Validität des Testinstruments (Test, Interview usw.), das zweite mit Schwerpunkt auf der Nützlichkeit des Verfahrens, das dritte mit Schwerpunkt auf einem synthetischen Verstehen des Objektes (vgl. McReynolds 1968, 1971).

2. Paradigmentransfer

1971 vollzieht Craik einen ökologischen Paradigmentransfer, indem er an die Stelle der Persönlichkeit in der Assessment-Prozedur den „Ort" (engl. „place") einsetzt (Craik 1971). Genau beschriebene Orte sind die unabhängigen Variablen oder Prädiktoren seines Modells, beschreibende oder durch sie vermittelte wertende Reaktionen von Nutzern die abhängigen Variablen oder Kriterien. Craik (1971) spricht von einer Anpassung der in Persönlichkeitsdiagnostik und Personal-Selektion üblichen Techniken an die Beschreibung und Selektion von Orten in bezug auf ihre Eignung, bestimmte Nutzerreaktionen hervorzurufen. Nicht mehr Personen, sondern Umwelten stehen auf dem Prüfstand (Dickert & Domeny 1974). Dabei wird diese Analogie auch im Sinne einer Trait-Beschreibung von Orten durchgehalten: Es gilt, wie bei der Beschreibung von Persönlichkeitseigenschaften auch bei der Beschreibung von Orten oder Settings geeignete Beobachter, Kontakt- bzw. Darbietungsweisen, Beobachterreaktionsformate und Evaluationskriterien zu verwenden. Damit wird eine strenge Unterscheidung zwischen

Ortswahrnehmung und *Ortsassessment* sowie zwischen der *Attribution* von Eigenschaften an Orte und der *Designation von Eigenschaften* auf Orte getroffen.

Craik (1977) hält das „environmental assessment" für ein Hauptthema der Umweltpsychologie, das mit den Forschungsgebieten „Wahrnehmung und Kognition von Umwelten", „Persönlichkeit und Umwelt" (→ *Umweltrepräsentation;* → *Umwelt und Persönlichkeit;* → *Raum und Bewegung*) (Craik 1976, Craik & McKechnie 1977, McKechnie 1974) und „räumliches Verhalten" auf einer Stufe steht.

3. Modelle

Zweck der Erfassung von Umwelten ist die Analyse und Herstellung von Mensch-Umwelt-Passungen unter Berücksichtigung menschlicher Bedürfnisse und – soweit es sich um physische, geographische Umwelt handelt – unter Schonung von Ressourcen (→ *Person-Umwelt-Kongruenz*). Dabei werden verschiedene Modelle der Mensch-Umwelt-Beziehung vorausgesetzt. Diese beschreiben in der Regel Wechselwirkungen zwischen Persönlichkeit, Umwelt und Verhalten. In einigen Fällen werden noch Variablen angenommen, die das Verhalten vermitteln (z.B. Umweltdruck und persönliche Bedürfnisse: Murray 1938, Stern 1970, oder eine affektive, bewertende Komponente: Pervin 1977). Nichtmenschliche und menschliche Umwelt werden, ebenso wie das intrapsychische System, als Persönlichkeitskomponenten aufgefaßt, die innerhalb der Person in Wechselbeziehung zueinander stehen (McKechnie 1978). Oder es werden Modellumwelten konstruiert, die mit entsprechenden Persönlichkeitstypen korrespondieren (Holland 1973).

Je nach Modell wird die Umwelt denotativ-objektiv oder konnotativ-subjektiv beschrieben. Dabei kann der Begriff Umwelt objektiv als physisch (z.B. geographisch), biologisch (z.B. Anzahl, Alter und Geschlecht von Personen) oder sozial oder kulturell (z.B. Normen, Regeln usw.) sowie als eine der möglichen Kombinationen dieser Eigenschaften aufgefaßt werden. Beschreibungen können molare (Landschaften) oder molekulare (Zimmer) Umwelten betreffen. In Abweichung von Craiks (1971) Forderung nach einer Unterscheidung zwischen Wahrnehmung und Assessment wird die Umwelt aber auch von einigen Autoren als subjektive, innere Welt definiert. Es handelt sich dann um die Umwelt als wahrgenommene, der vom Subjekt Bedeutung attribuiert und auf die entsprechend reagiert wird. Aus den Wahrnehmungen, aus der subjektiven Umwelt der Persönlichkeit sollen dann Schlüsse auf deren (zukünftiges) Verhalten gezogen werden. Eine weitere Möglichkeit ist die Kombination der objektiven und subjektiven Erfassung von Umwelten.

4. Erfassung von Merkmalen physischer Umwelten

Bei der Trait-Beschreibung von Umwelten und Orten kann ein großer Teil der Methoden adaptiert werden, die auch zur Beschreibung von Persönlichkeiten dienen. Zu den typischen Methoden der objektiven Erfassung von Merkmalen der physischen Umwelt zählen:

– *Check-Listen*, z.B. die *Landscape Adjective Check List* (LACL) und die *Graphic Landscape Typology* von Craik (1971) für landschaftliche Umgebungen und die *Environmental Description Scale* (EDS) von Kasmar (1970) für gebaute Umgebungen (vgl. Moos, Harris & Schonborn 1969, siehe auch Hershberger 1972);

– *Rating-Verfahren*, z.B. die *Landscape Rating Scales* von Craik (1971) und das *Complexity-Rating* für Landschaften von Wohlwill (1968);

– *sonstige Verfahren*, z.B. freie Assoziationen, Checklisten für Aktivitäten an Orten, Inferenzen über Ursprung oder Herkunft von Elementen an einem Ort, Q-Sort-Verfahren, Multidimensional Scaling (MDS) (Craik 1973) usw.

Craik (1971) zählt auch rein physikalische Beschreibungen von Landschaften (z.B. Shafer & Thompson 1968) und die Beschreibung der Verteilung von Objekten in Räumen (z.B. mit Hilfe der *Living Room Check List* (LRCL) von Laumann & House 1970) zu den Techniken des Umwelteinschätzung. Obwohl solche Beschreibungen zunächst außerpsychologische Sachverhalte betreffen, so sind sie doch eine unerläßliche Vorstufe zur psychologischen Analyse der Mensch-Umwelt-Interaktion.

Ein anderer wichtiger Gegenstand der Umwelteinschätzung ist die Vermessung von Umwelt-Komplexität durch Ratings (Wohlwill 1968) oder „objektive" Maße (z.B. die *Typen-Token-Ratio*, TTR, oder Informationsmaße, Krampen 1974, 1979), um den Zusammenhang zwischen Komplexitätsgraden und ästhetischer Präferenz festzustellen (Kaplan 1977).

Weitere Assessment-Verfahren wurden als Indizes wahrgenommener Qualitäten (*Perceived Environmental Quality Indices*, PEQ) auf natürliche und von Menschen gemachte Umwelt (Craik 1972, Zube, Brush & Fabos 1975, Zube 1976, Wohlwill 1968, Daniels & Vining 1983), andere auf Architektur (Appleyard & Carp 1974, Carp & Carp 1982), auf klimatische Bedingungen, auf den Zustand der Gewässer, der Luft und auf Lärmbelästigung (Craik & Zube 1976) angewendet (→ *Umweltevaluation*).

Außer den unmittelbaren Eigenschaften von Orten kann auch ihr Verhaltensprofil beschrieben werden (stabile Verhaltensmuster, Dichte von Verhaltensweisen an einem Ort usw.). Im *Behavior Setting Survey* von Barker (1968) werden Umwelten danach bewertet, welche Verhalten sie ermöglichen bzw. erzwingen (→ *Behavior Setting*).

5. Erfassung von Merkmalen sozialer Umwelten

Über die von Craik (1971) zunächst geforderte objektive Erfassung von physischen und geographischen Umwelten hinaus wird auch die Einschätzung von sozialen Umwelten, Organisationen (Steele 1973), Institutionen und anderen menschlichen Aggregaten und Situationen gefordert (Wolf 1966, Craik 1971, 1973, Moos 1974a, 1976, Craik 1981).

Beispiele dieser Art von Assessments sind die Skalen zur Messung des sozialen Klimas, die von Moos und seinen Mitarbeitern entwickelt wurden (Moos 1974b) (→ *Lernumwelt Schule*). Sie betreffen therapeutische Situationen (die *Ward Atmosphere Scale*, vgl. auch die deutschsprachige Klinik-Umwelt-Skala von Krampen & Delius 1981 (→ *Therapeutische Umwelten*), die *Community-Oriented Programs Environment Scale* und die *Sheltered Care Environment Scale*), „totale" Institutionen (die *Correctional Institutions Environment Scale* und das *Military Company Environment Inventary*), Ausbildungssituationen (die *University Residence Environment Scale* und die *Classroom Environment Scale*) sowie Gemeinschaftssituationen (die *Group Environment Scale*, die *Work Environment Scale* und die *Family Environment Scale*).

Beispiel einer kombinierten Erfassung sozialer und physischer Merkmale ist die *Multiphasic Environmental Assessment Procedure* (MEAP) (Lemke et al. 1979, Moos & Lemke 1980, 1984). Die MEAP ist eine Batterie von Skalen, mit der eine soziale Umwelt auf physische und architektonische Eigenschaften, institutionelle Richtlinien und Programme, demographische Eigenschaften und Faktoren des „sozialen Klimas" untersucht werden kann (→ *Altenheim*). Manche Skalen sind nicht ohne Kritik geblieben (Richards 1978, Russell & Ward 1982). Stokols (1978) hat zudem den Theoriemangel dieser empirisch abgeleiteten Verfahren beklagt.

6. Theoretisch fundierte Erfassung von Umwelten

Ein erster Schritt zur Behebung des Theoriemangels war die Einbeziehung der empirisch entwickelten Assessmentverfahren in die Theorie der Aktionsforschung von Lewin (1946). Danach wird die Umwelteinschätzung zur datenerhebenden, diagnostischen *Phase der Gestaltung* von Umwelten (Ford 1980, Holahan 1980, Conyne & Clack 1981) (→ *Umweltplanung und -gestaltung*). Unter Rücksicht auf Lewins (1951/1983) Feldtheorie und Murrays (1938) Unterscheidung von „alpha und beta press" (objektiver und subjektiv erlebter Umweltdruck) hat Stern (1970) den Charakter bestimmter College-Umwelten als „ökologische Nischen" für bestimmte Typen von Studenten miteinander verglichen (→ *Lernumwelt Universität*). Diesen Ansatz erweiterten Carp und Carp (1984) um die Maslowsche (1954) Bedürfnishierarchie. Dadurch entstand ein Verfahren, das eine Erhebung von Prädikatoren und Moderatorvariablen zum Vergleich mit Kriterien vorsieht. Auf der Prädikatorenseite wird zwischen den Grundbedürfnissen und den ihnen entsprechenden Ressourcen (bzw. Barrieren) der Umwelt und höheren Bedürfnissen und den entsprechenden Ressourcen unterschieden. Sowohl für den Fall der höheren als auch der Grundbedürfnisse werden Personenvariablen (z.B. Personeneigenschaften, die in bezug auf die Umwelt relevant sind), Umweltvariablen (Ressourcen oder Barrieren in bezug auf die Befriedigung der Bedürfnisse) und die Übereinstimmung zwischen Personen- und Umweltvariablen gemessen. Personen- und Umweltvariablen sollen in der Erhebung streng getrennt bleiben, bevor sie auf ihre komplementäre Interaktion hin betrachtet werden. Dabei werden die Umweltvariablen als „objektive" Elemente im Sinne der nicht-psychologischen Umwelten von Lewin oder des „alpha-Press" von Murray gemessen. Ratings von Umwelteigenschaften werden hier wegen ihrer subjektiven Komponente (z.B. Gifford 1980), wenn überhaupt, nur als Zusatzverfahren herangezogen. Als *Moderatorvariable* werden Kompetenzen, Stile, Statusressourcen, Lebensereignisse usw. erfaßt. *Kriterienvariablen* sind Wahrnehmung der Umwelt, Zufriedenheit mit ihr, Zufriedenheit mit dem eigenen Leben, seelische Gesundheit und unabhängige Lebensweise (→ *Verhaltenseinschätzung;* → *Umweltevaluation*).

Literatur

Appleyard, D. (1969). Why buildings are known: A predictive tool for architects and planners. Environment and Behavior 1, 131-156.

Appleyard, D. & Carp, F.M. (1974). BART residential impact study: An empirical study of environmental impact. In T.G. Dickert & K.R. Domeny (Eds.), Environmental impact assessment (pp. 73-88). Berkeley: University of California Press.

Astin, A.W. & Holland, J.L. (1961). The environmental assessment technique: A way to measure college environments. Journal of Educational Psychology 52, 308-316.

Barker, R.G. (1968). Ecological psychology: Concepts and methods for studying the environment of human behavior. Stanford, CA: Stanford University Press.

Carp, F.M. & Carp, A. (1982). Perceived environmental quality of neighbourhoods. Journal of Environmental Psychology 2, 295-312.

Carp, F.M. & Carp, A. (1984). A complementary congruence model of well-being or mental health for community elderly. In J. Altman, M.P. Lawton, & J.F. Wohlwill (Eds.), Human behavior and environment. Vol. 7: Human behavior and environment (pp. 279-336). New York: Plenum Press.

Conyne, R.K. & Clack, R.J. (1981). Environmental assessment and design. New York: Praeger.

Craik, K.H. (1971). The assessment of places. In P. McReynolds (Ed.), Advances in psychological assessment (Vol. 2) (pp. 40-62). Palo Alto, CA: Science and Behavior Books.

Craik, K.H. (1972). Psychological factors in landscape appraisal. Environment and Behavior 4, 255-266.

Craik, K.H. (1973). Environmental psychology. Annual Review of Psychology 24, 403-422.

Craik, K.H. (1976). The personality research paradigm in environmental psychology. In S. Wapner, S.B. Cohen, & B. Kaplan (Eds.), Experiencing the environment (pp. 55-79). New York: Plenum.

Craik, K.H. (1977). Multiple scientific paradigms in environmental psychology. International Journal of Psychology 12, 2, 146-157.

Craik, K.H. (1981). Environmental assessment and situational analysis. In D. Magnusson (Ed.), Toward a psychology of situations (pp. 37-48). Hillsdale, NJ: Erlbaum.

Craik, K.H. & McKechnie, G.E. (1977). Editor's introduction. Personality and the environment. Environment and Behavior 9, 155-168.

Craik, K.H. & Zube, E.H. (Eds.) (1976). Perceiving environmental quality. New York: Plenum Press.

Daniel, T.C. & Vining, J. (1983). Methodological issues in the assessment of landscape quality. In I. Altman & J.F. Wohlwill (Eds.), Human behavior and environment. Vol. 6: Behavior and the natural environment (pp. 39-84). New York: Plenum Press.

Dickert, T.G. & Domeny, K.R. (Eds.) (1974). Environmental impact assessment: Guidelines and commentary. Berkeley: University of California.

Ford, J. (1980). Training and environmental design. In L. Krasner (Ed.), Environmental design and behavior (pp. 270-301). New York: Pergamon.

Gerst, M.S. & Moos, R.H. (1972). Social ecology of university student residences. Journal of Educational Psychology 63, 513-525.

Gifford, R.J. (1980). Judgement of the built environment as a function of individual differences and context. Journal of Man – Environment Relations 1, 23-31.

Hershberger, R.G. (1972). Toward a set of semantic scales to measure the meaning of architectural environments. In W.J. Mitchel (Ed.), Environmental design: Research and practice. EDRA 3/AR 8 Conference Jan. 1972. Los Angeles: University of California Press. 6-4-1 – 6-4-10.

Holahan, Ch. (1980). Action research in the built environment. In R. Price & P. Politzer (Eds.), Evaluation and action in the social environment (pp. 89-105). New York: Academic Press.

Holland, J.L. (1973). Making vocational choices: A theory of careers. Englewood Cliffs, NJ: Prentice Hall.

Kaplan, R. (1977). Patterns of environmental preference. Environment and Behavior 9, 195-216.

Kasmar, J. (1970). The development of a usable lexicon of environmental descriptors. Environment and Behavior 2, 153-169.

Krampen, M. (1974). A possible analogy between (psycho-)linguistic and the architectural measurement – the type-token ratio (TTR). In D. Canter & T. Lee (Eds.), Psychology and the built environment (pp. 87-95). London: Architectural Press.

Krampen, M. (1979). Meaning in the urban environment. London: Pion.

Krampen, G. & Delius, A. v. (1981). Die Klinik-Umwelt-Skalen (KUS). Fragebogen zur Stationswahrnehmung von Klinikpatienten. Universität Trier: Trierer Psychologische Berichte 8.

Laumann, E.O. & House, J.S. (1970). Living room styles and social attributes: The patterning of material artifacts in a modern urban community. Sociology and Social Research 54, 321-342.

Lemke, S., Moos, R.H., Mehren, B., & Gauvain, M. (1979). Multiphasic Environmental Assessment Procedure (MEAP): Handbook for users. Palo Alto, CA: Social Ecology Laboratory and Stanford University School of Medicine.

Lewin, K. (1946). Action research and minority problems. Journal of Social Issues 2, 34-46.

Lewin, K. (1951/1982). Feldtheorie. Kurt Lewin Werkausgabe Bd. 4. (Hrsg. von C.F. Graumann). Bern/Stuttgart: Huber/Klett-Cotta.

Maslow, A.H. (1954). Motivation and personality. New York: Harper.

McKechnie, G.E. (1974). ERI Manual, environmental response inventory. Palo Alto, CA: Consultant Psychologists Press.

McKechnie, G.E. (1978). Environmental disposition: Concepts and measures. In P. McReynolds (Ed.), Advances in psychological assessment (Vol. 4) (pp. 141-177). San Francisco: Jossey Bass.

McReynolds, P. (1968). An introduction to psychological assessment. In P. McReynolds (Ed.), Advances in psychological assessment (Vol. 1) (pp. 1-18). Palo Alto, CA: Science and Behavior Books.

McReynolds, P. (1971). Introduction. In P. McReynolds (Ed.), Advances in psychological assessment (Vol. 2) (pp. 1-13). Palo Alto: Science and Behavior Books.

Moos, R.H.(1974a). Systems for the assessment and classification of human environments. In R.H. Moos & P.M. Insel (Eds.), Issues in social ecology (pp. 5-28). Palo Alto, CA: National Press Books.

Moos, R.H. (1974b). The social climate scales: An overview. Palo Alto, CA: Consulting Psychologists Press.

Moos, R.H. (1976). The human context. Environmental determinants of behavior. New York: Wiley.

Moos, R.H. (1979a). Evaluation of educational environments. San Francisco: Jossey Bass.

Moos, R.H. (1979b). Improving social settings by social climate measurement and feedback. In R. Munoz, L. Snowdon, J. Kelly, & Associates (Eds.), Social and psychological research in community settings (pp. 145-182). San Francisco: Jossey Bass.

Moos, R.H., Harris, R. & Schonborn, K. (1969). Psychiatric patients' and staff reaction to their physical environment. Journal of Clinical Psychology 25, 322-324.

Moos, R.H. & Houts, P.S. (1968). Assessmen of the social atmospheres of psychiatric wards. Journal of Abnormal Psychology 73, 595-604.

Moos, R.H. & Houts, P.S. (1970). Differential effects of the social atmosphere of psychiatric wards. Human Relations 23, 47-60.

Moos, R.H. & Lemke, S. (1980). The multiphasic environmental assessment procedure. In A. Jegar & B. Slotnick (Eds.), Community mental health: A behavioral ecological perspective (pp. 357-371). New York: Plenum Press.

Moos, R.H. & Lemke, S. (1984). Supportive residential settings for older people. In I. Altman, M.P. Lawton, & J.F. Wohlwill (Eds.), Human behavior and environment, Vol. 7: Elderly people and the environment (pp. 159-190). New York: Plenum Press.

Moos, R.H., Lemke, S., & Clayton, J. (1981). Comprehensive assessment of sheltered care settings. American Journal of Community Psychology 9, 513-526.

Murray, H.A. (1938). Explorations in personality. New York: Oxford University Press.

Murray, H.A., MacKinnon, D.W., Miller, J.G., Fiske, D.W., & Hanfmann, E. (1948). Assessment of men. New York: Holt, Rinehart & Winston.

Pervin, L.A. (1977). The representative design in person-situation research. In D. Magnusson & N.S. Endler (Eds.), Personality at the crossroads: Current issues in interactional psychology (pp. 371-384). Hillsdale, NJ: Erlbaum.

Richards, J.M. Jr. (1978). Review of the social climatic scales. In O.K. Buros (Ed.), Eighth mental measurement yearbook (pp. 1085-1087). Highland Park, NJ: Gryphon.

Russell, J.A. & Ward, L.M. (1982). Environmental psychology. Annual Review of Psychology 33, 651-688.

Shafer, E.L. Jr. & Thompson, R.C. (1968). Models that describe the use of Adirondack Campgrounds. Forest Science 14, 383-391.

Steele, F. (1973). Physical settings and organization development. Reading: Addison-Wesley.

Stern, G.G. (1970). People in context. Measuring person-environment congruence in education and industry. New York: Wiley.

Stokols, D. (1978). Environmental psychology. Annual Review of Psychology 29, 253-295.

Walsh, W.B. & Betz, N.E. (1984). Tests and assessment. Englewood Cliffs, NJ: Prentice Hall.

Wiggins, J.S. (1973). Personality and prediction: Principles of personality assessment. Reading, MA: Addison-Wesley.

Wohlwill, J.F. (1968). Amount of stimulus exploration and preference as differential functions of stimulus complexity. Perception and Psychophysics 4, 307-312.

Wohlwill, J.F. (1976). Environmental aesthetics: The environment as a source of affect. In I. Altman & J.F. Wohlwill (Eds.), Human behavior and environment (Vol. 1) (pp. 37-86). New York: Plenum Press.

Wolf, R. (1966). The measurement of environments. In A. Anastasi (Ed.), Testing problems in perspective (pp. 491-503). Princeton, NJ: Testing Service.

Zube, E.H. (1976). Perception of landscape and land use. In I. Altman & J.F. Wohlwill (Eds.), Human behavior and environment (Vol. 1) (pp. 87-121). New York: Plenum Press.

Zube, E.H., Brush, R.O., & Fabos, J. G. (Eds.) (1975). Landscape assessment: Values, perceptions, and resources. Stroudsburg, PA: Dowden, Hutchinson & Ross.

Martin Krampen
Visuelle Kommunikation,
Hochschule der Künste Berlin

Verhaltenseinschätzung

Den Methoden der Verhaltenseinschätzung ist die systematische *Beobachtung, Aufzeichnung* und *Klassifikation* von Verhalten gemeinsam. Unterschiede bestehen in den Beobachtungsmodalitäten, im Klassifikationssystem und in der Registriertechnik. Davon abzugrenzen ist die Fragebogenmethode, die Verhalten nicht durch unmittelbare Beobachtung, sondern in Retrospektion und (intuitiver) sprachlicher Umsetzung zu erfassen sucht. Übergänge zu *Ratingverfahren* sind fließend, da diese auch zur *Beurteilung* von Verhalten eingesetzt werden.

In der Anwendung und Fortentwicklung von Methoden der Verhaltenseinschätzung lassen sich vor allem drei Ansätze ausmachen. Für die *Verhaltensdiagnostik* bedeutet die Erfassung von Verhalten zugleich die Abkehr von der Eigenschaftsdiagnostik. Zu ihren Anliegen gehört die Indikationsstellung, Planung und Effektivitätskontrolle verhaltensmodifikatorischer Interventionen sowie – im Falle der Verhaltens-Selbstprotokollierung – die Einleitung selbstregulatorischer Prozesse. Auf Verhaltensbeobachtung basieren auch zahlreiche *differentiell psychologische* Untersuchungen. Insbesondere als Reaktion auf Mischels Kritik der Eigenschaftstheorie (Mischel 1968) überprüfen sie die Konsistenz bzw. Spezifität des Verhaltens im Wechsel von Zeit und Situation. Die *Ökologische Psychologie* analysiert Verhalten in Behavior Settings unter Berücksichtigung der sozialen und physischen Aspekte. Settings sind behavioral abgegrenzt u.a. nach Funktionsbereichen (Gelderwerb, Erholung, soziale Konflikte, Ernährung, Erhaltung der Gesundheit etc.), Verhaltensmodalitäten (affektiv, grobmotorisch, manipulierend, verbalisierend etc.), Auftretenshäufigkeit, Dauer, Inanspruchnahme, Partizipationsdruck usw. (→ *Behavior Setting*).

Jede dieser Richtungen akzentuiert in besonderer Weise das *Alltagsverhalten*. So war nach jahrzehntelanger Vorherrschaft des psychologischen Testlabors mit seinen eigens zum Zweck der Untersuchung geschaffenen Bedingungen das Augenmerk der Ökologischen Psychologie Barkers (Barker 1968) von Anfang an auf das „natürliche Habitat" gerichtet. In Analogie zur Biologischen Ökologie war ihr Ziel eine „Habitat-Landkarte", die Auskunft über die Verhaltensmuster in Behavior-Settings der Alltagsumwelt gibt (→ *Biologische Ökologie und Ethologie*). Auch die Verhaltensdiagnostik hat sich verstärkt der Untersuchung von (Problem-)Verhalten unter alltäglichen Umgebungsbedingungen zugewendet. Solche Untersuchungen konzentrieren sich im Regelfall auf Verhalten in den dafür kritischen Situationen; das kann eine Schulstunde, eine Spielgruppe, eine Prüfung oder auch – wie im Fall der Blut-Spritzen-Phobie – ein Labor sein. Nicht auf spezifische Situationen beschränkt sind Ereignisprotokollierungen in Verbindung mit Alkoholismus, Fettsucht, Fingernägelkauen etc. Verhaltensbeobachtungen unter *nicht-restringierten* Feldbedingungen sind vor allem mit Blick auf die Konsistenz-Spezifitäts-Problematik bedeutsam. So setzt die Untersuchung der transsituativen Verhaltenskonsistenz sowohl *ökologisch valide*, d.h. in Alltagssituationen gewonnene, als auch *ökologisch repräsentative*, d.h. auf einer repräsentativen Stichprobe von Situationen basierende Daten voraus (Pawlik 1978). Dies erfordert Verhaltensstichproben aus der nicht-restringierten Umwelt des Individuums (Wachtel 1973, Rorer & Widiger 1983).

Unterschieden wird zwischen *Selbst-* und *Fremdbeobachtung*. *Fremdbeobachtungen* sind in der Regel auf arrangierte oder restringierte Situationen, z.B. institutionelle Settings, beschränkt. Ihre Objektivität ist durch Dritte nachprüfbar. Bei verdeckter oder teilnehmender Beobachtung spielen Verhaltensänderungen als Reaktion auf die Gegenwart des Beobachters keine oder eine nur untergeordnete Rolle. *Selbstbeobachtungen* erfordern die Beteiligung und Kooperation der Versuchspersonen. Sie sind gerade auch in der nicht-restringierten Alltagsumwelt möglich. Ihre Objektivität ist nur indirekt und in Grenzen nachprüfbar. Das Verhalten ändernde selbstregulatorische Prozesse als Reaktion auf die anhaltende Selbstbeobachtung sowie Änderungen des Protokollverhaltens in der Zeit sind zu berücksichtigen.

Je nach Fragestellung erfolgt die Beobachtung und Aufzeichnung des Verhaltens *kontinuierlich* oder *stichprobenweise*. *Kontinuierliche* Aufzeichnungen all dessen, was in einem Zeitintervall geschieht, erstrecken sich über zumeist kurze Zeitintervalle von z.B. einer Stunde. In der Untersuchung von Barker und Wright (1951) füllen die Aufzeichnungen des Verhaltens eines einzigen Kindes an einem einzigen Tag nicht weniger als 420 Druckseiten. Der so aufgezeichnete Verhaltensstrom wird später in kleinere Untersuchungseinheiten („Verhaltensepisoden") segmentiert (Newtson, Engquist & Bois 1977). Mehrere Episoden können einander überlappen oder in einen größeren Verhaltensablauf eingebettet sein (→ *Handlungstheorie*). Bei *stichprobenweisen* Aufzeichnungen des Verhaltens kommen im Regelfall Verhaltensinventare zur Anwendung. Unterschieden wird zwischen *Zeichen-* oder *Kategoriensystemen* (Medley & Mitzel 1963). Beispiel für das erste ist eine Auflistung von Indikatoren der Angst, Beispiel für das zweite die Kategorisierung des Spielverhaltens nach einem aktiven, neutralen oder passiven Sozialbezug. *Kategorien* schließen sich wechselseitig aus. Sie sind umfassend definiert und für die Beschreibung der Verhaltenssituation erschöpfend. Zu jedem Protokollzeitpunkt erfolgt genau eine Eintragung. Durch Verwendung von Beispielsammlungen, in denen die einschlägigen Verhaltensweisen detailliert sind, kann der Interpretationsspielraum eingegrenzt werden. *Zeichenssysteme* bestehen aus einer längeren Auflistung von Verhaltensweisen, die enger definiert sind und deren Auftreten seltener ist. Längere Perioden ohne Protokolleintragung sind möglich.

Besondere theoretische und methodische Probleme wirft die Festlegung der Beobachtungseinheiten in Verhaltensinventaren auf. So hat beispielsweise „sprechen" ein höheres *Aggregierungsniveau* als „eine Meinung vertreten", „eine Frage stellen" oder „ja sagen". Innerhalb eines Inventars sollte das Niveau gleichbleiben. Seine Höhe ist von der Fragestellung abhängig. Das gilt auch für den Unterschied zwischen *molekularem* und *molarem* Verhalten (Wright 1967). *Molekulares* Verhalten läßt die Verhaltensintention unberücksichtigt und ist zumeist auf die Registrierung der Fein- oder Grobmotorik beschränkt. Im Fall des *molaren* Verhaltens ist die Person als Ganze involviert. Die Grenze verläuft aber nicht immer eindeutig.

Systematische Verhaltensbeobachtungen erfordern einen *Zeit-* oder *Ereignisstichprobenplan.* Im *Zeitstichprobenverfahren* erfolgt die Beobachtung stichprobenweise in vorbestimmten Zeitabständen. Zeitstichproben liefern eine für den Erhebungszeitraum repräsentative Verhaltensstichprobe, von der sich auf den Zeitanteil der untersuchten Verhaltensweisen sowie auf stabile interindividuelle Differenzen schließen läßt. Zur Untersuchung seltener Ereignisse ist das Verfahren weniger tauglich. Dafür besser geeignet ist das *Ereignisstichprobenverfahren*, das von kontinuierlichen Beobachtungen ausgeht. Ereignisstichproben sind auf wenige und im Verhaltensstrom besonders markante Verhaltensweisen beschränkt. In der Verhaltensdiagnostik handelt es sich dabei oftmals um fehlangepaßtes Verhalten, das entweder von anderen (Beispiel: Wutanfälle im Kindergarten) oder von der Person selbst (Beispiel: Fingernägelkauen) zu registrieren ist. Dabei kann die Fokussierung auf *eigenes* Problemverhalten dessen Auftretensfrequenz deutlich verringern. Solche *Reaktivitätseffekte* als Folge der anhaltenden Selbstbeobachtung wurden für Ereignisstichproben mehrfach – auch experimentell – nachgewiesen (Kanfer 1970, Hayes & Cavior 1977, 1980). In Zeitstichproben sind sie offenbar weniger gravierend (Stern 1986).

Zeitstichprobenpläne werden heute unter Verwendung akustischer Zeitgeber realisiert. Im Labor oder in institutionellen Settings (z.B. bei der *Fremdbeobachtung* von Lern- und Spielgruppen) wurden Kopfhörer zur Übermittlung der Tonsignale eingesetzt (z.B. Innerhofer et al. 1975). Beobachtungs- und Protokollphasen lösen einander ab. Auf Beobachtungszeiten von z.B. 5 bis 10 Sekunden folgen meist gleich lange Registrierzeiten. Nach erfolgter Registrierung wechselt die Zielperson. *Selbstbeobachtungen* im Zeitstichprobenverfahren unter nicht-restringierten Feldbedingungen erfordern einen Signalgeber, den die Versuchsperson für die Dauer der Erhebung bei sich behält. Eine solche „Beeper-Technologie" basiert entweder auf Sende- und Empfangseinrichtungen nach Art des Euro-Signals (Larson & Csikszentmihalyi 1983) oder elektronischen Apparaturen auf Mikroprozessor-Basis, in die der Zeitstichprobenplan eingespeichert ist (Pawlik & Buse 1982). Ein nach Vorstellungen der Verfasser entwickelter „Verhaltensdatenrecorder" erzeugt sowohl die Zeitsignale, kontrolliert die Protokollzeiten und speichert die Daten. In einer „dynamischen" Programmversion verkürzt sich der Abstand zwischen zwei Protokollterminen in Abhängigkeit von der Eingabeinformation. Bei einem Regelabstand zwischen den Protokollterminen von durchschnittlich 60 Minuten und einwöchiger Erhebungsdauer bewegen sich die Reaktionsquoten um 80%. Ausfälle konzentrieren sich auf Situationen, in denen eine Protokollierung technisch schwierig wäre, z.B. in Situationen aktiver Sportausübung.

Um eine direkte Form der Verhaltenseinschätzung handelt es sich bei der Feststellung von *Verhaltens-* oder *Gebrauchsspuren*, wobei physische Aspekte der Person und ihrer Umwelt als Verhaltensindikatoren dienen. So werden beispielsweise eine ordentliche Wohnung und ein gepflegtes Äußeres als Kennzeichen einer auf Sauberkeit und Ordnung bedachten Person registriert (Bem & Allen 1974, Epstein 1979, Lord 1982). Abgekaute Fingernägel oder Fettleibigkeit sind entsprechende Beispiele aus der Verhaltensdiagnostik. In ökopsychologischen Untersuchungen geben zerbrochene Scheiben, zerrissene Vorhänge und Beschädigungen des Mobiliars Auskunft über Vandalismus in Schulen, und in Bibliotheken zeigen Gebrauchsspuren an Büchern deren Nutzung und damit das Interesse ihrer Leser (Webb et al. 1966) ($\rightarrow$ *Nicht-reaktive Methoden*).

Die Objektivität von Verhaltensregistrierungen hängt in erster Linie von der Angemessenheit des Kategoriensystems ab. Durch Trainingsprogramme, die der Beobachtung vorgeschaltet sind, kann die Objektivität meist noch verbessert werden. *Fremdbeobachter* stimmen üblicherweise in mehr als 80% ihrer Protokollierungen überein. Naturgemäß problematisch ist die Objektivität von *Selbstbeobachtungen*. In situativ nicht-restringierten Felduntersuchungen haben die Verfasser (Pawlik & Buse 1982) die *Kodierungsobjektivität* von Selbstprotokollen des Verhaltens über den Vergleich zweier ineinander verschachtelter Zeitstichproben zu ermitteln versucht. Nach diesem Ansatz resultiert für ein Inventar von 52 Verhaltensweisen eine durchschnittliche Korrelation zwischen den Zeitstichproben als Maß der Kodierungsobjektivität von 0.64. Die Höhe dieser Koeffizienten dürfte auch Folge einer mehrtägigen Einweisung in das Protokollsystem sein, in der „unscharfe" Verhaltenskategorien anhand kurzer Video-Spielszenen erläutert und präzisiert wurden. Für so gewonnene Protokolldaten ist auch die zeitliche Stabilität wesentlich; diese ist nämlich um den Faktor 2 oder noch höher als für vergleichbare Fragebogen-Items (Buse & Pawlik 1984).

Die Entwicklung der nächsten Jahre dürfte auch durch die vielfältigen Möglichkeiten der Recorder-Technologie geprägt sein. Schon heute ist die Registrierung einfacher *psychophysiologischer Parameter* durch eingebaute Plethysmographie-Aufnehmer (zur Messung der Pulsfrequenz) und Temperaturfühler auch unter Feldbedingungen möglich. Das gilt ebenso für die Prüfung *elementarer Funktionen der Informationsverarbeitung* im Feld durch die rechnergestützte Administration von Aufgaben der Konzentrations-, Aufmerksamkeits-, Gedächtnis- oder Denkleistung. Die Objektivität selbstberichteter Daten ist durch die systematische Inventarisierung von molekularem Verhalten noch verbesserungsfähig. Die logische und psychologische Hierarchisierung der Inventare und ein rechnergestützter „interaktiver" Vorgabemodus können dabei helfen, die Protokollierzeiten weiter zu verringern. Dies eröffnet zugleich die Möglichkeit einer auf das individuelle Verhaltensrepertoire zugeschnittenen („person-adaptiven") Diagnostik im Feld.

Literatur

Barker, R.G. (1968). Ecological psychology: Concepts and methods for studying the environment of human behavior. Stanford, CA.: Stanford University Press.

Barker, R.G. & Wright, H.F. (1951). One boy's day: a specimen record of behavior. New York: Harper.

Bem, D.J. & Allen, A. (1974). On predicting some of the people some of the time: The search for cross-situational consistencies in behavior. Psychological Review 81, 506-520.

Buse, L. & Pawlik, K. (1984). Inter-Setting-Korrelationen und Setting-Persönlichkeits-Wechselwirkungen: Ergebnisse einer Felduntersuchung zur Konsistenz von Verhalten und Erleben. Zeitschrift für Sozialpsychologie 15, 44-59.

Epstein, S. (1979). The stability of behavior: 1. On predicting most of the people much of the time. Journal of Personality and Social Psychology 37, 1097-1126.

Hayes, S.C. & Cavior, N. (1977). Multiple tracking and the reactivity of self-monitoring: 1. Negative Behaviors. Behavior Therapy 8, 819-831.

Hayes, S.C. & Cavior, N. (1980). Multiple tracking and the reactivity of self-monitoring: 2. Positive Behaviors. Behavioral Assessment 2, 283-296.

Innerhofer, P., Leinhofer, G. & Gottwald, P. (1975). Generalisationseffekt des Regeltrainings bei verhaltensgestörten Sonderschulkindern. Zeitschrift für Klinische Psychologie 4, 160-180.

Kanfer, F.H. (1970). Self-Monitoring: Methodological limitations and clinical applications. Journal of Consulting and Clinical Psychology 35, 148-152.

Larson, R. & Csikszentmihalyi, M. (1983). The experience sampling method. In H. Reis (Ed.), New directions for naturalistic methods in the behavioral science (pp. 56-78). San Francisco: Jossey Bass.

Lord, C.G. (1982). Predicting behavioral consistency from an individual's perception of situation similarities. Journal of Personality and Social Psychology 42, 1076-1088.

Medley, D.M. & Mitzel, H.E. (1963). Measuring classroom behavior by systematic observations. In N. Gage (Ed.), Handbook of research on teaching (pp. 247-328). Chicago: Rand McNally.

Mischel, W. (1968). Personality and assessment. New York: Wiley.

Newtson, D., Engquist, G., & Bois, J. (1977). The objective basis of behavior units. Journal of Personality and Social Psychology 35, 847-862.

Pawlik, K. (1978). Umwelt und Persönlichkeit: Zum Verhältnis von Ökologischer und Differentieller Psychologie. In C.F. Graumann (Hg.), Ökologische Perspektiven in der Psychologie (S. 112-134). Bern: Huber.

Pawlik, K. & Buse, L. (1982). Rechnergestützte Verhaltensregistrierung im Feld. Beschreibung und erste psychometrische Überprüfung einer neuen Erhebungsmethode. Zeitschrift für Differentielle und Diagnostische Psychologie 3, 101-118.

Rorer, L.G. & Widiger, T.A. (1983). Personality structures and assessment. Annual Review of Psychology 34, 431-463.

Stern, E. (1986). Reaktivitätseffekte in Untersuchungen zur Selbstprotokollierung im Feld. Dissertation. Frankfurt: Europäische Hochschulschriften.

Wachtel, P. (1973). Psychodynamics, behavior therapy, and the implacable experimenter: An inquiry into the consistency of personality. Journal of Abnormal Psychology 82, 324-334.

Wright, H.F. (1967). Recording and analyzing child behavior. New York: Harper & Row.

Webb, E.J., Campbell, D.T., Schwartz, R.D., & Sechrest, L. (1966). Unobtrusive measures. Nonreactive research in the social sciences. Chicago: Rand McNally. (dt.: Nichtreaktive Meßverfahren [2. Aufl.]. Weinheim: Beltz 1975).

Lothar Buse und Kurt Pawlik
Psychologisches Institut
der Universität Hamburg

Methoden der Umweltrepräsentation

1. Überblick

Die nachfolgend vorgestellten Verfahren werden durchweg auf die Unterscheidung zwischen „geographisch-räumlicher" (Aspekte des „Wo") und „bedeutungshafter" Umwelt bezogen (Aspekte des „Was"), wobei in letzterem Falle eine weitere Differenzierung nach „denotativ-kognitiv" und „konnotativ-emotional-evaluativ" vorzunehmen ist (Umweltrepräsentation). Allerdings ist die entsprechende Zuordnung der Verfahren i.a. nicht eindeutig: MDS-Untersuchungen gibt es für alle drei Themenschwerpunkte; das Semantische Differential (Polaritätenprofil) ist zwar von seinem theoretischen Hintergrund her der konnotativen Dimension zugeordnet, doch werden, insbesondere bei atheoretischer Verwendung, kognitive Aspekte mit einbezogen; schließlich sind Personale Konstrukte schon von der zugrundeliegenden Theorie her übergreifend auf die Bedeutungs-Dimension bezogen (vgl. Golledge 1977) (→ *Umweltrepräsentation;* → *Kognitive Karte;* → *Image*).

2. Kognitive Karten

Unter diesem Titel sollen Methoden vorgestellt werden, die explizit die „Externalisierung" der kognitiven Repräsentation der Umwelt qua räumliche anzielen. Hinsichtlich des Status und der Weiterverarbeitung der von den Vpn generierten Rohdaten lassen sich dabei ein- und mehrstufige Verfahren unterscheiden. Bei den *einstufigen* oder *direkten* Verfahren differenzieren wir nachfolgend zwischen *graphischen, verbalen* und *Modellbau*-Methoden. In bezug auf die hypothetisch angenommene (interne) Umweltrepräsentation wird hier die von der Vp in irgendeiner dieser Formen realisierte (externe) „Karte" als „Re-Repräsentation" (Siegel 1981, S. 168) aufgefaßt, die die in Frage stehenden Repräsentationsaspekte direkt zum Ausdruck bringt. Dagegen werden bei den *mehrstufigen* oder *indirekten* Methoden die Re-Repräsentate erst mittels geeigneter Extraktionsverfahren aus den Rohdaten gewonnen, so etwa, wenn aus paarweisen (ordinalen) Distanzschätzungen für geographische Örtlichkeiten deren Lagekonfiguration durch eine MDS rekonstruiert wird.

Graphische Verfahren. Sie können nach der Art der Vpn-Aktivität unterteilt werden in „offene" Verfahren einerseits, bei denen auf einem leeren Blatt ohne jeden weiteren Anhaltspunkt frei eine Skizze der fraglichen Umwelt anzufertigen ist, und „komplettierende" Verfahren andererseits, bei denen eine in bestimmter Hinsicht unvollständige Karte um entsprechende Informationen ergänzt werden muß (Robinson & Dicken 1979, S. 352f.). Komplettierende Methoden werden vergleichsweise weniger eingesetzt, obwohl sie wegen der größeren Standardisierung Auswertungs- und Interpretationsvorteile bieten können. Als Beispiele seien genannt: Einzeichnung von Wohngebietsgrenzen in vorgegebene Ortskarten (Lee 1973), Eintragung von emotional bedeutsamen Wegen in eine Stadtkarte (Milgram & Jodelet 1976) und die Übertragung der linguistischen Technik der „Cloze Procedure", wobei ausgesparte Kartenteile zu ergänzen sind (Robinson & Dicken 1979).

Die offenen oder freien Verfahren gehen auf Lynch (1960) zurück, der seine Vpn eine Skizze ihrer Innenstadt anfertigen ließ. Andere Referenzbereiche sind etwa das eigene Wohnviertel (Ladd 1970), die ganze Stadt (Appleyard 1970, Francescato & Mebane 1973) oder gar die ganze Welt (Saarinen 1973) sowie der Weg zu einem Ziel (Psathas 1979). Hinsichtlich psychometrischer Kriterien liegen positive Befunde zur Reliabilität vor, während die Frage nach der Validität noch offen ist (Evans 1980, S. 263f.). Darüber hinaus gibt es eine Reihe von ungeklärten Problemen, deren wichtigstes das der „Kompetenz-Inferenz" ist, das insbesondere in entwicklungs-, aber auch in sozialpsychologischer Perspektive, hier etwa bei der Frage nach Schicht- und Kulturunterschieden, zentral ist: Wie kann man aus der externalen Karte auf die kognitive Karte (als Kompetenz zum räumlichen Verhalten) zurückschließen, wenn in deren Anfertigung rein aufgabengebundene Fertigkeiten, etwa solche graphischer Art, wesentlich mit eingehen (Evans 1980, S. 264f., Siegel 1981, S. 171-174)? Ein in diesem Kontext interessanter Vorschlag stammt von Wood und Beck (1976), die ihre Vpn anhand detaillierter Instruktionen in der Kartenerstellung unterweisen. Eine andere Möglichkeit zur Verringerung von Fertigkeitseinflüssen bietet der

Modellbau. Methoden dieser Art werden hauptsächlich entwicklungspsychologisch genutzt, obwohl sie von ihren Anwendungsmöglichkeiten her beileibe nicht auf Kinder beschränkt sind. Üblicherweise wird dabei mit einem kleinen Maßstab gearbeitet: Die Vp wird etwa aufgefordert, auf einer Tischplatte ein ihr bekanntes oder vorher gezeigtes räumliches Arrangement, wie bspw. ein Zimmer, zu rekonstruieren (Siegel 1981, S. 172). Allerdings ist das oben angesprochene Problem eines konfundierenden Fertigkeitseinflusses wegen der zu erbringenden Leistung einer maßstäblichen Übersetzung von der makroräumlichen Ebene auf die mikroräumliche des Modells noch nicht eliminiert (Siegel 1981, S. 172ff.; s.a. Evans 1980, S. 262ff.). In dieser Hinsicht erweist sich die Erstellung von Modellen in größerem, optimalerweise mit dem der zu rekonstruierenden Realumwelt vergleichbaren Maßstab als noch angemessener, doch bleiben auch hier noch Probleme offen, etwa das des Einflusses des äußeren Bezugsrahmens (Siegel 1981, S. 174ff.).

Verbale Protokolle. Wie die Verwendung von Skizzen geht auch diese Methode auf Lynch (1960) zurück, der seine Vpn die auffälligsten physischen Elemente der Innenstädte aufzählen ließ und darüber hinaus verschiedene detaillierte Wegbeschreibungen erfragte, etwa den Weg von der Wohnung zum Arbeitsplatz. Außer rein vorstellungsbezogenen Befragungen dieser Art gibt es solche, in denen die Vpn ihre Beschreibungen im Anschluß an eine aktuelle Umwelterfahrung abgeben (Carr & Schissler 1969, McGill & Korn 1982). Hinzuweisen ist in diesem Zusammenhang noch auf ein wachsendes *linguistisches* Interesse an der sprachlichen Verarbeitung räumlicher Beziehungen, wobei thematisch Wegauskünfte und Wohnraumbeschreibungen im Vordergrund stehen (Jarvella & Klein 1982, Part 2; Klein 1979, 1983, Ullmer-Ehrich 1979).

Wie zuvor kann insbesondere in entwicklungs- und sozialpsychologischer Perspektive aufgrund möglicher unzureichender oder unterschiedlicher sprachlicher Fertigkeiten der Vpn das Problem der Kompetenz-Inferenz auftauchen (Siegel 1981, S. 171, 174).

Indirekte Methoden. Hierzu rechnende Verfahren sind eingangs dadurch charakterisiert worden, daß das externe Relat der kognitiven Repräsentationen erst durch die Anwendung rekonstruktiver Prozeduren auf die Ausgangsdaten gewonnen wird – wenn nicht überhaupt nur auf der Ebene der Basisdaten Hypothesen geprüft oder Zusammenhänge exploriert werden, etwa zum Verhältnis zwischen subjektiven und objektiven Entfernungen (Briggs 1976, Cadwallader 1976, Sadalla & Staplin 1980). Sofern es um räumliche Strukturen geht, sind die Ausgangsdaten vor allem (geschätzte) Distanzen, in zweiter Linie auch (geschätzte) Richtungen, wobei erstere durch MDS-Verfahren „konfigurativ" analysiert werden können (vgl. dazu 4.). Die Analyse von Richtungsangaben mit Hilfe einer Art nautischen Verfahrens beschreiben Hardwick et al. (1976). In der darauf aufbauenden Technik der „projektiven Konvergenz" werden zusätzlich zu den Richtungsschätzungen auch Distanzschätzungen ermittelt, wobei auf der Grundlage der Kombination beider Arten von Daten ein Maß für die Übereinstimmung der abgeleiteten subjektiven Karte mit der objektiven geographischen Umwelt gewonnen werden kann (Siegel 1981, S. 185-189).

3. Semantisches Differential (SD)

Im Unterschied zu den Verfahren der kognitiven Kartierung geht es beim Semantischen Differential (SD) oder Polaritätenprofil, einer in der Umweltpsychologie recht häufig eingesetzten Methode, um die Erfassung der psychologischen Bedeutung der in Frage stehenden Umwelt. Zwar liegt der Schwerpunkt dieser Anwendungen im architekturpsychologischen Bereich (Hershberger 1972), etwa der Untersuchung der Wirkung von Fassaden (Bortz 1972, Krampen 1979), von Gebäuden oder anderen Baulichkeiten (Canter & Thorne 1972, Dirlewanger et al. 1977), von funktionalen Komplexen wie Einkaufszentren (Downs 1970) oder Wohngegenden (Franke & Bortz 1972, Franke & Hoffmann 1974, Klockhaus 1975) oder von Innenräumen (Küller 1972), doch finden sich darüber hinaus Arbeiten auch in bezug auf fast alle anderen inhaltlichen Bereiche, etwa zur innerstädtischen Wahrnehmung (Lowenthal & Riehl 1972), zur Landschaftswahrnehmung und -beurteilung (Bauer et al. 1979, Nohl 1977) oder zu vorgestellten Naturkatastrophen (Golant & Burton 1976). Im Zusammenhang mit dieser Anwendungspraxis ist im Rahmen der Umweltpsychologie eine methodenkritische Debatte des Differentials entstanden (Bechtel 1975, Russell et al. 1981, Wohlwill

1973, 1976), deren wesentliche Facetten im Hinblick auf die übergeordneten Aspekte „Theorie", „Implementierung" und „spezifisch umweltpsychologische Adäquanz" skizziert werden sollen.

Konzeptuelle Dimension. Das SD als Technik ist in seinem ursprünglichen Kontext stringent auf ein Verhaltens-, Bedeutungsrepräsentations-, Meß- und Raummodell bezogen (Schäfer 1983, S. 155-158). Dabei wird eine explizite, wenn auch begrifflich nicht vollständig scharfe Unterscheidung zwischen emotional-konnotativer und denotativer (kognitiv-referentieller) Bedeutung getroffen und das SD als 3-Faktoren-System aus Evaluation, Potenz, Aktivität (EPA) eindeutig der emotional-konnotativen Ebene zugeordnet (Schäfer 1983, S. 164ff.; s.a. Fuchs 1975). Eine diesem Hintergrund entsprechend theoriegeleitete Verwendung des SD findet sich bei Mehrabian und Russell (1974), die den organismusinternen Reaktionen auf den genannten Dimensionen für das offene (Annäherungs- und Vermeidungs-)Verhalten gegenüber und in einer konkreten Umwelt eine entscheidende mediierende Funktion zusprechen.

Überwiegend wird das SD aber einfach als bequem zu handhabende Datenerhebungstechnik ohne einen solchen expliziten Theoriebezug eingesetzt. Zu den daraus resultierenden Problemen gehört insbesondere die Nicht-Berücksichtigung der Unterscheidung zwischen konnotativer und denotativer Bedeutung, bspw. wenn bei denotativ mehrdeutigen Stimuli unklar ist, worauf genau sich die individuelle Reaktion bezieht (Bechtel 1975, S. 44f), oder wenn eine konnotativ gemeinte Polarität wie etwa „warm – kalt" umweltbezogen durchaus auch oder sogar überwiegend denotative Aspekte beinhaltet (Russell et al. 1981, S. 263f.). Dementsprechend kann von einer Konvergenz von SD-Befunden, wie es sie im linguistischen Bereich gibt (Osgood et al. 1975), in der Umweltpsychologie keine Rede sein. Ganz im Gegenteil erbrachten viele Untersuchungen mehr als drei Faktoren und ist die Lösungsinterpretation anhand der EPA-Dimensionen häufig problematisch (Russell et al. 1981, S. 261f).

Faktorenanalytisches Modell. Die Faktorenanalyse umfaßt nicht nur ein allgemeines dimensionales Raummodell, sondern mit den Kriterien der sog. „Einfachstruktur" auch eine Anweisung, wie im Hinblick auf die gesuchte Interpretation der Lösung die *Lage* der Dimensionen bestimmt werden kann (vgl. etwa Pawlik 1968, S. 175-181). Auf dieser Ebene richten sich Einwände zum einen gegen die Überbetonung der Orthogonalität der Faktoren; zum anderen wird auf die interne Ambiguität mancher Faktoren hingewiesen, die ihre Interpretation problematisch erscheinen läßt (Bechtel 1975, S. 47). Ferner kann an dem Einfachstruktur-Prinzip, das analytischer und nicht genuin psychologischer Natur ist (Gigerenzer 1981, S. 357f.), gerade aufgrund von umweltpsychologischen Befunden Kritik geübt werden, da sich in einigen Untersuchungen bei einer konzeptuell strikten Orientierung an der emotional-konnotativen Bedeutungsebene ein anderes Interpretationsmodell, das der kreisförmigen „Zirkumplexstruktur" (vgl. etwa Gigerenzer 1981, S. 362f), als angemessener erwiesen hat (Russell & Pratt 1980, Russell et al. 1981; s.a. Russell 1979, 1980).

Darüber hinaus wurden grundsätzliche Einwände gegen die umweltpsychologische Verwendung geometrischer, also auch faktorenanalytischer Modelle formuliert, die besser durch Feature-Modelle ersetzt werden sollten (Ward & Russell 1981b, S. 148) (→ *Image*).

Implementierung. Für einen generellen Überblick über die mit der SD-Konstruktion zusammenhängenden Fragen sei auf Schäfer (1983, S. 189-200) verwiesen. Gegenüber vielen einschlägigen umweltpsychologischen Arbeiten kann kritisch geltend gemacht werden, daß sie dem Problem, eine sprachlich repräsentative Skalenstichprobe zusammenzustellen, zu wenig Raum geben. Dieser Mangel fällt insbesondere dann ins Gewicht, wenn zu differentiellen Zwecken Spezialistengruppen, wie etwa Architekten, untersucht werden (Bechtel 1975, S. 45f.).

Diese Kritik impliziert, daß ein objektbereich- (oder konzept-)spezifisches SD gegenüber einem universellen, nicht für eine spezifizierte Objektklasse zusammengestellten SD vorzuziehen sei. Gemessen an einem reinen Effizienzkriterium (Varianzaufklärung) fand Flade (1978) keine Unterschiede (vgl. dazu Bauer 1980, Flade 1980). Dagegen empfehlen Bauer und Bräunling (1982) aus methodischen Gründen konzeptspezifische SDe. Anwendungspsychologisch wichtig ist ihr Befund, daß die Vpn auf universelle Polaritätenprofile sehr viel negativer als auf konzeptspezifische reagieren.

Schließlich ist noch auf das weiter oben angesprochene Problem der möglichen Konfundierung von konnotativen und denotativen Aspekten zu verweisen.

Objektreferenz. Zum einen ist hier anzuführen, daß insbesondere beim Rating komplexer Stimuli nicht klar ist, ob die Vpn nicht auf einen speziellen Ausschnitt statt auf das Ganze reagieren (Bechtel 1975, S. 45). Ferner sind die in Frage stehenden Umweltausschnitte für die Vpn in der Regel neu, d.h. die Reaktion spiegelt nicht den im Alltag normalerweise relevanten Aspekt des Bezugs zu vertrauten Objekten wider, sondern den der Begegnung mit einer unvertraut-neuen Umgebung (Bechtel 1975, S. 47).

Ins Grundsätzliche zielt die Kritik Wohlwills (1973, 1976), der im Rahmen eines quantitativ-behavioristischen Verständnisses von Umweltpsychologie (Schneider 1985) das SD und vergleichbare Verfahren wie das Repertory Grid (vgl. dazu 5.) als umweltvergessen und deskriptiv attackiert, weil dabei im allgemeinen kein Versuch gemacht werde, Umweltdimensionen oder -merkmale genau zu spezifizieren, etwa als unabhängige Variablen, um auf dieser Basis funktionale Umwelt/Verhaltens-Zusammenhänge zu untersuchen.

Umweltbezogene oder sprachimmanente Zusammenhänge. Inhaltlich könnte auch dieser Aspekt dem Problembereich „Objektreferenz" zugeordnet werden, doch hat sich hier eine eigenständige Diskussion entwickelt, die eine separate Behandlung angemessen erscheinen läßt. Es geht dabei um die folgende Frage: Sind die Zusammenhänge, die man etwa aus der Faktorenanalyse eines SD über aktuell erlebte oder fotografisch o.ä. präsentierte Umweltausschnitte erhält, tatsächlich umweltinduziert, oder spiegeln sie „nur" unspezifische A-priori-Zusammenhänge „rein sprachlich-semantischer" Art wider?

Im Zusammenhang mit dieser Frage konnten Lowenthal und Riehl (1972) eine deutliche Übereinstimmung zwischen semantischen Ähnlichkeitskonfigurationen auf der Basis von Ratings in realen Umwelten und solchen aus rein sprachlichen Vergleichen ohne jede Außenreferenz nachweisen. Danford und Willems (1975) sowie Starr und Danford (1978) fanden keine Unterschiede in den verbalen Reaktionsmustern auf eine tatsächlich erlebte, fotografisch simulierte oder durch rein verbale Instruktionen präsentierte Umwelt. Ferner konnten Daniel und Ittelson (1981) die Befunde von Ward und Russell (1981), die mit Fotos gearbeitet hatten, unter Verwendung einzig der zugeordneten verbalen Etiketten replizieren. Vor dem Hintergrund dieser Befunde schließen Daniel und Ittelson (1981), darin z.T. fast wörtlich mit der obigen Kritik Wohlwills übereinstimmend, daß verbale Verfahren wie das SD dazu tendieren, A-priori-Zusammenhänge semantischer Art zu „(re-)produzieren", die mit spezifischen Umweltmerkmalen nur wenig zu tun hätten; insofern seien sie umweltpsychologisch im Grund nutzlos.

Gegen diese Position läßt sich eine Reihe logischer und begriffsanalytischer Einwände erheben – so ist etwa das Konzept des „semantischen Zusammenhangs", das empiriebezogen leicht einen pejorativen Unterton („nur") erhält, nicht eindeutig (Russell & Ward 1981). Inhaltlich läßt sich in Umkehrung des Vorwurfs der Umwelt-Vergessenheit die Diskurs-Vergessenheit jener Kritik kritisieren, d.h. die Vernachlässigung der Bedeutung der gesellschaftlich fundierten sprachlich-symbolischen Umweltbestimmtheit (→ *Aneignung*).

4. Multidimensionale Skalierung (MDS)

Die allgemeine Zielsetzung der hier in Frage stehenden Verfahren kann wie folgt skizziert werden: Für *m* Objekte seien hinsichtlich einer bestimmten psychologischen Relation, wie etwa Ähnlichkeit oder Präferenz (Bevorzugung), die Ausprägungen für sämtliche Paare von Objekten bekannt; gesucht ist dann ein mehrdimensionaler geometrischer Raum möglichst geringer Dimensionalität (Anzahl unabhängiger Achsen), in dem jedes Objekt durch seine Werte auf allen diesen Dimensionen beschrieben werden kann, und zwar so, daß die empirischen Ausgangsdaten, also die Objektvergleiche, aus den paarweisen Abständen der Objekte in diesem Raum rekonstruiert werden können. Der darin gelegene Gewinn ist zunächst rein formal der, eine unstrukturierte, „undurchsichtige" Datenmenge durch eine klare, überschaubare Struktur, die mit ihr regelhaft verbunden ist, substituiert zu haben. Ist diese Struktur zudem begründet psychologisch interpretierbar, so läßt sich darüber hinaus diese Substitution als (zumindest eine mögliche) *psychologische* Strukturanalyse des empirischen Modells auffassen.

Hinsichtlich weitergehender Spezifikationen sei hier nur auf zwei Aspekte verwiesen. Zum einen lassen sich die metrische und die nonmetrische MDS (NMDS) unterscheiden; erstere geht, vereinfachend gesagt, auf der Input-Seite vom Verhältnis- oder Intervallskalenniveau aus, während letztere nur Ordinalniveau voraussetzt, trotzdem aber vollständig metrische Output-Informationen liefert. Zum anderen gibt es Modelle, die von einer „mittleren Vp" ausgehen, also interindividuelle Unterschiede nicht berücksichtigen, während andere solche Unterschiede mittels individueller Dimensionsgewichtungen abzubilden gestatten (INDSCAL).

Nachfolgend werden die drei wichtigsten umweltpsychologischen Anwendungsbereiche für Modelle der genannten Art dargestellt, wobei abschließend auf einige grundsätzlich damit verbundene Probleme hingewiesen wird. Für einen generellen Überblick über die MDS kann verwiesen werden etwa auf Shepard et al. (1972), Ahrens (1974), Borg (1981), Gigerenzer (1981) und Schiffman et al. (1981); speziell für die Umweltpsychologie auf Golledge und Rushton (1976), bei denen das Schwergewicht allerdings auf den Themen „kognitive Karten" und „Präferenz" liegt.

MDS und kognitive Karten. Im Zusammenhang mit diesen methodischen Ansätzen ist die MDS der Klasse der indirekten Verfahren zugeordnet (vgl. dazu 2.). Ausgangspunkt der Analyse sind prototypisch paarweise Distanzschätzungen zwischen einem Satz von Objekten innerhalb eines räumlich umschriebenen Gebietes; gesucht ist die subjektive Repräsentation ihrer räumlichen Verteilung. Betrachtet man die zweidimensionale Ebene als Modell dieser Repräsentation, so kann man die entsprechenden MDS-Längen etwa im Hinblick auf die Angemessenheit ihrer Metriken (vor allem Euklidische vs. City-Block-Metrik) wie auf die Übereinstimmung mit der objektiven geographischen Verteilung vergleichen, sei es in bezug auf die Gesamtgüte, sei es in bezug auf systematische Abweichungen etwa des Koordinatengefüges (Golledge 1977).

Verglichen mit thematisch verwandten Verfahren besteht der Vorteil dieser Vorgehensweise darin, daß es keine konfundierten Performanzeffekte gibt; sie ist folglich auch entwicklungspsychologisch einsetzbar (Siegel 1981, S. 189).

Analyse globaler Ähnlichkeitsurteile. Hier hat man es mit derjenigen Verwendung der MDS zu tun, die ihrer Konzeption ganz direkt entspricht: Man läßt Vpn paarweise die Objekte hinsichtlich ihrer Ähnlichkeiten einschätzen oder leitet einen solchen Index aus einer anderen Form der Datenerhebung, wie etwa dem Sortieren, ab und rekonstruiert dann die diesen Urteilen als zugrundeliegend angenommene subjektive Repräsentation als dimensionalen metrischen Raum. Bedingt durch die Orientierung am Konzept der Ähnlichkeit steht in diesem Falle der Aspekt der kognitiv-denotativen Umweltrepräsentation im Vordergrund, wobei aber der emotional-evaluativ-konnotative Kontext nicht ausgeschlossen ist, wie es etwa das Auftauchen einer globalen Bewertungsdimension bei Horayangkura (1978, S. 569) zeigt. Für Beispiele sei verwiesen auf Ward (1977) und Ward und Russell (1981a, b), die eine sehr breit gestreute Auswahl von Umwelten verwenden, auf Schneider und Weimer (1981), die mit innerstädtischen Szenen arbeiten, und auf Gårling (1976a, b) und Horayangkura (1978), die die subjektive Repräsentation von Wohngebieten analysieren.

Analyse von Präferenzen. Ausgangspunkt sind hier Präferenzwahlen, -rangordnungen oder -ratings, inhaltlich geht es also um die *evaluative* Repräsentation von Objektbereichen. Zur Analyse können eine Reihe verschiedener Modelle eingesetzt werden, von denen im psychologischen Rahmen das Coombsche „Entfaltungsmodell", in dem Individuum und Präferenzobjekte simultan skaliert werden, wohl am bekanntesten ist (vgl. etwa Gigerenzer 1981, S. 381-394). Innerhalb der Umwelt(fach)psychologie im engeren Sinne spielt diese Forschungsrichtung kaum eine Rolle. Dies ist anders in der Humangeographie, in der das Problem der Umweltevaluation im Kontext des räumlichen Entscheidungsverhaltens angesichts einer Reihe von Entscheidungsalternativen sehr bedeutsam ist, man denke etwa an die Wahl eines Wohnstandortes oder das Kaufverhalten (Golledge & Rushton 1976).

Probleme. Mit der Anwendung der MDS ist eine Reihe von Problemen verbunden, wie etwa das der Wahl einer geeigneten Zahl von Dimensionen, der Interpretation dieser Dimensionen oder der Auswahl einer Metrik, für deren allgemeine Diskussion auf Gigerenzer (1981, S. 344-375) verwiesen sei. Umweltpsychologisch kann die im Zusammenhang mit dem SD geübte Kritik der Umwelt-Vergessenheit auch auf die MDS bezogen werden (Daniel & Ittelson 1981). In konzeptueller Hinsicht ist insbesondere die These von Ward und Russell (1981b, S. 147f) beachtenswert, daß im Vergleich zu geometrisch-dimensionalen Modellen Feature-Modelle adäquater seien (→ *Image*).

5. Personale Konstrukte

Metatheoretisch betrachtet ist die Theorie der personalen Konstrukte von G.A. Kelly (1955) als „konstruktivistisch" zu klassifizieren: Ihre Grundannahme ist die, daß der Mensch, darin einem Wissenschaftler vergleichbar, im Strom der ihm begegnenden Ereignisse auf der Grundlage von Ähnlichkeiten und Unähnlichkeiten wiederkehrende Themen und Zusammenhänge heraushebt („konstruiert") und sich auf dieser Basis antizipatorisch verhält. Von da aus besteht konzeptuell eine recht große Nähe zum Komplex → *Umweltrepräsentation*, liegt doch hier die Annahme zugrunde, daß das räumliche Verhalten von der subjektiven Repräsentation der fraglichen Umwelten abhängt. In diesem Rahmen ist als Anwendungsbereich der Kellyschen Theorie in erster Linie die Frage der Umwelt-Bedeutung anzusehen. Zwar ist das praktische Vorgehen dabei wie bei der MDS zumeist am Prozeß der Ähnlichkeits- und Unähnlichkeitsbeurteilung und insofern kognitiv-denotativ orientiert, doch können schon wegen der üblichen Aufforderung zur sprachlichen Formulierung der zu ermittelnden diskriminativen Dimensionen (Konstrukte) emotional-evaluativ-konnotative Aspekte einen breiten Raum einnehmen.

Für die Darstellung und Diskussion der Theorie der personalen Konstrukte kann neben Kelly (1955) etwa auf Bannister und Mair (1968), Adams-Webber (1979), Mancuso und Adams-Webber (1982) und Bonarius et al. (1984) verwiesen werden, für den Methodenkomplex insbesondere auf Slater (1977) und Fransella und Bannister (1977). Einen Überblick über umweltpsychologische Anwendungen und eine Diskussion damit verbundener methodisch-methodologischer Probleme bieten die verschiedenen einschlägigen Beiträge in Slater (1976) und Moore und Golledge (1976).

Repertory Grid. Bei dieser Methode handelt es sich um das klassische Standardverfahren, das den engsten Theoriebezug aufweist: Der Versuchsteilnehmer gibt an, welche zwei von drei vorgelegten Elementen untereinander am ähnlichsten sind und verbalisiert die Ähnlichkeit/Unterschieds-Dimension in bipolarer Form (z.B. „gemütlich – ungemütlich"). Nachdem in dieser Form alle persönlich bedeutsamen Aspekte ermittelt worden sind, werden sukzessive die vorgegebenen Objekte (Elemente) auf diesen Polaritäten (Konstrukte), die jetzt als Skalen verwendet werden, eingeschätzt. Man erhält so insgesamt eine Konstrukte x Elemente-Matrix, die auf verschiedene Weise analysiert werden kann, bspw. mittels einer Faktoren- oder Clusteranalyse.

Mit diesem Methoden-Schema wurden untersucht etwa das Erleben der innerstädtischen Umwelt (Harrison & Sarre 1975, 1976), die Wahrnehmung von Einkaufsläden (Hudson 1974) bzw. von Planunterlagen für ein Einkaufszentrum (Stringer 1974a, b) und das Erleben von Badeorten (Riley & Palmer 1976); darüber hinaus wurden u.a. Gruppenunterschiede thematisiert (Experten vs. Laien) (Leff & Deutsch 1973).

Andere Erhebungsmethoden. Neben der genannten Methode gibt es eine Reihe weiterer Verfahren zur Ermittlung von Konstrukten und ihren wechselseitigen Bezügen. Die wichtigsten sind das sog. „laddering", bei dem durch sukzessives Nachfragen immer konkretere untergeordnete oder abstraktere übergeordnete Aspekte eines vorliegenden Konstrukts erfaßt werden, das „implication grid", bei dem die Auswirkung der Veränderung auf einem Konstrukt in bezug auf alle anderen thematisiert wird, und das „resistance of change grid", bei dem es im paarweisen Vergleich von Konstrukten um deren Widerständigkeit gegenüber Veränderungen geht (Fransella & Bannister 1977). Diese Methoden wurden architekturpsychologisch zur Ermittlung der subjektiven Repräsentation von Innenräumen eingesetzt (Honikman 1973, 1976).

Probleme. Im Hinblick auf generelle Probleme des Kellyschen Ansatzes sei hier nur auf die Vernachlässigung des ätiologischen Aspekts sowohl der Entwicklung wie der Veränderung von Konstruktsystemen sowie auf methodische Schwierigkeiten bei der Operationalisierung des theoretischen Grundgerüsts und bei der Datenaggregierung hingewiesen (Bonarius et al. 1984). Umweltpsychologisch kritisiert Stringer (1976) eine zu atheoretische und praxisabgelöste Verwendung des Kellyschen Ansatzes. Ähnlich wie beim SD bemängelt Wohlwill (1976) zum einen die Umwelt-Vergessenheit und Deskriptivität von Grid-Untersuchungen, insofern die Spezifikation kovariierender oder bedingender externer physischer Attribute unterlassen oder aber nur unzureichend vorgenommen wird. Darüber hinaus weist er auf Probleme der Verallgemeinerbarkeit von Ergebnissen hin, die sich aus methodischen Gründen bereits bei einfachen Vergleichsuntersuchungen ergeben können ($\rightarrow$ *Umweltrepräsentation;* $\rightarrow$ *Kognitive Karte;* $\rightarrow$ *Image*).

Literatur

Adams-Webber, J. (1979). Personal construct theory: Concepts and applications. London: Wiley.

Ahrens, H.-J. (1974). Multidimensionale Skalierung. Methodik, Theorie und empirische Gültigkeit mit Anwendungen aus der differentiellen Psychologie und Sozialpsychologie. Weinheim: Beltz.

Appleyard, D. (1970). Styles and methods of structuring a city. Environment and Behavior 2, 100-117.

Bannister, D. & Mair, J.M. (1968). The evaluation of personal constructs. London: Academic Press.

Bauer, F. (1980). Zur Konzeptspezifität des Semantischen Differentials – Eine Diskussionsbemerkung zu Flades: Die Beurteilung umweltpsychologischer Konzepte mit einem konzeptspezifischen und einem universellen Differential. Zeitschrift für Experimentelle und Angewandte Psychologie 27, 163-167.

Bauer, F. & Bräunling, H. (1982). Ein Vergleich der Eignung konzeptspezifischer und universeller Formen des Semantischen Differentials zur Beurteilung von Umweltausschnitten. Zeitschrift für Experimentelle und Angewandte Psychologie 29, 181-203.

Bauer, F., Franke, J. & Gätschenberger, K. (1979). Zur Messung der Erlebniswirkung von Landschaften. Natur und Landschaft 54, 236-240.

Bechtel, R.B. (1975). The semantic differential and other paper-and-pencil tests. In W. Michelson (Ed.), Behavioral research methods in environmental design (pp. 41-78). Stroudsburg, PA: Dowden, Hutchinson & Ross.

Bonarius, H., Angleitner, A. & John, D. (1984). Die Psychologie der persönlichen Konstrukte: Eine kritische Bestandsaufnahme einer Persönlichkeitstheorie. In M. Amelang & H.-J. Ahrens (Hg.), Brennpunkte der Persönlichkeitsforschung, Bd. 1 (S.109-138). Göttingen: Hogrefe.

Borg, J. (1981). Anwendungsorientierte Multidimensionale Skalierung. Berlin: Springer.

Bortz, J. (1972). Beiträge zur Anwendung der Psychologie auf den Städtebau II: Erkundungsexperimente zur Beziehung zwischen Fassadengestaltung und ihrer Wirkung auf den Betrachter. Zeitschrift für Experimentelle und Angewandte Psychologie 19, 226-281.

Briggs, R. (1976). On the relationship between cognitive and objective distance. In G.T. Moore & R.G. Golledge (Eds.), Environmental knowing: Theories, research, and methods (pp. 325-334). Stroudsburg, PA: Dowden, Hutchinson & Ross.

Cadwallader, M.T. (1976). Cognitive distance in intraurban space. In G.T. Moore & R.G. Golledge (Eds.), Environmental knowing: Theories, research, and methods (pp. 316-324). Stroudsburg, PA: Dowden, Hutchinson & Ross.

Canter, D. & Thorne, R. (1972). Attitudes to housing. A cross-cultural comparison. Environment and Behavior 4, 3-32.

Carr, S. & Schissler, D. (1969). The city as a trip: Perceptual selection and memory in the view from the road. Environment and Behavior 1, 7-35.

Danford, S. & Willems, P.P. (1975). Subjective responses to architectural displays: A question of validity. Environment and Behavior 7, 486-516.

Daniel, T.C. & Ittelson, W.H. (1981). Conditions for environmental perception research: Comment on „The physical representation of molar physical environments" by Ward and Russell. Journal of Experimental Psychology: General 110, 153-157.

Dirlewanger, H., Geisler, E. & Magnano-Lampugnani, F. (1977). Architektur ohne Willkür. Bild der Wissenschaft 12, 102-115.

Downs, R.M. (1970). The cognitive structure of an urban shopping center. Environment and Behavior 2, 13-39.

Downs, R.M. & Stea, D. (Eds.) (1973). Image and environment: Cognitive mapping and spatial behavior. Chicago: Aldine.

Evans, G.W. (1980). Environmental cognition. Psychological Bulletin 88, 259-287.

Flade, A. (1978). Die Beurteilung umweltpsychologischer Konzepte mit einem konzeptspezifischen und einem universellen Semantischen Differential. Zeitschrift für Experimentelle und Angewandte Psychologie 25, 367-378.

Flade, A. (1980). Zur Konzeptspezifität des Semantischen Differentials – Replik zu Bauers Diskussionsbemerkung zu Flades: Die Beurteilung umweltpsychologischer Konzepte mit einem konzeptspezifischen und einem universellen Differential. Zeitschrift für Experimentelle und Angewandte Psychologie 27, 168-171.

Francescato, D. & Mebane, W. (1973). How citizens view two great cities: Milan and Rome. In R.M. Downs & D. Stea (Eds.), Image and environment: Cognitive mapping and spatial behavior (pp. 131-147). Chicago: Aldine.

Franke, J. & Bortz, J. (1972). Beiträge zur Anwendung der Psychologie auf den Städtebau I: Vorüberlegungen zur Beziehung zwischen Siedlungsgestaltung und Erleben der Wohnumwelt. Zeitschrift für Experimentelle und Angewandte Psychologie 19, 76-108.

Franke, J. & Hoffmann, K. (1974). Beiträge der Psychologie auf den Städtebau III: Allgemeine Strukturkomponenten des Images von Siedlungsgebieten. Zeitschrift für Experimentelle und Angewandte Psychologie 21, 181-225.

Fransella, F. & Bannister, D. (1977). A manual for repertory grid technique. London: Academic Press.

Fuchs, A. (1975). Grundzüge einer Verhaltenstheorie der Bedeutung. In R. Bergler (Hg.), Das Eindrucksdifferential. Theorie und Technik (S. 33-68). Bern: Huber.

Gårling, T. (1976a). The structural analysis of environmental perception and cognition: A multidimensional scaling approach. Environment and Behavior 8, 385-415.

Gårling, T. (1976b). A multidimensional scaling and semantic differential study of the perception of environmental settings. Scandinavian Journal of Psychology 17, 323-332.

Gigerenzer, G. (1981). Messung und Modellbildung in der Psychologie. München: Reinhardt.

Golant, S.M. & Burton, I. (1976). A semantic differential experiment in the interpretation and grouping of environmental hazards. In G.T. Moore & R.G. Golledge (Eds.), Environmental knowing: Theories, research, and methods (pp. 364-374). Stroudsburg, PA: Dowden, Hutchinson & Ross.

Golledge, R.G. (1977). Multidimensional analysis in the study of environmental behavior and environmental design. In J. Altman & J.F. Wohlwill (Eds.), Human behavior and environment – Advances in theory and research, Vol. 2 (pp. 1-42). New York: Plenum.

Golledge, R.G. & Rushton, G.R. (Eds.) (1976). Spatial choice and spatial behavior. Columbus, OH: Ohio State University Press.

Hardwick, D.A., McIntyre, C.W., & Pick, H.L. (1976). The content and manipulation of cognitive maps in children and adults. Monographs of the Society for Research in Child Development 41(3), Serial No. 166.

Harrison, J. & Sarre, P. (1975). Personal construct theory in the measurement of environment images. Environment and Behavior 7, 3-58.

Harrison, J. & Sarre, P. (1976). Personal construct theory, the repertory grid, and environmental cognition. In G.T. Moore & R.G. Golledge (Eds.), Environmental knowing: Theories, research, and methods (pp. 375-384). Stroudsburg, PA: Dowden, Hutchinson & Ross.

Hershberger, R.G. (1972). Toward a set of semantic scales to measure the meaning of architectural environments. In W.J. Mitchell (Ed.), EDRA 3/I-II. Environmental Design: Research and practice. Parts I-II. Berkeley, CA: University of California Press, Part I 6-4-1/6-4-10.

Honikman, B. (1973). Personal construct theory and environmental evaluation. In W.F.E. Preiser (Ed.), EDRA 4/I-II. Environmental design research, Part I (pp. 242-253). Stroudsburg, PA: Dowden, Hutchinson & Ross.

Honikman, B. (1976). Construct theory as an approach to architectural and environmental design. In P. Slater (Ed.), The measurement of intrapersonal space by grid technique. Vol. 1: Explorations of interpersonal space (pp. 167-181). London: Wiley.

Horayangkura, V. (1978). Semantic dimensional structures: A methodological approach. Environment and Behavior 10, 555-584.

Hudson, R. (1974). Images of the retailing environment: An example of the use of repertory grid methodology. Environment and Behavior 6, 470-494.

Jarvella, R.J. & Klein, W. (Eds.) (1982). Speech, place, and action: Studies in deixis and related topics. Chichester: Wiley.

Kelly, G.A. (1955). The psychology of personal constructs. 2 Vols. New York: Norton.

Klein, W. (1979). Wegauskünfte. LiLi: Zeitschrift für Literaturwissenschaft und Linguistik 9 (33), 9-57.

Klein, W. (1983). Deixis and spatial orientation in route directions. In H.L. Pick jr. & L.P. Acredolo (Eds.), Spatial orientation. Theory, research, and application (pp. 283-311). New York: Plenum.

Klockhaus, R. (1975). Einstellung zur Wohnumgebung. Empirische Studie an zwei Wohnarealen in Nürnberg-Langwasser. Göttingen: Hogrefe.

Krampen, M. (1979). Meaning in the urban environment. London: Pion.

Küller, R.A. (1972). A semantic model for describing perceived environment. Lund: National Swedish Building Research.

Ladd, F. (1970). Black youths see their environment: Neighborhood maps. Environment and Behavior 2, 74-99.

Lee, T. (1973). Psychology and living space. In R.M. Downs & D. Stea (Eds.), Image and environment: Cognitive mapping and spatial behavior. Chicago: Aldine.

Leff, H.S. & Deutsch, P.S. (1973). Construing the physical environment: Differences between environmental professionals and lay persons. In W.F.E. Preiser (Ed.), EDRA 4/I-II. Environmental design research, Part I (pp. 284-297). Stroudsburg, PA: Dowden, Hutchinson & Ross.

Lowenthal, D. & Riehl, M. (1972). The nature of perceived and imagined environments. Environment and Behavior 4, 189-207.

Lynch, K. (1960). The image of the city. Cambridge, MA: M.I.T. (dt. Gütersloh: Bertelsmann 1968).

Mancuso, J. & Adams-Webber, J.R. (Eds.) (1982). The construing person. New York: Praeger.

McGill, W. & Korn, J.H. (1982). Awareness of an urban environment. Environment and Behavior 14, 186-201.

Mehrabian, A. & Russell, J.A. (1974). An approach to environmental psychology. Cambridge, MA: M.I.T. Press.

Milgram, S. & Jodelet, D. (1976). Psychological maps of Paris. In H.M. Proshansky, W.H. Ittelson, & L.G. Rivlin (Eds.), Environmental psychology: People and their physical settings, 2nd ed. (pp. 104-124). New York: Holt, Rinehart & Winston.

Moore, G.T. & Golledge, R.T. (Eds.) (1976) Environmental knowing: Theories, research, and methods. Stroudsburg, PA: Dowden, Hutchinson & Ross.

Nohl, W. (1977). Messung und Bewertung der Erlebniswirksamkeit von Landschaften. Darmstadt: Steinkopff.

Osgood, C.E., May, W.H., & Miron, M.S. (1975). Cross-cultural universals of affective meaning. Urbana, IL: University of Illinois Press.

Pawlik, K. (1968). Dimensionen des Verhaltens. Eine Einführung in Methodik und Ergebnisse faktorenanalytischer psychologischer Forschung. Bern: Huber.

Preiser, W.F.E. (Ed.) (1973). EDRA 4/I-II. Environmental design research. Stroudsburg, PA: Dowden, Hutchinson & Ross.

Psathas, G. (1979). Organizational features of direction maps. In G. Psathas (Ed.), Everyday language. Studies in ethno-methodology (pp. 203-225). New York: Irvington Publishers.

Riley, S. & Palmer, J. (1976). Of attitudes and latitudes: A repertory grid study of seaside resorts. In P. Slater (Ed.), The measurement of intrapersonal space by grid technique, Vol. 1: Explorations of interpersonal space (pp. 153-166). London: Wiley.

Robinson, M.E. & Dicken, P. (1979). Cloze procedure and cognitive mapping. Environment and Behavior 11, 351-373.

Russell, J.A. (1979). Affective space is bipolar. Journal of Personality and Social Psychology 37, 345-356.

Russell, J.A. (1980). A circumplex model of affect. Journal of Personality and Social Psychology 39, 1161-1178.

Russell, J.A. & Pratt, G. (1980). A description of the affective quality attributed to environments. Journal of Personality and Social Psychology 38, 311-322.

Russell, J.A. & Ward, L.M. (1981). On the psychological reality of environmental meaning: Reply to Daniel and Ittelson. Journal of Experimental Psychology: General 110, 163-168.

Russell, J.A., Ward, L.M., & Pratt, G. (1981). Affective quality attributed to environments. Environment and Behavior 13, 259-286.

Saarinen, T.F. (1973). Student views of the world. In R.M. Downs & D. Stea (Eds.), Image and environment: Cognitive mapping and spatial behavior (pp. 148-161). Chicago: Aldine.

Sadalla, E.K. & Staplin, L.J. (1980). An information storage model for distance cognition. Environment and Behavior 12, 183-193.

Schäfer, B. (1983). Semantisches Differential Technik. In H. Feger & J. Bredenkamp (Hg.), Datenerhebung. Band 2 der Enzyklopädie der Psychologie. Themenbereich B: Methodologie und Methoden. Serie I: Forschungsmethoden der Psychologie (S. 154-221). Göttingen: Hogrefe.

Schiffman, S.S., Reynolds, M.L., & Young, F.W. (1981). Introduction to multidimensional scaling: Theory, methods, and applications. New York: Academic Press.

Schneider, G. (1985). Qualitativität als methodologisches Desiderat der Umweltpsychologie. In G. Jüttemann (Hg.), Qualitative Forschung in der Psychologie. Grundfragen, Verfahrensweisen, Anwendungsfelder (S. 297-323). Weinheim: Beltz.

Schneider, G. & Weimer, E. (1981). Aspekte der Kategorisierung städtischer Umwelt. Eine empirische Untersuchung. Bericht aus dem Psychologischen Institut der Universität Heidelberg, No. 25.

Shepard, R.N., Romney, A.K., & Nerlove, S.B. (Eds.) (1972). Multidimensional scaling: Theory and applications in the behavioral sciences. Vol. 1: Theory. New York: Seminar Press.

Siegel, A.W. (1981). The externalization of cognitive maps by children and adults: In search of ways to ask better questions. In L.S. Liben, A.H. Patterson, & N. Newcombe (Eds.), Spatial representation and behavior across the life span. Theory and application (pp. 167-194). New York: Academic Press.

Slater, P. (Ed.) (1976). The measurement of intrapersonal space by grid technique. Vol. 1.: Explorations of intrapersonal space. London: Wiley.

Slater, P. (Ed.) (1977). The measurement of intrapersonal space by grid technique. Vol. 2.: Dimensions of intrapersonal space. London: Wiley.

Starr, N. & Danford, S. (1978). The invalidity of subjective ratings of the physical environment. In W.L. Rogers & W. Ittelson (Eds.), EDRA 9. New directions in environmental design research (pp. 428-443). Washington, DC: Environmental Design Research Association.

Stringer, P. (1974a). A use of repertory grid measures for evaluating map formats. British Journal of Psychology 65, 23-24.

Stringer, P. (1974b). Individual differences in repertory grid measures for a cross-section of the female population. In D. Canter & E. Lee (Eds.), Psychology and the built environment (pp. 96-104). Tonbridge, Kent: Architectural Press.

Stringer, P. (1976). The demands of personal construct theory: A commentary. In G.T. Moore, & R.T. Golledge (Eds.), Environmental knowing: Theories, research, and methods (pp. 99-103). Stroudsburg, PA: Dowden, Hutchinson & Ross.

Ullmer-Ehrich, V. (1979). Wohnraumbeschreibungen. LiLi: Zeitschrift für Literaturwissenschaft und Linguistik 9 (33), 58-83.

Ward, L.M. (1972). Multidimensional scaling of the molar physical environment. Multivariate Behavioral Research 12, 23-42.

Ward, L.M. & Russell, J.A. (1981a). Cognitive set and perception of space. Environment and Behavior 13, 610-632.

Ward, L.M. & Russell, J.A. (1981b). The psychological representation of molar physical environments. Journal of Experimental Psychology 110, 121-152.

Wohlwill, J.F. (1973). The environment is not in the head! In W.F.E. Preiser, (Ed.), EDRA 4/I-II. Environmental design research, Part II (pp. 166-181). Stroudsburg, PA: Dowden, Hutchinson & Ross.

Wohlwill, J.F. (1976). Searching for the environment in environmental cognition research: A commentary on research strategy. In G.T. Moore, & R.T. Golledge (Eds.), Environmental knowing: Theories, research, and methods (pp. 385-392). Stroudsburg, PA: Dowden, Hutchinson & Ross.

Wood, D. & Beck, R. (1976). Talking with environmental A, an experimental mapping language. In G.T. Moore, & R.T. Golledge (Eds.), Environmental knowing: Theories, research, and methods (pp. 351-161). Stroudsburg, PA: Dowden, Hutchinson & Ross.

Gerhard Schneider
Psychosomatische Universitätsklinik
der Universität Heidelberg

Umweltevaluation

Die Umweltevaluation befaßt sich mit der empirischen Bewertung von Umwelten und Umweltveränderungen. Sie bietet ein theoretisches und methodisches Instrumentarium an, das zur Überprüfung von Zielen (Zielevaluation) und der Möglichkeiten ihrer Umsetzung (Prozeßevaluation) im Bereich der Umweltgestaltung eingesetzt werden kann. Umweltevaluation steht demnach immer in engem Zusammenhang mit einem Entscheidungsprozeß, durch den die Rahmenbedingungen, Bewertungsgrundlagen, Zielsetzungen und Folgeabschätzungen vorgegeben werden. Dieser Entscheidungsprozeß ist in aller Regel auf einer politischen Ebene angesiedelt, kann aber auch Bestandteil privater oder wirtschaftlicher Planungen sein. Dies bedeutet nicht, daß Evaluationsstudien zwangsläufig Auftragsarbeiten von Entscheidungsträgern sein müssen. Sie zielen aber explizit oder implizit auf die Beeinflussung, Legitimation oder Kritik geplanter oder durchgeführter Umweltgestaltungen ab.

Psychologische Umweltevaluation, als Bestandteil (politischer) Entscheidungsprozesse, hat ihre Aufgabe in einem interdisziplinären Forschungsfeld zu erfüllen. Zum einen nimmt sie als psychologische Disziplin Einfluß auf psychologisch relevante Wert- und Zielsetzungen im Bereich der Umweltplanung, zum anderen kooperiert sie mit anderen Disziplinen, die sich mit den nicht-psychologischen Aspekten, etwa ökonomischer, ökologischer und technischer Art, der Gestaltungspläne befassen.

Die umweltpsychologische Evaluation gewinnt, wie die Evaluationsforschung überhaupt, zunehmend an Bedeutung. Dies gilt v.a. für die USA, wo aufgrund gesetzlicher Grundlagen Folgenabschätzungen großtechnologischer Eingriffe vorgeschrieben sind ($\rightarrow$ *Folgenabschätzung und -bewertung*). Aber auch in der Bundesrepublik wächst die Einsicht, daß Evaluationsstudien Planungsbestandteil sein sollten. Noch stehen einer solchen Entwicklung Kostengesichtspunkte und der Mangel an entsprechend qualifizierten Fachkräften entgegen. Mittelfristig sollte sich aber hier ein interessantes Praxisfeld auch für Psychologen eröffnen.

Folgende drei Arbeitsbereiche der Umweltevaluation können unterschieden werden: (1) die Untersuchung bestehender Umwelten, (2) die Bewertung von Planungsalternativen und (3) die Evaluation durchgeführter Umweltveränderungen. Diese Untergliederung hat hauptsächlich pragmatischen Charakter, da der Evaluierungsprozeß einem kreisförmigen Vorgehen entspricht. So können Umweltveränderungen Ausgangspunkt weiterer Planungen werden, die wiederum zu einer besseren Anpassung des Verhältnisses Mensch und Umwelt führen (vgl. z.B. Werner, Frazier & Farbstein 1985). Eine beispielhafte Darstellung des Arbeitsgebietes bietet Zube (1980).

1. Evaluation bestehender Umwelten

Es gibt verschiedene Gründe für die Untersuchung bestehender Umwelten. Zum einen kann man an einer Bestandsaufnahme interessiert sein, die spezielle Probleme von Umwelten, Bedürfnisse von Nutzern oder qualitative Aspekte der Umwelt zum Gegenstand hat. Diese Informationen können Ausgangspunkt für gezielte Verbesserungen in den jeweiligen Bereichen sein. Zum anderen ist es möglich, die in bestimmten Umwelten gewonnenen Erkenntnisse so zu nutzen, daß die Wirkungen von Umweltveränderungen in ganz anderen Bereichen besser abschätzbar sind.

Eine Möglichkeit, Umwelten systematisch zu bewerten, ist die Entwicklung von *Qualitätsindizes* (*PEQI = Perceived Environmental Quality Indices*). Diese Bewertungsmaßstäbe erheben die subjektive Wahrnehmung der Qualität von Umweltaspekten wie Luft oder Wasser, aber auch die Einschätzung von ganzen Umweltbereichen, wie Wohnung, Nachbarschaft, städtische Umwelten, Institutionen, Arbeitsumwelten, Erholungsgebiete und Landschaften (→ *Umwelteinschätzung*). Die Aufstellung solcher subjektiver Indizes ist jedoch auch mit einer ganzen Reihe von ernstzunehmenden Schwierigkeiten verbunden. Es gibt nur eine geringe Übereinstimmung zwischen verschiedenen Personen oder Personengruppen. Auch in der Wahrnehmung von Experten vs. Laien lassen sich kaum Gemeinsamkeiten finden. Außerdem ist die Beziehung zu objektiven (physikalischen) Maßen gering. Diese, von Craik und Zube (1976) geäußerten Kritikpunkte sind auch heute noch weitgehend gültig.

Ein weiterer Forschungsbereich umfaßt die Evaluation der *Nutzung von Einrichtungen*. Unter der Bezeichnung „visitor evaluation" wird das Verhalten der Besucher von Museen, touristischen Einrichtungen, Parkanlagen, Flughäfen, Kinderspielplätzen, Fußgängerzonen und ähnlichen Einrichtungen untersucht (Pierce & Moscardo 1985) (→ *Raum und Bewegung*). In diesem Zusammenhang werden beispielsweise Orientierungsprozesse (*wayfinding*) untersucht (Weisman 1981).

Neben der eigentlichen Nutzung von Umwelten, interessiert man sich auch für ihre *Auswirkungen* (hier insbesondere negativer Art) auf die betroffenen Menschen. Mögliche Aspekte sind hierbei: ästhetische Ausgestaltung, Enge von Räumen, Anonymität und Unkontrollierbarkeit von Gebäuden oder Plätzen, Bebauungshöhe, störende Immissionen (akustischer oder chemischer Art) und ähnliche Faktoren (vgl. Rohrmann 1988).

Devlin (1980) untersuchte zum Beispiel die Wohnzufriedenheit von Altersheiminsassen in Abhängigkeit von der Anzahl der Stockwerke des Heimes. Ausgewählt wurden zwei Hochhäuser und zwei einstöckige Wohnhäuser in einer Stadt mittlerer Größe in den USA (→ *Hausformen*). Hochhausbewohner gaben im Vergleich zu den Bewohnern der Niedrigbebauung mehr negative und weniger positive Aspekte des Heimlebens an. Diese Ergebnisse, die im Grundsatz gegen eine Hochbebauung sprechen, wurden relativiert. Die Gründe für Zufriedenheit und Mißbehagen in beiden Gruppen unterscheiden sich. Die Bewohner der Niedrigbebauung gewannen ihre Zufriedenheit u.a. aus der Nähe zu den Grünanlagen und den gemeinsam genutzten Einrichtungen. Die Hochhausbewohner hatten größere Orientierungsschwierigkeiten im Gebäude, fühlten sich aber insgesamt sicherer und versorgter.

2. Evaluation von Planungsalternativen

Diese Form der Evaluation setzt bereits im Vorfeld der geplanten Umweltveränderung an. Sie soll die, nach festgelegten Kriterien bewertete, „beste" Planungsalternative herausfinden (→ *Umweltplanung und -gestaltung*). Auch Maßnahmen, zu denen keine Alternativen entwickelt wurden, können an ihrer grundsätzlichen Durchführbarkeit überprüft werden. Neben der Festlegung konkreter Zielkriterien und zugehöriger Effektgrößen oder Grenzwerte muß zwischen direkten Folgen und möglichen Nebenfolgen unterschieden werden. In diesem Zusammenhang lassen sich auch Simulationsstudien einsetzen (McKechnie 1977), die durch den Einsatz von Video- und Computertechniken zunehmend an Bedeutung gewinnen (→ *Simulation von Umwelten*). Die Evaluation von Planungsalternativen kann als direkte Entscheidungshilfe im Planungsprozeß angesehen werden (vgl. hierzu auch Lalli & Thomas 1988, 1989).

Carpman, Grant und Simmons (1985) untersuchten die Gestaltung der Verkehrsführung zwischen einem großen Parkhaus und dem zugehörigen Krankenhaus an der Universität von Michigan (USA). In der Planung waren zwei verschiedene Konzeptionen, die eine Verbesserung der Orientierung der Fahrer mit einer möglichst geringen Verkehrsbelastung am Haupteingang verbinden wollten. In einer Video-Simulationsstudie wurden den Krankenhausbesuchern die beiden Szenarien vorgespielt und ihre Antworten bezüglich des zu erwartenden Verhaltens festgehalten (Wahl der Strecke, Haltepunkte und Parkplatzauswahl). Die Ergebnisse führten zu einer direkten Entscheidung für eine der beiden Alternativen, die dann auch baulich umgesetzt wurde.

Ein weiterer Forschungsschwerpunkt umfaßt die Untersuchung der *Auswirkungen von Umweltbelastung und -zerstörung* auf den Menschen sowie Möglichkeiten und Effizienz von Schutzmaßnahmen. So untersuchte Kastka (1981) in einer Längsschnittstudie die Wirksamkeit von Schallschutzwänden und Verkehrsberuhigungsmaßnahmen bei Straßen- und Autobahnlärm (→ *Lärm*). Beim Autobahnlärm wurden trotz einer erheblichen objektiven Geräuschminderung kaum Verbesserung der subjektiven Indizes (Wohlbefinden, lärmbedingte Kommunikationsstörungen u.ä.) gemessen. Der Straßenlärm dagegen, der durch verkehrsberuhigende Maßnahmen objektiv nur wenig abgenommen hatte, wurde als wesentlich weniger belästigend wahrgenommen. Interpretiert wurden diese Ergebnisse dahingehend, daß die Verkehrsberuhigung eine generelle positive Neubewertung der Umgebung durch die Anwohner (vor allem im nicht-akustischen Bereich) bewirkt hatte. Gerade das Beispiel Lärm macht deutlich, daß sich die Beziehung zwischen objektiven und subjektiven Maßen von Wirkungen der Umwelt auf den Menschen nicht durch einfache lineare Zusammenhänge abbilden läßt (Rohrmann 1984).

Besondere Anforderungen stellt die Evaluation der möglichen und zu erwartenden *sozialen* Auswirkungen von Umweltveränderungen (*social impact assessment*; vgl. Soderstrom 1981, Finsterbusch 1985) (→ *Folgenabschätzung*). So versuchten z.B. Baker, West, Moss und Weyant (1980) den Einfluß von geplanten Atomkraftwerken, die in Sichtweite von Stränden gebaut werden sollten, auf den Tourismus in einer solchen Gegend abzuschätzen. Sie bedienten sich hierbei einer

Kombination verschiedener methodischer Zugänge. So wurden auf der einen Seite Besucher von Erholungsgebieten und Stränden befragt, von denen aus bestehende, an Land gebaute Kernkraftwerke eingesehen werden konnten. Hier wurden die Einstellungen der Besucher und das veränderte Touristenverhalten erhoben. Auf der anderen Seite wurden an verschiedenen Stränden, die für die geplanten Seekraftwerke in Frage kamen, Touristen über ihre mutmaßlichen Absichten im Falle eines solchen Baus befragt. Schließlich wurde bei Erholungssuchenden der relative Stellenwert von verschiedenen Merkmalen der Strandqualität für die Wahl eines Badegebietes untersucht. Eines dieser Attribute war die Nähe eines solchen Kraftwerks. Die Kombination der Methoden erlaubte eine differenzierte Einschätzung der relevanten Einflußfaktoren. So können durch die psychologische Interpretation der Daten begründete Projektionen des Einflusses geplanter Umweltveränderungen erstellt werden. Neben der Untersuchung der Wirkung großtechnologischer Eingriffe, können solche Evaluationsmaßnahmen auch zur Abschätzung der sozialen und psychologischen Folgen sekundär verursachter Umweltveränderungen (z.B. Waldsterben) eingesetzt werden. Dieser Bereich könnte in Zukunft an Bedeutung gewinnen.

3. Evaluation realisierter Umweltveränderungen

Ein Großteil der umweltpsychologischen Evaluationsstudien ist in diesem Bereich anzusiedeln. Grundsätzlich sollte es sich bei dieser Form der Evaluation um eine Erfolgskontrolle handeln. Hierzu bedarf es der Explikation der Zielkriterien („Was sollte erreicht werden?") und der Bestimmung der Effektgrößen („Wie groß sollten bestimmte Veränderungen sein?"). In der Praxis ist dieses Vorgehen eher selten. Meistens handelt es sich um Untersuchungen, die – eher unspezifisch – die Wirkungen von Gestaltungen erheben. Im amerikanischen Sprachgebrauch wird dieser Bereich mit dem Begriff „post occupancy evaluation" bezeichnet (POE: Preiser, Rabinowitz & White 1988, Zimring & Reizenstein 1980, Zimring & Wener 1985). Untersucht werden neue oder umgestaltete öffentliche Gebäude (Altersheime, Krankenhäuser, Schulen, Flughafengebäude, Museen), veränderte Landschaften (Parks, Erholungsgebiete), sanierte Städte oder Stadtteile, aber auch kleinere Einheiten wie Büros.

Die Evaluation im Bereich des Städtebaus (vgl. Hellstern & Wollmann 1983) beurteilt die Wirkungen von Sanierungsmaßnahmen (→ *Stadtsanierung*), die Folgen für die soziale Struktur der sanierten Gebiete, die Wirkung von baulichen Maßnahmen zur Verminderung von Kriminalität und Vandalismus (→ *Kriminalität und Vandalismus*) oder die Prozesse der Bürgerbeteiligung an den durchgeführten Maßnahmen.

Ein gutes Beispiel, wie Ziele im Bereich der Stadtevaluation formuliert werden können, zeigt die Arbeit von Gill (1987). Untersucht wurde eine neuerbaute Bergbausiedlung mittlerer Größe (ca. 6000 Einwohner) in Kanada. Auf drei Aspekte wurde bei der Planung besonderer Wert gelegt: (1) Das Stadtzentrum sollte so gestaltet sein, daß alle Einrichtungen in diesem Bereich gut erreichbar sind, ein gewisser Schutz gegen Wind und Wetter gewährleistet ist, die Anlage überschaubar und vertrauenerweckend erscheint, und der soziale Kontakt zwischen den Menschen maximiert wird. (2) Die Wohngebiete sollten klar abgegrenzt sein und die Entwicklung einer emotionalen und sozialen Bindung an den Nachbarschaftsbereich fördern. (3) Die gesamte Stadtgestaltung sollte so angelegt sein, daß Kriminalität und Vandalismus verringert wird (z.B. durch nächtliche Beleuchtung, Gestaltung von Fassaden etc.). Die Erreichung dieser Ziele wurde nach Fertigstellung der Siedlung überprüft. Hier zeigte sich v.a. eine sehr geringe Kriminalitätsrate. Unklar ist, ob diese durch die Baumaßnahmen bedingt ist, oder ob die besondere demographische Struktur dafür verantwortlich ist.

Ein anderer Forschungsbereich umfaßt die Bewertung neugestalteter Büroräume und -einrichtungen (→ *Büroumwelt*). Hier werden die Auswirkungen von Aspekten der Büroumwelt, wie Beleuchtung, Temperatur, Möbel, → *Ergonomie*, Größe und Aufteilung der Räume, auf die Leistung und Motivation der Beschäftigten, ihr psychisches und physisches Wohlbefinden und auf die soziale Interaktion und Kommunikation bei der Arbeit untersucht (vgl. Wineman 1982). Bedeutsam wurde diese Forschung mit der Einführung der Großraumbüros (*open-plan office*) Anfang der sechziger Jahre in den USA. Diese sollten den kleinräumigen Büros in vielen Punkte überlegen sein (z.B. bessere Kommunikation, höhere Kontrolle durch Vorgesetzte, geringerer Raumbedarf u.ä.). Sundstrom, Herbert und Brown (1982) untersuchten beispielsweise die Veränderungen von Kommunikation, Privatheit und Zufriedenheit bei 70 Beschäftigten einer großen Firma, die in ein Großraumbüro umgesiedelt worden waren. Sie bedienten sich eines Pre-Post-Designs. Die insgesamt höhere Zufriedenheit in der neuen Umgebung ging mit einem als negativ bewerteten Verlust an Privatheit einher. Eine höhere Kommunikationsrate wurde nicht beobachtet.

Beispielhaft für die Evaluation neugestalteter öffentlicher Gebäude ist die Studie von Knight, Weitzer und Zimring (1978). Sie untersuchten den Umbau der Belchertown State School in Massachusetts (USA), einem stationären Rehabilitationszentrum für Behinderte. Drei Fragenkomplexe standen im Mittelpunkt der Studie: (1) Nutzung und Respektierung von persönlichen Räumen, (2) Interaktion zwischen dem Personal und den Heiminsassen und (3) Veränderungen des sozialen und sonstigen Verhaltens der im Heim untergebrachten Personen. Die Untersuchung erstreckte sich über vier Jahre und hatte einen Schwerpunkt auf die Beobachtung des Verhaltens der Personen im Heim. Einzelne Beobachtungsphasen wurden vor der Neugestaltung des Gebäudes durchgeführt, so daß Vergleichswerte vorlagen. Über 300.000 Einzelbeobachtungen wurden codiert und ausgewertet. Die Ergebnisse zeigen: (1) Die Privatsphäre der Bewohner wurde auch in der neuen Umgebung kaum respektiert. Nach einer anfänglichen Abnahme des Eindringens in persönliche Räume gleich nach dem Umbau, wurde mit der Zeit das vorherige Niveau (im alten Gebäude) wieder erreicht. (2) Bei der Interaktionshäufigkeit gab es unterschiedliche Effekte. Einer Zunahme der (vom Personal initiierten) Interaktion in bestimmten Gebäudeteilen stand eine Abnahme in anderen Abschnitten gegenüber. (3) Im Verhalten der Bewohner zeigten sich die größten Veränderungen. Es wurde eine Zunahme der verbalen Kommunikation beobachtet. Daneben zeigten die Insassen eine stärkere Hinwendung nach außen und damit einhergehende geringere Rückzugstendenzen. Die Vielzahl der gewonnenen Daten erlaubten die präzise Einschätzung der Wirkungen auch einzelner Maßnahmen (etwa Gestaltung von Fluren und Zimmern).

4. Methodische Überlegungen

Von Bedeutung ist die Auswahl geeigneter Versuchspläne und Meßzeitpunkte. Bei der Evaluation von Umweltgestaltungen wird in der Regel eine Pre-Post-Anordnung mit mehreren Erhebungen notwendig sein. Hierbei sollten auch Kontrollgruppen eingesetzt werden, um direkte Störvariablen (z.B. Kenntnis der Maßnahme) und während des Untersuchungszeitraums wirkende Einflüsse (etwa: politische Veränderungen) kontrollieren zu können.

Methodisch bedeutsam ist auch die Kombination verschiedener empirischer Zugänge. Die Untersuchung komplexer Zusammenhänge in natürlichen Umwelten muß häufig unter suboptimalen Bedingungen stattfinden, die z.b. eine Zufallszuweisung der Untersuchungsteilnehmer zu den experimentellen Bedingungen unmöglich machen. Dies verlangt den Einsatz quasi-experimenteller Versuchspläne (Cook & Campbell 1979). Der zeitliche Ablauf natürlicher Ereignisse, z.B. der Jahreszeiten, ebenso wie durch politische Notwendigkeiten verursachter Zeitdruck bei der Durchführung der Evaluation, führen zur Kombination von Querschnitts- und Längsschnittdesigns. Befragungs- und Beobachtungsmethoden können v.a. im Bereich der Umweltevaluation durch → *nicht-reaktive Verfahren* Ergänzung finden (Webb, Campbell, Schwartz, Sechrest & Grove 1981). Die Schwierigkeit, aus einzelnen Untersuchungen eindeutige Schlüsse ziehen zu können, muß zu einer Kombination verschiedener Erhebungen führen, die zwar vergleichbare Untersuchungsziele haben, aber unterschiedliche theoretische und methodische Zugänge nutzen.

Insgesamt sollte die Umweltevaluationsforschung, die etwas isoliert im Rahmen der Umweltpsychologie entstanden ist, vermehrt Erkenntnisse aus der Forschungstradition der Evaluation sozialer Prozesse (z.B. Cook, Leviton & Shadish 1985, Rossi & Freeman 1985, vgl. auch Hormuth 1987) berücksichtigen. Die methodischen Überschneidungen mit der Programmevaluation erlauben die Einbeziehung ihrer umfangreichen Forschungsarbeit und könnten zur Verminderung von bestehenden Defiziten im Bereich der ökopsychologischen Umweltevaluation genutzt werden.

Umweltevaluation kann nur einer von vielen Planungsgesichtspunkten sein (→ *Umweltplanung*). Grundsätzlich erscheint es aber sinnvoll, das Erreichen von Zielen und die Wege ihrer Durchsetzung bei der Gestaltung von Umwelt auch tatsächlich wissenschaftlich zu überprüfen. Neben einer solchen Erfolgskontrolle, ohne die letztlich keine effiziente Weiterentwicklung von Planungsprozessen und gestalterischen Maßnahmen möglich ist, kann eine sorgfältig durchgeführte Evaluation von Planungsalternativen bereits vor einer endgültigen Entscheidung für eine bestimmte Maßnahme, mögliche Folgewirkungen und somit die Erreichung der Zielkriterien wirksam abschätzen. Daneben wird gerade in neuerer Zeit die Notwendigkeit eines wohlüberlegten und vorausschauenden Umgehens mit der Umwelt deutlich. Die hochkomplexen Zusammenhänge und Vernetzungen von natürlichen Mensch-Umwelt-Systemen erfordern spezifische methodische und

238

theoretische Instrumentarien, die gerade von der ökopsychologischen Umwelt-evaluation angeboten werden können. Die bestehende Lücke zwischen Forschern, praktisch Planenden und politisch Entscheidenden sollte überwunden werden. Die Kosten für Evaluationsstudien erscheinen angesichts der möglichen finanziellen Verluste durch Fehlplanungen als vertretbar.

Psychologische Umweltevaluation kann methodisch und theoretisch Hilfestellung im Bereich der Planung und Durchführung von Umweltgestaltungen und -veränderungen leisten. Letztlich ist es aber die politische Entscheidung, die die Zielkriterien festlegt, die Zumutbarkeit von Beeinträchtigungen definiert und den Ausgleich mit konkurrierenden, z.B. wirtschaftlichen Interessen regelt.

Literatur

Baker, E.J., West, S.G., Moss, D.J., & Weyant, J.M. (1980). Impact of offshore nuclear power plants: Forecasting visits to nearby beaches. Environment and Behavior 12, 367-407.

Carpman, J.R., Grant, M.A., & Simmons, D.A. (1985). Hospital design and wayfinding. Environment and Behavior 17, 296-315.

Cook, T.D. & Campbell, D.T. (1979). Quasi-experimentation: Design and analysis issues for field settings. Chicago: Rand McNally.

Cook, T.D., Leviton, L.C., & Shadish, W.R., Jr. (1985). Program evaluation. In G. Lindzey & E. Aronson (Eds.), The handbook of social psychology (3rd ed.), Vol. I (pp. 699-777). New York: Random House.

Craik, K.H. & Zube, E.H. (1976). Perceiving environmental quality, research and applications. New York: Plenum.

Devlin, A.S. (1980). Housing for the elderly. Environment and Behavior 12, 451-466.

Finsterbusch, K. (1985). State of the art in social impact assessment. Environment and Behavior 17, 193-223.

Gill, A.M. (1987). Evaluating environmental design in a new mining town. In J. Harvey & D. Henning (Eds.), Public environments (Proceedings of EDRA 18). Washington, D.C.: EDRA.

Hellstern, G.-M. & Wollmann, H. (1983). Evaluierungsforschung: Ansätze und Methoden – dargestellt am Beispiel des Städtebaus. Stuttgart: Birkhäuser.

Hormuth, S.E. (1987). Evaluationsforschung. In D. Frey & S. Greif (Hg.), Sozialpsychologie. Ein Handbuch in Schlüsselbegriffen (2. Aufl.) (S. 543-548). München: Psychologie Verlags Union.

Kastka, J. (1981). Psychologische Indikatoren der Verkehrslärmbelästigung. In A. Schick (Hg.), Akustik zwischen Physik und Psychologie (S. 68-86). Stuttgart: Klett-Cotta.

Knight, R.C., Weitzer, W.H., & Zimring, C.M. (1978). Opportunity of control and the built environment: The ELEMR project: Amherst, MA: Environmental Institute, University of Massachusetts.

Lalli, M. & Thomas, C. (1988). Environmental evaluation in the context of urban development. A quasi-experimental field study (Bericht Nr. 88-3). Darmstadt: Institut für Psychologie der Technischen Hochschule.

Lalli, M. & Thomas, C. (1989). Public opinion and decision making in the community. Evaluation of residents' attitudes towards town planning measures. Urban Studies 26, 435-447.

McKechnie, G.E. (1977). Simulation technique in environmental psychology. In D. Stokols (Ed.), Perspectives on environment and behavior (pp. 169-189). New York: Plenum.

Pierce, P.L. & Moscardo, G. (1985). Visitor evaluation: An appraisal of goals and techniques. Evaluation Review 9, 281-306.

Preiser, W.F.E., Rabinowitz, H.Z. & White, E.T. (1988). Post-occupancy evaluation. New York: Van Nostrand Reinhold.

Rohrmann, B. (1984). Psychologische Forschung und umweltpolitische Entscheidungen: das Beispiel Lärm. Opladen: Westdeutscher Verlag.

Rohrmann, B. (1988). Gestaltung von Umwelt. In C. Graf Hoyos, D. Frey & D. Stahlberg (Hg.), Angewandte Psychologie (S. 265-282). München: Psychologie Verlags Union.

Rossi, P.H. & Freeman, E. (1985). Evaluation: A systematic appraoch (3rd. ed.). Beverly Hills, CA: Sage.

Soderstrom, E.J. (1981). Social impact assessment: Experimental methods and approaches. New York: Praeger.

Sundstrom, E., Herbert, R.K., & Brown, D.W. (1982). Privacy and communication in an open-plan office: A case study. Environment and Behavior 14, 379-394.

Webb, E.T., Campbell, D.T., Schwartz, R.D., Sechrest, L., & Grove, J.T. (1981). Nonreactive measures in the social science (2nd ed.). Boston: Houghton Mifflin.

Weisman, G. (1981). Evaluating architectural legibility: Wayfinding in the built environment. Environment and Behavior 13, 189-204.

Werner, R., Frazier, F.W., & Farbstein, J. (1985). Three generations of evaluation and design of correctional facilities. Environment and Behavior 17, 71-95.

Wineman, J.D. (1982). Office design and evaluation: An overview. Environment and Behavior 14, 272-298.

Zimring, C.M. & Reizenstein, J.E. (1980). Post-occupancy evaluation: An overview. Environment and Behavior 12, 429-450.

Zimring, C.M. & Wener, R. (1985). Evaluating evaluation. Environment and Behavior 17, 97-117.

Zube, E.M. (1980). Environmental evaluation: Perception and public policy. Monterey, CA: Brooks/Cole.

Marco Lalli
Institut für Psychologie
der TH Darmstadt
und Stefan E. Hormuth
Psychologisches Institut
der Universität Heidelberg

Messung der Lebensqualität

1. Das Konzept der Lebensqualität

Lebensqualität ist ein Begriff mit schillernder Bedeutung. Er wurde bereits in der Wohlfahrtsökonomie (Pigou 1920) gebraucht. 1976 verzeichnet eine Bibliographie 2.064 Titel von sozialwissenschaftlichen Arbeiten zur Thematik „Lebensqualität" (Simonis & Simonis 1976). Die große gesellschaftspolitische Beachtung, die der Begriff seit Mitte der sechziger Jahre erfahren hat, ist eine Reaktion auf die Dominanz des Wachstumsdenkens in den vorhergehenden Jahren. Es wurde zunehmend anerkannt, daß – wie es die OECD formuliert hat – *Wirtschaftswachstum* kein Ziel für sich selbst sein kann, sondern der Erreichung besserer Lebensverhältnisse dienen sollte (OECD 1973). Die neu entwickelten Zielvorstellungen und Maßstäbe werden zumeist mit dem Begriff Lebensqualität umschrieben.

Das Konzept Lebensqualität kann durch drei Aspekte charakterisiert werden, die in der gesellschaftspolitischen Zieldiskussion unterschiedlich betont werden:
- Lebensqualität ist erstens – im Unterschied zum eindimensionalen Wachstumsindikator *„Sozialprodukt"* (Leipert 1975) – ein mehrdimensionaler Sachverhalt; sie bezieht sich auf die Lebensverhältnisse in mehreren wichtigen Lebensbereichen, wie z.B. Arbeitsbedingungen, Wohnverhältnisse, Gesundheit, Bildung, Sozialbeziehungen, Umwelt u.a. Problematisiert wird dabei vor allem, ob Einkommen und Wohlstand als Bestandteil von Lebensqualität gelten sollen (vgl. OECD 1976).
- Ein zweiter Aspekt ist in der Forderung zu sehen, daß die Lebensqualität durch die Betroffenen selbst beurteilt werden soll (Campbell 1972, Campbell et al. 1976). Das subjektive Wohlbefinden, gemessen mit Hilfe von Konstrukten wie Zufriedenheit und Glück, Sorgen und Ängste, ist wesentlicher Bestandteil des Konzepts. Umstritten ist freilich, ob die subjektiven Bewertungen ausschließlich der Maßstab für Lebensqualität sein können, denn Vergleichsprozesse und die Anspruchsdynamik können zu sehr problematischen Bewertungen führen. So spricht man von einem Unzufriedenheitsdilemma im Fall von unzufriedenen Bürgern bei guten Lebensbedingungen und von einem Zufriedenheitsparadox im Fall von zufriedenen Bürgern bei schlechten Lebensbedingungen (vgl. auch Hofstätter 1986).
- Drittens sind weitere, teils traditionelle gesellschaftspolitische Zielvorstellungen im Konzept der Lebensqualität enthalten: Freiheit und Sicherheit, Solidarität und politische Beteiligung, Verteilungsgerechtigkeit und Vorsorge für zukünftige Generationen (Zapf 1976).

Zwei Konzeptionen sind besonders eng mit der Lebensqualität verbunden, nämlich *„Qualitatives Wachstum"* (Majer 1984) und *„Umweltqualität"* (Gillwald 1983). Qualitatives Wachstum ist die Alternative zum *Nullwachstum*. Das Konzept des qualitativen Wachstums stellt darauf ab, die Richtung des Wachstums zu ändern (z.B. durch mehr Umweltschutzinvestitionen), während das Nullwachstums-Konzept die Notwendigkeit des Wirtschaftswachstums grundsätzlich in Frage stellt. Die Forderung nach Umweltqualität zielt auf den Abbau psychischer und gesundheitlicher Beeinträchtigungen im täglichen Leben und im weiteren Rahmen auf eine Erhaltung der natürlichen Überlebensbedingungen der Menschen. Die „Versöhnung" von Ökonomie und Ökologie erscheint als die zentrale gesellschaftspolitische Herausforderung.

2. Die Messung der Lebensqualität

Lebensqualität ist eine Leerformel, solange der Begriff nicht spezifiziert und operationalisiert wird. Die Messung der Lebensqualität ist insbesondere eines der Ziele der *Sozialindikatorenforschung* (Leipert 1978). Die Aufgabe von Sozialindikatoren ist es, über den Stand und die Entwicklung der Lebensqualität auf einer repräsentativen Datenbasis Auskunft zu geben. Die wichtigsten Datenquellen für diesen Zweck sind die Erhebungen der amtlichen Statistik und die nichtamtliche Umfrageforschung. Die öffentliche Diskussion um den Datenschutz hat freilich auch den problematischen Effekt, daß es schwieriger geworden ist, Informationen zu erheben, die zur Beurteilung der Lebensqualität in der Bundesrepublik wichtig sind.

Ein Beispiel für die Messung der Lebensqualität im Rahmen von Systemen sozialer Indikatoren ist das 1977 vorgelegte SPES-Indikatorensystem (Zapf 1977). In diesem Indikatorensystem werden, ausgehend von empirischen Zielanalysen, gesellschaftliche Problem- und Zielbereiche definiert; es werden dann gesellschaftliche Oberziele und Einzelziele operationalisiert und Sozialindikatoren entwickelt, die zur Messung der Zielerreichung geeignet sind. Insgesamt enthält das System für zehn Lebensbereiche (Bevölkerung, Mobilität, Beschäftigung, Einkommen, Einkommensverwendung, Verkehr, Wohnen, Gesundheit, Bildung, Partizipation) mit etwa 100 Zieldimensionen insgesamt 207 Indikatoren. Diese Sozialindikatoren werden primär mit Hilfe des Datenmaterials der amtlichen Statistik quantifiziert, und sie liegen zum großen Teil als Zeitreihe von 1950 bis 1982 vor.

Ein zweites Beispiel für die Messung der Lebensqualität ist der *Umweltatlas* für die Bundesrepublik (Koch & Vahrenholt 1983). Er ist nicht wie das SPES-System auf Haushalte, sondern auf Städte und Landkreise bezogen. Die Gebietseinheiten werden nach 26 Kriterien bewertet und die Ergebnisse der Einzelbewertungen zu einem Index zusammengefaßt. Beispiele für Bewertungsdimensionen sind Schwefeldioxydimmission, Lärmbelastung, Abwasserbelastung, Nitrate im Trinkwasser, Cadmium im Boden, Waldschäden, Umweltschutzinvestitionen. Bei der Zusammenfassung werden die 26 einzelnen Dimensionen gleich gewichtet. Endergebnis ist eine Karte zur „Lage der Nation", die Anhaltspunkte dafür gibt, wo die ökologische Situation besonders dringend politische Initiativen erfordert.

Ausgehend von dem Postulat, daß die Lebensqualität vor allem in den Augen der Betroffenen vorhanden sein muß, sind Untersuchungen der wahrgenommenen Lebensqualität bzw. des subjektiven Wohlbefindens vorgenommen worden. Für die Bundesrepublik wurde das subjektive Wohlbefinden mit positiv und negativ formulierten Konzepten untersucht (Glatzer & Zapf 1984). Die positiven Konzepte sind teils kognitiv (Lebenszufriedenheit) und teils affektiv geprägt (Glück). Die verwendeten negativen Konzepte individuellen Wohlbefindens beziehen sich auf Ängste, Anomie, Sorgen und Probleme. Neben vorgegebenen standardisierten Antwortskalen werden ergänzend offene Antworten erhoben und interpretiert. In einer größeren Zahl von Lebensbereichen wurde die subjektive Bewertung mit Zufriedenheitsskalen erhoben. Dabei erwies sich der Umweltschutz als der Lebensbereich, mit dem die Bundesbürger am allerwenigsten zufrieden sind (Statistisches Bundesamt 1985, S. 378).

3. Ausgewählte subjektive Indikatoren

Zufriedenheitsmessungen ermitteln, ob bestimmte Sachverhalte den Vorstellungen der Bürger entsprechen. Trotz vielfältiger Einflüsse, denen die Entstehung von *„Zufriedenheit"* unterliegt (z.B. soziale Vergleichsprozesse, Dissonanzreduktion, subkulturell vermittelte Unzufriedenheit), ist der Einfluß der objektiven Lebensbedingungen auf die subjektiv wahrgenommene Lebensqualität nachhaltig (Glatzer & Zapf 1984, S. 234).

Anhand der *„Zufriedenheit mit dem Haushaltseinkommen"* und der *„Zufriedenheit mit dem Umweltschutz"* werden im folgenden zwei Aspekte der subjektiven Wahrnehmung und Bewertung der Lebensqualität in der Bundesrepublik – auf der Basis repräsentativer Umfragen, den „Wohlfahrtssurveys" (vgl. Glatzer & Zapf 1984) – vorgestellt. Es handelt sich um Indikatoren, die subjektive Bewertungen der ökologischen und ökonomischen Dimension der Lebensqualität repräsentieren. Während die Zufriedenheit mit dem Haushaltseinkommen im Vergleich zu anderen Lebensbereichen ein mittleres Zufriedenheitsniveau erreicht, ist der Umweltschutz der Bereich, in dem die höchste Unzufriedenheit besteht. Zwischen 1978 und 1984 ist die Zufriedenheit mit dem Haushaltseinkommen leicht gesunken, von 7,2 auf 6,9 auf einer Skala von 0 bis 10; dies dürfte sich als Folge der wirtschaftlichen Stagnation, vor allem aufgrund von Unzufriedenheitsreaktionen bei Einkommenseinbußen ergeben haben.

Die Zufriedenheit mit dem Umweltschutz ist viel stärker gesunken, vom Wert 5,0 auf 3,8. Dies wird auf die in den letzten Jahren erfolgte Zunahme der sichtbaren Umweltschäden und die Thematisierung der Umweltgefährdung in den Massenmedien zurückzuführen sein. Die Schockwirkung dramatischer Vorfälle (Atomkatastrophe von Tschernobyl, Rheinvergiftung durch Chemieunternehmen) liegt später. Dennoch ist der Umweltschutz 1984 der einzige von zahlreichen untersuchten Lebens- und Problembereichen in der Bundesrepublik, in dem eine Mehrheit von Unzufriedenen einer Minderheit von Zufriedenen gegenübersteht.

Tabelle: Die Zufriedenheit mit dem Umweltschutz und die Zufriedenheit mit dem Haushaltseinkommen 1978 und 1984 nach ausgewählten Merkmalen

| | Zufriedenheit mit | | | | | Zufriedenheit mit | | | |
| | Umwelt-schutz | | Haushalts-einkommen | | | Umwelt-schutz | | Haushalts-einkommen | |
	1978 ø	1984 ø	1978 ø	1984 ø		1978 ø	1984 ø	1978 ø	1984 ø
Ortstyp					**Alter**				
Dorf	5.7	4.2	7.5	7.1	18 - 39 Jahre	4.8	3.3	7.1	6.6
Klein-/Mittelstadt	5.0	3.8	7.2	6.9	40 - 64 Jahre	5.1	4.0	7.2	6.9
Großstadt	4.5	3.7	7.1	6.6	über 65 Jahre	5.2	4.5	7.5	7.4
Schulabschluß					**Wertorientierung**				
Hauptschulabschluß*	5.3	4.0	7.2	6.7	Materialistisch	5.3	4.4	7.2	7.0
Mittlere Reife	4.8	3.7	7.6	7.1	Mischtyp	5.0	3.9	7.3	7.0
(Fach-)Abitur	4.3	3.0	7.5	7.1	Postmaterialismus	3.8	2.5	7.1	6.3
Insgesamt	5.0	3.8	7.2	6.9	Insgesamt	5.0	3.8	7.2	6.9
Zusammenhang mit					**Zusammenhang mit**				
Ortstyp (eta)	.16	.07	.05	.07	Alter (eta)	.09	.19	.06	.12
Schulabschluß (eta)	.14	.15	.09	.06	Wertorien. (eta)	.21	.27	.02	.11

* Einschließlich derjenigen ohne Hauptschulabschluß

Zufriedenheitsskala: 0 (ganz und gar unzufrieden) bis 10 (ganz und gar zufrieden)

Datenbasis: Wohlfahrtssurvey 1978 (N = 2012 Befragte)
Wohlfahrtssurvey 1984 (N = 2067 Befragte)

Spezielle Auswertungen für diesen Beitrag.

Zwischen Stadt und Land gab es 1978 noch relativ große Unterschiede bei der Zufriedenheit mit dem Umweltschutz; 1984 hat sich Unzufriedenheit mit dem Umweltschutz bei den Dorfbewohnern stärker durchgesetzt, und die Unterschiede zu den Großstadtbewohnern wurden geringer. Bei höheren Schulabschlüssen besteht eine höhere Unzufriedenheit mit dem Umweltschutz. Dies wird auf einer intensiveren Informationsverarbeitung und stärkeren Sensibilisierung bei höherer Bildung beruhen. Die altersabhängigen Unterschiede der Zufriedenheit mit dem Umweltschutz haben sich von 1978 bis 1984 vergrößert, weil die Unzufriedenheit der Jüngeren stärker als die der Älteren angestiegen ist. Eine Polarisierungstendenz ist auch bei den verschiedenen Wertorientierungen zu beobachten (vgl. Inglehart 1979). Die sogenannten *„Postmaterialisten"* sind viel unzufriedener als die „Materialisten", und die Differenz zwischen beiden Gruppen hat sich von 1978 bis 1984 vergrößert. Da vor allem die postmaterialistische Wertorientierung mit einem hohen politischen Aktivitätsniveau verbunden ist, wird die Unzufriedenheit der Bevölkerung mit dem Umweltschutz relativ stark artikuliert. Allerdings läßt sich die soziale Mobilisierung, die im Anschluß an dramatische Ereignisse zu beobachten ist, nicht lange aufrechterhalten (→ *Ökologische Bewegung;* → *Par-*

tizipation und Protest). Dennoch kann die Bedrohung der Umwelt als zentrale Unzufriedenheitsquelle in der Bundesrepublik herausgestellt werden; freilich demonstriert auch die Einkommenszufriedenheit, daß keine allgemein hohe Zufriedenheit mit dem Wohlstand erreicht wurde (→ *Umwelteinschätzung;* → *Umweltevaluation;* → *Folgenabschätzung;* → *Wohnen und Wohnzufriedenheit*).

Literatur

Campbell, A. (1972). Aspiration, satisfaction and fulfillment. In A. Campbell & P. E. Converse (Eds.), The human meaning of social change. New York: Russel Sage Foundation.

Campbell, A., Converse, P.E., & Rodgers, W.L. (1976). The quality of American life. New York: Russel Sage Foundation.

Gillwald, K. (1983). Umweltqualität als sozialer Faktor. Zur Sozialpsychologie der natürlichen Umwelt. Frankfurt: Campus.

Glatzer, W. & Zapf, W. (Hg.) (1984). Lebensqualität in der Bundesrepublik. Objektive Lebensbedingungen und subjektives Wohlbefinden. Frankfurt: Campus.

Hofstätter, P.R. (1986). Bedingungen der Zufriedenheit. Zürich: Edition Interfrom.

Inglehart, R. (1979). Wertwandel in westlichen Gesellschaften: Politische Konsequenzen von materialistischen und postmaterialistischen Prioritäten. In H. Klages & P. Kmieciak (Hg.), Wertwandel und gesellschaftlicher Wandel (S. 279-316). Frankfurt: Campus.

Koch, E. & Vahrenholt, F. (1983). Die Lage der Nation. Umwelt-Atlas der Bundesrepublik – Daten, Analysen, Konsequenzen. Hamburg: Gruner & Jahr.

Leipert, C. (1975). Unzulänglichkeiten des Sozialprodukts in seiner Eigenschaft als Wohlstandsmaß. Tübingen: Mohr.

Leipert, C. (1978). Gesellschaftliche Berichterstattung. Eine Einführung in Theorie und Praxis sozialer Indikatoren. Berlin: Springer.

Majer, J. (Hg.) (1984). Qualitatives Wachstum, Einführung in Konzeptionen der Lebensqualität. Frankfurt: Campus.

OECD (1973). List of social concerns common to most OECD countries. Paris.

OECD (1976). Measuring social well-being. A progress report on the development of social indicators. Paris.

Pigou, A.C. (1920). The economics of welfare. London.

Simonis, H. & Simonis, U.E. (1976). Lebensqualität: Zielgewinnung und Zielbestimmung. Kiel: Kieler Schrifttumskunden zu Wirtschaft und Gesellschaft.

Statistisches Bundesamt (Hg.) (1985). Datenreport 1985 – Zahlen und Fakten über die Bundesrepublik Deutschland. Bonn: Schriftenreihe der Bundeszentrale für politische Bildung.

Zapf, W. (1976). Sozialberichterstattung: Möglichkeiten und Probleme. Göttingen: Verlag Otto Schwartz.

Zapf, W. (Hg.) (1977). Lebensbedingungen in der Bundesrepublik. Sozialer Wandel und Wohlfahrtsentwicklung. Frankfurt: Campus.

Wolfgang Glatzer
Fachbereich Gesellschaftswissenschaften
der Universität Frankfurt/Main

Folgenabschätzung und -bewertung (Impact assessment)

1. Begriff, Entstehungshintergrund und Varianten

Unter der Bezeichnung *Impact Assessment (IA)* wird eine Reihe von Verfahren zusammengefaßt, mit denen die Folgen geplanter Eingriffe des Menschen in seine natürliche, technische und soziale Umwelt prospektiv abgeschätzt und bewertet werden sollen. Planern, Politikern und Bürgern sollen wissenschaftlich fundierte Informationen über die möglichen Konsequenzen der verschiedenen Handlungsoptionen zur Verfügung gestellt werden, noch bevor über die Durchführung einer dieser Maßnahmen entschieden ist (Rossini & Porter 1983) (→ *Umweltethik*). Dabei geht es nicht allein um die Beurteilung der beabsichtigten und direkten Konsequenzen oder Zwecke eines Vorhabens, sondern vielmehr auch um die Einschätzung seiner unbeabsichtigten, indirekten und häufig langfristigen Folgen (→ *Ökologisches Denken und Problemlösen*). Als antizipatorische Form der Wirkungsforschung ergänzt das Impact Assessment die Evaluationsforschung, die die Ergebnisse bereits laufender oder abgeschlossener Vorhaben untersucht.

Die wesentlichen Anstöße zur Entwicklung einer wissenschaftlichen Disziplin der *Folgenabschätzung und -bewertung* gingen zu Beginn der 70er Jahre von den USA aus. Mittlerweile gibt es in nahezu allen Industrieländern vergleichbare Bestrebungen. Die Entwicklung der verschiedenen Impact-Assessment-Ansätze kann als Reaktion auf die Akzeptanzkrise der öffentlichen Planung und die Forderungen der ökologischen Bewegung nach der Berücksichtigung bislang vernachlässigter Politikziele verstanden werden. Impact-Assessment-Untersuchungen werden – soweit sie nicht gesetzlich vorgeschrieben sind – in der Regel erst durchgeführt, wenn Planungsvorhaben in der Öffentlichkeit auf Widerstand stoßen und auch im Wissenschaftssektor Befürworter und Gegner auf den Plan rufen (→ *Partizipation und Protest*). Sie dienen nicht nur der wissenschaftlichen Problemlösung, sondern auch der ideologisch-legitimatorischen Absicherung bestimmter politischer Positionen. Im konkreten Fall ist es zuweilen schwierig zu bestimmen, ob eine Impact-Assessment-Studie ein ernsthafter Versuch ist, unterschiedliche Handlungsoptionen unvoreingenommen abzuwägen, oder eine reine Alibiaktion darstellt, mit der vorgefaßte Entscheidungen nachträglich rationalisiert und wissenschaftlich verbrämt werden sollen. Folgenabschätzungen und -bewertungen gibt es in vielen Formen. Die international bekanntesten Varianten sind:

(1) *Technology Assessment (TA):* Die *Technikfolgenabschätzung* versucht, die Auswirkungen von Techniken zu beurteilen, die erstmals, verstärkt oder modifiziert zur Anwendung kommen sollen (Paschen et al. 1978). So erstellte das amerikanische Office of Technology Assessment im Auftrag des amerikanischen Kongresses u.a. Studien zur Solar-Technik und zur Gentechnologie (U.S. Congress 1978, 1981).

In der Bundesrepublik wurden umfassende Technology-Assessment-Analysen bislang vor allem von parlamentarischen Gremien erarbeitet bzw. in Auftrag gegeben. So untersuchte die Enquete-Kommission „Zukünftige Kernenergie-Politik" des Deutschen Bundestages die ökonomischen, ökologischen, rechtlichen und sozialen Implikationen von vier energiepolitischen „Szenarios", denen unterschiedliche Annahmen über das Wirtschaftswachstum, die Bevölkerungsentwicklung, den Energieverbrauch und den Anteil verschiedener Technologien an der Energieversorgung bis zum Jahr 2030 zugrunde lagen (Deutscher Bundestag 1980).

(2) *Environmental Impact Assessment (EIA):* Als Environmental Impact Assessment wird die Abschätzung und Bewertung der Umweltwirkungen geplanter Maßnahmen von Bundesbehörden nach dem amerikanischen Umweltgesetz bezeichnet (PADC 1983) (→ *Umweltevaluation*). Unter dieses Gesetz fallen auch genehmigungspflichtige Industrievorhaben. Werden z.B. beim Bau von Verkehrswegen oder bei der Ansiedlung großtechnischer Anlagen erhebliche Folgen erwartet, so ist nach dem U.S. National Environmental Policy Act die relevante Information zu einem Bericht zusammenzufassen (*Environmental Impact Statement*), der bei der Genehmigung zu berücksichtigen ist. In der Bundesrepublik gibt es Kabinettsbeschlüsse der Bundesregierung und einzelner Landesregierungen, die ein ähnliches Verfahren der *Umweltverträglichkeitsprüfung* vorsehen. Eine gesetzliche Pflicht zu ihrer Durchführung besteht jedoch noch nicht.

Praktische Ansätze zu Umweltverträglichkeitsprüfungen liegen hierzulande vor allem aus dem Bereich der Straßenplanung vor (vgl. Kennedy & Lummert 1981, Impekoven-Nimmann & Rosenkranz 1982). Beim Bau von Straßen geht meist natürliche Bodenfläche mit der entsprechenden Fauna und Flora verloren. Zum Teil werden unberührte Landschaftsteile zerschnitten. Entlang der Straße entsteht ein Belastungsgürtel durch Schall- und andere Immissionen. Solche negative Folgen des Straßenbaus für die Umwelt müssen gegen seine positiven Folgen, wie zum Beispiel die Entlastung bestehender Verkehrswege oder die Erschließung gewerblicher Standorte, abgewogen werden.

(3) *Social Impact Assessment (SIA):* Das Social Impact Assessment befaßt sich mit der Abschätzung und Bewertung der Folgen von Maßnahmen, Projekten und Programmen für das Individuum und größere soziale Systeme (Familien, eine Nachbarschaft, die Kommune etc.) (Tester & Mykes 1981). So hat man versucht, die Wirkungen großangelegter Umsiedlungsprogramme oder des vorübergehenden Bevölkerungszuwachses ländlicher Gemeinden bei Großbauprojekten („Boom-town"-Problematik) prospektiv zu beurteilen. Solche Social-Impact-Assessment-Studien sind in den USA meist Bestandteil umfassender Environmental Impact Assessments. Social-Impact-Assessment-ähnliche Studien gibt es auch in der Bundesrepublik. So wurden verschiedene Energieversorgungssysteme auf ihre *Sozialverträglichkeit* geprüft (Renn et al. 1985, Meyer-Abich & Schefold 1986).

Rossnagel (1983) analysierte die Folgen eines verstärkten Kernenergieumsatzes für die Freiheitsrechte des Individuums. Er versetzte sich dazu in die Rolle des Präsidenten eines fiktiven Bundesamtes zum Schutz kerntechnischer Anlagen im Jahr 2030. In Analogie zu Ereignissen der Vergangenheit (z.B. terroristische Anschläge) entwickelte er Szenarios möglicher Bedrohungen, wie die Freisetzung radioaktiver Spaltprodukte durch Sabotage oder die kriminelle Herstellung atomarer Sprengsätze und radiologischer Waffen. Seine Ergebnisse zeigen, daß ein Ausbau der „Brüter"-Technologie Überwachungsvorkehrungen nötig machen könnten, welche die betriebs- und verfassungsrechtlich garantierten Freiheiten einer großen Zahl von Personen einschränken würden.

(4) *Risk Assessment (RA):* Diese Impact-Assessment-Variante bemüht sich speziell um die Abschätzung und Bewertung von Handlungsfolgen mit geringer Wahrscheinlichkeit, aber hohem Schadenspotential (The Royal Society 1983). *Risikoanalysen* gibt es u.a. zum Katastrophenpotential von Industriedepots (Kunreuther & Linnerooth 1983) oder von Atomkraftwerken (→ *Risikoeinschätzung*).

Die „Deutsche Risikostudie Kernkraftwerke" (BMFT 1979) untersuchte die Ursachen und Häufigkeiten für Kernschmelzunfälle in einem Druckwasserreaktor mit ihren Folgen bei der Zerstörung des Reaktorsicherheitsbehälters. Die Eintrittshäufigkeit eines großen Lecks an diesem Behälter wurde mit 2 x 0, 000001 bzw. 6 x 0, 0000001 pro Jahr als außerordentlich gering eingeschätzt. Im Schadensfall wären jedoch durch das akute Strahlensyndrom bis 14 500 Tote und durch die Spätschäden bis zu 104 000 Todesfälle zu erwarten. Im ungünstigsten Fall müßten bis zu 2 910 000 Personen evakuiert werden. Die deutsche Risikostudie bediente sich der „Fehlerbaum-Methode", bei der sämtliche im technischen System des Kraftwerks denkbaren Störereignisse zueinander in Beziehung gesetzt und für die Ereignisfolgen oder „Äste" des so entstehenden Fehlerbaums Wahrscheinlichkeiten berechnet werden. Aussagekraft und Methodik solcher Risikoanalysen werden seit langem kritisiert (vgl. Meyer-Abich & Grupp 1985).

2. Ein methodologischer Ansatz

Bislang gibt es keine allgemein anerkannte Methodologie, nach der Folgenabschätzung und -bewertung durchgeführt werden können. Einen vielversprechenden Rahmenansatz bietet die *Entscheidungsanalyse.* Sie stellt ein axiomatisch begründetes Verfahren dar, mit dessen Hilfe ein Entscheider unter den verschiedenen Optionen eines komplexen Entscheidungsproblems die bezüglich seines Zielsystems günstigste Alternative bestimmen kann. Die Attraktivität einer Option bemißt sich dabei an der Wahrscheinlichkeit ihrer möglichen Konsequenzen und den Präferenzen des Entscheiders für diese Konsequenzen. Wahrscheinlichkeitstheorie und multiattributive Nutzentheorie bilden die formale Grundlage der Entscheidungsanalyse (Keeney & Raiffa 1976, Borcherding 1983). Das strategische Vorgehen des Verfahrens läßt sich wie folgt skizzieren (ein ausführliches Anwendungsbeispiel hat Keeney 1980 dokumentiert):

(1) *Problemstrukturierung:* Zunächst werden die Entscheidungsalternativen definiert und die Ziele generiert, die bei der Entscheidung berücksichtigt werden sollen. Bei einem Straßenbauprojekt können die Optionen zum Beispiel aus verschiedenen Trassenführungen bestehen. Als Ziele kämen u.a. „Wirtschaftlichkeit", „Unfallsicherheit" und „Schutz der Umwelt" in Betracht.

(2) *Folgenabschätzung:* Anhand vorliegender Daten, spezieller Studien, Modellsimulationen oder Expertenbefragungen werden mögliche Folgen der Entscheidungsalternativen identifiziert. So kann man zur Bestimmung der verkehrsentlastenden Wirkung einer geplanten Straße Trendprognosen zu Hilfe nehmen. Bei der Abschätzung ihrer Konsequenzen für den Fremdenverkehr oder das Landschaftsbild ist man dagegen auf die Meinung von Fachleuten angewiesen. Die mit dem Eintreffen der Konsequenzen verbundene Unsicherheit wird in Form von Wahrscheinlichkeitswerten quantifiziert. Zur Beurteilung der Unfallsicherheit einer bestimmten Trassenführung kann man beispielsweise Daten zur Unfallhäufigkeit ähnlicher Straßen heranziehen. Geht es dagegen um die Einschätzung der Wahrscheinlichkeit für den Verlust eines Feuchtbiotops im Bereich der Trasse, so ist man auf das fachliche Urteil entsprechender Experten angewiesen.

(3) *Folgenbewertung:* Ausgehend von den definierten Zielen beurteilt der Entscheider die Wünschbarkeit der Konsequenzen und äußert seine Bereitschaft zu sogenannten „trade-offs". Dazu muß er angeben, wieviel der Konsequenz A er für ein Mehr der Konsequenz B aufzugeben bereit ist. So kann bei einem Straßenbauprojekt der Erhalt eines Biotops durch eine Umfahrung bedeuten, daß die Straße teurer und unfallgefährdeter wird. Darüber hinaus hat der Entscheider seine Bereitschaft zum Tolerieren von Risiken als Preis für erzielbare Nutzengewinne anzugeben. Dazu muß er festlegen, welches Risiko einer bestimmten negativen Konsequenz er für die Chance einer bestimmten positiven Konsequenz zu tragen bereit ist. So kann die kostengünstigste, geradlinige Trassenführung einer Straße mit dem Risiko verbunden sein, daß ein angrenzendes Biotop unwiderbringlich verlorengeht.

(4) *Gesamtbewertung und Sensitivitätstest:* Im letzten Schritt wird die gewonnene Wert- und Wahrscheinlichkeitsinformation für jede Alternative über ein mathematisches Modell integriert und so die Option mit dem günstigsten Gesamtwert, d.h. dem höchsten erwarteten Nutzen, ermittelt. Abschließend kann geprüft werden, wie sensitiv die Gesamtbewertung gegenüber Änderungen in der Beurteilung der Wahrscheinlichkeiten und Werte der Konsequenzen ist. So kann man fragen, ob die ermittelte Alternative immer noch die beste wäre, wenn man bei bestimmten Konsequenzen eine andere Wahrscheinlichkeit unterstellt oder einen „Wertwandel" für die Zukunft annimmt, durch den sich die Bewertung von Konsequenzen oder die Gewichtung von Zielkriterien ändern würde.

Die Entscheidungsanalyse ist einer von zahlreichen methodischen Ansätzen umstrittener Brauchbarkeit (vgl. Porter et al. 1980, Renn 1982, Finsterbusch et al. 1983). Weitgehende Übereinstimmung herrscht darüber, daß Folgenabschätzungen und -bewertungen nicht als „wertfreie", „objektive" Analysen durchgeführt werden können, da einerseits beim gegenwärtigen Wissensstand Aussagen über zukünftige Wirkungen meist nur in Verbindung mit subjektiven Urteilen bzw. Expertenschätzungen gewonnen werden können und zum anderen die Bewertung in Ermangelung eines objektiven Maßstabs immer nur relativ zu bestimmten Zielen und den sie vertretenden Personen oder Gruppen erfolgen kann. Daraus erwachsen besondere Anforderungen an eine Methodik des Impact Assessment: Sie sollte systematisch die Integration von empirischen Daten und Expertenwissen anleiten, die subjektiven Urteilen dabei explizit machen und für Transparenz bei der Definition der Entscheidungsalternativen und ihrer Bewertung sorgen. Sie sollte die Partizipation der relevanten Interessengruppen an der Entscheidungsfindung ermöglichen und es erlauben, ihre Problemsicht abzubilden.

3. Psychologische Beiträge

Impact-Assessment-Studien werden in der Regel interdisziplinär erstellt. Im Vergleich zu den Naturwissenschaftlern, Ingenieuren und Ökonomen spielen Sozialwissenschaftler und Psychologen dabei bislang eine untergeordnete Rolle. Doch auch die Psychologie bzw. Ökopsychologie kann in mehrfacher Hinsicht Beiträge zu Folgenabschätzungen und -bewertungen leisten (vgl. Kaminski & Fleischer 1984):

Zum einen kann die Umweltpsychologie zur Entwicklung geeigneter Indikatoren, Meßmethoden und Wirkungsmodelle für die Auswirkungen von Projekten auf den Menschen beitragen.

So zeigen psychologische Untersuchungen, daß die individuelle Streuung der Reaktionen auf Lärm nur zu etwa 20% durch die Stärke der akustischen Geräuschbelastung bestimmt wird. Für eine angemessene Erklärung und Vorhersage von Lärmbelästigungswirkungen, etwa infolge eines Straßenbaus, sind vielmehr psychische und soziale Faktoren zu berücksichtigen. Dies hat auch wichtige Konsequenzen für die Konzipierung präventiver Lärmschutzmaßnahmen (Rohrmann 1984) (→ *Lärm*).

Zum anderen können Psychologen unmittelbar an Impact-Assessment-Untersuchungen mitwirken und durch empirische Erhebungen spezielle Informationen zu einzelnen Schritten des Assessments beschaffen (vgl. zur Verkehrswegeplanung Llewellyn et al. 1982, zum Kraftwerksbau Lounsbury et al. 1977). Häufig konzentriert sich ihre Mitarbeit dabei auf die Analyse der Bedürfnisse und Ziele der verschiedenen Gruppen von Betroffenen.

Neben Interviews und der Auswertung von Sekundärmaterial werden dabei auch Verfahren eingesetzt, mit denen Personen kognitiv nicht klar repräsentierte Ziele zum Ausdruck bringen können. So wurden von einem Bauprojekt betroffene Bürger veranlaßt, sogenannte „kognitive Landkarten" (→ *Kognitive Karte*) ihres Stadtteils zu zeichnen. Darauf trugen sie ihnen wichtige Wege und Ziele ein und führten Tagebuch über Einkäufe, Spaziergänge und soziale Treffen in ihrer Umgebung. So erhielten sie eine Vorstellung davon, in welcher Weise das Bauprojekt ihren Alltag beeinflussen könnte und was daran wünschens- bzw. vermeidenswert wäre (Francis 1985, Heder & Francis 1977).

Zum dritten kann die Impact-Assessment-Methodik selbst zum Gegenstand psychologischer Forschung gemacht werden. Viele Schritte in einem Assessment erfordern subjektive Urteile (vgl. Matthews 1975), die psychologisch untersucht und optimiert werden können (Mumpower & Anderson 1983). Im Licht solcher Analysen wird die Fragwürdigkeit vieler bereits etablierter Impact-Assessment-Methoden deutlich (s. zur Zielanalyse Fleischer & Jungermann 1985, zur Szenariomethode Jungermann et al. 1986).

So untersuchten Fischhoff und seine Mitarbeiter die Fehlerbaum-Methode, die auch zur Risikoanalyse von Kernkraftwerken benutzt wird. Sie legten Personen einen Fehlerbaum für das Schadensereignis „Auto springt nicht an" vor und forderten sie auf, den im Baum aufgeführten Ursachenkategorien Wahrscheinlichkeiten zuzuordnen. Darunter befand sich auch eine Kategorie „Sonstige Fehlerquellen". Einer Gruppe wurde der Gesamtbaum vorgelegt, zwei anderen Gruppen dagegen ein jeweils in unterschiedlicher Weise „gestutzter" Baum gezeigt, in dem drei Ursachenkomplexe der Kategorie „Sonstige Fehlerquellen" implizit subsumiert worden waren. Selbst Fachleute (Automechaniker) maßen den expliziten Fehlermöglichkeiten im Vergleich zu der Restkategorie „Sonstige Fehlerquellen" viel zu hohe Wahrscheinlichkeiten zu und unterschätzten das Risiko der nichtrepräsentierten Versagensquellen (Fischhoff et al. 1978). Ähnliche Auslassungen, etwa hinsichtlich möglicher Fehler des Wartungspersonals oder der Fremdeinwirkung durch Sabotage, kennzeichnen auch die meisten Risikoanalysen zu Kernkraftwerken. Die Aussagekraft solcher Wahrscheinlichkeitsrechnungen ist deshalb beschränkt (Meyer-Abich & Grupp 1985).

4. Ausblick

Impact-Assessment-Untersuchungen werden in der Zukunft in dem Maß an Bedeutung gewinnen, in dem das *Vorsorgeprinzip* zu einer Leitmaxime umwelt- und technologiepolitischen Handelns wird. Formale Verfahren wie die Entscheidungsanalyse helfen, dieses Prinzip instrumentell zu präzisieren. Für eine erfolgreiche Impact-Assessment-Strategie sind weitere *methodische Verbesserungen* nötig, insbesondere bezüglich prognosefähiger Wirkungsmodelle und einer adäquaten Berücksichtigung der sozialen Verteilung von Projektkonsequenzen. Methodisch fruchtbar wäre die gezielte Verknüpfung des Ex-ante-Ansatzes des Impact Assessment mit dem Ex-post-Ansatz von Evaluationsstudien (Soderstrom 1981). Zum einen können dadurch Rückschlüsse auf die Qualität von Assessments gezogen werden. Zum anderen können folgeträchtige Großprojekte einem kontinuierlichen Beurteilungsprozeß unterworfen werden. Ein noch strittiger Punkt ist die institutionelle und rechtliche Verankerung von Impact Assessments (Dierkes et al. 1986). In bestimmten Fällen hat sich in der Vergangenheit die Institutionalisierung des Impact Assessment als *Parallelforschung* bewährt, bei der Befürworter und Kritiker eines Planungsprojekts Mittel zur Durchführung von Impact-Assessment-Studien erhalten (s. Benecke 1985). Das Beispiel der bundesdeutschen Regelung zur Umweltverträglichkeitsprüfung schließlich zeigt, daß ohne gesetzliche Vorschriften für die Durchführung von Folgenabschätzungen und -bewertungen mit einem erheblichen „Vollzugsdefizit" zu rechnen ist (Kennedy & Lummert 1981) (→ *Umweltevaluation;* → *Lebensqualität;* → *Simulation von Umwelten*).

Literatur

Benecke, J. (1985). Die kompromittierte Wissenschaft – Erfahrungen bei der Risikoanalyse. In K.M. Meyer-Abich & R. Überhorst (Hg.), AUSgebrütet – Argumente zur Brutreaktorpolitik (S. 259-279). Basel: Birkhäuser.

BMFT, (1979). Bundesministerium für Forschung und Technologie: Deutsche Risikostudie Kernkraftwerke. Bonn: Presse- und Informationszentrum.

Borcherding, K. (1983). Entscheidungstheorie und Entscheidungshilfeverfahren für komplexe Entscheidungssituationen. In M. Irle (Hg.), Methoden und Anwendungen der Marktpsychologie (S. 64-173). Göttingen: Hogrefe.

Deutscher Bundestag (1980). Bericht der Enquête-Kommission „Zukünftige Kernenergie-Politik". Bonn: Presse- und Informationszentrum.

Dierkes, M., Petermann, Th. & Thienen, V. v. (Hg.) (1986). Technik und Parlament. Technikfolgen-Abschätzung: Konzepte, Erfahrungen, Chancen. Berlin: Edition Sigma.

Finsterbusch, K., Llewellyn, L.G. & Wolf, C.P. (Eds.) (1983). Social impact assessment methods. Beverly Hills: Sage.

Fischhoff, B., Slovic., P. & Lichtenstein, S. (1978). Fault trees: Sensitivity of estimated probabilities to problem representation. Journal of Experimental Psychology: Human Perception and Performance 4, 330-334.

Fleischer, F. & Jungermann, H. (1985). Entscheidungshilfen für die umweltgestalterische Praxis: Zur Methode und Problematik der Zielanalyse. In P. Day, U. Fuhrer & U. Laucken (Hg.), Umwelt und Handeln (S. 43-62). Tübingen: Attempto.

Francis, M. (1975). Urban impact assessment and community involvement: The case of the John Fitzgerald Kennedy Library. Environment and Behavior 7, (3) 373-404.

Heder, L. & Francis, M. (1977). Quality of life assessments: The Harvard Square Planning Workshops. In K. Finsterbusch & C.P. Wolf (Eds.), Methodology of social impact assessment (pp. 331-340). Stroudsburg: Dowden, Hutchinson & Ross.

Impekoven-Nimmann, A. & Rosenkranz, A. (1982). Erfahrungen mit Umweltverträglichkeitsanalysen in der Straßenplanung. In Öko-Institut Freiburg (Hg.), Zeitbombe Umweltzerstörung – wir fordern die Umweltverträglichkeitsprüfung (S. 78-91). Fellbach: Bonz.

Jungermann, H., Fleischer, F., Hobohm, K., Schöppe, A. & Thüring, M. (1986). Die Arbeit mit Szenarien bei der Abschätzung von Technologiefolgen. Projektbericht. Berlin: Technische Universität.

Kaminski, G. & Fleischer, F. (1984). Ökopsychologische Untersuchungs- und Beratungspraxis. In H.A. Hartmann & R. Haubl (Hg.), Psychologische Begutachtung. Problembereiche und Praxisfelder (S. 329-358). München: Urban & Schwarzenberg.

Keeney, R.L. (1980). Siting energy facilities. New York: Academic Press.

Keeney, R.L. & Raiffa, H. (1976). Decisions with multiple objectives. Preferences and values tradeoffs. New York: Wiley.

Kennedy, W. & Lummert, R. (1981). Umweltverträglichkeitsprüfung in der Fernstraßenplanung. Zeitschrift für Umweltweltpolitik 4, 455-510.

Kunreuther, H.C. & Linnerooth, J. (1983). Risk analysis and decision processes. The siting of Liquefield Energy Gas Facilities in four countries. Berlin: Springer.

Llewellyn, L.G., Goodman, C. & Hare, G. (Eds.) (1981). Social impact assessment: A sourcebook for highway planners. 8 vols. Washington: Federal Highway Administration.

Lounsbury, J.W., Sundstrom, E., Schuller, C.R., Mattingly, T.J. & DeVault, R. (1977). Toward an assessment of the potential social impacts of a nuclear power plant on a community: Survey of resident views. In K. Finsterbusch & C.P. Wolf (Eds.), Methodology of social impact assessment (pp. 263-277). Stroudsburg: Dowden, Hutchinson & Ross.

Matthews, W.H. (1975). Objective and subjective judgements in environmental impact analysis. Environmental Conservation 2 (2), 121-131.

Meyer-Abich, K.M. & Grupp, H. (1985). Die risikoanalytische Bewertung des Brüters. In K.M. Meyer-Abich & R. Überhorst (Hg.), AUSgebrütet – Argumente zur Brutreaktorpolitik (S. 108-140). Basel: Birkhäuser.

Meyer-Abich, K.M. & Schefold, B. (1986). Die Grenzen der Atomwirtschaft. München: Beck.

Mumpower, J. & Anderson, B.F. (1983). Causes and correctives for errors in judgement. In K. Finsterbusch, G. Llewellyn, & C.P. Wolf (Eds.), Social impact assessment methods (pp. 241-262). Beverly Hills: Sage.

PADC, Environmental impact assessment and planning unit (Ed.) (1983). Environmental impact assessment. Boston: Nijhoff.

Paschen, H., Gresser, K. & Conrad, F. (1978). Technology assessment: Technologiefolgenabschätzung. Frankfurt: Campus.

Porter, A.L., Rossini, S.A., Carpenter, S.R. & Roper, A.T. (1980). A guidebook for technology assessment and impact analysis. New York: North Holland.

Renn, O. (1982). Methoden und Verfahren der Technologiefolgenabschätzung und der Technologiebewertung. In E. Münch, O. Renn & Th. Roser (Hg.), Technik auf dem Prüfstand. Methoden und Maßstäbe der Technikbewertung (S. 62-84). Essen: Girardet.

Renn, O., Albrecht, G., Kotte, E.U. & Stegelmann, H.-U. (1985). Sozialverträgliche Energiepolitik. München: High Tech Verlag.

Rohrmann, B. (1984). Psychologische Forschung und umweltpolitische Entscheidungen: das Beispiel Lärm. Opladen: Westdeutscher Verlag.

Rossini, F.A. & Porter, A.L. (Eds.) (1983). Integrated impact assessment. Boulder: Westview Press.

Rossnagel, A. (1983). Bedroht die Kernenergie unsere Freiheit? Das künftige Sicherungssystem kerntechnischer Anlagen. München: Beck.

Soderstrom, E.J. (1981). Social impact assessment. Experimental methods and approaches. New York: Praeger.

Tester, F.J. & Mykes, W. (Eds.) (1981). Social impact assessment. Theory, method, and practice. Calgary: Detselig Enterprises.

The Royal Society (1983). Risk assessment. A study group report. London: The Royal Society.

U.S. Congress, Office of Technology Assessment (1978). Application of solar technology to today's energy needs. 2 Vols. Washington, D.C: U.S. Government Printing Office.

U.S. Congress, Office of Technology Assessment (1981). Impacts of applied genetics. Washington, D.C.: U.S. Government Printing Office.

Friedrich Fleischer
Jettenburg

Simulation von Umwelten

1. Modelltheoretische Klassifikation von Simulation

Für eine über rein empirische Aufzählungen hinausgehende theoretische Fundierung der Klassifikation verschiedener Simulationsmethoden bietet sich die „Modelltheorie" an (Klaus & Buhr 1970, Stachowiak 1965). Die drei Hauptmerkmale eines Modells M sind das *Abbildungsmerkmal*, durch welches M in einer Relation r zu einem Original O steht (MrO), das *Verkürzungsmerkmal*, aufgrund dessen M niemals identisch mit O ist (M ≠ O) und das *Subjektivierungsmerkmal*, welches ein Subjekt S einführt, das M für seine Zwecke benutzt: r (M, O, S). In der Abbildungsrelation MrO vollzieht der Modellbenutzer eine gewisse *Originalangleichung*, d.h. er *simuliert* O durch M. Faßt man M und O als zwei Systeme auf, die aus Elementen und deren Beziehungen zueinander bestehen, so kann die Originalangleichung von M (die Simulation von O) drei Formen annehmen: (1) Die *strukturelle Angleichung*, in der originalseitige Beziehungen zwischen Elementen modellseitigen Beziehungen entsprechen; (2) die *qualitative Angleichung*, in der stofflich-qualitative Eigenschaften des Originals im Modell erhalten bleiben; (3) *Kombinationen* von struktureller und qualitativer Angleichung.

Maximale strukturelle Angleichung ist bei *isomorphen* Modellen erreicht, in denen jeder originalseitigen Relation zwischen Elementen eine modellseitige entspricht. Bei minimaler struktureller Angleichung spricht man von *heteromorphen* Modellen. Maximale qualitative Angleichung ist bei *isohylen* Modellen gegeben, in denen die Eigenschaften aller Elemente des Originals im Modell erhalten bleiben. Wenn dagegen jedes Element des Originals im Modell qualitativ umkodiert wird, entstehen *analogische* Modelle. Bei Kombinationen von struktureller und qualitativer Originalangleichung können Modelle zugleich maximale strukturelle und qualitative Angleichung aufweisen. Sie gehören dann zu der Klasse der *äquaten* Modelle bzw. *Kopierungen*. Räumlich-metrisch äquate Modelle oder *Kopien* sind solche Kopierungen, in denen auch die metrischen Eigenschaften des Originals unverändert wiedergegeben werden (z.B. in Prototypen). Bei maximaler Isomorphie mit minimaler Isohylie spricht man dagegen von *Strukturkopierungen*. Strukturkopierungen lassen sich in drei Unterklassen einteilen: solche, in denen die metrischen Eigenschaften des Originals erhalten bleiben (Strukturkopien, z.B. Modelle im Maßstab 1 : 1); solche, in denen die metrischen Eigenschaften des Originals proportional (größer oder kleiner) erhalten bleiben (äquiforme Dilations- oder Kontraktionsmodelle, z.B. typische Architekturmodelle); und solche, in denen die metrischen Eigenschaften des Originals nicht (alle) erhalten bleiben (nicht äquiforme, z.B. affine, projektive, topologische oder spezielle kartographische Modelle). Die verschiedenen Modell- bzw. Simulationstypen sind in Abbildung 1 zusammengefaßt.

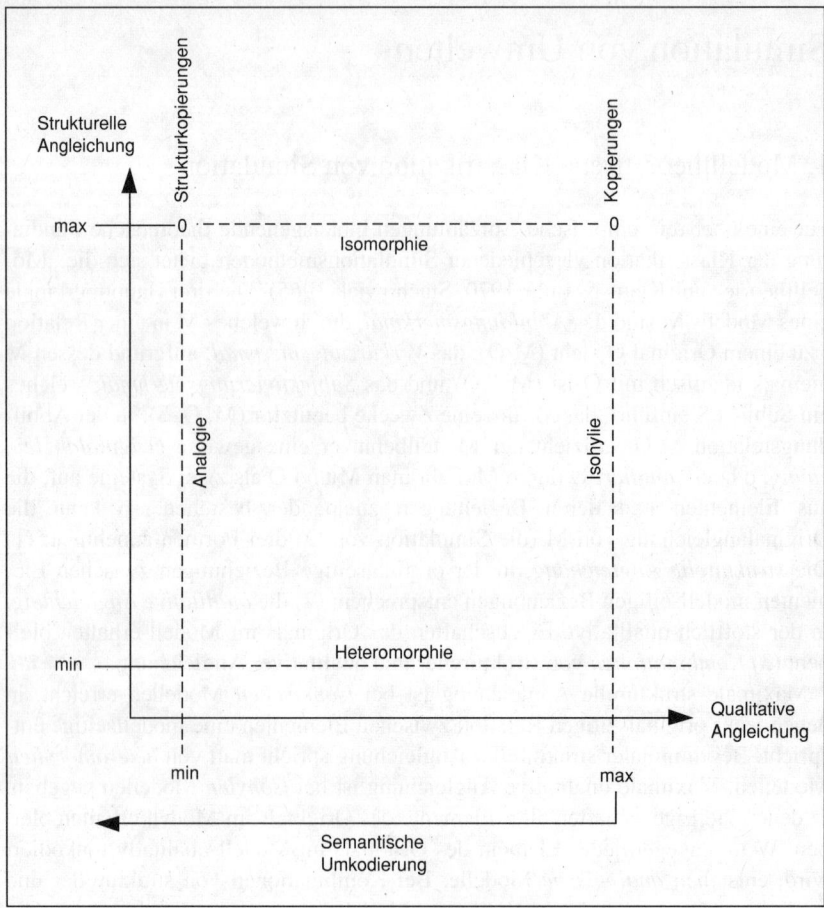

Abb. 1: Mögliche Klassen der Objektangleichung (bzw. Simulation) bei Modellen

2. Professionelle Simulationsmedien

Für die ökologische Psychologie sind Modelle und Simulationen u.a. insofern relevant, als sie von Planern zur Speicherung und Kommunikation von Veränderungen in Umwelten benutzt werden. Psychologisch gesehen simulieren die Modelle der Planer nicht nur diese Veränderungen, sondern implizieren auch Hypothesen über (zukünftige) Mensch-Umwelt-Passungen (→ *Person-Umwelt-Kongruenz*). In der Regel stehen daher mehrere alternative Modelle von (zukünftigen) Umwelten auf dem Prüfstand, damit sie hinsichtlich der Güte ihrer ökologischen Passungsleistung verglichen werden können (Assessment of environments) (→ *Umweltevaluation;* → *Umwelteinschätzung*). Die professionellen Medien (Appleyard

1977), in denen die Umwelten *für die visuelle Wahrnehmung* modelliert (simuliert) werden, lassen sich nach der Modelltheorie in mehr oder weniger äquiforme zeitunabhängige oder zeitabhängige *graphische* und statische oder dynamische *physikotechnische* Modelle einteilen.

Zeitunabhängige graphische Modelle sind Architekturpläne, Schnitte, Ansichten, Lage- und Nutzungspläne; gekennzeichnete oder gemalte Luftperspektiven, Axonometrien, Bodenperspektiven; Photographien (auch Modellphotographien, vgl. Schulz von Treek 1957), Diapositive (auch tachistoskopisch dargeboten), Hologramme (Leith & Upatniek 1965) und Photomontagen (vgl. Acking et al. 1976). Zeitabhängige graphische Modelle sind Raumnotierungen (Abbernathy & Noe 1966, Appleyard et al. 1964, Halprin 1965, Krampen 1979, Lynch 1960, Thiel 1961, 1962, 1970) und Sequenzen von Perspektiven (wie in Comic Strips oder Photoromanen). Alle graphischen Modelle können auch computergraphisch hergestellt werden (Greenberg 1974, Hagen & Bresnahan 1984). Statische physikotechnische Simulationen für die visuelle Wahrnehmung sind (mehr oder weniger) äquiforme (= naturalistische) Architekturmodelle.

Zu den dynamischen physikotechnischen Modellen gehören computergraphische Trickfilme und Simulationen von „Touren" durch Modelle mit Hilfe von endoskopischen Linsen („Relatoskope"), die auf Film oder Video in schwarz-weiß oder Farbe aufgezeichnet werden.

Neben den professionellen Medien, in denen Umwelten für die visuelle Wahrnehmung simuliert werden, gibt es Verfahren, in denen die Modelle eher kognitive abstrakte Aspekte von Interaktionen zwischen Menschen und Umwelten simulieren. Zu diesen Verfahren zählen die (relativ isomorphen) Methoden, welche von der Spieltheorie (von Neumann & Morgenstern 1944, Luce & Raiffa 1957) abgeleitet werden (z.B. das Spiel „Monopoly" und Goodey 1971, Mackie 1973, Long 1958, Sanoff 1978) und die (heteromorphen oder analogischen) Methoden der Computersimulation (vgl. Meadows & Meadows 1972, Souder et al. 1970).

3. Zur ökologischen Validität von Simulationen

Das methodische Grundproblem der Simulation ist das ihrer ökologischen Validität: Verhalten sich Nutzer gegenüber simulierten Umwelten so, wie sie sich in realen (vielleicht noch nicht realisierten) Umwelten verhalten würden? Um diese Frage zu beantworten, müssen in empirischen Untersuchungen mindestens vier Varianzquellen (und deren mögliche Interaktionen) kontrolliert bzw. berücksichtigt werden (Craik 1970, McKechnie 1977): (1) Die *Darbietungsmedien*, in denen die simulierten Environments präsentiert werden; (2) die *Unterschiede zwischen Individuen und Gruppen*, welche die Situation wahrnehmen; (3) die *Art der Reaktionen* von Individuen oder Gruppen auf die Simulation und die Meßinstrumente, mit welchen diese Reaktionen registriert werden; und (4) die *Art der Umwelten,* die simuliert werden (z.B. Landschaften, Stadtteile, Gebäude, deren physikalische und eventuelle auch psychologische Beschreibung durch Experten).

Zur theoretischen Untermauerung der Hypothesenbildung über die Wirkung der visuellen Darbietungsmedien können die im Gefolge der ökologischen Wahrnehmungstheorie von Gibson (1979, 1982) entstandenen Konzeptionen der Bildwahrnehmung herangezogen werden (Gibson 1979, 1982, Kennedy 1974, Hagen 1974) (→ *Ökologischer Realismus*). Danach kommen die bewegten Bilder (Film, Video usw.) der alltäglichen Wahrnehmungsökologie näher als die statischen, da sie Informationen über sich verändernde Ereignisse (im Gegensatz zu „erstarrten") enthalten (vgl. Acking 1974).

4. Empirische Forschung über Simulation

4.1 Simulationsvergleich verschiedener Arten von Umwelten

Nach Appleyard (1977) bestünde ein Forschungsprogramm zur empirischen Validierung der visuellen Simulationsmedien in systematischen Variationen ihrer Variablen (Detail, Textur, Schatten, Farbe, Umfang des Sehfeldes, Dreidimensionalität, Wahrnehmung von Eigen- und Fremdbewegungen, Geräusche) und der Messung der Wirkung dieser Variationen auf das Erleben oder die Einschätzung ihres Realismus, ihrer Genauigkeit, ihrer Verständlichkeit, ihrer Bewertbarkeit, ihrer Anregung zu Engagement und Partizipation und auf tatsächliche Anschaffungs- und Produktionskosten. Zu diesem Vergleich zwischen den zwei- und dreidimensionalen, statischen und dynamischen Simulationen kommt als weiteres Grundproblem der Validierung der Vergleich zwischen der Reaktion auf Simulationen und auf reale Umwelten (Craik 1973). Ein solches systematisches Forschungsprogramm ist nie durchgeführt worden. Statt dessen liegen viele verstreute Einzeluntersuchungen vor. So wurden Vergleiche zwischen der Darstellung von Innenräumen (z.B. Lau 1969, Winkel & Sasanoff 1970, Acking 1971, Edney 1972, Canter et al. 1973, Wedin et al. 1973, Canter 1974) und Landschaften (Shafer & Richards 1974, Kaplan 1975, Zube et al. 1975, Kaplan 1977) in verschiedenen Medien angestellt oder verschiedene Mediendarstellungen mit realen Umwelten verglichen. Die Ergebnisse sind z.T. widersprüchlich. In vielen Vergleichsuntersuchungen wurde das Semantische Differential verwendet. Mangelnde Unterschiede zwischen den Medien oder zwischen Medien und realen Umwelten sind auf die schwache diskriminierende Validität des Semantischen Differentials zurückgeführt worden (Danford & Willems 1975, Bechtel 1978).

4.2 Untersuchungen zur Modellsimulation

Eine systematische Studie zur Validität der Modellsimulation wurde in Berkeley durchgeführt (Craik 1975, McKechnie 1977). Der Vergleich zwischen einer Autotour durch eine reale Vorortlandschaft, einem Farbfilm der Autotour, einem Farbfilm und Videoaufnahmen einer simulierten Tour durch ein naturalistisches Modell ergab bei verschiedenen Nutzergruppen (Bewohner der weiteren Umgebung, Bewohner des Testgebietes, professionelle Planer) einen hohen Grad an Übereinstimmung (Stokols 1978, Russel & Ward 1982) zwischen Beschreibungen (Planskizzen, Q-Sort, Adjektivchecklisten usw.) der realen Tour und den verschiedenen Simulationen (Korrelationen z.T. über .90).

Nicht so eindeutig waren die Ergebnisse einer neueren Untersuchung an der Universität Stuttgart (Fahle & Haefele 1983). Zwar zeigen die Ergebnisse, daß die Modellsimulation tendenziell valide ist. Allerdings fallen die Urteile über Gebäude und Kontexte in der Simulation positiver aus als in der Realität. Je realistischer der Modellbau, desto valider waren meist die „Prognosen" auf das Urteil über die Qualität. Jedoch schwankten die Ergebnisse je nach Gebäude. Im Video wurden die Gebäude besser beurteilt als in Diavision. Eine Drehbuchgestaltung, die eine panoramische Erfassung der Umgebung durch Schwenks vorschrieb, wirkte positiver auf die Erinnerung der Situation als eine sequentielle Erfassung. Weniger Dias mit längerer Expositionszeit wirkten besser als viele Dias mit kurzer Expositionszeit. Die Untermalung durch Musik hatte keinen positiven Effekt auf die Beurteilung der Umgebung. Es ergaben sich keine signifikanten Unterschiede zwischen Experten und Laien ($\rightarrow$ *Methoden der Umweltrepräsentation*).

Literatur

Abbernathy, B.L. & Noe, S. (1966). Urbanography. Progressive Architecture 47, 184-190.

Acking, C.-A. (1971). Factorial analysis of the perception of an interior. In B. Honigman (Ed.), Proceedings of the Architectural Psychology Conference at Kingston Polytechnic, September 1-4-1970 (pp. 47-48). Kingston Polytechnic and RIBA Publications Ltd.

Acking, C.-A. (1974). Evaluation of planned environment. Document D 8. Stockholm: National Swedish Institute for Building Research.

Acking, C.-A., Ohlsson, C., & Sjögren, U. (1976). Environmental simulation methods and public communication. Document D 8. Swedish Council of Building Research.

Appleyard, D. (1977). Understanding professional media. Issues, theory, and a research agenda. In J. Altman & J.F. Wohlwill (Eds.), Human behavior and environment. (Vol. 2) (pp. 43-88). New York: Plenum.

Appleyard, D., Lynch, K. & Myer, J. (1964). The view from the road. Cambridge, MA: MIT Press.

Bechtel, R.B. (1978). Experimental methods in environmental design research. In J. Lang et al. (Eds.), Designing for human behavior. Architecture and the behavioral sciences. Stroudsburg, PA: Dowden, Hutchinson & Ross.

Canter, D. (1974). An empirical study of the focal point in the living room. In D. Canter & T. Lee (Eds.), Psychology and the built environment (pp. 29-37). London: Architectural Press.

Canter, D., Benyon, M. & West, S. (1973). Comparisons of a hologram and a slide of a room interior. Perceptual and Motor Skills 37, 635-638.

Craik, K.H. (1970). The comprehension of the everyday physical environment. In W. Proshansky, W.A. Ittelson, & L.G. Rivlin (Eds.), Environmental psychology: Man and his physical setting (pp. 646-658). New York: Holt, Rinehart & Winston.

Craik, K.H. (1971). The assessment of places. In P. McReynolds (Ed.), Advances in psychological assessment (Vol. 2) (pp. 40-62). Palo Alto, CA: Science and Behavior Books.

Craik, K.H. (1973). Environmental psychology. Annual Review of Psychology 24, 403-422.

Craik, K.H. (1976). Individual variations in landscape description. In E.H. Zube, R.O. Bush, & J.G. Fabos (Eds.), Landscape assessment: Values, perceptions, and resources (pp. 130-150). Stroudsburg, PA: Dowden, Hutchinson & Ross.

Danford, S. & Willems, E.P. (1975). Subjective responses to architectural displays. A question of validity. Environment and Behavior 7, 4.

Edney, J.J. (1972). Place and space: The effects of experience with a physical locale. Journal of Experimental and Social Psychology 8, 124-135.

Fahle, B. & Haefele, J. (1983). Leistungsfähigkeit der Modellsimulation – experimentelle Untersuchungen. Forschungsendbericht, DFG-Forschungsprojekt Ma 665-7. Stuttgart: Städtebauliches Institut, Universität Stuttgart.

Gibson, J.J. (1954). A theory of pictorial perception. Audio Visual Communication Review 1, 3-23.

Gibson, J.J. (1979). The ecological approach to visual perception. Boston: Houghton Mifflin Co.

Gibson, J.J. (1982). Wahrnehmung und Umwelt. München: Urban & Schwarzenberg.

Goodey, B. (1971). Perception, gaming and Delphi. In B. Honikman (Ed.), Proceedings of the Architectural Psychology Conference at Kingston Polytechnic, September 1-4-1970 (pp. 35-39). Kingston Polytechnic and RIBA Publications Ltd..

Greenberg, D.O. (1974). Computer graphics in architecture. Scientific American, May, 98-106.

Hagen, M.A. (1974). Picture perception: Toward a theoretical model. Psychological Bulletin 71, 8, 471-494.

Hagen, M.A. & Bresnahan, G.J. (1984). Computer graphics and visual perception: The state of the art. Visual Arts Research 10, 1, 19, 32-41.

Halprin, L. (1965). Motation. Progressive Architecture 46, 126-133.

Kaplan, S. (1975). An informal model for the prediction of preference. In E. Zube, R.O. Brush, & J.G. Fabos (Eds.), Landscape assessment: Values, perceptions, and resources (pp. 92-101). Stroudsburg, PA: Dowden, Hutchinson & Ross.

Kaplan, S. (1977). Participation in the design process: A cognitive approach. In D. Stokols (Ed.), Perspectives on environment and behavior. Theory, research, and applications (pp. 221-233). New York: Plenum.

Kennedy, J.M. (1974). A psychology of picture perception. San Francisco: Jossey Bass.

Klaus, G. & Buhr, H. (Hg.) (1970). Philosophisches Wörterbuch. Berlin: Das europäische Buch.

Krampen, M. (1979). Architectural space notation. Canadian Journal of Research in Semiotics VI,3 and VII,1, pp. 87-109.

Lau, J. (1969). Differences between full-size and scale-model rooms in the assessment of lighting quality. In D. Canter (Ed.), Architectural psychology. Proc. Conf. at Dalandhui, Univ. Strathclyde (pp. 43-48). London: RIBA Publications Ltd.

Leith, E.M. & Upatnieks, J. (1965). Photography by laser. Scientific American 212, 24-35.

Long, H.E. (1958). The local community as an ecology of games. American Journal of Sociology 64.

Luce, R.D. & Raiffa, H. (1957). Games and decisions, introduction and critical survey. New York: Wiley.

Lynch, K. (1960). The image of the city. Cambridge, MA: MIT Press.

Mackie, D. (1973). Gamie as a research tool in architectural psychology. In R. Küller (Ed.), Architectural psychology (pp. 127-134). Stroudsburg, PA: Dowden, Hutchinson & Ross.

McKechnie, G.E. (1977). Simulation in environmental psychology. In D. Stokols (Ed.), Perspectives on environment and behavior. Theory, research, and applications (pp. 169-189). New York: Plenum.

Meadows, D.L. & Meadows, D.H. (1972). The limits to growth. New York: Universe Books.

Neumann, J. v. & Morgenstern, O. (1944). Theory of games and economic behavior (2nd ed. 1947). Princeton: Princeton University Press.

Russel, J.A. & Ward, L.M. (1982). Environmental psychology. Annual Review of Psychology 33, 651-688.

Sanoff, H. (1978). Using gaming methods in developmental planning. In N. Bayazit & M. Inceoglu (Eds.), Architectural design. Interrelations among theory, research, and practice. Proceedings of the Conference on Architectural Design, 15-17 May, 1978 (5.13-5.21). Istanbul: University of Istanbul, Faculty of Architecture.

Schulz von Treek, M. (1957). Reale Modellphotographie als neue Darstellungsmethode in der Architekturplanung. Bauen + Wohnen 12, 332-334.

Shafer, E.L. & Richards, T.A. (1974). A comparison of viewer reactions to outdoor scenes and photographs of those scenes. In D. Canter & T.R. Lee (Eds.), Psychology and the built environment (pp. 71-79). London: Architectural Press.

Souder, J.J., Clarc, W.E., Elkind, J.I., & Brown, M.B. (1970). Computer-aided analyses of interdepartmental commerce. In W. Proshansky, W.A. Ittelson, & L.G. Rivlin (Eds.), Environmental psychology: Man and his physical setting (pp. 590-593). New York: Holt, Rinehart & Winston.

Stachowiak, H. (1965). Gedanken zu einer allgemeinen Theorie der Modelle. Studium Generale 18, 432-463.

Stokols, D. (1978). Environmental psychology. Annual Review of Psychology 29, 253-295.

Thiel, P. (1961). A sequence-experience notation. Town Planning Review 32, April, 33-52.

Thiel, P. (1962). Experiment in space notation. Architectural Review 131, 326-329.

Thiel, P. (1970). Notes on the description, scaling, notation, and scoring of some perceptual and cognitive attributes of the physical environment. In W. Proshansky, W.A. Ittelson, & L.G. Rivlin (Eds.), Environmental psychology: Man and his physical setting (pp. 493-619). New York: Holt, Rinehart & Winston.

Wedin, C.S., Avant, L.L., & Wolins, L. (1973). Communications of residential spaces by architectural graphics. In R. Küller (Ed.), Architectural psychology (pp. 301-309). Stroudsburg, PA: Dowden, Hutchinson & Ross.

Winkel, G.H. & Sasanoff, R. (1970). An approach to an objective analysis of behavior in architectural space. In W. Proshansky, W.A. Ittelson, & L.G. Rivlin (Eds.), Environmental psychology: Man and his physical setting (pp. 619-631). New York: Holt, Rinehart & Winston.

Zube, E.H., Pitt, D.G. & Anderson, T.W. (1975). Perception and prediction of scenic resource values of the Northeast. In E. Zube, R.D. Brush, & J.G. Fabos (Eds.), Landscape assessment: Values, perceptions, and resources (pp. 151-167). Stroudsburg, PA: Dowden, Hutchinson & Ross.

Martin Krampen
Visuelle Kommunikation,
Hochschule der Künste Berlin

V. Umweltkognition

Umweltrepräsentation: Problembereiche

1. Orientierungsbezogene Umweltrepräsentation

Wir alle legen tagtäglich den Weg von unserer Wohnung zum Arbeitsplatz zurück, suchen Geschäfte auf, in denen wir unsere Einkäufe erledigen, steuern Ziele innerhalb oder außerhalb unseres Wohnortes an, an denen wir unsere Freizeit verbringen. Und analog können wir uns rein gedanklich in unserer räumlichen Umwelt bewegen und zurechtfinden: Wir rufen uns Orte, wo wir gewesen sind, in Erinnerung und verweilen dort noch einmal, wir planen Ausflüge in die nähere Umgebung und Reisen in weit entfernte Urlaubsgebiete, wobei wir Erwartungen darüber entwickeln, wie diese Örtlichkeiten aussehen und was wir dort unternehmen werden. All dies ist so selbstverständlich, daß die dem zugrundeliegende Fähigkeit zu einem planvoll-zielgerichteten räumlichen Handeln gar nicht ohne weiteres auffällt. Das geschieht erst durch neue, nicht bekannte Situationen, die das bisherige Routineverfahren außer Kraft setzen: Eine bislang durchfahrene Straße ist eines Tages für den Verkehr gesperrt, so daß wir ad hoc einen neuen Weg zum angesteuerten Ziel finden müssen; in einer unbekannten Umgebung sind wir vom Weg abgekommen und versuchen, uns zu orientieren; nach einem Umzug müssen wir uns in einer fremden Stadt zurechtzufinden lernen. Kognitiv formuliert, handelt es sich in solchen und ähnlichen Fällen um raumbezogene Problemsituationen, und es stellt sich die Frage, wie die Kompetenz des Organismus zu deren Lösung und damit allgemeiner die oben angesprochene Kompetenz zu einem „raum-rationalen" Verhalten (umwelt-)psychologisch konzeptuell zugänglich gemacht werden kann.

Historisch betrachtet ist diese Thematik in der Psychologie durchaus nicht neu, wie die frühen Arbeiten von Binet (1894) und Claparède (1903), später dann die entwicklungspsychologischen Analysen von Piaget zeigen (Piaget und Inhelder 1948, Piaget et al. 1948). Auch in der Geographie liegen mit Gulliver (1908) und Trowbridge (1913) bereits recht früh entsprechende Untersuchungen vor. Für die Umweltpsychologie ist konzeptuell zentral der von Tolman (1948) geprägte Begriff der → *kognitiven Karte (cognitive map)*. Wie Tolman darlegt, kann räumliches Verhalten nicht angemessen im behavioristischen Sinne als Kette von Reiz-Reaktionsverbindungen verstanden werden, sondern beruht auf einer internen Repräsentation der Umwelt, anhand deren sich der Organismus funktionsanalog wie anhand einer Karte orientiert und auf die er in neuen (Problem-)Situationen zurückgreifen kann. Anders ausgedrückt: Der Organismus findet sich in der Außenwelt mit Hilfe seiner jeweiligen internen „kognitiven Karte" der Realität zurecht. Damit erweist sich der Begriff der Repräsentation als entscheidend; denn mit ihm ist das behavioristische Reiz-Reaktionsmodell des Verhaltens konzeptuell überwunden, und es wird statt dessen der Organismus als prinzipiell rationale, auf der Basis ihres Bildes der Außenwelt sich verhaltende und handelnde Einheit verstanden.

„Repräsentation" wurde als operatives Konzept für die Umweltpsychologie aber nicht in direkter Anknüpfung an Tolman bedeutsam, sondern in der Vermittlung über den ebenfalls am Problem der Orientierung interessierten Stadtplaner K. Lynch, dessen Buch „The image of the city" (1960) den größten Einfluß in dem entsprechenden Forschungskontext ausgeübt hat. Das Hauptinteresse von Lynch galt der Lesbarkeit oder Vorstellbarkeit von Städten (*legibility, imageability*), d.h. er fragte nach denjenigen Elementen der städtischen Umwelt, die ihren Bewohnern den Aufbau einer „übersichtlichen", wohlorganisierten kognitiven Karte ermöglichen und ihnen so das basale Gefühl einer guten räumlichen Orientierung geben, von dem er annahm, daß es zu einer (positiven) emotionalen Identifikation mit der Stadt beitrage (→ *Identität*). Die wesentlichen Elemente der subjektiven Stadt-Repräsentationen, die Lynch ermittelte, sind: auffällige Baulichkeiten (*landmarks*), Verkehrswege (*paths*), bedeutsame (Verkehrs-)Knotenpunkte und zentrale Plätze (*nodes*), von ihrer Umgebung abgegrenzte, identifizierbare Gebiete (*districts*) und schließlich Begrenzungen wie etwa wahrnehmungs- oder verhaltensrelevante Barrieren (*edges*).

2. Bedeutungsbezogene Umweltrepräsentation

Umweltrepräsentation ist im Vorangehenden rein im Hinblick auf das Orts- und Wegfindungsverhalten oder allgemeiner die räumliche Orientierung betrachtet worden; anders gewendet, war Umwelt unter dem Aspekt des „Wo" thematisch (*whereness*; Downs & Stea 1977, S. 41-53, S. 123-144). Nun ist schon Tolmans (1948) Begriff der kognitiven Karte nicht auf die Repräsentation der räumlichen Struktur der Umwelt beschränkt – ein Gutteil der von ihm berichteten Experimente hat bspw. gar nichts mit dem Wegfindungsverhalten zu tun –, sondern betrifft die subjektive „Widerspiegelung" der äußeren Wirklichkeit im weitesten Sinne. So wird etwa in einer Art Vorwegnahme der späteren Unterscheidung zwischen einer „offenen" und einer „dogmatisch-engen" Geisteshaltung (*open vs. closed mind*; Rokeach 1960) von „umfassend-weiten" und „eng-begrenzten" Karten gesprochen (*broad vs. narrow cognitive maps*). Daß solcherart der Begriff „Karte" zwanglos nichträumlich verwendet werden kann, gründet in seiner metaphorischen Potenz: Die Welt als ganze erscheint als Labyrinth, in dem wir uns zurechtfinden müssen (Tolman 1948) – wie ja überhaupt das alltägliche wie wissenschaftliche und philosophische Denken in weitem Maße durch räumliche Metaphern geprägt ist (Downs 1981, Downs & Stea 1977, S. 86f., Kaplan & Kaplan 1982, S. 53ff., Wimmer & Perner 1979, S. 183ff.).

Innerhalb dieses allgemeineren Rahmens ergibt sich als neue Problemstellung die Frage nach der subjektiven Repräsentation der *Bedeutung* von Umwelten, die sachlich-funktionale oder kognitive, emotional-evaluative wie symbolische Aspekte umfaßt, d.h. Umwelt wird in der Perspektive des „Was" thematisch (*whatness*; Downs & Stea 1977, S. 54, S. 107-109). In der oben erwähnten Arbeit von Lynch (1960) ist auch diese Perspektive angelegt; denn über eine ungerichtete, offen-assoziative Frage wurde der subjektiven Stadt-Bedeutung nachgegangen. Allerdings ist im Vergleich zum Problem der räumlichen Orientierung diese Fragerichtung weniger einflußreich geworden (zu dieser doppelten Problemstellung vgl. auch Moore 1979, Moore & Golledge 1976b).

3. Zusammenhang beider Aspekte

Im Hinblick auf das räumliche Verhalten betrachtet, erweisen sich die beiden vorgenannten Problemperspektiven als eng zusammengehörig und teilweise nur analytisch voneinander abtrennbar. Räumlich orientiertes Verhalten ist intentional auf die Erreichung eines Zieles und dabei evtl. auf die Vermeidung bestimmter Umweltbereiche ausgerichtet: Ziel wie Gemiedenes sind aber nicht einfach abstrakt-geometrische Raumpunkte, sondern durch ihre (intentionalen) Bedeutungen definierte Gebäude, Straßen, Plätze usw., also konkret-bedeutungshafte Objekte (→ *Phänomenologischer Ansatz*). Umgekehrt kann die subjektive kognitive wie emotional-evaluative Bedeutung von Umwelt Entscheidungs- und damit Verhaltensrelevanz besitzen, bspw. wenn ein Urlaub oder ein Umzug geplant wird.

Andererseits wäre es eine unangemessene Vereinfachung, Umweltbedeutung einzig im Zusammenhang mit dem räumlichen Verhalten zu behandeln, denn im Kontext menschlicher (Selbst-)Verständigung kommt ihr eine davon unabhängige Relevanz sui generis zu. Dies betrifft zum einen das Feld der interpersonalen Kommunikation, wo es eine Reihe von Situationen gibt, in denen wir etwa Wissen und Vorstellungen räumlich-geographischer Art brauchen, um die Erzählungen oder Berichte anderer überhaupt verstehen und ihnen „anschaulich folgen" zu können. Gleichzeitig tragen solche Mitteilungen zu unserem Bild der Welt bei. In systematischer Hinsicht verweist dies darauf, daß die „Welt in unseren Köpfen" in weitem Maße nicht auf konkreten eigenen Umwelterfahrungen, sondern sekundär auf der Rezeption symbolisch vermittelter Umweltrepräsentationen beruht. Hier ist natürlich in erster Linie an den tagtäglichen Einfluß der Massenmedien zu denken, darüber hinaus aber auch an die Vorstellungen, die durch Literatur, Film und Kunst erzeugt werden – so kann bspw. das Roman-Bild großer Städte unser Verständnis von ihnen und unsere Phantasie über sie beeinflussen (vgl. dazu Klotz 1969, Meckseper & Schraut 1983).

Der zweite Aspekt in diesem Kontext betrifft das Selbstverständnis im Sinne personaler Identität, die durch den Bezug zur physischen Umwelt mit konstituiert wird und insofern „ortsbezogen" ist (*place-identity*; Proshansky 1978, Proshansky et al. 1983). Die subjektive Bedeutung entsprechender Umwelten, wie sie etwa das Zuhause oder der Geburtsort sein können, hat somit einen direkt selbstbezogenen Charakter.

Insgesamt lassen es die vorangehenden Ausführungen angemessen erscheinen, die beiden Problembereiche der „orientierungs-" und „bedeutungsbezogenen" Umweltrepräsentation getrennt zu behandeln (→ *Kognitive Karte und Kartierung*; → *Image*). Die dabei vorgenommene terminologische Zuordnung lehnt sich an eine recht verbreitete Verwendungsweise der Konzepte „kognitive Karte" (*cognitive map*) und „Image" an, beansprucht aber nur eine heuristisch-akzentuierende Funktion, da es eine einheitliche begriffliche Abgrenzung dieser Bereiche nicht gibt. So wird etwa das am häufigsten verwendete Konzept der „kognitiven Karte" in erster Linie im Zusammenhang mit der orientierungs- und raumbezogenen Repräsentation gebraucht, doch findet sich auch die, wie oben dargestellt, historisch naheliegende breitere Verwendungsweise (etwa Downs & Stea 1977). Umgekehrt wird der ebenfalls repräsentational verstehbare Begriff des Images (Boulding 1956), der hier wegen seiner soziologisch-sozialpsychologischen Konnotationen für die bedeutungsbezogene Repräsentation verwendet wird, auch orientierungsbezogen verwendet (etwa Lynch 1960).

Anzumerken bleibt schließlich noch, daß das Schwergewicht der Forschungsaktivitäten in diesem Kontext im Bereich der Thematik der kognitiven Karte im engeren Sinne liegt (Moore 1979); Überblicke über die Themenbereiche finden sich in Downs und Stea (1973, 1977), Evans (1980), Moore (1979), Moore und Golledge (1976a), Rapoport (1977), Russell und Ward (1982) und Stokols (1978) (→ *Kognitive Karte und Kartierung;* → *Image*).

Literatur

Binet, A.M. (1894). Reverse illusions of orientation. Psychological Review 1, 337-350.

Boulding, K.E. (1956). The image. Ann Arbor: University of Michigan Press.

Claparède, E. (1903). La faculté d'orientation lointaine (sens de direction, sens de retour). Archive de Psychologie, Genève, 2, 133-180.

Downs, R.M. (1981). Maps and mapping as metaphors for spatial representation. In L.S. Liben, A.H. Patterson & N. Newcombe (Eds.), Spatial representation and behavior across the life span: Theory and application (pp. 143-166). New York: Academic Press.

Downs, R.M. & Stea, D. (Eds.) (1973). Image and environment: Cognitive mapping and spatial behavior. Chicago: Aldine.

Downs, R.M. & Stea, D. (1977). Maps in minds: Reflections on cognitive mapping. New York: Harper & Row (dt. New York: Harper & Row/UTB 1982).

Evans, G.W. (1980). Environmental cognition. Psychological Bulletin 88, 259-287.

Gulliver, F.P. (1908). Orientation of maps. Journal of Geography 7, 55-58.

Kaplan, St. & Kaplan, R. (1982). Cognition and environment: Functioning in an uncertain world. New York: Praeger.

Klotz, V. (1969). Die erzählte Stadt. Ein Sujet als Herausforderung des Romans von Lesage bis Döblin. München: Hanser.

Lynch, K. (1960). The image of the city. Cambridge, MA: M.I.T. Press (dt. Gütersloh: Bertelsmann 1968).

Meckseper, C. & Schraut, E. (Hg.) (1983). Die Stadt in der Literatur. Göttingen: Vandenhoeck & Ruprecht.

Moore, G.T. (1979). Knowing about environmental knowing: The current state of theory and research in environmental cognition. Environment and Behavior 11, 33-70.

Moore, G.T. & Golledge, R.G. (Eds.) (1976a). Environmental knowing: Theories, research, and methods. Stroudsburg, PA: Dowden, Hutchinson & Ross.

Moore, G.T. & Golledge, R.G. (1976b). Environmental knowing: Concepts and theories. In G.T. Moore & R.G. Golledge (Eds.), Environmental knowing: Theories, research, and methods (pp. 3-24). Stroudsburg, PA: Dowden, Hutchinson & Ross.

Piaget, J. & Inhelder, B. (1948). La représentation de l'espace chez l'enfant. Paris: P.U.F.

Piaget, J., Inhelder, B. & Szeminska, A. (1948). La géométrie spontanée de l'enfant. Paris: P.U.F.

Proshansky, H.M. (1978). The city and self-identity. Environment and Behavior 10, 147-169.

Proshansky, H.M., Fabian, A.K. & Kaminoff, R. (1983). Place-identity: Physical world socialization of the self. Journal of Environmental Psychology 3, 57-83.

Rapoport, A. (1977). Human aspects of urban form: Towards a man-environment approach to urban form and design. Oxford: Pergamon.

Rokeach, M. (1960). The open and closed mind: Investigations into the nature of belief systems and personality systems. New York: Basic Books.

Russell, J.A. & Ward, L.M. (1982). Environmental psychology. Annual Review of Psychology 33, 651-688.

Stokols, D. (1978). Environmental psychology. Annual Review of Psychology 29, 253-295.

Tolman, E.C. (1948). Cognitive maps in rats and men. Psychological Review 55, 189-208 (auch in R.M. Downs & D. Stea (Eds.), Image and environment, pp. 27-50).

Trowbridge, C.C. (1913). On fundamental methods of orientation and imaginery maps. Science 38, 888-897.

Wimmer, H. & Perner, J. (1979). Kognitionspsychologie: Eine Einführung. Stuttgart: Kohlhammer.

Gerhard Schneider
Psychosomatische Universitätsklinik
der Universität Heidelberg

Kognitive Karte und Kartierung: Orientierungsbezogene Umweltrepräsentation

1. Konzeptuelles

Definitionen. Die Begriffe „kognitive Karte" (*cognitive map*) und „kognitive Kartierung" (*cognitive maping*) werden nachfolgend für die interne (mentale) Repräsentation der Umwelt in ihrer räumlichen (in Abgrenzungen zur bedeutungshaften) Dimension verwendet (→ *Umweltrepräsentation*). Im Rahmen des von der Kognitionspsychologie entworfenen Bildes des Organismus als ein informationsaufnehmendes und -verarbeitendes System läßt sich „kognitives Kartieren" als regelhafter Prozeß der Aufnahme und Enkodierung, der Speicherung sowie des Wiederabrufs und der Dekodierung von Informationen über die räumliche Außenwelt definieren; dementsprechend ist die „kognitive Karte" (KK) das intern gespeicherte Produkt eines solchen Prozesses (Downs & Stea 1973b). Dieser Prozeß liefert grundsätzlich nicht ein umfassendes, genaues „Abbild" des Außen, sondern ist stets als Transformationsprozeß vorzustellen, in dem es etwa Auswahl, Akzentuierung und Verzerrung gibt – analog zum Kartieren in der Geographie, woher der Begriff in seiner technischen Bedeutung stammt (Downs 1981).

Interne und externe kognitive Karte. Der Begriff der KK wird nicht nur in der angegebenen Form für die mentale Repräsentation verwendet, sondern auch zur Bezeichnung ihrer externalen „Re-Repräsentation", z.B. als Skizzen, Modelle oder Objektlisten, in denen Befragte ihr Wissen von einer Umwelt darstellen (Liben 1981, Siegel 1981) (→ *Methoden: Umweltrepräsentation*). Im Hinblick auf den Rückschluß von der externen auf die interne KK sind zweierlei Aussagegrenzen zu beachten: Zum einen ist zu prüfen, inwieweit in die Externalisierung repräsentationsfremde, aufgabengebundene Fähigkeiten oder Fertigkeiten eingehen (Siegel 1981); zum anderen sagt das Medium der externen Repräsentation *nicht* direkt etwas über die Art der internen Repräsentation aus. So kann man von der Anfertigung einer Kartenskizze *nicht* auf das Vorhandensein einer ihr ähnlichen Karte im Kopf des Befragten schließen (vgl. 3.).

2. Prozessualer Aspekt: Kognitive Kartierung

Enkodierung und Dekodierung der kognitiven Karte. Die hierbei beteiligten kognitiven Strategien lassen sich als Grammatik oder Regelsystem der „Herstellung" und des „Ablesens" interner KKn bezeichnen, wobei in Analogie zur Geographie u.a. Prozesse der Maßstabsbildung, der Perspektivenrotation, der Abstraktion und Symbolisierung wichtig werden können (Downs & Stea 1973b, Downs & Stea 1977, S. 63-68, S. 85-88). In einer kognitionspsychologisch orientierten Zugangsweise konnte Tversky (1981) anhand systematischer Repräsentationsfehler und -verzerrungen sowohl für Enkodierung wie für Dekodierung den Einfluß von *Heuristiken* nachweisen, d.h. Vereinfachungs- und Inferenzprinzipien im Falle komplexer bzw. unvollständiger Informationen. Zum einen werden im Sinne einer „Rotationsheuristik" die von einer Figur nahegelegten internen, „natürlichen" Achsen an die eines äußeren Bezugssystems angenähert; so wird z.B. die Lage des „schief liegenden" Südamerikas auf die Nord-Süd-Achse hin rotiert. Zum anderen wirkt sich eine „Aufreihungsheuristik" (*alignment*) dahingehend aus, daß die gegenseitige Lageanordnung geographischer Objekte vereinfacht wird.

Dispositionale Perspektive. Innerhalb eines prozeßorientierten Interesses am kognitiven Kartieren interessiert die KK selbst in erster Linie dispositional, d.h. als Wissenspotential, aufgrund dessen mit Hilfe eines Vorrats geeigneter Regeln Modelle zur Lösung wie immer gearteter räumlicher Probleme, etwa der Wegfindung, generiert werden können, und nicht als feste Struktur, die in einer aktualen Weise Problemlösungen enthält, die gespeichert vorliegen und fertig abgerufen werden können (Downs 1981). Dementsprechend bieten sich hier Bezüge zur allgemeinen Psychologie des Problemlösens an (vgl. Downs & Stea 1977, Kap. 2).

3. Strukturelle Aspekte: Kognitive Karte

Analytische Überlegungen. Um die Orientierung in der räumlichen Umwelt ermöglichen zu können, müssen KKn zumindest Repräsentationen zum einen von (signifikanten) Örtlichkeiten (landmarks), zum anderen von Wegen, die auf sie hinführen und sie verbinden, enthalten (routes). Ein drittes, die Wissensorganisation vereinfachend-integrierendes Element ist das der gestalthaft-konfigurativen Verteilung oder Umgrenzung (configurations). Insgesamt lassen sich so KKn funktional als durch Wege miteinander verbundene Örtlichkeiten unterschiedlicher konfigurativer Integration charakterisieren (Siegel & White 1975).

Der Aspekt der gegenseitigen räumlichen Lage ist in diesem Grundmodell nur implizit angesprochen. Solche räumlichen Relationen sind von zweierlei Art. *Topologische* Relationen beinhalten keine Distanz- und Richtungsangaben, sondern einzig Qualitäten der relativen Lage, etwa die Verbundenheit zweier Punkte durch einen Weg, die Aufeinanderfolge zweier Punkte auf einem Weg oder die Lage eines Punktes an bzw. sein Enthaltensein in einem anderen Element. Hingegen sind *metrische* Relationen die Distanz zwischen Punkten und die Richtung von einem zum anderen, wobei solches Wissen auch in nur vergleichender, ordinaler Form, wie es z.B. Distanzrangordnungen zum Ausdruck bringen, vorliegen kann (Gårling et al. 1984, Kuipers 1982, 1983, Stea 1976).

Empirische Befunde zum Aufbau der kognitiven Karte. Die nachfolgenden Ergebnisse sind alle mit der Methode der Anfertigung einer Kartenskizze gewonnen, wobei es inhaltlich zumeist um die städtische Umwelt geht. Die wesentlichen Elemente dieser kognitiven Stadtkarten sind (bauliche) Merkzeichen und

Referenzpunkte (*landmarks*), Wege (*paths*), Plätze und andere Knotenpunkte (*nodes*), abgegrenzte Gebiete (*districts*) und Begrenzungslinien (*edges*) (Lynch 1960). Zur globalen Charakterisierung von KKn sind verschiedene Typologien entwickelt worden. So unterscheidet Appleyard (1970) zwischen „sequentiellen" Karten (*sequential*), die ein Wegenetz, in dem Knotenpunkte bedeutsam sind, darstellen, und „gebietsorientierten" Karten (*spatial*), die aus häufig verbundenen, intern strukturierten Gebieten ausgebaut sind (vgl. auch Ladd 1970, Moore 1976).

In derartigen Untersuchungen finden sich durchweg Abweichungen von der geographischen Realität, die sich in Verzerrungen, Unvollständigkeiten und Ergänzungen zeigen (Downs & Stea 1973b). Beispiele für Verzerrungen sind Begradigungen, Parallelisierungen oder die Verwandlung nicht-rechtwinkliger Wegkreuzungen in rechtwinklige (Appleyard 1970, Lynch 1960, Tversky 1981). Unvollständigkeiten bestehen in der Weglassung auffallender Umweltelemente (Lynch 1960, dazu Crane 1961, Milgram & Jodelet 1976). Umgekehrt kann es auch zu Ergänzungen kommen, etwa wenn erfahrungsgemäß erwartete, aber in der gegenwärtigen Umwelt nicht vorkommende Elemente trotzdem repräsentiert sind (Appleyard 1970).

Das Problem der Kartenähnlichkeit der kognitiven Karte. Betrachtet man die oben analytisch angegebenen Aspekte einer raumbezogenen Repräsentation, so drängt sich die Karte als Explikationsmodell geradezu auf, ja es könnte sogar scheinen, daß ein solches Modell notwendig wie eine Karte aussehen müßte. Daß dies nicht der Fall ist, zeigt sich an der Abbildbarkeit dieser Aspekte in nicht-kartenhaften Modellen: „Wegkarten-Strukturen" (Örtlichkeiten verbunden durch Wege) einschließlich topologischer Relationen und Hierarchiestrukturen (für das konfigurative Moment) können durch propositionale Wissensstrukturen repräsentiert werden (Kuipers 1982, 1983; vgl. 4.); und auch metrische Informationen lassen sich prinzipiell in nicht-trivialer Weise aus einer nicht-kartenhaften Struktur erzeugen (Baird & Wagner 1983).

Empirisch gesehen weist eine Reihe von Befunden darauf hin, daß zumindest die KKn größerer Gebiete nicht als kartenhaft vorzustellen sind. Zum einen wird als Argument dafür das beträchtliche Maß an Deformationen selbst in bezug auf topologische Relationen angeführt (vgl. oben; Siegel & White 1975). Darüber hinaus erweist sich das Modell einer kartenartigen (oder funktional isomorphen) KK in mancher Hinsicht als zu stark: So wäre etwa die Richtung eines Weges zwischen zwei Punkten A und B hier nicht relevant – empirisch impliziert aber die Kenntnis des Weges von A nach B nicht, daß man diesen Weg auch zurückfindet; ferner sind Distanzschätzungen empirisch nicht notwendig symmetrisch (Kuipers 1982, 1983), wie hier gefordert. Schließlich sprechen gewisse kognitionspsychologische Befunde für eine propositionale, d.h. aussagenartige Repräsentation räumlicher Informationen (vgl. Evans 1980). So konnten etwa Stevens und Coupe (1978) im Sinne einer hierarchischen Informationsspeicherung nachweisen, daß das Urteil über die relative Lage zweier geographischer Einheiten durch die relative Lage entsprechender übergeordneter Einheiten beeinflußt wird. Übertragen auf Mitteleuropa wäre zu erwarten, daß Straßburg (Frankreich) im

Vergleich zu Aachen (Bundesrepublik) als weiter westlich liegend eingeschätzt wird (geographisch-objektiv verhält es sich genau umgekehrt), da Frankreich westlich der Bundesrepublik liegt.

Andererseits gibt es auch einige positive Befunde für die Existenz kartenhafter KKn (Gårling et al. 1984). Diesem Modell entsprechend kann in Experimenten zur Erlernung einer relativ einfachen räumlichen Umgebung eine bildhafte KK aufgebaut werden (Levine et al. 1982). Ferner gibt es kognitionspsychologische Befunde, die auf eine analoge Repräsentation schließen lassen, d.h. eine Repräsentation, in der realweltliche Beziehungen zwischen Orten (bspw. Distanz) durch funktional äquivalente interne Repräsentationen quasi-bildlich abgebildet werden (vgl. Evans 1980). So konnte etwa gezeigt werden, daß bei der Distanzschätzung in der Erinnerung die Reaktionsdauer proportional zur umweltlichen Realdistanz ist (Baum & Jonides 1979). In einem anderen Experiment wurde eine einfache Karte einer fiktiven Insel gelernt; auch hier war die Zeit für die „mentale Durchquerung" der Strecke zwischen zwei Punkten der internen Repräsentation eine direkte lineare Funktion der externen Distanz auf der Karte (Kosslyn et al. 1978).

Insgesamt läßt sich also folgern, daß interne KKn teilweise in propositionaler, nicht-kartenhafter und teilweise in analoger, funktional kartenisomorpher Weise konzeptualisiert werden müssen, wobei etwa Gebietsgröße und Art und Ausmaß der Erfahrung Einflußvariablen sein können. Hinweise auf entsprechende kognitionspsychologisch fundierte Modellvorstellungen bieten Gårling et al. (1984) und Kuipers (1982, 1983).

4. Kognitive Karte und räumliches Verhalten: Theoretische Modelle

Problemrahmen. Die von Tolman (1948) dargestellten Befunde, wonach Ratten sich ohne vorheriges spezifisches Reiz-Reaktions-Lernen räumlich zielgerichtet auf neue Weise in einer bekannten Umgebung verhalten konnten, legte den Schluß nahe, daß ihr Verhalten durch die interne Repräsentation dieser Umwelt, eben ihre KK, gesteuert wurde. Allgemeiner formuliert bedeutet dies, daß das externe räumliche Verhalten (Ebene der Performanz) auf die interne KK rückbezogen wird (Ebene der Kompetenz) (vgl. dazu Newcombe 1981). Die nachfolgend vorgestellten Modelle zeigen Perspektiven auf, wie dieser (wechselseitige) Zusammenhang expliziert werden kann. Angemerkt sei noch, daß empirische Befunde praktisch nur zur KK als abhängige Variable vorliegen (vgl. 5.), kaum aber zur KK als unabhängige, verhaltensbeeinflussende Variable (vgl. Evans 1980, Moore 1979).

Kognitive Karte, Handlungsplanung und -realisierung. Ein von Gårling et al. (1984) entwickeltes Vier-Phasen-Modell thematisiert aufgrund seines interaktionalen Charakters sowohl die verhaltensbezogene Verwendung der KK wie deren Erwerb bzw. Modifikation. In der ersten Phase wird ein genereller Handlungsplan entworfen. Die zweite Phase besteht im Entwurf des zugehörigen „Raumdurchquerungsplans" zur Erreichung des angestrebten Zielortes. Die dazu benötigten Informationen werden teils aus der internen KK abgerufen bzw. abgeleitet, teils aus externen Medien gewonnen, in welchem Prozeß auch (Teil-) Aufbau oder Veränderung der KK möglich sind. Die dritte Phase beinhaltet die Ausführung dieses Plans. Zentrale Aufgabe ist es, die Orientierung nicht zu verlieren, wozu Informationen aus der Außenwelt wie aus der KK benötigt werden. Die vierte Phase schließlich, evtl. erst nach einem mehrmaligen Durchlaufen der zweiten und dritten Phase erreicht, beinhaltet die Zielerreichung.

Ein AI-Modell. Im Rahmen der Artificial-Intelligence-Forschung hat Kuipers (1978, 1982, 1983) ein prinzipiell in einer städtischen Umwelt bewegungs- und orientierungsfähiges System konzipiert. Die KK dieses Systems enthält als Grundbausteine Repräsentationen von Wahrnehmungskonfigurationen, an denen Bewegungsrichtungswechsel stattfinden und Verhaltensanweisungen: Die Drehung um einen bestimmten Winkel und die Zurücklegung einer bestimmten Distanz. Die beiden Grundelemente können assoziativ verknüpft werden, wobei die erste Verknüpfung die zwischen einer Wahrnehmung (W) und einem Verhaltensbefehl (V) ist und somit das Verhalten an Richtungsentscheidungspunkten abbildet, während die zweite eine solche (W, V)-Kombination mit einem kommenden W-Element verbindet, also räumliche Erwartungen simuliert. Auf dieser Grundlage ist bereits die Definition einer „Route" als Sequenz (partiell) untereinander verknüpfter W-, V- und (W, V)-Elemente möglich.

Darüber hinaus sind allgemeiner Örtlichkeiten und Wege definierbar, erstere bspw. als jeweilige Gesamtheit aller aus der durch Drehung an einer Raumstelle gewonnenen Blicke (Äquivalenzklassenbildung). Auf dieser Basis können dann topologische Relationen definiert werden, etwa „Lage an" oder „Verbundensein". Räumliches Problemlösen läßt sich in diesem Kontext als Wegfindung in einer netzwerkartigen Struktur verstehen und kann durch Hinzufügung entsprechender Algorithmen und Heuristiken, die auf der beschriebenen KK als Informationsbasis operieren, simuliert werden. Erwähnt sei noch, daß metrische Relationen zusammen mit geeigneten Verarbeitungsprozeduren in einer separaten Struktur repräsentierbar sind.

Die Verhaltenskompetenz eines solchen (lernfähigen) Systems ist beträchtlich, wie Beispiele zeigen (vgl. auch Wimmer & Perner 1979, S. 232-249). Theoretisch-konzeptuell ist bedeutsam, daß auf diese Weise eine Reihe von Phänomenen, insbesondere solche fragmentarischen Wissens rekonstruierbar sind: Daß man bspw. den Weg zu einem Ziel problemlos findet, ohne daß man bei der Wegschilderung einen bestimmten Abbiegepunkt mental „vor sich hat", heißt, daß dieser Punkt nur isoliert, nicht mit anderen assoziativ verknüpft repräsentiert und folglich beim mentalen „Nachfahren" des Wegs im quasi wörtlichen Sinne nicht zugänglich ist (vgl. auch Thorndyke 1981).

5. Die kognitive Karte als abhängige Variable: Empirische Befunde

Einfluß von Umweltmerkmalen. Eine der hier thematischen Fragen betrifft die Abhängigkeit der Genauigkeit der internen KK von der physischen Übersichtlichkeit oder Lesbarkeit der Stadt. Diese Thematik geht auf Lynch (1960) zurück, von dessen Untersuchungsorten Boston, Los Angeles und New Jersey das am klarsten und markantesten strukturierte Boston kognitiv am differenziertesten repräsentiert war. Bei einer Untersuchung holländischer Städte wurden vollständigere und genauere KKn bei einem vergleichsweise regelmäßigen Straßennetz gefunden (de Jonge 1962), ein unter kontrollierten experimentellen Bedingungen replizierter Befund (vgl. Evans 1980). Andererseits kann die Lesbarkeit einer Stadt auch durch die Auffälligkeit ihrer Baulichkeiten gewährleistet werden, wie sich am Beispiel Rom mit seinem ausgesprochen unregelmäßigen Wegenetz zeigt, dessen KK auf solchen fokalen Punkten beruht (Francescato & Mebane 1973).

Einfluß von Umweltverhalten. Spezifische Einflüsse lassen sich durch den Vergleich der KKn in Abhängigkeit von der (modalen) Fortbewegungsart in einer Umwelt nachweisen. Insgesamt legen die Befunde hier die Vermutung nahe, daß mit der Zunahme an Eigenaktivität (vom passiven Transport über das Selbstfahren eines Wagens bis zum Radfahren bzw. Zu-Fuß-Gehen) die Differenziertheit der KK zunimmt (Moore 1979). Einen analogen Zusammenhang gibt es in bezug auf Nutzungsaktivitäten. So ist z.B. die KK von Campusbereichen detaillierter und weniger fehlerhaft, wenn diese aktiver genutzt werden (Holahan & Bonnes-Dobrowolny 1978). Ferner unterscheiden sich die KKn in Abhängigkeit davon, ob Personen in einem Gebiet arbeiten oder nicht: Erstere fertigen wesentlich detailliertere Karten an, während letztere ihre Karten breiter anlegen und gebietsexterne Referenzpunkte hinzunehmen (vgl. Fisher et al. 1984, S. 235ff.). Schließlich sind die KKn unvertrauter Stadtgebiete nicht so genau wie die vertrauterer Teile (Moore 1974).

Aktualgenese. Unter Aktualgenese werden entwicklungsmäßige Veränderungen innerhalb relativ kurzer Zeitspannen (bis zu einigen Wochen oder Monaten) verstanden, hier etwa der Neuaufbau einer KK nach dem Umzug in eine fremde Stadt (Moore 1976). Im Hinblick auf den Prozeß eines solchen Umweltlernens stehen sich zwei theoretische Positionen gegenüber, die sich beide empirisch stützen lassen (Evans 1980). Zum einen wird argumentiert, daß man sich in einer neuen Umgebung zunächst an Wegen und Gebieten orientiert, später dann, nachdem eine gewisse Vertrautheit erreicht sei, hauptsächlich an auffälligen Lokalitäten (Appleyard 1970). Demgegenüber nehmen Vertreter der anderen Position an, daß zunächst Lokalitäten gelernt werden, die als Ankerpunkte für den nachfolgenden Aufbau eines Wegenetzes fungieren (z.B. Siegel & White 1975). Ein möglicher Einflußparameter in diesem Kontext könnte die Überschaubarkeit (Größe, Komplexität) der Umwelt sein (Evans 1980); ferner sind interindividuell unterschiedliche räumliche Lernstrategien wahrscheinlich (Thorndyke & Goldin 1983).

Ontogenese. In der Entwicklung der abstrakten Konzeption von Raum überhaupt gibt es nach Piaget drei aufeinanderfolgende Stufen: die des topologischen Raums, des projektiven Raums und schließlich des Euklidischen oder metrischen Raums, die zunehmend subjektunabhängiger und realitätsangemessener sind (vgl. Hart & Moore 1973). Für die Umweltpsychologie i.e.S. wichtig sind zwei in der Piaget-Tradition konzipierte, auf die konkrete makroräumliche Umwelt bezogene Entwicklungssequenzen. Zum einen handelt es sich um die Entwicklung von Orientierungssystemen: Zunächst orientieren sich Kinder „egozentrisch" an ihrem eigenen Körper als Bezugssystem; auf der nächsten Stufe fungieren (voneinander unabhängige) Umweltgegebenheiten als Fixpunkte „fester" Bezugssysteme; schließlich wird ein „koordiniertes", von der Lage eines oder mehrerer Objekte im Raum sowie der Relationen des Kindes zu ihnen unabhängiges Bezugssystem aufgebaut (Hart & Moore 1973, Moore 1976; zur Empirie vgl. auch Evans 1980, Moore 1979).

Die andere Sequenz betrifft die Entwicklung der KK selbst, die in Analogie zur Aktualgenese (s.o. zweites Modell) gesehen wird: Zunächst werden auffällige Umweltobjekte wahrgenommen und erinnert; vermittelt über Handlungssequenzen werden sodann Routen zwischen diesen „Punkten" gelernt; auf der nächsten Stufe werden Lokalitäten und Routen zu kleineren Clustern zusammengefaßt, die zwar intern strukturiert sind, aber untereinander noch kaum organisiert sind; deren gestalthafte Koordinierung bildet schließlich das höchste Organisationsniveau (Siegel & White 1975; zur Empirie vgl. auch Evans 1980, Siegel et al. 1978).

Persondifferentielle Aspekte. Eine hier nützliche Unterscheidung ist die zwischen öko- und soziodemographischen Variablen. Erstere umfassen direkt umweltbezogene Personmerkmale wie etwa Länge der Wohndauer an einem Ort, Herkunft (bspw. Stadt vs. Land) oder Wohnlage, während zu letzteren die üblichen, als solche nicht direkt umweltbezogenen sozialen und soziokulturellen Kategorien rechnen, also in erster Linie Geschlecht, Alter, soziale Schicht, ethnische und kulturelle Zugehörigkeit, spezifizierter dann auch Aspekte wie Rolle, Lebensstil, Beruf oder Gruppenzugehörigkeit. Für eine umweltpsychologische Analyse ist es in all diesen Fällen wichtig, das konkrete räumliche Verhalten der entsprechenden Gruppen einzubeziehen – Schicht- und Geschlechtsunterschiede lassen sich bspw. häufig auf Mobilitätsunterschiede zurückführen (vgl. Holahan 1982, S. 69-72). Für kritische Befundzusammenstellungen sei verwiesen auf Forschungen zu interindividuellen Unterschieden in der Fähigkeit des kognitiven Kartierens (vgl. Thorndyke & Goldin 1983), sowie auf Untersuchungen mit Sondergruppen, etwa Blinden oder geistig Behinderten (vgl. Golledge et al. 1983).

6. Ausblick

Es gibt eine Reihe von z.T. sich erst entwickelnden Bezügen zu anderen Disziplinen, auf die hier nur hingewiesen werden kann, vor allem zur Ethologie bzw. Tierpsychologie (Hazen 1983, Menzel 1973, 1978, Olton 1979, Peters 1973), zur Kulturanthropologie (Hazen 1983, Rapoport 1977), zur Neurophysiologie (O'Keefe & Nadel 1978, Potegal 1982, Siegel & White 1975, Siegel et al. 1978) und zunehmend auch zur Linguistik (Jarvella & Klein 1982: Teil II, Klein 1979, Pick & Acredolo 1983: Teil IV, Ullmer-Ehrich 1979).

Themen der möglichen praktischen Anwendung liegen im Bereich von Architektur und Planung, etwa der Verbesserung der Lesbarkeit einer Stadt oder der Orientierung in Gebäuden (Downs & Stea 1977, S. 241-252, Evans 1980, Holahan 1982, S. 81-89, Rapoport 1977, passim), der Evaluation und Gestaltung von räumlichem Informationsmaterial, insbesondere Karten (Fisher et al. 1984, S. 234f.) sowie der → *Umwelterziehung* (Evans 1980).

Literatur

Appleyard, D. (1970). Styles and methods of structuring a city. Environment and Behavior 2, 100-117.

Baird, J.C. & Wagner, M. (1983). Modelling the creation of cognitive maps. In H.L. Pick jr. & L.P. Acredolo (Eds.), Spatial orientation: Theory, research and application (pp. 321-344). New York: Plenum.

Baum, A.R. & Jonides, J. (1979). Cognitive maps: Analysis of comparative judgments of distance. Memory and Cognition 7, 462-468.

Crane, D.A. (1961). Lynch: The image of the city – review. Journal of the American Institute of Planners 27, 152-155.

de Jonge, D. (1962). Images of urban areas: Their structure and psychological foundations. Journal of the American Institute of Planners 28, 266-276.

Downs, R.M. (1981). Maps and mapping as metaphors for spatial representation. In L.S. Liben, A.H. Patterson, & N. Newcombe (Eds.), Spatial representation and behavior across the life span: Theory and application (pp. 143-166). New York: Academic Press.

Downs, R.M. & Stea, D. (1973a) (Eds.) Image and environment. Cognitive mapping and spatial behavior. Chicago: Aldine.

Downs, R.M. & Stea, D. (1973b). Cognitive maps and spatial behavior: Process and products. In R.M. Downs & D.Stea (Eds.), Image and environment. Cognitive mapping and spatial behavior (pp. 8-26). Chicago: Aldine.

Downs, R.M. & Stea, D. (1977). Maps in minds. Reflections on cognitive mapping. New York: Harper & Row (dt. New York: Harper & Row/UTB 1982).

Evans, G.W. (1980). Environmental cognition. Psychological Bulletin 88, 259-287.

Fisher, J.D., Bell, P.A. & Baum, A. (1984). Environmental psychology (2nd ed.). New York: Holt, Rinehart & Winston.

Francescato, D. & Mebane, W. (1973). How citizens view two great cities: Milan and Rome. In R.M. Downs & D. Stea (Eds.), Image and environment. Cognitive mapping and spatial behavior (pp. 131-147). Chicago: Aldine.

Gårling, T., Böök, A. & Lindberg, E. (1984). Cognitive mapping of large-scale environment. The interrelationship of actions plans. Environment and Behavior 16, 3-34.

Golledge, R.G., Richardson, G.D., Rayner, J.N., & Parnicky, J.J. (1983). Procedures for defining and analyzing cognitive maps of the mildly and moderately mentally retarded. In H.L. Pick jr. & L.P. Acredolo (Eds.), Spatial orientation: Theory, research and application (pp.79-104). New York: Plenum.

Hart, R.A. & Moore, G.T. (1973). The development of spatial coginition. In R.M. Downs & D. Stea (Eds.), Image and environment. Cognitive mapping and spatial behavior (pp. 246-288). Chicago: Aldine.

Hazen, N.L. (1983). Spatial orientation: A comparative approach. In H.L. Pick jr. & L.P. Acredolo (Eds.), Spatial orientation: Theory, research and application (pp. 3-37). New York: Plenum.

Holahan, Ch.J. (1982). Environmental psychology. New York: Random House.

Holahan, Ch.J. & Bonnes-Dobrowolny, M. (1978). Cognitive and behavioral correlates of the spatial environment. An interactional analysis. Environment and Behavior 10, 317-333.

Jarvella, R.J. & Klein, W. (Eds.) (1982). Speech, place, and action. Studies in deixis and related topics. Chichester: Wiley.

Klein, W. (1979). Wegauskünfte. LiLi: Zeitschrift für Literaturwissenschaft und Linguistik 9(33), 9-57.

Kosslyn, St.M., Ball, Th.M. & Reiser, B.J. (1978). Visual images preserve metric spatial information: Evidence from studies of image scanning. Journal of Experimental Psychology: Human Perception and Performance 4, 47-60.

Kuipers, B. (1978). Modelling spatial knowledge. Cognitive Science 2, 129-153.

Kuipers, B. (1982). The „map in the head" metaphor. Environment and Behavior 14, 202-220.

Kuipers, B. (1983). The cognitive map: Could it have been any other way? In In H.L. Pick jr. & L.P. Acredolo (Eds.), Spatial orientation: Theory, research and application (pp. 345-359). New York: Plenum.

Ladd, M. (1970). Black youths see their environment: Neighborhood maps. Environment and Behavior 2, 74-99.

Levine, M., Jankovic, J.N., & Palij, M. (1982). Principles of spatial problem solving. Journal of Experimental Psychology: General 111, 157-175.

Liben, L.S. (1981). Spatial representation and behavior: Multiple perspectives. In L.S. Liben, A.H. Patterson, & N. Newcombe (Eds.), Spatial representation and behavior across the lifespan: Theory and application (pp. 3-36). New York: Academic Press.

Liben, L.S., Patterson, A.H. & Newcombe, N. (Eds.) (1981). Spatial representation and behavior across the life span: Theory and application. New York: Academic Press.

Lynch, K. (1960). The image of the city. Cambridge, MA: M.I.T. Press. (dt. Gütersloh: Bertelsmann 1968).

Menzel, E.W. (1973). Chimpanzee spatial memory organization. Science 182, 943-945.

Menzel, E.W. (1978). Cognitive mapping in chimpanzees. In St. H. Hulse, H.F. Fowler & W.K. Honig (Eds.), Cognitive aspects of animal behavior (pp. 375-422). Hillsdale, NJ: Erlbaum.

Milgram, St. & Jodelet, D. (1976). Psychological maps of Paris. In H.M. Proshansky, W.H. Ittelson & L.G. Rivlin (Eds.), Environmental psychology. People and their physical settings (2nd ed.) (pp. 104-124). New York: Holt, Rinehart & Winston.

Moore, G.T. (1974). Developmental variations between and within individuals in the cognitive representation of large-scale spatial environments. Man-Environment Systems 4, 55-57.

Moore, G.T. (1976). Theory and research on the development of environmental knowing. In G.T. Moore & R.G. Golledge (Eds.), Environmental knowing. Theories, research, and methods (pp. 138-164). Stroudsburg, PA: Dowden, Hutchinson & Ross.

Moore, G.T. (1979). Knowing about environmental knowing. The current state of theory and research on environmental cognition. Environment and Behavior 11, 33-70.

Moore, G.T. & Golledge, R.G. (1976). Environmental knowing. Theories, research, and methods. Stroudsburg, PA: Dowden, Hutchinson & Ross.

Newcombe, N. (1981). Spatial representation and behavior: Retrospect and prospect. In L.S. Liben, A.H. Patterson & N. Newcombe (Eds.), Spatial representation and behavior across the life span: Theory and application (pp. 373-388). New York: Academic Press.

O'Keefe, J. & Nadel, L. (1978). The hippocampus as a cognitive map. Oxford: Clarendon Press.

Olton, D.S. (1979). Mazes, maps, and memory. American Psychologist 34, 583-596.

Peters, R. (1973). Cognitive maps in wolves and men. In W.F.E. Preiser (Ed.), EDRA 4. Environmental design research. (Vol. II) (pp.247-252). Stroudsburg, PA: Dowden, Hutchinson & Ross.

Pick, H.L. jr. & Acredolo, L.P. (Eds.) (1983). Spatial orientation: Theory, research, and application. New York: Plenum.

Potegal, M. (Ed.) (1982). Spatial abilities: Development and physiological foundations. New York: Academic Press.

Rapoport, A. (1977). Human aspects of urban form. Towards a man-environment approach to urban form and design. Oxford: Pergamon.

Siegel, A.W. (1981). The externalization of cognitive maps by children and adults. In search of ways to ask better questions. Multiple perspectives. In L.S. Liben, A.H. Patterson & N. Newcombe (Eds.), Spatial representation and behavior across the life span: Theory and application (pp. 167-194). New York: Academic Press.

Siegel, A.W., Kirasic, K.C. & Kail, R.V. jr. (1978). Stalking the elusive cognitive map. The development of children's representations of geographic space. In I. Altman & J.F. Wohlwill (Eds.), Human behavior and environment. Advances in theory and research. Vol. 3: Children and environment (pp. 223-258). New York: Plenum.

Siegel, A.W. & White, Sh.H. (1975). The development of spatial representation of large-scale environments. Advances in Child Development and Behavior 10, 10-55.

Stea, D. (1976). Program notes on a spatial fugue. In G.T. Moore & R.G. Golledge (Eds.), Environmental knowing. Theories, research, and methods (pp. 106-120). Stroudsburg, PA: Dowden, Hutchinson & Ross.

Stevens, A. & Coupe, P. (1978). Distortions in judged spatial relations. Cognitive Psychology 10, 422-437.

Thorndyke, P.W. (1981). Spatial cognition and reasoning. In J.H. Harvey (Ed.), Cognition, social behavior, and the environment (pp. 137-149). Hillsdale, NJ: Erlbaum.

Thorndyke, P.W. & Goldin, S.E. (1983). Spatial learning and reasoning skills. In H.L. Pick jr. & L.P. Acredolo (Eds.), Spatial orientation: Theory, research and application (pp. 195-207). New York: Plenum.

Tolman, E.C. (1948). Cognitive maps in rats and men. Psychological Review 55, 189-208. (auch in R.M. Downs & D. Stea (Eds.), Image and environment. Cognitive mapping and spatial behavior. Chicago: Aldine).

Tversky, B. (1981). Distortions in memory for maps. Cognitive Psychology 13, 407-433.

Ullmer-Ehrich, V. (1979). Wohnraumbeschreibungen. LiLi: Zeitschrift für Literaturwissenschaft und Linguistik 9(33), 58-83.

Wimmer, H. & Perner, J. (1979). Kognitionspsychologie. Eine Einführung. Stuttgart: Kohlhammer.

Gerhard Schneider
Psychosomatische Universitätsklinik
der Universität Heidelberg

Image:
Bedeutungsbezogene Umweltrepräsentation

1. Zugang

Während unter dem Aspekt „→ *Kognitive Karte und Kartierung*" die räumlich-dingliche Umwelt im Hinblick auf die Frage nach dem „Wo" betrachtet wird, ist unter dem Aspekt „Image" die Frage nach dem „Was" thematisch (→ *Umwelt-repräsentation*). Anders als dort ist aber hier die Forschungslage viel uneinheitlicher, und auch die theoretisch-konzeptuellen Bemühungen stecken überwiegend noch in den Anfängen (vgl. Moore 1979).

Für einen systematischen Einstieg in die Thematik bieten sich grundsätzlich zwei Zugangsweisen an, eine objekt- und eine subjektorientierte. Zum einen kann man *„objektorientiert"* vom Gegenstandsbereich „räumlich-dingliche Umwelt" ausgehen, wobei sich als erstes die Unterscheidung zwischen dem Bereich der „Mikroökologie", den objekthaft gegenüberstehenden, greifbaren Dingen, und dem der „Makroökologie" nahelegt, wohin die im Wortsinne um-gebenden Umwelten vom Zimmer bis zu Landschaften und ihre konstituierenden Teile (z.B. Fassaden) rechnen (vgl. Ittelson 1973). In beiden Bereichen lassen sich inhaltlich spezifizierte Teilklassen bilden, wobei im zweiten Falle noch eine weitere, die Größe der Umwelten betreffende Hierarchisierung nach Mikro- (Zimmer), Meso- (Wohngegend) und Makroebene (Stadt) vorgenommen werden kann.

Eine solche objektorientierte Zugangsweise kann vor allem anwendungsbezogen von Nutzen sein. Theoretisch-konzeptuell hingegen ist sie deswegen problematisch, weil es noch keine befriedigende, umfassende Umwelttaxonomie gibt. Deshalb wird hier ein *„subjektorientierter"* Zugang vorgezogen, d.h. es wird von der psychologischen Reaktion ausgegangen. Wie weithin üblich, unterscheiden wir dabei analytisch zwischen der kognitiven, der emotional-evaluativen und der behavioralen oder Verhaltens-Komponente. Zusätzlich wird die symbolische Dimension angesprochen, also der Aspekt, daß Dinge und Umwelten individuell wie sozial über sich selbst hinausweisen und für etwas anderes, das sie repräsentieren, stehen können – ein sehr wichtiges, empirisch aber noch unzureichend erschlossenes Feld.

2. Kognitive Komponente

Klassifikation. Das Standardvorgehen besteht hier darin, i.a. fotografisch repräsentierte Umwelten mittels paarweiser Ratings, Rangreihen oder freien Sortierens nach ihrer Ähnlichkeit beurteilen zu lassen und die Ähnlichkeitswerte dimensions- (Multidimensionale Skalierung [MDS], Faktorenanalyse) oder clusteranalytisch auf einfachere Strukturen zu reduzieren (→ *Methoden der Umweltreprä-*

sentation). Ward (1977, Ward & Russell 1981b) verwendete eine sehr breit gestreute Stichprobe von Umwelten aus allen drei Ebenen (Mikro-, Meso- und Makroumwelten). Die MDS lieferte konsistent fünf Dimensionen, wobei inhaltlich vor allem die Aspekte „Zivilisation" (d.h. vom Menschen hergestellt) vs. „Natur" und „Ausdehnung" (umschlossen vs. sich offen erstreckend) hervortraten, ohne daß dies aber andere Interpretationen ausschlösse (Ward & Russell 1981a, b).

Schneider und Weimer (1981) arbeiteten mit einem breiten Spektrum städtischer Szenen. Clusteranalytisch ließen sich die Themen „Verkehr", „Industrie", „historisch-ästhetische Umwelt", „kommerziell-konsumbezogene Umwelt", „Freizeit" und „Dörflichkeit (in der Stadt)" identifizieren. Andere makro-ökologische Bereiche, die auf diese Weise untersucht wurden, sind etwa US-Bundesstaaten und Städte (verbal repräsentiert; Cox & Zannaras 1973), Wohngegenden (Gårling 1976, Horayangkura 1978) und Baulichkeiten (Oostendorp & Berlyne 1978a). Mikroökologische Arbeiten könnten sich etwa an die Untersuchung von Rosch et al. (1976) zur Kategorisierung von alltäglichen Gebrauchsobjekten anschließen.

Wiedererkennbarkeit. Anders als zuvor, wo es um allgemeine Kategorien und Dimensionen ging, unter denen das einzelne kogniziert wird, ist hier die jeweilige Umwelt im Hinblick auf ihre Individualität thematisch. Die psychologische Individualität einer Umwelt im Sinne ihrer guten Wiedererkennbarkeit hängt von zwei gleichermaßen bedeutsamen Faktoren ab: zum einen von ihrer „inhärenten" physischen und/oder sozialen Besonderheit, etwa ihrer auffallenden architektonischen Gestaltung oder ihrer hohen Nutzung, zum anderen von ihrer Lage relativ zu den zentralen städtischen Verhaltensströmen, z.B. den Verkehrsknotenpunkten (Appleyard 1969, Milgram et al. 1972). Daß physisch und/oder durch ihre Nutzung auffällige Gebäude besser wiedererkannt werden, läßt sich auch experimentell belegen – vorausgesetzt, sie sind nicht explizit benannt, in diesem Falle gibt es nämlich keine Unterschiede gegenüber weniger auffälligen Gebäuden (Pezdek & Evans 1979).

Interne Repräsentation. Bei den oben angesprochenen dimensions- und clusteranalytischen Auswertungsverfahren ist zu beachten, daß sie psychologische Modellvorstellungen implizieren, deren inhaltliche Angemessenheit zu überprüfen ist (Gigerenzer 1981). Insbesondere heißt das, daß auch im Falle der Existenz inhaltlich sinnvoller Lösungen *nicht* ohne weiteres auf die Existenz einer analogen mentalen Repräsentation bei den Versuchspersonen geschlossen werden kann!

Ansätze zu einer inhaltlich-psychologischen Modellreflexion finden sich bei Ward und Russell (1981a), die zwischen geometrisch-dimensionalen und Merkmals- oder Feature-Modellen unterscheiden. Ihre Befunde lassen sich einmal mit der Annahme eines relativ niedrig-dimensionalen Raums interpretieren, in dem eine Reihe zueinander nicht notwendig rechtwinkliger Vektorbündel liegt, die eine Vielzahl von Attributen repräsentieren. Angemessener scheint aber der Rückgriff auf Merkmals-Modelle, in denen Umwelten/Dinge etwa durch eine Liste ihnen zukommender Attribute repräsentiert sind, wobei noch das Ausmaß dieser Umwelt/Merkmal-Zusammengehörigkeit einbezogen werden kann (sog.

„fuzzy sets"). Ähnlichkeitsbeurteilungen können in diesem Falle als überlappende Attributmengen rekonstruiert werden (Shepard & Arabie 1979, Tversky 1977).

Merkmale können auch als in Netzwerken (paarweise unterschiedlich starker Verknüpfungen) organisiert verstanden werden (Kaplan & Kaplan 1982, S. 26 bis 32). Eine weitere Möglichkeit bietet der Prototypen-Ansatz von Rosch (1975, vgl. Mervis & Rosch 1981), nach dem es unterschiedlich typische Vertreter von Objektkategorien wie etwa „Vogel" oder „Möbel" gibt (Prototypen sind optimale Kategorien-Repräsentanten, z.B. das Rotkehlchen für „Vogel", der Stuhl für „Möbel").

3. Emotional-evaluative Komponente

Präferenz. Recht bekannt geworden sind hier Untersuchungen von Gould (1973, Gould & White 1974), der u.a. Studenten in verschiedenen west-, süd- und nordeuropäischen Ländern die europäischen Staaten im Hinblick auf ihre Erwünschtheit als „Wohnländer" in eine Rangordnung bringen ließ. Die faktorenanalytische Auswertung erbrachte überall eine im wesentlichen eindimensionale Lösung, bei der die Länder des Ostblocks den negativen, das eigene Vaterland sowie sprachlich und/oder kulturell verwandte Nationen den positiven Pol bilden. Herzog et al. (1976) ermittelten Präferenzraten in bezug auf den Lebensraum „Stadt". Faktorenanalytisch ergaben sich fünf Dimensionen: Kultur, Modernität, Ökonomie, Unterhaltung, direkter eigener Lebensbereich (Campus).

Weitere Fragestellungen betreffen beispielsweise inner- und interstädtische Wohnpräferenzen (Rapoport 1977, S. 81-91, Golledge & Rushton 1976), ästhetische Aspekte (→ *Umweltästhetik;* → *Hausformen*) und im – umweltpsychologisch kaum behandelten – mikroökologischen Bereich etwa Konsumpräferenzen (Stefflre 1972). Ergänzend sei hier noch auf die emotionale Bedeutsamkeit von Dingen – beispielsweise für alte Menschen – hingewiesen (Rochberg-Halton 1984, Csikszentmihalyi & Rochberg-Halton 1981, Sherman & Newman 1977-78).

Dimensionen des Semantischen Differentials (SD). Mehrabian und Russell (1974) gehen von einem Modell aus, nach dem das offene (Annäherung- und Vermeidungs-)Verhalten in einer Umwelt durch die von der Umwelt im Zusammenspiel mit Organismusvariablen ausgelösten internen emotionalen Reaktionen gesteuert wird. Dabei werden drei emotionale Dimensionen, die sich mit SD-artigen Listen bipolarer Adjektive faktorenanalytisch nachweisen ließen, als grundlegend angenommen: „Lust vs. Unlust", „Erregung" und „Dominanz vs. Submissivität" – sie entsprechen den drei fundamentalen SD-Dimensionen der konnotativen Bedeutung: „Evaluation", „Aktivität" und „Potenz" (Osgood et al. 1957, zum SD als Meßinstrument → *Methoden der Umweltrepräsentation*).

Die genannten Dimensionen wurden später repliziert (Russell et al. 1981). Fraglich ist allerdings, ob im umweltpsychologischen Kontext die Dimension „Dominanz vs. Submissivität" (bzw. „Potenz") tatsächlich als vorwiegend emotional anzusehen ist: Vergleiche mit der Dimensionierung von Adjektiven mit keinem oder einem nur sehr geringen perzeptiv-kognitiven Gehalt legen nämlich nahe, diese Dimension als perzeptiv-kognitiv, in erster Linie auf Stimulusqualitäten und nicht den inneren Zustand des Wahrnehmenden bezogen zu betrachten (Russell 1978, Russell & Pratt 1980, Russell et al. 1981).

Interne Repräsentation. Die in den zuletzt genannten Untersuchungen ermittelte Struktur der emotional-evaluativen Umweltbedeutung ist als zweidimensionales Zirkumplex bipolarer Qualitäten zu beschreiben, d.h. die Adjektive sind in bipolar interpretierbarer Weise in einer Ebene kreisförmig um den Koordinatenursprung verteilt. Als Basisdimensionen können so zwei beliebige (orthogonale) Dimensionen, wie beispielsweise „Lust vs. Unlust" und „Erregung" („voll von Energie vs. schläfrig") oder auch „aufregend vs. langweilig" und „erschreckend vs. friedvoll", gewählt werden, da strukturell keine Basis als quasi-natürlich ausgezeichnet ist (Russell & Pratt 1980, Russell et al. 1981).

Dieselbe bipolar-zweidimensionale Zirkumplexstruktur ergibt sich auch bei anderen Analysen des emotionalen Ausdrucks und kann als allgemeines Interpretationsraster für emotionale Informationen aufgefaßt werden (Russell 1978, 1979, 1980). Auf sie wird u.a. zurückgegriffen, wenn emotionale Reaktionen auf Umwelten beschrieben werden, d.h. die zuletzt dargestellte Repräsentation der emotional-evaluativen *Umwelt*-Bedeutung erweist sich als Anwendungsfall dieser *allgemeinen* Repräsentationsstruktur (Russell et al. 1981).

4. Verhaltenskomponente

Inhaltliche Frageperspektiven. In diesem von der Forschung vernachlässigten Bereich geht es um die Verhaltenskomplexe, die im subjektiven Erleben räumlich-dinglicher Umwelten definieren. Zum einen kann dies die faktischen Aktivitäten beispielsweise in alltäglich genutzten Räumen betreffen. So erhob etwa Tagg (1974) die in den verschiedenen Wohnungszimmern ausgeführten Verhaltensweisen. Daraus wurden Ähnlichkeitswerte für die Zimmer abgeleitet, die dimensionsanalytisch auswertbar waren. Zimmer sind danach u.a. nach dem Grad ihrer Spezialisierung (Zahl unterschiedlicher Aktivitäten) unterscheidbar. Interessant kann dieser Ansatz in einer differentiellen Perspektive werden, nämlich beim Vergleich des raumbezogenen Lebensstils unterschiedlicher Gruppen (vgl. auch Canter 1977, S. 116ff.) (→ *Wohnen und Wohnzufriedenheit*).

Einen anderen Zugang bietet eine handlungstheoretische Orientierung, in der im Hinblick auf die Planung von Aktivitäten an einem Ort nach „Gründen zum Aufsuchen", „der Geeignetheit für das beabsichtigte Verhalten", „den dort erwarteten Aktivitäten" und „den (faktisch) dort realisierten Aktivitäten", sowie zusätzlich noch den „dort überhaupt vorstellbaren Verhaltensweisen" unterschieden werden kann (Genereux et al. 1983). Diese zunächst analytisch gewonnenen Kategorien erweisen sich auch empirisch als voneinander abgrenzbare Komponenten der Verhaltensbedeutung. Ferner belegen die Ergebnisse die Ortsspezifität mancher Aktivitäten wie umgekehrt die Verhaltensspezifität von Orten. In einer weiteren Untersuchung ergaben sich in bezug auf den Aspekt der „Verhaltens-Geeignetheit" von Örtlichkeiten u.a. eine allgemeine „Annäherungs/Vermeidungs"-Dimension und eine solche, die den Wunsch nach sozialem Kontakt repräsentierte (Ward & Russell 1981a).

Fruchtbare Konzepte in diesem Zusammenhang sind auch „gelebter Raum" (oder „Lebensraum") (M. & H. Muchow 1980/1935) sowie „Aktions-" und „Aktivitätsraum", die sich auf die subjektive Nutzung der städtischen Umwelt beziehen (Friedrichs 1977, Kap. 8). Hinweise, an denen mikroökologische Untersuchungen ansetzen könnten, finden sich bei Csikszentmihalyi und Rochberg-Halton (1981) und Rochberg-Halton (1984).

Interne Repräsentation. Der Anschluß an entsprechende kognitionspsychologische Theorien ist mit Hilfe des von Schank und Abelson (1977, Abelson 1981) entwickelten Script-Konzepts möglich. Ganz allgemein beziehen sich Scripts auf durch Konventionen oder Normen geregelte, standardisierte alltägliche Situationen und Verhaltenskontexte, für die sie die angemessene Handlungsabfolge beschreiben. Wie Drehbücher legen sie allgemeine Szenen fest, die ihrerseits handlungsmäßig spezifiziert sind – im Standardbeispiel „Restaurant" sind u.a. „Tischsuche" und „Bestellung" solche Szenen. Zur vollständigen Spezifikation eines Scripts gehören ferner die Rollen der Handelnden (Gast, Kellner) und die Festlegung der räumlich-dinglichen Ausstattung (Mobiliar, Essen). Wie fruchtbar dieser Ansatz für die Frage nach der Verhaltensbedeutung von Umwelten werden kann, zeigt die Untersuchung von Kruse (1986), die Verhaltenssettings ($\rightarrow$ *Behavior-Setting*) mit Hilfe des Script-Konzepts reanalysiert.

5. Zusammenhang zwischen den Komponenten

Nicht spezifisch ausgerichtete Untersuchungen. Daß die vorgenommene Unterscheidung in die drei Bedeutungskomponenten (Kognition, Emotion-Evaluation, Verhalten) im wesentlichen akzentuierend-analytischer Art ist, erweist sich einmal darin, daß in Untersuchungen, die global die Bedeutung einer Umwelt zum Thema haben, zumeist mehrere Komponenten *zusammen* resultieren. Ein Beispiel dafür bietet eine im Rahmen der Kellyschen Theorie der personalen Konstrukte ($\rightarrow$ *Methoden der Umweltrepräsentation*) durchgeführte Arbeit zum Stadt-Image (Harrison & Sarre 1975). Die ermittelten zentralen Image-Kategorien sind die Kontraste „häßlich/funktional/allgemein vs. ästhetisch/schön/ortstypisch", „selbst genutzt/gemocht/Gefühl des Zu-Hause-Seins vs. nicht aufsuchen/nicht mögen/ sich fremd fühlen" und „persönlich beteiligt vs. unbeteiligt" und betreffen demnach alle drei Komponenten. Ein weiteres Beispiel bietet die Untersuchung von Horayangkura (1978) zur Wahrnehmung städtischer bis ländlicher Wohngegenden. Die MDS-Analyse globaler Ähnlichkeitsbeurteilungen erbrachte drei Dimensionen, die emotional-evaluativer und kognitiver Art sind, nämlich „Evaluation", „Ausmaß an Urbanisierung" und „Geordnetheit".

Spezifische Zusammenhangsanalysen. Die allgemeine Vorgehensweise besteht hier darin, die separat für die einzelnen Komponenten gewonnenen Strukturen mittels multivariater korrelationsanalytischer Verfahren (wie beispielsweise kanonischer Korrelationen, multiple Regression) systematisch aufeinander zu beziehen. So berichten etwa Ward und Russell (1981a) über einen global hohen Zusammenhang zwischen der oben erwähnten kognitiven (s. 2.) und der emotional-evaluativen Struktur (SD-Dimensionen wie Zirkumplex-Struktur; s. 3), wobei sich allerdings nur in einem Vergleich eine recht genaue Korrespondenz zwischen zwei *einzelnen* Dimensionen ergab. In Übereinstimmung damit berichten Oostendorp und Berlyne (1978a, b) hohe Zusammenhänge zwischen der Ähnlichkeitsstruktur von Baulichkeiten (kognitiv) und deren ästhetischen und Präferenz-Strukturen (emotional-evaluativ). Analog positive Befunde für Wohngegenden finden sich bei Gårling (1976).

Schließlich sei noch erwähnt, daß sich positive Ergebnisse auch für den Zusammenhang zwischen der Verhaltenskomponente auf der einen und der kognitiven bzw. emotional-evaluativen Komponente auf der anderen Seite ergeben (Genereux et al. 1983 [s.a. 3]; Ward & Russell 1981a).

6. Die symbolische Dimension

Zugang. Betrachten wir die bisherigen Bedeutungsanalysen von ihrem Objektbereich, der räumlich-dinglichen Umwelt her, so läßt sich in Analogie zur linguistischen Unterscheidung zwischen der Denotation und der Konnotation eines sprachlichen Zeichens (vgl. etwa Lyons 1980, Kap. 7) von „denotativen" Aspekten, die sachlich-funktionale Attribute betreffen, auf der einen Seite und „konnotativen" Aspekten, die emotionale und ästhetische Anmutungsqualitäten, verbunden mit ihrer Wertschätzung, umfassen, auf der anderen Seite sprechen. So gehören etwa bei einer Kathedrale ihre Bauweise (Stil), ihre Ausstattung, ihre religiöse Funktion usw. zu ihrer denotativen Bedeutung, daß sie als großartig, niederdrückend oder Geborgenheit vermittelnd erlebt wird, zu ihrer konnotativen Bedeutung.

Stillschweigend haben wir dabei bislang die Voraussetzung gemacht, die jeweiligen Umwelten/Dinge „abgeschlossen" nur *als sie selbst* zu betrachten, sei es konkret-individuell (diese Kirche), sei es auf einer hierarchisch allgemeineren Ebene (eine Kathedrale, ein sakraler Raum usw.) (vgl. Downs & Stea 1977, S. 107-119), nicht aber als „über sich hinausweisend", für etwas anderes stehend. Dieser letztere Aspekt ist gemeint, wenn von der symbolischen Bedeutung der räumlich-dinglichen Umwelt die Rede ist – um auf das Beispiel zurückzukommen: Die Kathedrale kann etwa Transzendenz, Vollkommenheit, ein lichteres Säkulum, für andere aber auch finsteres Mittelalter, Macht oder Unterdrückung symbolisieren. Die spezifische Ausdrucksqualität der Symbole sehen wir im Konnotativen, so daß denotativ fungierende, durch konventionelle Bedeutungsfestlegung konstituierte Objekte (z.B. Verkehrszeichen) in dieser Funktion hier *nicht* als Symbole angesehen werden (vgl. Boesch 1980, Kap. 7; s.a. Lorenzer 1968).

Unterscheidungen. Auf drei umweltpsychologisch interessante Unterscheidungen sei hingewiesen. Die eine betrifft das durch Umwelten/Dinge Symbolisierbare, das Nicht-Materielles wie Materielles umfaßt. Zum ersteren rechnen etwa Ideen, Werte und sozio-historische oder private biographische Ereignisse, die etwa durch Denkmäler, spezielle Bauten oder Andenken symbolisiert werden können. Daß Umwelten selbst durch Umweltelemente repräsentierbar sind, zeigen städtische Wahrzeichen wie der Eiffelturm oder der Kölner Dom, die stellvertretend für das Ganze, dessen Teil sie sind, stehen.

Die zweite Unterscheidung ist die zwischen „kontingenter" und „analogischer" Symbolik (Boesch 1976, Kap. 1; 1980, Kap. 2,7). Der symbolische Gehalt eines Objekts ist kontingent, wenn er in Konnotationen situativer (Ereignisse) wie funktionaler Art (Kompetenzgefühl) besteht, die sich nicht notwendig vom Objekt selbst her nahelegen. So kann beispielsweise ein Tennisschläger ein positives Funktionsgefühl (körperliche Gewandtheit usw.), ein Urlaubs-Fundstück diesen Urlaub mit seinen Erlebnissen symbolisieren. Analogisch heißt dagegen ein Symbol, wenn es sich durch eine „innere" Ähnlichkeit mit dem Symbolisierten gleichsam von sich selbst aus zur veranschaulichenden Stellvertretung anbietet, z.B. das Meer für Unendlichkeit.

Der dritte Aspekt schließlich betrifft die Funktionsebene. Hier lassen sich partikuläre und universelle oder kollektiv-allgemeine Symbole unterscheiden. Letztere, wie z.B. die Nationalflagge, haben für alle Mitglieder einer Gesellschaft oder Kultur die gleiche Bedeutung (oder sollten sie idealiter haben) während erstere nur individuell – z.B. das Andenken – oder auf Gruppenebene – der gewonnene Mannschaftspokal – Symbolfunktion haben (vgl. Boesch 1980, Kap. 7).

Individual- und sozialpsychologische Dimension. Ein systematischer Zugang ist hier in einer identitätspsychologischen Perspektive möglich (vgl. Goffman 1974). Zum einen kann danach gefragt werden, welche Abschnitte oder Ereignisse der persönlichen Lebensgeschichte im subjektiven Erleben durch bestimmte Umwelten oder Dinge symbolisiert werden. In diesem Kontext hat sich gezeigt, daß gerade für ältere Menschen die Bedeutsamkeit einer solchen „Materialisierung" ihrer Identität hoch ist (Sherman & Newman 1977-78). Eine zweite Möglichkeit bietet die Betrachtung der sozialen Identität, also der verschiedenen (formellen wie informellen) Gruppenzugehörigkeiten und die Frage nach deren räumlich-dinglichen Korrelaten wie etwa Statussymbolen (vgl. Csikszentmihalyi & Rochberg-Halton 1981).

Schließlich kann man vom direkt zugänglichen Selbstverständnis einer Person ausgehen und sie etwa angeben oder fotografieren lassen, was in ihrer Umwelt sie selbst „zum Ausdruck" bringe. So läßt sich z.B. die größere Selbst-Bedeutsamkeit der Wohnung gegenüber der äußeren städtischen Umwelt belegen (Hormuth & Lalli 1985). Analog läßt sich in einer sozialpsychologisch-soziologischen Perspektive die Selbstsymbolisierung von Gruppen thematisieren. Befunde aus diesem Bereich zeigen sehr deutlich, daß die räumlich-dingliche Umwelt zur Abgrenzung und damit zur Stabilisierung der Gruppenidentität (→ *Aneignung*) benutzt werden kann (Duncan 1973, Duncan & Duncan 1976).

Soziokulturelle Dimension. Analog zum Vorangehenden läßt sich ein systematischer Zugang von der Frage nach den gesellschaftlichen und kulturellen „Selbstdeutungssystemen", wie etwa dem Wertgefüge, her finden. Da hier die Grenzen der Psychologie im engeren Sinne überschritten sind, mögen zwei Beispiele zur Veranschaulichung genügen, die zugleich die Bedeutsamkeit dieser Dimension für die oben dargestellte psychologische Ebene verdeutlichen. Zum einen zeigt Kramer (1973) in ihrer Analyse der öffentlichen Debatte um die geplante Neuerrichtung eines Wolkenkratzers in San Francisco, daß das Gebäude zum Symbol konfligierender Wertorientierungen wird (Fortschritt vs. Urbanität), wobei sich schließlich die Befürworter der Erhaltung des durch das Projekt bedrohten San-Francisco-Images durchsetzen. Zum anderen zeichnet Strauss (1976) anhand der populären Stadtliteratur nach, wie sich in den USA das Image „der Stadt", aber auch das einzelner Städte, in den letzten 100 bis 150 Jahren verändert hat – und verändert.

Für einen umfassenderen Einstieg in die Thematik kann auf Boesch (1980), Ittelson et al. (1977, Kap. 2), Rapoport (1977) und Tuan (1974) verwiesen werden. (→ *Umweltrepräsentation;* → *Methoden der Umweltrepräsentation*).

Literatur

Abelson, R.P. (1981). Psychological status of the script concept. American Psychologist 36, 715-729.

Appleyard, D. (1969). Why buildings are known: A predictive tool for architects and planners. Environment and Behavior 1, 131-156.

Boesch, E.E. (1976). Psychopathologie des Alltags. Zur Ökopsychologie des Handelns und seiner Störungen. Bern: Huber.

Boesch, E.E. (1980). Kultur und Handlung. Einführung in die Kulturpsychologie. Bern: Huber.

Canter, D. (1977). The psychology of place. New York: St. Martin's Press.

Cox, K.R. & Zannaras, G. (1973). Designative perceptions of macro-spaces: Concepts, a methodology, and applications. In R.M. Downs & D. Stea (Eds.), Image and environment. Cognitive mapping and spatial behavior (pp. 162-178). Chicago: Aldine.

Csikszentmihalyi, M. & Rochberg-Halton, E. (1981). The meaning of things. Domestic symbols and the self. Cambridge: Cambridge University Press (dt.: Der Sinn der Dinge. Das Selbst und die Symbole des Wohnbereichs. München: Psychologie Verlags Union 1989).

Downs, R.M. & Stea, D. (Eds.) (1973). Image and environment. Cognitive mapping and spatial behavior. Chicago: Aldine.

Downs, R.M. & Stea, D. (1977). Maps in minds. Reflections on cognitive mapping. New York: Harper & Row (dt. New York: Harper & Row/UTB 1982).

Duncan, J.S. (1973). Landscape taste as a symbole of group identity: A Westchester County village. Geographical Review 63, 334-355.

Duncan, J.S. & Duncan, N.G. (1976). Social worlds, status passage and environmental perspectives. In G.T. Moore & R.G. Golledge (Eds.), Environmental knowing. Theories, research, and methods (pp. 206-213). Stroudsburg, PA: Dowden, Hutchinson & Ross.

Friedrichs, J. (1977). Stadtanalyse. Soziale und räumliche Organisation der Gesellschaft. Reinbek: Rowohlt.

Gårling, T. (1976). The structural analysis of environmental perception and cognition. A multidimensional scaling approach. Environment and Behavior 8, 384-415.

Genereux, R.L., Ward, L.M. & Russell, J.A. (1983). The behavioral component in the meaning of places. Journal of Environmental Psychology 3, 43-55.

Gigerenzer, G. (1981). Messung und Modellbildung in der Psychologie. München: Reinhardt.

Goffman, E. (1974). Das Individuum im öffentlichen Austausch. Mikrostudien zur öffentlichen Ordnung. Frankfurt: Suhrkamp.

Golledge, R.G. & Rushton, G. (Eds.) (1976). Spatial choice and spatial behavior. Geography essays on the analysis of preferences and perceptions. Columbus: Ohio State University Press.

Gould, P.R. (1973). On mental maps. In R.M. Downs & D. Stea (Eds.), Image and environment. Cognitive mapping and spatial behavior (pp. 182-220). Chicago: Aldine.

Gould, P.R. & White, R. (1974). Mental maps. Harmondsworth: Penguin Books.

Harrison, J. & Sarre, P. (1975). Personal construct theory and the measurement of environmental images. Environment and Behavior 7, 3-58.

Herzog, Th.R., Kaplan, St. & Kaplan, R. (1976). The prediction of preference for familiar urban places. Environment and Behavior 8, 627-645.

Horayangkura, V. (1978). Semantic dimensional structures: A methodological approach. Environment and Behavior 10, 555-584.

Hormuth, S.E. & Lalli, M. (1985). The role of urban environments for the self-concept: A research example using an autophotographical approach. In S.E. Hormuth (Hg.), Methoden für psychologische Forschung im Feld: Erfahrungsstichprobe, Autophotographie und Telefoninterview. Bericht aus dem Psychologischen Institut der Universität Heidelberg, 43.

Ittelson, W.H. (1973). Environment perception and contemporary perceptual theory. In W.H. Ittelson (Ed.), Environment and cognition (pp. 1-19). New York: Seminar Press.

Ittelson, W.H., Proshansky, H.M., Rivlin, L.G. & Winkel, H.G. (1977). Einführung in die Umweltpsychologie. Stuttgart: Klett-Cotta.

Kaplan, St. & Kaplan, R. (1982). Cognition and environment. Functioning in an uncertain world. New York: Praeger.

Kramer, A. (1973). Building the imagery of San Francisco. An analysis of controversy over high-rise development 1970-71. In W.F.E. Preiser (Ed.), EDRA 4/I-II. Environmental design research. Vol. II (pp. 221-231). Stroudsburg, PA: Dowden, Hutchinson & Ross.

Kruse, L. (1986). Drehbücher für Verhaltensschauplätze oder: Scripts für Settings. In G. Kaminski (Hg.), Ordnung und Variabilität im Alltagsgeschehen. Das Behavior-Setting-Konzept in den Verhaltens- und Sozialwissenschaften (S. 135-153). Göttingen: Hogrefe.

Lorenzer, A. (1968). Städtebau: Funktionalismus oder Sozialmontage? Zur sozialpsychologischen Funktion der Architektur. In H. Berndt, A. Lorenzer & K. Horn (Hg.), Architektur als Ideologie (S. 51-104). Frankfurt: Suhrkamp.

Lyons, J. (1980). Semantik. Bd. 1. München: Beck.

Mehrabian, A. & Russell, J.A. (1974). An approach to environmental psychology. Cambridge, MA: M.I.T. Press.

Mervis, C.B. & Rosch, E. (1981). Categorization of natural objects. Annual Review of Psychology 32, 89-115.

Milgram, St., Greenwald, J., Kessler, S., McKenna, W. & Waters, J. (1972). A psychological map of New York City. American Scientist 60, 194-200.

Moore, G.T. (1979). Knowing about environmental knowing. The current state of theory and research on environmental cognition. Environment and Behavior 11, 33-70.

Muchow, M. & Muchow, H.H. (1980). Der Lebensraum des Großstadtkindes. Mit einer Einführung von Jürgen Zinnecker. Bensheim: päd. extra-Buchverlag (orig. Hamburg 1935).

Oostendorp, A. & Berlyne, D.E. (1978a). Dimensions in the perception of architecture. 1. Identification and interpretation of dimensions of similarity. Scandinavian Journal of Psychology 19, 73-82.

Oostendorp, A. & Berlyne, D.E. (1978b). Dimensions in the perception of architecture. 3. Multidimensional preference scaling. Scandinavian Journal of Psychology 19, 145-150.

Osgood, C.E., Suci, G.J. & Tannenbaum, P.H. (1957). The measurement of meaning. Urbana, ILL: University of Illinois Press.

Pezdek, K. & Evans, G.W. (1979). Visual and verbal memory for objects and their spatial locations. Journal of Experimental Psychology: Human Learning and Memory 5, 360-373.

Rapoport, A. (1977). Human aspects of urban form. Towards a man-environment approach to urban form and design. Oxford: Pergamon Press.

Rochberg-Halton, E. (1984). Object relations, role models, and cultivation of the self. Environment and Behavior 16, 335-368.

Rosch, E. (1975). Cognitive representations of semantic categories. Journal of Experimental Psychology: General 104, 192-223.

Rosch, E., Mervis, C.B., Gray, W.D., Johnson, D.M. & Boyes-Braem, P. (1976). Basic objects in natural categories. Cognitive Psychology 8, 382-439.

Russell, J.A. (1978). Evidence of convergent validity on the dimensions of affect. Journal of Personality and Social Psychology 36, 1152-1168.

Russell, J.A. (1979). Affective space is bipolar. Journal of Personality and Social Psychology 37, 345-356.

Russell, J.A. (1980). A circumplex model of affect. Journal of Personality and Social Psychology 39, 1161-1178.

Russel, J.A. & Pratt, G. 1980. A description of the affective quality attributed to environments. Journal of Personality and Social Psychology 38, 311-322.

Russell, J.A., Ward, L.M. & Pratt, G. (1981). Affective quality attributed to environments. A factor analytic study. Environment and Behavior 13, 259-288.

Schank, R.C. & Abelson, R.P. (1977). Scripts, plans, goals, and understanding. An inquiry into human knowledge structures. Hillsdale, NJ: Erlbaum.

Schneider, G. & Weimer, E. (1981). Aspekte der Kategorisierung städtischer Umwelt. Eine empirische Untersuchung. Bericht aus dem Psychologischen Institut der Universität Heidelberg, 25.

Shepard, R.N. & Arabie, P. (1979). Additive clustering: Representation of similarities as combinations of discrete overlapping properties. Psychological Review 86, 87-123.

Sherman, E. & Newman, E.S. (1977-78). The meaning of cherished personal possessions for the elderly. Journal of Aging and Human Development 8, 181-192.

Stefflre, V.J. (1972). Some applications of multidimensional scaling to social science problems. In A.K. Romney, R.N. Shepard & S.B. Nerlove (Eds.), Multidimensional scaling. Theory and applications in the behavioral sciences. Vol. 2. (pp. 211-243). New York: Seminar Press.

Strauss, A.L. (1976). Images of the American city. New Brunswick, NJ: Transaction Books.

Tagg, St.K. (1974). The subjective meaning of rooms: Some analyses and investigations. In D. Canter & T. Lee (Eds.), Psychology and the built environment. Tonbridge, Kent: Architectural Press, 65-70.

Tuan, Y.F. (1974). Topophilia. A study of environmental perception, attitudes, and values. Englewood Cliffs, NJ: Prentice Hall.

Tversky, A. (1977). Features of similarity. Psychological Review 84, 327-352.

Ward, L.M. (1977). Multidimensional scaling of the molar physical environment. Multivariate Behavioral Research 12, 23-42.

Ward, L.M. & Russell, J.A. (1981a). The psychological representation of molar physical environments. Journal of Experimental Psychology: General 110, 121-152.

Ward, L.M. & Russell, J.A. (1981b). Cognitive set and the perception of place. Environment and Behavior 13, 610-632.

Gerhard Schneider
Psychosomatische Universitätsklinik
der Universität Heidelberg

Ökologisches Denken und Problemlösen

Wie anhand des Waldsterbens und seiner bedrohlichen Folgen für unser Ökosystem und damit letztlich für uns selbst deutlich sichtbar wird, ist die Grenze überschritten, unterhalb deren die Natur als sich selbst regulierendes System die Auswirkungen der menschlichen Eingriffe ausgleichen konnte. Um unseren Lebensraum zu erhalten, bedarf es bei Planungen und Entscheidungen eines ganzheitlichen, *vernetzten Denkens*, das die Einbettung momentan interessierender Teilaspekte in das gesamte, äußerst komplexe *Wirkungsgefüge* der Natur, in dem wir ein ebenfalls sehr komplexes Subsystem bilden, berücksichtigt.

1. Allgemeine Charakteristika und Anforderungen komplexer Systeme

Unter ökologischem Denken soll hier das Denken in Wirkungszusammenhängen, in Systemen verstanden werden. Das heißt, daß man sowohl die *einzelnen Variablen* betrachtet als auch die *Relationen* zwischen ihnen. Systeme bilden mehrdimensionale *Netzwerke* mit den unterschiedlichsten Beziehungen zwischen den einzelnen Knoten (positive, negative Rückkoppelung, Ketten usw.). Zieht man an einem Knoten, so kann dies Auswirkungen auf alles, auch weit entfernte Bereiche haben.

Ein zentrales Merkmal von Systemen ist deren *Komplexität*, d.h. es ist eine Vielzahl von Variablen und Subsystemen zu beachten, und zwar in vertikaler und in horizontaler Richtung. Bei einem Baum etwa kann man zum einen dessen Funktion und Abhängigkeit innerhalb des Ökosystems „Wald" betrachten (übergeordnetes System), zum anderen die innerhalb des Baumes ablaufenden chemischen Prozesse (Subsysteme) sowie alle weiteren über- und untergeordneten Systeme und deren Interaktionen. Hier ist es angesichts der begrenzten Informationsverarbeitungskapazität des Menschen wichtig, ein adäquates *Auflösungsniveau* zu finden, nicht zu fein und nicht zu grob. Gleiches gilt für die Abgrenzung zu nebengeordneten Systemen, auch hier muß ein passender *Teilausschnitt* gefunden werden. Der Fehler der Vergangenheit war es, daß die Grenzen meist zu eng gezogen wurden, so daß der Zusammenhang zum einbettenden System verloren ging.

Weitere Merkmale komplexer Systeme sind *Eigendynamik* und *Intransparenz*. Eigendynamik bedeutet, daß die Situation sich von alleine verändert. Intransparenz heißt, daß einige Variablen nicht direkt beobachtbar sind und aus dem Verhalten anderer, mit ihnen im Zusammenhang stehender Variablen erschlossen werden müssen. Man beobachtet also Symptome, deren genaue Ursachen im Wirkungsgefüge unklar sind (Dörner 1976).

Ökologisches Denken erfordert also Umgang mit Komplexität, Intransparenz, Eigendynamik und Vernetztheit. Die in der bisherigen Denktradition übliche Art des monokausalen und isolationistischen Denkens ist hierfür nicht ausreichend. Dies zeigt sich deutlich sowohl bei realen Entscheidungen (z.B. Heidemann & Kaira 1984, Vester 1977) als auch in psychologischen Untersuchungen zum komplexen Problemlösen.

Um die Teilnehmer an solchen Untersuchungen, die Versuchspersonen (Vpn), mit Problemen zu konfrontieren, die in ihren Anforderungen der Realität ähnlich sind, benutzen wir die Methode der *Computersimulation*. Hierbei werden die Strukturen eines Realitätsausschnittes mit Hilfe eines Computerprogramms nachgebildet – allerdings ohne den Anspruch einer totalen Übereinstimmung mit der Realität. Die Vpn werden dann etwa aufgefordert, als Entwicklungshelfer in der Sahelzone für das Wohlergeben der eingeborenen „Moros" zu sorgen, oder als Bürgermeister für die Bürger der Kleinstadt „Lohhausen". Die Vpn können Informationen einholen, Maßnahmen planen und Entscheidungen treffen. Die Entscheidungen werden dann in der „Computerwelt" realisiert, und die Vpn können die Effekte ihres Handelns überprüfen und erneut planen. In solchen Untersuchungen lassen sich sowohl das Verhalten der Vpn als auch die kurz- und langfristigen Effekte dieses Verhaltens auf das System gut beobachten (s. Dörner & Reither 1978, Dörner, Kreuzig, Reither & Stäudel 1983, Stäudel 1987). Im Folgenden sollen die spezifischen Anforderungen komplexer Probleme, adäquate Vorgehensweisen sowie wichtige Fehler, die wir bei unseren Vpn beobachten konnten, geschildert werden.

2. Wahrnehmung von Problemen

In vielen Fällen muß ein Problem überhaupt erst als solches erkannt werden (Kluwe 1979). Dies ist aufgrund der Intransparenz oft nur anhand von Symptomen möglich. Auch muß ein Problem rechtzeitig erkannt werden, damit man noch handeln kann. Die Wahrnehmung von Problemen erfordert also zum einen *Aufmerksamkeit* hinsichtlich von Veränderungen, *Wissen* über deren Bedeutung für das gesamte System sowie Wissen über den Sollzustand und die Toleranzgrenzen, innerhalb deren Abweichungen normal sind. Typische Fehler sind *Nichtbeachtung* von Veränderungen bzw. deren falsche Beurteilung, *Bagatellisierung* von festgestellten Veränderungen sowie *Fehleinschätzung* der weiteren Entwicklung. Denn Menschen tendieren dazu, lineare statt der im ökologischen Bereich häufigen *exponentiellen Entwicklungen* anzunehmen und so die *Dringlichkeit* eines Problems zu unterschätzen (vgl. die lange Nichtbeachtung des Waldsterbens und das starke Anwachsen von 8% auf 50% geschädigter Bäume innerhalb von 3 Jahren (Haaf et al. 1984 sowie Dörner 1981, Reither 1981).

3. Zielbildung

Bei vielen Problemen ist das Ziel nur vage festgelegt („Der Wald soll wieder gesund sein"), ohne daß klar ist, welche exakten Sollwerte anzustreben sind. Hier bedarf es der *Zielpräzisierung*, der Ableitung klarer Teilziele. Diese bilden dann sowohl die Grundlage für eine Maßnahmensuche als auch für die *Zielbalancierung*. Die Teilziele können sich nämlich widersprechen (minimale Umweltbelastung vs. minimale Produktionskosten) und müssen gegeneinander abgewogen werden. Weiterhin bedarf es der Zielgewichtung bzw. Schwerpunktbildung. Die Beeinflussung zentraler Variablen, die sich schnell verändern, ist wichtiger als die eher peripherer oder relativ stabiler Variablen. In unseren Versuchen konnten wir beobachten, wie unsere Vpn sich angesichts massiver Probleme, wie etwa der drohenden Pleite der Stadt „Lohhausen" (s.o.) in nebensächliche Bereiche wie den Ausbau von Wanderwegen o.ä. einkapselten, was natürlich entsprechend negative Effekte für das Gesamtsystem hatte (Dörner et al. 1983).

4. Situationsanalyse

Die oben beschriebenen Schritte sind natürlich nur mit entsprechendem Wissen durchführbar, und zwar zum einen Datenwissen und zum anderen Wissen über die Struktur des Systems, d.h. über die existierenden Variablen und deren Relationen. So ergibt sich die Wichtigkeit eines Teilziels aus der Zentralität der entsprechenden Variablen im Gesamtsystem, die Dringlichkeit aus der Geschwindigkeit der Abweichung vom Sollwert (Dörner et al. 1983).

Oft fehlt dieses Strukturwissen, und ein naturwissenschaftliches Vorgehen zu seiner Beschaffung ist aus Zeitgründen oder prinzipiell nicht möglich, da systematisches Experimentieren mit isolierter Bedingungsvariation bei komplexen Systemen oft nicht sinnvoll ist (Reither & Stäudel 1985). Mögliche kognitive Operationen zur Informationsbeschaffung sind neben Fragen, Nachlesen etc. die Bildung von Analogien und die Anwendung abstrakter Strukturschemata (Dörner 1984). Da diese Operationen sowohl einigen Aufwand erfordern als auch angesichts der Komplexität der Situation Unbestimmtheit und damit Verunsicherung erzeugen, werden sie oft durch einfache Übernahme von Meinungen und ungeprüften Hypothesen ersetzt (Dörner & Reither 1978, Stäudel 1987).

5. Maßnahmenfestlegung

Durch die Situationsanalyse sollten die *kritischen Variablen* gefunden worden sein, die durch entsprechende Maßnahmen so verändert werden können, daß die angestrebten Ziele erreicht werden (z.B. Reduktion von Schwefeldioxid durch Entschwefelungsanlagen in Kraftwerken). Vor der endgültigen Festlegung müssen die Maßnahmen aber noch daraufhin überprüft werden, ob sich außer dem angestrebten Haupteffekt noch unerwünschte Neben- und vor allem Fernwirkungen ergeben, die möglicherweise die kurzfristig erreichten Ziele langfristig in ihr Gegenteil verkehren oder aber auch neue, schwerwiegende Probleme schaffen. Speziell bei Entscheidungen, die natürliche Steuergrößen beseitigen, müssen dafür künstliche eingesetzt werden, um das System zu erhalten. So kam es in der Sahelzone aufgrund der Bekämpfung der Tse-Tse-Fliege zu einem starken Zuwachs beim Vieh, der aber nicht durch eine höhere Schlachtrate aufgefangen wurde, so daß Überweidung mit all ihren Folgen für Boden und Klima auftrat.

Weiterhin muß die richtige Dosierung einer Maßnahme gefunden werden. Unterdosierungen haben oft überhaupt keinen Effekt. Überdosierungen können, vor allem im ökologischen Bereich, das ganze System zerstören, was wir bei unseren Vpn, besonders unter Streß, auch beobachten konnten. Weiterhin verließen sich die Vpn oft auf nur eine Maßnahme, statt mit einem ausgewogenen Maßnahmenbündel oder bedingten Entscheidungen zu arbeiten (Dörner et al. 1983, Stäudel 1983a).

6. Übergeordnete Steuerung

In dynamischen Systemen ist es mit stationären Eingriffen meist nicht getan, man muß nachsteuern, Nebenwirkungen abfangen usw. Hierfür ist es wichtig, einen übergeordneten Plan zu haben, der sich klar aus den angestrebten Zielen ergibt und nach Überprüfung der Effekte der durchgeführten Maßnahmen sowie der sonstigen Veränderungen der neuen Situation angepaßt wird. Fehlt ein solcher Plan, so kommt es zum Handeln nach dem Reparaturdienstprinzip, das nur auf offensichtliche Mißstände hin reagiert. Besonders wenn der Problemlöser durch Mißerfolge seinen Selbstwert oder seine soziale Anerkennung gefährdet glaubt, kann es zu einer Desintegration des Handelns und sogenannten „Notfallreaktionen" kommen. Je nach Persönlichkeitsstruktur und Kompetenz des Problemlösers treten im weitesten Sinne aggressives Verhalten (dominantes, diktatorisches Entscheiden, überdosierte Maßnahmen, radikale „Lösungen"), Regression (Einkapselung in irrelevante Bereiche oder totales Verlassen des Problembereichs) oder Resignation (Aufgabe jeder weiteren Beeinflussungsversuche) auf, verbunden mit entsprechenden Emotionen (Dörner, Reither & Stäudel 1983, Stäudel 1983b, Dörner 1982, Stäudel 1987). Solche Reaktionen und deren für das System äußerst negativen Effekte sind dadurch zu vermeiden, daß der Problemlöser sich sowohl der möglichen Fehler beim Umgang mit komplexen Systemen bewußt ist und sein Vorgehen immer wieder überprüft und ggf. modifiziert (Reither 1980) als auch seine eigenen Reaktionstendenzen in belastenden Situationen erkennt. Eine Veränderung der eingefahrenen Denkmuster in Richtung auf ein vernetztes ökologisches Denken ist dringend notwendig (→ *Umweltbewußtsein*) und scheint, mittels geeigneter Trainingsverfahren (Stäudel & Brunner 1989), auch möglich.

Literatur

Dörner, D. (1976). Problemlösen als Informationsverarbeitung. Stuttgart: Kohlhammer.

Dörner, D. (1981). Über die Schwierigkeiten menschlichen Umgangs mit Komplexität. Psychologische Rundschau 21,3, 163-179.

Dörner, D. (1982). The ecological conditions of thinking. In D.R. Griffin (Ed.), Animal mind – human mind (pp. 95-112). Dahlem Konferenzen 1982. Berlin: Springer.

Dörner, D. (1984). Denken, Problemlösen und Intelligenz. Psychologische Rundschau 1, 10-20.

Dörner, D., Kreuzig, H.W., Reither, F. & Stäudel, Th. (Hg.) (1983). Lohhausen: Vom Umgang mit Unbestimmtheit und Komplexität. Bern: Huber.

Dörner, D. & Reither, F. (1978). Über das Problemlösen in sehr komplexen Realitätsbereichen. Zeitschrift für experimentelle und angewandte Psychologie 4, 527-551.

Dörner, D. Reither, F. & Stäudel, Th. (1983). Emotionen und problemlösendes Denken. In H. Mandl & G.L. Huber (Hg.), Kognition und Emotion (S. 61-85). München: Urban & Schwarzenberg.

Haaf, G., Klingholz, R., Mayer-List, I. & Oehler, R. (1984). ... und weiter sterben die Wälder. Die Zeit, Dossier 19.10.1984.

Heidemann, C. & Kaira, C.K. (1984). Verkehrsplanung in ländlichen Regionen der Entwicklungshilfe. Internationales Verkehrswesen 26, 22-28.

Kluwe, R. (1979). Wissen und Denken. Stuttgart: Kohlhammer.

Reither, F. (1980). Self-reflective cognitive processes: Its characteristics and effects. Referat auf dem XXII. Internationalen Kongreß für Psychologie in Leipzig.

Reither, F. (1981). Thinking and acting in complex situations – A study of expert's behavior. Simulation and Games 12, 2, 125-140.

Reither, F. & Stäudel, Th. (1985). Thinking and acting. In M. Frese J. & Sabini (Eds.), Goal directed behavior: The concept of action in psychology (pp. 110-122). New York: Erlbaum.

Stäudel, Th. (1983a). Die Veränderung des Problemlöseverhaltens bei emotionaler Belastung. In G. Lüer (Hg.), Bericht über den 33. Kongreß der Deutschen Gesellschaft für Psychologie in Mainz 1982 (S. 1093). Göttingen: Hogrefe.

Stäudel, Th. (1983b). Problemlösen und Emotion. In H.A. Euler & H. Mandl (Hg.), Emotionspsychologie in Schlüsselbegriffen (S. 257-260). München: Urban & Schwarzenberg.

Stäudel, Th. (1987). Problemlösen, Emotionen und Kompetenz. Die Überprüfung eines integrativen Konstrukts. Regensburg: Roderer.

Stäudel, T. & Brunner, E. (1989): Überprüfung eines Trainings zum Umgang mit vernetzten Systemen. Universität Bamberg: unveröff. Manuskript.

Vester, F. (1977). Das kybernetische System Leben. Bild der Wissenschaft 3, 86-96.

Thea Stäudel
Psychologisches Institut
der Universität Bamberg

Risikoeinschätzung

1. Genese und Kontext des Themas

Wie Menschen Risiken wahrnehmen und beurteilen, die mit technischen Systemen (z.B. Kernkraftwerken), mit chemischen Substanzen (z.B. Pestiziden) oder mit bestimmten Aktivitäten (z.B. Rauchen) verbunden sind, dies wurde in den siebziger Jahren in der Auseinandersetzung um den Umweltschutz und insbesondere die Kernenergie interessant. Nicht nur wurde die natürliche Umwelt zu einem bewahrenswerten Gut, sondern vor allem wurde die zu ihrer Beherrschung entwickelte Wissenschaft und Technik für viele zu einer ähnlich bedrohlichen und unberechenbaren Kraft wie die Natur selbst. Daß ausgerechnet die Kernenergie Auslöser der Risikoforschung wurde, ist insofern überraschend, als gerade ihre Risiken von ingenieurwissenschaftlicher Seite überwiegend als besonders gering eingeschätzt wurden (und werden); es verweist bereits darauf, daß die Einschätzung von Risiken bei vielen Menschen nicht allein durch die technischen Kennwerte der Risikoquellen bestimmt ist. Der Unfall von Tschernobyl im Jahre 1986, der erste wirklich große Unfall in einem Kernkraftwerk, hat die Risiken neuer, aber auch traditioneller Verfahren und Systeme (z.B. Chemie) in der Öffentlichkeit wieder und verschärft zum Thema werden lassen; die dabei beobachtbaren Reaktionen waren vor dem Hintergrund der sozialwissenschaftlichen Forschungsergebnisse der siebziger Jahre gut erklärbar.

2. Der Begriff „Risiko-Wahrnehmung"

Der Begriff „Risiko" meint die Möglichkeit eines Schadens oder Verlustes als Folge eines Ereignisses, das mit oder auch ohne Einwirkung des Menschen auftreten kann (z.B. Autofahrt oder Sturmflut). Der Begriff hat also zwei Komponenten: (1) Die Unsicherheit bezüglich eines zukünftigen Ereignisses und (2) einen negativen Zustand als eine mögliche Konsequenz. Der Begriff ist damit jedoch keineswegs festgelegt, vielmehr gibt es eine ganze Reihe von Definitionen bzw. Operationalisierungen (vgl. Fischhoff, Watson & Hope 1984). Einzelne Disziplinen definieren und operationalisieren je nach dem spezifischen Typ von Unsicherheit und Schaden, der in den von ihnen behandelten Situationen auftreten könnte: Mediziner, Energietechniker, Architekten und Verkehrsplaner haben es mit ganz unterschiedlichen Formen von Risiko zu tun.

Das Thema „Risiko" selbst ist in der Psychologie nicht neu. Während es aber z.B. in Motivations- und Sozialpsychologie, Verkehrs- und Arbeitspsychologie vor allem um das Risiko-Verhalten geht, interessiert sich die Forschung zur Risiko-Wahrnehmung für Struktur und Determinanten des subjektiven Konzeptes von Risiko selbst. Dabei ist der Begriff Risiko-„Wahrnehmung" mißverständlich.

„Wahrnehmung" impliziert das Gegebensein eines physikalischen Reizes; Umwelt kann „wahrgenommen" werden. „Risiko" ist aber kein physikalischer Reiz, sondern ein inferiertes Merkmal, das Situationen, Aktivitäten und Objekten zugeschrieben wird. Man kann über ein Risiko urteilen, es aber nicht „wahrnehmen". Da der Begriff sich aber in der wissenschaftlichen wie öffentlichen Diskussion durchgesetzt hat, wird er auch hier verwendet.

3. Methodische und theoretische Forschungsansätze

Die Forschung war zunächst deskriptiv orientiert; ihr Ausgangspunkt war ein aktuelles Problem, keine theoretische Frage. Am häufigsten wurde mit psychometrischen Methoden gearbeitet.

Beispielsweise hatten Personen eine Vielzahl von Aktivitäten nach ihrem Risiko und Nutzen sowie hinsichtlich qualitativer Aspekte wie etwa Freiwilligkeit und Kontrollierbarkeit zu beurteilen (Slovic, Fischhoff & Lichtenstein 1977), Risikoquellen nach einer Reihe unterschiedlicher Risikoaspekte wie beispielsweise der Bekanntheit von Gegenmaßnahmen im Falle eines Unfalls zu beurteilen (Opwis & May 1985), Risikoquellen nach dem Ausmaß der mit ihnen verbundenen Risiken und Gefahren in eine Rangordnung zu bringen (Vlek & Stallen 1981) oder Risikoquellen paarweise auf ihre Ähnlichkeit hin zu beurteilen (Kuyper & Vlek 1984). Die Daten lassen sich zu „Risiko-Profilen" der einzelnen Aktivitäten bzw. Objekte aufbereiten und mit Verfahren der multidimensionalen Skalierung oder der Faktorenanalyse auf die zugrundeliegenden Urteilsdimensionen hin analysieren.

Diese Studien haben zu einer erheblichen Erweiterung, Differenzierung und Präzisierung des Risiko-Konzeptes geführt. Aber sie haben auch problematische Aspekte, die gerade auch von ihren Autoren selbst herausgearbeitet (z.B. Fischhoff, Slovic & Lichtenstein 1980) und in methodenkritischen Untersuchungen aufgezeigt worden sind (z.B. Fischhoff & MacGregor 1983). Dies hat jedoch bislang erst vereinzelt zu theoretisch anspruchsvolleren Ansätzen geführt. Meist werden Befunde psychometrischer Studien ex post mit Hilfe kognitionspsychologischer Überlegungen zu erklären versucht: Combs und Slovic (1979) etwa erklären die Überschätzung der mittleren Todeshäufigkeit durch dramatische Ereignisse (z.B. Tornado) und die Unterschätzung bei wenig spektakulären Ereignissen (z.B. Krebs) mit der Verfügbarkeits-Heuristik: Dramatische Ereignisse finden starke Aufmerksamkeit, vor allem in den Medien, sind daher kognitiv leichter verfügbar und werden dadurch in ihrer Wahrscheinlichkeit überschätzt; zwischen Häufigkeitsüberschätzungen und verschiedenen Indikatoren der Häufigkeit der Berichterstattung über Risikoquellen in zwei Tageszeitungen fanden sie Korrelationen von etwa 0.60.

Man kann auch die verschiedenen rationalen und personalen Risikoaspekte in einen systematischen Zusammenhang bringen und damit eine Grundlage für gezielte Untersuchungen schaffen, wie es Vlek und Stallen (1980) versucht haben. Schließlich bietet sich zur Identifizierung von Determinanten der Risiko-Wahrnehmung ein kausalanalytisches Vorgehen an (Rohrmann & Borcherding 1985, Borcherding, Rohrmann & Eppel 1986). Selten sind dagegen experimentelle Untersuchungen, wie sie beispielsweise Johnson und Tversky (1983) durchgeführt haben: bei studentischen Versuchspersonen wurde durch die Lektüre kurzer Zeitungsberichte über ein tragisches, für einen jungen Mann tödliches Ereignis ein negativer Affekt induziert; anschließend schätzten die Vpn die Häufigkeit einer Reihe von Krankheiten, Unfällen u.ä. Es zeigte sich ein erheblicher Anstieg der Schätzungen (im Vergleich zu den Schätzungen einer Kontrollgruppe), der überraschenderweise abhängig von der Ähnlichkeit zwischen dem berichteten Ereignis und dem beurteilten Ereignis war. Ein vergleichbarer globaler Abfall der Schätzungen zeigte sich bei Personen, bei denen vorher ein positiver Affekt induziert worden war.

4. Wichtige Befunde

In den empirischen Untersuchungen waren meist eine Vielzahl von risikobehafteten Systemen, Objekten, Situationen und Aktivitäten zu beurteilen, z.B. Autofahren, Pestizide, Tauchen, Kernenergie, Röntgenstrahlen, Medikamente, Bergsteigen, Flugzeuge. Einer der ersten wichtigen Befunde war eine nur mäßige Korrelation zwischen dem wahrgenommenen Risiko und dem Wert, der nach technologischer Auffassung allein für die Risikoabschätzung relevant ist, nämlich der Häufigkeit von Todesfällen bzw. Unfällen in Zusammenhang mit der Risikoquelle (0.50 bis 0.60) (Lichtenstein, Slovic, Fischhoff & Combs 1978). Diese Diskrepanz gab Anlaß zur Suche nach anderen Determinanten der Risiko-Wahrnehmung.

1. *Risiko-Dimensionen*: Die Urteile über Risikoquellen lassen sich mit relativ wenigen, erstaunlich stabilen und gut replizierbaren Faktoren beschreiben: (a) Die Schrecklichkeit eines Unfalls, womit vor allem das Katastrophenpotential gemeint ist, d.h. das Potential zur Verursachung von Unfällen mit einer hohen Anzahl von Todesfällen. Es macht psychologisch einen Unterschied, ob N Menschen auf einmal zu Tode kommen (Bsp.: Flugzeug) oder ob zu N Zeitpunkten jeweils ein einzelner Mensch stirbt (Bsp.: Auto). (b) Die Kontrollierbarkeit, d.h. die Möglichkeit und das Ausmaß von Maßnahmen zur Verhinderung bzw. Bewältigung von Unfällen. Hierzu zählt auch, wie freiwillig bzw. unfreiwillig Menschen der Risikoquelle ausgesetzt sind und wie unmittelbar bzw. mittelbar die Folgen eintreten (Bsp.: künftige Generationen). (c) Die Bekanntheit, d.h. die Vertrautheit oder Alltäglichkeit einer Risikoquelle. Auch die Beobachtbarkeit der Risikoquelle und das vorliegende Wissen über sie sind wichtig. Diese Faktorenstrukturen sind allerdings nicht so unabhängig von der Methodik, dem vorgegebenen Modell und den befragten Personen, wie es zunächst schien (Johnson & Tversky 1984).

2. *Art der Risiko-Quellen*: Zum einen ist die Höhe des wahrgenommenen Risikos von der Art der Risikoquelle abhängig. So werden solche Aktivitäten und Objekte, mit denen die meisten Menschen direkte persönliche Erfahrung haben und

mit denen sie freiwillig zu tun haben (z.B. Impfungen, Fahrräder) als weniger bedrohlich und riskant empfunden als solche Risikoquellen, die sie nicht direkt und persönlich kennengelernt haben bzw. über die sie keine Kontrolle haben (z.B. Strahlentherapie, Flugzeuge). In einer Untersuchung fanden Rohrmann und Borcherding (1985), daß Risikoquellen mit chronischen Gefahren (z.B. Wohnen in der Nähe eines Kernkraftwerkes) schlechter beurteilt wurden als solche mit vorwiegend akut auftretenden Folgen (z.B. Wohnen in einem Erdbebengebiet). Zum anderen werden je nach Art der Risikoquelle auch unterschiedliche Aspekte für die Beurteilung wichtig: Bei freiwillig übernommenen Aktivitäten wie z.B. Autorennen, Motorradfahren oder Stunts, die mit einer relativ hohen Wahrscheinlichkeit eines tödlichen Unfalls verknüpft sind, prägte in einer Studie von von Winterfeldt, John und Borcherding (1981) eher die Sterbewahrscheinlichkeit das Risikourteil; demgegenüber gab es bei Risikoquellen wie Kohle, Kernkraft oder Flugzeug eine positive Beziehung zwischen dem Risiko-Urteil und dem Ausmaß eines potentiellen Desasters. Nicht immer also bedeutet für Laien ein erhöhtes Risiko auch ein erhöhtes Katastrophenpotential, wie es frühere Untersuchungen nahegelegt hatten.

3. *Merkmale der Urteilergruppen*: Eine der interessantesten Fragen gilt dem Unterschied zwischen „Laien" und „Experten". In ersten Studien wurden bei technischen Experten hohe Korrelationen zwischen Risiko-Urteilen und Unfallhäufigkeiten gefunden, während bei Laien qualitative Merkmale eine größere Rolle spielten (z.B. Slovic, Fischhoff & Lichtenstein 1980). Von Winterfeldt et al. (1981) fanden auch bei Studenten eine hohe Beziehung zwischen wahrgenommenem Risiko und Schätzung der individuellen Sterbewahrscheinlichkeit. Dagegen konnten in einer anderen Studie die Risiko-Urteile von Sporttauchern über ihre Aktivitäten – die man als Expertenurteile verstehen kann – fast völlig aus den qualitativen Beurteilungen des Tauchers vorhergesagt werden, während die geschätzte Todeswahrscheinlichkeit nur ein sehr schlechter Prädiktor war (Aschenbrenner & Wurm 1985). Auch andere Unterschiede zwischen Personengruppen wurden untersucht. Bei Rohrmann und Borcherding (1985) unterschieden sich „ökologische" und „technisch" orientierte Personen zwar in der Höhe, nicht aber in der Struktur ihrer Risiko-Urteile. In der Studie von Kuyper und Vlek (1984) ging es um die mit dem Transport und der Lagerung von Flüssiggas verbundenen Risiken; in ihrer Analyse der Urteile der einzelnen Interessengruppen kommen die Autoren zu dem Schluß, daß bei Managern und Tankstellenwärtern das Katastrophenpotential eine weit geringere Rolle spielte als bei Umweltschützern und Anwohnern.

Die Befunde der empirischen Forschung zur Einschätzung und Beurteilung von Risiken sind interessant und wichtig, vor allem im Rahmen der Auseinandersetzung mit ingenieurwissenschaftlichen Denkansätzen. Allerdings sind überwiegend Umfragetechniken mit all ihren bekannten Problemen eingesetzt worden, sozialstrukturelle Aspekte (z.B. Alter, Geschlecht, Ausbildung, Arbeitsplatz) selten miteinbezogen worden, die Beziehung zwischen der Risiko-Wahrnehmung und dem Verhalten in gefährlichen Situationen ist kaum thematisiert, und ein Zusammenhang zwischen den Untersuchungen zur Wahrnehmung technischer und den Untersuchungen zur Wahrnehmung natürlicher Gefahren in der Umwelt ist kaum hergestellt worden (vgl. Covello 1983).

Es liegen nur wenige Arbeiten vor, in denen die kognitiven und evaluativen Unterschiede in der Risiko-Wahrnehmung in Abhängigkeit von der Art der Risikoquelle und Merkmalen der Urteilergruppe in einen Zusammenhang gebracht und methodisch anspruchsvoll werden. Eine solche Arbeit haben Borcherding et al. (1986) vorgelegt, die ein bisherige Forschungsergebnisse integrierendes Modell der strukturellen Beziehungen zwischen Charakteristika von Risikoquellen, Merkmalen von Personengruppen und einzelnen Risiko-Aspekten vorgelegt und anhand eigener Daten mit korrelationsstatistischen, regressionsanalytischen und strukturanalytischen Verfahren geprüft haben. Eine andere Untersuchung dieser Art stammt von Opwis und May (1985), die eine hypothetische Einflußstruktur mit dem LISREL-Ansatz auf seine Angemessenheit hin geprüft haben.

Übersichten zur Forschung über Risiko-Wahrnehmung geben u.a. Jungermann (1982), Covello (1983), Renn (1984), Fischhoff, Svenson und Slovic (1988), Jungermann und Slovic (1990). Die Periodika „Risk Abstracts" und „Risk Analysis" informieren in unregelmäßigen Abständen über den „Stand der Forschung". Darüber hinaus findet sich die Literatur aus der Natur der Sache heraus in Büchern und Zeitschriften ganz unterschiedlicher Disziplinen (u.a. Psychologie, Soziologie, Ökonomie, Chemie, Medizin, Jurisprudenz, Statistik) bzw. Anwendungsbereiche (u.a. Verkehr, Arbeitsplatz, Medikamente, Lärm, Energieerzeugung).

5. Kommunikation über Risiko

In Diskussionen über Umweltprobleme bereitet die Kommunikation über Risiko oft erhebliche Schwierigkeiten, besonders wenn sich „Experten" und „Laien" gegenüberstehen (von Winterfeldt & Edwards 1984, Jungermann 1986): So wird technische Information kognitiv unterschiedlich verarbeitet (Bsp.: Extrem geringe Wahrscheinlichkeiten – ein Unterschied zwischen 10^{-7} und 10^{-4} ist für einen Ingenieur enorm, für viele Laien fast bedeutungslos). Ferner induzieren unterschiedliche Darstellungen der gleichen Information unterschiedliche Beurteilungen von Risiko. In den Veröffentlichungen von Befürwortern und Gegnern eines Vorhabens kann man alle Darstellungen von Wahrscheinlichkeiten und Schadenstypen finden, die das Risiko höher bzw. geringer erscheinen lassen, ohne daß man eine dieser Darstellungen als unwahr bezeichnen könnte (Bsp.: Verbale oder bildhafte Beschreibung der Folgen einer Katastrophe). Während schließlich Experten eher mit einem (engen) quantitativen Risikobegriff argumentieren, hat Risiko für Laien eine (weitere) Bedeutung, die nicht nur schwer zu quantifizierende Schadensarten umfaßt (etwa Verlust des ästhetischen Wertes einer Landschaft), sondern die eben auch Aspekte wie das Katastrophenpotential enthält, die Experten irrational erscheinen.

– Kommunikationsschwierigkeiten über Risiko stellen ein interessantes Forschungsgebiet dar: Man kann daraus Aufschlüsse über kognitive Verarbeitungsprozesse gewinnen, und man kann Verfahren zur Verbesserung der Kommunikation entwickeln. Beides ist übrigens besonders relevant im Zusammenhang mit der Forderung nach „informierter Zustimmung" zu einer Maßnahme durch die Betroffenen (z.B. bei medizinischen Behandlungen oder an gefährlichen Arbeitsplätzen). Svenson und Fischhoff (1985) haben an einem interessanten Beispiel – der Freisetzung des gesundheitsschädlichen Gases Radon aus Baumaterial wie etwa Betonblöcken, die beim Hausbau verwendet werden – gezeigt, wie sich die Perspektive betroffener Individuen und verantwortlicher Institutionen mit Hilfe entscheidungstheoretischer Konzepte so darstellen läßt, daß die wechselseitige Bezogenheit und das Konfliktpotential der Wahrnehmung und Wertungen der beiden Gruppen deutlich werden, sich aber auch Wege zur Problemlösung identifizieren lassen.

6. Risiko-Akzeptanz

Die Wahrnehmung von bzw. Kommunikation über Risiko ist umweltpolitisch vor allem unter dem Gesichtspunkt interessant, welche Risiken unter welchen Bedingungen akzeptiert bzw. abgelehnt werden. Mit der Frage nach der Akzeptanz des Risikos einer Aktivität oder eines Objekts wird der potentielle Nutzen dieser Risikoquelle in der Wahrnehmung des Beurteilers relevant, denn Risiken werden immer gegenüber Chancen abgewogen. Jede Risikoquelle kann man entscheidungstheoretisch als eine multivariate Option konzeptualisieren, die positive und negative Konsequenzen enthält (Fischhoff et al. 1981).

Die Beziehung zwischen Risiko und Nutzen bzw. die Beziehung beider Variablen ist in vielen der schon genannten psychometrischen Studien ebenfalls untersucht worden. Oft wurde die Akzeptanz regressionsanalytisch mit Risiko, Nutzen und diversen qualitativen Merkmalen als Prädiktoren zu bestimmen versucht – mit recht heterogenen Ergebnissen, die offenbar ebenso stark von der Art der Risikoquellen und der befragten Personengruppen abhängen wie Daten zur Risiko-Wahrnehmung (z.B. Fischhoff et al. 1981, Vlek & Stallen 1981, Borcherding et al. 1986).

Für eine Klärung von Akzeptanzbedingungen wären Untersuchungen aufschlußreich, die – ausgehend von einem mehrdimensionalen Risiko-Nutzen-Konzept – die spezifischen Typen von Risiken und Chancen identifizierten, die die „trade-offs" zwischen den Attributen analysierten und die Bedingungen für Änderungen spezifizierten.

7. Risiko als soziales Konstrukt

Es gibt nicht „das Risiko", das man „wahrnehmen" kann. Vielmehr ist Risiko ein soziales Konstrukt, das teils durch die Charakteristika des menschlichen kognitiven Systems, teils durch die soziale Wirklichkeit und die in ihr jeweils geltenden Interessen und Werte bestimmt ist (vgl. Menkes 1981, Douglas & Wildavsky 1982, Jungermann 1982, Fischhoff, Watson & Hope 1984). Er ist daher auch – im Zusammenhang mit Umwelt- und Technologieentscheidungen – ein politischer Begriff; Studien zur Risiko-Wahrnehmung sind in einem politischen Kontext entstanden und von diesen auch nicht zu trennen (vgl. Otway & von Winterfeldt 1982, Otway & Thomas 1982, Kunreuther & Linneroth 1983, O'Riordan 1983). In diesem Kontext können sie helfen, die Beurteilung von Risiko methodisch angemessener zu erfassen, die öffentliche(n) Meinung(en) über Risiken besser zu verstehen und zu akzeptieren und nicht zuletzt die Kommunikation über Risiko zu erleichtern (Slovic, Fischhoff & Lichtenstein 1982). Damit könnte vielleicht zweierlei erreicht werden: Erstens könnte akzeptiert werden – vor allem von ingenieurwissenschaftlicher Seite –, daß „Risiko" eben ein soziales Konstrukt im oben beschriebenen Sinne ist. Und zweitens könnte erkannt werden, daß in der gegenwärtigen Diskussion um Probleme der natürlichen wie technischen Umwelt Risiko tatsächlich nur einer von vielen die Haltung gegenüber Technik bestimmenden Faktoren ist.

Literatur

Aschenbrenner, K.M. & Wurm, G.W.F. (1985). Risk determines behavior: A psychometric study of risk perception and risk acceptance in scuba diving. Unveröffent. Manuskript. Institut für Psychologie, Universität Heidelberg.

Borcherding, K., Rohrmann, B. & Eppel, T. (1986). A psychological study on the cognitive structure of risk evaluations. In B. Brehmer, H. Jungermann, P. Lourens & G. Sévon (Eds.), New directions in research on decision making (pp. 245-262). Amsterdam: North Holland.

Combs, B. & Slovic, P. (1979). Causes of death: Biased newspaper coverage and biased judgments. Journalism Quarterly 56, 837-843.

Covello, V.T. (1983). The perception of technological risks: A literature review. Technological Forecasting and Social Change 23, 285-295.

Douglas, M. & Wildavsky, A. (1982). Risk and culture: An essay on the selection of technical and environmental dangers. Berkeley: University of California Press.

Fischhoff, B., Lichtenstein, S., Slovic, P., Derby, S.L. & Keeney, R.L. (1981). Acceptable risk. Cambridge, MA: Cambridge University Press.

Fischhoff, B. & MacGregor, D. (1983). Judged lethality: How much people seem to know depends upon how they are asked. Risk Analysis 3, 229-236.

Fischhoff, B., Slovic, P. & Lichtenstein, S. (1980). Knowing what you want: Measuring labile values. In T. Wallstein (Ed.), Cognitive processes in choice and decision behavior (pp. 117-141). Hillsdale, NJ: Erlbaum.

Fischhoff, B., Slovic, P., Lichtenstein, S., Read, S. & Combs, B. (1978). How safe is safe enough? A psychometric study of attitudes towards technological risks and benefits. Policy Sciences 9, 127-152.

Fischhoff, B., Svenson, S., & Slovic, P. (1988). Active response to environmental hazards: Perception and decision making. In D. Stokols & I. Altman (Eds.), The handbook of environmental psychology. New York: Wiley.

Fischhoff, B., Watson, S.R., & Hope, C. (1984). Defining risk. Policy Sciences 17, 123-139.

Johnson, E.J. & Tversky, A. (1983). Affect, generalization, and the perception of risk. Journal of Personality and Social Psychology 45, 20-31.

Johnson, E.J. & Tversky, A. (1984). Representations of perceptions of risk. Journal of Experimental Psychology: General 113, 55-70.

Jungermann, H. (1982). Zur Wahrnehmung und Akzeptierung des Risikos von Großtechnologien. Psychologische Rundschau 33, 217-238.

Jungermann, H. (1986). Die öffentliche Diskussion technologischer Mega-Themen: eine Herausforderung für Experten und Bürger. In H. Jungermann et al. (Hg.), Sozialverträglichkeit und Energiepolitik: Perspektiven und Interpretationen. München: High Technology Verlag.

Jungermann, H. & Slovic, P. (1990). Die psychologische Kognition und Evaluation von Risiko. In G. Bechmann (Hg.), Risiko und Gesellschaft. Opladen: Westdeutscher Verlag.

Kunreuther, H. & Linneroth, J. (1983). Risikoanalyse und politische Entscheidungsprozesse. Berlin: Springer.

Kuyper, H. & Vlek, Ch. (1984). Contrasting rish perceptions among interest groups. Acta Psychologica 56, 205-218.

Lichtenstein, S., Slovic, P., Fischhoff, B., & Combs, B. (1978). Judged frequency of lethal events. Journal of Experimental Psychology: Human Learning and Memory 4, 551-578.

Menkes, J. (1981). Risk or Angst? Risk Analysis 1, 237-240.

Opwis, K. & May, R.S. (1985). Determinanten der Risikoakzeptanz bei Umweltproblemen. Forschungsbericht Nr. 21. Freiburg: Psychologisches Institut.

O'Riordan, T. (1982). Risk perception studies and policy priorities. Risk Analysis 2, 95-100.

O'Riordan, T. (1983). The cognitive and political dimensions of risk analysis. Journal of Environmental Psychology 3, 345-354.

Otway, H.J. & Thomas, K. (1982). Reflections on risk perception and policy. Risk Analysis 2, 69-82.

Otway, H.J. & Winterfeldt, D. v. (1982). Beyond acceptable risk: On the social acceptability of technologies. Policy Sciences 14, 247-256.

Renn, O. (1984). Risikowahrnehmung der Kernenergie. Frankfurt: Campus.

Rohrmann, B. & Borcherding, K. (1985). Die Bewertung von Umweltstressoren als Risikofaktoren. In D. Albert (Hg.), Bericht über den 34. Kongreß der DG.f.Ps. in Wien 1984. Göttingen: Hogrefe.

Slovic, P., Fischhoff, B., & Lichtenstein, S. (1980). Perceived risk. In R.C. Schwing & W.A. Albers Jr. (Eds.), Societal risk assessment: How safe is safe enough? New York: Plenum.

Slovic, P., Fischhoff, B., & Lichtenstein, S. (1982). Why study risk perception? Risk Analysis 2, 83-93.

Svenson, O. & Fischhoff, B. (1985). Levels of environmental decisions. Journal of Environmental Psychology 5, 55-67.

Vlek, Ch. & Stallen, P.J. (1980). Rational and personal aspects of risks. Acta Psychologica 45, 273-300.

Vlek, Ch. & Stallen, P.J. (1981). Judging risks and benefits in the small and in the large. Organizational Behavior and Human Performance 28, 235-271.

Winterfeldt, D. v. & Edwards, W. (1984). Patterns of conflict about risky technologies. Risk Analysis 4, 55-68.

Helmut Jungermann
Institut für Psychologie
der TU Berlin

Umweltästhetik

1. Gegenstandsbestimmung

Einer klassischen Bestimmung der allgemeinen ästhetischen Theorie zufolge ist ästhetisches Verhalten Objekten gegenüber durch seine Zweckfreiheit definiert (Kant 1790). Von da aus bietet es sich an, subjektseitig zwischen instrumentellem Verhalten, das als Mittel zur Erreichung eines Zweckes außerhalb seiner selbst dient, und nicht-instrumentellem Verhalten zu unterscheiden und als Gegenstand einer psychologischen Umweltästhetik jenes Erleben von und Handeln in Umwelt zu definieren, in dem diese nicht im Hinblick auf ihre funktionale Nutzung, sondern ihren Anmutungs- und Ausdrucksgehalt, also emotiv-expressiv thematisch ist (vgl. Treinen 1978). Objektseitig läßt sich analog dazu die Unterscheidung zwischen „denotativer" und „konnotativer" Bedeutung formulieren (→ *Image*). Ästhetische Subjektivität wird in diesem Rahmen fast durchweg als „rezeptiv" thematisiert, wobei empirisch die „Lust-Unlust"- oder Gefallens-Dimension die zentrale abhängige Variable ist. Damit korrespondiert die Suche nach reaktionsbedingenden, unabhängigen Objektcharakteristika (s. dazu 2. bis 4.). Hier können ggf. die nicht-psychologischen, rein objektbezogenen Ansätze informationsästhetischer und semiotischer Provenienz fruchtbare Anregungen vermitteln (vgl. Krampen 1979) (→ *Zeichenwelt*).

Anders als die ästhetische Rezeptivität ist die in der obigen Gegenstandsbestimmung ebenfalls angesprochene „aktiv-expressive" Dimension des ästhetischen Verhaltens im Rahmen der psychologischen Umweltästhetik bislang kaum thematisiert worden. Dies wird möglich, wenn man die Umwelt von ihrem symbolischen Potential her betrachtet, d.h. ihrem Potential, über sich selbst „hinausweisen" und etwas anderes „jenseits ihrer selbst" repräsentieren zu können (→ *Image*). Zugleich läßt sich in dieser Perspektive theoretisch deutlich machen, inwiefern es über die ästhetische Dimension zu einem Sich-mit-seiner-Umwelt-Identifizieren kommen kann (s. dazu 5.).

2. Die motivationale Perspektive: Anwendung der allgemeinen psychologischen Ästhetik

Der von Fechner (1876) inaugurierte Ansatz einer empirischen (psychologischen) Ästhetik wurde in einem motivationspsychologischen Rahmen von Berlyne (1960, 1971, 1974) wieder aufgenommen und weiterentwickelt. Objektseitig richtet sich das Interesse dieser neuen empirischen Ästhetik auf „kollative" Reizqualitäten, d.h. strukturelle Aspekte wie Komplexität, Neuartigkeit, Überraschungswert, Ambiguität, Ungewißheit oder Inkongruenz, die im Subjekt implizite oder explizite Vergleichsreaktionen auslösen, durch die es zu Prozessen von Erregungsanstieg (Spannung) und -reduktion (Lösung) kommt. Ästhetisches Gefallen erweist sich funktional in Form eines umgekehrten U von dem Erregungspotential einer Reizkonfiguration abhängig: Wie experimentell vielfach bestätigt wurde, wird ein mittleres Erregungsniveau am angenehmsten erlebt, während ein niedriges oder hohes Niveau als weniger angenehm oder sogar unangenehm beurteilt wird.

Die Anwendbarkeit in der Umweltästhetik zeigt Wohlwill (1976) auf. Dabei ist von den oben angegebenen Variablen „Komplexität" (vor allem im Sinne von „Vielfalt", weniger als „Ausmaß struktureller Organisation") vergleichsweise am häufigsten untersucht worden – ein vor dem Hintergrund des „reduktiv-asketischen Funktionalismus" der modernen Architektur verständlicher Trend (Venturi 1966, Rapoport & Kantor 1967). Wohlwill (1968) verwendete eine Vielzahl unterschiedlicher Umwelten, die von Beurteilern hinsichtlich ihrer Komplexität skaliert wurden. Wie erwartet, ergab sich ein in etwa umgekehrt U-förmiger Zusammenhang zwischen Komplexität (qua Vielfalt) und Gefallen. Schwarz und Werbik (1971) untersuchten die emotionale Auswirkung der Anordnung von Baukörpern entlang einer Straße, wobei sie ihren Vpn in einem Experiment unterschiedlich komplexe Bebauungsmodelle darboten. In Übereinstimmung mit der Theorie variieren positiv getönte emotionale Urteile umgekehrt U-förmig, negativ getönte dagegen (spiegelbildlich dazu) U-förmig mit Komplexität als Umwelt-Variable. Für weitere Befunde, auch in bezug auf die übrigen kollativen Variablen, sei auf Wohlwill (1976) und Ulrich (1983) verwiesen.

Die mit dem Berlyneschen Ansatz verbundenen Probleme sind einmal konzeptueller Art. Zum einen werden einseitig solche Variablen bevorzugt, die sich auf den Aspekt der internen „Mannigfaltigkeit" von Reizkonfigurationen beziehen, während das Moment der „Einheitlichkeit" oder „Ordnung", das beispielsweise über Lynchs (1960) klassische Konzeption der Lesbarkeit oder Vorstellbarkeit einer Stadt für die Umweltpsychologie wichtig geworden ist (→ *Umweltrepräsentation*), bislang nur unzureichend Berücksichtigung gefunden hat (Wohlwill 1976, 1980). Zum anderen wäre für eine systematische Weiterentwicklung des Ansatzes die Einbeziehung inhaltlicher Aspekte unabdingbar, die bei Berlyne gegenüber den strukturell-formal-ästhetischen völlig im Hintergrund stehen (Wohlwill 1976) – wie ja schon Fechner (1876) neben dem „directen" (formalen) den „associativen" (inhaltlichen) Faktor thematisiert hat.

Ins Grundsätzliche zielt die Kritik von Bortz (1978), der das Berlynesche Modell aufgrund der nicht objektiven Meßbarkeit der Reizvariable „Erregungspotential" für nicht falsifizierbar hält. Aber selbst wenn sich dieser Einwand ausräumen ließe, bleibt ein grundlegendes Problem erhalten: Die von Berlyne mit einfachem experimentellen Material gefundene und theoretisch abgeleitete Gefallensfunktion ist eingipflig. Nun läßt sich rein mathematisch zeigen, daß die Annahme der Eingipfligkeit zu einem sehr komplexen, in vivo praktisch unerfüllbaren Satz von Nebenbedingungen führt, sobald man mehr als einen oder zwei Gegenstandsaspekte als Einflußfaktoren vermutet. Da letzteres aber in bezug auf die konkrete räumlich-dingliche Umwelt im allgemeinen der Fall sein wird, folgt, daß das Modell im Rahmen der Umweltästhetik recht unplausibel ist.

Darüber hinaus gibt es eine Reihe empirischer Befunde, die im Widerspruch zum Berlyneschen Ansatz stehen. Schon Wohlwill (1976) weist darauf hin, daß die genaue Bedeutung der Variable „Komplexität" im umweltästhetischen Kontext noch unklar ist. Spätere Befunde bestätigen diese Skepsis. So findet Nasar (1983) in bezug auf Wohngegenden zwar einen linearen, nicht aber einen umgekehrt U-förmigen Zusammenhang zwischen Gefallen und Vielfalt. Thayer und Atwood (1978/79) vermuten aufgrund ihrer Ergebnisse zum Einfluß des Vorhandenseins von Pflanzen in verschiedenen Typen städtischer Umwelt, daß dieser Zusammenhang nur bei formal-strukturell wahrgenommenen Umwelten, nicht aber bei solchen mit ausgeprägten assoziativ-inhaltlichen Charakteristika bestehe. Schließlich gibt es auch im mikroökologischen Bereich (Material: Sitzmöbel unterschiedlicher Stilepochen) nicht-kompatible Befunde (Whitfield 1983).

3. Die perzeptiv-kognitive Perspektive: Untersuchung von Umweltpräferenzen

Diese von S. und R. Kaplan (1982, R. Kaplan 1975, S. Kaplan 1975) entwickelte Perspektive ist im Zusammenhang mit Untersuchungen zur Präferenz von Umwelten (→ *Image*) im Rahmen der Umweltpsychologie selbst entstanden. Evolutionstheoretisch fundiert, wird der Mensch hier als Organismus mit einem grundlegenden Bedürfnis nach Sinn und Ordnung konzipiert. Dabei werden zwei einander ergänzende Strebungen angenommen, zum einen die Suche nach Vertrautem, zum anderen der Wunsch danach, den vertrauten Erfahrungshorizont zu erweitern und sich auf Neues einzulassen. Entsprechend diesem letzteren Grundbedürfnis findet sich beispielsweise eine Präferenz für solche räumlich-dingliche Umwelten, die neue Informationen versprechen (S. & R. Kaplan 1982, S. 75-81).

Umweltbezogen haben sich in diesem Zusammenhang empirisch vier Attribute als besonders bedeutsam erwiesen. Dem Bedürfnis nach Sinn und Ordnung entsprechen die beiden Dimensionen „Kohärenz", das Ausmaß der inneren Organisation einer Szenerie, und „Lesbarkeit", das Ausmaß der kategorialen Distinktheit der Teile einer Szenerie. Die beiden anderen Attribute betreffen das Bedürfnis nach Horizonterweiterung: Hierhin rechnen „Komplexität", die Anzahl und Vielfalt von Elementen einer Szenerie, und „informationsverheißende Unabgeschlossenheit" (mystery), das Ausmaß, in dem eine Szenerie den Betrachter dadurch in sich hineinzieht, daß sie weitere Informationen verspricht, wie beispielsweise eine halb geöffnete Tür (S. & R. Kaplan 1982, S. 81-88, vgl. auch Fisher et al. 1984, S. 43f.).

Im Unterschied zum Berlyneschen Ansatz ist der Aspekt der Ordnung hier direkt repräsentiert. Die beiden Variablen „Komplexität" und „Unabgeschlossenheit" sind „kollativ" interpretierbar, letztere läßt sich auf „Mehrsinnigkeit" oder

„Ungewißheit" beziehen (Wohlwill 1976), sind aber durch ihren konzeptuellen Rahmen anders fundiert. Problematisch an diesem Rahmen ist die simplistische Bezugnahme auf die biologische Evolution, die ohne jede systematische Reflexion der Rolle der Kultur geschieht. Empirisch steht die genauere Erforschung des relativen Gewichts der ökologischen Einzelvariablen aus, wobei dies möglicherweise mit vom jeweiligen Gegenstandsbereich abhängt.

Zu kritisieren ist wie zuvor, daß auf die Bedeutung der inhaltlichen Dimension zwar hingewiesen wird, sie aber konzeptuell nicht adäquat einbezogen ist (S. & R. Kaplan 1982, S. 88). Dabei ist gerade in dieser Richtung ein wichtiger Anstoß aus der Kaplan-Gruppe gekommen, denn dort wurde schon früh nachgewiesen, daß im Vergleich zwischen der natürlichen und der gebauten Umwelt erstere wesentlich höhere Gefallenswerte erhielt (S. Kaplan et al. 1972), ein mehrfach replizierter Befund (Wohlwill 1976), der ganz allgemein auf die psychologisch-erlebnismäßige wie psychophysiologische Bedeutung von Natur (auch in der Stadt!) verweist (vgl. R. Kaplan 1977, 1978, 1983, Ulrich 1983). Im einzelnen ist dabei insbesondere das Ausmaß an Vegetation und/oder das Vorhandensein von Wasser wichtig (R. Kaplan 1983, Ulrich 1983).

4. Weitere Aspekte der psychologischen Umweltästhetik

Empirische Zugangsweise. Die beiden bislang dargestellten Ansätze repräsentieren den theoriegeleiteten Zugang zur empirischen Umweltästhetik. Insbesondere im Zusammenhang mit der Frage nach den Faktoren der Landschaftsbeurteilung (*landscape assessment, scenic oder aesthetic quality*) hat sich daneben ein empiristisch-induktiv orientierter Ansatz entwickelt, in dem die Suche nach den konkreten Prädiktoren des (ästhetischen) Erlebens spezifischer Umwelten (oder Umwelttypen) im Vordergrund steht (Craik 1972, Craik & Zube 1976, Shafer et al. 1969, Zube 1976, Zube et al. 1975b).

Dieser Ansatz kann insbesondere im Hinblick auf die Evaluation konkreter Planungsvorhaben nützlich sein, da Umweltmerkmale sehr detailliert berücksichtigt werden können. Über die Simulation entsprechender Maßnahmen sind zudem prospektive Studien möglich, wie Evans und Wood (1980) am Beispiel des Einflusses von Straßenrand-Veränderungen auf die ästhetische Bewertung der Szenerie zeigen. (Zur praktischen Anwendbarkeit der theoretisch orientierten Perspektiven vgl. Wohlwill 1976 und S. & R. Kaplan 1982, Kap. 9 und 10; zur beide Zugangsweisen betreffenden Relevanzthematik, d.h. ihre Bedeutung für die Lösung aktueller Umweltprobleme vgl. Porteous 1982.) Probleme entstehen allerdings in bezug auf die Generalisierbarkeit der Ergebnisse und die inhaltliche wie theoretische Bedeutung mancher (nur) mathematisch sinnvoller Prädiktoren (Fisher et al. 1984, S. 39, Weinstein 1976). Ergänzend sei hier auf die umfassende Diskussion methodisch-methodologischer Fragen bei Wohlwill (1976) hingewiesen.

Psychologische Effekte der ästhetischen Qualität von Umwelten. Eine recht frühe Untersuchung von Maslow und Mintz (1956) zeigt, daß die Einschätzung von Personen von deren Umwelt abhängt: Die Beurteilungen des Gesichtsausdrucks fielen am positivsten aus, wenn die Person sich in einem „schönen" Zimmer befand, am negativsten, wenn der Raum häßlich war. Nach einem weiteren Befund zum Zusammenhang von Raum- und Personbeurteilung wird beispielsweise in einem emotional als „warm" erlebten Raum eine „angenehme" Person erwartet (Canter et al. 1974). Ferner zeigt sich, daß in ästhetisch attraktiveren Räumen das subjektive Wohlgefühl zunimmt (Campbell 1979) und daß als angenehm erlebte Umwelten eine Reihe von Verhaltensweisen beeinflussen; beispielsweise bleibt man dort lieber, exploriert mehr und hat einen größeren Wunsch nach sozialem Kontakt (Mehrabian & Russell 1974, Russell & Mehrabian 1976, 1978).

Interindividuelle Unterschiede. Solche Unterschiede, die sich sowohl im Hinblick auf das ästhetische Erleben selbst wie hinsichtlich der zuletzt besprochenen „Ästhetik-Effekte" untersuchen lassen, können zum einen anwendungsorientiert thematisiert werden, also etwa in bezug auf verschiedene Nutzergruppen, auf „die" Nutzer überhaupt gegenüber Planern bzw. Architekten oder in bezug auf soziodemographische Merkmale. Im Sinne einer übergeordneten „differentialumweltpsychologischen" Perspektive kann man zum anderen theoriegeleitet (umweltrelevante) Persönlichkeitseigenschaften/-Merkmale thematisieren (vgl. Craik 1976). Geht man von den oben dargestellten Modellen aus, so ist es am angemessensten, solche Subjektdimensionen zu verwenden, die konzeptuell genuin zu ihnen „passen", wie beispielsweise im Falle des Berlyne-Ansatzes die Variable des Adaptationsniveaus (vgl. Wohlwill 1976). Eine wichtige differentielle Variable ist hier ferner der Bewegungsmodus (vgl. Rapoport 1977, S. 240-247).

Sinnesmodalitäten. Der weitaus überwiegende Teil der bisherigen Untersuchungen bezieht sich auf die visuelle Umwelt (vgl. Anderson et al. 1983). Diese Einseitigkeit ist insofern sachlich zu rechtfertigen, als im Vergleich mit dem Gehörsinn der Gesichtssinn zum ästhetischen Erleben der Umwelt wesentlich mehr beiträgt, wenn auch je nach Reizkonfiguration in unterschiedlichem Ausmaß (Gifford & Ng 1982). Andererseits steht es aber nach den bereits vorliegenden empirischen Befunden außer Zweifel, daß die auditive Umwelt „signifikant" zum ästhetischen Erleben beiträgt (Anderson et al. 1983, Southworth 1969) – hier liegt also ein Forschungsdesiderat vor. Das gilt in noch stärkerem Maße für die beiden Sinnesmodalitäten Geruch und Geschmack, die als ästhetische Qualitäten fast völlig übergangen werden (zu deren Phänomenologie vgl. Tellenbach 1968).

Umweltvertrautheit. Hiermit ist ein ganzes Bündel von Fragen angesprochen, die ebenfalls noch Forschungsdesiderate sind: Schwächt sich durch Adaptation die positive ästhetische Reaktion mit zunehmender Aufenthaltsdauer in bzw. Vertrautheit mit einer Umwelt ab (dem entsprechen Befunde von Canter & Thorne 1972), oder bleibt sie erhalten bzw. nimmt sie noch zu (Pedersen 1978), oder kann sich gar eine ursprünglich neutrale oder negative Reaktion – im Sinne von Zajonc (1968) – durch die bloße häufigere Wahrnehmung einer Umwelt ins Positive verändern? – Fragen, die etwa im Hinblick auf die emotionale Ortsbindung (*Ortsidentität*) bedeutsam sind (Wohlwill 1976).

5. Persönliche Identität und die Dimension der ästhetischen Selbstdarstellung

In der einleitenden Gegenstandsbestimmung haben wir die ästhetische Erfahrung durch die Nicht-Instrumentalität der Objektbeziehung charakterisiert, d.h. das Objekt wird (primär) nicht funktional als zur Erreichung bestimmter Zwecke dienend betrachtet. Am Beispiel eines konkreten alltäglichen Gebrauchsgegenstandes: In einer ästhetischen Perspektive interessiert an einem Stuhl nicht seine Funktion und Nutzung als Sitzmöbel, sondern seine Gestaltung, die als solche durch die Funktion nicht determiniert ist. Zugleich weist dieses Beispiel auf das durch die Dimension des Ästhetischen eröffnete subjektive Ausdruckspotential hin: Kann der durch einen Gegenstand/eine Umwelt erfüllbare Zweck als solcher äquivalent auch durch andere Exemplare dieses „Gegenstand-/Umwelt-Typs" erreicht werden, so kann die Auswahl nach je eigenen Präferenzen getroffen und damit beispielsweise zum Ausdruck eigener Überzeugungen oder Wertvorstellungen werden, d.h. die räumlich-dingliche Umwelt kann symbolisch fungieren, nämlich der Selbstdarstellung dienen (vgl. Treinen 1978).

Dieses „aktiv-expressive" ästhetische Verhalten und seine Symbolisierungsqualität läßt sich in erster Linie in bezug auf die Selbstgestaltung der unmittelbaren alltäglichen Lebensumwelten (prototypisch: die eigene Wohnung) thematisieren, wobei angeknüpft werden kann an Untersuchungen und Analysen beispielsweise soziologischer Provenienz zur Alltagsästhetik und -kultur (Bourdieu 1984, Hochschule für Gestaltung 1979, Pappi & Pappi 1978, Silbermann 1963, Treinen 1978), an die Kulturpsychologie (Boesch 1980) und an empirisch-psychologische Untersuchungen zur Mikroökologie (Csikszentmihalyi & Rochberg-Halton 1981, Giuliani 1983, Peel 1982, Rochberg-Halton 1984). Neben der allgemeinen Frage nach der symbolischen Bedeutung von Umwelten (→ *Image*) besteht umweltpsychologisch inhaltlich ein enger Zusammenhang zur Thematik der „Personalisierung" von Räumen, d.h. deren psychologischer „Inbesitznahme" durch die Ausstattung mit persönlichen Gegenständen (vgl. Hansen & Altman 1976, Konar et al. 1982, Rapoport 1977, passim) (→ *Aneignung*; → *Territorialität*).

Identifizierung. Über die Selbstdarstellung in einer räumlich-dinglichen Umgebung oder deren Personalisierung kommt es zu einem „Zu-eigen-Werden" dieser Umwelt und damit zu einer emotionalen Identifikation. Dieser Prozeß ist im obigen in bezug auf die private (und ggf. auch Arbeits-)Umwelt betrachtet worden. Er kann im Prinzip aber auch im öffentlichen Raum stattfinden, wie es, anarchisch, die „Graffitisierung" inbesondere metropolitaner Räume und Transportmittel (New Yorker U-Bahn!) bekundet (Baudrillard 1978) (→ *Graffiti*) – auf diese Weise können beispielsweise Gruppen ihre räumliche Identität zum Ausdruck bringen (Ley & Cybriwsky 1974) (→ *Aneignung*; → *Territorialität*). Aktiv-expressive Möglichkeiten im sozial kontrollierten Raum bestehen in der Beteiligung der Öffentlichkeit an der Planung (→ *Partizipation und Protest*) wie in der Zur-Verfügung-Stellung von entsprechend nutzbaren, nicht funktional fest-gelegten Flächen o.ä. (Rapoport 1977, S. 380-383).

Umgekehrt kann man die Gestaltung der öffentlichen räumlich-dinglichen Um-welt als Selbstdarstellung entsprechender sozialer Institutionen sehen, etwa von Städten oder ganzen Nationen. Erreicht diese Gestaltung den einzelnen, d.h. stimmt die in ihr realisierte ästhetische Wahl mit seiner Präferenz überein oder überzeugt ihn so, daß er sie als Wahl übernehmen kann, so kann dies rezeptiv zu einer Identifikation mit dem sich solcherart präsentierenden Ganzen, dem er an-gehört, führen. Falls diese Identifikation auf breiter Ebene stattfindet, wird in ihr wirkliche Öffentlichkeit gestiftet, nämlich als Zusammenhang derer, die einen ge-meinsamen Aspekt ihrer selbst durch ein (physisch-konkretes) Gemeinsames re-präsentiert sehen (Lorenzer 1968) (→ *Umweltplanung und -gestaltung*).

Literatur

Altman, I. & Wohlwill, J.F. (Eds.) (1976). Human behavior and environment. Advances in theo-ry and research (Vol. 1). New York: Plenum.

Altman, I. & Wohlwill, J.F. (Eds.) (1983). Human behavior and environment. Advances in theo-ry and research. Vol. 6: Behavior and the natural environment. New York: Plenum.

Anderson, L.M., Mulligan, B.E., Goodman, L.S. & Regen, H.Z. (1983). Effects of sounds on preferences for outdoor settings. Environment and Behavior 15, 539-566.

Baudrillard, J. (1978). Cool Killer oder Der Aufstand der Zeichen. Berlin: Merve.

Berlyne, D.E. (1960). Conflict, arousal, and curiosity. New York: McGraw-Hill (dt. Stuttgart: Klett-Cotta 1974).

Berlyne, D.E. (1971). Aesthetics and psychobiology. New York: Appleton Century Crofts.

Berlyne, D.E. (Ed.) (1974). Studies in the new experimental aesthetics. Steps toward an objec-tive psychology of aesthetic appreciation. New York: Halstead Press.

Boesch, E.E. (1980). Kultur und Handlung. Einführung in die Kulturpsychologie. Bern: Huber.

Bortz, J. (1978). Psychologische Ästhetikforschung – Bestandsaufnahme und Kritik. Psycholo-gische Beiträge 20, 481-508.

Bourdieu, P. (1984). Die feinen Unterschiede. Kritik der gesellschaftlichen Urteilskraft. Frank-furt: Suhrkamp.

Campbell, D.E. (1979). Interior office design and visitor response. Journal of Applied Psycholo-gy 64, 648-653.

Canter, D. & Thorne, R. (1972). Attitudes to housing. A cross-cultural comparison. Environment and Behavior 4, 3-32.

Canter, D., West, S. & Wool, R. (1974). Judgments of people and their rooms. British Journal of Social and Clinical Psychology 13, 113-118.

Craik, K.H. (1972). Psychological factors in landscape appraisal. Environment and Behavior 4, 255-266.

Craik, K.H. (1976). The personality research paradigm in environmental psychology. In S. Wap-ner, S.B. Cohen & B. Kaplan (Eds.), Experiencing the environment (pp. 55-79). New York: Plenum.

Craik, K.H. & Zube, E.H. (Eds.) (1976). Perceiving environmental quality. Research and appli-cations. New York: Plenum.

Csikszentmihalyi, M. & Rochberg-Halton, E. (1981). The meaning of things. Domestic symbols and the self. Cambridge: Cambridge University Press (dt.: Der Sinn der Dinge. Das Selbst und die Symbole des Wohnbereichs. München: Psychologie Verlags Union 1989).

Evans, G.W. & Wood, K.W. (1980). Assessment of environmental aesthetics in scenic highway corridors. Environment and Behavior 12, 255-273.

Fechner, G.Th. (1876). Vorschule der Ästhetik. Leipzig: Breitkopf & Härtel.

Fisher, J.D., Bell, P.A. & Baum, A. (1984). Environmental psychology (2nd ed.). New York: Holt, Rinehart & Winston.

Gifford, R. & Ng, Ch.F. (1982). The relative contribution of visual and auditory cues to environmental perception. Journal of Environmental Psychology 2, 275-284.

Giuliani, M.V. (1983). Reticence and stereotype in the expression of aesthetic values. Paper presented at the 8th International Colloquium on Empirical Aesthetics/International Conference on Psychology and the Arts, September 5-9, Cardiff, U.K.

Hansen, W.B. & Altman, I. (1976). Decorating personal places. A descriptive analysis. Environment and Behavior 8, 491-504.

Hochschule für Gestaltung Offenbach am Main (Hg.) (1979). Kolloquium 4. Ästhetik im Alltag: Form und Lebensform. Offenbach am Main: Hochschule für Gestaltung.

Kant, I. (1790). Kritik der Urteilskraft. Berlin: Lagarde & Friederich.

Kaplan, R. (1975). Some methods and strategies in the prediction of preference. In E.H. Zube, R.O. Brush & J.G. Fabos (Eds.), Landscape assessment: Values, perceptions, and resources (pp. 118-129). Stroudsburg, PA: Dowden, Hutchinson & Ross.

Kaplan, R. (1977). Preference and everyday nature: Method and application. In D. Stokols (Ed.), Perspectives on environment and behavior. Theory, research, and applications (pp. 235-250). New York: Plenum.

Kaplan, R. (1978). The green experience. In S. Kaplan & R. Kaplan (Eds.), Humanscape: Environments for people (pp. 186-293). North Scituate, MA: Duxbury Press.

Kaplan, R. (1983). Urban nature. In I. Altman & J.F. Wohlwill (Eds.), Human behavior and environment. Advances in theory and research. Vol. 6: Behavior and the natural environment (pp. 127-161). New York: Plenum.

Kaplan, S. (1975). An informal model for the prediction of preference. In E.H. Zube, R.O. Brush & J.G. Fabos (Eds.), Landscape assessment: Values, perceptions, and resources (pp. 92-101). Stroudsburg, PA: Dowden, Hutchinson & Ross.

Kaplan, S. & Kaplan, R. (1982). Cognition and environment. Functioning in an uncertain world. New York: Praeger.

Kaplan, S., Kaplan, R. & Wendt, J.S. (1972). Rated preference and complexity for natural and urban visual material. Perception and Psychophysics 12, 354-356.

Konar, E., Sundstrom, E., Brady, C., Mandel, D. & Rice, R.W. (1982). Status demarcation in the office. Environment and Behavior 14, 561-580.

Krampen, M. (1979). Meaning in the urban environment. London: Pion.

Ley, D. & Cybriwsky, R. (1974). Urban graffiti as territorial markers. Annals of the Association of American Geographers 64, 491-505.

Lorenzer, A. (1968). Städtebau: Funktionalismus oder Sozialmontage? Zur sozialpsychologischen Funktion der Architektur. In H. Berndt, A. Lorenzer & K. Horn (Hg.), Architektur als Ideologie. Frankfurt: Suhrkamp.

Lynch, K. (1960). The image of the city. Cambridge, MA: M.I.T. Press (dt.: Das Bild der Stadt. Gütersloh: Bertelsmann 1968).

Maslow, A.H. & Mintz, N.L. (1956). Effects of esthetic surroundings: 1. Initial effects of three esthetic conditions upon perceiving „energy" and „well-being" in faces. Journal of Psychology 41, 247-254.

Mehrabian, A. & Russell, J.A. (1974). An approach to environmental psychology. Cambridge, MA: M.I.T. Press.

Nasar, J.L. (1983). Adult viewers' preferences in residential scenes. A study of the relationship of environmental attributes to preference. Environment and Behavior 15, 589-614.

Pappi, F.M. & Pappi, I. (1978). Sozialer Status und Konsumstil. Eine Fallstudie zur Wohnzimmereinrichtung. Kölner Zeitschrift für Soziologie und Sozialpsychologie 30, 87-115.

Pedersen, D.M. (1978). Relationship between environmental familiarity and environmental preference. Perceptual and Motor Skills 47, 739-743.

Peel, R. (1982). Wer wohnt wo? Zur Psychologie des Wohnzimmers. Psychologie Heute 9, 20-29.

Porteous, D. (1982). Approaches to environmental aesthetics. Journal of Environmental Psychology 2, 53-66.

Rapoport, A. (1977). Human aspects of urban form. Towards a man-environment approach to urban form and design. Oxford: Pergamon.

Rapoport, A. & Kantor, R.E. (1967). Complexity and ambiguity in environmental design. Journal of the American Institute of Planners 33, 210-222 (dt.: in Stadtbauwelt 26, 1970).

Rochberg-Halton, E. (1984). Object relations, role models, and cultivation of the self. Environment and Behavior 16, 335-368.

Russell, J.A. & Mehrabian, A. (1976). Some behavioral effects of the physical environment. In S. Wapner, S.B. Cohen & B. Kaplan (Eds.), Experiencing the environment (pp. 5-18). New York: Plenum.

Russell, J.A. & Mehrabian, A. (1978). Approach-avoidance and affiliation as functions of the emotion-eliciting quality of an environment. Environment and Behavior 10, 355-387.

Schwarz, H. & Werbik, H. (1971). Eine experimentelle Untersuchung über den Einfluß der syntaktischen Information der Anordnung von Baukörpern entlang einer Straße auf Stimmungen des Betrachters. Zeitschrift für Experimentelle und Angewandte Psychologie 18, 499-511.

Shafer, E.L., Hamilton, J.E. & Schmidt, E.A. (1969). Natural landscape preferences: A predictive model. Journal of Leisure Research 1, 1-20.

Silbermann, A. (1963). Vom Wohnen der Deutschen. Eine soziologische Studie über das Wohnerlebnis. Frankfurt: Fischer.

Southworth, M. (1969). The sonic environment of cities. Environment and Behavior 1, 49-70.

Tellenbach, H. (1968). Geschmack und Atmosphäre. Medien menschlichen Elementarkontaktes. Salzburg: Müller.

Thayer, R.L. & Atwood, B.G. (1978-79). Plants, complexity, and pleasure in urban and suburban environments. Environmental Psychology and Nonverbal Behavior 3, 67-76.

Treinen, H. (1978). Ästhetik im Alltag. In K. Hammerich & M. Klein (Hg.), Materialien zur Soziologie des Alltags (S. 299-313). Opladen: Westdeutscher Verlag.

Ulrich, R.S. (1983). Aesthetic and affective response to natural environment. In I. Altman & J.F. Wohlwill (Eds.), Human behavior and environment. Advances in theory and research. Vol. 6: Behavior and the natural environment (pp.85-125). New York: Plenum.

Venturi, R. (1966). Complexity and contradiction in architecture. New York: The Museum of Modern Art (dt. Braunschweig: Vieweg, 2. Aufl. 1978).

Wapner, S., Cohen, S.B. & Kaplan, B. (Eds.) (1976). Experiencing the environment. New York: Plenum.

Weinstein, N.D. (1976). The statistical prediction of environmental preferences. Problems of validity and application. Environment and Behavior 8, 611-626.

Whitfield, T.W.A. (1983). Predicting preference for familiar, everyday objects: An experimental confrontation between two theories of aesthetic behaviour. Journal of Environmental Psychology 3, 221-237.

Wohlwill, J.F. (1968). Amount of stimulus exploration and preference as differential functions of stimulus complexity. Perception and Psychophysics 4, 307-312.

Wohlwill, J.F. (1976). Environmental aesthetics: The environment as a source of affect. In I. Altman & J.F. Wohlwill (Eds.), Human behavior and environment. Advances in theory and research, (Vol. 1) (pp. 37-86). New York: Plenum.

Wohlwill, J.F. (1980). The place of order and uncertainty in art and environmental aesthetics. Motivation and Emotion 4, 133-142.

Zajonc, R.B. (1968). Attitudinal effects of mere exposure. Journal of Personality and Social Psychology 9 (2, Pt. 2), 1-27.

Zube, E.H. (1976). Perception of landscape and land use. In I. Altman & J.F. Wohlwill (Eds.), Human behavior and environment. Advances in theory and research, (Vol. 1) (pp. 87-121). New York: Plenum.

310

Zube, E.H., Brush, R.O. & Fabos, J.G. (Eds.) (1975a). Landscape assessment: Values, perceptions, and resources. Stroudsburg, PA: Dowden, Hutchinson & Ross.

Zube, E.H., Pitt, D.G., & Anderson, Th.W. (1975b). Perception and prediction of scenic resource values of the northeast. In E.H. Zube, R.O. Brush, & J.G. Fabos (Eds.), Landscape assessment: Values, perceptions, and resources (pp. 151-167). Stroudsburg, PA: Dowden, Hutchinson & Ross.

Gerhard Schneider
Psychosomatische Universitätsklinik
der Universität Heidelberg

VI. Raum und Bewegung

Raum und Bewegung

1. Einleitung

„Umweltwahrnehmung und -kognition" sowie „räumliches Verhalten" gehören gleichsam zum Standardprogramm ökopsychologischer Einführungen und Lehrbücher. Zum Thema räumliches Verhalten gehören dabei mindestens die Phänomene bzw. Konstrukte → *personaler Raum* und interpersonale Distanzen, → *Territorialität,* → *Dichte und Enge,* häufig auch noch Privatheit – so auch in diesem Handbuch. Dem Kulturanthropologen E.T. Hall ist es zu verdanken, daß er dem Raumgebrauch des Menschen in sozialen Situationen (und seiner kulturspezifischen Varianten) nicht nur beobachtend und beschreibend große Aufmerksamkeit verschaffte (vgl. 1959, 1966), sondern seine systematische Untersuchung auch als „proxemics" wissenschaftlich zu etablieren versuchte. Als empirisches Forschungsthema wurde räumliches Verhalten jedoch v.a. durch die frühen Studien und engagierten Darstellungen Robert Sommers (vgl. z.B. 1959, 1969) eingeführt, das seitdem schon allein durch Zahl und Vielfalt der Untersuchungen seinen angestammten Platz in der Umweltpsychologie behauptet – ein Blick in das *Handbook of Environmental Psychology* (Stokols & Altman 1987) mag dies bestätigen –, wenn auch seine einstmals hervorragende Stellung inzwischen durch die wachsende Mannigfaltigkeit ökopsychologischer Themen relativiert wurde.

Unter dem Titel „Raum und Bewegung" geht es nicht darum, „räumliches Verhalten", „Bewegung im Raum" quasi synoptisch an Hand von empirischen Einzelbefunden zusammenzufassen, sondern eher prinzipiell, gleichsam propädeutisch, zu explizieren; den gelebten Raum, der sich (zumeist) allererst durch Bewegung konstituiert bzw. durch Bewegung, Verhalten, Erleben erschlossen wird, – die Bewegung, die sich im Raum vollzieht und auf Gegenstände und Orte im Raum bezogen ist. Ausgangspunkt für eine (öko-)psychologische Analyse des Handelns in einer konkreten Alltagswelt kann weder der objektive Raumbegriff der euklidischen Geometrie noch ein physikalischer Bewegungsbegriff der Ortsveränderung sein. Als psychologische Konstrukte definieren sich Bewegung und Raum aus der Art und Weise, wie sie erfahren und erlebt werden. Zu thematisieren sind daher Konzepte der „Lebenswelt", des „gelebten Raumes" in seiner materialen und sinnhaften Beschaffenheit, wie sie insbesondere in → *Phänomenologischen* Ansätzen, aber auch schon bei William Stern (1923/24, 1936) entwickelt wurden und z.B. in Martha und Hans Muchows Untersuchungen zum „Lebensraum des Großstadtkindes" (1935/1981) eine erste ökopsychologische Konkretisierung erfahren haben (→ *Kind und Umwelt;* → *Jugendliche und Umwelt).*

2. Strukturen und Valenzen des Raumes

Entgegen dem homogenen, kontinuierlichen, sich in allen Richtungen gleich erstreckenden (isotropen) Raum der euklidischen Geometrie ist der gelebte Raum inhomogen, diskontinuierlich und anisotrop (vgl. Bollnow 1971). Auf das jeweilige Subjekt bezogen und durch den dem Stand- und Blickpunkt des Subjekts entsprechenden Horizont begrenzt ist der gelebte Raum vor allem durch seine qualitativ unterschiedlichen Stellen oder Punkte (z.B. „Ich-hier" gegenüber „dem-da") und Richtungen (z.B. „hin" gegenüber „her") charakterisierbar. Von besonderer Bedeutung sind die Senkrechte (der Schwerkraft) und die Vorne-Hinten- vor der Rechts-Links-Dimension. Diese Richtungen haben zudem qualitativ verschiedene Pole: oben, vorn und rechts sind gegenüber unten, hinten, links ausgezeichnet. Die universelle Bedeutsamkeit wie die je kulturspezifischen Valenzen sind durch kulturvergleichende Studien über Haus- und Wohnformen (→ *Wohnen und Wohnzufriedenheit)* vielfach belegt worden (vgl. z.B. Altman & Chemers 1980, Boesch 1980, Rapoport 1969).

Raum als Grundlage und Korrelat menschlichen Verhaltens wird konstituiert durch Bewegungen in bestimmten Richtungen und über bestimmte Distanzen zu Objekten hin oder von ihnen weg. Diese – nicht nur räumlichen – Bewegungen (Lewin: Lokomotionen) finden ihre Entsprechung in Lewins Charakterisierung des Lebensraums als „hodologischem" Raum (1938), der immer schon durch „Wege" ausgezeichnet ist.

Vor aller philosophischen und wissenschaftlichen Beschäftigung mit Raum und Bewegung und jede dieser Beschäftigungen fundierend erfahren wir den Raum als ein Ensemble von Wegen und Richtungen, von Orten und Bereichen, die nach Voreinander und Nebeneinander, nach Nähe und Ferne, nach Erreichbarkeit und Zugänglichkeit für uns und andere artikuliert, d.h. also auf uns als Leibsubjekte bezogen sind.

Als sinnvoller Rahmen für eine Gliederung der Strukturen und Aspekte des gelebten Raumes bietet sich eine Untergliederung in den *orientierten Raum* – mit Akzentuierungen als *Handlungs-* und als *Wahrnehmungsraum* und – den *gestimmten* Raum an. Ihre wichtigsten Charakteristika können hier nur kurz skizziert werden; ausführliche Darstellungen finden sich u.a. bei Bollnow (1971), von Dürckheim (1932), Kruse (1974), Moles und Rohmer (1978) und Ströker (1965).

2.1. Der orientierte Raum

Der Raum unseres alltäglichen Daseins ist vor allem jener, in dem wir tätig sind, arbeiten, ausruhen, mit Dingen umgehen, sie betrachten oder gebrauchen, in dem wir uns bewegen, Entfernungen zurücklegen. Unsere Wege und Bewegungen sind zielgerichtet, sie gehen aus von einem Hier und enden bei einem Dort (Platz, Gegenstand). Das Hier ist der Ort, an dem ich mich als wahrnehmendes und handelndes Leibsubjekt befinde, ist das Zentrum des orientierten Raumes, der durch den Horizont begrenzt wird. Vom Handlungsraum sprechen wir dann, wenn das Subjekt Ausgangspunkt zielgerichteten Handelns und Bewegens ist, vom Wahrnehmungsraum, wenn das Subjekt lediglich als sinnlich wahrnehmendes figuriert. Entsprechend der funktionalen Einheit von Wahrnehmen und Handeln kann diese Differenzierung allerdings nur als analytische verstanden werden.

a) Der Wahrnehmungsraum
Im alltäglichen „Umgang" mit Menschen, Dingen, Tieren, Pflanzen, aber auch mit Wohnungen, Straßen, Plätzen gibt es Momente, in denen wir innehalten und nicht mehr handelnd, sondern vornehmlich wahrnehmend auf die Dinge gerichtet sind. In der Wahrnehmungseinstellung begegnen uns die Dinge nicht mehr in ihrer „Zuhandenheit", sondern nur noch in ihrer „Vorhandenheit" (Heidegger 1927).

Den Schwerpunkten einer Ökopsychologie der Umweltwahrnehmung vergleichbar behandeln phänomenologische Analysen des Wahrnehmungsraumes vornehmlich Probleme der *visuellen* Wahrnehmung. Ungeachtet des Primats des Sehens vor allen anderen Modi sinnlicher Anschauung umfaßt der Begriff des Wahrnehmungsraumes jedoch prinzipiell auch den auditiven, haptischen und olfaktorischen Raum (vgl. Kruse 1974, S.123ff.).

Von den den visuellen Wahrnehmungsraum konstituierenden Elementen Farbe, Form, Textur, Bewegung, Tiefen- und Horizontstruktur (vgl. dazu Graumann 1960, Kruse 1974) beschränke ich mich hier beispielhaft auf die räumlichen Relationen (→ *Licht und Farbe;* → *Umweltdesign*).

Zu den am besten untersuchten räumlichen Relationen gehört das Maß der Entfernung, das sich zwischen meinem augenblicklichen Standpunkt („Hier") und den Dingen oder Menschen („Dort") ergibt, sowie die Ordnungen zwischen den Dingen oder Menschen des sich von mir aus – vor allem nach vorn – erstreckenden Wahrnehmungsraums.

Räumliche Nähe (Kontiguität) induziert den Eindruck der Zusammengehörigkeit: Der Obdachlose (→ *Obdachlose*), der tagtäglich seinen festen „Wohnsitz" an einer bestimmten Straßenecke hat, verschmilzt mit ihr derart, daß die Straßenecke nicht mehr dieselbe zu sein scheint, wenn er einmal nicht da ist. Darüber hinaus entscheidet die *Lokalisation* einer Person, eines Dinges an einem bestimmten Ort über die Art, wie wir diese Situation wahrnehmen: Die Musik aus der Wohnung des Nachbarn wird anders wahrgenommen als die aus dem Zimmer des Sohnes (→ *Lärm*), der Unrat vor der eigenen Haustür anders als der vor dem Nachbarhaus.

Die räumliche Nähe zweier oder mehrerer miteinander gehender oder stehender Personen läßt sie als Einheit erscheinen, durch die man als Dritter nicht einfach hindurchläuft. Empirische Untersuchungen zum → *personalen Raum* (etwa Kuethes Studien über „soziale" Schemata 1962) wie insbesondere zum „sozialen" oder „Gruppenraum" (vgl. Knowles 1973, 1980) bestätigen auf verschiedenen Wegen die Dyade bzw. Gruppe als perzeptive Einheit.

Eine wichtige Variante räumlicher Nähe ist das Phänomen der → *Dichte* als Kontiguität einer größeren Anzahl von Dingen oder Menschen. Ab wann aber erscheint das Nebeneinander von Bäumen als „Wald", das Beieinanderstehen von Menschen als Gruppe, Menge oder gar Masse? Zumindest für das letztere Phänomen sind kultur- und situationsspezifische Faktoren relativierend: „Two is company, three is a crowd", ist sicherlich keine Deskription eines universellen Wahrnehmungsphänomens.

Neben Größen- und Dichtemaßen spielt auch die *Strukturiertheit* von Objekten eine wichtige Rolle. Die Wahrnehmung einer geordneten Schlange an englischen Bushaltestellen im Vergleich zu den hierzulande üblichen Haufenbildungen kann in bestimmten Situationen durchaus die Antizipation von (crowding-)Streßerfahrung modifizieren. Spätestens seit Lynchs Untersuchungen zum Bild der Stadt (1968) weiß man um die wichtige Funktion der Strukturiertheit im Stadtbild. Lynch spricht von der „Lesbarkeit" der Stadt und meint damit die Leichtigkeit, mit der die einzelnen Teile der Stadt erkannt und zu einem zusammenhängenden Muster verbunden werden können (→ *Kognitive Karte und Kartierung*). Ihre Bedeutung für das Wegefinden und die Orientierung in der Stadt wie aber auch für die emotional-evaluative Beurteilung von Städten ist inzwischen zu einem umfangreichen Untersuchungsfeld der psychologischen Stadtforschung geworden (→ *Umweltrepräsentation;* → *Image*).

b) *Der Handlungsraum*

Häufiger denn als bloße Wahrnehmungsdinge begegnen uns Dinge, Orte und Menschen in einem Handlungskontext. Räumlich-Dingliches ist Ausgang, Mittel wie auch Ziel von Handlungen. Was rein wahrnehmungsmäßig als nah und fern erscheint, ist aus der Sicht des Handelnden unmittelbar greifbar, potentiell erreichbar oder unerreichbar.

Für das am Schreibtisch sitzende Subjekt sind Papier und Bleistift handlich angeordnet und unmittelbar greifbar, der Computer im Nebenzimmer potentiell erreichbar, der Skihang in den Alpen aber, von diesem Zeit- und Standort aus, zunächst unerreichbar.

Zum aktuellen Handlungsraum gehört der unmittelbare „Handlungsbereich" (*manipulatory area*; Mead 1932, 1938), der als das „Zentrum der dauerhaften Umwelt" erlebt wird. Dort erfahre ich mich als Mittelpunkt einer Welt, die räumlich und zeitlich um mich angeordnet ist und auf die ich unmittelbar einwirken kann. Diese – präsentische – „Welt in meiner aktuellen Reichweite" (Schütz 1971, I) ändert sich mit jeder meiner Bewegungen. Als „Welt in wiederherstellbarer Reichweite" erscheint dann z.B. jener Raum, in dem ich war und jetzt nicht mehr bin, aber den ich jederzeit wieder aufsuchen kann, während das, was bisher noch nicht verfügbar war, aber potentiell erreichbar erscheint, „die Welt in erlangbarer Reichweite" ist.

In eine derartige Charakterisierung des Handlungsraums läßt sich auch Tolmans Versuch einer rein verhaltensmäßigen Deskription von Umwelt einpassen, in der er zwischen *discriminanda, manipulanda* und *utilitanda* unterscheidet (Tolman 1958).

Sind discriminanda jene Merkmale, anhand deren wir gelernt haben, Dinge in unserer Umwelt zu unterscheiden, sind manipulanda diejenigen Eigenschaften von Dingen, die sie für uns handhabbar machen: So erfahren wir den Stuhl in seiner „Draufsitzbarkeit" oder „Draufkletterbarkeit" oder auch „Umwerfbarkeit". Utilitanda sind schließlich jene manipulanda und discriminanda, die als „Mittel zum Zweck" zu weiteren manipulanda und discriminanda führen. Dieser „weiterführende" Charakter kommt insbesondere Werkzeugen und Zeichen zu.

Häufiger Umgang mit den Objekten führt zu „Erwartungen" bezüglich ihrer Diskriminierbarkeit, Manipulierbarkeit und Mittel-Zweck-Funktionen in zukünftigen Verhaltenssituationen. Das bedeutet, daß die manipulanda, discriminanda etc. des aktuellen Handlungsraumes immer auch auf einen potentiellen Handlungsraum verweisen.

Was bei Tolman als discriminanda, manipulanda und utilitanda des Verhaltensraumes expliziert wird, bezeichnet letztlich Umweltgegebenheiten der Dienlichkeit, Tauglichkeit, Brauchbarkeit, Werthaftigkeit für die jeweiligen Handlungsintentionen eines Subjekts. Lewin (1926) benutzt den Terminus „*Aufforderungscharakter*" (bzw. Valenz), um damit jene Umweltqualitäten, die uns zu bestimmten Handlungen auffordern, zu bezeichnen. Positive Aufforderungscharaktere sind Eigenschaften, zu denen hin, negative solche, von denen weg Handlungen oder Bewegungen (Lokomotionen) gerichtet sind.

Eine Landschaft „lockt" zum Spazierengehen, ein schwieriger Gipfel „reizt" geradezu, bewältigt zu werden. Mauern verwehren den freien Durchgang, aber manche fordern zur Übersteigung oder gar zum Niederreißen auf.

Das, was auffordert, lockt, reizt, sind jedoch nicht Qualitäten, die in der Sache selbst liegen, sondern mit den Bedürfnissen und Intentionen des Subjekts korreliert sind. Der Gipfel fordert nur den Bergfreund, nicht den eingefleischten Flachländer heraus; der schönste Apfel kann den nicht locken, der gerade seinen Magen verdorben hat. Andererseits muß betont werden, daß die Valenzen unserer Umwelt (→ *Welt und Umwelt*) nicht einfach den Bedürfnissen und Absichten eines Individuums entsprechen, sondern auch durch andere Umweltfaktoren beeinflußt bzw. „induziert" (Lewin) werden. Dies gilt auch für das Lernen, die → *Aneignung* von sensorischen und manipulatorischen Dingeigenschaften sensu Tolman. Eltern, Freunde und andere frühe Sozialisationsagenten spielen dabei durch ihr beispielgebendes, ge- und verbietendes Verhalten eine wichtige Rolle. (Zu dem völlig anders konzipierten Affordanzbegriff s. → *Ökologischer Realismus und ökologische Wahrnehmungspsychologie*.)

Psychodynamisch von besonderem Interesse ist der Erwerb von *Ambivalenzen* mit zugleich anziehender und abstoßender, Lust und Angst machender Valenz. Der hohe Baum, den zu erklettern Lust bereitet, dessen Gefährlichkeit aber auch ängstigt; das Abenteuer der in den USA so hoch geschätzten „wilderness experience" (vgl. Kaplan & Talbot 1983), bei dem das Urtümliche, noch nicht Zivilisierte fasziniert, aber auch schreckt. Der Ambivalenz des Erlebens von Räumen und Dingen, aber auch von Aktivitäten, Bewegungen (s. 3.) entspricht dann eine Ambitendenz im Verhalten (vgl. dazu auch Kruse 1983).

Die Rolle sozialisatorisch erworbener, vor allem aber kultur- und epochalspezifischer Valenzen von räumlich-dinglichen Strukturen und Richtungen ist in der psychologischen Umweltforschung bisher vornehmlich im Kontext (kulturspezifischer Analysen) des Bauens und Wohnens berücksichtigt worden (vgl. Altman & Gauvain 1981, Boesch 1980, Rapoport 1969, Tuan 1974), wobei den Valenzen von Innen – Außen, privat – öffentlich sowie dem Zuhause(geborgen)-Sein die größte Bedeutung zugemessen wird. Vergleichsweise wenig erforscht bzw. berücksichtigt werden entsprechende Valenzen beim Umgang mit der Natur und natürlichen Ressourcen (→ Landschaftsveränderung – Landschaftszerstörung) (vgl. Altman & Wohlwill 1983, Kruse 1983), obgleich ihr Stellenwert für die Förderung bzw. Erschwerung von Umweltlernen/Umweltbeziehung außer Frage stehen dürfte.

2.2 Der gestimmte Raum

Bisher wurden räumliche Verhältnisse überwiegend als phänomenale Gegebenheiten des als Wahrnehmungs- und Handlungsraum akzentuierbaren orientierten Raumes, dem auf das Leibsubjekt zentrierten, anisotropen Raum gerichteter Bewegung und Wahrnehmung, beschrieben. Im Gegensatz dazu ist der „gestimmte Raum" (Binswanger 1933) als Korrelat eines gestimmten Subjekts die ursprünglichste Weise des In-der-Welt-Seins vor jedem reflexiven Gerichtetsein. Als gestimmten Raum erleben wir den Raum nicht in einzelnen, spezifizierbaren Eigenschaften (von Formen, Farben, Größenverhältnissen etc.), sondern in seinem Ausdrucksgehalt, seinen Anmutungsqualitäten, seiner Atmosphäre (als feierlicher Kirchenraum, belebte Straße, heitere Landschaft, gemütliches Zimmer oder „kalte Pracht"). Im Gegensatz zum aktiven Wahrnehmen und Erkennen befindet sich hier das Subjekt im Zustand eher pathischen Gewahrens, „qualitativen Innenseins" (von Dürckheim 1932).

Die eigene Gestimmtheit wird oft genug als Gestimmtheit des Raumes erlebt. Dem heiteren Menschen erscheint auch seine Umwelt heiter, dem bedrückten entsprechend bedrückend, wenn ihm beispielsweise „die Decke auf den Kopf stürzt", der „Himmel über ihm zusammenbricht". Die Stimmung eines Menschen wie die eines Raumes wird oft in denselben (synästhetischen) Begriffen beschrieben; z.B. als kalt, unpersönlich, heiter, strahlend usw.; vgl. Kruse 1974).

Der gestimmte Raum ist unzentriert und richtungslos (atrop). Anders als im orientierten Raum kommt hier dem Leibsubjekt kein ausgezeichnetes Zentrum zu. Als gestimmter Leib ist das Subjekt zwar im gestimmten Raum, aber nicht an einer bestimmten fixierbaren Stelle. Wie beim Herumbummeln oder beim Tanzen (vgl. dazu Straus 1930) kann man mal hier, mal dort sein, ohne daß der Raum sich in seiner Gestimmtheit ändert.

Sowenig wie sich im gestimmten Raum Richtungen bestimmen lassen, lassen sich Abstände zwischen den Dingen als metrische Größen angeben; vielmehr erscheinen diese als Qualitäten der Dinge selbst. Nähe und Ferne der Dinge in bezug auf ein gestimmtes Subjekt sind „die raum-zeitliche Form des Empfindens" (Straus 1956), die Art und Weise, wie *mir* Dinge gegenwärtig sind.

Gestimmter Raum ist auch Bewegungsraum. Doch anders als im orientierten Raum, in dem den Gliedmaßen des handelnden Subjekts hervorragende Bedeutung zukommt, zeigt sich der Leib im gestimmten Raum phänomenal ungegliedert in einem harmonischen Zusammenspiel von Rumpf und Gliedern bei gesteigerter Rumpfmotorik. Die Art der Bewegung entspricht dem unterschiedlichen Ausdrucksgehalt (und nicht lediglich der Zweckbestimmtheit) der Räume, das Subjekt trägt dem von ihm erlebten Sinngehalt des Raumes willkürlich Rechnung.

Die Erfassung des gestimmten Raumes in der Ökopsychologie – im Bereich der Landschaftsbewertung wie dem der Beurteilung gebauter, vor allem städtischer Umwelten – ist weitgehend begrenzt auf den Einsatz des Semantischen Differentials, das prinzipiell konzipiert ist, synästhetische Qualitäten als emotional-konnotative Bedeutungen zu messen, jedoch eine Reihe methodischer Unzulänglichkeiten aufweist. Die Alternative für die Erfassung der Gestimmtheit des Raumes liegt bisher in der intentionalen Deskription (→ *Phänomenologischer Ansatz*).

3. Modalitäten und Valenzen von Bewegung

Phänomenologisch wie psychologisch sind Raum und Bewegung eng miteinander verbunden. Bei der Entwicklung psychologischer Konstrukte des gelebten Raumes spielte demnach Bewegung eine wichtige Rolle. Im Folgenden wird daher lediglich ein Figur-Grund-Wechsel vorgenommen, um einige Facetten von Bewegung zu skizzieren (vgl. Kruse & Graumann 1978).

Mit dem Begriff *Lokomotion* meint Lewin (1969) jede Positionsveränderung einer Person relativ zu dem sie umgebenden Feld, sei sie physischer, sozialer oder begrifflicher Art. Mit *Bewegungsspielraum* meinen wir das, was immer von einer Position aus zugänglich ist und entweder sozial (Verbote), physisch oder auch psychisch (mangelnde Fähigkeiten der Person) eingeschränkt werden kann. Alles, was der Lokomotion Widerstand bietet, sind „Barrieren"; was sie ermöglicht und erleichtert, bezeichnen wir mit Lewin als „Zugänglichkeit". Hodologisch betrachtet (s.o.) läßt sich jede Lokomotion als Weg darstellen.

Aus der Bewegungsperspektive haben Raumstrukturen dann die dreifache Funktion als Bewegungsbedingung, als Bewegungsmedium und als das, was durch Bewegung allererst erschlossen wird.

Die empirische Ökopsychologie von Bewegungsmodalitäten ist relativ wenig entwickelt. Andererseits findet man Beiträge dazu in weitverstreuten Forschungsbereichen, von der Allgemeinen Psychologie der Motorik, dem Studium der nonverbalen Kommunikation, der Arbeitswissenschaft bis zur Sportwissenschaft, der

Raum-Zeit-Geographie und der Tourismusforschung (→ *Freiraum,* Freizeit). Wir können unterscheiden zwischen Studien, die sich mit den verschiedensten Arten und Graden von Bewegungen befassen, und solchen, in denen es primär um die Analyse von Bewegungsspuren geht. Zur ersten Gruppe zählen Untersuchungen von Mimik, Gestik, Pantomimik, von Körperhaltungen und -bewegungen im räumlichen Zueinander (→ *Personaler Raum*), Analysen aller Arten von Sportbewegungen wie Skifahren oder Schwimmen sowie die „alltäglichen" Bewegungen des Gehens und Wanderns, des Radfahrens und Autofahrens, des Reisens per Bahn oder Flugzeug oder im Raumschiff. Eher an den Produkten von Bewegung interessiert sind Forscher, die Trittspuren, Pfade und Wegenetze als „geronnene Spuren" z.B. auf dem Teppichboden des Museums (→ *Museum*), auf dem Campusrasen, in Einkaufspassagen untersuchen, oder aber Aktionsradien, „home ranges", Territorien (→ *Territorialität*), Aktivitäts-Systeme, Zeit-Budgets, „behavioral maps" als Effekte von Häufigkeit, Dauer und Reichweite von Bewegungen.

Die Darstellung der im folgenden beschriebenen Bewegungsmerkmale erhebt keinen Anspruch auf Vollständigkeit, sondern soll zu einer Ökopsychologie anregen, die sich stärker und umfassender als bisher mit Formen, Bedingungen und Konsequenzen alltäglicher Bewegungen von Individuen in ihrer Umwelt beschäftigt.

(1) Lewin (1935) folgend, lassen sich Lokomotionen (physischer, sozialer und begrifflicher Art) nach ihrem *Realitätsgrad* differenzieren. Auf der Ebene realer Bewegungen können physische Hindernisse auftauchen, die unabhängig von individuellen Wünschen und Vorstellungen als realistische Barriere fungieren. Auf weniger realen bis hin zu irrealen Bewegungsebenen (geplante, vorgestellte, in Gedanken vorweggenommene oder auch nur erträumte Bewegung) sind Hindernisse leichter aus dem Weg zu räumen oder zu träumen.

Eine vorwiegend an realer „physischer" Bewegung interessierte Ökopsychologie sollte dennoch die Wechselwirkungen zwischen Bewegungen verschiedener Realitätsgrade nicht außer acht lassen: Bewegung im Raum ist eng mit Bewegungsplanung und überhaupt mit der Vorstellbarkeit von Bewegungsarten verbunden *(→ Handlungstheorie).*

(2) Bewegungen lassen sich nach ihrer Geschwindigkeit unterscheiden. Gangarten (z.B. Herumstehen, Trödeln, Bummeln, Laufen, Hasten) haben unterschiedliche soziale Valenzen, sind charakteristisch, passend oder unpassend für bestimmte Orte und Gelegenheiten (→ *Behavior Settings*), wie auch für Rollen oder Positionen (ein Offizier in Uniform „hängt nicht herum"). Milgram (1970) sah das unterschiedliche Tempo, mit dem Menschen sich in den Straßen bewegen, als Differentialkriterium amerikanischer Städte an.

(3) Ein weiteres Merkmal jeder Bewegung ist ihre *Richtung* (zur Verschiedenartigkeit der Gerichtetheit im orientierten gegenüber dem gestimmten Raum s.o.). Mangelnde oder ausgeprägte Zielgerichtetheit charakterisiert nicht nur bestimmte Bewegungsarten (Laufen, Herumbummeln, Torkeln, Tanzen), sondern auch bestimmte Typen von Personen (den eiligen Großstädter, das spielende Kind, den Betrunkenen oder geistig Verwirrten). Die Rolle von Bewegungsrichtung und

-tempo großer Menschenmassen wird zwar gelegentlich erwähnt (vgl. Milgram & Toch 1969), ist aber z.B. für die *crowding*-Forschung noch kaum fruchtbar gemacht worden (→ *Dichte und Enge*).

(4) Mehr empirische Aufmerksamkeit erfahren *Häufigkeit und Dauer* sowie *Reichweite* von Bewegungen. In allen diesen Dimensionen hat sich das Bewegungsverhalten der Menschen durch die massenhafte Verbreitung von öffentlichen und privaten Verkehrsmitteln im Laufe des 20. Jahrhunderts entscheidend verändert. Mobil sein, auf Achse sein, die ganze Welt bereisen gehören zu den Merkmalen eines Großteils der Menschen in (westlichen) Industrieländern. Wohnwagen, „mobile homes" lassen die bisher für den gelebten Raum so bedeutsame Kategorie des Zuhause- bzw. Unterwegsseins in einem anderen Licht erscheinen (Moles 1976). Wahrgenommene Bewegungshäufigkeit, -dauer und -geschwindigkeit können zu Reizüberflutung und *crowding* beitragen. Das alltägliche Wegenetz ist ein wichtiger Faktor der Ortsidentität und der wahrgenommenen Kontrolle im Wohnquartier (→ *Aktivitätsmuster* in der Stadt). Die Untersuchungen von Aktivitätssystemen, Zeit-Budgets, Aktionsradien und Wegenetzen bis hin zum Umzugsverhalten (→ *Wohnortwechsel;* → *Land-Stadt-* und Stadt-Land-Migration) sind für viele Fragestellungen der Raumnutzung und Raumplanung sowie zur Charakterisierung von Nutzergruppen (z.B. Kindern, alten Menschen, Pendlern, Nicht-Seßhaften, Massentouristen) zu einem wichtigen Bestandteil der ökopsychologischen Forschung geworden und haben zur Entwicklung verschiedenartiger Methoden zur Erfassung der raumzeitlichen Verteilung alltäglicher Bewegung geführt (→ *Verhaltenseinschätzung*).

(5) Erlebnis- und verhaltensmäßig höchst bedeutsam ist der Unterschied zwischen *aktivem* Sichbewegen (als Fußgänger, Rad- oder Autofahrer) oder *passivem* Bewegtwerden (als Beifahrer, Flugzeugpassagier). Schieben oder geschoben werden, etwas selbst bewirken können oder vom Funktionieren (von Fahrzeugen, Maschinen, Kernreaktoren, aber auch von anderen Menschen) abhängig zu sein, ist eine wichtige Dimension des in der (ökologischen) Psychologie inzwischen weit verbreiteten Konstrukts der → *Kontrolle*. Relevant sind die Differenzierungen zwischen realer und wahrgenommener Kontrolle sowie Bedingungen und Effekte von Kontrollverlust. Sowohl Kontrollbewußtsein wie Kontrollverlust manifestieren sich unterschiedlich bei aktiver und passiver Bewegung. Ein Kontrollverlust als Folge der Steigerung eigener Aktivität (z.B. überhöhter Geschwindigkeit beim Motorradfahren) wird psychologisch gänzlich anders erlebt als der, dem man als passiver Passagier eines Flugzeugs bei drohender Absturzgefahr ausgesetzt ist.

(6) Eng verbunden mit der Aktiv-Passiv-Dimension ist das Ausmaß der *Freiheitsgrade*, die bei einer Bewegung vorhanden sind oder erlebt werden. Sie reichen von den Bewegungsmöglichkeiten des Körpers (beim angegurteten Autofahrer, des geradezu gepanzerten Abfahrtsläufers) über die Freiheiten der Wege(mittel)wahl (das nur mit dem Lift zu erreichende Hochhausbüro, die nur dem Ortskundigen vertrauten Schleichwege) bis zur unbeschränkten Reisefreiheit in aller Herren Länder. Wie viele Wege einem Individuum zur Verfügung stehen, hängt

auch, wie bereits Tolman (1958) erkannte, vom Umfang und der Strukturiertheit seiner → *„kognitiven Landkarten"* ab. Je größer und differenzierter der kognitive Raum, über den ein Mensch verfügt, um so größer ist die Möglichkeit, daß er sich auch in dem von ihm repräsentierten Raum bewegt.

(7) Ein weiteres Merkmal der Fortbewegung, die Wahl der *Mittel,* die Menschen in verschiedenen Bewegungssituationen und zu bestimmten Zwecken benutzen, mag auf den ersten Blick zu jenen Fragestellungen gehören, die von der ökologischen Psychologie schon umfassend angegangen worden sind. Die Art und Weise der Bewegung, des täglichen Transports großer Menschenmassen in den verdichteten Ballungsgebieten gehört zu den derzeit drängendsten Problemen urbanen Lebens, doch scheint das Thema reduziert zu sein auf die Nutzung der privaten Autos oder öffentlichen Massentransportmittel (→ *Verkehrsmittelnutzung).* Das Fahrradfahren als neuerdings zunehmendes, das Gehen als immer schon typisches urbanes Fortbewegungsmittel (vgl. z.B. Garbrecht 1981, Bauwelt 1990) werden bisher kaum beachtet.

Bei vielen der öffentlich diskutierten Verkehrs- und Transportprobleme, die eine Veränderung der Fortbewegungsweisen, vielleicht sogar eine Reduktion der Mobilität insgesamt verlangen, richten sich die Forderungen heutzutage eher an die Motivationspsychologie als an die Ökopsychologie, etwa mit der Kernfrage, wie man Leute motivieren kann, ihr Verkehrsverhalten zu verändern. (Ähnliche Fragen stellen sich im Zusammenhang mit der Abfallverwertungs- und -beseitigungsproblematik → *Abfall).* Aus der Lern- und Motivationspsychologie läßt sich bereits eine Reihe von Problemlöseansätzen anbieten (→ *Ökologisches Denken und Problemlösen),* bei denen z.B. die Rolle von Verhaltensanreizen, von Belohnungen für oder von Rückmeldung über bestimmte umweltschonende Verhaltensweisen oder auch von Informationen über die Folgen umweltschädigender Verhaltensweisen im Mittelpunkt steht (→ *Umwelterziehung).*

Die Ökopsychologie muß darüber hinausgehen und den analytischen Bezugsrahmen erweitern. Sie muß die mit Bewegung (Verkehr, Transport) und Raum (Wohnraum, Verkehrsraum, Freiraum) verbundenen gesellschaftlichen Probleme auf die Erkenntnisse beziehen und transformieren, die die Analytik der Erfahrung von Raum und Bewegung erbracht hat. Erst dann ist es möglich, diese Probleme am Leitfaden der Person-Umwelt-Interaktion adäquat zu bearbeiten.

Literatur

Altman, I. & Chemers, U. (1980). Culture and environment. Monterey, CA: Brooks/Cole.

Altman, I. & Gauvain, M. (1981). A cross-cultural dialectic analysis of homes. In L. Liben, A. Patterson, & N. Newcombe (Eds.), Spatial representation and behavior across the life span (pp. 282-319). New Academic Press.

Altman, I. & Wohlwill, J.F. (Eds.) (1983). Behavior and the natural environment. Human Behavior and Environment (Vol. 6). New York: Plenum.

Bauwelt, Geh-Versuche 81 (7/8), 1990.

Binswanger, L. (1933). Das Raumproblem in der Psychopathologie. Zeitschrift für Neurologie. 145 (und in Ausgewählte Vorträge und Aufsätze, Bd. 2, S. 174-225, Bern 1955).

Boesch, E.E. (1980). Kultur und Handlung. Bern: Huber.

Bollnow, O.F. (1971). Mensch und Raum (2. Aufl.). Stuttgart: Kohlhammer.

Dürckheim, K. Graf v. (1932). Untersuchungen zum gelebten Raum. Neue Psychologische Studien 6, 383-480.

Garbrecht, D. (1981). Gehen. Plädoyer für das Leben in der Stadt. Weinheim: Beltz.

Graumann, C.F. (1960). Grundlagen einer Phänomenologie und Psychologie der Perspektivität. Berlin: de Gruyter.

Hall, E.T. (1959). The silent language. New York: Doubleday.

Hall, E.T. (1966). The hidden dimension. New York: Doubleday.

Heidegger, M. (1927). Sein und Zeit. Tübingen: Niemeyer.

Kaplan, S. & Talbot, J.F. (1983). Psychological benefits of wilderness experience. In I. Altman & J.F. Wohlwill (Eds.), Behavior and the natural environment, Vol. 6 (p. 163-203). New York: Plenum.

Knowles, E. (1973). Boundaries around group interaction: The effect of group size and member status on boundary permeability. Journal of Personality and Social Psychology 26, 327-332.

Knowles, E. (1980). An affiliative conflict theory of personal and group spatial behavior. In P.B. Paulus (Ed.), Psychology of group influence (pp. 133-188). Hillsdale, NJ: Erlbaum.

Kruse, L. (1974). Räumliche Umwelt. Die Phänomenologie des räumlichen Verhaltens als Beitrag zu einer psychologischen Umwelttheorie. Berlin: de Gruyter.

Kruse, L. (1983). Katastrophe und Erholung – Die Natur in der umweltpsycholgischen Forschung. In G. Großklaus & E. Oldemeyer (Hg.), Natur als Gegenwelt (S. 121-135). Karlsruhe: von Loeper.

Kruse, L. & Graumann, C.F. (1978). Sozialpsychologie des Raumes und der Bewegung. In K. Hammerich & M. Klein (Hg.), Materialien zur Soziologie des Alltags. Sonderheft der Kölner Zeitschrift für Soziologie und Sozialpsychologie 20, 177-219.

Kuethe, J.L. (1962). Social schemas. Journal of Abnormal and Social Psychology 64, 31-38.

Lewin, K. (1926). Vorsatz, Wille und Bedürfnis. Psychologische Forschung 7, 294-385.

Lewin, K. (1935). A dynamic theory of personality. New York: McGraw-Hill.

Lewin, K. (1938). The conceptual representation and the measurement of psychological forces. Durham, NC: Duke University Press.

Lewin, K. (1969). Grundzüge der topologischen Psychologie. Bern: Huber.

Lynch, K. (1968). Das Bild der Stadt. Gütersloh: Bertelsmann.

Mead, G.H. (1932). The philosophy of the present. Chicago: The Open Court Publishing Company.

Mead, G.H. (1938). The philosophy of the act. Chicago: The Open Court Publishing Company.

Milgram, S. (1970). Das Erleben der Großstadt. Zeitschrift für Sozialpsychologie 1, 142-152.

Milgram, S. & Toch, H. (1969). Collective behavior: Crowds and social movements. In G. Lindzey & E. Aronson (Eds.), The handbook of social psychology, Vol. IV (pp. 507-610). Reading, MA: Addison- Wesley.

Moles, A. (1976). Psychological aspects of space appropriation. In P. Korosec-Serfaty (Ed.), Appropriation of space. Proceedings of the Strasbourg Conference (pp. 78-87). Strasbourg: Université Louis Pasteur.

Moles, A. & Rohmer, E. (1978). Psychologie de l'espace. Paris: Casterman.

Muchow, M. & Muchow, K. (1935/1980). Der Lebensraum des Großstadtkindes. Bensheim: päd extra.

Rapoport, A. (1969). House form and culture. Englewood Cliffs, NJ: Prentice Hall.

Schütz, A. (1971). Gesammelte Aufsätze (Bd. I). Den Haag: Nijhoff.

Sommer, R. (1959). Studies in personal space. Sociometry 22, 247-260.

Sommer, R. (1969). Personal space. The behavioral basis of design. Englewood Cliffs, NJ: Prentice Hall.

Stokols, D. & Altman, I. (1987). Handbook of environmental psychology (2 Vols.). New York: Wiley.

Stern, W. (1923/24). Person und Sache (3 Bde.). Leipzig: Barth.

Stern, W. (1936). Raum und Zeit als personale Dimensionen. Acta Psychologica 1, 220-232.

Straus, E. (1930). Die Formen des Räumlichen. Ihre Bedeutung für die Motorik und die Wahrnehmung. Nervenarzt 3 (11).

Straus, E. (1956). Vom Sinn der Sinne (2. Aufl.). Berlin: Springer.

Ströker, E. (1965). Philosophische Untersuchungen zum Raum. Frankfurt: Klostermann.

Tolman, E.C. (1958). Cognitive maps in rats and men. In Behavior and psychological man (pp. 241-364). Berkely, CA: University of California Press.

Tuan, Y.F. (1974). Topophilia – A study of environmental perception, attitudes, and values. Englewood Cliffs, NJ: Prentice Hall.

Lenelis Kruse
Arbeitsbereich Ökologische Psychologie
der Fernuniversität - GH Hagen

Persönlicher Raum

1. Einleitung und Definition

Den meisten Menschen ist es unangenehm, wenn ihnen jemand ohne zwingenden Grund zu nahe kommt. In Alltagssituationen wird deswegen ein entsprechender Abstand gewahrt, indem z.B. im Kino gerne ein Platz zum Nächstsitzenden freigelassen wird oder im Lokal zuerst alle freien Tische besetzt werden. Dieser Abstand oder Raum, der in sozialen Interaktionen gewahrt wird, wird „Persönlicher Raum" genannt. Sommer (1969, S. 26) beschreibt ihn als „eine Zone mit einer unsichtbaren Grenze, die den Körper einer Person umgibt und in die keine Eindringlinge zugelassen werden."*

Dieser engere (ethologische) Begriff des „persönlichen Raumes" ist zu unterscheiden von dem auf William Stern (1923, S. 50) zurückgehenden (phänomenologischen) Begriff des „personalen Raumes", der die perspektivisch strukturierte, anisotrop dimensionierte gelebte Räumlichkeit personaler Erfahrung meint (Kruse 1974, Herrmann 1989; → *Phänomenologischer Ansatz*).

Wiewohl man sich den Persönlichen Raum am einfachsten als eine den Körper umgebende Zone oder Blase veranschaulichen kann, handelt es sich bei ihm nicht um eine feste Zone, sondern um bestimmte personen- und situationsabhängige Regelmäßigkeiten in der Einhaltung räumlicher Interaktionsbedingungen. Entsprechend hat sich die Forschung zum Persönlichen Raum mit der Analyse kritischer Personen- und Situationsvariablen und der Interaktion von Distanzverhalten mit anderen nonverbalen Verhaltensweisen (z.B. Blickkontakt) befaßt.

Während in den 70er Jahren die Forschung zum Persönlichen Raum eines der am stärksten expandierenden Forschungsgebiete im Schnittbereich von Sozial- und Umweltpsychologie war, läßt sich in den letzten Jahren eine gewisse Stagnation verzeichnen (vgl. Russell & Ward 1982, Holahan 1986, Aiello 1987). Dafür mag mitverantwortlich gewesen sein, daß, obwohl Distanz selbst eine ökologische Variable darstellt, die Forschung zum Persönlichen Raum ansonsten nur wenige der typischen Merkmale ökopsychologischer Forschung aufweist (vgl. Schultz-Gambard 1985a) und auch der theoretischen und methodologischen Weiterentwicklung der Ökologischen Psychologie kaum entscheidende Impulse gegeben hat.

Begründet wurde die Forschung zum Persönlichen Raum durch die Arbeiten des Anthropologen Hall (1966) und des Psychologen Sommer (1969). Die Ergebnisse dieser Forschung fanden schon früh das Interesse von Planern, Architekten

---

* Die Prägung des engeren Begriffs „Persönlicher Raum" wird Katz (1937) zugeschrieben. „Persönlicher Raum" ist kein genuin psychologischer Begriff, sondern entstammt der zoologischen Forschung (→ *Biologische Ökologie und Ethologie*). Hediger (1950) beobachtete, daß verschiedene Tierarten feste Distanzen zu ihren Artgenossen einhielten, und nannte diesen Abstand „Persönliche Distanz".

und Designern. Diese ausgeprägte Interdisziplinarität, sowohl hinsichtlich des wissenschaftlichen Ursprungs als auch hinsichtlich des Praxisbezuges, hat dazu beigetragen, die Forschung zum Persönlichen Raum in den 60er und 70er Jahren als ein zentrales Gebiet in der Ökologischen Psychologie zu etablieren. Sammelreferate zur mittlerweile voluminösen Forschungsliteratur liefern Evans und Howard (1973) und Hayduk (1978, 1983).

2. Funktionen

Die dem Persönlichen Raum zugeschriebenen verschiedenen Funktionen lassen sich auf die beiden Hauptfunktionen → *Kontrolle* und → *Kommunikation* reduzieren (vgl. Fisher, Bell & Baum 1984, Schultz-Gambard 1985a).

Kontrolle: Die Einhaltung bestimmter Distanzen hilft bei der Kontrolle von übermäßiger sensorischer Stimulation durch soziale Reize, von unerwünschter Intimität, von potentiellen und akuten Bedrohungen der psychischen und physischen Unversehrtheit und von dysfunktional starker Erregung. Damit dient der Persönliche Raum der Bewahrung von Handlungsfreiheit, kognitiver Leistungsfähigkeit und persönlicher Sicherheit.

Kommunikation: durch die Wahl der Distanz bei einer sozialen Interaktion wird die erwartete Beziehungsqualität signalisiert, z.B. welches Ausmaß an Intimität gesucht oder ob der Interaktionspartner als eine potentielle Gefährdung der eigenen Sicherheit betrachtet wird. Allerdings muß eine geringe Interaktionsdistanz nicht notwendigerweise Ausdruck des Wunsches nach einer intimen Beziehung sein. Sie kann auch zur Verstärkung einer Drohung in einer aggressiven Auseinandersetzung genutzt werden.

3. Meßmethoden

Die Methoden zur Erfassung des Persönlichen Raumes lassen sich in projektive und nicht-projektive Verfahren einteilen. Allgemein wird angenommen, daß die Wahl von Interaktionsdistanzen personenbezogen relativ konstant ist.

Für die projektiven Verfahren wird weiter angenommen, daß die Wahl von Interaktionsdistanzen auf festen, normativ verbindlichen Vorstellungen (sozialen Schemata) darüber, welche Distanzen in welchen sozialen Situationen angemessen sind, beruht. Wenn dieselben Vorstellungen das Distanzverhalten in realen wie in experimentell hergestellten Situationen leiten, kann angenommen werden, daß Personen ihr reales räumliches Verhalten reproduzieren, wenn sie z.B. in einem Simulationsexperiment kleine Figuren, Personensilhouetten oder abstrakte Zeichen entsprechend vorgegebener sozialer Situationen räumlich gruppieren.

Zu den nicht-projektiven Meßverfahren gehören nicht-reaktive Beobachtungen aktuell eingenommener Distanzen im Labor oder in Alltagssituationen genauso wie das Anhalten vor einer Zielperson bei einer als angemessen empfundenen Distanz, die Wahl von Sitzgelegenheiten mit bestimmten Abständen bzw. die Wahl oder Herstellung bestimmter Sitzplatzarrangements oder die Messung der eingenommenen Entfernung bei der Betrachtung einer lebensgroßen Fotografie einer Person, wobei das letztgenannte Verfahren als Grenzfall zwischen projektiven und nicht-projektiven Verfahren betrachtet werden kann. Mit der Verfeinerung der Foto- und Videotechnik hat die Verwendung nicht-reaktiver Verfahren zur Erfassung des Persönlichen Raumes deutlich zugenommen (vgl. Hayduk 1978, Russell & Ward 1982).

In bisherigen methodenvergleichenden Untersuchungen wurden nur sehr geringe Übereinstimmungen zwischen projektiven und nicht-projektiven Maßen festgestellt. Darüber hinaus zeigte sich auch, daß Vpn Distanzen, die sie vorher in einer realen Situation eingenommen hatten, anschließend nicht in einem projektiven Verfahren reproduzieren konnten (vgl. Love & Aiello 1980). Allgemein entsprachen skalierte Distanzen in projektiven Messungen nur unzureichend den tatsächlichen Distanzen in Alltagssituationen. Daher wird die Verwendung projektiver Verfahren zur Messung des Persönlichen Raumes von zahlreichen Autoren mit zunehmender Skepsis betrachtet (vgl. Hayduk 1983).

Zum Vergleich unterschiedlicher nicht-projektiver Maße liegen nur wenige Untersuchungen vor. Allerdings fanden sich aber auch hier eher niedrige Übereinstimmungen (vgl. Hayduk 1983).

Für die Forschung hat die unzureichende Übereinstimmung der verschiedenen Meßverfahren zur Folge, daß 1. beim Vergleich von Ergebnissen mehrerer Untersuchungen die mögliche Verwendung unterschiedlicher Meßverfahren relativierend berücksichtigt werden muß und 2. nach Möglichkeit multimethodale Untersuchungsansätze gewählt werden sollten.

4. Ergebnisse empirischer Forschung

4.1 Personenbezogene Unterschiede

Zur Überprüfung möglicher personenspezifischer Unterschiede im Distanzverhalten sind in der Vergangenheit relativ theorielos die unterschiedlichsten Variablen auf ihre mögliche Moderatorfunktion hin untersucht worden. Zum Ergebnis hatte diese Art der Forschung eine Vielzahl theoretisch unverbundener und nicht konsistenter Einzelbefunde.

Die meisten Untersuchungen liegen zu geschlechtsspezifischen Unterschieden im Distanzverhalten vor, wahrscheinlich auf Grund der leichten Verfügbarkeit dieser Variablen. Aber selbst bei dieser Fragestellung, für die bislang halbwegs konsistente Befunde angenommen wurden, zeigt eine neuere Durchsicht des vorliegenden Datenmaterials mehr Widersprüche als Eindeutigkeit (vgl. Hayduk 1983). Einige vermeintliche Unterschiedlichkeiten könnten das Resultat von Meßartefakten sein.

Auch erhellt das bloße Aufzeigen geschlechtsabhängiger Verhaltensunterschiede nicht die zugrundeliegenden Interaktionsprozesse. Daher schlägt Hayduk vor, statt der bloßen Geschlechtszugehörigkeit in Zukunft verstärkt differenzierte dispositionale Variablen, z.B. bestimmte Interaktionsstile wie Geschlechtsrollenverhalten, hinsichtlich ihrer Auswirkungen auf den Persönlichen Raum zu untersuchen.

Folgende Ergebnisse sind durch mehr als eine Untersuchung belegt: ängstliche, introvertierte oder gewalttätige Personen beanspruchen vergleichsweise mehr Persönlichen Raum. Auch finden sich bei Stichproben psychisch auffälliger Personen größere Unterschiede im Distanzverhalten als bei normalen Vergleichsgruppen (vgl. Altman 1975, Fisher, Bell & Baum 1984).

Untersuchungen zum Vergleich verschiedener Altersgruppen zeigen eine stetige Zunahme des Persönlichen Raumes zwischen 3 und 21 Jahren. Ähnlich zeigt sich, daß Erwachsene auf Verletzungen ihres Persönlichen Raumes durch Kinder desto eindeutiger und heftiger reagieren, je älter die Kinder sind (vgl. Fisher, Bell & Baum 1984, Hayduk 1983).

In der Forschung zum Persönlichen Raum hat die Untersuchung kultureller und subkultureller Unterschiede eine lange, auf Hall (1966, 1979) zurückgehende Tradition. Jedoch liegen nur sehr wenige wirklich kulturvergleichende Studien vor, deren Befunde zudem kaum replizierbar sind. Ein Vergleich der Studien weist auf bedeutend größere Varianzen innerhalb der kulturellen Gruppen hin, als sie von Hall angenommen wurden (vgl. Hayduk 1983).

Auch aus der gerade in den USA sehr intensiv betriebenen Erforschung subkultureller Unterschiede ergeben sich keine konsistenten Befunde. Beobachtete subkulturelle Unterschiede im Distanzverhalten mögen mehr das Resultat von subkulturspezifischen sozialen Aktivitäten und der mit den Aktivitäten verbundenen Raumnutzungsmustern statt Ausdruck sozialer Normierung sein (vgl. Hayduk 1983).

4.2 Situative Unterschiede

Hierunter werden die Einflüsse sowohl räumlich-materieller Bedingungen als auch Bedingungen der sozialen Situation gefaßt. Die Ergebnisse der Untersuchungen, in denen Bedingungen der sozialen Situation variiert wurden, lassen sich dahingehend verallgemeinern, daß in negativ erlebten Situationen mehr Persönlicher Raum beansprucht wird als in positiv erlebten. So wurden vergleichsweise größere Interaktionsdistanzen in streßreichen vs. streßarmen Situationen, in Wettbewerbs- vs. Kooperationssituationen, nach der Induzierung negativer vs. positiver sozialer Affekte, nach der Vorgabe negativer vs. positiver Kommunikationsinhalte und in der Interaktion mit Fremden gegenüber mit Bekannten beobachtet.

Untersuchungen, in denen Distanz als unabhängige Variable variiert und Auswirkungen auf das Erleben und Verhalten als abhängige Variablen erfaßt wurden, zeigen spiegelbildliche Ergebnisse. Bei geringeren Distanzen wurden z.B. die Beziehungen zwischen den Akteuren positiver eingeschätzt, oder es wurden in einem experimentellen Spiel mehr positive Spielzüge gezeigt als bei größeren Distanzen (vgl. Fisher, Bell & Baum 1984).

Die Wirkung räumlich-materieller Bedingungen auf die Wahl des Persönlichen Raumes läßt sich nahezu vollständig über die beschriebene Kontrollfunktion erklären. Allgemein sind die beanspruchten Distanzen desto geringer, je offener, übersichtlicher und leichter kontrollierbar die Räumlichkeiten erscheinen. So wird z.B. in rechteckigen vs. quadratischen, in hohen vs. niedrigen, in hellen vs. dunklen und in optisch oder tatsächlich offenen vs. geschlossenen Räumen, in oberen vs. unteren Stockwerken sowie vor vs. hinter einem Raumteiler vergleichsweise weniger Persönlicher Raum beansprucht.

Allerdings müssen mögliche Wirkungen derartiger räumlich-materieller Bedingungen immer in der Interaktion mit der sozialen Funktion der Situation gesehen werden. So werden zwar in der Regel in dunklen und farblich düsteren Räumen größere Interaktionsdistanzen eingenommen als in ausgeleuchteten und farblich hellen Räumen; für Räume, die eindeutig für intensive soziale Interaktionen vorgesehen sind, kehrt sich das Ergebnis jedoch um (Evans 1979, Fisher, Bell & Baum 1984, Schultz-Gambard & Hommel 1987).

4.3 Reaktionen auf Verletzungen des Persönlichen Raumes

Persönlicher Raum war definiert worden als unsichtbare Zone, in die niemand eindringen soll. Trotzdem können Verletzungen des Persönlichen Raumes geschehen, und es stellt sich die Frage, wie die Betroffenen derartige Verletzungen erleben und wie sie darauf reagieren.

Die klassischen Experimente dazu wurden von Sommer und seinen Mitarbeitern durchgeführt (vgl. Sommer 1969). Unter systematischen Bedingungsvariationen im Feld (z.B. Bibliotheken und Restaurants mit unterschiedlicher Besucherfrequenz) wurden Verletzungen des Persönlichen Raumes experimentell induziert und die Reaktionen darauf beobachtet. Im allgemeinen wird eine Verletzung des Persönlichen Raumes zunächst als unangenehm und erregungssteigernd erlebt. Hayduk (1981) konnte dazu in einer anderen Untersuchung im Labor beobachten, daß die Intensität der affektiven Reaktion linear abhängig von der Distanzverringerung war.

In den Untersuchungen von Sommer reagierten die Betroffenen auf Verletzungen des Persönlichen Raumes überwiegend mit Flucht oder mit partiellem Rückzug zur Wiederherstellung annehmbarer Distanzen (vgl. Sommer 1969).

Weitere Forschungsergebnisse zeigen, daß offen aggressive Reaktionen auf Verletzungen des Persönlichen Raumes äußerst selten sind und eher nach Verletzungen des Persönlichen Raumes von Gruppen vorkommen (vgl. Knowles 1972). Jedoch werden die Verletzer negativ bewertet und erhalten weniger pro-soziale Reaktionen. Die Reaktion auf Verletzungen scheint abhängig vom Bedrohungspotential der Verletzer zu sein: auf bedrohliche, aber auch auf eher unähnliche oder statushöhere Personen wird vergleichsweise intensiver reagiert (vgl. Fisher, Bell & Baum 1984).

Nicht nur Einzelpersonen, sondern auch Gruppen wahren einen Persönlichen Raum („group space", vgl. Knowles 1972). Knowles und seine Mitarbeiter haben Auswirkungen von Variablen wie Gruppengröße, Gruppenzusammensetzung oder Status auf die Wahrung des Gruppenraumes festgestellt (vgl. Knowles 1972, 1973, Knowles & Brickner 1981).

In den Untersuchungen zum Gruppenraum konnte weiterhin der Einfluß ähnlicher Faktoren der sozialen Situation festgestellt werden wie in der Forschung zum individuellen Persönlichen Raum. Insgesamt scheinen Verletzungen des Gruppenraumes stärker sanktioniert zu werden als Verletzungen des individuellen Persönlichen Raumes (vgl. Fisher, Bell & Baum 1984).

Die normative Festlegung des Persönlichen Raumes bewirkt, daß Verletzungen nicht nur von den Betroffenen, sondern auch vom Verletzer selbst als unangenehm erlebt werden. Bei experimentell geforderten Verletzungen versuchten die Verletzer durch andere Verhaltensweisen (z.B. Niederschlagen des Blickes) die Verletzungen zu kompensieren (Fisher, Bell & Baum 1984).

5. Persönlicher Raum im Zusammenhang mit anderen Verhaltensweisen

Für eine funktionale Analyse des Distanzverhaltens sollte dieses nicht für sich allein, sondern im Zusammenspiel mit anderen, funktional ähnlichen Verhaltensweisen betrachtet werden.

Die älteste derartige theoretische Konzeption ist das Äquilibriummodell zur Intimitätsregulierung von Argyle und Dean (1965). Nach diesem Modell ist Intimität eine Funktion verschiedenster Verhaltensweisen wie Lächeln, Blickkontakt, Haltung, Distanz usw. Abweichungen von einem angestrebten Ausmaß an Intimität auf einer Verhaltensdimension werden durch entgegengerichtete Änderungen anderer Verhaltensweisen kompensiert. Mittlerweile liegen mehrere, die Modellannahmen unterstützende empirische Befunde vor (vgl. Hayduk 1983).

An dem Modell von Argyle und Dean wird hauptsächlich kritisiert, daß es nicht differenziert, welche Annäherungen durch intimitätsreduzierende Maßnahmen kompensiert werden und welche nicht. Eine entsprechende Erweiterung und Differenzierung des Intimitätsregulierungsmodells stellt das Erregungsmodell von Patterson (1976) dar. Dieses Modell geht davon aus, daß die Notwendigkeit, das Ausmaß und die Richtung einer Kompensation von der jeweiligen Beziehung zwischen den Akteuren abhängig sind. Die Beziehungsqualität entscheidet, ob eine durch Annäherung ausgelöste Erregung negativ oder positiv wahrgenommen wird und entsprechend entweder zu kompensatorischem (Intimitätsreduktion) oder reziprokem Verhalten (weitere Intimitätsverstärkung) führt.

Als Weiterführung der Modelle zur Intimitätsregulierung stellt Patterson (1982) ein allgemeines funktionales Modell nonverbalen Verhaltens vor. Patterson kritisiert die Zentrierung bisheriger Erklärungsmodelle auf die Intimitätsregulierung als zu eng. Das nonverbale Verhalten kann verschiedenen Funktionen, unter denen die Intimitätsregulierung nur eine ist, dienen. Andere Funktionen sind die Informationsgewinnung, die Interaktionsregulierung, die Ausübung sozialer Kontrolle und die Erleichterung von aufgabenbezogenen Tätigkeiten. Die das Verhalten bestimmenden Erregungs- und Kognitionsmuster sind abhängig von der einer Interaktion jeweils zugrundeliegenden Funktion. Daher müssen bei Verhaltensvorhersagen die Funktionen einer Interaktion und mögliche Änderungen dieser Funktion beachtet werden (vgl. Patterson 1982).

6. Persönlicher Raum, Dichte und Enge

Hohe Populationsdichte bringt in der Regel geringe Interaktionsdistanzen mit sich. In Alltagssituationen sind die Bedingungen Dichte und Interaktionsdistanz meist konfundiert. Verletzungen des Persönlichen Raumes bei hoher Dichte werden von verschiedenen Autoren als eine Antezedenzbedingung für das Auftreten von Beengungsstreß (*Crowding →Dichte und Enge*) gesehen (vgl. Schultz-Gambard 1985b). In einigen Crowding-Modellen wird explizit die Verringerung der Interaktionsdistanz zum zentralen Erklärungskonzept gemacht: im Privatheitsmodell von Altman (1975), im attributionstheoretischen Crowdingmodell von Worchel (1978) und im Modell des sozialen Einflusses von Knowles (1980).

7. Zusammenfassung

Zusammenfassend läßt sich feststellen, daß viele Befunde der Forschung zum Persönlichen Raum doch bedeutend inkonsistenter und schwächer zu sein scheinen, als es allgemein in der (oft sehr selektiv auswählenden) Sekundärliteratur berichtet wird. Gründe für die Inkonsistenz und Schwäche sind erstens die unzureichende Qualität der verwendeten Meßverfahren und zweitens die mangelnde theoretische Fundierung der meisten Untersuchungen. Erfolgversprechend für die zukünftige Entwicklung – besonders hinsichtlich möglicher Anwendungsbezüge der Forschung zum Persönlichen Raum – scheinen Versuche, diese Forschung mit der Forschung in benachbarten Bereichen wie Crowding (→ *Dichte und Enge*), territorialem Verhalten (→ *Territorialität*) oder Privatheit zu verknüpfen (vgl. Russell & Ward 1982, Holahan 1986) (→ *Raum und Bewegung*).

Literatur

Aiello, J.R. (1987). Human spatial behavior. In D. Stokols & I. Altman (Eds.), Handbook of environmental psychology (pp. 389-504). New York: Wiley.

Altman, I. (1975). The environment and social behavior. Privacy, personal space, territory, crowding. Monterey, CA: Brooks/Cole.

Argyle, M. & Dean, J. (1965). Eye contact, distance, and affiliation. Sociometry 28, 289-304.

332

Evans, G.W. (1979). Design implication of spatial research. In J.R. Aiello & A. Baum (Eds.), Residential crowding and design New York: Plenum.

Evans, G.W. & Howard, R.B. (1973). Personal space. Psychological Bulletin 80, 334-344.

Fisher, J.D., Bell, P.A. & Baum, A. (Eds.) (1984). Environmental psychology (2nd ed.). New York: Holt, Rinehart & Winston.

Hall, E.T. (1966). The hidden dimension. Garden City: Doubleday Anchor (dt.: Die Sprache des Raumes. Düsseldorf: Schwann 1979).

Hayduk, L.A. (1978). Personal space. An evaluative and orienting overview. Psychological Bulletin 85, 117-134.

Hayduk, L.A. (1981). The permeability of personal space. Canadian Journal of Behavioural Science 13, 274-287.

Hayduk, L.A. (1983). Personal space: Where we now stand. Psychological Bulletin 9, 293-335.

Hediger, H. (1950). Wild animals in captivity. London: Butterworth.

Herrmann, Th. (1989). William Stern und der personale Raum – eine historische Erinnerung – Arbeiten der Forschungsgruppe Sprache und Kognition, Universität Mannheim, Nr. 39.

Holahan, C.J. (1986). Environmental psychology. Annual Review of Psychology 37, 381-407.

Katz, P. (1937). Animals and men. New York: Longmans & Green.

Knowles, E.S. (1972). Boundaries around social space: Dyadic responses to an invader. Environment and Behavior 4, 437-447.

Knowles, E.S. (1973). Boundaries around group interaction: The effect of group and member status on boundary permeability. Journal of Personality and Social Psychology 26, 327-331.

Knowles, E.S. (1980). An affiliative conflict theory of personal and group spatial behavior. In P.B. Paulus (Ed.), Psychology of group influence. Hillsdale, NJ: Erlbaum.

Knowles, E.S. & Brickner, M.A. (1981). Social cohesion effects on spatial cohesion. Personality and Social Psychology Bulletin 7, 309-313.

Kruse, L. (1974). Räumliche Umwelt. Berlin: de Gruyter.

Love, K.D. & Aiello, J.R. (1980). Using projective techniques to measure interaction distance: A methodological note. Personality and Social Psychology Bulletin 6, 102-104.

Patterson, U.L. (1976). An arousal model of interpersonal intimacy. Psychological Review 83, 235-245.

Patterson, U.L. (1982). A sequential functional model of nonverbal exchange. Psychological Review 89, 231-249.

Russell, J.A. & Ward, L.M. (1982). Environmental psychology. Annual Review of Psychology 33, 651-688.

Schultz-Gambard, J. (1985a). Räumliches Verhalten. Kurseinheit 1. Persönlicher Raum, Territorium und Territorialverhalten. Hagen: Fernuniversität.

Schultz-Gambard, J. (1985b). Crowding: Sozialpsychologische Erklärungen der Wirkung von Dichte und Enge. In D. Frey & M. Irle (Hg.), Theorien der Sozialpsychologie. Bd. 3: Motivations- und Informationsverarbeitungstheorien (S. 175-208). Bern: Huber.

Schultz-Gambard, J. & Hommel, B. (1987). Sozialpsychologie und Umweltgestaltung: der Beitrag der Crowding-Forschung. In J. Schultz-Gambard (Hg.), Angewandte Sozialpsychologie. Konzepte, Ergebnisse, Perspektiven (S. 251-264). München: Psychologie Verlags Union.

Sommer, R. (1969). Personal space. Englewood Cliffs, NJ: Prentice Hall.

Stern, W. (1917, 1923, 1924). Person und Sache. 3 Bde. Leipzig: Barth.

Stern, W. (1935). Allgemeine Psychologie auf personalistischer Grundlage. Den Haag: Nijhoff 1950.

Worchel, S. (1978). The experience of crowding: An attributional analysis. In A. Baum & Y.M. Epstein (Eds.), Human response to crowding (pp. 327-351). Hillsdale, NJ: Erlbaum.

Jürgen Schultz-Gambard
Lehrstuhl Psychologie I
Universität Mannheim

Territorialität

1. Herkunft des Begriffes

Das Erleben von Nähe bzw. Distanz zu einem anderen Menschen oder das Gefühl in Verbindung mit einem bestimmten Ort sind alltäglich. Erscheinungsformen dieser Art wurden bereits von Simmel (1908) beschrieben und fanden u.a. bei Katz (1948) oder Stern (1950) eine begriffliche Präzisierung. Durch Arbeiten von Sommer (1959), Mehrabian (1966), Newman (1972) und Altman (1970, 1975, 1976) wurde die Psychologie angeregt, sich intensiver mit den Wechselwirkungen zwischen Raum und Verhalten auseinanderzusetzen (vgl. Ittelson et al. 1977, S. 186ff) (→ *Raum und Bewegung*).

Die im wesentlichen auf Sommer (1959) zurückgehende Übernahme des Begriffes Territorium in die Psychologie verweist auf einen Mangel an (sozial-)psychologischen Konzepten zur Analyse der Wechselwirkungen zwischen geographischem Raum und menschlichem Handeln und Verhalten. Dieser eher eklektizistische Rückgriff auf einen Begriff aus Disziplinen wie Biologie oder Ethologie (→ *Biologische Ökologie*) erlaubt keine Verhaltenshomologien zwischen Mensch und Tier, sondern bestenfalls Analogien im Sinne phänomenologischer Ähnlichkeiten. Zusammenfassende Überblicke über Entwicklung und Bedeutung des Begriffes in Biologie und Ethologie finden sich bei Hediger (1964, 1968), Lorenz (1966) und Eibl-Eibesfeldt (1978).

2. Vergleich zwischen menschlichem und tierlichem Territorialverhalten

Die ökologische Bedeutung der Territorialität bei Tieren wird im wesentlichen darin gesehen, daß sie als Instinktverhalten durch die gleichmäßige Verteilung der Individuen einer Art über den Siedlungsraum zur gleichzeitigen Sicherung der für die Lebens- und Arterhaltung notwendigen Nahrungs- und Raumvoraussetzungen und zur Stabilisierung des natürlichen Gleichgewichts beiträgt. Artgleiche Territorien überschneiden sich dabei nicht, artfremde können sich überlappen (vgl. Vogel & Angermann 1967, S. 404f).

Entgegen dem tierlichen Territorialverhalten, das als angeboren bezeichnet werden kann, ist das des Menschen in wesentlichen Teilen kulturell erlernt und somit weitgehend fakultativ (vgl. Roos 1968). Dieses läßt sich insbesondere auch in kulturvergleichenden Studien der Humanethologie nachweisen (Eibl-Eibesfeldt 1977). Einige Funktionen des Territorialverhaltens bei Tieren entfallen bei den Menschen, so z.B. die Sicherung des Nahrungserwerbs. Ein wesentliches Merkmal des tierlichen Territorialverhaltens, das Verteidigungsverhalten, ist in dieser unmittelbaren Form als Aggression relativ selten vorzufinden. Es manifestiert sich eher indirekt in Verbotsschildern, Zäunen etc.

3. Charakteristika von Territorien

In der Literatur findet sich eine Vielzahl von Unterscheidungsmerkmalen wie Größe, Ausdehnung und Lage, die zeitliche Dauer, die soziale Bezugseinheit, die unterschiedlichen Funktionen, die Arten der Markierung oder Verteidigung (vgl. Altman 1975). Bei Goffman (1961) oder Lyman und Scott (1967) finden sich Unterscheidungen in primäre, sekundäre und öffentliche Territorien. Primäre Territorien sind dabei jene Räume, die im ständigen Besitz einer Person mit alleiniger Verfügungsgewalt sind. Sekundäre Territorien sind solche Räume, die mit geringerer Verfügungsgewalt der Inhaber versehen sind. Öffentliche Territorien besitzen einen noch weniger dauerhaften Nutzungsanspruch. Sie bieten nur noch Verfügungsgewalt („jurisdiction" nach Roos 1968) in vorübergehender Form. Die Nutzungsregeln werden allgemeinverbindlich festgelegt und sind deshalb für viele nicht mehr einsichtig.

Als *zentrale* Merkmale eines Territoriums werden häufig die folgenden herausgestellt: Die reale Existenz eines geographischen Gebietes. Die Eindeutigkeit der Grenzdefinition scheint allerdings nicht immer gegeben zu sein. Auch die Ethologie spricht z.B. von Grenzräumen (oder -zonen) mit unterschiedlicher Breite. Ein Territorium ist geographisch fixiert mit einem festen Ort als Mittelpunkt. Dagegen besteht der → *„Persönliche Raum"* („personal space", vgl. Altman 1975 und v. Uexküll & Kriszat 1956) um die Person herum und variiert mit dieser oder der jeweiligen Situation. Das Territorium ist somit letztlich immobil und unabhängig von Personen. Auch in Abwesenheit seines Besitzers ist es durch entsprechende Markierungen ausgewiesen.

In der Psychologie liegt der Bedeutungsschwerpunkt des Begriffes auf der kontinuierlichen Verbindung eines Individuums mit einem fest umrissenen Gebiet. Die Umgebungsbedingungen variieren nicht unvorhergesehen, es herrscht eine gewisse Vorhersagbarkeit. Territorien konstituieren feste räumliche Bezüge durch ein relativ konstantes materielles und soziales Milieu, wie z.B. durch eine Wohnung.

4. Aspekte menschlichen Territorialverhaltens

Insbesondere Altman (1970, 1975, 1976) versucht eine umfassende Auseinandersetzung mit dem Konzept der Territorialität aus psychologischer Sicht. Seine Überlegungen basieren auf der Grundannahme, daß ein Individuum in seiner Umweltbeziehung auf Sozialität angelegt ist und seine Identität nur mit anderen findet. Er unterscheidet in der Interaktion antezedente, situative, organismische und „response"-Faktoren. Damit wird die Komplexität des menschlichen Territorialverhaltens deutlich, die über den durch die Ethologie erfaßten Sachverhalt weit hinausgeht (zu einer kritischen Einschätzung der empirischen Validität seiner Typologie vgl. Taylor und Stough 1978).

Aspekte der Identität des Inhabers des Territoriums finden sich in der „Innen- und Außenbeschreibung" des angeeigneten Raumes. Die Innenbeschreibung wird geleistet durch die Personalisierung bzw. Ausgestaltung mit symbolischen Manifestationen des Inhabers. Die Außenbeschreibung umfaßt die räumliche Komponente seiner Identität, wie z.B. „ich wohne an der Außenalster". Gleichzeitig werden durch solche Territorien Abgrenzungen gegenüber anderen Personen(-gruppen) und zugleich das „Wir-Gefühl" verstärkt. Proshansky (1978, S. 155ff.) spricht in diesem Zusammenhang von *Ortsidentität*. Für ihn vermittelt diese die persönliche Identität eines Individuums in bezug auf die physische Umwelt über Vorstellungen, Verhaltenstendenzen etc., die für diese spezifische Umwelt relevant sind (vgl. Treinen 1974 oder Filipp 1979).

Bedeutsam ist in diesem Zusammenhang auch die Auswirkung des Verlustes eines Territoriums. Hierzu gibt es wenige psychologische Untersuchungen. Arbeiten zu → *Migration* oder Emigration verfolgen eher soziologische Fragestellungen (vgl. Korte & Schmidt 1983). Gleichwohl können Aspekte des „Schweizerheimwehs", wie es u.a. von Zwingmann (1962) beschrieben wird, als Hinweis auf die Relevanz des Territoriums für die Aufrechterhaltung der Identität gewertet werden. Neuere Untersuchungen zum Zusammenhang zwischen Ortswechsel (Umzug) und partieller Identitätsveränderung weisen in die gleiche Richtung (Hormuth 1983) (→ *Wohnortwechsel*). Experimentell erzeugte Situationen der Isolation wie z.B. bei Altman und Haythorn (1965) oder Untersuchungen zum Wohnverhalten von Studenten von van der Ryn und Silverstein (1972) oder Hansen und Altman (1976) zeigen ebenfalls, daß die Aneignung des Territoriums zur Aufrechterhaltung der eigenen Identität notwendig ist (→ *Aneignung*).

5. Markierung und Verteidigung

Zum sichtbaren Zeichen der Verfügung über ein Territorium und zur Abwehr potentieller Eindringlinge werden die Grenzen markiert und das Gebiet durch persönliche „signifikante Zeichen" gekennzeichnet bzw. personalisiert. Bedeutung und Wirkung solcher Markierungen wurden von Becker und Mayo (1971) oder von Sommer und Becker (1969) empirisch nachgewiesen. Diese Personalisierung ist als eine Symbolisierung der Wechselwirkung zwischen Individuum und Raum zu verstehen (Boesch 1976) und begründet die häufig akzentuierte Verbindung zwischen Raum und Identität.

Häufig diskutiert wird auch der Zusammenhang zwischen Territorialität und Aggression. Die Ethologie richtet ihr Augenmerk dabei besonders auf den Zusammenhang zwischen individueller oder Gruppenaggression und Territorialität (Eibl-Eibesfeldt 1974). Im Vordergrund der Auseinandersetzung stehen dabei Fragen nach erlernter oder angeborener Aggression. So weist Lévy-Bruhl (1927) nach, daß Territorien auch für archaische Völker eine Bedeutung hatten. Service (1962) oder Schmidbauer (1973) belegen anhand ihrer Untersuchungen, daß auch bei Jägern und Sammlervölkern aggressives Territorialverhalten feststellbar war.

In (sozial-)psychologischen Untersuchungen zum Zusammenhang zwischen Gruppenverhalten und Territorien, wie z.B. bei Whyte (1943) zu „street corner societies" oder Suttles (1968) in Slums, zeigen sich ähnliche Wechselwirkungen. Untersuchungen an Berliner Jugendlichen von Silbereisen & Eyferth (1981) weisen in die gleiche Richtung, ohne allerdings den Begriff Territorialverhalten zu verwenden (→ *Jugend und Umwelt*). In unserer Gesellschaft wird aggressives Verhalten durch kulturelle Normen beeinflußt. Primäre Territorien sind durch soziale Normen (Gesetze) geschützt, und körperlich aggressive Akte werden häufig von frühester Kindheit an bestraft. Dabei ist die Bedeutung primärer Territorien für die Entwicklung eines Individuums bisher nicht hinreichend untersucht worden, obgleich entwicklungspsychologische Untersuchungen über den Zusammenhang von Raumbedingungen und kognitiver wie auch sozialer Entwicklung Hinweise geben können (Piaget & Inhelder 1971, Schneewind et al. 1983). Es ist nicht auszuschließen, daß die mit der individuellen Entwicklung verbundenen Raumerfahrungen zu einem eher defensiven Territorialverhalten führen, das bei der zunehmenden Einschränkung persönlicher Freiheitsräume möglicherweise die einzige kulturell zulässige Form von Verteidigungsverhalten darstellt.

6. Wertung

Das Konzept der Territorialität ist für eine psychologische Analyse der Mensch-Raum-Beziehungen nur sehr bedingt geeignet. Die Analogien zu tierlichem Verhalten und der ausschließlich deskriptive Charakter belassen dieses Konzept auf der Stufe eines Black-Box-Modells. Die Variationsbreite seiner Verwendung sollte nachdenklich stimmen; sie zeigt die relative Beliebigkeit der inhaltlichen Füllung, ohne auf Fragen nach der Motivation, den Bedürfnissen, der Rationalität oder den situativen Aspekten menschlichen Handelns eine Antwort zu geben.

Die kritische Auseinandersetzung mit diesem Konzept und seine Überführung in das der Privatheit (Kruse 1974, 1980, Kruse & Graumann 1978, Altman 1975, Margulis 1977) erlauben eine spezifisch psychologische Erforschung der Wechselwirkungen zwischen Mensch und Raum und leisten einen weiteren Schritt in die Richtung einer psychologischen Theorie des Raumes. Diese ist bei einer zunehmenden Verdichtung des (Lebens-)Raumes von erheblicher Bedeutung.

Literatur

Altman, I. (1970). Territorial behavior in humans: An analysis of the concept. In L. Pastalan, & D.H. Carson (Eds.), Spatial behavior of older people (pp. 1-24). Ann Arbor, MI: University of Michigan Press.

Altman, I. (1975). The environment and social behavior: Privacy, personal space, territory, and crowding. Monterey, CA: Brooks/Cole.

Altman, I. (1976). Privacy. A conceptual analysis. Environment and Behavior 8, 7-29.

Altman, I. & Haythorn, W.W. (1965). Interpersonal exchange in isolation. Sociometry 28, 411-426.

Barker, R.G. (1968). Ecological psychology. Stanford: Stanford University Press.

Becker, F.D. & Mayo, C. (1971). Delineating personal distance and territoriality. Environment and Behavior 3, 375-381.

Boesch, E.E. (1976). Psychopathologie des Alltags. Zur Ökopsychologie des Handelns und seiner Störungen. Bern: Huber.

Eibl-Eibesfeldt, I. (1974). The myth of the aggression-free hunter and gatherer society. In R. Holloway (Ed.), Primate aggression, territoriality and xenophobia: A comparative perspective (pp. 435-457). London: Academic Press.

Eibl-Eibesfeldt, I. (1977). The biological unity of mankind. Human Ethology. Concepts and Implication Prospects 2, 163-183.

Eibl-Eibesfeldt, I. (1978). Grundriß der vergleichenden Verhaltensforschung. Ethologie. (5. Aufl.). München: Piper.

Filipp, S.-H. (Hg.) (1979). Selbstkonzeptforschung. Probleme, Befunde, Perspektiven. Stuttgart: Klett-Cotta.

Goffman, E. (1959). The presentation of self in everyday life. New York: Anchor.

Goffman, E. (1961). Asylums. New York: Doubleday.

Hansen, W.B. & Altman, I. (1976). Decorating personal places. A descriptive analysis. Environment and Behavior 8, 491-504.

Hediger, H. (1964). Wild animals in captivity. New York: Dover.

Hediger, H. (1968). The psychology and behavior of animals in zoos and circuses. New York: Dover.

Hormuth, S. (1983). Veränderungen des Ortes und des Selbst. In G. Lüer (Hg.), Bericht vom 33. Kongreß der Deutschen Gesellschaft für Psychologie, Mainz 1983 (S. 634-639). Göttingen: Hogrefe.

Ittelson, W.H., Proshansky, H.M., Rivlin, L.G., & Winkel, G.H. (1977). Einführung in die Umweltpsychologie. Stuttgart: Klett-Cotta.

Katz, D. (1948). Mensch und Tier: Studien zur vergleichenden Psychologie. Zürich: Conzett & Huber.

Korte, H. & Schmidt, A. (1983). Migration und ihre sozialen Folgen. Förderung der Gastarbeiterforschung durch die Stiftung Volkswagenwerk 1974-1981. Göttingen: Vandenhoeck & Ruprecht.

Kruse, L. (1974). Räumliche Umwelt. Die Phänomenologie des räumlichen Verhaltens als Beitrag zu einer psychologischen Umwelttheorie. Berlin: De Gruyter.

Kruse, L. (1980). Privatheit als Problem und Gegenstand der Psychologie. Bern: Huber.

Kruse, L. & Graumann, C.F. (1978). Sozialpsychologie des Raumes und der Bewegung. Kölner Zeitschrift für Soziologie und Sozialpsychologie 20, 177-219.

Lévy-Bruhl, L. (1927). Die geistige Welt des Primitiven. München: M.F. Bruckmann.

Lyman, S.M. & Scott (1967). Territoriality: A neglected sociological dimension. Social Problems 15, 236-249.

Lorenz, K. (1966). Das sogenannte Böse. Wien: Borotha-Schoeler.

Margulis, St.T. (Ed.) (1977). Privacy as a behavioral phenomenon. Journal of Social Issues 3, 1-99.

Mehrabian, A. (1966). Attitudes in relation to the forms of communicator-object relationship in spoken communication. Journal of Personality 34, 80-93.

Newman, O. (1972). Defensible space. New York: Macmillan.

Piaget, J. & Inhelder, B. (1971). Die Entwicklung des räumlichen Denkens beim Kinde. Stuttgart: Klett.

Proshansky, H.M. (1978). The city and self-identity. Environment and Behavior 10, 147-169.

Roos, P.D. (1968). Jurisdiction: An ecological concept. Human Relations 21, 75-84.

Schmidbauer, W. (1973). Territorialität und Aggression bei Jägern und Sammlern. Anthropos 68, 548-558.

Schneewind, K.A., Beckmann, M. & Engfer, A. (1983). Eltern und Kinder. Stuttgart: Kohlhammer.

Service, E.R. (1962). Primitive social organization and evolutionary perspective. New York: Random House.

Silbereisen, R.K. & Eyferth, K. (1981). Jugendentwicklung und Drogen. Antrag an die Deutsche Forschungsgemeinschaft. Technische Universität Berlin (und alle weiteren Berichte zum TU-drop Projekt).

Simmel, G. (1908). Soziologie. Untersuchungen über die Formen der Vergesellschaftung. Berlin: Duncker & Humblot.

Sommer, R. (1959). Studies in personal space. Sociometry 22, 247-260.

Sommer, R. & Becker, R.D. (1969). Territorial defense and the good neighbor. Journal of Personality and Social Psychology 11, 85-92.

Stern, W. (1950). Allgemeine Psychologie auf personalistischer Grundlage. Den Haag: Nijhoff.

Suttles, G. (1968). The social order of the slum. Ethnicity and territory in the inner city. Chicago: University of Chicago Press.

Taylor, R.B. & Stough, R.R. (1978). Territorial cognition: Assessing Altman's typology. Journal of Personality and Social Psychology 36, 418-423.

Treinen, H. (1974). Symbolische Ortsbezogenheit. In P. Atteslander & B. Hamm (Hg.), Materialien zur Siedlungssoziologie (S. 234-259). Köln: Kiepenheuer & Witsch.

Uexküll, J.v. & Kriszat, G. (1956). Streifzüge durch die Umwelten von Tieren und Menschen. Hamburg: Rowohlt.

Van der Ryn, S. & Silverstein, M. (1972). The room, a student's personal environment. In R. Gutman (Hg.), People and buildings (pp. 370-383). New York: Basic Books.

Vogel, G. & Angermann, H. (1967). dtv-Atlas zur Biologie. 2 Bde. München: DTV.

Whyte, W.F. (1943). Street corner society. Chicago: University of Chicago Press.

Zwingman, Ch. (1962). Das nostalgische Phänomen. In Ch. Zwingman (Hg.), Zur Psychologie der Lebenskrisen. Frankfurt: Suhrkamp.

Rudolf Miller
Arbeitsbereich Psychologie
der Fernuniversität-GH Hagen

Dichte und Enge

1. Einleitung

In der Geschichte der Menschheit waren Bedingungen hoher Populationsdichte und die Notwendigkeit, auf oft engstem Raum zusammenleben zu müssen, immer Teile des alltäglichen Lebens. Das Interesse an möglicherweise schädlichen Auswirkungen derartiger Bedingungen wurde erst durch sehr auffällige Populationsverteilungsprozesse bewirkt, wie z.B. die Landflucht verarmter Massen, die wachsende Mobilität der Bevölkerung und die Populationszusammenballung in ständig wachsenden Metropolen. Die wissenschaftliche Erkundung der Auswirkungen hoher räumlicher und sozialer Dichte auf das Erleben und Verhalten wurde in den letzten Jahrzehnten ein aktuelles Feld psychologischer Forschung. Das englische Wort „crowding" dient als Sammelbegriff für diese Forschung.

Thematisch gesehen könnten die Massenpsychologie von Le Bon (1895) und die soziologische Stadtforschung der 20er Jahre in den USA (Chicagoer Schule) als Vorläufer der Crowdingforschung gelten. Allerdings wurden bisher die Massenpsychologie gar nicht und die Stadtforschung nur geringfügig in der Crowdingforschung berücksichtigt (vgl. u.a. Kruse 1986).

Die Crowdingforschung hat sich als eines der umfangreichsten Forschungsgebiete im Schnittbereich von Sozial- und Umweltpsychologie etabliert. Sammelreferate liefern u.a. Altman (1975), Kruse (1975), Stockdale (1978), Paulus (1980), Epstein (1981) und Schultz-Gambard (1985). Überlegungen zu Anwendungsaspekten der Crowdingforschung finden sich bei Altman (1975), Evans (1979), Holahan (1986) und Schultz-Gambard und Hommel (1987).

2. Entwicklung der Crowdingforschung

Nach Stokols (1978) läßt sich die Crowdingforschung in mehrere konzeptuelle Phasen einteilen. Die Abfolge der Phasen beschreibt eine Entwicklung von einfachen, unidirektionalen zu multivariaten, interaktionalen Erklärungskonzepten (vgl. u.a. Kruse 1975).

2.1 Dichte – Stress

In der *ersten* Phase der Crowdingforschung wird Dichte* per se als Streßbedingung betrachtet, die bei hinreichender Intensität und Dauer immer zu schädigen-

---

* Dichte und Crowding verstanden als Maß des Verhältnisses von Organismen- oder Personenzahl zu Raum- oder Flächeneinheit.

den Auswirkungen auf der physiologischen, der affektiven und der Verhaltens-ebene führen soll. Diese Annahme schien belegbar zu sein durch empirische Befunde aus der Tierforschung (vgl. z.B. Calhoun 1962, Christian, Flyger & Davis 1960) und aus soziologischen Erhebungen in urbanen Ballungsgebieten (vgl. z.B. Schmitt 1966). Erst spätere Reanalysen der Daten ließen erkennen, daß erstens bei den Tieruntersuchungen nicht Dichteveränderungen, sondern Veränderungen der Sozialstruktur der Tierpopulationen die eigentliche Ursache der beobachteten Effekte gewesen waren (vgl. Dubos 1970, Freedman 1975), und daß zweitens die in den Erhebungen gefundenen Korrelationen zwischen Populationsdichtemaßen und Kennwerten für sozialpathologische Entwicklungen nahezu vollständig reduziert wurden, wenn andere mit Dichte konfundierte demographische Variablen (z.B. Einkommen, Bildung, rassisch-ethnische Zugehörigkeit) kontrolliert wurden (vgl. Freedman 1975). Neuere Untersuchungen, die diese Moderatorvariablen a priori berücksichtigten, berichten nur geringe Zusammenhänge zwischen verschiedenen Maßen urbaner Dichte und psychosozialen Auffälligkeiten (vgl. Galle, Gove & McPherson 1973).

2.2 Density – Intensity

Die *zweite* Phase der Crowdingforschung wird geprägt durch die laborexperimentellen Untersuchungen von Freedman und Mitarbeitern zu den Auswirkungen von Dichte auf subjektive Befindlichkeit, Leistungsverhalten und soziales Verhalten (vgl. Freedman 1975). Das Fehlen deutlicher und konsistenter Dichteeffekte bildet für Freedman den empirischen Ausgangspunkt für die Formulierung der *„Intensivierungshypothese"* (*Density-Intensity-Hypothesis*). Danach wird Dichte nicht direkt verhaltenswirksam, sondern trägt lediglich zur Intensivierung vorhandener situationsspezifischer Reaktionsmuster bei. Dieser Erklärungsansatz sowie die empirischen Belege durch Freedman sind seitdem zunehmend kritisiert worden (vgl. Stockdale 1978, Schultz-Gambard 1985).

2.3 Crowding ungleich Dichte

Während in den beiden ersten Phasen Crowding sowohl als Bezeichnung für die untersuchten Dichtebedingungen als auch für die beobachteten Auswirkungen diente, wird die *dritte Phase* bestimmt durch die begriffliche Trennung von *Dichte* als objektives Maß für räumliche Begrenzung und *Crowding* als subjektive Erfahrung von Beengung (vgl. Stokols 1972). Dichte wird verstanden als eine notwendige, aber nicht hinreichende Bedingung für Beengungsstreß.

Als weitere nützliche Differenzierung hat sich die Unterscheidung von *räumlicher* und *sozialer Dichte* erwiesen (vgl. u.a. Loo 1972). Dabei wird räumliche Dichte als Maß von verfügbarem Raum pro Person und soziale Dichte als Anzahl von Personen pro Raumeinheit definiert. Beide Bedingungen sind zwar im Alltag meist konfundiert; die begriffliche Trennung scheint dennoch nützlich, da sich empirisch gezeigt hat, daß Veränderungen (oder die situative Salienz) entweder der räumlichen oder der sozialen Dichte zu unterschiedlichen Reaktionen und unterschiedlichem Bewältigungsverhalten führen können (vgl. z.B. Baum & Koman 1976).*

Ziel der Forschung in der dritten Phase wurde es, diejenigen personenbezogenen, sozialen und situativen Bedingungen aufzuzeigen, die bei hoher Dichte zum Auftreten von Beengungsstreß beitragen. In dieser Phase entstehen verschiedene theoretische Erklärungsmodelle mittlerer Reichweite (vgl. Baum & Epstein 1978, Paulus 1980, Schultz-Gambard 1985). In der Crowdingliteratur werden am ausgiebigsten das Überlastungsmodell und das Störungsmodell diskutiert. Das *Überlastungsmodell* erklärt Beengungsstreß als Folge einer Überlastung der kognitiven Verarbeitungsmöglichkeiten, hervorgerufen durch ein Übermaß an sensorischer Stimulation. Die Konsequenzen der Überlastung sind Defizite in der kognitiven Verarbeitung und im Verhalten (vgl. Cohen 1978, Saegert 1981) (→ *Stimuluszentrierter Ansatz*). Orientiert an der Reaktanztheorie (vgl. Brehm 1966) nimmt das *Störungsmodell* Blockierungen oder Unterbrechungen des Verhaltens als Beengungsursache an. Danach ist die Intensität der Beengung eine Funktion der Störungsstärke (vgl. Schopler & Stockdale 1977). Weitere Erklärungsansätze konzeptualisieren Beengungsstreß als Folge von

– Verletzungen subjektiver Erwartungen bezüglich situationsgerechter interpersonaler Distanzen bzw. Dichtebedingungen (vgl. Desor 1972, Streufert, Nogami & Streufert 1980);
– einem Verlust der gewünschten Kontrolle über interpersonale Grenzen bei der Privatheitsregulation (vgl. Altman 1975);
– einer spezifischen Form erlernter Hilflosigkeit (vgl. Seligman 1975), hervorgerufen durch die größere Unvorhersagbarkeit sozialer Interaktionen bei höherer Dichte (vgl. Rodin 1976, Rodin & Baum 1978);
– einer spezifischen Attribution der bei verringerten Interaktionsdistanzen erlebten Aktivierung (vgl. Worchel 1978), und
– bestimmten Verknappungszuständen von verfügbaren Rollen, sozialen Positionen und besonders materiellen Ressourcen, hervorgerufen durch die größere Personenzahl bei höherer Dichte (Wicker 1979).

Einen von den beschriebenen Modellen deutlich verschiedenen Ansatz wählt Knowles (1978). Er bestimmt auf der Basis der Summe aller Interaktionsdistanzen einer Person in einer Menschenmenge einen individuellen Kennwert für die Intensität der sozialen Beeinflussung.

Zusammenfassend kann festgestellt werden, daß es sich bei den Erklärungsansätzen in dieser Phase insgesamt um Modellskizzen geringer bis mittlerer theoretischer Reichweite handelt, die jeweils für sich nicht den Anspruch auf eine

---

*Die auch vereinzelt bemühte Unterscheidung zwischen Innen- und Außendichte – Dichte innerhalb des Wohnbereichs im Vergleich zur Wohnumgebung (vgl. Zlutnik & Altman 1972) – hat dagegen für die experimentelle Crowdingforschung kaum eine Bedeutung gehabt.

umfassende Erklärung der Genese von Beengungsstreß erheben können. Die vorliegenden empirischen Überprüfungen sind gekennzeichnet durch hohe selektive Beliebigkeit. Die Ansätze enthalten kaum gegensätzliche Annahmen und Aussagen und scheinen in umfassendere Modelle integrierbar zu sein.

2.4 Crowding gleich Kontrollverlust

Entsprechend ist die *vierte Phase* der Crowdingforschung durch Versuche gekennzeichnet, die vorhandenen Theorienskizzen weiterzuentwickeln und in übergreifende Konzepte wie z.B. Kontrolle oder Kontrollverlust zu integrieren (→ *Kontrolle und Kontrollverlust*).

Stokols (1978) bemüht sich, eine Typologie von Crowdingsituationen zu explizieren. In einer Erweiterung seiner ursprünglichen Definition von Crowding als spezifischem Streßerleben (Stokols 1972) nimmt er als zentralen Aspekt für die Entstehung von Beengungsstreß die Wahrnehmung eines Verlustes der Kontrolle über die unmittelbaren Beziehungen zwischen Person und Umwelt an. Die Intensität und die Dauer des Beengungsstresses sind abhängig davon, inwieweit die den Kontrollverlust hervorrufenden Beeinträchtigungen die psychische oder physische Sicherheit der betroffenen Person bedrohen. Das Bedrohungspotential wird definiert als eine Funktion der Ursache der Beeinträchtigungen und des Ortes, an dem sie stattfinden. Intensivere und persistentere Auswirkungen werden bei *persönlich* zuschreibbaren im Vergleich zu *neutralen* Beeinträchtigungen und bei Beeinträchtigungen in *primären* im Vergleich zu *sekundären* Lebensbereichen erwartet.

Das ebenfalls kontrolltheoretisch orientierte Erklärungsmodell von Baron und Rodin (1978) kann als Präzisierung und Weiterentwicklung des Hilflosigkeitsmodells betrachtet werden. Die Autoren nehmen als kritische Determinante für Beengungsstreß einen Verlust persönlicher Kontrolle bei hoher räumlicher oder sozialer Dichte an. Persönliche Kontrolle wird definiert als Fähigkeit, einen Zusammenhang zwischen Intentionen und den umweltbezogenen und umweltbeeinflußten Konsequenzen des eigenen Verhaltens festzustellen. Für die Entstehung und die Bewältigung von Beengungsstreß wird ein an dem erweiterten Lazarusschen Streßmodell orientierter Verlaufsprozeß angenommen (vgl. Lazarus & Cohen 1977).

Einen deutlichen Bezug zu den Grundannahmen von Baron und Rodin weist der Ansatz von Schultz-Gambard (vgl. Schultz-Gambard 1985, Schultz-Gambard & Hommel 1987) auf, welcher einen handlungstheoretischen Rahmen für die Erklärung von Beengungsstreß vorschlägt (→ *Handlungstheorie*). Allerdings wird hier eine stärkere Einbeziehung der objektiven Ausgangsbedingungen in die theoretische Erklärung der Entstehung von Beengungsstreß angestrebt. Beengungsstreß wird konzeptualisiert als Folge von Beeinträchtigungen der Handlungsplanung und/oder Handlungsausübung, bedingt durch ein Mißverhältnis zwischen situativen Anforderungsgehalten (z.B. hohes Stimulationsniveau, zahlreiche und unkoordinierte Aktionen anderer Personen, niedrige Interaktionsdistanzen oder Ressourcenknappheit), Erfordernissen der Handlung selbst (z.B. Regulationsaufwand) und individuellen Bewältigungsmöglichkeiten (z.B. Kompetenzen). Die Beeinträchtigungen können sich als Erhöhungen des Handlungsregulationsaufwandes und als Handlungsstrukturierungen erzwingende Störungen des Handlungsablaufes manifestieren. Beide Beeinträchtigungsmodalitäten überlagern einander, und ihre Interaktion bestimmt den „Mischstreßcharakter" von Beengungsstreß. Zusammenfassend kann man sagen, daß auch die beschriebenen Integrationsversuche keine ausgearbeiteten theoretischen Modelle darstellen. Insbesondere erscheinen die theoretischen Formulierungen nicht hinreichend genau und die abgeleiteten Vorhersagen nicht hinreichend eindeutig zu sein.

Zweifelhaft ist auch, ob überhaupt die Suche nach einem alle empirischen Befunde und theoretischen Überlegungen integrierenden Modell für die Crowdingforschung eine sinnvolle Zielsetzung darstellt. Möglicherweise ist eine Konzeptualisierung der beengungsrelevanten Bedingungen als eine Menge erklärungsbedürftiger Sachverhalte, die in einem theoretischen Rahmenkonzept nur geordnet, aber nicht axiomatisch verknüpft werden, dem Forschungsgebiet eher angemessen.

3. Empirische Ergebnisse

Die geschilderte theoretische Entwicklung hat zu einer Fülle von entweder gar nicht oder nur vereinzelt theoriegeleiteten empirischen Einzeluntersuchungen mit meist inkonsistenten Befunden geführt.

3.1 Erleben von Beengung

Eine Konsequenz des Crowding-Konzepts von Stokols (1972) war die Veränderung der Richtung der wissenschaftlichen Analyse von den objektiven Dichtebedingungen hin zu Prozessen subjektiver Beengungswahrnehmung. Angesichts dieser Verlagerung der Forschungsperspektive ist es erstaunlich, daß es nur wenige Arbeiten gibt, die versucht haben, die Dimensionen des Erlebens von Beengung empirisch zu erfassen.

Schopler, Rusbult und McCullum (1979) und Stockdale et al. (1979) haben mit sehr ähnlichen multidimensionalen Skalierungsverfahren drei bzw. vier grundlegende Dimensionen des Erlebens von Beengung aufgezeigt, die sich entweder über besondere antezedente Bedingungen (z.B. Störung oder Überlastung) oder subjektive Befindlichkeitskategorien (z.B. Ärger, Hilflosigkeit oder Entfremdung) beschreiben lassen.

Montano und Adamopoulos (1984) trennen zwischen affektiven, situativen und Verhaltensdimensionen. Sie bestimmen auf der Grundlage faktorenanalytischer Berechnungen als affektive Dimensionen: negative soziale Affekte, positive Affekte und negative Situationseinschätzungen; als situative Dimensionen: Verhaltensstörungen, physische Beeinträchtigungen, soziale Beeinträchtigungen und Verletzungen von Erwartungshaltungen; und als Verhaltensdimensionen: forcierte Beendigung von Aktivitäten, Konzentration auf ablaufende Tätigkeiten, psychischen Rückzug, physischen Rückzug und Anpassungsverhalten.

Schultz-Gambard, Feierabend und Hommel (1987) erhalten als Ergebnis einer multidimensionalen Skalierung des subjektiven Erlebens alltäglicher Dichtesituationen eine zweidimensionale Lösung: die erste Dimension beschreibt eine Beeinträchtigung der Handlungsplanung und Handlungsdurchführung und die zweite eine Gefährdung der persönlichen Existenz sowohl im Sinne einer unmittelbaren Gefährdung durch äußere Einflüsse als auch einer potentiellen Gefährdung durch Überlastung, Erschöpfung oder Ermüdung.

3.2 Auswirkungen von Beengungsstreß

Im Verlaufe der Crowdingforschung verlagerte sich der Forschungsschwerpunkt von anfangs mehr laborexperimentellen Anordnungen hin zu Feldexperimenten und zu Untersuchungen langfristiger Lebensverhältnisse in natürlich vorkommenden Dichte- bzw. Beengungsbedingungen. Erwähnenswert sind hier die Forschungsprojekte von Booth u.a. (vgl. Booth & Welch 1973), Rodin et al. (vgl. Rodin 1976, Rodin & Baum 1978), Baum et al. (vgl. Baum & Valins 1979), Saegert et al. (vgl. Saegert 1981) und Paulus et al. (vgl. Paulus 1980, Paulus, McCain & Cox 1985). In diesen Projekten wurden (zumeist längerfristige) Auswirkungen von realen Dichte- und Beengungsbedingungen systematisch und relativ theoriegeleitet mit multivariaten Methoden untersucht. Gemeinsames Ergebnis ist, daß durch hohe Dichte gekennzeichnete Lebensbedingungen im allgemeinen schädigende Auswirkungen auf physiologische Prozesse (erhöhte Daueraktivierung bis hin zu funktionalen Störungen) sowie auf affektive (z.B. negative subjektive Befindlichkeit), kognitive (z.B. Leistungsdefizite) und soziale (z.B. sozialer Rückzug) Prozesse haben. Die Auswirkungen generalisieren auch über den Bereich, in dem die Beengung unmittelbar erlebt wird, hinaus auf andere Bereiche. Besonders beeinträchtigt scheinen Personengruppen mit eingeschränkten Handlungsalternativen – und damit geminderten Bewältigungsmöglichkeiten – wie z.B. Kinder, alte Leute oder – im Extrem – Strafgefangene (→ *Kind und Umwelt;* → *Alte Menschen;* → *Gefängnisse und andere Haftumgebungen*).

Literatur

Altman, I. (1975). The environment and social behavior. Monterey: Brooks/Cole.
Baron, R. & Rodin, J. (1978). Personal control and crowding stress: Processes mediating the impact of spatial and social density. In A. Baum, J.E. Singer, & S. Valins (Eds.), Advances in environmental psychology (pp. 145-190). Hillsdale, NJ: Erlbaum.

Baum, A. & Epstein, Y.M. (Eds.) (1978). Human response to crowding. Hillsdale, NJ: Erlbaum.

Baum, A. & Koman, S. (1976). Differential response to anticipated crowding: Psychological effects of social and spatial density. Journal of Personality and Social Psychology 34, 526-536.

Baum, A. & Valins, S. (1979). Architectural mediation of residential density and control: Crowding and the regulation of social contact. In L. Berkowitz (Ed.), Advances in experimental social psychology, Vol. 12 (pp. 131-175). New York: Academic Press.

Booth, A. & Welch, S. (1973). The effects of crowding: A cross-national study. Forschungsbericht für das Ministry of State for Urban Affairs, Ontario, Canada.

Brehm, J.W. (1966). A theory of psychological reactance. New York: Academic Press.

Calhoun, J.B. (1962). Population density and social pathology. Scientific American 206, 139-143.

Christian, J.J., Flyger, V., & Davis, D.E. (1960). Factors in the mass mortality of a herd of Sika deer (cervus nippon). Chesapeake Science 1, 79-95.

Cohen, S. (1978). Environmental load and the allocation of attention. In A. Baum & S. Valins (Eds.), Advances in the environmental psychology (pp. 1-29). Hillsdale, NJ: Erlbaum.

Desor, R. (1972). Toward a psychological theory of crowding. Journal of Personality and Social Psychology 21, 79-83.

Dubos, R. (1970). The social environment. In H.M. Proshansky, W.H. Ittelson, & L.G. Rivlin (Eds.), Environmental psychology (pp. 202-208). New York: Holt, Rinehart & Winston.

Epstein, Y.M. (1981). Crowding, stress, and human behavior. Journal of Social Issues 37, 126-144.

Evans, G.W. (1979). Design implications of spatial research. In J.R. Aiello & A. Baum (Eds.), Residential crowding and design (pp. 197-215). New York: Plenum.

Freedman, J.L. (1975). Crowding and behavior. San Francisco: Freeman.

Galle, O.R., Gove, W.R. & McPherson, J.M. (1973). Bevölkerungsdichte und Pathologie. Bauwelt 1, 13-19 (Original: Population density and pathology: What are the relationships for man? Science 176, 23-30.)

Holahan, C.J. (1986). Environmental psychology. Annual Review of Psychology 37, 381-407.

Knowles, E.S. (1978). The gravity of crowding: Applications of social physics on the effects of others. In A. Baum & Y.M. Epstein (Eds.), Human response to crowding (pp. 183-218). Hillsdale, NJ: Erlbaum.

Kruse, L. (1975). Crowding: Dichte und Enge aus sozialpsychologischer Sicht. Zeitschrift für Sozialpsychologie 6, 2-30.

Kruse, L. (1986). Conceptions for crowds and crowding. In C.F. Graumann & S. Moscovici (Eds.), Changing conceptions of crowd mind and behavior (pp. 117-142). New York: Springer.

Lazarus, R.S. & Cohen, J.B. (1977). Environmental stress. In I. Altman & J.F. Wohlwill (Eds.), Human behavior and the environment, Vol. 1 (pp. 89-127). New York: Plenum.

le Bon, G. (1895) Psychologie des Foules. Paris.

Loo, C. (1972). The effects of spatial density on the social behavior of children. Journal of Applied Social Psychology 2, 372-381.

Montano, D. & Adamopoulus, J. (1984). The perception of crowding in interpersonal situations: Affective and behavioral responses. Environment and Behavior 16, 643-666.

Paulus, P.B. (1980). Crowding. In P.B. Paulus (Ed.), Psychology of group influence (pp. 245-289). Hillsdale, NJ: Erlbaum.

Paulus, P.B. McCain, G., & Cox, C. (1985). The effects of crowding in prisons and jails. In D.P. Patting & J. Gunn (Eds.), Relations to crime: The public, the police, courts, and prisons (pp. 113-134). New York: Wiley.

Rodin, J. (1976). Density, perceived choice, and response to controllable and uncontrollable outcome. Journal of Experimental Social Psychology 12, 564-578.

Rodin, J. & Baum, A. (1978). Crowding and helplessness: Potential consequences of density and loss of control. In A. Baum & Y.M. Epstein (Eds.), Human response to crowding (pp. 390-401). Hillsdale, NJ: Erlbaum.

Saegert, S. (1981). Crowding and cognitive limits. In J.H. Harvey (Ed.), Cognition, social behavior, and the environment (pp. 373-391). Hillsdale, NJ: Erlbaum.

346

Schmitt, R.C. (1966). Density, health, and social disorganization. American Institute of Planners Journal 32, 38-40.

Schopler, J., Rusbult, C., & McCullum, R. (1979). Conceptual dimensions of crowding: A multi-dimensional analysis. In M.R. Gürkaynak & W.A. Le Compte (Eds.), Human consequences of crowding (pp. 205-217). New York: Plenum.

Schopler, J. & Stockdale, J.E. (1977). An interference analysis of crowding. Environmental Psychology and Nonverbal Behavior 1, 81-88.

Schultz-Gambard, J. (1983). Crowding: Dichte und Enge als Gegenstand angewandter sozial-psychologischer Forschung. In J. Haisch (Hg.), Angewandte Sozialpsychologie (S. 171-193). Bern: Huber.

Schultz-Gambard, J. (1985). Sozialpsychologische Erklärungen der Wirkung von Dichte und Enge. In D. Frey & M. Irle (Hg.), Theorien der Sozialpsychologie, Bd. 3: Motivations- und Informationsverarbeitungstheorien (S. 175-208). Bern: Huber.

Schultz-Gambard, J. & Hommel, B. (1987). Sozialpsychologie und Umweltgestaltung: Der Beitrag der Crowding-Forschung. In J. Schultz-Gambard (Hg.), Angewandte Sozialpsychologie. Konzepte, Perspektiven und Ergebnisse (S. 251-264). Weinheim: Psychologie Verlags Union.

Schultz-Gambard, J., Feierabend, C. & Hommel, B. (1987). Crowding and social context: Basic dimensions of experiencing crowded environments. In J. Jesuiono, L. Soczka, D. Canter & G. Stephenson (Eds.), Social and environmental psychology in the European context. Dordrecht: Nijhoff.

Seligman, M.E.P. (1979). Erlernte Hilflosigkeit. München: Urban & Schwarzenberg.

Stockdale, J.E. (1978). Crowding: Determinants and effects. In L. Berkowitz (Ed.), Advances in Experimental Social Psychology, Vol. 11 (pp. 197-247). New York: Academic Press.

Stockdale, J.E., Wittmann, L., Jones, L., & Greaves, D. (1979). A multidimensional analysis of subjective crowding. In M.R. Gürkynak & W.A. Le Compte (Eds.), Human consequences of crowding (pp. 187-204). New York: Plenum.

Stokols, D. (1972). On the distinction between density and crowding: some implications for future research. Psychological Review 79, 275-277.

Stokols, D. (1978). A typology of crowding experiences. In A. Baum & Y.M. Epstein (Eds.), Human response to crowding (pp. 219-255). Hillsdale, NJ: Erlbaum.

Streufert, S., Nogami, G. & Streufert, S. (1980). Crowding and incongruity adaption. In I.G. Sarason & C.D. Spielberger (Eds.), Stress and anxiety, Vol. 7 (pp. 185-202). Washington: Hemisphere.

Wicker, A.W. (1979). An introduction to ecological psychology. Monterey: Brooks/Cole.

Worchel, S. (1978). The experience of crowding: An attributional analysis. In A. Baum & Y.M. Epstein (Eds.), Human response to crowding (pp. 327-351). Hillsdale, NJ: Erlbaum.

Zlutnik, S. & Altman I. (1972). Crowding and human behavior. In J.F. Wohlwill & D.H. Carson (Eds.), Environment and the social sciences: Perspectives and applications (pp. 44-60). Washington: American Psychological Association.

Jürgen Schultz-Gambard
Lehrstuhl Psychologie I
Universität Mannheim

VII. Umwelten und Umweltnutzer

Frühkindliche Umwelt

Die Umwelt des Säuglings und Kleinkindes besteht vor allem aus dem Lebensraum, der seine Wechselbeziehungen ausmacht. Die adäquate Umwelt sind zunächst Personen, auf die der Säugling für sein Überleben angewiesen ist. Mit ihnen gemeinsam entwickelt er seine psychischen Konzepte über die Umwelt. Im ersten Jahr sind das vor allem Erfahrungen im Zusammenhang mit emotionalen Erwartungen an angstvermindernde, liebevolle Nähe durch Bezugspersonen (→ *Familie;* → *Kind und Umwelt*).

1. Biologische Grundlagen

Menschenkinder kommen, im Vergleich zu subhumanen Primaten, unfertiger zur Welt. Ihr Reifezustand ist erst mit etwa 18 Monaten vergleichbar. Dies ist die Folge eines Kompromisses der Natur zwischen dem prominenten intra-uterinen Hirnwachstum und der wegen des aufrechten Gangs besonders prekären Geburtsmechanik. Während der ersten 18 Lebensmonate finden außerordentliche Entwicklungen statt, die alle Bereiche menschlichen Daseins betreffen: Gefühlsmäßige Bindungen an besondere Bezugspersonen; Erwartungen an vertraute Bezugspersonen sowohl im Bereich der Zuneigung als auch im Bereich des spielerisch-anregenden Miteinanders (Ainsworth 1973). Die Kerngeschlechtsidentität bildet sich aus und bestimmt spätestens ab dem 18. Lebensmonat definitiv, welche Geschlechtsrollen der Eltern und anderer Erwachsener das Kind aktiv für sich übernimmt und welche passiv, um so auf die mit der Pubertät einsetzende Komplementarität des erotischen und sexuellen Miteinanders vorbereitet zu sein (Money & Ehrhard 1975). Gleichfalls mit etwa 18 Monaten beginnt die rasante Entwicklung des Sprechens, wofür bereits die Grundlagen des Kommunizierens gelegt sind (Bruner 1977).

2. Ausstattung des Neugeborenen

Das Neugeborene ist für die skizzierten Entwicklungsaufgaben vorbereitet. Ein von Brazelton entwickeltes Prüfverfahren geht von der Organisationsstruktur des Neugeborenen aus (Brazelton 1984). Durch sie ist das Neugeborene befähigt – wenn auch noch in begrenztem Umfang – sich vor schädlichen Entwicklungen durch Habituation zu schützen und sich wichtigen äußeren Ereignissen zuzuwenden (Brazelton 1962). Durch großes Einfühlungsvermögen des Untersuchers werden dem Neugeborenen Bestleistungen abverlangt. Dies gelingt nur, wenn der jeweilige Wach-, Erregungs- und Aufmerksamkeitszustand genau beachtet wird.

Vier Verhaltensbereiche können als erster Ausdruck der genetischen Anpassung an die Umwelt gelten:

(1) die interaktiven zusammen mit den Wahrnehmungsfähigkeiten: die Fähigkeit, sich zu konzentrieren und optischen sowie akustischen Reizen zu folgen, die Bereitschaft, sich anzuschmiegen und sich trösten zu lassen;

(2) die Organisationsfähigkeit und Zustandskontrolle; Ausblenden von unwichtigen Geräuschen, Anregungen zur Herbeiführung eines optimalen Aufmerksamkeitszustandes, spontanes Auftreten von Zustandsänderungen, sowie die für eine Beruhigung erforderlichen Maßnahmen;

(3) motorische Fähigkeiten: Körpertonus, Qualität der aktiven und passiven Bewegungen, Fähigkeit der Selbstberuhigung durch eigenes Heranbringen des Händchens an den Mund;

(4) Reaktionen auf Belastungen: Empfindlichkeit, Zittern, Erschrecken, Hautfarbenveränderung bei der Prüfung.

Neben diesen eher „psychologischen" Verhaltensmustern werden auch neurologische Reflexprüfungen durchgeführt (Prechtl & Beintema 1964, Grossmann, K. 1984, Grossmann, K.E. 1977).

3. Aufbau von Beziehungen

Zahlreiche Verhaltensmuster von Säuglingen und Müttern greifen ineinander. Sie sind einerseits genetisch programmiert, erlauben, ja verlangen andererseits sogar eine individuell flexibel angepaßte Form des Miteinanders. Die für den Aufbau von Beziehungen erforderlichen Voraussetzungen wie Absicht (Intentionalität) und symbolische Bedeutung des gestischen, mimischen und vokalen Ausdrucksverhaltens schreiben Eltern bereits dem Neugeborenen zu, oder sie sind während des ersten Lebensjahres schon tatsächlich vorhanden (Bretherton & Bates 1979). Die Leistungen im (von Portman so genannten) extra-uterinen Frühjahr sind die Ausbildung motorischer Koordination (aufrecht stehen, Hand-Augen-Koordination bzw. Sensumotorik im Sinne von Piaget 1975), der vorsprachlichen sozialen Beziehungs- und Kommunikationsstruktur und der bereits erwähnten affektiv verankerten Erwartungen gegenüber Bezugspersonen (Portman 1956). Nahezu alle Mütter reagieren z.B. auf jedes Augenöffnen ihres Neugeborenen und verdoppeln ihre sozialen Verhaltensweisen sofort. Vor dem Augenöffnen schütteln die Mütter ihr Kind wach, d.h. sie reizen es vestibulär, danach gehen sie mit ihrem Gesicht heran, verändern ihre Stimme und bewegen es langsam mit Augengruß und großer Amplitude auf und ab (Grossmann, K. 1978). Hervorragende Analysen über die weitere Ausgestaltung ineinandergreifender Programme haben Papoušek und Papoušek (1979), Bruner (1977), Stern (1979, 1985) und andere durchgeführt.

4. Umweltorientierte Kleinkindpsychologie

Die umweltorientierte Kleinkindpsychologie erhebt den Anspruch, Einflüsse auf den künftigen Lebenslauf zu erfassen. Wesentlich dabei sind wechselnde Anforderungen während des Lebens, ökologische Veränderungen wie neue Geschwister, Kindergarten, Schule, Berufstätigkeit der Mutter, Arbeitslosigkeit des Vaters, Umzug, Scheidung, Krankheit, die materielle Umwelt (siehe unten) und vieles mehr. Die moderne Kleinkindforschung sieht (etwa seit 1960) die Umwelt als eine Abfolge wechselseitig abhängiger Systeme. Bronfenbrenner und Crouter (1983) ziehen drei bedeutsame Konsequenzen: Es gibt verschiedene Umwelten für Jungen und Mädchen, es gibt vielfältige Unterschiede in den Umwelten verbunden mit dem sozio-ökonomischen Status der Familie, und Ergebnisse sind nur im Kontext von Mikro-, Meso- und Exosystemen zu verstehen (→ *Ökologische Sozialisationsforschung*).

5. Umwelt in drei miteinander verbundenen Ebenen

Mikrosysteme sind Interaktionen wie oben beschrieben. Sie bestimmen die Ontogenese der Beziehungsqualität unmittelbar. In Mesosystemen treten bestimmte Verhaltensweisen übereinstimmend in verschiedenen Situationen auf: z.B. zeigen Kinder, die mit einem Jahr den Kontakt mit der Mutter nach kurzer (dreiminütiger) Trennung meiden, mit sechs Jahren zwar oberflächlich andere, psychologisch aber ähnliche Vermeidungstendenzen (Main, Kaplan & Cassidy 1985). Oder: Kinder, die bei innerer Unsicherheit liebevolle Vergewisserung erfahren, wenden sich auch im Leid offen an ihre Bezugspersonen, während die übrigen Kinder das selten tun (Grossmann, K.E. 1985, Grossmann et al., 1989). Das Exosystem schließlich repräsentiert die übergeordneten kulturellen Lebensbedingungen, vor allem die Welt der Arbeit, die soziale Welt der Familie sowie die sozialen Veränderungen der Gesellschaft (Bronfenbrenner & Crouter 1983, S. 398ff.).

6. Materielle (physische) Umwelt

Bedeutsame Zusammenhänge bestehen zwischen der Vielfalt, Responsivität und Komplexität der physikalischen Umwelt und der kognitiv-motivationalen Entwicklung des Kindes (Yarrow et al. 1972). Eine anregende Umwelt kann Motivation für das Kind sein, „intellektuell wertvolle" Erfahrungen zu sammeln (Carew 1980).

Die Wirkung der physischen Umwelt scheint jedoch im wesentlichen sozial vermittelt zu sein (Clarke-Stewart 1973). Objektbezogene kindliche Aktivitäten auf hohem Niveau haben nur dann einen positiven Einfluß auf die geistige Entwicklung, wenn sie in Interaktion mit der Mutter stattfinden, und hier besonders dann, wenn die Interaktionssituation einen emotional positiven Charakter aufweist (Spangler 1989; Loher, 1988). In der sozialen Vermittlung werden sowohl das gegebene Material als auch die kindlichen Aktivitäten strukturiert. Dies geschieht vornehmlich durch Instruktion und – unter Berücksichtigung der kindlichen Kapazität – in einer angemessenen Herausforderung der kindlichen Kompetenzen, wodurch die Entwicklung vorangetrieben wird (Bruner 1982). Gegen Ende des dritten Lebensjahres treten dann zunehmend auch für die weitere Entwicklung bedeutsame eigenständige Aktivitäten des Kindes in den Vordergrund (Carew 1980).

Auch individuelle Dispositionen des Kindes scheinen den Einfluß der physischen Umwelt zu modifizieren. Wachs und Gandour (1983) vermuten, daß Kinder mit unterschiedlichem Temperament für bestimmte Umwelteinflüsse unterschiedlich sensibel sind, so daß ein und dieselbe Umwelt bei verschiedenen Kindern zu unterschiedlichen Entwicklungsverläufen führen kann. Nur bei Kindern mit wahrgenommenem „einfachen" Temperament konnten Zusammenhänge zwischen einer reichhaltigen Umwelt und der kognitiven Entwicklung beobachtet werden. Dagegen zeigten als schwierig wahrgenommene Kinder sich einerseits weniger sensibel in ihrer Aufmerksamkeit gegenüber sozialen Interaktionen und andererseits sensibler gegenüber Überstimulation durch die physikalische Umwelt, d.h., sie waren weniger in der Lage, störende Reize auszublenden. Ungeklärt blieb hierbei allerdings, inwieweit die unterschiedliche Sensibilität oder Erregbarkeit gegenüber äußeren Stimuli wiederum durch soziale Prozesse modifiziert oder verstärkt sind. So zeigten sich in einigen Studien deutliche Zusammenhänge zwischen dem wahrgenommenen kindlichen Temperament und der Qualität von Mutter-Kind-Interaktionen, wobei einerseits als schwierig wahrgenommene Kinder sich fordernder zeigten, ihre Mütter aber andererseits sie auch weniger akzeptierten, weniger auf sie eingingen und öfter intervenierten (z.B. Lee & Bates 1985, Spangler 1986, Webster-Stratton & Eyberg 1982).

Zusammenfassend kann man die physikalische Umwelt bezüglich der kindlichen Entwicklung eher als Hintergrundvariable bezeichnen, deren Wirksamkeit sowohl durch individuelle Dispositionen des Kindes als auch und vor allem durch soziale Vermittlungsprozesse bedingt und modifiziert wird, die allen materiellen Erfahrungen erst ihre kulturelle Bedeutung verleihen (Grossmann & Grossmann 1986). Solange allerdings ein gewisses Mindestmaß an materieller Ausstattung nicht gegeben ist, sind beeinträchtigende Wirkungen auch per se zu beobachten. So ist z.B. die reine Anzahl von Spielobjekten für die geistige und materielle Entwicklung von Kindern aus Unterschichtfamilien von Bedeutung (Clarke-Stewart 1973). Sehr entbehrungsreiche Umwelten scheinen noch andere Wirkungen zu haben – wie etwa armutsbedingte Hilflosigkeit (Bruner 1975).

7. Frühkindliche Umwelt- und Entwicklungspsychologie

Entwicklungspsychologie hat Veränderungen der Person und ihrer Umwelt im Verlauf des Lebens unter verschiedenen Lebensbedingungen zum Inhalt. Die gegenseitige Anpassung von Kleinkindern und ihren Eltern als Repräsentanten der Umwelt und an die materielle Umwelt und ihre Bedeutung kann mehr oder weniger gut gelingen. Genetische Tendenzen treten dabei in einen systematischen Zusammenhang mit der Umwelt in ihrer erwähnten Vielschichtigkeit (Grossmann, K.E. 1984, Grossmann, K.E. 1987). Manche besonders widerstandsfähigen Kinder entwickeln sich auch unter ungünstigen Umweltbedingungen erstaunlich gut. Andererseits verschwinden bei Kindern, die mit deutlichen Geburtsrisiken behaftet waren, viele defizitäre Symptome unter günstigen Umweltbedingungen, die sich mikro-, meso- und exo-psychologisch erfassen lassen (Schepank, 1987; Tress, 1986; Werner & Smith, 1982). Kleinkind-Umwelt-Zusammenhänge (Rutter & Garmezy 1983) stehen im Mittelpunkt moderner Entwicklungspsychopathologie (Rutter & Garmezy 1983) und Verhaltensgenetik (Scarr & Kidd 1983). Die frühkindliche Umwelt und die Möglichkeiten, sie zu verändern und sich in ihr zu verändern, sind der eigentliche Gegenstand des Erkenntnisinteresses.

Literatur

Ainsworth, M.D.S. (1973). The development of infant-mother attachment. In B.M. Caldwell & H.N. Ricciuti (Eds.), Review of child development research, Vol. 3. Chicago: University of Chicago Press.

Brazelton, T.B. (1962). Observations of the neonate. Journal of the Academy of Child Psychiatry 1, 38-58.

Brazelton T.B. (1984). Neonatal behavioral assessment scale. (2nd ed.). London: Spastics International Medical Publication.

Bretherton, I. & Bates, E. (1979). The emergence of intentional communication. New directions for child development 4, 81-100.

Bronfenbrenner, U. & Crouter, A.C. (1983). The evolution of environmental models in developmental research. In P.H. Mussen (Ed.), Handbook of child psychology, Vol. I, History, theory, and methods (pp.357-414) (4th ed.). New York: Wiley.

Bruner, J.S. (1975). Poverty and childhood. Oxford Review of Education 1, 31-50.

Bruner, J.S. (1977). Early social interaction and language acquistion. In H.R. Schaffer (Ed.), Studies in mother-infant interaction (pp. 271-289). London: Academic Press.

Bruner, J.S. (1982). The organization of action and the nature of adult-infant transaction. In M. von Cranach & R. Harré (Eds.), Analysis of action (pp. 313-327). Cambridge: University Press.

Carew, J. (1980). Experience and the development of intelligence in children at home and in day care. Monographs of the Society for Research in Child Development 45, 6-7, Serial No. 187.

Clarke-Stewart, K.A. (1973). Interactions between mothers and their young children: characteristics and consequences. Monographs of the Society for Research in Child Development, 38, 6-7, Serial No. 153.

Grossmann, K. (1978). Die Wirkung des Augenöffnens von Neugeborenen auf das Verhalten ihrer Mütter. Geburtenhilfe und Frauenheilkunde 38, 629-635.

Grossmann, K. (1984). Die „Neonatal behavioral assessment scale" von T.B. Brazelton und ihre Bedeutung innerhalb einer Deutschen Längsschnittuntersuchung. Kinderarzt 15, 1283-1288.

Grossmann, K.E. (1977). Frühe Einflüsse auf die soziale und intellektuelle Entwicklung des Kleinkindes. Zeitschrift für Pädagogik 23, 847-880.

Grossmann, K.E. (1984). Der Einfluß von Genen auf die Eigenart des Menschen. In G. Hauska (Hg.), Von Gregor Mendel bis zur Gentechnik (S. 59-88). Schriftenreihe der Universität Regensburg.

Grossmann, K.E. (1985). The development of emotional expression in a social context. In J.T. Spence & C.E. Izard (Eds.), Motivation, emotion, and personality (pp. 305-316). Amsterdam: North Holland, Elsevier.

Grossmann, K. E. (1987). Die natürlichen Grundlagen zwischenmenschlicher Bindungen. In C. Niemitz (Hg.), Erbe und Umwelt – Zur Natur von Anlage und Selbstbestimmung des Menschen. Frankfurt: Suhrkamp.

Grossmann, K.E., August, P., Fremmer-Bombik, E., Friedl, A., Grossmann, K., Scheuerer-Englisch, H., Spangler, G., Stephan, C. & Suess, G. (1989). Die Bindungstheorie: Modell und entwicklungspsychologische Forschung. In H. Keller (Hg.), Handbuch der Kleinkindforschung (S. 31-55). Berlin: Springer.

Grossmann, K.E. & Grossmann, K. (1986). Phylogenetische und ontogenetische Aspekte der Entwicklung der Eltern-Kind-Bindung und der kindlichen Sachkompetenz. Zeitschrift für Entwicklungspsychologie und Pädagogische Psychologie 18, 287-315.

Lee, C.L. & Bates, J.E. (1985). Mother-child interaction at age two years and perceived difficult temperament. Child Development 56, 1314-1325.

Loher, I. (1988). Intellektuelle und soziale Erfahrungen im vierten Lebensjahr und ihre Beziehung zur Kompetenz im Alltag und in einer Belastungssituation. Dissertation, Universität Regensburg.

Main, M., Kaplan, N. & Cassidy, J. (1985). Security in infancy, childhood, and adulthood. A move to the level of representation. In I. Bretherton & E. Waters (Eds.), Growing points in attachment. Monographs of the Society for Research in Child Development 50, 66-104.

Money, J. & Ehrhardt, A.A. (1975). Männlich – weiblich. Die Entstehung der Geschlechtsunterschiede. Reinbek: Rowohlt.

Papoušek, H. & Papoušek, M. (1979). Early ontogeny of human social interaction: Its biological roots and social dimensions. In M. von Cranach, K. Foppa, W. Lepenies & D. Ploog (Eds.), Human ethology. Claims and limits of a new discipline (pp. 456-478). London: Cambridge University Press.

Piaget, J. (1975). Das Erwachen der Intelligenz beim Kinde. Stuttgart: Klett.

Portmann, A. (1956). Zoologie und das neue Bild des Menschen. Hamburg: Rowohlt.

Prechtl, H. & Beintema, O. (1964). The neurological examination of the full-term newborn infant. London: Heinemann.

Rutter, M. & Garmezy, N. (1983). Developmental psychopathology. In P.H. Mussen (Ed.), Handbook of child psychology, Vol. IV, Socialisation, personality, and social development (pp. 775-911) (4th ed.) New York: Wiley.

Scarr, S. & Kidd, K. (1983). Developmental behavior genetics. In P.H. Mussen (Ed.), Handbook of child psychology, Vol. II, Infancy and developmental psychobiology. (Haith, M.M. & Campos, J.J., Vol. Ed.), (pp. 345-433) (4th ed.) New York: Wiley.

Schepank, H. (1987). Psychogene Erkrankungen der Stadtbevölkerung. Eine epidemiologisch-tiefenpsychologische Feldstudie in Mannheim. Berlin: Springer.

Spangler, G. (1986). Der Einfluß von alltäglichen Erfahrungen auf die kindliche Kompetenzentwicklung: Eine Analyse aufgrund von natürlichen Beobachtungen im zweiten Lebensjahr. Unveröffentlichte Dissertation. Universität Regensburg.

Spangler, G. (1989). Toddlers' everyday experience as related to preceeding mental and emotional disposition and their relationship to subsequent mental and motivational development. International Journal of Behavioral Development 12, 285-303.

Stern, D. (1979). Mutter und Kind. Die erste Beziehung. Stuttgart: Klett-Cotta.

Stern, D. (1985). The interpersonal world of the infant. A view from psychoanalysis and developmental psychology. New York: Basic Books.

Tress, W. (1986). Das Rätsel der seelischen Gesundheit. Traumatische Kindheit und früher Schutz gegen psychogene Störungen. Göttingen: Verlag für Medizinische Psychologie.

Wachs, T.D. & Gandour, M.J. (1983). Temperament, environment and six-months cognitive-intellectual development: A test of the organismic specificity hypothesis. International Journal of Behavioral Development 6, 135-152.

Webster-Stratton, C. & Eyberg, S.M. (1982). Child temperament: Relationship with child behavior problems and parent-child interactions. Journal of Clinical Child Psychology 11, 123 to 129.

Werner, E.E. & Smith, R.S. (1982). Vulnerable but invincible: A longitudinal study of resilient children and youth. New York: McGraw-Hill.

Yarrow, L.J., Rubinstein, J.L., Pedersen, F.A. & Jankowski, J.J. (1972). Dimensions of early stimulation and their differential effects on infant development. Merrill-Palmer-Quarterly 18, 205-218.

Klaus E. Grossmann
und Gottfried Spangler
Psychologisches Institut
der Universität Regensburg

Kind und Umwelt

1. Kindheit

Die Kindheit ist ein Lebensabschnitt, in dem zwar bestimmte Entwicklungsaufgaben bewältigt werden müssen (Olbrich 1987), in dem aber noch keine Verantwortung für das eigene Verhalten übernommen werden muß (Oerter 1987). Das Kind ist über einen weiten Zeitraum seiner Entwicklung vollkommen abhängig von Erwachsenen, doch es ist zugleich von Geburt an Träger von Rechten. Es ist ein Wesen mit eigener Menschenwürde und dem Recht auf Entfaltung seiner Persönlichkeit im Sinne des Grundgesetzes. Die Sicherstellung der Pflege, Erziehung und Unterrichtung des Kindes ergibt sich folglich auch daraus, daß das Kind als Grundrechtsträger selbst Anspruch auf den Schutz des Staates hat. Verschiedene Institutionen wachen darüber, daß die Rechte des Kindes nicht mißachtet werden, z.B. Jugendamt, Schulamt, Kinderschutzbund. Da dieser durch soziale Abhängigkeit gekennzeichnete Lebensabschnitt beim Menschen viel länger dauert als bei irgendeinem anderen Lebewesen, kommt den exogenen Faktoren, d.h. Einflüssen, die von außen auf das Kind einwirken, eine entsprechend große Bedeutung zu. Die Geschlechtsrollenidentität, ein wesentlicher Schritt in der Persönlichkeitsentwicklung (Gilligan 1979, Oerter 1987), bildet sich bereits im Vorschulalter heraus, was durch die Gestaltung geschlechtstypischer Umwelten, wie z.B. Kinderzimmereinrichtungen (Rheingold & Cook 1975) unterstützt wird (→ *Frühkindliche Umwelt*).

Obwohl es sich bei der Kindheit in unserer Kultur um einen relativ klar umschriebenen Lebensabschnitt handelt (Oerter 1987), so ist doch eine exakte Abgrenzung dieser Lebensphase schwierig, denn der Übergang zum Jugendalter kann nicht zu einem bestimmten Zeitpunkt angesetzt werden. Lediglich in der juristischen Definition von Kindheit ist das Ende dieses Abschnitts eindeutig festgelegt: von der Geburt an bis zum vollendeten 14. Lebensjahr ist der Mensch ein Kind, das noch nicht strafmündig ist.

2. Modelle der Umwelt und der Kind-Umwelt-Beziehungen

In den letzten Jahren hat in der entwicklungspsychologischen Forschung eine neue Richtung zunehmend an Bedeutung gewonnen, die in der alltäglichen Umwelt des Kindes eine entscheidende Determinante von Sozialisationsprozessen sieht (Brim 1975, Altman & Wohlwill 1978, Walter & Oerter 1979, Walter 1981, Vaskovics 1982). Ein wichtiger Ansatz stammt von Bronfenbrenner (1977, 1981), der ein Mehrebenenmodell entwickelt hat, in dem er zwischen Mikro-, Meso-, Exo- und Makrosystemen unterscheidet (→ *Ökologische Sozialisationsforschung*). Familiärer Alltag, Nachbarschaft und Gemeinde, Einrichtungen, die für

Kinder bzw. Eltern wichtig sind, sowie die übergreifenden politischen und kulturellen gesamtgesellschaftlichen Institutionen beeinflussen das Verhalten und die Entwicklung des Menschen (Lüscher 1982). Bargel et al. (1981) haben zwischen verschiedenen Soziotopen unterschieden. Der Gegenstand ihrer Taxonomie sind *lokale* Umwelten, die den unmittelbaren Erfahrungs- und Handlungsraum von Kindern bilden. Diese werden anhand der Dimensionen Lebens- bzw. Bildungschancen und Lebensstil bzw. Urbanität klassifiziert. Traditionelle ländliche Kleingemeinden, Kleinstädte, unterschiedliche städtische Viertel sind z.B. solche Soziotope (Bargel et al. 1982). Als *lokale* Umwelten handelt es sich um vergleichsweise kleinräumige Einheiten im Unterschied etwa zu Regionen, wie sie von Vatter (1981) im Hinblick auf Intelligenzunterschiede der dort wohnenden Kinder untersucht worden sind. Er unterteilt den Kanton Bern in der Schweiz in die Einheiten Stadt, vorwiegend ländliches Mittelland, verstädternde Fremdenverkehrsregion des Oberlandes und fremdenverkehrsarmes Berggebiet. Als am intelligentesten erwiesen sich die in Städten wohnenden Kinder, am schlechtesten schnitten die Schüler aus den Berggebieten ohne Fremdenverkehr ab.

Andere Taxonomien wurden aufgrund bestimmter Umweltmerkmale gebildet. So ist nach Trudewind (1982) der Anregungsgehalt der häuslichen Umwelt, den er mit Hilfe von insgesamt 14 Variablen erfaßt, einer von drei leistungsmotivgenetisch relevanten Umweltfaktoren. Im Hinblick auf die Entwicklung ungünstige Umweltbedingungen kommen dabei nicht nur durch zu geringe Anregungsgehalte, sondern auch durch übermäßige Stimulation zustande (Wohlwill & Heft 1977, Parke 1978) (→ *Stimuluszentrierter Ansatz*).

Da das Kind in besonders starkem Maße abhängig ist, gilt um so mehr, daß die Erwachsenen, die für das Kind verantwortlich sind, zwischen Umwelt und Kind vermitteln. Je jünger Kinder sind, um so weniger werden sie z.B. mit dem Straßenverkehr in ihrer Wohnumgebung direkt konfrontiert. Eltern, die ihre Kinder als dadurch gefährdet wahrnehmen, schränken den Aktionsraum ihrer Kinder von vorneherein ein (Hart 1979, Bargel et al. 1982, Engelbert 1986). Der elterliche Erziehungsstil, also die Praxis des Erlaubens und Verbietens, hängt folglich nicht oder nicht allein von den persönlichen Erziehungsvorstellungen der Eltern, sondern ganz entscheidend auch von den physischen Umweltbedingungen ab. Insbesondere Parke (1978) hat die Bedeutung der Rolle der Eltern als Vermittler von Umwelterfahrungen betont. (→ *Familien*)

3. Wohnbedingungen von Kindern

Die Wohnung bildet den wichtigsten räumlichen Kontext für das Familienleben und demzufolge auch für die Entwicklung der Kinder (Wingen 1979, Zinn 1979). (→ *Wohnen und Wohnzufriedenheit*) Zu diesem Schluß kommt auch der Wissenschaftliche Beirat (1975), indem er in seinem Gutachten „Familie und Wohnen" feststellte, daß die Wohnverhältnisse eine besonders wichtige Rahmenbedingung für die Sozialisationsleistung der Familie darstellen. Räumliche Enge in der Woh-

358

nung trägt nach Ansicht des Beirats zu einem restriktiven elterlichen Erziehungs-
verhalten bei, was familiäre Spannungen mit sich bringt. Für die Entwicklung der
Kinder verhängnisvolle Auswirkungen hat die Enge des Wohnraums auch dadurch, daß die Kinder kaum Platz zum Spielen und Entdecken haben, daß sie
immer wieder für andere Tätigkeiten im Haushalt Platz machen müssen, daß
keine Rückzugsmöglichkeiten bestehen, daß andere Kinder nicht in die Wohnung
kommen können (Wissenschaftlicher Beirat 1980). Neben den Bedingungen innerhalb der Wohnung hat man sich insbesondere auch mit den Effekten des Ge-
bäudetyps, in dem Kinder aufwachsen, befaßt (→ *Hausformen*). Festgestellt
wurde u.a., daß Kinder, die in Hochhäusern wohnen, weniger oft draußen spielen
und weniger Besuch von anderen Kindern in ihrer Wohnung haben (Mundt
1980). In einer Untersuchung von Saegert (1982) bestimmen sowohl die Dichte
(→ *Dichte und Enge*) innerhalb der Wohnung als auch die Gebäudegröße über
den Handlungsspielraum der Kinder. Jungen, die ihre Wohnungssituation als negativ erlebten, verbrachten weniger Zeit zu Hause als Mädchen, deren Erfahrungen ebenfalls negativ waren. Beengte Wohnverhältnisse gingen außerdem mit
schlechteren Leistungen des Kindes in einem Lesetest einher. Die Wohnverhältnisse beeinflussen folglich auch den Schulerfolg von Kindern, was im Zusammenhang mit der Bedeutung der Schule für die Zuteilung von Lebenschancen gesehen werden muß (Wingen 1979). Auch durch → *Lärm* in der Wohnung können
Hör- und Lesefähigkeit (Cohen, Glass & Singer 1973) sowie die Aufmerksam-
keitsleistung von Kindern (Wingen 1979) beeinträchtigt werden, die Voraussetzungen für den Schulerfolg folglich vermindert werden. Ungünstige Wohnverhältnisse wirken sich also in vielfältiger Weise aus und betreffen auch nicht nur
die kognitive Entwicklung, wie Rodin (1976) festgestellt hat, die beengt und nicht
beengt wohnenden Kinder miteinander verglichen hat. Die beengt wohnenden
Kinder verzichteten in einer Testsituation häufiger auf die Möglichkeit, sich ihre
Belohnung selbst zu wählen und ließen statt dessen den Versuchsleiter eine
Süßigkeit auswählen.

Ungünstige Wohnbedingungen ergeben sich ferner infolge der Isolierung von
Kleinfamilien mit zunehmender Privatisierung des Wohnbereichs. Im scharf nach
außen abgegrenzten privaten Bereich der Wohnung sind die Familienmitglieder
zwangsläufig stärker aufeinander bezogen, die Abhängigkeit von einander ist relativ groß. Die daraus resultierende Erziehungshaltung der „overprotection"
(Wurzbacher & Cyprian 1973) sowie die Gereiztheit von Müttern (Patterson
1983) wirken sich störend auf die Entwicklung von Kindern aus. Beengte Wohnverhältnisse tragen auch dazu bei, daß Kinder sich häufiger streiten und daß Eltern ihre Kinder häufiger schlagen (Booth & Edwards 1976).

Wie groß Wohnungen und Wohnräume für eine bestimmte Haushaltsgröße im
öffentlich geförderten Wohnungsbau der Bundesrepublik sein sollen, ist in den
Wohnungsbaurichtlinien der Länder und in der DIN 18011 festgelegt. In der letzteren werden Abstände, Stell- und Bewegungsflächen von Wohnräumen geregelt.
Obwohl die DIN 18011 insbesondere wegen der zu kleinen Kinderzimmer von
7 bis 8 m², immer wieder kritisiert wurde (Riemann 1984), ist sie nach wie vor

maßgebend. Ein Erproben neuer Wohnformen und Wohnungsgrundrisse (Flade 1986, Zinn 1979), die aufgrund psychologischer Überlegungen gestaltet wurden, wird durch die geltenden Richtlinien und Normen weitgehend verhindert. An Erkenntnissen, wie Wohnungen und Wohngebäude gestaltet sein sollten, damit sie für Kinder günstig sind, mangelt es nicht (u.a. Flade, 1987, Zinn 1979, Pollowy 1977), das Problem besteht offensichtlich vor allem in der politischen Durchsetzung dieser Vorschläge.

Festzustellen ist, daß im Durchschnitt um so beengter gewohnt wird, je größer die Familien sind, so daß Kinder aus Ein-Kind-Familien im allgemeinen unter den räumlich günstigsten Bedingungen aufwachsen. Wesentlich ist ferner, ob eine Familie in einer Eigentümer- oder in einer Mietwohnung lebt. Kindern aus Eigentümerhaushalten steht im Durchschnitt häufiger ein eigenes Zimmer zur Verfügung als Kindern aus Mietwohnungen (Wingen 1979) (→ *Familien*).

4. Der Lebensraum von Kindern

In der 1935 veröffentlichten Untersuchung von Muchow und Muchow, von Zinnecker (1980) als Pionierarbeit der deutschen Sozialisationsforschung bezeichnet, wird zwischen dem Spiel- und dem Streifraum unterschieden, die zusammen den individuellen Lebensraum von Kindern bilden (→ *Aneignung*). Der Spielraum stellt nach Ansicht der Autoren die eigentliche Heimat des Kindes dar, er besteht aus dem Insgesamt an Straßen und Plätzen, die das Kind genau kennt, wo es oft spielt und wo es oft entlanggeht, und die es sich vorstellen kann, wenn es die Augen zumacht. Als Streifraum wurden alle Straßen und Orte bezeichnet, durch die ein Kind schon einmal gekommen ist. Anders als im Spielraum wird im Streifraum unbekanntes Gelände erobert, wobei es nach Ansicht der Autoren auf Initiative ankommt. Untersucht wurden 9- bis 14jährige Kinder aus einer Volks- und einer Aufbauschule im Stadtteil Hamburg-Barmbeck, die mit gewöhnlichen Hamburger Stadtplänen ausgestattet wurden. Während sich die in diese Pläne eingetragenen Spielräume von Jungen und Mädchen in ihrer Ausdehnung nicht unterschieden, erwies sich der Streifraum bei Mädchen als nur etwa halb so groß wie bei Jungen. Die Ausdehnung des Streifraums korrelierte ferner mit der schulischen Begabung des Kindes. Daß Geschlechtsunterschiede in bezug auf die räumliche Erstreckung des Lebensraums von Kindern nicht nur in unserer Kultur anzutreffen sind, haben Munroe und Munroe (1971) festgestellt, die 3- bis 7jährige Logoli-Kinder in West-Kenia untersucht haben. Die Logoli-Jungen entfernten sich im Durchschnitt weiter von ihrem Zuhause als die gleichaltrigen Mädchen. Dieses Ergebnis erhält seine Relevanz durch die Feststellung, daß die Logoli-Jungen bei Aufgaben, die räumliches Denken erforderten, besser abschnitten als die Mädchen. Daß der Lebensraum (engl. home range) sich bei Jungen weiter erstreckt als bei Mädchen, wurde auch in anderen Untersuchungen festgestellt (Moore & Young 1978, Hart 1979), so daß sich die Frage stellt, welche Konsequenzen damit verbunden sind. Mädchen sind in dem Maße benachteiligt, in dem zwischen der räumlichen Erstreckung des Lebensraums und den Erlebens- und Verhaltensmöglichkeiten ein Zusammenhang besteht, was nach van Vliet (1983) der Fall ist.

Im Mittelpunkt des Lebensraums liegen die Wohnung und die Wohnstraßen. Die Vergrößerung des Lebensraums mit zunehmendem Alter erfolgt meist in Verbindung mit Ereignissen wie dem Schuleintritt und dem Erwerb neuer Fertigkeiten wie Radfahren oder dem selbständigen Umgang mit öffentlichen Verkehrsmitteln (Moore & Young 1978). Wie weit sich der Lebensraum erstreckt, hängt außer vom Alter und Geschlecht von Merkmalen der physischen und sozialen Umwelt ab, z.B. von natürlichen Grenzen wie einem Kanal oder von der sozialen Schicht der Wohnbevölkerung.

Muchow und Muchow (1935/1980) haben z.B. festgestellt, daß der Spielraum durch Hauptverkehrsstraßen, jedoch auch durch Wege, durch die soziologisch andersgeartete Bezirke voneinander getrennt werden, begrenzt wird. Weitere Determinanten der Größe des Lebensraums sind die geographische Beschaffenheit eines Gebiets und dessen Besiedlungsdichte (Berg & Medrich 1980), und die Verkehrsbelastung des Wohngebiets (Moore & Young 1978), die zur Zeit der Untersuchung von Muchow und Muchow (1935/1980) noch weitaus geringer war. Eltern lassen ihre Kinder um so weniger allein draußen spielen, je jünger sie sind und je stärker verkehrsbelastet die Wohnstraße ist (Engelbert 1986).

Setälä (1984/85) hat in Tampere/Finnland die Aussagen über Spielorte von Kindern und deren Eltern, die ihre Kindheit am selben Ort verbracht haben, verglichen. Sie unterscheidet dabei zwischen altersabhängigen Spielorten, die sie als „backyard culture", „corner culture", „residential culture" und „town culture" bezeichnet. Während sich eine Generation zuvor in den 50er Jahren die Aktivitäten der Kinder noch vorwiegend innerhalb der Wohngebiete, den „residential area cultures", abspielten, waren 1975 nur noch die „backyard culture" und die „town culture" nachweisbar, die erstere insbesondere als typisch für die unter 7jährigen. Setälä führt den Funktionsverlust von Straßenecken und Wohngebieten als Spielorten auf eine Stadtentwicklung zurück, der das Leitprinzip der Trennung von Wohnen und Arbeiten und damit einhergehende Mobilitätserfordernissen zugrunde liegt. Mit zunehmender Motorisierung ist die Straße, die Zinnecker (1979) als „gesellschaftliches Lernfeld" bezeichnet hat, und zu der er nicht nur die eigentliche Verkehrsstraße, sondern die gesamte lokale Öffentlichkeit rechnet, als Sozialisationsort (van Vliet 1983) in Frage gestellt.

Wie der Lebensraum von Kindern beschaffen ist, hängt ganz entscheidend von dem Gebietstyp ab, in dem sie wohnen. Harms et al. (1985) haben zwei gegensätzliche Gebiete, ein Neubauviertel und ein altes Arbeiterviertel, als Lebensraum von 9- bis 14jährigen verglichen. In beiden Gebieten erweiterte sich der Streifraum mit zunehmendem Alter, stärker jedoch im Neubaugebiet, allerdings beschränkt auf die Jungen. Institutionelle und kommerzielle, nicht direkt in Wohnungsnähe gelegene Angebote wurden hier erheblich mehr genutzt als im Altbauviertel, in dem eine stärkere Orientierung am eigenen Wohngebiet festzustellen war, was andererseits mit mehr Konflikten zwischen verschiedenen Nutzergruppen einherging. Aus der Perspektive Setäläs läßt sich dieses Ergebnis so interpretieren, daß in Neubaugebieten wohnende Kinder sich aus Mangel an einer Straßenecken- und einer Wohngebiets-Kultur frühzeitig in Richtung auf eine weniger wohnortsgebundene Stadt-Kultur orientieren, während den Kindern aus Altbauvierteln eine „residential area culture" zur Verfügung steht, die, anders als die „town culture", einen weniger ausgedehnten Streifraum erfordert. Ein weitreichender Streifraum ist also nicht zwangsläufig ein positives Merkmal, sondern kann statt dessen Defizite an Straßen- und Wohngebietsspielräumen anzeigen. Welche Rolle die natürliche Umwelt für die Entwicklung und Gesundheit von Kindern in den hochindustrialisierten Gesellschaften hat, ist für Tuan (1978) eine noch nicht beantwortete Frage (→ *Raum und Bewegung;* → *Spielumwelt*).

5. Umweltrepräsentation

Die Fähigkeit der geographischen Orientierung und der richtigen Wegewahl wird durch eine interne Repräsentation (cognitive map) der Umwelt gesteuert, deren Charakteristika sich im Laufe der Entwicklung verändern (Hart 1981, Hart & Moore 1973, Siegel & White 1975) (→ *Kognitive Karte und Kartierung*). Markierungspunkte, die sich durch ihre Unverwechselbarkeit auszeichnen, und die verbindenden Wege sind die Grundelemente solcher internen Pläne, die zu immer komplexeren Konfigurationen zusammengefügt werden (Siegel et al. 1978, Gale et al. 1985). Der Erwerb interner Umweltrepräsentationen setzt Bewegung in der betreffenden Umwelt voraus (Cohen & Cohen 1985), denn Umwelt, die den Menschen umgibt, kann nicht von einem Standort aus wahrgenommen werden (Acredolo 1981, Ittelson 1973), was auf die Bedeutung von Spiel- und Streifraum von Kindern rückverweist. Acredolo (1981) hat empirisch nachgewiesen, daß Kinder in ihrer vertrauten alltäglichen Umwelt (large-scale space) bessere Orientierungsleistungen vollbringen als in Labor-Umwelten (small-scale spaces), in denen z.B. Markierungspunkte fehlen. Der entscheidende Unterschied zwischen large-scale und small-scale spaces liegt nach Acredolo nicht darin, daß es mehrerer Standorte bedarf, um den betreffenden Raum zu erfassen, sondern wesentlich ist, ob der wahrnehmende Mensch von der Umwelt umgeben ist oder ob er außenstehender Betrachter ist.

Neben Alterseffekten wurden Auswirkungen verschiedener Umweltmerkmale sowie der Vertrautheit auf das Umwelterkennen und Umweltwissen nachgewiesen. Orte aus der eigenen Wohnumgebung werden z.B. eher erkannt, wenn sie an Kreuzungspunkten und nicht entlang einer Strecke liegen, jedoch spielt dieses Merkmal erst ab einem Alter von 9 Jahren eine Rolle (Doherty & Pellegrino 1985). Andrews (1973) hat Schülern in verschieden gelegenen Schulen von Toronto Stadtpläne vorgelegt, in die sie verschiedene Orte eintragen sollten. Diese Aufgabe wurde um so besser gelöst, je geringer die Entfernung zwischen der Schule und dem zu lokalisierenden Ort war. Kaplan (1985) hat darauf hingewiesen, daß bei der Entstehung interner Repräsentationen auch motivationale

Faktoren eine Rolle spielen. Beispielsweise hält ein Kind sich nicht in seiner Wohnumgebung auf, um zu lernen, wo etwas ist und wie man dort hingelangt, sondern es ist z.B. draußen, weil dort noch andere Kinder sind, mit denen man sich unterhalten und mit denen man spielen kann.

Literatur

Acredolo, L.P. (1981). Small- and large-scale spatial concepts in infancy and childhood. In L. Liben et al. (Ed.), Spatial representation and behavior across the life span (pp. 63-81). New York: Academic Press.

Altman, I. & Wohlwill, J.F. (Eds.) (1978). Children and the environment. Human behavior and environment. Vol. 3. New York: Plenum Press.

Andrews, H. (1973). Home range and urban knowledge of school-age children. Environment and Behavior 5, 73-86.

Bargel, T., Fauser, R. & Mundt, J.W. (1981). Soziale und räumliche Bedingungen der Sozialisation von Kindern in verschiedenen Soziotopen. Ergebnisse einer Befragung von Eltern in Landgemeinden und Stadtvierteln Nordhessens. In H. Walter (Hg.), Region und Sozialisation. Band 1 (S. 186-260). Stuttgart: Frommann.

Bargel, T., Fauser, R. & Mundt, J.W. (1982). Lokale Umwelten und familiale Sozialisation: Konzeptualisierung und Befunde. In L.A. Vaskovics (Hg.), Umweltbedingungen familialer Sozialisation (S. 204-236). Stuttgart: Enke.

Berg, M. & Medrich, E.A. (1980). Children in four neighborhoods: The physical environment and its effect on play and play patterns. Environment and Behavior 12, 320-348.

Booth, A. & Edwards, J. (1976). Crowding and family relations. American Sociological Review 41, 289-308.

Brim, O.G. (1975). Macro-structural influences on child development and the need for childhood social indicators. American Journal of Orthopsychiatry 45, 516-524.

Bronfenbrenner, U. (1977). Toward an experimental ecology of human development. American Psychologist 32, 513-532.

Bronfenbrenner, U. (1981). Die Ökologie der menschlichen Entwicklung. Stuttgart: Klett-Cotta.

Cohen, S., Glass, D.C. & Singer, J.E. (1973). Apartment noise, auditory discrimination, and reading ability in children. Journal of Experimental Social Psychology 9, 407-422.

Cohen, S.L. & Cohen, R. (1985). The role of activity in spatial cognition. In R. Cohen (Ed.), The development of spatial cognition (pp. 199-223). Hillsdale, NJ: Erlbaum.

Doherty, S. & Pellegrino, J.W. (1985). Developmental changes in neighborhood recognition. Children's Environmental Quarterly 2, 38-43.

Engelbert, A. (1986). Kinderalltag und Familienumwelt. Eine Studie über die Lebenssituation von Vorschulkindern. Frankfurt: Campus.

Flade, A. (1986). Evaluation of housing floor plans with regard to meeting family needs. Children's Environments Quarterly 3, 68-72.

Flade, A. (1987). Wohnen – psychologisch betrachtet. Bern: Huber.

Gale, N., Doherty, S., Pellegrino, J.W., & Golledge, R.R. (1985). Toward reassembling the image. Children's Environments Quarterly 2, 10-18.

Gilligan, C. (1979). Woman's place in man's life cycle. Harvard Educational Review 49, 431-446.

Harms, G., Pressing, Ch. & Richtermeier, A. (1985). Kinder und Jugendliche in der Großstadt. Berlin: Fortbildungsinstitut für die pädagogische Praxis.

Hart, R.A. (1979). Children's experience of place. A developmental study. New York: Irvington.

Hart, R.A. (1981). Children's spatial representation of the landscape: lessons and questions from a field study. In L.S. Liben, A.H. Patterson, & N. Newcombe (Eds.), Spatial representation and behavior across the life span (pp.195- 233). New York: Academic Press.

Hart, R.A. & Moore, G.T. (1973). The developmental of spatial cognition. A review. In A.M. Downs & S. Stea (Eds.), Image of environment (pp. 246-288). Chicago: Aldine.

Heft, H. (1979). Background and focal environmental conditions of the home and attention in young children. Journal of Applied Social Psychology 9, 47-69.

Ittelson, W.H. (1973). Environmental perception and contemporary perceptual theory. In W.H. Ittelson (Ed.), Environment and cognition. New York: Seminar Press.

Kaplan, S. (1985). Cognition and affect in environmental learning. Children's Environments Quarterly 2, 19-21.

Lüscher, K. (1982). Ökologie und menschliche Entwicklung in soziologischer Sicht – Elemente einer pragmatisch-ökologischen Sozialisationsforschung. In L.A. Vaskovics (Hg.), Umweltbedingungen familialer Sozialisation (S. 73-95). Stuttgart: Enke.

Moore, R. & Young, D. (1978). Children outdoors: Toward a social ecology of the landscape. In I. Altman & J.F. Wohlwill (Eds.), Children and the environment. Human behavior and environment, Vol. 3 (pp. 83-130). New York: Plenum Press.

Muchow, M. & Muchow, H.H. (1935). Der Lebensraum des Großstadtkindes. Hamburg: Martin Riegel. (Reprint Bensheim: päd extra 1980.)

Munroe, R.L. & Munroe, R.H. (1971). Effect of environmental experience on spatial ability in an east African Society. Journal of Social Psychology 83, 15-22.

Mundt, J.W. (1980). Vorschulkinder und ihre Umwelt. Weinheim: Beltz.

Oerter, R. (1987). Kindheit. In R. Oerter, & L. Montada et al., Entwicklungspsychologie. Ein Lehrbuch (2.Aufl.) (S. 195-241). München: Psychologie Verlags Union.

Olbrich, E. (1987). Die Entwicklung der Persönlichkeit im menschlichen Lebenslauf. In R. Oerter, & L. Montada et al., Entwicklungspsychologie. Ein Lehrbuch (S. 91-123). München: Psychologie Verlags Union.

Parke, R.D. (1978). Children's home environments: Social and cognitive effects. In I. Altman & J.F. Wohlwill (Eds.), Children and the environment. Human behavior and environment (Vol. 3) (pp. 33-81). New York: Plenum Press.

Patterson, G.R. (1983). Stress: A change agent for family process. In N. Garmezy & M. Rutter (Eds.), Stress, coping, and development (pp. 235-264). New York: McGraw Hill.

Pollowy, A.M. (1977). Children in high-rise buildings. In D.J. Conway (Ed.), Human response to tall buildings (pp. 149-159). Stroudsberg, PA: Dowden, Hutchinson & Ross.

Rheingold, H.L. & Cook, K.U. (1975). The contents of boys' and girls' rooms as an index of parents' behavior. Child Development 46, 459-463.

Riemann, G. (1984). Bringt die neue DIN 18011 familiengerechtere Wohnungen? Bauwelt 37, 1599-1602.

Rodin, J. (1976). Crowding, perceived choice and response to controllable and uncontrollable outcomes. Journal of Experimental Social Psychology 12, 564-578.

Saegert, S. (1982). Environment and children's mental health: Residential density and low-income children. In A. Baum & J. Singer (Eds.), Handbook of psychology and health (Vol. 2) (pp. 247-271). Hillside, NJ: Erlbaum.

Setälä, M.-L. (1984/85). Transmission of childhood culture in an urban neighborhood. Children's Environmental Quarterly 1, 15-18.

Siegel, A.W., Kirasic, K. & Kail, R.V. (1978). Stalking the elusive cognitive map: The development of children's representation of geographical space. In I. Altman & J.F. Wohlwill (Eds.), Children and the environment. Human behavior and environment (Vol. 3) (pp. 223-258). New York: Plenum Press.

Siegel, A.W. & White, S.H. (1975). The development of spatial representation of large-scale environments. In H.W. Reese (Ed.), Advances in child development and behavior, Vol. 10 (pp. 9-55). New York: Academic Press.

Trudewind, C. (1982). Der ökologische Ansatz in der Erforschung der Leistungsmotivgenese. In L.A. Vaskovics (Hg.), Umweltbedingungen familialer Sozialisation (S. 168-203). Stuttgart: Enke.

Tuan, Yi-Fu (1978). Children and the natural environment. In I. Altman & J.F. Wohlwill (Eds.),

Children and the environment. Human behavior and environment (Vol. 3) (pp. 5-32). New York: Plenum Press.

Vaskovics, L.A. (Hg.) (1982). Umweltbedingungen familialer Sozialisation. Stuttgart: Enke.

Vatter, M. (1981). Intelligenz und regionale Herkunft. Eine Längsschnittstudie im Kanton Bern. In H. Walter (Hg.), Region und Sozialisation, Bd. 1 (S. 56-90). Stuttgart. Frommann.

Vliet, W. van (1983). Exploring the fourth environment. An examination of the home range of city and suburban teenagers. Environment and Behavior 15, 567-588.

Walter, H. (Hg.) (1981). Region und Sozialisation (2 Bände). Stuttgart: Frommann.

Walter, H. & Oerter, R. (Hg.) (1979). Ökologie und Entwicklung. Donauwörth: Auer.

Wingen, M. (1979). Wohnbedingungen von Kindern. Anmerkungen zu einer familien- und kindgerechten Wohnungspolitik. In K. Lüscher (Hg.), Sozialpolitik für das Kind (S. 49-68). Stuttgart: Klett-Cotta.

Wissenschaftlicher Beirat für Familienfragen beim Bundesministerium für Jugend, Familie und Gesundheit (1975). Familie und Wohnen. Schriftenreihe des Bundesministers für Jugend, Familie und Gesundheit. Stuttgart: Kohlhammer.

Wissenschaftlicher Beirat für Familienfragen beim Bundesministerium für Jugend, Familie und Gesundheit (1980). Familien mit Kleinkindern. Spezifische Belastungssituationen in der frühkindlichen Entwicklung. Schriftenreihe des Bundesministers für Jugend, Familie und Gesundheit. Stuttgart: Kohlhammer.

Wohlwill, J.F. & Heft, H. (1977). Environments fit for the developing child. In H. McGurk (Ed.), Ecological factors in human development (pp. 125-154). Amsterdam: North Holland.

Wurzbacher, G. & Cyprian, G. (1973). Sozialisationsmängel der Kleinfamilie unter besonderer Berücksichtigung der Bundesrepublik Deutschland. Schriftenreihe des Bundesministers für Jugend, Familie und Gesundheit. Stuttgart: Kohlhammer.

Zinn, H. (1979). Der Einfluß der Wohnumwelt auf die Sozialisation von Kindern. Kindheit 1, 293-310.

Zinnecker, J. (1979). Straßensozialisation. Zeitschrift für Pädagogik 25, 727-746.

Zinnecker, J. (1980). Vorwort zum reprint Text von Muchow, M. & Muchow, H.H.: Der Lebensraum des Großstadtkindes (S. 7-8). Bensheim: päd extra.

Antje Flade
Institut Wohnen und Umwelt
Darmstadt

Spielumwelt

In einer seiner klassischen Arbeiten weist Lewin (1931/82) darauf hin, daß Verhalten eine Funktion der Person (P) und der Umwelt (U) ist. Dementsprechend läßt sich feststellen, daß das Spielverhalten als Funktion des spielenden Kindes und der Spielumgebung zu erklären ist (Darvill 1982).

„Das Kind lernt in zunehmendem Maße, die Umwelt zu ‚beherrschen'. Zur gleichen Zeit – und nicht weniger wichtig – wird es psychologisch von einem wachsenden Umkreis von Umweltgeschehnissen abhängig." (Lewin [1931] 1982, S. 174) In einer späteren Fassung dieser Arbeit (1933/82) fügte Lewin einen Abschnitt über das Spiel hinzu, in dem er vor allem darauf hinwies, daß Spiel zwar konkretes Verhalten (z.B. im Sandkasten) darstelle, aber gewissermaßen abgehoben von der Realität sei.

Eine ganze Reihe von klassischen und neueren Theorien wurden formuliert, um bestimmte Charakteristika des Spiels zu erklären (s. Ellis 1973, Sutton-Smith & Kelly-Byrne 1984a, van der Kooij 1983). An dieser Stelle sei nur an den Ansatz von Piaget erinnert, der das Spiel als „Assimilation der Wirklichkeit an das Ich" (Piaget 1959/75, S. 208) interpretiert, an Berlynes Theorie, in der zwischen spezifischer Exploration (Informationssuche über ein spezifisches Objekt) und diversiver Exploration (Spiel mit dem Ziel, ein optimales Erregungsniveau des Organismus herzustellen) unterschieden wird (Berlyne 1969, s. auch Heckhausen 1964, Wohlwill 1984), und an Theorien, die sich an der Evolution und angenommenen Funktionen des Spiels im Hinblick auf die Sicherheit des Überlebens orientieren (Blurton-Jones 1976).

Diesen Ansätzen gemeinsam ist eine relative Vernachlässigung ökologischer Merkmale, die das Spiel beeinflussen (Bierhoff, Schmitz-Scherzer, Kranzhoff & Alexa 1977). Dementsprechend wird im folgenden zunächst versucht, den Einfluß der molekularen Spielumwelt (z.B. Spielzeuge) darzustellen, um daran anschließend „molare" Einflüsse (z.B. spezifische Umwelträume wie Spielplätze) zu kennzeichnen. Natürlich sind die Übergänge zwischen diesen Abschnitten fließend. Denn wenn z.B. das Verhalten der Kinder in bestimmten Einrichtungen (wie im Kindergarten) dargestellt wird, sind molare und molekulare Aspekte aufs engste miteinander verwoben (s. Smith & Connolly 1980).

1. Molekulare Merkmale der Spielumwelt

Wer ein Kind hat, weiß, wie wichtig Spielzeug zu Hause wie im Kindergarten ist. Spielzeug ist ein zentraler Teil der Spielumwelt des Kindes in unserer Gesellschaft (Retter 1979). Spielmaterialien wie Plastilin, Ton, Sand und Wasser rufen eher ein einzelnes und paralleles Spiel der Kinder hervor. Dasselbe gilt für Farben, Zeichenstifte und Scheren, die häufig konstruktive, aber nicht-soziale Spiele auslösen. Demgegenüber tragen Fahrzeuge und Autos, sowie Anziehsachen dazu bei, daß eher soziale Spiele zustande kommen (Rubin, Fein & Vandenberg 1983, S. 733).

Die Versuchung, das Spiel in seiner Bedeutung überzubewerten (im Sinne einer intrinsisch motivierten, positiv gefärbten Erfahrung, die einen hohen funktionalen Wert hat), ist manchmal groß. Die typische Szenerie in vielen modernen Haushalten läßt sich – wohl etwas überspitzt – charakterisieren durch das Kind, das vor dem Fernseher spielt mit einem Spielzeug, für das im Fernsehen geworben wird (Sutton-Smith & Kelly-Byrne 1984b).

Andererseits betonen Sylva, Bruner und Genova (1976), daß das Spiel einen wichtigen Beitrag zur kognitiven Entwicklung des Kindes darstelle. Im Bereich der Problemlösung liegt es nahe anzunehmen, daß im Spiel die Verwendung von allgemeinen Prinzipien des Umgangs mit einem bestimmten Objektbereich (z.B. daß man zwei Stangen ineinanderschieben kann und dann einen „verlängerten Arm" zur Verfügung hat) gelernt wird, was dann die Problemlösung erleichtert (Cheyne 1982).

Empirische Untersuchungen weisen darauf hin, daß im Spiel auch die Kreativität (divergentes Denken) angeregt werden kann (Pepler & Ross 1981). Als wesentlich erwies sich in diesem Zusammenhang die Strukturiertheit des Spielmaterials. Wenn Blockpuzzles vorgegeben wurden, einschließlich der Formen, in die die Blöcke einzupassen waren, wurde divergentes Denken weniger gefördert, als wenn dieselben Blöcke ohne die Formen in drei Spielperioden bei drei- und vierjährigen Kindern vorgegeben wurden. In allgemeinen Tests zum divergenten Denken zeigte sich, daß die Originalität der Antworten nach dem Spiel mit dem unstrukturierten Material größer war. Andererseits fanden sich auch Hinweise darauf, daß das Spiel mit strukturiertem Spielmaterial die konvergente Lösung von Puzzle-Legeaufgaben erleichterte, die eine große Ähnlichkeit zu dem strukturierten Puzzle der Spielphase hatten.

Während diese Untersuchungen andeuten, daß sich der Umgang mit Spielzeug unterschiedlicher Art systematisch auf das Spielverhalten und die kognitiven Prozesse bei dem spielenden Kind auswirkt, wird in anderen Arbeiten dargestellt, wie das Spiel des Kindes durch spezifische Anordnungen – etwa im Garten, auf dem Spielplatz oder im Kindergarten – angeregt werden kann (Blechner 1976, Jerney 1976, Spitzer, Günter & Günter 1975).

2. Molare Merkmale der Spielumwelt

Unter dem Begriff des Spiels lassen sich eine Reihe unterschiedlicher Spielformen zusammenfassen, wie das sensumotorische Übungsspiel, das Symbolspiel und das Regelspiel sowie Konstruktionsspiele und Bewegungsspiele. Eine Spielform, die aus ethologischer Sichtweise besondere Beachtung gefunden hat, ist das „Rough-and-tumble"-Spiel, das sich auf spielerisches Kämpfen und Verfolgen bezieht (Blurton-Jones 1967). Humphreys und Smith (1984) fassen Untersuchungen zu ökologischen Einflüssen auf diese Spielform wie folgt zusammen: „Die Häufigkeit von Rough-and-tumble in diesem Altersbereich [nämlich 3-4 Jahre, Anmerkung des Autors] wird – wie sich eindeutig hat zeigen lassen – von Umweltfaktoren beeinflußt. … Die Häufigkeit wurde größer, wenn ein großer Bereich zur Verfügung stand, nicht sehr viele Spielzeug, eine relativ große (mehr als zehn Kinder) gleichaltrige Peer-Gruppe und ein permissives ‚Freispiel'-Regime." (Humphreys & Smith 1984, S. 247). In Übereinstimmung mit der ethologischen Orientierung der Autoren wird die Ursache für das Auftreten dieser Spielform auf die Übung spezifischer Fähigkeiten, die für Kämpfe und vor allem Jagen von Bedeutung sind, zurückgeführt.

Kindern stehen unterschiedliche Umwelträume für das Spiel zur Verfügung (z.B. Straßen, Schulhof, Kindergarten und Wohnung). Ein Bereich, der in unserer modernen Umwelt für das Spiel speziell zur Verfügung gestellt wird (und der häufig kritisiert wird, z.B. Forsch 1980, Thomas 1979), ist der Spielplatz. Zwei umfassende Untersuchungen zum Spielplatzbesuch und zur Nutzung von Spielflächen liegen vor (Bierhoff 1974, Björklid 1982). In der letztgenannten Untersuchung wurden zwei Wohnbereiche in Stockholm erfaßt, in denen in bis zu 14stöckigen Häusern 700 bzw. 350 Wohnungen errichtet worden waren. Die vielschichtigen Ergebnisse dieser Beobachtungs- und Befragungsuntersuchung lassen sich dahingehend zusammenfassen, daß die Benutzung der konventionell ausgestatteten Spielplätze bei jüngeren Kindern (Alter bis 6 Jahre) herabgesetzt wurde durch

– Wohnen in einem hohen Stockwerk,
– (längere und gefährliche) Wege zu attraktiven Parks,
– regnerisches Wetter,
– Fehlen von attraktiven Beschäftigungsmöglichkeiten für Begleitpersonen.

Kinder müssen oft weiter zu ihrem Spielplatz gehen als Autofahrer zu ihrer Garage. Außerdem werden ihre Wege durch den Verkehr bedroht, so daß Fragen der Abschirmung gegen Verkehrsunfälle, des Schutzes vor Abgasen, Schmutz und Lärm für die Spielplatzgestaltung von erheblicher Bedeutung sind (s. Bierhoff et al. 1977).

Häufig wird darauf hingewiesen, daß Spielplätze in Deutschland einfallslos konzipiert und im Sinne der Pflichterfüllung von den Bauherren errichtet werden. Die Besuchszahlen auf diesen Spielplätzen sind im allgemeinen sehr niedrig (Thomas 1979). Einfache Verbesserungen, die sich im Rahmen der konventionellen Spielplatzgestaltung mit Klettergerüsten, Rutschen, Schaukeln und Sandkästen halten, werden von den Besuchern positiv vermerkt. In der Untersuchung von Bierhoff (1974) ergab sich, daß Kinder wie Begleitpersonen einen Spielplatz positiver einschätzten,

– wenn er größer war,
– wenn er mehr Spielgeräte beinhaltete,
– wenn er Geräte aufwies, die über die oben genannte Standardausstattung hinausgingen (etwa eine Eisenbahn oder ein Blockhaus).

Weiterhin zeigte sich, daß der Spielplatzbesuch in erheblichem Ausmaß durch regnerisches Wetter beeinträchtigt wurde. Allerdings erwiesen sich die 10 bis

14jährigen als wetterunabhängiger als die jüngeren Kinder, was analog auch in der schwedischen Untersuchung aufgezeigt wurde. Insgesamt wurde deutlich, daß konventionelle Spielplätze vielfach erweitert, verbessert und in ihrem Konzept überdacht werden sollten. Abenteuerspielplätze und Aktivspielplätze stellen zwar eine aufwendige, aber lohnende Alternative dar (Autorengruppe 1971, Klein & Klein 1980). Sie tragen auch zu einem phantasievolleren Spiel bei (Campbell & Frost 1978, zit. n. Rubin, Fein & Vandenberg 1983) und werden insbesondere von Kindern im Schulalter benutzt (Hayward, Rothenberg & Beasley 1974).

Spiel in der Wohnung und Spiel draußen stehen in enger Beziehung zueinander. So wurde in einer Befragung von Kindern auf Spielplätzen festgestellt, daß diejenigen, die ungünstigere Wohnbedingungen hatten, häufiger und länger einen Spielplatz besuchten (Bierhoff & Bierhoff-Alfermann 1976). Dies führt zu der Vermutung, daß der soziale Status eine wichtige Variable für das Spiel darstellt (Darvill 1982).

Ein Vergleich von konventionellen Spielplätzen und Abenteuerspielplätzen (Hayward et al. 1974) zeigte, daß je nach Form des Spielplatzes unterschiedliche Altersgruppen (Vorschulkinder auf konventionellen Plätzen, Schulkinder bis 14 Jahren auf Aktivplätzen) überwiegen. Außerdem dominierten auf traditionellen Spielplätzen Aktivitäten, die sich unmittelbar an den vorhandenen Spielgeräten orientierten (z.B. Schaukeln, Klettern). Auf Abenteuerspielplätzen wurde andererseits ein Handlungsmuster beobachtet, das stark durch planendes Verhalten und Kommunikation unter den Kindern gekennzeichnet war. Außerdem wurde festgestellt, daß die Verweildauer der Kinder auf Abenteuerspielplätzen länger war als auf konventionellen Plätzen. Die Unterschiede in den Aktivitäten und in der Verweildauer hängen vermutlich damit zusammen, daß die unterschiedlichen Spielplatzformen unterschiedliche Altersgruppen der Kinder ansprechen. Während Vorschulkinder „Spaß und Vergnügen" (Hayward et al. 1974, S. 165) auf traditionellen Spielplätzen fanden, wurde den Wünschen und Präferenzen älterer Kinder eher durch das Angebot eines Abenteuerspielplatzes entsprochen.

An dieser Stelle konnte etwas ausführlicher nur auf die Spielumwelt des Spielplatzes eingegangen werden. Andere Bereiche – wie etwa das Spielzimmer in der Wohnung – können nur erwähnt werden. Es sei aber auf eine ausführliche Zusammenfassung empirischer Untersuchungen zur Wohnumwelt des Kindes verwiesen, die von van Vliet (1983) vorgelegt wurde. Diese Arbeit enthält eine Gegenüberstellung von Einfamilienhäusern und Mehrfamilienhäusern (bzw. Hochhäusern). Van Vliet weist darauf hin, daß verschiedene Untersuchungen erkennen lassen, daß die motorische Entwicklung des Kindes in einigen Bereichen beeinträchtigt werden kann, wenn es in einem Hochhaus wohnt, weil das Spiel des Vorschulkindes außerhalb des Hauses reduziert wird. Andererseits betont van Vliet, daß diese Beobachtungen nicht überbewertet werden sollten (da Langzeiteffekte nicht erfaßt wurden) und daß die *soziale* Entwicklung vermutlich nicht durch Hochhäuser beeinträchtigt wird, weil keine Hinweise auf Verlust von Freunden und gesteigerte Einsamkeit bei den Kindern, die im Hochhaus wohnen, festgestellt wurden. Gegenwärtig erleben wir eine große Steigerung der Zahl der Untersuchungen, die sich mit dem Thema Spiel beschäftigen (Sutton-Smith & Kelly-Byrne 1984a). Es ist zu hoffen, daß diese „Forschungsflut" genauere Auskunft darüber geben wird, wie die Spielumwelt gestaltet werden sollte – sei es auf der molaren wie auf der molekularen Ebene –, um die kindliche Entwicklung zu fördern und positive emotionale Erlebnisse bei dem Kind hervorzurufen.

Literatur

Autorengruppe (1971). Abenteuerspielplatz MV. Berlin: BDP-Verlag.

Berlyne, D.E. (1969). Laughter, humor, and play. In G. Lindzey & E. Aronson (Eds.), Handbook of social psychology, Vol. 3 (pp. 795-852). Reading, MA: Addison-Wesley.

Bierhoff, H.W. (1974). Spielplätze und ihre Besucher. Darmstadt: Steinkopff.

Bierhoff, H.W. & Bierhoff-Alfermann, D. (1976). Personenspezifische Faktoren bei der Benutzung von Spielplätzen: Alter, Geschlecht und Wohnsituation. In G. Kaminski (Hg.), Umweltpsychologie (S. 177-186). Stuttgart: Klett.

Bierhoff, H.W., Schmitz-Scherzer, R., Kranzhoff, E. & Alexa, M. (1977). Spiel im Freien. In R. Schmitz-Scherzer (Hg.), Aktuelle Beiträge zur Freizeitforschung (S. 102-115). Darmstadt: Steinkopff.

Björklid, P. (1982). Children's outdoor environment. Lund: ewk Gleerup.

Blechner, G. (1976). Der Garten als Kinderspielplatz. Wiesbaden: Bau-Verlag.

Blurton-Jones, N. (1976). Rough-and-tumble play among nursery school children. In J.S. Bruner, A. Jolly & K. Sylva (Eds.), Play (pp. 352-363). Harmondsworth: Penguin (Orig. 1967).

Cheyne, J.A. (1982). Object play and problem-solving: Methodological problems and conceptual promise. In D.J. Pepler & K.H. Rubin (Eds.), The play of children: Current theory and research (pp. 79-96). Basel: Karger.

Darvill, D. (1982). Ecological influences on children's play: Issues and approaches. In D.J. Pepler & K.H. Rubin (Eds.), The play of children: Current theory and research (pp. 144-153). Basel: Karger.

Ellis, M.J. (1973). Why people play. Englewood Cliffs, NJ: Prentice Hall.

Forsch, B.D. (1980). Spielplätze – Spielangebot ohne Nachfrage? In N. Kluge (Hg.), Spielpädagogik (S. 120-134). Bad Heilbrunn: Klinkhardt.

Hayward, D.G., Rothenberg, M. & Beasley, R.R. (1974). Children's play and urban playground environments. A comparison of traditional, contemporary, and adventure playground types. Environment and Behavior 6, 131-168.

Heckhausen, H. (1964). Entwurf einer Psychologie des Spiels. Psychologische Forschung 27, 225-243.

Humphreys, A.P. & Smith, P.K. (1984). Rough-and-tumble in preschool and playground. In P.K. Smith (Ed.), Play in animals and humans (pp. 241-266). Oxford: Blackwell.

Jerney, W. (1976). Das Spielgelände des Kindergartens. Donauwörth: Auer.

Kooij, van der R. (1983). Die psychologischen Theorien des Spiels. In K.J. Kreuzer (Hg.), Handbuch der Spielpädagogik, Bd. 1 (S. 297-335). Düsseldorf: Schwann.

Klein, H. & Klein, K. (1980). Praxisfeld Abenteuerspielplatz. Anspruch und Wirklichkeit eines pädagogischen Modells. In N. Kluge (Hg.), Spielpädagogik (S. 142-150). Bad Heilbrunn: Klinkhardt.

Lewin, K. (1982). Umweltkräfte in Verhalten und Entwicklung des Kindes. Kurt-Lewin-Werkausgabe (Hg. C.F. Graumann), Bd. 6 (S. 169-214). Bern: Huber (Orig. 1931/33).

Pepler, D.J. & Ross, H.S. (1981). The effects of play on convergent and divergent problem solving. Child Development 52, 1202-1210.

Piaget, J. (1975). Nachahmung, Spiel und Traum. Stuttgart: Klett (Orig. 1959).

Retter, H. (1979). Spielzeug. Weinheim: Beltz.

Rubin, K.H., Fein, G.G. & Vandenberg, B. (1983). Play. In P.H. Mussen (Ed.), Handbook of child psychology, Vol. 4 (pp. 693-774). New York: Wiley.

Smith, P.K. & Connolly, K.J. (1980). The ecology of preschool behaviour. Cambridge: Cambridge University Press.

Spitzer, K., Günter, J. & Günter, R. (1975). Spielplatzhandbuch. Berlin: VSA.

Sutton-Smith, B. & Kelly-Byrne, D. (1984a). The phenomenon of bipolarity in play theories. In T.D. Yawkey & A.D. Pellegrini (Eds.), Child's play: Developmental and applied (pp. 29-47). Hillsdale, NJ: Erlbaum.

Sutton-Smith, B. & Kelly-Byrne, D. (1984b). The idealization of play. In P.K. Smith (Ed.), Play in animals and humans (pp. 305-321). Oxford: Blackwell.

Sylva, K., Bruner, J.S. & Genova, P. (1976). The role of play in the problem-solving of children 3-5 years old. In J.S. Bruner, A. Jolly & K. Sylva (Eds.), Play (pp. 244-257). Harmondsworth: Penguin.

Thomas, I. (1979). Bedingungen des Kinderspiels in der Stadt. Stuttgart: Metzler.

van Vliet, W. (1983). Families in apartment buildings. Sad storeys for children? Environment and Behavior 15, 211-234.

Wohlwill, J.F. (1984). Relationships between exploration and play. In T.D. Yawkey & A.D. Pellegrini (Eds.), Child's play: Developmental and applied (pp. 143-170). Hillsdale, NJ: Erlbaum.

Hans Werner Bierhoff
Institut für Psychologie
der Universität Marburg

Familien

1. Die Familie als Ökosystem

Mit dem Aufkommen einer ökologischen und systemtheoretischen Perspektive hat es sich eingebürgert, auch die *Familie als ein Ökosystem* zu betrachten, in dem nach Melson (1980, S. 6) „die Familienmitglieder nicht nur durch reziproke Einflußmuster miteinander verbunden, sondern auch in ein Netzwerk materieller und sozialer Umwelten eingebettet sind". Im Bereich der Psychologie hat die von Bronfenbrenner (1981) vorgeschlagene Kategorisierung menschlicher Umwelten Beachtung gefunden, wonach die Familie den Status eines *Mikrosystems* hat, das in einem ständigen Austausch neben- bzw. übergeordneter Systemeinheiten steht (→ *Systemeinheiten*). Dieser auf materieller, energetischer und informationeller Ebene stattfindende Austausch verläuft nach den Prinzipien der allgemeinen Systemtheorie, wobei Merkmale wie Ganzheitlichkeit, Abgrenzung, Feedback, Homöostase, Zielorientierung oder Regelgeleitetheit wichtige Parameter zur Kennzeichnung des Familiensystems sind (Schneewind 1987). Im Rahmen der systemisch orientierten Familientherapie hat vor allem Minuchin (1977) auf die Bedeutung *familiärer Subsysteme* (z.B. Ehe- bzw. Eltern-Subsystem, Eltern-Kind-Subsystem, Geschwister-Subsystem) hingewiesen. Die Qualität der Grenzen zwischen diesen Subsystemen sowie deren hierarchische Anordnung gibt Aufschluß über den Funktionsmodus einer Familie und entscheidet zugleich über das Ausmaß der von einem Familienmitglied erlebten Zugehörigkeit bzw. Getrenntheit.

Die *Veränderung* eines Familiensystems und seiner Subsysteme läßt sich einerseits in einer sozialgeschichtlichen, andererseits in einer familienzyklischen Perspektive untersuchen (Schneewind 1985b, 1987). Hierzu tritt die Berücksichtigung kultur- und subkulturspezifischer Lebenslagen sowie verschiedener traditioneller und nicht-traditioneller Familienformen. Diese Prozeß- und Strukturmerkmale geben auch der neueren Familienstreßtheorie, die sich mit der familiären Bewältigung von normativen und nicht-normativen Ereignissen auseinandersetzt (McCubbin & Figley 1983), einen erweiterten Bezugsrahmen. Es erscheint daher gerechtfertigt, von je unterschiedlichen „Familien als Ökologien" (Lüscher, Fischer & Pape 1985) oder „Familien als Lernumwelten" (Laosa & Sigel 1982) zu sprechen, in denen die personale Entwicklung des einzelnen sich im Spannungsfeld vorgegebener Anforderungen und selbstbestimmter Gestaltungsmöglichkeiten vollzieht.

2. Ausgewählte Forschungsbefunde zur familiären Sozialisation

Nach allgemeinem Verständnis wirkt die Familie bei der Aufgabe mit, bei ihren Kindern die personalen Voraussetzungen dafür zu schaffen, daß sie am gesellschaftlichen Leben teilnehmen und es gegebenenfalls verändern können. Für unseren Kulturkreis lassen sich diese personalen Voraussetzungen in eine Reihe von *psychischen Grundqualifikationen* aufgliedern, zu denen Aspekte wie emotionale Sicherheit, Eigenständigkeit, soziale Kompetenz und intellektuelles Leistungsvermögen gehören. Für die Phase der frühkindlichen Entwicklung hat die Forschung eine Reihe von elterlichen Verhaltensweisen sichtbar werden lassen, die für die Ausbildung der genannten Grundqualifikationen förderlich sind. Hierzu gehört nach Clarke-Stewart (1977) die verhaltensmäßige Manifestation von Zuneigung, Stimulation, Responsivität und Akzeptanz des Andersseins. Besonders entwicklungsfördernd sind diese Aspekte des Elternverhaltens, wenn sie dem Kind den Übergang von primären zu sekundären Entwicklungskontexten (Bronfenbrenner 1979) ermöglichen, d.h. wenn das Kind seine unter Anleitung erworbenen Erfahrungen eigenständig wiederholen und erweitern kann. So hat etwa Carew (1977) nachgewiesen, in welcher Weise Eltern als kognitiv stimulierende Umweltvermittler wirksam werden und damit zugleich die kognitive Selbstentwicklung des Kindes begünstigen.

Für die weitere Entwicklung der genannten psychischen Grundqualifikationen ist ein Muster elterlichen Erziehungsverhaltens erkennbar geworden, das sich vor allem durch Merkmale wie elterliche Unterstützung und Zuwendung, konsistente Kontrolle und Disziplinierung sowie die Gewährung eines expandierenden Handlungsspielraumes auszeichnet. Allerdings wird einer erweiterten Perspektive, die auch die *Bedingungen elterlichen Erziehungsverhaltens* berücksichtigt, erst mit der Verbreitung der ökologischen Sozialisationsforschung Rechnung getragen, wobei auch intra- und interkulturelle Aspekte in den Blick geraten (Schneewind 1983). Hierzu liegen neuerdings mehrfaktorielle Modelle vor, in denen Einflußgrößen wie die Entwicklungsgeschichte und aktuelle Persönlichkeitsstrukturen der jeweiligen Elternperson, die Qualität der Ehe-, Arbeits- und sonstigen Sozialbeziehungen, Indikatoren der materiellen und sozialen Lage sowie physische und psychische Merkmale des Kindes als wesentliche Determinanten des elterlichen Erziehungsverhaltens und somit der kindlichen Persönlichkeitsentwicklung angesehen werden (Belsky 1984). Inzwischen konnte die Tauglichkeit dieser Modelle anhand einer Reihe quer- und längsschnittlicher Untersuchungen empirisch untermauert werden (Belsky, Hertzog & Rovine 1985, Schneewind, Beckmann & Engfer 1983).

Eine Reihe ökopsychologischer Studien hat sich um den Nachweis direkter Einflüsse von *objektiven Umweltgegebenheiten* auf das Verhalten von Familien bzw. einzelnen Familienmitgliedern bemüht. Exemplarisch hierfür sind etwa die Studien zur Wirkung der häuslichen Umgebung auf die Entwicklung von Kindern. So berichtet Parke (1978) über eine Reihe von Studien, in denen ein Zusammenhang zwischen der Belegungsdichte eines Haushalts und aggressiven Verhaltensweisen der Kinder ermittelt wurde (→ *Dichte;* → *Wohnen und Wohnzufriedenheit*). Bei einem Vergleich der Sozialisationswirkungen von Wohnbedingungen zeigte sich, daß Familien, die in den oberen Stockwerken mehrstöckiger Apartmenthäuser leben, ein höheres Ausmaß an innerfamiliärer Feindseligkeit entwickeln als Familien in den unteren Stockwerken (Mitchell 1971) und daß Kinder aus Wohnhochhäusern im Hinblick auf außerhäusliche Spielaktivitäten und Beziehungen zu Gleichaltrigen unter restriktiveren Bedingungen aufwachsen als Kinder, die in anderen Gebäudetypen leben (Marcus 1974) (→ *Hausformen*). Allerdings haben derartige Untersuchungen z.T. unterschiedliche oder gar konträre Befunde hervorgebracht (Vaskovics 1988), was u.a. auf eine mangelnde Berücksichtigung der als Mediatorvariablen dienenden innerfamiliären Kommunikationsprozesse zurückgeführt werden kann. So hat sich etwa die Berücksichtigung *perzipierter Familienumwelten* in einigen Untersuchungen als nützliches Bindeglied zwischen objektiven Umweltgegebenheiten und personaler Entwicklung erwiesen. Mit der Konzeption entsprechender Datenerhebungsmethoden, die z.T. auch für den deutschsprachigen Raum zur Verfügung stehen (Schneewind, Beckmann & Hecht-Jackl 1985, Schneewind 1988), konnte zum einen die Relevanz inhaltlicher Dimensionen der perzipierten Familienumwelt für die Entwicklung bestimmter Personmerkmale wie z.B. personale Kontrollüberzeugungen oder Nutzung des → *sozialen Netzwerks* nachgewiesen werden (Schneewind 1985a, 1989a). Zum anderen boten sich auch Möglichkeiten zur Bildung von *Familientypen*, die sich sowohl zur Analyse unterschiedlicher Phasen des Familienzyklus (Olson & McCubbin 1983) als auch im klinisch-psychologischen Bereich (Billings & Moos 1982) bewährt haben. Auch zur Diagnostik von Koalitionen und Triangulationen innerhalb des Familiensystems kann dieses Instrumentarium nützliche Dienste leisten (Bell & Bell 1982, Schneewind 1988). Die weitere Forschungsarbeit in diesem Bereich wird sich vor allem um die Aufklärung der objektiven Umweltgegebenheiten bemühen müssen, die zur Ausbildung und Veränderung bestimmter Perzeptionsstrukturen der Familienumwelt führen (Schneewind 1989b), ohne dabei die Bedeutsamkeit genetischer Einflüsse zu vernachlässigen (Rowe 1983).

3. Familien als entwicklungsfördernde Ökologie

Die innerhalb des Familiensystems und im Kontakt mit anderen Systemeinheiten ablaufenden Transaktionen können je nach ihrer Qualität für die personale Entwicklung des einzelnen förderlich oder hinderlich sein. Aus der Grundnorm einer möglichst weitreichenden Realisierung der potentiellen Befähigung eines Menschen zum bewußten kooperativen Handeln läßt sich eine personbezogene und eine umweltbezogene Leitnorm gewinnen, wobei erstere auf eine *sozialverträgliche Selbstentwicklung* des einzelnen und letztere auf eine *entwicklungsfördernde Ökologie* abzielt. Eine Orientierung an diesen beiden Leitnormen trägt zur Bewahrung und Erweiterung menschlichen Lebens im Sinne einer „nach vorn", d.h.

zukunftsgerichtet offenen Person-Umwelt-Transaktion bei (Schneewind 1984). Familien – als Teil des globalen Ökosystems – können sich als entwicklungsfördernde Ökologien qualifizieren und damit ihren Beitrag zur personalen Entwicklung des einzelnen entsprechend den oben genannten psychischen Grundqualifikationen leisten. Inhaltliche Konkretisierungen von „gesunden" Familienumwelten, die diesem Ziel dienlich sind, stammen vor allem aus dem Bereich der Familienberatung bzw. -therapie (Bowman 1983, Walsh 1982), orientieren sich jedoch vornehmlich an den innerhalb der Familie ablaufenden Interaktions- und Kommunikationsprozessen. Darüber hinaus bedarf es aber einer materiellen und sozialen Sicherung der Familie in ihren umfassenden Lebenszusammenhängen. Dies gilt vor allem für jene Familien, die den Risiken benachteiligender materieller und sozialer Ungleichheit in besonderem Maße ausgesetzt sind. An dieser Stelle gilt es, durch familienpolitische Maßnahmen die Rahmenbedingungen dafür zu schaffen, daß Familien als entwicklungsfördernde Ökologien überhaupt wirksam werden können. Beispielhaft hierfür seien die Gutachten des Wissenschaftlichen Beirats für Familienfragen beim Bundesministerium für Jugend, Familie, Frauen und Gesundheit (1975, 1979, 1984) genannt, in denen Fragen einer familiengerechten Wohnungspolitik, einer lebenslagenspezifischen Analyse von Belastungssituationen bei Familien mit Kleinkindern oder der Vereinbarkeit von Familien- und Erwerbstätigkeit zum Zwecke einer rationalen Politikberatung umfassend behandelt werden (→ *Kind und Umwelt;* → *Frühkindliche Umwelt*).

Literatur

Bell, L.G. & Bell, D.C. (1982). Family climate and the role of the female adolescent: determinants of adolescent functioning. Family Relations 31, 519-527.

Belsky, J. (1984). The determinants of parenting: a process model. Child Development 55, 83-96.

Belsky, J., Hertzog, C., & Rovine, M. (1985). Causal analysis of multiple determinants of parenting: a structural equation approach. In M. Lamb, A. Brown, & B. Rogoff (Eds.), Advances in developmental psychology (Vol. 4) (p. 153-196). Hillsdale: Erlbaum.

Billings, A.G. & Moos, R.H. (1982). Family environments and adaptation: a clinically applicable typology. American Journal of Family Therapy 10, 2, 26-38.

Bowman, T.W. (1983). Promoting family wellness. In D.R. Mace (Ed.), Prevention in family services (pp. 39-49). Beverly Hills: Sage.

Bronfenbrenner, U. (1979). Contexts of child rearing: problems and prospects. American Psychologist 34, 844-855.

Bronfenbrenner, U. (1981). Die Ökologie der menschlichen Entwicklung. Stuttgart: Klett-Cotta.

Carew, J.V. (1977). Die Vorhersage der Intelligenz auf der Grundlage kindlicher Alltagserfahrungen. In K.E. Grossmann (Hg.), Entwicklung der Lernfähigkeit in der sozialen Umwelt (S. 105-145). München: Kindler.

Clarke-Stewart, A. (1977). Child care and the family: a review of research and some propositions for policy. New York: Academic Press.

Laosa, L.M. & Sigel, I.E. (Eds.) (1982). Families as learning environment for children. New York: Plenum.

Lüscher, K., R. Fischer & T. Pape (1985). Die Ökologie von Familien. Zeitschrift für Soziologie 14, 13-27.

Marcus, C.C. (1974). Children's play behavior in a low rise inner-city housing development. In D. Carson (Ed.), Man-environment interactions: evaluations and applications, Vol. 3 (pp. 197-219). Stroudsburg: Dowden, Hutchinson & Ross.

McCubbin, H.I. & Figley, C.R. (Eds.) (1983). Stress and the family, 2 Vols. New York: Brunner & Mazel.

Melson, G.F. (1980). Family environment: an ecosystem perspective. Minneapolis: Burgers Publishing Company.

Minuchin, S. (1977). Familie und Familientherapie. Freiburg: Lambertus.

Mitchell, R.E. (1971). Some implications of high density housing. American Sociological Review 36, 18-29.

Olson, D.H. & McCubbin, H.I. (1983). Families: what makes them work. Beverly Hills: Sage.

Parke, R.D. (1978). Children's home environment: social and cognitive effects. In I. Altman & J.F. Wohlwill (Eds.), Children and the environment (pp. 33-74). New York: Plenum.

Rowe, D.C. (1983). A biometrical analysis of perceptions of family environments: a study of twin and singleton sibling kinships. Child Development 545, 416-423.

Schneewind, K.A. (1983). Ungleichheiten von Familien im kulturellen Kontext. Behindertenpädagogik 22, 194-226.

Schneewind, K.A. (1984). Persönlichkeitstheorien Bd. 2: Organismische und dialektische Ansätze. Darmstadt: Wissenschaftliche Buchgesellschaft.

Schneewind, K.A. (1985a). Entwicklung personaler Kontrolle im Kontext der Familie. In W.F. Kugemann, S. Preiser & K.A. Schneewind (Hg.), Psychologie und komplexe Lebenswirklichkeit (S. 201-223). Göttingen: Hogrefe.

Schneewind, K.A. (1985b). Der Familienlebenzyklus: Herausforderung für die psychologische Forschung. Forschungsberichte aus dem Institutsbereich Persönlichkeitspsychologie und Psychodiagnostik, Bericht 10/1985. Universität München.

Schneewind, K.A. (1987). Familienentwicklung. In R. Oerter, L. Montada et al. (Hg.), Entwicklungspsychologie (2. Aufl.) (S. 971-1014). München: Psychologie Verlags Union.

Schneewind, K.A. (1988). Die Familienklimaskalen. In M. Cierpka (Hg.), Familiendiagnostik (S. 232-255). Heidelberg: Springer.

Schneewind, K.A. (1989a). Personale Kontrolle, Sozialisation und Familie in psychologischer Sicht. In A. Weymann (Hg.), Handlungsspielräume (S. 199-209). Stuttgart: Enke.

Schneewind, K.A. (1989b). Contextual approach to family research: the macro-micro puzzle. In K. Kreppner & R.M. Lerner (Eds.), Family systems and life-span development (pp. 197-221). Hillsdale, N.J.: Erlbaum.

Schneewind, K.A., Beckmann, M. & Engfer, A. (1983). Eltern und Kinder. Umwelteinflüsse auf das familiäre Verhalten. Stuttgart: Kohlhammer.

Schneewind, K.A., Beckmann, M. & Hecht-Jackl, A. (1985). Das Familienklima-System. Manual. Forschungsbericht aus dem Institutsbereich Persönlichkeitspsychologie und Psychodiagnostik. Bericht 8.1/1985. Universität München.

Vaskovics, L.A. (1988). Veränderungen der Wohn- und Umweltbedingungen in ihren Auswirkungen auf die Sozialisationsleistung der Familie. In R. Nave-Herz (Hg.), Wandel und Kontinuität der Familie in der Bundesrepublik Deutschland (S. 36-60). Stuttgart: Enke.

Walsh, F. (1982). Conceptualizations of normal family functioning. In F. Walsh (Ed.), Normal family processes (pp. 3-42). New York: Guilford Press.

Wissenschaftlicher Beirat für Familienfragen beim BMJFFG (1975). Familie und Wohnen. Schriftenreihe des Bundesministers für Jugend, Familie und Gesundheit, Band 20. Stuttgart: Kohlhammer.

Wissenschaftlicher Beirat für Familienfragen beim BMJFFG (1979). Familie mit Kleinkindern. Schriftenreihe des Bundesminsters für Jugend, Familie und Gesundheit, Band 84. Stuttgart: Kohlhammer.

Wissenschaftlicher Beirat für Familienfragen beim BMJFFG (1984). Familie und Arbeitswelt. Schriftenreihe des Bundesministers für Jugend, Familie und Gesundheit. Stuttgart: Kohlhammer.

Klaus A. Schneewind
Institut für Psychologie
der Universität München

Jugend und Umwelt*

Jugend als Gegenstand psychologischer Forschung wäre durch die Angabe eines den gesellschaftlichen Normen oder sozialen Konventionen entsprechenden Altersabschnitts nicht angemessen bestimmt. Verbreitet ist deshalb die Auffassung, Jugend als Übergang zwischen Kindheit und Erwachsenenalter zu verstehen, der sich durch die schrittweise Bewältigung normativer *Entwicklungsaufgaben* näher kennzeichnen läßt. Beispiele solcher Entwicklungsaufgaben sind der Aufbau von Freundschaften oder die Ausbildung eines eigenen Lebensstils. Was ein bestimmter Jugendlicher wann und wie für sich als individuelle Entwicklungsaufgabe anpackt, ergibt sich aus dem komplexen Wechselspiel zwischen biologischen Veränderungen, sozialen Erwartungen und eigenen Ansprüchen.

1. Ökologische Jugendforschung und aktionales Entwicklungsparadigma

Jugendliche sind – selbst als bloße Altersgruppe verstanden – nur selten Gegenstand ökopsychologischer Forschung (vgl. die Übersichten bei Kruse & Arlt 1984, Kruse & Graumann 1987). Untersuchungen, die den spezifischen Erwartungen an eine ökologische Jugendforschung entsprechen, sind erst recht die Ausnahme: Die Voraussetzung hierfür wären theoretische Ansätze, welche die verschiedenen Aspekte der Umwelt ausdrücklich in ihrer Rolle für die Bewältigung des Übergangs im Jugendalter beschreiben. Als Umwelten können Familie, Schule und Arbeitsstätten gelten, die sowohl durch stärker vorbestimmte Rollenbeziehungen und Verhaltenserwartungen wie auch sozialisatorische Intentionen gekennzeichnet sind; ebenso aber die ähnlich bedeutsamen, in dieser Hinsicht aber weniger festgelegten Lebensräume des Alltags, seien es Einkaufszentren oder Fußballstadien, der Kiosk um die Ecke oder schlicht die Straße, die gemeinhin seltener in ihrer Funktion als Sozialisationsfelder betrachtet werden.

Ein frühes Beispiel solcher Forschungen ist der Vergleich der Entwicklungschancen Jugendlicher in zwei Kleinstädten („Midwest", USA, und „Yoredale", England), der von Schoggen und Barker (1974) berichtet wurde. Obwohl sich die Orte kaum im Gesamtbestand an → *Behavior Settings* unterschieden, hatte Midwest im Vergleich zu Yoredale zu viele Positionen und Funktionen auf zu wenig Einwohner verteilt, um die Settings und ihre Programme aufrechtzuerhalten. Die Annahme, daß sich die personellen Engpässe in Midwest in einer zahlreicheren Beteiligung Jugendlicher an den Behavior Settings widerspiegeln müßten, bestätigte sich. Die Auswirkung dieses „undermanning", wie die Übernahme

* Die Abfassung des Manuskriptes erfolgte während eines R.K. Silbereisen gewährten Akademiestipendiums der Deutschen Forschungsgemeinschaft (DFG: SI 296/2-1)

vielfältiger Pflichten und verantwortlicherer Positionen schon in jüngeren Jahren, werden als jene ökologischen Bedingungen herausgestellt, welche Verlauf und Ergebnis der Jugendentwicklung in den beiden Gemeinden beeinflussen. Dieser Zusammenhang wird aber letztlich nur postuliert, nicht wirklich untersucht.

Theoretische Weiterentwicklungen des Ansatzes (vgl. Kaminski 1986) bemühen sich vor allem, das Verhältnis von Person und Setting im Sinne einer zielorientierten, handelnden Auseinandersetzung zu bestimmen. Auf die Entwicklung über die Lebensspanne weiter gedacht, setzen solche Analysen ein *aktionales Entwicklungsparadigma* (Brandtstädter 1984) voraus. Entsprechend der Formel „Entwicklung als Handlung im Kontext" (Silbereisen & Eyferth 1986) wird hier der Heranwachsende selbst als planvoller Akteur seiner Entwicklung gesehen. Dieses Paradigma nimmt unter entwicklungspsychologischer Perspektive einen Trend auf, der in Industrienationen wie der Bundesrepublik zunehmend zu beobachten ist und in der soziologischen Diskussion als „Individualisierung" (vgl. Beck 1986) beschrieben wird: Durch strukturellen Wandel in Bereichen wie Bildung, Mobilität und Arbeitsplatzkonkurrenz findet eine Loslösung von traditionellen Bindungen (Stand, Klasse) statt. Damit fällt dem Individuum in stärkerem Maße die Aufgabe zu, die eigene Identität persönlich auszugestalten (Schulze, 1987), und individuelle biographische Entwürfe, einschließlich aller Risiken, werden zur gesellschaftlichen Norm.

Vielversprechend erscheinen weiterführende psychologische Überlegungen, die das Bewältigen von individuellen Entwicklungsaufgaben in Analogie zur Lösung komplexer alltäglicher Planungsprobleme (vgl. Dörner et al. 1983, Little 1983) sehen. Aus dieser Sicht läßt sich das *Entwicklungspotential* der Umwelt eines Heranwachsenden nach den Anstößen und Erleichterungen (etwa Reduktion von Komplexität) beschreiben, die ein Kontext für die Auseinandersetzung mit Entwicklungsaufgaben bereitstellt. Ein Beispiel für empirische Untersuchungen in dieser theoretischen Perspektive sind die von Silbereisen, Noack und Eyferth (1985) berichteten systematischen Beobachtungen und offenen Interviews in Diskotheken: In ganz unterschiedlichen Situationen innerhalb solcher Settings herrschte ein Aktivitätsmuster vor, das sich als Suche nach Verhaltensstandards interpretieren läßt. Diskotheken als jugendtypische Freizeitorte vermitteln die Sicherheit, besser orientiert zu sein über das, was als Lebensstil in der Peergruppe anerkannt wird (→ *Freiraum, Freizeit*). Sie helfen mit, ein für Heranwachsende ganz wesentliches Entwicklungsproblem zu bewältigen.

2. Umweltrepräsentation

Jede zielorientierte, handelnde Auseinandersetzung mit der Umwelt setzt Wissen über sie voraus. Über welche inhaltlichen Kategorien des *Stadterlebens* Jugendliche verfügen, wurde von Boehnke et al. (1982) untersucht.

In dieser Studie sortierten Jugendliche zwischen 11 und 18 Jahren Fotografien Berliner Motive, die so ausgewählt worden waren, daß sie verschiedene Stadtteile repräsentierten, bekannte Orientierungspunkte enthielten und unterschiedliche alltägliche Aktivitäten darstellten. Die clusteranalytische Auswertung der subjektiven Ähnlichkeiten zwischen den Motiven führte zu vier Kategorien des Erlebens städtischer Umwelt: Technik und Verkehr, Begegnung zwischen Menschen, Parklandschaft und Idylle, gesellschaftliche Probleme. Während sich die drei ersten Kategorien in vergleichbaren Untersuchungen zum Stadterleben Erwachsener fanden (vgl. Schneider im Druck), äußerte sich in der letzten Kategorie die wahrscheinlich nicht nur Berlin-spezifische Sensibilität gegenüber sozialem Wandel zu Beginn der achtziger Jahre: Das Cluster umfaßt Wandsprüche („Wer sich nicht wehrt, lebt verkehrt") und Hausbesetzerszenen ebenso wie Berliner Hinterhöfe, die „Mauer" oder Sektorenübergänge – sämtlich Symbole zu Brennpunkten gesellschaftlicher Auseinandersetzung.

In solchen Kategorien beschriebene Orte werden emotional sehr unterschiedlich bewertet: Die Jugendlichen des Berliner Jugendlängsschnitts (Silbereisen et al. 1985) drückten gegenüber Parklandschaften die höchste Wertschätzung aus, während Motive, die gesellschaftliche Probleme ansprachen, im Durchschnitt am wenigsten Anklang fanden. Über diese allgemeine Charakteristik hinaus werden Belastungen durch Schmutz, Verkehrsdichte oder Beengtheit von Jugendlichen um so negativer erlebt, je eher die eigene Nachbarschaft dadurch geprägt ist – nicht Gewöhnung, sondern Sensibilisierung scheint das Prinzip zu sein.

Ein weiterer Aspekt der → *Umweltrepräsentation* betrifft Wissen über das Wo, also die geographische Orientierung (→ *Humangeographie*). Als wichtigste Entwicklungsdimension gilt in Anlehnung an Piaget die Zentrierung (vgl. Evans 1980): Über eine zunächst egozentrische und dann allozentrische Stufe der Orientierung kommt es ab der Adoleszenz zur Ausbildung eines Bezugssystems, das den Raum „absolut" in einem Koordinatensystem organisiert darstellt. In feldnahen Beobachtungsstudien fand indessen Hart (1979), daß es für das Organisationsprinzip der Repräsentation (→ *Kognitive Karte*) weniger auf den kognitiven Entwicklungsstand denn auf die Vertrautheit mit einer Örtlichkeit ankommt. Geht es etwa um das Umfeld der eigenen Wohnung, zeigen schon die meisten Kinder im Vorschulalter Ansätze einer geozentrischen Orientierung. Umgekehrt ist auch im Jugendalter nicht damit zu rechnen, daß jede Umgebung, unabhängig von ihrer Zugänglichkeit, auf der höchsten Stufe räumlicher Repräsentation organisiert wird. Wesentlich für eine adäquate Repräsentation ist die aktive → *Aneignung* von Kontexten, wobei die Orientierung vor allem davon profitiert, daß Umweltelementen eine Rolle im Verlauf von Handlungsplänen zukommt (Cohen & Cohen, 1982).

3. Umwelt im Lebensraum

Für Jugendliche stellt sich normativ die Aufgabe, ihren *Aktionsraum* über die Familie oder die Schule hinaus mit zunehmender Selbständigkeit zu erschließen (vgl. Lewin 1939). Nach Ergebnissen der von Björklid (1982) in schwedischen Wohnanlagen durchgeführten Beobachtungen sind Kinder unter vier und Jugendliche über 15 Jahren seltener als alle anderen Altersgruppen im Kindes- und Jugendalter in der unmittelbaren Umgebung der Wohnanlage anzutreffen. Für die Jugendlichen mangelt es in den meisten Fällen an alterstypischen Angeboten (Bibliotheken, Diskotheken, Sportplätze) in der Nähe. Je nach der Infrastruktur müssen sie hierfür kleinere oder größere Distanzen überwinden (s. zum Zusammenhang von Wohnlage, Mobilität, soziodemographischen Merkmalen und Freizeit-gestaltung die detaillierte Studie von Medrich, Roizen, Rubin & Buckley, 1982).

In innerstädtischen Bezirken von Toronto sind beispielsweise nach van Vliet (1983) durchschnittlich zweieinhalb Kilometer Aktionsradius („home range") bei 14- bis 16jährigen Jugendlichen notwendig. Was jugendtypisch ist, variiert allerdings im internationalen Vergleich beträchtlich, wie die Ergebnisse von Lynch (1977) zu den Lebensumständen 13- bis 14jähriger in sechs Städten auf drei Kontinenten zeigen. Jugendliche in Salta, einer argentinischen Provinzstadt mittlerer Größe, kamen kaum an Orte, die in mehr als 500 Meter Entfernung von der eigenen Wohnung liegen. Anders ist es im australischen Melbourne, wo Bewegungen im Umfeld von fünf Quadratkilometern keine Seltenheit waren (→ *Aktivitätsmuster in der Stadt*). Unterschiede in Entfernung und Dichte von alterstypischen Angeboten sind indessen nicht allein ausschlaggebend für die durchschnittliche Zunahme des Aktionsradius über die Jugendzeit. Dagegen spricht beispielsweise der durchgängig geringere Aktionsradius von Mädchen (vgl. van Vliet 1983), in dem sich geschlechtstypische Erziehungshaltungen ausdrücken. Als weitere Barrieren gegen die Ausweitung des Lebensraumes sind beispielsweise Gefährdungen durch Kriminalität (→ *Kriminalität*) oder die Kosten für Verkehrsmittel wichtig.

An welchen *Treffpunkten* sich Jugendliche außerhalb der durch Eltern, Schule und sonstige Verpflichtungen organisierten Freizeit aufhalten, ist nicht nur aus Fallstudien (z.B. Erke & Eubank-Ahrens 1983) bekannt. Nach repräsentativen Befragungen von Silbereisen et al. (1985) sind es für jeweils 20% der 11- bis 15jährigen die Wohnung (am liebsten die von Freund oder Freundin) und öffentliche Verkehrsflächen (Straßenecken, Fußgängerzonen, Stadtteilplätze) (→ *Aneignung*). Alterstrends äußern sich vor allem in der abnehmenden Beliebtheit von Spiel- und Sportstätten einerseits, der zunehmenden Attraktion von Vergnügungsstätten und Einkaufszentren andererseits. Die Mädchen sind den Jungen in diesem Trend zeitlich um einiges voraus. Jenseits von 15 Jahren gewinnen Orte wie Kneipen und Discos eine wichtige Rolle. Nach Ergebnissen der Projektgruppe Jugendbefragung (1978) sind sie für etwa 30% der Auszubildenden, Studenten und Berufstätigen bis 21 Jahren der beliebteste Freizeitort. Generell dominieren öffentliche Kontexte, die als Treffpunkte Gleichaltriger genutzt werden können. Besonders Jugendfreizeitstätten spielen nur für Problemgruppen, etwa Jugendliche ohne Lehrstelle, eine Rolle. Diese Freizeitort-Präferenzen scheinen nicht nur für deutsche Verhältnisse zu gelten. Sieht man von einer gewissen Bedeutung der Kirchen als Treffpunkte für Peergruppen ab, fanden Palmonari und Pombeni (1985) in jeder Hinsicht vergleichbare Ergebnisse für italienische Jugendliche im Alter von 16 und 18 Jahren. Für die USA berichten Csikszentmihalyi, Larson und Prescott (1977), daß Jugendliche ein knappes Drittel des Tages zusammen mit gleichaltrigen Freunden oder Bekannten verbringen.

Entsprechend der alterskorrelierten Ausdehnung des Aktionsraumes und dem Wandel der bevorzugten Treffpunkte ändert sich auch die Zusammensetzung der → *sozialen Netzwerke*. Garbarino et al. (1978) fanden in diesem Zusammenhang, daß im Übergang von der Präadoleszenz zur Adoleszenz zwar die Anzahl der Personen gleich bleibt, der Anteil Erwachsener sich aber von einem Drittel auf ein Fünftel erniedrigt.

4. Umwelt als Ziel von Kontrollbemühungen

Die Versuche Jugendlicher, sich eigene Räume zu sichern und selbständig zu nutzen, und die daraus resultierenden, vielfach mit Vehemenz ausgetragenen Konflikte stellen ein Phänomen dar, das zwar eine Menge Aufmerksamkeit auf sich zieht, dessen Vielschichtigkeit jedoch vor allem in der Behandlung durch die Medien häufig übersehen wird und auch hier nur angedeutet werden kann. So lassen etwa öffentliche Auseinandersetzungen um die Ansprüche Jugendlicher auf eigenen „Raum" (selbstverwaltete Jugendzentren, Hausbesetzungen) etwas als Revolte erscheinen, was im Kern legitime und alltägliche Anliegen Heranwachsender sind: Entwicklung von Autonomie heißt nicht zuletzt, Bedürfnisse nach einem eigenen *Territorium* durchzusetzen (→ *Territorialität*). Freilich ist diese Entwicklungsaufgabe in der heutigen gesellschaftlichen Situation besonders verwickelt (vgl. Beck 1986), weil unter dem Druck der strukturellen Krise (innovative Technologien, Jugendarbeitslosigkeit, → *Die Lebenswelt der Arbeitslosen*) ein Widerspruch besteht zwischen der Freiheit in der Ausgestaltung persönlicher Beziehungen einerseits, und der vollständigen Abhängigkeit im ökonomischen Bereich andererseits.

Über ein eigenes Territorium zu verfügen, ist der wohl wichtigste Weg, durch ein Arrangement von physischen und psychischen Grenzen selbst zu bestimmen, mit wem und in welchem Umfang interpersonale Kontakte erfolgen. Mit Altman (1979) wird solche Kontrolle als Privatheit („privacy") bezeichnet. Das Alltagskonzept von Privatheit erfährt im Jugendalter wichtige Veränderungen. In Interviews mit Kindern und Jugendlichen fanden Laufer und Wolfe (1977) für Privatheit als „Kontrolle über Personen" ebenso wie für Privatheit als „Kontrolle über Räume" eine Abnahme vom neunten bis zum dreizehnten, dann aber eine beträchtliche Zunahme bis zum siebzehnten Lebensjahr, vor allem für Personen als Gegenstand von Kontrolle. Parallele Veränderungen im Verhalten betreffen etwa Regelungen des Zugangs zu Räumen (Türenschließen, Anklopfen; Parke & Sawin, 1979). Weiterhin zeigte sich, daß die Kontrolle über Räume nicht nur seltener genannt wird, sondern daß es auch andere Jugendliche sind, denen die Kontrolle über Personen als Inbegriff von Privatheit gilt.

Territorien sind Jugendlichen nicht gleichgültig, sie fordern zur *Identifikation* heraus („place identity", Proshansky 1978): Sich beispielsweise einem bestimmten „Kiez" zugehörig zu fühlen, ist Teil des Selbstkonzepts. Ganz im Sinne der Annahmen des aktionalen Entwicklungsparadigmas beschreibt Hormuth (1984) den Wechsel des Aufenthaltsortes als Bemühung, die auf einen Wandel des Selbstkonzeptes zielen kann. Die enge Verknüpfung des mit Privatheit bezeichneten Zustands der Umweltkontrolle mit einer positiven Selbstbewertung (zur Übersicht Russel & Ward 1982) scheint ein vielversprechender Schlüssel zu sein, um das „raumbezogene" Problemverhalten Jugendlicher besser theoretisch durchdringen zu können: Ungünstige Wohnanlagen (etwa charakterisiert durch *Crowding*, vgl. Aiello, Nicosia & Thompson 1979; → *Dichte und Enge*) und mangelnde Versorgung mit Freizeitangeboten erlauben noch nicht einmal ein Minimum selbstverantwortlicher Raumkontrolle, ohne in Konflikt mit anderen Nutzern und Zugangsregeln zu kommen. Neben psychosozialen Konsequenzen fehlender Kontrollmöglichkeiten angesichts beengter Wohnverhältnisse (vgl. Wohlwill & van Vliet, 1985) sind Verstöße sozusagen vorprogrammiert. Ihre juristische Ahndung kann einen Teufelskreis von Jugendkriminalität, „Bambule" und Vandalismus (→ *Kriminalität und Vandalismus*) in Gang setzen, wie dies Flade (1984) am Beispiel einer der typischen Neubausiedlungen im Weichbild von Großstädten zeigte (→ *Wohnen;* → *Wohnzufriedenheit*).

Die Antwort eines (kleinen) Teils der Jugend auf die verlorene Konkurrenz um nicht schon „verwaltete" Räume ist, was Baacke (1979) anschaulich „Selbstausbürgerung" nannte: Radikalismus, Mystizismus, Privatismus usf. – vornehmlich organisiert in Peergruppen. Devianz wird letztlich zum Mittel der Umweltkontrolle und damit – nur scheinbar paradox – zur alternativen Quelle positiver Selbstbewertung (vgl. Kaplan 1980).

Literatur

Aiello, J.R., Nicosia, G. & Thompson, D. (1979). Physiological, social, and behavioral consequences of crowding on children and adolescents. Child Development 50, 195-202.
Altman, I. (1979). Privacy as an interpersonal boundary process. In M. v. Cranach, K. Foppa, W. Lepenies & D. Ploog (Eds.), Human ethology: Claims and limits of a new discipline (pp. 45-132). Cambridge: Cambridge University Press.
Baacke, D. (1979). Die 13- bis 18-jährigen. München: Urban & Schwarzenberg.
Beck, U. (1986). Risikogesellschaft. Auf dem Weg in eine andere Moderne. Frankfurt/M.: Suhrkamp.
Björklid, U. (1982). Children's outdoor environment. A study of children's outdoor activities on two housing estates from the perspective of environmental and developmental psychology. Stockholm: Stockholm Institute of Education.
Boehnke, K., Schneider, W., Wilde, A. & Silbereisen, R.K. (1982). Zur subjektiven Bedeutsamkeit von Kategorien des Stadterlebens. In R.K. Silbereisen & K. Eyferth (Hg.), Berichte aus der Arbeitsgruppe TUdrop Jugendforschung. Berlin: Technische Universität Berlin.
Brandtstädter, J. (1984). Personal and social control over development: Some implications of an action perspective in life-span developmental psychology. In P.B. Baltes & O.G. Brim (Eds.), Life-span development and behavior. Vol. 6. New York: Academic Press.
Cohen, S. & Cohen, R. (1982). Distance estimates of children as a function of type of activity in the environment. Child Development, 53, 834-837.
Csikszentmihalyi, M., Larson, R. & Prescott, S. (1977). The ecology of adolescent activity and experience. Journal of Youth and Adolescence, 6, (3), 281-294.
Dörner, D., Kreuzig, H., Reither, F. & Stäudel, Th. (Hg.) (1983). Lohhausen: Vom Umgang mit Unbestimmtheit und Komplexität. Bern: Huber.
Erke, H. & Eubank-Ahrens, B. (1983). Jugendtreffpunkte. Braunschweig: Technische Hochschule Braunschweig.
Evans, G.W. (1980). Environmental cognition. Psychological Bulletin 88, 250-281.
Flade, A. (1984). Jugendkriminalität in Neubausiedlungen. Eine empirische Untersuchung. Weinheim: Beltz.
Garbarino, J., Burston, N., Raber, S., Russell, R. & Crouter, A. (1978). The social maps of chil-

dren approaching adolescence: Studying the ecology of youth development. Journal of Youth and Adolescence 7(4), 417-428.

Hart, R. (1979). Children's experience of place. New York: Irvington.

Hormuth, S. (1984). Transitions in commitments to roles and self concept change: Relocations as a paradigm. In V. Allen & E. van de Vliert (Eds.), Role transitions: Explorations and explanations (pp. 109-124). New York: Plenum.

Kaminski, G. (1986). Ordnung und Variabilität im Alltagsgeschehen: Das Behavior Setting-Konzept in den Sozial- und Verhaltenswissenschaften. Göttingen: Hogrefe.

Kaplan, H.B. (1980). Deviant behavior in defense of self. New York: Academic Press.

Kruse, L. & Arlt, R. (Eds.) (1984). Environment and behavior. An international and multidisciplinary bibliography (1970-1981). München: Saur.

Kruse, L. & Graumann, C.F. (1987). Environmental psychology in Germany. In D. Stokols & I. Altman (Eds.), Handbook of environmental psychology (1195-1225). New York: Wiley.

Laufer, R.S. & Wolfe, M. (1977). Privacy as a concept and a social issue: A multidimensional developmental theory. Journal of Social Issues 33, 22-42.

Lewin, K. (1939). Field theory and experiment in social psychology: Concepts and methods. American Journal of Sociology 44, 868-897 (dt. in C.F. Graumann (Hg.), Kurt-Lewin-Werkausgabe, Bd. 4 Feldtheorie (S. 187-213). Bern: Huber).

Little, B.R. (1983). Personal projects: A rationale and method for investigation. Environment and Behavior 15, 272-309.

Lynch, K. (Ed.) (1977). Growing up in cities: Studies of the spatial environment of adolescence in Cracow, Melbourne, Mexico City, Salta, Toluca, Warszawa. Cambridge. MA: MIT Press.

Medrich, E.A., Roizen, J., Rubin, V. & Buckley, S. (1982). The serious business of growing up. A study of children's lives outside school. Berkeley: University of California Press.

Palmonari, A. & Pombeni, M.L. (1985). Lo spazio di vita dell'adolescente: Il gruppo dei coetanei nella soluzione dell'identita sociale. Unveröff. Manus., Universität von Bologna.

Parke, R.S. & Sawin, D.B. (1979). Children's privacy in the home: Developmental, ecological, and child-rearing determinants. Environment and Behavior, 11, 87-104.

Projektgruppe Jugendbefragung (Hg.) (1978). Jugendbefragung 1976, Teil II. Trier: Stadtverwaltung.

Proshansky, H.M. (1978). The city and self-identity. Environment and Behavior 10, 147-169.

Russel, J.A. & Ward, L.M. (1982). Environmental psychology. Annual Review of Psychology 33, 651-688.

Schneider, G. (im Druck). Städtische Umwelt. Identitäts-Identifikation.

Schoggen, P. & Barker, R.G. (1974). The ecological psychology of adolescents in an American and an English town. In H. Thomae & T. Endo (Eds.), The adolescent and his environment: Contributions to an ecology of teen-age behavior. Basel: Karger.

Schulze, G. (1987). Selbststilisierung. Über das Leben als Geschmackssache. In H.-P. Frey & K. Haußer (Hg.), Identität. Stuttgart: Enke.

Silbereisen, R.K. & Eyferth, K. (1986). Development as action in context. In R.K. Silbereisen, K. Eyferth & G. Rudinger (Eds.) Development as action in context. Normal adolescent development and problem behavior. New York: Springer.

Silbereisen, R.K., Noack, P. & Eyferth, K. (1985). Untersuchungen zu Jugendtreffpunkten. In U. Fuhrer, U. Laucken & P. Day (Hg.), Umwelt und Handeln: Ökologische Anforderungen und Handeln im Alltag (189-205). Tübingen: Attempto.

van Vliet, W. (1983). Exploring the fourth environment: An examination of the home range of city and suburban teenagers. Environment and Behavior 15, 567-588.

Wohlwill, J.F. & van Vliet, W. (Eds., 1986). Habitats for children: The impact of density. Hillsdale: Erlbaum.

Rainer K. Silbereisen
Fachbereich Psychologie
der Universität Gießen

Peter Noack
Lehrstuhl für Erziehungswissenschaft II
der Universität Mannheim

Lernumwelt: Schule

1. Einleitung

Etwa seit Beginn der 70er Jahre ist ein zunehmendes Interesse an umweltpsychologischen Aspekten in Ausbildungssituationen zu beobachten (vgl. Rivlin & Weinstein 1984). Weinstein (1979) nennt hierfür zwei wesentliche Gründe: Das allgemein wachsende Interesse an Person-Umwelt-Relationen zum einen, und pädagogische Innovationen, die schulbauliche und -organisatorische Veränderungen zur Folge hatten, zum anderen. In der Bundesrepublik regten wohl auch bildungspolitische Auseinandersetzungen um Oberstufenreform, Schulzentren und Gesamtschulen Forschungsaktivitäten zu umweltpsychologischen Aspekten wie Größe, (Un-)Überschaubarkeit und Binnendifferenzierung oder unerwünschten Phänomenen wie → *Kriminalität und Vandalismus* an. Schließlich dürfen auch eher pragmatische Gründe, die die Auswahl des Forschungsgegenstandes „Schule" begünstigen, nicht übersehen werden; handelt es sich hier doch um ein relativ leicht oder zumindest auf institutionell vorgegebenem Wege für wissenschaftliche Arbeiten zugängliches Feld, dessen Nutzer zudem wenig fluktuieren, so daß beispielsweise Untersuchungsdesigns mit wiederholten Messungen oder Längsschnittstudien möglich sind. Es verwundert also nicht, daß auch zur Person-Umwelt-Relation in Schulen eine Vielzahl von Studien vorliegt (vgl. Weinstein 1979) und daß einige umweltpsychologische Konzepte mit Vorliebe an Schulen exemplifiziert wurden, wie etwa Barkers (1968) Manning-Konzept (Barker & Gump 1964, Wicker 1968) oder Arbeiten zum sozialen Klima (vgl. Anderson 1982) und zum Vandalismus (Klockhaus & Habermann-Morbey 1986, Lawrence 1984).

2. Definition und Konzeption von Forschungsgegenständen

Nicht einfach ist allerdings die Differenzierung von Fragestellungen in umweltpsychologisch relevant und irrelevant. Folgt man etwa Gumps (1980) Perspektive, der in enger Anlehnung an Barkers Konzept (1968, Barker et al. 1978) Schulen als Cluster von → *Behavior Settings* auffaßt, so sind die Hauptkonstituenten der Analyse relativ leicht definiert: physisches Milieu (innen- und außenarchitektonische Gegebenheiten), personelle Komponenten (Anzahl, Zusammensetzung) und – entsprechend Barkers „standing patterns of behavior" – die „Verhaltensprogramme", also schulorganisatorisch reglementierte Verhaltensabläufe. Prinzipiell sind damit allerdings sämtliche Faktoren, also auch etwa solche, die bislang Gegenstand pädagogisch-psychologischer Analysen waren, ins Blickfeld umweltpsychologischen Interesses gerückt, z.B. werden personale Komponenten wie Spezifika der Schülerschaft oder des Lehrkollegiums, vorherrschender Unterrichtsstil oder Fächerangebot zu ökologischen Gegebenheiten bzw. Settingkomponenten. Andererseits ist eine Beschränkung etwa auf physische Faktoren, deren bisherige Vernachlässigung in der Forschung Dreesmann (1983) zu Recht beklagt, mit Sicherheit zu eng. So erscheint es sinnvoll, etwa im Sinne Stapfs (1976) und in Anlehnung an Proshansky et al. (1970) auf eine Eingrenzung zu verzichten und die Gegenstände operational zu definieren: umweltpsychologische Studien – auch zu Schulen – sind die, die von Umweltpsychologen durchgeführt werden. Diese möglicherweise unbefriedigende Bestimmung impliziert allerdings, daß das Prädikat „umweltpsychologisch" nicht im Gegenstand selbst, sondern in der spezifischen *Perspektive* auf den Gegenstand zu suchen ist, nämlich indem Verhalten oder soziale Interaktionen *in Relation* zu Umweltgegebenheiten analysiert werden. Der Zusammenhang von Mensch und Umwelt wird dabei in unterschiedlicher Weise konzipiert. Besonders in älteren Studien überwiegen simple Kausalannahmen derart, daß Umweltaspekte Verhalten determinieren. Seltener finden sich Studien, die umgekehrt den Einfluß von Personen auf Umwelten thematisieren, und erst in jüngerer Zeit werden Modelle formuliert und Untersuchungen durchgeführt, die Person(en) und Umwelt(en) in Wechselbeziehung sehen (Fatke 1977, Waters 1980).

3. Untersuchte Aspekte

Sitzposition ist eine im traditionellen Klassenraum häufig untersuchte Variable. Weinstein (1979) referiert Selbstreport- und Beobachtungsstudien und kommt zu dem Schluß, daß einiges für das „front and center"-Phänomen spreche: Schüler, die diese Sitzposition bevorzugen, berichten von einer positiveren Einstellung gegenüber schulischen Leistungen; in dieser „Aktionszone" (Adams & Biddle 1970) finden sich häufiger Lehrer-Schüler-Interaktionen. Ungeklärt sei allerdings nach wie vor das Ursache-Wirkungs-Verhältnis.

Design und Ausstattung. Schulpädagogische Innovationen der letzten Zeit implizieren auch veränderte Anordnungen des Mobiliars: Tische und Stühle wurden in Gruppen, quadratisch, kreis- oder U-förmig aufgestellt, starre Anordnungen zugunsten von „open classrooms" aufgelöst. In nahezu allen Studien, die traditionelle und offene Klassenzimmer vergleichen und auf die Analyse einzelner Variablen ausgerichtet sind, ergeben sich allerdings Konfundierungsprobleme: Die Umordnung des Mobiliars ist nur eine von mehreren Variablen, die verändert werden. So sehen Evans und Lovell (1979) Probleme ihres quasi experimentellen Designs, die aus einer nicht adäquaten Kontrollgruppe resultieren. Sie meinen jedoch, Belege für eine Verminderung von Unterrichtsstörungen in offeneren Klassenzimmern gefunden zu haben. Sommer und Olsen (1980) berichten, daß nach verschiedenen Veränderungen (in ihrem „soft classroom" gibt es bequeme Sitzmöbel, Teppichboden, angenehme Beleuchtung etc.) vermehrte Beteiligung am Unterricht und mehr Diskussionen der Schüler untereinander resultieren. Die Autoren führen dies eher auf unterschiedliche ästhetische Qualitäten von Umgebungen als auf beispielsweise die Sitzordnung zurück, worauf auch bereits Laborstudien von Maslow und Mintz (1956) und Mintz (1956) hindeuten. Während Design-Veränderungen wohl ein Einfluß auf das generelle Verhalten von Schülern und ihre Einstellungen gegenüber der Schule und den Mitschülern zugeschrieben werden darf, konnte eine Beziehung zum Leistungsverhalten bislang nicht nachgewiesen werden, worauf auch Dreesmann (1983) und Weinstein (1979) hinweisen. Allerdings stellt sich die Frage, ob nicht positiv beeinflußbare Einstellungs- und affektive Variablen langfristig mittelbaren Einfluß auf das Leistungsverhalten nehmen.

„Offene Schulen". Nach George (1975) wurden bereits Ende der 60er Jahre in den USA 50% der Schulneubauten in sogenannten „offenem Design", d.h. mit wenigen oder variablen Innenwänden errichtet. In den USA und auch in Europa wurden Studien angestellt, die einen Vergleich alternativer mit Schulen der traditionellen „egg carton construction" (Gump 1980) anstreben. Gump und Good (1976) weisen darauf hin, daß mit „open school" sowohl physische Merkmale als auch z.B. die freie Wahl von Fächern, mehr Möglichkeiten zu Eigenaktivitäten etc. gemeint sein können. Obwohl diese Aspekte oftmals ein synomorphes, Gump (1978) nennt es „eheähnliches" Verhältnis miteinander eingehen, sollte hier differenziert werden, was allerdings die Analyse isolierter Variablen erschwert. Nach Gump (1974) halten sich Schüler und Lehrer in offenen Schulen an unterschiedlichen Plätzen auf und treffen mehr Personen. Schüler berichten zwar von mehr Eigeninitiative, Verantwortlichkeit und Autonomie, Beobachtungen zeigen jedoch weniger positive Ergebnisse: sie verbringen mehr Zeit mit Hin- und Herlaufen und nicht fachbezogenen Aktivitäten (Gump 1978). Wright (1975) fand, daß Schüler traditioneller Schulen in Leistungstests besser abschnitten als Schüler offener Schulen; offenbar entsprechen die spezifischen Testanforderungen eher dem Frontalunterricht. Gump (1980) verweist jedoch auf einige Ergebnisse zu Moderatorvariablen (z.B. soziographische Merkmale, Intelligenzquoten, Fachspezifik und Lehrereigenschaften), die vorschnelle Interpretationen relativieren (vgl. Giaconia & Hedges 1982).

Schulgröße. Barker und Gump (1964) berichten, daß Schüler großer Schulen vielfältigere Lernmöglichkeiten vorfinden und häufiger an außerschulischen Aktivitäten teilnehmen, Schüler in kleinen Schulen das dort geringere Lern- und außerfachliche Angebot aber intensiver nutzen und mehr Verantwortungsgefühl entwickeln. Garbarino (1980) weist darauf hin, daß Schulgröße vor allem Einfluß auf marginale Schüler hat, und daß oberhalb einer Größe von 500 Schülern keine Unterschiede mehr resultieren, wo allerdings beispielsweise Schiessl (1981) noch gravierende Differenzen in der Beurteilung des Kontaktes zwischen Schülern und Lehrern und Schülern untereinander fand (Dreesmann 1983). Daß die Resultate zu → *Lärm* (Bronzaft & McCarthy 1975, Kyzar 1977) und zu → *Dichte und Enge* den Ergebnissen aus anderen Bereichen (vgl. Kruse 1975, Schopler & Stockdale 1977, Stokols 1978) entsprechen, sei hier nur angedeutet (Fagot 1977).

Schul- oder Klassenklima wird je nach theoretischer Position oder Forschungsinteresse als unabhängige, abhängige oder intervenierende Variable konzipiert. Moos (1979) beispielsweise faßt das soziale Klima als Moderatorvariable auf, auf die Kontext der Schule bzw. Klasse, physische und architektonische Merkmale, organisatorische Faktoren und Merkmale des Verhaltens der Schüler- und Lehrerschaft wirken und diese wiederum beeinflussen. Anderson (1982) liefert einen Literaturüberblick über verschiedene Klimakonzepte und Erhebungsinstrumente. Sie resümiert, daß trotz zahlreicher theoretischer Arbeiten und einiger interessanter Einzelergebnisse die exakten Mechanismen, insbesondere zur Interaktion verschiedener Variablen auf Gruppen- oder Individualebene nach wie vor unklar seien und konzeptuell fundierte Studien ausstünden. Als wesentlicher Beitrag der Schulklimaforschung kann angesehen werden, daß hier explizit die *subjektive Komponente* untersucht wird, die Studien zu anderen umweltpsychologischen Fragen oft vernachlässigen (vgl. Arbinger & v. Saldern 1982, Dreesman 1982, Fend 1977, Schreiner 1973) (→ *Umwelteinschätzung*).

4. Resümee

Der Lernumwelt Schule wird erhebliches umweltpsychologisches Interesse entgegengebracht. Dies ist insofern nicht erstaunlich, als der Umfang der Literatur zu Schulen insgesamt immens ist. Ein Teil der Arbeiten befaßt sich mit einzelnen unabhängigen, abhängigen oder intervenierenden Variablen, deren Auswahl oft theoretisch kaum begründet ist. Weitere Studien stellen Vergleiche auf der Makroebene (z.B. unterschiedliche Schulformen) an, wobei sich erhebliche *methodische Probleme*, wie z.B. mit Kontrollgruppen ergeben. Trotz dieser Einschränkungen stützen die Arbeiten den Eindruck, daß Umweltgegebenheiten in Schulen Bedeutung im Hinblick auf affektive, Einstellungs- (Liepmann & Holling 1979) und Selbstkonzeptaspekte (vgl. Schwarzer 1979, 1983), weniger jedoch auf akademische Leistung beigemessen werden muß. Der unlängst von Dreesmann (1983) geäußerten Einschätzung, daß auf der Verhaltensseite die gängigen Kriterien wie Schulleistungen, Angst und Intelligenz zu grob seien und seinem Postulat einer theoretisch begründeten Auswahl sensibler Kriterien mit prozessualem Charakter und geeigneter Erfassungsmethoden entsprach auch schon Walters (1972) Forderung nach *systematischen Analysen spezifischer Umwelten in bezug auf konkrete Verhaltenssysteme*. Wir haben mit einer feld- und verhaltensspezifischen Situationstaxonomie (Linneweber et al. 1984), anhand deren Schulsituationen bezogen auf aggressive Interaktionen systematisiert wurden, ein Beispiel für eine derartige Analyse vorgelegt. Ohne auf der Person- bzw. Interaktionsseite hinter dem erreichten Stand der Forschung zurückbleiben zu müssen, kann so die Relation interessierenden Verhaltens mit spezifischen ökologischen Systemen, wie sie Schulen darstellen, erarbeitet werden (vgl. Arbinger & v. Saldern 1982, Dreesman 1982, Fend 1977, Schreiner 1973).

Literatur

Adams, R.S. & Biddle, B.J. (1970). Realities of teaching: Explorations with video tape. New York: Holt, Rinehart & Winston.

Anderson, C.S. (1982). The search for school climate: A review of research. Review of Educational Research 52, 368-420.

Arbinger, R. & Saldern, M. v. (1982). Schulische Umwelt und Verhalten von Schülern. Forschungsberichte aus dem Forschungsprojekt Sozialklima. Landau: Zentrum für empirische pädagogische Forschung der EWH Rheinland-Pfalz.

Barker, R.G. (1968). Ecological psychology: Concepts and methods for studying the environment of human behavior. Stanford, CA: Stanford University Press.

Barker, R.G. et al. (1978). Habitats, environments, and human behavior. Studies in ecological psychology and eco-behavioral science from the Midwest Psychological Field Station, 1947-1972. San Francisco: Jossey Bass.

Barker, R.G. & Gump, P.V. (1964). Big school, small school. Stanford: Stanford University Press.

Bronzaft, A.A. & McCarthy, D.P. (1975). The effect of elevated train noise on reading ability. Environment and Behavior 7, 517-527.

Dreesmann, H. (1982). Unterrichtsklima. Weinheim: Beltz.

Dreesmann, H. (1983). Bauliche und physikalische Faktoren der Schulökologie und ihre Beziehung zum Verhalten. Unterrichtswissenschaft 11, 149-165.

Evans, G.W. & Lovell, B. (1979). Design modification in an open plan school. Journal of Educational Psychology 71, 41-49.

Fagot, B.I. (1977). Variations in density: Effect on task and social behaviors of pre-school children. Developmental Psychology 13, 166-167.

Fatke, R. (1977). Schulumwelt und Schülerverhalten. München: Piper.

Fend, H. (1977). Schulklima: Soziale Einflußprozesse in der Schule. Weinheim: Beltz.

Garbarino, J. (1980). Some thoughts on school size and its effects on adolescent development. Journal of Youth and Adolescence 9, 19-31.

George, P.S. (1975). Ten years of open space schools: A review of the research. Gainsville, FL: Florida Educational Research and Development Council: University of Florida.

Giaconia, R.M. & Hedges, L.V. (1982). Identifying features of effective open education. Review of Educational Research 52, 579-602.

Gump, P.V. (1974). Operating environments in schools of open and traditional design. School Review 82, 575-593.

Gump, P.V. (1978). School environments. In I. Altman & J.F. Wohlwill (Eds.), Human behavior and environment. Advances in theory and research. Vol. 3, Children and the environment (pp. 131-174). New York: Plenum Press.

Gump, P.V. (1980). The school as a social situation. Annual Review of Psychology 31, 553-582.

Gump, P.V. & Good, L.R. (1976). Environments operating in open space and traditionally designed schools. Journal of Architectural Research 5, 20-26.

Klockhaus, R. & Habermann-Morbey, B. (1986). Psychologie des Schulvandalismus. Göttingen: Hogrefe.

Kruse, L. (1975). Crowding: Dichte und Enge aus sozialpsychologischer Sicht. Zeitschrift für Sozialpsychologie 6, 2-30.

Kyzar, B.L. (1977). Noise pollution and schools: How much is too much? CEEP Journal 4, 10-11.

Lawrence, J. (1984). Vandalism and disruptive behaviour in schools: some relationships. In C. Lévy-Leboyer (Ed.), Vandalism, behavior and motivations (pp. 189-202). Amsterdam: North Holland.

Liepmann, D. & Holling, H. (1979). Zur Determination von Einstellungen gegenüber der Organisation Schule, durch Kontext- und Strukturparameter. Zeitschrift für Sozialpsychologie 10, 363-374.

Linneweber, V., Mummendey, A., Bornewasser, M. & Löschper, G. (1984). Classification of situations specific to field and behavior: The context of aggressive interactions in schools. European Journal of Social Psychology 14, 281-295.

Maslow, A.H. & Mintz, N.L. (1956). The effects of esthetic surroundings: I. Journal of Psychology 1, 247-254.

Mintz, N.L. (1956). Effects of esthetic surroundings. Vol. 2: Prolonged and repeated experience in a „beautiful" and „ugly" room. Journal of Psychology 1, 459-466.

Moos, R.H. (1979). Evaluating educational environments. San Francisco: Jossey Bass.

Proshansky, H.M., Ittelson, W.H. & Rivlin, L.G. (Eds.) (1970). Environmental psychology: People and their physical settings. New York: Holt, Rinehart & Winston.

Rivlin, L.G. & Weinstein, C.S. (1984). Educational issues, school settings, and environmental psychology. Journal of Environmental Psychology 4, 347-364.

Schiessl, O. (1981). Auswirkungen der Größe einer Schule auf die Erziehungssituation. München: Ehrenwirth.

Schopler, J. & Stockdale, J.E. (1977). An interference analysis of crowding. Environmental Psychology and Nonverbal Behavior 1, 81-88.

Schreiner, G. (1973). Schule als sozialer Erfahrungsraum. Frankfurt: Fischer Athenaeum.

Schwarzer, R. (1979). Schüler ohne Selbstvertrauen. Zur typologischen Analyse subjektiven Befindens in der Schule. Zeitschrift für Pädagogik 25, 181-189.

Schwarzer, R. (1983). Unterrichtsklima als Sozialisationsbedingung für Selbstkonzeptentwicklung. Unterrichtswissenschaft 11, 129-148.

Sommer, R. & Olsen, H. (1980). The soft classroom. Environment and Behavior 12, 3-16.

Stapf, K.H. (1976). Bemerkungen zur Gegenstands- und Methodendiskussion in der Umweltpsychologie. In G. Kaminski (Hg.), Umweltpsychologie: Perspektiven – Probleme – Praxis (S. 26-39). Stuttgart: Klett.

Stokols, D. (1972). On the distinction between density and crowding: Some implications for future research. Psychological Review 79, 275-277.

Stokols, D. (1978). Environmental Psychology. Annual Review of Psychology 29, 253-295.

Walter, H. (1972). Schulökologie. In D. Hoffmann & Tütgen (Hg.), Realistische Erziehungswissenschaft. Festschrift für Heinrich Roth (S. 419-434). Hannover: Schroedel.

Waters, J.M. (1980). An interactionist approach to environmental design. In L. Krasner (Ed.), Environmental design and human behavior (pp. 79-105). New York: Pergamon Press.

Weinstein, C.S. (1979). The physical environment of the school: A review of the research. Review of Educational Research 49, 577-610.

Wicker, A.W. (1968). Undermanning, performance, and students' subjective experience in behavior of large and small high schools. Journal of Personality and Social Psychology 10, 255-261.

Wright, R.J. (1975). The affective and cognitive consequence of an open education elementary school. American Educational Research Journal 12, 449-468.

Volker Linneweber
Fachbereich Sozial-
und Umweltwissenschaften
der Universität Saarbrücken

Lernumwelt: Universität

1. Klassische Ansätze: Amerikanische Forschung zur College-Umwelt

Das Interesse am „Klima" von Hochschulen und Universitäten, die Frage nach den Besonderheiten ihrer Lern- und Sozialisationsumwelt hat in den USA eine beachtliche Tradition. Die Versuche, College- und Hochschulumwelten empirisch zu erheben und miteinander zu vergleichen, reichen bis in die 50er Jahre zurück. Trotz einer Vielzahl von Arbeiten (im Überblick: Pace 1969, Walsh 1973) aber bleiben die methodischen Prämissen der College-Environment-Forschung ebenso heterogen wie die empirischen Befunde. Dennoch lassen sich die vorliegenden Studien im wesentlichen zwei Grundpositionen zuordnen – einmal jene, die „subjektivistisch" (Dann et al. 1978), d.h. über Befragung von Studierenden vorgehen, zum anderen solche, die gleichsam „von außen her" Hochschulumwelt rekonstruieren wollen.

Sterns (1970) *Image Approach* zählt zu den prominentesten Vertretern des subjektivistischen Ansatzes. Ausgehend von einem Modell Murrays (1938) sucht er, Umwelt in Termini von Druck („press") zu konzeptualisieren, der mit den Bedürfnissen („needs") der Person interagiert. Der Überlegung Rechnung tragend, daß jeder Mensch Teil der Umwelt anderer ist, generiert Stern Umweltbeschreibungen über den subjektiven Eindruck der Studierenden darüber, wie sich die Kommilitonen üblicherweise verhalten – ein methodischer Zugang, der vor allem von Astin (1968) als zu weich kritisiert wird. In der behavioristischen Tradition stehend, will sein *Stimulus Approach* möglichst alle beobachtbaren Merkmale der College-Umwelt erfassen, die das Verhalten von Kommilitonen und Bezugspersonen präzise und intersubjektiv prüfbar wiedergeben. Ihren unterschiedlichen Positionen folgend, haben sowohl Stern als auch Astin ein umfangreiches Skalenarsenal entwickelt und eine Fülle von Daten erhoben, ohne jedoch die Frage des „richtigen" Weges klären zu können; dieser scheint vielmehr abhängig vom Untersuchungsinteresse (vgl. Centra 1972). Vielleicht gerade wegen der Vielzahl empirischer Details wirkt das Bild von College-Umwelten, das diese Studien entwerfen, insgesamt wenig strukturiert und hinsichtlich der ausgewählten Variablen eigentümlich beliebig.

Weniger empirische Fülle enthalten jene Versuche, die Colleges unabhängig vom Urteil der Studierenden erfassen. Sie knüpfen zumeist an Barkers (1968) Theorie der → *Behavior Settings* an, deren grundlegende Annahme es ist, daß das Verhalten von Individuen durch Umwelten ausgewählt, geformt und determiniert wird. Individuen verhalten sich also in gleichen Verhaltensumfeldern ähnlich, ungeachtet ihrer individuellen Verschiedenheiten. Entsprechend besteht der methodische Zugang darin, natürliche Lebenssituationen einzugrenzen, sie in einzelne Verhaltensumfelder aufzugliedern und diese mittels eines differenzierten Kategorienschemas empirisch zu erfassen. Um die Konfundierung von Merkmalen der Individuen mit denen der Umwelt zu minimieren ("inside-outside-Paradox"), werden beide Entitäten gesondert erhoben. Während für den schulischen Bereich (→ *Lernumwelt Schule*) Studien vorliegen (Barker & Gump 1964), ist es für die Hochschule – von wenigen Ausnahmen abgesehen (Long 1977) – bei theoretischen Konzeptualisierungen (Clark & Trow 1966) geblieben.

2. Methodische Prämissen der Messung universitärer Umwelt

Die klassische Forschung über College-Umwelten ist unter zwei Perspektiven zu kritisieren (vgl. Walter 1975): Zum einen hat sich der ihnen gemeinsame universalistische Anspruch – das Bemühen, die College-Umwelt "an sich" zu erheben – angesichts der Vielzahl potentieller Variablen als unrealistisch erwiesen (→ *Umwelteinschätzung*). Weder das Unterfangen Sterns und Astins, die Strukturierung der Datenfülle post hoc der Faktorenanalyse zu überlassen, noch die Vorstellung Barkers, gleichsam ohne Vorannahmen in "die Wirklichkeit" zu gehen, vermochten diesen Anspruch einzulösen. Zum anderen ist es nicht hinreichend gelungen, die in Anlehnung an Lewin (1935) postulierte Mensch-Umwelt-Beziehung konzeptionell abzubilden und zu messen. Es mangelt an differenzierten Hypothesen darüber, welche individuellen Merkmale mit spezifischen Umweltaspekten interagieren oder nicht, und vor allem, durch welche Mechanismen die transaktionalen Prozesse gekennzeichnet sein könnten. In der Operationalisierung stehen somit personale und Umweltvariablen einander statisch gegenüber, die Verknüpfung geschieht nicht konzeptionell, sondern statistisch-korrelativ. Am ehesten noch wird Pervin (1968) dem ökologischen Anspruch gerecht, indem er mit Hilfe des Diskrepanzkonzepts versucht, der Beziehung zwischen Institution und Person detaillierter nachzugehen.

Gleichwohl liegt das Verdienst dieser Studien im methodischen Bereich. Sie haben explizit versucht – etwa analog der Persönlichkeitsforschung – Meßverfahren für Umwelten zu entwickeln. Darin unterscheiden sie sich von verwandten Arbeiten in den USA (im Überblick: Feldman & Newcomb 1969) wie im deutschsprachigen Raum (im Überblick: Huber 1980), die mittelbar vielfältige Hinweise auf Merkmale hochschulischer Ökologie enthalten, jedoch keine systematische Messung anzielen (→ *Umwelt und Persönlichkeit*).

Die wenigen Arbeiten aus dem deutschsprachigen Raum – Binder und Hewel (1981) ausgenommen – wählen, eingebunden in umfangreiche Sozialisationsstudien, vorwiegend den subjektivistischen Zugang. In kritischer Rezeption der traditionellen College-Environment-Forschung haben besonders Dann et al. (1978) zur definitorischen Klärung beigetragen. Bewährt haben sich die von ihnen vorgeschlagenen Kriterien für die *Selektion* von Variablen aus dem "Universum der Indikatoren" (Lazarsfeld 1959). Ausgehend vom Untersuchungsinteresse werden hier vorab hypothesengeleitet relevante Dimensionen identifiziert: Für Dann et al. sind dies solche, die zur innovativen Kompetenz von Lehrerstudenten beitragen,

Humpert und Hummer (1980) sind an Bedingungen studentischen Leistungsverhaltens interessiert, und Dippelhofer-Stiem (1983a) sucht jene Merkmale zu erfassen, die für die personale und soziale Entwicklung von Studierenden maßgeblich sind.

Über die Bestimmung von Dimensionen hinaus sind, dem Vorschlag Bronfenbrenners (1976) folgend, verschiedene *Umweltebenen* konzeptionell zu berücksichtigen (→ *Ökologische Sozialisationsforschung*). Dieses Vorgehen, in der Sozialökologie angewandt (Eirmbter 1977), erlaubt, für die Sozialisation von Studierenden bedeutsame „ökologische Nischen" oder Widersprüchlichkeiten zu identifizieren, und – mittels Datenaggregation – universitäre Umwelt als Set analytischer Variablen zu konstruieren (Dogan & Rokkan 1969). Freilich bleibt auch dann das Problem jeglicher Umweltmessung, nämlich einerseits personbedingte Varianzen, d.h. individuelle Bewertungen und Interpretationen in den Daten zu minimieren, und andererseits den transaktionalen Aspekt der Mensch-Umwelt-Beziehung (vgl. Ittelson et al. 1977, Fatke 1977) zu berücksichtigen. Zur Lösung dieses Dilemmas ist eine separate Erfassung von Umweltbeschreibung und -bewertung, wie sie manche Untersuchungen (Pervin 1968, Schreiner 1973) und Evaluationsstudien (Jones 1981) praktizieren, ein wichtiger Schritt. Als weitere methodische Komponente bietet sich die konfigurale Skalierung (Meehl 1950) an, die den Befragten eine direkte *Verknüpfung* von Perzeption und Evaluation abverlangt. Solche Konfigurationen repräsentieren einen Aspekt der Auseinandersetzung mit der universitären Umwelt. Eine weitere Möglichkeit, das transaktionale Geschehen abzubilden, eröffnet, ausgehend von Modellen über individuelle Adaptationsstrategien (Lazarus, Averill & Opton 1974, Haan 1977), die theoretische Zuordnung und simultane Erhebung von Umwelt- und Verhaltenssegmenten.

3. Empirische Befunde zur Universität als Umwelt

Obgleich die vorliegenden Untersuchungen nur einen Teil dieser methodischen Prämissen und Desiderate berücksichtigen, vermitteln sie aufschlußreichen Einblick in die Universität als Umwelt: So sehen, Befunden aus einer Studentenlängsschnittstudie (vgl. Forschungsgruppe Hochschulsozialisation 1982) zufolge, bereits Erstsemestrige jene Bedingungen und Anforderungen betont, die auf intellektuelle Fähigkeiten, Spezialisierung und Kenntnisse, Lernen und Leistung zielen. Weit weniger hingegen nehmen sie die persönlichkeitsbildenden Elemente sowie Aspekte wahr, die Freiräume, Partizipationschancen und Interdisziplinarität, Praxis- und Gesellschaftsbezug im Studium indizieren. Dies gilt für die drei Umweltebenen Universität, Fach- und Lehrveranstaltung in gleicher Tendenz, wobei die Angaben um so homogener (die Urteilsvarianzen also um so geringer) sind, je „konkreter" und alltäglich erfahrbarer eine Umweltebene – in diesem Fall die Lehrveranstaltungen – ist (Dippelhofer-Stiem 1983a). Fachspezifische Unterschiede treten zwar nicht mit jener Deutlichkeit zutage, von der Ramsden (1979)

– einer der wenigen britischen Autoren, die hochschulische Umwelt systematisch messen – berichtet. Jedoch erleben in Übereinstimmung mit Humpert und Hummer (1980) Studierende der Germanistik am ehesten noch Freiräume und partizipative Möglichkeiten. In beiden deutschsprachigen Studien erklären Fachunterschiede stets mehr Varianz als Unterschiede zwischen den Universitäten (vgl. auch: Giesen & Jansen 1983); Schicht- und Geschlechtszugehörigkeit hingegen sowie Merkmale des Selbstbildes bewirken keine nennenswerten Variationen in den Umweltbeschreibungen.

Erste Hinweise auf die Fruchtbarkeit der getrennten Erhebung von Umweltwahrnehmung und -bewertung liegen vor. So geben die Befunde der von der Forschungsgruppe Hochschulsozialisation durchgeführten Längsschnittstudie Einblicke in die Dynamik von Perzeption und Evaluation (ausführlich: Dippelhofer-Stiem 1983a). Wie die Konfigurationen belegen, setzt sich die Mehrheit der Studierenden differenziert und kontextbezogen mit der universitären Ökologie auseinander, wobei die klassische Universitätsidee den impliziten Leitmaßstab bildet. Ohne die Notwendigkeit fachlicher Ausbildung zu verkennen, votieren die Studierenden für eine geringere Gewichtung von Anforderungen an Kenntnisse, Wissen und standardisierende Verhaltensweisen zugunsten von mehr überfachlichen Bezügen, akademischer Freiheit und Partizipationschancen. Dieses Argumentationsmuster, das für die Mehrheit der Befragten charakteristisch ist, enthält vielfältige individuelle Facetten, je nachdem, in welcher Ausprägung die einzelnen Umweltbedingungen wahrgenommen werden. Eine Minderheit freilich bewertet trotz unterschiedlicher Perzeption weitgehend pauschal – entweder überwiegend affirmativ gegenüber der Universität als Umwelt oder überwiegend kritisch-distanziert.

Die „optimale Passung" (vgl. Trudewind 1975) zwischen Mensch und Umwelt (→ *Person-Umwelt-Kongruenz*) ist mithin immer auch ein individuelles Maß und nicht allein in Durchschnittswerten erkennbar. Dies sollten praxisrelevante Aussagen über Diskrepanzen zwischen Studienbedingungen und studentischen Wünschen mit reflektieren. Aber auch Aussagen über die sozialisatorische Relevanz hochschulischer Umwelt, die Dann et al. (1978) nachweisen, bedürfen einer entsprechenden Erweiterung um den transaktionalen Aspekt, für den Konfigurationen zwischen Wahrnehmung und Bewertung als ein, wenn auch vorläufiger Indikator, dienen könnten. Vor allem aber erweist sich die separate Erfassung beider Größen als methodischer Weg, personale Varianzen in der Umweltbeschreibung zu minimieren. Während nach Dann et al. (1978) Variablen des politischen Wertesystems (etwa konservative oder progressive Einstellungen) in die Wahrnehmung eines ökologischen Kontextes einfließen, berichtet Dippelhofer-Stiem (1983a) solche Effekte nur für die evaluativen Urteile.

Wünschenswert bleibt die Heranziehung feinerer Indikatoren für die Erfassung von Mensch-Umwelt-Transaktionen und mit ihnen die Erarbeitung adäquater, auf individueller Ebene ansetzender Auswertungsmethoden, ähnlich den von Lind (1982) vorgeschlagenen intra-individuellen Analysen. Ebenfalls wünschenswert sind weitere Untersuchungen zur Umweltperzeption im Laufe des Studiums (Dippelhofer-Stiem 1983b). Dabei wären solche Dimensionen einzubeziehen, die Analogien und Diskontinuitäten zwischen universitärem und beruflichem Bereich thematisieren (vgl. Huber 1975) und die Teil komplexerer Umwelt-Konzeptionen sind, wie es sie etwa in Anlehnung an Levy und Guttman (1978) zu entwickeln gilt. Auf welchem Wege dann schließlich universitäre Umwelt rekonstruiert wird, ob objektivistisch oder subjektivistisch, ob mittels Daten von Interviews oder standardisierten Instrumenten, bleibt sekundär. Entscheidend sind theoretisch begründete Strukturierungen; sie sind, wie die traditionelle College-Forschung gelehrt hat, notwendig, um die empirische Erfassung nicht am Universum der potentiellen Variablen scheitern zu lassen.

Literatur

Astin, A.W. (1968). The college environment. Washington: American Council of Education.

Barker, R.G. (1968). Ecological psychology: concepts and methods for studying the environment of human behavior. Stanford, CA: Stanford University Press.

Barker, R.G. & Gump, P.V. (1964). Big school, small school: high school size and student behavior. Stanford, CA: Stanford University Press.

Binder, G. & Hewel, P. (1981). Die Verbindung aus Forschung und Lehre an deutschen Universitäten. Berichte aus dem Forschungsinstitut für Soziologie der Universität zu Köln.

Bronfenbrenner, U. (1976). Ein Bezugsrahmen für ökologische Sozialisationsforschung. Neue Sammlung 16, 235-249.

Centra, J. (1972). Comparison of three methods of assessing college environments. Journal of Educational Psychology 63, 56-62.

Clark, B.R. & Trow, M. (1966). The organizational context. In T.M. Newcomb & E.K. Wilson (Eds.), College peer groups. Problems and prospects for research (pp. 17-70). Chicago: Aldine.

Dann, H., Cloetta, B., Müller-Fohrbrodt, G. & Helmreich, R. (1978). Umweltbedingungen innovativer Kompetenz. Eine Längsschnittuntersuchung zur Sozialisation von Lehrern in Ausbildung und Beruf. Stuttgart: Klett-Cotta.

Dippelhofer-Stiem, B. (1983a). Hochschule als Umwelt. Probleme der Konzeptualisierung, Komponenten des methodischen Zugangs und ausgewählte empirische Befunde (Blickpunkt Hochschuldidaktik 74). Weinheim: Beltz.

Dippelhofer-Stiem, B. (1983b). Universitäre Umweltbedingungen im Urteil von Studierenden: Stabilität und Wandel. Angewandte Sozialforschung 11, 1, 29-42.

Dogan, M. & Rokkan, S. (Eds.) (1969). Qualitative ecological analysis in the social sciences. Cambridge: M.I.T. Press.

Eirmbter, W.H. (1977). Ökologische und strukturelle Aspekte der Bildungsbeteiligung. Weinheim: Beltz.

Fatke, R. (1977). Schulumwelt und Schülerverhalten – Adaptationsprozesse in der Schule. München: Piper.

Feldman, K.A. & Newcomb, T.M. (1969). The impact of college on students. San Francisco: Jossey Bass.

Forschungsgruppe Hochschulsozialisation (1982).Wissenschaftlicher Arbeits- und Ergebnisbericht 1979-1982. In Zentrum 1 Bildungsforschung, Sonderforschungsbereich 23 der Universität Konstanz: Forschungsbericht 44, 25-99.

Giesen, H. & Jansen, R. (1983). Universitäten aus der Sicht ihrer Studenten. Zeitschrift für Entwicklungspsychologie und Pädagogische Psychologie 15, 3, 222-233.

Haan, N, (1977). Coping and defending – processes of self-environment organization. New York: Academic Press.

Huber, L. (1975). Hochschule als 'Umwelt'. In T. Bargel, G. Framhein, L. Huber & G. Portele (Hg.), Sozialisation in der Hochschule (Blickpunkt Hochschuldidaktik 37) (S. 118-135). Hamburg: AHD.

Huber, L. (1980). Sozialisation in der Hochschule. In K. Hurrelmann & D. Ulich (Hg.), Handbuch der Sozialisationsforschung (S. 521-550). Weinheim: Beltz.

Humpert, W. & Hummer, A. (1980). Fachspezifische Unterschiede in der erlebten Hochschulumwelt. Angewandte Sozialforschung 8, 1/2, 85-103.

Ittelson, W., Proshansky, H., Rivlin, L. & Winkel, G. (1977). Einführung in die Umweltpsychologie. Stuttgart: Klett-Cotta.

Jones, J. (1981). Students' models of university teaching. Higher Education 10, 529-549.

Lazarsfeld, P.F. (1959). Problems in methodology. In R. Merton, L. Broom, & L. Cottrell (Eds.), Sociology today. Problems and prospects (pp. 39-78). New York: Basic Books.

Lazarus, R., Averill, J. & Opton, E. (1974). The psychology of coping: Issues of research and assessment. In G. Coelho, D. Hamburg, & J. Adams (Eds.), Coping and adaptation (pp. 249-315). New York: Basic Books.

Levy, S. & Guttman, L. (1978). The conical structure of adjustive behavior. Referat, gehalten auf dem Neunten Internationalen Soziologentag-Kongreß in Uppsala. Sociological Abstracts, Supplement No. 82-II, 2272.

Lewin, K. (1935). A dynamic theory of personality. New York: McGraw Hill.

Lind, G. (1982). Experimental questionnaires. A new approach to personality. In A. Kossakowski & H. Obuchowski (Hg.), Progress in psychology of personality (pp. 123-144). Berlin (DDR): Deutscher Verlag der Wissenschaften.

Long, S. (1977). Student types and the evaluation of the university. Higher Education 6, 417-436.

Meehl, P.E. (1950). Configural scoring. Journal of Consulting Psychology 14, 165-171.

Murray, H.A. (1938). Explorations in personality: a clinical and experimental study of 50 men of college age (7th ed.). New York: Oxford University Press.

Pace, C.R. (1969). College environment. In R.L. Ebel (Ed.), Encyclopedia of educational research (pp. 169-173). London: Macmillan.

Pervin, L.A. (1968). Performance and satisfaction as a function of individual-environment fit. Psychological Bulletin 69, 56-68.

Ramsden, P. (1979). Student learning and perceptions of the academic environment. Higher Education 8, 411-427.

Schreiner, G. (1973). Schule als sozialer Erfahrungsraum. Frankfurt: Fischer Athenaeum.

Stern, G. (1970). People in context: measuring person-environment congruence in education and industry. New York: Wiley.

Trudewind, C. (1975). Leistungsmotivgenese und Umwelt: Probleme, Strategien und erste Ergebnisse. In H. Walter (Hg.), Sozialisationsforschung (Bd. 3) (S. 55-71). Stuttgart: Fromann.

Walsh, W.B. (1973). Theories of person-environment interaction: implications for the college student. Iowa: American College Testing Program.

Walter, H. (1975). Schulökologie. Zur Dimensionierung schulischer Sozialisationsverhältnisse. Zentrum 1 Bildungsforschung, Sonderforschungsbereich 23 der Universität Konstanz: Forschungsbericht 18. Konstanz.

Barbara Dippelhofer-Stiem
Institut Frau und Gesellschaft
Hannover

Lernumwelt: Museum

1. Die Kultureinrichtung Museum

Museen sind traditionelle Kulturinstitutionen. Ihre historische Entwicklung ist gekennzeichnet durch Differenzierung ihrer Erscheinungsformen und funktionalen Wandel im Verhältnis zur gesellschaftlichen Öffentlichkeit: von privaten Schatzkammern, Kunst- und Raritätenkabinetten der beginnenden Neuzeit über elitär-liberale Musentempel des 19. Jahrhunderts bis hin zum Anspruch demokratischer Bildungsstätten der Gegenwart. Aus diesen unterschiedlichen Ursprüngen und Entwicklungslinien rühren mancherlei „Verwerfungen" innerhalb des heutigen Museumswesens her, wie sie sich im Selbstverständnis und im jeweiligen Stellenwert der vier klassischen Museumsaufgaben (Sammeln, Bewahren, Erforschen, Präsentieren) widerspiegeln. *Museen sind demnach heute ortsfeste ständige Einrichtungen, in denen Sammlungen von kulturellem Wert bewahrt, erforscht und öffentlich zugänglich ausgestellt werden.* Vom Publikum werden populärerweise deren Architektur und Schausammlungen mit „dem Museum" gleichgesetzt.

Unbestritten ist die Funktion der Museen als Bildungsstätten. Seit langem diskutiert werden freilich (a) die Art und Weise, in der diese Aufgabe wahrgenommen wird, sowie (b) die mögliche und wünschbare Steigerung der erzielbaren Effizienz.

Ansätzen zur Erwachsenen- und Arbeiterbildung an Museen im 19. Jh. wird man rückblickend eher „Modellcharakter" zusprechen. Die Volksbildungsbewegung anfangs unseres Jahrhunderts plante jedoch bereits fest mit den bestehenden Museen und war bei Neugründungen um den konstitutiven Einbezug pädagogisch-didaktischer Konzepte bemüht (Lichtwark 1917, Biram 1919). Technisch-naturwissenschaftliche Museen, wie das Deutsche Museum in München, waren nicht nur, wie bisweilen behauptet, vorrangig als „Ruhmeshallen industrie-kapitalistischen Erfindergeistes" gedacht; vielmehr verstand man „die Organisation eines Museums, das durch Erkennen bilden will, (als) nichts anderes als eine Lehrplan-Konstruktion, nur daß hier die Konstruktion nicht wie in den Schulen mit dem Schatten der Dinge, nämlich den Worten, sondern mit den Dingen selbst arbeitet" (Kerschensteiner, zit. nach Gottmann 1976). In den systematisch ausgebauten amerikanischen Science Centers gilt die anschauliche und verwertbare Wissensvermittlung, integrativ mit der anderer nichtmusealer Bildungsangebote verbunden, als selbstverständliche Leitlinie für Ausstellungsziele und eingesetzte Informationsmedien. Mit der – wenngleich zögernden – Aktivierung und ansatzweisen Professionalisierung einer Museumspädagogik und der vereinzelten Konzipierung von Lernausstellungen (educational exhibits) sowie vor allem der Übernahme informatorischer Bausteine in die ständigen Sammlungen nicht nur naturwissenschaftlich-technischer, sondern ebenso kunst- und kulturgeschichtlicher Museen findet die Bildungsfunktion auch an Museen in der Bundesrepublik in der jüngsten Vergangenheit unübersehbare neue Konkretisierungen.

2. Museen als Lernumwelten

Bei diesen institutionellen Voraussetzungen wird niemand leugnen, daß Besucher in Museen etwas „lernen" können. Um so weniger ist dies in Abrede zu stellen, wenn populäre „engere" Vorstellungen von *„Lernvorgängen"* durch eine umfassendere fachwissenschaftliche Definition ersetzt werden. Nimmt man dann noch eine ebenso extensive Begriffsbestimmung von *„Lernort"* vor, etwa als einer (beliebigen) *Einrichtung, an der lokalisierbare Lernvorgänge stattfinden,* so ist die Zuschreibung „Lernort" für Museen nicht nur unbezweifelbar, sondern im Grunde auch unabhängig von der Art unterlegter kognitiver oder behavioristischer Lerntheorien und Taxonomien von Lernprozessen. Allerdings birgt eine so weitgefaßte Begriffsbildung die Gefahr, daß *Unterschiede* zwischen dem Verhalten der Akteure und den Verhaltensbedingungen an „klassischen" Lernorten wie Schule oder Ausbildungsplatz einerseits und den ganz anderen Vermittlungseigenarten von Museumsumwelten andererseits unterschätzt, wenn nicht sogar verdrängt werden. Sicher wird Schulunterricht an oder organisiert mit Museen dort Lernortbedingungen auf Zeit strukturieren. Aber die Befunde grundlagenorientierter Forschung über Einzelbesucher, deren Motivationen, Verhalten in und Erlebensweisen der „Museumswelt" verdeutlichen die Ausschnitthaftigkeit einer Betrachtungsweise, die das „behavior setting" Museum ausschließlich als „learning environment" charakterisiert.

3. Besucherforschung an Museen

Besucherforschung an Museen hat selbst schon beachtliche Tradition. Von frühen Vorläufern abgesehen, beginnt mit den Serien verdeckter Beobachtungen, Labor- und Feldexperimenten des Yale-Psychologen Edward Robinson und seines Schülers Arthur Melton an amerikanischen Kunstmuseen in den 20er Jahren eine kontinuierliche Entwicklung. Robinson vermutet eine positive Korrelation zwischen der Menge aufgenommener Eindrücke und dem manifesten Interesse der Besucher, letzteres an der den Exponaten gewidmeten Zeit gemessen. Diese Verweilzeit ist durch die Qualität der Objekte („intrinsische" Eigenschaften), die Art ihrer Präsentation („extrinsische" Eigenschaften), durch Anleitung und Information des Besuchers und nicht zuletzt durch die Museumsgröße bestimmt (Robinson 1928, Melton 1935).

Besonders Melton hat auf die Komplexität und Interdependenz dieser Faktoren hingewiesen und auf die Bedeutung der jeweiligen Prädispositionen des Besuchers, ohne diese jedoch explizit einzubeziehen. Hinter diesen eindeutig „umweltpsychologischen Studien" – lange vor der Etablierung des Namens und der Forschungsrichtung – steht die Absicht, ja, der Auftrag zu einer Verbesserung der Darbietungseffektivität von Kunstsammlungen für eine breite Öffentlichkeit, was immer unter dieser Zielvorgabe verstanden werden mag.

Auch in den vergangenen Jahrzehnten haben diese früh erkannten Fragen zum problematischen Verhältnis des Besuchers zur Schausammlung, wie auch solche des „museum fatigue" (Gilman 1916), und des „information gap" und „information overload" (Loomis 1974, Bell, Fisher & Loomis 1978) im Mittelpunkt vor allem angloamerikanischer Untersuchungen gestanden (Screven 1974). *Summative Evaluationen*, also ex post durchgeführte Wirkungsstudien überwiegen *formative*, einen tentativen Aufbau von Ausstellungen begleitende experimentelle Designs (Brown 1978). Dabei lassen sich eher „behavioristische" oder mehr „komplex-kognitive" Standorte ausmachen: Sinn der Museumserfahrung von Besuchern sei die Gelegenheit, Wissen zu vermehren, Einstellungen gegenüber einer Vielzahl von Themen zu überprüfen und zu verändern – also zu *lernen* (Shettel 1973). Die Einzigartigkeit des Museums liege in seiner Zwanglosigkeit, in der Freiheit des Besuchers zu tun, was er will (Alt 1977). Und Screven (1974) betont die *Offenheit* der „Lernumwelt" Museum, in der eine heterogene, freiwillige, sich diffus bewegende Besucherschaft erreicht werden muß, die über keine instruktiven Vorgaben verfügt.

Umweltpsychologische Studien haben sich des Museums als eines geeigneten Experimentierfeldes zum Erproben von Methoden und für weiterreichende Fragestellungen zum Verhalten in Räumen bedient. Zu erwähnen wäre die „Hodometer-Methode" Bechtels (1967) zum Aufzeichnen von Fortbewegungspfaden mittels im Boden verlegter Druckkontakte oder die für Zwecke einer Simulation der Fortbewegung in realen Umwelten aufgezeichneten Besucherwege (Winkel & Sasanoff 1976). Ausdrücklich betonen hier die Autoren den instrumentellen Charakter des Museums als Beobachtungsort (→ *Raum und Bewegung*).

Symptomatisch ablesbar an der Verbreitung von Befragungen als methodischer Zugriff ist der wachsende Anteil der *soziologischen Perspektive* in der Besucherforschung. Soziale und demographische Merkmale, Einzugsbereiche, Besuchsmotivation und kulturelle Interessen, Einstellungen zum und Verhalten im Museum bilden die hauptsächlichen Fragenbereiche umfänglicher Erhebungen, die auf das Erkennen von Regelhaftigkeiten abheben (Abbey & Cameron 1959/1960, Wells 1970, O'Hare 1974). Andere Untersuchungen haben sich mit Zugangsbarrieren von Museen für bestimmte Bevölkerungsteile beschäftigt (Dixon et al. 1974, Klein & Bachmayer 1981). Nach den zahlreichen, einander ähnlichen Fallstudien im deutschsprachigen Raum betont der Ansatz einer vergleichenden Besucherstrukturanalyse (Klein 1984, 1989) gerade die Bedeutung der *Verschiedenartigkeit* sowohl des Publikums unterschiedlicher Museumstypen, wie des Besuchsverhaltens je nach Zeitbudget, Spontaneität, Sozialität, Erst- oder Folgebesuch für planungsrelevante didaktische Folgerungen.

4. Gegenwärtige Forschungstendenzen

Auch derzeitige Forschungstendenzen sind orientiert an Verständnisschwierigkeiten von Besuchern und Möglichkeiten zu deren Überwindung. Bei der Ursachenanalyse ist ein Bemühen um stärker theoriegeleitete und methodisch subtilere Wege erkennbar. Dazu gehören Ansätze zur Deutung typischen Besucherverhaltens in der Museumswelt etwa als „explorativ" (Loomis 1974, Screven 1974, 1976) oder Treinens These zunehmender Verbreitung massenmedial geprägten Aufnahmeverhaltens (Graf & Treinen 1983). Bourdieu (1974) hat eine Interpretation der Wahrnehmungsvorgänge in Museen unter Zugrundelegung symbolhaft-semiotischer Kategorien vorgeschlagen, indem er die Metapher der Chiffrierung von Bedeutung auf museale Exponate und Sammlungen überträgt und auf die erforderliche Dechiffrierungskompetenz seitens der Betrachter verweist. Experimentelle Forschung mit besucheraktivierenden Informationsmedien (z.B. Bildschirmtests und -spiele) und deren didaktische Ergebnisumsetzung ist an anglo-amerikanischen Museen bereits beachtlich fortgeschritten (Screven 1974, Miles et al. 1982, Griggs & Rubenstein 1983). Ein umfassendes Problemverständnis darf allerdings nicht an der Museumswelt als Behavior Setting Halt machen, sondern sollte vor allem die Alltagserlebenswelt der Besucher und deren Distanz zu musealen Inhalten explizit in die Betrachtung einbeziehen.

Literatur

Abbey, D.S. & Cameron, D.F. (1959/1960). The museum visitor, Vol. 1. and 2. Toronto.
Alt, M.B. (1977). Evaluating didactic exhibits: A critical look at Shettel's work. Curator 20, 3, 241-258.
Bechtel, R. (1967). Hodometer research in museums. Museum News 45, 7, 23ff.
Bell, P.A., Fisher, J.D. & Loomis, R.J. (1978). Environmental psychology. Philadelphia: Saunders.
Biram, E. (1919). Die Industriestadt als Boden neuer Kunstentwicklung. Jena: E. Diederichs.
Bourdieu, P. (1974). Zur Soziologie der symbolischen Formen. Frankfurt: Suhrkamp.
Brown, W.S. (1978). The museum visitor: demography and behavior. O.O.
Chancen und Grenzen moderner Technologien im Museum: Bericht über ein internationales Symposium im Mai 1985 von den ICOM-Nationalkomitees der BRD, Österreichs und der Schweiz. H. Auer (Hg.) München: Saur 1986.
Dixon, R., Courtney, A., & Bailey, R.M. (1974). The museum and the Canadian public. Toronto: Culturean Publications.
Edeler, I. (1988). Zur Typologie des kulturhistorischen Museums, Freilichtmuseen und kulturhistorische Räume. Frankfurt: Lang.
Gilman, B.I. (1916). Museum fatigue. Science Monthly 12, 62-74.
Gottmann, G. (1976). Zum Bildungsauftrag eines technikgeschichtlichen Museums. In E. Spickernagel & B. Walbe (Hg.), Das Museum: Lernort contra Musentempel. Gießen: Anabas.
Graf, B. & Treinen, H. (1983). Besucher im Technischen Museum. Berlin: Gebr. Mann Verlag.
Griggs, St. & Rubenstein, R.W. (1983). Orienting visitors to a thematic exhibition (report). London.
Heiligenmann, U. (1986). Das Verhältnis der Pädagogik zu ihren Bereichen. Eine systematische Untersuchung am Beispiel der Museumspädagogik. Inaugural-Dissertation. Hannover.
Klein, H.-J. (1984). Analyse von Besucherstrukturen an ausgewählten Museen in der Bundesrepublik Deutschland und in Berlin (West), Materialien aus dem Institut für Museumskunde, Band 9. Berlin: Staatliche Museen Preußischer Kulturbesitz.
Klein, H.-J. (1989). Der gläserne Besucher. Publikumsstrukturen einer Museumslandschaft. Berlin: Gebr. Mann Verlag.

Klein, H.-J. & Bachmayer, M. (1981). Museum und Öffentlichkeit – Fakten und Daten, Motive und Barrieren. Berlin: Gebr. Mann Verlag.

Lichtwark, A. (1917). Museumsbau und Museumspolitik. In W. Mannhard (Hg.), Alfred Lichtwark. Eine Auswahl seiner Schriften, Band 2 (S. 171-195). Berlin: B. Cassirer Verlag.

Loomis, R.J. (1974). Social learning potentials. In Proceedings of the symposium „The Museum as a learning environment". Chicago.

Loomis, R.J. (1987). Museum Visitor Evaluation: New tool for management. Nashville, TN.

Mattern, S. (1988). Pädagogische Perspektiven einer Theorie des Museums. Überlegungen am Beispiel der Bildungskonzeption eines Technikgeschichtlichen Museums. Frankfurt: Lang (Europäische Hochschulschriften: Reihe 11, Pädagogik, Bd. 341).

Melton, A.W. (1935). Problems of installation in museums of art. Washington: American Association of Museums.

Melton, A.W. (1972). Visitor behavior in museums: Some early research in environmental design. Human Factors 14, 5, 393-403.

Miles, R.S., Alt, M.B., Gosling, D.G., Lewis, B.N. & Tout, A.F. (1982). The design of educational exhibits. London: George Allen & Unwin.

Nuissl, E. (1987). Bildung im Museum: zur Realisierung des Bildungsauftrags in Museen und Kunstvereinen. Heidelberg: Arbeitsgruppe für empirische Bildungsforschung.

O'Hare, M. (1974). The audience of the museum of fine arts. Curator 17, 2, 126-158.

Patzwall, K. & Ehrlich, W. (Hg.) (1976). Wir besuchen ein Museum – Handreichungen zur Bildung und Erziehung im Museum für Leiter und Gruppen. Berlin (DDR): Verlag Volk & Wissen.

Robinson, E.St. (1928). The behavior of the museum visitor. Washington: American Association of Museums.

Rohmeder, J. (1977). Methoden und Medien der Museumsarbeit – Pädagogische Betreuung der Einzelbesucher im Museum. Köln: DuMont.

Screven, Ch.G. (1974). The measurement and faciliation of learning in the museum environment – an experimental analysis. Washington, D.C.: Smithsonian Institution Press.

Screven, Ch.G. (1976). Exhibit evaluation – a goal-referenced approach. In Curator 9, 1, 271ff.

Shettel, H.H. (1968). An evaluation of existing criteria for judging the quality of science exhibits. Curator 11, 137-153.

Shettel, H.H. ()1973). Exhibits: Art form or educational medium? Museum News 52, 1, 32ff.

Treinen, H. (1973). Ansätze zu einer Soziologie des Museumswesens. In G. Albrecht, H. Daheim & F. Sack (Hg.), Soziologie, Festschrift René König zum 65. Geburtstag (S. 336-353). Opladen: Westdeutscher Verlag.

Treinen, H. (1974). Museum und Öffentlichkeit. In DFG (Hg.), Denkschrift Museum (S. 21-38). Köln: Boldt.

Wells, C.H. (1970). The Smithsonian visitor. Washington: Smithsonian Institution Press.

Weschenfelder, K. & Zacharias, W. (1981). Handbuch Museumspädagogik – Orientierungen und Methoden für die Praxis. Düsseldorf: Schwann.

Winkel, G.H. & Sasanoff, R. (1976). An approach to an objective analysis of behaviors in architectural space. In H.M. Proshansky, W.H. Ittelson & L.G. Rivlin (Eds.), Environmental psychology. People and their physical settings (2nd ed.) (pp. 351-376). New York: Holt, Rinehart & Winston.

Hans-Joachim Klein
Institut für Soziologie
der Universität Karlsruhe

Arbeitsumwelten

Der Einfluß der Umwelt auf das Arbeitsverhalten des Menschen ist seit nunmehr 75 Jahren Gegenstand institutionalisierter interdisziplinärer (physiologischer, psychologischer, technologischer) Forschung: 1911 wurde das „Kaiser-Wilhelm-Institut für Arbeitsphysiologie" (das spätere Max-Planck-Institut) und 1918 das „Institut für industrielle Technik und Arbeitstechnik" gegründet, letzteres speziell, um unter der Bezeichnung „Objektpsychotechnik" die objektiv gegebenen Bedingungen des Arbeitsplatzes und der Arbeitsmittel den psychophysiologischen Bedingungen des Menschen anzupassen. Anlaß zu gründlichen Analysen des Einflusses der Arbeitsumwelt war die Einsicht, daß die individuelle Leistungskapazität des Menschen nur ein hypothetisches „Maximalvolumen" (Graf 1960) darstellt, dessen Aktivierung in Art und Ausmaß an die jeweilige Leistungssituation gebunden ist.

Die Mensch-Umwelt-Interaktionen im Arbeitsprozeß können dabei auf drei Beobachtungsebenen analysiert werden:
1. Umwelt als reaktionsfordernde Reizkonstellation im Sinne einer die Leistungskapazität des Menschen beanspruchenden Arbeitsaufgabe;
2. Umwelt als Einflußvariable, die den Arbeitsprozeß fördern oder belasten kann: Lärm, Beleuchtung, Klima;
3. Umwelt als Ergebnis von Kognitionen und Arbeitshandlungen: Der rückwirkende Einfluß der Arbeit auf den Menschen.

Diese drei Beobachtungsebenen sollen im folgenden im einzelnen erläutert werden, und zwar im Hinblick auf optimale Gestaltungsmöglichkeiten, da in einem solchen Zusammenhang die Beziehung zwischen Mensch und Arbeitsumwelt wohl am deutlichsten herausgearbeitet werden kann.

1. Umwelt als Beanspruchungsfaktor

Unter einem ökonomisch-energetischen Gesichtspunkt – maximale Wirkung bei minimalem Aufwand – ist es sinnvoll, Arbeitsplätze so zu gestalten, daß die Übertragungseigenschaften des Menschen im Kommunikationsprozeß von Mensch und Umwelt (Aufnahme, Verarbeitung und Weitergabe von Informationen) berücksichtigt und optimal genutzt werden. Die größte Bedeutung kommt dabei auf der Seite der Informationsaufnahme den visuellen und auditiven Sinnesmodalitäten zu, deren Funktionseigenschaften daher bislang auch am gründlichsten untersucht wurden (Sanders 1971). Auf der Handlungsseite geht es insbesondere um die Analysen der Möglichkeiten und Grenzen der effektorischen Eigenschaften des Menschen und um eine entsprechende Gestaltung der räumlichen Beschaffenheit des Arbeitsplatzes sowie der technischen Hilfsmittel (vom einfachen Werkzeug bis zu komplizierten Maschinen), deren sich ein Mensch bei seiner Arbeit bedient.

Sowohl auf der Reiz- als auch auf der Reaktionsseite ist der Informationsaustausch zwischen dem arbeitenden Menschen und seiner Umgebung quantitativ an Grenzen gebunden, bei deren Überschreitung das Leistungsverhalten beeinträchtigt wird. Ist die Summe der reaktionsfordernden Reize größer als die Kapazität zur Aufnahme und Verarbeitung dieser Reize, so kommt es zu einer Überforderung (mit den Folgen der Ermüdung und – bei längerer Dauer – Schädigung des Organismus). Aber auch eingeschränkte reaktionsfordernde Reizmannigfaltigkeit reduziert die Verarbeitungsleistung (mit den Folgen der Monotonie und – bei längerer Dauer – eines Funktionsdefizits menschlicher Verhaltenseigenschaften). Die Aktivierungstheorie liefert dafür plausible Erklärungsansätze (Duffy 1962, Schönpflug 1969) (→ *Umweltstreß*).

Auch die effektorische Seite des Informationsaustausches ist eingehend untersucht. So ist der wirkungsvolle Einsatz der Körperkräfte von räumlichen Gegebenheiten des Arbeitsplatzes abhängig und durch entsprechende Gestaltung der Arbeitsplätze und Arbeitsmittel zu optimieren, insbesondere dadurch, daß individuelle Anpassungen an unterschiedliche Körpermaße ermöglicht werden. Dazu liegen umfassende und für die praktische Anwendung gut aufbereitete anthropometrische Daten vor, die konkrete Konstruktionshinweise für die Gestaltung von Arbeitstischen, Konsolen und Sitzen, Daten für die Konstruktion von Anzeigeinstrumenten und von Bedienungs- und Steuerarmaturen liefern, welche die sensorischen und effektorischen Leistungscharakteristiken des Menschen berücksichtigen (Hettinger, Kaminsky & Schmale 1980, Schmidtke 1981). Es wäre jedoch auch hier falsch, einer extremen energetischen Ökonomie zu folgen und motorische Belastungen aus energetischen Gründen an Maschinen zu delegieren, da auf diesem Wege die Gefahr gleicher defizitärer Zustände gegeben ist wie auf der Reizseite.

Da die Funktionsfähigkeit des sensorischen wie effektorischen Apparats des Menschen sich erst in der Auseinandersetzung mit der Außenwelt entwickelt, führen arbeitsbedingte Einschränkungen in diesen Funktionsmerkmalen nicht nur zu akuten psychosomatischen Störungen, sondern auch zu chronischen Veränderungen des psychischen Status (Groskurth 1979). Arbeitsplatzgestaltung kann also nicht nur die Verbesserung des Wirkungsgrades zum Ziel haben: maximale Leistung bei minimalem Aufwand an Energie und Zeit ist ein zu kurz greifendes Optimierungskriterium.

2. Umwelt als Belastungsfaktor

Der Informationsaustausch zwischen Menschen und Arbeitsumwelt kann durch den Zustand der Übertragungsmedien gestört werden. In den Bereichen visueller und auditiver Wahrnehmung geschieht es z.B. leicht, daß reaktionsfordernde Reize (Signale) durch im Hinblick auf die Aufgabe irrelevante Störreize überlagert werden und dadurch ihren Informationsbetrag teilweise oder ganz einbüßen. Die Arbeitsgestaltung hat dann die Aufgabe zu lösen, Signalreize und Störreize zu trennen.

Im Bereich des energetischen Austauschs zwischen dem Organismus eines arbeitenden Menschen und seiner Umwelt geht der wichtigste Einfluß auf das menschliche Leistungsverhalten von der chemischen und physikalischen Zusammensetzung der Luft (Gas, Staub, Rauch und Nebel) und des Klimas aus (Lufttemperatur, Luftfeuchtigkeit, Windgeschwindigkeit und Wärmestrahlung). Schon geringfügige Abweichungen der normalen Körpertemperatur von 37 Grad werden als unangenehm und lästig empfunden, beeinträchtigen die Leistungsfähigkeit und wirken bereits bei wenigen Graden Differenz tödlich (Wenzel 1974).

Auch die belastenden Umweltfaktoren sind eingehend untersucht (Hettinger, Kaminsky & Schmale 1980, Schmidtke 1981). Die praktischen Versuche, belastende Umwelteinflüsse durch entsprechende Schutzmaßnahmen zu reduzieren, laufen jedoch häufig Gefahr, selbst wieder neue Umweltschäden zu induzieren. Wenn z.B. an einem Lärmarbeitsplatz akustisch dämpfende Ohrmuscheln verwendet werden, ist das zwar ein Schutz gegen Vertaubung, andererseits aber ebenfalls mit einem Verlust an Orientierung verbunden. Oder: Arbeit in fensterlosen Räumen ermöglicht zwar eine konstante Beleuchtung des Arbeitsplatzes, führt aber zugleich auch zu einem Verlust an Orientierung. Dasselbe gilt für auf einen konstanten Wert klimatisierte Räume.

Der Orientierungsfunktion der Wahrnehmung muß offensichtlich eine größere Bedeutung beigemessen werden als einer einfachen und kurzfristigen Reiz-Reaktions-Optimierung. Sie verlangt wechselnde Reizeinflüsse. Konstantes Klima und konstantes Licht sind, auch wenn sie der konkreten Arbeitsaufgabe optimal entsprechen, auf die Dauer keine günstigen Arbeitsbedingungen. Auch der optimal konstruierte Arbeitssessel erzeugt nach einiger Zeit Unwohlsein, wenn er keine Möglichkeit bietet, die Sitzhaltung zu verändern. Umweltwahrnehmung ist auf Orientierung gerichtet. Orientierung setzt Reizmannigfaltigkeit voraus. Die Gestaltung von Arbeitsplätzen muß also dieser Dynamik der menschlichen Bedürfnisse Rechnung tragen.

3. Umwelt als Ergebnis kognitiver Prozesse und Arbeitshandlungen

Umwelt ist für den Menschen ein Netzwerk von Einflußvariablen, das nicht allein an objektiv-physikalische Bedingungen geknüpft ist, sondern durch kognitive und emotionale Gestaltungskräfte stark modifiziert wird. Die Optimierung von Arbeitsplätzen kann daher nicht nur nach energetischen und ökonomischen Gesichtspunkten erfolgen. Bei ökopsychologischer Betrachtung wird man bei der Arbeitsgestaltung von einem menschlichen Organismus ausgehen müssen, der sich nicht nur reaktiv verhält, etwa durch eine Auswahl von Reizen oder in einer (rationalen) Strategie aus Reaktionen, sondern von einem Menschen, der seine

Umwelt durch Arbeit aktiv verändert, der Bewertungen vornimmt, der Absichten verfolgt, der in dem Sinne auf Orientierung aus ist, daß er die Umwelt selbst strukturieren will, und der schließlich Wahlfreiheit in seiner Umwelt zu maximieren trachtet (Proshansky et al. 1970, S. 173-183). Die Maximierung von Wahlfreiheit wird zum Schlüsselkriterium optimaler Arbeitsplatzgestaltung. Arbeitsumwelten sind demnach dann optimal gestaltet, wenn sie eine Vielfalt von Verhaltensmöglichkeiten bieten, also nicht – nach welchen Kriterien auch immer – total durchstrukturiert sind.

Die Untersuchung der Interaktion zwischen Mensch und technischen Systemen darf jedoch in keinem Fall auf die Analyse örtlich begrenzter Mensch-Maschine-Systeme beschränkt werden, sondern muß auch auf die Erkennung eventuell damit verbundener Nebenwirkungen und möglicher Rückwirkungen der durch Arbeit und technische Systeme veränderten Umwelt auf den Menschen gerichtet sein. Ein Beispiel solcher Nebenwirkungen ist der Abbau vorhandener Fähigkeiten fachlicher und kommunikativer Art, letztlich der Persönlichkeit (Groskurth 1979), durch kognitive und sensorische Unterforderungen unter anregungsarmen Arbeitsbedingungen, wie sie unter Rationalisierungsmaßnahmen immer häufiger zu beobachten sind. (→ *Ergonomie;* → *Umweltstreß;* → *Lärm;* → *Licht und Farbe;* → *Büroumwelt*)

Literatur

Duffy, E. (1962). Activation and behavior. New York: Wiley.

Frese, M. (1977). Psychische Störungen bei Arbeitern. Zum Einfluß von gesellschaftlicher Stellung und Arbeitsplatzmerkmalen. Salzburg: O. Müller

Graf, O. (1960). Arbeitsphysiologie. Wiesbaden: Gabler.

Groskurth, P. (Hg.) (1979). Arbeit und Persönlichkeit. Reinbek: Rowohlt.

Hettinger, Th., Kaminsky, G. & Schmale, H. (1980). Ergonomie am Arbeitsplatz. Daten zur menschengerechten Gestaltung der Arbeit. Ludwigshafen: Kiehl.

Hoyos, C. Graf (1974). Arbeitspsychologie. Stuttgart: Kohlhammer.

Jaglou, C.P. (1927). Temperature, humidity, and air movement in industries: The effective temperature index. Journal of Industrial Hygiene 9, 297.

Maher, J.R. (Hg.) (1976). Job enrichment. Motivierung durch Arbeitsgestaltung. München: Moderne Industrie.

Mayo, E. (1933). The human problems of an industrial civilization. New York: Viking 1966.

Proshansky, H.M., Ittelson, W.H., & Rivlin, L.G. (Eds.) (1970). Environmental psychology. Man and his physical setting. New York: Holt, Rinehart & Winston.

Sanders, A.F. (1971). Psychologie der Informationsverarbeitung. Bern: Huber.

Schmale, H. (1978). Ökologische Psychologie und Ergonomie. In C.F. Graumann (Hg.), Ökologische Perspektiven in der Psychologie (S. 229-239). Bern: Huber.

Schmale, H. (1983). Psychologie der Arbeit. Stuttgart: Kohlhammer.

Schmidtke, H. (Hg.) (1981). Lehrbuch der Ergonomie. München: Hanser.

Schönpflug, W. (Hg.) (1969). Methoden der Aktivierungsforschung. Bern: Huber.

Wenzel, H.G. (1974). Klima. In H. Schmidtke (Hg.), Ergonomie Bd. 2 (S. 146-163). München: Hanser.

Hugo Schmale
Psychologisches Institut
der Universität Hamburg

Büroumwelt

1. Einleitung

„Büroumwelt" umfaßt sowohl soziale und organisatorische als auch räumlich-materielle Aspekte der Arbeitsumgebung. Während die Arbeits- und Organisationspsychologie vor allem den Einfluß von organisatorischen und sozialen Bedingungen untersucht, beschäftigt sich die Umweltpsychologie mehr mit den Auswirkungen räumlich-materieller Gegebenheiten, ohne hierbei jedoch die enge Verknüpfung der verschiedenen Bereiche zu vernachlässigen. Da nicht nur der prozentuale Anteil von Büroarbeitsplätzen ständig zugenommen hat, sondern auch die für Büroräume aufgewandten Kosten gestiegen sind, ist die Frage nach der Bedeutung der räumlich-materiellen Umwelt für Arbeitszufriedenheit und Leistung zu einer wirtschaftlichen Frage geworden. Unter diesem Aspekt wurden verschiedene Büroformen immer wieder untersucht und verglichen.

2. Großraumbüro

Ob man Großraumbüro und Bürolandschaft als identische oder unterschiedliche Raumkonzepte betrachtet, hängt vom jeweiligen Standpunkt ab (Fuller 1976, Fritz 1982). Sie haben sich als architektonische Lösung weitgehend durchgesetzt. Nach älteren Schätzungen arbeiten etwa neunzig Prozent aller Angestellten in solchen Büros (Kraemer, Sieverts & Partner 1975). Gemeinsam ist beiden der tiefe Raum, der durch Stellwände, Pflanzen oder Möbel mehr oder minder stark unterteilt wird. Die Befürworter des Großraums führten nicht nur wirtschaftliche und organisatorische Vorteile, sondern auch direkte Auswirkungen der räumlichen Gestaltung auf das Arbeitsverhalten ins Feld. Die Anordnung der Arbeitsplätze lasse sich, wenn es die organisatorische Entwicklung erfordere, leicht und ohne große Kosten umgestalten. Durch die Unterbringung von Vorgesetzten und Untergebenen im gleichen Raum und dadurch bedingte häufigere Kontakte würden Statusunterschiede abgebaut. Die Kommunikation unter den Mitarbeitern nehme ebenso wie der soziale Zusammenhalt zu. Durch das bessere Sozialklima und den Vergleich mit den Kollegen steige auch die Produktivität (Boje 1971, Kraemer, Sieverts & Partner 1975). Dieser Anspruch ist allerdings inzwischen durch zahlreiche Evaluationsstudien in Frage gestellt worden. Angestellte, die in Großraum- oder Landschaftsbüros arbeiten, klagen sehr häufig über negative Auswirkungen des Großraums auf die Arbeitszufriedenheit, Leistung und Gesundheit. Durch den Verlust architektonischer und sozialer Privatheit, durch ständige Ablenkungen durch Hintergrundsgeräusche und -bewegungen sowie unerwünschte Unterbrechungen leidet die Konzentration und damit die Qualität der Arbeit. Dies gilt nicht nur für hochkomplexe, sondern auch relativ einfache Tätigkeiten (Sundstrom, Burt & Kamp 1980). Entgegen den Prognosen verringert sich mit der fehlenden Privatheit meist auch die Kommunikation, besonders über vertrauliche Themen (Dean 1977, Oldham & Brass 1979, Clearwater 1980, Fritz 1982, Becker et al. 1983). Gleiche Entwicklungen lassen sich für die Arbeitszufriedenheit und die Produktivität feststellen. Wenn Wegeverläufe nicht klar gekennzeichnet sind und dadurch Arbeitsplatzterritorien nicht respektiert werden, entstehen zusätzliche Störungen (Hedge 1982) (→ *Territorialität*).

Lärm, schlechte Beleuchtung (→ *Licht und Farbe*), Probleme mit der notwendigen zentralen Klimaanlage (Lüftung, Feuchtigkeit, Temperatur) führen häufig zu somatischen und psychosomatischen Beschwerden (Fritz 1982, Craig 1982, Hedge 1982, Makower 1981). Der konsequente Verzicht auf räumliche Statussymbole fördert nicht nur Demokratisierung, sondern führt eher zu Desorientierung und Verunsicherung. Die positive Funktion von Statussymbolen, Strukturen erkennbar zu machen und der Kommunikation Gewicht und Verbindlichkeit zu verleihen, war nicht beachtet worden (Jäger & Trebesch 1971, Duffy & Cave 1976a, b). Faßt man den Tenor der Untersuchungen zusammen, so lassen sich zwei grundlegende Probleme des Großraums festhalten: Mangel an Privatheit sowie Mangel an Selbstbestimmung und Handlungsspielräumen (Gottschalk 1982, 1983). Aufgrund der räumlichen Transparenz kann der einzelne ebensowenig bestimmen, welche Informationen über ihn zugänglich sind, wie er sich den Informationen über andere entziehen kann (Barrieren entschärfen dieses Problem nur sehr bedingt). Beinahe jede Verhaltensäußerung kann beobachtet und kontrolliert werden und hat unmittelbare Folgen für andere Personen. So werden z.B. Wege durch den Büroraum, Gespräche mit Kollegen zu Störungen (Sprechen ist eine der Hauptstörquellen). Dies schränkt individuelles und soziales Verhalten ein. Das im traditionellen Büro gelernte Verhalten ist unter Großraumbedingungen nicht mehr adäquat. Gefordert ist der stark selbstkontrollierte, bewegungsarme, unkommunikative Mensch. Liest man Fritz' (1982) eindringliche Beschreibung der Sozialisation bürogerechten Verhaltens, so erscheint dieses Lernziel nicht allzu abwegig. Die Bildschirmarbeit, die als Bürotätigkeit zunehmend an Bedeutung gewinnt, fordert ähnliche Verhaltenskontrollen. Je weniger die Betroffenen ihre Arbeit beeinflussen können, desto mehr gewinnt die räumlich-materielle Arbeitsumwelt an Bedeutung. Sie erleben vergleichbare Umwelten negativer als Personen mit traditionellen Bürotätigkeiten (Gottschalk 1983). Wahrnehmung und Interpretation der Umwelt lassen sich von der Art der Tätigkeit und dem damit verbundenen Status in der Organisation nicht trennen (siehe dazu auch Justa & Golan 1977, Szilagyi & Holland 1980, Hedge 1982, Sundstrom, Herbert & Brown 1982, Sundstrom et al. 1982, Becker et al. 1983). Eine Großraumumwelt verstärkt die in der Arbeit erlebten Defizite wie mangelnde Selbstbestimmung und Ausgestaltung der Tätigkeit, indem diese Zwänge sich im räumlichen Bereich wiederholen. Gleichzeitig behindert sie kompensierende Verhaltensweisen wie z.B. Sozialkontakte. Bei Großraumbüros besitzen Einrichtungen wie die Cafeteria, Ruhe- oder Pausezonen und für die Arbeit notwendige Kommunikations- und Rückzugsmöglichkeiten wie Lese- und Besprechungsräume mehr Bedeutung, als bei Kleinraumbüros, bei denen Erholungs-, Privat- und Arbeitsbereich nicht so klar getrennt sind.

3. Kleinraumbüro

Die Ergebnisse zum Großraumbüro legen den Schluß nahe, Großräume zugunsten kleinerer Arbeitsräume wie Gruppen- (bis zehn Personen) oder Kleinbüros (bis vier Personen) aufzugeben. Entsprechend dem jeweiligen Bedarf lassen sich diese verschiedenen Raumtypen kombinieren (Duffy, Cave & Worthington 1976, Gottschalk 1982). Allein schon die geringere Personendichte und der kleinere Raum können viele der beim Großraum genannten Probleme entschärfen. Die Wahrscheinlichkeit von Störungen sinkt, die Privatheit nimmt zu (Marans & Spreckelmeyer 1982), ebenso wie das Erlernen der eigenen Kontrollmöglichkeiten. Wenn nicht organisatorische Maßnahmen dies ausdrücklich verhindern, läßt sich in kleineren Räumen die unmittelbare Arbeitsumgebung eher beeinflussen.

Können sich die Nutzer bei der Ausgestaltung der Arbeitsumgebung beteiligen (Raumaufteilung, Auswahl der Möbel), so wirkt sich dies positiv auf die Arbeitsmotivation und -zufriedenheit aus (Kleeman 1982). Kann der einzelne Mitarbeiter die räumliche Arbeitsumwelt mitbestimmen, so ist er dadurch in der Lage, seiner Identität Ausdruck zu verleihen, sein „privates" Arbeitsterritorium abzugrenzen und Sozialkontakte zu steuern (zur Bedeutung der Personalisierung von Arbeitsräumen siehe Clearwater 1980, Becker 1981, Wineman 1982; zur Bedeutung der Anordnung von Büromöbeln s. Joiner 1971, Zweigenhaft 1976, Schaible-Rapp & Kugelmann 1982).

In *Einzelbüros* fällt es am leichtesten, den Arbeitsplatz einzurichten. Freie Verfügung über den Raum wird durch das Einzelbüro zwar nicht garantiert, jedoch wahrscheinlicher. Der hohe soziale Stellenwert der räumlichen Autonomie kommt darin zum Ausdruck, daß sie als Statussymbol höheren Hierarchiestufen zugestanden wird. Für bestimmte Berufsgruppen, die häufig konzentrierte Arbeiten leisten oder vertrauliche Gespräche führen müssen, wird das Einzelbüro aber unabhängig vom Status die geeignete Arbeitsumwelt bleiben.

4. Ausblick

Der Trend zur Bürogesellschaft wird anhalten. [Arbeiteten in der Bundesrepublik 1982 über 28% aller Arbeitnehmer in Büros (Troll 1984), so betrug dieser Anteil 1975 in England bereits 40% (Craig 1981), in den Vereinigten Staaten 1981 sogar schon über 52% (Ryburg et al. 1981).]

Die moderenen Kommunikationstechnologien werden wahrscheinlich den Raumbedarf stagnieren lassen oder gar senken und die herkömmlichen großen Bürozentren überflüssig machen. Ein konsequentes Ergebnis dieser Entwicklung stellt der Arbeitsplatz zu Hause dar. Da es sehr schwierig ist, ihn in vorhandene

Gesellschafts- und Arbeitsstrukturen einzugliedern, wird er jedoch in naher Zukunft kaum sehr häufig sein. Wie Pilotstudien zeigen (Reichle 1980, Bowlus 1980, zit. in Becker 1981), sind Probleme im Individual- und Sozialverhalten bei der Trennung von Arbeits- und Privatbereich und bei der Arbeitsmotivation zu erwarten, besonders weil die für die Arbeitszufriedenheit so wichtigen Sozialkontakte entfallen. Kleinere, dezentrale Büroeinheiten werden deshalb wahrscheinlich bevorzugt werden (Duffy & Pye 1979, Kleeman 1982, Otway & Peltu 1983). In der Bundesrepublik ist der Automatisierungsgrad bisher noch gering. Werden hier in kurzer Zeit viele Arbeitsplätze mit der neuen Technologie ausgestattet (mit den genannten Folgen wie geringere Selbständigkeit in der Arbeit, weniger Kommunikation und Kooperation bei gleichzeitiger Zunahme von Kontrollen), so könnte die Arbeitsumwelt als Ausgleich dienen, indem im organisatorischen, sozialen und räumlich-materiellen Bereich den Betroffenen Freiheitsgrade zugestanden werden, die ihnen bei der Aufgabe selbst genommen wurden (ein höherer Formalisierungsgrad im Vergleich zu konventionellen Bürotätigkeiten bleibt auch bei flexibleren Systemen bestehen). Partizipation bei der Gestaltung der verschiedenen Bereiche der Arbeitsumwelt kann viele Zufriedenheits- und Leistungsprobleme lösen. Partizipation muß jedoch, soll sie erfolgreich sein, geübt werden. Sensibilität für die Bedeutung der räumlich-materiellen Umwelt und für ihre Überschneidung mit sozialen und organisatorischen Gegebenheiten erfordert Training, das Bewußtmachen von Effekten und die Erfahrung der Auswirkungen eigener Eingriffe in diese Umwelt (→ *Arbeitsumwelten*).

Literatur

Becker, F.D. (1981). Workspace. Creating environments in organizations. New York: Praeger.
Becker, F.D., Gield, B., Gaylion, K., & Sayer, S. (1983). Office design in a community college – effects on work and communication patterns. Environment and Behavior 15, 699-726.
Boje, A. (1971). Open plan offices. London: Business Books.
Bowlus, L.A. (1980). A preliminary study of the physical and social support systems and role relationships in families operating in-home computers. Unpublished manuscript. Ithaca: Cornell University.
Clearwater, Y. (1980). Comparison of effects of open and closed office design on job satisfaction and productivity. Unpublished Ph.D. dissertation. Davis: University of California.
Craig, M. (1981). Office workers' survival handbook. A guide to fight health hazards in the office. London: BSSRS.
Dean, A.O. (1977). Evaluation of an open office landscape: AIA headquarters. American Institute of Architects Journal 66, 29-32.
Duffy, F. (1976). Buildings never lie. Architectural Design 2, 105-106.
Duffy, F. & Cave, C. (1976a). A possible future. In F. Duffy, C. Cave, & J. Worthington (Eds.), Planning office space (pp. 230-233). London: Architectural Press.
Duffy, F. & Cave, C. (1976b). Bürolandschaft an appraisal. In F. Duffy, C. Cave, & J. Worthington (Eds.), Planning office space (pp. 68-77). London: Architectural Press
Duffy, F., Cave, C., & Worthington, J. (Eds.) (1976). Planning office space. London: Architectural Press.
Duffy, F. & Pye, R. (1979). Offices, the future landscape: paper factory or room with a view? Architects Journal 170, 669-675.

Fritz, H.-J. (1982). Kleinraumbüro und Großraumbüro. Menschen in Büroarbeitsräumen. München: Moos.

Fuller, B. (1976). Bürolandschaft: a science of office design? In F. Duffy, C. Cave, & J. Worthington (Eds.), Planning office space (pp. 61-67). London: Architectural Press.

Gottschalk, O. (1982). Arbeitsplatzqualität im Büro. Probleme aus der Sicht der Mitarbeiter. Anregungen für die Entwurfsplanung. Deutsche Bauzeitschrift 11, 1603-1608.

Gottschalk, O. (1983). Zufriedenheit mit den räumlichen Arbeitsbedingungen im Büro. Bauwelt 21, 786-789.

Hedge, A. (1982). A systematic investigation of employee reactions to their work environment. Environment and Behavior 14, 519-542.

Jäger, D. & Trebesch, K. (1971). Analyse der Bedeutung und Verteilung von Status-Symbolen in bürokratischen Organisationen. Kommunikation Zeitschrift für Planungs- und Organisationskybernetik 7, 139-167.

Joiner, D. (1971). Office territory. New Society 18, 660-663.

Justa, F.C. & Golan, M.B. (1977). Office design: Is privacy still a problem? Journal of Architectural Research 6, 5-12.

Kleeman, W.B. (1982). The future of the office. Environment and Behavior 14, 593-610.

Kraemer, Sieverts und Partner (1975). Großraumbüros. Lehren und Erfahrungen mit Großraumbüros. München: Moderne Industrie.

Makower, J. (1981). Office hazards – how your job can make you sick. Washington: Tilden Press.

Marans, R.W. & Spreckelmeyer, K.F. (1982). Evaluation open and conventional office design. Environment and Behavior 14, 333-351.

Oldham, G. & Brass, D. (1979). Employee reaction to open-plan office: a natural occuring quasi-experiment. Administrative Science Quarterly 24, 267-284.

Otway, H.J. & Peltu, M. (Eds.) (1983). New office technology. Human and organizational aspects. Brussels/Luxembourg: Ablex Publishing Corporation.

Reichle, J. (1980). The effects of technology on the possible decentralization of the office environment: home vs. office. Unpublished manuscript. Ithaca: Cornell University.

Ryburg, J.B., Adams, J.R., Galitz, W.O., & Springer, T.J. (1981). The office as a critical work environment. Proceedings of the Human Factors Society, 25th Meeting, 661.

Schaible-Rapp, A. (1983). Arbeitsumwelt und Arbeitsverhalten – Beispiele aus der Sozialforschung. Dissertation. München: Technische Universität.

Schaible-Rapp, A. & Kugelmann, W. (1982). Büroraum, Raumnutzung und Arbeitsverhalten bei komplexen kognitiven Tätigkeiten. Psychologische Beiträge 24, 370-387.

Sundstrom, E., Burt, R., & Kamp, D. (1980). Privacy at work: architectural correlates of job satisfaction and job performance. Academy of Management Journal 23, 101-117.

Sundstrom, E., Herbert, R.K., & Brown, D.W. (1982). Privacy and communication in an open-plan office. A case study. Environment and Behavior 14, 379-392.

Sundstrom, E., Town, J.-P., Forman, A., & McGee, C. (1982). Physical enclosure, type of job, and privacy in the office. Environment and Behavior 14, 543-559.

Szilagyi, A.D. & Holland, W.E. (1980). Changes in social density: Relationships with functional interaction and perceptions of job characteristics, role stress, and work satisfaction. Journal of Applied Psychology 65, 28-33.

Troll, L. (1984). Büroberufe im Wandel. Materialien aus der Arbeitsmarkt- und Berufsforschung 1. Nürnberg: Institut für Arbeitsmarkt- und Berufsforschung der Bundesanstalt für Arbeit.

Wineman, J.D. (1982). Office design and evaluation. An overview. Environment and Behavior 14, 271-298.

Zweigenhaft, R.R. (1976). Personal space in the faculty office: Desk placement and the student-faculty interaction. Journal of Applied Psychology 61, 529-532.

Agnes Schaible-Rapp
Bayreuth

Medien-Umwelten

Einleitung

Die Beschäftigung mit psychologischen Aspekten der Massenkommunikation unter ökologischen Aspekten und ökologischen Orientierungen kann als Aufgabe sowohl der *Umwelt-/Öko-Psychologie* als auch der *Medienpsychologie* betrachtet werden. Beiden – vergleichsweise jungen – Disziplinen ist jedoch gemein, daß sie ökologisch orientierte Fragestellungen der Medien bisher nur sporadisch oder peripher untersuchten. Der (programmatische) Begriff der „Medien-Umwelt" etwa, der die Tatsache beschreibt, daß die Umwelt des Menschen in einem zunehmenden Maße von der Existenz einer immer größer werdenden Zahl von Medien und den Folgen ihrer Einwirkung auf die Menschen geprägt ist, beginnt sich erst langsam durchzusetzen.

1. Zur Geschichte der Medienwirkungsforschung/ Medienpsychologie

Die Beschäftigung mit massenkommunikationspraktischen und -theoretischen Fragen war lange Jahrzehnte hindurch eine Domäne von *Publizistik* und *Massenkommunikationssoziologie*. Psychologische Konzepte kamen in relevantem Ausmaße erst ins Spiel, als die Fernsehforschung Ende der 60er Jahre einen starken Aufschwung erlebte. Politische Attentate, bürgerkriegsähnliche Rassenunruhen und ein extremes Ansteigen der Gewaltverbrechen wurden in unmittelbaren Zusammenhang gebracht mit der „explosionsartigen" Verbreitung des Massenmediums Fernsehen und seinem immer größer werdenden Angebot aggressiver Darstellungen. Durch umfassende, vom Staat finanzierte Forschungsprogramme sollten die *Auswirkungen von Gewaltdarstellungen* untersucht werden, wobei man aus dem Fundus der Psychologie zwei einander entgegengesetzte Hypothesen-Komplexe übernahm, die seither immer wieder angeführt werden, – die *Katharsishypothese* und die Hypothese des *Lernens am Modell*.

Jahrzehntelang dominierte die Auseinandersetzung über die Auswirkung(en) medialer Gewaltdarstellungen die Fernsehforschung (und verhinderte oder behinderte die Entwicklung anderer Forschungsperspektiven), – woran auch die Erarbeitung modifizierter Hypothesen (wie Inhibitionsthese, Habituationsthese, Stimulationsthese, Emotionalisierungsthese usf., s. ausführlich dazu Kunczik 1982; s.a. Selg 1983) nichts änderte.

Beiden Positionen gemeinsam war ein enger *Wirkungsansatz*, der unabhängig davon, welcher Rezipient, mit welcher individuellen Lerngeschichte, unter welchen aktuellen Bedingungen eine individuelle Mediendarstellung wahrnimmt, die unmittelbare und generelle, intersubjektive Wirkung festhalten möchte. Dies geschah und geschieht heute noch, obwohl man schon recht früh unter dem Eindruck von Ergebnissen aus der *Einstellungsforschung* von der These einer „Allmacht" der Medien abzurücken und die Relativierung von allgemeinen Wirkungsansätzen zuzugestehen gezwungen worden war (s. Klapper 1960, zusammenfassend Bergler & Six 1979, Six 1988).

Ein Ausweg schien mit der Entwicklung des *„Nutzen"*-Ansatzes gefunden worden zu sein, der Bedürfnisse und Gratifikationen des einzelnen Rezipienten durch spezielle Selektionen von Medieninhalten und überhaupt die Handlungsmotivation des Rezipienten, in den Vordergrund rückte. Nicht selten wurde er aber auch dahingehend überinterpretiert, daß eine Art „Pseudoautonomie" des Rezipienten, der quasi emanzipiert und unbeeinflußt von äußeren Faktoren Nutzen und Belohnungen aus den Medien ziehe, angenommen wurde. Zum Beispiel fallen unklare (der unmittelbaren Introspektion nichtzugängliche) Motive sowie Bedürfniserweckung durch die Medien(angebote) selbst durch die Maschen dieses Beobachtungsansatzes.

Ökologische Ansätze, die seit einigen Jahren ganz allgemein in der Psychologie an Boden gewonnen haben (vgl. dazu z.B. Fuhrer 1983), scheinen die Möglichkeit zu bieten, die Nachteile der beschriebenen Ansätze aufzufangen. Sie würden die fortschreitende Durchdringung der Alltagswelt eines immer größer werdenden Teils der Menschheit durch und mit Massenmedien (s. dazu Abschnitte 2 und 3) in die Betrachtung mit einbeziehen, mehr noch: sie zum Mittelpunkt machen. Der *alltägliche*, in den verschiedensten Kontexten sich vollziehende Umgang mit Medien müßte als eine von vielen Formen der täglichen Auseinandersetzung des Menschen mit seiner sozialen Umwelt betrachtet, der Charakter von Massenmedien als para-sozialer Bezugspartner für Menschen akzeptiert, die besondere Bedeutung der Medien als Sozialisationsfaktoren herausgestellt werden. Jedes Individuum entwickelt aus seiner individuellen Lerngeschichte (Sozialisation) und den direkt und/oder medial vermittelten Umweltfaktoren einen persönlichen Stil der Interaktion mit dem sozialen und physischen Umfeld, innerhalb dessen die Mediennutzung ein gewichtiger Teilaspekt ist.

So betrachtet, könnten beide Hauptpositionen – Wirkungs- und Nutzen-Ansatz – in sinnvoller Weise *integriert* werden: Medien sind einerseits Sozialisationsfaktoren; andererseits bestimmt die Lerngeschichte des Individuums, welche Angebote der Medien es auf welche Weise nutzt, welche Formen und Inhalte welcher Medien als befriedigend erlebt werden.

Die Medienpsychologie entwickelt sich nur langsam; zum gegenwärtigen Zeitpunkt sind nur wenige Ansätze einer *ökologisch* orientierten Medienpsychologie auszumachen. Hinzuweisen wäre etwa auf Lüschers (1984) Ansatz einer „media ecology".

Eine interessante Perspektive findet sich bei Meyrowitz (1987): Ihm geht es in seinem „situativen Ansatz" darum, zu beschreiben, wie sich elektronische Medien auf soziales Verhalten auswirken: nicht kraft ihrer Inhalte, sondern indem die sozialen Umwelten, in denen Menschen sich zueinander verhalten, neu gestaltet werden. Er versucht, die Theorien von Goffman und Marshall McLuhan zu integrieren, die beide sowohl überzeugend sind als auch Schwächen haben und insofern die getrennten Stränge der Sozialwissenschaften bei der Erforschung der Medien und ihre begrenzte Aussagekraft widerspiegeln. Während sich Goffman auf die direkte zwischenmenschliche Interaktion konzentrierte und Rollen und Rituale von handelnden Akteuren beschrieb, aber die Einflüsse von Medien nicht beachtete, war es bei McLuhan umgekehrt, insofern er sich auf die Auswirkungen von Medien und Vernachlässigungen der strukturellen Aspekte der menschlichen Interaktion konzentrierte. Beide hatten offenbar eine scharfe Trennung von „wirklichem Leben" und „künstlicher Medienrealität" internalisiert. Will man dies aber korrigieren, und nach dem gemeinsamen Nenner sowohl der Untersuchungen über zwischenmenschliche Interaktion als auch der über Medienwirkungen suchen, stößt man auf die Struktur sozialer „Situationen". Meyrowitz' These ist, daß das Fernsehen es geschafft hat, die früher deutlich voneinander getrennten „Erfahrungs- (oder Informations-)welten" von verschiedenen Typen und Gruppen von Menschen zur Überlappung zu bringen. Früher brachten verschiedene örtlich voneinander getrennte Situationen verschiedene soziale Rollen hervor, die diese Menschen zu spielen hatten. Heute schafft das Fernsehen einen „allgemeinen Ort" für alle, reduziert so die Verschiedenheiten, und ermöglicht so mehr oder weniger allen, an allem teilzunehmen. Keine Gruppe hat prinzipiell mehr die Möglichkeit, etwas zu verheimlichen.

2. Zum Begriff der „Neuen Medien"

Mit dem Aufkommen der „Neuen Medien" ist eine *qualitativ neue Stufe* in der Entwicklung der Medien als auch der sich mit ihren Strukturen und den von ihnen ausgehenden Wirkungen (bzw. Folgen) befassenden Wissenschaften erreicht. In jeder erdenklichen Beziehung nehmen die Kommunikationsmedien für die Menschen der entwickelten Industrieländer (und zunehmend auch der Dritten Welt) eine so bedeutsame Rolle und Funktion ein, daß die positiven wie negativen Auswirkungen dieser Entwicklung noch gar nicht abzuschätzen sind. Weil sich diese Beziehungen von Menschen miteinander oder mit Maschinen/Medien grundlegend zu verändern scheinen, wird die Thematik der Neuen Medien zu einer gesellschaftlich höchst relevanten Fragestellung für die Psychologie.

Der Begriff „Neue Medien" wird dabei höchst unterschiedlich gebraucht. Er kann sich v.a. auf *technologische Innovationen* der letzten Jahre beziehen; also: elektronische Textübermittlungsmedien (Videotext; Bildschirmtext, Kabeltext); Kabel-Breitband-Kommunikation (mit der Möglichkeit von Rückkanälen und interaktiver, Zwei-Wege-Kommunikation), (Satellitenübertragung von Fernseh- und anderen Signalen); elektronische Speichermedien (Videoband/-kassette; Bildplatte); digitale Medien (Laser-abgetastete Bildplatten: Compact Disks; Digital Audio Tape); hochauflösendes Fernsehen und andere Innovationen (→ *Bildschirme*).

Im *allgemeinen Sprachgebrauch* findet sich eine eher weite Auslegung des Begriffs „Neue Medien", der u.a. mit einbezieht:

a) alle Medien, deren Vermittlungsinstrument der *Bildschirm* ist (→ *Bildschirm/Fernsehen*);

b) alle Medien, bei denen es eine *quantitative* Veränderung gegeben hat (etwa die

Vermehrung der Programmöglichkeiten am Bildschirm durch Einführung von Kabelsystemen, Satellitenfernsehen und Videorecorder/-kassetten);

c) alle „alten" Medien, die einen *Funktionswandel* durchgemacht haben und öffentliche Medien geworden sind (Videorecording: früher ausschließlich professionell, heute privat genutztes, mittlerweile populäres Massenmedium);

d) alle Medien, deren *Qualität* besser geworden ist und die damit „alte" Medien ersetzt haben (z.B. Compact Disc statt Schallplatte oder Musikkassette; Bildplatte oder Video-8-Film statt Super-8-Film);

e) alle Medien, die *neu entdeckt* worden sind (wie z.B. die AudioKassette für literarische Texte – das „Hörbuch").

In der Psychologie werden darüber hinaus einige Medien deshalb als „neue" betrachtet, weil sie seit einiger Zeit und mit gutem Erfolg für bestimmte Bereiche der beruflichen *Praxis* genutzt worden sind (Video etwa im Bereich der psychosozialen Beratung/Therapie; vgl. Heilveil 1984, Mittenecker 1987). Oder weil ihre Nutzung in wichtigen gesellschaftlichen Bereichen besondere, psychologisch relevante Fragen bzw. Konsequenzen aufwirft (Schule: Einführung von Computern; Freizeit: Kinder und Videospiele/-filme; vgl. Lukesch 1989a, b; Arbeitssphäre: Problematik von Bildschirmarbeitsplätzen und „Teleheimarbeit"). Und schließlich können in (nicht selten kulturkritischer) Perspektive die audiovisuellen Medien (besonders das Fernsehen) gemeint sein, sofern und soweit sie sich der „Unterhaltung" widmen (vgl. etwa Postman 1985, Meyrowitz 1987, Greenfield 1987).

Jenseits dieser Zuschreibungen gibt es einige Merkmale, die neu in der (Medien-) Geschichte sind:

– Der zentrale Begriff der *Vernetzung*: Neu sind die Medien, in/bei denen als technischer Fortschritt die Integration oder Verknüpfung von Unterhaltungselektronik, Informationsverarbeitung und Nachrichtenübertragung sichtbar fortgeschritten ist, d.h. vor allem Medien, die sich durch fortgeschrittene Digitalisierung von Signalen (Bilder, Töne, Daten, Sprache) auszeichnen.

– Der Begriff der *Komplexität*, der sich auf das Gefüge der Medien bezieht; die Tatsache, daß in dieser Medienwelt alles mit allem zu tun hat, es keine isolierten Medien, Mediennutzungsformen, Medienrezipienten gibt.

– *Omnipräsenz* (bzw. *Totalität*): Im Verlauf der letzten Jahrhunderte hat der Anteil der Medien an der Umwelt des Menschen allmählich zugenommen; in den letzten Jahren allerdings ist dieser „Umweltfaktor" durch immer neuere, immer schnellere Entwicklung und Fortentwicklung im elektronischen und vor allem audio-visuellen Bereich so bedeutend wie nie zuvor geworden. Ohne die – technischen – Medien ist ein Leben schlechterdings nicht mehr vorstellbar.

Für eine ökologisch orientierte Medienpsychologie ergeben sich daraus folgende Aufgaben:

(1)*Verbreitung*: Bestandsaufnahme und Analyse der durch Medien geprägten Umwelt des Menschen, Bestimmen der wesentlichsten Merkmale und Charakteristika der Medienwelt;

(2)*Nutzung und Akzeptanz*: Analyse der Bedeutung, die „alte"und „neue" Medien für die Menschen besitzen, und des Ausmaßes, in dem sie von den Menschen „angenommen" werden, darin eingeschlossen Einstellungen u.ä. ;

(3)*Wirkungen/Folgen*: Untersuchung der Wirkungen einzelner Medien und des Mediengefüges (der Medienumwelt) auf die Menschen; ihrer Folgen für (soziale, psychische, kognitive) Entwicklung und Verhalten und ihre (politischen, ökonomischen) Funktionen in der Gesellschaft.

3. Verbreitung: Analyse der Medienwelt

– Die Umwelt des Menschen füllt sich zusehens mit Medien. Ihre objektive Bedeutung steigt in dem Maße, in dem sie *in immer mehr Lebensbereiche* des Menschen eindringen; es gibt heute (fast) keinen Bereich mehr, in dem sie nicht präsent sind: Familie und Freizeit, Arbeit und Beruf, Bildung und Erziehung usf. (Ende 1987 besaßen von je 100 Arbeitnehmerfamilien mit mittlerem Einkommen in Deutschland 91 einen Farbfernseher, 72 einen Kassettenrecorder, 60 eine Stereoanlage, 47 einen Plattenspieler, 32 einen Videorecorder, 18 einen Heimcomputer.)

– Früher „säuberlich" getrennte Funktionen verwischen und vermischen sich: der Computer ist Arbeitsmittel sowohl im Beruf und in der Schule, aber auch Unterhaltungsmedium („Lustobjekt" für Computer Kids und Hacker). Medien bewirken, daß die früher einmal klare Trennung von Arbeits- und Freizeitbereich zunehmend aufgehoben wird (Beispiel: die Einrichtung von „Heim-*Bildschirmarbeitsplätzen*" für Hausfrauen, die im Wohnzimmer Daten- und Textverarbeitungsaufgaben übernehmen).

– Die neuen Kommunikations- und Informationsmedien sind in den letzten Jahren auch deswegen zu einem immer *selbstverständlicheren* und *omnipräsenten* Element der Umwelt des Menschen geworden, weil sie ständig *qualitativ besser* geworden sind, d.h.: attraktiver (neue Fernsehergeneration, Videofilmangebote), billiger (Computer, Videokassetten), handlicher und „mitnehmbarer" (portable Videokamera-Recorder, Walkman, Watchman, tragbarer PC, Mini-Compact-Disc-Player), bedienungseinfacher (Telespiele für Kinder, Camcorder für private Videoproduktionen), zielgruppenspezifischer und diversifizierter (Videoclips für Jugendliche, In-house-Btx-Systeme für Geschäftskommunikation), technisch besser (störungsfreier, verschleißfreier, unempfindlicher, rauschärmer usf. dank digitaler Technik: Compact Disc, Digital Audio Tape, Laser-Bildplatte, digitales Telefon u.a.m.); ökonomischer (d.h. mehr Kapazität auf engstem Raum: CD-Rom als Speichermedium); unterhaltsamer, „spielerischer" (Telespiele, Computer); integrierter (Bildschirm als Terminal auch für Btx, Videotext, Videospiele) und umfassender (24-Stunden-Kabelfernsehen; „Frühstücksfernsehen").

– Als Folge davon verbringt der Mensch auch *mehr Zeit* in einer von (v.a. elektronischen) Medien bestimmten Umwelt. Allgemein gesehen, wächst das „Medien-Budget", wenn auch nur langsam; bei bestimmten Zielgruppen (Senioren, Kinder, Kranke, Behinderte, Ausländer) steigt der Konsum deutlich an.

4. Zur Akzeptanz und Nutzung Neuer Medien

Der Stand der Medienforschung kann wie folgt zusammengefaßt werden:
(a) Es gibt ein breites, intensives Interesse fast aller Bevölkerungsschichten in den westlichen Industrienationen vor allem an den „Bildschirm-Medien", unter denen wiederum den Erweiterungen des normalen Fernsehens in seinen unterschiedlichen Formen (Videorecording, Kabel-TV) besondere Bedeutung zukommt (→ *Bildschirme/Fernsehen*).
(b) Dieses Interesse ist aber – generell – ein differenzierteres; längst nicht alle neuen Medienangebote haben trotz zum Teil massiver Werbekampagnen der einschlägigen Industrie ihr Publikum gefunden; dies gilt besonders für Btx, Videotext.
(c) Es gibt einige neue Medien, die sich einen Markt segmentierter Rezipientengruppen mit „Boom"-artigen Ausmaßen geschaffen haben (z.B. Videoclips für Jugendliche; Telespiele für Kinder). Dazu einige Details:

Bildschirmspiele

Ende der 70er Jahre erschienen die ersten Miniaturausgaben der elektrischen Videospiele aus den kommerziellen Spielhallen („Arkaden-Spiele"), die unter Zuhilfenahme eines Zusatzgerätes (den Konsolen) auf den Bildschirm des heimischen TV-Gerätes abgerufen werden konnten. Ihre boomartige Verbreitung zwischen 1978 und 1982 verblüffte Wirtschaftsfachleute ebenso wie Sozialwissenschaftler und gab zu mannigfaltigen Interpretationen, v.a. die sozialen Auswirkungen ihrer Rezeption betreffend, Anlaß. (Über Entwicklungen des Mediums,

Verbreitung und psychologische Aspekte informieren Fritz 1988, Greenfield 1987 und Loftus & Loftus 1983.)

Clips

Die „Videoclips" („Musicvideos" sind bei Jugendlichen mittlerweile so beliebt geworden, daß eigene Fernsehsender entstanden (in den USA: Music Television, MTV, mit heute über 20 Mio. Abonnenten, 1981 eingeführt; das deutsche Gegenstück, die „Musicbox", seit 1985), die 24 Stunden lang Clips, nur von Werbung unterbrochen, bringen.

Medienökologisch sind die Clips bemerkenswert, weil sie zum einen die Dominanz des Bildschirms um eine Dimension bereichert haben: das „Bildschirm-Geschehen für Jugendliche" findet nicht mehr nur auf den heimischen Fernsehgeräten statt, sondern in den verschiedensten Umwelten (Bahnhöfe, Kaufhäuser, Diskotheken, Jeans-Shops, Schallplatten-Läden, Geschäftspassagen, Schaufenster, usf.; vgl. Faulstich 1985).

Sie sind weiter bemerkenswert, weil sie eine adressatenspezifische affektive Bindung an den „Bildschirm" bewirken: Fernsehen, Fernsehgerät und Bildschirm sind für Jugendliche *dann* interessant, wenn sie den Jugendlichen *die* Unterhaltung bieten, die für sie in einer bestimmten Phase der Entwicklung besonders wichtig ist, – die Rock- (und Pop-)Musik. Ansonsten ist eine für die Altersstufe von 16 bis 30 Jahren geringer werdende Bindung junger Leute an das Fernsehgerät empirisch belegt worden; diese Bindung nun wird durch einige neue Medien bzw. Medieninhalte – wie Videoclips, aber auch Telespiele und Computer – wieder intensiviert.

Bildschirmtext

Die „Akzeptanz" – im privaten Bereich – ist nach wie vor sehr gering: Ende März 1988 gab es in der BRD nur 110.000 Anschlüsse.

Btx wird auf längere Sicht hin ein vorwiegend von einer relativ kleinen Minderheit genutztes Medium der *Geschäftskommunikation* bleiben und von speziellen kommerziellen Gruppen genutzt werden, die den Zugang zu fachspezifischen Datenbänken suchen (z.B. Ärzte).

Nachteilig für eine Nutzung haben sich teure Teilnehmer-Endgeräte, relativ lange Suchwege wegen der niedrigen Übertragungsgeschwindigkeit des jetzigen Fernsprechnetzes, Datenschutzprobleme, beschränktes Angebot (Piekara u.a. 1986) und unverlangte Rundsende-Informationen von kommerziellen Anbietern ausgewirkt. Im Gegensatz dazu ist in Frankreich das allgemeine Interesse privater Nutzer am Btx sehr groß. Dort gab es schon 1985 1 Mio. Anschlüsse, und nach einer Umfrage (Kuhn 1985) sollten 79% der privaten Nutzer sehr zufrieden mit dem neuen Medium sein.

Videotext

Im Gegensatz dazu hat sich der vergleichsweise sehr viel billigere und weniger aufwendigere Videotext (oder amtlich: „Fernsehtext") besser durchgesetzt. Es gibt ihn in 15 europäischen Staaten, wobei er besonders in Großbritannien erfolgreich ist. In der BRD zählte man Ende März 1988 2,2 Mio. Videotext-Haushalte, in denen die Möglichkeit genutzt werden kann, Wetter, Nachrichten, Sportmeldungen, Informationen zum Fernsehprogramm, Verbrauchertips und (die interessanterweise auch bei Nichtbehinderten beliebten) Untertitelungen für Hörgeschädigte auf den Fernsehschirm zu bekommen – und dies trotz relativ langsamen Zugriffs auf die Informationen (Gericke 1988, Ehlers 1985, Media-Perspektiven 1985).

5. Wirkungen und Folgen der neuen Medien-Umwelt

Medien haben in der Geschichte schon immer den sozialen Menschen beeinflußt; jedes neue Medium hat – spätestens seit der Einführung des Buchdrucks als erstes großes Massenmedium mit überwältigenden Wirkungen (ermöglichte doch erst der Buchdruck die Aufklärung) – Folgen vor allem für die soziale Entwicklung des Menschen gehabt.

Aber es besteht Grund zur Annahme, daß die Gesamtheit der neuen elektronischen Medien, auch und besonders wegen ihres vernetzenden Charakters, den Menschen intensiver, nachdrücklicher und *irreversibler* beeinflussen, ja verändern können, als dies früher jemals auch nur denkbar, geschweige denn möglich gewesen wäre. Dies herauszuarbeiten, die Auswirkungen der Neuen Medien in psychischer, kognitiver, sozialer, interaktioneller Hinsicht zu untersuchen, und zwar mit quantitativer und qualitativer Methodik (vgl. Baacke & Kübler 1989), ist Aufgabe einer ökologisch orientierten Medienpsychologie der nächsten Jahrzehnte.

Allerdings zeigt sich hier ein Dilemma: Angesichts des defizitären Forschungsstandes und des sich jeder Prognose verschließenden schnellen technologischen Fortschrittes ist es kaum möglich, Zustandsbeschreibung und Prognose, Erwartung und Hoffnung, Gegenwart und Zukunft auseinanderzuhalten. Vernünftigerweise kann man heute kaum mehr als Tendenzen der Medienwirkung beschreiben. Ein Ausdruck dafür ist die Tatsache, daß man auch in der Psychologie mit *Szenarien* unterschiedlichsten Komplexitätsgehaltes zu arbeiten beginnt und „optimistische vs. pessimistische" Entwicklungsmöglichkeiten zusammenstellt (z.B. bei Winterhoff-Spurk 1984, Hartwanger 1982, S. 47ff./S. 54 ff.; Schorb 1982, 1985). „Szenarios sind Beschreibungen alternativer hypothetischer ‚Zukünfte' oder ‚Entwicklungswege' zu möglichen und/oder gewünschten ‚Zukünften'. Szenarios geben nicht an, was sein wird, sondern beschreiben, was sein könnte." (Jungermann 1984)

Stoff für Szenarien liefern die folgenden Annahmen gegenwärtiger und zukünftiger Entwicklung (deren Validität zu überprüfen ist):

(1) Die *technisch vermittelte* (Text-, Daten-, Bild-)Kommunikation ist im Begriff, für die Menschen von heute wichtiger zu werden als die jahrhundertelang dominierende *personale* Kommunikation. Menschen verbringen mehr Zeit damit, *mit Medien* zu kommunizieren als *mit anderen Menschen*. Die elektronischen Medien nehmen den Menschen mehr und mehr alltägliche soziale Funktionen ab und reduzieren die Interaktionsmöglichkeiten.

Die Gewöhnung an die Medien führt dazu, daß – zumindest in bestimmten Bereichen – die Kommunikation mit dem Medium der mit einem menschlichen Partner vorgezogen wird, wie wir es bei den Videospielen der Jugendlichen beobachten können oder beim electronic mailing der Wissenschaftler:

„Das Seltsame ist, daß wir als Absender und Empfänger von Computerpost mehr miteinander kommunizieren, aber wahrscheinlich nicht mehr so oft direkt miteinander reden (…). In unserem Labor verlassen sich die Mitarbeiter jedoch mittlerweile so weit auf den Computer, daß sie die elektronische Botschaft häufig sogar einem direkten Gespräch vorziehen. Es ist nichts Ungewöhnliches, daß sich zwei Mitarbeiter in der Halle begegnen und der eine zum anderen sagt: „Ich schicke dir gleich eine Nachricht", worauf er zu einem Terminal eilt, um sein Versprechen einzulösen, ohne überhaupt noch daran zu denken, daß er die Informationen ohne weiteres unmittelbar hätte weitergeben können." (Norman 1984, S. 67).

Fazit: Die *subjektive* Bedeutung der Medien, des Umgangs mit Medien und der durch Medien vermittelten Inhalte steigt im Bewußtsein der Menschen enorm an.

(2) Der Prozeß der Kommunikation mit Medien verändert sich in zweifacher Richtung: Einmal verwischen sich die Grenzen von Individual- und Massenkommunikation: Beim Bildschirmtext ist die traditionell „passive" Kommunikationssituation schon tendenziell aufgehoben, wonach Produzenten/Kommunikatoren Art und Zusammenstellung der übermittelten Informationen bestimmen und diese von einem massenhaften (dispersen) Publikum empfangen und rezipiert werden; der Btx-Teilnehmer trifft statt dessen (aktiv) aus einem Angebot separater Informationseinheiten eine individuelle Auswahl; ähnlich geschieht dies beim *Pay-TV* bzw. *pay-per-view-TV*.

Zum anderen werden Chancen erkennbar, die bisher dominierende, einseitige „Ein-Weg-Kommunikation" (ein Kommunikator sendet eine Botschaft über ein technisches Medium an ein diffuses, massenhaftes Publikum) zu einer „*Zwei-Weg-Kommunikation*" umzugestalten, d.h. sowohl die Interaktion der Rezipienten mit dem „Sender" als auch die der Rezipienten unter- bzw. miteinander zu ermöglichen. (Technische Voraussetzung dafür ist allerdings das Ersetzen der bisher schmalbandigen Netze durch Breitbandnetze und Glasfasertechnik, – deren Realisierung allerdings trotz optimistischer Aussagen von Bundespost und Industrie jedenfalls in der BRD nicht präzise vorausgesagt werden kann.)

(3) Als Folge der zunehmend intensiver werdenden Kommunikation mit Medien verändern sich *kognitive Prozesse* und *soziale Verhaltensweisen* der Menschen: Die Interaktion des Menschen mit den Medien wird zu einer neuartig *para-sozialen*; man spricht von einer schleichenden „Maschinisierung" des Denkens und Handelns, besonders in bezug auf Computer (Volpert 1983, Bammé et al. 1983).

Denken, Problemlösen, antizipierendes Handeln der Menschen hat sich den Logiken etwa der Computersprache zu unterwerfen.

(4) Die *soziale Perzeption der Wirklichkeit* ändert sich: Durch die zunehmende „Anbindung" des Menschen an die Neuen Medien (v.a. an den Bildschirm) wird die Gefahr sozialer Isolation und des Realitätsverlusts des Menschen größer. Einmal wird er von seiner sozialen und natürlichen Umwelt abgetrennt (Einkäufe am Terminal). Zum anderen können im Zeitalter der enormen Vermehrung des Programmangebotes (Kabel-/Satellitenfernsehen; Videokassetten) die unterhaltenden audiovisuellen Medien zum Lieferanten von „Wirklichkeit aus zweiter Hand" werden.

(5) Die audiovisuelle Kultur der elektronischen Medien wird zur dominierenden Kultur in unserer Gesellschaft; sie verdrängt die literarische Kultur, die seit der Erfindung des Buchdrucks gewachsen ist. Kulturpessimistisch orientierte Kritiker wie Neil Postman (1982/83, 1985) oder auch Joseph Weizenbaum (1977) prognostizieren revolutionäre Veränderungen: die Herrschaft des Wortes werde von der des Bildes abgelöst; wichtige Errungenschaften der Druck- und Lesekultur würden damit obsolet. Das geschriebene, gedruckte Wort verliere seinen Wert, da es zunehmend nur noch elektronisch gespeichertes, auf dem Bildschirm abrufbares, sichtbar zu machendes Wissen gebe. Letzlich stehe ein Geschichtsverlust ins Haus. – Oder: Da das Publikum vom audiovisuellen Medium (speziell dem Fernsehen) nur „Unterhaltung" erwarte, werde über kurz oder lang alles im Fernsehen, von der Politik bis zur Religion, einen gleichgeschalteten, oberflächlichen Unterhaltungscharakter bekommen, ein echter kommunikativer Diskurs über welche Angelegenheiten auch immer nicht mehr möglich sein.

(6) Die Medien werden *omnipräsenter* und selbstverständlicher Bestand unserer Umwelt; in besonderem Maße trifft dies zu für:
– die *Kamera* (die zur Verkehrsüberwachung, zur Diebstahlprävention in Kaufhäusern, bei Polizeieinsätzen zur vorbeugenden Identifikation von Demonstrationstätern, als Elternhilfe zur Überwachung (sic) des Kinderzimmers usf. eingesetzt wird; als das „allwissende Auge" des „Großen Bruders" hat sie seit George Orwells Roman „1984" lange vor ihrer kommerziellen Entwicklung supranationalen Verbreitung und ubiquitären Verwendung Weltruhm erlangt.)
– den *Computer*;
– und für den multifunktionalen *Bildschirm* (→ *Bildschirme/Fernsehen*).

(7) Als „Gegenbewegung" zur fortschreitenden Technisierung könnten aber auch personale Kontakte bzw. „Außer-Haus-Aktivitäten" an Bedeutung gewinnen. Neue Daten lassen einen zumindest im „normalen TV-Konsum" stagnierenden Konsum erkennen und weisen auf ein allgemein zu beobachtendes gestiegenes Interesse an typischen Freizeitaktivitäten wie Sport und Spiel hin. Die neuen und alten Medien sind viel, aber sie sind nicht alles.

Literatur

Baacke, D. & Kübler, H.D. (Hg.) (1989). Qualitative Medienforschung. Tübingen: Niemeyer.

Bammé, A., Feuerstein, G., Holling, E., Kahle, R. & Kempin, P. (1983). Die Maschine, das sind wir selbst. Zur Grundlegung einer Sozialpsychologie der Technik. Psychosozial 6, No. 18, 40-50.

Bergler, R. & Six, U. (1979). Psychologie des Fernsehens. Bern: Huber.

Cakir, A. (1981). Belastung und Beanspruchung bei Bildschirmtätigkeiten. In M. Frese (Hg.), Streß im Büro (S. 46-71). Bern: Huber.

Dowrick, P.W. & Biggs, S.J. (Eds.) (1983). Using video: Psychological and social applications. New York/Chichester: Wiley.

Ehlers, R. (1985). Nutzung und Akzeptanz der regionalen und überregionalen Videotext-Angebote. Media Perspektiven 6 471-478.

Faulstich, W. (1985). Vom Live-Auftritt zum Video-Clip. Popmusik auf dem Bildschirm. Medien und Erziehung 29, 258-267.

Fritz, J. (1985). Im Sog der Videospiele. Was Eltern wissen sollen. München: Kösel.

Fritz, J. (Hg.) (1988). Programmiert zum Kriegsspielen. Weltbilder und Bilderwelten im Videospiel. Frankfurt: Campus.

Fuhrer, U. (1983). Zur Bedeutung des Attributs „ökologisch" in der Psychologie: Eine Standortbestimmung. Schweizerische Zeitschrift für Psychologie 42, 255-279.

Gericke, G. (1988). Wachstum in der Austastlücke. Videotext in der Bundesrepublik und in Europa. Media Perspektiven 7, 393-408.

Goergen, J & Hillmer, A. (1981). Ohne Fernsehen leben. Psychologie Heute 8 (6), 58-61.

Greenfield, P.M. (1987). Kinder und neue Medien. Die Wirkungen von Fernsehen, Videospielen und Computern. München/Weinheim: Psychologie Verlags Union.

Haen, I. de (1985). Medienzukunft: Lust oder Last? Funk-Korrespondenz No. 7/15.2.85, 5-7.

Hartwanger, G. (1982). Die positiven Folgen: Mehr Wissen und individuelle Freiheit. – Die negativen Folgen: Vereinsamung und Realitätsverlust. In B. Schorb, Familie am Bildschirm (S. 47-61). Frankfurt: Ullstein.

Heilveil, I. (1984). Video in der Psychotherapie. München: Urban & Schwarzenberg.

Howitt, D. (1982). The mass media and social problems. Oxford: Pergamon.

Huth, I. & Löhr, P. (1982). Kabelfernsehen. Eine Bibliographie. München.

Journal of Broadcasting: (Themenschwerpunkte) Qualitative Methods. Journal of Broadcasting 26 (4).

Jungermann, H. (1984). Kurzinformation. BMFT-Projekt „Die Arbeit mit Szenarien bei der Abschätzung von Technologiefolgen". Arbeitspapier. Berlin: Technische Universität.

Klapper, J.T. (1960). The effects of mass communication. Glencoe: Free Press.

Kubicek, H. (1983). Soziale Folgen der Verkabelung. Absehbares für Betriebe und Haushalte. Medium 13 (9), 4-13.

Kübler, H.D. (1985). Im Banne des Terminals. Bildungspolitik zwischen technologischer Obsession und konservativer Ideologie. Medien und Erziehung 29, 131-144.

Kunczik, M. (1982). Aggression und Gewalt. In H.J. Kagelmann & G. Wenninger (Hg.), Medienpsychologie (S. 1-8). München: Urban & Schwarzenberg.

Kunczik, M. (1982). Gewalt im Fernsehen. Aktuelle Forschungstrends. Medien und Erziehung 26, 332-338.

Loftus, G.R. & Loftus, E.F. (1983). Mind at play. The psychology of video games. New York: Basic Books.

Lüscher, K. (1984). Fernsehen – Familie – Gesellschaft. Elemente einer Medienökologie. In H. Ringeling & M. Svilar (Hg.), Die Welt der Medien. Probleme der elektronischen Kommunikation (S. 39-53). Bern: Haupt.

Lukesch, H. et al. (1989a). Video im Alltag der Jugend. Regensburg: Roderer.

Lukesch, H. et al. (1989b). Jugendmedienstudie. Eine Multi-Medien-Untersuchung über Fernsehen, Video, Kino, Video- und Computerspiele sowie Printprodukte. Regensburg: Roderer.

Media-Perspektiven (Red.) (1985). Videotext-Begleitforschung 1981 bis 1985. Im Auftrag der ARD/ZDF-Medienkommission. Media Perspektiven 1. Frankfurt.

Meier, W. & Bonfadelli, H. (1985). Evaluation der Btx-Begleitforschungen. Media Perspektiven 9, 692-701.

Meyer, T.P., Traudt, P.J., & Anderson, J.A. (1980). Nontraditional mass communication research methods: An overview of observational case studies of media use in natural settings. In D. Nimmo (Ed.), Mass Communication Yearbook, Vol. 4 (pp. 261-275). New Brunswick.

Meyrowitz, J. (1987). Die Fernsehgesellschaft. Wirklichkeit und Identität im Medienzeitalter. Weinheim: Beltz.

Mittenecker, E. (1987). Video in der Psychologie. Methoden und Anwendungsbeispiele in Forschung und Praxis. Bern: Huber.

Norman, D.A. (1984). Der Computer als Brief-"Träger". Psychologie Heute 11 (12), 64-67.

Piekara, F.H., Ulrich, R. & Muthig, K.P. (1986). Benutzererwartung und Informationsabruf in Btx. Psychologie und Praxis 30 (1), 25-33.

Postman, N. (1982). The disappearance of the childhood. New York: Delacorte Press (dt.: Das Verschwinden der Kindheit. Frankfurt: Fischer 1983).

Postman, N. (1985). Wir amüsieren uns zu Tode. Frankfurt: Fischer.

Roberts, D.F. & Bachen, C.M. (1981). Mass communication effects. Annual Review of Psychology 32, 307-356.

Schorb, B. (1982). Familie am Bildschirm. Neue Medien im Alltag: Frankfurt: Ullstein.

Schorb, B. (1984). Mit dem Joy-Stick in die Computerzukunft. Medien und Erziehung 28, 194-205.

Schorb, B. (1985). Neue Medien im Familienalltag. In H.G. Rolff & P. Zimmermann (Hg.), Neue Medien und Lernen (S. 58-71). Weinheim: Beltz.

Seeßlen, G. & Rost, C. (1984). Die Welt der Computerspiele. Reinbek: Rowohlt.

Selg, H. (1983). Viel Geschrei und wenig Wissen. Über die Wirkung von Video-Automaten-Spielen auf Kinder und Jugendliche. Spielmittel 4, 11-15.

Six, U. (1988). Medien- und Massenkommunikation. In D. Frey, C. Hoyos D. Stahlberg (Hg.), Angewandte Psychologie. München/Weinheim: Psychologie Verlags Union.

Ulich, E. (1980). Psychologische Aspekte der Arbeit mit elektronischen Datenverarbeitungssystemen. Schweizerische Technische Zeitschrift No.2/24.1.1980, 66-68.

Volpert, W. (1983). Denkmaschinen und Maschinendenken: Computer programmieren Menschen: Psychosozial 6 (18), 10-29.

Volpert, W. (1985). Zauberlehrlinge. Die gefährliche Liebe zum Computer. Weinheim: Beltz.

Weizenbaum, J. (1977). Die Macht der Computer und die Ohnmacht der Vernunft. Frankfurt: Suhrkamp.

Winterhoff-Spurk, P. (1984). Kabelfernsehen als psychologisches Forschungsfeld. Unveröff. Vortragsmanuskript. 6. Workshop Politische Psychologie. Tübingen, 15.9.1984.

H. Jürgen Kagelmann,
München
Peter Vitouch,
Wien

Bildschirme/Fernsehen

1. Der omnipräsente und multifunktionale Bildschirm

Auffallendstes Merkmal der neuen Entwicklung im Bereich der Medien und quasi charakteristisch(st)es Symbol der „elektronischen" oder → *Medien-Umwelt* ist die Omnipräsenz des multifunktionalen Bildschirms (vgl. Kruse & Graumann 1985). In immer größerem Maße wenden sich Aktivität und Handeln der Menschen dem Bildschirm zu, so daß man heute pointiert schon vom *„Bildschirmen"* (Mayer) spricht. Während vor einem Jahrzehnt praktisch nur der private Fernsehapparat als Bildschirmmedium existierte, gibt es heute in der näheren Umwelt des Menschen kaum noch ein Setting *ohne* Bildschirm(medium).

Im (papierlosen) Büro; in der Schule (Computer beim Informatikunterricht; Fernseher, Videorecorder, Bildplatten-Abspielgerät); in der wissenschaftlichen Kommunikation (sog. Computer-Korrespondenz); in Krankenhäusern (zur Überwachung von Schwerkranken oder „gefährlichen" psychiatrischen Patienten per Videokamera und Monitor oder als „Patientenfernsehen" auf den Zimmern); als Wartezimmer-Fernsehen (und Werbeträger) in Arzt- und Zahnarztpraxen (kurze Unterhaltungssendungen, Cartoons und Lehrfilme über richtiges Zähneputzen auf Bildplatten, gesponsert von der Zahnpasta-Industrie); in der medizinischen Ausbildung (Falldemonstrationen per aufgezeichneten Videos auf Großbildschirmen); im Gefängnis (bei Überwachungsaufgaben); in der psychosozialen Beratung und psychotherapeutischen Intervention (Video-Feedback); im Einkaufszentrum (Video-Kamera und Monitor zur Diebstahlsicherung); zur Verkehrsüberwachung bei der Polizei; im familiären Alltag und bei der Freizeitgestaltung von Erwachsenen (Fernsehen, Abspielen von Videokassetten; Bildschirmtext, Videotext; Pay-TV); bei der Freizeitgestaltung für Kinder und Jugendliche (Telespiele, Videokassetten; Computer); in der Wirtschaft (Training von Verkaufspersonal; Managementschulung via Video; Tele-Konferenz, d.h. Unternehmensbesprechungen internationalen Charakters in den öffentlichen Video-Konferenzräumen der Post); für Promotion und Absatzförderung/Werbung (Videoclips auf Monitorwänden in Schallplattengeschäften; Stadtfernsehen) u.v.a.m.

2. Der Fernseh-Bildschirm

Fernsehen ist und bleibt das prototypische audiovisuelle Bildschirmmedium; seine Nutzung und die mit ihm verbundenen Einstellungen und das Handeln seiner Nutzer sind prototypische Medienumgangsweisen unserer Zeit. Einige wichtige medienökologische Tendenzen sind dabei die folgenden:

– *Der Fernsehapparat:* Fernsehen ist und bleibt die *Freizeitbeschäftigung Nummer Eins.* In der BRD betrug die tägliche Sehdauer 1989 für Erwachsene durchschnittlich 153, in Haushalten ohne Privatsender-Empfang, sei er terrestrisch oder per Kabel 141, in Kabelhaushalten 165 Minuten; bei Kindern (6-13 Jahre) lagen die entsprechenden Werte bei 86 bzw. 95 Minuten. Nimmt man den „Fernsehhaushalt" als Kriterium, und schaut sich die Zeit an, während der ein Fernseher angeschaltet ist, kommen noch wesentlich höhere Werte heraus:

251 Min. durchschnittlich pro Tag; 233 in Haushalten ohne Privatsender-Empfang, 278 in Kabelhaushalten (Darschin & Frank 1990).

– Die gesellschaftliche wie medienökologische Bedeutung wird dadurch unterstrichen, daß sich technische *Fortentwicklungen* sehr stark auf den (Fernseh-) Bildschirm konzentrieren.

Der Bildschirm (bzw. das Fernsehgerät) wird durch Flat-and-square-Bildröhren „handlicher", weniger sperrig; Großraumbildschirme werden eingesetzt (in Rockkonzerten, medizinischen Vorlesungen, Hotel-Aufenthaltsräumen). Es gibt als Gegenstück dazu das „Mini"-Fernsehen (der Armbandfernseher oder „Watchman") mit einer Bilddiagonalen von 3,5 x 5 cm und einer Bildröhre von 16.5 mm. Das stereophone Fernsehen und die Fernbedienung sind bereits weitgehend als Konsumartikel eingeführt, genau wie Geräte, die Btx- und Videotext-fähig sind, den Anschluß von Videorecordern und PCs ermöglichen und über das VPS (Video-Programmier-System) die garantierte Aufzeichnung jedweder Fernsehsendung ermöglichen sowie über blendfreie Bildscheiben u.a.m. verfügen.

– Die *Einstellung* eines immer größer werdenden Teils der Bevölkerung gegenüber dem Bildschirmmedium an sich verändert sich: Die Kinder, Jugendlichen und jungen Erwachsenen von heute sind die Generation, die als erste in der Geschichte der Menschheit mit dem Medium Fernsehen quasi selbstverständlich aufgewachsen ist. Sie nehmen daher die zunehmende Omnipräsenz von Bildschirmen als normalen Zustand und vertraute Erscheinung gelassen hin. Für sie ist selbstverständlich, daß es neben der „face-to-face", also der „normalen" Kommunikation, die para-soziale Interaktion und Kommunikation mit dem Bildschirmgerät gibt (gleichgültig, was dort inhaltlich abläuft: Telespiel, Videofilm, Btx-Service usf.).

– Die *„innenarchitektonische Dominanz"* des Bildschirms hat zugenommen, wodurch die subjektiv gestiegene Bedeutung der Bildschirmmedien, insbesondere des Fernsehens, für die Menschen unterstrichen wird. Seit der breiteren Einführung des Fernsehapparates veränderte sich die Ausstattung des „typischen" Wohnzimmers immer mehr in Richtung auf einen Raum, der streng funktional auf die Bedürfnisse von Menschen ausgerichtet ist, die fernsehen („der Fernseher als Fluchtpunkt"; vgl. dazu Zielinski 1983) (z.B. muß der Bildschirm von jedem Punkt aus gleich gut sichtbar sein, dürfen keine höheren Möbel existieren usf.).

3. Der multifunktionale Bildschirm

An den Bildschirm des Fernsehapparates können immer mehr verschiedene Geräte (wie: Videorecorder; Heimcomputer mit Speichereinheit; Videotext-Decoder; Btx-Decoder; Bildplattenspieler; Videoüberwachungsanlage; Videokamera (Camcorder); diverse Datendienste; Antennen-/Kabel-/Satellitenfernsehen; Film-/Dia-Aufzeichnungssysteme usf.) angeschlossen werden, die auf unterschiedliche technische Weise verschiedenste Signale transportieren, also Texte und Bilder, Graphiken und Daten liefern. In seiner Multifunktionalität wird der Bildschirm zunehmend zum universellen *Terminal* für die Menschen seiner Umgebung. Besondere Bedeutung für die Weiterentwicklung des bisher mono-funktionalen Fernsehschirms zum multifunktionalen Bildschirm kommt dabei der Kabelbreitbandkommunikation und der Videoaufzeichnung zu.

3.1 Kabelbreitbandkommunikation/Kabelfernsehen

Breitbandkommunikationsnetze (in Kupferkoaxialtechnik, zukünftig als Glasfaserkabel) erlauben über die Übertragung der üblichen Fernsehsignale hinaus nämlich auch diejenigen von Rundfunk und allen möglichen Daten und Fernsehsprechsignalen. Es wird in Zukunft nur noch *ein gemeinsames*, hoch integriertes System für alle Dienste bzw. Kommunikationssorten geben, ein alle Arten von Kommunikation, also *Sprache, Text, Daten und Bilder* ermöglichendes Vermittlungsnetz. Zukünftig werden damit auch Komfortfernsprecher einschließlich Fernseh-/Video-Konferenz und Bildtelefon, schnelle Datenübertragung, Fernkopieren, Bildschirmtext, Kabeltext, Fernüberwachung und Fernsteuerung von Objekten usf. denkbar (Stichwort ISDN, Integrated Services Digital Network). Heute ist Kabelkommunikation in erster Linie relevant als Kabel*fernsehen*; d.h. als Optimierung der Möglichkeiten, quantitativ *mehr Programme* unterschiedlichster Anbieter in technisch besserer Empfangsqualität zu bekommen. Die *Verkabelung* ist national unterschiedlich weit fortgeschritten: In der BRD notierte man Ende 1989 eine Anschlußdichte (Verhältnis von tatsächlich angeschlossenen zu technisch anschließbaren Wohnungen) von 44,3%. Nimmt man allerdings die Anschluß*quote* (Verhältnis von tatsächlich angeschlossenen Wohnungen zur Zahl der insgesamt vorhandenen Wohnungen), ergeben sich 22,8%. Damit liegt die BRD allerdings trotz einer seit 1982 mit großem Aufwand betriebenen Verkabelung noch hinter Ländern wie der Schweiz (Quote bei 60%), den Niederlanden (bei 70%) und Belgien (bei 90%).

In einigen Regionen, wie z.B. München 26, können heute durchschnittlich pro Kabelhaushalt 15 verschiedene Programme empfangen werden (Woldt 1989).

3.2 Videorecording

Videorecording ist als quasi „verlängertes Fernsehen" zur inzwischen wohl beliebtesten Medienaktivität eines immer größer werdenden Teils der Bevölkerung geworden. Die Attraktivität dieser Beschäftigung ist erstens in der Möglichkeit zu sehen, zeitversetzt normale Fernsehsendungen aufzunehmen und zu rezipieren; zweitens darin, verschiedene „Fertigprodukte", die bespielten Videokassetten, zu kaufen bzw. (in Videotheken) zu leihen, sich somit ein Programm nach eigenem Gusto zusammenzustellen. Drittens kommt noch die heutzutage technisch sehr einfache Möglichkeit hinzu, eigene Videos zu drehen – mittels der immer preiswerter, gewichtsärmer und leistungsstärker werdenden Videokameras bzw. der kombinierten tragbaren Kamera-Recorder-Systeme.

1988 scheinen 38% aller Haushalte in der BRD mit einem Videorecorder ausgestattet gewesen zu sein (die auf den Zahlen der Industrie basierenden Quoten gelten als nicht sehr valide). Die zunehmende Verbreitung dieser Geräte ging einher mit einem massiven Preisverfall: 1978 kostete ein Recorder um 2.900 DM; inzwischen gibt es sie schon ab 500 DM.

Zwischen 1979 und 1988 wurden insgesamt in der BRD über 20 Mio. bespielte Kassetten abgesetzt. Die Zahl der (Anfang 1989) verfügbaren Titel auf Kauf- oder Leih-Kassette wird auf rd. 12.000 geschätzt, die der kommerziellen Videotheken auf 7.100. Mit zunehmender Überversorgung durch – spielfilmintensive – meist kommerzielle Fernsehkanäle dürfte allerdings die Bedeutung des bespielten Bandes stark zurückgehen. Im übrigen wird schon heute soviel aufgezeichnet, daß überhaupt nur jeder zweite Fernsehfilm eine Chance hat, gesehen zu werden (Hoffmann 1989).

4. Folgen für die Menschen

Diese Entwicklung wird nicht ohne Auswirkungen auf die Rezipienten bleiben. Denn zusätzlich zur rein quantitativen Zunahme von Programmen mittels der neuen Kabelkommunikationswege und des Satellitenfernsehens gibt es auch eine Ausweitung des Programm- oder Unterhaltungsangebotes in zeitlicher Hinsicht („Frühstücksfernsehen"; 24-Stunden-Kabelfernsehkanäle). Dazu kommt noch die Möglichkeit für den Rezipienten, sich durch Videokassetten beides, die Programmmöglichkeiten und die Zeit für Mediennutzung, zu erweitern. Als *allgemeine Tendenz* könnte daher angenommen werden, daß der (auch normative) Druck auf den Rezipienten wächst, sich in zeitlich größerem Maße dem „Bildschirmen"/„Fernsehen" als Freizeittätigkeit zu widmen.

Forschungsfragen, die sich daraus für Psychologen ergeben, sind z.B. folgende:

- Mit welchen Konsequenzen psychischer (kognitiver, emotionaler, sozialer) Art ist durch die vermehrte Interaktion mit Bildschirmen zu rechnen: Gibt es etwa eine Abnahme der verbalen und intellektuellen Kontakte auf seiten der Rezipienten; eine Verarmung von Sprache, Gefühlsleben, Kreativität, Phantasiefähigkeit usf.?
- Kommt es zur Abnahme oder Zunahme interpersonaler Kontakte, zu sozialer Isolierung? Führen bestimmte Kommunikationsmittel, wie z.B. Btx, Videotext oder Bildtelefon, bei alten Menschen und Behinderten zu einer erwünschten Zunahme gesellschaftlicher Partizipation(smöglichkeiten)?
- Wird ein *„knowledge gap"* zwischen Viel- und Wenigsehern begünstigt, und trägt die Bildschirmkultur damit zur Vertiefung oder Nivellierung existierender Bildungsunterschiede bei?

- Verstärken die Bildschirmmedien *passive* Konsumhaltungen der Rezipienten und einen „eskapistischen" Mediengebrauch, oder tragen sie zu einer Zunahme gesellschaftlicher *Partizipation* bei?
- Welche Auswirkungen auf das *Leben in der Familie* wird es geben? Inwieweit wird das Leben in sozialen Gruppen mitbetroffen und kommt es längerfristig zur Herausbildung *spezieller sozialer Gruppen*, deren Mitgliedschaft durch gleiche Mediennutzungsformen definiert ist (z.B. Videospielfans)?
- Wird aus der real erfahrbaren Wirklichkeit die zweite oder „*sekundäre Wirklichkeit*" des Bildschirms werden (da der „Partner" des Menschen *in immer mehr Settings* der Bildschirm ist bzw. die auf dem Bildschirm „ablaufenden" Menschen sind)?

5. Ergebnisse der Forschung

Zu einigen Aspekten liegen Untersuchungsergebnisse vor, z.B.

(a) *Zum „Medien-Budget" der Zuschauer:* Die mit Medien, v.a. Bildschirmmedien, verbrachte Zeit ist nach der Einführung der Videorecorder bei allen relevanten Zielgruppen ziemlich *konstant geblieben*; es wird nur wenig mehr „gebildschirmt" als früher. Offenbar wird die zunehmende Attraktivität des individuell mitgestaltbaren Bildschirmangebotes durch eine zunehmende Präferenz (mit stark normativen Charakter) für „outdoor-activities" (Sport, Reisen, Ausflüge) egalisiert, so daß typisch „passive" Tätigkeiten wie das Rezipieren von Bildschirmsendungen in der Werthierarchie eine geringere Rolle spielen als etwa im vergangenen Jahrzehnt (→ Freiraum/Freizeit).

(b) *Zur selektiven Nutzung von Bildschirm-Angeboten*: Abgesehen von einigen spezifischen, auch Problem- oder Randgruppen (Behinderten, Rentnern, Hausfrauen, Arbeitslosen, Kindern, Ausländern), die eindeutig einen größeren Teil ihrer Freizeit für den Medienkonsum „opfern" als zuvor im traditionellen „Fernseh-Setting", kann man eigentlich nur eine *Umschichtung* der für die Nutzung der Medien, insbesondere AV-Medien aufgewendeten Zeit beobachten: die Leute sehen nicht *mehr* fern, sondern nur *andere Programme* (allerdings des gleichen Typs) anstelle der bisher üblichen. Ferner gibt es geschlechtsspezifische Nutzungsphänomene (Männer „spielen" mit dem Kabelfernsehen mehr „herum" als Frauen usf.).

(c) *Zur Motivation der angezielten Gruppen* in bezug auf neue audio-visuelle Medien: Offensichtlich gibt es auch bei der Einführung des Kabel-TVs die typischen, aus der Theorie sozialer Innovationen bzw. der *Diffusionstheorie* bekannten (Persönlichkeits-)Typen (i.e. Innovatoren; Induktoren; Adoptoren; Späte Mehrheit; Nachzügler usf.). Z.B. zeigte sich in einer Untersuchung zum Ludwigshafener Kabelpilotprojekt, daß frühe Übernehmer der Innovation „Kabelfernsehen" dem Übernehmertyp des „Innovators" sensu Rogers durchaus entsprachen; sie hatten u.a. einen höheren Sozialstatus und zeichneten sich in höherem Maße durch formale soziale Partizipation aus, ganz abgesehen von einer positiveren Einstellung zum Fernsehen und politisch eher konservativen Einstellungen (vgl. Bollinger & Kahlert 1985).

(d) *Zum Medienkonsum und den Nutzungsmustern von sozialen Minoritäten*, insbesondere von Gastarbeitern und vor allem von Kindern und Jugendlichen: Ausländische Kinder und Jugendliche wenden offensichtlich mehr Zeit für Medienkonsum auf als deutsche und gehen selbstverständlicher, routinierter mit Medien um, so daß diese AV-Medien (besonders Telespiele und Videokassetten) für sie subjektiv sehr bedeutsam sind. Die Rezeptionssituation ist eine andere als bei Einheimischen; z.B. legt die kulturelle Tradition das gemeinsame Rezipieren im Freundeskreis nahe (Glogauer 1989). Besondere Bedeutung kommt mittlerweile dem Konsum *türkischer Videokassetten* („synthetische Türkei" gegen das Heimweh) zu.

(e) *Zu den kognitiven Aspekten der AV-Medien*: Diese Untersuchungen, die bisher schon einen Schwerpunkt der (experimentellen) Medienpsychologie darstellten, gewinnen beim Kabelfernsehen noch einmal an Relevanz. Ein Schwerpunkt ist die *Bild*wahrnehmung und der Zusammenhang mit der *Text*wahrnehmung (z.B. die „Fiktion von der Bild-Text-Schere", vgl. Winterhoff-Spurk 1983) – in bezug auf Nachrichtensendungen einerseits und Werbespots andererseits. Zu den Ergebnissen angewandter Forschung gehört z.B., daß Bildwahrnehmung und -erinnerung bei Werbespots durch die Vorgabe inhaltlich korrespondierender Textinformation gegenüber textfreien Versionen erleichtert werden. Daraus wird u.a. die Empfehlung abgeleitet, auch für Fernsehnachrichtentexte eine dazu komplementäre Bebilderung zu schaffen (Winterhoff-Spurk & Schmitt 1985, S. 145f.).
Überhaupt sind die speziellen Kognitionen bei der *Nachrichtenrezeption* und das sozialpsychologische Umfeld von Nachrichtenrezeption ein gewichtiges Thema der neueren medienpsychologischen Forschung; ferner die Sprachentwicklung und -kompetenz bei *Viel- und Wenigsehern* und das soziale bzw. parasoziale Verhalten bei der TV-Rezeption. Gerade die Identifikation und Beschreibung von speziellen Nutzer-Typen, wie etwa Viel-, Wenig- und Nie-Sehern („Fernseh-Abstinenzler") oder dem „Umschalt-Charakter" (der ständig mit der Fernbedienung zwischen den Programmen wechselt) wird in den nächsten Jahren noch an Bedeutung gewinnen.

(f) *Zu motivationalen/emotionspsychologischen Komponenten* der Rezeption bestimmter AV-Inhalte, insbesondere zu den Motiven des Konsums sog. *Horrorvideos* („video-nasties") durch (Kinder und) Jugendliche (Lukesch 1989): Wie es scheint, sind bestimmte Medieninhalte offenbar als *funktionale Identifikationsvehikel* in peer-groups aufzufassen (das Ansehen von Zombie-, Kannibalen- u.a. Filmen, „ohne mit der Wimper zu zucken", also das Unterdrücken von Emotionen, ist eine Art Mutprobe in Jugendcliquen). Daneben wird die Diskussion um die potentiell *aggressionsfördernde* und antisoziale Wirkung dieser Videofilme mit stark gewaltverherrlichenden Inhalten nach wie vor ebenso intensiv wie emotional geführt. Zu den bekannten lernpsychologisch orientierten Ansätzen zur Erklärung des Konsums und der Wirkungen der Horrorvideos sind auch psychoanalytische Deutungsversuche (aufbauend auf Konzepten wie „Angstlust" und „Schaulust" u.a.) getreten (vgl. etwa Müller-Doohm 1985, zur Medienwirkung allgemein vgl. Winterhoff-Spurk 1986b).

(g) *Zur Reaktion auf die Vermehrung des Werbeangebotes:* Viele Anzeichen deuten darauf hin, daß es gegen eine ständige Berieselung durch Werbung wachsenden Zuschauerwiderstand gibt. Dieser zeigt sich z.B. empirisch meßbar im Phänomen des „*Werbespotvermeiders*", also eines neuen Zuschauertyps, der die Kanäle wechselt, wenn Werbung erscheint („Zapping") bzw. später aus den per Videorecorder aufgezeichneten Sendungen die in kontinuierlichen Abständen von den Sendern eingeblendeten Commercials herausschneidet. Eine Umfrage in Großbritannien hatte etwa zum Ergebnis, daß Zuschauer mit *Fernbedienung* dreimal so häufig während der Werbeeinblendungen auf andere Programme umschalteten wie Zuschauer ohne Fernbedienung.

(h) *Mehr Partizipation durch „offene Kanäle" und Lokal-TV:* Neben Befürchtungen im Zusammenhang mit Szenarien negativer Art, die sich an die (oben beschriebenen) Entwicklungen der Bildschirmmedien knüpfen, gab es v.a. zu Beginn der Kabelpilotprojekte auch explizite Hoffnungen, durch diese neuen Medien Verbesserungen der Lebensqualität für die Bürger zu erreichen. Z.B. sollten „*offene Kanäle*" („Bürgerfernsehen") es jedermann erlauben, seine Anliegen im und über das Fernsehen darzustellen. Auch das vielerorts ausprobierte *Lokalfernsehen* sollte neue Formen der *Partizipation* der Bürger ermöglichen, d.h., eine intensivere, aktive Teilnahme am Gemeinschaftsleben mit sich bringen. Mittlerweile liegen auch für die BRD erfolgreiche Ansätze eines Lokalfernsehens vor (im Rahmen des Pilotprojektes Dortmund etwa), doch muß die weitere Zukunft solcher Versuche angesichts der erdrückenden Konkurrenz u.a. kommerzieller und meist hochprofessionell ausgestalteter Konkurrenzkanäle eher skeptisch gesehen werden.

6. Ausblick

In keinem anderen ökopsychologisch relevanten Bereich verläuft die Entwicklung so rasch wie bei den Massenmedien. Schon sind neue technische Bildschirm-Innovationen absehbar – wie das hochauflösende Großbild-Fernsehen (HDTV), dessen wesentlichstes Charakteristikum ein revolutionärer Qualitätssprung ist. HDTV muß als tatsächlich *neues* Medium betrachtet werden, das Fernsehbilder in der technischen *und ästhetischen* Qualität von Kinofilmen bzw. der Kino-Projektion liefert.

Die Parameter des neuen AV-Mediums (1.250 statt bisher 625 Zeilen; verringerter Betrachtungsabstand und vergrößerter horizontaler Sehwinkel, mehr Totale in den produzierten Filmen, extreme Schärfe, weniger Schnitte usf.) bringen ein völlig neues unmittelbares, besonderes emotionales Filmerleben hervor, so daß bereits von einem „psycho-physischen Paradigmenwechsel" (Simmerding 1989) gesprochen wird.

Was im einzelnen die „Implementierung des televisuell vermittelten Kinoerlebnisses (…) im privaten Wohnzimmer" (Zielinski 1989) an Veränderungen der Wahrnehmungsgewohnheiten der Menschen bringen wird und welche Einflüsse sie auf die Interaktion zwischen Medium und Nutzer haben wird, ist jetzt noch nicht abzusehen, bildet aber eine der ökopsychologisch vermutlich interessantesten Fragen der nächsten Zeit (→ Medienumwelten).

Literatur

Bollinger, G. & Kahlert, M. (1985). Kabelprojekt Ludwigshafen: Merkmale erster Teilnehmer. Media Perspektiven No. 6, 464-470.

Bonfadelli, H. (1983). Kinder/Jugendliche und Massenkommunikation: Entwicklung, Stand und Perspektiven der Forschung zu Beginn der 80er Jahre. Media-Perspektiven No. 5, 313-324.

Dehm, U. & Klingler, W. (1985). Programmvielfalt versus Programmnutzung. Ergebnisse einer Tagebuchuntersuchung im Kabelpilotprojekt Ludwigshafen-Vorderpfalz. Media Perspektiven No. 6, 459-463.

Glogauer, W. (1989). Eine Untersuchung zum Video-Konsum türkischer Schüler. Medium 19 (2), 13-16.

Greenfield, P.M. (1987). Kinder und neue Medien. München: Psychologie Verlags Union.

Groebel, J. & Winterhoff-Spurk, P. (Hg.) (1989). Empirische Medienpsychologie. München: Psychologie Verlags Union.

Habermann, P. (1984). Fernsehen und Informationsverarbeitung. Perspektiven psychologischer Medienwirkungsforschung. Media Perspektiven No. 1, 51-57.

Herzberg, I. (1987). Kinder-Computer-Telespiele. Eine Literaturanalyse. München: Deutsches Jugendinstitut.

Hoffmann, K. (1989). Videomarkt Bundesrepublik. Strukturelle Probleme werden immer offensichtlicher. Media Perspektiven No. 5, 277-287.

Kruse, L. & Graumann, C.F. (1985). Environmental psychology in Germany. In D. Stokols & I. Altman (Eds.), Handbook of environmental psychology (pp. 1195-1225). New York: Wiley.

Lukesch, H. et al. (1989). Video im Alltag der Jugend. Regensburg: S. Roderer.

Müller, W. & Löhr, P. (Bearb.) (1988). Medienpädagogik: Fernsehen. Theorie und Praxis. Eine Bibliographie internationaler Fachliteratur. München: Saur.

Müller-Doohm, S. (1985). Die Gewaltsamkeit des Bildschirms und die Schaulust des Betrachters. Überlegungen zur Produktion und Konsumtion von Horrorfilmen. Medien und Erziehung 29, 100-108.

Simmerding, K. (1989). Das hochaufgelöste Programm. Überlegungen zu einer HDTV-Ästhetik. Media Perspektiven No. 7, 400-409.

Tully, C.J. (1989). Basisdokumentation Medienliteratur. München: Verlag Deutsches Jugendinstitut.

Winterhoff-Spurk, P. (1983). Fiktionen in der Fernsehnachrichtenforschung. Von der Text-Bild-Schere, der Überlegenheit des Fernsehens und vom ungestörten Zuschauer. Media Perspektiven (Nr. 10), 722-729.

Winterhoff-Spurk, P. (1986a). Kabelfernsehen als psychologisches Forschungsfeld. In: Politische Psychologie. Weinheim: Deutscher Studien Verlag.

Winterhoff-Spurk, P. (1986b). Fernsehen. Psychologische Befunde der Medienwirkung. Huber.

Winterhoff-Spurk, P. & Schmitt, R. (1985). Texte bei der Fernsehwerbung. Eine experimentelle Untersuchung zur Wirkung von Texten auf die Bildrezeption und die Bewertung von Werbespots. Media Perspektiven No. 2, 142-147.

Wiedemann, J. (1984). „Fernsehen wird durch Video erst schön." Eine Synopse der rundfunkeigenen Untersuchungen zum Videoverhalten. Media Perspektiven No. 9, 706-714.

Woldt, R. (1989). Mythos Kabel. Zwischenbilanz eines „neuen Mediums". Media Perspektiven No. 10, 533-605.

Zielinski, S. (1983). TV-Technik, Häuslichkeit und räumliches Design. In S. Zielinski (Hg.), Televisionen – Medienzeiten (S. 47-56). Berlin: Express.

Zielinski, S. (1989). HiVision, HDTV, Advanced Television. Ein Orientierungsversuch in der Debatte um die Erweiterung televisueller Repräsentationstechnik. Media Perspektiven No. 7, 389-399.

H. Jürgen Kagelmann
München

Die Lebenswelt der Arbeitslosen

1. Änderungen in der Lebenswelt der Betroffenen

Arbeitslosigkeit in einer ökopsychologischen Perspektive zu behandeln, ist gleichbedeutend mit dem Versuch, einige strukturelle und funktionelle Änderungen in der Lebensumwelt der betroffenen Menschen aufzuzeigen. Solche Änderungen erstrecken sich nicht nur auf die ökonomische Lage und die mit ihr kovariierenden Begleit- und Folgeerscheinungen (Brinkmann 1976, Fröhlich 1979), sondern auch auf andere Aspekte des Lebensraums und des Alltagsgeschehens. In diesem Artikel seien drei Themenbereiche hervorgehoben:

(1) Untersuchungen über die durch Arbeitslosigkeit veränderte *Zeitstruktur*: In nahezu allen Untersuchungen über die psychischen Folgen von Arbeitslosigkeit wird auf den Zerfall der gewohnten Zeitstruktur hingewiesen, auf die mit einem solchen Zerfall einhergehende Sinnlosigkeit freier Zeit (Leer- und Wartezeiten), auf pessimistische Zukunftsvorstellungen (Kieselbach & Offe 1979, Jahoda 1983, Winter 1984).

„Aufstehen – Mittagessen – Schlafengehen sind die Orientierungspunkte im Tag, die übrig geblieben sind. Zwischendurch vergeht die Zeit, ohne daß man recht weiß, was geschehen ist" (Jahoda et al. 1978, S. 84).

(2) Untersuchungen über die durch Arbeitslosigkeit des Haupternährers – üblicherweise des Familienvaters – aus dem Gleichgewicht geratene *Rollen- und Statusstruktur* (Schindler 1979, Frese & Mohr 1978, Zenke & Ludwig 1985, Wacker 1985): In beträchtlichem Umfang – in den älteren Untersuchungen von Komarovsky (1940) in 22,5% der befragten Familien, in einer neueren Untersuchung (Thomas et al. 1980) bei 37% der interviewten Ehefrauen – führt längere Arbeitslosigkeit des Mannes zu negativen Resultaten. Akut werden in der Krisensituation „Arbeitslosigkeit" latente oder chronische Konflikte der Partnerbeziehung; einige Autoren belegen diese Auffassung unter Hinweis auf die Zunahme vollzogener oder beabsichtigter Ehescheidungen in Familien Arbeitsloser. Als Kriterien für die Verschlechterung der Beziehungen zu den Kindern gelten die Zunahme repressiver Erziehungsmaßnahmen, schlechtere Schulnoten und größere Häufigkeit psychosomatischer Erkrankungen der Kinder. Der Rückzug in die Familie erweist sich als Sackgasse, in der längerfristige Arbeitslosigkeit zu einer Erhöhung der Spannungen und wechselseitigen Belastungen führt. Es bestehen jedoch offensichtlich deutlich geschlechtsspezifische Unterschiede, unterschiedliche Bewertungen bei Männern und Frauen und verschiedene Reaktionsformen in den einzelnen Phasen der Arbeitslosigkeit. Eine vorschnelle Verallgemeinerung von erwarteten – und deshalb auf den ersten Blick sehr plausibel erscheinenden – Einzelbefunden ist gerade in der Arbeitslosenforschung fehl am Platze (vgl. hierzu Abschnitt 2).

(3) Untersuchungen über die Veränderung der *Tätigkeitsstruktur*, insbesondere des räumlichen und sozialen Verhaltens bei längerer Dauer der Arbeitslosigkeit (Kirchler 1985, Pelzmann 1985): Langzeitarbeitslose (mehr als ein halbes Jahr ohne Beschäftigung) ziehen sich mehr und mehr in die eigenen vier Wände zurück (57% der von Kirchler Befragten), reduzieren ihre früheren Freizeittätigkeiten, erhöhen ihren Medienkonsum, sind häufig allein und fühlen sich in dieser Situation unbehaglich, übernehmen einen größeren Anteil üblicher Hausarbeiten. Auch hier ist allerdings wieder auf erhebliche Unterschiede bei den einzelnen Gruppen von Arbeitslosen hinzuweisen (zum Beispiel Variation der Verhaltensänderungen mit dem Lebensalter, der ehemals ausgeübten Berufstätigkeit, dem Persönlichkeitstypus). Insgesamt bestätigen die hier ausgewählten Befunde die These, daß das aktuelle Befinden und Verhalten arbeitsloser Personen nicht nur von (überdauernden) Persönlichkeitsmerkmalen, sondern in beträchtlichem Umfang auch von objektiven und subjektiv wahrgenommenen Situationsfaktoren abhängt. Die Beziehung zwischen objektiv vorhandenen Aktivitäts- und Engagementschancen (zum Beispiel Kontakt- und Freizeitangeboten, Weiterbildungsmöglichkeiten) und deren tatsächliche Inanspruchnahme kovariiert ganz offensichtlich mit der Dauer der Arbeitslosigkeit: Je länger die Arbeitslosigkeit andauert (und je mehr der Glaube an eine Wiedereingliederung in den Arbeitsprozeß sinkt), desto geringer ist die Wahrscheinlichkeit, daß die in der – ohnehin eingeschränkten – Lebenswelt noch vorhandenen Betätigungs-, Freizeit- und Fortbildungsmöglichkeiten auch genutzt werden.

2. Definition, historische Arbeitslosenforschung und Verschiebung der Interessenlage in aktuellen Untersuchungen

Eng verknüpft mit der Elaboration von Lebenswelt-Dimensionen, in denen kognitive, affektive und/oder behaviorale Änderungen als Folge des kritischen Ereignisses „Arbeitslosigkeit" vermutet werden, ist die Bestimmung des Personenkreises, der als „arbeitslos" angesehen wird. In der Perspektive der betroffenen Ämter und Behörden gelten als arbeitslos üblicherweise Personen, die trotz kontinuierlich deklarierter Bereitschaft zu einer (sozialversicherungspflichtigen und bezahlten) Erwerbstätigkeit keine für sie akzeptable Arbeitsstelle gefunden haben und aus diesem Grund – bis zur vorgesehenen bzw. angestrebten Wiedereingliederung in das Arbeitsleben – auf materielle, soziale und/oder psychologische Unterstützung angewiesen sind. Ist eine solche administrative Kennzeichnung in einer psychologischen Betrachtungsweise, speziell einer ökopsychologischen Perspektive, ausreichend? Unumgänglich erscheint, auf die mit dem Deprivationszustand „Arbeitslosigkeit" einhergehende psychische Verarmung und Verkümmerung der Lebensweise in den verschiedenen Alltagsbereichen hinzuweisen, wenn Beratungs- und psychotherapeutische Interventionen im Sinne von Lebenshilfen geplant sind. Im anderen Falle würden auch alle jene Personen zum potentiellen psychologischen Klientel zu rechnen sein, die – aus welchen Gründen auch immer – an einer regelmäßigen, offiziell ausgewiesenen Erwerbstätigkeit unter den angebotenen Arbeits- und Beschäftigungsbedingungen nicht (mehr) interessiert sind und sich (zumindest für längere Zeit) mit ihrem Leben in anderer Weise eingerichtet haben. Psychologische Forschung und Praxis auf diesem Gebiet bezieht sich nahezu vollständig auf „Problemfälle", d.h., auf Personengruppen, bei denen die negativen Seiten ihres Arbeitslosendaseins dominieren. Über arbeitslose Personengruppen, die ihren Zustand der Beschäftigungslosigkeit als Erleichterung oder gar als Befreiung von ungeliebten Zwängen empfinden, ist vergleichsweise wenig bekannt. Spruit et al. (1985) berichten, daß 17% der befragten holländischen Arbeitslosen „es angenehm, wunderbar oder ganz herrlich (fanden), arbeitslos zu sein" (a.a.O. 1975). Gelegentliche Hinweise in deutschen Untersuchungen lassen diesen Anteil deutlich kleiner erscheinen. Präzisere Angaben über positive Lebensfeldveränderungen findet man nahezu ausschließlich in Untersuchungen über arbeitslos gewordene Frauen, die – nach Wegfall einer im Grunde ungeliebten, aus finanzieller Notwendigkeit übernommenen Berufstätigkeit – zu Hausarbeit und Kindererziehung zurückkehren (Warr & Parry 1982, Heinemann et al. 1983). Damit wird deutlich, in wie hohem Maße berufliche Arbeitstätigkeit von Männern durch gesellschaftliche Werturteile normiert ist; im Falle einer (längeren) Abweichung vom vorgezeichneten Lebenspfad droht nach wie vor eine Stigmatisierung in Richtung „Zweitklassigkeit" oder „arbeitsunwillig" (Wacker 1981), trotz aller gutgemeinten Erklärungen von Arbeitslosigkeit als ökonomisch-strukturellem Problem. Indirekt läßt sich aus der weitgehenden Tabuisierung positiver Folgen von Arbeitslosigkeit bei Männern auch eine Wertung weiblicher Berufstätigkeit und ebenso auch von Hausarbeit und Kindererziehung ableiten.

Im Vergleich zu Untersuchungen von Jahoda et al. (1933) aus den 30er Jahren erkennt man, wie sich der Akzent von sozialökologischen Zustands- und Lebenstätigkeitsschilderungen in Richtung kognitiver Prozesse (Attribution von Schuld und Verantwortung, Kontrollerwartungen) und psychophysiologischer Veränderungen verschiebt (Kasl & Cobb 1979, Frese 1985) (→ *Kontrolle und Kontrollverlust*).

Krankheitsanfälligkeit und soziale Vulnerabilität sind wichtige Kriterien zur näheren Kennzeichnung der negativen Folgen längerer Arbeitslosigkeit und zugleich Ansatzpunkte für eine präventive und sozial unterstützende Arbeitslosenberatung (Grunau 1985). Kritische Anmerkungen zur Methodik von Arbeitslosenstudien sind vor allem von Frese und Mohr (1978) vorgetragen worden. Die vorgetragenen Interpretationen spiegeln eine hohe, geradezu idealisierte Einstellung zur Arbeit wider, unterstellen vorwiegend Passivität und Reaktivität als Verarbeitungsmuster, konsolidieren direkt oder indirekt den Status quo des gegenwärtigen Beschäftigungssystems, indem Arbeitssuche und Reintegration als einzig richtige und „normale" Lösungen zur Behebung des Defizitzustandes aufgefaßt werden. Zu Selbsthilfegruppen (→ *Soziale Netzwerke*) und Arbeitsloseninitiativen liegen nur vergleichsweise wenige wissenschaftliche Publikationen vor (z.B. Kommunalverband Ruhrgebiet 1983). Aus diesen Studien und Berichten über die Durchführung psychologischer Interventionen in der Arbeitsverwaltung (Kieselbach

1985) wird deutlich, wie wesentlich es für eine Reduktion bzw. Umkehrung negativer Entwicklungsprozesse ist, alternative Lebenspfade, neue Lebensformen außerhalb einer wöchentlichen 40-Stunden-Vollbeschäftigung aufzuzeigen; das ist aber nur möglich, wenn die ganze Lebenswelt der Betroffenen in die Beratung/Intervention einbezogen wird (und man nicht nur sehr spezifische Aspekte der beruflichen Situation berücksichtigt); (vgl. Scheller et al. 1985, Winter 1985).

Literatur

Brinkmann, C. (1976). Finanzielle und psychosoziale Belastungen während der Arbeitslosigkeit. Mitteilungen aus der Arbeitsmarkt- und Berufsforschung 9, 397-413.

Frese, M. (1985). Zur Verlaufsstruktur der psychischen Auswirkungen von Arbeitslosigkeit. In Th. Kieselbach & A. Wacker (Hg.), Individuelle und gesellschaftliche Kosten der Massenarbeitlosigkeit (S. 224-241). Weinheim: Beltz.

Frese, M. & Mohr, G. (1978). Die psychologischen Folgen des Entzugs von Arbeit. In M. Frese, S. Greif & N. Sommer (Hg.), Industrielle Psychopathologie (S. 282-320). Bern: Huber.

Fröhlich, D. (1979). Psychosoziale Folgen der Arbeitslosigkeit. Eine empirische Untersuchung in Nordrhein-Westfalen. Bericht Nr. 23. Köln: Verein zur Förderung des Instituts zur Erforschung sozialer Chancen.

Grunau, J. (1985). Präventive psychologische Gruppenberatung. In Th. Kieselbach & A. Wacker (Hg.), Individuelle und gesellschaftliche Kosten der Massenarbeitslosigkeit (S. 426-439). Weinheim: Beltz.

Heinemann, K., Röhrig, P. & Stadle, R. (1983). Arbeitslose Frauen. Eine empirische Untersuchung. Weinheim: Beltz.

Jahoda, M. (1983). Wieviel Arbeit braucht der Mensch? Arbeitslosigkeit im 20. Jahrhundert. Weinheim: Beltz.

Jahoda, M., Lazarsfeld, P.F. & Zeisel, H. (1933). Die Arbeitslosen von Marienthal. (Reprint) Frankfurt: Suhrkamp 1978.

Kasl, S.V. & Cobb, S. (1979). Blutdruckveränderungen bei Männern, die ihren Arbeitsplatz verloren. In Th. Kieselbach & H. Offe (Hg.), Arbeitslosigkeit. Individuelle Verarbeitung, gesellschaftlicher Hintergrund (S. 184-221). Darmstadt: Steinkopff.

Kieselbach, Th. (1985). Gesundheits- und sozialpolitische Konsequenzen aus der Arbeitslosenforschung. In Th. Kieselbach & A. Wacker (Hg.), Individuelle und gesellschaftliche Kosten der Massenarbeitslosigkeit (S. 490-497). Weinheim: Beltz.

Kieselbach, Th. & Offe, H. (1979). Psychologische, gesundheitliche, soziale und politische Probleme als Folge von Arbeitslosigkeit. In Th. Kieselbach & H. Offe (Hg.), Arbeitslosigkeit. Individuelle Verarbeitung, gesellschaftlicher Hintergrund (S. 2-140). Darmstadt: Steinkopff.

Kirchler, E. (1985). Arbeitslosigkeit und Alltagsbefinden. (2. Aufl.). Linz: Trauer.

Komarovsky, M. (1940). The unemployed man and his family. New York: Dryden Press.

Kommunalverband Ruhrgebiet (Hg.) (1983). Dokumentation regionaler Initiativen gegen Arbeitslosigkeit (DORIA), Arbeitshefte Ruhrgebiet. Essen.

Pelzmann, L. (1985). Wirtschaftspsychologie. Empirische Ergebnisse der Arbeitslosenforschung. Schattenökonomie und Steuerpsychologie. Wien: Springer.

Scheller, J., Hahn, K.-D. & Beckmann, N. (1985). Langfristige Berufsbildungskurse für arbeitslose Jugendliche ohne Abschluß (BBH). Sinnvolle Intervention oder Wartehalle des Arbeitsmarktes? In Th. Kieselbach & A. Wacker (Hg.), Individuelle und gesellschaftliche Kosten der Massenarbeitslosigkeit (S. 455-463). Weinheim: Beltz.

Schindler, H. (1979). Familie und Arbeitslosigkeit. In Th. Kieselbach & H. Offe (Hg.), Arbeitslosigkeit. Individuelle Verarbeitung, gesellschaftlicher Hintergrund (S. 258-286). Darmstadt: Steinkopff.

Spruit, I.P., Bastiaansen, J.P.A.M. & Verkley, H. (1985). Ergebnisse einer medizinsoziologischen Untersuchung zu den Folgen von Arbeitslosigkeit. In Th. Kieselbach & A. Wacker (Hg.), Individuelle und gesellschaftliche Kosten der Massenarbeitslosigkeit (S. 167-185). Weinheim: Beltz.

Thomas, L.E., McCabe, E., & Berry, J.E. (1980). Unemployment and family stress: a reassessment. Family Relations 29, 517-524.

Wacker, A. (1981). Ansätze, Probleme und Grenzen psychologischer Arbeitslosenforschung. In A. Wacker (Hg.), Vom Schock zum Fatalismus? (2. Aufl.) (S. 15-37). Frankfurt: Campus.

Wacker, A. (1985). Ansätze, Probleme und Perspektiven psychologischer Arbeitslosenforschung. In Th. Kieselbach & A. Wacker (Hg.), Individuelle und gesellschaftliche Kosten der Massenarbeitslosigkeit (S. 23-39). Weinheim: Beltz.

WAL(Sozialwissenschaftliche Arbeitsgruppe an der Universität Göttingen) (1978). Die soziale und psychische Lage der Arbeitslosen: Ansatzpunkte für Weiterbildung. Forschungsbericht. Universität Göttingen.

Warr, P. & Parry, G. (1982). Paid employment and women's psychological well-being. Psychological Bulletin 91, 498-516.

Winter, G. (1984). Arbeit und Arbeitslosigkeit als Gegenstand psychologischer Forschung und Hilfe. In H. Moser & S. Preiser (Hg.), Umweltprobleme und Arbeitslosigkeit (Fortschritte der Politischen Psychologie Bd. 4) (S. 102-119). Weinheim: Beltz.

Winter, G. (1985). Reichweite und Grenzen psychologischer Ansätze im Bereich Arbeitslosigkeit. In Th. Kieselbach & A. Wacker (Hg.), Individuelle und gesellschaftliche Kosten der Massenarbeitslosigkeit (S. 269-282). Weinheim: Beltz.

Wohlwill, J.F. (1976). Environmental aesthetics. The environment as a source of affect. In I. Altman & J.F. Wohlwill (Eds.), Human behavior environment, Vol. 1 (pp. 37-86). New York: Plenum Press.

Zenke, K. & Ludwig, G. (1985). Über die Auswirkungen elterlicher Arbeitslosigkeit auf die Kinder und die Schwierigkeiten ihrer Erforschung. In Th. Kieselbach & A. Wacker (Hg.), Individuelle und gesellschaftliche Kosten der Massenarbeitslosigkeit (S. 139-151). Weinheim: Beltz.

Gerhard Winter
Psychologisches Institut
der Universität Tübingen

Obdachlose

1. Einleitung

Obdachlosigkeit wird in diesem Beitrag als Teilbereich einer Randgruppenproblematik in der Gesellschaft behandelt. Randgruppen sind sozial benachteiligte Gruppen, bei denen sozioökonomische Ungleichheiten sowie infrastrukturelle Disparitäten gehäuft auftreten. Versorgungsdefizite können weder kompensiert noch substituiert werden (Kögler 1976, S. 31). Randgruppen sind nur bedingt organisations- und überhaupt konfliktfähig, weshalb der Begriff Rand*gruppe* eher mißverständlich ist. Die mangelnde Fähigkeit zur Artikulation und Durchsetzung von Interessen kennzeichnet Randgruppen als Kategorien von Personen mit ähnlichen Merkmalen, aber nicht als handlungsfähige soziale Einheit. Obdachlosigkeit wird hier als das Ergebnis sozialer Zuweisungsprozesse angesehen, die aus einer Verknüpfung ökonomischer und sozialer Gegebenheiten resultieren und die zu einer stigmatisierenden und stereotypisierenden Zuschreibung von Einstellungen und Verhaltensweisen an die betroffenen Personenkreise führen ($\rightarrow$ *Sozialökologie*).

Obdachlosigkeit wurde bis in die Mitte der sechziger Jahre als Kriegsfolgeproblem angesehen und behandelt. Diese Sichtweise führte dazu, daß eine Problematisierung der Obdachlosigkeit unter strukturellen Gesichtspunkten nicht stattfand. Erst als nach zwei Jahrzehnten (seit Kriegsende) wirtschaftlichen Wachstums und relativ weit verbreiteten, scheinbar allgemeinen Wohlstands das Phänomen „Obdachlosigkeit" nicht nur nicht beseitigt, sondern durch die Rezession 1966/67 vermehrt aufgetreten und dadurch verschärft worden war, setzte sich die Ansicht durch, daß Obdachlosigkeit strukturelle Ursachen habe.

Bis heute hält sich jedoch in der Gesellschaft weitgehend die Ansicht, daß Obdachlose und andere strukturell benachteiligte Gruppen selbst für ihre Situation verantwortlich zu machen sind. Diese Ansicht basiert auf der Überzeugung, daß in einer freien Gesellschaft alle die gleichen Chancen haben und diese nur entsprechend nutzen müssen, damit sie in angemessenen Verhältnissen leben können.

Das Problem der wissenschaftlichen Auseinandersetzung mit der Obdachlosigkeit liegt darin, daß dieses Phänomen weder vom Standpunkt eines wertneutralen Empirikers noch vom Standpunkt eines abstrakten Theoretikers aus angemessen behandelt werden kann. Wegen der hohen gesellschaftspolitischen Sensibilität erfordert gerade die Erforschung von Obdachlosigkeit auf seiten des Wissenschaftlers eine grundsätzliche Entscheidung darüber, was mit der jeweiligen Forschungsarbeit erreicht werden soll. Es bedarf bei Untersuchungen zur Obdachlosigkeit nicht nur der theoretischen Sorgfalt gegenüber denen, deren Verhaltensweisen, Einstellungen und Lebensweisen erforscht werden sollen. Hierbei geht es vor allen Dingen um forschungsethische Fragen, und es wäre wünschenswert, wenn Wissenschaftler sich selbst häufiger Rechenschaft darüber ablegen würden, daß sie ihren „Forschungsgegenstand" allein durch das „Beforschen" beeinflussen und verändern und daß damit Konsequenzen für die in Frage stehenden Gruppen verbunden sind.

2. Zum Begriff der Obdachlosigkeit

Als obdachlos gelten solche Personen, die „keine eigene Wohnung haben oder in keinem Mietverhältnis stehen und auf die behördliche Unterbringung in Notquartieren ... oder Übergangswohnungen angewiesen sind" (Iben 1968, S. 9) und die meistens in „der öffentlichen Hand gehörenden, nur der vorübergehenden Nutzung dienenden (Not-)Unterkünften untergebracht sind" (Brühl 1970, S. 10). Bis in jüngste Zeit wurde als Definitionskriterium für die Obdachlosigkeit das Nicht-Bestehen eines Mietvertrages angesehen. In neueren Definitionsversuchen wird dagegen vorgeschlagen, als „... maßgebende Kriterien zur Abgrenzung des Obdachlosenpersonenkreises den *eingetretenen oder den drohenden Wohnungsverlust* in Verbindung mit der *Notwendigkeit behördlicher Maßnahmen* zur Beseitigung oder Vermeidung der nach ordnungsrechtlichen Kategorien bestimmten Situation der Obdachlosigkeit ..." zugrunde zu legen (Schuler 1983, S. 6f). Mit Hilfe dieser Definition soll auch der Kreis derjenigen obdachlosen Menschen, die als Mieter untergebracht sind, „die nach Wohn- und Lebensbedingungen jedoch ebenfalls der Problemgruppe der Obdachlosen zuzurechnen sind", (Vaskovics et al. 1979, S. 53) erfaßt werden. Schuler (1983) unterscheidet zwischen *aktuell* und *potentiell obdachlosen* sowie *von Obdachlosigkeit unmittelbar bedrohten Personen*. Obdachlosigkeit als Randgruppenproblematik besteht also dann, wenn aufgrund gesellschaftlicher Intervention eine räumliche Konzentration von Personen mit bestimmten Merkmalen herbeigeführt wird. Die Problematik der Randgruppenexistenz oder der Randständigkeit ergibt sich jedoch nicht aus der räumlichen Randlage, sondern aus den Reaktionen der Umwelt und der Betroffenen selbst auf die Randständigkeit.

3. Ursachen der Obdachlosigkeit

Die Annahme der Selbstverschuldung, in der Praxis hartnäckig aufrechterhalten, wird in der sozialwissenschaftlichen Literatur einhellig verworfen, da das bestehende Rechts-, Wirtschafts- und Gesellschaftssystem die Handlungsspielräume der Mitglieder der unteren Lohngruppen so weitgehend einschränkt, daß diese in den Zustand der potentiellen Obdachlosigkeit geraten, ohne die Chance zu haben, diese Gefährdung aus eigenen Kräften abwenden zu können (MAGS 1984, zusammenfassende Darstellung bei Vaskovics et al. 1979).

Gesellschaftliche Ursachen: Obdachlosigkeit ist eine Erscheinungsform von Armut in unserer Gesellschaft, wobei die Einkommensarmut ein wesentlicher Entstehungsfaktor von Obdachlosigkeit ist (MAGS 1984). Neben der Einkommensschwäche reflektiert der Wohnungsmarkt soziale Benachteiligung durch Segregation (→ *Stadtsanierung*), d.h. durch sozialräumliche Prozesse, die aus gruppen- und schichtspezifischen individuelle Lebenslagen machen und diese im Raum sichtbar abbilden (Schäfers 1980, S. 155). Segregation für einkommensschwache Gruppen resultiert aus bestimmten Ausschlußmechanismen des Wohnungsmarktes. Bei stagnierenden oder sinkenden Realeinkommen gerade der unteren Lohngruppen beanspruchen die gleichzeitig steigenden Wohnkosten immer höhere Einkommensanteile. Wohnungen mit der geringsten Qualität (die den unteren Einkommensgruppen gesellschaftlich auf dem Wohnungsmarkt zugestanden werden) sind keineswegs die billigsten. Der Bedarf an preisgünstigen Wohnungen entwickelt sich genau gegenläufig zum Angebot, was zu einer „neuen Wohnungsnot" führt (Deutscher Städtetag 1980). Für die von kumulativer Benachteiligung betroffenen Personengruppen besteht eine erhöhte Gefahr, gänzlich aus dem Wohnungsmarkt herauszufallen, weil sie die Miete für die Wohnungen des ihnen zugestandenen Wohnungsmarktsegmentes nicht mehr aufbringen können. Dies hat ordnungsrechtliche und sozialpolitische Maßnahmen zur Folge, was in Extremfällen dazu führen kann, daß die entsprechenden Personenkreise zwangsweise in Wohngebiete umquartiert werden, die von der Gesellschaft für die vorübergehende Nutzung in Notlagen bereitgestellt werden. Diese extreme Form der Segregation ist einerseits eine Konsequenz sozialpolitischer Maßnahmen, andererseits jedoch eine wesentliche Bedingung im Prozeß der Randgruppenbildung. Erst durch die räumliche Konzentration einer Kategorie von Personen werden die Besonderheit und das Ausmaß ihrer sozialen Benachteiligung sichtbar gemacht. Obdachlosigkeit kann also als das Resultat einer Kumulation sozialer Benachteiligung angesehen werden, die sowohl durch gleichzeitiges Auftreten von Einkommensschwäche und infrastruktureller Unterversorgung als auch durch gleichzeitiges Auftreten von Versorgungsdefiziten in verschiedenen Infrastrukturbereichen, z.B. Bildung, Wohnung, Wohnungsumgebung, entsteht.

Individuelle Ursachen: Die gesellschaftlichen Faktoren bilden zwar weitgehend, aber nicht ausschließlich und lückenlos die Ursachen für Obdachlosigkeit. Unter individuelle Ursachen werden Einstellungen und Verhaltensweisen subsumiert, die dazu führen, daß den Anforderungen der materiellen Existenzsicherung (Berufstätigkeit, Inanspruchnahme von Sozialleistungen und sozialen Hilfen, Wohnungsbeschaffung, Konsumverhalten) nicht ausreichend entsprochen werden kann. Hervorzuheben ist allerdings, daß viele der individuellen Ursachen für Obdachlosigkeit wiederum gesellschaftlich bedingt sind. Gelernte Hilflosigkeit (Seligman 1975) ist z.B. ein Verhaltensmuster, das besonders bei Personen der unteren sozialen Schichten auftreten kann (Arbeitsplätze mit niedrigster Qualifikationsstufe und Positionen an unterster Stelle in der betrieblichen Hierarchie, → *Arbeitslosigkeit*), die selbständiges, eigenverantwortliches Handeln und Umweltkontrolle kaum erlernen (Iben u.a. 1981). Individuelle Schwächen, die bei Mitgliedern höherer sozialer Schichten keine oder geringfügige Folgen haben, wirken sich bei Mitgliedern der unteren sozialen Schichten negativ besonders im wirtschaftlichen Bereich aus. Individuelle Einstellungen und Verhaltensweisen sind zwar durchaus notwendige Entstehungsbedingungen für Obdachlosigkeit, aber die Dominanz der gesellschaftlichen Ursachen ist nicht von der Hand zu weisen.

4. Konsequenzen von Obdachlosigkeit

Aus den bisherigen Ausführungen geht hervor, daß die Bedingungen für die Randgruppenbildung bei den Obdachlosen zentral auf der Kumulation von Benachteiligung bei den makrostrukturellen Faktoren Einkommen und Wohnung beruhen. Der letzte Anstoß zur Obdachlosigkeit wird jedoch durch sozialpolitische Interventionen im Sinne sozialer Kontrolle zur Beseitigung eines Mißstandes gegeben.

Der Kontrollcharakter sozialpolitischer Instanzen führt zur Sichtbarkeit sozialer Notlagen. Diese Visibilität ist ein Eckpfeiler der Randgruppenexistenz, denn nur dadurch können Personen, die nichts verbindet außer dem Merkmal der sozialen Notlage, zu einer Kategorie zusammengefaßt werden. Durch die räumliche Konzentration wird die soziale Notlage aber nicht nur sichtbar, sondern erhält auch Symbolcharakter, auf den die Umwelt wertend reagieren kann. Schmutzige, verwahrloste Häuser und Siedlungen sind Symbole für Versagen, Faulheit, mangelnden Leistungswillen (→ Image). Von den Merkmalen der Wohnung und der Wohnumgebung wird assoziativ auf die Eigenschaften der Bewohner geschlossen.

Die räumliche Isolierung der Obdachlosensiedlung von anderen Wohngebieten bietet durch den Symbolcharakter nicht nur die Chance zur Typisierung, sondern auch zur Identifizierung. Selbst wenn die Bewohner nicht direkt in ihrer Wohnumgebung angetroffen werden, sind sie als Randgruppenmitglieder identifizierbar, denn allein die Kenntnis der Adresse reicht in diesem Fall zur Identifizierung und entsprechend zur Einschätzung der Person. Die Konsequenzen der Obdachlosigkeit bestehen also darin, daß die Objektmerkmale der Wohnumgebung den Personen quasi als Persönlichkeitsmerkmale zugeschrieben werden. Es handelt sich hier um typische Stereotypisierungs- und Stigmatisierungsprozesse, in deren Verlauf auf der Basis der Gruppierung von symbolträchtigen Objektinformationen und durch assoziative Übertragung negativ bewerteter Objektmerkmale auf Personen Urteile über Personen gebildet werden. So entsteht zusätzlich zur räumlichen auch noch eine soziale Distanz, die auf der einen Seite die Bereitschaft zur Diskriminierung (der Obdachlosen) auf der anderen Seite das Gefühl von Abhängigkeit, Macht- und Schutzlosigkeit (bei den Obdachlosen) bewirkt (Vaskovics 1982). Dieses Abhängigkeitsgefühl vermindert einerseits die Fähigkeit, Chancen zur Verbesserung der Situation zu erkennen und reduziert andererseits die Bereitschaft zu autonomen Entscheidungen und damit zu einer adäquaten Kontrolle der eigenen Lebensumstände (Albrecht 1973). Das führt dazu, daß der Zustand der Obdachlosigkeit für die davon Betroffenen keineswegs vorübergehenden Charakter hat.

Neben diesen individuellen Eigenschaften tragen aber auch Mechanismen des sozialen Systems zur Aufrechterhaltung der Obdachlosigkeit bei. Zu nennen sind hier exemplarisch Defizite im System sozialer Sicherung, die einerseits als Mangel an (die sozio-ökonomische und residentale Benachteiligung der potentiell Obdachlosen) ausreichend kompensierenden Diensten und Leistungsangeboten zu sehen sind, die andererseits in Gewährungsbarrieren (restriktive Handhabung von Leistungsangeboten) auf seiten der Behörden und durch Inanspruchnahmebarrieren dieser Dienste und Leistungen auf seiten der Klienten bestehen. Ebenso wie durch die räumliche Konzentration in minderwertigen Wohnumgebungen sind die Teilnehmer des Systems sozialer Sicherung z.B. bei Inanspruchnahme von Sozialleistungen wie Arbeitslosengeld und Sozialhilfe durch intensive soziale Kontrollmechanismen einer ständigen Degradierung ausgesetzt, die in eine resignative Nichtnutzung der rechtlich zustehenden Leistungen und damit zu einer Verschärfung der Notlagen führen kann.

Es kann inzwischen als erwiesen angesehen werden, daß der sinnvolle Einsatz von Präventivmaßnahmen zur Verhinderung der Obdachlosigkeit geringere Ausgaben (auf lange Sicht) verursacht als die Aufrechterhaltung von Obdachlosensiedlungen. Dennoch werden vielerorts diese Siedlungen in jüngster Zeit sogar wieder ausgebaut, da mit zunehmender Arbeitslosigkeit mit einer Erweiterung der Einkommensarmut und dementsprechend mit einer Zunahme der Obdachlosigkeit zu rechnen ist (MAGS 1984).

Literatur

Albrecht, G. (1973). Soziologie der Obdachlosigkeit. Konsequenzen für die Praxis der sozialen Arbeit. Neue Praxis 5, 267-288.

Brühl, M. (1970). Benachteiligte Kinder als pädagogische Provokation. Beiträge zur Reform der Grundschule 4.

Deutscher Städtetag (Hg.) (1980). Neue Wohnungsnot in unseren Städten. Wohnungspolitische Fachkonferenz des Deutschen Städtetages am 5. und 6. März 1980 in München. Neue Schriften des Deutschen Städtetages 41.

Iben, G. (1968). Kinder am Rande der Gesellschaft. Erziehungs- und Bildungshilfen in Notunterkünften. München: Juventa.

Iben, G., Drygala, A., Bingel, J. & Fritz, R. (1981). Gemeinwesenarbeit in sozialen Brennpunkten. Aktivierung, Beratung und kooperatives Handeln. München: o.V.

Kögler, A. (1976). Die Entwicklung von Randgruppen in der BRD – Literaturstudie zur Entwicklung randständiger Bevölkerungsgruppen. Göttingen: Schwartz.

MAGS – Ministerium für Arbeit, Gesundheit und Soziales des Landes NRW (Hg.) (1984). Ursachen von Obdachlosigkeit. München: Bruns.

Naegele, G. (1979). Verarmung durch Arbeitslosigkeit. Einige Anmerkungen zur aktuellen Armutsdiskussion. WSI-Mitteilungen 12, 650-658.

Schäfers, B. (1980). Sozialräumliche Prozesse. Überscheue Determinanten der „Konstitution sozialer Probleme"? In J. Matthes (Hg.), Lebenswelt und Soziale Probleme. Verhandlungen des 20. Deutschen Soziologentages in Bremen (S. 153-160).

Schuler, G. (1983). Obdachlosigkeit und soziale Brennpunkte in Hessen. Umfang, Struktur, und Entwicklung der Obdachlosigkeit, Darmstadt: Institut Wohnen und Umwelt.

Seligman, M.E.P. (1975). Helplessness. San Francisco: Freeman. (dt.: Erlernte Hilflosigkeit.

München: Urban & Schwarzenberg 1979; 3. erw. Aufl. München: Psychologie Verlags Union).

Vaskovics, L.A. (1982). Theoriebildung durch vergleichende Randgruppenforschung. In H. Peters (Hg.), Sozialarbeit als Sozialplanung. Beiträge zur sozialwissenschaftlichen Forschung 30, 58-85.

Vaskovics, L.A. & Weins, W. unter Mitarbeit von Buba, H.P. (1979). Stand der Forschung über Obdachlose und Hilfen für Obdachlose. Bonn: Schriftenreihe des Bundesministers für Jugend, Familie und Gesundheit 62.

Dagmar Krebs
ZUMA
Mannheim

Gefängnisse und andere Haftumgebungen
(correctional environments)

1. Strafvollzug als psychologisches Tätigkeitsfeld

Das am 1.1.1977 in der Bundesrepublik in Kraft getretene Strafvollzugsgesetz stellt die Resozialisierung als Vollzugsziel in den Vordergrund. Im Rahmen des sich bereits in den 60er Jahren abzeichnenden Wandels in Richtung eines behandlungsorientierten Strafvollzugs stieg die Zahl der dort beschäftigten Psychologen von 53 (1969) auf 256 (1980) (Kühne 1983). Während das Strafvollzugsgesetz keine verbindliche Regelung ihrer Funktionen und Kompetenzen trifft, wurden die psychologische Diagnostik und Behandlung (Kury & Fenn 1977) einerseits, andererseits aber auch die Notwendigkeit betriebs- und organisationspsychologischer Orientierungen betont (Steller 1978, Alisch & Steller 1980). Als Aufgabenbereich resultieren: Diagnostik, Beratung und Therapie, Aus- und Fortbildung des Personals und Organisationsberatung (vgl. Kury 1983, Mai 1981), wobei eine unmittelbare Hervorhebung ökopsychologisch-evaluativer Aspekte, wie sie als Tätigkeitsfeld ebenfalls denkbar wären, allerdings nicht vorgenommen wird. Innovative Beiträge der Psychologie im Strafvollzug erstreckten sich vorwiegend auf die Anwendung psychologisch-therapeutischen Wissens, die Entwicklung spezifischer Trainingsprogramme, aber auch auf die Konstatierung institutioneller Grenzen für das psychologisch-therapeutische Handeln, wie sie sich etwa in Konflikten aufgrund widersprüchlicher Zielvorgaben oder im Fehlen verbindlicher Entscheidungsbefugnisse ausdrücken.

2. Ökopsychologische Aspekte haftmäßiger Unterbringung

Gefängnisse sind für Monate und Jahre einziger Lebensraum ihrer Insassen und als „totale Institution" aufzufassen, deren zentrales Merkmal darin besteht, daß die Schranken zwischen einzelnen Lebensbereichen weitgehend aufgehoben werden: alle Angelegenheiten des Lebens finden unter Planung fremder Autorität und von der Außenwelt weitgehend abgeschlossen statt (vgl. Goffman 1973). In dieser Ausgangssituation erfüllt bereits die Gefängnisarchitektur eine Schlüsselfunktion, indem sie maßgeblich zur Organisation der Beziehungen der Insassen untereinander als auch zum Personal beiträgt (Moyer 1975). Die Art und Weise architektonischer Festlegungen und Gestaltungen reguliert individuelles Verhalten und Sozialgeschehen somit in maßgeblicher Form. In diesem Sinne wendet sich Moyer (1979) gegen eine nach außen monumental-monolithische und nach innen käfigähnliche Gestaltungsweise von Gefängnissen und stellt demgegenüber die Interaktion als generatives Moment bei der architektonischen Planung in den Vordergrund: Neben der Ermöglichung durchaus veränderbarer Behandlungsprogramme sollen Interaktionsräume geschaffen werden, aber auch die Einrichtung individuell gestaltbarer Territorien gewährleistet sein.

Farbstein und Wener (1982) kennzeichnen das Gefängnis als Milieu, in dem sowohl Aspekte der physischen Umgebung (Raumaufteilung und Design, Art der Baumaterialien, Gestaltung der Sicherheitseinrichtungen, Temperatur, Licht- und akustische Raumeigenschaften), der Organisation (Größe, individuelle Charakteristiken von Insassen und Personal, Ziele, Klima, Führungsstil etc.) und des tatsächlichen Verhaltens von Insassen und Personal eng miteinander in Beziehung stehen. Zur Charakterisierung der Wirkungsweise dieser verwickelten Beziehungen eröffnen sich verschiedene Gegenstandsbereiche: Paulus, McCain und Cox (1973) weisen auf Möglichkeit und Notwendigkeit hin, Gefängnisse unter dem Blickwinkel der Problematik dauerhaft hoher Populationsdichten (crowding) zu untersuchen (→ *Dichte und Enge*). So findet D'Atri (1975) bei Einzelzelleninsassen bedeutsam niedrigere Blutdruckwerte gegenüber Schlafsaalinsassen, wobei dieser Effekt von Paulus, McCain und Cox (1976) für den systolischen Blutdruck bereits an Insassen von 3- und 6-Mann-Zellen gegenüber 2-Mann-Zellen nachgewiesen werden kann. Da sich bei Gefängnisinsassen unter der Bedingung erhöhter sozialer Dichte zudem höhere Krankheitsraten finden (McCain, Cox & Paulus 1976), betrachtet man eine dauerhaft erhöhte und unausweichliche Populationsdichte als maßgeblichen Faktor zur Erhöhung von Streß, der die Basis für physische und psychische Schwächungen der Insassen darstellen kann.

Andere Forschungszweige befassen sich mit der Herausbildung privater Lebensbereiche, dem Territorialverhalten, Kontroll- und Überwachungsfunktionen und den Zugangs- und Bewegungsmöglichkeiten der Insassen innerhalb der Anstalt (Farbstein & Wener, 1982). Diese Aspekte fanden beim Bau dreier Metropolitan Correctional Centers (MCC) mit der architektonischen Schaffung funktionaler Einheiten besondere Berücksichtigung. Eine solche Einheit nimmt maximal 50 Insassen auf und stellt neben Gemeinschaftseinrichtungen wie Küche, Interaktions- und Entspannungsräumen jedem Insassen einen Einzelraum zur Verfügung. Gitter und zentraler Überwachungsraum fehlen. In Wener und Olsens Studie (1980) bezeichnen die Insassen des MCC New York die gegebenen Möglichkeiten zur Schaffung einer Privatsphäre als besonders hervorzuhebendes Merkmal, und es zeigt sich bei Verhaltensbeobachtungen, daß aggressives oder vandalistisches Verhalten generell sehr gering ist, und wenn, dann nur in Gemeinschaftsräumen auftritt. Man sieht darin bestätigt, daß im Falle eines „Soft-Designs" (vgl. Sommer 1974), der Überschaubarkeit der räumlichen Umgebung und der Möglichkeit, Besitzverhältnisse zu begründen, eher mit sozial erwünschtem Verhalten zu rechnen ist. Auf unerwünschte Effekte weisen in diesem Zusammenhang Presthold, Taylor und Shannon (1976) hin: Insassen eines barackenlagerähnlichen Camps mit großen Schlafsälen zogen in ein völlig neu gestaltetes Gefängnis um, wo neben Sozialräumen auch Einzelräume zur Verfügung standen, insgesamt aber ein „Harddesign" realisiert war. Zwar beurteilten sie die neue Umgebung als sauberer und individueller, fühlten sich aber stärker eingeengt und gefangen als bisher. Daneben verringerten und verschlechterten sich die Kontakte zum Personal.

3. Die sozioökologische Perspektive

Als weitere Konstituenten der Gefängnisumgebung bilden Insassen und Personal ein komplexes System sozialer Beziehungen, wobei von Interesse ist, in welchem Verhältnis soziale Umgebung und individuelles Verhalten zueinander stehen (Wenk & Moos 1972). Unter diesem Blickwinkel entwickelten sie zur Erfassung des sozialen Klimas in Gefängnissen die *Correctional Institution Environment Scale (CIES)*, mit deren Hilfe Umgebungsfaktoren mit veranlassendem Charakter – dem „press" in Murrays Theorie vergleichbar – erhoben wurden (Moos 1975) (→ *Umwelteinschätzung*). Form R (reales Klima) und Form I (ideales Klima) erfassen folgende Dimensionen des sozialen Klimas: Aktivität, Energie (Bindung an den Vollzug), Unterstützung (durch Insassen oder Personal), Offenheit (für eigene Gefühle), Autonomie (Möglichkeit zum Mitgestalten), praktische Orientierung (Dinge selbst in die Hand nehmen), Personal (Offenlegung der Probleme des Personals), Ordnung (Wichtigkeit von), Klarheit (Transparenz des Vollzugsablaufs) und Kontrolle (Intensität der Überwachungsfunktionen). Waters (1980) beurteilt die CIES nach Applikation bei Gefangenen, die an einem Behandlungsprogramm teilnahmen, als Instrument, das zur Planung und Durchführung von Behandlungsprogrammen Einblick in das aktuelle soziale Klima geben kann. Wright und Bourdouris (1982) bezweifeln dagegen, ob diese Dimensionen geeignet sind, das soziale Klima verläßlich zu erfassen, zumal ihrer Entwicklung keine weiteren theoretischen Spezifikationen zugrunde lagen.

4. Abschließende Bemerkungen

Einhergehend mit der Einrichtung des „Bureau of Prison" stellte die Rehabilitation bereits ab 1930 ein Ziel des Strafvollzuges in den USA dar. Es entstanden Behandlungsprogramme und verschiedene Formen offener Gefängnisse bis hin zu Wohnheimen für ausgesuchte Gefangene. Seit 1970 findet insofern eine Reorientierung statt, als man sich vermehrt den Problemen der „Gefängnisinnenwelt" zuwendet (Allen & Simonsen 1981). In der Bundesrepublik gilt die Öffnung des Vollzuges als maßgebliche Entwicklungstendenz der vergangenen 15 Jahre, und 1981 befanden sich 16% der Gefangenen im offenen Vollzug (Dünkel 1983). Er erfolgt in Freigängerabteilungen oder -häusern, wobei letztere aus baulicher Sicht durchaus noch Gefängnischarakter haben können, aber auch moderne Gebäude mit Wohnheimcharakter anzutreffen sind. Eine maßgebliche Öffnung der Grenzen nach außen erfolgte insofern, als die Insassen einer regulären Arbeitstätigkeit nachgehen können, und vergleichsweise günstige Voraussetzungen für Urlaub und Ausgang gegeben sind. Solche Einrichtungen stellen einen Grenzfall der „totalen Institution" dar, deren Funktionsfähigkeit ebenfalls unter einigen der bisher erwähnten Gesichtspunkten zu betrachten ist. Zwar wurden der Behandlung im offenen Vollzug, etwa in Wohngruppen außerhalb geschlossener Einrichtungen große Chancen eingeräumt (Schneider 1978), das Gros der Gefangenen befindet sich aber im geschlossenen Vollzug. Dort richtet sich die psychologische Tätigkeit auch auf die Gestaltung der relevanten Rahmenbedingungen des Behandlungsvollzuges, wobei größtenteils von vorgegebenen oder schwer modifizierbaren architektonischen und soziostrukturellen Bedingungen auszugehen ist. Es finden sich beispielsweise Anstrengungen zur Schaffung der organisatorischen Voraussetzungen für verbesserte Kommunikationsmöglichkeiten in der Anstalt (Dertinger 1978) oder zur Förderung der Entwicklung eines die therapeutischen Bemühungen allgemein fördernden Klimas (Schmitt 1980). Demgegenüber können Beratung und Intervention auf umweltpsychologischem und sozioökologischem Hintergrund in den unterschiedlichsten konzeptionellen Phasen des Strafvollzugs ansetzen: sie können sich von Planungsaktivitäten bei Bau und Gestaltung neuer oder der Möglichkeit bestehender Vollzugseinrichtungen bis hin zu Lösungsansätzen alltäglicher Vollzugsprobleme erstrecken (→ *Kontrolle und Kontrollverlust;* → *Raum und Bewegung;* → *Territorialität*).

Literatur

Alisch, J. & Steller, M. (1980). Voraussetzung für Therapie im Strafvollzug – Institutionsberatung und Personaltraining. In S. Schmidtchen & F. Baumgärtl (Hg.), Methoden der Kinderpsychotherapie (S. 133-142). Stuttgart: Kohlhammer.

Allen, H.E. & Simonsen, C.E. (1981). Corrections in America: An introduction. New York: Macmillan.

D'Atri, D.A. (1975). Psychophysiological responses to crowding. Environment and Behavior 7, 237-252.

Dertinger, C. (1978). Möglichkeiten der Verbesserung der Kommunikation in einer geschlossenen Justizvollzugsanstalt. Zeitschrift für Strafvollzug und Straffälligenhilfe 27, 197-200.

Dünkel, F. (1983). Strafvollzug aus Sicht der Forschung. Zeitschrift für Strafvollzug und Straffälligenhilfe 32, 3-18.

Farbstein, J. & Wener, R.E. (1982). Evaluations of correctional environments. Environment and Behavior 14, 671-694.

Goffman, E. (1973). Asyle. Über die soziale Situation psychiatrischer Patienten und anderer Insassen. Frankfurt: Suhrkamp.

Kühne, A. (1983). Psychologie im Justizvollzug. Psychologische Rundschau 34, 57-71.

Kury, H. (1983). Psychologie im Bereich der Kriminologie: Chancen und Probleme. Psychologische Rundschau 34, 72-85.

Kury, H. & Fenn, R. (1977). Probleme und Aufgaben für den Psychologen im behandlungsorientierten Strafvollzug. Psychologische Rundschau 28, 190-203.

Mai, K. (Hg.) (1981). Psychologie hinter Gittern. Weinheim: Beltz.

McCain, G., Cox, V.C. & Paulus, P.B. (1976). The relationship between illness complaints and degree of crowding in a prison environment. Environment and Behavior 8, 283-290.

Moos, R.H. (1975). Evaluating correctional and community settings. New York: Wiley.

Moyer, F.D. (1975). The architecture of closed institutions. In G. di Gennaro (Ed.), Prison architecture (pp. 53-72). London: Architectural Press.

Moyer, F.D. (1979). Generative forces in correctional architecture and some facility planning requirements. In M.R. Montilla & N. Harlow (Eds.), Corrective facilities planning (pp. 93-105). London: Lexington Books.

Paulus, P.B., McCain, G. & Cox, V.C. (1973). A note on the use of prisons in environments for investigation of crowding. Bulletin of the Psychonomic Society 1 (6a), 427-428.

Paulus, P.B., McCain, G. & Cox, V.C. (1976). Death rates, psychiatric commitments, blood pressure, and perceived crowding as a function of institutional crowding. Environmental Psychology & Nonverbal Behavior 3, 107-116.

Presthold, P.H., Taylor, R.R. & Shannon, W.T. (1976). The correctional environment and human behavior: a comparative study of two prisons for women. In P. Suedfeld & J.A. Russel (Eds.), The behavioral basis of design, Book I: Selected papers (pp. 145-149). Vancouver: Environmental Design Research Association.

Schmitt, G. (1980). Sozialtherapie – eine Gratwanderung im Strafvollzug. Frankfurt: Haag & Herchen.

Schneider, H.J. (1978). Behandlung in Freiheit. Psychologie Heute 5, 67-74.

Sommer, R. (1974). Tight spaces. Englewood Cliffs: Prentice-Hall.

Steller, M. (1978). Für eine Neubestimmung der Aufgaben von Strafvollzugspsychologen. Diskussionsbemerkungen zu dem Beitrag von H. Kury & R. Fenn: Probleme und Aufgaben für den Psychologen im behandlungsorientierten Strafvollzug. Psychologische Rundschau 29, 209-213.

Waters, J.E. (1980). Evaluating correctional environments: the social ecological perspective. Corrective and Social Psychiatry and Journal of Behavior Therapy 26, 45-52.

Wener, R. & Olsen, R. (1980). Innovative correctional environments. A user assessment. Environment and Behavior 12, 478-493.

Wenk, E.A. & Moos, R.H. (1972). Social climates in prison: an attempt to conceptualize and measure environmental factors in total institutions. Journal of Research in Crime & Delinquency 9, 134-148.

Wright, K.N. & Bourdouris, J. (1982). An assessment of the Moos correctional institutions environment scale. Journal of Research in Crime & Delinquency 19, 255-276.

Horst Waldert

Therapeutische Umwelten

Krankenhäuser, Rehabilitationseinrichtungen, Alters- und Pflegeheime, Behindertenheime, Psychiatrische Kliniken

1. Einleitung

Im Mittelpunkt dieses Beitrages stehen:
1. *Betroffene*, d.h., Patienten, alte Menschen, Behinderte, sowie Mitarbeiter von therapeutischen Umwelten;
2. *Lebensräume:* Damit sind jene Räumlichkeiten gemeint, in denen sich die Betroffenen am meisten aufhalten, also: Bettenstationen, Wohn-/Pflegeräume und Räume außerhalb derselben, die therapeutischen und sozialen Zwecken dienen, und
3. *Kriterien:* für die Beurteilung bzw. Gestaltung therapeutischer Umwelten. Aspekte, die im Zusammenhang mit der Entwicklung und Entstehung von Neuerungen oder der Anpassung bestehender Umwelten (Organisationsentwicklung, Planungsmethoden, Aktionsforschung) stehen, werden nicht berücksichtigt.

2. Beiträge der Umweltpsychologie für die Beurteilung bzw. Gestaltung therapeutischer Umwelten

Um den unterschiedlichen Bedürfnissen der Betroffenen gerecht zu werden, wird hier zwischen *Kurzaufenthalten* (in Krankenhäusern, Rehabilitationseinrichtungen usw.) und *Langzeitaufenthalten* (in Alters- und Pflegeheimen, Behindertenheimen, z.T. in psychiatrischen Kliniken usw.) unterschieden.

2.1 Therapeutische Umwelten für Kurzaufenthalte

Die Umweltpsychologie kann hierzu folgende Beiträge leisten:
a) Geeignete bauliche, organisatorische und soziale Umweltbedingungen beschreiben (vgl. Abschnitt 3), die die Entwicklung bzw. Wiedererlangung *autonomie-orientierter Handlungsweisen* unterstützen (Badura 1983, Moos 1974) (→ *Kontrolle und Kontrollverlust*). Damit kann die Wiedereingliederung der Betroffenen in die familiäre und berufliche Umwelt besser bewältigt werden. Der Aufenthalt in einer therapeutischen Umwelt wird in diesem Sinne als dauernder Wiedereingliederungsprozeß gesehen, der am ersten Tag beginnt (Kemm & Welter 1987).

b) Genesungsprozesse im Zusammenhang mit *Abbau von Streßeinwirkungen* betrachten. Im Vordergrund stehen hier *Kontrollgewinne* und *Beteiligung* am Geschehen in der Institution (Badura 1983, Frese 1978, Volicer, Isenberg & Burns 1977). Beides wirkt der *Erlernten Hilflosigkeit* (Seligman 1983) entgegen.

Beispiele, wie Kontrolle und Beteiligung der Betroffen erreicht werden kann:
- Informationen einholen bzw. erhalten zu Aufnahmeprozeduren, Diagnose- und Therapieverfahren, räumliche und organisatorische Bedingungen (Orientierung in unbekannten Umweltsituationen);
- Privatsphäre haben, d.h. Kontrolle über eigenes Territorium und Regulation sozialer Kontakte ausüben können (vgl. Konzept *Freiraum* in Goffman, 1961);
- Adaptive bauliche und organisatorische Bedingungen vorfinden, die den sich verändernden Bedürfnissen während des Aufenthaltes entgegenkommen.

2.2 Therapeutische Umwelten für Langzeitaufenthalte

Hier kann die Umweltpsychologie Kriterien formulieren bzw. fordern, die zu humaneren *Lebens- und Wohnbedingungen* in Heimen führen. Damit sind u.a. solche Bedingungen gemeint (vgl. Abschnitt 3), die es den Betroffen erlauben, sich an der Ausgestaltung und Weiterentwicklung der therapeutischen Umwelten zu *beteiligen* (Kaplan & Kaplan 1982, Schulz & Hartmann 1980, Welter 1985). Sich bei der Schaffung baulicher, organisatorischer und sozialer Bedingungen persönlich beteiligen zu können, fördert – zusammen mit therapeutischen Maßnahmen – soziale und kognitive Kompetenzen.

3. Kriterien für die Beurteilung und Gestaltung therapeutischer Umwelten – das Konzept des Handlungsfreiraumes

Die im vorangehenden Teil gestellten Forderungen nach mehr *Kontrolle*, verbesserter *Lebens- und Wohnqualität* sowie verstärkter *Beteiligung* der Betroffen bei der Beurteilung bzw. Gestaltung therapeutischer Umwelten kann erfüllt werden mittels des Angebots von *Handlungsfreiraum* (HFR) (→ *Handlungstheorie)* (Ulich 1974, Alioth 1980, Welter 1985).

Es wird nach vier *Dimensionen* von HFR unterschieden (vgl. Matrix):
- *Bewegungsfreiraum*: Einfluß nehmen können auf den Aktionsradius im Mikro- und Makrobereich;
- *Beziehungsfreiraum*: Einfluß nehmen können auf die Regulation sozialer Beziehungen;
- *Tätigkeits- und Aktivierungfreiraum*: Einfluß nehmen können auf Inhalt, Umfang und Abläufe von Tätigkeiten und Aktivierung;

- *Entscheidungs- und Kontrollfreiraum*: Einfluß nehmen können auf planerische, therapeutische, verwalterische und gestalterische Prozesse.

Das vorhandene bzw. erwünschte Ausmaß des HFR wird bestimmt durch die drei *Komponenten*:
- architektonische und bauliche Bedingungen,
- organisatorische und administrative Bedingungen, und
- Einstellungen und Verhalten der den Betroffenen umgebenden Mitmenschen.

Die untenstehende Matrix mit 12 Feldern stellt ein Kriterien-Gerüst dar, mit welchem therapeutische Umwelten beurteilt werden können oder das als Grundlage für die Gestaltung verwendet werden kann (→ *Umweltevaluation*). Die Matrix kann dabei – im Sinne einer hierarchischen Betrachtungsweise – auf unterschiedliche räumlich-soziale Bereiche bezogen werden, z.B.: auf individuelle Bereiche (Zimmer, Zimmeranteile), auf Gruppenbereiche, auf ganze Bettenstationen oder auf die ganze Institution. Für jedes der 12 Felder werden nun beispielhaft einige Kriterien formuliert. Auf dazugehörige Konzepte der Umweltpsychologie wird hingewiesen.

Dimensionen des HFR	Komponenten des HFR		
	architektonische und technische Bedingungen	organisatorische und administrative Bedingungen	Einstellungen und Verhalten
Bewegungsfreiraum	1	2	3
Beziehungsfreiraum	4	5	6
Tätigkeits- und Aktivierungsfreiraum	7	8	9
Entscheidungs- und Kontrollfreiraum	10	11	12

zu Feld 1:
- Zugänglichkeit zu Schränken (persönlichen Besitzen), Betten, Fenster (Ausblicke) muß gewährt sein, auch wenn Patienten bettlägerig oder rollstuhlgebunden sind.
- Zonen, die wenig Schutz bieten (hoher Öffentlichkeitscharakter, Durchzug, viel „Durchgangsverkehr") vermeiden. Konzepte der *Raumsyntax* (Welter 1978);

zu Feld 2:
- Bestimmungen, Vorschriften und Hausordnungen, die vorschreiben, wo sich Betroffene aufhalten dürfen und wo nicht;
- Zugänglichkeit (hier die zeitliche) von therapeutischen und sozialen Einrichtungen. Konzept der *Zentralisation/Dezentralisation von Infrastrukturen (Welter 1985);*

zu Feld 3:
- Toleranz der Klinikleitung, Verwaltung, Heimleiter für gegenseitige Besuche Betroffener innerhalb der Institution;
- Toleranz des Pflegepersonals, der Betreuer für unterschiedliche Zimmermöblierung der Betroffenen;

zu Feld 4:
- Regulation von Ein- und Aussichten sowie sozialer Kontakte in der Privatsphäre. Konzept der *Privatsphärenregulation* (Altman 1975, Welter 1978);
- Wahl zwischen unterschiedlich dichten Erlebnisfeldern (visuelle und soziale Stimulation). Konzept der *Raumsyntax* (Welter 1978);

zu Feld 5:
- Regelung der Besuchszeiten;
- Größe der Besuchsgruppe (Überschaubarkeit, Zugehörigkeit);
- Wahl der Person, mit der der Betroffene zusammen einen Wohnraum teilt;

zu Feld 6:
- Respektiert das Pflegepersonal die Privatsphäre der Betroffenen?

zu Feld 7:
- Erwünschte Tätigkeit des einzelnen und der Gruppe im unmittelbaren Lebensraum führt zu Raumansprüchen. Konzept der *Zentralisierung/Dezentralisierung* von Infrastrukturen (Welter 1985);

zu Feld 8:
- Orientierung der Betroffenen über Räumlichkeiten, die für Aktivierung zugänglich sind;
- Arbeitsstrukturen des Pflegepersonals, die auf Rollen- und Aufgabenteilung oder auf Polyvalenz beruhen. Konzept der *teilautonomen Pflegegruppen* (Babst & Gelzer 1983, Ulich & Alioth 1977);

zu Feld 9:
- Rollenausübung des Pflegepersonals: *für* die Betroffenen handeln (stellvertretend) oder *mit* den Betroffenen handeln (beratend) (Godlove, Richard & Rodwell 1983);

zu Feld 10:
- Hat der einzelne, die Gruppe Kontrolle über territoriale Grenzen? Konzept der Grenzregulation (Susman 1976, Welter 1978);

zu Feld 11:
- Mitbestimmung bei Diagnose- und Therapieverfahren?
- Mitbestimmung bei der Gestaltung der Tagesabläufe durch Betroffene?
- Selbstverwaltung bestimmter finanzieller, materieller oder rechtlicher Aspekte?

zu Feld 12:
- Autonomie-orientiertes Verhalten der Betroffenen wird gefördert durch den Besitz eines eigenen Raumes. Konzept *Frontstage/Backstage* (Rosengreen & De Vault 1963).

Literatur

Alioth, A. (1980). Entwicklung und Einführung alternativer Arbeitsformen. Bern: Huber.

Altman, I. (1975). The environment and social behavior. Monterey: Brooks/Cole.

Babst, L. & Gelzer, D. (1983). Teilautonome Pflegegruppen. Soziale Medizin 5, 4-9.

Badura, B. (Hg.) (1983). Soziale Unterstützung und chronische Krankheit. Frankfurt: Suhrkamp.

Frese, M. (1978). Partialisierte Handlung und Kontrolle: Zwei Themen der industriellen Psychopathologie. In M. Frese, S. Greif & N. Semmer (Hg.), Industrielle Psychopathologie. Bern: Huber.

Godlove, C., Richard, L. & Rodwell, G. 1983). Time for action. Social Services Monographs. Sheffield: University of Sheffield.

Goffman, E. (1961). Asylums. New York: Doubelday.

Kaplan, S. & Kaplan, R. (1982). Cognition and environment. New York: Praeger.

Kemm, R. & Welter, R. (1987). Coping mit kritischen Ereignissen im Leben Körperbehinderter. Heidelberg: Schindele.

Moos. R.H. (1974). Evaluating treatment environments. New York: Wiley.

Rosengreen, W.R. & De Vault, S. (1963). The sociology of time and space in an obstetrical hospital. In E. Freidson (Ed.), The hospital in modern society. London: Free Press of Glencoe.

Schulz, R. & Hartman, B. (1980). Experimental social gerontology: A social psychological perspective. Journal of Social Issues 36, 30-46.

Seligman, M.E.P. (1983). Erlernte Hilflosigkeit (3. erw. Aufl). München: Psychologie Verlags Union.

Susman, G.I. (1976). Autonomy at work. New York: Praeger.

Ulich, E. (1974). Die Erweiterung des Handlungsspielraumes in der betrieblichen Praxis. Industrielle Organisation 42, 355-358.

Ulich, E. & Alioth, A. (1977). Einige Bemerkungen zur Arbeit in teilautonomen Gruppen. Fortschrittliche Betriebsführung 26, 159-162.

Volicer, M.P.H., Isenberg, M.A. & Burns, M.W. (1977). Medical-surgical differences in hospital stress factors. Journal of Human Stress 77, 3-13.

Welter, R. (1978). Adaptives Bauen für hospitalisierte Langzeitpatienten. Meilen: Eigenverlag.

Welter, R. (1983). Ökologische Aspekte zur Frage der Rehabilitationsmöglichkeiten in Pflegeheimen. Zeitschrift für Gerontologie 16, 2-6.

Welter, R. (1985). Anregungen zur Förderung und Belebung des Wohnens und Betreuens in Heimen. Meilen, Eigenverlag.

Rudolf Welter
Meilen / Schweiz

Kranke und Behinderte

1. Ökologische Perspektive

Ökologische Perspektive bedeutet in diesem Beitrag, daß Ereignisse als Wirkungen des *Systems* „physisches Milieu, soziale Umwelt und Mensch" aufgefaßt werden (Miller 1978, Buchwald & Engelhardt 1978). Teilkomponenten des Systems stehen in regulativen Wechselbeziehungen, Veränderungen eines Teilsystems fordern adaptive Prozesse in tangierten Teilsystemen, wobei sich Gleichgewichtsphasen ergeben können. Aus solch systemarer Betrachtung folgt, daß grundsätzlich die Entsprechungsverhältnisse zwischen Gesunden und Kranken, Behinderten und Nichtbehinderten zu beachten sind. Wird z.B. eine Person gebrechlich, fordert dies Hilfe von Agenten im sozialen Netz (→ *Soziale Netzwerke*) und Veränderungen im physischen Umfeld (z.B. Stock benutzen, ebenerdig umziehen).

Zur empirischen Füllung dieses allgemeinen systemtheoretischen (Interpretations-)Prinzips (Toulmin 1953) greift Ökopsychologie auch auf Wissen weiterer psychologischer Aspektfächer und anderer Disziplinen zurück, benützt dieses Wissen aber in eigener Akzentuierung (Kaminski 1978, Day 1982) (→ *Sozialmedizin*).

Unter diesem allgemeinen Ansatz müßten *interdisziplinär* Regulationsprobleme bearbeitet werden, die als Ressourcenverteilungsprobleme, bzw. Lastenausgleichprobleme (Wuggenig 1981) aufgefaßt werden können. Wie und mit welchen Konsequenzen für Gruppierungen und individuell Handelnde geschieht z.B.:
- materiell-ökonomischer Ausgleich? (Heinze & Runde 1982) Man denke z.B. an gesetzlich geregelte Leistungsansprüche, an Versicherungen und Almosen.
- Verteilung von Zuständigkeit, Macht? (Runde & Heinze 1979) Man denke z.B. an öffentliche Gesundheitsverwaltung, Funktionäre von freien Trägern im Bereich Wohlfahrt, innerfamiliäre Verteilung von Zuständigkeiten bei Krankheit, Behinderung eines Familienmitglieds.
- Verteilung von Bildung? (Hurrelmann 1975) Erinnert sei an Frühförderung, Sonderschulen als Folge der Schulpflicht für Behinderte und berufliche Rehabilitationsmaßnahmen.

Neben der Interdisziplinarität ist für Ökopsychologie kennzeichnend, daß *Mehrebenenanalysen* vorgenommen werden. Es werden hochaggregierte Einheiten (Land, Gesellschaft), Einheiten mittlerer Größenordnung (Krankenhaus, Nachbarschaft) und kleine Einheiten (Hilfsmittel, Baudetails, soziale Beziehungen zwischen Individuen) untersucht. Rückschlüsse von einem Aggregationsniveau (z.B. Individuum) auf andere (z.B. Gruppe, Gruppierung wie Schwerbehinderte) sind problematisch (Coleman 1984), werden aber häufig (falsch) gemacht. Wenn z. B. durch Rehabilitationsmaßnahmen ein Behinderter eine Arbeitsstelle erhält, ohne daß gleichzeitig die Stellenzahl vermehrt wird, so verdrängt er einen anderen Arbeitswilligen von dessen Arbeitsplatz. Von „individuellen" Rehabilitationserfolgen kann also nicht auf eine gute Gesamtlösung geschlossen werden. Unter diesem Aspekt greifen viele Ansätze der Klinischen Psychologie zu kurz.

2. Krankheit – Gesundheit / Behinderung – Bevorzugung

Zu dem oben genannten prinzipiellen Systemansatz passen Auffassungen von Gesundheit/Behinderung, wie sie sich u.a. bei Sargent (1972) und in Salzinger, Antrobus und Glick (1980) finden. Gesundheit ist danach kein Sachverhalt, der dem Menschen zukommt, sondern Prozeßfolge der Mensch-Umwelt-Interaktion in je spezifischem sozialen Kontext. Bestimmte Schädigungen des Körpers können z.B. je nach Kontext unterschiedlichen Adaptationswert haben (Schmucknarben, Beschneidung, Infibulation; Selbstverstümmelung, um einem Fronteinsatz zu entgehen oder um als Bettler erfolgreicher zu sein). Gesundheit bezeichnet eine gelungene Adaptation an vielfältige Störungsmöglichkeiten (z.B. Bakterien, Gifte, soziale Stressoren), Krankheit ist Störung eines relativen Gleichgewichtszustandes.

Im Rahmen solch systemarer Betrachtung kann das Normalisierungspostulat (Bank-Mikkelsen 1969, Wolfensberger 1969) als Aufforderung interpretiert werden, Barrieren (Bednar 1977) symbolischer oder physischer Art zwischen Behinderten und Nichtbehinderten abzubauen, ständig so in das Zusammenlebe-System einzugreifen, daß Ausgrenzungen bestimmter Personen(-gruppen) möglichst unterbleiben. Wichtige Merkmale des jeweiligen Systemausschnittes, der veränderungswürdig erscheint, können unter Verwendung der Behavior-setting-Taxonomie (Barker 1968, Srivastava 1974) aufgesucht werden (→ *Behavior Setting*).

Diese Auffassung von Krankheit/Behinderung impliziert ein Bezugssystem für das Urteil „erfolgreich adaptiert". Fragen solcher Bezugssystem- und Urteilsbildung, ihres Wandels bei Individuen, Gruppen und Institutionen und damit zusammenhängende Fragen der Selbstwertbildung, können hier nicht behandelt werden (vgl. Brickman & Campbell 1971, Tajfel 1982, Dembo 1982).

Eine zureichende *Beschreibung* alltäglicher Lebenssituationen Kranker – Gesunder und Behinderter – Bevorzugter liegt nicht vor (Fischer 1985). Bisherige Beschreibungen aus der Beobachterperspektive oder aus der Selbstsicht Betroffener und darauf gründende Klassifikationen sind unter ökopsychologischer Perspektive z.T. nach zu selektiven Merkmalen und z.T. nach zu undifferenzierten Kriterien vorgenommen worden (Hobbs 1980). Der funktionale Ort des Beschriebenen und Klassifizierten im Lebenszusammenhang des Individuums, bzw. der Person (von Braunmühl 1983) wurde bisher unzureichend herausgearbeitet. Ein Beispiel: Ätiologische Aussagen (für bestimmte Zwecke unverzichtbar), wie z.B. „Chromosomenaberration" von sagen zunächst nichts über das Erscheinungsbild des Betroffenen (Mongolenfalte der Lider) und auch nichts über Verhaltensweisen (freundliches Kind, trauriger Erwachsener) und auch nichts über sein Eingebettetsein in seine physisch-sozialen Kontexte (Schwangerschaftsunterbrechung –

leid- und freudvolles Akzeptiert werden). Ähnliches gilt für Symptomkomplexbeschreibungen.

Ein Blick in die Begriffsgeschichte zeigt einen dramatischen Wandel der Bezeichnungen und ihres Wertgehaltes (z.B. „Krüppel, Versehrter, Behinderter"). Viele „Begriffe" haben weniger deskriptiven oder explanativen Gehalt, sondern sind politische Kampfbegriffe (Blasius 1980, Antons & Schulz 1976, 1977).

Die mangelnde Deskription erschwert Theoriebildung (Hohmeier 1982, Asch 1984). Paradigmatische Möglichkeiten, die sich für theoriebezogene Beschreibung anbieten (Kaminski 1983), sind kaum inhaltsbezogen artikuliert. Insofern bleibt die ökopsychologische Perspektive z. Zt. eher nur ein Anspruch.

3. Krank / behindert als seltenes Ereignis

Wenn eine Psychologie der Ökologie alltäglicher Lebenssituationen von Kranken und Behinderten entwickelt werden soll, dann muß u.a. nach notwendigen Bedingungen des Ökosystems gesucht werden, die interessierende Phänomene wie z.B. Ausgrenzung, Ablehnung *erklärbar* machen. Solch eine mögliche Bedingung sei beispielhaft dargestellt: Eine Bedingung, die erhebliche Auswirkungen auf Individuen und Sozialsysteme hat, ist, daß Krankheiten und Schädigungen selten sowie „zufällig" zeitlich und geographisch verteilt auftreten können (vgl. Keupp 1982a). Z.B. entfällt auf ca. 1000 Geburten ein Trisomiebaby. (Zu Häufigkeitsangaben und ihren historischen Schwankungen vergleiche Hensle 1982). Ohne auf „Zahlenspielereien" (Inzidenz-, Prävalenzrate, Lebensdauer, räumliche Verteilung, s. Vaskovics 1982) einzugehen, seien thesenartig einige Konsequenzen solch seltener Ereignisse aufgeführt.

Erfahrungsakkumulation über seltene Ereignisse ist aufwendiger als über häufigere und nur unter bestimmten Randbedingungen möglich. Man stelle sich z.B. die Situation einer Eingeborenenmutter vor, die in einem Verband von 20 Personen mit einer durchschnittlichen Lebenserwartung von 30 Jahren lebt, und ein „mongoloides" Kind gebiert.

Seltene Ereignisse, zu denen Laien und Professionelle Stellung nehmen müssen, ohne gesichertes Wissen zu haben, fördern einfache, stereotypiehafte Antwortmuster, wie Aktualneugier ohne dauerhafte Orientierungskonsequenzen oder z.T. moralisch gerechtfertigte Ablehnung.

Umgangssicherheit und (noch problematischer) emotionale Vertrautheit (Peplau & Perlman 1982) mit seltenen Ereignissen kann allenfalls eine kleine Personengruppe haben. Die Anzahl seltener Ereignisse im Umfeld von Krankheit und Behinderung ist z.T. so gering, daß auch Spezialisten (Feldmann 1981) Sicherheit nur gewinnen können, indem sie ihren Erfahrungsbereich einschränken und gleichzeitig ihre Erfahrungshäufigkeit steigern, was Akkumulation und Homogenisierung bestimmter Ereignisse nahe beim Spezialisten voraussetzt (Spezialinstitution) (→ *Risikoeinschätzung*).

Die Informationslücken werden häufiger durch „Nachbarschaftsklatsch" (wechselseitiges Erzählen von Krankheitserfahrungen) gefüllt (Sanders 1982). Selbsthilfegruppen ermöglichen u.U. eine schnelle situationsangemessene Informierung (Keupp 1982b). Die Masse der „Entscheidungen" in einer Gesellschaft findet ohne Partizipation „seltener" Kranker und Behinderter statt.

Datenerhebung und (statistische) Interpretation bei seltenen Ereignissen sind methodisch voller Fallstricke (vgl. Mittenecker 1962).

4. Umwelteinflüsse und Umweltgestaltung

Allgemeine Umgebungseinflüsse auf Gesundheit sind vergleichsweise gut dokumentiert (Schaefer 1978).

Gleiches gilt für Gestaltungsfragen baulicher Umwelt und deren individuelle und soziale Folgen für Behinderte, Kranke und ihre Bezugspersonen (→ *Therapeutische Umwelten*, Stemshorn 1979, Day 1982, Gutman 1972, Ahmed & Plog 1976, Reizenstein & Ostrander 1981). Optimierendes Eingreifen in institutionelle Milieus geschieht unter größtenteils heuristischer Verwendung ökopsychologischer Konzepte wie z.B. Privatheit (Rivlin & Wolfe 1979, Zimring, Weitzer & Knight 1982, Altman 1976 → *Territorialität*).

Unter ökopsychologischer Perspektive relativ wenig bearbeitet sind Fragen der (schleichenden) Dynamik sozio-technischer Systeme. Ein Beispiel ist der Mobilitätswandel. Die Anzahl privat zurückgelegter km/Jahr hat sich in der BRD seit 1950 mindestens verzehnfacht. Dieser Wandel, der zunächst an Kranken und Behinderten vorbeilief, hat zu einem starken Nachholbedarf (vgl. bezugssystemabhängiges Anspruchsniveau: Brickman & Campbell 1971) geführt mit allen Konsequenzen für den Ausbau der verkehrstechnischen Infrastruktur und ihren Folgekosten (Moret 1984). Verkehrssysteme haben die Krankenversorgung entscheidend verändert (Luftrettungssysteme, z.T. weltweites Einzugsgebiet von klinischen Spezialabteilungen). Ein weiteres Beispiel ist der Wandel der Wohn-(flächen)ansprüche mit entsprechenden Folgen für Institutionsbauten.

Wie sich Veränderungen der Informationstechnik (Telekommunikationsmöglichkeiten, elektronische Hilfsmittel) auf Kranke und Behinderte auswirken, läßt sich heute noch nicht absehen.

Bei der Anwendung ökopsychologischer Erkenntnisse (Kaminski & Fleischer 1984) ist u.a. zu beachten, wann relativ zu einem Systemzustand eingegriffen wird – vor einem unerwünschten Zustand (Prävention, Cowen 1978), während eines (un-)erwünschten Zustandes (Heilung/Optimierung) oder nach einem solchen Zustand (Folgen beseitigen). Die Arbeitsschritte in diesen Eingriffsphasen können verschieden sein: Planung und Prognose, Implementation und Evaluation von Maßnahmen und ihren (Neben-)Wirkungen (→ *Umweltplanung; → Umweltevaluation*). Über die vielen Fallstricke, die bei Planung und Implementation von besseren Settings gegeben sind, informiert Sarason (1976). Wie bei solch sozialtechnischem Eingreifen Wirkungen der Systemdynamik (Wertwandel, Änderungen im Anspruchsniveau relativ zu den verfügbaren Angeboten) so berücksichtigt werden können, daß die Folgen auf Dauer als gut betrachtet werden, ist noch weitgehend unbekannt (Moos 1976, Sarason 1984). Als Beispiel mag der Sonderschulbau gelten, der vor ca. 20 Jahren als Fortschritt empfunden wurde und heute als integrationshemmend bewertet wird.

Literatur

Ahmed, B.P.J. & Plog, St.C. (Ed.) (1976). State mental hospitals. What happens when they close. New York: Plenum.

Altman, I. (1976). Privacy. A conceptual analysis. Environment and Behavior 8, 7-29.

Antons, K. & Schulz, W. (1976). Normales Trinken und Suchtentwicklung. (Bd. 1 u. 2). Göttingen: Hogrefe.

Asch, A. (1984). The experience of disability: A challenge for psychology. American Psychologist 39, 529-536.

Bank-Mikkelsen, N.E. (1969). A metropolitan area in Denmark: Copenhagen. In: R.B. Kugel & W. Wolfensberger (Eds.), Changing patterns in residential services for the mentally retarded. Washington, D.C.: President's Committee on Mental Retardation.

Barker, R.G. (1968). Ecological psychology. Stanford, CA: Stanford University Press.

Bednar, M.J. (1977). Barrier-free environments. Stroudsburg: Dowden, Hutchinson & Ross.

Blasius, D. (1980). Der verwaltete Wahnsinn. Frankfurt: Fischer.

Braunmühl, C. v. (1983). Lebensweltanalyse ist anders. In D. Kommer & B. Röhrle (Hg.), Gemeindepsychologische Perspektiven 3. Ökologien und Lebenslagen (S. 14-37). München: Stembauer & Rau.

Brickman, Ph. & Campbell, D.T. (1971). Hedonic relativism and planning the good society. In: M.H. Appley (Ed.), Adaptation-level theory (pp. 287-304). London.

Buchwald, K. & Engelhardt, W. (Hg.) (1978). Handbuch für Planung, Gestaltung und Schutz der Umwelt (Bd. I, Kap. 2). München: BLV.

Coleman, J.S. (1984). Microfoundations and macrosocial behavior. AIAS Angewandte Sozialforschung 12, 25-38.

Cowen, E.L. (1978). Demystifying primary prevention. In D.G. Forgays (Ed.), Primary prevention of psychopathology II (pp. 7-24). Hanover, NH: University Press of New England.

Day, P. (1982). Beiträge der Ökopsychologie zur Bau- und Betriebsplanung eines Wohnheims für körperbehinderte Schüler. In: U. Hensle (Hg.), Einführung in die Arbeit mit Behinderten (2. Aufl.) (S. 336-364). Heidelberg: Quelle & Meyer.

Dembo, T. (1982). Some problems in rehabilitation as seen by a Lewinian. Journal of Social Issues 38, 131-139.

Feldmann, K. (1981). Ein sozialökologischer Ansatz zur Professionalisierung im Erziehungsbereich. Teil I: AIAS Angewandte Sozialforschung 9, 225-240. Teil II: 355-364.

Fischer, M. (1985). Die Gestaltung des Lebensraumes Behinderter aus ökopsychologischer Sicht. In K.-H. Wiedl (Hg.), Rehabilitationspsychologie (S. 117-130). Stuttgart: Kohlhammer.

Gutman, R. (1972). People and buildings. New York: Basic Books.

Heinze, R.G. & Runde, P. (1982). Lebensbedingungen Behinderter im Sozialstaat (Kap. II). Opladen: Westdeutscher Verlag.

Hensle, U. (1982). Einführung in die Arbeit mit Behinderten (2. Aufl.). Heidelberg: Quelle & Meyer.

Hobbs, N. (1980). An ecologically oriented, service-based system for the classification of handicapped children. In S. Salzinger, J. Antrobus, & J. Glick (Eds.), The ecosystem of the „sick" child. New York: Academic Press.

Hohmeier, J. (1982). Bemerkungen zum gegenwärtigen Stand wissenschaftlicher Begriffe von

Behinderung. In R.G. Heinze & P. Runde (1982). Lebensbedingungen Behinderter im Sozial-staat (S. 7-23). Opladen: Westdeutscher Verlag.

Hurrelmann, K. (1975). Erziehungssystem und Gesellschaft. Reinbek: Rowohlt.

Kaminski, G. (1978). Ökopsychologie und Klinische Psychologie. In U. Baumann, H. Berbalk & G. Seidenstücker (Hg.), Klinische Psychologie (S. 32-73). Bern: Huber.

Kaminski, G. (1983). Methodologische Probleme und Konsequenzen der Anwendung hand-lungstheoretischer Konzepte. In J.P. Janssen & E. Hahn (Hg.), Aktivierung, Motivation, Handlung und Coaching im Sport (S. 206-220). Schorndorf: Hofmann.

Kaminski, G. & Fleischer, F. (1984). Ökologische Psychologie: Ökopsychologische Untersu-chungs- und Beratungspraxis. In H.A. Hartmann & R. Haubl (Hg.), Psychologische Begutach-tung, Problembereiche und Praxisfelder (S. 329-358). München: Urban & Schwarzenberg.

Keupp, H. (1982a). Sozialepidemiologie. In H. Keupp & D. Rerrich (Hg.), Psychosoziale Praxis. Gemeindepsychologische Perspektiven (S. 23-32). München: Urban & Schwarzenberg.

Keupp, H. (1982b). Soziale Netzwerke. In H. Keupp & D. Rerrich (Hg), Psychosoziale Praxis. Gemeindepsychologische Perspektiven (S. 42-53). München: Urban & Schwarzenberg.

Miller, J.G. (1978). Living systems. New York: McGraw-Hill.

Mittenecker, E. (1962). Methoden und Ergebnisse der psychologischen Unfallforschung. Wien: Deuticke.

Moret, J. (1984). Über 5 Millionen Behinderte sind in ihrer Bewegungsfreiheit eingeschränkt. Heidelberg: Selbsthilfe 5, 25-26.

Moos, R.H. (1976). The human context (pp. 359-393). New York: Wiley.

Peplau, L.A. & Perlman, D. (Eds.) (1982). Loneliness. New York: Wiley.

Reizenstein, J.E. & Ostrander, E.R. (1981). Design for independence. Housing for the severely disabled. Environment and Behavior 13, 633-647.

Rivlin, L. & Wolfe, M. (1979). Understanding and evaluating therapeutic environments for children. In D. Canter & S. Canter (Eds.), Designing for therapeutic environments (pp. 29-62). New York: Wiley.

Runde, P. & Heinze, R.G. (Hg.) (1979). Chancengleichheit für Behinderte (S. 5-36). Neuwied: Luchterhand.

Salzinger, S., Antrobus, J. & Glick, J. (Eds.) (1980). The ecosystem of the „sick" child. New York: Academic Press.

Sanders, G.S. (1982). Social comparison and perceptions of health and illness. In G.S. Sanders & J. Suls (Eds.), Social psychology of health and illness (pp. 130-157). Hillsdale, NJ: Erl-baum.

Sarason, S. (1976). The creation of settings and the future societies. San Francisco: Jossey-Bass.

Sarason, S.B. (1984). If it can be studied, should it be? American Psychologist 39, 477-485.

Sargent, F. (1972). Man-environment: Problems for public health. American Journal of Public Health 62, 628-633.

Schaefer, H. (1978). Humanethologie. In K. Buchwald & W. Engelhardt (Hg.), Handbuch für Planung, Gestaltung und Schutz der Umwelt. Bd. 1: Die Umwelt des Menschen. München: BLV.

Srivastava, R.K. (1974). Undermanning theory in the context of mental health environments. In D.H. Carson (Ed.), Man-environment-interactions. Part II, 8: Undermanning theory (pp. 245-258). Stroudsburg: Dowden, Hutchingson & Ross.

Stemshorn, A. (1979). Bauen für Behinderte und Betagte (2. Aufl.). Stuttgart: A. Koch.

Tajfel, A. (1982). Gruppenkonflikt und Vorurteil. Bern: Huber.

Toulmin, St. (1953). Einführung in die Philosophie der Wissenschaft. Göttingen: Vandenhoeck.

Vaskovics, L.A. (1982). Raumbezogenheit sozialer Probleme. Opladen: Westdeutscher Verlag.

Wolfensberger, W. (1969). The origin and nature of our institutional models. In R.B. Kugel & W. Wolfensberger (Eds.), Changing patterns in residential services for the mentally retarded. Washington, D.C.: President's Committee on Mental Retarded.

Wuggenig, U. (1981). Klassische und moderne Konzeptionen der Verteilungsgerechtigkeit. AIAS Angewandte Sozialforschung 9, 197-224. II. Teil 325-354.

Zimring, G., Weitzer, W. & Knight, R.C. (1982). Opportunity for control and the designed environment: The case of an institution for the developmentally disabled. In A. Baum & J.F. Singer (Eds.), Advances in environmental psychology. Vol. 4: Environment and Health (pp. 171-210). Hillsdale, NJ: Erlbaum.

Peter Day
Psychologisches Institut
der Universität Tübingen

Alte Menschen

1. Einleitung

Das Altern des Menschen bietet ein Paradebeispiel für eine umweltbezogene Leistung. Ohne Unterstützung der sozialen, kulturellen Umwelt wäre das Altwerden, wie wir es heute kennen, nicht möglich. Die Unterstützung der Umwelt beeinflußt viele Bereiche der menschlichen Entwicklung, beispielsweise die Gesundheit im biologischen Bereich oder die Intelligenz oder die Autonomie im psychologischen Bereich.

Besonders im Alter scheint die Umwelt aufgrund der zunehmenden biologischen Vulnerabilität des Organismus an Einfluß zu gewinnen. Die mit dem Alter ansteigende Abhängigkeit vom ökologischen Kontext gibt der gerontologischen Forschung besondere Fragestellungen auf wie: Welche Umweltbedingungen führen zu welchen Alternsprozessen? Welche erlauben ein erfolgreiches Altern bezüglich Quantität und Qualität?

Derartige Fragestellungen drängen sich auch durch zwei empirische Befunde auf. Einmal weist die Gruppe der alten Menschen – verglichen mit allen anderen Altersgruppen – die größte *interindividuelle Variabilität* in psychologischen Meßvariablen auf. Die breite Streuung bedeutet, daß verschiedene Personen unterschiedlich altern, ein Befund, der vielleicht zuerst durch die unterschiedlichen Ergebnisse von Längs- und Querschnittsuntersuchungen auf sich aufmerksam machte.

Zum zweiten hat sich vor allem auch aufgrund von experimentellen biologischen und psychologischen Untersuchungen gezeigt, daß es große *intraindividuelle Veränderungen* im Alter geben kann. Der alte Organismus verfügt über eine beachtliche Reservekapazität, was eine Modifizierbarkeit vieler Alternsprozesse möglich macht.

Im psychologischen Sprachgebrauch werden die *interindividuellen Differenzen* meist unter dem Begriff der *Variabilität* zusammengefaßt, die *intraindividuellen Veränderungen* unter dem der *Plastizität*. Die auf Variabilität gerichtete Forschung hat im Begriff der differentiellen Gerontologie schon einen Namen gefunden (Thomae 1976). Plastizität hingegen, gemessen als das Ausmaß der Veränderungen, die ein alter Mensch z.B. in seinen Intelligenzleistungen unter verschiedenen Bedingungen – etwa mit versus ohne Übung – zeigt, wurde bisher weitgehend vernachlässigt, obwohl der Begriff in theoretischen Auseinandersetzungen in der Entwicklungspsychologie immer wieder auftauchte (s. Lerner 1984).

Auf der Basis von Variabilität und Plastizität in Alternsprozessen kann man schlußfolgern, daß, um Altern umfassender beschreiben, erklären und verstehen zu können, es einerseits der Beschreibung von Durchschnittsverläufen bedarf. Stabile Durchschnittsverläufe deuten auf eine gewisse universale oder allgemeingültige Gesetzmäßigkeit in Alternsprozessen. Die großen interindividuellen Abweichungen vom Durchschnitt und auch die intraindividuellen Veränderungen machen zusätzliche mikro-ökologische Bedingungsanalysen oder prozeßorientierte Forschung unabdingbar. Gerontologische Forschung muß also bestrebt sein, die Bedingungen für unterschiedliche Alternsverläufe und für die Aktivierung der Reservekapazitäten, der Plastizität, in den verschiedenen Verhaltensbereichen zu identifizieren.

2. Empirische Befunde: Einige Beispiele

Erkenntnisse über mikro-ökologische Bedingungen, ihre hemmenden wie fördernden Einflüsse auf Alternsprozesse kommen einerseits aus Längsschnittstudien und andererseits aus experimentellen sowie quasi-experimentellen Arbeiten.

So finden sich in einer der wohl ausgedehntesten Längsschnittstudien (Schaie 1983) im interindividuellen wie intraindividuellen Vergleich für alle kognitiven Leistungen positive Korrelationen mit Sozialstatus, negative mit einer als „Disengagement" gemessenen Variable. Dies bedeutet, daß eine an Stimulation und Anforderungen reichere Umwelt sich positiv über das ganze Leben hinaus auf intellektuelle Leistungsfähigkeit auswirkt. Außerdem zeigte sich in Schaies Daten, daß bestimmte Erkrankungen wie Herz-Kreislaufstörungen und Arthritis mit einem frühen Abbau in intellektuellen Leistungen einhergehen. Es handelt sich dabei um Erkrankungen, die zu einem großen Teil auf Umwelt- bzw. Lebensbedingungen zurückzuführen sind.

Eine Reihe von experimentellen und quasi-experimentellen Interventionsstudien weist den Zusammenhang zwischen intraindividueller Modifizierbarkeit von Verhaltensweisen, selbst im fortgeschrittenen Alter, und Umweltbedingungen nach. Dies gilt zunächst auf dem Gebiet der Intelligenz, des Gedächtnisses und des Lernens. So konnten beispielsweise leistungshemmende Performanzvariablen – wie Testängstlichkeit, -unsicherheit, Zeitdruck, herabgesetzte Vigilanz und Motivation, Fremdheit der Testsituation u.ä. – durch Interventionsprogramme wie beispielsweise einfaches Üben, direktes Training von spezifischen Lösungsstrategien, altersadäquates Testmaterial u.ä. (P.B. Baltes 1984, P.B. Baltes & Willis 1982, zur Übersicht siehe auch Willis 1985) abgebaut werden.

Auch auf dem Gebiet des Sozialverhaltens (zur Übersicht s. M. Baltes & Barton 1977, 1979, Hussian 1984, Patterson & Jackson 1980) sowie im physiologisch-biologischen Bereich (zur Übersicht s. Krauss Whitbourne 1985, Woodruff & Birren 1975) konnte man mit Hilfe von stimulierenden Umweltbedingungen die Reservekapazitäten des alten Organismus aktivieren und somit größere Vitalität und Autonomie ermöglichen. Die meisten Plastizitätsuntersuchungen zielen dabei auf Leistungsveränderungen im Sinne von Verbesserungen, sei es z.B. auf einen kognitiven Leistungsanstieg oder auf größere Selbständigkeit. Die Tatsache, daß Leistungssteigerungen so schnell und einfach möglich sind, deutet darauf hin, daß alte Menschen eine Reservekapazität besitzen, die „normalerweise" nicht ausgenutzt wird. Die bestehenden Umweltbedingungen, unter denen alte

Menschen leben, scheinen also weder besondere Anforderungen an alte Menschen zu stellen noch diese anzuregen, das ihnen mögliche Verhaltensoptimum zu verwirklichen. So ist es nicht verwunderlich, daß eine einmalige Testerhebung meist eine Unterschätzung der eigentlichen Leistungsfähigkeit des alten Menschen erbringt.

Befunde, die den Einfluß von Umweltfaktoren auf Alternsprozesse nachweisen, zeigen also, daß (a) die Menschen unterschiedlich schnell altern, (b) verschiedene Fähigkeiten oder Verhaltensbereiche derselben Person anders und unterschiedlich schnell altern und (c) eine bestimmte Verhaltensweise einer Person in ihrem Alternsprozeß modifizierbar ist (für einen Überblick vgl. auch Lehr 1979, 1984). Es soll dabei nicht behauptet werden, daß genetische Faktoren bei diesen Unterschiedlichkeiten im Altern keine Rolle spielen, sondern lediglich, daß Umweltfaktoren eine größere Rolle spielen, als man vielleicht bisher angenommen hatte.

3. Implikationen einer plastizitätsorientierten Messung

Bedingungsanalysen oder plastizitätsorientierte Forschung, die die Abhängigkeit des alten Menschen von fördernden wie hemmenden Umweltbedingungen identifizieren, liefern Erkenntnisse, die für die Theorienbildung, für Forschungsmethoden wie für die Praxis der Gerontologie Implikationen haben.

3.1 Theoretische Implikationen

Kenntnisse in bezug darauf, welche im Zeitablauf eintretenden Verhaltensänderungen plastisch oder variabel sind und welche universell gleich sind, stellen die Grundlage für jede Entwicklungstheorie und damit auch für Theorien des Alterns dar (vgl. Lerner 1984). Eine systematische Erforschung der Plastizität würde es zum Beispiel ermöglichen, durch Bedingungsvariationen eine Vielzahl potentiell verschiedener Altersabläufe zu erkennen (P.B. Baltes & M.M. Baltes 1980, P.B. Baltes & Willis 1982). Das, was wir heute als Altern kennen und beobachten, könnte nur eine von vielen möglichen Variationen des Alterns sein.

Eine theoretische Perspektive, die Umweltbedingungen als Einflußgrößen in der Entwicklung einbezieht, ist die *Psychologie des Lebenslaufes* (P.B. Baltes, Reese & Lipsitt 1980). Die Klassifizierung der Einflußgrößen in altersnormative (z.B. Pensionierung), epochenabhängige (z.B. Veränderung in medizinischen Techniken oder Veränderung in der Ruhestandsgesetzgebung) und idiosynkratische (z.B. Tod des Ehepartners) Ereignisse erlaubt es, sowohl durchschnittlich gültige Prozesse des Alterns wie Variationen um diese Durchschnittsverläufe zu verstehen. Syn- und diachrone Alternsverläufe bei verschiedenen Menschen, Gesellschaftsschichten, in unterschiedlichen Kulturen und historischen Epochen zeigen, daß das Altern nicht nur als ein biologisches Schicksal, sondern auch als ein „soziales Schicksal" (Thomae 1983) verstanden werden muß.

Die Betonung von Plastizität und Variabilität und somit einer Identifizierung und möglicherweise Optimierung von Umweltbedingungen bedeutet nun keineswegs, daß Abbau oder Verlust mit dem Alter prinzipiell nicht existiert. Vielmehr gilt es, die Grenzen der Plastizität zu ermitteln. Einige empirische Befunde hierzu liegen vor, einmal im Bereich der Adaptivität am Tiermodell (Coper, Jänicke & Schulze 1985), zum anderen in Untersuchungen über geistige Maximalleistungen im körperlichen und geistigen Bereich (für eine Übersicht s. Stones & Kozma 1985, Kliegl & P.B. Baltes 1987). Generell geht aus diesen Arbeiten hervor, daß der alte Mensch einerseits seine Leistung um das Vielfache steigern kann, andererseits seine *maximalen* Leistungen doch klar unter denen junger Menschen liegen und durch weiteres Training nicht verbessert werden können.

Darüber hinaus hat Birren schon 1963 (Birren et al. 1963) die *Diskontinuitätshypothese* formuliert, die besagt, daß Variabilität bei kognitiven Leistungen so lange existiert, bis lebensbedrohende Stadien in somatischen Funktionen erreicht werden. Ernsthafte biologische Krisen, bedingt durch Krankheiten oder Traumata, haben also offensichtlich nivellierende Folgen für interindividuelle Differenzen. Ähnliche Konsequenzen von strukturellen biologischen Veränderungen gelten auch für die intraindividuelle Veränderbarkeit oder Plastizität. Es ist anzunehmen, daß hirngeschädigte und kranke alte Menschen eine geringere Plastizität besitzen als gesunde alte Menschen.

3.2 Methodische Implikationen

Aufgrund des großen Einflusses von Umweltbedingungen auf die Leistungsfähigkeit alter Menschen scheint eine *einmalige* Messung unzureichend, will man die Leistungskapazität des alten Menschen möglichst valide und umfassend erfassen. Mehrfachmessungen und „testing the limits"-Verfahren (Wiedl 1984) dürften ein vollständigeres Bild der zu messenden Variable liefern. Diese Beobachtung ist nicht nur von wissenschaftlicher, sondern auch von klinischer Bedeutung, nämlich im Zusammenhang mit Diagnose und Prognose bei dementiellen Erkrankungen im Alter (M.M. Baltes & Kindermann 1985).

Weiterhin führt das Interesse an Plastizität zu *multimethodischen* Forschungsansätzen (McCall 1977). Eine kombinierte Anwendung von experimentellen und deskriptiven Forschungsstrategien, die zur gleichen Forschungsfrage, und zwar sowohl im Labor als auch unter natürlichen Feldbedingungen, eingesetzt werden, wird zweifellos ein weitaus vollständigeres Bild von der Entwicklung der Verhaltensweisen im Alter vermitteln. In unserem eigenen Forschungsprogramm, in dem wir uns mit der Analyse der Abhängigkeit (Unselbständigkeit) im Alter befassen, versuchen wir einen solchen multimethodischen Ansatz – experimentelle Manipulation, Feldbeobachtung und Interventionsforschung – zu verwirklichen (vgl. M.M. Baltes & Reisenzein 1986).

3.3 Praktische Implikationen

Die praktische Bedeutung der Erforschung der Plastizität im Alter liegt sowohl im Bereich therapeutischer und pflegerischer Beziehungen mit alten Menschen als auch im sozialpolitischen Bereich, beispielsweise der Planung von Sozialprogrammen, aber auch im Bereich des alltäglichen Umgangs mit alten Menschen. Sobald wir nämlich annehmen, daß alte Menschen sich durch Variabilität und Plastizität auszeichnen, werden wir nicht mehr von *den* alten Menschen als von einer einheitlichen Gruppe reden können. Wir werden also genötigt sein, therapeutische und sozialpolitische Maßnahmen eher auf Individuen oder Gruppen von alten Menschen maßzuschneidern und vor allem auch auf das Potential alter Menschen, d.h. auf die Optimierung ihrer Verhaltensmöglichkeiten, hin auszurichten. Solange wir uns nur auf den Durchschnitt, auf Durchschnittsleistungen und Durchschnittsprozesse des Alterns einstellen und beschränken, werden Rehabilitation und Erhaltung des Status quo statt Optimierung Ziel und Inhalt therapeutischer wie sozialpolitischer Bemühungen bestimmen. Schaffung und Nutzung altersfreundlicher Umwelten werden also Maße für die Qualität der Entwicklung des einzelnen, aber auch der Gesellschaft sein.

Generell stellt sich dabei das Ziel, Altern sowohl in quantitativer wie auch qualitativer Hinsicht zu optimieren. Fries (1980, 1984) argumentiert unter dem Begriff „Compression of morbidity", daß das Durchschnittsalter, in dem signifikant gehäuft chronische – anhaltende sowie fortschreitende – Gebrechen auftreten, schneller hinausgeschoben werden könnte, als die „maximale" Lebenserwartung ansteigen wird. Die Folge davon wäre eine Verbesserung der Lebensqualität, indem die Zeitspanne der Gebrechlichkeit verkürzt und auf eine kurze Zeit vor dem Tod zusammengedrängt würde.

Die Schaffung von stimulierenden Umwelten, die es dem alten Menschen ermöglichen, vorhandene Fähigkeiten nicht nur auszuüben, sondern auch zu optimieren, sind somit unbedingt notwendig zur Erhöhung der Lebensqualität im Alter. Sie sind aber nur ein Teil der notwendigen Umweltgestaltung. Um die Erhaltung eines hohen Aktivitätsniveaus trotz Abbau im Alter zu gewährleisten, wird sich das Individuum je nach Bedürfnis- und Ressourcenlage auf einige wenige oder auf immer weniger Aktivitäten beschränken müssen (s. den Begriff der „Selektiven Optimierung mit Kompensation" bei Baltes & Baltes 1980). Dies bedeutet, daß bestimmte Leistungsausfälle und Abhängigkeiten in Kauf genommen werden bzw. erlaubt sein müssen. Die Schaffung, vielleicht auch Wiederherstellung stimulierender, optimierender und prothetischer Umwelten ist eine Aufgabe, der sich weder unsere Gesellschaft noch der einzelne entziehen sollte oder kann (de Beauvoir 1972, Rosenmayr 1983, Thomae 1983) (vgl. auch → *Altenheim*).

Literatur

Baltes, M.M. & Barton, E.M. (1977). New approaches toward aging: A case for the operant model. Educational Gerontology 2, 383-405.

Baltes, M.M. & Barton, E.M. (1979). Behavioral analysis of aging: A review of the operant model and research. International Journal of Behavioral Development 2, 297-320.

Baltes, M.M. & Kindermann, Th. (1985). Die Bedeutung der Plastizität für die klinische Beurteilung des Leistungsverhaltens im Alter. In D. Bente, H. Coper & S. Kanowski (Hg.), Hirnorganische Psychosyndrome II – 'Methoden zur Objektivierung der therapeutischen Wirksamkeit (S. 171-184). Berlin: Springer.

Baltes, M.M. & Reisenzein, R. (1986). The social world in long-term care institutions: Psychological control toward dependency. In M.M. Baltes & P.B. Baltes (Eds.), The psychology of control and aging (pp. 315-343). Hillsdale, NJ: Erlbaum.

Baltes, P.B. (1984). Intelligenz im Alter. Zur Dynamik von Entwicklung und Abbau im Lebenslauf. Spektrum der Wissenschaft 5, 46-60.

Baltes, P.B. & Baltes, M.M. (1980). Plasticity and variability in psychological aging: Methodological and theoretical issues. In G.E. Gurski (Ed.), Determining the effects of aging on the central nervous system (pp. 41-66). Berlin: Oraniendruck.

Baltes, P.B., Reese, H.W. & Lipsitt, L.P. (1980). Life-span developmental psychology. Annual Review of Psychology 31, 65-110.

Baltes, P.B. & Willis, S.L. (1982). Plasticity and enhancement of intellectual functioning in old age: Penn State's Adult Development and Enrichment Project (ADEPT). In F.I.M. Craik & S.E. Trehub (Eds.), Aging and cognitive processes (pp. 353-389). New York: Plenum Press.

Beauvoir, S. de (1972). Das Alter. Reinbek: Rowohlt. (Frz.: La vieillesse. Paris: Gallimard 1970).

Birren, J.E, Butler, R.N., Greenhouse, S.W., Sokoloff, L., & Yarrow, M.R. (Eds.) (1963). Human aging: a biological and behavioral study. (USPHS Publ. No. 986H.) Washington, D.C.: Government Printing Office.

Coper, H., Jänicke, B. & Schulze, G. (1985). Adaptivität. In D. Bente, H. Coper & S. Kanowski (Hg.), Hirnorganische Psychosyndrome II – Methoden zur Objektivierung der therapeutischen Wirksamkeit (S. 159-170). Berlin: Springer.

Fries, J.F. (1980). Aging, natural death, and the compression of morbidity. New England Journal of Medicine 303, 130-135.

Fries, J.F. (1984). The compression of morbidity: Miscellaneous comments about a theme. Journal of Gerontology 24, 354-359.

Hussian, R.A. (1984). Behavioral geriatrics. In M. Hersen, R.M. Eisler & P. Miller (Eds.), Progress in behavior modification Vol.16, (pp. 159-183). New York: Academic Press.

Kliegl, R. & Baltes, P.B. (1987). Theory-guided analysis of mechanisms of development and aging through testing-the-limits and research on expertise. In C. Schooler & K.W. Schaie (Eds.), Cognitive functioning and social structure over the life course (pp. 95-119). Norwood, NJ: Ablex.

Krauss Whitbourne, S. (1985). The aging body: Physiological changes and psychological consequences. New York: Springer.

Lehr, U. (1979). Interventionsgerontologie. Darmstadt: Steinkopff.

Lehr, U. (1984). Psychologie des Alterns. (5. Aufl.). Heidelberg: Quelle & Meyer.

Lerner, R. (1984). On the nature of human plasticity. New York: Cambridge University Press.

McCall, R.B. (1977). Challenges to a science of developmental psychology. Child Development 48, 333-344.

Patterson, R.L. & Jackson, G.M. (1980). Behavioral approaches to gerontology. In L. Michelson, M. Hersen & S. Turner (Eds.), Future perspectives in behavior therapy (pp. 293-313). New York: Plenum Press.

Rosenmayr, L. (1983). Die späte Freiheit. Das Alter – ein Stück bewußt gelebten Lebens. Berlin: Severin & Siedler.

Schaie, K.W. (Ed.) (1983). Longitudinal studies of adult psychological development. New York: Guilford Press.

Stones, M.J. & Kozma, A. (1985). Physical performance. In N. Charness (Ed.), Aging and human performance (pp. 261-291). New York: Wiley.

Thomae, H. (1976). Patterns of aging: Findings from the Bonn Longitudinal Study of Aging. Basel: Karger.

Thomae, H. (1983). Alternsstile und Altersschicksale. Ein Beitrag zur differentiellen Gerontologie. Bern: Huber.

Wiedl, K.H. (1984). Lerntests: nur Forschungsmittel und Forschungsgegenstand? Zeitschrift für Entwicklungspsychologie und Pädagogische Psychologie 16, 245-281.

Willis, S.L. (1985). Towards an educational psychology of the adult learner. In J.E. Birren & K.W. Schaie (Eds.), Handbook of the psychology of aging (pp. 818-847). New York: Van Nostrand Reinhold.

Woodruff, D.S. & Birren, J.E. (Eds.) (1975). Aging: Scientific perspectives and social issues. New York: Van Nostrand Reinhold.

Eva-Maria Neumann
und Margret M. Baltes
Forschungsgruppe für Psychologische Gerontologie
der Freien Universität Berlin

Altenheim

1. Die Bedeutung ökologischer Faktoren im Alter

Wenn mit steigendem Lebensalter die physischen und psychische Kompetenzen einer Person geringer werden, gewinnen ökologische Faktoren eine zunehmende Relevanz für deren psychophysisches Wohlbefinden. Obgleich solche Kompetenzverluste keineswegs zwangsläufig an das kalendarische Alter gebunden sind, können sie dennoch bei vielen älteren Menschen beobachtet werden. Die Gerontologie hat dem zentralen Stellenwert von physischen und institutionellen Umweltbedingungen für ältere Menschen Rechnung getragen; dies findet seinen Ausdruck sowohl in einer Ergänzung biologischer und sozialisationstheoretischer Alter(n)stheorien durch ökologische Modelle als auch in einer Zunahme von umweltorientierten Fragestellungen (vgl. Altman, Lawton & Wohlwill 1984, Lawton 1980, Lawton, Windley & Byerts 1982, Lehr 1975) (→ *Alte Menschen*).

Altern und Altsein werden nunmehr als biologisches, soziales und ökologisches Schicksal betrachtet (Lehr 1979). Altsein als ökologisches Schicksal ist eng mit den Umweltbezügen im Wohnbereich verknüpft. Wenn aus körperlichen Gründen der Aktionsradius eines älteren Menschen sich verringert, können seine Umweltbezüge auf Wohnung und unmittelbares Wohnumfeld „schrumpfen". Dies trifft insbesondere für Altenheimbewohner zu. Der Aktionsraum dieser Personengruppe, die als stark umweltabhängig charakterisiert werden kann, ist fast ausschließlich auf das Altenheim begrenzt (Stephens & Willems 1979).

Institutionelle Wohnformen für ältere Menschen sind im Hinblick auf den Versorgungs- und Pflegegrad der Zielgruppe differenziert: Bei *Altenwohnheimen* handelt es sich um die räumliche Zusammenfassung von altengerechten Wohnungen für ältere Menschen, die zu einer selbständigen Haushalts- und Lebensführung fähig sind. *Altenheime* sind Institutionen für ältere Menschen, die zu einer selbständigen Haushaltsführung nicht mehr in der Lage sind, jedoch nicht pflegebedürftig sind. *Altenpflegeheime* sind Einrichtungen für dauernd pflegebedürftige ältere Menschen, die aber keine ständige ärztliche Behandlung benötigen.

Nach einer Statistik des Kuratoriums Deutsche Altershilfe (Rückert 1982) lebten 1980 in Alten- und Pflegeheimen 1,4% der 70- bis unter 75jährigen, 8,3% der 80- bis 85jährigen und 21,3% der alten Menschen mit 90 und mehr Lebensjahren. Die Wahrscheinlichkeit, in ein Altenheim aufgenommen zu werden, ist bei Hochbetagten größer als bei jüngeren Senioren. Die absolute Zahl der Alten- und Pflegeheimbewohner betrug 1980 ca. 330.000 Personen; gegenwärtig (30.6.1986) wird die Zahl auf ca. 485.800 geschätzt; (vgl. Hinschützer 1988). Diese Berechnungen machen deutlich, daß Alten- und Altenpflegeheime auch in Zukunft eine zentrale Bedeutung für die Versorgung alter Menschen – insbesondere von Hochbetagten – haben.

2. Altenheimübersiedlung als ökologischer Übergang

Die Altenheimübersiedlung läßt sich aus verschiedenen psychologischen Perspektiven betrachten: Aus der Sicht der Umweltpsychologie stellt der Umzug ins Altenheim einen *ökologischen Übergang* (vgl. Bronfenbrenner 1981) dar; d.h. eine Veränderung der Position eines älteren Menschen in seiner ökologischen Umwelt durch einen Wechsel seiner Lebensbereiche (Umzug von Wohnung ins Heim). Aus der Sicht der psychologischen Lebensereignisforschung (vgl. Filipp 1981) kann die Altenheimübersiedlung als ein kritisches Lebensereignis thematisiert werden, als eine Abfolge verschiedener Ereignisse wie die Aufgabe und Auflösung der bisherigen Wohnung, der Umzug ins Heim und die Konfrontation mit radikal veränderten räumlichen und sozialen Umweltbezügen im Altenheim. Diese Ereignisabfolge kann subjektiv von der betroffenen Person als eine Zäsur in der Biographie bewertet werden (→ *Ökologische Sozialisationsforschung*).

Beide Perspektiven betonen, daß durch die Konfrontation mit einem ökologischen Übergang/kritischen Lebensereignis sowohl Entwicklungsprozesse als auch Krisen und Fehlentwicklung ausgelöst werden können. Welche Richtung (Krise oder Eingewöhnung ins Altenheim – vorstellbar als die Wiederherstellung eines Person-Umwelt-Passungsgefüges) (→ *Person-Umwelt-Kongruenz)* eine Person durch die Konfrontation mit der Altenheimübersiedlung einschlägt, dürfte vor allem variieren mit (a) den biographischen und psychischen Charakteristika der von dem Umzug ins Altenheim betroffenen Person, (b) den physischen und sozialen Gegebenheiten des Kontextes, in dem sich Konfrontation, Auseinandersetzung und Bewältigung des Lebensereignisses/ökologischen Übergangs vollziehen, (c) den die Altenheimübersiedlung selbst charakterisierenden objektiven und objektivierten Attributen, (d) der Weise, in der die Altenheimübersiedlung subjektiv perzipiert und evaluiert wird und (e) den instrumentellen und kognitiven Anstrengungen des alten Menschen vor Bewältigung der Situation.

In der angelsächsischen Literatur finden sich zahlreiche empirische Arbeiten zum Thema „relocation" (vgl. Borup, Gallego & Heffernan 1980, Horowitz & Schulz 1983). Obgleich die Ergebnisse dieser Studien zu den individuellen Auswirkungen der Übersiedlung ins Alten- oder Altenpflegeheim teilweise diskrepant sind – insbesondere zur Frage, ob durch Relokation die Mortalitätsrate von Altenheimanwärtern und -bewohnern beeinflußt wird – ist doch ein gewisser Konsens darüber feststellbar, daß eine erfolgreiche Eingewöhnung ins Heim und ein positiveres psychisches Wohlbefinden einhergehen mit einer moderaten Vorbereitung und Betreuung der Heimübersiedlung, mit dem Vorhandensein von Wahlmöglichkeiten in bezug auf verschiedene Wohnalternativen, mit einer positiven Erwartungshaltung der alten Menschen dem Heimeinzug gegenüber und mit bestimmten personalen Charakteristika der Betroffenen (z.B. bessere kognitive Fähigkeiten, höheres Aktivitätsniveau, umfangreichere Sozialkontakte).

Dagegen werden die Eingewöhnung ins Heim als ungünstiger und die individuellen Auswirkungen der Heimübersiedlung als negativer bewertet, sofern der Umzug ins Heim unfreiwillig erfolgt und eine längere Wartezeit zwischen Bewerbung und Aufnahme ins Heim und Umzug besteht. Außerdem zeigen verschiedene Untersuchungen (Tobin 1980, Tobin & Lieberman 1976, Saup 1984), daß alte Menschen, welche mit einem assertiven Copingverhalten auf die Übersiedlung ins Heim reagieren, diese Milieuveränderung weniger belastend erleben als Personen, welche keine Anstrengungen unternehmen, die Vorgänge aktional zu beeinflussen (Kontrollverlust). Die Ergebnisse einer Untersuchung von Pastalan (1974) deuten darauf hin, daß beim Umzug ins Altenheim auch ein raumbezogenes Bewältigungsverhalten – die Regulierung der Privatsphäre durch eine Regulation der räumlichen Distanz zu anderen Hausbewohnern – für das subjektive Wohlbefinden von Bedeutung sein kann (→ *Kontrolle und Kontrollverlust*).

Aus umweltpsychologischer Perspektive drängen sich insbesondere Fragen in den Vordergrund nach der Bedeutung physischer und institutioneller Gegebenheiten der Umwelt, innerhalb deren sich Konfrontation, Auseinandersetzung und Bewältigung eines ökologischen Übergangs vollziehen. Im Hinblick auf den physischen und institutionellen Kontext der Altenheimübersiedlung sind dies Fragen nach Merkmalen der Altenheimumwelt und Möglichkeiten ihrer Deskription, nach Zusammenhängen zwischen zentralen Charakteristika der Altenheime und der psychischen Befindlichkeit der Heimbewohner und nach Möglichkeit der Verbesserung der Wohn- und Lebensqualität im Altenheim durch ökopsychologische Beratungspraxis.

3. Deskription der Altenheimumwelt

Verschiedene Autoren unternehmen den Versuch, die physische und institutionelle Umwelt von Altenheimen systematisch zu beschreiben (Moos 1981, Pincus 1968, Saup 1984).

Das umfangreichste und am systematischsten entwickelte Beschreibungs- und Analysesystem für Altenheime stellt Moos (1981) mit dem *„Multiphasic Environmental Assessment Procedure"* (MEAP) vor. Mit dem MEAP werden durch vier Skalen folgende Merkmalsbereiche der Altenheimumwelt zu erfassen versucht: (a) räumlich-architektonische Charakteristika, (b) Merkmale der sozialen Organisationsstruktur, (c) Charakteristika von Personal und Bewohnern des Altenheims und verfügbare Ressourcen, (d) perzipiertes soziales Klima des Altenheimes (Moos & Lemke 1984).

Unter dem Aspekt der eingeschränkten Umweltkontrolle werden Altenheime bei Saup (1984) analysiert; es werden privatheitsreduzierende und territoriumsverletzende Charakteristika der Altenheime festgehalten (z.B. Mangel an Gestaltbarkeit von Privatbereichen durch standardisierte Möblierung der privaten Zimmer; nicht-abschließbare Zimmer- und Schranktüren; kein Anklopfen des Personals bei Betreten eines Privatzimmers).

4. Autonomie und Umweltkontrolle in Altenheimen

Die Gerontologie hat eine Vielzahl von Belegen dafür erbracht, daß Autonomie und Umweltkontrolle in Heimen zentrale Bedeutung für das psychische Wohlbefinden der älteren Heimbewohner haben.

Mehrere empirische Untersuchungen belegen einen Zusammenhang zwischen eingeschränkter Autonomie in Altenheimen und einem eingeschränkten Wohlbefinden bei Heimbewohnern. Fischer (1976) und Schick (1978) konnten zeigen, daß die Konfrontation mit einer reglementierenden Altenheimumwelt mit geringer Lebenszufriedenheit bei Heimbewohnern einhergeht. In die gleiche Richtung weisen die Ergebnisse von Wolk und Telleen (1976); Saup (1984) fand bei einer Befragung von Bewohnern aus sieben Berliner Altenheimen, daß mit dem Grad der Autonomiereduktion durch ein Altenheim durchschnittlich der Grad der erlebten Belastung durch die Wohn- und Lebenssituation bei den Betroffenen stieg.

Der positive Einfluß von Kontrolle und Kontrollmöglichkeiten von Heimbewohnern über ihre institutionelle Wohnumwelt wird eindrucksvoll durch die Interventionsstudien von Schulz (1976), Langer und Rodin (1976) und Mercer und Kane (1979) belegt. In diesen Studien wurden in der Interventionsphase für Bewohner kontrollierbare Umwelt- und Situationsbedingungen im Altenheim implementiert (z.B. Kontrolle über Besuche, Delegation von Verantwortlichkeit für eine Pflanze). Obgleich derartige Interventionen nur eine kurzfristige und geringfügige Erhöhung von Umweltkontrolle für Heimbewohner darstellten, konnten dadurch negative Auswirkungen der Institutionalisierung abgeschwächt werden. Zimring (1981) weist insbesondere auf architektonische Kontrollmöglichkeiten in institutionellen Settings hin (z.B. individuelle Regulation von Heizungsthermostaten); Moos (1981) hebt außerdem die Bedeutung von sozial-organisatorischen Kontrollmöglichkeiten für Altenheimbewohner (z.B. Mitwirkungsmöglichkeit bei Planung von Freizeitangeboten) hervor.

5. Zur Verbesserung der Wohn- und Lebensqualität in Altenheimen

Zielsetzung einer ökopsychologischen Beratungspraxis ist es, durch die Berücksichtigung psychologischer Erkenntnisse bei der Gestaltung von Umwelten, bei der Modifikation bereits bestehender Umweltgegebenheiten und bei der Modifikation von umweltbezogenem Verhalten zu einer Verbesserung von Mensch-Umwelt-Beziehungen beizutragen (Kaminski & Fleischer 1984). Innerhalb des Altenheimbereiches zeichnen sich zwei Ansatzpunkte derartiger Bemühungen ab:

Makroökologische Ansätze (Burchard et al. 1983, Welter 1983) sind primär auf die Veränderung grundlegender räumlicher und organisatorischer Strukturen im

Altenheim ausgerichtet. Die Gestaltungsvorstellungen werden bereits in das Planungsstadium des Neu- und Umbaus eines Altenheimes eingebracht. Zugrunde liegen derartigen Planungsüberlegungen meist Pflege- und Wohngruppen-Konzepte.

Mikroökologische Ansätze (Saup 1985, Schwartz 1975) setzen primär an umweltbezogenen Problemsituationen im Altenheim an. Modifikationsvorschläge beziehen sich vor allem auf die Veränderung (kleinerer) räumlich-materieller und sozial-organisatorischer Aspekte im Heim. Saup (1985) erachtet eine Realisation folgender psychologischer Zielvorstellungen bei Planungsvorhaben zur Verbesserung der Wohnqualität in Altenheimen für wünschenswert:

– Kontrollmöglichkeiten für Hausbewohner implementieren (z.B. Verfügbarkeit über einen Hausschlüssel; Verzicht auf eine Ausstattung der privaten Zimmer mit standardisierten Heimmöbeln)

– Möglichkeiten zur Privatheitsregulation der Bewohner erweitern (z.B. Verlagerung von unterhaltungsbezogenen Angeboten in halböffentliche Wohngruppenräume)

– Aktivierungsinduzierende Anregungskonstellationen schaffen (z.B. stimulierende Altenheimumwelten durch entsprechende Einrichtungsgegenstände).

Literatur

Altman, I. Lawton, M.P., & Wohlwill, J.F. (Eds.) (1984). Human behavior and environment, Vol. 7: Elderly people and the environment. New York: Plenum Press.

Borup, J.H., Gallego, D.T., & Heffernan, P.G. (1980). Relocation: Its effects on health functioning and mortality. Gerontologist 20, 468-479.

Bronfenbrenner, U. (1981). Die Ökologie der menschlichen Entwicklung. Stuttgart: Klett.

Burchard, D., Rötzel, M. v., Stolarz, H. & Winter, H.P. (1983). Ein neues Pflegeheimkonzept – Darstellung anhand eines Projekts. Zeitschrift für Gerontologie 16, 7-17.

Filipp, S.H. (Hg.) (1981). Kritische Lebensereignisse. München: Urban & Schwarzenberg. (2. erw. Aufl. München: Psychologie Verlags Union 1990).

Fischer, L. (1976). Die Wirkungen der Institutionalisierung auf das Selbstbild alter Menschen. Köln: Böhlau.

Hinschützer, U. (1988). Pflegesätze in stationären Einrichtungen der Altenhilfe. Band I: Ergebnisse einer Bestandsaufnahme. Berlin: DZA.

Horowitz, M.J. & Schulz, R. (1983). The relocation controversy: Criticism and commentary on five recent studies. Gerontologist 23, 229-234.

Kaminski, G. & Fleischer, F. (1984). Ökologische Psychologie: Ökopsychologische Untersuchungs- und Beratungspraxis. In H. Hartmann & R. Haubl (Hg.), Psychologische Begutachtung. Problembereiche und Praxisfelder (S. 329-358). München: Urban & Schwarzenberg.

Langer, E.J. & Rodin, J. (1976). The effects of choice and enhanced personal responsibility for the aged: A field of experiment in an institutional setting. Journal of Personality and Social Psychology 34, 2, 191-198.

Lawton, M.P. (1980). Environment and aging. Monterey, CA: Brooks/Cole.

Lawton, M.P., Windley, P.G., & Byerts, T.O. (1982). Aging and the environment: Theoretical approaches. New York: Springer.

Lehr, U. (1975). Altern als sozialpsychologisches und ökologisches Problem: Der Prozeß der aktiven Auseinandersetzung mit der Lebenssituation im Alter. Zeitschrift für Gerontologie 8, 75-80.

Lehr, U. (Hg.) (1979). Interventionsgerontologie. Darmstadt: Steinkopff.

Mercer, S. & Kane, R.A. (1979). Helplessness and hopelessness among the institutionalized aged: An experiment. Health and Social Work 4, 1, 91-116.

Moos, R.H. (1981). Environmental choice and control in community care settings for older people. Journal of Applied Social Psychology 11, 1, 23-43.

Moos, R.H. & Lemke, S. (1984). Supportive residential settings for older people. In I. Altman, M.P. Lawton, & J.F. Wohlwill (Eds.), Human behavior and environment, Vol. 7: Elderly people and the environment. New York: Plenum Press.

Pastalan, L.A. (1974). Privacy preferences among relocated institutionalized elderly. In D.H. Carson (Ed.), Man-environment interaction: Evaluations and application (pp. 73-82). Washington, DC: EDRA.

Pincus, A. (1968). The definition and measurement of institutional environment in homes for the aged. Gerontologist 8, 207-210.

Rückert, W. (1982). Die Versorgung Pflegebedürftiger im Heim und im Haushalt. Altenheim 21, 281-284.

Saup, W. (1984). Übersiedlung ins Altenheim. Weinheim: Beltz.

Saup, W. (1985). Zur Verbesserung der Wohnqualität in Altenheimen – Ein psychologischer Beitrag. Archiv für Wissenschaft und Praxis der sozialen Arbeit, 16, (4), 264-277.

Schick, I. (1978). Alte Menschen in Heimen. Köln: P. Hanstein Verlag.

Schulz, R. (1976). Effects of control and predictability on the physical and psychological well-being of the institutionalized aged. Journal of Personality and Social Psychology 33, 563-573.

Schwartz, A.N. (1975). Planning micro-environments for the aged. In D.S. Woodruff & J. Birren (Eds.), Aging. Scientific perspectives and social issues (pp. 279-294). New York: Van Nostrand Reinhold.

Stephens, M.A.P. & Willems, E.P. (1979). Everyday behavior of older persons in institutional housing: Some implications for design. In A.D. Seidel & S. Danford (Eds.), Environmental design: Research, theory, and applications (pp. 344-348). Buffalo: EDRA.

Tobin, S.S. (1980). Institutionalizing of the aged. In N. Datan & N. Lohmann (Eds.), Transitions of aging. New York: Academic Press.

Tobin, S.S. & Lieberman, M. (1976). Last home for the aged. San Francisco: Jossey-Bass.

Welter, R. (1983). Ökologische Aspekte zur Frage der Rehabilitationsmöglichkeiten in Pflegeheimen. Zeitschrift für Gerontologie 16, 2-6.

Wolk, S. & Telleen, S. (1976). Psychological and social correlates of life satisfaction as a function of residential constraint. Journal of Gerontology 31, 89-98.

Zimring, C.M. (1981). Stress and the designed environment. Journal of Social Issues 37, 145-171.

Winfried Saup
Lehrstuhl für Psychologie
der Universität Augsburg

Ethnische Gruppen

Das Thema „ethnische Gruppen" wurde bisher in der sozialwissenschaftlichen Forschung zumeist im Zusammenhang mit der Randgruppenproblematik untersucht. In der psychologischen Literatur finden sich hierbei vor allem Arbeiten zur Frage, wie Mitglieder von Minoritätengruppen wahrgenommen, beurteilt und behandelt werden. In der soziologischen Literatur liegen seit Parks (1928) Einführung des Begriffs des „marginal man" (s.a. Stonequist 1937) zahlreiche Arbeiten zur Randseiterthematik vor. Die spezielle Thematisierung ethnischer Gruppen erfolgte bis vor einigen Jahren primär in der angloamerikanischen Forschung. Die Vernachlässigung im deutschsprachigen Bereich bis zur Mitte der 70er Jahre kann zum einen auf den im Vergleich zu Nordamerika relativ niedrigen Anteil von ethnischen Minderheiten an der deutschsprachigen Bevölkerung zurückgeführt werden. Zum anderen ist dieses Thema angesichts der jüngeren politischen Vergangenheit im „Dritten Reich" wohl immer noch sehr emotionsbeladen (s.a. z.B. Spaich 1981, zur Behandlung von Zigeunern in den 30er und frühen 40er Jahren). Aufgrund der aktuellen Probleme ausländischer Arbeitnehmer in den letzten Jahren wuchs das Interesse an dieser Thematik allerdings sehr, und so liegen in neuerer Zeit zahlreiche Arbeiten im deutschsprachigen Raum zu dieser Thematik vor.

Im folgenden werden zunächst einige Trends in der sozialpsychologischen Forschung zur Thematik „ethnischer Gruppen" aufgezeigt. An diese Darstellung schließen sich ökopsychologische Überlegungen an.

1. Trends in der sozialpsychologischen Forschung zu „ethnischen Gruppen"

Drei generelle Fragen werden im Zusammenhang mit der Thematik „ethnische Gruppen" in der sozialpsychologischen Literatur insbesondere behandelt.

Zum ersten liegen umfangreiche Forschungsarbeiten zu der Frage vor, welche Besonderheiten sich bei der Wahrnehmung und Beurteilung von Mitgliedern ethnischer Gruppen aufzeigen lassen. Hierbei entstanden zahlreiche Untersuchungen zu den Themen „Stereotype" (vgl. die klassische Studie von Katz & Braly 1933; als Überblick über diese Literatur s. Brigham 1971, zur neueren Forschung zu diesem Thema s. Hamilton 1981), „Vorurteile" (vgl. die frühe Monographie von Allport 1954, Literaturüberblick bei Schäfer & Six 1978) und „soziale Einstellungen" (s. Rosch & Frey 1983 als Einstieg in diese Thematik). In diesem Bereich der Forschung ging es zunächst häufig nur um eine Deskription des Vorhandenen (z.B. „Wie beurteilen College- Studenten Juden?"), und erst in neuerer Zeit werden zunehmend zugrundeliegende Prozesse der Informationsverarbeitung analysiert.

Zum zweiten interessierte die Frage, welche Faktoren die Interaktionen zwischen Mitgliedern von ethnischen Gruppen und der Majorität determinieren. Eine allgemeine theoretische Diskussion dieser Thematik wurde in neuerer Zeit insbesondere durch die Arbeiten von Tajfel (1982, Tajfel & Turner 1979) angeregt. Mit seiner Theorie der *sozialen Identität* unternimmt er den Versuch, die komplexen Zusammenhänge bei den Beziehungen zwischen Gruppen zu erklären (Überblick s. Mummendey 1984).

Die dritte zentrale Frage im Hinblick auf ethnische Gruppen schließlich bezieht sich auf die Konsequenzen, die sich für die Mitglieder solcher Gruppen aus dieser Sicht heraus ergeben. Dabei interessiert z.B., welche Bedeutung die Zugehörigkeit zu einer Minorität für das Selbstkonzept (s. Jones et al. 1985, insbes. Kap. 4) und die soziale und persönliche Identität der betroffenen Personen hat (vgl. hierzu den Sammelband von Dashefsky 1976).

Diese Trends in der sozialpsychologischen Forschung werden hier nur kurz dargestellt. Für weitere Informationen zu diesem Thema wird auf das Übersichtskapitel von Rosch (1987) verwiesen. Da ökopsychologische Überlegungen zu dieser speziellen Frage relativ neu sind, erscheint es sinnvoll, die umfangreichen sozialpsychologischen Arbeiten in diesem Gebiet bei der weiteren Betrachtung dieses Themas mitzuberücksichtigen.

2. Ökopsychologische Überlegungen zur Situation ethnischer Gruppen

In den ökopsychologischen Überlegungen zur Situation ethnischer Gruppen werden zumeist räumlich-materielle Faktoren als unabhängige und abhängige Variablen im Zusammenhang mit dem Minoritätendasein behandelt. Im folgenden werden drei spezifische Umweltfaktoren ausgewählt und deren Implikationen für ethnische Gruppen diskutiert. Diese Umwelten sind Schule/Spielplatz, Wohnsituation und Arbeitsplatz.

(a) Schule und Spielplatz. Die erste Möglichkeit zu Kontakten zwischen Mitgliedern verschiedener ethnischer Gruppen im Leben dieser Personen sind Spielplätze und die schulische Umgebung. Insbesondere in den USA wurde dieser Tatsache bei Maßnahmen der Desegregation Rechnung getragen. In sog. „busing"-Aktionen wurde versucht, eine schulische Desegregation herzustellen: Kinder eines Schulbezirks werden aufgrund richterlicher Verordnungen täglich per Bus in einen anderen Schulbezirk gebracht.

Die Überlegungen hinter diesen Maßnahmen basieren hauptsächlich auf der sog. „Kontakt-Hypothese", derzufolge Kontakte zwischen Mitgliedern verschiedener ethnischer Gruppen dazu beitragen, Feindseligkeiten abzubauen (vgl. Allport 1954). Nun zeigten Untersuchungen zu dieser Hypothese (Amir 1969, 1976, Cook 1970), daß nicht so sehr das Ausmaß an Kontakten als die Art der Kontakte (z.B. der soziale Status der beteiligten Personen, s. Cagle 1973) über Veränderungen im Verhalten und von Einstellungen entscheidet. Positive Veränderungen sind eher zu erwarten, wenn die ursprüngliche Einstellung nicht zu extrem ist, wenn engere Kontakte stattfinden, wenn eine Autorität/soziales Klima den Kontakt fördert, wenn eine Kooperation nötig ist, und wenn die beteiligten Personen den gleichen Status haben.

Pettigrew et al. (1973) konnten nun ganz klar zeigen, daß die schulische Umwelt diese Bedingungen für günstige Kontakte nicht bietet. Die sozio-ökonomischen Unterschiede und die unterschiedlichen Begabungen der in der Schulsituation zusammengeführten Kinder sind keine guten Voraussetzungen für einen Abbau von Spannungen zwischen den Gruppen; daher überrascht es nicht, daß in verschiedenen Studien (Gerard & Miller 1975, Rist 1978, Schofield & Sagar 1977) sogar Verschlechterungen der Beziehungen zwischen den Gruppen aufgezeigt wurden.

Während Kontakte in der schulischen Umwelt also sogar zu einer Ablehnung der Mitglieder ethnischer Gruppen beitragen können, sind die Möglichkeiten zur Veränderung von Verhalten und Einstellung in der außerschulischen Umwelt eher positiv zu sehen (vgl. Rogers et al. 1981). Insbesondere Jungen sind hier offener für freiwillige Kontakte mit Mitgliedern ethnischer Gruppen. Dies läßt sich möglicherweise aufgrund der Gegebenheiten im Sport (z.B. Fußball) und Spiel erklären, die Jungen zu Intergruppenkontakten motivieren, und diese situativen Faktoren gilt es, in der Zukunft näher zu untersuchen.

(b) Die Wohnsituation: Die Wohnsituation ethnischer Gruppen und Minoritäten (z.B. → *Obdachlose*, s. Vaskovics 1982) wird in der Literatur oft unter dem Begriff „Gettoisierung" diskutiert. Darunter versteht man die räumliche Konzentration jeweiliger Gruppen auf bestimmte Wohnbezirke sowie auch – psychologisch gesehen – die sich daraus ergebende Sichtbarkeit, Auffälligkeit und selbstgenügsame Abschließung dieser Personen, die mit einer Entwicklung von Beziehungs- und Hilfeleistungssystemen auf ethnisch-religiöser Grundlage einhergeht (vgl. Esser 1985). Wenngleich eine solche vollständige räumliche Konzentration von Mitgliedern einer ethnischen Gruppe in einem Wohngebiet in mitteleuropäischen Ländern heute kaum mehr anzutreffen ist, so zeigen sich doch klare Anzeichen für Segregation (= disproportionale Verteilung der Mitglieder ethnischer Gruppen auf bestimmte Wohngebiete). Loll konnte (1985) z.B. für die Städte Stuttgart und Hamburg zeigen, daß der Anteil an Ausländergruppen in Stadtgebieten mit einem niedrigen sozialen Status und einer niedrigen Wohnqualität relativ zu den anderen Gebieten sehr hoch ist (vgl. McRae 1980 zur allgemeinen Wohnsituation von Ausländern in der BRD). Diese Tatsache macht es interessant, die physikalische Stimulation näher zu betrachten, der diese Personen ausgesetzt sind. (→ *Lärm*) Lärm und andere (→ *Umweltstreß*) Umweltstressoren werden für diese Gruppen in relativ hohem Maße vorhanden sein. Faktoren der räumlichen (→ *Dichte*) Dichte, des persönlichen Raums (→ *Persönlicher Raum*) und die Unmöglichkeit einer gewissen Privatheit erscheinen in diesem Zusammenhang von besonderer Bedeutung zu sein (vgl. Moos 1976, sowie Russel & Ward 1982 als Überblick

über die Literatur zu diesen Faktoren). Eine Erforschung der Bedeutung dieser Umweltsituation für die körperliche und seelische Gesundheit (vgl. z.B. Böker 1981) sowie für die soziale und kulturelle Adaptation von Mitgliedern ethnischer Gruppen (vgl. Esser 1980, 1985; Loll 1985) sollte künftig vorangetrieben werden.

(c) *Die Situation am Arbeitsplatz*: Mitglieder ethnischer Gruppen sind häufig in beruflichen Positionen mit einem niedrigen Prestige untergebracht (vgl. hierzu z.B. Heckmann 1981, McRae 1980 sowie Schrader, Nikles & Griese 1979, S. 83ff., zur Situation ausländischer Arbeitnehmer in der BRD). Ein Aspekt, der zu diesem niedrigen Prestige der Tätigkeiten, die z.B. ausländische Arbeitnehmer ausüben, beiträgt, besteht darin, daß diese Tätigkeiten oft unter ungünstigen Umweltbedingungen (Lärm, hohe Luftverschmutzung) ausgeübt werden (vgl. z.B. Haavio-Mannila 1985 zur Situation in Schweden). Neben diesen Belastungen durch physische Umweltbedingungen zeigen Untersuchungen zu den Interaktionen zwischen Mitgliedern ethnischer Gruppen und Angehörigen der Majorität am Arbeitsplatz, daß diese Situation oft konfliktträchtig ist (vgl. z.B. den Sammelband von Ford 1976 zu organisationspsychologischen Studien im angloamerikanischen Bereich). Während man bisher primär aufgrund sozial- und organisationspsychologischer Überlegungen in speziellen Trainingsprogrammen versuchte, auf diese zwischenmenschlichen Konflikte einzuwirken (z.B. Landis, Hope & Day 1981), erscheint es auf dem Hintergrund von Überlegungen zur Bedeutung von Umweltfaktoren für das physische und psychische Wohlbefinden und das Leistungsvermögen von Personen (vgl. z.B. Russell & Ward 1982) in der Zukunft als ausgesprochen wichtig, diese zur Vervollständigung des Gesamtbildes bei der Diskussion von Verhalten von und gegenüber Mitgliedern ethnischer Gruppen mitzuberücksichtigen.

3. Abschließende Bemerkung

Es wurde versucht, a) die vorliegende Forschung zur Thematik „ethnischer Gruppen" kurz zu charakterisieren und b) Hinweise auf mögliche Ansatzpunkte für ökopsychologische Arbeiten zu dieser speziellen Frage aufzuzeigen. Hierbei wurde darauf verzichtet, auf die Besonderheiten der ethnischen Gruppen einzugehen, die als Migranten in eine jeweilige Gastgesellschaft kamen. Es sei hier nur kurz auf die bisher weitgehende Vernachlässigung dieser wichtigen Problematik in der ökopsychologischen Literatur verwiesen und auf die Möglichkeiten, gerade aus einer ökopsychologischen Perspektive heraus Aspekte dieser Prozesse zu erforschen, die bisher in der Literatur kaum beachtet wurden (z.B. den Erwerb von Kenntnissen über die Umwelt, Planen und Verhalten in einer neuer Umwelt, Reisen).

Literatur

Allport, G.W. (1954). The nature of prejudice. Cambridge, MA: Addison-Wesley.

Amir, Y. (1969). Contact hypothesis in ethnic relations. Psychological Bulletin 71, 319-342.

Amir, Y. (1976). The role of intergroup contact in change of prejudice and ethnic relations. In P.A. Katz (Ed.), Towards the elimination of racism. New York: Pergamon Press.

Böker, W. (1981). Psycho(patho)logical reactions among foreign labourers in Europe. In L. Eitinger & D. Schwarz (Eds.), Strangers in the world (pp. 186-201). Bern: Huber.

Brigham, J.C. (1971). Ethnic stereotypes. Psychological Bulletin 76, 15-33.

Cagle, L.T. (1973). Interracial housing: A reassessment of the equal status contact hypothesis. Sociology and Social Research 57, 342-355.

Cook, S.W. (1970). Motives in a conceptual analysis of attitude-related behavior. In W.J. Arnold & D. Levine (Eds.), Nebraska Symposium on Motivation H, (Vol. 18). Lincoln, NE: University of Nebraska Press.

Dashefsky, A. (Ed.) (1976). Ethnic identity in society. Chicago: Rand McNally.

Esser, H. (1980). Aspekte der Wanderungssoziologie. Darmstadt/Neuwied: Luchterhand.

Esser, H. (1985). Gettoisierung und sprachliche Assimilation. In M. Rosch (Hg.), Ausländische Arbeitnehmer und Immigranten – Sozialwissenschaftliche Beiträge zur Diskussion eines praktischen Problems. Weinheim: Beltz.

Ford, D.L. Jr. (Ed.) (1976). Readings in minority-group relations. LaJolla, CA: University Association Inc.

Gerard, H. & Miller, N. (1975). School desegregation. New York: Plenum Press.

Haavio-Mannila, E. (1985). Unterschiede im Lebensstandard von männlichen und weiblichen Immigranten in Schweden. In M. Rosch (Hg.), Ausländische Arbeitnehmer und Immigranten – Sozialwissenschaftliche Beiträge zur Diskussion eines praktischen Problems. Weinheim: Beltz.

Hamilton, D.L. (Ed.) (1981). Cognitive processes in stereotyping and intergroup behavior. Hillsdale, NJ: Erlbaum.

Heckmann, F. (1981). Die Bundesrepublik: Ein Einwanderungsland? Stuttgart.

Jones, E.E., Farina, A., Hastorf, A.H., Markus, H., et al. (1985). Social stigma. The psychology of marked relationships. New York: Freeman.

Katz, D. & Braly, K. (1933). Racial sterotypes in one hundred college students. Journal of Abnormal and Social Psychology 28, 280-299.

Landis, D., Hope, R.O. & Day, H.R. (1981). Training for desegregation in the military. In N. Miller & M.B. Brewer (Eds.), Groups in contact. The psychology of desegregation (pp. 258-280). Orlando: Academic Press.

Loll, B.U. (1985). Unterschiede und Ähnlichkeiten in der Assimilation verschiedener Gruppen von Ausländern in der Bundesrepublik Deutschland. In M. Rosch (Hg.), Ausländische Arbeitnehmer und Immigranten – Sozialwissenschaftliche Beiträge zur Diskussion eines aktuellen Problems. Weinheim: Beltz.

McRae, V. (1980). Die Gastarbeiter. Daten, Fakten, Probleme. München: C.H. Beck.

Moos, R.H. (1976). The human context. Environmental determinants of behavior. New York: Wiley.

Mummendey, A. (1984). Verhalten zwischen sozialen Gruppen: Die Theorie der sozialen Identität von Tajfel. In D. Frey & M. Irle (Hg.), Sozialpsychologische Theorienperspektiven. Bern: Huber.

Park, R.E. (1928). Human migration and the marginal man. American Journal of Sociology 33, 881-893.

Pettigrew, T.F., Unseem, E.L., Normand, C., & Smith, M. (1973). Busing: A review of the „evidence". Public Interest 30, 88-118.

Rist, R. (1978). The invisible children: School integration in American Society. Cambridge, MA: Harvard University Press.

Rogers, M., Hennigan, K., Bowman, C. & Miller, N. (1981). Intergroup acceptance in classroom and playground settings. In N. Miller & M.B. Brewer (Eds.), Groups in contact. The psychology of desegregation (pp. 213-227). Orlando: Academic Press.

Rosch, M. (1987). Soziale Randgruppen – Ausländerproblematik. In J. Schultz-Gambard (Hg.), Handbuch der angewandten Sozialpsychologie. München: Psychologie Verlags Union.

Rosch, M. & Frey, D. (1983). Soziale Einstellungen. In D. Frey & S. Greif (Hg.), Sozialpsychologie. Ein Handbuch in Schlüsselbegriffen (S.296-305). München: Urban & Schwarzenberg. (2. erw. Aufl. München: Psychologie Verlags Union).

Russell, J.A. & Ward, L.M. (1982). Environmental psychology. Annual Review of Psychology 33, 651-688.

Schäfer, B. & Six, B. (1978). Sozialpsychologie des Vorurteils. Stuttgart: Kohlhammer.

Schofield, J. & Sagar, H. (1977). Peer interaction patterns in an integrated middle school. Sociometry 40, 130-138.

Schrader, A., Nikles, B.W. & Griese, H.M. (1979). Die zweite Generation (2. Aufl.). Königstein: Athenäum.

Spaich, H. (1981). Fremde in Deutschland. Unbequeme Kapitel unserer Geschichte. Weinheim: Beltz.

Stonequist, E.. (1937). The marginal man. A study in personality and culture conflict. New York: Charles Scribner's Sons.

Tajfel, H. (1982). Social psychology of intergroup relations. Annual Review of Psychology 33, 1-39.

Tajfel, H. & Turner, J.C. (1979). An integrative theory of intergroup conflict. In W.G. Austin & S. Worchel (Eds.), The social psychology of intergroup relations (pp. 33-47). Monterey, CA: Brooks/Cole.

Vaskovics, L. (Hg.) (1982). Raumbezogenheit sozialer Probleme. Opladen: Westdeutscher Verlag.

Marita Rosch-Inglehart
Department of Psychology
University of Michigan
Ann Arbor, U.S.A.

VIII. Spezielle Umwelt: Stadt

Die Stadt als Zeichenwelt

1. Die Stadt als Objekt semiotischer Theorien

Daß die Städte aller Kulturen Ergebnisse gesellschaftlicher und ökonomischer Prozesse sind, wird niemand bezweifeln. Das schließt jedoch nicht die Betrachtung der Stadt als „Zeichenwelt" aus; wie nahezu jedes Resultat menschlicher Tätigkeit ist auch die Stadt zum Gegenstand semiotischer Theorie und semiotischer Beschreibungsversuche geworden.

Die moderne Zeichentheorie, die Semiotik, ist der Versuch, Annahmen und Methoden der Linguistik in der Tradition von de Saussure (1916/1967), Peirce (1960), Morris (1938/1972, 1946/1973) oder der Informationstheorie von Shannon und Weaver (1949) auch auf nichtsprachliche kulturelle Erzeugnisse zu übertragen. Das erfordert zunächst die Definition kultureller Äußerungen aller Art als Zeichen, also als etwas, das für jemanden in irgendeiner Hinsicht für etwas steht (vgl. zu den klassischen Theorien der modernen Semiotik Krampen u.a. 1981).

Zeichen werden in der Tradition de Saussures als zweistellige Einheiten verstanden; sie verbinden eine Einheit des Ausdrucks *(signifiant)* mit einer des Inhalts *(signifié)*. Zeichen gehören Zeichensystemen an, die durch Opposition, d.h. gegensätzliche Merkmale in *signifiant* und *signifié* strukturiert sind. Nur innerhalb eines (abstrakt gedachten) Systems *(langue)* haben Zeichen ihren Wert.

In der amerikanischen Tradition der Semiotik (Peirce/Morris) liegt der Akzent auf der Darstellung des Zeichenprozesses, des Prozesses, in dem ein mittelbares Notiznehmen von etwas stattfindet. Dieser Prozeß ist triadisch strukturiert: in ihm treten ein Zeichen, ein Objekt und ein Interpretant in Beziehung. Unter einem Interpretanten ist das zu verstehen, was ein Zeichen in einem Interpreten erzeugt – etwa das Verstehen einer Bedeutung, ein weiteres Zeichen, ein Gefühl, eine Handlung. Nach Morris (1938) beschreiben Syntaktik, Semantik und Pragmatik die regelhaften Beziehungen zwischen Zeichen und Zeichen, Zeichen und Objekt, Zeichen und Interpretant bzw. Interpret.

Die informationstheoretische Semiotik betrachtet Zeichen als definiert durch Kodes, die Sendern und Empfängern von Zeichen, „Nachrichten", ihre Kodierung bzw. Dekodierung erlauben. Sie diskutiert darüber hinaus die Einflüsse der Kontexte auf die Interpretation von Nachrichten und die Rolle der Kanäle, der Medien, über die Sender und Empfänger von Nachrichten in Verbindung stehen (Jakobson 1960).

Mit der Modellierung der Stadt als „Zeichenwelt" werden recht verschiedene Zwecke verfolgt. Geht es manchen Autoren darum, schlicht die Anwendbarkeit semiotischer Modelle auch auf die Stadt zu erweisen, so versuchen andere, Kategorien der Architektur- und Kunstgeschichte dadurch zu präzisieren, daß sie die Gegenstände dieser Kategorien im Rahmen von Zeichentheorien unter systematischen Aspekten beschreiben. Die Stadt ist dabei eine Ebene in einer Hierarchie von Ebenen, die mit den elementaren Einheiten des gebauten Raumes beginnt, um zu immer größeren fortzuschreiten (Gamberini 1961, Koenig 1974, Blomeyer & Helmholtz 1976, Preziosi 1979) (→ *Gebrauchsarchitektur*).

Klassifizierende Arbeiten dieser Art sind Grundlage für die Auffindung von Typen der Stadtgestalt, deren Aussagekraft über die Kultur bzw. die Gesellschaft, in der sie entstanden sind, ergründet werden soll (Bierman 1985, Choay 1967, 1975, Frascari 1984, Greimas 1979, Preziosi 1985).

Andere Autoren betrachten die Stadt als Text und übertragen die textlinguistischen Fragen nach der Kohärenz eines Textes und den Bedingungen seiner Lesbarkeit auf den „Stadttext". Das Ziel ist die Bestimmung städtebaulicher Einheiten und ihrer Bedeutung (Barthes 1971, Frascari 1984, Lagopoulos 1985, Schneider & Carlini 1976). Einige Autoren stellen einzelne als Zeichensysteme intendierte und also auch beschreibbare Phänomene dar, die für die Orientierung in Städten wesentlich sind – so Verkehrszeichen oder Hausnumerierung (Kiefer 1970, Krampen 1983, 1984, Prieto 1972). Außerdem existieren Versuche, Einzelobjekte in der Stadt mit semiotischen Mitteln zu erfassen (Dreyer 1984, Lovero 1984), u.a. mit ideologiekritischen Fragestellungen (z.B. Krampen 1979). Auch die Frage nach dem Stadtbild wird unter semiotischen Gesichtspunkten behandelt: Welches sind die Elemente im Stadtbild, die die Identifizierung einer bestimmten Stadt zulassen, und welches sind die Merkmale, auf die sich die Identifikation von BewohnerInnen mit ihrer Stadt gründet? (Ledrut 1973, Schmidt-Brümmer & Schulz 1976, Schneider 1976) Alle genannten Fragen zielen auf eine Rezeptionsästhetik der Stadt; produktionsästhetische Ansätze sollen der Tatsache Rechnung tragen, daß ArchitektInnen und StadtplanerInnen selten nur die Gelegenheit haben, sich persönlich mit denjenigen auseinanderzusetzen, die ihre Arbeit nutzen und rezipieren (Magnago-Lampugnani 1979, Sipek 1979) (→ *Ästhetik*).

Neuere Ansätze, in denen sich das Interesse an der Stadt mit Interesse an semiotischer Theorie verbindet, zielen darauf ab, Stadt als Ort zu betrachten, der das Wahrnehmen, Erfahren und Handeln von Menschen prägt (Anregungen dazu bei Greimas 1979, Jameson 1986, Schivelbusch 1979, Lyotard 1984, Schmidt-Brümmer & Schulz 1976, Sturm 1984, vgl. Hauser 1985). Mit dieser Fragestellung erhalten semiotische Theorien einen anderen Stellenwert, als sie bislang beanspruchen können: Ihre Fragestellungen verbinden sich mit denen der kognitiven Psychologie – der sie Modelle anbieten, mittels deren der Bezug zwischen Menschen und einer spezifisch organisierten Umwelt dargestellt werden kann (→ *Umweltrepräsentation;* → *Image*).

2. Zeichentheorie und Wahrnehmung in der Stadt

Die Beziehung semiotischer Theorien auf die Stadt als ein die Wahrnehmung prägender Ort wird besonders anschaulich in den als Zeichensystemen geschaffenen Orientierungshilfen. Die Prinzipien, nach denen z.B. Verkehrszeichen funktionieren, lassen sich präzise nach den Prinzipien beschreiben, die für Zeichensysteme postuliert werden: Es gibt eine aufzählbare Menge bedeutungstragender, distinkter und durch Oppositionsbeziehungen unterschiedener Elemente, die in der Kombination nach bestimmten Regeln (Gegenstand der Syntax) (→ *Straße und Verkehr*) differenzierte, konventionalisierte und erlernbare Bedeutungen haben (Gegenstand der Semantik), deren Verständnis durch bestimmte Empfänger, also Verkehrsteilnehmer, in bestimmten Situationen ein bestimmtes konventionalisiertes Verhalten zur Folge hat bzw. zur Folge haben soll (Gegenstand der Pragmatik). Dabei ist es gleichgültig, ob die konkreten Verkehrszeichen aus Pappe, Plastik oder Metall sind, ob sie einen Durchmesser von 20 oder 80 Zentimetern haben etc. Ihre Materialität spielt keine Rolle. Zu ihrer Identifizierung ist es wichtig, daß ihre syntaktischen, semantischen und pragmatischen Eigenschaften konstant bleiben, daß sie also genau einer Einheit eines von de Saussure für die Sprache und alle anderen kulturellen Äußerungen als abstrakt, statisch und systematisch postulierten Zeichensystems entsprechen.

Mittels Verkehrszeichen werden Wahrnehmungen und Handlungen gelenkt; sie folgen systematischen, eindeutigen Orientierungsmustern, die vor jedem Versuch, sich im städtischen Verkehr einigermaßen sicher zu bewegen, verfügbar sein müssen – neben der Bereitschaft, den Zeichen Aufmerksamkeit zu schenken und ihren Ver- und Geboten zu gehorchen.

3. Die Stadt als Zeichenwelt

Unter welchen Umständen entsteht eine solche Form der Orientierung, die weitgehend auf gelernten Kodes, auf mittelbarer Wahrnehmung von Situationen beruht?

Die Antwort auf diese Frage wäre eine Geschichte der Industrialisierung als Geschichte der Industrialisierung der Sinnestätigkeit, d.h. ihrer Rationalisierung durch Beschleunigung, Automatisierung und Konzentration. Der Ort, an dem dieser Prozeß augenfällig wird, ist die Großstadt.

Heutige Großstädte sind im wesentlichen Produkt der industriellen Revolution. Der enorme Bevölkerungszuwachs in den Städten, die Konzentration von Industrie, kapitalintensiver und maschinenorientierter Produktion, die Beschleunigung von Produktion und Warenumschlag, die Zunahme an Verkehr verändern die Stadt grundlegend. Die Irritation, die diese Entwicklung zunächst auslöst, äußert sich nicht nur in literarischen oder wissenschaftlichen Werken der Jahrhundertwende; sie ist auch ablesbar an den Experimenten der bildenden Kunst der Zeit.

U.a. hat Walter Benjamin (1974) die Änderungen, die die Sinnestätigkeit in der entstehenden Großstadt erfährt, mit der Spekulation Freuds (1920) über den Reizschutz in Verbindung gebracht (vgl. zum Thema Großstadt und Reizschutz auch Simmel 1903, Milgram 1970 → *Stimuluszentrierter Ansatz*). Um sich in der Stadt vor der Vielzahl unerwarteter, schockhafter Sinneseindrücke zu schützen, ist einerseits höchste Bewußtheit und Konzentration auf einzelne Reize notwendig, und andererseits bedarf es eines Schutzes vor anderen Reizen durch Gleichgültigkeit. Ein Mittel zur Konzentration und Auswahl von Sinneseindrücken stellt die Organisation der Sinnestätigkeit nach Kodes oder Zeichensystemen, auf jeden Fall nach vorstrukturierten erlernbaren Mustern, dar. Damit Zeichen(-systeme) – z.B. im Verkehr – die Sinnestätigkeit wirksam entlasten, muß die Wahrnehmung von (Verkehrs-)Situationen sich auf die Wahrnehmung von Zeichen soweit beschränken können, daß sie allen an einer Situation Beteiligten ermöglichen, ihre Aktionen aufeinander abzustimmen. Das heißt, daß über Zeichensysteme eine Kontrolle von Handlungen möglich sein muß. Verkehrszeichen sind offensichtlich in der Lage, diese Funktionen zu erfüllen. Denselben Prinzipien gehorchen jedoch auch andere die Städte prägende Zeichen: Ampelzeichen, die Vorzeichnung von Fahrspuren auf der Straße, die Straßenmöblierung, weniger offensichtlich auch die getrennten Wege für alle Arten von Beförderungsmitteln (Fahrradwege, Autobahnen) usf.

Die Stadt läßt sich als Ort auffassen, an dem mittelbare Wahrnehmung von Situationen, Orientierung über Zeichen notwendig ist. Die Stadt als Zeichenwelt beschreiben heißt, wesentliche Organisationsprinzipien und ihre materiellen Realisierungen aufzuzeigen, denen Wahrnehmung, Erfahrung und Handeln in der Großstadt unterliegen.

Literatur

Barthes, R. (1971). Sémiologie et urbanisme. Architecture Aujourd'hui 153.

Benjamin, W. (1974). Charles Baudelaire. Ein Lyriker im Zeitalter des Hochkapitalismus. Frankfurt: Suhrkamp.

Bense, M. (1969). Einführung in die informationstheoretische Ästhetik. Grundlegung und Anwendung in der Texttheorie. Reinbek: Rowohlt.

Bierman, I. (1985). The message of urban space: The case of Crete. In: Espaces et sociétés 47, 377-388.

Blomeyer, G.R. & Helmholtz, R.M. (1976). Semiotics in architecture. Semiosis 1, 42-51.

Choay, F. (1967). Sémiologie et urbanisme. Architecture Aujourd'hui 132, 8-10.

Choay, F. (1975). Urbanisme. Théories et réalisations. In: Encyclopedia Universalis. Paris: Encyclopedia France.

Dreyer, C. (1984). Überlegungen zum Interpretanten des ästhetischen Zeichens in der Architektur. In T. Borbé (Ed.), Semiotics unfolding. Proceedings of the Second Congress of the International Association for Semiotic Studies, Vol. 3 (pp. 1305-1310).

Frascari, M. (1984). Architecture as text. In T. Borbé (Ed.), Semiotics unfolding, a.a.O. , Vol. 3 (pp. 1311-1318).

Gamberini, J. (1961). Analisi degli elementi constitutivi dell'architectura. Firenze: Coppini.

Greimas, A.J. (1979). Pour une sémiotique topologique. In J. Zeitoun (Ed.), Sémiotique de l'espace (pp. 11-43). Paris: Denoêl/Gonthier.

Hauser, S. (1985). The perception of the city. In: Espaces et sociétés 47.

Jakobson, R. (1960). Linguistics and poetics. In T.A. Sebeok (Ed.), Style in language (pp. 350-377) New York: Wiley.

Jameson, F. (1986). Postmoderne – zur Logik der Kultur im Spätkapitalismus. In A. Huyssen & K.R. Scherpe (Hg.), Postmoderne. Zeichen eines kulturellen Wandels (S. 45-102). Reinbek: Rowohlt.

Kiefer, R. (1970). Zur Semiotisierung der Umwelt. Eine exemplarische Erörterung der sekundären Architektur. Universität Stuttgart: Dissertation.

Koenig, G.K. (1974). Architettura e communicazione (2. ed.). Firenze: Libr. ed. fiorentina.

Krampen, M. (1979). Meaning in the urban environment (= Research in planning and design 5). London: Pion.

Krampen, M. (1983). Icons of the road. In Semiotica 43 (1/2). (Special issue).

Krampen, M. (1984). Verkehrszeichen im Wandel. Vortrag auf dem IV. Kongreß der Deutschen Gesellschaft für Semiotik in München.

Krampen, M., Oehler, K., Posner, R. & Uexküll, T.v. (1981). Die Welt als Zeichen. Klassiker der modernen Semiotik. Berlin: Severin & Siedler.

Lagopoulos, A.Ph. (1985). Historical materialism, semiotics, and urban space: Towards a social semiotics of urban texts. In Kodikas/Code, Ars Semiotica 8, 253-268.

Ledrut, R. (1973). Les images de la ville. Paris: Edition Anthropos.

Lovero, P. (1984). Iconism of built architecture and codes variability. A case study: The procuratie vecchie of Piazza S. Marco, Venice. In T. Borbé (Ed.), Semiotics unfolding, a.a.O., Vol. 3 (pp. 1335-1342).

Lyotard, J.F. (1984). Die Immaterialen, Manifest eines Projekts am Centre Georges Pompidou, Beaubourg. In IBA (Hg.), Das Abenteuer der Ideen. Architektur und Philosophie seit der industriellen Revolution (S. 185-194). Berlin: Frölich und Kaufmann.

Magnago-Lampugnani, V. (1979). Ästhetische Grundlagen der architektonischen Sprache. Ansätze zur Entwicklung qualitativer Maximen für die gebaute Form (IGMA Dissertationen 9). Stuttgart: Karl Krämer.

Milgram, St. (1970). Das Erleben der Großstadt. Eine sozialpsychologische Analyse. In Zeitschrift für Sozialpsychologie 1, 142-152.

Morris, Ch. W. (1938). Foundations of the theory of signs (dt.: Grundlagen der Zeichentheorie. München: Hanser 1972). Harvard University Press.

Morris, Ch. W. (1946). Signs, Language and behavior. (dt.: Zeichen, Sprache und Verhalten. Düsseldorf: Schwann 1973).

Peirce, Ch. S. (1960). Collected papers (1-8). Cambridge, MA: Harvard University Press.

Preziosi, D. (1979). Architecture, language, and meaning. The Hague: Mouton.

Preziosi, D. (1985). Structure as power: The mechanisms of urban meaning. In: Espaces et sociétés 47, 45-55.

Prieto, L. (1972). Nachrichten und Signale. Berlin/DDR: Akademie-Verlag.

Saussure, F. de (1916). Grundlagen der allgemeinen Sprachwissenschaft (2. Aufl.). Berlin: de Gruyter 1967.

Schivelbusch, W. (1979). Geschichte der Eisenbahnreise. Zur Industrialisierung von Raum und Zeit im 19. Jahrhundert. Frankfurt: Ullstein.

Schmidt-Brümmer, H. & Schulz, A. (1976). Stadt und Zeichen. Lesarten der täglichen Umwelt. Köln: DuMont Schauberg.

Schneider, B. (1976). Stadtbild und Verzweiflung. In B. Schneider & A. Carlini (Hg.), Konzept 2, Stadtbild? (S. 13-17). Tübingen: Wasmuth.

Schneider, B. & Carlini, A. (1976). Konzept 3, Die Stadt als Text. Tübingen: Wasmuth.

Shannon, C.E. & Weaver, W. (1949). The mathematical theory of communication. Urbana: University of Illinois Press.

Simmel, G. (1903). Die Großstadt und das Geistesleben. In Die Großstadt. Jahrbuch der Gene-Stiftung-Dresden.

Sipek, B. (1979). Architektur als Vermittlung. Semiotische Untersuchung der architektonischen Form als Bedeutungsträger. Delft: Technische Hogeschool (Diss.).

Sturm, H. (1984). „Wiese is nich dafür ha'm wa die Palme". Thesen zur Urbanität. In ARCH+ 75/76, 75-77.

Virilio, P. (1980). Geschwindigkeit und Politik. Berlin: Merve.

Susanne Hauser
Fachbereich Kommunikations-
und Geschichtswissenschaften der TU Berlin

Wohnen und Wohnzufriedenheit

1. Der Begriff „Wohnen"

Die umfassendste Definition von Wohnen hat der Philosoph Heidegger geliefert. Er setzt Wohnen gleich mit der Art und Weise, „wie Menschen auf der Erde sind". In dieser Begriffsbestimmung kommt zum Ausdruck, daß Wohnen für den Menschen eine charakteristische Daseinsform ist, was dem Thema „Wohnen" einen hohen Stellenwert verleiht. Nach Saegert (1985) tritt ein Mensch, der wohnt, in eine besonders innige physische, soziale und psychologische Beziehung zur Umwelt. In der Alltagssprache wird „Wohnen" mitunter ähnlich umfassend, nämlich im Sinne von „Leben", gebraucht. So ist z.B. die Frage: „Wo leben Sie jetzt?" synonym mit der Frage: „Wo wohnen Sie jetzt?". Die Gleichsetzung von „Leben" mit „Wohnen" gilt auch im englischen Sprachraum, wie z.B. der Begriff „living room" (= Wohnzimmer) zeigt.

Eine weniger allgemeine Definition von Wohnen stammt von Bahrdt (1977): „Wohnen im Sinne der Wertbegriffe unserer Kultur ist seßhaft private Existenz in behaglicher Freiheit an einem durch bauliche Vorkehrungen hierfür geeigneten und nach außen abgeschirmten Ort" (S. 46). Aus der Sicht von Planern ist Wohnen eine Summe von Tätigkeiten bzw. Funktionen, für die eine Wohnung den räumlichen Rahmen abgeben soll (Andritzky 1979). Diesen beiden Definitionen ist gemeinsam, daß sie den Begriff Wohnen nur für die Existenz bzw. für Tätigkeiten *innerhalb von Wohnungen* verwenden. Der abgeschirmte Innenbereich bedarf jedoch, um funktionieren zu können, einer ihn versorgenden, entlastenden und ergänzenden Umgebung. Der Bewohner erwartet dort verschiedene Einrichtungen, z.B. Parkplätze, Einkaufsmöglichkeiten, Spielplätze, Telefonzellen, Kindergärten usw. vorzufinden (Gaupp-Kandzora 1979). Die Wohnqualität hängt außer von der Verfügbarkeit solcher Einrichtungen und Möglichkeiten wesentlich auch von den physikalisch-chemischen Bedingungen in der Wohnumgebung ab. Daß das Wohnen nicht auf den räumlichen Bereich der Wohnung beschränkt ist, zeigt sich u.a. in den klimatisch günstigeren Mittelmeerländern, in denen etliche Aktivitäten, die zweifelsohne zum Wohnen zu rechnen sind, vor der Haustür stattfinden. Insbesondere für Kinder (→ *Kind und Umwelt*) ist das Draußen (*outdoors*) eine wesentliche Ergänzung zum Drinnen (vgl. Moore & Young 1978).

Beim Tier bezeichnet man die Abgrenzung des Ortes, an dem es sich ständig oder überwiegend aufhält, als Revier- oder territoriales Verhalten (→ *Territorialität*), das durch Instinkte, also angeborene Mechanismen, gesteuert wird und das sich im Anbringen von Markierungen und durch erhöhte Verteidigungsbereitschaft gegen Eindringlinge manifestiert. Im Unterschied zum Menschen sind Tiere nur in bestimmten, ihren Erbausstattungen entsprechenden Umgebungen, artspezifischen ökologischen Nischen, lebensfähig.

2. Wohnumwelten

Wie Umwelten allgemein, so zeichnen sich auch *Wohn*umwelten durch unterschiedliche Reichweite aus. Das Spektrum reicht von Mikro- (z.B. Stuhl, Schrank) bis hin zu Makro-Wohnumwelten (wie Städten und Ländern). Zwischen diesen beiden Extremen angesiedelt sind Wohnräume, Wohnungen, Wohngebäude, Wohnumgebungen und Wohngebiete. Seit v. Uexküll wird zwischen Umwelt und Umgebung in der Weise unterschieden, daß Umgebung als das Insgesamt dessen bezeichnet wird, was ein Lebewesen umgibt, unabhängig davon, ob es wahrgenommen wird oder nicht, während Umwelt der subjektiv bedeutsame Ausschnitt daraus ist (vgl. v. Uexküll & Kriszat 1956). „Wohnumgebung" wäre folglich all das, was außerhalb der Wohnung objektiv vorhanden ist, im Unterschied zur „Wohnumwelt", die für den Bewohner Erfahrungs- und Handlungsraum ist.

2.1 Wohnung und Wohngebäude

Wohnungen bestehen aus einer Anzahl funktionell differenzierter Räume, die zu einer Einheit zusammengefaßt sind und die der Aufgabe dienen, die physischen, psychischen und sozialen Bedürfnisse ihrer Bewohner zu befriedigen (Frey et al. 1974). Nach der Begriffsbestimmung der DIN 283 ist eine Wohnung „die Summe der Räume, welche die Führung eines Haushalts ermöglichen." Folgende Funktionsbereiche werden dabei unterschieden: Individualbereich, Gemeinschaftsbereich, haustechnischer Bereich, Verkehrsfläche und Freisitz wie Balkon oder Terrasse. Wie groß jeweils diese einzelnen Bereiche und wie sie einander zugeordnet sind, hängt weitgehend von Richtlinien und Normen sowie von ökonomischen Gesichtspunkten ab.

Im Zusammenhang mit Fragen des Zusammenlebens der Bewohner in einem Haus und im Hinblick auf Fragen der Effekte von Gebäudeformen auf das individuelle Wohlbefinden und das soziale Verhalten von Bewohnern sind die räumlichen Zuordnungen der Wohneinheiten in einem Gebäude ebenfalls von Bedeutung. Die Vielfalt der Erscheinungsformen von Wohngebäuden läßt sich grob einteilen in eine Kategorie, zu der die Wohnungen mit ebenerdigem Eingang zu jeder Wohneinheit gehören (Flachbau), und in eine Gruppe, die all diejenigen Wohnungen umfaßt, die in mehreren Ebenen übereinandergestapelt sind und einen gemeinsamen Hauseingang haben (Geschoßbau) (→ *Hausformen*).

Psychologische Gesichtspunkte spielten bisher in der Planung und Gestaltung weder bei Wohnungsgrundrissen noch bei Wohngebäuden eine wesentliche Rolle, obwohl Sodhi schon 1957 darauf hingewiesen hat, daß bereits geringfügige Änderungen im architektonischen Entwurf eines Hauses recht bedeutungsvolle Änderungen in den sozialen Beziehungen der Bewohner zur Folge haben können, und zwar sowohl im guten wie im schlechten Sinne.

2.2 Wohnumgebungen und Wohngebiete

Während Wohnungen eindeutig abgrenzbare Einheiten sind, lassen sich Wohnumgebungen nur relativ willkürlich gegen „Nicht-Wohnumgebungen" abgrenzen. Klockhaus (1975) hat Wohnumgebung definiert als den räumlichen Bereich, der von der Wohnung aus in etwa 10 Minuten zu Fuß erreicht werden kann. Ein charakteristisches Merkmal von Wohnumgebungen ist, daß in ihrem Mittelpunkt die Wohnung liegt, zu der sie das „Umfeld" bilden (→ *Kognitive Karte*). Wohngebiete sind im Unterschied zu „Umgebungen" oder „Umfeldern" vom Wohnstandort einzelner Bewohner unabhängige Gebietseinheiten. In der Baunutzungsverordnung wird zwischen verschiedenen Gebietstypen unterschieden, z.B. reinen Wohngebieten, in denen andere als Wohnnutzungen nur ausnahmsweise zulässig sind, sowie allgemeinen und besonderen Wohngebieten usw., in denen mehr oder weniger Gewerbe zugelassen ist. Eine andere Wohnumwelt-Taxonomie, bei der zwischen verschiedenen Soziotopen differenziert wird, wurde aufgrund entwicklungspsychologischer Überlegungen, und zwar unter dem Aspekt der in der Wohnumwelt vorhandenen Bildungs- und Lebenschancen entwickelt (u.a. Bargel et al. 1981).

Die Ausdehnung des räumlichen Bereichs (→ *Persönlicher Raum*), den ein Mensch als seine persönliche, zu ihm gehörige Wohnumwelt betrachtet, hängt sowohl von Personmerkmalen, insbesondere dem Lebensalter, als auch von Umweltmerkmalen, wie z.B. der Verkehrsbelastung der Wohnstraße (Appleyard & Lintell 1972) oder der Art des Wohngebäudes (McCarthy & Saegert 1978) ab.

3. Dimensionen von Wohnumwelten

Abgesehen von ihrer Reichweite können Wohnumwelten im Hinblick auf unterschiedliche Aspekte hin analysiert werden. Bei Altman und Gauvain (1981) bildeten die beiden Dimensionen „Privatheit vs. Öffentlichkeit" und „Individualität vs. Konformität" das Grundgerüst, um die Wohnformen unterschiedlicher Kulturen miteinander zu vergleichen. Privatheit tritt sowohl im Verhalten als auch materiell-räumlich in Erscheinung in Form von Mauern, Wänden, hohen Hecken und Zäunen, Vorhängen und geschlossenen Türen und dgl. Individuelle Wohnformen zeichnen sich gegenüber konformen Bau- und Siedlungsformen durch ihre Einzigartigkeit und Unverwechselbarkeit aus.

In unserem Kulturkreis hat seit der Trennung von Arbeiten und Wohnen eine zunehmende *Privatisierung* des Wohnbereichs stattgefunden, und zwar parallel zur Kontrastierung der Arbeitswelt, durch deren Leistungsanforderungen der Mensch verbraucht wird, und der Wohnumwelt, die den notwendigen Gegenpol darstellt (Möller 1981).

Eine über die Gestaltung von Dingen und Details hinausgehende *Individualität* der Wohnumwelt ist in unserer Gesellschaft in dem Maße möglich, in dem die von den Gemeinden aufgestellten Flächennutzungs- und Bebauungspläne Spielräume dafür lassen, und in dem eine Person über die erforderlichen Mittel an Geld, Zeit und Wissen verfügt, die es ihr ermöglichen, woanders als z.B. im konformen Massenwohnungsbau zu wohnen.

Weitere Dimensionen, anhand deren Wohnumwelten analysiert werden können, sind Vertrautheit vs. Fremdheit sowie Alleinsein vs. Zusammensein (Flade 1987). Wohnen, insbesondere als psychologischer und sozialer Austauschprozeß zwischen dem Menschen und seiner Umwelt tritt zum einen in Heimatgefühlen bzw. Ortsidentität, zum anderen in nachbarschaftlichen Kontakten (→ *Nachbarschaft*) in Erscheinung.

4. Wohnbedürfnisse

Wohnbedürfnisse sind zum einen solche Bedürfnisse, die sich prinzipiell auch in anderen Lebensbereichen, z.B. während der Freizeit oder im Beruf, befriedigen ließen, zum anderen sind es Bedürfnisse, die speziell im Zusammenhang mit Wohnen auftauchen. Diese beiden Formen können zwar theoretisch, kaum aber im Wohnalltag voneinander unterschieden werden. In Anlehnung an Maslow (1954) und Andritzky und Wenz-Gahler (1979) lassen sich die folgenden (Wohn-) Bedürfnisse unterscheiden: das Verlangen nach Sicherheit und Schutz, Beständigkeit und Vertrautheit, Alleinsein und Intimität, Kontakt, Kommunikation und Zugehörigkeit, Anerkennung und Selbstdarstellung bzw. Repräsentation und nach Selbstverwirklichung bzw. Selbstgestaltung (→ *Aneignung*). Das Bedürfnis nach Sicherheit und Schutz beinhaltet dabei nicht nur das Bestreben, von Klima- und Witterungseinflüssen unabhängig zu sein, sondern heißt auch: Abschirmung von → *Lärm*, Schadstoffemissionen (→ *Landschaftsveränderung und -zerstörung*) und fremden Einblicken, Schutz vor Einbrechern und Eingriffen des Staates (die Unverletztlichkeit der Wohnung ist im Grundgesetz der Bundesrepublik verankert). In Wohnungen, die an Straßen mit hoher Verkehrsbelastung liegen, oder die „hellhörig" sind, wird das Bedürfnis, vor Lärm geschützt zu sein, häufig nicht befriedigt (→ *Straße und Verkehr*). Das Bedürfnis nach Beständigkeit wird nicht erfüllt, wenn ein Bewohner befürchten muß, daß sich die Miete drastisch erhöht. Das Bedürfnis nach Alleinsein bleibt häufig unerfüllt, denn Alleinsein setzt ein eigenes Zimmer voraus, das vor allem bei größeren Haushalten, die in Mietwohnungen leben, oftmals nicht zur Verfügung steht. Wie sich das Zusammenleben gestaltet, hängt von der verfügbaren Wohnfläche und deren Aufteilung ab. Das herkömmliche Wohnzimmer, der meist mit Abstand größte Raum der Wohnung, stellt den kaum gelungenen Versuch dar, die Bedürfnisse nach Zusammensein und Repräsentation zugleich zu befriedigen. Für das Zusammensein ebenfalls abträglich sind die kleinen, ausschließlich nach funktionalen Gesichtspunkten gestalteten Küchen, die nicht selten auch noch abseits am Eingang der Wohnung liegen. Im Hinblick auf das soziale Bedürfnis nach Zusammensein spielt auch die Wohnumgebung eine Rolle. Bänke vor der Haustür, Innenhöfe, Gärten, Spielecken, autofreie Wege und Straßen, Autowaschplätze usw. tragen zur Befriedigung dieses Bedürfnisses bei. Ein weiteres soziales Bedürfnis ist dasjenige nach Zugehörigkeit. Wohnung, Haus und Bereiche der Wohnumgebung sind Mittel, um die Zugehörigkeit zur Nachbarschaft und zur Gesellschaft zum Ausdruck zu bringen. Doch als Zentrum des persönlichen Lebens ist die Wohnung zugleich auch ein Ort, um das Bedürfnis nach Selbstgestaltung zu erfüllen. Hier wird das Spannungsverhältnis von Individualität und Konformität sichtbar (Dovey 1985, Altman & Gauvain 1981).

In vielen Wohnungen, vor allem im Mietwohnungsbau, ist durch den Grundriß bereits die Art und Weise der Nutzung vorgegeben, außerhalb der Wohnung regeln Hausordnungen das Verhalten der Bewohner. Selbst gestaltet werden kann in solchen Fällen nur die Mikro-Wohnumwelt, z.B. durch Bebildern der Wände oder durch die Wahl des Vorhangstoffs.

Die Effekte nicht bedürfnisgerechter Wohnungen und Wohnumgebungen sind nur schwer zu erfassen (→ *Umweltstreß*), denn es hängt von gesellschaftlichen Normen und den allgemein bestehenden Möglichkeiten der Gestaltung von Lebensumständen ab, wo in einer Gesellschaft die Grenzlinien zwischen Krankheit und Gesundheit gezogen und welche Beeinträchtigungen als nebensächlich beurteilt oder als unvermeidbar hingenommen werden. Aus diesem Grunde ist das Kriterium „gesundheitsschädlich" für die Bewertung von Wohnumwelten nicht geeignet (Bahrdt 1974).

5. Wohnformen und Wohnbedürfnisse im Wandel

Wohnbedürfnisse sind in dem Maße, in dem es sich um gelernte Bedürfnisse handelt, wie auch die gesellschaftlichen Wertvorstellungen und Normen einem Wandel unterworfen, der zum großen Teil durch ökonomische und technologische Entwicklungen zustande kommt. Ein charakteristisches Merkmal der Wohnsituation im Mittelalter war das Fehlen von Privatheit und der räumlichen Trennung von Arbeiten und Wohnen (Zinn 1979). Das sogenannte „Ganze Haus" war die typische Wohn-Arbeits-Einheit, in der es auch noch keine räumliche Separierung zwischen der Herrschaft und dem Gesinde gab. Alle wohnten eng beieinander unter dem gemeinsamen Dach des „Ganzen Hauses". Öffentlichkeit und Privatheit im heutigen Sinne gab es nicht. In der Küche, dem Mittelpunkt des häuslichen Lebens, spielte sich alles ab. Hier brachten die Frauen ihre Kinder zur Welt, wurden die Kranken gepflegt, beschlossen die Alten ihren Lebensabend; hier wurde gekocht, kommuniziert und geschlafen, meist eng an eng mit anderen in einem Bett. Mit der Entwicklung von der Agrar- zur Industriegesellschaft, die im 17. Jahrhundert begann, ging ein Wandel der Wohnformen einher, indem Wohn- und Arbeitsbereich voneinander getrennt wurden. Die Industrialisierung brachte für die unteren Schichten der Bevölkerung eine massive Verschlechterung der Wohnsituation mit sich; sie waren mangels Kapital und mangels eigenen Grund und Bodens nach der Auflösung des „Ganzen Hauses" obdachlos, oder sie lebten mit mehreren Familien in einer Mietwohnung zusammen. Ein Familienleben im bürgerlichen Sinne konnte sich hier lange Zeit nicht entwickeln. Für die wohlhabenden Bürger ging die Trennung von Wohnen und Arbeiten mit der Entstehung von Privatheit einher. Es wurde üblich, den familiär-privaten Wohnbereich von der außerhalb davon gelegenen Öffentlichkeit abzugrenzen; die bürgerliche Familie verstand sich als „Privat"-Haushalt. Innerhalb der Wohnung wurde die Intimsphäre der einzelnen Familienmitglieder durch eine neue Raumaufteilung, die ab dem 18. Jahrhundert Standard wurde, geschützt. Die einzelnen Räume wurden jetzt von einem Flur aus erschlossen. Sie boten damit im Unterschied zu den vorher üblichen Durchgangsräumen einen Schutz vor unerwünschten Einblicken und Zugängen. Gleichzeitig verschwanden die bis dahin vorherrschenden Allzweckräume zugunsten einer differenzierteren Aufteilung nach dem noch heute bestehenden Muster in Wohnzimmer, Schlafzimmer, Eßzimmer usw.; Kinderzimmer wurden in den bürgerlichen Haushalten erst im 19. Jahrhundert eingerichtet.

Die Trennung von Arbeiten und Wohnen wirkte sich auch auf die familiäre Rollenstruktur aus: Der Mann stellte durch seine außerhäusliche Arbeit die Beziehung zum öffentlichen Leben her, die Frau wurde zur „Hausfrau" und zur Erzieherin der Kinder. Im Laufe der Zeit wurde dann die Wohnung für alle sozialen Schichten zum gänzlich privaten, nach außen hin abgeschirmten Bereich. Es bildete sich ein Scham- und Peinlichkeitsempfinden heraus, was zur Einrichtung von Sanitärräumen „hinter den Kulissen" führte (Kanacher 1986). Die Allzweckräume wurden durch Räume, deren Nutzung festgelegt war, abgelöst. Dieses bürgerliche Leitbild eines differenzierten Raumgefüges mit eindeutig definierten Wohnbereichen wurde im Laufe der Zeit von den unteren Schichten übernommen. Hinzu kam Anfang des 20. Jahrhunderts ein „Rationalisierungsschub", der vor allem in der von Schütte-Lihotzky entwickelten „Frankfurter Küche", einem nach funktionalen Gesichtspunkten gestalteten „Arbeitsort", sichtbar wurde (Kanacher 1986).

Die Wandlung der Wohnformen, die durch die Trennung von Wohnen und Arbeiten ausgelöst wurde, fand in der „Charta von Athen", dem städtebaulichen Leitbild der Funktionstrennung, eine Fortsetzung, bei dem die vier Schlüsselfunktionen Arbeiten, Wohnen, Erholung und Verkehr unterschieden wurden, wobei der Verkehr eine sekundäre Funktion ist, die erst durch die räumliche Trennung der drei anderen Schlüsselfunktionen erforderlich wurde (vgl. Conrads 1964). Die Nachteile einer diesem Leitbild folgenden Stadtplanung sind inzwischen nicht mehr zu übersehen, was sich z.B. in der Bezeichnung „autogerechte Stadt" widerspiegelt.

6. Wohnzufriedenheit

Zufriedenheit ist eine gefühlsmäßige Reaktion (→ *Umweltevaluation*). Eine positive Bewertung der Wohnumwelt ist gleichbedeutend mit Wohnzufriedenheit (vgl. Flade 1987). Den verschiedenen Bereichen von Wohnumwelt entsprechend lassen sich Wohnungs- und Wohnumgebungszufriedenheit und darüber hinaus die Zufriedenheit mit dem Wohnort unterscheiden (Campbell et al. 1976) (→ *Lebensqualität*). Wohnzufriedenheit wird sowohl als Kriterium für die Qualität der Wohnumwelt als auch als Prädiktor des Wohnverhaltens, insbesondere des Umzugsverhaltens (→ *Wohnortwechsel*) verwendet (Weidemann & Anderson 1985). Messungen der Wohnzufriedenheit haben sich jedoch weder als ein valider Indikator der Wohnqualität noch als ein besonders geeigneter Prädiktor des Umzugs-verhaltens erwiesen. Das hängt zum einen damit zusammen, daß in die individu-elle Bewertung von Wohnsituationen nicht objektive, sondern in erster Linie sub-jektive Umweltmerkmale eingehen, und daß darüber hinaus die Bewertung nach individuellen Kriterien erfolgt (Hourihan 1984), zum anderen liegt es daran, daß ein Wohnortwechsel zahlreiche andere Gründe haben kann (Stokols et al. 1983).

Die Zufriedenheit mit der Wohnsituation, also der Wohnung, der Wohnumge-bung und dem Wohnort, hängt von Person- und Umweltmerkmalen ab (Campbell et al. 1976, Galster & Hesser 1981, Galster 1987). Als wichtige Umweltmerkmale haben sich u.a. räumliche Merkmale wie die Größe der Wohnung und der Wohn-räume, Wohnkomfort, Aussehen und baulicher Zustand des Wohngebäudes, Image und Sicherheit des Wohngebiets, Wohnkosten und die Nachbarn erwiesen (Campbell et al. 1976, Weidemann et al. 1982, Galster & Hesser 1981). Wie hoch jedoch die Wohnzufriedenheit ausfällt, hängt ganz wesentlich von den früheren Wohnerfahrungen des Bewohners ab; Menschen bewerten ihre Wohnumwelt po-sitiv, wenn diese ihren Erwartungen entspricht (Francescato et al. 1977). Ältere Menschen (→ *Alte Menschen*) sind im Durchschnitt zufriedener mit ihrer Wohn-situation als jüngere (O'Bryant 1982 u.a.). Carp und Carp (1981) und andere Au-toren haben dieses Ergebnis dissonanztheoretisch erklärt: Da ein Umzug bei älte-ren Menschen sehr viel weniger als Mittel in Frage kommt, um die angesichts nicht zufriedenstellender Wohnbedingungen entstehende kognitive Dissonanz zu reduzieren, wird diese Unzufriedenheit abgewehrt und statt dessen Zufriedenheit geäußert. Für eine solche Erklärung sprechen die Ergebnisse von Wohnzufrieden-heitsuntersuchungen (z.B. GEWOS 1978); unabhängig von den objektiven Wohnbedingungen sind die Bewohner meist zufrieden oder sehr zufrieden und nur sehr selten unzufrieden mit ihrer Wohnsituation. Es sollten deshalb allgemei-ne Zufriedenheitsaussagen nicht als alleiniges Kriterium für die Beurteilung der Wohnumweltqualität verwendet werden, denn schlechte Wohnerfahrungen oder fehlende Wahlmöglichkeit lassen die Wohnzufriedenheit eher zu hoch ausfallen. Darüber hinaus sind die Merkmale, an denen die Wohnumweltqualität gemessen wird (u.a. Frey et al. 1974), nicht unbedingt identisch mit den Kriterien, die der einzelne Bewohner für wichtig erachtet (Hourihan 1984).

7. Ausblick

Angesichts der heute bestehenden Wohnbedingungen, insbesondere im Mietwoh-nungsbau, scheint die Definition von Wohnen als physischem, psychologischem und sozialem Austauschprozeß zwischen Mensch und Umwelt eher einen Ideal- bzw. Soll-Zustand als den Ist-Zustand zu beschreiben, denn wie ein Mensch wohnt, hängt weitgehend von ökonomischen Faktoren ab: dem Wohnungsmarkt mit seinem mehr oder weniger begrenzten Angebot an billigen bis teuren Woh-nungen und den finanziellen Mitteln, über die der Nachfrager verfügt. Im Ver-gleich dazu sind Überlegungen und Ergebnisse, wie Wohnbedingungen sein sollten, um intensive physische, psychologische und soziale Austauschprozesse zu ermöglichen, bislang im Wohnungsbau kaum ausschlaggebend gewesen. Mit der Trennung von Wohnen und Arbeiten und der Herausbildung von Privatheit seit der Industrialisierung, dann noch weiter verstärkt durch das städtebauliche Leitbild der räumlichen Trennung der Lebensbereiche, setzte eine bis heute anhaltende Entwicklung ein, die sich nachhaltig auf das Wohnen ausgewirkt hat. Der Wohnbereich wurde von der Öffentlichkeit abgegrenzt, zum ausschließlich privaten Bereich. Die aufgrund der Funktionstrennung erforderliche Mobilität bewirkte eine zunehmende Motorisierung, die Platz in der Wohnumgebung in Anspruch nahm, was einen Funktionsverlust der Wohnumgebung als Raum zum Wohnen zur Folge hatte. Doch auch in der Wohnung selbst, vor allem in Mietwohnungen, sind intensive Austauschprozesse zwischen Mensch und Umwelt kaum möglich. Der Bewohner ist in erster Linie Konsument der Ware Wohnung, nur in Ausnahmefällen oder nur bei der Gestaltung von Details kann er sich auch als „Produzent" betätigen. Außer der Priorität ökonomischer Gesichtspunkte scheint ein weiterer Grund für die Vernachlässigung der psychologischen und sozialen Aspekte des Wohnens deren scheinbar fehlende Dringlichkeit gewesen zu sein, denn nicht bedürfnisgerechte Wohnungen und Wohnumgebungen scheinen keine unmittelbar sichtbaren gravierenden negativen Effekte zu haben.

Wichtige Ansätze für eine angewandte Wohnpsychologie wären u.a.: eine vermehrte Wohnforschung, um zu genaueren Erkenntnissen über die Auswirkungen ungünstiger Wohnbedingungen zu gelangen, sowie die Problematisierung mangelnder Partizipationsmöglichkeiten, die einen Austausch zwischen Bewohnern und Wohnumwelt verhindern, in Richtung auf eine Architektur und Städteplanung, die mehr Spielräume für Austauschprozesse zwischen Bewohnern und Wohnumwelt läßt.

Literatur

Altman, J. & Gauvain, M. (1981). A cross-cultural and dialectic analysis of homes. In L. Liben et al. (Ed.), Spatial representation and behavior across the life span (pp. 280-320). New York: Academic Press.

Andritzky, M. (1979). Weiter wohnen wie gewohnt? Darmstadt: Deutscher Werkbund.

Andritzky, M. & Wenz-Gahler, J. (1979). Wohnbedürfnisse. In M. Andritzky & G. Selle (Hg.), Lernbereich Wohnen, Bd. 1 (S. 104-141). Reinbek: Rowohlt.

Appleyard, D. & Lintell, M. (1972). The environmental quality of streets: the residents viewpoint. Journal of the American Institute of Planners 38, 84-101.

Bahrdt, H.P. (1974). Wohnbedürfnisse und Wohnwünsche. In W. Pehnt (Hg.), Die Stadt in der Bundesrepublik Deutschland (S. 64-88). Stuttgart: Reclam.

Bahrdt, H.P. (1977). Humaner Städtebau (7. Aufl.). München: Nymphenburger Verlagshandlung.

Bargel, T., Fauser, R. & Mundt, J.W. (1981). Soziale und räumliche Bedingungen der Sozialisation von Kindern in verschiedenen Soziotopen. In H. Walter (Hg.), Region und Sozialisation (Band 1) (S.186-260). Stuttgart: Frommann.

Campbell, A.P., Converse, P., & Rodgers, W. (1976). The quality of American life: Perceptions, evaluations, and satisfactions. New York: Russell Sage Foundation.

Carp, F.M. & Carp, A. (1981). It may not be the answer, it may be the question. Research on Aging 3, 85-100.

492

Conrads, U. (Hg.) (1964). Programme und Manifeste zur Architektur des 20. Jahrhunderts. Gütersloh: Bertelsmann.

Dovey, K. (1985). Home and homelessness. In I. Altman & C.M. Werner (Eds.), Home environments. Human behavior and environment, Vol. 8 (pp. 33-64). New York: Plenum.

Flade, A. (1987). Wohnen – psychologisch betrachtet. Bern: Huber.

Francescato, G., Weidemann, S., Anderson, J., & Chenoweth, R. (1977). Predictors of residents' satisfaction in high-rise and low-rise housing. In D.J. Conway (Ed.), Human response to tall buildings (pp. 160-167). Stroudsburg: Dowden, Hutchinson & Ross.

Frey, D., unter Mitarbeit von Arnold, T., Iblher, G. & Keller, T. (1974). Wohnungsbewertung. Ansprüche an Wohnungen und Messungen der Wohnqualität. Teufen: Arthur Niggli.

Galster, G.C. (1987). Identifying the correlates of dwelling satisfaction. An empirical critique. En vironment and Behavior 19, 539 - 568

Galster, G.C. & Hesser, G.W. (1981). Residential satisfaction: Compositional and contextual correlates. Environment and Behavior 13, 735-758.

Gaupp-Kandzora, R. (1979). Einige Bewertungsmerkmale für Wohnungen. In M. Andritzky & G. Selle (Hg.), Lernbereich Wohnen, Bd. 1 (S. 155-173). Reinbek: Rowohlt.

GEWOS (1978). Neue Wohnanlagen im Urteil der Bewohner. Analyse der Wohnzufriedenheit. Hamburg: Schriftenreihe Neue Folge Nr. 27.

Heidegger, M. (1959). Vorträge und Aufsätze. Pfullingen: Neske.

Hourihan, K. (1984). Context-dependent models of residential satisfaction: An analysis of housing groups in Cork, Ireland. Environment and Behavior 16, 369-393.

Kanacher, U. (1986). Wohnstrukturen als Anzeiger gesellschaftlicher Strukturen. Dissertation an der Ruhr-Universität Bochum.

Klockhaus, R. (1975). Einstellung zur Wohnumgebung. Göttingen: Hogrefe.

Maslow, A.H. (1954). Motivation and personality. New York: Harper & Row.

McCarthy, D. & Saegert, S. (1978). Residential density, social overload, and social withdrawl. Human Ecology 6, 253-272.

Miller, R. (1986). Einführung in die ökologische Psychologie. Opladen: Leske und Budrich.

Möller, H.R. (1981). Innenräume, Außenwelten. Gießen: Anabas.

Moore, R. & Young, D. (1978). Childhood outdoors: A social ecology of the landscape. In I. Altman & J.F. Wohlwill (Eds.), Children and the environment. Human behavior and environment, Vol. 3 (pp. 83-130). New York: Plenum.

O'Bryant, S.L. (1982). The value of home to older people. Research on Aging 4, 349-363.

Saegert, S. (1985). The role of housing in the experience of dwelling. In I. Altman & C.M. Werner (Eds.), Home environments, Vol. 8 (pp. 287-309). New York: Plenum.

Sodhi, K.S. (1957). Sozialpsychologische Aspekte des Wohnungsbaus. Sociologicus 7, 147-162.

Stokols, D., Shumaker, S.A., & Martinez, J. (1983). Residential mobility and personal well-being. Journal of Environmental Psychology 3, 5-18.

Uexküll, J.v. & Kriszat, G. (1956). Streifzüge durch die Umwelten von Tieren und Menschen. Reinbek: Rowohlt.

Weidemann, S. & Anderson, J.R. (1985). A conceptual framework for residential satisfaction. In I. Altman & C.M. Werner (Eds.), Home environments. Human behavior and environment (pp. 153-182). New York: Plenum.

Weidemann, S., Anderson, R., Butterfield, D.I., & O'Donnell, P.M. (1982). Residents' perceptions of satisfaction and safety: A basis for change in multifamily housing. Environment and Behavior 14, 695-724.

Zinn, H. (1979). Entstehung und Wandel bürgerlicher Wohngewohnheiten und Wohnstrukturen. In L. Niethammer (Hg.), Wohnen im Wandel (S. 13-27). Wuppertal: Hammer.

Antje Flade
Institut Wohnen und Umwelt
Darmstadt

Hausformen

1. Vorüberlegungen

Eine Betrachtung unterschiedlicher Hausformen und ihrer Wirkungen auf die Bewohner aus ökopsychologischer Sicht ist nur sinnvoll, wenn menschliches Wohnen (in unserem Kulturkreis) mitreflektiert wird. Das Haus „bezeichnet den Besitz des Nahen und Vertrauten, um den sich rings die Ferne lagert" (Bollnow 1976, S. 124). Das heißt, entgegen einer eher objektivistischen Sicht (z.B. der Architekten) kann die Bedeutung des Hauses als Wohnung oder Wohnstätte nicht ohne dessen Umfeld (oder Infrastruktur) gesehen werden. So macht es einen Unterschied, ob das Einfamilienhaus am Stadtrand oder in einem Dorf steht, ob Massenwohnungsbau auf der „grünen Wiese" entsteht oder in der Innenstadt. Wohnen bedeutet zwar, „an einem bestimmten Ort zu Hause sein, in ihm verwurzelt sein und zu ihm hingehören" (Bollnow 1976, S. 125), es bezeichnet aber auch das Verhältnis des Menschen zur Welt im ganzen (→ *Wohnen und Wohnzufriedenheit*).

Die weitere Bearbeitung des Themas versucht zu berücksichtigen, daß aufgrund knapper Bodenressourcen und ungleich verteilter finanzieller Mittel ein Großteil der Bevölkerung in Mietwohnungen und darüber hinaus im Massenwohnungsbau wohnt.

Erste, von Planern und Architekten geführte Diskussionen über Formen und Ästhetik des Massenwohnungsbaues (Le Corbusier 1963) wurden geprägt von den gesellschaftlichen Bedingungen zwischen den beiden Weltkriegen. Im strengen Sinne ging es allerdings noch nicht um den Hochhausbau amerikanischer Prägung, wie er im Bauboom der Zeit nach dem Zweiten Weltkrieg bis weit in die Mitte der 70er Jahre realisiert wurde.

Auch heute noch ist es schwer, unterschiedliche theoretische Positionen und die wenigen empirischen Untersuchungen im deutschsprachigen Raum auf ihren Sachgehalt hin zu überprüfen, ohne in eine allgemeine (Kultur-)Kritik am modernen Städtebau einzustimmen (vgl. z.B. Mitscherlich 1966, Weeber 1971, Lorenzer 1974, Friedrichs 1980).

2. Stellung der Psychologie

Aus mehreren Gründen hat sich die akademische Psychologie dieses Themas nur sehr zögernd angenommen. Zum einen ist sie weitgehend „raumlos" konzipiert (Kruse 1974, 1978), und zum anderen scheint der auf das Individuum zielende Ansatz mit seinen theoretischen und methodischen Implikationen der Komplexität des Alltagsgeschehens nur bedingt gerecht zu werden (Boesch 1971, Kaminski 1976). So stellt schon 1957 Sodhi fest, daß es an einer spezifischen (Sozial-)Psychologie des Wohnens fehlt. Erst eine ökologisch konzipierte Psychologie lenkt den Blick zunehmend stärker auf die Interdependenzen zwischen gebauter Umwelt und menschlichem Verhalten.

Aufgrund der Dynamik menschlicher Entwicklung und der Heterogenität der Bedürfnisse kann es allerdings keine „Rezepte" für die Gestaltung einer optimalen Wohnumwelt geben. Die Erkenntnisse und Forderungen der Psychologie finden ihre Grenzen außerdem an der Durchsetzungsfähigkeit einer Wohnungsbaupolitik, die durch das Zusammenwirken von Planungs- und Bauvorschriften sowie der Wirtschaftlichkeitsinteressen der Bauherren und Bauträger den individuellen Wohnbedürfnissen nur wenig Spielraum läßt (→ *Umweltplanung und -gestaltung*).

3. Wohnpräferenzen

Wege aus diesem Dilemma versuchen zum einen Projekte zur Planungsmitbeteiligung potentieller Bewohner aufzuzeigen (→ *Stadtsanierung*). Allerdings werden hier andere Probleme erkennbar. Die individuelle Wohngeschichte verursacht häufig Defizite in der Entwicklung der Fähigkeiten zur Bestimmung der eigenen Wohnpräferenzen und deren Realisierung (Pawlik 1976).

Zum anderen gibt es eine Anzahl von Modellprojekten mit entsprechender Evaluation durch Soziologen und Architekten (Pesch & Selle 1979, Mühlich et al. 1978, Stadt und Lebensqualität 1985). Die Untersuchungsergebnisse zeigen häufig z.B. den Wunsch nach überschaubaren Wohneinheiten mit klar abgegrenzten persönlichen Bereichen, wie z.B. bei Maisonettewohnungen (aktuelles bauen 1978s: Siedlung Röhrliberg) oder Terrassenbauweise mit gestapelten Wohnungen (Glück 1985). Drei sich wechselseitig bedingende Faktoren scheinen von zentraler Bedeutung zu sein. Der Grad der Geborgenheit oder Privatheit, den eine Wohnanlage bietet (Kruse 1980), die Freiheit zur Geselligkeit oder Kommunikation und die Möglichkeit zur individuellen Aus- und Mitgestaltung des Wohnbereichs. Glück (1985) ermittelte bei Bewohnern im Massenwohnungsbau die folgenden Präferenzen: Naturnähe, Ausblick, Möglichkeiten zur körperlichen Betätigung und Geselligkeit.

Bezogen auf die Größendimensionen kam Newman (1972) zu dem Ergebnis, daß die Zufriedenheit der Mieter in niedrigen Häusern größer ist als in hohen. Neben der veränderten Territorialität führt er als Grund an, daß niedrige Häuser auf die Bewohner positiver wirken und das hohe Maß an Verplantheit und architektonischer Gestaltung in den Hintergrund treten lassen. Herlyn (1970) fand allerdings heraus, daß die Höhe der Häuser nicht durchgängig als negativ empfunden wird, sondern daß eher die Relationen zwischen Höhe und Umfeld von Bedeutung sind. D.h., für das Erleben der Bewohner scheint die funktionierende Integration in das städtische Umfeld ebenfalls von Bedeutung zu sein.

Die psychologische Analyse der Wohnpräferenzen sollte deshalb weniger auf Aspekte der Schönheit (Brugger 1986), sondern stärker auf solche der Nutzbarkeit für Wohnzwecke (Zinn 1975) ausgerichtet sein. Bezogen auf die Hausformen zeigen die vorliegenden Untersuchungsergebnisse eine eindeutige Präferenz des freistehenden Einfamilienhauses, gefolgt vom Reihenhaus und dann vom niedriggeschossigen Mehrfamilienhaus (Weeber 1971, Dittrich & Eppensteiner 1979).

3.1 Selbstbestimmung und Entfaltung

Es ist anzunehmen, daß der hinter den ermittelten Präferenzen stehende Wunsch nach Selbstbestimmung und Entfaltung in der Wohngeschichte jedes Individuums unseres Kulturkreises angelegt ist (vgl. Bollnow 1976). Aus der Entwicklungspsychologie ist bekannt, daß bei Kindern die Anregungsbedingungen der unmittelbaren Wohnumwelt die intellektuellen und sozialen Fähigkeiten fördern oder hemmen (Piaget & Inhelder 1971, Schneewind et al. 1983). Neuere Untersuchungen zeigen, wie z.B. die Größe der Wohnung und ihre Lage (Erdgeschoß bis zur höchsten Etage) und der dadurch beeinflußte Wechsel zwischen drinnen und draußen auf die Entwicklung des Kindes einwirken (Mundt 1980). Eine erweiterte Analyse unter Einbeziehung der Gebiete außerhalb des Hauses findet sich bei Pesch & Selle (1979).

Neben diesen objektiven räumlichen Bedingungen wirken die formalen und informellen Reglementierungen des Zusammenlebens in Vielfamilienhäusern ebenfalls auf die Entwicklung ein. Es ist anzunehmen, daß der Mangel an Möglichkeiten der Selbstgestaltung, Wahlfreiheit und Interaktionskontrolle in der Kindheit die Fähigkeit zur Aneignung der Umwelt (Obermaier 1980) und zur Entwicklung von Handlungskompetenz bis ins Erwachsenenalter nachhaltig beeinflußt.

3.2 Identität

Häufig werden eher defensive Verhaltensweisen wie Rückzug, Desinteresse oder Scheu, aktive wie Vandalismus oder Kriminalität (Schneider 1981, Rotter & Steinert 1981, Mühlich et al. 1978, Bundeskriminalamt 1979) mit dem Massenwohnungsbau in Verbindung gebracht. Diese dem komplexen Wechselspiel zwischen baulichen und sozialen Bedingungen nicht voll gerecht werdenden Folgerungen übersehen nicht nur die Bedeutung subjektiver Faktoren, wie z.B. das Bewußtsein von Enge (*Crowding*), sondern greifen zu kurz, wenn sie über bauliche Veränderungen der Umwelt nachhaltige Verhaltensänderungen erzielen wollen.

Eher scheint der Mangel an Möglichkeiten zur → *Aneignung* und individuellen Ausgestaltung des engeren und weiteren Wohnbereichs von Bedeutung zu sein. Monoarchitektur und Monofunktionalität der Vielfamilienhäuser (insbes. Hochhäuser) werden in ihrer Wirkung auf die Bewohner noch unterstützt durch Reglementierungen, die eine Individualisierung oder Personalisierung der Wohnumwelt verhindern. Das erwünschte höhere Maß an Kontrolle und Verantwortung aller Bewohner für das Haus wird durch die gleichzeitige Unterbindung individueller Akzentsetzungen vereitelt. Der Stellenwert solcher „Dekorationen" zeigt sich in bekannten Erscheinungsformen, insbesondere in monotonen Reihenhaussiedlungen (Venturi et al. 1978, Klotz 1977). Farbliche Veränderungen in den Gemeinschaftsfluren, Begrünung der Balkone oder das Aufstellen von Pflanzen außerhalb der Wohnung sind häufig untersagt. Der dadurch bedingte Rückzug ins Private kann im Sinne Homans' (1960) als wachsende Desintegration mit dem Endzustand der Anomie (Gesetzeslosigkeit) verstanden werden (→ *Kontrolle und Kontrollverlust*).

3.3 Kommunikation

Einerseits bieten die geringen räumlichen Distanzen zwischen den einzelnen Wohneinheiten in Vielfamilienhäusern die Möglichkeiten zu schnellen Kontaktaufnahmen, andererseits scheinen aber die empirischen Befunde diesen Eindruck zu relativieren (→ *Nachbarschaft*). Es ist nicht eindeutig so, daß in sozial homogenen Gemeinschaften die physischen Faktoren wesentliche Bestimmungsgrößen für soziale Gruppierungen sind (Festinger et al. 1950) und bei heterogenen Gemeinschaften der Einfluß ökologischer Faktoren demnach geringer ist. Caplow und Forman (1950) wie auch Toman (1968) unterstreichen ebenfalls die Bedeutung der Homogenität der wesentlichen Bewohnermerkmale für eine verbesserte Nachbarschaftsbeziehung. Rosow (1967) weist ergänzend auf die Bedeutung der Freundschaft und der räumlichen Nähe sozial homogener Nachbarn hin. Nicht berücksichtigt wird bei den Untersuchungen allerdings die jeweilige Position im Lebenszyklus. Die faktische soziale und demographische Gleichheit kann unterschiedliche individuelle Zielvorstellungen verdecken. Für die eine Person ist die Wohnung Dauerwohnsitz, für eine andere die ökonomisch begründete Durchgangsstation zum eigenen Haus. Damit ist die von Wilner et al. (1962) als bedeutsam angesehene Konstanz in der Zusammensetzung der personalen Nachbarschaft nur bedingt gegeben. Die durch häufigen Mieterwechsel verursachten Veränderungen in der Nachbarschaft erfordern von den verbleibenden Bewohnern ein häufiges Einstellen auf neue Mieter. Diese psychische Energie ist nicht beliebig wiederholbar.

Nachbarschaft wird häufig idealisiert. Sie hat heute eher einen funktionalen Wert. Selbst dieser scheint durch die allgemeine Reizüberflutung und die dadurch bedingte Tendenz zum Rückzug (Milgram 1970) überlagert zu sein. Instrumentelle und funktionale Funktionen erfüllt Nachbarschaft eher noch für ältere Menschen und Alleinstehende (Rosow 1967), wobei sich der Begriff oftmals auf die räumliche Nähe reduziert.

Trotz der berechtigten Skepsis gegenüber an Studenten gewonnenen Forschungsergebnissen, liefern diese in der Tendenz Hinweise darauf, in welchem Ausmaß bauliche Bedingungen Sympathiebeziehungen und Kommunikationsstrukturen (mit) beeinflussen. Darauf deuten auch Untersuchungsergebnisse von Merton (1949) hin, der einen Zusammenhang zwischen optischer Distanz und unterschiedlichen Nachbarschaftsbeziehungen aufzeigte. Festinger et al. (1950) weisen nach, daß bereits kleinere architektonische Veränderungen zu nachweisbaren Veränderungen der Kommunikationsstrukturen führen. So gab es unterschiedliche Nachbarschaftsbeziehungen in reihenförmig und U-förmig gebauten Anlagen.

4. Zusammenfassung

Der Überblick konnte eine Vielzahl bestehender Probleme nur kurz anreißen. Neben berechtigter Kritik an inhumanen Aspekten des Wohnens bleibt festzuhalten, daß auch der Massenwohnbau mit seinen Möglichkeiten zur Anonymität und zur Befreiung von weitergehenden Verpflichtungen für viele Menschen attraktiv ist. Glück (1985, S. 140) verweist auf Vorurteile wie: „Das Zusammenleben so vieler Menschen in einer größeren Wohnanlage sei schrecklich, depressionsfördernd, Vermassung". Tatsächlich erwies sich, daß das Zusammenleben einer großen Zahl von Menschen deren Leben und Verhalten deutlich positiv zu beeinflussen vermag, wenn die den menschlichen Bedürfnissen entsprechenden Voraussetzungen der Kommunikation, stimulierender „bandstiftender Situationen", sowie das nötige Angebot an privatem, halböffentlichem und öffentlichem Raum vorhanden sind" (S. 140).

Wenn die Ökologische Psychologie davon ausgeht, daß bauliche Umwelt auch immer kulturelle Umwelt ist, dann manifestiert sich im Massenwohnungsbau eine spezifische Form unserer Kultur. Die vielfach vorzufindende Entfremdung zwischen den Interessen des Bauträgers, den Vorstellungen des Architekten, der häufig eher für die Kollegen plant (Spieker 1980), und den Vorstellungen des Nutzers ist eine Ursache für die Verhinderung von Aneignung, Identität und Engagement. Insbesondere psychologische Ansätze zur Bedeutung des Wohnens für den Menschen (Boesch 1976, Kruse 1974) müssen sensibel auf die Prägung menschlichen Verhaltens durch die Wohlfahrtsarchitektur reagieren. Eine unflexible Festlegung der Nutzung der Innenräume und der Außenfläche unterstellt statische Wohnbedürfnisse ohne Berücksichtigung individueller Bedürfnisausprägungen und deren Veränderungen im Lebenszyklus. Zu finden ist eine weitgehende Anpassung des Menschen an seine bauliche Umwelt und weniger eine Anpassung der Umwelt an den Menschen. Für die Ökologische Psychologie verweist dies auf eine Schwachstelle. Die Annahme, daß Umwelt immer auch eine vom Menschen gestaltete Umwelt ist, differenziert nicht zwischen solchen Menschen, die einen großen Einfluß auf die Gestaltung der Umwelt haben, und solchen, die diese überwiegend nur nutzen können.

Literatur

Boesch, E.E. (1971). Zwischen zwei Wirklichkeiten. Prolegomena zu einer Ökologischen Psychologie. Bern: Huber.

Boesch, E.E. (1976). Psychopathologie des Alltags. Zur Öko-Psychologie des Handelns und seiner Störungen. Bern: Huber.

Bollnow, O.F. (1976). Mensch und Raum (3. Aufl.). Stuttgart: Kohlhammer.

Brugger, B. (1986). Die Psychologie von dem Schönen. Kath. Universität Eichstätt: Phil. Diss. (unveröff.).

Bundeskriminalamt (BKA) (1979). Städtebau und Kriminalität. Referate zum Internationalen Symposion im BKA. Wiesbaden.

Caplow, T. & Forman, R. (1950). Neighborhood interaction in a homogenous community. American Sociological Review 15, 357-366.

Dittrich, L. & Eppensteiner, E. (1979). Auswirkungen der Verdichtung auf Wohnumwelt und Wohnverhalten in Demonstrativbauvorhaben. Schriftenreihe Versuchs- und Vergleichsbauten und Demonstrativmaßnahmen des Bundesministers für Raumordnung, Bauwesen und Städtebau, Bd. 01.063. Bonn-Bad Godesberg.

Festinger, L., Schachter, S., & Back, K. (1950). Social pressures in informal groups. New York: Harper & Brothers.

Friedrichs, J. (1980). Stadtanalyse. Soziale und räumliche Organisation der Gesellschaft. Opladen: Westdeutscher Verlag.

Glück, H. (1985). Stadt und Lebensqualität. In: Stadt und Lebensqualität. Neue Konzepte im Wohnbau auf dem Prüfstand der Humanethologie und der Bewohnerurteile (S. 85-162). Stuttgart, Wien: DVA und Österreichischer Bundesverlag.

Herlyn, U. (1970). Wohnen im Hochhaus. Stuttgart: Kraemer.

Homans, C.G. (1960). Theorie der sozialen Gruppen. Köln: Westdeutscher Verlag.

Kaminski, G. (Hg.) (1976). Umweltpsychologie. Perspektiven – Probleme – Praxis. Stuttgart: Klett.

Klotz, H. (1977). Die röhrenden Hirsche der Architektur. Kitsch in der modernen Baukunst. Frankfurt: Suhrkamp.

Kruse, L. (1974). Räumliche Umwelt. Die Phänomenologie des räumlichen Verhaltens als Beitrag zu einer psychologischen Umwelttheorie. Berlin: De Gruyter.

Kruse, L. (1978). Ökologische Fragestellungen in der Sozialpsychologie. In C.F. Graumann (Hg.), Ökologische Perspektiven in der Psychologie (S. 171-200). Bern: Huber.

Kruse, L. (1980). Privatheit als Problem und Gegenstand der Psychologie. Bern: Huber.

Le Corbusier (1963). Ausblick auf eine Architektur 1922. Stuttgart: Deutsche Verlagsanstalt.

Lorenzer, A. (1974). Städtebau: Funktionalismus und Sozialmontage? Frankfurt: Suhrkamp.

Merton, R.K. (1949). Patterns of influence: A study of interpersonal influence and communications behavior in a local community. In P.F. Lazarsfeld & F.N. Stanton (Eds.), Communications research (pp. 180-219). New York: Harper & Brothers.

Milgram, S. (1970). Das Erleben der Großstadt – Eine psychologische Analyse. Zeitschrift für Sozialpsychologie 1, 142-152.

Mitscherlich, A. (1966). Die Unwirtlichkeit unserer Städte. Anstiftung zum Unfrieden. Frankfurt: Suhrkamp.

Mühlich, E., Zinn, H., Kröning, W. & Klinger-Mühlich, I. (1978). Zusammenhang von gebauter Umwelt und sozialem Verhalten im Wohn- und Wohnumweltbereich. Bundesminister für Bauordnung, Bauwesen und Städtebau: Schriftenreihe: „Städtebauliche Forschung" Nr. 03.062. Bonn.

Mundt, J.W. (1980). Vorschulkinder und ihre Umwelt. Weinheim: Beltz.

Newman, O. (1972). Defensible space. New York: Macmillan.

Obermaier, D. (1980). Möglichkeiten und Restriktionen der Aneignung städtischer Räume. Beiträge zur Raumplanung 14. Dortmund.

Pawlik, K. (1976). Wohmodell Hamburg-Steilshoop. Ergebnisse einer wissenschaftlichen Begleituntersuchung. Archiv für Kommunikationswissenschaften 15, 249-261.

Pesch, F. & Selle, K. (1979). Wohnumfeldverbesserung. Ein Lesebuch. Dortmund.

Piaget, J. & Inhelder, B. (1971). Die Entwicklung des räumlichen Denkens beim Kinde. Stuttgart: Klett.

Rosow, J. (1967). The social effects on the physical environment. O.O.

Rotter, M. & Steinert, H. (1981). Struktur und Kriminalität. Zur Konstruktion von Jugendkriminalität am Beispiel eines Wiener Stadtbezirks. In H. Walter (Hg.), Region und Sozialisation. Beiträge zur sozioökologischen Präzisierung menschlicher Entwicklungsvoraussetzungen, (Bd. 1) (S. 153-185). Stuttgart-Bad Cannstatt: Frommann-Holzboog.

Schneewind, K.A., Beckmann, M. & Engfer, A. (1983). Eltern und Kinder. Stuttgart: Kohlhammer.

Schneider, H.J. (1981). Kriminalität, Architektur und Städtebau. In Psychologie des 20. Jh. Bd. XIV (S. 607-621). Zürich: Kindler.

Siedlung Röhrliberg (1978). Cham: aktuelles bauen.

Sodhi, K.S. (1957). Sozialpsychologische Aspekte des Wohnungsbaus. Sociologus 7, 147-162.

Spieker, H. (1980). „Normal" oder „signifikant"? – Vom Sinn und Widersinn des Bauens. Baumeister 77, 2, 131-133.

Stadt und Lebensqualität (1985). Neue Konzepte im Wohnbau auf dem Prüfstand der Humanethologie und der Bewohnerurteile. Stuttgart/Wien: DVA und Österreichischer Bundesverlag.

Toman, W. (1968). Motivation, Persönlichkeit, Umwelt. Göttingen: Hogrefe.

Venturi, R., Brown, D.S. & Izenour, S. (1978). Lernen von Las Vegas. Zur Monographie und Architektursymbolik der Geschäftsstadt. Braunschweig: Vieweg.

Weeber, R. (1971). Eine neue Wohnumwelt. Stuttgart: Krämer.

Zinn, H. (1975). Die gebaute Umwelt und ihr Einfluß auf den Menschen – das Beispiel Hochhaus. In M. Andritzky, P. Becker & K. Selle (Hg.), Labyrinth Stadt (S. 250-259). Köln.

Rudolf Miller
Arbeitsbereich Psychologie
der FernUniversität Hagen

Nachbarschaft

1. Begriff

Der Begriff Nachbarschaft ist mehrdeutig. Etymologisch ist der Nachbar der „nahebei Wohnende"; juristisch sind Nachbarn die Personen, deren jeweils eigene Grundstücke aneinandergrenzen; in der Stadtplanung verweist Nachbarschaft auf das Planungskonzept der Nachbarschaftseinheit; sozialpolitisch verbindet sich damit die Hoffnung auf Selbsthilfe in „kleinen Netzen" (→ *Soziale Netzwerke*); Sozialhistoriker denken eher an die institutionalisierten Nachbarschaften in vorindustriellen Städten und Dörfern, von denen Relikte auch heute noch zuweilen anzutreffen sind. In der Soziologie bezeichnet man als Nachbarschaft eine „soziale Gruppe, deren Mitglieder primär wegen der Gemeinschaft des Wohnortes miteinander interagieren" (Hamm 1973, S. 18).

2. Geschichte

Nachbarschaft ist erst mit der Urbanisierung des 19. Jh. und mit der sie begleitenden Großstadtkritik zum Thema sozialwissenschaftlicher Diskussion geworden. Die zentralen Vorwürfe der Großstadtkritik, die Stadt löse soziale Bindungen auf und führe zu Anonymität, Vermassung, moralischem Niedergang und allen Arten sozialer Desorganisationserscheinungen (u.a. Riehl 1861), sind ja nur zu verstehen vor dem Hintergrund vorindustrieller Städte und Dörfer und ihrer nachbarschaftlichen Organisationsweisen. In der Tat hatte dort die Nachbarschaft vielfältige Funktionen (Wegebau, Wasserversorgung, Feuerwehr, Altenfürsorge, etc.), die heute der öffentlichen Infrastruktur zufallen. Das mittelalterliche „Ganze Haus", die Identität von Wohn- und Arbeitsstätte, geringe Mobilität, die landwirtschaftliche Erwerbsbasis und das feudale Herrschaftssystem auf dem Land, Handel, Handwerk und Zunftorganisation in der Stadt bildeten die Grundlage, auf der erst die Bedeutung der vorindustriellen Nachbarschaft erklärbar wird. Und diese Grundlage änderte sich radikal im Verlauf von Industrialisierung und Urbanisierung (→ *Wohnen und Wohnzufriedenheit*).

Geblieben ist eine idealisierte, romantisierte Nostalgie, die sich in der nationalsozialistischen *Ideologie* vom organischen Aufbau der Gesellschaft und in nationalsozialistischen Städtebautheorien ebenso wiederfinden läßt wie im Konzept der „gegliederten und aufgelockerten Stadt" oder in der amerikanischen „Neighborhood Unit". Sie steht im Hintergrund, wenn Werner Sombart (1931) seinen „soziologischen Stadtbegriff" definiert: „Danach ist eine Stadt eine Siedlung, in der sich die Einwohner nicht mehr untereinander kennen". Auch in der ersten Auflage von Elisabeth Pfeils Großstadtforschung (1950) findet man noch Anklänge an diese ideologisierte Sicht. Damit war eine Frage gestellt, die in einem erheblichen Teil der stadtsoziologischen Literatur der fünfziger und sechziger Jahre immer wieder diskutiert wird: Gibt es Nachbarschaft noch in der modernen Groß-stadt? Kann es sie überhaupt noch geben? Zahlreiche Untersuchungen, nicht nur in Deutschland, wurden diesem Problem gewidmet. Diese Diskussion ist freilich inzwischen abgeschlossen: Es gibt sie, wenn auch in stark veränderter Form.

3. Stand der Diskussion

Die Nachbarschaft hat zwar viele ihrer vorindustriellen Funktionen an andere In-stitutionen abgegeben, aber sie hat auch wichtige Funktionen behalten: Die der *Nothilfe,* der *sozialen Kontrolle*, des *Sozialisationsagenten* und die der *Kommuni-kation* (→ *Soziale Netzwerke*). Allerdings haben diese Funktionen für unter-schiedliche Kategorien von Personen ganz unterschiedliche Bedeutung; stark ver-allgemeinert nimmt die Bedeutung von Nachbarschaft mit zunehmend höherer *sozialer Schicht* der Nachbarn ab, und sie variiert auch sehr deutlich mit der Stel-lung im *Lebenszyklus*: Für Kinder stellt Nachbarschaft die erste gesellschaftliche Bühne außerhalb der Familie dar, für Jugendliche verliert sie an Bedeutung, um für Adoleszente weitgehend belanglos zu werden. Mit der Familiengründung wird sie zunehmend wichtiger, um im Alter oftmals wieder zum wichtigsten so-zialen Kommunikationsfeld zu werden. Es hat daher wenig Sinn, ganz pauschal von Nachbarschaft zu reden.

Soziale Normen verlangen, daß Nachbarn zumindest latent bereit sind, die ge-nannten Funktionen füreinander auszufüllen. Diese latente Bereitschaft wird durch Grüßen, beim Namen nennen und kurze Gespräche, durch distanzierte Freundlichkeit also, signalisiert. Es hängt von der aktuellen oder generellen Be-dürftigkeit ab, ob, in welchem Ausmaß und zwischen wie vielen Nachbarn diese Funktionen aktualisiert werden. Je homogener die Nachbargruppe zusammenge-setzt ist, desto intensiver sind im allgemeinen die nachbarschaftlichen Kontakte. Die Gruppe, die zur Nachbarschaft gezählt wird, umfaßt selten mehr als sechs bis acht Haushalte. Wer zur Nachbarschaft gehört, wird jedoch weniger über be-stimmte Merkmale von Personen bestimmt als durch die Nähe der Wohnung. Merkmale der Personen sind jedoch entscheidend für die Form und die Intensität, in denen nachbarschaftliche Beziehungen aufgenommen und unterhalten werden.

Wie die sozialökologische Forschung gezeigt hat (→ *Soziale Netzwerke*), leben alle städtischen Bevölkerungen in mehr oder weniger ausgeprägtem Maße segre-giert (Peach 1975). Das Ausmaß solcher *Segregation* hängt sowohl von den Di-mensionen sozialer Differenzierung in einer Gesellschaft ab als auch von den Me-chanismen der Allokation von Haushalten zu Wohnungen. Daher haben Formen und Intensität nachbarschaftlichen Verhaltens immer auch strukturelle Ursachen, die durch individuelle Erwartungen und Motive nicht erklärt werden können. Hier unterscheidet sich Nachbarschaft auch deutlich vom Verkehrskreis (Pfeil 1959), d.h. vom Kreis der Freunde, Bekannten oder Kollegen, mit denen jemand in re-gelmäßigem Kontakt steht: Die Mitglieder des Verkehrskreises sind frei wählbar, die Nachbarn sind es nicht.

Es ist wichtig, darauf hinzuweisen, daß enge Nachbarschaftsbeziehungen keineswegs gleichzusetzen sind mit konfliktfreiem Zusammenleben in einer Wohnumwelt – dieser Umstand ist vor allem in der Planungsdiskussion oft ignoriert worden. Enge nachbarschaftliche Beziehungen bedeuten immer auch enge *soziale Kontrolle*. Es muß daher immer eine Balance gefunden werden zwischen der Sicherung nachbarschaftlicher Funktionen entsprechend den eigenen Bedürfnissen auf der einen und der gewünschten Distanz auf der anderen Seite. Daher wird man auf die Nachbarschaft in der Regel nur dann zurückgreifen, wenn die benötigte Dienstleistung nicht gekauft und nicht durch Freunde oder Verwandte erbracht werden kann.

Gewiß sind nachbarschaftliche Beziehungen eine Basis für die Ausbildung von lokaler Identität, symbolischer Ortsbezogenheit und *Heimat*. Ob sie allerdings – in diesem generellen Sinn – eine tragfähige Grundlage für die Organisation sozialer Dienste oder für die politische Aktivierung abgeben können, muß bezweifelt werden. Die Experimente alternativer sozialer Bewegungen (→ *Ökologische Bewegung*) könnten dafür nicht als Beweis herhalten, weil sie gemeinsame Ziele und im allgemeinen freundschaftliche Beziehungen voraussetzen – beides ist in der Nachbarschaft nicht gegeben.

Literatur

Bracey, H.E. (1964). Neighbours. Baton Rouge: Louisiana State University Press.
Hamm, B. (1973). Betrifft Nachbarschaft. Düsseldorf: Bertelsmann.
Heil, K. (1971). Kommunikation und Entfremdung. Stuttgart: Krämer.
Keller, S. (1968). The urban neighborhood. New York: Random House.
Klages, H. (1958). Der Nachbarschaftsgedanke und die nachbarliche Wirklichkeit in der Großstadt. Stuttgart: Kohlhammer.
Peach, C. (Ed.) (1975). Urban social segregation. London: Longman.
Peachey, P., Bodzenta, E., & Mirowski, W. (Eds.) (1984). The residential area bond. New York.
Pfeil, E. (1950). Großstadtforschung. Hannover: Jänecke.
Pfeil, E. (1959). Nachbarschaft und Verkehrskreis in der Großstadt. In G. Ipsen (Hg.), Daseinsformen der Großstadt. Tübingen: Mohr
Riehl, W.H. (1861). Land und Leute. Stuttgart: Cotta.
Sombart, W. (1931). Städtische Siedlung, Stadt. In A. Vierkandt (Hg.), Handwörterbuch der Soziologie. Stuttgart: Enke.

Bernd Hamm
Fachbereich Wirtschafts- und
Sozialwissenschaften
der Universität Trier

Soziale Netzwerke

1. Ein Konzept und sein Gebrauchswert

Innerhalb weniger Jahre hat das Konzept Soziales Netzwerk in so unterschiedlichen disziplinären Revieren wie → *Stadtsoziologie*, Sozialepidemiologie, → *Gemeindepsychologie* oder Kommunikationsforschung einen prominenten Status erobert (vgl. Keupp & Röhrle 1987). Ohne ein attraktives Gebrauchswertversprechen wäre das kaum möglich gewesen. Worin liegt dieser Gebrauchswert? Auf den ersten Blick wirkt das Konzept Soziales Netzwerk eher dünn, bezeichnet es doch nichts anderes als das Muster sozialer Beziehungen, in das ein Individuum eingebunden ist. Im Bild des Netzwerkes bleibend stellen die Knoten die Personen dar, während die Linien die Beziehungen zwischen ihnen symbolisieren. In der Regel werden soziale Netzwerke von einer spezifischen Person ausgehend dargestellt (das sind die individuumzentrierten Netzwerke). Aufgenommen werden nicht nur durch das Individuum direkt realisierte Beziehungen und Kontakte, sondern auch solche, die potentiell über Personen herstellbar sind, zu denen man in Kontakt steht. Das kann zu einem nicht mehr darstellbaren „Milchstraßennetzwerk" führen.

In der Regel beschränken sich die erhobenen Netzwerkmuster auf Beziehungen, die durch Primärgruppen und die wichtigsten Alltagssektoren (wie Nachbarschaft, Arbeitswelt, Freizeit) hergestellt sind. Häufig werden Netzwerke auch unter spezifischen Handlungszielvorgaben rekonstruiert. Das am meisten thematisierte ist das Unterstützungsnetzwerk (Gottlieb 1983, Sarason & Sarason 1984), aber auch kommunale Machtstrukturen oder Kommunikationsmuster werden in Gestalt von Netzwerken abgebildet (Ziegler 1984, Pappi & Melbeck 1984). Beim Vergleich der visuellen Gestalt unterschiedlicher Netzwerke sind typische Konfigurationen identifizierbar, die zur dimensionalen Charakterisierung sozialer Netzwerke verwendet werden. Werden gegebene Beziehungsmuster zur Bewältigung ganz unterschiedlicher Ziele und Angelegenheiten genutzt, wird ein soziales Netzwerk als „multiplex" bezeichnet. Haben die Personen, zu denen ein Individuum Beziehungen pflegt, auch untereinander Kontakt, so läßt sich das auf der Dimension „Dichte" abbilden. Ein Netzwerk läßt sich als „segmentiert" kennzeichnen, wenn sich Kontakte, die in spezifischen Lebensbereichen (z.B. Berufswelt und Freizeitbereich) bestehen, kaum überschneiden. Diese formalen Struktureigenschaften sozialer Netzwerke haben besondere Aufmerksamkeit bei graphentheoretisch arbeitenden Sozialwissenschaftlern gefunden (Burt 1982, Feger & Droge 1984).

Die Eignung zur Bearbeitung durch methodisch komplexe Verfahren hat den sozialen Netzwerken einen Teil ihrer Attraktion eingebracht. Das erklärt ihren Gebrauchswert aber nur unzulänglich. Einige Gründe sind in der immanenten Forschungsentwicklung der genannten Disziplinen zu suchen. In der traditionellen disziplinären Arbeitsteilung zwischen Psychologie und Soziologie ist ein spezifisches Vermittlungsdefizit zwischen individueller und makrogesellschaftlicher Ebene entstanden. Im Bereich der Epidemiologie psychischer Störungen etwa haben wir eine Reihe gesicherter Befunde über die schichtspezifische Verteilung psychischen Leidens (vgl. Keupp 1982a). Da Individuen mit vergleichbarer sozioökonomischer Lebenslage nicht in vergleichbarer Weise psychische Probleme haben, ist zunehmend die Frage nach intermediären Instanzen gestellt worden. Am ehesten hat sich die Psychologie noch für die Bedeutung familiärer Einflüsse interessiert. Sie sind sicherlich relevant, schöpfen aber das sozialpsychologische Vermittlungsfeld zwischen individuellen und makrosozialen Handlungsbedingungen nicht aus. Mit dem Konzept des sozialen Netzwerkes ist eine „mezzo-soziale" Größe (Pattison & Hurd 1984, S. 145) entdeckt worden, die die oft sehr vage konzeptualisierten Umweltressourcen für die Bewältigung alltäglicher Krisen und Belastungen relativ präzise zu erfassen vermag.

Das starke Interesse an der Netzwerkthematik ist aber letztlich nur über einen wissenschaftsexternen Grund verständlich zu machen. Die Beziehungen der Individuen in hochindustrialisierten Gesellschaften werden nicht mehr durch relativ starre und traditionsfixierte Rollenmuster reguliert, sondern sind einem tiefgreifenden Prozeß der Individualisierung von Lebenslagen und Lebenswegen unterworfen. Diesen Prozeß hat bereits Georg Simmel um die Jahrhundertwende vorausgesagt. Die fortschreitende funktionsspezifische Arbeitsteilung und wachsende Mobilität führen nach Simmel (1983, 1984) zur Erweiterung sozialer Verkehrskreise und zu einem allmählichen Funktionsverlust „vorgegebener, durch ursprüngliche Assoziationen wie Familie, Verwandtschaft, lokale Nachbarschaft determinierter Beziehungen" (Schenk 1984, S. 217). Anstelle traditionsbestimmter Lebenswege entstehen „Möglichkeitsräume" selbstgewählter Kontakt-, Bekanntschafts-, Freundschafts- und Nachbarschaftsbeziehungen (→ *Nachbarschaft*). Das Individuum wird notwendigerweise zum aktiven Gestalter seiner Beziehungsnetze. Unter der Bedingung, „daß die jetzt entstehenden Sozialbeziehungen und Kontaktnetze individuell selegiert, individuell hergestellt, erhalten und immer wieder erneuert werden müssen" (Beck 1983, S. 50), wird von den Subjekten die Kompetenz zum „Beziehungsmanagement durch Aushandeln" (DeSwaan 1981) verlangt. Das Interesse an sozialen Netzwerken und vor allem auch die technizistische Form ihrer Thematisierung werden für mich auf diesem Hintergrund plausibel.

2. Stadt als Lebenswelt:
Auf der Suche nach dem „sense of community"

Als ein Prozeß, der wesentlich sei für die Individualisierung von Lebenslagen, wird die zunehmende Urbanisierung und in den Städten die Ersetzung alter Wohnquartiere durch urbane Großstadtsiedlungen mit ihrer spezifischen „Interaktionsverdünnung" in Gestalt von lockeren Bekanntschafts- und Nachbarschaftsbeziehungen dargestellt (Beck 1983, S. 39). Diese innerstädtischen Wandlungsprozesse sind häufig als Verlustereignisse beschrieben worden: als Verlust von Vertrautheit, Zugehörigkeit, Nachbarschaft, Gemeinschaft oder überschaubaren kleinen sozialen Netzen. „Verstädterung" (*urbanism*) per se wird in dieser Tradition der Gemeindesoziologie mit der Entwicklung zu einer „anonymen Massengesellschaft" gleichgesetzt (vgl. dazu den klassischen Aufsatz von Wirth (1938) (→ *Gemeindepsychologie*). Ein Teil der sozialpsychologischen Stadtforschung läßt sich durchaus als empirische Bestätigung dieses kulturkritischen Perzeptionsmusters lesen. Dies gilt beispielsweise für jene Studien, die sich für die lokale Identität, die Struktur nachbarschaftlicher Interaktionsmuster und deren Bedeutung für alltägliche materielle und psychosoziale Hilfe vor allem in traditionellen Arbeiterbezirken interessieren. Elizabeth Bott (1953) hat bei der Untersuchung eines Londoner Arbeiterbezirks für das dort typische Beziehungsgefüge den Begriff des „engmaschigen sozialen Netzwerks" eingeführt. Er bezeichnet besonders dichte Beziehungsmuster, in denen die Mehrzahl der einbezogenen Personen (überwiegend Mitglieder der Familien und der Verwandtschaftssysteme) untereinander Kontakt hat. In diesen sozialen Netzwerken entsteht ein Gefühl der Zusammengehörigkeit und verbindlicher Verpflichtungen füreinander. Sie sind charakterisiert durch die schnelle Verfügbarkeit ihrer Mitglieder, die bei alltäglichen Problemen und Notsituationen helfend eingreifen können. In diesem Sinne hat Elizabeth Bott auch die Funktion dieser sozialen Netzwerke als eine Art privater Sozialversicherung für Krisensituationen charakterisiert. Diese sozialen Netzwerke haben einen ausgeprägten lokalen Bezug. Fast alle Mitglieder wohnen im gleichen Stadtviertel, meist sind die Eltern hier schon aufgewachsen, und ein Großteil des Verwandtschaftssystems wohnt auch im gleichen Stadtbezirk. Benachbarte Familien verbindet eine lange gemeinsame Geschichte. Hilfe erfolgt schnell und selbstverständlich. Die Reziprozität der Beziehungen stellt sich über mehrere Jahre her, und dies ist bei der langen Seßhaftigkeit der Familien problemlos möglich.

Paßt diese Beschreibung überhaupt noch zu einer bestehenden Realität? Die meisten so charakterisierbaren Arbeiterbezirke sind dem städtebaulichen Modernisierungsprozeß (etwa in Form von Sanierungsprojekten) zum Opfer gefallen. Von vielen lokalbezogenen sozialen Netzwerken und ihrer Bedeutung für die Bewohner wissen wir auch nur ex negativo. Bei einigen großräumigen Sanierungsmaßnahmen sind bei der Mehrheit der betroffenen Bewohner mehr oder weniger intensive Verlust- und Trauerreaktionen festgestellt worden, die auf den Verlust der räumlichen Identität und der über Generationen gewachsenen Beziehungsnetze zurückgeführt wurden (Fried 1962, zusammenfassend Mühlich-Klinger 1978). Die verständliche Trauer der Bewohner, die häufig gegen ihren Willen aus ihren vertrauten Lebenszusammenhängen gerissen werden und sich gegenüber profitorientierten Sanierungsmaßnahmen ohnmächtig erleben, erfährt in einem Teil der sozialwissenschaftlichen Stadtforschung ihre verallgemeinerte ideologische Resonanz. Die Klage über die „verlorene Gemeinschaft" (*community lost*) zieht sich

seit den 30er Jahren als Grundthema durch ihre Publikationen (vgl. dazu Wellman & Leighton 1979). Die Trauer über den Verlust traditioneller Vergesellschaftungsformen mischt sich mit einer romantischen Überhöhung jener Muster, die sich aufgelöst haben. Dabei wird übersehen, daß viele dieser Netzwerkmuster aus der Not geboren, in ihrem Charakter defensiv waren und zugleich einen hohen Grad sozialer Kontrolle ausgeübt haben, wie das für soziale Netzwerke auf dem Lande typisch ist (Ilien & Jeggle 1978, Korte 1983a).

Beklagt die kulturpessimistische Linie der Interpretation städtischer Wandlungsprozesse die Auflösung eines positiven Lebensgefühls (oder „sense of community" im Sinne von Sarason 1974 oder Glynn 1981), so sieht ein gegenläufiges Deutungsmuster in dem Zerfall traditionsbestimmter Lebensformen die Chance und den Beginn einer „befreiten Gesellschaft" (*community liberated*): Die Überwindung von Dichte und Enge, die zugleich Fesseln und soziale Kontrolle beinhalten, stellt eine wichtige Voraussetzung für die Individualisierung von Personen dar. Sie gewinnen die Möglichkeit, sich mit Menschen nach ihrer eigenen Wahl zu assoziieren, sich von starren Statuszuweisungen zu emanzipieren und Beziehungen nach den jeweiligen eigenen Bedürfnissen einzugehen und zu managen. In den losen und jederzeit aufkündbaren Beziehungsverknüpfungen entstehen Handlungsspielräume, die für das urbane System kennzeichnend seien. Die auf diesem Hintergrund entstehenden sozialen Netzwerke sind treffend durch die „Stärke schwacher Bindungen" (Granovetter 1973) gekennzeichet worden. Zugleich sind diese Beziehungsmuster ständig auch bedroht. Es muß etwas für sie getan werden, sonst zerfallen sie und verengen sich auf die letzten Stützpfeiler der dann häufig überlasteten Kernfamilie (langdauernde Krankheit oder Arbeitslosigkeit sind typische Anlässe, die zur Reduktion sozialer Netzwerke führen).

Die je spezifische Einseitigkeit der beiden konträren Deutungsmuster, „verlorene" und „befreite Gemeinschaft" entsteht dadurch, daß sie jeweils die „Kosten" derjenigen Lebensform unterschlagen, die sie betrauern bzw. hymnisch feiern. Die engmaschigen Netzwerke in Milieus der Arbeiterklasse waren im Kern defensiv, waren kompensatorische Reaktionen auf Notlagen und ungeschützte Existenzrisiken und übten einen hohen Grad disziplinierender Kontrolle von Lebenswegen aus. Die aus Traditionsbindungen „befreiten" sozialen Netzwerke andererseits haben ihren eigenen „Preis". Sie fordern hohe Eigenleistungen der Individuen im Sinne permanenter Beziehungsarbeit. Deren Erfolg wiederum hängt wesentlich von statusbedingten materiellen und sozialen Ressourcen ab (vgl. zu diesen Überlegungen Wellman & Leighton 1979).

3. Empirische Analyse von städtischen Beziehungsmustern

Durch die empirische Realanalyse von sozialen Netzwerken lassen sich die ideologisch befrachteten Perzeptionsmuster einigermaßen „ausnüchtern". Bei der Durchsicht der ûmfangreichen empirischen Literatur (vgl. Smith 1976, Wellman 1979, Wellman & Leighton 1979, Warren 1981, Korte 1983b, 1984, Kennedy

1984, Schenk 1984, Riger 1984) lassen sich einige Aussagen über psychosoziale Lebensmuster in großen Städten treffen:

(1) Beim Vergleich von Städtern und Nicht-Städtern zeigt sich, daß urbane Lebensformen nicht aus sich heraus isolationsfördernd sind. Im Gegenteil: Bewohner großer Städte haben im Durchschnitt vielfältigere Kontakte zu Freunden, Arbeitskollegen oder anderen Angehörigen von Subkulturen oder Vereinen.

(2) Soziale Netzwerke in urbanen Ballungsräumen lassen sich im vorherrschenden Trend nicht unter eine lokal fest und dicht verbundene Solidargemeinschaft subsumieren (so: Schenk 1984, S. 242). Nachbarschaften bilden nicht mehr den verdichteten Kern sozialer Netzwerke. Dies sind eher strukturell offene und nur lose miteinander verknüpfte Beziehungsmuster. Gleichwohl vermitteln sie persönliche Nähe und Intimität.

(3) Gegenüber traditionellen Beziehungsmustern, die über Familie, Verwandtschaft und Nachbarschaft vermittelt waren, in die man hineingeboren war und die mit hohen Integrationsnormen zugleich persönliche Veränderungswünsche einschränkten, beinhalten die großstädtischen sozialen Netzwerke ein höheres Maß an Eigenentscheidung, an „Wahlfreiheit". Dies führt zu einer persönlich zu treffenden Auswahl von Freunden und Bekannten, die sich an der Ähnlichkeit von Interessen orientiert und zu einer starken Homogenisierung sozioökonomischer Merkmale im sozialen Netzwerk beiträgt. Die sich so konstituierenden Beziehungsmuster besitzen häufig den Charakter von Subkulturen.

(4) Der beschriebene allgemeine Trend städtischer Netzwerkbildung kann durch spezifische Besonderheiten des Lebenslaufs und der Lebenslage entscheidend verändert sein. Für Kinder und alte Menschen hat der soziale Nahraum, der lokale, nachbarschaftliche Bezug einen hohen positiven Wert. Für Frauen mit kleinen Kindern andererseits bedeutet die relativ enge Ortsbezogenheit eher eine als Belastung erlebte Restriktion von Handlungsmöglichkeiten.

(5) Der Urbanisierungsprozeß führt nicht zur Erosion alltäglicher informeller Hilfeleistungen. In Alltagsangelegenheiten erfolgt in der Regel Hilfe durch Nachbarn oder Arbeitskollegen. Bei schwerwiegenden Problemen (z.B. schwere Krankheit oder Tod eines Familienmitglieds) suchen Menschen Hilfe vornehmlich im engeren Familien- und Verwandtschaftskreis. Da deren räumliche Erreichbarkeit durch die durchschnittlich hohe regionale Segregation häufig nicht gegeben ist, suchen Städter vermehrt bei formellen Institutionen des Gesundheits- und Sozialwesens Unterstützung.

(6) In den realen Möglichkeiten und konkreten Formen der Netzwerkbildung lassen sich die Grundmuster gesellschaftlicher Ungleichheit nachweisen. Der Entscheidungsspielraum einer Person für die Aufnahme spezifischer sozialer Beziehungen hängt entscheidend von ihrem Status ab. Je höher der sozioökonomische Status einer Person ist, desto mehr Ressourcen hat sie für die aktive Beziehungsarbeit, desto weiter ist der soziale Möglichkeitsrahmen gespannt, aus dem persönliche Beziehungen realisiert werden können, und um so selte-

ner beschränken sie sich auf Verwandtschaft und Nachbarn. Das bedeutet andererseits, daß die Zerstörung lokaler Sozialstrukturen (etwa durch städtebauliche Modernisierungsprogramme) für sozial benachteiligte Personen in spezifischer Weise den kaum kompensierbaren Verlust von Gemeinschaft und Solidarität mit sich bringt.

(7) Viele Bewohner von Großstädten teilen die emotional negativ getönte Haltung von der „verlorenen Gemeinschaft", obwohl sie in multiplen Netzwerken leben, die ihnen vielfältige soziale Zugangsmöglichkeiten und Unterstützung vermitteln. In diesem Sinne haben sie einen hohen persönlichen Freiheitsspielraum, einen Raum für „strukturelle Manöver", die zur Gestaltung individueller Lebenswege genutzt werden können. Die andere Seite der gleichen Medaille zeigt das Individuum, das trotz vielfältiger loser Assoziationen zu verschiedenen Gruppen, Subkulturen und Institutionen in keine Solidargemeinschaft mit hoher Integrationskraft eingebunden ist. So scheint der Preis hoher Selbstbestimmung und Chancenvielfalt ein desorientierender Verlust an Identität zu sein, der die wachsende Nachfrage nach neuen sinnvermittelnden psychosozialen Dienstleistungen oder auch nach verbindlichen Gruppen erklären kann (Keupp 1981, Kilbourne & Richardson 1984).

Literatur

Beck, U. (1983). Jenseits von Stand und Klasse? Soziale Ungleichheit, gesellschaftliche Individualisierungsprozesse und die Entstehung neuer sozialer Formationen und Identitäten. In R. Kreckel (Hg.), Soziale Ungleichheiten (S. 35-74). Göttingen: Schwartz.

Bott, E. (1953). Family and social networks. London: Tavistock.

Burt, R.S. (1982). Toward a structural theory of action. Network models of social structure, perception and action. New York: Academic Press.

DeSwaan, A. (1981). The politics of agoraphobia. Theory and Society 10, 359-385.

Feger, H. & Droge, U. (1984). Repräsentationen von Ordinaldaten durch Graphen: Ordinale Netzwerkskalierung. Kölner Zeitschrift für Soziologie und Sozialpsychologie 36, 494-510.

Fischer, C.S. (1982). To dwell among friends. Personal networks in town and city. Chicago: The University of Chicago Press.

Fried, M. (1962). Grieving for a lost home. In L.J. Duhl (Ed.), The urban condition (pp. 151 to 171). New York: Basic Books.

Glynn, T.J. (1981). Psychological sense of community. American Journal of Community Psychology 34, 789-818.

Gottlieb, B.H. (1983). Social support strategies. Guidelines for mental health practice. London: Sage.

Granovetter, M. (1973). The strength of weak ties. American Journal of Sociology 78, 1360 to 1380.

Ilien, A. & Jeggle, U. (1978). Leben auf dem Dorf. Opladen: Westdeutscher Verlag.

Kennedy, L.W. (1984). Residential stability and social contact: Testing for saved versus liberated communities. Journal of Community Psychology 12, 3-12.

Keupp, H. (1981). Psychologen im psychosozialen Arbeitsfeld. Versuch einer Grenzmarkierung im unwegsamen Gelände widersprüchlicher Deutungsmuster. In E.v. Kardorff & E. Koenen (Hg.), Psyche in schlechter Gesellschaft (S. 21-55). München: Urban & Schwarzenberg.

Keupp, H. (1982a). Sozialepidemiologie. In H. Keupp & D. Rerrich (Hg.), Psychosoziale Praxis (S. 23-32). München: Urban & Schwarzenberg.

Keupp, H. (1982b). Soziale Netzwerke. In H. Keupp & D. Rerrich (Hg.), Psychosoziale Praxis (S. 43-53). München: Urban & Schwarzenberg.

Keupp, H. & Röhrle, B. (Hg.) (1987). Soziale Netzwerke. Frankfurt: Campus.

Kilbourne, B. & Richardson, J.T. (1984). Psychotherapy and new religions in a pluralistic society. American Psychologist 39, 237-251.

Korte, C.D. (1983a). The quality of life in rural and urban America. In A. Childs & G. Melton (Eds.), Rural psychology (pp. 199-216). New York: Plenum.

Korte, C.D. (1983b). Help-seeking in a city: Personal and organizational sources of help. In A. Nadler, J.D. Fisher & B.M. DePaulo (Eds.), New directions in helping. Vol. 3: Applied perspectives on help-seeking and -receiving (pp. 255-272). New York: Academic Press.

Korte, C.D. (1984). The helpfulness of urban villagers. In D. Bar-Tal et al. (Eds.), The development and maintenance of prosocial behavior (pp. 323-332). New York: Plenum.

Mühlich-Klinger, I. (1978). Gebaute Umwelt und soziales Verhalten in alten Wohngebieten. In: Zusammenhang von gebauter Umwelt und sozialem Verhalten im Wohn- und Wohnumweltbereich. Schriftenreihe „Städtebauliche Forschung" des Bundesminsters für Raumordnung, Bauwesen und Städtebau (S. 113-133). Bonn.

Pappi, F.U. & Melbeck, C. (1984). Das Machtpotential von Organisationen in der Gemeindepolitik. Kölner Zeitschrift für Soziologie und Sozialpsychologie 36, 557-584.

Pattison, E.M. & Hurd, G.S. (1984). The social network paradigm as a basis of social intervention strategies. In W.A. O'Connor & B. Lubin (Eds.), Ecological approaches to clinical and community psychology (pp. 145-185). New York: Wiley.

Riger, S. (1984). Ecological and environmental influences on the individual. In K. Heller et al. (Eds.), Psychology and community change. Challenges for the future (pp. 117-143). Homewood, IL: Dorsey.

Sarason, I.G. & Sarason, B. (Eds.) (1984). Social support: Theory, research, and applications. The Hague: Martin Nijhoff.

Sarason, S.B. (1974). The psychological sense of community. Prospects for a community psychology. San Francisco: Jossey-Bass.

Schenk, M. (1984). Soziale Netzwerke und Kommunikation. Tübingen: Mohr.

Simmel, G. (1983). Schriften zur Soziologie. Hg. von H.-J. Dahme & O. Rammstedt. Frankfurt: Suhrkamp.

Simmel, G. (1984). Grundfragen der Soziologie (4. Aufl.). Berlin: De Gruyter.

Smith, C.J. (1976). Self-help and social networks in the urban community. Ekistics 45, 106-115.

Warren, D.I. (1981). Helping networks. How people cope with problems in the urban community. Notre Dame: University of Notre Dame Press.

Wellman, B. (1979). The community question: The intimate networks of East Yorkers. American Journal of Sociology 84, 1201-1231.

Wellman, B. & Leighton, B. (1979). Networks, neighborhoods, and communities. Urban Affairs Quarterly 15, 363-390.

Wirth, L. (1938). Urbanism as a way of life. American Journal of Sociology 44 (dt.: in Herlyn, U. (Hg.), 1974 Stadt- und Sozialstruktur (S. 42-66). München: Nymphenburger).

Ziegler, R. (1984). Das Netz der Personen- und Kapitalverflechtungen deutscher und österreichischer Wirtschaftsunternehmen. Kölner Zeitschrift für Soziologie und Sozialpsychologie 36, 585-614.

Heiner Keupp
Institut für Psychologie
der Universität München

Stadtsanierung

„… und ewig droht der Baggerzahn"

So beschreibt Jörg Müller 1976 auf acht eindrucksvollen Bildern die Veränderung der Stadt. Diese Veränderungen der seit Jahrzehnten gewachsenen Strukturen von Stadtteilen durch die Modernisierung von Altbauten und durch die Neubebauung im Rahmen von Sanierungsmaßnahmen bedeuten einen Eingriff in das Sozialgefüge und den unmittelbaren Lebensbereich der Bewohner. Im Wissen um diese Tatsache ist das Thema „Stadtsanierung" zum Gegenstand sozialwissenschaftlicher Forschungsarbeiten geworden.

1. Definition und Ziele

Stadtsanierung wird definiert als integriertes Maßnahmenbündel zur Erhaltung und Verbesserung der ökologischen, wirtschaftlichen und sozialen Qualität eines Stadtgebietes (J. Porteous 1977). In dieser Beschreibung wird bereits deutlich, daß Stadtsanierung nicht primär oder ausschließlich nach psychologischen Gesichtspunkten betrieben wird. Neben ökonomischen und sozialen spielen städtebauliche und architektonische Überlegungen eine vorrangige Rolle.

Wenn heute überhaupt zusätzlich psychologischen Überlegungen im Zusammenhang mit stadtplanerischen Erwägungen Raum gegeben wird, so hängt das wahrscheinlich mehr mit wachsenden Bürgerprotesten als mit einem sich nur ganz allmählich wandelnden Selbstverständnis der Planer und Politiker zusammen.

Der Wandel von Stadtsanierungsvorstellungen läßt sich schlagwortartig wie folgt kennzeichnen. Früher herrschten die Prinzipien der Zentralisation und Spezialisierung. Im Hinblick auf Stadtentwicklung bedeutete dies Trennung der Funktionen Wohnen, Arbeiten/Produktion, Distribution und Rekreation. Nach der *Charta von Athen* (s. z.B. Conrads 1964, S. 129ff.) waren diesen menschlichen Tätigkeiten getrennte Flächen zuzuweisen. Bezüglich des Handels beispielsweise bedeutete dies Übernahme der amerikanischen „shopping malls", in denen, angefangen vom Lebensmittelgeschäft bis hin zum Auto- oder Möbelhändler, alles vertreten war, mit der Folge, daß viele der in den Wohnvierteln gelegenen Geschäfte des täglichen Bedarfs verschwanden und der autolosen Bevölkerung weite und mühevolle Einkaufswege zugemutet wurden. Für die Erholung wurden sogenannte Freizeitparks und zentrale Sportstätten geschaffen, was wiederum eine Benachteiligung der Angehörigen ärmerer Schichten beinhaltete, die diese nicht oder nur unter Inkaufnahme langer Wegezeiten und unbequemer öffentlicher Verkehrsmittel erreichen konnten. Hinsichtlich des Wohnens wurde Sanierung als flächenhafter Abriß und Neubau ganzer Blocks oder sogar Stadtviertel verstanden

(Flächensanierung). Dies war ebenfalls eine Maßnahme gegen die ärmeren Bewohner der sanierten Gebiete, die die teuren Neubaumieten nicht zahlen konnten. Verkehr schließlich meinte fast ausschließlich Autoverkehr. Das bedeutete Begradigung und Verbreiterung der Straßen sowie Schaffung von Parkmöglichkeiten.

Heute dagegen wird, bedingt jedenfalls, wieder der Dezentralisation das Wort geredet, und Schlagworte wie „menschengerechte Stadt" (statt autogerechte), Durchmischung von Funktionen und Modernisierung oder *„behutsame Sanierung"* beherrschen die planerische Szene. Im Hinblick auf Wohnen bedeutet dies, daß Abriß weitestgehend vermieden wird und statt dessen Altbauten nachträglich mit Toiletten und Bädern, Zentralheizung und Warmwasser ausgerüstet sowie mit neuen Elektroinstallationen versehen werden. Neben einer Verbesserung der Wohnverhältnisse gewannen dabei sozialorientierte Ziele, wie der ansässigen Bevölkerung das Verbleiben im Wohngebiet und eine Beteiligung am Sanierungsverfahren zu ermöglichen, zunehmend an Gewicht.

Bezüglich des Verkehrs versucht man, der Erkenntnis Rechnung zu tragen, daß in den Städten 50% der Straßen mehr von Fußgängern und Radfahrern als von Autofahrern genutzt werden, und man bemüht sich, den Straßen durch Einrichtung verkehrsberuhigter Zonen Spiel-, Kommunikations- und Erholungsfunktionen zurückzugeben.

2. Psychologische Probleme der Stadtsanierung

Die psychologischen Probleme der Stadtsanierung sind vielfältig. Ein gravierendes Problem hängt mit dem erzwungenen Umzug zusammen (→ *Wohnortwechsel*). Menschen verlieren zugleich ihre *räumliche und soziale Identität.* Diese Problematik – wiewohl wenig untersucht – soll wegen ihrer Gewichtigkeit in einem besonderen Abschnitt behandelt werden.

Ein zweites Problem liegt darin, daß die *Identifikation* (→ *Image*) der Bevölkerung mit ihrer Stadt durch die sanierungsbedingte Veränderung ihres Erscheinungsbildes berührt wird. Nicht immer muß dies negativ sein. So wird beispielsweise berichtet, daß die amerikanische Hafenstadt Baltimore erfolgreich ihr Image verändert habe, indem alte, verfallene Lagerschuppen des inneren Hafengebietes abgerissen und durch einen architektonisch eigenwillig gestalteten attraktiven Freizeitbereich ersetzt wurden (vgl. Fisher et al. 1984, S. 269). Schwieriger wird es, sich mit seinem Wohnort zu identifizieren, wenn im Zuge von Sanierungsmaßnahmen Gebäude verschwinden, die das Gesicht der Stadt positiv geprägt haben. In solchen Zusammenhängen wird gerade auch von Planern gelegentlich darauf verwiesen, daß die ästhetische Qualität von Stadträumen durch Sanierungsmaßnahmen häufig nicht steigt, sondern im Gegenteil leidet, und es wird behauptet, daß in Deutschland nach dem letzten Krieg mehr historisch und ästhetisch wertvolle Bausubstanz durch planerische Fehlentscheidungen vernichtet wurde als durch die Kriegsereignisse zuvor.

Eng verknüpft mit der Thematik Identifikation ist als drittes das Problem der *Akzeptanz von Neuerungen*. Im Zusammenhang mit Stadtsanierung kann die Akzeptanz fehlen z.B. hinsichtlich

- neuer Haus- und Siedlungstypen (ökologische Bauweisen, Megalopolis);
- neuer Straßenräume (z.B. verkehrsberuhigte Zonen);
- neuer Verkehrssysteme bzw. Neuanbindung an bestehende Systeme;
- neuer Freizeit- und Erholungsmöglichkeiten im Wohnumfeld und
- neuer Wohnformen (Single-Bewegung einerseits und Wohnen in Wahlverwandtschaftsgruppen andererseits).

Der Grad der Akzeptanz von Neuerungen läßt sich auch unter Berücksichtigung psychologischer Erkenntnisse und Forschungsmethoden niemals voll vorhersagen. Dies folgt daraus, daß die Menschen:

1. sich an vieles gewöhnen und die Handlungsmöglichkeiten von Neuerungen erst lernen müssen sowie
2. sich mit den Veränderungen sozio-ökonomischer, sozio-technischer und kultureller Bedingungen selbst ändern und
3. intersubjektiv sehr unterschiedlich sind.

Für Architektur und Stadtplanung bedeutet dies zweierlei: Sie müssen innovativ bleiben, da es die ein für allemal richtige Lösung nicht gibt. (Mit Recht verstehen sich daher Architekten und Planer auch nicht nur als Wissenschaftler, sondern immer auch als Künstler.) Zweitens müssen die von ihnen geschaffenen Lösungen *kongruent* geplant sein und nicht *limitational*; d.h. sie sollen Umweltressourcen mit individuellen und/oder Gruppenbedürfnissen in Übereinstimmung bringen, wobei jedoch Spielraum zu lassen ist für die Veränderung des vom Planer vorgesehenen Nutzungsprogramms durch den Nutzer im Zuge von dessen Aneignungsprozeß (s. Lévy-Leboyer 1982, S. 143ff.).

Diese Überlegungen führen zu einem vierten psychologischen Problem, dem der → *Partizipation*. Partizipation heißt Teilhabe des künftigen Nutzers am Planungsprozeß. Im Idealfall bedeutet sie Aufhebung der Trennung von Planer und Beplantem, wodurch die Entstehung kongruenter Planungen und damit die Akzeptanz des Produkts der Planung wahrscheinlicher werden. Geht man ins Detail, wird sehr schnell deutlich, daß es sich bei der Partizipationsproblematik nicht um ein einziges, in sich geschlossenes Problem, sondern um ein Problembündel handelt.

Es beginnt damit, daß bei der hier diskutierten Stadtsanierung die zukünftigen Nutzer häufig nicht bekannt sind. Das gilt bezüglich der Sanierung der Wohnungen und Häuser selbst im Falle der behutsamen Sanierung, da die bisherigen Mieter ausziehen müssen, damit der Umbau vorgenommen werden kann, und nicht klar ist, wer später in den sanierten Häusern wohnen wird. Lösungsversuche sahen so aus, daß in einer Art Parallelisierungsverfahren ersatzweise mit Stellvertretergruppen für künftige vermutete Nutzer gearbeitet wurde.

Wenn die Nutzer bekannt sind, wie etwa bei der Einrichtung einer verkehrsberuhigten Zone, erweist sich in der Regel, daß nur ganz bestimmte Individuen (und zwar die eher gut gebildeten und die eher jungen) partizipieren wollen, während alte oder behinderte oder eher arme Menschen und Individuen mit geringer Schulbildung abseits bleiben. Da es nicht Sinn von Partizipationsbemühungen sein kann, die Planer-Experten durch einige wenige Laien-Experten zu ergänzen, besteht somit das Problem, alle relevanten Teile der Nutzerbevölkerung für die Mitarbeit zu interessieren und zu motivieren.

Mindestens zwei weitere Probleme entstehen im Zuge der Zusammenarbeit mit den Experten. Die Laien können die Pläne und Modelle der letzteren nicht verstehen, und umgekehrt können erstere ihre eigenen Vorstellungen nicht in der Symbolsprache des Planers ausdrücken. Partizipation wird somit nur praktikabel, wenn es über die Entwicklung entsprechender Medien gelingt, die beiderseitigen Sprachprobleme zu überwinden.

Generell stoßen jedoch die Bemühungen, die Interessen der im Sanierungsgebiet ansässigen Bevölkerungsgruppen durch Partizipation zu wahren, rasch an Grenzen, wenn Kapitalverwertungsinteressen die konkrete Sanierungspraxis beherrschen.

3. Empirische Untersuchungen

In der Pionierstudie von Fried und Gleicher (1961) wurden Bewohner eines von italienischen Einwanderern geprägten Arbeiterviertels (Boston-Westend) befragt (→ *Nachbarschaft;* → *Wohnortwechsel;* → *Soziale Netzwerke*). Zwei Jahre nach ihrer Umsiedlung gaben 46% der Frauen und 38% der Männer an, daß sie lange an dem Verlust der vertrauten Wohngegend und dem Wegfall von Kontakten zu ehemaligen Nachbarn und Bekannten gelitten hatten. Sie zeigten Gefühle schmerzhaften Verlustes, allgemein depressive Stimmung, zahlreiche Symptome psychischen, sozialen oder körperlichen Notstandes, ein Gefühl der Hilflosigkeit, manchmal offenen oder unterdrückten Ärgers und die Tendenz, den verlorenen Ort zu idealisieren.

Nach Frieds (1963) einprägsamer Formulierung trauerten sie um ein verlorenes Zuhause (vgl. auch die zusammenfassende Darstellung bei Harloff 1973). Warum ist der Verlust der Wohnumwelt ein solch gravierendes Erlebnis? Kurz gesagt verleiht die Zugehörigkeit zu sozialen Gruppen dem einzelnen ein Gefühl von Gruppen-Identität, und die Vertrautheit mit dem umgebenden Raum verleiht ihm ein Gefühl räumlicher Identität. Diese mit dem Wohngebiet als zentralem Lebensraum eng verbundene *soziale und räumliche Identität* wird bei einer erzwungenen Umsiedlung durchschnitten, was zu einer Trauerreaktion bei den umgesetzten Bewohnern führen kann.

Ähnlich dramatische Auswirkungen wie im Falle Frieds wurden in Deutschland nachgewiesen, wenn eine im Sanierungsgebiet verwurzelte Bevölkerung (langjähriges Wohnen) mit intakter Sozialstruktur (= zahlreiche Freundschafts- und Verwandtschaftsbeziehungen in engster Umgebung, gute nachbarschaftliche Beziehungen, kaum Kriminalität) aus noch relativ gut erhaltenen Häusern vertrieben und in weiter entfernte Neubauten eingewiesen wurden (s. dazu einen Teil der Bevölkerung der Bergarbeitersiedlung Duisburg-Neumühl, Tessin 1977). Diese Menschen beklagten insbesondere den Verlust der sozialen Kontakte in der Nachbarschaft und die verlorengegangenen Nutzungsmöglichkeiten im Wohnungsumfeld. Auffällig war dabei, daß die Bewohner mit ausgeprägter Ortsbindung um so stärker mit *Trauerreaktionen* und emotionalen Problemen auf die Umsetzung reagierten, je mehr soziale und räumliche Bezüge der bisherigen Umwelt tangiert waren. So wurde die Umsetzung innerhalb des Sanierungsgebietes in vergleichbare Altbauten wesentlich günstiger von den Bewohnern beurteilt als gebietsexterne Umsetzungen in Neubauten.

Im Gegensatz zu den homogenen Unterschicht-Strukturen wie dem Bostoner Westend oder dem soziokulturellen Milieu einer Zechensiedlung ist in vielen innerstädtischen Altbauquartieren oft ein hoher Grad baulichen Verfalls und sozialer Desintegration anzutreffen. Bedingt durch unzureichende Instandsetzungsarbeiten bei Wohngebäuden in förmlich festgelegten Sanierungsgebieten und dadurch einsetzende soziale *Segregationsprozesse* bleiben von der Stammbevölkerung Angehörige der sozialen Unterschicht mit einem niedrigen Durchschnittseinkommen, große Familien, ältere Menschen und Personen, die schon lange im Gebiet wohnen, zurück. In die freigewordenen Wohnungen rücken Haushalte mit niedrigem Einkommen nach, von denen viele diese Gebiete nur als zeitlich befristeten Wohnstandort wählen (Studenten, Zuwanderer, junge Paare), weiterhin solche Bevölkerungsgruppen, die am Wohnungsmarkt benachteiligt sind (Ausländer und andere Randgruppen). Dadurch entstehen Nachbarschaften (→ *Nachbarschaft*), die sehr heterogen sind und trotz der objektiv gleichen sozialen Lage kaum gemeinsame Werte und Normen haben. Das führt zu erheblichen Vorurteilen und Konflikten zwischen den im Wohngebiet meist auch kleinräumig segregiert lebenden Bewohnergruppen.

In Sanierungsstudien, in denen eine emotionale Verwurzelung im Wohngebiet weniger ausgeprägt vorhanden war, ist das Umsetzungserlebnis daher weit weniger durch das Verlusterlebnis als durch die konkreten Lebensbedingungen in der neuen Wohnumwelt bestimmt (→ *Wohnen und Wohnzufriedenheit*).

So wurde in einer Berliner Untersuchung (Tessin et al. 1983) das freundlich-distanzierte Verhältnis zu den neuen Nachbarn von den umgesetzten Bewohnern durchaus positiv bewertet. Eine gefühlsmäßige Bindung an das neue Wohngebiet ist oft von nachrangiger Bedeutung. Wichtiger für die Bewohner ist die *verbesserte Wohnungsausstattung*. So hatten vor der Umsetzung nur knapp 50% eine Innentoilette, 22% Bad oder Dusche, 14% Warmwasser und weniger als 3% eine Etagen- oder Zentralheizung. Nach der Umsetzung lebten über 90% der Betroffenen in Wohnungen, die dem Ausstattungsstandard des Sozialen Wohnungsbaus entsprechen (Wohnungs-WC, Bad/Dusche, Warmwasser und Zentralheizung). Diese veränderten Wohnverhältnisse wurden von den meisten Umsetzungsbetroffenen verständlicherweise sehr positiv beurteilt.

Die in der Regel vorhandene Freude über den ungewohnten Komfort der neuen

Wohnung wird jedoch getrübt durch die drastisch höhere Miete der Neubau- bzw. modernisierten Altbauwohnung und die oft umfangreichen Anschaffungskosten für neues Mobiliar. Die *finanziellen Mehrbelastungen* werden daher von der Mehrheit der Betroffenen als negativste Veränderung der eigenen Lebenssituation beurteilt.

Beim Vergleich von zwei Sanierungsgebieten, die sich in der Art der Sanierungsdurchführung unterschieden, wurde von Becker et al. (1982) gezeigt, daß eine Flächensanierung gravierendere Folgen für ein Gebiet und seine Bewohner hat als eine stärker an der Erhaltung des Altbaubestandes orientierte Sanierungspraxis.

Zwar zeigte sich in beiden Sanierungsgebieten, daß ein weitgehender Austausch der Bewohnerschaft stattfand, soziale Bindungen an das Quartier verloren gingen, die verbesserte Wohnqualität für viele Bewohner eine finanzielle Belastung mit sich brachte und ein Verlust von baulich-räumlichen Identifikationsmerkmalen stattfand. In einer vergleichenden Sanierungsbilanz (vgl. Schulz zur Wiesch 1984, S. 374) zeigten sich aber deutlich graduelle Unterschiede zugunsten einer kleinteiligen, durch Sozialplanung und Bürgerbeteiligung abgestützten und an den Interessen der Gebietsbewohner orientierten Sanierungspraxis.

Damit unterstützt diese Untersuchung die seit Ende der 70er Jahre vollzogene Tendenzwende von den Flächensanierungen zu einer mehr an den gewachsenen Strukturen orientierten behutsamen Stadtsanierung.

Wie weitreichend solche Ansätze sein können, zeigt ein Beispiel von Wohnraumerhaltung durch lokale Sanierungsvereine, wie es in Glasgow praktiziert wird (Richter 1984). Die Bewohner von Stadtvierteln waren durchaus in der Lage, den Prozeß der Stadterneuerung selbst zu organisieren und dabei auch große Summen öffentlicher Gelder zu verwalten. Dadurch, daß die Bewohner unmittelbare *Einfluß- und Kontrollmöglichkeiten* (→ *Kontrolle und Kontrollverlust*) über ihren Stadtteil haben, konnte die Sanierung der Gebäude auch nicht auf bauliche Maßnahmen beschränkt bleiben, sondern bewirkte eine Vielfalt an sozialen Aktivitäten im Wohngebiet. Aus Wohnraum wurde gemeinsam gestalteter Lebensraum.

Die umweltpsychologische Forschung sollte daher verschiedene Ansätze behutsamer Stadterneuerung aufgreifen, um in begleitenden Evaluationsstudien von lokal begrenzten Sanierungsprojekten einen vertiefenden Einblick in das Beziehungsgeflecht zwischen der sich verändernden Wohnumwelt und dem Verhalten und Erleben der Bewohner zu gewinnen. Es spricht einiges dafür, daß mit der Sicherung der Wohnverhältnisse, der qualitativen Verbesserung der Wohnsituation und der stärkeren Beteiligung der Bewohner an der Erneuerung gute Voraussetzungen für eine Wiederbelebung alter bzw. für die Entwicklung neuer soziokultureller Milieus gegeben sind.

4. Theorieansätze zur Erklärung von Sanierungsfolgen

Bisher dominieren im Forschungsfeld Stadtsanierung empirische Fragebogen-Untersuchungen, die weitgehend auf theoretische Bezüge verzichten und an einem repräsentativen Überblick über die Sanierungsfolgen interessiert sind. Wünschenswert für die künftige Forschung wäre eine explizite Orientierung an Theorien der Mensch-Umwelt-Beziehung und eine stärkere Betonung von qualitativen, statistisch „weicheren", aber häufig ergiebigeren Erhebungsmethoden.

Sowohl streß- als auch kontrolltheoretische Ansätze können herangezogen werden (→ *Streß;* → *Kontrolle und Kontrollverlust*), um die gefundenen negativen Folgen erzwungener Umzüge zu erklären. Streß stellen sowohl die Angst und Ungewißheit vor dem Umzug als auch die Anpassungszwänge in der neuen Wohnsituation dar. Bei nur partiell erfolgreichen Bewältigungsversuchen *(Coping)* kommt es zu den von Fried eindrucksvoll beschriebenen Schädigungen. In kontrolltheoretischen Ansätzen würde man primär auf die vor und nach dem Umzug eingeschränkten Handlungsmöglichkeiten der Individuen zentrieren. Aus der Sicht der Bewohner stellt der keineswegs freiwillige Wohnortwechsel eine Einschränkung ihrer Kontrollmöglichkeiten über ihren unmittelbaren Lebensbereich dar. Per Reaktanz bemüht sich der Mensch, den alten Zustand wiederherzustellen. Da dies nicht möglich ist, kann es zu Depressionen und erlernter Hilflosigkeit kommen.

Im Grunde befriedigen jedoch diese Ansätze beide nicht, da sie die komplexen Bedingungen der Stadtsanierungsprozesse nur sehr unvollständig abbilden. So bleibt zu hoffen, daß sowohl durch Entwicklung spezifischer, disziplinübergreifender Sanierungstheorien als auch durch Weiterentwicklung sehr allgemeiner Theorien der Mensch-Umwelt-Beziehung (z.B. ökologische → *Handlungstheorie* oder → *„Person-Environment-Fit"-Ansätze,* → *Aneignung*) bessere Erklärungsmodelle verfügbar werden.

Literatur

Becker, H. & Schulz zur Wiesch, J. (Hg.) (1982). Sanierungsfolgen. Eine Wirkungsanalyse von Sanierungsmaßnahmen in Berlin. Stuttgart: Kohlhammer.
Conrads, U. (1964). Programme und Manifeste zur Architektur des 20. Jahrhunderts. Gütersloh: Bertelsmann Fachverlag.
Fisher, J.D., Bell, P.A. & Baum, A. (1984). Environmental psychology (2nd ed.). New York: Holt, Rinehart & Winston.
Fried, M. (1963). Grieving for a lost home. In L.J. Duhl (Ed.), The urban conditon (pp. 151 to 171). New York.
Fried, M. & Gleicher, P. (1961). Some sources of residential satisfaction in an urban slum. Journal of the American Institute of Planners 27, 305-315.
Harloff, H.J. (1973). Psychologische und soziologische Aspekte der Wohnsanierung. Kölner Zeitschrift für Soziologie und Sozialpsychologie 25, 75-90.
Lévy-Leboyer, C. (1982). Psychology and environment. Beverly Hills: Sage.
Müller, J. (1976). Hier fällt ein Haus, dort steht ein Kran und ewig droht der Baggerzahn, oder: Die Veränderung der Stadt. Verlag Sauerländer Arau.

Porteous, J. (1977). Environment and behavior. Reading, MA: Addison-Wesley.

Richter, H.P. (1984). Wohnraumerhaltung durch lokale Sanierungsvereine. Community based housing associations am Beispiel von Glasgow. In J. Brech & H.G. Schwenzer (Hg.), Wer senkt die Wohnkosten? (S. 29-33). Darmstadt: Verlag für wiss. Publikationen.

Schulz zur Wiesch, J. (1984). Wirkungsanalysen in der Stadterneuerung. Beispiel Berlin. In G.H. Hellstern & H. Wollmann (Hg.), Evaluierung und Kontrolle in der Kommunalpolitik und -verwaltung (S. 365-379). Basel: Birkhäuser.

Tessin, W. (1977). Stadterneuerung und Umsetzung – Der Stadtumbau als räumlicher und gesellschaftlicher Transformationsprozeß in seinen Auswirkungen auf umsetzungsbetroffene Mieter. Göttingen.

Tessin, W., Knorr, T., Pust, C. & Birlem, T. (1983). Umsetzung und Umsetzungsfolgen in der Stadtsanierung. Basel: Birkhäuser.

Hans Joachim Harloff und Helmut Schweis
Institut für Psychologie
der Technischen Universität Berlin

Kriminalität und Vandalismus

1. Begriff und Erklärung von Kriminalität

Der Begriff „Kriminalität" (abgeleitet von lat. crimen) kann sich sowohl auf Gebiete als auch auf einzelne Individuen beziehen (Kerner 1980). Kriminalität ist zum einen die Summe der strafrechtlich mißbilligten, mit einem besonderen Unwerturteil belegten Rechtsbrüche (Kaiser et al. 1974), zum anderen menschliches Verhalten, durch das einem anderen Menschen oder einer Gemeinschaft Schaden zugefügt wird und das deshalb unter Strafe gestellt ist (Hellmer 1978). Soziale Normen, also informelle bis kodifizierte Vorstellungen darüber, wie Menschen sich verhalten können, sollen oder müssen, sind der Maßstab, anhand dessen Verhaltensweisen in konforme und abweichende eingeteilt werden (Lamnek 1979). Nur ein Teil der als abweichend beurteilten Verhaltensweisen ist kriminalisiert, d.h. mit einer Sanktionsandrohung gekoppelt, andere sind jedoch legale, sogar ausdrücklich gebilligte Bestandteile einer eben darum als „pluralistisch" bezeichneten gesellschaftlichen Ordnung (Kaiser et al. 1974). Bei der Erklärung kriminellen Verhaltens herrschen heute die soziologischen Ansätze vor, die psychische oder biologische Faktoren nicht als hinreichende Bedingungen für kriminelles Verhalten ansehen, sondern dieses als eine Reaktion auf soziale Bedingungen verstehen. Wichtige Theorien abweichenden Verhaltens sind u.a. die Anomietheorie und der „labeling approach" (Lamnek 1977, 1979). Die Anomietheorie sieht die Ursache abweichenden Verhaltens darin, daß legitime Mittel, um gesellschaftliche Ziele zu erreichen, nicht verfügbar sind, bzw. sich die vorhandenen Mittel als untauglich für die Zielerreichung erweisen. Im Unterschied dazu fragt der „labeling approach" weniger nach den Gründen des Verhaltens als vielmehr nach der Genese der Normen sowie nach Selektionsprozessen bei der Kriminalisierung von „Abweichlern".

Mit „Kriminalität" werden ganz unterschiedliche rechtswidrige Verhaltensweisen bezeichnet, z.B. Eigentums-, Gewalt- und Verkehrsdelikte sowie Sachbeschädigung usw., Tatverdächtige sind überproportional häufig männliche Jugendliche und Heranwachsende (Busch 1986, Flade 1984).

Im rein juristischen Sinne handelt es sich beim Vandalismus um Sachbeschädigung (Koch 1986), also um eine spezifische Deliktform. Klockhaus und Habermann-Morbey (1984) definieren Vandalismus als intendiertes, schädigendes und normverletzendes Verhalten gegen Sachen; danach sind Sachbeschädigungen kein Vandalismus, wenn die Zerstörungsabsicht fehlt. Cohen (1984) hat fünf verschiedene Typen unterschieden: den „Bereicherungsvandalismus" (z.B. Aufbrechen von Automaten), den „demonstrativen" Vandalismus, den „Vergeltungsvandalismus", den „boshaften" Vandalismus (z.B. Sprengen von Briefkästen) und den „spielerischen" Vandalismus (vgl. Koch 1986). Nach Klockhaus und Habermann-Morbey (1984) handelt es sich bei der letztgenannten Form nicht um Vandalismus, weil hier das Kriterium der *absichtlichen* Zerstörung nicht erfüllt ist. In den

USA und in Westeuropa sind diese gegen Sachen zielenden Angriffs- und Schädigungsdelikte verstärkt ins Blickfeld gerückt, weil die Schadenssummen enorme Höhen erreicht haben (van Vliet 1984, Kube & Schuster 1985, Zwier & Vaughan 1984).

2. Kriminalökologie

Charakteristisch für den ökologischen Ansatz ist, daß sich dessen Aussagen auf räumliche Einheiten beziehen, z.B. auf Bundesländer (Hellmer 1972), Stadtteile (Shaw & McKay 1942) oder Gebietstypen, wie z.B. Neubausiedlungen (Flade 1984, Meier 1985). Dabei werden die Begriffe Kriminal*ökologie* und Kriminal*geographie* oftmals synonym verwendet (Kaiser et al. 1974, Rolinski 1980). Im Englischen ist der Begriff „Umweltkriminologie" (*environmental criminology*) gebräuchlich (Brantingham & Brantingham 1981).

Wie alljährlich aus der polizeilichen Kriminalstatistik hervorgeht, ist Kriminalität in erster Linie ein städtisches Phänomen, d.h. die Zahl der registrierten Straftaten steigt mit zunehmender Gemeindegröße überproportional an (Kube 1982). Kriminalökologische Analysen beziehen sich demzufolge vor allem auf Städte (z.B. Clarke 1979, Schwind et al. 1978).

Nach dem *ökologischen* Ansatz übt die ökologische Situation eines Wohngebiets (die Qualität der Wohnungen und der Wohnumgebung, Versorgung mit Geschäften und sonstigen Einrichtungen usw.) einen Einfluß auf die räumliche Verteilung bzw. auf die Art kriminellen Verhaltens aus, indem sie sowohl die Persönlichkeit des Täters formt, als auch Gelegenheiten zur Begehung bestimmter Straftaten schafft (Shaw & McKay 1942, Lamnek 1979). Die ökologische Situation wirkt sich also zum einen auf die Sozialisation aus, zum anderen auf die Attraktivität eines Gebiets als Tatort. Entsprechend wurde zwischen einer Sozialisations- und einer Tatortperspektive unterschieden (Flade 1986). Kaminski (1979) spricht in diesem Zusammenhang von der Problemlösungsperspektive: in dem Raum, den ein potentieller Täter wahrnimmt oder sich vorstellt, haben Plätze, Straßen, Gebäude, Zäune, Parks usw. bestimmte Funkionen; Hauptverkehrsstraßen mit schnellfließendem Verkehr sind z.B. ideale Fluchtwege (Molumby 1976), zugleich aber auch öffentlicher Raum, der von vielen überblickt bzw. überwacht wird (Moran & Dolphin 1986). Nach Newman (1972) hängt es im wesentlichen von vier Merkmalen ab, ob ein Wohngebäude oder ein Gebiet ein geeigneter Tatort oder statt dessen ein „defensible space" ist, d.h. ein Ort, der für die Begehung von Straftaten nicht attraktiv ist. Diese Merkmale sind → *Territorialität*, d.h. bauliche Charakteristika, die dazu beitragen, daß Bewohner sich für ihre Wohnumgebung verantwortlich fühlen (z.B. nur sechs bis neun Wohnungen pro Hauseingang), Überschaubarkeit und Einsehbarkeit (z.B. helle Korridore, U-förmige Gebäudeanordnung anstelle von Blockzeilen), das → *Image* des Hauses oder Gebiets, unverwundbar zu sein, und deren Lage, bezogen auf in der Nähe gelegene unsichere Bereiche (vgl. Rolinski 1980). Das Merkmal „Image" weist darauf hin, daß Wahrnehmungs- und Zuschreibungsprozesse eine wichtige Rolle spielen, was insbesondere der „labeling approach" betont hat (vgl. Lemert 1975). So sind beispielsweise Neubausiedlungen, die Ende der 50er bis Anfang der 70er Jahre in der Bundesrepublik in Form monofunktionaler Trabantensiedlungen gebaut worden sind, oftmals mit dem Image einer hohen Jugendkriminalität behaftet (Strubelt & Kauwetter 1982, Flade 1984, Meier 1985). Determinanten eines solchen Images scheinen die Gepflegtheit der Wohnanlagen, die Altersstruktur der Wohnbevölkerung, die Baustruktur (Mietwohnungsblock, Hochhäuser), das Baumaterial (Beton) und schließlich die Massenmedien zu sein, die bei der Entstehung und Verbreitung des Images eines Gebiets oder Gebietstyps eine bedeutende Rolle spielen (Flade 1984).

Daß die Lage eines Ortes ein wichtiger Einflußfaktor ist, haben u.a. Pyle (1976), Rhodes und Conly (1981) und Rengert (1981) betont. So ist es nicht sinnvoll, Tatort- und Wohnortgebiet von Straftätern getrennt zu untersuchen, weil beide Bestandteile des Handlungsraums sind, in dem der potentielle Täter das Problem löst, Kosten und Nutzen in ein günstiges Verhältnis zu bringen (Kaminski 1979, Rengert 1981). Newman (1972, 1979) sowie andere Autoren (u.a. Pyle 1976, Reppetto, 1976, Clarke 1979, Kaiser 1979, Rolinski 1980, Kube 1982) haben konkrete Vorschläge unterbreitet, wie die Begehung von Straftaten durch architektonische und städtebauliche Maßnahmen verhindert werden kann.

Im Unterschied zur Tatortperspektive stehen bei der Sozialisationsperspektive nicht die kriminelle Handlung und ihre Realisierungsbedingungen im Blickfeld, sondern es geht um die Herausbildung von Dispositionen, die eine Person dazu tendieren lassen, kriminelle Handlungen auszuführen (Kaminski 1979). Ungünstige Wohnverhältnisse (→ *Wohnen und Wohnzufriedenheit*) und ein damit einhergehender restriktiver elterlicher Erziehungsstil tragen dazu bei, die Wahrscheinlichkeit sozial unerwünschten Verhaltens zu erhöhen (Wissenschaftlicher Beirat 1975). Nach Rolinski (1980) erhält die Frage nach den Zusammenhängen von gebauter Umwelt und Kriminalität (Bundeskriminalamt 1979) ihr argumentatives Gewicht überhaupt erst in bezug auf Entwicklungs- und Sozialisationsprozesse.

3. Ökologische Aspekte des Vandalismus

Verwahrloste Wohnanlagen, bei denen die Spuren vandalistischen Verhaltens nicht beseitigt wurden, sind besonders anfällig für weitere Beschädigungen (Kube & Schuster 1985). Die am meisten registrierte Schadensgruppe in Wohnblocks sind Glasschäden. Darüber hinaus ist festzustellen, daß sich die Zerstörungen häufiger gegen Gemeinschaftseinrichtungen als gegen private Sachen richten, und daß dabei die soziale Kontrolle gering bzw. die Anonymität hoch ist (Zimbardo 1973). Betroffen sind vor allem Eingangshallen, Keller und Tiefgaragen, die sich außerhalb der Sichtkontrolle der Bewohner befinden (Kube & Schuster 1985). Objekte des Vandalismus sind ferner öffentliche Einrichtungen, wie Telefonzellen und Schulen.

Die ästhetische Theorie des Vandalismus (Allen & Greenberger 1978, Allen 1984) nimmt an, daß Zerstörung Vergnügen bereitet, weil dabei die gleichen Komponenten wie bei *ästhetischen Erlebnissen* wirksam werden; durch die Zerstörung werden Objekte komplexer und neuartiger. Die Bedeutung hoher *Anonymität* bzw. fehlender sozialer Kontrolle hat Zimbardo (1973) empirisch belegen können: Zwei Kraftfahrzeuge mit geöffneter Motorhaube und entfernten Nummernschildern wurden an zwei Orten unterschiedlicher Anonymität abgestellt. An dem anonymen Ort begann die Demolierung des Autos bereits nach wenigen Minuten. In weniger als drei Tagen war es vollkommen zerstört. An dem nicht-anonymen Ort mußten dagegen erst die Versuchsleiter mit der Beschädigung des Autos anfangen, ehe sich auch andere Personen daran destruktiv zu betätigen begannen.

Ferner wird der *Erhaltungszustand* als wichtiger Einflußfaktor betrachtet: Heruntergekommene, unansehnliche Objekte, Häuser, Wohnanlagen oder Schulen werden nicht als schützenswert empfunden, so daß ein schlechter Erhaltungszustand oder mangelnde Gepflegtheit deren Verletzlichkeit erhöht (Rolinski 1980). Nach Baron und Fischer (1984) ist *erlebte Ungerechtigkeit* (equity) ein Vandalismus begünstigender Faktor; das Eigentum anderer wird zerstört, um einen Ausgleich für erfahrene Benachteiligung zu schaffen. Der Vandalismus hat hier die Funktion, Ungerechtigkeit zu beseitigen. Eine allgemeinere, nicht nur Vandalismus erklärende Kontrolltheorie stammt von Hirschi (1969), nach der gesellschaftlich gewünschte Konformität nur erreicht werden kann, wenn das Individuum sich mit der Gesellschaft verbunden fühlt.

Viele Untersuchungen haben sich speziell mit dem Schulvandalismus befaßt (u.a. Plabant & Baxter 1975, Howard 1978, Lawrence 1984, Klockhaus & Habermann-Morbey 1984). Im Schulbereich schlagen nicht nur die hohen Folgekosten zu Buche, sondern auch die in pädagogischer Hinsicht schädlichen Auswirkungen vandalistischen Verhaltens (Zwier & Vaughan 1984). Plabant und Baxter (1975) haben Schulen mit hohen und niedrigen Vandalismus-Raten verglichen. Merkmale der weniger betroffenen Schulen waren ein höherer Bebauungsgrad und eine multifunktionale Nutzung der Schulumgebung, eine bessere Straßenbeleuchtung rings um das Schulgebäude und die Gepflegtheit des Schulgebäudes. In der Untersuchung von Klockhaus und Habermann-Morbey (1984) wurden häufiger Beschädigungen festgestellt, wenn Klassen besonders unwohnlich eingerichtet waren, wenn die Schule ungepflegt wirkte, wenn sie einfallslos gestaltet war. Präventive Maßnahmen sind demzufolge eine bessere Pflege und eine bessere Gestaltung des Schulgebäudes und der Klassenräume. Eine wirkungsvolle Maßnahme wäre nach Zwier und Vaughan (1984) die Einbeziehung der Schüler in Entscheidungsprozesse, die Gestaltung ihrer Schulumwelt betreffend (→ *Lernumwelt Schule*).

Die Vorschläge, wie dem Auftreten von Vandalismus vorgebeugt werden kann, sind zahlreich und vielfältig (u.a. Leather & Matthews 1973, Newman 1979, Cohen 1973, 1984, Hope 1984, Kube & Schuster 1985, Koch 1986). Dennoch gibt es keine „Patentrezepte", und zwar aus zweierlei Gründen (vgl. Zwier &

Vaughan 1984): die Zahl der innerhalb und außerhalb von Schulen wirksamen Variablen ist zu groß, als daß der Erfolg bestimmter Maßnahmen in bestimmten Schulen generalisierbar sein könnte. Ferner ist die Schule ein Bestandteil einer sich als pluralistisch verstehenden Gesellschaft und ist als solche verschiedenen Wertvorstellungen und Ideologien unterworfen, die eine bestimmte Erklärung des Schulvandalismus und die Wahl von Gegenmaßnahmen nahelegen (→ *Aneignung*).

Literatur

Allen, V.L. (1984). Toward an understanding of the hedonic component of vandalism. In C. Lévy-Leboyer (Ed.), Vandalism (pp. 77-89). Amsterdam: Elsevier

Allen, V.L. & Greenberger, D.B. (1978). An aesthetic theory of vandalism. Crime and Delinquency 24, 309-332.

Baron, R.M. & Fischer, J.D. (1984). The equity-control model of vandalism: a refinement. In C. Lévy-Leboyer (Ed.), Vandalism (pp. 63-75). Amsterdam: Elsevier

Brantingham, P.J. & Brantingham, P.L. (Eds.) (1981). Environmental criminology. Beverly Hills, CA: Sage.

Bundeskriminalamt (Hg.) (1979). Städtebau und Kriminalität. Wiesbaden: Sonderband der BKA-Forschungsreihe.

Busch, M. (1986). Delinquenzprophylaxe – Ausgangslage und Ansätze zur vorbeugenden Arbeit mit Jugendlichen. In Kath. Sozialethische Arbeitsstelle (Hg.), Jugendkriminalität – Prophylaktische Maßnahmen (S. 7-26). Hamm: Hoheneck.

Clarke, R.V.G. (1979). Crime prevention through town-planning and architecture. In Bundeskriminalamt (Hg.), Städtebau und Kriminalität (S. 135-153). Wiesbaden: Sonderband der BKA-Forschungsreihe.

Cohen, S. (1973). Property destruction motives and meanings. In C. Ward (Ed.), Vandalism (pp. 23-53). London: The Architectural Press.

Cohen, S. (1984). Sociological approaches to vandalism. In C. Lévy-Leboyer (Ed.), Vandalism (pp. 51-61). Amsterdam: Elsevier.

Flade, A. (1984). Jugendkriminalität in Neubausiedlungen. Eine empirische Untersuchung. Weinheim: Beltz.

Flade, A. (1986). Kriminalitätsprophylaxe durch Wohnumweltgestaltung. In Katholische Sozialethische Arbeitsstelle (Hg.), Jugendkriminalität – Prophylaktische Maßnahmen (S. 27-51). Hamm: Hoheneck.

Hellmer, J. (1972). Kriminalitätsatlas der Bundesrepublik Deutschland und Westberlins. Ein Beitrag zur Kriminalgeographie. Wiesbaden: Bundeskriminalamt.

Hellmer, J. (1978). Jugendkriminalität (4. Aufl.). Darmstadt: Luchterhand.

Hirschi, T. (1969). Causes of delinquency. Berkeley: University of California Press.

Hope, T. (1984). Preventing vandalism: the experience of an action research project. In C. Lévy-Leboyer (Ed.), Vandalism (pp. 335-343). Amsterdam: Elsevier.

Howard, J.L. (1978). Factors in school vandalism. Journal of Research and Development in Education 11, 53-63.

Kaiser, G. (1979). Lösungsvorschläge aus der Sicht der Kriminologie. In Bundeskriminalamt (Hg.), Städtebau und Kriminalität (S. 225-232). Wiesbaden: Sonderband der BKA-Forschungsreihe.

Kaiser, G., Sack, F. & Schellhoss, H. (Hg.) (1974). Kleines Kriminologisches Wörterbuch. Freiburg: Herder.

Kaminski, G. (1979). Mensch und bauliche Umwelt aus der Sicht des Psychologen. In Bundeskriminalamt (Hg.), Städtebau und Kriminalität (S. 19-25). Wiesbaden: Sonderband der BKA-Forschungsreihe.

Kerner, J.H. (1980). Kriminalitätseinschätzung und innere Sicherheit. Wiesbaden: Bundeskriminalamt.

Klockhaus, R. & Habermann-Morbey, B. (1984). Sachzerstörungen an Schulen und schulische Umwelt. Zeitschrift für Entwicklungspsychologie und Pädagogische Psychologie 16, 47-56.

Koch, J.-J. (1986). Vandalismus – Sozial- und umweltpsychologische Aspekte destruktiven Verhaltens. Gruppendynamik 17, 65-82.

Kube, E. (1982). Städtebau, Wohnhausarchitektur und Kriminalität. Heidelberg: Kriminalistik Verlag.

Kube, E. & Schuster, L. (1985). Vandalismus. Erkenntnisstand und Bekämpfungsansätze (3. überarb. u. erw. Aufl.). Wiesbaden: Bundeskriminalamt.

Lamnek, S. (1977). Kriminalitätstheorien – kritisch. Anomie und Labeling im Vergleich. München: Wilhelm Fink.

Lamnek, S. (1979). Theorie abweichenden Verhaltens. München: Wilhelm Fink.

Lawrence, J. (1984). Vandalism and disruptive behavior in schools: Some relationships. In C. Lévy-Leboyer (Ed.), Vandalism (pp. 189-201). Amsterdam: Elsevier.

Leather, S. & Matthews, A. (1973). What the architects can do: a series of design guides. In C. Ward (Ed.), Vandalism (pp. 117-172). London: The Architectural Press.

Lemert, E.M. (1975). Der Begriff der sekundären Devianz. In K. Lüderssen & F. Sack (Hg.), Seminar: Abweichendes Verhalten 1. Die selektiven Normen der Gesellschaft (S. 433-476). Frankfurt: Suhrkamp.

Lévy-Leboyer, C. (Ed.). Vandalism. Amsterdam: Elsevier.

Meier, U. (1985). Kriminalität in Neubausiedlungen. Das Beispiel Hamburg-Steilshoop. Frankfurt: Peter Lang.

Molumby, T. (1976). Patterns of crime in a university housing project. American Behavioral Scientist 20, 247-259.

Moran, R. & Dolphin, C. (1986). The defensible space concept. Theoretical and operational explications. Environment and Behavior 18, 396-416.

Newman, O. (1972). Defensible space. Crime prevention through urban design. New York: Collier Books/MacMillan.

Newman, O. (1979). Crime prevention through town-planning and architecture. In Bundeskriminalamt (Hg.), Städtebau und Kriminalität (S. 103-134). Wiesbaden: Sonderband der BKA-Forschungsreihe.

Plabant, P. & Baxter, J.C. (1975). Environmental correlates of school vandalism. Journal of the American Institute of Planners 41, 270-279.

Pyle, G.F. (1976). Spatial and temporal aspects of crime in Cleveland, Ohio. American Behavioral Scientist 20, 175-198.

Rengert, G.F. (1981). Burglary in Philadelphia. A critique of an opportunity structure model. In P.J. Brantingham & P.L. Brantingham (Eds.), Environmental criminology (pp. 189-201). Beverly Hills, CA: Sage.

Reppetto, T.A. (1976). Crime prevention through environmental policy. American Behavioral Scientist 20, 275-288.

Rhodes, W.M. & Conly, C. (1981). Crime and mobility: An empirical study. In P.J. Brantingham & P.L. Brantingham (Eds.), Environmental criminology (pp. 167-188). Beverly Hills, CA: Sage.

Rolinski, K. (1980). Wohnhausarchitektur und Kriminalität. Wiesbaden: Bundeskriminalamt.

Schwind, H.D., Ahlborn, W. & Weiß, R. (1978). Empirische Kriminalgeographie („Kriminalitätsatlas Bochum"). Wiesbaden: Bundeskriminalamt.

Shaw, C.R. & McKay, H.D. (1942). Juvenile delinquency and urban areas: A study of delinquency in relation to differential characteristics of local communities in American Cities. Chicago: The University of Chicago Press.

Strubelt, W. & Kauwetter, K. (1982). Soziale Probleme in ausgewählten Neubaugebieten. Schriftenreihe des Bundesministers für Raumordnung, Bauwesen und Städtebau. Bonn.

Vliet, W. van (1984). Vandalism: an assessment and agenda. In C. Lévy-Leboyer (Ed.), Vandalism (pp. 13-36). Amsterdam: Elsevier .

Ward, C. (Ed.) (1973). Vandalism. London: The Architectural Press.

Wissenschaftlicher Beirat für Familienfragen beim Bundesministerium für Familie und Gesundheit (1975). Familie und Wohnen. Schriftenreihe des Bundesministers für Jugend, Familie und Gesundheit. Stuttgart: Kohlhammer.

Zimbardo, P.G. (1973). A field experiment in auto shaping. In C. Ward (Ed.), Vandalism (pp. 85 to 90). London: The Architectural Press.

Zwier, G. & Vaughan, G.M. (1984). Three ideological orientations in school vandalism research. Review of Educational Research 54, 263-292.

Antje Flade
Institut Wohnen und Umwelt
Darmstadt

Aktivitätsmuster in der Stadt

1. Einleitung

Bewohner einer Stadt üben eine Vielzahl von Aktivitäten aus: Notwendige Aktivitäten (z.B. Schlafen, Arbeiten, Einkaufen) und Freizeitaktivitäten (z.B. Sport treiben, ins Kino gehen). Diese Aktivitäten lassen sich in zweifacher Hinsicht untersuchen: *Zeitlich* nach Häufigkeit und Aufwand in Minuten pro Tag, Woche oder Monat, und *räumlich* nach den Orten in der Stadt, an denen die Aktivität ausgeübt wird (→ *Behavior Setting*).

Auf den ersten Aspekt richtet sich die Zeitbudget-Forschung (Blass 1980), auf den zweiten die aktionsräumliche Forschung von Verhaltensgeographen (vgl. Carlstein, Parkes & Thrift 1978) (→ *Soziale Ökologie*), Soziologen (u.a. Chapin 1974), Psychologen (u.a. Golledge 1978) und Verkehrswissenschaftlern (u.a. Kutter 1973). Ihr liegt folgendes Konzept zugrunde: Individuen üben Aktivitäten in Gelegenheiten (öffentliche und private Einrichtungen) aus. Diese Gelegenheiten haben Standorte in der Stadt; so mag es zahlreiche Sportstätten, aber nur eine Oper geben. Die Zahl der Gelegenheiten eines Typs wird im ökonomischen Modell als Funktion der Stärke der Nachfrage (Zahl der Benutzer und Häufigkeit der Benutzung) beschrieben. Je seltener eine Gelegenheit aufgesucht wird, desto weniger Gelegenheiten dieses Typs wird es geben und desto zentraler wird ihre Lage in der Stadt sein (Beispiel: Theater, Geschäfte mit hochwertigen Konsumgütern). Die Gesamtheit der von einem Individuum aufgesuchten Orte wird als dessen „Aktionsraum" bezeichnet. Dabei wird ein Ort nur dann dem Aktionsraum zugerechnet, wenn dort z.B. mindestens eine Aktivität einmal pro Monat ausgeübt wird.

Der Aktionsraum umfaßt nur einen kleinen Teil der gesamten Stadt; je größer die Stadt, desto kleiner ist sein prozentualer Anteil an der Stadtfläche. Dieser Sachverhalt wird durch die doppelte Selektivität der Stadtbewohner erklärt: Von dem objektiven Stadtplan nehmen sie nur einen Ausschnitt wahr (subjektiver Stadtplan) (→ *Kognitive Karte und Kartierung*), hiervon wiederum benutzen sie nur einen Teil (Aktionsraum).

Die Ziele der aktionsräumlichen Forschung (ARF) lassen sich in folgender Frage zusammenfassen: Wer tut was wo, wie oft und warum? Die ARF untersucht demnach die Zusammenhänge zwischen Merkmalen der Person (und als deren Kontext: des Haushaltes), deren Aktivitäten und der räumlichen Lage jener Gelegenheiten, in denen Aktivitäten ausgeübt werden (können). Um die Aktionsräume zu ermitteln, wird den Befragten ein Zeitbudget von 24 Stunden vorgelegt, in das sie die Aktivitäten, deren Anfangs- und Endzeitpunkt, die Fahrzeit und den Ort der Aktivität (bzw. Namen der Gelegenheit) einzutragen haben. Die graphische Darstellung kann durch Raum-Zeit-Pfade erfolgen (Heuwinkel 1981).

2. Theorie

Aus den aufgeführten Forschungsrichtungen der ARF ergeben sich verschiedene Sachverhalte, die zu erklären sind. Im engeren Sinne sind es die Entfernung der aufgesuchten Gelegenheit zum Wohnstandort (Dangschat et al. 1982) oder das Aktionsraumsegment; letzteres ist als eine Menge räumlich benachbart ausgeübter Aktivitäten definiert (Schwesig 1985). Wenngleich es keine einheitliche Theorie zur Erklärung der räumlichen Aktivitätsmuster gibt, so lassen sich doch zentrale Annahmen aufführen. Ein Individuum hat Bedürfnisse, zu deren Befriedigung es Aktivitäten ausübt. Der Nutzen der Aktivität wird gegen die Kosten, die Raumüberwindung, aufgewogen. Dabei orientiert sich diese Abwägung an einem (gelernten und mit den Lebensumständen variierenden) Anspruchsniveau. Um die Aktivitäten auszuüben, müssen Gelegenheiten vorhanden sein, wahrgenommen und aufgesucht werden. Die Wahrnehmungsfelder werden nach den vorliegenden Forschungsergebnissen einmal aufgebaut und sind dann relativ stabil (Dürr 1979, Herz 1979). Sozial homogene Gruppen haben – aufgrund ähnlicher Aktivitäten – ähnliche Vorstellungen von der Stadt. Die Genauigkeit der Wahrnehmung steigt mit der Wohndauer; die Kenntnis des Wohnumfeldes ist am größten.

Einer der Begründer der ARF, Chapin (1974, 1978), macht in seinem Modell die Aktivitätsmuster von zwei Konstrukten abhängig: Der Bereitschaft und der Möglichkeit, eine Aktivität auszuüben. Dabei ist die Bereitschaft ihrerseits eine Funktion der Motive/Denkweisen und der (sozio-demographischen) Merkmale der Person; die Möglichkeit eine Funktion der wahrgenommenen Verfügbarkeit einer Gelegenheit und deren Qualität.

Das raumbezogene Verhalten der Individuen ist durch drei Gruppen von Restriktionen (*constraints*) bestimmt (Hägerstrand 1970): Physiologische Bedürfnisse (Essen, Schlafen), gesellschaftliche Vereinbarungen (z.B. zu feststehenden Zeiten zu arbeiten, Öffnungszeiten von Gelegenheiten) und die Zugänglichkeit der Gelegenheit (z.B. Mitgliedschaft erforderlich). Daher ist ein großer Teil zumindest der werktäglichen Aktivitätsmuster durch Routinen bestimmt: Ein Muster wird einmal als Anpassung an die Umweltbedingungen entwickelt und erleichtert als stabile Abfolge von Aktivitäten die Organisation des Alltags (Cullen & Godson 1975).

3. Forschungsergebnisse

International vergleichende Studien zeigen, daß die Zeit an Werktagen relativ ähnlich verbracht wird, wenn man ähnliche Gruppen vergleicht. In der BRD sieht das werktägliche Zeitbudget eines männlichen Erwerbstätigen mit PKW (in Klammern: Hausfrau ohne PKW) folgendermaßen aus (Herz 1982): Zu Hause 14.04 Stunden (21.11), Arbeit 6.29 (0.16), Einkaufen 0.19 (1.03), Fahrten 1.26 (0.48), andere Aktivitäten 1.42 (0.42). Ähnlich bedeutsam sind die Unterschiede in den Anteilen jener, die eine gegebene Aktivität überhaupt ausüben. Für Bewohner der Region Hamburg wurde ermittelt, daß 63% aller Befragten arbeiten, 43% einkaufen, 39% private Geselligkeit betreiben, 8% Sport treiben und 3% kulturelle Aktivitäten ausüben (Dangschat et al. 1982). Demnach wird der größte Teil der Zeit in der Wohnung verbracht. Die Verwendung der Zeit in hochindustrialisierten Ländern variiert wenig an Werktagen, stärker an Wochenenden. Auch läßt sich eine geringe Variation nach dem sozioökonomischen Status feststellen, größere hingegen nach den Merkmalen erwerbstätig/nicht erwerbstätig, dem Alter und der Verfügung über einen PKW.

Aufgrund dieser Variation in den Aktivitäten und der sozio-demographischen Merkmale unterscheiden sich die Aktionsräume der Stadtbewohner (→ *Wohnen und Wohnzufriedenheit*). Frauen, speziell nicht erwerbstätige, sowie Personen über 50 Jahre haben einen kleineren Aktionsraum, sie verbringen mehr Zeit im Wohnquartier. Hingegen sind die Aktionsräume erwerbstätiger Männer am größten. Bewohner innenstadtnaher Quartiere halten sich mehr im Quartier auf als Bewohner peripherer Gebiete (Leist et al. 1982, vgl. Klingbeil 1978).

Die Möglichkeit, eine Aktivität auszuüben, ist an das Vorhandensein von entsprechenden Gelegenheiten gebunden. Diese sind jedoch ungleich über die städtischen Teilgebiete verteilt. Für mehrere Großstädte in der BRD konnte eine disproportionale Verteilung von Arztpraxen, Schulen, Einkaufsmöglichkeiten nachgewiesen werden: Gebiete mit statusniedriger Bevölkerung waren schlechter ausgestattet als solche mit statushoher Bevölkerung (Herlyn 1980). Die hieraus entwickelte Hypothese einer „doppelten Disparität" konnte jedoch in einer Studie von elf Wohnquartieren in Hamburg nicht bestätigt werden; dort waren die Unterschicht- und Neubauquartiere besser ausgestattet als die restlichen (Dangschat et al. 1982).

Die räumliche Verteilung der Gelegenheiten, d.h. deren Entfernung zum Wohnstandort, ist eine entscheidende Variable für den Aktionsraum eines Individuums. Ob eine Gelegenheit aufgesucht wird, hängt von dem erwarteten Nutzen der Ausübung der Aktivität sowie den Zeit- und Fahrtkosten zur Gelegenheit ab. Die *Erreichbarkeit* von Gelegenheiten ist demnach eine kritische Variable für die Entscheidungen der Individuen. Die Erreichbarkeit hängt von dem Verkehrssystem der Stadt und der Motorisierung des Haushaltes ab (→ *Verkehrsmittelnutzung*). Generell versuchen Individuen, den Zeit-/Kostenaufwand zu minimieren (Zipf 1949). Dies geschieht unter anderem dadurch, daß Aktivitäten gekoppelt werden, also mehrere, räumlich benachbarte Gelegenheiten bei einer Fahrt aufgesucht werden. Diesem Verhaltensmuster entspricht ökonomisch die räumliche Konzentration von Gelegenheiten in (Stadtteil-)Zentren. Die Zahl solcher „multi-purpose-trips" ist jedoch weit niedriger als die für einen Zweck (Herz 1982, Heuwinkel 1981).

Sind jedoch die Gelegenheiten weit entfernt und lassen sich Aktivitäten nicht koppeln, so sind drei Reaktionen möglich (Friedrichs 1977): 1. Individuen kompensieren die fehlende Gelegenheit durch eine längere Fahrt zu einer entfernteren Gelegenheit (Kompensation); 2. die gewünschte Aktivität wird durch eine ähnliche ersetzt (Substitution); 3. auf die Aktivität wird verzichtet (Restriktion). Den wenigen Forschungsergebnissen zufolge ist die Kompensation die häufiger auftretende Reaktion; sie tritt vor allem dann auf, wenn der Haushalt über einen PKW verfügt (Heuwinkel 1981).

Die Distanz zur aufgesuchten Gelegenheit ist bei Erwerbstätigen, Personen mit PKW und Jugendlichen größer, bei Hausfrauen und Rentnern besonders niedrig. Diese sozio-demographischen Merkmale sind auch verwendet worden, um für die Verkehrsplanung *verhaltenshomogene Gruppen* (Kutter 1973) zu bilden. Hierzu bedient man sich zumeist einer hierarchischen Clusteranalyse. Aufgrund der 70.000 werktäglichen Tagesläufe, die in der „Kontinuierlichen Erhebung zum Verkehrsverhalten (KONTIV)" 1976 erhoben wurden, gelangte Schmiedel (1984, zu folgenden sieben Gruppen: Erwerbstätige mit (1) und ohne PKW (2), nicht erwerbstätige Männer (3) und Frauen ohne PKW (4), Studenten (5), Hausfrauen/Rentner mit PKW (6) und ohne PKW (7). Allerdings ergeben sich weniger eindeutige Gruppen, wenn die Zahl der untersuchten Aktivitäten größer ist und das Verhalten an Wochenenden einbezogen wird.

Pendler

Die Struktur des Aktionsraumes wird bei Erwerbstätigen und in Ausbildung Befindlichen durch die Achse Wohnung (→ *Wohnen und Wohnzufriedenheit*) – Arbeits/Ausbildungsstätte bestimmt. Das Pendeln als wichtigste außerhäusliche Aktivität bestimmt daher das Zeitbudget an Werktagen, die Lage anderer aufgesuchter Gelegenheiten, um Aktivitäten zu koppeln, sowie vermutlich auch den wahrgenommenen Ausschnitt der Stadt. Die in zahlreichen ökonomischen Modellen enthaltene Annahme, Haushalte suchten die Entfernung Wohnstandort – Arbeitsstätte zu minimieren, läßt sich nicht mehr aufrechterhalten. Ein großer Teil der statushöheren Bevölkerung bewertet die Vorteile eines suburbanen Wohnstandortes höher als die Nähe zur – meist zentral gelegenen – Arbeitsstätte. Ferner nimmt die Verteilung der Wohn- und der Arbeitsstätten über das Stadtgebiet und dessen Umland zu, so daß die Pendelstrecken a) länger geworden sind und b) die Pendelwege nicht mehr überwiegend von außen nach innen, sondern auch quer über das Stadtgebiet verteilt sind (Haack 1981). Die Arbeitsplätze der Arbeiter sind stärker über das Stadtgebiet verteilt (→ *Raum und Bewegung*).

Literatur

Blass, W. (1980). Zeitbudget-Forschung. Frankfurt: Campus.

Carlstein, T., Parkes, D. & Thrift, N. (Eds.) (1978). Timing space and spacing time. (3 Vols.). London: Edward Arnold.

Chapin, F.S. (1974). Human activity patterns in the city. New York: Wiley.

Chapin, F.S. (1978). Human time allocation in the city. In T. Carlstein, D. Parkes, & N. Thrift (Eds.), Timing space and spacing time, Vol. 2 (pp. 13-26). London: Edward Arnold.

Cullen, I.G. & Godson, V. (1975). Urban networks: The structure of activity patterns. Progress in Planning 4, 1-96.

Dangschat, J., Droth, W., Friedrichs, J. & Kiehl, K. (1982). Aktionsräume von Stadtbewohnern. Opladen: Westdeutscher Verlag.

Dürr, H. (1979). Planungsbezogene Aktionsraumforschung. Hannover: Akademie für Raumforschung und Landesplanung.

Friedrichs, J. (1977). Stadtanalyse. (3. Aufl.). Opladen: Westdeutscher Verlag 1984.

Golledge, R.G. (1978). Learning about urban environment. In T. Carlstein, D. Parkes & N. Thrift (Eds.), Timing space and spacing time, Vol. 1 (pp. 76-98). London: Edward Arnold.

Haack, A. (1981). Die Trennung von Arbeiten und Wohnen. Hamburg: Christians.

Hägerstrand, T. (1970). What about people in regional science? Regional Science Association Papers 24, 7-21.

Herlyn, U. (Hg.) (1980). Großstadtstrukturen und ungleiche Lebensbedingungen in der Bundesrepublik. Frankfurt: Campus.

Herz, R. (1979). Stadtplanung für den Alltag. In G. Lammers & R. Herz (Hg.), Aktivitätsmuster für die Stadtplanung (S. 9-35). Karlsruhe: Institut für Städtebau und Landesplanung.

Herz, R. (1982). The influence of environmental factors on daily behaviour. Environment and Planning A 1, 1175-1193.

Heuwinkel, D. (1981). Aktionsräumliche Analysen und Bewertung von Wohngebieten. Hamburg: Christians.

Klingbeil, D. (1978). Aktionsräume im Verdichtungsraum. Kallmünz/Regensburg: M. Laßleben.

Kutter, E. (1973). Aktionsbereiche des Stadtbewohners. Archiv für Kommunalwissenschaften 12, 69-85.

Leist, P.M. et al. (1982). Wohnumfeld und Wohnquartier aus der Sicht des Bewohners. Bonn-Bad Godesberg: Schriftenreihe des BM Bau.

Schmiedel, R. (1984). Bestimmung verhaltensähnlicher Personenkreise für die Verkehrsplanung. Karlsruhe: Institut für Städtebau und Landesplanung.

Schwesig, R. (1985). Die räumliche Struktur der Außerhaus-Aktivitäten von Bewohnern der Region Hamburg. Geographische Zeitschrift 73.

Zipf, G.K. (1949). Human behavior and the principle of least effort. Cambridge, MA: MIT Press.

Jürgen Friedrichs
Institut für Soziologie
Universität Hamburg

Öffentliche Plätze und Freiräume

1. Öffentliche Plätze: Definition und Anwendungen

Definition. Öffentliche Plätze in der Stadt sind kollektive Räume, die sich in Form, Stil und Größe unterscheiden. Sie sind im Prinzip für jedes Mitglied der Gesellschaft zugänglich und werden gleichzeitig durch die Vielzahl der Besucher und ihrer Handlungsweisen charakterisiert. Daher kann man in ihrer Erscheinungsform so unterschiedliche Räume wie Straßen, Plätze, Friedhöfe, Parks und öffentliche Anlagen, Passagen und Metrostationen, Bus-Haltestellen, Handelszentren, Markthallen, Bahnhöfe, Museen, Theater, Stadien, etc. betrachten.

2. Öffentliche Innenräume: Nutzungsbedingungen

2.1 Die Frage der Kontrolle

Das Vorhandensein oder Nichtvorhandensein von Grenzen führt zu einer Unterscheidung von öffentlichen Innen- und Außenräumen. Mauern, Dächer, Türen umgeben einen abgeschlossenen Ort, dessen Rhythmen und verschiedene Handlungsweisen nun von einer als Macht identifizierbaren Quelle diktiert werden. Es stellt sich die doppelte Frage nach der Zugangskontrolle und nach den Benutzungsregeln und -normen. Man kann diese doppelte Frage bei vielen Orten stellen, deren eigentlicher Besitzer die Allgemeinheit ist, wie z.B. Schulen, Universitäten, Theater und Museen. Aber sie stellt sich auch bei Orten, deren öffentliches Bild vielschichtiger ist, z.B. bei modernen Einkaufszentren, deren rechtmäßige Besitzer im allgemeinen private Handelsgesellschaften sind. Diese Räume, die scheinbar „öffentlich" sind, lassen die benachbarten Straßen veröden, dienen sie doch nur einem einzigen, dem kommerziellen Zweck (Beauregard 1986). Sie haben ihre Privatpolizei, die dort die Nutzung regelt. Gewisse unterhaltsame Veranstaltungen werden dort durch die Besitzer organisiert oder zumindest zugelassen (Brown et al. 1986, Kowinski 1985), während andere Aktivitäten, die man sonst mit öffentlichen Plätzen verbindet, wie spontane oder organisierte Versammlungen zu festlichen oder politischen Anlässen dort verboten sind. Mit anderen Worten, trotz des Erscheinungsbildes unbegrenzter Öffnung und Zugänglichkeit sind diese Räume physisch („objektiv") verschlossen und sozial selektiv.

2.2 Die Bedingungen sozialer Öffnung

Die Beschränkung der Nutzung wie der Nutzer der sogenannten öffentlichen, aber rechtlich privaten Räume kann ihren Ursprung in anderen Aspekten des sozialen Lebens haben. Der Zutritt zu einem Kino, einem Theater, einem Stadion schließt z.B. den Kauf einer Eintrittskarte ein, d.h. der potentielle Benutzer erfüllt eine ökonomische Bedingung. Ist dies geschehen, muß er aber auch die Benutzungsregeln des Ortes verinnerlicht haben, um dort toleriert zu werden.

Unter Benutzungsregeln verstehen wir die Verhaltensregeln, die es erlauben, die sozial anerkannten Verhaltensweisen, die für den jeweiligen Ort adäquat sind, zu erkennen: das Schweigen und die innere Sammlung in der Kirche, die geflüsterten Worte und das Verbot, Exponate zu berühren in den Museen, das Warten auf dem Bahnhof etc. Es handelt sich also um ein „Programm" im Sinne von Barkers „Behavior Settings" (1968, 1987). Obwohl diese Normen oder Programme leicht identifizierbar und vertraut sind, werden sie mehr oder weniger abhängig von den besonderen Umständen an dem sozialen Ort in einem bestimmten Augenblick angewandt, wie z.B. der Abwesenheit des Aufsichtspersonals. Die öffentlichen Innenräume sind → *Behavior Settings,* da sie sich in diesem Fall intern reorganisieren, um weiterhin ihr „Programm" erfüllen zu können.

Sollten die öffentlichen Innenräume wie stark reglementierte Räume wirken, in denen die Benutzer Handlungsregulationen folgen („action rules", Abelson 1981), um an den „scripts" teilzuhaben, so sind sie nicht wie die von Barker beschriebenen sozialen Räume „vorgegeben". Vielmehr unterscheiden sie sich stark in ihrer Möglichkeit zu einer wesentlichen Veränderung des Programms im Hinblick auf: (1) den sozialen Kontext, in den sie eingefügt werden, (2) die lokalen Parameter, (3) den Grad der Anpassung oder Ablehnung der Normen durch die Benutzer.

Die Art, wie das Programm aktiv von den Menschen angewandt wird, und die Kenntnis der Orte und ihrer möglichen Nutzung schaffen eine „innere Dynamik" im sozialen Raum (Wicker 1987). Sie ist bei allen Mikrohandlungen und -ereignissen vorhanden, die die Bedeutung eines Ortes stetig (und oft anonym) verändern, etwa durch → *Graffiti,* die Zerstörung oder Verschleppung öffentlichen Mobiliars oder die Benutzung von Orten, zu denen der Zutritt verboten ist.

Gleich ob es sich um einen (rechtlich gesehen privaten oder öffentlichen) Innenraum handelt, schafft das über seine Nutzung vorhandene Vorwissen eine Eingrenzung des „öffentlichen" Charakters. Das Speiserestaurant ist ein privater Ort, zugänglich für ein Publikum, das nicht nur die gegebenen ökonomischen Bedingungen erfüllt und über Tischsitten verfügt, die für diesen Ort als adäquat erachtet werden, sondern das auch zeigt, daß es sich, z.B. in der Wahl der Speisen und Weine, bestimmte Konventionen des Geschmacks und der Definition des „guten Essens" angeeignet hat. Und das durch diese Aneignung auch beweist, daß es als legitimer Benutzer des Ortes betrachtet werden kann, d.h. fähig ist, genügend Vergnügen daraus zu ziehen. Genauso werden Museen von Menschen besucht, die einen Eintrittspreis bezahlt haben und sich dort „wie in einem Museum" verhalten, sich aber auch ganz an die durch das Museum festgelegten ästhetischen Handlungen anpassen. Es handelt sich also um die Aneignung eines kulturellen Kapitals (Bourdieu 1979), das zwar außerhalb des Museums wie des Restaurants existiert, aber erst bei der Benutzung dieser Einrichtungen zum Tragen kommt.

Der Grad der sozialen Öffnung eines öffentlichen inneren Raumes hängt also vom Typ der Faktorenkonfiguration ab, die in irgendeiner Weise den endgültigen „Status" des Ortes definieren. Einige dieser Faktoren sind von Anfang an „gegeben": die Umweltfaktoren als Produkte eines sozialen Kontextes, die Zugänglichkeit eines Raumes als rechtlich privat oder öffentlich, die ökonomischen Vorgaben und der Grad der Anpassung der Benutzer wie der Eigentümer des Ortes an sein Programm. Die anderen Faktoren beziehen sich auf die persönliche Lebensgeschichte des Benutzers als einem motivierten Individuum, das sich in die Orte einbringt, sowohl mit seinem einschlägigen Wissen wie mit dem Wunsch, sich die Bedeutung des Ortes anzueignen (Graumann 1978). Die Konfiguration derartiger Faktoren beantwortet die Frage: Wer ist der Herr des Ortes und wie wird folglich das Verhalten der Benutzer sein? (→ *Aneignung*)

3. Öffentliche Freiplätze

3.1 Physische Öffnung und soziale Öffnung

Die öffentlichen Außenräume werden als physisch und sozial offen wahrgenommen, besonders wenn sie als kollektive Territorien erscheinen. Die Plätze und Straßen, Parks und Boulevards sind rechtlich öffentlich, und einige von ihnen sind gerade deswegen bekannt, weil sie von jung und alt frequentiert werden und alle sozialen Kategorien verschmelzen: Einige römische Plätze, der Central Park in New York, der Place Beaubourg in Paris etc. Der Öffnungsgrad eines Platzes wird gefördert durch günstige Umweltbedingungen: Weder Tore noch Schlüsselverwalter, viele kostenlose Stühle, eine uneingeschränkte Nutzung der Rasenflächen und Bänke im Central Park. Für keinen dieser Plätze muß man ein Eintrittsgeld entrichten oder den Beweis erbringen, daß man über ein kulturelles Wissen verfügt. Aber hier wie dort muß jeder nach den jeweiligen Benutzungsregeln des Ortes handeln.

3.2 Ist ein rechtlich öffentlicher Platz auch wirklich öffentlich?

Bei der Mehrzahl der öffentlichen freien Plätze beinhaltet die „objektive" Öffnung des Ortes noch nicht seine soziale Öffnung, d.h. man kann oft einen Bruch zwischen der rechtlichen und der tatsächlichen Situation beobachten. Das ist z.B. bei den Straßen der Fall, wo Luxus demonstrativ konsumiert wird, wie im Quartier de la Madeleine und am Place Vendôme in Paris, einigen Teilen der 5th Avenue in New York oder einem Teil des Covent Garden in London, die eine reiche Klientel anziehen. Das kann man auch in einigen bevorzugten Gegenden beobachten, sei es in Baltimore (Taylor & Brower 1985) oder auf den griechischen Inseln (Thakurdesai 1972), wo sich die Benutzung der Straßen oder Plätze oft als Aneignung der Außenterritorien versteht, die als Verlängerung des Hauses stark individualisiert werden.

Dieser Übergriff auf öffentlichen Raum ist ebenso geeignet, den Fremden im Quartier zu entmutigen, wie die Auslage von Luxusgütern am Place Vendôme geeignet ist, eine große Anzahl potentieller Nutzer zu entmutigen. In beiden Fällen werden die zeitweiligen Besucher, Touristen, Spaziergänger oder Vagabunden zweifellos geduldet werden. Ihre tatsächliche Abwesenheit zeigt gleichwohl, daß es nicht immer nötig ist, explizit Ausschlüsse institutioneller oder rechtlicher Art zu formulieren, um den Zugang zu öffentlichen Freiräumen zu begrenzen.

4. Die öffentlichen Plätze als Orte im Werden

Solche Ausschlüsse sind jedoch weder spontan, unerwartet noch eigentlich definitiv. Sie haben zum Teil ihren Ursprung in den Vorstellungen vom öffentlichen Zusammenleben, die der Geschichte der Entstehung öffentlicher Plätze und ihrer Aktivitäten im allgemeinen wie der bestimmter Plätze im besonderen zugrunde liegen. Im Widerspruch zu Barkers (1987) Ansatz sind wir der Ansicht, daß jeder öffentliche soziale Raum eine „soziale Konstruktion" (Wicker 1987) ist, das Produkt einer Intention und einer Vorstellung ihres Ortes in einem gegebenen Kontext. Um die Dimensionen und die soziale Tragweite zu verstehen, muß man sich in eine doppelte zeitliche Perspektive hineinversetzen, die die städtischen öffentlichen Plätze als Orte enthüllt, die ständig im Werden sind.

4.1 Das öffentliche Leben und die Bestimmung des Ortes

In der Tat sind in der Geschichte der Städte die öffentlichen Plätze aus der politischen Vorstellung davon entstanden, wie die Stadt und wie die Beziehungen zwischen den dort lebenden Gruppen sein sollten. Eine Stadt zu bauen, also ihre Straßen, Plätze und Gärten anzulegen, ist eine Konstruktionsleistung der Gesellschaft selbst, eine Art territorialer Festlegung der menschlichen Gruppen und ihrer Aktivitäten.

Diese territoriale Festlegung findet ihre Rechtfertigung in dem Versuch, den Raum an die existierenden Formen des gesellschaftlichen Lebens anzupassen oder sie durch ihn anzuregen.

Dieser politische Wille wird durch zahlreiche Beispiele illustriert: die Places Royales des 17. und 18. Jahrhunderts in Frankreich oder die Places du Peuple, de la République oder de la Liberté des 19. Jahrhunderts, die Volksparks und Volksgärten im 19. und 20. Jahrhundert (vgl. Cranz 1982; Ragon 1971) in Europa, deren Rolle zunächst sinnbildlich ist.

4.2 Die Rolle des Ortes

Um die Rolle eines Ortes eindeutig zu definieren, muß idealerweise eine Übereinstimmung bestehen zwischen (1) einer bestimmten Vorstellung von der möglichen Benutzergruppe, wie sie die „Gründer", eine Art zivile oder ökonomische Autorität, haben, (2) einer Definition des Programmes oder der sozialen Routinen, die diese Benutzergruppe an diesem Ort verfolgen kann oder möchte, und (3) der schließlich gegebenen Umweltcharakteristika. Die Anlage eines öffentlichen Platzes ist im Grunde die Manifestation der Absicht, eine neue Form des öffentlichen Zusammenlebens zu ermöglichen, wie es beim Bois de Boulogne der Fall war, der für die soziale Parade und die Promenade einer „Klientel" entworfen wurde, die über die Zeit und die materiellen Mittel verfügt, um davon adäquaten Gebrauch zu machen. Aber ein öffentlicher Platz kann auch so verstanden werden, daß man eine vollständig neue Form des Zusammenlebens kreiert, wie es viele städtebaulichen Unternehmen in der letzten Zeit gezeigt haben, z. B. in den neuen Städten rund um Paris oder in den Fußgängerzonen der Altstadtviertel europäischer oder amerikanischer Städte, die vor allem eine Spiel- und Konsumnutzung nach sich ziehen (Korosec-Serfaty 1987).

Dennoch ist die Rolle des Ortes ein temporäres „Produkt", das weder auf seine Vergangenheit noch auf seine Zukunft schließen läßt. „Gegeben" ist sie nur kurzzeitig, für den gegenwärtigen Gebrauch. Wählt man einen dynamischen Ansatz, zeigt sich, wie zerbrechlich die Vorstellung von der Gebrauchsnorm eines Ortes ist. An die Rolle des Ortes paßt sich nämlich der Benutzer an, durch tägliche Handlungen oder Routinen. Aber eben diese Handlungen verändern nach und nach die Bedeutung des Ortes. Veränderungen rühren z.B. auch von sozialen Konflikten her, die sich in territoriale Termini (Stokols & Shumaker, 1981) übertragen lassen, wie die Einrichtung von Fußgängerzonen oder die Anwendung des Denkmalschutzes, aber auch als Folge besonderer Ereignisse: Revolten, kollektive Feiern etc. Auch hier sind die Motivationen und Handlungen der Benutzer ebenso wie ihre Vorstellungen wesentliche dynamische Variablen der öffentlichen Freiräume. Die Rolle eines Ortes wird zeitweilig auch von den Beziehungen geprägt, die eine Gesellschaft mit ganz bestimmten Aspekten ihres Leben und ihrer Entwicklung hat. So wissen wir z.B. vom Friedhof, daß er im Mittelalter ein Raum für öffentliche Versammlungen und manchmal auch für Feste und Spiele war (Ragon 1981; Lequay 1984), dann, in einigen Fällen, im 19. Jahrhundert in einen öffentlichen Park umgewandelt wurde, doch heute nur mit Trauer assoziiert wird und jedes „aktive" Verhalten, das nicht mit dem „schuldigen Respekt für die Toten" einhergeht, als eine Entweihung erscheint. Die Art, wie sich die Rolle dieser Orte entwickelt hat, läßt die Repräsentation des Todes und die Beziehung zu ihm in der sich verändernden abendländischen Gesellschaft erkennen.

Die Kongruenz zwischen diesen drei Elementen: physischer Charakter des Ortes, soziale Nutzer und Nutzungen wird folglich niemals erlangt werden, da jede Modifikation eines dieser Elemente den Charakter des Ortes in seiner Gesamtheit beeinflußt und zu seiner Entwicklung beiträgt.

5. Öffentliche Plätze in der Stadt

5.1 Definition und historische Funktionen

Öffentliche städtische Plätze sind im Freien gelegene kollektive Territorien, deren Grenzen klar definiert werden (z.B. durch Bauten, Gärten, Straßen) und die gut zu erreichen sind (z.B. durch viele Straßen, Gassen, Treppen oder Parks). In diesem Sinne handelt es sich um Orte, die geschlossen und offen zugleich sind, die zum Verweilen ebenso wie zum Durchqueren einladen. Aufgrund ihres Charakters eines physisch und sozial offenen Raumes werden ihre Rolle und ihre Handlungen durch den urbanen Kontext, in den sie eingefügt sind, beeinflußt. Auf der anderen Seite spielen viele von ihnen, bedingt durch ihre Lage, Architektur und symbolischen Funktionen, eine das Stadtgefüge in seiner Gesamtheit strukturierende Rolle.

Ein kurzer Überblick über ihre historischen Funktionen zeigt, daß die öffentlichen Plätze aus verschiedenen Gründen geschaffen wurden: zur Belüftung der Stadt, aus hygienischen Gründen, zur Schaffung eines Rhythmus in der Gesamtanlage, zum Aufstellen von architektonischen Machtsymbolen, zum Gedenken an ein historisches Ereignis, als Platzzuweisungen für bestimmte Handlungen des Alltagslebens (Marktplatz), zur Identitätsstärkung eines gemeinschaftlichen Territoriums (Lavedan 1960, Mumford 1963, Gutkind 1969, Rasmussen 1974, Norberg-Schulz 1980, Sitte 1889/1965).

Selbst wenn es sich um einfache Orte im Herzen der Wohnviertel oder in der Altstadt handelt, erfüllen Plätze eine zentrale Funktion (weniger im topographischen als im sozialen Sinne des Wortes), und werden durch diese in ihrer territorealen Identität definiert: d.h. in einer ihnen eigenen architektorischen Identität, die verschiedene Aktivitäten, wie religiöse oder politische Veranstaltungen, Freizeitgestaltungen, aber auch das bloße Überqueren, das Abhalten des Marktes und das Spielen ermöglicht.

Da es sich um öffentliche Freiplätze handelt, treffen die Nutzungsbedingungen, die wir für die öffentlichen Freiräume im allgemeinen definiert haben, in ihrem Fall zu.

5.2 Öffentliche Plätze und Vorstellungen des öffentlichen Zusammenlebens

Eine Gesellschaft, wie die des Mittelalters, die die räumliche Nähe von Bürgern toleriert, die sich in Stellung und Beschäftigung stark unterscheiden, richtet Plätze im Mittelpunkt eines Netzes ein, wo ohnehin viele andere, oft sehr nah gelegene vorhanden sind. Die mittelalterlichen Plätze sind leicht zugänglich und befinden sich zugleich abseits der großen Verkehrsströme, da die grundlegende Intention darin besteht, eine Menge von Aktivitäten zur gleichen Zeit stattfinden zu lassen, vor allem die Teilnahme am Gemeinschaftsleben zu ermöglichen. Da die öffentlichen Plätze Arbeitsplätze, also Plätze des Überlebens für das Volk sind, stehen sie im Mittelpunkt heftiger und häufiger Konflikte zwischen den verschiedenen Machtblöcken, die versuchen, sie als didaktische Instrumente zu einem politischen oder religiösen Zweck oder zum wirtschaftlichen Einsatz zu benutzen. Die öffentlichen Plätze bilden besonders wichtige Einsätze, speziell aus dem Grund, weil sie jederzeit wieder von dieser Volksmasse im Zuge von Revolten oder Feiern angepaßt werden können, einer Volksmasse, die die Legitimität der Macht negiert, die versucht, die Benutzung zu reglementieren.

Die *Renaissance*, die zwar die öffentlichen Plätze als lebenswichtige und alltägliche Aktivitätsräume anerkennt, fügt die Idee hinzu, daß man sie auch für das Vergnügen des Spaziergehens, der Betrachtung der Schönheit des Ortes und für das Spektakulum einrichten müsse. Das öffentliche Leben, das in den Freiräumen stattfindet, erlangt eine neue Dimension als Moment der Assoziation mit den anderen und als Moment der ästhetischen Würdigung eines Ortes. So entsteht die Prunk- und Prachtfunktion von Plätzen und ihre Rolle zugunsten der jeweiligen Herrschaft, die ohne Zweifel bei den Places Royales der Aufklärungszeit deutlich wird.

Der Platz, der ein zeremonieller Raum geworden ist, ist nun gekennzeichnet durch die explizite Teilung hinsichtlich verschiedener Benutzer, die der fliegenden Händler oder der Vagabunden

(Farge 1982). Dieser Konzeption folgte die des 19. Jahrhunderts, die durch einen bemerkenswerten Rückgang der bürgerlichen Toleranz gegenüber der Straße und den Plätzen charakterisiert ist. Das bourgeoise Einfühlungsvermögen, das die großen städtischen Arbeiten einschließlich der öffentlichen Plätze leitet, lehnt die traditionelle räumliche Nähe zwischen Ranggruppen, Altersgruppen oder solchen mit unterschiedlichen Berufen ab, genauso wie es die Vielseitigkeit der Tätigkeiten ablehnt, die an ein und demselben Ort stattfinden. Der Wille zur Ordnung, zur Trennung von Menschen und von Funktionen der Orte führt zu einer Vorstellung über das öffentliche Leben, die zur Folge hat, daß monumentale Plätze in ein reguläres Straßennetz eingeordnet werden und die Straßen und Plätze ihrer traditionellen Funktionen enthoben werden. In diesem Kontext erfüllen die öffentlichen Plätze eine dreifache instrumentelle Rolle: (1) zum einen erleichtern sie den Verkehr, (2) zum anderen erlauben sie eine schnelle Beherrschung von Massenunruhen durch Polizei oder Militär, und schließlich geben sie (3) den Rahmen für zivile Zeremonien zu didaktischen Zwecken ab.

In der ersten Hälfte des *20. Jahrhunderts* haben sich die Stadtplaner vom Platz abgewandt. Die Ausnahmen zu dieser Situation lieferten einige Gartenstädte, die zwischen 1920 und 1950 angelegt wurden. Die Plätze verlieren ihre Konnotationen, die mit der örtlichen Kultur verbunden waren, zur gleichen Zeit wie die Modelle des bürgerlichen Lebens das private Gesellschaftsleben auf Kosten des öffentlichen überbewerten (Korosec-Serfaty 1985). Ist einmal das *Haus* zum Mittelpunkt des Strebens der Städter geworden, dann bekommen die Plätze wie die Straßen die Funktion eines Verkehrsraumes, der manchmal noch eine rein visuelle Befriedigung bietet. Doch in wenigen Jahrzehnten haben die Plätze jeden Gefühlswert verloren; obwohl eifrige Kritiker der modernen Städteplanung auf eine Neubewertung der Plätze als Orte des Gemeinschaftslebens drängen.

6. Die öffentlichen Plätze heute: Praktiken und Vorstellungen

Unsere Arbeiten zum Thema „öffentliche Plätze" (Korosec-Serfaty 1976, 1978, 1981, 1982, 1983, 1984, 1986, 1987) wurden vor allem im Elsaß und in Schweden durchgeführt. Sie erstrecken sich auf die Beobachtung und Analyse ihrer täglichen und jahreszeitlichen Rhythmen, ihrer gewöhnlichen und außergewöhnlichen Nutzungen, ihre Symbolik und ihre Rolle im Herzen der Stadt, die uns dazu veranlaßten, eine Taxonomie vorzulegen. Wir haben im Laufe der Jahre auch die Etappen beobachtet, die zu einer Museifizierung vieler Plätze geführt haben, und versucht, deren Folgen herauszuarbeiten. Schließlich wurden zwei Studien über die Vorstellung der öffentlichen Plätze als physische und soziale Räume durchgeführt. Hieraus und aus ähnlichen Untersuchungen im folgenden einige wichtige Befunde.

6.1 Dimensionen eines Image

Die öffentlichen Plätze befinden sich heute in einem Netz öffentlicher Räume, die sehr differenziert sind: Gewisse Plätze wie Straßen werden hauptsächlich als Durchfahrten für den Schnellverkehr verstanden, andere sind wichtig als Parkplätze, oder sie bekommen den Status eines Aufenthaltsortes. Da sie sehr verschieden sind, spielen manche eine doppelte, oft dreifache Rolle abhängig von der Tageszeit, der Woche oder der Jahreszeit. So kann z.B. ein „Parkplatz" nachts ein Ort spielerischer Sozialität sein. Genauso kann ein Platz vom Typus „gute Stube" während eines Festivals oder in den Ferien zu einem Theaterplatz werden. Ein „Hof", der ruhig ist und die Rolle eines halbprivaten Raumes in einem Wohnquartier spielt, kann bei einem Nationalfeiertag zu einem zeremoniellen Ort werden etc. Diese Rhythmen implizieren die Existenz einer Handlungsdynamik und folglich von Konflikten und Konkurrenz unter den Benutzern. Welche Gruppe „beherrscht" den Ort, wann und für welchen Handlungstyp? Jeder Platz hat seine Dynamik und somit seine Identität als sozialer Ort.

In den Augen der Bürger müssen trotzdem alle einen Bruch im städtischen Raum darstellen, sowohl physisch-anschaulich als auch handlungsbezogen. Der vorherrschende Eindruck ist der eines Platzes unter freiem Himmel, umgeben von Bauwerken mittlerer Höhe, mit Bäumen bepflanzt, von mehreren Straßen aus zugänglich, gesäumt von Cafés, kleinen Boutiquen und kleinen Läden. Er ist bewohnt, wenige Autos fahren dort, Publizität fehlt. Anklänge an die (oft konflikthafte) ökonomische und soziale Realität der großen Städte sind symbolisch ausgeschlossen. Die kleinen Boutiquen wie die Cafés werden nur als Ermöglichung einer öffentlichen Sozialität verstanden. Ihre tatsächliche Integration in das existierende ökonomische System wird negiert.

Die Beschreibungen des Platzes als eines widersprüchlichen Ortes im städtischen Raum sind verbunden mit der Bewertung seiner Rolle als Zufluchtsort, als Ort der Entspannung, als Treffpunkt. Er zeigt dabei das Bild sich reibungslos aneinander vorbeibewegender Menschen, die es einfach genießen, sich zu versammeln, wobei der Blick ein wichtige Rolle spielt. Whyte (1980) hat in Amerika wie Gehl (1980) in Dänemark und Lerup (1978) in Schweden gezeigt, inwieweit die Benutzer öffentlicher Plätze durch die Anwesenheit anderer angezogen werden und dabei die Wichtigkeit des Aussehens des Platzes betont. Wir möchten noch die des verbalen Austausches unterstreichen, der faktisch kurz ist, oft informell und spielerisch, während er durch die Benutzer als Gelegenheiten einer sozialen „Gemeinsamkeit" beschrieben wird. In diesem Sinne ist der Platz eine Szene, in der die Distanz zwischen den Handelnden mit Hilfe von Blicken und Worten gekennzeichnet ist, die eine höfliche Verfügbarkeit gegenüber dem anderen zeigen, in den von der Anonymität jeder Person gekennzeichneten Grenzen.

Dieses Bild zeigt den öffentlichen Platz des Stadtquartiers, wenig monumental, praktikabel und nicht die sinnträchtigen Plätze wie Marktplatz, Kirchplatz oder Rathausplatz. Seine Ruhe ist indessen eine belebte Ruhe, durch die Gegenwart der Menge und die spielerischen Ereignisse: Konzerte, Märkte, Theater, Handel mit Kunstgewerbe, Cafégeselligkeit. Die Plätze werden also als soziale Orte, die gleichzeitig festlich und politisch sind, idealisiert.

6.2 Sozialität als Nebeneinander und als Illusion

Das Gefühl, daß jede Stadt Orte haben müßte, die ein nicht-feindliches und egalitäres Nebeneinander erlauben, führt letztlich zu einer Ablehnung jeglichen Risikos, einschließlich dessen, das im Keim eines festlichen Gebrauchs des Platzes enthalten sein könnte. Gemäß dieser Annahme bildet der Platz einen auf symbolischem Niveau stattfindenden Bruch. Er bildet ein Territorium mit der vorübergehenden Erfahrung der Illusion sozialer Gleichheit. Im Kampf zwischen dem Mythos der Befreiungsfeier und dem der positiven Geselligkeit ist es der letztere, der die Oberhand gewinnt, zweifellos weil die Geselligkeit ihrer Natur nach so die Situationen des Lebens ohne die Dramen des Lebens zu leben erlaubt (Simmel 1917). Die Geselligkeit, die auf den Plätzen gelebt wird, wird also im Sinne einer „Zeit in Klammern" gelebt.

Die Arbeiten, die eine Sicht der Stadt als „zivilen" Ort verteidigen (Gehl 1980, Appleyard 1981, Garbrecht 1981, Whyte 1980) übernehmen implizit dieses Modell der Geselligkeit als legitimes Benutzungsmodell der öffentlichen Außenorte. Es impliziert zugleich eine Welt sozialer Interaktionen, die charakteristisch für einen Mittelstand sind, der sich bei der Gelegenheit des friedlichen Nebeneinanders an einem öffentlichen Ort die Illusion sozialer Toleranz leistet. Diese Illusion ähnelt jener der Geselligkeit von Plätzen in traditionellen kulturellen Kontexten, deren Untersuchung (z.B. Thakurdesai 1972) zeigt, daß die Benutzer, die augenscheinlich ruhig an den Tischen der Cafés sitzen, tatsächlich eine starke Kontrolle ausüben, die sich auf das Kommen und Gehen der Bewohner des Viertels erstreckt. Nicht zu verkennen ist schließlich, daß viele ungesetzliche Handlungen, viele Konflikte und Ausdrucksformen sozialer Marginalität auf öffentlichen Plätzen stattfinden. Assoziiert man z.B. nicht die Bahnhofsplätze vieler großer Städte mit Prostitution und Drogenhandel?

6.3 Die Permanenz der Einsätze der öffentlichen Sozialität

Man muß also die Bedeutung der Spannung im Gedächtnis bewahren, die man einerseits zwischen der scheinbaren und der wirklichen Bedeutung von Handlungen beobachten kann und die andererseits zwischen den beobachtbaren Nutzungen und den idealisierten Vorstellung der Nutzung existiert. Da diese Spannungen vorhanden sind, bleiben die öffentlichen Plätze das, was sie immer waren: Einsätze im Spiel beziehungsweise im Kampf um die Beherrschung des öffentlichen Raumes als eines Raumes der Verwurzelung und des Ausdrucks einer Macht. Jeder öffentliche Raum und besonders die Plätze können einen neuen Sinn bekommen aufgrund der dort stattfindenden Handlungen der Benutzer. Es gibt keinen sogenannten „fertigen" Platz, vielmehr befinden sich Plätze immer „im Werden". Die soziale Symbolik der am meisten museifizierten Plätze (Korosec-Serfaty 1987) kann sich von heute auf morgen aufgrund des öffentlichen Willens verändern, da dieser ihnen einen neuen Sinn verleiht. Daher kann man als Schlußfolgerung die These aufstellen, daß trotz der Verschiedenheit der Formen der öffentlichen Sozialität, die man im Laufe der Geschichte der westlichen Städte bis zu den heutigen Formen beobachten kann, die sozialen Einsätze, die die öffentlichen Plätze repräsentieren, die gleichen geblieben sind.

Literatur

Abelson, R.P. (1981). Psychological status of the script concept. American Psychologist 36, 715 to 729.

Appleyard, D. (1981). Livable stress. Berkeley: University of California Press.

Barker, R.G. (1968). Ecological psychology: Concepts and methods for studying the environment of human behavior. Stanford, CA: Stanford University Press.

Barker, R.G. (1987). Prospecting in environmental psychology: Oskaloosa revisited. In D. Stokols & I. Altman (Eds.), Handbook of environmental psychology (pp. 1413-1432). New York: Wiley.

Beauregard, R.A. (1986). Urban form and the redevelopment of central business districts. Journal of Architectural and Planning Research 3(3), 183-198.

Bourdieu, P. (1979). La distinction. Critique sociale du jugement: Paris: Edition de Minuit.

Brown, D., Sijpkes, P. & MacLean, M. (1986). The community role of public interior space. Journal of Architectural and Planning Research 3(2), 161-172.

Cranz, G. (1982). The politics of park design. Cambridge, MA: The MIT Press.

Farge, A. (1982). Vivre dans la rue à Paris, au XVIIIe siècle. Paris: Gallimard/Julliard.

Garbrecht, D. (1981). Gehen. Ein Plädoyer für das Leben in der Stadt. Weinheim: Beltz.

Gehl, J. (1980). Livet mellem Husene. Copenhagen: Arkitektens Forlag.

Graumann, C.F. (1978). The concept of appropriation (Aneignung) and the modes of appropriation of space. In P. Korosec-Serfaty (Ed.), Appropriation of space (pp. 113-122). Strasbourg: Université Louis Pasteur.

Gutkind, E.A. (1969). International history of urban development. New York: The Free Press.

Korosec-Serfaty, P. (1974). Psychosociologie des places publiques. Neuf, vol. 51, 1-18.

Korosec-Serfaty, P. et al. (1976). Experienced, dreamt, and impossible appropriation: the case of public squares. Aris: University of Lund press.

Korosec-Serfaty, P. et al. (1978). Protection of urban sites and appropriation of public squares. In P. Korosec-Serfaty (Ed.), The appropriation of space (pp. 46-61). Strasbourg: Université Louis Pasteur.

Korosec-Serfaty, P. (1981). Images des places (I): Etudes' des représentations des formes, fonctions, pratiques et modes de la sociabilité des places publiques. Paris: Ministère de l'Environnement.

Korosec-Serfaty, P. (1982). The main square. Aris: The University of Lund Nova Series 1.

Korosec-Serfaty, P. (1984). Plätze. Benutzung und Bedeutung. Aktuelles Bauen 6, 38-46.

Korosec-Serfaty, P. (1985). Du dehors vers le dedans: une approche dialectique de l'expérience et des pratiques des espaces publics urbains et de la maison. Thèse de Doctorat d'Etat: Université René Descartes, Paris V Sorbonne.

Korosec-Serfaty, P. (1987). The impact of museumization on urban open spaces: French and Swedish examples. In D. Canter, D. Stea, & M. Krampen (Eds.), Ethnoscapes: Transcultural studies in action and place. London: Gower Press.

Korosec-Serfaty, P. & Schall, D. (1983). Images des places (II): Contribution de la presse régionale à la formation des représentations des places publiques. Strasbourg: Maison des Sciences de l'Homme.

Kowinski, W.S. (1985). The malling of America: An inside look at the great consumer paradise. New York: William Morrow.

Lavedan, P. (1960). Les villes françaises. Paris: Metiers Graphiques.

Lefebvre, H. (1972). Le droit à la ville. Paris: Anthropos.

Lequay, J.P. (1984). La rue au Moyen Age. Rennes: Ouest-France Université.

Lerup, L. (1978). Environmental and behavior congruence as a measure of goodness in public space: The case of Stockholm. Ekistics, 34, vol. no. 204.

Mumford, L. (1963). Die Stadt: Geschichte und Ausblick. Köln: Kiepenheuer & Witsch.

Norberg-Schulz, C. (1980). Genius loci. Towards a phenomenology of architecture. London: Academic Editions.

540

Ragon, M. (1971). Histoire mondiale de l'architecture et de l'urbanisme moderne. Paris: Casterman.

Rasmussen, S.E. (1974). London: The unique city. Cambridge, MA: The MIT Press.

Simmel, G. (1917). Grundfragen der Soziologie. Individuum und Gesellschaft. Berlin: Göschen.

Sitte, C. (1889). Der Städtebau nach seinen künstlerischen Grundsätzen. Wien (Neuausgabe 1965).

Stokols, D. & Shumaker, S.A. (1981). People in places: A transactional view of settings. In J.H. (Ed.), Cognition, social behavior, and the environment (pp. 441-488). Hillsdale, NJ: Erlbaum.

Taylor, R.B. & Brower, S. (1985). Home and near-home territories. In I. Altman & C. Werner (Eds.), Human behavior and environment. Advances in theory and research, Vol. 8 (pp. 183 to 212): Home environments. New York: Plenum.

Thakurdesai, S.G. (1972). Sense of place in Greek anonymous architecture. Ekistics, 34, no. 204.

Whyte, H. (1980). The social life of small urban spaces. Washington, D.C.: The Conservation Foundation.

Wicker Allan, W. (1987). Behavior settings reconsidered: Temporal stages, ressources, internal dynamics, context. In D. Stokols & I. Altman (Eds.), Handbook of environmental psychology (pp. 613-653). New York: Wiley.

Perla Korosec-Serfaty
École d'architecture du paysage
Université de Montréal/Canada

Graffiti

Einleitung

Die Beschäftigung mit den „Graffiti" ist beispielhaft für das Bemühen einer ökologisch orientierten Psychologie (bzw. Sozialwissenschaft), sich neuen Aspekten der Umwelt und der Beziehung des Menschen zur Umwelt zuzuwenden.

Graffiti (Sg. graffito; vom ital. Verb „graffiare" für [in die Wand] kratzen) umfaßt zwei Hauptformen: Einmal die an die Wand geschriebenen *Sprüche*, Slogans, Parolen, Statements, Aufrufe, die in den späten 60er und in den 70er Jahren von den Hippie-, Protest-, Studenten- und Antikriegs-Bewegungen erst in den USA, später in vielen westlichen Ländern, als originäres und originelles Ausdrucksmittel entdeckt wurden und aus denen sich (v.a. in den USA) eine reiche Palette von verschiedenen literarischen Typen (einschließlich Rätseln, Limericks, Kurzgedichten, Witzen, Dialogen usf.) entwickelt hat, die z.T. sehr kreativen und originellen, manchmal bis an die Grenze des Abstrusen und Nonsense gehenden Charakter erreicht hat (Beispiel: „God isn't dead, he's living in Argentina under an assumed name"; „Unterstützt die Volksfront zur Wiedervereinigung der Spalt-Tablette"). Wie viele Formen der Subkultur ist auch Graffiti kommerzialisiert worden, in Form von Buttons, Stickers und Taschenbüchern.

Zum anderen versteht man darunter die aus diesen Wandparolen hervorgegangene Form der bildlichen → *Aneignung* öffentlicher „Wände", also die genuine Stil- und Kunstrichtung des An-die-Wand-Malens, für die die New Yorker U-Bahn-Graffiti-Malerei, die *subway-art* (s. dazu Cooper & Chalfant 1984) das bekannteste Beispiel ist. Im deutschen Kulturbereich erlangte das Phänomen des „heimlichen" Spray-Künstlertums mit dem „Sprayer von Zürich" erste öffentliche Bedeutung (→ *Umweltästhetik*).

Das Phänomen als solches ist nicht nur in der Neuzeit zu finden. Wie gut dokumentiert wurde, gab es bereits im Altertum einige Hochkulturen, die sich durch eine ausgesprochene Graffiti-„Freudigkeit" auszeichneten: etwa Pompeji, Rom, Athen; Städte in Ägypten; später im Mittelalter der Tower von London (Reisner 1971, Tanzer 1939).

Die wissenschaftliche Untersuchung der „modernen" Graffiti steht noch am Anfang; bisher dominierten historische oder archäologische, literaturwissenschaftliche oder kunsthistorische Betrachtungsweisen. Etwa seit Mitte der 70er Jahre wandten sich auch Sozialwissenschaftler (neben Psychoanalytikern und Psychiatern) diesem Phänomen zu. Das geschah nicht zuletzt unter dem Eindruck eines veränderten, offener gewordenen Kommunikationsbegriffs, der nun auch spontanen, ungewohnten und ungewöhnlichen Formen ihre Existenzberechtigung zubilligt. Zusätzlich beeindruckte die Tatsache, daß es in einer immer stärker durch elektronische Massenmedien geprägten Umwelt (→ *Medienumwelt*) nur wenige solcher, im Prinzip jedermann zugänglichen Formen sozialer Kommentierung gesellschaftlicher Entwicklungen gibt (wenn man einmal von den Wandzeitungen der chinesischen Kulturrevolution absieht), die so direkt und unmittelbar funktionieren wie Graffiti.

1. Charakteristika von Graffiti

Für eine Umweltpsychologie ist sicherlich der wichtigste Wesenszug des Mediums Graffiti: *Die Aneignung von Öffentlichkeit.* Die gebaute, als fremdbestimmt erlebte, emotional abgelehnte Umwelt, mit der man sich nicht arrangieren will, besonders dann nicht, wenn sie aus dem künstlichen (als unnatürlich erlebten) Stoff Beton besteht, wird *umfunktioniert*, erhält eine neue Funktionszuschreibung. Sie ist nunmehr potentielles Mittel, die eigenen Gedanken weiterzugeben. Sie wird zum Medium, das man sich verfügbar machen kann, das man sich nur aneignen, er-greifen muß, wenn man sich ausdrücken will. Ohne Rücksicht auf das Eigentumstabu (das von den Graffiti-Kommunikatoren alleine deswegen übertreten wird, weil es für die abgelehnte, bekämpfte Kultur des Establishments konstitutiv ist) wird jede Umwelt in dem Maße in Besitz genommen, als sie einen Hintergrund für eine Botschaft abgibt (→ *Vandalismus*)

Graffiti ist aber noch mehr; nämlich Teil einer symbolischen Besetzung der Umwelt; Versuch, sich *Lebensraum anzueignen*; also, die Umwelt, und besonders die Straße zu okkupieren, – sowohl für die von gesellschaftlicher Macht ausgeschlossenen Schichten als auch ganz besonders für die jugendliche Alterskultur typischer und notwendiger Versuch, Identität zu gewinnen oder zu behaupten (s. dazu auch Bruder-Bezzel & Bruder 1984) (→ *Jugendliche und Umwelt*).

Darüber hinaus sind besonders die folgenden Charakteristika von Graffiti wichtig: (a) Wir haben es mit einem *neuen* bzw. – angesichts der oben erwähnten historischen Vorläufer – neu-entdeckten *Massen*medium zu tun, das ungleich den sonstigen, heute verbreiteten Medien absolut geringe „technologische" bzw. ökonomische Anforderungen an seine Realisierung stellt: eine einfache, billige Spraydose reicht aus, um zum Künstler zu werden; um seine Botschaft zu verkünden; um seine Kommentare abzugeben.

(b) Es ist ein Medium *spontaner* Äußerung; die langen Entwicklungs- und Produktionszeiten (Satz, Fahnenlesen, Korrektur, Druck z.B. bei Presseerzeugnissen; Drehbuch, Entwicklung von Filmen, usf.), brauchen nicht in Kauf genommen zu werden; das Ergebnis der kommunikativen Bemühungen ist sofort ersichtlich. Der spontane Charakter ermöglicht es im übrigen auch, *aktuelle* Feedbacks auf gesellschaftliche Verhältnisse/Entwicklungen abzugeben, die in der Sicht des kommunzierenden Individuums einen Kommentar erfordern.

(c) Es ist ein *subjektives* Medium; ungebunden von der Zugehörigkeit zu Gruppen und Schichten, bietet es dem einzelnen Individuum eine Ausdrucksform (oder Ausdrucksmöglichkeit); bietet es ihm die Chance, *seine* „Spuren zu hinterlassen". Dies kann und wird in der Regel *anonym* geschehen (nicht zuletzt auch, weil es sich um Tabu-Inhalte handelt, die behandelt werden; also politische oder sexuelle Themen; s.u.). Dies kann aber auch in Form ausdrücklicher *Signierung* geschehen (wie bei einigen Subway-Künstlern, die mittlerweile so bekannt sind, daß sie vom offiziellen Kunstmarkt beachtet und sogar aufgesogen werden, so daß ihr tendenziell „alternativer" Charakter also verlorengeht).

(d) Unter entwicklungs- und sozialisationspsychologischen Gesichtspunkten ist schließlich auf die Graffiti als *genuin Jugend-eigenes* Medium hinzuweisen: Sie sind Teil einer diffusen, aber intensiven Tendenz der Jugendlichen, sich von der herrschenden *Kultur* der Erwachsenen abzusetzen und *abzugrenzen* (wofür es auch Beispiele in anderen Bereichen der Kultur gibt, wie z.B. die Punk-Musik).

(e) Graffiti hat einen *dialogischen* und genuin kommunikativen Charakter, der allerdings dann unterschlagen wird, wenn nur von „Sprüchen" oder „Parolen" die Rede ist (vgl. Müller-Thurau 1983); abgesehen davon, daß sich auch in diesen „Sprüchen" der *Wunsch nach Kommunikation mit Gleichgesinnten oder Gleichaltrigen* ausdrückt, gibt es viele Beispiele von aneinandergereihten, aufeinanderfolgenden Statements: ein Graffito eines Verfassers erregt die Neugier eines Passanten, der eine Replik daruntersetzt, die vom ersten oder von einem dritten wieder aufgegriffen und seinerseits beantwortet wird. (Beispiel: „I Like Grils" – „It's Girls, Stupid, G-I-R-L-S!" – „What About Us Grils?").

2. Forschungsschwerpunkte

Ähnlich wie die archäologisch-historische Richtung der Betrachter antiker Graffiti, also der Wandinschriften von Pompeji usf., interessante Rückschlüsse auf die sozialen, politischen und kulturellen Merkmale der dadurch gekennzeichneten Epoche vornimmt, geht es den modernen Archäologen des 20. Jahrhunderts darum, mehr über die *Psyche der Verfasser* und den *Zustand der Gesellschaft* zu erfahren, von denen, bzw. für die diese Graffiti verfaßt wurden. Im einzelnen handelt es sich um folgende Fragen, denen bisher – wenn auch in unterschiedlich intensivem Maße – nachgegangen wurde:

(a) Die *Autoren* von Graffiti und deren sozio-demographischen Kennzeichen: *Wer* verfaßt Graffiti? – Zumindest, was die USA als „fortgeschrittenstes" Graffiti-Land anbetrifft, gilt: Es sind vor allem junge Leute aus sozio-ökonomisch niedrigen, v.a. nichtweißen Bevölkerungsschichten, die mehr als andere unter repressiven Bedingungen (z.B. struktureller Arbeitslosigkeit; offenem oder latentem Rassismus) zu leiden haben. Zu dieser Gruppe (die sich durch klare Stellungnahmen auszeichnet) tritt als zweite die der Studenten und Intellektuellen vom Typ Haight Asbury und Greenwich Village, die an „sophisticated humour" interessiert ist.

(b) Die *Rezipienten* von Graffiti: Was halten die Angesprochenen von den Sprüchen? – Für die BRD existiert hier eine größere Untersuchung, die die Verfasser der Shell-Studie „Jugend '81" durchführten (Zinnecker 1982). Graffiti werden hier als Teil einer „Sprüchekultur", den als eigen und typisch betrachteten sprachlichen Ausdrucksformen der Jugend, behandelt. Mündliche Selbstäußerungen von Jugendlichen, Presseberichte, schriftliche Eigendokumente (Briefe, Tagebücher) und Formen öffentlicher Schreibtätigkeit von Jugendlichen wurden dazu analysiert. Besonders der letztgenannte Bereich scheint den Autoren der Studie wichtig, um einen validen Zugang zur Gefühls- und Einstellungswelt einer Gruppe zu bekommen, die sich sonst den Zugangsformen der Sozialforschung entzieht. Zu den Ergebnissen gehört die Feststellung, daß *heute* die Jugendlichen, die fast immer keinen oder nur geringen Zugang zu den Medien literarisch-publizistischer Öffentlichkeit haben, dies kompensieren, indem sie sich ihre Öffentlichkeit, die „Straße" aneignen und ihre Medien, die „Straßenmedien" schaffen. 52% der befragten Jugendlichen dieser Stichprobe standen den Wandsprüchen entsprechend positiv (34% negativ) gegenüber: Merkmale wie Alter, Geschlecht spielten dabei eine nur geringe, Schulbildungsstand eine größere Rolle. Am häufigsten (61%) erinnerten sich die Interviewten an Sprüche zum Thema „*Widerstand*" (Schwarzfahren, Hausbesetzung etc.). In der Bejahung bzw. Ablehnung verschiedener Formen von Sprüchen (s.u.) zeigten sich interessanterweise keine gravierenden Unterschiede in bezug auf alle relevanten Variablen (Alter, Geschlecht, sozialer Herkunftsschicht, Bildungsstand). Daraus kann geschlossen werden, daß die Sprüchekultur in der *gesamten Alterskultur verankert* ist.

(c) Die *Gründe und Motive* für das Entstehen von Graffiti: *Warum* werden Graffiti verfaßt? – Lange dominierten psychoanalytisch beeinflußte Erklärungsversuche, die insbesondere auf Freuds Annahmen über die Substituierung unbewußter, z.B. phallischer oder analer Wünsche/Triebregungen zurückgehen, und sich auf die „private graffiti" (s.u.) beziehen. Diese Interpretationen sind durch Spekulationen von Anthropologen (wie etwa Dundes, der sich v.a. mit analen Themen befaßte) über bestimmte Nationalcharaktere ergänzt worden (vgl. dazu Abel & Buckley 1977, S. 35).

Demgegenüber stellten Psychologen meist den Wunsch nach *Selbstverwirklichung* in den Vordergrund. Aus dem schon oben angedeuteten, entwicklungspsychologisch relevanten Wunsch nach Abgrenzung von den Älteren und Etablierten entwickelt sich typischerweise das Motiv, sich in der schriftlichen oder künstlerischen Auseinandersetzung mit Tabu-Themen auf von der Gesellschaft nicht geduldeten/akzeptierten „Hintergründen" (den besagten Wänden) auszudrücken und zu verwirklichen.

(d) Die *Inhalte und Themen* von Graffiti: *Was* wird gemalt und gesprayt? (Und, darin eingeschlossen, die Analyse der gesellschaftlichen *Tabus*, die willentlich thematisiert und überschritten werden sollen). Es sind vor allem von der Gesellschaft nicht oder ungern akzeptierte sexuelle Verhaltensweisen (wie z.B. Homosexualität; s. dazu Abel & Buckley 1977; bes. Kap. 7, 8); oppositionelle politische Überzeugungen auf einer breiten Skala; kulturell-soziale Verweigerungsstatements, Protest gegen religiöse Normen und Überzeugungen; auch faschistoide oder rassistische Vorstellungen.

Gerade unter massenkommunikationstheoretischen oder medienpsychologischen Gesichtspunkten ist es von Interesse, ob und inwieweit die Botschaften der Wandmaler Reflex oder Vorwegnahme politischer/sozialer Bewegungen sind (→ *Alternative Umwelt- und Lebensmodelle*). Zu den Entwicklungen, die beispielsweise als Wandparolen intensiv reflektiert wurden, gehören etwa in den USA das Civil-Rights-Movement und die Black-Power-Bewegung (überhaupt zählen die Parolen „Black ist beautiful" oder „Burn, Baby, Burn" zu den klassischen und meistgeschriebenen Graffiti-Zitaten), oder der Protest gegen atomare Bewaffnung („Ban the Bomb, save the world for conventional warfare") oder das „Gay Movement": Stocker et al. (1972) konnten in ihrer Untersuchung von Graffiti und durch den Vergleich mit Befragungsergebnissen zeigen, daß und wie sich während 25 Jahren sexuelle Wertvorstellungen geändert (und insbesondere im Fall der Homosexualität) auf eine immer größere Liberalität hin zubewegt haben (vgl. auch Sechrest & Olson 1971).

In den o.g. deutschen Untersuchungen „Jugend '81" wurden faktorenanalytisch drei Gruppen von Wandsprüchen gefunden: (i) *„Widerstand"* („Aufrufe, sich nicht länger alles gefallen zu lassen und statt dessen an Ort und Stelle mit dem Widerstand gegen bestehende Verhältnisse zu beginnen"); (ii) *„Gemeinsam leben statt Isolation"* („Aufrufe, das bessere, humanere Leben hier und jetzt zu beginnen"); (iii) *„Hoffnungslosigkeit"* („Die Welt erscheint als ein Irrenhaus, in dem der Wahnsinn regiert. Eine bessere Zukunft ist nicht in Sicht"; Zinnecker 1982, S. 464). Zwischen diesen drei Dimensionen bestehen hohe Zusammenhänge, was dahingehend interpretiert wird, daß „in maßgeblichen Teilen jugendlicher Alterskultur eine politisch-gesellschaftliche Grundstimmung vorhanden ist, die sich (…) anarchistisch, hedonistisch orientiert und voller Pessimismus die Frage nach dem Sinn des Ganzen stellt." (ebda.)

(e) Die *Orte*, an denen typischerweise Graffiti angebracht werden: *Wo* wird gesprayt? – Abel und Buckley (1977) unterscheiden zwei Haupttypen: (i) *„public graffiti"*, die v.a. mit Spraydosen, Pinsel und Farbe auf → *öffentlichen Plätzen* (einschließlich Zäune, Garagentore, Bäume, U-Bahn-Züge, Fußgängertunnels, Busse, Bahnhöfe usf.) hinterlassenen Botschaften verschiedenen, meist politischen Inhaltes, aber unter Ausschluß sexueller Thematiken; (ii) „latrinalia" oder *„private graffiti"*, die für die Innenwände öffentlicher Toiletten typischen Mitteilungen, die sich fast ausschließlich um sexuelle Themen drehen und eher selten politischen Charakters sind. Leonard P. Ullmann fand in diesem Zusammenhang übrigens heraus, daß es für die Motivation der potentiellen Private-graffiti-Verfasser keine Rolle spielt, ob die Wände schon von anderen verziert wurden oder noch jungfräulich weiß sind (vgl. Rhyne & Ullmann 1972). Hingegen spielt ein auffällig postuliertes Verbotszeichen („Do NOT Write On Walls!") sehr wohl eine stimulierende Rolle (Collins & Batzle 1970).

(f) Die *kulturspezifischen Parameter*: Gibt es *überall* Graffiti, und welche Unterschiede finden sich? Hier ist eine interessante Untersuchung anzuführen, als deren Ergebnis sich zeigte, daß das Homosexualitäts-Thema in den Graffiti in den USA und auf den Philippinen signifikant anders verteilt ist. Das weitaus geringe Vorkommen auf den Philippinen wird von den Forschern plausibel mit einer toleranteren, liberaleren Einstellung dem realen Thema Homosexualität gegenüber erklärt (Sechrest & Flores 1969) (→ *Kulturanthropologie*).

(g) Schließlich die *praktische* Relevanz des Graffiti-Verfassens für die *psycho-*

soziale/psychiatrische Tätigkeit: Gelegentlich haben Psychiater in Anstalten ihre (psychotischen) Patienten ermutigt, Graffiti an die Wände zu schreiben/malen, um so die Kommunikation mit den Therapeuten zu stimulieren (Schulman 1979).

3. Zur Bewertung des Phänomens

Daß die Graffiti eine gewisse soziale („Spreng"-)Kraft haben, sieht man auch daran, daß sie (bzw. ihre Verfasser) in Zeiten politischer Trendwenden von den Sanktionsmechanismen der Gesellschaft hart verfolgt werden (wie in den 80er Jahren etwa in New York); daß sie mehr als nur das Lebensgefühl einzelner wiedergeben, erkennt man auch daran, daß sich ihre verbalen Formeln in den Sprachschatz der Allgemeinheit eingeschlichen haben, (wie die mittlerweile in Wörterbüchern zu findenden Slogans „Black Power Now", „Kilroy was here", „Stop the world, I want to get off!"). Und daß die Graffiti-Maler mit dem Verzieren von nackten, kalten Betonwänden einen Nerv getroffen haben, der über die ästhetischen Empfindungen einer kleinen Minderheit hinaus viele Gruppen in der Gesellschaft berührt, zeigt sich daran, daß von den kommunalen Autoritäten verschiedentlich geradezu zum Bemalen von öffentlichen Wänden eingeladen worden ist. Graffiti sind also soziales Medium *und* soziale Bewegung.

Für die Psychologen liegt der Wert der Graffiti in der Bedeutung, mit ihrer Analyse einen qualitativ neuen, non-direktiven und „echten" Zugang vor allem zu Subkulturen und zur Alterskultur der Jugendlichen heute bekommen zu haben. Wie v.a. die Studie „Jugend '81" zeigt, gibt es wenige andere so direkte Zugangswege, Lebensgefühl, Einstellungen und Verhaltensdispositionen der Jugendlichen zu untersuchen. Graffiti-Inhaltsanalyse ist also eine neue taugliche Analysemöglichkeit der Sozialforschung für Jugend(lichen)-Kultur.

Literatur

Abel, E.L. & Buckley, B.E. (1977). The handwriting on the wall. Toward a sociology and psychology of Graffiti. Westport/London: Greenwood Press.

Bruder-Bezzel, A. & Bruder, K.J. (1984). Jugend. Psychologie einer Kultur. München: Urban & Schwarzenberg.

Collins, T. & Batzle, P. (1970). Method of increasing graffito responses. Perceptual and Motor Skills 31, 733-734.

Cooper, M. & Chalfant, H. (1984). Subway Art. London: Thames & Hudson.

Hartwig, H. (1980). Jugendkultur. Ästhetische Praxis in der Pubertät. Reinbek: Rowohlt.

Hollstein, W. (1984). Die Alternativbewegung, Entwicklung und Einschätzung. Psychologie und Gesellschaftskritik 8 (1/2), 97-120.

Kreuzer, P. (1986). Das Graffiti-Lexikon. Wandkunst von A bis Z. München: Heyne.

Kreuzer, P. (1990). Die Wand als Medium oder Der Code der Zeit an den Wänden der Stadt. Medien und Erziehung 34, 143-154.

Müller-Thurau, C.P. (1983). Lass' uns mal 'ne Schnecke angraben. Sprache und Sprüche aus der Jugendszene. Düsseldorf: Econ; 2. Aufl. München: Goldmann 1984.

O'Boyle, B. (1973). Graffiti lives. In R.J. Glessing & W.P. White (Eds.), Mass media – the invisible environment (pp. 92-96). Chicago.

Reisner, R. (1971). Graffiti – 2000 years of wall writing. New York: Cowles.

Reisner, R. & Wechsler, L. (1974). Encyclopedia of Graffiti. New York: Macmillan.

Rhyne, L.D. & Ullman, L.P. (1972). Graffiti: A nonreactive measure. Psychological Record 22, 157-168.

Schulman, B.M. (1979). Graffiti help mental patients. Science Digest 41, 47. (zit. n. Abel & Buckley)

Sechrest, L. & Flores, L. (1969). Homosexuality in the Philippines and the United States: The handwriting on the wall. Journal of Social Psychology 79, 3-12.

Sechrest, L. & Olson, A.K. (1971). Graffiti in four types of institutions of higher education. Journal of Sex Research 1, 62-71.

Stocker, T.L., Dutcher, L.W., Hargrove, S.M., & Cook, E.A. (1972). Social analysis of Graffiti. Journal of American Folklore 85, 356-366.

Tanzer, H. (1939). The common people of Pompeii: A study of graffiti. Baltimore: J. Hopkins Press.

Zinnecker, J. (1982). Die Gesellschaft der Altersgleichen. In Jugend '81. Lebensentwürfe, Alltagskulturen, Zukunftsbilder. Studie im Auftrag des Jugendwerks der Deutschen Shell (2. Aufl.) (S. 422-671). Opladen: Leske & Buddrich.

H. Jürgen Kagelmann
München

Straße und Verkehr

1. Verkehr als Umwelt

Zum Verkehr gehören zahlreiche ökologisch relevante Bereiche: Verkehr zu Wasser, zu Lande, in der Luft, schließlich auch die Raumflugkörper, -fähren und Orbitalstationen. Diese letzten „Orte" sind vielleicht die am vollständigsten untersuchten Systeme, sind sie doch räumlich überschaubar, gut beschreibbar und mit namentlich bekannten, gut untersuchten „Versuchspersonen" bemannt. Schiffe und Flugzeuge sind als „ökologische" Systeme untersucht worden, als Arbeitsplatz für Besatzungen, als Aufenthaltsorte für Passagiere. Für Flughäfen, Bahnhöfe, Busterminals, öffentliche Verkehrsbetriebe liegen einige Untersuchungen vor, meist für spezifische Orte, spezifische Funktionen und Verhaltensweisen, oft aber auch nur für spezifische Eindrücke und Urteile (s. z.B. Bronzaft u.a. 1976).

Der Straßenverkehr ist psychologisch besonders intensiv untersucht worden, die Verkehrspsychologie ist fast gleichzusetzen mit der Straßen-Verkehrs-Psychologie (Hoyos 1980, Klebelsberg 1982). Innerhalb der Verkehrspsychologie dominieren zwei Themen, die Verkehrssicherheit und ihre Voraussetzungen sowie die Fahreignung als Voraussetzung für die Zulassung zum Straßenverkehr. – Eine Verkehrsökologie steht noch aus, Ansätze entwickeln sich (s. z.B. Appleyard 1980, Altman, Wohlwill & Everett 1981, Molt 1986) (→ *Verkehrsmittelnutzung*).

2. Der Straßenverkehr als System

Die Straße ist nach Wohnung und Arbeitsplatz bzw. Ausbildungsstätte einer der wichtigsten Verhaltensbereiche. Sie ist eng vernetzt mit beiden, verbindet sie doch beide miteinander. Die meisten Wohnungen liegen an Verkehrsanlagen, viele Arbeitsorte und Unterrichtsstätten auch. Für nicht wenige Menschen liefert der Verkehr sogar den Arbeitsplatz, z.B. für Berufskraftfahrer, Polizisten, Müllwerker, Verkehrspsychologen etc.

Will man versuchen, Straße und Verkehr ökologisch zu begreifen, muß man den Straßenverkehr als System betrachten (s. Angenendt u.a. 1987). Die tabellarische Übersicht (Abb.1) veranschaulicht die zahlreichen Aspekte des Systems mit allen Systemkomponenten, -funktionen und -zielen, aber auch mit den in ihm enthaltenen kritischen Ereignissen und nicht zuletzt mit den Randbedingungen, die nur aus der Verkehrssicht Rand-Bedingungen sind, die aber bei einer erweiterten ökologischen Sicht sehr zentrale Merkmale sind: die vom Verkehr ausgehenden Belastungen mit Schadstoffen und → *Lärm,* die Eingriffe in Topographie, Flora, Fauna, Landschaften und Ortschaften, schließlich persönliche und soziale Belastungen. In der konkreten Verkehrssituation wird der Verkehr als Prozeß und Produkt anschaulich erlebbar.

Verkehr als System	
System Straßenverkehr	Öffentlicher Personennahverkehr, Güterverkehr, Individualverkehr, Aufenthalt im Verkehrsraum
Systemkomponenten – Verkehrsanlagen	Autobahnen, Straßen, Knoten, Steuerungsanlagen, verkehrsberuhigte Bereiche
– Verkehrsregelung	StVO, Verkehrszeichen und -einrichtungen, Überwachung
– Verkehrsmittel	Straßenbahn, Bus, Lkw, Pkw, Motorrad, Mofa, Fahrrad, Spielfahrzeug
– Verkehrsteilnehmer	Kraftfahrer, Radfahrer, Mitfahrer, Fußgänger
Verkehrssituationen	Interaktion der Systemkomponenten
Systemfunktionen	Verkehr als Prozeß, Verkehrsteilnahme: Wahl von Verkehrsmittel, Geschwindigkeit und Bewegungslinie, Verkehrssteuerung, Transport
Systemziele	Weg-Zeit-Optimierung, Kapazität, Qualität des Verkehrsablaufs, Energie-, Kosten-Optimierung, Unfallfreiheit Verkehrssicherheit Umwelt- und Sozialverträglichkeit
Kritische Systemzustände	Fahrprobleme, Verkehrsregelübertretungen, unangepaßte Bewegungslinien, Geschwindigkeiten oder Verhaltensweisen, Verkehrskonflikte, Gesundheitsschäden, Sachschäden, Unfälle
Randbedingungen	gesellschaftliche Normen und Werte, wirtschaftliche Bewertung, Verkehrspolitik, Umweltverträglichkeit

Abb. 1: Der Verkehr als System

3. Die Verkehrssituation als Subsystem

Die Verkehrssituation wird bestimmt über die Interaktion der Systemkomponenten in ihren spezifischen Ausprägungen. Abgegrenzt wird die Situation zeitlich und räumlich durch
– objektive geometrische Merkmale der Verkehrsanlage
– die Führungseigenschaften der Verkehrsanlage
– die Regelung des Verkehrsablaufs
– die für die Verkehrsteilnehmer damit gestellte Aufgabe.
Den Hintergrund bilden die Systemfunktionen und -ziele. Die kritischen Systemzustände sind unmittelbar oder mittelbar sicherheitsrelevant. Die Randbedingungen sollten nicht vergessen werden.

Die Abgrenzung der Situation ist relativ willkürlich. Als Situation kann gelten
- ein ganzer Kreuzungsbereich einschließlich der Zufahrten
- der Knoteninnenbereich
- der Bereich „Linksabbiegen"
- die Teilbereiche „Warten", „Aufstellen", „Queren des Gegenverkehrs", „Queren der Fußgänger- und Radfahrerfurt", „Ausfahrt aus dem Knoten".

Ansätze in der Richtung einer sicherheitsbezogenen Situationsdefinition liegen von v. Benda, Hoyos und Schaible-Rapp (1983) vor; sie gehen aus von der Beurteilung durch den Verkehrsteilnehmer und beziehen sich hauptsächlich auf Merkmale der Straße (Kreuzung, Vorfahrt, Engpaß) und auf das geforderte Verhalten (Aufmerksamkeit, Umfahren von Hindernissen, besondere Fahrmanöver).

Molt, Golle und Patscha (1985) liefern eine Typisierung von Straßen im Innerortsbereich, ausgehend vom Nutzerverhalten (Wohnstraße, reine Zielstraße, kombinierte Ziel-/Verkehrsstraße, kombinierte Ziel-/Wohnstraße).

Das Konzept „Positive Guidance" von Post, Alexander und Lunenfeld (1981) strebt eine „Verbesserung der Führungsmerkmale" der Straße an; es stellt einen unmittelbar praktisch anwendbaren situationsbezogenen Ansatz zur Verbesserung von Verkehrssicherheit und Verkehrsqualität vor. Das Konzept geht aus von dem Informations-, Zeit- und Raumbedarf für die Orientierung im Netz, die situative Orientierung und die Fahrzeugsteuerung.

Die dokumentierten Erprobungen bestätigen den Ansatz. Die im Konzept enthaltenen Verfahren zur Ermittlung von „Un-Sicherheit" sind zwar einleuchtend und theoretisch begründbar, sollten aber noch mehr am System Straßenverkehr orientiert und methodisch geprüft werden.

Die Sicherheitsbewertung wird in der Regel die Leistung einer Verkehrsanlage berücksichtigen. Dafür sind Fahrzeug- oder Fußgängermengen, zurückgelegte Kilometer, geometrische Merkmale und Zeit geeignete Bezugsgrößen. Für Knoten dürften zusätzliche Maße zu konzipieren sein, die die Verknüpfung von Verkehrsströmen beschreiben, um den Anteil der Fahrstreifenwechsel, Richtungswechsel, Querungen auszudrücken, eventuell noch nach Richtungen differenziert. Diese Funktionen gehören zu den wesentlichen subjektiv bewerteten Aspekten von Situationen. Als Gefährdungsbedingungen sind sie unmittelbar relevant.

Es ist zu diskutieren, wieweit weitere Funktionen von Verkehrsanlagen in die Bewertung einzubeziehen sind:
- Wohnen an der Straße
- Aufenthalt im Straßenraum
- Be- und Entladen von Fahrzeugen
- Parken.

Der Verkehr ist kein geschlossenes System, die räumlich abgegrenzte Situation ist funktional nur relativ abgegrenzt. Bei Sicherheitsbewertungen oder Vergleichen der Wohnqualität kann es nötig sein, die Bedingungen auch noch über die konkrete Situation hinaus zu erfassen und zu bilanzieren (Erke & Gstalter 1985). Dies kann z.B. bei einer Umlenkung von Verkehrsströmen oder bei Verkehrsberuhigung nötig sein. Es ist zu prüfen, ob Risiken beseitigt oder nur verlagert werden.

Ein Ansatz zur Entwicklung „situationsbezogener Sicherheitskriterien im Straßenverkehr" wird von Angenendt u.a. (1987) vorgestellt.

4. Situationsbezogenes Verkehrsverhalten

Das Verkehrsverhalten ist ein sehr komplexer Prozeß, objektiv wie auch in der subjektiven Bedeutung (Jensch, Spoerer & Utzelmann 1978, Hoyos 1980, Klebelsberg 1982, Cohen 1986). In das Verhalten fließen ein:

– allgemeine Voraussetzungen aus Wahrnehmung, Kognition und Verhalten
– persönliche Voraussetzungen, teils zeitlich relativ überdauernde, teils situationsspezifische
– mit der Lebenssituation des Individuums gegebene Bedingungen
– Merkmale der übrigen Komponenten des Systems Straßenverkehr, in der individuellen Verarbeitung durch den Verkehrsteilnehmer.

Für das Verhalten in einer konkreten Situation kann man das Verkehrsverhalten vereinfacht als Handlungsplan, -entwurf, -ausführung und -kontrolle beschreiben.

Ein solches Konzept wird in der folgenden Abbildung 2 vorgestellt (s.a. Angenendt u.a. 1987). Die Ebenen sind eng miteinander verflochten, die einzelnen Merkmale haben jeweils eine objektive und eine subjektive Seite.

Den Merkmalen des Verhaltens werden sicherheitsgefährdende Bedingungen zugeordnet, die unterschiedlich situationsspezifisch sind und unterschiedliche Konsequenzen haben. Die Übersicht soll nur die Situationsgebundenheit des Verkehrsverhaltens aufzeigen, sie ist nicht mit dem Anspruch auf Vollständigkeit hin konzipiert.

Verkehrsverhalten und sicherheitsgefährdende Bedingungen

Ebenen des Verkehrsverhaltens	*Sicherheitsgefährdende Bedingungen*
Fahrkonzept – Handlungsplan	
Motiv zur Verkehrsteilnahme	spielerisch, erlebnis-orientiert
Quelle, Weg(e),	sich verfahren
Zwischenziele, Ziel	Unklarheit, Verwechslung
Verkehrsmittelwahl	situationsunangemessen
Zeitpunkt, Zeitbudget	Verspätung, Zeitmangel
persönliche Disposition	Ermüdung, Streß, Alkohol
Informationsbedarf,	unklares Konzept
Fahrtvorbereitung	mangelnde Vorbereitung

Fahrsituation – Handlungsentwurf	
Umgebungsbedingungen	ungünstige Witterung
Verkehrsanlage, -zeichen, -einrichtungen	unübersichtlich; unklare, irreführende Markierungen, Beschilderungen, Wegweiser
andere Verkehrsteilnehmer und deren bisheriges Verhalten	unvorhersehbare Reaktionen, unklare Zeichengebung
eigenes bisheriges Verhalten und eigene Planung, Verhalten des Fahrzeugs	Konflikte, Fahrfehler, Planänderungen, Fahrzeugmängel
Informationsaufnahme	unaufmerksam, Kapazitätsgrenzen überschritten
Risikoabwägung	Fehleinschätzung
Entscheidung über Handlungsentwurf	Zögern, Fehlentscheidung, Übertretung

Fahrverhalten – Handlungsausführung und -regulation	
Fahrzeugsteuerung	unangepaßt
Weg, Bewegungslinie	Annäherung an Hindernisse
Abstände	zu geringe Abstände
Geschwindigkeit(en)	inhomog, überhöht
Informationssuche, Kontrolle	Suche am falschen Platz, keine Kontrolle
Zeichengebung	keine Zeichengebung, Richtung verwechselt

Abb. 2: Verkehrsverhalten und sicherheitsgefährdende Bedingungen

5. Verkehrsberuhigung

In den Niederlanden wurde mit der Einrichtung von „Woonerven" (Wohnhöfen) versucht, den Verkehr in Wohngebieten zu beruhigen, Straßen um- oder zurückzubauen und so den Straßenraum als Lebensraum zurückzugewinnen. Der so gewonnene Raum wird umgestaltet, teilweise bepflanzt, „möbliert". Fahrzeugverkehr und Fußgänger sind gleichberechtigt. Spielen ist gestattet, Aufenthalt im Straßenraum erwünscht. Das Konzept wurde seit etwa 1975 auch in der Bundesrepublik geprüft (Monheim 1978). Es wurde in einem Großversuch in Nordrhein-Westfalen erprobt (Der Minister für Wirtschaft, Mittelstand und Verkehr 1979) und wird für den Einsatz empfohlen (Pfundt, Meewes & Maier 1980). Der „verkehrsberuhigte Bereich" ist mit Zeichen 325/326 Bestandteil der Straßenverkehrsordnung:

„Fußgänger dürfen die Straße in ihrer ganzen Breite benutzen; Kinderspiele sind erlaubt. Der Fahrzeugverkehr muß Schrittgeschwindigkeit einhalten ..."

Gegenwärtig wird mit dem Gemeinschaftsprojekt „Flächenhafte Verkehrsberuhigung" der Bundesanstalt für Landeskunde und Raumordnung, der Bundesanstalt für Straßenwesen und des Umweltbundesamtes versucht, das Verkehrsberuhigungskonzept auf größere städtische und auch ländliche Bereiche auszudehnen, es nicht nur auf Wohngebiete anzuwenden, auch größere Verkehrsmengen zu erfassen (Kanzlerski & Monheim 1983). Der Modellversuch wird wissenschaftlich begleitet, neben Sicherheitsfragen werden auch zahlreiche umweltpsychologisch relevante Merkmale erhoben, wie Akzeptanz, Nutzerverhalten, Territorialität.

Analoge Überlegungen für die Umgestaltung und städtebauliche Integration innerörtlicher Hauptverkehrsstraßen stellen Schnüll und Haller (1984) vor (→ *Wohnen und Wohnzufriedenheit*).

Literatur

Alexander, G.J. & Lunenfeld, H. (1984). A user's guide to positive guidance. In R. Easterby & H. Zwaga (Eds.), Information design (pp. 351-383). New York: Wiley.

Altman, I, Wohlwill, J.F., & Everett, P.B. (Eds.) (1981). Human behavior and environment. Vol. 5, Transportation and behavior. New York: Plenum.

Angenendt, W., Erke, H., Hoffmann, G., Marburger, E.A., Molt, W. & Zimmermann, G. (1987). Situationsbezogene Sicherheitskriterien im Straßenverkehr. Bergisch Gladbach: Bundesanstalt für Straßenwesen.

Appleyard, D. (1980). Livable streets. Berkeley, CA: University of California Press.

Benda, H. v., Hoyos, C. Graf & Schaible-Rapp, A. (1983). Klassifikation und Gefährlichkeit von Straßenverkehrssituationen. Bergisch Gladbach: Bundesanstalt für Straßenwesen. Forschungsberichte Bereich Unfallforschung, Heft 89.

Bronzaft, A.L., Dubrow, S.B. & O'Hanlon, T.J. (1976). Spatial orientation in a subway system. Environment and Behavior 8, 575-594.

Cohen, A.S. (1986). Möglichkeiten und Grenzen visueller Wahrnehmung im Straßenverkehr. Bergisch Gladbach: Bundesanstalt für Straßenwesen. Unfall- und Sicherheitsforschung Straßenverkehr, Heft 57.

Der Minister für Wirtschaft, Mittelstand und Verkehr des Landes Nordrhein-Westfalen (1979). Großversuch „Verkehrsberuhigung in Wohngebieten", Düsseldorf.

Erke, H. & Gottlieb, W. (1981). Grundlagen zur Wegweisung. Unfall- und Sicherheitsforschung Straßenverkehr, Heft 30. Köln: Bundesanstalt für Straßenwesen.

Erke, H. & Gstalter, H. (1985). Verkehrskonflikttechnik – Handbuch für die Durchführung und Auswertung von Erhebungen. Bergisch Gladbach: Bundesanstalt für Straßenwesen. Unfall- und Sicherheitsforschung Straßenverkehr, Heft 52.

Hoyos, C. Graf (1980). Psychologische Unfall- und Sicherheitsforschung. Stuttgart: Kohlhammer.

Jensch, M., Spoerer, E. & Utzelmann, H.D. (1978). Verkehrsverhaltenslehre. Unfall- und Sicherheitsforschung Straßenverkehr, Heft 20. Köln: Bundesanstalt für Straßenwesen.

Kanzlerski, D. & Monheim, H. (Hg.) (1983). Flächenhafte Verkehrsberuhigung. Bonn: Bundesforschungsanstalt für Landeskunde und Raumordnung. Informationen zur Raumentwicklung 8/9.

Klebelsberg, D. (1982). Verkehrspsychologie. Berlin: Springer.

Molt, W. (1986). Die Behavior Settings Straßen. In G. Kaminski (Hg.), Ordnung und Variabilität im Alltagsgeschehen (S. 83-126). Göttingen: Hogrefe.

Molt, W., Golle, P. & Patscha, J. (1985). Typisierung von Straßen im Innerortsbereich nach dem Nutzerverhalten. Bergisch Gladbach: Bundesanstalt für Straßenwesen, Forschungsberichte Bereich Unfallforschung, Heft 109.

Monheim, H. (1978). Verkehrsberuhigung. Bauwelt, Stadtbauwelt 58, 931-938.

Pfundt, K., Meewes, V. & Maier, R. (1980). Verkehrsberuhigung in Wohnbereichen. Köln: HUK Verband der Autoversicherer.

Schnüll, R. & Haller, W. (1984). Städtebauliche Integration von innerörtlichen Hauptverkehrsstraßen. Bonn: Bundesminister für Raumordnung, Bauwesen und Städtebau. Schriftenreihe „Städtebauliche Forschung" 03.107.

Heiner Erke
Institut für Psychologie
der TU Braunschweig

Verkehrsmittelnutzung

1. Verkehr im gesellschaftlichen Wandel

Verkehr, von der Verkehrswissenschaft definiert als Überwindung von Raum durch Personen und Güter (Voigt 1973, S. 34), oder als Ortsveränderungen, die im öffentlichen Verkehrsraum stattfinden (Hautzinger & Kessel 1977, S. 10), wird nach der Art des Verkehrsmittels in Individualverkehr (IV) und öffentlichen Verkehr (PV) unterschieden. Die Unterscheidung ist, wie Held aufgrund einer umfassenden Durchsicht der Literatur schreibt (1982, S. 35), unscharf, da man mit Individualverkehr zumeist den motorisierten (PKW, Motorrad) Verkehr, mit öffentlichem Verkehr zumeist den organisierten öffentlichen Personennahverkehr (ÖPNV) meint. Zum IV sind auch die Fortbewegungen „zu Fuß" und mit dem Fahrrad zu zählen, zum ÖV neben dem Schienenverkehr auch Flug- und Schiffsverkehr.

Verkehrsmittelnutzung ist, unter der Voraussetzung, daß es zu einem Ziel verschiedene Arten der Fortbewegung gibt, ein Ergebnis der Verkehrsmittelwahl. Das Interesse an der Verkehrsmittelwahl entstand vor allem wegen der zahlreichen, mit dem IV verbundenen Umweltproblemen: Beanspruchung großer Verkehrsflächen, Zerschneidungseffekt, Lärm, Abgasentwicklung, Inanspruchnahme knapper werdender fossiler Betriebsstoffe, aber auch wegen der hohen Unfallzahlen. ÖV gestattet Aufrechterhaltung der Mobilität, die i.d.R. als ein Wert betrachtet wird, und eine Reduzierung dieser Probleme. Die Bevorzugung des IV führt dazu, daß das Angebot des ÖV nur durch öffentliche Subventionierung aufrechterhalten werden kann. Für Verkehrs-, Raum- und Stadtplanung sind verläßliche Daten über die Entwicklung der Verkehrsmittelwahl erforderlich.

Vom Gesichtspunkt der historischen Entwicklung her war Fortbewegung zunächst eine individuelle Angelegenheit. Erst seit dem Aufkommen des Schienenverkehrs kann man von ÖV reden. Die Entwicklung billiger, allseitig zugänglicher Verkehrsmittel hat das Leben der Menschen verändert, Reisen wurden länger und häufiger, die Ziele des Reisen lagen immer weiter entfernt. Siedlungsformen folgen den Vorgaben der Verkehrsmittel. In der kurzen Schienenzeit entwickelten sich die neuen Stadtteile vorwiegend entlang den öffentlichen Verkehrslinien. Die moderne Flächenstadt ist auf der Voraussetzung der allgemeinen Verfügbarkeit des PKW entstanden.

Öffentliche Aufgaben sind heute sowohl die Errichtung und der Unterhalt von Verkehrswegen, als auch der Betrieb von öffentlichen Verkehrsmitteln. Ein Problem für die öffentlichen Finanzen entsteht dadurch, daß einerseits die Freiheit der Verkehrsmittelwahl als Vorgabe betrachtet wird (z.B. Fahrenholz et al. 1971), andererseits eine Verpflichtung zur Versorgung der Bürger mit öffentlichen Verkehrsmitteln besteht.

Obwohl eine Verkehrsmittelwahl sowohl für den Güter-, wie für den Personenverkehr besteht und sich auf Nah- wie Fernverkehr bezieht, thematisieren Untersuchungen zur Verkehrsmittelwahl zumeist die Alternative von ÖV und PKW-Nutzung.

2. Bewegungsraum und Verkehrsmittel

Verkehrswissenschaft als Hilfswissenschaft der Planung behandelt vor allem Fragen der
- Entstehung des Verkehrs,
- Aufteilung des Verkehrs auf die verschiedenen Verkehrsmittel (oft als Modalsplit bezeichnet), der Verkehrsmittelwahl,
- Verkehrsumlegung auf Verkehrswege,
- Sicherheit,
- Erschließung und des Verkehrsflusses,
- einzel- und gesamtwirtschaftlichen Kosten.

Es ist üblich, Quelle und Ziele der Verkehrsbewegungen als vorgegeben zu behandeln. Wesentliche Determinanten der Verkehrsmittelwahl sind dann die Entfernung zwischen Quelle und Ziel; bei Kurzstrecken sind die Füße das wichtigste Verkehrsmittel, das Fahrrad hat eine Bedeutung für Strecken bis ca. fünf km. Bei größeren Entfernungen konkurrieren ÖV und das universell einsetzbare Verkehrsmittel PKW. Untersuchte Einflußgrößen sind Zeit- und Kostenaufwand sowie Servicequalitäten.

Wenn man mit Parr (1965, Molt 1986) den Bewegungsraum, in dem sich die meisten Ziele einer Person befinden und der regelmäßig durchstreift wird, als Orbit bezeichnet – im Unterschied zum Territorium (→ *Territorialität*), das den Nahraum, die Wohnung und deren unmittelbare Umgebung bezeichnet (mit diesen Bezeichnungen für Teilräume des Bewegungsraumes werden keine Verhaltensanalogien impliziert)–, dann ist der Orbit eines Nicht-PKW-Besitzers durch die Linienführung des ÖV umschrieben, der des PKW-Besitzers durch das breit aufgefächerte Straßennetz. Wenn das verfügbare Verkehrsmittel den Orbit verändert, dann ist die traditionelle Annahme, Verkehrsmittelwahl sei eine Folge der besten Quell-Zielverbindung, aufzugeben. In gewisser Weise schaffen die Verkehrsmittel die Verkehrsbedürfnisse, die sie befriedigen.

3. Handlungsmodelle

Zahlreiche technische und ökonomische Modelle wurden zur Prognose der Verkehrsmittelwahl und des Modal-split entwickelt.

Am verbreitetsten sind immer noch die auf einfachen Zählungen beruhenden und unter Verzicht auf ein Erklärungsmodell durchgeführten Trendextrapolationen. Anspruchsvollere Verfahren berücksichtigen die Entscheidungssituation des Verkehrsteilnehmers:

Die Nachfrage nach Verkehrsleistungen wird nach verschiedenen sozioökonomischen Kriterien (Alter, Geschlecht, Einkommen) disaggregiert. Sie werden als verhaltensorientiert (Schaechterle 1978) bzw. verhaltensgemäß (Meyburg 1976), bezeichnet (Übersicht bei Stopher & Meyburg 1974, Hautzinger 1978). Einstellungen, im Sinne der Antwort auf Meinungsumfragen, wurden u.a. von Infratest (1977) erhoben (s.a. Hartgen & Tanner 1970, 1971, Hartgen 1974, Golob 1973, Golob & Dobson 1974).

Ein differenzierteres Stufenmodell, das auf handlungstheoretischen Überlegungen beruht, legte Brög (1976) vor. Die Stufen sind: (1) die objektiven Wahlmöglichkeiten, die aufgrund der Verkehrsinfrastruktur bestehen, (2) die beruflichen, familiären bzw. Sachzwänge, unter denen die Personen handeln, (3) Informationen, die die Person über die verfügbaren Verkehrsmittel besitzt, (4) der durch subjektive Präferenzen zu erklärende Rest.

In Anlehnung an Oesterreich (1981) entwickelte Molt (1982) ein Stufenmodell der Entscheidung, das davon ausgeht, daß die höheren Stufen zwar die Entscheidungen auf den niedrigeren Stufen mitdeterminieren, diese Konsequenzen im Zeitpunkt der Entscheidung auf höherer Ebene jedoch nicht bedacht werden. Das Modell geht von folgenden Stufen aus:

(1) emanzipatorische Entscheidungen: Führerscheinerwerb und PKW-Besitz, Bestimmung des Orbit, (2) Zielwahl: Auswahl der Ziele im Orbit, (3) Mittel- und Wegewahl: Verkehrsmittelwahl und Strecke, (4) Ablaufsteuerung bei konkreter Handlungsausführung (Einzelfahrtmodell).

Da es sich beim Führerscheinerwerb um eine einmalige Entscheidung handelt, ist sie i.S. von Katona (1960) nicht habituell, aber aufgrund der gesellschaftlichen Bedingungen quasi-habituell, d.h. sie wird ohne umfassende Abwägung der Konsequenzen getroffen. Aus ihr folgt nahezu notwendig die Entscheidung, sich Verfügungsgewalt über ein Fahrzeug zu beschaffen. Bei dieser Entscheidung werden zwar Kosten der Anschaffung erwogen, nicht aber Konsequenzen und Kosten, die durch künftige Verkehrsmittelwahl entstehen. Die Sachzwänge und der Informationsstand des Nutzers in der Situation, in der die Verkehrsmittelwahl zu treffen ist, ergeben sich aufgrund der vorangegangenen emanzipatorischen Entscheidung und der Zielwahl.

4. Die öko-psychologische Fragestellung

Die theoretische Behandlung der Verkehrsmittelwahl ist aus der Sicht der Ökopsychologie zu erweitern um die mehrfachen Systemrückkoppelungen. Derartige Rückkoppelungen beziehen sich auf regulative Prozesse in der Person, Prozesse, welche die Lage der Person im System und Prozesse, welche das System selbst regulieren.

Verhalten ergibt sich im Rahmen der durch konkrete Umweltbedingungen ermöglichten Verhaltensweisen („Affordanz" i.S. Gibsons 1979 → *Ökologischer Realismus*) und der von den Umweltbedingungen ausgehenden Handlungsanregungen (des „Aufforderungscharakters" i.S. Lewins 1963) (→ *Raum und Bewe-*

gung) und Handlungsregeln (Barker 1968, Molt 1986). Das sozio-technische System Verkehr funktioniert nur, wenn sich die Teilnehmer (Nutzer und Betreiber) so verhalten, wie es das System erfordert (→ *Behavior Setting*).

In der Literatur ist der Begriff des „forced riders" geläufig, jenes Fahrgastes der ÖV, der deshalb den ÖV benutzt, weil er über keinen PKW verfügt. Er ist zu ergänzen um den „forced driver" (Hartmann, Molt & Golle 1980), der deshalb mit dem PKW fährt, weil Quelle, Ziel oder Umstände seiner Fahrt eine Benutzung des ÖV nur mit erheblichem Mehraufwand an Zeit und/oder erheblichen Einschränkungen der Bequemlichkeit der Zielerreichung gestatten.

Eine echte Entscheidung setzt voraus, daß die Verkehrsmittelattribute einigermaßen gleichwertig sind, und daß Informationen darüber verfügbar sind. Nun zeigen Erhebungen (Hartmann, Molt & Golle 1980), daß PKW-Besitzer die Kosten der PKW-Benutzung unterschätzen, die Kosten und den Zeitaufwand des ÖV überschätzen (Molt 1977), weil sie z.B. Fahrpreisvergünstigungen des ÖV nicht kennen. Die Untersuchungen zeigen allerdings auch, daß für Fahrten, bei denen ein günstiges Angebot des ÖV besteht, echte Entscheidungen eher zugunsten des ÖV getroffen werden.

Wichtiger als die individuelle Verkehrsmittelwahl sind deshalb die

(a) Rückkoppelungen im System: Die Verkehrsmittelwahl wirkt sich als Nachfrage nach Verkehrsmitteln und Verkehrwegen aus. Die Verkehrsplanung paßt die Verkehrswege und das Angebot (z.B. Taktdichte des ÖV) der Nachfrage an. Verkehrsmittelwahl verändert die Attraktivität von Zielen und führt so zu Standortvorteilen (z.B. Entstehung von Supermärkten am Stadtrand mit guten Zufahrten und Parkmöglichkeiten, Niedergang der Geschäftstätigkeit in der City).

(b) Rückkoppelungen, welche die Handlungsposition der Person betreffen: PKW-Besitz verändert den Orbit und damit die Lage der Ziele, evtl. die Lage der Wohnung.

(c) Rückkoppelungen in der Person: PKW-Besitz, Änderung des Orbits und der Bedingungen des Verkehrssystems verändern Zielpräferenzen, Wohnungspräferenzen, Information über Kostenaufwand, Zeitaufwand der ÖV, Information über Verfügbarkeit des ÖV, Bedürfnisse hinsichtlich Mitnahme von Gegenständen sowie Einkaufsgewohnheiten.

Rückkoppelungen in den Systemen bewirken, daß Versuche der Veränderung als Störungen ausgeglichen werden; daraus folgt, daß es sehr schwer ist, die Verkehrsmittelwahl zu beeinflussen. Es ist schwierig zu bestimmen, welchen Anteil das Sachsystem und welchen das Personensystem an den Veränderungsbarrieren hat (→ *Raum und Bewegung;* → *Straße und Verkehr*).

Literatur

Barker, R.G. (1968). Ecological psychology: Concepts and methods for studying human behavior. Stanford, CA: Stanford University Press.

Brög, W. (1976). Überlegungen zur Bildung von verkehrswissenschaftlichen Modellen aus Sicht der empirischen Sozialforschung. München: unveröff. Manuskr.

Fahrenholz, C., Willeke, R. & Hartenstein, W. (1971). Innerstädtischer Verkehr heute und morgen. Frankfurt: Schriftenreihe des VDA Nr. 12.

Gibson, J.J. (1979). The ecological approach to visual perception. Boston: Houghton Mifflin. (dt.: Wahrnehmung und Umwelt. München: Urban & Schwarzenberg 1982).

Golob, T.F. (1973). Resource paper on attitudinal models. Transportation Research Board, Special Report Nr. 143.

Golob, T.F. & Dobson, R. (1974). Assessment of preferences and perceptions toward attributes of transportation alternatives. Transportation Research Board, Special Report Nr. 149.

Hartgen, D.T. (1974). Attitudinal and situational variables influencing urban mode choice: Some empirical findings. Transportation 3, 377-392.

Hartgen, D.T. & Tanner, G.H. (1970). Individual attitudes and family activities: A behavioral model of traveler mode choice. High Speed Ground Transportation Journal 4, 439-467.

Hartmann, H., Molt, W. & Golle, P. (1980). Imageanalyse der Verkehrsbetriebe Augsburg. Schlußbericht einer empirischen Untersuchung. Universität Augsburg.

Hautzinger, H. (1978). Disaggregierte verhaltensorientierte Verkehrsmodelle – Theorie und praktische Anwendung. Zeitschrift für Verkehrswissenschaft 49, 1, 27-54.

Hautzinger, H. & Kessel, P. (1977). Determinanten der Verkehrsmobilität. Bad Godesberg: Kirschbaum.

Held, M. (1982). Verkehrsmittelwahl der Verbraucher. Berlin: Duncker & Humblot.

INFRATEST (1977). Die Einstellung zu Auto und Verkehr. Unveröffent. Untersuchungsbericht.

Katona, G. (1960). Das Verhalten der Verbraucher und Unternehmer. Tübingen: Mohr.

Lewin, K. (1963). Feldtheorie in den Sozialwissenschaften. Bern: Huber.

Meyburg, A.H. (1976). Forschungen in den USA über moderne Prognoseverfahren in der Verkehrsplanung. München: Schriftenreihe des Instituts für Verkehrsplanung und Verkehrswesen.

Molt, W. (1977). Preiswahrnehmung komplexer Güter am Beispiel der Pkw-Nutzung. Zeitschrift für Verbraucherpolitik, Heft 4.

Molt, W. (1982). Möglichkeiten und Grenzen des Energiesparens in privaten Haushalten. Vortrag gehalten auf der internationalen Konferenz für Consumer Behavior and Energy. Nordwijkerhout: Energy Policy.

Molt, W. (1986). Die Behavior-Settings Straßen. In G. Kaminski (Hg.), Ordnung und Variabilität im Alltagsgeschehen. Göttingen: Hogrefe.

Oesterreich, R. (1981). Handlungsregulation und Kontrolle. München: Urban & Schwarzenberg.

Parr, A.E. (1965). In search of theory. Arts and Architecture 82, 14-16.

Schaechterle, K. (1978). Vorgehen und Probleme der Praxis einer integrierten Verkehrsplanung. In W. Molt & L. v. Rosenstiel (Hg.), Bedarfsdeckung oder Bedürfnissteuerung. Berlin: Duncker & Humblot.

Stopher, P.R. & Meyburg, A.H. (1974). Behavioral demand modelling and valuation of travel time. Transportation Research Board, Special Report Nr. 149.

Voigt, F. (1973). Verkehr. Erster Band, Erste Hälfte. Die Theorie der Verkehrswissenschaft. Berlin: Duncker & Humblot.

Walter Molt
Fachgruppe Psychologie
im Institut für Sozioökonomie
der Universität Augsburg

Freiraum – Freizeit – Tourismus

1. Einleitung

Freiraum als Teilbereich des näheren oder weiteren Arbeits- und Wohnumfeldes wird im vorliegenden Zusammenhang unter Bezugnahme auf Handlungsziele, Ausführungsbedingungen und Bewertungskriterien näher beschrieben: Freiräume sind solche (natürliche oder baulich gestaltete) Orte, Plätze, Gebiete, die primär dem Wohlergehen, der Unterhaltung und Erholung dienen. Im Vergleich zu anderen, stärker aufgaben- und leistungsorientierten Umweltbereichen bieten sie dem Nutzer überdurchschnittlich große Dispositions- und Ausführungsspielräume für ein stark ichbezogenes, hedonistisches Verhalten. Die Bewertung der in diesen Handlungsräumen erreichten Resultate, d.h. der psychophysiologischen, kognitiv-affektiven und verhaltensmäßigen Zustandsänderungen ist in den meisten Fällen nicht durch allgemeinverbindliche Wertmaßstäbe festgelegt – und dementsprechend gesellschaftlich sanktioniert –, sondern bleibt in beträchtlichem Ausmaß der subjektiven Interpretation des jeweiligen Nutzers überlassen. Somit korrespondiert mit den vergleichsweise großen Gestaltungsmöglichkeiten in solchen Handlungsräumen ein Erleben, das im positiven Fall durch persönliche Initiativen und Eigenaktivität, im negativen Fall durch eine passive, kritiklose Rezeption vorfabrizierter Programme konstituiert wird. Eine solche, vom individuellen Erleben und Verhalten ausgehende Freizeitkonzeption geriete in Gefahr, mißverstanden zu werden, wenn sie als Alibi für kommunale Handlungsabstinenz und/oder zur Begründung der Ausgrenzung von Freiräumen aus dem alltäglichen Lebensgesamt der Bewohner verwendet würde. Aufgabe einer kommunalen Freizeitplanung kann nicht die Anlage von grünen Spezial- und Restflächen in einer insgesamt ruinierten, sozial bedrückenden, gesundheitsgefährdenden Wohnumgebung sein (obgleich auch von einem kosmetischen Rand- und Begleitgrün zuweilen überraschend positive Erlebniswirkungen ausgehen, die m.E. allerdings eher die Tristesse der Gesamtszenerie unterstreichen als die relative Nähe zu akzeptablen Wohn- und Lebensverhältnissen dokumentieren).

Hauptanliegen ist vielmehr die Schaffung eines soziophysischen Lebensraumes, in dem eine Vielzahl alltäglicher Funktionen neben- und miteinander existieren können, in dem verborgene, nicht explizit definierte Nischen für ein unkompliziertes menschliches Miteinander zu entdecken und zu erobern sind. In diesem Sinne kann ein alter Kastaniengarten, die vielgerühmte Bank vor der Haustür oder die Hobbywerkstatt im Hinterhofgebäude ein positiveres Beispiel für einen kommunikativen Freiraum sein als die möblierte Fußgängerzone, der perfekte Abenteuerspielplatz, die gepflegte Grünanlage zwischen Hochhauskomplexen.

Konventioneller Oberbegriff für die in Freiräumen praktizierten Unterhaltungs- und Erholungshandlungen ist *Freizeit*; touristische Reisen sind *Freizeithandlun-*

gen, deren spezifischer Reiz in dem „Konsum von Mobilität" und dem in ihrer Folge auftretenden Bekanntwerden mit unbekannten, neuen Orten/Landschaften besteht. In den verschiedenen Freizeit- und Erholungsarealen stellt „Natur" jenen Umweltbereich von Objekten, Zuständen und Vorgängen dar, der sich (im Unterschied zu nicht belebter Materie) durch autonome Selbstentfaltung und Selbsterhaltung durch „von innen" gesteuerte Expansion und Multiplikation auszeichnet.

Mang (1983, 1984) hält es für zweckmäßig, das Konzept „Natur" zwischen die Pole „human made" und *„wilderness"* einzuspannen. Je mehr man sich dem „human made"-Pol nähere, desto stärker würden bauliche Veränderungen/Gestaltungen vorherrschen. Extrem artifizielle Umwelten wären das Innere einer Weltraumfähre (space shuttle) oder eines Atom-U-Bootes. In der Mitte der Skala wären beispielsweise Villenviertel und Parkanlagen einzuordnen, in denen sich bauliche Gestaltungen und ländlich-pastorale Elemente die Waage hielten. Wilderness am anderen Endpunkt der Skala wäre der Ort, an dem wilde, starke, ungebändigte Natur am unmittelbarsten und intensivsten erfahren werden könne. Das „natürliche" Wachstums- und Reproduktionsgeschehen wird in *„wilderness"-Arealen* durch ein eingreifendes Handeln des Menschen nur minimal beeinflußt und schon gar nicht planmäßig gestaltet (Altman & Wohlwill 1983).

2. Inhalt, Struktur und Determinanten von Freizeittätigkeiten

Inhaltsorientierte, deskriptive Umfrage-Forschung zur Freizeitthematik konzentriert sich vor allem auf die Bildung von Rangreihen zur Beliebtheit, Häufigkeit und Dauer ausgeübter oder erwünschter *Freizeittätigkeiten*, speziell auch von Reisen in fremde Länder (Scheuch 1977, Hartmann 1981, Wirtz 1982, Vahsen 1983, Dundler 1986). Einen Schritt weiter reichen multivariate statistische Modelle (z.B. Clusteranalysen, Faktorenanalysen), bei denen es darum geht, die Vielzahl der untersuchten Freizeitvariablen auf einige wenige, einprägsame Dimensionen zurückzuführen (Wippler 1974, Schmitz-Scherzer 1974, Giegler 1985a, b). Einen noch anspruchsvolleren Versuch stellen Determinationsanalysen dar, mit deren Hilfe Stärke und Richtung des Einflusses unabhängiger Variablen auf die abhängige Freizeitvariable geschätzt werden (Beispiel: Die Häufigkeit des *Spielplatzbesuchs* in Abhängigkeit von Variablen wie Laufzeit, Wetter, Spielplatzausstattung) → *Spielumwelt*. Nach Giegler (1982, 1986) fehlen aber bislang nach wie vor hypothesentestende Untersuchungen und – in deren Gefolge – überprüfbare Theorien. Mit einer ökopsychologischen Forschungsperspektive haben alle diese Untersuchungen m.E. recht wenig zu tun, da sie ihren Ausgangspunkt – von Ausnahmen abgesehen – weder von objektivierbaren Außenvariablen des Freiraums noch von solchen (personalen) Einflußgrößen nehmen, die mit den äußeren Gegebenheiten in direkter oder über dritte Größen vermittelter Wechselwirkung stehen (z.B. Raumkonzepte, Territorialitätsansprüche, Mechanismen der Distanzregulation, vgl. Winter 1983, 1986).

3. Umweltbezogene Fragestellungen im Freizeit- und Touristikbereich

Differenziert man zwischen einer Planer-, Nutzer- und Expertenperspektive, können beispielhaft genannt werden:

a) *Für die Planer- und Gestalter-Perspektive:*

- Fragestellungen, die im ökopsychologischen „Mikrobereich" eine möglichst optimale Geräte- und Raumgestaltung im Hinblick auf die Ausführung a priori festgelegter *Spiel-* und *Bewegungshandlungen* für bestimmte Nutzergruppen anstreben (Beispiel: Bewertungskriterien wie Erreichbarkeit, Sicherheit, Funktionslust, Benutzungsvariabilität, Lernchancen, Kommunikationsfreundlichkeit, vgl. Kaminski 1983).
- Fragestellungen, die sich auf die nähere Erfassung und aktive Gestaltung der atmosphärischen, *szenischen Qualität* touristischer Unterhaltungs- und *Erholungsareale* mittlerer Größenordnung beziehen (Beispiel: Die Planung bzw. Realisierung einer attraktiven Fußgängerzone, einer Promenade, Parkanlage oder eines größeren Hotelinnenhofs nach ästhetischen und symbolischen Merkmalen, vgl. Schober 1975).
- Fragestellungen, die über die räumlich-materiale Gestaltung und Optimierung antizipierbarer Funktionsabläufe hinaus die Verwaltung und den Betrieb größerer *Freizeitregionen* im ganzen betreffen (Beispiel: Erschließung eines stadtnahen Landschaftsgebietes unter Einschätzung der sozialen Folgelasten – *social impact assessment* – wie Lärm- und Streßwirkungen, Gemeindezusammenhalt etc., vgl. Jungermann 1982, Kaminski & Fleischer 1984) (→ *Folgeneinschätzung*).

b) *Für die Nutzer- und Konsumenten-Perspektive:*

Unter der Nutzer- und Konsumenten-Perspektive werden alle jene Fragestellungen subsumiert, die die Wahrnehmung, Bewertung und konkrete Inanspruchnahme von Umweltangeboten in *Freiräumen* zum Gegenstand haben. *Freizeittätigkeiten* werden bei dieser Betrachtungsweise als vermittelnde Instanzen gedacht, die ein verfügbares Umweltpotential für (freizeit- und erholungsbezogene) Bedürfnisse, Interessen, Wünsche erschließen und auf diesem Wege zur Zufriedenheit bzw. zu Streß, Frustrationserlebnissen, Schuldgefühlen beitragen (Opaschowski 1980, 1982).

Akzentuiert man in der Persönlichkeit verankerte Handlungsdeterminanten, rücken Einflußgrößen wie Vorerfahrung, allgemeine Wertorientierung, Umweltbewußtsein, Umwelteinstellung, Umweltwissen oder auch Persönlichkeitsvariablen wie Aktivität, Feldabhängigkeit, kognitiver Stil in den Vordergrund (Angleitner 1977, Fietkau & Kessel 1981, Winter 1981).

Eine ganz andere Zugangsweise liegt vor, wenn der globale Handlungsbegriff in Prozeßkomponenten wie Aufmerksamkeit, Beurteilen, Entscheiden und Akzeptanz, Lernen und Reproduktion aufgespalten und auf diese Weise die sequentielle, zeitabhängige Veränderung der abhängigen Variablen *„Erholung"* detailliert erforscht wird (Levy 1978).

Eine dritte Forschungsstrategie ist die übliche Wirkungsforschung, die ein festes Repertoire abfragbarer *Zufriedenheitsindikatoren* an den Nutzer heranträgt und entsprechende Meßinstrumente bereitstellt (für den Bereich des Naturerlebens vgl. Abschnitt 4). Nutzerdefizite in einer oder mehreren der für relevant erachteten Wirkungsdimensionen begründen eine pädagogisch-psychologische oder medizinisch-psychologische Intervention, die je nach Lage des Falles (Schweregrad der Beeinträchtigung, Entstehungszeitpunkt, vermutete Erstreckung in die Zukunft) als Information, *Animation*, Unterricht, Beratung, Training oder Therapie angeboten wird.

c) Experten- und Berater-Perspektive

Ökopsychologische Expertisen, Begutachtungen und Beratungen haben ihren Ausgangspunkt häufig in einer sehr komplexen, schwer überschaubaren, konfliktträchtigen Problemlage, die verschiedene, nicht ohne weiteres integrierbare Interessen unterschiedlich betroffener Personen involviert. Die Bearbeitung solcher Aufträge tendiert nicht selten zu einer Methoden-Polarisierung derart, daß entweder qualitative (einer experimentellen Kontrolle weitgehend entzogene) Verfahren „intuitiv" eingesetzt oder außerordentlich komplizierte und aufwendige *multivariate Designs* und *Simulationstechniken* zur „wissenschaftlichen Entscheidungsfindung" herangezogen werden (Kaminski & Bellows 1982).

Ist eine ökopsychologische Auftragsforschung im Hinblick auf Freiraumgestaltung, Ferienarchitektur, Landschaftserschließung noch am ehesten mit der zukunftsorientierten Tätigkeit eines Architekten, Stadtplaners oder Organisationsfachmannes vergleichbar, so rückt sie auf der Ebene individueller Beratung in die Nähe pädagogischer und klinisch-psychologischer Tätigkeit. In dieser letztgenannten Funktion ist der Ökopsychologe Advokat der Betroffenen (z.B. für die in ihrem Erholungsanspruch durch Lärm beeinträchtigten älteren Kurpatienten), Berater, „Animateur" und Therapeut (z.B. für arbeits- und berufsfixierte Klienten, die nicht abschalten und sich von eingebildeten Pflichten nicht lösen können), Schlichter von Konflikten (z.B. zwischen traditionsbewußten Einheimischen und „modernen" großstädtischen Gästen), Zukunftsplaner und Lebensberater, wenn neue Werthaltungen mit einem traditionellen Lebensstil in Einklang zu bringen sind (Opaschowski & Raddatz 1982, Krippendorf, Kramer & Krebs o.J.).

4. Naturerleben, seine Motive und Auswirkungen

Tätigkeiten in der freien Natur wie Gartenarbeiten, Spazierengehen, Wandern, Camping, Sporttreiben außer Haus nehmen in der Beliebtheitsrangreihe der persönlichen *Freizeitbeschäftigungen* vordere bis mittlere Plätze ein (Deutsche Gesellschaft für Freizeit 1986). Als Beispiel sei *Spazierengehen* hervorgehoben, das nach verschiedenen repräsentativen Umfragen kommerzieller Meinungsforschungsinstitute hinter Fernsehen und Zeitunglesen – gelegentlich auch nach Gartenarbeit – eingeordnet wird; in der Reiseanalyse des Studienkreises für Tourismus (1984) nimmt es unter den besonders gern in häuslicher Umgebung ausgeübten Freizeit-Aktivitäten sogar den ersten Rangplatz ein (74% der Befragten, Zucker 1985).

Beschränkt man sich auf die vermutlich intensivste Form des Naturerlebens, das Wandern in freier Natur, so vermitteln amerikanische Untersuchungen folgendes Bild des typischen „wilderness-visitors": Er ist 25-54 Jahre alt, besitzt überdurchschnittlich gute Schul- und Berufsausbildung, lebt in Städten mit mehr als 5000 Einwohnern, macht seine Ausflüge zusammen mit der Familie und/oder Freunden und verbringt durchschnittlich 14,5 Tage im Jahr in der „Wildnis" (Mang 1984). Das Persönlichkeitsprofil des Naturliebhabers zeichnet sich u.a. durch spartanische Lebensführung, Demut gegenüber der Natur, handwerkliche Fähigkeiten und Abneigung gegenüber jeder Form oberflächlicher Sozialkontakte aus. Knopf (1983) kommt nach sorgfältigem Studium der einschlägigen Literatur zu der Auffassung, daß – bei aller Heterogenität der Motivation zu den verschiedenen naturnahen Freizeitaktivitäten – das „Flucht-Motiv" (*stress-escape-motive*) wohl doch die hervorstechendste Eigenschaft des „*wilderness-users*" ist. Naturnutzung ist in dieser Perspektive eine wirkungsvolle „Coping"-Strategie, die ästhetische und spirituelle Erfahrungen, Bewährungs- und Selbstberuhigungserlebnisse vermittelt, die in anderen *Freizeit-Settings* so nicht zustande kommen können (Rossman & Ulehla 1977). Überdauernde „therapeutische" Effekte jenseits des aktuellen ästhetischen Vergnügens und der spirituellen Kontemplation betreffen das körperliche Wohlbefinden, Komponenten des Selbstsystems (Selbstachtung, Selbstvertrauen, Kompetenz), Kontrollüberzeugungen und Freundlichkeit im Sozialverhalten (Gibson 1979, Kaplan & Talbot 1983). Die berichteten Ergebnisse sind mit Vorsicht zu interpretieren, da in der Mehrzahl der Studien Kontrollgruppen und „follow-up"-Untersuchungen fehlen (Turner 1976). Es erscheint schwierig, wenn nicht unmöglich, zwischen *Erholungseffekten* in einem Ferienmilieu und den „Natur-Effekten" im engeren Sinne zu unterscheiden.

Nicht weniger schwierig ist der Versuch, die konstituierenden Prozesse für eine psychophysiologische Erholung und mentale Revitalisierung (*restoration*) im Kontakt mit der Natur präziser zu bestimmen. Kaplan und Talbot (1983) stellen drei grundlegende Vorgänge heraus:

(1) *Faszination,* ein Geschehen, das weitgehend mit unwillkürlicher Aufmerksamkeit gleichgesetzt wird;

(2) *Kohärenz* im Sinne einer guten, bedeutungsreichen „Gestalt" einer Reizsituation; eine spezielle Variante von Kohärenz stellen „geheimnisvolle Areale" dar, die Entdeckungen jenseits der unmittelbar gegebenen Szenerie versprechen („distance coherence", Kaplan & Kaplan 1982).

(3) *Vereinbarkeit, Konkordanz* (*compatibility*) zwischen Umweltkonstellation, individuellen Bedürfnissen und angemessenem, nützlichem Tun (zum Beispiel einen Unterschlupf suchen, wenn im Gebirge ein Unwetter heraufzieht).

So plausibel das allgemeine „person-environment-fit-Modell" von Kaplan auch erscheinen mag, es läßt doch mehrere Fragen offen: Wie sollen so komplexe Vorgänge und Befindlichkeiten wie Faszination, Kohärenz und Vereinbarkeit zuverlässig operationalisiert und gemessen werden? Wie hängen die verschiedenen Dimensionen zusammen? Welche Konzepte ließen sich für negative Affekte im Umgang mit Natur entwickeln?

Amerikanischen Studien über das Erleben und Verhalten in freier Natur vergleichbare psychologische Arbeiten im deutschen Sprachraum fehlen m.W. nahezu vollständig (vgl. Kruse 1983). Forstwirtschaftler, Biologen und Geographen sind auf diesem Gebiet ganz offensichtlich Vorreiter und behandeln Themen mit, die in anderen Sachzusammenhängen üblicherweise von Psychologen bearbeitet werden (z. B. Einstellungen zur Natur und Wildtieren, vgl. Schulz 1985).

Ein wesentlicher Grund für die psychologische Abstinenz ist m.E. darin zu sehen, daß geeignete Meßinstrumente zum Gegenstandsbereich Natur und Landschaft fehlen; ein anderer Grund besteht in der Schwierigkeit, nach bestimmten Merkmalen parallelisierte Stichproben so zusammenzustellen, daß sie in einer kontrollierten Weise – etwa im Rahmen varianzanalytischer Designs – verschieden günstigen naturalistischen Umwelt-Settings zugeordnet und nach erfolgtem „Naturaufenthalt" in den interessierenden abhängigen Variablen miteinander verglichen werden können (zum Beispiel in effektzentrierten Maßen wie körperliche und mentale Erholung, emotionale Entspanntheit, Mang 1984). Im Unterschied zu den deutschen Verhältnissen existiert in den USA etwa seit Mitte der 70er Jahre eine ganze Reihe empirisch kontrollierter Meßinstrumente, Prüfaufgaben und Versuchsstrategien, die nahezu routinemäßig zur Bestimmung der subjektiv wahrgenommenen Qualität von Landschafts-/Naturarealen und der von ihnen ausgehenden Wirkungen Verwendung finden (Kaplan 1975, Craik & Zube 1976, Wohlwill 1976, Ulrich 1981, Fridgen 1984).

Da zusätzlich auch kriterienbezogene Verfahren zur (vergleichsweise objektiven) Einschätzung formaler Natur- und Landschaftsmerkmale verfügbar sind – sogenannte *Environmental Quality Indices (EQI's)* im Unterschied zu *Perceived Environmental Quality Indices (PEQI's)* –, lassen sich mindestens korrelative Beziehungen zwischen materiellen Umgebungsaspekten, vermittelnden Wahrnehmungs- und Kognitionsprozessen und resultierenden Verhaltenseffekten eruieren (Brush 1976, Petersen 1976, Zube 1976, 1980). Untersuchungen, die in bestimmten Erholungsgebieten zur Evaluation der vorhandenen natürlichen Ressourcen und gestalteten Einrichtungen durchgeführt werden, finden Anwendung zur Planung von *Naturschutzmaßnahmen* und/oder zur verantwortungsvollen Erschließung der Naturräume im Sinne eines *„sanften Tourismus"* (Krippendorf 1981, 1984) (→ *Raum und Bewegung; → Landschaftsveränderung – Landschaftszerstörung*).

Literatur

Altman, I. & Wohlwill, J.F. (Eds.) (1983). Behavior and the natural environment. Vol. 6: Human behavior and the environment. New York: Plenum.

Angleitner, A. (1977). Persönlichkeit und Freizeitverhalten. Ergebnisse und Folgerungen. In R. Schmitz-Scherzer (Hg.), Aktuelle Beiträge zur Freizeitforschung (S. 51-63). Darmstadt: Steinkopff.

Brush, R.O. (1976). Perceived quality of scenic and recreational environments: Some methodological issues. In K.H. Craik & E.H. Zube (Eds.), Perceiving environmental quality (pp. 47-58). New York: Plenum.

Craik, K.H. & Zube, E.H. (1976). The development of perceived environmental quality indices. In K.H. Craik & E.H. Zube (Eds.), Perceiving environmental quality (pp. 3-20). New York: Plenum.

Deutsche Gesellschaft für Freizeit (Hg.) (1986). Freizeit in Deutschland. Erkrath: Westphal.

Dundler, F. (1986). Urlaubsreisen 1954-85. 30 Jahre Erfassung des touristischen Verhaltens der Deutschen durch soziologische Stichprobenerhebungen. Starnberg: Studienkreis für Tourismus.

Fietkau, H.J. & Kessel, H. (Hg.) (1981). Umweltlernen. Königstein/Ts.: Hain.

Fridgen, J.D. (1984). Environmental psychology and tourism. Annals of Tourism Research 11, 19-39.

Gibson, P.M. (1979). Therapeutic aspects of wilderness programs: A comprehensive literature review. Therapeutic Recreation Journal 13, 21-33.

Giegler, H. (1982). Dimensionen und Determinanten der Freizeit. Opladen: Westdeutscher Verlag.

Giegler, H. (1985a). Zur sozialwissenschaftlich relevanten Semantik von Freizeitaktivitäten. Eine Literaturstudie. Angewandte Sozialforschung 13, 75-91.

Giegler, H. (1985b). Gewinnung einer Typologie zur Klassifizierung von Freizeitaktivitäten. Eine explorative Studie. Angewandte Sozialforschung 13, 339-363.

Giegler, H. (1986). Zur empirischen Semantik von Freizeitaktivitäten. In H. Lüdtke, S. Agricola & U. Karst (Hg.), Methoden der Freizeitforschung (S. 175-187). Opladen: Leske & Budrich.

Hartmann, K.D. (1981). Wirkungen von Auslandsreisen junger Leute. Starnberg: Studienkreis für Tourismus.

Jungermann, H. (1982). Zur Wahrnehmung und Akzeptierung von Risiko bei Großtechnologien. Psychologische Rundschau 33, 217-238.

Kaminski, G. (1983). Theoretische und methodische Aspekte des Verhältnisses von Spiel und Handlung. In O. Gruppe, H. Gabler & U. Göhner (Hg.), Spiel – Spiele – Spielen (S. 90-105). Schorndorf: Hofmann.

Kaminski, G. & Bellows, S. (1982). Feldforschung in der Ökologischen Psychologie. In J.-L. Patry (Hg.), Feldforschung (S. 87-116). Bern: Huber.

Kaminski, G. & Fleischer, F. (1984). Ökologische Psychologie: Ökologische Untersuchungs- und Beratungspraxis. In H.A. Hartmann & R. Haubl (Hg.), Psychologische Begutachtung. Problembereiche und Praxisfelder (S. 329-358). München: Urban & Schwarzenberg.

Kaplan, S. (1975). An informal model for the prediction of preference. In E.H. Zube, R.O. Brush, & J.A. Fabos (Eds.), Landscape assessment: Values, perceptions, and resources (pp. 92-101). Stroudsburg, PA: Dowden, Hutchinson & Ross.

Kaplan, S. & Talbot, J.F. (1983). Psychological benefits of a wilderness experience. In I. Altman & J.F. Wohlwill (Eds.), Behavior and the natural environment (pp. 163-203). New York: Plenum.

Kaplan, S. & Kaplan, R. (1982). Cognition and the environment. Functioning in an uncertain world. New York: Praeger.

Knopf, R.C. (1983). Recreational needs and behavior in natural settings. In I. Altman & J.F. Wohlwill (Eds.), Behavior and the natural environment. Vol. 6: Human behavior and the environment (pp. 205-240). New York: Plenum.

Krippendorf, J. (1981). Die Landschaftsfresser. Bern: Verlag Forschungsinstitut für Fremdenverkehr der Universität Bern.

Krippendorf, J. (1984). Die Ferienmenschen. Zürich: Orell Füssli.

Krippendorf, J., Kramer, B. & Krebs, R. (o.J.). Arbeitsgesellschaft im Umbruch – Konsequenzen für Freizeit und Reisen. Bern: Verlag Forschungsinstitut für Fremdenverkehr der Universität Bern.

Kruse, L. (1983). Katastrophen und Erholung – Die Natur in der umweltpsychologischen Forschung. In G. Großklaus & E. Oldenmeyer (Hg.), Natur als Gegenwelt (S. 121-357). Karlsruhe: van Loeper.

Levy, J. (1978). Play behavior. New York: Wiley.

Mang, M. (1983). Humans and nature: a multi-disciplinary perspective (Paper). Irvine, CA: University of California Press.

Mang, M. (1984). The restorative effects of wilderness backpacking. Dissertation in Social Ecology. University of California, Irvine.

Opaschowski, H.W. (1980). Probleme im Umgang mit der Freizeit. Hamburg: B.A.T. Freizeit-Forschungsinstitut.

Opaschowski, H.W. (1982). Freizeit-Daten. Zahlen zur Freizeit-Situation und -Entwicklung in der Bundesrepublik Deutschland. Hamburg: B.A.T. Freizeit-Forschungsinstitut und Deutsche Gesellschaft für Freizeit.

Opaschowski, H.W. & Raddatz, G. (1982). Freizeit im Wertewandel. Die neue Einstellung zu Arbeit und Freizeit. Hamburg: B.A.T. Freizeit-Forschungsinstitut.

Petersen, G.L. (1976). Perceived quality of scenic and recreational environment: Research needs and priorities. In K.H. Craik & E.H. Zube (Eds.), Perceiving environmental quality (pp. 59-90). New York: Plenum.

Rossman, B.B. & Ulehla, U.J. (1977). Psychological reward values associated with wilderness use. Environment and Behavior 9, 41-66.

Scheuch, E.K. (1977). Soziologie der Freizeit (Handbuch der empirischen Sozialforschung Bd. 11: Freizeit und Konsum). Stuttgart: DTV.

Schmitz-Scherzer, R. (1974). Sozialpsychologie der Freizeit. Stuttgart: Kohlhammer.

Schober, R. (1975). Szenerie des Raumes. In Studienkreis für Tourismus (Hg.), Animation im Urlaub (S. 51-61). Starnberg.

Schulz, W. (1985). Einstellung zur Natur. Dissertation. Forstwirtschaftl. Fak., Universität München: Studienkreis für Tourismus.

Studienkreis für Tourismus (Hg.) (1984). Reiseanalyse 1984. Durchgeführt von der GfK-Nürnberg. Starnberg: Studienkreis für Tourismus.

Turner, A.L. (1976). The therapeutic value of nature. Journal of Operational Psychiatry 12, 64-74.

Ulrich, R.S. (1981). Natural versus urban scenes: Some psycho-physiological effects. Environment and Behavior 13, 523-556.

Vahsen, F.G. (Hg.) (1983). Beiträge zur Theorie und Praxis der Freizeitpädagogik. Hildesheim: Turner.

Winter, G. (1981). Umweltbewußtsein im Licht sozialpsychologischer Theorien. In H. Fietkau & H. Kessel (Hg.), Umweltlernen (S. 53-116). Königstein/Ts.: Hain.

Winter, G. (1983). Psychologische Beiträge zu einer Theorie der Freizeit. In F.G. Vahsen (Hg.), Beiträge zur Theorie und Praxis der Freizeitpädagogik (S. 151-176). Hildesheim: Turner.

Winter, G. (1986). Traditionen, Sackgassen und neue Möglichkeiten der Freizeitforschung. In H. Lüdtke, S. Agricola & U. Karst (Hg.), Methoden der Freizeitforschung (S. 27-56). Opladen: Leske & Budrich.

Wippler, R. (1974). Freizeitverhalten: Ein multivariater Ansatz. In R. Schmitz-Scherzer (Hg.), Freizeit (S. 91-107). Frankfurt: Akademische Verlagsanstalt.

Wirtz, S.J. (1982). Phänomen: Tourismus. Frankfurt: Lang (Europäische Hochschulschriften).

Wohlwill, J.F. (1976). The concept of nature: A psychologist's view. In I. Altman & J.F. Wohlwill (Eds.), Behavior and the natural environment. Vol. 6: Human behavior and the environment (pp. 5-37). New York: Plenum.

Zube, E.H. (1976). Perception of landscape and land use. In I. Altman & J.F. Wohlwill (Eds.), Human behavior and environment, Vol. 1 (pp. 87-121). New York: Plenum.

Zube, E.H. (1980). Environmental evaluation: Perception and public policy. Monterey, CA: Brooks/Cole.

Zucker, W.H. (1985). Beliebte Freizeit-Aktivitäten zu Hause und im Urlaub. Der Fremdenverkehr und das Reisebüro 10, 8-11.

Gerhard Winter
Psychologisches Institut
der Universität Tübingen

Wohnortwechsel

In den westlichen Industriegesellschaften ziehen immer mehr Menschen immer häufiger um. Zwischen 40% und 50% der Bevölkerung wechselt alle fünf Jahre die Wohnung (Horstmann 1976). Diese räumliche Mobilität ist Forschungsgegenstand für Soziologen, Demographen, Historiker, Geographen, Ökonomen und Psychologen. Ein früher Anlaß dieser sozialwissenschaftlichen Forschungen war die starke Zunahme der Verstädterung im 19. Jahrhundert. Im Vordergrund standen die psychischen Konsequenzen der Landflucht und der Umgang mit neuen städtischen Lebensverhältnissen.

Die psychologische Forschung befaßte sich längere Zeit vorwiegend mit den Folgen des unfreiwilligen Umzugs. Hierbei wurden neben arbeitsbedingtem Wohnortwechsel und Umsetzungen im Rahmen von Stadtsanierungsmaßnahmen (→ *Stadtsanierung*) vor allem Einweisungen und Verlegungen von Heiminsassen untersucht. Erst seit einigen Jahren ist in der Umweltpsychologie das Thema „Wohnortwechsel" auch von generellem Interesse. Es können drei Forschungsansätze unterschieden werden: (1) Die Untersuchung der Gründe, Motive und Entscheidungsprozesse, die zum Umzugsentschluß führen (d.h., Umzug als abhängige Variable). (2) Die Erforschung der psychischen Auswirkungen von Umzügen und den damit verbundenen Anpassungsprozessen und Bewältigungsstrategien (Umzug als unabhängige Variable). (3) Die Untersuchung des Wohnortwechsels als paradigmatisches Lebensereignis im Sinne einer komplexen Veränderung. Im letztgenannten Ansatz wird davon ausgegangen, daß im Gesamt des räumlich-materiellen und sozialen Umbruchs bestimmte psychologische Abläufe und Verhaltensweisen besonders gut zu beobachten sind.

1. Ursachen des Wohnortwechsels

Der Beginn der sozialwissenschaftlichen Forschung residentieller Mobilität kann mit der Arbeit von Ravenstein 1885 (nach Franz 1984) angesetzt werden. Sein Anliegen war die Interpretation von Migrationsströmen durch die Formulierung von Wanderungsgesetzen und die Entwicklung von Typologien der Migrationsarten (→ *Migration*). Ravenstein war nicht an individuellen Motiven der Migration interessiert. Im Vordergrund stand die Bestimmung ökonomischer und sozialer Faktoren des Umfanges und der Richtung der Migrationsströme. Ravenstein stimulierte durch seine Arbeiten neben der soziologischen Forschung auch die ökonomische.

Im Unterschied zu den soziologischen und sozio-ökonomischen Ansätzen untersucht die psychologische Forschung die individuellen Prozesse, die zum Wohnortwechsel führen. Dabei wird die Existenz objektiver Gründe nicht in Abrede gestellt; das Interesse richtet sich aber auf die individuelle Vermittlung und Verarbeitung der allgemein wirkenden Rahmenbedingungen. Ein erster Schritt in diese Richtung wurde von den entscheidungstheoretischen Ansätzen vollzogen, die zu Beginn der sechziger Jahre entwickelt wurden (vgl. Franz 1984). Die zunächst recht einfachen Kosten-Nutzen-Modelle wurden durch die Einbeziehung weitergehender Konzepte wie das der Nutzenschwelle oder der eingeschränkten Wahlfreiheit differenziert. Während das erstere annimmt, daß eine Wohnortentscheidung erst dann erwogen wird, wenn eine je nach Individuum mehr oder weniger hohe Nutzenschwelle überschritten wird, betont das spätere den Entscheidungsspielraum der Person. Hier geht man davon aus, daß die Wohnortwahl meistens durch die Entscheidungen Dritter mitbestimmt wird. Neuere Ansätze bemühen sich um eine Verbindung von individuumszentrierten und soziologischen Sichtweisen (Gatzweiler 1975). Da aber die Erforschung dieser Zusammenhänge methodisch aufwendige Längsschnittuntersuchungen voraussetzt, bleiben diese Ansätze vereinzelt.

Eine explizite Einbeziehung von Umweltaspekten bei der Erforschung von Umzugsentscheidungen wurde von Rohrmann und Borcherding (1988) unternommen. In einer Längsschnittstudie wurde der Stellenwert der Umweltqualität für die Wohnzufriedenheit und die umzugsbedingte Wohnungswahl untersucht. Es wird festgestellt, daß Personen der Umweltqualität (Verfügbarkeit von Erholungsmöglichkeiten, baulicher Zustand, Belästigung durch Lärm, Geruch und Schmutz) zwar allgemein einen hohen Stellenwert einräumen, in der konkreten Entscheidungssituation sich dann aber die unmittelbaren Wohnungsmerkmale wie Kosten, Größe, Zustand und Ausstattung der Wohnung stärker durchsetzen. Die Belastungen durch unzureichende Umweltqualität werden erst längerfristig als störend wahrgenommen und entsprechend negativ bewertet.

Neben dieser auf die Umzugsentscheidung zentrierten Forschung ist in neuerer Zeit ein steigendes Interesse an den Prozessen zu beobachten, die mit der Ablösung von der alten Umgebung zusammenhängen (→ Stadtsanierung). Gerade im Rahmen der Umweltpsychologie stehen die veränderte Umweltwahrnehmung, die Einstellung zur alten und neuen Umgebung und andere für das in Veränderung befindliche Person-Umwelt-System wichtige Faktoren im Blickpunkt. Wapner und Mitarbeiter entwickelten ein vierphasiges Stufenmodell, das den Übergang von der alten zur neuen Umgebung erfaßt (z.B. Wofsey, Rierdan & Wapner 1979). Während sich das Individuum in der ersten Phase noch voll in seiner Umwelt integriert sieht und keinerlei Veränderungspläne hegt, werden im zweiten Stadium bereits entsprechende Überlegungen angestellt. Die Umwelt wird distanzierter wahrgenommen, sie verliert zunehmend an emotionaler und persönlicher Bedeutung. In der dritten Phase, nach dem Umzug, hat sich das Individuum weitgehend von der alten Umwelt distanziert, fühlt sich aber in der neuen Umgebung isoliert und wenig integriert: Die kritische Phase des Umzugsprozesses. Der Umgezogene orientiert sich stark an den neuen sozialen und kulturellen Mustern und versucht, die neue Umgebung für sich zu rekonstruieren. Die Wahrnehmung ist eher objektivierend und neutral. Die vierte Phase entspricht wieder der Ausgangssituation. Der Wechsel ist abgeschlossen, die neue Umgebung erscheint vertraut.

Eine weitere, in diesem Zusammenhang wichtige Variable ist die emotionale

Verbundenheit der Bewohner mit dem Wohnort. Nach Fischer und Fischer (1981) führt der Ortswechsel zu einem Verlust der Ortsidentität. Das Heimatgefühl bzw. die Identifikation mit der städtischen Umwelt bezieht sich auf die unmittelbare Wohnumgebung und → *Nachbarschaft* (Proshansky, Fabian & Kaminoff 1983), das eigene Stadtviertel (Schneider 1986) und die gesamte Stadt (Lalli 1988). Durch einen Wohnortwechsel werden diese Bezüge aufgelöst; die Wiedergewinnung von Ortsidentität am neuen Wohnort erfolgt nur sehr langsam im Laufe von einigen Jahrzehnten. Personen, die in eine Stadt zugezogen sind, erlangen auch nach vielen Jahren nicht das gleiche Heimatgefühl wie die dort gebürtigen (Lalli 1988). Unklar ist, welchen Stellenwert diese Identifikationsprozesse mit der Stadt im Gesamt des Selbst einer Person einnehmen und welche Folgen ihr Verlust bzw. ihre geringe Ausprägung haben. Winter & Church (1984) weisen auf positive Zusammenhänge zwischen emotionaler Ortsbezogenheit und politischem Engagement in der Gemeinde hin.

2. Folgen des Wohnortwechsels

Die meisten Untersuchungen zu den Folgen des Wohnortwechsels arbeiten dessen negative Folgen für die psychosoziale Situation des Betroffenen heraus (Tognoli, 1987). So soll ein Umzug Depressionen begünstigen, Alkoholismus, Delinquenz oder gar Selbstmordneigungen fördern (vgl. Fischer & Fischer 1981). Da aber ein Wohnortwechsel meistens im Zusammenhang mit anderen kritischen Lebensereignissen steht (z.B. Scheidung, Tod einer nahestehenden Person, Ausbildungsende, Arbeitsplatzwechsel), ist nur schwer abschätzbar, was tatsächlich durch den Umzug selbst verursacht wird, zumal eindeutige Versuchspläne in diesem komplexen Bereich selten sind. Viele negative Konsequenzen und Streßerscheinungen mögen durch die Kumulation von Streßfaktoren im Umfeld eines Umzuges (z.B. berufliche und familiäre Umstellung, finanzielle Belastung) verursacht sein (Fischer & Fischer 1985) (→ *Streß als Anpassungskrise*). Die Auftretenswahrscheinlichkeit negativer Folgen ist auch von den sozialen, intellektuellen und finanziellen Ressourcen der Betroffenen abhängig, die eine Bewältigung bedeutend erleichtern können.

Etwas abgesicherter sind negative Folgen von zwangsweisen Umsetzungen und Umsiedlungen (Heller 1982). Unfreiwilliger Wohnortwechsel wurde vor allem bei Stadtsanierungsmaßnahmen (Tessin et al. 1983), im Zusammenhang mit Arbeitsplatzerfordernissen (z.B. Versetzung) und bei institutionellen Umsetzungen bei Heiminsassen untersucht (→ *Altenheim;* → *Alte Menschen*). Neben einer Erhöhung der Sterblichkeit bei älteren Menschen und bei geistig Behinderten, die allerdings nicht immer nachgewiesen werden konnte (Borup, 1983; Horowitz & Schulz, 1983), und einer generell höheren Anfälligkeit für Krankheiten konnte eine Vielzahl anderer emotionaler, physiologischer und verhaltensauffälliger Reaktionen festgestellt werden (Heller 1982, S. 474ff). Günstig für eine erfolgreiche Bewältigung sind neben einem guten körperlichen und psychischen Ausgangszustand der Betroffenen auch das Miteinbeziehen ihrer Wünsche und Erwartungen, sowie die langfristige Vorbereitung der Umsetzung.

Auch Charakteristika der neuen Umwelt haben Einfluß auf den Anpassungsprozeß. Je fremdartiger die neue Umgebung empfunden wird, desto höher werden Widerstand und Streßreaktion ausgeprägt sein. Positiv wirkt sich die Aufrechterhaltung des alten sozialen Beziehungsnetzes aus (Bourestone & Tars 1974), das aber mit der Zeit durch den Aufbau eines neuen ersetzt wird (Hormuth 1984). Eine bessere Anpassung wird auch bei Wechsel zu solchen Umwelten erwartet, die sich durch höhere Lebensqualität auszeichnen (Schulz & Brenner 1977).

Insgesamt erlauben die vorliegenden Befunde zur zwangsweisen Umsiedlung allerdings noch keine einheitliche Aussage und widersprechen sich teilweise (Carp 1987, Pastalan 1983).

Ein weiterer Forschungsansatz untersucht den Anpassungsprozeß an die neue Umgebung in Abhängigkeit vom individuellen Bezugsrahmen des Umgezogenen (Shumaker & Conti 1986). Wohlwill und Kohn (1973) leiten relevante Hypothesen aus der Theorie des Adaptations-Niveaus ab (→ *Stimuluszentrierter Ansatz*). Dabei wird angenommen, daß die Verarbeitung der neuen Umweltreize stark von den Erfahrungen in der alten Umwelt beeinflußt wird. Untersucht wurden Personen, die in eine mittlere Großstadt gezogen waren. Zuzügler aus einer komplexeren Umwelt (Metropole über 1 Million) und aus einer weniger komplexen Umwelt (ländliche Kleinstadt unter 25 000) nahmen die gleiche neue Umgebung unterschiedlich wahr. Dies zeigte sich in bezug auf die physische Umwelt (Lärm, Verschmutzung, Enge) und den sozialen Rahmen (Kriminalität, Sicherheitsempfinden).

Ein Konzept, das den familiären Kontext berücksichtigt, wird von Fischer und Fischer (1985) im Rahmen einer familienbezogenen Transitionstheorie vorgelegt. Der Ansatz ermöglicht differentielle Aussagen über die psychologischen Konsequenzen eines Umzuges für die verschiedenen Familienmitglieder. Beispielsweise haben Ehefrauen und Kinder andere Entscheidungs- und Mitwirkungsmöglichkeiten bei der Vorbereitung und beim Anpassungsprozeß im Zusammenhang mit einem Wohnortwechsel. Auch die unterschiedliche soziale Integration ist von Bedeutung. Die empirische Überprüfung des Ansatzes steht noch aus.

In einer weiteren Untersuchung wurden die Auswirkungen unterschiedlich häufiger Ortswechsel erforscht (Stokols, Shumaker & Martinez 1983). Mobilität steht demnach in Beziehung zu einer höheren Rate von Krankheitssymptomen, vor allem bei Hochmobilen, die wenig Erkundungstendenzen in bezug auf die neue Umgebung zeigen, bei gering Mobilen, deren Zufriedenheit mit der neuen Wohnumgebung gering ist, und bei Personen mit geringer Wohnqualität, die wenig Aussicht auf deren Verbesserung sehen. Daneben zeigt sich bei Hochmobilen ein geringerer persönlicher Bezug zur neuen Nachbarschaft und zur Wohngemeinde. Auch Brett (1982) weist auf eine höhere Unzufriedenheit im sozialen Bereich hin. Andere Ergebnisse zeigen allerdings auch positive Effekte, wie eine Verbesserung der materiellen Lebensverhältnisse (Newman & Owen 1982).

Eine ungewöhnliche Gelegenheit, den Einfluß von häufigen Umzügen auf die

Familie und insbesondere auf die Kinder zu untersuchen, bot eine Studie von Hormuth und Mitarbeitern (1988). Die Familien und insbesondere die Kinder von hochmobilen Mitarbeitern des Auswärtigen Amtes der Bundesrepublik Deutschland wurden mit einer Kontrollgruppe von weniger mobilen Angehörigen anderer Dienste verglichen. Während im allgemeinen keine größeren Unterschiede zwischen hochmobilen Kindern und ihren geringmobilen Altersgenossen gefunden wurden, zeigte sich, daß familiäre Probleme oder Entwicklungsstörungen der Kinder bei der mobilen Gruppe zu einer stärkeren Belastung führten. Dies wird als Folge des instabileren sozialen Stützsystems und der weniger differenzierten institutionellen Hilfsmöglichkeiten gesehen. Neben diesen und anderen negativen Folgen häufigen Wohnortwechsels, zeigen die Ergebnisse auch Einflußfaktoren auf, die eine positive Anpassung an die neue Umwelt erleichtern. Maßnahmen zur Vorbereitung auf den Umzug sollten durch eine verstärkte aktive Erkundungstätigkeit in der neuen Umgebung ergänzt werden. Auch das Vorhandensein von Freunden und Bekannten am neuen Wohnort ist hilfreich. Wesentlich für eine kurze Anpassungszeit erscheint aber vor allem die Zustimmung der Familie zu dem mit der Versetzung verbundenen Umzug.

3. Wohnortwechsel als Forschungsparadigma

Die bisherigen Ausführungen haben den Wohnortwechsel als ein Ereignis beschrieben, bei dem das individuelle Person-Umwelt-System aufgebrochen wird und sich unter neuen, veränderten Bedingungen wieder stabilisiert. In diesem Zusammenhang finden eine Vielzahl von Anpassungsprozessen emotionaler, kognitiver und sozial-interaktiver Art statt (→ *Aneignung*). In diesem Sinne kann der Wohnortwechsel als ein kritisches Lebensereignis oder als Beispiel eines ökologischen Überganges aufgefaßt werden (Fischer & Fischer 1981, 1985), ähnlich wie andere wichtige Übergänge, z.B. im Berufsleben, die allerdings mehr an bestimmte Lebensabschnitte gebunden sind. Die Untersuchung solcher Ereignisse kann Aufschluß über lang- und kurzfristige Entwicklungsprozesse eines Individuums im Kontext seiner Umwelt geben und dadurch als paradigmatisches Problem einer organismischen Entwicklungsperspektive dienen (Wapner 1981). Daneben besteht die Möglichkeit, Veränderungs- und Anpassungsprozesse, die in der experimentellen Laborforschung entweder gar nicht oder nur unzureichend hergestellt werden können, in quasi-experimentellen Felduntersuchungen angemessener zu erforschen (Hormuth 1984).

Rosch und Irle (1984) untersuchten bei polnischen Umsiedlern den durch die Übersiedlung bewirkten Rollenwechsel und damit verbundene Auswirkungen auf den Gesundheitszustand in Abhängigkeit von kognitiven Variablen. Die Situation der Umsiedler war im wesentlichen dadurch gekennzeichnet, daß sie in Polen die Rolle des „Deutschen" hatten, in der Bundesrepublik aber plötzlich als „Polen" angesehen wurden. Je deutlicher diese Rollenveränderung wahrgenommen wurde und je stärker die Ursachen für die umzugsbedingten Probleme intern attribuiert wurden, desto höher waren Anfälligkeiten für Krankheiten.

In der Selbstkonzeptforschung kann der Ortswechsel als Gelegenheit genutzt werden, Stabilität und Veränderung des Selbstkonzepts zu untersuchen (Hormuth 1984, 1990). Das Selbstkonzept ist in ein ökologisches System eingebettet, das aus anderen Personen, selbstkonzeptrelevanten Dingen und Umwelten besteht. Durch einen Ortswechsel werden wesentliche Elemente dieses Systems destabilisiert, während gleichzeitig die Fremdheit der neuen Umgebung die Trennung von Selbst und Umwelt betont. Die Selbstkonzeptänderung kann entweder das Ergebnis eines passiven Anpassungsprozesses oder einer aktiven Auseinandersetzung mit der neuen Umwelt sein, wobei allerdings auch die Herstellung von Kontinuität zwischen der alten und der neuen Umwelt eine aktive Auseinandersetzung verlangt. In Abhängigkeit von diesen Prozessen werden unterschiedliche Anpassungsverläufe sozialer Verhaltensweisen nach einem Umzug gefunden.

Zusammenfassend kann festgestellt werden, daß der Wohnortwechsel Fokus einer Reihe bedeutsamer Streßfaktoren (→ *Streß*) ist, dessen Auswirkungen allerdings von einer Vielzahl individueller, sozialer und gesellschaftlicher Rahmenbedingungen abhängen. Zudem sollte in stärkerem Maße der Umzug auch als Gelegenheit der Neukonstruktion und Stabilisierung eines Person-Umwelt-Systems verstanden werden, bei der das Individuum nicht nur passiv den äußeren Veränderungen ausgesetzt ist, sondern durch aktive Auseinandersetzung mit der räumlichen und sozialen Umwelt auch diese wiederum beeinflußt.

Literatur

Borup, J.H. (1983). Relocation mortality research. Gerontologist 23, 235-242.

Bourestone, N.C. & Tars, S. (1974). Alterations in life patterns following nursing home relocation. Gerontologist 14, 506-510.

Brett, J.M. (1982). Job transfer and well-being. Journal of Applied Psychology 67, 450-463.

Carp, F. M. (1987). Environment and aging. In D. Stokols & I. Altman (Eds.), Handbook of Environmental Psychology (Vol. 1) (pp. 329-360). New York: Wiley.

Fischer, M. & Fischer, U. (1981). Wohnortwechsel und Verlust der Ortsidentität als nichtnormative Lebenskrisen. In S.-H. Filipp (Hg.), Kritische Lebensereignisse (S. 139-153). München: Urban & Schwarzenberg.

Fischer, M. & Fischer, U. (1985). Ökopsychologische Analyse mobilitätsbedingter Anpassungsprozesse bei Individuum und Familie. In W.F. Kugemann, S. Preiser & K.A. Schneewind (Hg.), Psychologie und komplexe Lebenswirklichkeit (S. 253-276). Göttingen: Hogrefe.

Franz, P. (1984). Soziologie der räumlichen Mobilität. Frankfurt: Campus.

Gatzweiler, H.P. (1975). Zur Selektivität interregionaler Wanderungen. Bonn.

Heller, T. (1982). The effects on involuntary residential relocation: A review. American Journal of Community Psychology 10, 471-492.

Hormuth, S.E. (1984). Transitions in commitments to roles and self-concept change: Relocation as a paradigm. In V.L. Allen & E. van de Vliert (Eds.), Role transitions: Explorations and explanations (pp. 109-124). New York: Plenum.

Hormuth, S.E. (1990). The ecology of the self: Relocation and self-concept change. Cambridge, UK: Cambridge University Press.

Hormuth, S.E., Bless, H., Bohner, G. & Hornung-Linkenheil, A. (1988). Auswirkungen häufigen internationalen Wohnortwechsels auf die Sozialisation von Kindern und Jugendlichen im Auswärtigen Dienst der Bundesrepublik Deutschland. Bonn: Auswärtiges Amt.

Horowitz, M.J. & Schulz, R. (1983). The relocation controversy. Gerontologist 23, 229-234.

Horstmann, K. (1976). Zur Soziologie der Wanderungen. In R. König (Hg.), Handbuch der empirischen Sozialforschung, 2. Aufl., Bd. 5. Stuttgart: Enke.

Lalli, M. (1988). Urban identity. In D. Canter, J. Jesuino, L. Soczka, & G.M. Stephenson (Eds.), Environmental social psychology (pp. 303-311). Dordrecht: Kluwer.

Lalli, M. (1989). Stadtbezogene Identität. Theoretische Präzisierung und empirische Operationalisierung (Bericht Nr. 89-1). Darmstadt: Institut für Psychologie der Technischen Hochschule.

Newman, S.J. & Owen, M.S. (1982). Residential displacement: Extent, nature, and effects. Journal of Social Issues 38 (3), 135-148.

Pastalan, L.A. (1983). Environmental displacement. In G.D. Rowles & R.J. Ohta (Eds.), Aging and milieu. New York: Academic Press.

Proshansky, H.M., Fabian, A.K. & Kaminoff, R. (1983). Place-identity: Physical world socialization of the self. Journal of Environmental Psychology 3, 57-83.

Rohrmann, B. & Borcherding, K. (1988). Der Stellenwert der Umweltqualität bei Wohnentscheidungen. Eine Längsschnitt-Feldstudie (Bericht Nr. 88-2). Darmstadt: Institut für Psychologie.

Rosch, M. & Irle, M. (1984). Immigration as role transition: A cognitive analysis of its impact on health. In V.L. Allen & E. van de Vliert (Eds.), Role transitions: Explorations and explanations (pp. 97-107). New York: Plenum.

Schneider, G. (1986). Psychological identity of and identification with urban neighbourhoods. In D. Frick (Ed.), The quality of urban life (pp. 204-218). Berlin: de Gruyter.

Schulz, R. & Brenner, G. (1977). Relocation of the aged. Journal of Gerontology 32, 323-333.

Shumaker, S.A. & Conti, G. (1986). The meaning of home to mobile Americans. In I. Altman & C. Werner (Eds.), Human behavior and environments (Vol. 8: Home environments) (pp. 237-253). New York: Plenum.

Stokols, D., Shumaker, S.A., & Martinez, G. (1983). Residential mobility and personal well-being. Journal of Environmental Psychology 3, 5-19.

Tessin, W., Knorr, T., Pust, C. & Birlein, T. (1983). Umsetzung und Umsetzungsfolgen in der Stadtsanierung. Basel: Birkhäuser.

Tognoli, J. (1987). Residential environments. In D. Stokols & I. Altman (Eds.), Handbook of environmental psychology, Vol. 1 (pp. 655-690). New York: Wiley.

Wapner, S. (1981). Transactions of persons-in-environments: Some critical transitions. Journal of Environmental Psychology 1, 223-239.

Winter, G. & Church, S. (1984). Ortsidentität, Umweltbewußtsein und kommunalpolitisches Handeln. In H. Moser & S. Preiser (Hg.), Umweltprobleme und Arbeitslosigkeit (S. 78-93). Weinheim: Beltz.

Wofsey, E., Rierdan, G., & Wapner, S. (1979). Planning to move: Effects on representing the currently inhabited environment. Environment and Behavior 5, 335-349.

Wohlwill, J.F. & Kohn, I. (1973). The environment as experienced by the migrant: An adaptation-level view. Representative Research in Social Psychology 4, 135-164.

Marco Lalli
Psychologisches Institut
der TH Darmstadt
und
Stefan E. Hormuth
Psychologisches Institut
der Universität Heidelberg

Land-Stadt- und Stadt-Land-Migration

Seit Beginn des letzten Jahrhunderts hat die Welt eine explosionsartige Bevölkerungsentwicklung vor allem in den Städten erlebt. Um 1800 lebten etwa 2,5% der Bevölkerung in Städten, 1975 waren dies schon 40%, und im Jahr 2000 werden nach Schätzungen der Vereinten Nationen nahezu doppelt soviel Menschen in Städten leben wie heute: etwa 3 Milliarden.

Die Zuwanderung großer Bevölkerungsteile vom Dorf in die Stadt, bei gleichzeitiger Abwanderung aus der Stadt auf das Land, ist ein Vorgang, der aufgrund seiner nationalökonomischen und entwicklungspolitischen Relevanz schon seit Malthus Wirtschaftswissenschaftler zur Theorienbildung angeregt hat, deren Modelle auf der Annahme wirtschaftlicher und technologischer Disparitäten beruhen und in Kosten-Nutzen-Überlegungen münden (Beshers 1967, Boserup 1965, Davis 1971, Plog & Martin 1973, Sjastaad 1962). Soweit Migration als ein psychologisches Problem dabei mit einbezogen wird, neigen die meisten Autoren dazu, das Kosten-Nutzen-Modell auch darauf anzuwenden. Dabei betonen verschiedene Autoren die Vor- und Nachteile möglicher Handlungsorte, sehen Migration in Abhängigkeit von unterschiedlich gewichteten ökonomischen, sozialen und persönlichen Faktoren („push-pull"-Faktoren) oder heben die Bedeutung von Wahrnehmung und Erwartung wirtschaftlicher und interpersoneller Alternativen hervor (Bogue 1969, Chemers et al. 1978, Harris & Todarro 1970, Lee 1966, Neff & Constantine 1979, Sjastaad 1962).

Allen theoretischen Ansätzen gemeinsam ist die Betrachtung der Migration als räumliche Mobilität eines einzelnen oder einer Gruppe, wobei ein Wohnsitzwechsel vorgenommen wird (Albrecht 1972). In der Tat handelt es sich um einen Handlungsverlauf, während dessen sich ein Migrant von einem aktuellen, gewohnten Handlungsfeld in ein neues Handlungsfeld begibt. Um dieses Migrationsverhalten aus ökopsychologischer Perspektive zu verstehen, reicht die Betrachtung ökonomischer, demographischer oder einzelner Persönlichkeitsvariablen nicht aus; die einzelnen Parameter müssen vielmehr im Zusammenhang des Handelns eines Migranten in und mit seiner Umwelt gesehen werden. Im Unterschied zu den anfangs erwähnten Migrationstheorien faßt der handlungstheoretische Ansatz von Boesch (1976, 1978, 1980) die Migration als Prozeß auf; er mißt seinen handlungsrelevanten Ausgangsbedingungen im gegenwärtigen Handlungsfeld, den Bedingungen der tatsächlichen Wanderung und den Auswirkungen im neuen Handlungsfeld samt der Wechselwirkungen aller Variablen dieses Systems zentrale Bedeutung bei. Ein solches integratives Schema mag zunächst kompliziert erscheinen; als eine Strukturierungshilfe bietet sich jedoch die Unterteilung des Migrationsprozesses in drei Phasen an, die dem Handlungsverlauf des Migranten weitgehend entsprechen: 1. die migrationsvorbereitende Phase, 2. die Phase der Entscheidung und der tatsächlichen Migration und 3. die Anpassungs- und Evaluationsphase (→ *Handlungstheorie*).

1. Die migrationsvorbereitende Phase

In dieser Phase befindet sich der Migrant in der ihm vertrauten Umgebung seines heimatlichen Wohnsitzes (→ *Wohnen und Wohnzufriedenheit*). Innere und äußere Faktoren müssen seine Situation und/oder Wahrnehmung und Beurteilung so verändern, daß sich die Valenz seines aktuellen und seines potentiellen Handlungsfeldes zugunsten des potentiellen verschieben. Vorstellungen über die Handlungsmöglichkeiten und die Erfüllung von Zielen sowie Erwartungen, Erfahrungen und Informationen werden verglichen und bewertet, Ungewißheiten durch konkrete Informationen oder projektive Vorstellungen, die von Wünschen und auch Ängsten geprägt sein mögen, ausgefüllt.

Auch äußere Faktoren vermögen diesen internen Prozeß der Strukturierung und Bewertung der Handlungsfelder, wie Boesch ihn ausführlich beschreibt, nachhaltig zu beeinflussen. Auf sie hat sich vornehmlich die Forschung zur Land-Stadt- und Stadt-Land-Migration gerichtet. Sie beschäftigen sich u.a. mit klimatischen Bedingungen, Wohnumwelt und räumlichen Bedingungen, Bedingungen des Arbeitsplatzes sowie sozio-kultureller und ethnischer Zugehörigkeit (Boehm 1982, Korte 1983, Mazie & Rawlings 1972, Michelson 1977, Ritchey 1976, Rossi 1955, Shumaker & Stokols 1982, Taeuber & Taeuber 1971, Woods 1981).

Die folgende Liste gibt einen Überblick über die relevanten Umwelt- und Persönlichkeitsvariablen, deren objektive oder subjektiv erfahrenen Veränderungen als migrationsfördernd betrachtet werden. Das Diagramm auf Seite 579 zeigt ihre Funktion als interagierende Bestandteile der Mensch-Umwelt-Beziehung.

1. Variablen der ökologischen Umwelt

a) Gefährdungen und Bedrohungen aus der natürlichen Umwelt:
   klimatische Veränderungen, Naturkatastrophen, Gesundheitsgefährdung;
b) Ökologische Veränderungen, Umweltbelastung und ihre Folgen.

2. Variablen der sozialen Umwelt

a) Soziopolitische Veränderungen:
   Kriege, Verfolgungen;
b) Strukturelle Faktoren:
   regionale Disparitäten der Wirtschaft, des formalen Bildungssystems, des Gesundheitswesens und des Transport- und Kommunikationswesens;
c) Sozio-kulturelle Faktoren:
   ethnische Zugehörigkeit, Verwandtschaftsbeziehungen, religiöse Zugehörigkeit, Alters- u. Statushierarchien, Zuschreibung kultureller Werte und Rollen, soziale Kontroll- und Unterstützungsmuster;

3. Persönlichkeitsvariablen des Migranten

a) Persönliche Charakteristika:
Alter, Geschlecht, Lebensabschnitt, Familienstand, Familiengröße, Prestige, sozialer Status, wirtschaftlicher Status;
b) Psychologische Faktoren:
individuelle Werthaltungen, Motive, Motivation
Einstellung zu Innovation und sozialem Wandel
kognitive und affektive Verarbeitungsprozesse, Identität
Aspirationen und Zukunftsvorstellungen.

Der Mensch bezieht diese Variablen teils bewußt, teils unbewußt in unterschiedlichem Ausmaß in seine Migrationsentscheidung ein. Selbst dort, wo häufig eine nahezu standardisierte Entscheidungssituation, vor allem bei größeren Gruppen (z.B. „labour migrants"), angenommen wird, existieren individuelle Differenzen bezüglich der Tatsache, ob materielle, soziale oder ideelle Ziele mit einer Abwanderung verfolgt werden. Die Zielvorstellung einer gut bezahlten Arbeit in der Stadt beeinflußt nicht nur die Vorstellung eines höheren Status und Prestiges und bestimmter Konsumwünsche, wie die Anschaffung eines neuen Autos, die Wahl einer besseren Wohnung, den Genuß sozialer Annehmlichkeiten; sie wirkt darüber hinaus auch auf das Handlungspotential, auf das affektive Schema, auf Wahrnehmungs- und Beurteilungsmuster wie auch auf die Bereitschaft, eine Entscheidung zu treffen.

2. Die Migrationsentscheidung und die tatsächliche Wanderung

Aspirationen und Antizipationen dessen, was der einzelne in einem potentiellen Handlungsfeld zu erreichen hofft, haben ausschlaggebende Bedeutung für die Migrationsentscheidung. Sollte bei Abwägen der Handlungsmöglichkeiten, die man im potentiellen Handlungsfeld erwartet, die Migrationstendenz die Beharrungstendenz übersteigen, sollte also die Summe aus positiven und negativen Valenzen des potentiellen Handlungsfeldes größer sein als die des aktuellen, kann es letztlich zu einer Entscheidung zum Abwandern kommen. Ihr folgt ein Stadium der sozialen und ideellen Ablösung vom bisherigen und Hinwendung zum neuen Handlungsfeld mit der einhergehenden Umstrukturierung des Ich-Umwelt-Bezugs (→ *Person-Umwelt-Kongruenz*). Die Problematik dieser Phase ist in der Migrationsforschung bislang nur ungenügend berücksichtigt worden; besonders in der die Land-Stadt- und Stadt-Land-Migration betreffenden Forschung findet diese Phase kaum gebührende Beachtung.

MENSCH – UMWELT-INTERAKTION bei MIGRATION

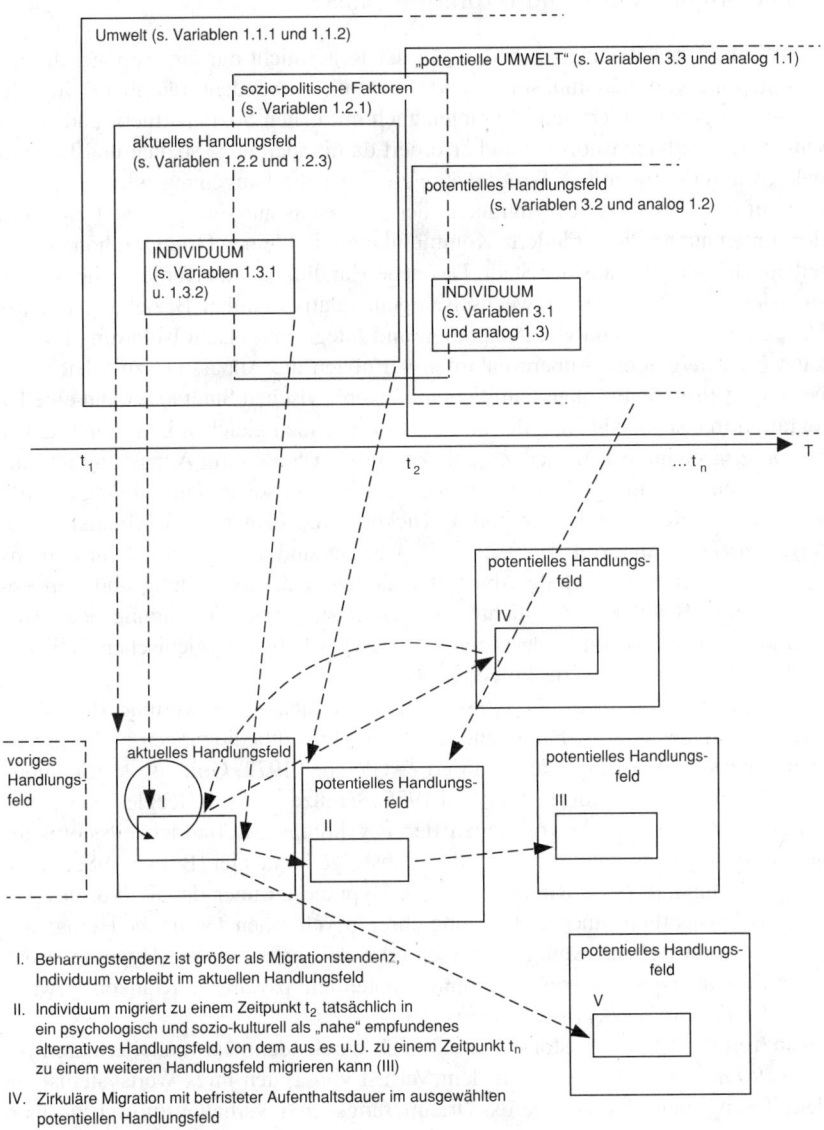

Umwelt (s. Variablen 1.1.1 und 1.1.2)

„potentielle UMWELT" (s. Variablen 3.3 und analog 1.1)

sozio-politische Faktoren (s. Variablen 1.2.1)

aktuelles Handlungsfeld (s. Variablen 1.2.2 und 1.2.3)

potentielles Handlungsfeld (s. Variablen 3.2 und analog 1.2)

INDIVIDUUM (s. Variablen 1.3.1 u. 1.3.2)

INDIVIDUUM (s. Variablen 3.1 und analog 1.3)

t_1 t_2 ... t_n T

potentielles Handlungsfeld

IV

voriges Handlungsfeld

aktuelles Handlungsfeld

I

potentielles Handlungsfeld

II

potentielles Handlungsfeld

III

potentielles Handlungsfeld

V

I. Beharrungstendenz ist größer als Migrationstendenz, Individuum verbleibt im aktuellen Handlungsfeld

II. Individuum migriert zu einem Zeitpunkt t_2 tatsächlich in ein psychologisch und sozio-kulturell als „nahe" empfundenes alternatives Handlungsfeld, von dem aus es u.U. zu einem Zeitpunkt t_n zu einem weiteren Handlungsfeld migrieren kann (III)

IV. Zirkuläre Migration mit befristeter Aufenthaltsdauer im ausgewählten potentiellen Handlungsfeld

V. mögliche Alternative zum tatsächlich angesteuerten potentiellen Handlungsfeld

3. Die Anpassungs- und Evolutionsphase

Ein Wechsel des Wohnsitzes bedingt in der Regel nicht nur eine topographische Veränderung von Handlungsorten und die damit verbundene räumliche Strukturierung, sie konfrontiert den Migranten auch mit neuen Sozialpartnern und soziokulturellen Verhaltensnormen und erfordert damit auch neue soziale und funktionale Strukturierungen (→ *Sozialökologie*). Die neue Umgebung wirkt somit direkt auf das Verhalten des Migranten, der seinerseits auf seine Umwelt einwirkt, denkt man nur an die veränderte Kommunikation in kleinen Orten mit hohem Anteil an Zuwanderern aus der Stadt. Das neue Handlungsfeld erfordert eine Anpassungsleistung, die zu einer wechselseitigen, relativ stabilen Beziehung mit der Umwelt führen soll und von Adaptation und Integration bis zu Isolierung reichen kann (→ *Aneignung*). Äußere Faktoren vermögen die Anpassung zu erleichtern: beispielsweise können enge Familienbindungen zwischen Stadt und Land eine Integration in das soziale Netz der in der Stadt lebenden gleichen kulturellen Gruppe fördern; dadurch kann jedoch auf der anderen Seite eine Anpassung an eine übergreifende städtische Kultur verzögert, im Extrem sogar Gettobildung bewirkt werden (Crawford 1966, Fairchild & Tucker 1982, Fisher 1976, Mitchell 1969, Snyder 1973, Szapocznik 1979). Von Bedeutung sind auch Infrastruktur und Arbeitsmarkt, deren mangelnde Absorptionsfähigkeit die Verarmung und Verelendung breiter Bevölkerungsschichten nach sich zieht und die Bildung oder Ausweitung von Slums mit ihren sozialen, wirtschaftlichen, hygienischen und psychologischen Problemen zur Folge hat.

Ausschlaggebend in dieser Phase sind die subjektive Bewertung des neuen Handlungsfeldes und die Fähigkeit, die neuen Umweltbedingungen in das eigene Handlungssystem zu integrieren (Fried & Gleicher 1972, Goldlust & Richmond 1974, Korte 1983, Melton 1983, Rossi 1955, Schulze, Artis & Beegle 1963).

Häufig werden gerade von seiten der Psychologen Befindlichkeitsstörungen und psychische Erkrankungen als Migrationsfolge betrachtet (Branik 1982, Goldlust & Richmond 1974, Riedesser 1974). Hypothesen über das Risiko, das Migranten hinsichtlich einer Gefährdung ihrer psychischen Gesundheit eingehen, lassen sich aber ebensowenig bestätigen oder verwerfen wie die Hypothese, daß Migration überzufällig von bestimmten potentiell psychisch Kranken gewählt wird (Richardson 1974) (→ *Umweltstreß*).

Ein Teil der Verhaltensstörungen läßt sich durch Identitätswandel erklären (→ *Umwelt und Persönlichkeit*); aus dem Verlust von Teilen ihres Wertsystems, aus dem Zwang, neue Wertstandards, Orientierungs- und Verhaltensmuster zu übernehmen, resultieren beim Migranten häufig Unsicherheit und Angst (Tyhurst 1955).

In der Literatur werden die Probleme dieser Phase ebenfalls variablenzentriert angegangen. Außer den in Abschnitt 1 genannten und hier analog anwendbaren Variablen gibt es weitere, die in dieser Phase der Anpassung an das neue Handlungsfeld und seiner Beurteilung förderlich oder hinderlich sein können:

1. *persönliche Variablen*: Bildung, Beruf, Erwartungen, Innovationsoffenheit, Flexibilität von Einstellungen und individuellen Werten, Fähigkeit zu effektiver Kommunikation;
2. *sozio-kulturelle und sozio-ökonomische Faktoren*: sozio-kulturelle Distanz zwischen Ursprungsort und Zielort, Diskriminierung durch ansässige Bevölkerung, Ausmaß des gesellschaftlichen Tolerierens abweichenden Verhaltens von Migranten, wirtschaftlicher Entwicklungsstand, Grad der Urbanisation, politische Organisation;
3. *Umweltfaktoren:* natürliche Ressourcen.

Obwohl die Variablen-Nennungen zwangsläufig unvollständig bleiben müssen, verdeutlichen sie doch ausreichend die Komplexität des Migrationsproblems, für dessen empirische Erforschung ein multidisziplinärer Ansatz empfehlenswert ist; für dessen Integration eignet sich das heuristische Modell einer Handlungstheorie am besten. Vor diesem methodischen und theoretischen Hintergrund betrachtet, steht die psychologische Migrationsforschung erst am Beginn einer neuen Aufgabe. Besondere Relevanz kommt dem handlungstheoretischen Ansatz dabei in der kulturübergreifenden oder kulturvergleichenden Forschung zu, vor allem wenn die Länder der Dritten Welt einbezogen werden, in denen die Urbanisierung unter schwierigeren Ausgangsbedingungen in weitaus größerem Umfang fortschreitet als in den Industrieländern (→ *Kulturanthropologie;* → *Wohnortwechsel*).

Literatur

Albrecht, G. (1972). Soziologie der geographischen Mobilität. Stuttgart: Enke.
Beshers, J.M. (1967). Population processes in social systems. New York: Free Press.
Boehm, T.P. (1982). A hierarchical model of housing choice. Urban Studies 19, 17-32 (zitiert in: H.H. Fairchild & M.B. Tucker (1982), Black residential mobility: Trends and characteristics. Journal of Social Issues 38, 51-74).
Boesch, E.E. (1976). Psychopathologie des Alltags. Zur Ökopsychologie des Handelns und seiner Störungen. Bern: Huber.
Boesch, E.E. (1978). Kultur und Biotop. In C.F. Graumann (Hg.), Ökologische Perspektiven in der Psychologie (S. 11-32). Bern: Huber.
Boesch, E.E. (1980). Kultur und Handlung. Bern: Huber.
Bogue, D.J. (1969). Principles of demography. New York: Wiley (zit. in Richey, 1976).
Boserup, E. (1965). The conditions of agricultural growth: The economics of agrarian change under population pressure. Chicago: Aldine.
Branik, E. (1982). Psychische Störungen und soziale Probleme von Kindern und Jugendlichen aus Spätaussiedlerfamilien. Weinheim: Beltz.
Chemers, M.M., Ayman, R., & Werner, C. (1978). Expectancy theory analysis of migration. Journal of Population 1978, 1(1), 42-56.
Crawford, C.D. (1966). Family attachment, family support for migration and migration plans of young people. Rural Sociology 31, 293-300.
Davis, K. (1971). The migration of human populations. Scientific American 231(3), 92-105.
Erikson, E.H. (1956-57). Das Problem der Identität. Psyche 10, 114-176.
Fairchild, H.H. & Tucker, M.B. (1982). Black residential mobility: Trends and characteristics. Journal of Social Issues 38, 51-74.

Fisher, C. (1976). The urban experiences. New York: Harcourt Brace Jovanovich (zit. in Korte, 1983).

Fried, M. & Gleicher, P. (1972). Some sources of residential satisfaction in an urban slum. In J.F. Wohlwill & D.H. Carson (Eds.), Environment and the social sciences: Perspectives and applications (pp. 137-153). Washington: American Psychological Association.

Goldlust, J. & Richmond, A.H. (1974). A multivariate model of immigrant adaptation. International Migration Review 8, 193-225.

Goldschmidt, A.M.F. (1984). Migration und Umwelt. Ein Beitrag zur Stadt-Land-Wanderung. Unveröffentlichte Arbeitspapiere, Saarbrücken, SFE.

Goldschmidt, A.M.F. (1984). Social-psychological determinants of rural-urban migration in Kenya (3 Vols.). Volume 1: An eco-psychological village study or social change in Meru District (Mt. Kenya). Saarbrücken: Socio-psychological Research Centre on Development Planning.

Harris, J. & Todarro, M.P. (1970). Migration, unemployment, and development: a two-sector analysis. American Economic Review, 126-142.

Korte, C.D. (1983). The quality of life in rural and urban America. In A.W. Childs & G.B. Melton (Eds.), Rural psychology (pp. 199-216). New York: Plenum.

Lee, E.S. (1966). A theory of migration. Demography 3, 47-57.

Lueck, V.M. (1976). Cognitive and affective components of residential preferences for cities: a pilot study. In R.G. Golledge & G. Rushton (Eds.), Spatial choice and spatial behavior, geographic essays on the analysis of preferences and perceptions (pp. 273-300). Columbus: Ohio State University Press.

Mazie, S. & Rawlings, S. (1972). Public attitude toward population distribution issues. In The Commission of Population Growth and the American Future (Vol. 5). Washington, D.C.: Government Printing Office (zitiert in C.D. Korte, The quality of life in rural and urban America. In A.W. Childs & G.B. Melton (Eds.), Rural psychology (pp. 199-216). New York: Plenum).

Melton, G.B. (1983). Ruralness as a psychological construct. In A.W. Childs & G.B. Melton (Eds.), Rural psychology (pp. 1-13). New York: Plenum.

Mitchell, J.C. (1969). Social networks in urban situations. An analysis of personal relationships in central African towns. Manchester: Manchester University Press (zit. in T. Weisner (1976). The structure of sociability: urban migration and urban-rural ties in Kenya, Urban Anthropology, 5(2) pp. 199-223).

Michelson, W. (1977). Environment choice, human behavior, and residential satisfaction. New York: Oxford University Press.

Neff, J.A. & Constantine, R.J. (1979). Community dissatisfaction and perceived residential alternative: an interactive model of the formulation of migration plans. Journal of Population 2(1), 18-32.

Plog, F. & Martin, P.S. (1973). The archeology of Arizona. Garden City: National Historical Press.

Richardson, A. (1974). British immigrants and Australia: A psycho-social inquiry. Canberra: Australian National University Press.

Riedesser, P. (1974). Millionen Gastarbeiter haben Heimweh. Der Arzt muß die Ausdrucksformen ihrer psychischen Störungen verstehen lernen. Medical Tribune 18, 35.

Ritchey, P.N. (1976). Explanations of migration. Annual Review of Sociology 2, 363-404.

Rossi, P.H. (1955). Why families move. Beverly Hills, CA: Sage.

Schulze, R., Artis, J., & Beegle, J.A. (1963). The measurement of community satisfaction and the decision to migrate. Rural Sociology 28, 279-283.

Shumaker, S.A. & Stokols, D. (1982). Residential mobility as a social issue and research topic. Journal of Social Issues 38, 1-19.

Sjaastad, L.A. (1962). The costs and returns of human migration. Journal of Political Economy 70, 80-93.

Snyder, P. (1973). Social interactions between patterns and relative urban success: The Denver Nawaja. Urban Anthropology 2, 1-24 (zitiert in T. Weisner, The structure of sociability: urban migration and urban-rural ties in Kenya, Urban Anthropology 5(2), 1-24.)

Speare, A., Goldstein, S. & Frey, W.H. (1975). Residential mobility, migration, and metropolitan change. Cambridge, MA: Ballinger Publishing Company.

Szapocznik, J. (1979). Acculturation, biculturalism, and adjustment among Cuban Americans. Paper presented at the American Association for the Advancement of Science meetings in Houston, Texas January 3-8 (zitiert in A. Hansen & A. Oliver-Smith (Eds.), Involuntary migration and resettlement. The problems and responses of dislocated people (pp. 69-81). Boulder, CO: Westview Press 1982).

Taeuber, I.B. & Taeuber, C. (1971). People of the United States in the 20th century. Washington, D.C.: Government Printing Office (zitiert in P.N. Ritchey, Explanations of migration. Annual Review of Sociology 1976, 2, 363-404).

Tyhurst, L. (1955). Psychosomatics and allied disorders. In H.B.M. Murphy (Ed.), Flight and resettlement (pp. 202-243). Paris.

Wohlwill, J.F. & Weisman, G.D. (o.J.). The physical environment and behavior. An annotated bibliography and guide to the literature. New York: Plenum.

Wolpert, W. (1965). Behavioral aspects of the decision to migrate. Paper presented at the Regional Science Association 15, 159-169.

Woods, R.I. (1981). Spatiotemporal models of ethnic segregation and their implications for housing policy. Environment and Planning 13, 1415-1433 (zitiert in H.H. Fairchild & M.B. Tucker, Black residential mobility: Trends and characteristics. Journal of Social Issues 1982, 38, 51-74).

Armin F. Goldschmidt
Universität Saarbrücken

Alternative Umwelt- und Lebensmodelle, Stadtutopien

Subkulturen, alternative Bewegungen, Utopien entstehen als bestimmte Negation (Herbert Marcuse) dessen, was in einer konkreten Gesellschaft als unerträglich wahrgenommen wird. Seit der sich weltweit durchsetzenden Hegemonie bürgerlicher Gesellschaft (als deren Beginn wird, symbolischerweise, 1789 angenommen) manifestiert sich die Entfremdung der Arbeit vor allem in zwei (wenngleich logisch zusammenhängenden) Zügen: zum einen in der Tendenz einer immer weiter fortschreitenden Isolierung, Individualisierung, Fragmentierung, zum anderen (gleichzeitig) in der Tendenz äußerlich erzwungener Vollvergesellschaftung in immer größeren Einheiten. Da der Zusammenhang beider nur selten thematisiert wird (z.B. bei Karl Marx, August Bebel, Ernst Bloch, Jean-Paul Sartre), fällt der Großteil der Modelle und Utopien so auseinander, daß einer der beiden Züge bestimmt negiert wird. Der schlechten Isolierung wird das Bild einer „zentralistischen", nach gemeinschaftlich ineinanderfließendem Willen zentral angeleiteten, gerechten und mit Gütern im Überfluß versehenen Gesellschaft entgegengestellt, die das Ende der „Anarchie der Produktion", des Chaos, bedeutet. Hingegen wird die schlechte äußerliche Vollvergesellschaftung konterkariert durch die Vision vom überschaubar gewordenen Leben in kleinen, „dezentralisierten" Einheiten, in welchen nach Möglichkeit jede Hierarchie vermieden und die Vielfalt der Lebenszusammenhänge sehr unterschiedlicher Art betont wird. Wenn es darin auch eine Vielzahl von Ausnahmen gibt, so fällt doch auf, daß mit erheblicher Wahrscheinlichkeit die „zentralistischen" Modelle in Zeiten langfristigen wirtschaftlichen Aufschwungs, die „dezentralistischen" Vorstellungen in Phasen einer ebenso langfristigen Strukturkrise utopisiert werden dürften.

Diese jeweils alternativen Umwelt- und Lebensmodelle finden auch in den Stadtutopien ihr Pendant. Dem zentralistischen Phantasma entspricht die (womöglich weltumspannende) industrialisiert-stromlinienförmige Großstadt, die jede Erinnerung an die Fragmentierung unterschiedlich konkurrierender Interessen ebenso ausgelöscht hat wie die an den „Idiotismus des Landlebens" (Marx/Engels). Dagegen neigt der dezentralistische Tagtraum zur Auflösung der Großstädte, zum ganzheitlich-kultivierten Kleinstadtleben mit vielen Unterschieden, zunehmend uneinheitlicher Bausubstanz, bis hin zur „Unkrautkultur" (Thilo A. Goetze) – kurzum: zu allem, was geeignet ist, die Formel von der „Aufhebung des Widerspruchs zwischen Stadt und Land" mit Leben zu füllen.

Das „zentralistische" alternative Umwelt- und Lebensmodell ist von der Mehrzahl der Strömungen der Arbeiterbewegung verfochten worden, aber auch von Teilen der Bohème, der Lebensreformbewegung der oppositionell-technokratischen Intellektuellen. Seine utopiengeschichtliche Tradition reicht von Campanella über Saint-Simon und Comte, weiter über Bellamy, Alexander Bogdanov, H.G. Wells, Teilhard de Chardin bis hin zu so verschiedenen Denkern wie Buckminster Fuller, Radovan Richta und Wolfgang Harich. Jenseits des Falschen, des Profitstrebens, der mannigfaltigen Privilegien des „Privatfischs" (Bertolt Brecht), der permanenten Inhumanität der Konkurrenz, liege das richtige Leben in den zentralen Normen der Vernunft, der Gleichheit, der Ordnung, Disziplin, verallgemeinerbaren Vereinfachung begründet – verbunden mit energetisch-dynamischen Vorstellungen, die das Beste für alle auch materiell erreichbar darstellen lassen. Es besteht allgemeiner Arbeitszwang: dies aber so verkürzt wie irgend möglich. Es gibt einheitliche, schlichte Wohnungen in Massenbauweise: aber niemand soll frieren, krank werden, von der Wohnung wie „von einer Axt erschlagen" (Zille) werden müssen. Das Einkommen ist gleich, und/oder es erfolgt eine zentrale Verteilung der Güter des täglichen Bedarfs. Die Bildung erfolgt, mittels einer Leitwissenschaft (heiße sie nun Astrologie, „positive Philosophie", Evolutionismus, Kybernetik, Designwissenschaft oder Ökologie), zwar im Frontralunterricht, sie ist aber jedem/jeder zugänglich. Die Sexualnorm ist strikt monogam: anderes hieße nur, die Arbeitertöchter den polygamen Bourgeois zum Opfer fallen zu lassen. Auch die Kultur ist am besten einheitlich, stark gemeinschaftsfördernd. Über die Umwelt (im engeren, ökologischen Sinne) wacht am besten eine Gruppe hochqualifizierter, unbestechlicher Experten, die allgemein anerkannterweise die richtigen Entscheidungen trifft. Für Forderungen in diesem Sinne wird ab 1890 in Viererreihen im Sonntagsrock, mit deutlicher Abneigung gegen „ungeordnete Haufen", demonstriert (Alf Lüdtke). Diese „Alpha-Struktur" (Johan Galtung) neigt dazu, bei passender historischer Entwicklung mit den ohnehin vorhandenen naturwüchsigen Zentralisationstrends amalgamiert zu werden, die den Akkumulationsprozessen des Kapitals geschuldet sind – was insbesondere auch in den Stadtutopien, gar in den Formen ihrer Realisierung, zum Ausdruck kommt.

Diese „zentralistischen" städtischen Utopien beginnen (enden vorerst) mit einer Warnung: Pianesi („Carceri") stellt fest, daß das „Erwachen der Vernunft" zu monströsen Deformationen führen kann – die besessene Wiederholung von Innovationen reduziert den gesamten städtischen Organismus zu einer Art gigantischer „nutzloser Maschine" (ein Topos, der heute etwa von Baudrillard, Deleuze, Virillo wieder aufgegriffen wird). Dem entsprechen schon die Stadtmodelle um 1850: „Zonung" gemäß ihres Klassencharakters, Schachbrettmuster, radiale Heeresstraßen (Haussmann).

In James Silk Buckinghams „Victoria", einem Quadrat mit acht radialen Straßen, liegen die Reihenhäuser der Arbeiter parallel zu den Seiten des Quadrats – die Villen liegen außerhalb. 1882 verficht Arturo Soua y Mata die „lineare Stadt", um die Nachteile des Lebens auf dem Lande und in der Stadt „auszumerzen"; etwa gleichzeitig skizziert Jules Verne die „Stahlstadt". Paul Scheerbart prognostiziert die Glasarchitektur, lobt das Grenzenlose, bis hin zur Heimat des zukünftigen Menschen in einem entmaterialisierten Energiefeld kosmischer Strahlung. Der Durchbruch der zentralistischen Stadtutopien erfolgt um die Jahrhundertwende: schwimmende Städte (T.B. Russell), Besingen von Verstädterung, Geschwindigkeit, Maschine, Kahlschlagsanierung (Futuristische Manifeste), Häuser ohne Ornamente (Adolf Loos), Wunderstädte mit großen Straßen und kulturellen Sensationen (Jack London, H.G. Wells), unterirdische Städte (Gabriel

Tarde, Bulwer-Lytton), „Schönheit der Großstadt" und „Cité industrielle" als heftige Reaktion auf den Historismus (Karl Scheffler, August Endell, Tony Garnier), Fabrikstädte mit unterirdischen Chemielaboratorien, Glasdächern und Hauslabor, aufgrund eines Kunstbegriffs gebaut, der den des „Bauhauses" antizipiert (Bogdanov). Vor allem aber das Einküchenhaus, kollektiv organisiert, mit Speisesaal, Versammlungsräumen; es hätte „die Absonderung der Arbeiter und Angestellten in unabsehbarer Weise aufgebrochen" (Kohoutek & Pirhofer) – und Gemeinschaftsunterkünfte, die an die Arbeitsplätze angeschlossen sind (K'ang Yu Wei). Ein Kongreß spanischer Anarchisten entwirft 1898 eine Welt von strahlenden Hochhäusern mit Fahrstühlen und Müllschluckern.

Bei Jakow Okunew ist 1923 die ganze künftige Welt eine riesige Stadt, durch Brücken und Dämme verbunden. Le Corbusier, Sant'Elia, Ludwig Hilbersheimer, die Architekten des Bauhauses, entwerfen eine streng rationale, auf wenigen Grundvoraussetzungen aufbauende Großstadtarchitektur. Grundnormen sind Ordnung, Organisation, Klarheit – die Bauten basieren auf Standardelementen, Zellen, und ihren Montagen zu Blöcken, um „die natürliche Welt der technologischen Präzision authentisch und natürlich erscheinen zu lassen" (Tafuri). Die Verlängerung der Stadt erscheint als ihre Verschmelzung mit dem Land. In den Gemeindebauten des Austromarxismus wird versucht, politische Verwaltung, Kommunikation und architektonische Praxis zur Übereinstimmung zu bringen. Die (raren) sowjetischen Kommunehäuser knüpfen an die Utopie des Einküchenhauses an.

Von den Stadtutopien zentralistischer Art nach 1945 seien nur Buckminster Fuller (geodätische Dome, weltumfassende Industrialisierung des Wohnservice-Gewerbes, Städteüberbauungen), Nicolas Schoeffer (Kybernetische Stadt), Kenzo Tange (auf dem Meer schwimmende Stadtinsel) und Fritz Haller (den ganzen Erdball umspannende totale Städte) erwähnt.

Der utopisch-modellhafte Entwurf der *dezentralistischen* Alternativen gründet weitgehend in Klassenströmungen der Kopfarbeit sowie jener Arbeiter/innen, die von Dequalifikation (Facharbeiter) oder Lohnarbeitslosigkeit (Hausfrauen, „Arbeitslose", „Randgruppen") bedroht sind, und in den Subkulturen ersterer (Bohème, utopische Sozialisten, Romantiker, Anarchisten, Jugendbewegung, Beatniks, Hippies, Provos, Studentenbewegung, Neue Linke, Ökologisten, Feministinnen). Ihre (analoge) ideengeschichtliche Entwicklung beginnt mit Thomas Morus, um über Charles Fourier, Robert Owen, William Morris, Peter Kropotkin, Aldous Huxley, Erich Fromm bei Schumacher, Gorz, Bookchin, Bahro, Callenbach, Claudia von Werlhof zu landen. Ihnen gilt idealtypisch die bestehende Gesamtgesellschaft als „Megamaschine" (Lewis Mumford), als riesiges Gefängnis versteinerter Strukturen, als Diktat nekrophiler Hierarchen, als Kälte industrialisierter Anonymität, hervorgetrieben durch Akkumulation, Zentralisation und Konzentration des Kapitals, und durch das parallelreagierende Wachstum zentraler, wohlfahrtsstaatlicher, realsozialistischer etc. Institutionen, auf dem Wege in eine patriarchalische Barbarei: durch kriegerische Selbstvernichtung, Umweltkatastrophen und/oder Veränderung der menschlichen Biomasse. Ihr richtiges Leben betont die Normen der Vielfalt, der Abwechslung, des Einklangs mit der Natur, der Selbstorganisation, der Komplexität in Überschaubarkeit, der eigenen Kraft („Self-Reliance") bis hin zur Autarkie. Ihr (gleichfalls häufig utopisch vorweggenommener) materieller Überfluß begründet sich, der „Steinzeitökonomie" (Marshall Sahlins) entsprechend, auf dem Ungleichgewicht zwischen abnehmender Anstrengung/Rotation der Tätigkeiten nach dem Lustprinzip und zunehmenden Naturalgütern. Arbeit ist ihnen nicht-repetitiv, abwechslungsreich (Fourier: „Papillone"), Trennungen überwindend, existentiell-engagiert (Zen, Lanzo di Vasta, Shree Rajnesh: „Worshipping"). Die Wohnweise ist differenziert, ökologisch sinnvoll, zunehmend (wenn möglich) selbstgemacht („handmade houses") – und nicht immer bequem. Das Einkommen, die Güterverteilung entsprechen den (auch: ungleichen) Bedürfnissen, wobei ein Minimum („garantiertes Einkommen") nicht unterschritten werden soll. Die hierfür erforderliche Bildung wird exemplarisch, durch Lernen an der Praxis, losgelöst von ritualisierten Orten und Zeiten, weitergegeben. Kennt Fourier noch eine Leitwissenschaft (die Lehre von der universellen Anziehung, in Weiterentwicklung Newtons), löst sich diese (in parallelem Verlauf zur allmählich allgemeinen Hegemonie des Positivismus) in eine Vielfalt von alternativen Paradigmen auf (Capra, Sheldrake, Prigogine, Rudolf Steiner – Feyerabends „Alles geht!" ist der passende theoretische Ausdruck dafür). Die Sexualnorm ist vielfältig: schon bei Fourier wird jede Abweichung „gehegt und gepflegt". Der einzige kulturelle Konsens besteht in der Anerkennung der Notwendigkeit von Dissensen – analog zur „Antwortvielfalt" (E. v. Weiszäcker) in der Natur.

Ökologisches, umweltbewußtes Handeln ist (angestrebterweise) Grundnorm jedes/jeder einzelnen: mag es sich hierbei um das Alltagsleben, die politische Aktion, die Skepsis gegenüber jeder Massenproduktion, die Ritualisierung von (möglicherweise umweltschädigenden) Vorgängen, die grundsätzliche Begrenzung von Größenwachstum und Herrschaftsfunktionen handeln. Auch erfolgen (zunehmend) Bestrebungen zur Realisierung der entsprechenden Modelle und Utopien dezentral, unabgesprochen, vernetzt, häufig spontan und wenig koordiniert. Diese „Beta-Struktur" (Galtung) weist sicher wiederum die analogen Nachteile auf: Ein enger Begriff von „Überschaubarkeit", die ständige Fixierung, „sein/ihr eigenes Ding zu tun", ein Loch im Netz, das Solidaritäten vergessen lassen kann, sind gut geeignet, jene naturwüchsige Individualisierung/Fragmentierung zu verschärfen, die der kapitalistische Konkurrenzmechanismus produziert hat und weiterhin produziert. Wird beim ersteren Typus von Utopien der Plan zum Fetisch, so hier die Planlosigkeit. Landen spanische Anarchisten, Bauhaus und Gemeindearchitekten beim Märkischen Viertel, so ist es andererseits bei den dezentralistischen Stadtutopien alles andere als Zufall, daß aus den Fourierschen Großkommunen familienorientierter Arbeitersiedlungen philantropische Kapitalisten werden (Godin, Buckingham, Salt) und daß sich die Gartenstädte zu Villenvororten mausern.

Thomas Jefferson propagiert kleine, überschaubare Bezirke; garantiertes Einkommen, freien Markt; entsprechend dezentrale architektonische Vorstellungen (beeinflußt von Robert Morris, „Select Architecture" 1755). Charles Fourier strebt die „harmonische Gesellschaft" an, in der in Großkommunen („Phalanstèren") von 800 - 1800 Personen alle Landwirtschaft, Industrie, Handwerk, Wissenschaft und Kunst betreiben: mit Einkommensungleichheiten, aber garantiertem Minimum; mit Schonung der ökologischen Ressourcen; mit Ehen, aber auch mit Feminismus, Schwulenbefreiung, Intimnetzwerk. Architektonisch erinnert die Phalanstère an Versailles, an Marly, an Passagenbauwerke – sie negiert den Einzelhaushalt durch die große Wohneinheit und die Stadt durch die kleine (gleichwohl als urban antizipierte) Lebenseinheit. Die Siedlungen J.A. Etzlers basieren (um 1830!) auf Wind-, Sonnen- und Gezeitenenergie.

In der nächsten Strukturkrise (ca. 1875-1896) entwirft William Morris eine kunstgewerblich hergestellte, dezentrale, antiarbeitsteilige, ökologisch orientierte Siedlungsweise, zeitgleich mit Ruskin, Patrick Geddes, Oscar Wilde. Peter Kropotkin plädiert für die Reintegration der Landwirtschaft in die Städte („Allseitigkeit der Funktionen"). August Bebel sieht die Sonnenenergie als Energieform der sozialistischen Zukunft, die die Dezentralisierung der „in Industriezentren aufgehäuften Menschenmassen" möglich macht, mitsamt Übersiedlung von Produktions-, Kultur- und Bildungseinrichtungen. Um die Jahrhundertwende schließen sich daran die Utopien von Gustav Landauer, Paul Adams („Cité Prochaine"), Ebenezer Howard, Raymond Umwin an. Howards Lebensmodell ist die Gartenstadt („Stadt-Land") mittlerer Größe, mit bodenreformerischen Intentionen, mittelstädtischer Vernetzung und ausgewählter Industrie. Es berührt sich mit Vorstellungen von Carl Ballods „Bedarfsdeckungswirtschaft" (Verwandlung von Hausinnenflächen in Gärten, Recycling, Autarkie von Bundesländern, eine Art „Dualökonomie"). Aus der Zeit der Weltwirtschaftskrise sind das „Freidorf" (Basel) und einige Kommunenversuche zu erwähnen.

Die Nachkriegszeit sieht dezentralistische Utopie als (oft zudem geleugnetes) Minderheitenprogramm (Skinners „Futurum II", Huxleys „Eiland"). Ihr Aufschwung setzt nahezu präzise mit dem wirtschaftlichen Abschwung ein: die subkulturelle „Drop City" verwendet ausschließlich bereits gebrauchte Materialien. Die Kritik von Beton, rechtem Winkel und Abwesenheit von Grün (Anthroposophen, Hundertwasser) erhält relative Massenwirksamkeit. Als weibliches Prinzip in der Architektur gelten ergonomische, funktionale, veränderbare, organische, soziale, holistische, langsam wachsende Normen als Prioritäten (Margrit Kennedy). Leon Krier schlägt die Rückkehr zur handwerklichen Stadt des Mittelalters als Raum und gesellschaftliche Lebensform vor. Per Krusche entwirft die Siedlung als „selbststeuerndes Ökosystem bei entsprechendem menschlichen Verhalten"; Paolo Soleri die Stadt Acrosanti als „Solarhaus". Allein in der BRD entstehen etwa zehn Gruppen, die beabsichtigen, ökologische Siedlungen zu errichten. Merete Matterns Bauutopien umfassen „Blütenhäuser" und „Ökostädte", klimatisierte Kammern aus natürlichen Materialien und Gartenmikrowirtschaft, Waldinseln bis ins Herz der Städte, gartenbaulich genutzte Straßenüberdachungen und dezentrale Betriebseinheiten in Wohn- und Arbeitshöfen. Wenn auch zunehmend Ideen Fouriers wieder aufgenommen worden sind (so u.a. bei Goldsmith & Allens „Planspiel zum Überleben", Bahros „Kommune wagen", Gizyckis „Neandertal", Schwendters „Föhrenwald"), besteht doch der wesentliche Unterschied zu diesen darin, daß die Dezentralität der Normen auch in einer Vielfalt der Vergesellschaftungsweisen (und, diesen entsprechend, der Bauweisen) zum Ausdruck kommt: keine der neueren Utopien (z.B. Callenbachs „Die Alternative", Robertsons „Die lebenswerte Alternative") kennt einen einheitlich-bestimmenden Baustil der Ökostädte.

Literatur

Bargholz, J. (Hg.) (1983). Lesebuch: Utopien des Bauens. Herford: Eigenverlag.
Maldonado, T. (1972). Umwelt und Revolte. Reinbek: Rowohlt.
Richta, R. (1971). Politische Ökonomie des 20. Jahrhunderts. Frankfurt: Makol.
Schwendter, R. (1982). Zur Geschichte der Zukunft. Frankfurt: Syndikat.
Schwendter, R. (1984). Zur Zeitgeschichte der Zukunft. Frankfurt: Syndikat.
Tafuri, M. (1977). Kapitalismus und Architektur. Hamburg: VSA/VVA-Verlag für das Studium der Arbeiterbewegung.

Rolf Schwendter
Fachbereich Sozialwesen
der Gesamthochschule Kassel

IX. Umweltplanung und Umweltgestaltung

Umweltplanung und -gestaltung

Bevölkerungswachstum in den Ländern der Dritten Welt und sozioökonomische Veränderungen (Ballung und industrielles Wachstum) in Europa und Nordamerika führen immer deutlicher vor Augen, daß die Umwelt kein „freies Gut" ist (Bick et al. 1984, S. 2). Der Verbrauch von Umweltgütern hat vielmehr einen Preis, den es zu minimieren gilt.

Dabei geht es ganz allgemein darum, die Nachhaltigkeit der Umweltgüter zu sichern und ihre Gestaltung so wahrzunehmen, daß die jeweilige Umwelt den menschlichen Bedürfnissen nach Erhaltung der physischen Existenz, Entwicklung der Identität (Zinn 1977) und Verwirklichung zahlreicher, mitunter sich wandelnder interindividueller Bedürfnisse und individueller Zielsetzungen entspricht (Gehmacher 1973) (→ *Umwelt und Werte*).

Diese Absichten setzen planerische Maßnahmen voraus, wobei Baumaßnahmen einen beträchtlichen Anteil einnehmen. In den Industriegesellschaften wird daher die Forderung nach einer umfassenden Umweltplanung erhoben (Stahl & Curdes 1970).

Der Begriff „Umweltplanung" suggeriert, daß es integrierte, zumindest aber aufeinander abgestimmte Konzepte und Methoden einer derartigen Planung gibt und nicht zuletzt, daß eine solche Planung auch praktiziert wird. Dies ist aber bisher nur unvollkommen der Fall (Vogt 1986, S. 237).

So wurde beispielsweise bereits am 14. Oktober 1971 im Umweltprogramm der Bundesregierung eine lange geforderte Umweltverträglichkeitsprüfung (UVP) festgelegt und mit Wirkung vom 22. August 1975 für die Planung verbindlich geregelt (Bick et al. 1984, Bd. 1, S. 100ff.) (→ *Folgenabschätzung und -bewertung*).

Doch: Die UVP begleitet die Planung separat und ist nicht in dieselbe integriert. Darüber hinaus überprüft die UVP nicht die zentrale Frage, ob ein Vorhaben als solches überhaupt mit der Umwelt verträglich ist und daher bei Unverträglichkeiten ggf. insgesamt unterbleiben muß.

1. Psychologen in der Planung

Eine planende oder prüfende planerische Mitwirkung von Medizinern, geschweige denn von Psychologen, ist weder verbindlich noch üblich. Es stellt sich daher die Frage, ob überhaupt von der Zielsetzung, dem Aufbau und Ablauf von Planungsprozessen her eine Mitwirkungsmöglichkeit für Psychologen gegeben ist: Abbildung 1 (Vogt 1986, S. 136) stellt die „finale Programmatik der Grundsätze der Bauleitplanung" und die in Paragraph 1 Abs. 6 des Bundesbaugesetzes zu berücksichtigenden Belange dar.

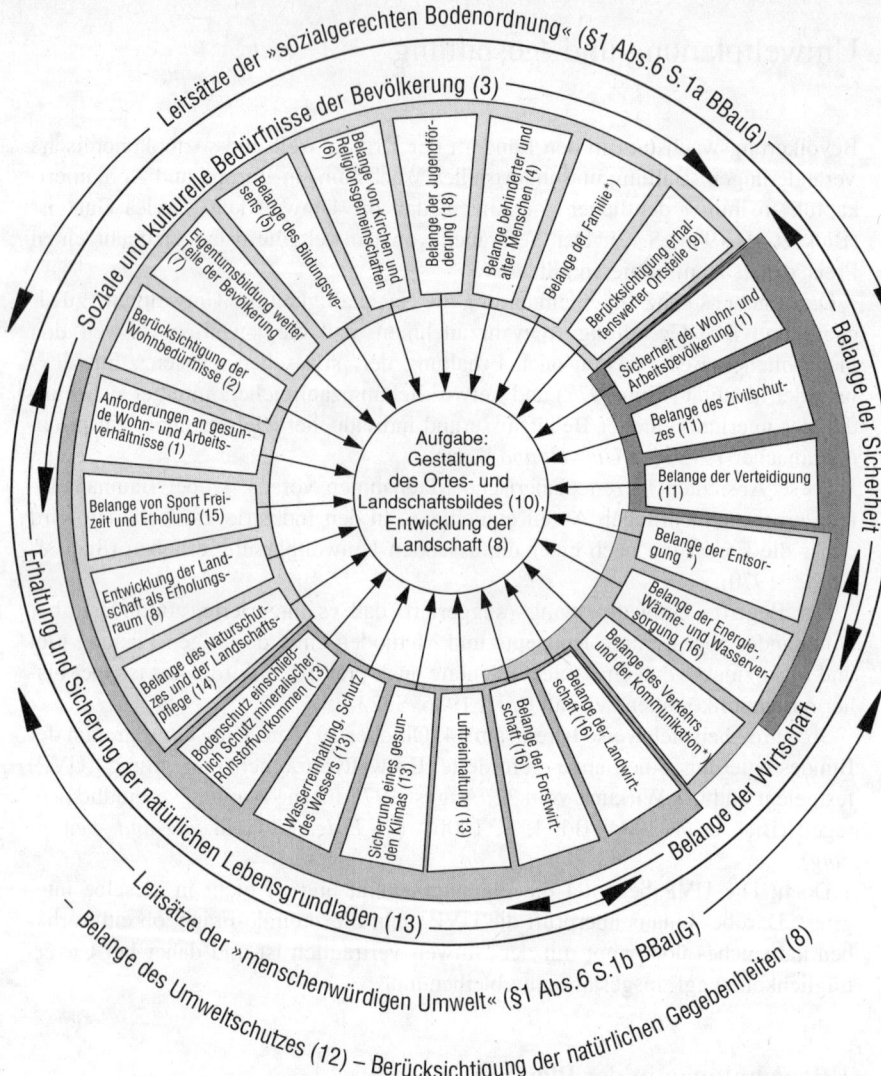

Abb. 1: Darstellung der finalen Programmatik der Grundsätze der Bauleitplanung und Systematisierung der in § 1 Abs. 6 BBauG genannten besonders zu berücksichtigenden Belange. (Die Zahlen beziehen sich auf die Aufzählung in § 1 Abs. 6 S. 2 BBauG.)

Potentielle Mitwirkungsmöglichkeiten für die Psychologen ergeben sich im Bereich der sozialen und kulturellen Bedürfnisse der Bevölkerung, hier insbesondere in den Teilbereichen: Anforderungen an gesunde Wohn- und Arbeitsverhältnisse, Berücksichtigung der Wohnbedürfnisse, Belange von Sport, Freizeit und Erholung sowie Belange der Familie, junger, alter und behinderter Menschen.

Insbesondere im Rahmen der Formulierung von Planungszielen in diesem Bereich ist eine Mitwirkung von Sozialwissenschaftlern unabdingbar.

Abbildung 2 zeigt in Form einer Prinzipskizze die Ablaufstruktur von Bauprozessen einschließlich der daran Beteiligten (Geisler 1978b, S. 87). Wir sehen, daß

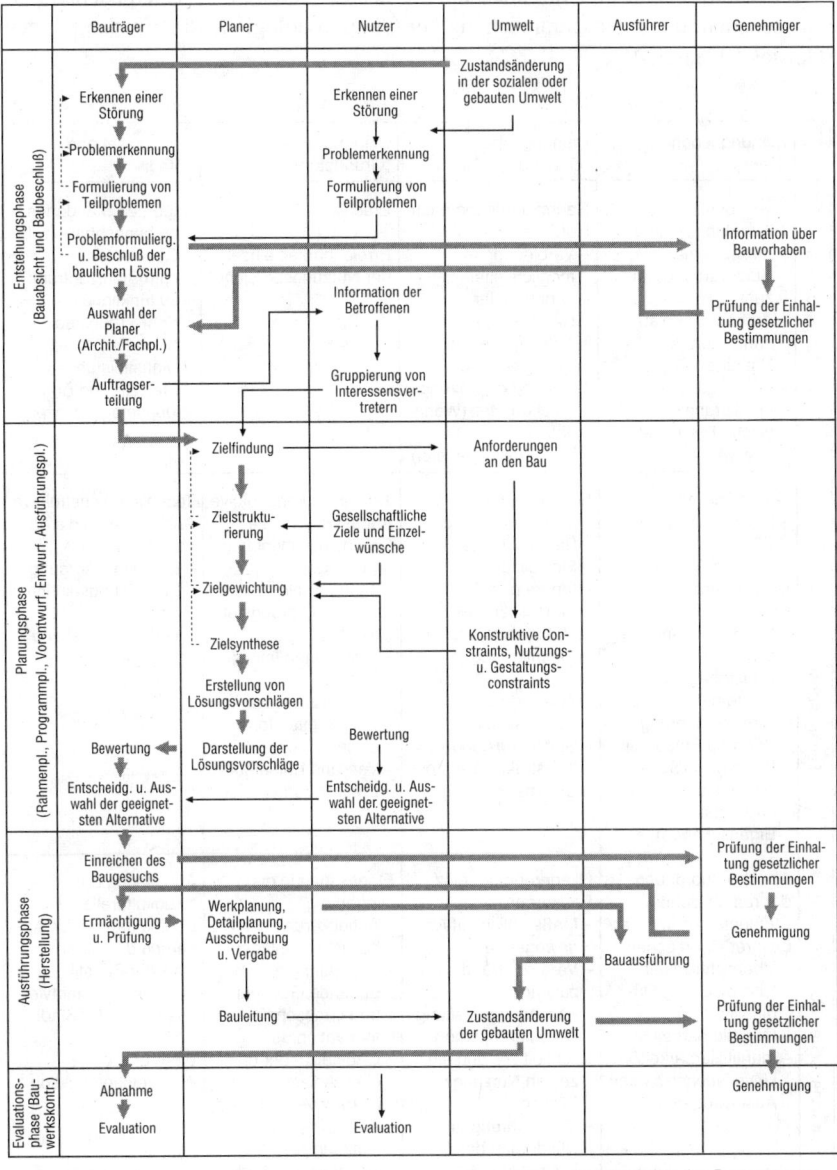

nicht nur im Rahmen der integrierten Bauleitung, sondern auch im Ablauf des Bauprozesses selbst (Joedicke 1969) eine Fülle von Möglichkeiten psychologischer Mitwirkung besteht, insbesondere in allen Schritten der Interaktion mit der Beteiligtenkategorie „Nutzer" (Zinn 1970).

Abbildung 3 zeigt die Aufgabenstellung der Gestaltung auf verschiedenen Planungsebenen, die unter Heranziehung der Ökopsychologie gelöst werden können (Geisler 1978a, S. 45).

	Planungsebene "Raum"	Planungsebene „Gebäude"	Planungsebene „Grundstück"	Planungsebene „Stadt"
Nutzungskonzept	Zweckbestimmung – Handlungsziele u. -programme – Nutzerart und -anzahl – Aufbau- u. Ablauforganisation der Nutzung – Nutzungswechsel – Möblierung und technische Hilfsmittel	Raumzuordnung nach Nutzung – Verbindungsmöglichkeiten – Ordnung der Raumgruppen in Abhängigkeit von Häufigkeit und Umfang d. Nutzung – Flächenarten (Wohnfläche, Verkehrsfläche, etc.)	Erschließung Erreichbarkeit einzelner Nutzungsbereiche	Lage des Standortes – zu benachbarten Gebäuden – zum Stadtzentrum – zu funktionalen Schwerpunkten (Wohnen, Arbeit, Dienstleistungen, Freizeit- und Erholungsmöglichkeiten)
Techn.-konstruktives Konzept	Geometrie – Länge, Höhe, Breite, Winkel Form und Art der raumbildenden Elemente – Gliederung und Erschließung – Baustoffe und -systeme – Dimensionierung – Ver- und Entsorgung – Bauphysik (Schall, Klima, Licht sowie haptische Eigenschaften)	Grundrißstruktur – Gliederung nach Bauabschnitten – Flexibilität – Innere u. äußere Variabilität (Mikro- u. Makroerweiterung) – Erschließung Tragwerk – Rastersystem, Stützenabstände – Konstruktionssystem – Dimensionierung	Technisch-konstruktive Anpassung an die Grundstücksbedingungen – Topographie – Klima/Witterungsfaktoren – Emissionen/Immissionen – Sichtbeziehungen – Sicherheitserfordernisse – Ver- und Entsorgung – Erschließung	Technisch-konstruktive Anbindung an die örtliche Infrastruktur – Energieversorgung – Entsorgungseinrichtungen – Verkehrsmittel und -anlagen
Gestalterisches Konzept	An- und Zuordnung der raumbildenden Elemente, Art und Farbe ihrer Oberflächen – Übersichtlichkeit – Überraschung/Originalität – Orientierbarkeit – Identifizierbarkeit/ Unverwechselbarkeit – Ausgewogenheit	Gliederung der einz. Baukörper – Maßstäblichkeit/Ausgewogenheit – Verh. z. Grundstückzuschnitt – Fassadengestaltung – Orientierungsmöglichkeit zw. den einzelnen Nutzungsflächen – Wegeführung und Gliederung der Freiflächen in Abhängigkeit vom Baukörper	Einpassung in die Umgebung – Auflockerung der baulichen Anlage – Anpassung an umgebende Gebäude und Landschaft – Innovation u. Originalität der baulichen Anlage – dekorativer Aufwand – Ablesbarkeit der Nutzung – Unverwechselbarkeit	Anpassung an soziokulturelle Bedingungen bzw. Änderung derselben – lokaler Baustil – Image des Stadtviertels oder der Stadt Weg- und Wahrzeichenfunktion

Die Grundlage für das empirische Vorgehen können Analysen sein, die an bestimmten Handlungsprozessen und Aktionsprogrammen der Nutzer orientiert sind. Abbildung 4 (Geisler 1978b, S. 98) zeigt hierfür ein Beispiel.

Aktionsprogramm	Sensorische Komponente	Kognitive Komponente	Erlebens-komponente	Verhaltens-komponente
1. Aufsuchen des Gebäudes				
Identifizierung des Gebäudes	Visuelle Wahrnehmung des Gebäudes im Kontext	Kognitive Repräsentation des Gebäudes (Gestalt)	Erleben der Gestalt des Gebäudeäußeren und in seinem baulichen und natürlichen Kontext	
Identifizierung der Gebäudenutzung		Aktualisierung von Bedeutungswissen (Gestalt/Nutzung) bzw. Erfahrungswissen		
Ablesen der Nutzungsbereitschaft	Visuelle Wahrnehmung von „Öffnungsindikatoren"			
Schnelles Erreichen des Eingangs	Visuelle Wahrnehmung der Erschließung im Außenbereich	Orientierung (Standortrepräsentation, Wege) Wegeplan		Lokomotorische Bewegung in Richtung auf das Gebäude
2. Betreten des Gebäudes				
Auffinden des Eingangs	Visuelle Wahrnehmung des Eingangs	Kognitive Repräsentation des Eingangs (Gestalt, Funktion)	Erleben der Gestalt des Eingangs	Lokomotorische Bewegungen in Richtung auf den Eingang
Betreten des Gebäudes, Öffnen der Türe	Visuelle Wahrnehmung der Tür, der Bedienungselemente	Orientierung (Lage u. Funktion der Bedienungselemente, Anschlag der Tür) Bedienungsplan		motorische Bewegungen der Türöffnung
Durchqueren der Eingangszone	Visuelle Wahrnehmung von Hindernissen	Kognitive Repräsentation der Eingangszone (Gestalt)	Erleben der Gestalt der Eingangszone	Lokomotorische Bewegung durch die Eingangszone und um Hindernisse
	Thermische, taktile und olfaktorische Wahrnehmung von Lufttemperatur, -bewegung und Geruch	Orientierung (Wege, Hindernisse) Wegeplan	Erleben bauphysikalischer Effekte	Physiologische Reaktionen

Im Rahmen solchermaßen konzipierter Planungsprozesse kann die Ökopsychologie Antworten für eine Fülle von Fragen finden:
- Wann und wodurch erkennen Betroffene eine bestimmte Umwelt als veränderungswürdig?
- Wie lassen sich Interessenvertretungen wirksam konstituieren?
- Wie kann die Zielfindung, -strukturierung, -gewichtung, -synthese und die Erstellung von Lösungsvorschlägen transparenter, zuverlässiger und gültiger erfolgen?
- Wie lassen sich die gefundenen Lösungen gültig bewerten?
- Wie können die gewonnenen Erkenntnisse auf neue Vorhaben übertragen werden?

Über die psychologisch relevanten Gesichtspunkte der Umweltplanung im Sinne der Nutzerangemessenheit hinaus gelten die minimale Beeinträchtigung der natürlichen Umwelt, die geringe konkurrierende Flächennutzung, die leichte Anpassung an künftige Nutzungsanforderungen sowie ggf. die Reversibilität des Projektes (Rückbaubarkeit) als wesentliche Kriterien der Umweltplanung.

Sofern an eine Einbeziehung der Nutzer in die Ermittlung dieser Kriterien gedacht ist *(Partizipation)* (Joerges 1972), stellt sich hier die Frage nach laienverständlichen Planungs- und Darstellungsmitteln, an deren Lösung die Psychologie mitwirken kann.

2. Grenzen der Planungsbeteiligung

Ferner stellt sich nun die Frage, warum angesichts der Fülle der oben dargestellten potentiellen Mitwirkungsmöglichkeiten der Psychologen eine wie auch immer geartete Beteiligung von Psychologen an der Umweltplanung und hier speziell der Bauplanung in der Praxis so gut wie nicht stattfindet.

Im wesentlichen können hierfür folgende Gründe angegeben werden:

1. Ökopsychologie ist immer noch vorzugsweise ein universitäres Unterfangen. Solange es an projektorientierten Studiengängen fehlt, erfahren Psychologiestudenten nicht die zahlreichen Sachzwänge der Planer. Diese wiederum ahnen vielfach nicht einmal die vielleicht noch bescheidenen, aber durchaus vorhandenen Beitragsmöglichkeiten der Psychologie.

Die Ökopsychologie gibt es nunmehr seit fast 20 Jahren und dennoch verwundert es, daß keiner der Frage nachgeht, warum fast alle Umweltplanungen an ihr vorbei laufen. Solange ein Ökopsychologe jedoch nicht außerhalb der Universität von seiner Arbeit leben kann, wird dieser Disziplin keine wirkliche Zukunft beschieden sein. Ohne eine breite Umsetzung gibt es keine Entwicklung (Raue 1977). Vom Gesetzgeber ist keine Hilfe zu erwarten. Eine Mitwirkung in der Planung kann niemals gesetzlich verbindlich geregelt werden, wenn nicht ihre Fähigkeit und Notwendigkeit am Beispiel konkreter Projekte nachgewiesen werden kann. Das projektorientierte Studium, wo immer möglich sogar interdisziplinär, ist daher eine Conditio sine qua non.

2. Den zuvor genannten Ausführungen mag entgegengehalten werden, daß viele Aussagen der Psychologie im Vergleich zu den anderen an den Planungen beteiligten Disziplinen als zu „weich" und invalide gelten. Man müsse daher weiter warten, bis Aussagen mit höherer Dignität vorliegen (Müller 1977).

In der Tat stellen sich für den Psychologen erhebliche Probleme bei der Erarbeitung von Planungskriterien. Als Beispiel sei hier an die begrenzte Fähigkeit des Menschen zu komplexem, vernetztem und dynamischem Denken erinnert (Dörner 1984), ein Umstand, der sich besonders bei der Optimierung komplexer Systeme bemerkbar macht (→ *Ökologisches Denken und Problemlösen*).

Ein weiteres Beispiel stellt die Notwendigkeit der multiattributiven Nutzenmessung dar (König & Schmittmann 1976) (→ *Folgenabschätzung und -bewertung*). Nur wenn es gelingt, die Nützlichkeit der Planungsziele und der zu ihrer Verwirklichung benutzten Mittel gültig zu berechnen, läßt sich die jeweilige gebaute Umwelt beurteilen und mit anderen Lösungen vergleichen (Molt & Neun 1981).

Der Wechsel architektonischer Stile (z.B. vom Funktionalismus zur Postmodernen) zeigt, daß auch die sogenannten „harten Disziplinen" ihre Evolution vielfach nach Plausibilität und Intuition vorantreiben. Dabei ist der hohe Lernbedarf offensichtlich (Andritzky & Selle 1979).

3. Planungen und Planer unterliegen vielfältigen Sachzwängen (Offe 1969). Eingefahrene Planungsroutinen, unzureichend formulierte Bauaufgaben, finanzielle Restriktionen, Termindruck, Gesetze, Verordnungen, Richtlinien usw. gehören zum Planungsalltag (Klages 1971).

Die Zusammenarbeit mit Architekten zeigt immer wieder, wie sehr der mitunter große Zeitbedarf psychologischer Vorarbeit den oft knapp kalkulierten Planungsschritten entgegensteht (Küsgen 1970). Vor allem dann, wenn Psychologen erst hinzugezogen werden, wenn die Planungen laufen, ist ein unbefriedigendes Ergebnis der Zusammenarbeit abzusehen.

Wichtig ist also die rechtzeitige Einbeziehung der Psychologie sowie die klare Definition, in welchen Phasen und Schritten des Prozeßablaufes ihre Mitwirkung gefordert ist.

4. Ein erhebliches Hindernis in der Zusammenarbeit können schließlich die unterschiedlichen Sprach- und Denkstrukturen der beteiligten Disziplinen werden (Offe 1970). Zum Beispiel können psychologische Hinweise für die Gestaltung auf manche Architekten intuitionshemmend wirken. Die Praxis zeigt, daß es hier oft besser ist, wenn man abgeschlossene Vorentwürfe alternativ einer ökopsychologischen Bewertung unterzieht, anstatt dem Architekten von vornherein eine Vielzahl von Entwurfskriterien vorzugeben.

5. Zweifellos bestehen auch Vorbehalte, die aus der doch recht unterschiedlichen Verantwortung der Planungsbeteiligten herrühren. Letztlich vertritt der Architekt allein die Planung und Realisierung gegenüber dem Bauherren und Finanzierer (Küsgen 1970). Gerade hier läge aber die Chance psychologischer Mitwirkung. So sollte es zu jeder ökopsychologischen Planungsbeteiligung gehören, das realisierte Projekt zu evaluieren.

Nachgewiesene Nutzerzufriedenheit oder Nutzungsnachfrage stellt die beste

Voraussetzung für eine wachsende und vielleicht eines Tages selbstverständliche Implementation der Ökopsychologie in die Umweltplanung und -gestaltung dar (→ *Umweltdesign;* → *Umweltevaluation*).

Literatur

Andritzky, M. & Selle, G. (Hg.) (1979). Lernbereich Wohnen. Fachbuch zur Wohnumwelt (2 Bde). Reinbek: Rowohlt.

Beckert, J., Mechel, F.P. & Lamprecht, H.-O. (Hg.) (1986). Gesundes Wohnen. Wechselbeziehungen zwischen Mensch und gebauter Umwelt. Düsseldorf: Beton Verlag.

Bick, H., Hansmeyer, K.H., Olschowy, S. & Schmock, P. (Hg.) (1984). Angewandte Ökologie. Mensch und Umwelt (2 Bde). Stuttgart: Gustav Fischer.

Dörner, D. (1984). Denken, Problemlösen und Intelligenz. Psychologische Rundschau 35 (1), 10-20.

Dörier, D. (1989). Die Logik des Mißlingens. Reinbek: Rowohlt.

Gehmacher, E. (1973). Psychologie und Soziologie in der Umweltplanung. Freiburg: Rombach.

Geisler, E. (1978a). Eine Analyse psychologisch bedeutsamer Problemstellungen in der Architektur. Dissertation. Tübingen.

Geisler, E. (1978b). Psychologie für Architekten. Eine Einführung in die architekturpsychologische Denk- und Arbeitsweise. Stuttgart: Deutsche Verlagsanstalt.

Gelzer, K. (1984). Bauplanungsrecht. Köln: Schmidt.

Joedicke, J. (1969). Zur Formalisierung des Planungsprozesses. In J. Joedicke (Hg.), Arbeitsberichte zur Planungsmethodik, Bd. 1 (S. 20ff.). Stuttgart: Krämer.

Joerges, B. (1972). Partizipatorische Planung. Teilnahme an der Planung oder Planung der Teilhabe. In J. Joedicke (Hg.), Arbeitsberichte zur Planungsmethodik, Bd. 6. Stuttgart: Krämer.

Klages, H. (1971). Planungsmethodik. Stuttgart: Kohlhammer.

König, H. & Schmittmann, R. (1976). Zur Ökologie der Schule. Eine ökopsychologische Untersuchung zum Einfluß von Schulbauten auf Lehr- und Lernprozesse. München: Dokumentation.

Küsgen, H. (1970). Planungsökonomie – was kosten Planungsentscheidungen? In J. Joedicke (Hg.), Arbeitsberichte zur Planungsmethodik, Bd. 3. Stuttgart: Krämer.

Molt, W. & Neun, M. (1981). Zur Psychologie der Bewertung von Alternativen in komplexen Planungsentscheidungen: Das Innsbruck-Augsburger Belastungsmodell (IABELMO). In H. Haase & W. Molt (Hg.), Handbuch der Angewandten Psychologie (Bd. 3) (S. 492-509). Landsberg/L.: Verlag Moderne Industrie.

Müller, R. (1977). Warten auf Daten. In Architekturpsychologische Aspekte innovativen Bauens. Reihe Architekturpsychologische Forschung, 4. Stuttgart: Krämer.

Offe, C. (1969). Sachzwang und Entscheidungsspielraum. Stadtbauwelt 23, 187-191.

Offe, C. (1970). Zum beruflichen Selbstverständnis des Planers. Die Antworten der Sozialwissenschaftler. Stadtbauwelt 28, 227-279.

Raue, D. (1977). Kann sich die Architekturpsychologie an ihren eigenen Haaren aus dem Sumpf ziehen? In Architekturpsychologische Forschung, Bd. 4. Stuttgart: Krämer.

Stahl, K. & Curdes, G. (1970). Umweltplanung in der Industriegesellschaft. Reinbek: Rowohlt.

Vogt, J. (1986). Integrierende Bauleitplanung. In J. Beckert, F.P. Mechel & H.-O. Lamprecht (Hg.), Gesundes Wohnen. Wechselbeziehungen zwischen Mensch und gebauter Umwelt (S. 236-247). Düsseldorf: Beton Verlag.

Zinn, H. (1970). Planung, Bau und Nutzung von Mietwohnungen als sozialer Prozeß. Bern: Schriftenreihe Wohnungsbau 08d der Eidgenössischen Forschungskommission.

Zinn, H. (1977). Zum Zusammenhang von gebauter Umwelt und sozialem Verhalten. In Architekturpsychologische Forschung, Bd. 4. (S. 68-79). Stuttgart: Krämer.

Eduard Geisler
Psychologische Beratung
Nürtingen

Gebrauchsarchitektur

Architektur für die NutzerInnen – Gebrauchsarchitektur – ist in jüngerer Zeit zum Schlagwort und zur kritischen Forderung geworden, in einer Zeit, in der die führenden Architekten sich wieder mehr um die äußere Erscheinung als um die Gebrauchseigenschaften von Bauten zu kümmern scheinen und in der die Verkäuflichkeit der „Ware Haus" im spekulativen Bauen, bei wachsendem Kostendruck, zum dominanten Kriterium wird. Heute setzt Architektur – besonders die Postmoderne – ihre gestalterischen Mittel, wie die Warenästhetik, zur Realisierung von Tauschwerten ein. Innovationen in der Architektur werden propagiert eher im Sinne einer Abwertung des Bestehenden denn als eine Verwirklichung zivilisatorischer Errungenschaften.

Wenn Karl Marx auf den Doppelcharakter der Waren (also ihren Gebrauchswert und ihren Tauschwert) aufmerksam gemacht hat, so ist dieses Begriffspaar direkt auch zur Kennzeichnung des Doppelcharakters von gebauter Umwelt anwendbar (Mandel 1965, S. 4 und 5)[+).

Auch Merkmale des Gebrauchswerts unterliegen dem Wandel: Hatten in einer im wesentlichen von Siedlungsgesellschaften beherrschten Wohnbautätigkeit die sichtbaren Qualitätsmerkmale (wie Fassadenmaterialien, Fliesen und Natursteinbeläge, Teppichböden und edle Hölzer an Türen) als Qualitätsausweis gedient, so werden nun eher die unsichtbaren Qualitäten bevorzugt, und an den sichtbaren Standards werden Reduzierungen hingenommen (unsichtbare Qualitäten sind z.B. verbesserte Schallisolation, besserer Wärmeschutz, wartungs- und reparaturfreundliche Materialien, wohnphysiologisch und toxikologisch unbedenkliche Materialien).

Wenn WohnungsnutzerInnen ihre Eigenproduktivität für den Bau ihrer Behausung einsetzen und wenn für viele Menschen wieder die Einheit von Planen, Bauen und Nutzen realisiert wird, die vor einer Professionalisierung des Planens und Bauens bestanden hat, dann werden Tauschwerteigenschaften der Gebäude unwichtiger und statt dessen Kriterien der Herstellbarkeit, der Benutzbarkeit, der → *Aneignung* und der Reparierbarkeit dominanter.

Gebrauchsarchitektur ist also nicht nur die Architektur *für* die Nutzer, sie ist zugleich auch eine Architektur *der* NutzerInnen, wenn man ihren persönlichen Einsatz am Planungs- und Bauprozeß mit einbezieht. Hier ist nicht nur die Nutzerbeteiligung bei der städtebaulichen und gebäudeplanerischen Konzeption, hier ist auch nicht nur der Einspruch der tatsächlichen NutzerInnen gegen bestimmte technische Lösungen und Materialwahl zu bedenken, sondern es ist der immer

---

+) Anmerkung: Eine Architektur, die den Gebrauchswert, also die Nützlichkeit für Benutzer betont, wird hier im Gegensatz zu Spekulationsarchitektur verstanden, die den Kapitalsammelstellen als Anlageobjekt dient. Besonders wird dies bei Verwaltungsbauten deutlich, die durch Prestigesymbole verkäuflicher werden und die oft wegen ihrer Anonymität und ihrer Benutzbarkeitsmängel kristisiert werden.

wachsende Anteil der Eigenproduktivität von NutzerInnen im Bauen zu erwähnen. Es hat sich dabei eine Arbeitsteilung zwischen den HandwerkerInnen und den Nutzern eingespielt: die HandwerkerInnen stellen die konstruktiven und installatären Gebäudeelemente her, und die NutzerInnen vervollständigen die Arbeit mit Ausbau- und Finish-Elementen (→ *Umweltplanung und -gestaltung*).

Da Gebrauchsarchitektur, insbesondere dort, wo sie von den Nutzern selbst hergestellt wurde, sich von einem herrschenden professionellen Diktat der akademischen Architekturästhetik (→ *Umweltästhetik*) freizumachen bemüht ist (und dies trotz der Baugenehmigungspflicht für Selbstbauhäuser), läßt sich in der Gebrauchsarchitektur auch ein bisher noch kaum erkennbarer Versuch einer populistischen Umweltästhetik sehen. Niels Prak (1984) hat unter Hinweis auf Bourdieu (1979) die Architekten beschuldigt, Nutzerästhetik zu unterdrücken und ihre standespolitischen Motive dabei aufgedeckt.

Die Ursprünge der heutigen gebrauchswertorientierten Wohnungsarchitektur liegen im Funktionalismus der zwanziger Jahre. Als Reaktion auf die überladene Stilarchitektur aus der Zeit vor dem Ersten Weltkrieg entstand eine den angespannten ökonomischen Verhältnissen entsprechende, schlichte, alles Ornamentale verleugnende, von den funktionalen Mindestmaßen geprägte Wohnhausarchitektur.

Neben den Bemühungen um Rationalisierung der Hauswirtschaft und um Minimalisierung von Flächenangeboten und qualitativen Standards, die insgesamt als Gebrauchs-Funktionalismus (Wilkens 1981) bezeichnet werden, entstand der Produktions-Funktionalismus als das Streben nach einer analytischen Auflösung der Bauten in Gebäudeelemente, die einzeln in rationalisierter, zum Teil bereits industrialisierter Produktion hergestellt werden konnten. Der Funktionalismus hatte die Produktionsbedingungen des traditionellen Bauhandwerks kritisiert und für einen kostengünstigen Wohnungsbau die Einführung industrieller Produktionsmethoden beim Bauen proklamiert (Taut 1924). Dies war jedoch ohne eine (produktionsfunktionalistische) Standardisierung im Wohnungsbau, also eine Maßnormung, eine Auflösung komplexer Gebäudeelemente in einzeln herstellbare Gebäudekomponenten, nicht möglich (Junghans 1980).

Der Gebrauchs-Funktionalismus, wie er besonders von Architekten wie Bruno Taut, Hugo Haering, Ernst May und Hannes Meier (Joedicke 1965, „Das neue Frankfurt" 1924) vorgetragen wurde, bemühte sich um die Einbeziehung von Erkenntnissen der amerikanischen Arbeitswissenschaften aus dem industriellen Produktionsprozeß und setzte den Arbeitscharakter der Hauswirtschaft mit jenem der industriellen Produktion gleich (Frederick 1921). Wenn Hausarbeit also Arbeit im Sinne der industriellen Produktion ist, dann müssen Hausarbeitsräume auch arbeitswissenschaftlich optimierbar sein (Witte 1928). Darauf mußte auch die Wohnungsarchitektur eingehen, indem sie Hauswirtschaftsfunktionen von allen übrigen Wohnraumfunktionen separierte und baulich-räumlich optimierte. Gebrauchs-Funktionalismus im Hauswirtschaftsbereich führte zu standardisierten, laborartigen Küchen (Schütte-Lihotzky 1927). Demgegenüber findet heute ein Themenwechsel in der Gebrauchsarchitektur statt: Waren in der Zwischenkriegszeit eher die Rationalisierungsbemühungen im Wohnungsbau auf funktionale und ergonomische Themen fixiert (Flächenminimierung, Standardreduzierung, Wegeminimierung, Arbeitskraftreduzierung und erste Ansätze der Energie-Einsparung), so sind in der jüngsten Zeit wohnpsychologische Dimensionen wichtig geworden (→ *Ergonomie*). Dies ist auch der Grund, weshalb die Problematik einer Architektur mit hohem Gebrauchswert in einem Handbuch der Ökopsychologie behandelt wird. So werden heute z.B. gerade die Isoliertheit und Laborartigkeit der Küchen und der Hauswirtschaftsbereiche bemängelt, und es werden die sozialpsychologisch bedeutsamen Aspekte der Geselligkeit und räumlichen Einbindung von Hauswirtschaftsfunktionen in übrige Wohnfunktionen wieder gefordert (Andritzky 1979, Wahrhaftig 1979, Autorenkollektiv Matrix 1984).

Die für die Wohnungsplanung und -gestaltung wichtigen wohnpsychologischen Fragestellungen machen sich am Wohnungsgrundriß selbst und an der Wohnumgebung fest. Zum Wohnungsgrundriß: Hier ist es einerseits die bereits erwähnte Wieder-Integration hauswirtschaftlicher Bereiche, die die Wohnung als Arbeitsplatz versteht, indem produktive Funktionen nicht mehr von den eher konsumptiven und eher arbeitsfreien Bereichen der Wohnung getrennt bleiben. Hierher gehört aber auch das Thema der *Privatheit*; Privatheit einzelner Familienangehöriger als Rückzugsmöglichkeiten des einzelnen und als Freiheit von sozialer Kontrolle in Form von individuellen unkontrollierten Zugängen von außerhalb der Wohnung zu den Individualräumen. In diesem Sinne soll die Ausstattung der Individualräume neben dem Schlafen auch noch andere Funktionen zulassen, wobei Kinderspielbereiche, Arbeitsbereiche für Jugendliche und Rückzugsmöglichkeiten für die Frau berücksichtigt werden müssen. In einer von Planerinnen geforderten Umverteilung der Flächen zugunsten von Frauen und Kindern (so Wahrhaftig 1979, Keckstein u.a. 1985 und Desai & Alt-Rosendhal 1978) äußert sich Kritik an der männerzentrierten Grundriß-Organisation (der Mann verfügt über das größte, aber auch das am wenigsten genutzte individuelle Territorium, das zudem von der übrigen Familie am meisten respektiert wird) und am Übergewicht von Repräsentationsfunktionen (Vorliebe für große, repräsentative Wohnzimmer, z.T. mit Spielverboten für Kinder) (→ *Spielumwelt*). Nach den üblichen (männlichen) Präferenzen bei der Wohnungsaufteilung werden Produktionsbereiche zugunsten des Wohnzimmers eher in den Hintergrund gedrängt, und die Sanitär- und die Individualbereiche werden zu klein bemessen.

Eine andere wohnpsychologische Dimension der Gebrauchsarchitektur bestimmt Gebrauchswerteigenschaften der Wohnungen von der Wohnumgebung her. Hier sind insbesondere die Innen-Außen-Beziehungen zu nennen, also die Zuordnung wohnungsnaher Freiräume zu den Wohnungen (wobei die Aneignungsmöglichkeiten von Freiräumen bei Mietwohnungen gefordert werden (Nohl 1984, Hülbusch 1978) (→ *Aneignung*). Ferner sei auf die wohnpsychologisch relevanten Kriterien der Zuordnung einzelner Wohnungen zueinander, zu Treppenhäusern, zu Hauseingängen, zu Wohnhöfen, zu Wohnblocks etc. hingewiesen. Hier werden z.B. Sicherheitsbedürfnisse angesprochen (soziale Kontrolle der Umwelt, Schutz vor Verkehrsunfällen für Kinder, Vandalismusabwehr (→ *Krimi-*

nalität und Vandalismus) durch nachbarliche Sozialkontrolle (vgl. Newman 1977); nachbarliche Hilfe bei Einbrüchen und Überfällen erhöht das subjektive Sicherheitsempfinden. Korosec-Serfaty (1986) hat allerdings über die tiefe Enttäuschung bei dann doch unterlassenen Hilfeleistungen der Nachbarn im Einbruchsfalle berichtet.

Eine weitere Dimension eher sozialpsychologischer Kriterien der Gebrauchsarchitektur liegt in vereinzelten Versuchen zur Überwindung der Abgeschlossenheit und Selbstversorgungs-Autonomie einzelner Wohnungen (→ *Alternative Umwelt- und Lebensmodelle*). Subjektive Gefühle von Vereinzelung und Isolation führen zur Erprobung unterschiedlicher Formen kollektiven Wohnens als Fortsetzung von Lebenserfahrungen in Wohngemeinschaften in ein etabliertes Wohnen von Menschen mittlerer Altersgruppen. Hier werden Hauswirtschaftsfunktionen und zum Teil Funktionen, die die Geselligkeit betonen, aus der Individualwohnung herausverlagert und in gemeinsam genutzten Bereichen angeordnet, wobei zum Teil die gleichen Funktionen kollektiv und individuell, d.h. doppelt vorkommen (Fritz-Haendeler 1982).

Die Überwindung der Grenzen in Richtung kollektiven Wohnens (Meyer-Ehlers u.a. 1973, für die Zeit der Jahrhundertwende: Uhlig 1981) stellt einen Beitrag zu einer Erhöhung der Gebrauchswerteigenschaften dar, weil sie eine Unterstützung des einzelnen durch kollektive Selbsthilfe bedeutet. Dies gilt nicht nur in der Nutzungsphase, sondern insbesondere auch bei der Planung und Herstellung von Wohnungen (Hartmann u.a. 1978, Hayden 1976). Formen des kollektiven Selbstbaus werden um so wichtiger, je mehr das individuelle finanzielle Leistungsvermögen der Wohnungssuchenden von den notwendigen Mitteln für eine angemessene Wohnraumversorgung abweicht.

Die Rückbesinnung auf gebrauchswertorientierte Wohnungsplanung in der Gegenwart trifft zusammen mit einer politökonomischen Situation, die heute der in den zwanziger Jahren ähnelt, weil damals (wie heute) Strukturkrisen auftraten, die nicht mehr mit einfachen wohnungspolitischen Steuerungsinstrumenten bewältigt werden konnten. Es besteht allerdings der Unterschied, daß der heute propagierte Eigentumsgedanke das damals vorherrschende genossenschaftliche Miteigentum ersetzt. Immerhin hat die neue Bewegung zum kollektiven Selbstbau den Genossenschaftsgedanken wieder aufleben lassen (Novy u.a. 1984).

An den hier gezeigten Themen und Problemen einer gebrauchswertorientierten Wohnungsarchitektur mag deutlich geworden sein, daß seit einer verstärkten Beschäftigung von Psychologen mit Umweltproblemen wohnpsychologische Erkenntnisse in die Kritik am Wohnungsbestand und in die Neuplanung von Wohnungen einbezogen werden. Andererseits verändern aber umweltpsychologische Fragestellungen den Wohnungsbau immer nur dann, wenn sie gemeinsam mit anderen, hier vor allem politökonomischen, wohnsoziologischen, herstellungstechnischen und ökologischen Fragestellungen und Entwicklungstendenzen auf die Planung einwirken.

In der Praxis wird viel, aber leider noch nicht genügend, für die Verbesserung einer humanen, gebrauchsfähigen Wohnungsarchitektur getan:

Zum einen sind die Regelwerke der Bauplanung vom Gesetzgeber und von wissenschaftlichen Instituten, die sich mit speziellen Problemen einzelner Betroffenengruppen befassen, erweitert worden. So sind für Behinderte und Alte (→ *Kranke und Behinderte;* → *Alte Menschen*) spezielle Planungsregeln entwickelt worden, deren Anwendung in der Praxis jedoch noch nicht überall befriedigt (KdA 1983).

Leider fehlen solche Regelwerke noch für viele andere Betroffenengruppen, so insbesondere für Kinder und Frauen (→ *Partizipation und Protest*). Hier sind im Vorfeld der Schaffung von neuen Planungs- und Bewertungskriterien noch erhebliche Defizite an sozialempirischen Untersuchungen zu beklagen.

Die Umweltergonomie ist ein Problem, zu dem einige Untersuchungen zwar vorliegen, deren Ergebnisse jedoch noch nicht ausreichend in Regelwerke bzw. in das Bewußtsein der planenden Architekten und Produkthersteller gedrungen sind.

Eine große Bedeutung für eine Verbesserung des Bewußtseins- und Kenntnisstandes der Fachleute, von deren Wirkung eine humane, gebrauchsfähigere Wohnungsarchitektur abhängt, kommt der Ausbildung an wissenschaftlichen Hochschulen zu. Hier wird aber leider die in den frühen siebziger Jahren erfolgte Öffnung der Curricula in Richtung auf sozialwissenschaftliche Studienganginhalte gerade wieder zurückgenommen, weil die Dominanz der Gebäudegestaltung, der Konstruktion und Bautechnik sowie der Bauökonomie alle „weichen" sozialwissenschaftlichen Erkenntnisse zu verdrängen droht.

Viele sozial engagierte Architekten schaffen gute Gebrauchsarchitektur, aber die Bauqualität könnte zugunsten stärkerer Gebrauchswertorientierung noch verbessert werden, wenn in den Leistungsphasen Grundlagenermittlung und Vorplanung die Partizipation der Betroffenen am Prozeß der Planungs- und Bedarfsfindung gesetzlich verankert und die Sozialverträglichkeit von Planungen bei der Planungsprüfung vorgeschrieben würde (HOAI 1984).

Außerdem könnte die letzte Leistungsphase der Architektenleistungen neben der Schlußabrechnung und Dokumentation auch eine Evaluation der Gebäudenutzung nach dem Einzug der Nutzer enthalten, wie dies in den Vereinigten Staaten mit der „Post-Occupancy Evaluation" und den Meßmethoden zur „Building Performance" entwickelt wurde. Den Architekten würden dadurch die Leiden der NutzerInnen an den Planungsmängeln bewußter, und das Feedback könnte künftige Planungen verbessern (ASTM 1986) (→ *Umweltevaluation*).

Auch kommt der Wohnberatung bei der Verbesserung der Wohnverhältnisse eine besondere Bedeutung zu, wenn Bewohner in einer für sie verständlichen Weise in die richtige Benutzung ihrer Wohnung eingewiesen werden und wenn pädagogisch und technisch geschulte Wohnberater die oft in dieser Hinsicht hilflosen Nutzer vor dem Einzug bei der Belegungsplanung unterstützen. Auch die Neuanpassung älterer Wohnungen an den im Familienzyklus gewandelten Bedarf ist eine Aufgabe für die Wohnberatung. Hier tut sich auch ein neues Berufsfeld, insbesondere für Architektinnen, auf.

Schließlich können auch die Ärzte und Sozialarbeiter einen zumeist noch nicht bewußt gemachten Anteil an der Schaffung einer humanen, gebrauchsfähigen

Wohnungsarchitektur haben, wenn sie die krankmachende Wirkung von Wohnverhältnissen in einer Wohnanamnese diagnostizieren und mit Architekten, vorzugsweise Wohnberatern, zusammen nach einer Verbesserung der Wohnbedingungen ihrer Patienten suchen. Ein Fenster zwischen Küche und Wohnraum, ein Schloß an der WC-Tür, eine andere Verteilung vorhandener Räume auf die Familienmitglieder, die Vermeidung eines zwangsweisen Durchgangs durch einen Individualraum oder die Erhöhung der Küchentheke können manche Leiden, besonders im psychosomatischen Bereich, besser lindern als jahrelange Medikamentierung und Therapie.

Diese konkreten Möglichkeiten zur Verbesserung der Wohnqualität sind ohne ökopsychologische und sozialpsychologische Erkenntnisse nicht mehr denkbar. Probleme gibt es aber bei der Art der Umsetzung solcher Erkenntnisse, weil Planer hierbei pragmatisch vorgehen und eher theorie- und empiriefern operieren.

Eine Kritik der Umweltpsychologen an den dilettantischen und wissenschaftlich z.T. unhaltbaren praktischen Umsetzungen solcher Erkenntnisse in die Planungs- und Nutzungsrealität ist aus der Sicht der Architekten, Planer und Betroffenen zurückzuweisen. Es werden auch keine neuen Spezialisten und Experten für Wohnpsychologie gesucht, vielmehr wird eine Implementations-Didaktik der Ökopsychologie erwartet, die deren Arbeitsweisen und Erkenntnisse verstehbar und anwendbar macht (→ *Wohnen und Wohnzufriedenheit;* → *Hausformen*).

Literatur

Alexander, Ch., Ischikawa, Z. & Silverstein, M. (1977). A pattern language. New York: Oxford University Press.

Andritzky, M. (Hg.) (1979). Lernbereich Wohnen. Reinbek: Rowohlt.

ASTM (The American Society for Testing Materials) Subcommittee E6.25 (1986). Proposed standard practice for rating the overall performance of an existing building or facility (Entwurf einer US-Norm für die Feststellung der Leistung und Benutzbarkeit bestehender Bauten und Einrichtungen). Philadelphia: ASTM.

Autorenkollektiv (1980). Kein Ort nirgends: Auf der Suche nach Frauenräumen. Spezialheft Arch + 60. Aachen: Klenke.

Autorenkollektiv Matrix (J. Boys, F. Bradshaw et al.) (1984). Making space – Women in a manmade world. London: Pluto Press.

Bourdieu, P. (1979). La distinction. Critique sociale du jugement. Paris (dt.: Der feine Unterschied. Frankfurt: Suhrkamp 1982).

Dessai, E. & Alt-Rosendahl, R. (1978). Wohnen und Spielen mit Kindern. Frankfurt: Ullstein.

Farbstein, J. (1978). People in places. Experiencing, using, and changing the built environment. Englewood Cliffs: Prentice-Hall.

Frederick, Ch. (1921). The new housekeeping – efficiency studies in home management (dt. Die rationale Haushaltsführung. Berlin: Julius Springer).

Fritz-Haendeler, R. (1982). Sozialer Wohnungsbau in den Niederlanden. Institut für Raumplanung der Universität Dortmund.

Hall, E.T. (1966). The hidden dimension. Garden City (dt.: Die Sprache des Raumes. Düsseldorf: Schwann).

Hartmann, M., Koblin, W. & Näbauer, R. (1978). Selber und gemeinsam planen, bauen, wohnen. München: Selbstverlag.

Hayden, D. (1976). Collectivizing the domestic workplace. Lotus international 12, S. 27-39. Milano.

HOAI (1984). Verordnung über die Honorare für Leistungen der Architekten und der Ingenieure. Einleitung Horst Locher. Novellierte Fassung 1.1.1985. Düsseldorf: Werner (darin: Einteilung der Architektenleistungen nach neun Leistungsphasen).

Hülbusch, I.M. (1978). Innenhaus und Außenhaus. Diplomarbeit an der GhK Kassel. Schriftenreihe der OE Architektur, Stadt- und Landschaftsplanung 01/Heft 033. Kassel.

Joedicke, J. & Lauterbach, H. (Hg.) (1965). Dokumente der modernen Architektur. Hugo Häring, Schriften, Entwürfe und Bauten. Stuttgart: Krämer.

Junghans, K. (1980). Bruno Taut in seiner Zeit. Die Stationen seines Lebens. In: Bruno Taut 1880-1938. Ausstellungskatalog (S. 7-14). Akademie der Künste Berlin.

KdA (Kuratorium Deutsche Altenhilfe eV) (1983 ff). Planungsrichtlinien für die Planung von Altenwohnungen, Altenwohnheimen und Altenpflegeheimen. Köln: KdA.

Keckstein, V., Heidenreich, Ch. & Winterer, K. (1985). Arbeitsplatz Wohnung. In Arch + 79, S. 68-69. Aachen: Klenke.

Korosec-Serfaty, P. (1986). Dwelling and the experience of burglary. Journal of Environment and Planning 5, 4.

Meyer-Ehlers, G., Haußknecht, M. & Rughöft, S. (1973). Kollektive Wohnformen. Wiesbaden: Bauverlag.

Mandel, E. (1965). Einführung in die marxistische Wirtschaftstheorie (15. – 16. Aufl.). Frankfurt: Verlag Neue Kritik.

Newman, O. (1977). Defensible space. People and design in the violent city. London: Arch. Press.

Nohl, W. (1984). Städtischer Freiraum und Reproduktion der Arbeitskraft. IMU-Studien 2. München: IMU-Institut.

Novy, K. et al. (1984). Schafft zwei, drei kleine Genossenschaften. Spezialthemenheft Arch + 7. Aachen: Klenke.

Prak, N.L. (1984). Architects: The noted and the ignored. Chichester: Wiley.

Schütte-Lihotzky, G. (1926/27). Rationalisierung im Haushalt. In: Das neue Frankfurt, Heft 5.

Sommer, R. (1983). Social design: Creating buildings with people in mind. Englewood Cliffs: Prentice Hall.

Taut, B. (1924). Die industrielle Herstellung der Wohnungen. In Wohnungswirtschaft, Heft 17/18, S. 157.

Uhlig, G. (1981). Kollektivmodell "Einküchenhaus". Wohnreform und Architekturdebatte zwischen Frauenbewegung und Funktionalismus 1900 – 1933. Gießen: Anabas Verlag.

Wahrhaftig, M. (1979). Die Behinderung der Emanzipation der Frau durch die Wohnung und die Möglichkeiten zur Überwindung. Dissertation, TU Berlin.

Wilkens, M. (1981). Funktionalismus – vom Boden her. In: Leberecht Migge 1881 – 1935. Ausstellungskatalog (S. 142-154). GhK Kassel, Fachbereich 13 (Hg.). Worpswede.

Witte, I. (1928). Heim und Technik in Amerika. Berlin: VDI Verlag.

Zeisel, J. (1981). Inquiry by design – tools for environment.-behavior research. Monterey, CA: Brooks/Cole.

Peter Jockusch
unter Mitarbeit von Sylvia Stöbe
Fachbereich Architektur
der Gesamthochschule Kassel

Umweltdesign

1. Vom Design zum „Environmental Design"

Der Begriff „Design" bezeichnet zunächst allgemein Entwurfstätigkeiten. Er hat, im Sinne einer Begriffsspezialisierung, im angloamerikanischen Sprachbereich ursprünglich alle Arten der Formgebung und Gestaltung in den Bereichen Gebrauchsgrafik, industrielle Produktion, Marketing u.a. zusammengefaßt – mit der in der Regel stillschweigenden Ausklammerung der Gestaltung durch Architekten, Städtebauer, Maschinenbauer. Die Arbeitsfelder „Graphic Design" und „Industrial Design" entwickelten sich ab den 20er und 30er Jahren getrennt. Ende der 50er, Anfang der 60er Jahre wurden allgemeine gestalterische Überlegungen auch auf architektonische und städtebauliche Gegebenheiten angewendet (z.B. Lynch 1960, deutsch 1965). Die anschließende Ausdehnung der Diskussion, und in der Folge auch der empirischen Forschung, fand ihren Niederschlag in den programmatischen Titeln der entsprechenden Bücher:
- 1971: Jones: Design Methods – Seeds for Human Future
- 1972: Sommer: Design Awareness
- 1974: Deasy: Design for Human Affairs

Sozialwissenschaftliche, insbesondere psychologisch begründete Designkonzepte wurden bald auch systematisch auf Architektur (Broadbent 1978) und weitere Bereiche (Preiser 1978) angewendet.

Wissenschaftler und Praktiker aus verschiedenen Disziplinen schlossen sich zur Environmental Design Research Association, EDRA, zusammen.

Im angloamerikanischen Sprachgebrauch ist der Begriff „Environmental Design" entsprechend lange eingeführt (→ *Umweltplanung und -gestaltung*). In Lehrbüchern werden ihm eigene Kapitel gewidmet. Bell, Fisher und Loomis (1978) behandeln z.B. im entsprechenden Kapitel ihrer „Umweltpsychologie"
- Konzepte der Umweltgestaltung
- Design-Bewußtsein und Design-Alternativen
- Auswahl von Verhaltens-Kriterien für Design-Bewertung
- Beispiele für verhaltensbezogene Design-Forschung
- Modelle der zukünftigen Anwendung von Design-Prozessen.

Bei den Beispielen wird die Spanne von Bereichen deutlich, auf die sich „Environmental Design" bezieht: Arbeits-, Lern-, Freizeitumwelt, öffentliche Verkehrssysteme, Fußgängerzonen, Wohnquartiere, Institutionen (z.B. Wohnheime, Krankenhäuser, Gefängnisse).

Begleitend zum „Environmental Design" hat sich ein eigenständiges Gebiet „Environmental Design Evaluation" entwickelt (→ *Umweltevaluation*), wie es z.B. Michelson (1975) und Friedman, Zimring und Zube (1978) vorstellen. Die Beispiele reichen von der Innenraumgestaltung über Gebäudesysteme bis zu großen Anlagen, die Gebäude und Freiräume umfassen. Selbst Nationalparks werden als Objekte des Environmental Design behandelt. Die Methoden reichen vom semantischen Differential bis zu lebensnahen vielfältigen Messungen.

In der Ausbildung werden von zahlreichen Hochschulen Studiengänge oder Teilstudiengänge angeboten, die auf diese Arbeitsfelder allgemein vorbereiten. Es gibt auch spezialisierte Abschlüsse, z.B. „Urban Design".

Der Design-Begriff erfährt gegenwärtig eine neue Spezifizierung in der Anwendung auf das Entwerfen von elektronischen Bauteilen, Schaltungen und Systemen.

Im deutschsprachigen Bereich ist der Begriff „Design" seit den 50er Jahren eingeführt. Er ist dabei, die Begriffe „Formgebung" und „Gestaltung" abzulösen, die durch Institutionen wie den Deutschen Werkbund, das Bauhaus und die Hochschule für Gestaltung in Ulm gepflegt wurden. Eine erste Monographie zur „Umweltgestaltung" wurde 1971 von Görsdorf vorgelegt.

„Design" gliedert sich in Ausbildung und Berufsverbänden in Grafik- und Industrial-Design. Environmental Design ist kein etablierter Anwendungsbereich. An der Staatlichen Hochschule für Bildende Künste in Braunschweig wurde in den 70er Jahren ein Fachbereich „Experimentelle Umweltgestaltung" eingerichtet, das wissenschaftliche Studium schloß mit dem Diplom ab. Der Fachbereich wurde inzwischen aufgelöst.

An verschiedenen Hochschulen wird an Aufgaben der Umweltgestaltung gearbeitet, am ausgeprägtesten vom Industriedesign aus; so hat z.B. der Hannoversche Industrial-Designer Herbert Lindinger nicht nur Verkehrsmittel und Haltestellen, sondern auch „Straßenmöbel", Straßenzüge und Plätze gestaltet (Hannover, Darmstadt, Heidelberg).

Umweltgestaltung leisten überwiegend die etablierten Disziplinen Architektur, Städtebau, Landschaftsgestaltung, Gartenbau etc. Ansätze zu interdisziplinärer Arbeit sind häufig (Stierand 1970), Erfolge einer spezifischen umweltpsychologischen Beteiligung weniger häufig.

Die öffentliche Design-Förderung in der Bundesrepublik ist 1983 und 1984 erheblich eingeschränkt worden, speziell für den Rat für Formgebung (früher Darmstadt, seit 1987 Frankfurt) und das Internationale Design-Zentrum IDZ (Berlin). Design für den öffentlichen Raum ist als umfassendes Konzept Thema einer Spezial-Messe in Frankfurt – Public Design – erstmals 1985.

2. Kritische Entwicklungen

Design im öffentlichen Raum ist unmittelbar auch Gegenstand der öffentlichen Meinung. Wenn über die Nacktheit einer Brunnenfigur oder über den Preis einer abstrakten Stahlskulptur diskutiert wird, ist dies nicht nur für die soziale Entwicklung interessant, es ist auch ökologisch relevant, aber ohne weitreichende Folgen.

Bei manchen Entwicklungen ist es aber notwendig zu fragen, ob gestalterische Eingriffe in die Umwelt noch vertretbar sind, z.B.

– wenn ein Hochhaus, das als solches bereits ein Mißgriff des Planers und Architekten gegenüber der weiteren Bebauung und der Landschaft war, von einem „Umweltdesigner" zur Humanisierung mit kontrastierenden Farbflächen garniert wird, die den Blick immer wieder unwillkürlich auf sich ziehen.

- wenn die Lärmschutzwände entlang den Autobahnen nicht dezent integriert werden, sondern durch zerklüftete zackige Formen, stilisierte Bäumchen oder Höhenzüge in Berg-und-Tal-Bahn-Manier optisch Unruhe stiften
- wenn mit der Begründung, Kinder liebten Farben, Spielplätze mit Farben überhäuft werden
- wenn Garagentore, Brandwände, Parkhäuser dauerhaft mit einem optischen Gag dekoriert werden
- wenn die Gestaltungselemente einer Unternehmens-Corporate-Identity eine ehemals lebene Fassade eines historisch gewachsenen Kaufhauses unter sich begraben.

Sehr häufig sind solche Entwicklungen gut gemeint. Sie werden zum Mißgriff, weil sie an nur einem Kriterium, z.B. Prestige, Kaschierung, Auffälligkeit orientiert sind. Eine psychologisch fundierte, ökologisch orientierte Diskussion steht noch aus (s. z.B. Ittelson 1978, Krause 1974, Wick 1983).

3. Gestaltung des Wohnumfeldes

Gestalterische Merkmale von Wohnung, Wohnumfeld und Straße (→ *Wohnen;* → *Straße und Verkehr*) haben entscheidenden Einfluß auf das Verhalten der Bewohner im öffentlichen Freiraum, auch auf das nachbarschaftliche Verhalten (→ *Nachbarschaft*), nicht zuletzt aber auch auf das Verhalten in der Wohnung selbst (s. z.B. Mühlich u.a. 1978, Mayo 1979, Taylor & Brower 1985). Insbesondere Kinder und Jugendliche sind auf eine Umweltgestaltung angewiesen, die ihren Bedürfnissen entspricht (Zapf, Zinn & Gröning 1980, Müller & Zinn 1980). So wird zur Förderung des Kinderspiels empfohlen

- in Wohnstraßen Spielzonen im Hauseingangsbereich, geschützte Bereiche mit speziellen Spielangeboten und Mischflächen für Verkehr und großräumiges Spiel einzurichten (→ *Spielumwelt;* → *Straße und Verkehr*)
- Spielplätze weiter zu fördern und neue Spielplätze einzurichten
- die Hauseingangsbereiche besonders für Kleinkinder auszugestalten
- geschützte Wegeverbindungen zwischen den Spielbereichen zu schaffen
- den Straßenbereich zu begrünen und gestalterisch zu differenzieren.

In ähnlicher Form sollte der öffentliche Bereich Treffmöglichkeiten für Jugendliche (→ *Jugendliche und Umwelt*) enthalten, nicht mehr nahe zum Haus, näher zum Verkehr, flexibel nutzbar; organisierte Jugendzentren sind nicht ausreichend (Erke & Eubank-Ahrens 1983).

Unter einem weiter gefaßten Ökologie-Begriff muß aber auch kritisch gefragt werden, ob eine einseitige zielgruppenspezifische Gestaltung sinnvoll ist (s. z.B. die Beiträge in Habekost & Ruske 1980). So wird der beste Spielplatz fragwürdig, wenn er zum Spiel-Ghetto oder zum Alibi für eine im übrigen kinderfeindliche Wohnumfeldgestaltung wird. Ein autofreies Wohngebiet wird problematisch, wenn sich die zentralen Tiefgaragen zu Zentren für Eigentums- und Sittlichkeits-delikte entwickeln. Newman (1972) hat mit seinem Konzept „Defensible Space" den Beitrag einer sozial „verteidigungswerten" Umweltgestaltung betont (→ *Kriminalität und Vandalismus*) und programmatisch „Crime Prevention through Environmental Design" vorgeschlagen. Die Berücksichtigung dieser Aspekte dürfte nicht alle Hoffnungen erfüllt haben, dürfte sich aber positiver ausgewirkt haben als „Verhinderungs-Design". – Die Möglichkeiten und die Grenzen des Environmental Design bei der Gestaltung des Wohnumfeldes skizziert Rapoport (1985).

4. Informationsdesign und Führung im öffentlichen Raum

Für die Übermittlung von Informationen über Angebote, Ziele und Wege im öffentlichen Raum liegen zahlreiche Gestaltungskonzepte vor (z.B. Herdeg 1978) (→ *Stadt als Zeichenwelt*). Da es darum geht, definierte Inhalte an bestimmte Zielgruppen, an alle Nutzer einer Anlage oder an eine breitere Öffentlichkeit zu übermitteln, ist das Informationsdesign ein umweltpsychologischer Aufgabenbereich, der ein empirisches, teils sogar experimentelles Vorgehen erlaubt (Easterby & Zwaga 1984, Erke & Gottlieb 1981). Die Qualität der Informationsangebote in Kodierung, Konsistenz, Anbringung, Anlagenbezug etc. entscheidet über Akzeptanz, Lesbarkeit, Befolgung und Sicherheit. Die Qualität ist sehr häufig nicht befriedigend.

5. Psychologische Aspekte von Designleistungen

Visuelle Kommunikationen, gestaltete Objekte oder öffentliche Räume werden in der Regel daran gemessen, wieweit sie den beabsichtigten Zweck erfüllen; gelegentlich wird auch noch ein mehr oder weniger spezifischer ästhetischer Eindruck erhoben, manchmal auch nur das allgemeine Wohlgefallen diskutiert. Gestaltete Objekte, Systeme oder Räume sprechen aber von der Wahrnehmung bis zum Gebrauch mehr oder weniger alle psychischen Funktionen in unterschiedlicher Ausprägung an. Es sollte deshalb versucht werden, auch bei der Beurteilung ökologisch relevanter Gestaltungen mit einem Leistungsverzeichnis für Designobjekte (Erke 1978) zu arbeiten, das sich bei der Bewertung grafischer oder industrieller Produkte als Leitfaden bewährt hat:

Leistungsverzeichnis für Design-Objekte

1. Wahrnehmungsaspekte

1.1 Aufmerksamkeitswert
1.2 Gliederung: Gruppierung, Raum, Körper, Fläche
1.3 Unterscheidbarkeit innerhalb – nach außen
1.4 Abbildungsform
1.5 Ableseprozeß
1.6 Informationsgehalt

2. Kognitive Aspekte

2.1 Name und Begriff (Titel, Überschrift, Unterschrift, Slogan)
2.2 Inhalte und Funktionen
2.3 Illustrationen
2.4 Supplemente und Zusatzinformation
2.5 Konzept und Aussage

3. Motivationale Aspekte

3.1 angesprochene Motivbereiche
3.2 Handlungen
3.2.1 Instrumentelle Handlungen
3.2.2 Konsumatorische Handlungen
3.2.3 Zusätzliche Handlungen
3.3 Bekräftigungen
3.4 Affektive Qualitäten
3.5 Allgemeine motivationale Dispositionen

4. Lernbedingungen

4.1 Spontane Geläufigkeit
4.2 Assoziative Leistungen
4.3 Unterscheidungslernen
4.4 Strukturierung im Lernprozeß
4.5 Anreicherung durch Zusatzinformationen
4.6 Resistenz gegen Verschleiß

5. Differentielle Leistungen

5.1 Der Gegenstand als „Persönlichkeit"
5.2 Ausdruck und Eindruck
5.3 Nutzerspezifische Leistungen

6. Soziale Leistungen

6.1 Soziale Rolle und sozialer Status
6.2 Leistungen bei sozialer Interaktion
6.3 Kommunikationsanlaß

7. Zeitliche Dimensionen

7.1 Genese, Vorgeschichte, historische oder traditionelle Bezüge
7.2 Aktueller Entwicklungsstand, derzeitige Aktivitäten
7.3 Zukunftsperspektive, vorgezeichnete Entwicklungen, Entwicklungsmöglichkeiten, Alternsprozesse, Vorwegnahme der Zukunft

8. Kulturelle Bezüge

8.1 Symbolische Qualitäten
8.2 Rhetorik, Argumentation
8.3 Literarische Aspekte
8.4 Ästhetische Ebenen: Gefälligkeit, Harmonie, Sachlichkeit
8.5 Bezüge zur bildenden Kunst
8.6 Bezüge zur Produktion

9. Logik und Systematik

9.1 Logik der Gestaltungselemente Intern – Extern
9.2 Beziehungen zwischen Gestaltungscharakter und Adressatenpersönlichkeit
9.3 Rolle der Einzelgestaltung im Gesamtauftritt

10. Leistungen im Gebrauch

10.1 Herstellung und Wirtschaftlichkeit
10.2 Nutzung und Wartung
10.3 Verbrauch, Vernichtung und Wiederverwendung

Literatur

Bell, P.A., Fisher, J.D., & Loomis, R. (1978). Environmental psychology. Philadelphia: Saunders.
Broadbent, G. (1978). Design in architecture: Architecture and the human sciences. New York: Wiley.

Deasy, C.M. (1974). Design for human affairs. New York: Wiley.

Easterby, R. & Zwaga, H. (Eds.) (1984). Information design. New York: Wiley.

Erke, H. (1978). Element und Gestalt – wahrnehmungspsychologische Grundlagen für visuelle Kommunikation. In Visuelles Design für kommunikative Prozesse (S. 53-91). Berlin: IDZ.

Erke, H. & Eubank-Ahrens, B. (1983). Jugendtreffpunkte. Braunschweig: Abteilung für angewandte Psychologie der TU.

Erke, H. & Gottlieb, W. (1981). Grundlagen zur Wegweisung. Unfall- und Sicherheitsforschung. Straßenverkehr, Heft 30.

Friedman, A. Zimring, C., & Zube, E. (1978). Environmental design evaluation. New York: Plenum Press.

Görsdorf, K. (1971). Umweltgestaltung. Einführung in ihre funktionellen und psychologischen Grundlagen. München: Ernst Reinhardt.

Habekost, H. & Ruske, W. (Hg.) (1980). Kinder in der Stadt. Braunschweig: Seminar für Planungswesen der TU Braunschweig, Heft 19.

Herdeg, W. (1978). Archigraphia: Architektur- und Signalisierungsgraphik. Zürich: Graphis.

Ittelson, W.H. (1978). Environmental perception and urban experience. Environment and Behavior 10, 193-213.

Jones, J.C. (1971). Design methods: Seeds of human futures. New York: Wiley.

Krause, K.-J. (1974). Stadtgestalt und Stadterneuerung. Bonn: Bundesvereinigung Deutscher Heimstätten.

Lynch, K. (1965). Das Bild der Stadt. Bauwelt Fundamente. Berlin: Ullstein (Orginal 1960).

Mayo, J.M. Jr. (1979). Effects of street forms on suburban neighboring behavior. Environment and Behavior 11, 375-397.

Michelson, W. (Ed.) (1975). Behavioral research methods in environmental design. Stroudsburg, PA: Dowden, Hutchinson & Ross.

Mühlich, E., Zinn, H., Kröning, W. & Mühlich-Klinger, I. (1978). Zusammenhang von gebauter Umwelt und sozialem Verhalten im Wohn- und Wohnumweltbereich. Bonn: Bundesminister für Raumordnung, Bauwesen und Städtebau. Schriftenreihe „Städtebauliche Forschung" 03.062.

Müller, P. & Zinn, H. (1980). Kinderspiel im Straßenraum. Bonn: Bundesminister für Raumordnung, Bauwesen und Städtebau. Schriftenreihe „Städtebauliche Forschung" 03.087. Teil II.

Newman, O. (1972). Defensible space: Crime prevention through environmental design. New York: Macmillan.

Preiser, W.F.E. (Ed.) (1978). Facility programming: Methods and applications. Stroudsburg, PA: Dowden, Hutchinson & Ross.

Rapoport, A. (1985). Thinking about home environments: A conceptual framework. In I. Altman & C.M. Werner (Eds.), Home environments (pp. 255-286). New York: Plenum.

Sommer, R. (1972). Design awareness. San Francisco: Rinehart.

Stierand, R. (Hg.) (1970). ARPUD 70: Sozialpsychologie in der Raumplanung. Dortmund: Abteilung Raumplanung der Universität.

Taylor, R.B. & Brower, S. (1985). Home and near-home territories. In I. Altman & C.M. Werner (Eds.), Home environments (pp. 183-212). New York: Plenum.

Trieb, M. (1974). Stadtgestaltung. Bauwelt Fundamente. Düsseldorf: Bertelsmann Fachverlag.

Wick, R. (Hg.) (1983). Farbe und Architektur. Kunstforum International 87.

Zapf, K., Zinn, H. & Gröning, G. (1980). Kinderfreundliche Umwelt. Bonn: Bundesminister für Raumordnung, Bauwesen und Städtebau. Schriftenreihe „Städtebauliche Forschung" 03.087. Teil I.

Heiner Erke
Institut für Psychologie
der TU Braunschweig

Licht, Farbe und menschliches Verhalten

Einleitung

Das Licht spielte eine wichtige Rolle bei der Entwicklung von Leben auf unserem Planeten. Pflanzen und Tiere mußten sich dem Licht und seinen Eigenschaften anpassen, sie entwickelten z.B. verschiedene Farben und ein lichtempfindliches Organ, das Auge. Für den Menschen ist das Sehen so wichtig, daß man einige der grundlegenden Wirkungen des Lichtes leicht vergißt, so z.B. die sogenannten non-visuellen Wirkungen, weil sie nicht direkt mit dem Sehen zusammenhängen (Küller 1981).

1. Ultraviolettes und infrarotes Licht

Eine der Hauptwirkungen von *ultraviolettem* Licht auf die Haut ist die Produktion von Calciferol (Vitamin D), das für den Stoffwechsel des Kalziums und Phosphors im Körper benötigt wird (Loomis 1970). Mangel an ultraviolettem Licht kann bei kleinen Kindern zu Karies und Rachitis führen und bei alten Menschen zu spröden und leicht brechenden Knochen. Andererseits kann eine Überdosis bei Menschen, die kein schützendes Pigment haben, zu Hautrötungen führen sowie verschiedene Lichtallergien oder sogar Hautkrebs auslösen. Vom psychologischen Standpunkt aus ist es interessant, daß ultraviolettes Licht auch ganz allgemeine Auswirkungen haben kann. Sigmund (1956) fand eine beachtliche Verkürzung der visuellen Reaktionszeit heraus, die selbst drei Wochen nach der Bestrahlung mit ultraviolettem Licht noch beobachtet werden konnte. Zamkova und Krivitskaja (1966) konnten zeigen, daß bestrahlte Versuchspersonen (Vpn) eine kürzere Reaktionszeit auf Licht und Geräusche hatten sowie eine geringere Ermüdung des visuellen Rezeptors und erhöhte Leistungsfähigkeit zeigten. In einer Studie von Lykken (1982) konnte eine Korrelation zwischen dem Aufenthalt im Tageslicht und der Widerstandskraft der Atemwege gegen Infektionen gezeigt werden.

Infrarotlicht dringt in die Haut und die Muskeln ein und führt zu einer beschleunigten Blutzirkulation aufgrund der Erweiterung der Blutgefäße in der Haut. Dies wiederum führt zu einer Reihe von Sekundärreaktionen zum Zwecke der Wärmeregulation. Jeder wird sich ausziehen, die Beine spreizen, die Arme wegstrecken oder zu schwitzen anfangen, wenn ihm zu warm ist, aber er wird sich wie ein Ball zusammenrollen, um die Abstrahlung zu verringern, wenn er friert. Olesen et al. (1973) fanden heraus, daß Vpn, die in einen Raum mit unterschiedlichen Wärmezonen geführt wurden, sich die Zone aussuchten, die für sie thermisch neutral war. Die Veränderungen der Körpertemperatur als Folge von Infrarotbestrahlung hat auch Einfluß auf eine Reihe körperlicher und geistiger Leistungen (Löfberg et al. 1976, Wyon et al. 1979).

2. Der Einfluß von Strahlen, die in das Auge einfallen

Wenn Licht im sichtbaren Bereich in das Auge einfällt, beeinflußt es auch verschiedene Bereiche des zentralen Nervensystems. Das sichtbarste Ergebnis sind die komplexen Veränderungen von Wachsein und Schlaf, des sogenannten *Tagesrhythmus*. So beeinflußt das auf das *Auge einwirkende Licht* die Körpertemperatur und den Stoffwechsel, den Herzschlag, die Gehirntätigkeit und die Hormonproduktion. Man glaubt, daß das Licht bei Frauen einen regulierenden Einfluß auf die *Ovulation* hat. Die Tatsache, daß blinde Mädchen ihre erste Menstruation früher als andere bekommen, hängt vermutlich mit der fehlenden Lichtstimulation zusammen (Hollwich 1979, Wurtman 1975).

Forschungsergebnisse, u.a. von Hollwich et al. (1977), Stone et al. (1974) und Sugimoto und Ideka (1983), weisen darauf hin, daß künstliches Licht wahrscheinlich einen stärkeren Reiz für den menschlichen Organismus darstellt als natürliches Tageslicht. In einer vom Autor durchgeführten Untersuchung in einem Fabrikgebäude wurden in einem Großraumbüro konventionelle *Leuchtstoffröhren* und in einem anderen ähnlichen Büro *Tageslichtröhren* installiert. Das aus etwa 50 Männern und Frauen bestehende Personal wurde von Dezember 1981 bis Juni 1982 beobachtet. Die Ergebnisse zeigten klar, daß das Personal des ersten Büros weniger über *Ermüdungserscheinungen der Augen* klagte. Durch die Installierung von künstlichem Tageslicht in den Räumen war es auch möglich, die Produktion des Schlafhormons *Melatonin* im Winter zu unterdrücken. Die einfachste Interpretation dieses Ergebnisses wäre, daß es möglich ist, durch die Installierung von künstlichem Tageslicht den Aktivitätsgrad eines Menschen im Winter anzuheben und vielleicht sogar sein Wohlbefinden zu steigern. Die Ergebnisse der subjektiven Einschätzung der Stimmung widersprechen jedoch einer solch einfachen Interpretation. Während die Menschen, die beim Licht konventioneller Leuchtstoffröhren arbeiteten, sehr geringe Stimmungsveränderungen zwischen Sommer und Winter zeigten, gab es eine klare Verschlechterung bei der anderen Gruppe, von positiven Werten im Dezember zu negativen Werten im Juni. Das könnte dadurch erklärt werden, daß, obwohl die Menschen im Winter müde werden, diese Müdigkeit durch eine Zunahme des natürlichen Tageslichts im Mai und Juni abgebaut wird. Für die Gruppe, die in den Wintermonaten dem künstlichen Tageslicht ausgesetzt war, war die Zunahme des natürlichen Tageslichts weniger wichtig (Abb. 1). Ein anderes bemerkenswertes Ergebnis war, daß unabhängig von der Art der künstlichen Beleuchtung Menschen, die in der Nähe des Fensters arbeiteten, im Sommer eine größere Menge des Streßhormons *Cortisol* produzierten als im Winter. Das Umgekehrte traf auf Menschen zu, die weit vom Fenster entfernt saßen (Erikson & Küller 1983).

Diese Ergebnisse unterstützen im großen und ganzen die Ergebnisse früherer Untersuchungen, aber sie erfordern auch eine Erklärung und werfen einige neue Fragen auf. Es scheint so, als ob der Produktion von Melatonin in der *Zirbeldrüse* eine zentrale Bedeutung für die Wirkungen des in das Auge einfallenden Lichts

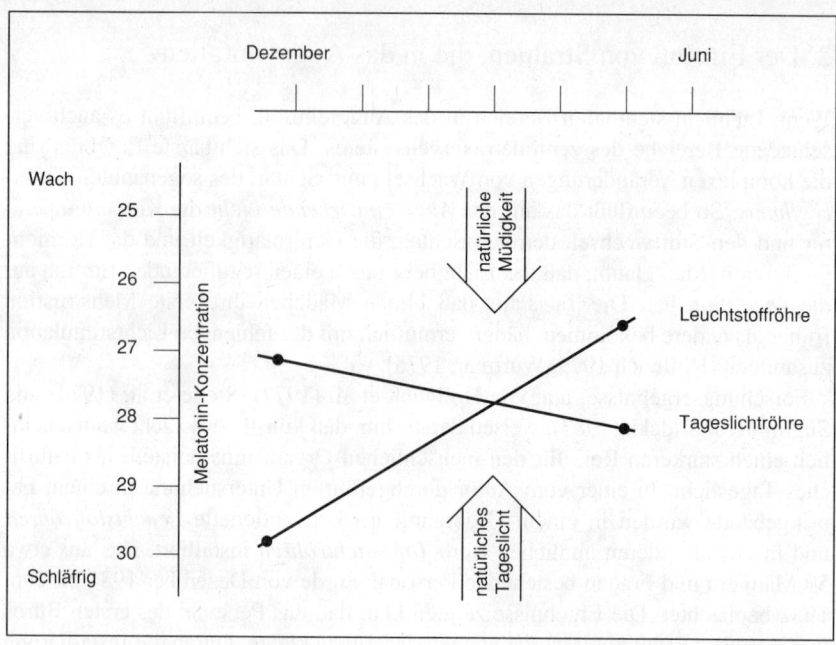

Abb. 1: Melatoninkonzentrationen bei künstlichem und natürlichem Tageslicht in den Monaten Dez. bis Juni.

zukommt. Wurtman und Mitarbeiter haben die sogenannte Melatonin-Theorie der Zirbeldrüsenfunktion aufgestellt, die besagt, daß die Zirbeldrüse als neuroendokriner Überträger wirkt, indem sie einen neuralen Impuls in eine hormonale Antwort umsetzt (Wurtman 1975). Der Grad der Melatonin-Synthese wird höchstwahrscheinlich durch das Licht der Umgebung gesteuert. Außerdem gibt es einige Anhaltspunkte für eine Verbindung von Melatonin mit psychiatrischen Erkrankungen (Wetterberg 1978). Wenn man diese grundlegenden Erkenntnisse in die Praxis umsetzt, besteht das Problem darin, daß man die Beziehungen zwischen Licht und Melatonin noch nicht genau kennt. Zweifellos unterdrückt Licht die Produktion von Melatonin. Aber wieviel Licht wird dazu benötigt, und sind einige Wellenlängen wirksamer als andere? Hat die Darbietung einer bestimmten Menge Licht morgens die gleiche Wirkung wie mittags oder abends? Woher kommt es, daß künstliches Licht schon bei einer geringen Intensität belastend wirkt, wohingegen Tageslicht auch bei einer viel höheren Intensität keineswegs so wirkt? Im Moment versuchen wir, einige Antworten auf diese Fragen in kombinierten Versuchsreihen von Laboruntersuchungen und Feldstudien am Institut für Umweltpsychologie in Lund zu bekommen (Küller 1989).

3. Wahrnehmung von farbigem Raum

Es gibt viele Studien über Farbpräferenzen (Küller 1981). Ein Mangel der meisten Studien ist, daß sowohl die Farben als auch die Bedingungen, unter denen sie beobachtet wurden, unzureichend definiert waren. Vom ökologischen Standpunkt aus gesehen, besteht ein weiterer Mangel darin, daß eine Farbe, die auf einem Stück Papier sehr schön aussieht, an den Wänden eines Büros überhaupt nicht schön aussehen muß. Der Zweck einiger in Lund in den späten 60er Jahren durchgeführter Untersuchungen war die Erforschung von Farbe in simulierten Situationen des täglichen Lebens. Am wichtigsten war es herauszufinden, wie die Wahrnehmung eines Raumes sich aufgrund seiner Farben verändert (Acking & Küller 1972). In verschiedenen Experimenten wurde die Zeichnung eines Wohnzimmers in Hinblick auf die Farbkomposition der Wände und Details der Einrichtung variiert. Einige der wichtigsten Resultate wurden dann in wirklichen Räumen untersucht. Die Farben wurden sehr sorgfältig gemäß dem schwedischen Farbsystem NCS beschrieben, und die Wahrnehmung der Umwelt als Ganzes wurde durch semantische Skalen, die eigens dafür entwickelt wurden, bewertet (Küller 1972). Die wichtigsten Resultate können wie folgt zusammengefaßt werden: Der Raum wurde als offener wahrgenommen, sobald die Helligkeit in den Details der Einrichtung oder an den Wänden zunahm. Der Raum schien auch offener zu sein, wenn die Farbintensität der Details zunahm (möglicherweise als Folge der Kontraststeigerung). Die Wahrnehmung der *visuellen Komplexität* war eng mit der Farbintensität verbunden. Mit starken Farben schien der Raum lebendiger zu werden. Was die soziale Bewertung anging, bestand eine negative Beziehung sowohl zu Helligkeit wie zur Farbintensität, dunkle und gedämpfte Farben machten einen kostbareren Eindruck als helle und klare Farben. Und was die Gemütlichkeit des Raumes betraf, so gab es keinen Hinweis auf eine allgemeine Farbpräferenzhierarchie, selbst wenn die Personen ziemlich genau darin übereinstimmten, was sie mögen und was nicht.

4. Sind Farben anregend?

Es wurde vermutet, daß Farben die Körperphysiologie beeinflussen könnten. Schon 1942 zeigte Goldstein einige interessante Verhaltensunterschiede, als er seine Vpn rot und grün kleidete. In roter Kleidung machten die Vpn einen „gestörten Eindruck". Die kleinsten motorischen Bewegungen wurden unpräziser, während Zeit, Größe und Gewicht unterschätzt wurden. Obwohl es nicht möglich war, Goldsteins Ergebnisse zu wiederholen (Nakshian 1964), konnten andere Forscher zeigen, daß rotes Licht belastender ist als blaues Licht, wenn es direkt ins Auge projiziert wird (Ali 1972). Im Institut für Umweltpsychologie haben wir eine Untersuchung darüber begonnen, ob die Farben eines Raumes mit physiologischen Reaktionen in Zusammenhang stehen. Man setzte die Vpn drei Stunden lang in zwei Räume. Der eine Raum war ganz grau und der andere sehr bunt; so unterschieden sie sich in der visuellen Komplexität, nicht aber in ihrer Gemütlichkeit. Subjektive Bewertungen in der ersten, zweiten und dritten Stunde zeigten, daß die Vpn generell einen Mangel an *emotionaler Kontrolle* in dem bunten Raum erlebten. Der chaotische visuelle Eindruck ließ sie still werden und sich unterdrückt fühlen. Außerdem war der *Alpha-Wellen-Anteil des EEGs* in dem bunten Raum wesentlich geringer als in dem grauen. Diese Reduktion des Alpha-Wellenanteils könnte man als *kortikale Erregung* erklären. (Das entspannte Gehirn produziert mehr Alpha-Wellen als das angespannte.) Auch der Herzschlag (EKG) der Vpn war in dem bunten Raum langsamer als in dem grauen. Das stimmt mit den Ergebnissen von Libby et al. (1973) überein, die zeigen, daß intensive Aufmerksamkeit von einer Verlangsamung der Herzfunktion begleitet sein kann. Bei introvertierten Menschen ist diese Verlangsamung offensichtlicher als bei extravertierten. So konnte also gezeigt werden, daß Farben und Aussehen eines Raumes sowohl einen starken physiologischen als auch emotionalen Einfluß haben können.

Die anregende Qualität von Farben könnte, wie von Morruzzi und Magoun (1949) und Lindsley (1951) dargelegt, in einer Aktivierung des retikulären Systems (RAS) beschrieben und verstanden werden. Da die Formatio reticularis eine Reglerstation für alle Stimulationsarten ist, muß man Farben immer zusammen mit anderen Stimulationsquellen sehen. Tatsächlich kann eine Farbe, ein Geräusch oder ein Geruch die genau gleiche anregende Qualität haben.

Schließlich stellt sich die Frage, ob verschiedene Farben unterschiedliche physiologische Wirkungen haben. Dies wurde vor kurzem in meinem Labor in Zusammenarbeit mit Byron Mikellides (Oxford Polytechnic) untersucht. In dieser Studie wurde der Laborraum halb rot, halb blau gestrichen, wobei viel Sorgfalt auf die Kontrolle von Helligkeit, Sättigung und allgemeiner Beleuchtung gelegt wurde. In der Mitte des Raumes standen mehrere Stühle, und durch Umsetzen konnten die Vpn entweder die rote oder die blaue Hälfte des Raumes betrachten. Sollte rot anregender als blau sein, würde dies durch die Reduktion des Alpha-Wellenanteils des EEG deutlich. Tatsächlich wurden weder Unterschiede in den Alpha-Wellen noch im Herzschlag festgestellt. Man sollte jedoch nicht auf der Grundlage einer einzigen Studie die Möglichkeit von sich weisen, daß verschiedene Farben unterschiedliche Auswirkungen auf das zentrale Nervensystem haben können. Im Frühjahr 1986 wurde eine modifizierte Untersuchung in natürlicher Umgebung und mit längerer Expositionszeit durchgeführt. Die Ergebnisse dieser Studie werden gerade analysiert (→ *Ergonomie;* → *Arbeitsumwelten;* → *Umweltästhetik*).

Literatur

Acking, C.A. & Küller, R. (1972). The perception of an interior as a function of its colour. Ergonomics 15, 6, 645-654.

Ali, M.R. (1972). Pattern of EEG recovery under photic stimulation by light of different colors. Electroenceph. Clinical Neuorphysiology 33, 332-335.

Erikson, C. & Küller, R. (1983). Non-visual effects of office lighting. Proceedings CIE 20th Session, Vol. 2 D602, 1-4.

Goldstein, K. (1942). Some experimental observations concerning the influence of colors on the function of the organism. Occupational Therapy and Rehabilitation 21, 147-151.

Hollwich, F. (1979). The influence of ocular light perception on metabolism in man and in animal. Berlin: Springer Verlag.

Hollwich, F., Dieckhues, B. & Schrameyer, B. (1977). Die Wirkung des natürlichen und künstlichen Lichtes über das Auge auf den Hormon- und Stoffwechselhaushalt des Menschen. Klin. Mbl. Augenheilk. 171, 98-104.

Küller, R. (1972). A semantic model for describing perceived environment. National Swedish Institute for Building Research, Stockholm. Document D12.

Küller, R. (1981). Non-visual effects of light and colour. Annotated bibliography. Swedish Council for Building Research, Stockholm. Document D15.

Küller, R. (1987). The effects of indoor lighting on well-being and the annual rhythm of hormones. Proceedings CIE 21st Session, Vol. 1, 601, 342-345.

Libby, W.L., Lacey, B.C., & Lacey, J.I. (1973). Pupillary and cardic activity during visual attention. Psychophysiology 10 (3), 270-294.

Lindsley, D.B. (1951). Emotion. In S.S. Stevens (Ed.), Handbook of experimental psychology. New York: Wiley.

Loomis, W.F. (1970). Rickets. Scientific American 223, 6, 76-91.

Lykken, K.B. (1982). Bidrar dagsljus vid utomhusvistelse till att motverka övre luftvägsinfektioner? In M. Küller (Red.), Icke-visuella effekter av optisk straöning. Sektionen för Arktitektur, Lunds Tekniska Högskola. Lund. Miljöpsykologiska Monografier Nr. 2.

Löfberg, H.A., Löfstedt, B., Nilsson, I., & Wyon, D.P. (1976) Combined temperature and lighting effects on the performance of repetitive tasks with different visual content. Paris: Publication CIE, No. 36, 450-455.

Morruzzi, G. & Magoun, H.W. (1949). Brain stem reticular formation and activation of the EEG. Electroenceph. Clinical Neurophysiology 1, 455-473.

Nakshian, J.S. (1964). The effects of red and green surroundings on behavior. Journal of General Psychology 70, 143-161.

Olesen, S., Ganger, P.O., Jensen, P.B., & Nielsen, O.J. (1973). Comfort limits for man exposed to asymmetric thermal radiation. Department of the Environment. Building Research Establishment. Her Majesty's Stationary Office. Procedure CIB Commission W45, 133-148.

Sigmund, R. (1956). Die Wirkung ultravioletter Strahlen auf die Reaktionszeit des Menschen. Strahlentherapie 101, 623-629.

Stone, P.T., Harker, S.D.P., Coley, W.Z., Ruff, H.R., & Jones, G. (1974). Light, endocrine mechanisms and stress. Department of Human Sciences, Loughborough. LUTERG Report No. 156.

Sugimoto, S. & Ikeda, I. (1983). Illuminance and physiological load. Proc. CIE 20th Session (Vol. 1) D310, 1-4.

Wetterberg, L. (1978). Melatonin in humans. Physiological and clinical studies. Journal of Neural Transmission, Suppl. 13, 289-310.

Wurtman, R.J. (1975). The effect of light on the human body. Scientific American 233, 1, 68-77.

Wyon, D., Andersen, I., & Lundqvist, G.R. (1979). The effects of moderate heat stress on mental performance. Scandinavian Journal of Work Environment & Health 5, 352-361.

Zamkova, M.A. & Krivitskaya, E.I. (1966). Effect of irradiation by ultraviolet erythema lamps on the working ability of school children. Gig. i Sanit. 31, 41-44.

Rikard Küller
Environmental Psychology Unit
der Universität Lund/Schweden
(aus dem Englischen übersetzt von Regina Simmes)

X. Umweltbelastung und ökologisches Handeln

Umweltbewußtsein: Einstellung und Verhalten

Der Begriff „Umweltbewußtsein" hat je nach Verwendungszusammenhang einen unterschiedlichen Bedeutungsumfang (vgl. Tabelle 1). Weit gefaßt ordnet man aus psychologischer Sicht dem Umweltbewußtsein folgende Komponenten zu: Umweltwissen, Umwelterleben und -betroffenheit, umweltbezogene Wertorientierungen und umweltrelevante Verhaltensintentionen und Verhaltensweisen (vgl. Fietkau & Kessel 1981, Eckensberger 1983). In diesem Beitrag werden die genannten Komponenten und ihre Interaktionen analysiert, es werden Gründe für fehlende Konsistenz aufgezeigt und Möglichkeiten zur Förderung umweltgerechten Verhaltens diskutiert.

Tabelle 1: Zum Bedeutungsumfang des Begriffs „Umweltbewußtsein"

	Umweltbewußtsein		
Umweltwissen			
Umwelterleben und -betroffenheit	eng gefaßt		
Umweltbezogene Wertorientierungen		mittlerer Bedeutungsumfang	
Umweltrelevante Verhaltensintentionen			weit gefaßt
Umweltrelevantes manifestes Verhalten			

1. Betroffenheit

Alltagssprachlich versteht man unter dem Umweltbewußtsein vor allem Befürchtungen, Unzufriedenheit und Betroffenheit angesichts der in den letzten Jahrzehnten sichtbar gewordenen und sich vergrößernden Umweltprobleme. Bei einer Einschätzung verschiedener Lebensbereiche, wie Gesundheit, Familienleben, soziale Sicherung, Beruf und Umwelt anhand von Kriterien wie Wichtigkeit und Zufriedenheit, erwies sich die Umwelt als derjenige von 22 Bereichen, der bei Bürgern der Bundesrepublik Deutschland Anlaß zur größten *Unzufriedenheit* gibt (Glatzer & Zapf 1984). Bei Umfragen wird Aussagen wie „Die Natur wird zu einem großen Teil vernichtet, und es wird für Menschen, Tiere und Pflanzen immer bedrohlicher, unter diesen Bedingungen weiterzuleben" zunehmend zugestimmt (IfD 1984).

Mit einer Reihe von belastenden Umweltfaktoren hat sich auch die deutschsprachige psychologische Forschung in den letzten Jahren befaßt. Dazu zählen neben anderem der → *Lärm* (Kastka 1981), → *Dichte* (Schultz-Gambard 1983), die Luftverschmutzung und ihre Konsequenzen (z.B. zur Reaktion des Menschen auf das Waldsterben: Tampe-Oloff 1985), die Wasserverschmutzung (Federer 1984), die allgemeine Ressourcenverknappung (z.B. Energie Bergius 1984, → *Energieverbrauch und Energiesparen;* → *Abfall*)

2. Umweltbewußtsein als Einstellung

Umweltbewußtsein kann auch als Einstellung verstanden werden. Nach Stapf (1982, S. 78) sind soziale Einstellungen „erlernte, relativ überdauernde Wahrnehmungsorientierungen und Reaktions- bzw. Handlungsbereitschaften; sie sind verhaltenswirksam und dabei explizit evaluativ, d.h. bewertend auf eine Klasse sozialer Objekte bezogen." Zurückgehend auf Rosenberg und Hovland (1960) werden bei einer Einstellung häufig drei Komponenten unterschieden, und zwar die kognitive, die affektive und die konative Komponente. Unter die kognitive Komponente fallen Wissen und rationale Bewertungen, zur affektiven Komponente zählt man Betroffenheit und evaluative Gefühlsäußerungen, und zur konativen Verhaltensintentionen und gelegentlich offenes Verhalten.

In der psychologischen Literatur zur Einstellung ist es allerdings üblich geworden, nur die Verhaltensabsicht als Teil einer Einstellung zu sehen, das Verhalten selbst auszuklammern und gerade den Bezug zwischen verbal geäußerter Einstellung und manifestem Verhalten zur zentralen Forschungsfrage zu machen.

Eckensberger (1976, 1983) nennt in seiner Beschreibung des Umweltbewußtseins neben dem Umweltwissen, dem Umwelterleben und dem Handlungsbezug als vierte Komponente normativ-wertende Umweltorientierungen (→ *Umwelt und Werte*). Bei zusätzlicher Berücksichtigung der Unterscheidung zwischen Verhaltensabsicht und offenem Verhalten ergibt sich eine psychologische Strukturierung des Umweltbewußtseins, wie sie beispielsweise der im folgenden berichteten kleinen Untersuchung von Federer (1984) zugrunde lag.

An dieser Studie zum Umweltbewußtsein zur Wasserverschmutzung durch Haushalte können die Beziehungen zwischen den verschiedenen Komponenten illustriert werden.

Mit Hilfe eines für diesen Zweck entwickelten Fragebogens wurden die folgenden vier Variablen erfaßt:

(a) umweltbezogene gesellschaftliche Wertvorstellungen, (b) Wissen über Wasserbelastung durch Haushalte, (c) Betroffenheit über den Stand der Gewässerbelastung, (d) Bereitschaft zu wasserschonendem Verhalten (Verhaltensabsicht) und (e) wasserschonendes Verhalten (als Verhaltensbericht).

Anhand der Daten einer relativ kleinen Stichprobe von 86 Versuchspersonen (Mitglieder von Umweltschutzorganisationen, Besucher von Umweltschutzveranstaltungen, Teilnehmer an Volkshochschulkursen und Personen einer Telefonzufallsstichprobe) ergibt sich folgendes interessantes Bild. Die beste einzelne Prä-

Tab. 2: Interkorrelation der Variablen „Umweltbezogene gesellschaftliche Wertvorstellungen", „Wissen über Wasserbelastung durch Haushalte", „Betroffenheit über Stand der Gewässerbelastung", „Bereitschaft zu wasserschonendem Verhalten" und „Wasserschonendes Verhalten" (Verhaltensbericht) der Studie von Federer (1984). Alle angegebenen Werte sind statistisch signifikant von Null verschieden.

	We	Wi	Be	Va	Vb
Werte	x				
Wissen	.32	x			
Betroffenheit	.50	.46	x		
Verhaltensabsicht	.43	.43	.61	x	
Verhaltensbericht	.33	.40	.42	.50	x

diktorvariable für das Verhalten ist, wie zu erwarten, die Verhaltensabsicht. Zwischen Verhaltensabsicht und Betroffenheit ist der korrelative Zusammenhang höher als mit jeder der anderen Variablen. Das Wissen korreliert am höchsten mit der Betroffenheit; dieselbe Aussage trifft für die Wertvorstellungen zu.

Selbstverständlich sind diese Ergebnisse nicht unbesehen auf andere inhaltliche Bereiche übertragbar. Auch ist bei inhaltlich weniger spezifizierten Variablen, bei Beobachtung des tatsächlichen Verhaltens statt einer Beschränkung auf einen Verhaltensbericht in einem Fragebogen und bei nicht gleichzeitiger Erhebung aller fünf Komponenten mit deutlich niedrigeren Korrelationen zu rechnen. Zwischen verbal geäußerter Einstellung und tatsächlichem Verhalten werden gerade im Umweltbereich häufig substantielle Diskrepanzen festgestellt. Dieser Frage ist der kommende Abschnitt gewidmet.

3. Inkonsistenz von Einstellung und Verhalten

Auch im Zusammenhang mit Umweltfragen wird nicht selten direkt von Einstellungserhebungen auf zukünftiges Alltagsverhalten geschlossen.

Stapf (1982, S. 100) hat diesen „Kurzschluß" ironisch mit der Formulierung kritisiert: „Sage mir, was du denkst, fühlst und möchtest, und ich sage dir, was du tun wirst." Aus der empirischen sozialpsychologischen Forschung ist seit langem bekannt, daß verbal geäußerte Einstellungen und Alltagsverhalten in der Regel zwar positiv, aber nur geringfügig korrelieren. „Taken as a whole these studies suggest that it is more likely that attitudes will be unrelated or only slightly related to overt behavior ..." (Wicker 1969, S. 65; vgl. auch Mummendey 1979). In einer klassischen Studie hat LaPière schon 1934 auf die fehlende Konsistenz von geäußerter Meinung über und dem konkreten Verhalten gegenüber Menschen anderer Hautfarbe hingewiesen.

Auch aus dem Umweltbereich gibt es eine Reihe von Beispielen für das Auseinanderklaffen von Einstellung und Verhalten. So ergab 1984 eine Umfrage von INFAS zur Bereitschaft zum Kauf eines Neuwagens mit Katalysator bei 48% der Befragten auf die folgende Frage eine positive Antwort: „Angenommen, Sie würden sich im Laufe des nächsten Jahres ein neues Auto kaufen. Würden Sie sich ein Auto mit Katalysator kaufen, auch wenn Sie die gesamten Mehrkosten selbst tragen müßten, oder würden Sie dann auf den Katalysator verzichten?" Tatsächlich lag der Kaufanteil von Katalysatorfahrzeugen im darauffolgenden Jahr nach Bereitstellung entsprechender Fahrzeugtypen durch die Mehrheit der Hersteller und Einführung flankierender Maßnahmen zum Kauf derartiger Fahrzeuge weit darunter. Aus demselben Grund darf die in Umfragen immer wieder signalisierte Bereitschaft der Bevölkerung, höhere Kosten für den Umweltschutz zu tragen, im Hinblick auf ihre Relevanz für das Verhalten selbst keineswegs überschätzt werden.

Was sind aber die Gründe für fehlende Konsistenz zwischen Einstellung und Verhalten?

a) Ein erster Grund können konkurrierende verhaltensrelevante Einstellungen sein. Liegen beispielsweise zu einem bestimmten Zeitpunkt bei einem Individuum Einstellungen vor, die in der betrachteten Situation unterschiedliche Verhaltensweisen nahelegen, so spielt die Frage eine zentrale Rolle, welches Gewicht die Person den einzelnen Einstellungen zumißt. Nach dem Kriterium der *Wichtigkeit* steht aber für den Bundesbürger der Umweltschutz keineswegs im Vordergrund (18. von insgesamt 22 möglichen Rangplätzen nach Glatzer & Zapf 1984). Zwar sind mit dem Umweltschutz viele Bürger unzufrieden, aber er zählt – nach ihrer eigenen Einschätzung – bisher nicht zu den zentralen Lebensbereichen. Vielleicht ergeben sich aber in diesem Punkt in den nächsten Jahren Veränderungen.

b) Ist Verhalten ungewohnt, ist die Wahrscheinlichkeit, daß es dennoch gemäß einer entsprechenden Einstellung gezeigt wird, relativ gering. Eine falsche Verhaltenssozialisation im Umgang mit der Umwelt, wie sie die Mehrzahl der heute erwachsenen Menschen erfahren hat, ist selbst bei einem Wandel der Einstellung zur Umwelt ein schwerwiegendes Hemmnis für umweltgerechtes Verhalten. Diese Inkonsistenz zwischen gewandeltem Umweltbewußtsein und gewohnheitsmäßigem, die Umwelt überforderndem Verhalten, ist ein zentrales Problem. Auf die Bedeutung von Gewohnheiten weist auch die Einstellungstheorie von Triandis (1975) hin, in der Verhalten als eine Funktion von Einstellungen, Normen, Gewohnheiten und Verstärkungserwartungen angesehen wird. Man kann in dieser Theorie deutlich die um sozialpsychologische Konstrukte angereicherte Hullsche Konzeption einer Lerntheorie sehen. In verschiedenen Untersuchungen erwies sich der Faktor der Gewohnheiten sogar als der beste Prädiktor für nachfolgendes Verhalten. Für diesen Zusammenhang spricht auch das umweltgerechtere Verhalten mancher unter ganz anderen Umständen aufgewachsener älterer Personen.

c) Ein wichtiger, eben angeführter Punkt für das Auftreten von Verhalten sind positive oder negative Verhaltensanreize. Der Umweltbereich ist weitgehend durch das Fehlen von positiven Verhaltensanreizen gekennzeichnet, wenn man von innerer Befriedigung oder sozialer Verstärkung durch Gleichgesinnte absieht. Individuelles umweltgerechtes Verhalten ist im allgemeinen mit Kosten (finanzieller und anderer Art) verbunden, es hat kaum einen für das Individuum sichtbaren positiven Effekt auf die Umwelt. Die soziale Umwelt nimmt von unserem Verhalten häufig nicht einmal Notiz.

d) In einzelnen Fällen ist Inkonsistenz zwischen Einstellung und Verhalten auch darauf zurückzuführen, daß das Individuum nicht über adäquate Verhaltensmöglichkeiten verfügt, sei es aufgrund fehlender individueller Kompetenz (z.B. Radfahren bei älteren Menschen), sei es weil entsprechende Verhaltensmöglichkeiten nicht angeboten werden (z.B. Wertmüllsammelstellen, öffentlicher Nahverkehr außerhalb von Ballungsgebieten in den Randzeiten, Tankstellen mit bleifreiem Benzin in manchen Ländern).

e) Es werden allgemeine Einstellungen erfragt und sehr spezifische Verhaltensweisen beobachtet. Man kann beispielsweise durchaus positiv zum Umweltschutz eingestellt sein und trotzdem angesichts der Läuse auf den Rosen am Balkon resignierend zur Giftspritze greifen.

Dem letzten Aspekt wird in dem bekannten Einstellungsmodell zur Verhaltensvorhersage von Fishbein und Ajzen (1975) Rechnung getragen. Der Verhaltensintention (verstanden als spezifische Verhaltensabsicht in einer genau festgelegten Situation) kommt die zentrale Rolle einer intervenierenden – dabei im allgemeinen durchaus empirisch erfaßbaren – Variablen zwischen Einstellung und Verhalten zu. Über sie wird auf das Verhalten selbst geschlossen. Zwei gewichtete Faktoren sollen nach diesem, vom üblichen Mehrkomponenten-Ansatz deutlich abweichenden Modell, das Auftreten einer Verhaltensabsicht determinieren: (a) die eigene Bewertung der entsprechenden Verhaltensweise und (b) eine subjektive Norm, in der zum Ausdruck kommt, was man glaubt, daß Personen, die einem nahestehen, meinen, man solle es in der entsprechenden Situation tun. Nehmen wir an, eine Frau fährt gerne schnell auf Autobahnen und ihre Mitfahrer drängen auf eine rasche Ankunft am Zielort. Trotz einer möglicherweise durchaus positiven allgemeinen Einstellung zum Umweltschutz und trotz – bei einer Fahrt durch eine Alpenregion – der absterbenden Bäume vor Augen, ist mit einer überhöhten Geschwindigkeit zu rechnen. Mit diesem Modell ist es möglich, die jeweilige Verhaltensintention relativ gut vorherzusagen und auch der Zusammenhang zwischen Verhaltensintention und gezeigtem Verhalten ist recht eng. Einschränkend ist auf die hohe Verhaltensspezifität aller der in dieses Modell eingehenden Variablen und damit zugleich auf die geringe Möglichkeit zur Verallgemeinerung der jeweiligen Vorhersage zu verweisen (Stapf 1982) (→ *Energieverbrauch und Energiesparen*).

Wir haben bisher Umweltbewußtsein als ein Konzept aufgefaßt, das hypothetisch in verschiedene Komponenten gegliedert werden kann, die quantitativ erfaßbar sind. Auf einem derartigen Ansatz beruhen auch Fragebogenverfahren zur Erfassung des Umweltbewußtseins, beispielsweise von Maloney und Ward (1973, vgl. auch Amelang et al. 1977) und Kley und Fietkau (1979). Analysiert man aus psychologischer Sicht die Umweltwahrnehmung eines Individuums, seine Bewertung von Umweltproblemen, das Entstehen von Handlungsabsichten und die Umsetzung in konkretes Verhalten, dann ist es aber unbefriedigend, bei der Erhebung von Korrelationen zwischen entsprechend definierten Variablen stehenzubleiben.

So hat schon die Diskussion von Gründen fehlender Konsistenz zwischen Einstellung und Verhalten eine andere Form der Beschreibung der ablaufenden Prozesse nahegelegt. Zur Erfassung der Reaktion des Menschen auf Umweltprobleme bietet sich eine Betrachtung an, die die interessierenden kognitiven und affektiven Vorgänge als Informationsverarbeitungsprozeß versteht, der der Handlungsregulation dient (vgl. Dörner et al. 1983, Heckhausen & Kuhl 1985, → *Ökologisches Denken und Problemlösen*). Auch wenn es nicht möglich ist, hier im Detail auf diese Forschungsrichtung einzugehen, soll doch der nächste und letzte Punkt, der Fragen der Veränderbarkeit des Umweltbewußtseins gewidmet ist, teilweise unter dieser Perspektive betrachtet werden.

4. Gezielte Veränderung des Umweltbewußtseins

Fietkau und Kessel haben 1981 eine Buchpublikation vorgelegt, die unter dem Titel „Umweltlernen" Veränderungsmöglichkeiten des Umweltbewußtseins aufzeigt (vgl. auch Fietkau 1984). Interessant ist, wie wenig darüber bekannt ist, welchen Einfluß Schule, Elternhaus, Massenmedien usw. auf das Umweltbewußtsein haben (vgl. aber Braun 1983, Langeheine & Lehmann 1985).

Wenn wir Umwelthandeln als Ergebnis eines Informationsverarbeitungsprozesses in einem spezifischen situativen Kontext verstehen, müssen wir dem diesbezüglichen Wissen und Denken des Menschen besonderes Augenmerk schenken. Im deutschsprachigen Bereich liegen hierzu beispielsweise Ergebnisse von Dörner und Mitarbeitern vor, die sich ausführlich mit der Frage befaßt haben, wie Menschen Probleme bewältigen, die sich dann ergeben, wenn sie die Entwicklung dynamischer, komplexer Systeme mit vielen vernetzten Variablen bei Beachtung unterschiedlicher und miteinander in Konflikt stehender Zielsetzungen beeinflussen sollen (Dörner et al. 1983). Direkt einschlägig ist auch eine Studie zu einem Planspiel, in dem die Versuchspersonen die Aufgabe hatten, die Umweltbedingungen für einen afrikanischen Volksstamm zu verbessern (Dörner 1975). In Untersuchungen zum Verständnis von Laien für die Abläufe in einem Ökosystem konnte gezeigt werden, wie schwierig es für den Menschen ist, die Zusammenhänge zu verstehen und korrekte Prognosen über zukünftige Entwicklungen abzugeben (Opwis & Spada 1985). Von besonderem Interesse sind in diesem Zusammenhang auch Studien, in denen die individuelle Nutzung des „Gemeinguts" Umwelt und die damit einhergehenden Probleme zum Untersuchungsgegenstand gemacht werden (Spada & Opwis 1985, Spada et al. 1985). Wir haben im Zusammenhang mit derartigen Situationen den Ausdruck „Allmende-Klemme" geprägt. In diesen Studien wird deutlich, wie sehr ein umweltgerechtes und sozial verträgliches Verhalten vom ökologischen und sozialen Wissen des Menschen, von bestimmten Wertorientierungen und vom Verhalten der Konkurrenten um das Umweltgut abhängt.

Vielfach wurde in den letzten Jahren angeregt, nicht nur das allgemeine Umweltbewußtsein durch Maßnahmen der → *Umwelterziehung* zu fördern, sondern spezifische, direkt verhaltensrelevante Informationen zu geben. Ein Beispiel einer derartigen Maßnahme wäre die umweltbezogene Kennzeichnung von Gütern, also Informationen für den Verbraucher über Art und Ausmaß der Umweltbelastung durch einzelne Produkte (Tampe-Oloff 1985). Einen ersten Schritt in diese Richtung stellt das vom Umweltbundesamt vergebene sogenannte Umweltzeichen für besonders umweltfreundliche Produkte dar.

Zur Förderung eines umweltgerechten Verhaltens und zur Einschränkung eines die Umwelt überfordernden Verhaltens sind aber vielfältige, auch das Verhalten direkt betreffende Maßnahmen erforderlich. Berücksichtigt man die Resistenz gewohnter Verhaltensweisen, wird deutlich, daß zur Förderung neuer Verhaltensweisen massive Verhaltensanreize und zur Hemmung unerwünschten Verhaltens glaubwürdige Sanktionen erforderlich sind. Olson (1965) hat darauf hingewiesen, wie wichtig Maßnahmen sind, die einerseits dem einzelnen die Konsequenzen des eigenen Verhaltens sichtbar machen, und andererseits die Kontrolle dieses Verhaltens durch andere ermöglichen. Auf die Bedeutung des Sichtbarmachens von Verhaltenskonsequenzen und die Herstellung von Öffentlichkeit in möglichst überschaubaren Gruppen wird auch in der sozialpsychologischen Literatur zu experimentellen Konfliktspielen immer wieder hingewiesen, wenn es um die Förderung kooperativen Verhaltens geht.

Dies macht zugleich die soziale und gesellschaftspolitische Dimension von Ansätzen zur Veränderung des Umweltbewußtseins deutlich. Die Einbettung eigenen Verhaltens in die Normen einer Gruppe wird in beiden in diesem Beitrag positiv herausgehobenen Einstellungstheorien (Fishbein & Ajzen 1975, Triandis 1975) betont. Nicht zuletzt zeigen verschiedene Untersuchungen zum Verhalten von Personen in sozialen Umweltdilemma-Situationen, daß eine wichtige Voraussetzung für umweltgerechtes Verhalten von Personen das Vertrauen darauf ist, daß auch die anderen Personen analog handeln (Spada et al. 1985). Eine Kaufentscheidung für ein schadstoffarmes Auto ist dann um so wahrscheinlicher, wenn die Erwartung besteht, daß auch andere Personen dieselbe Entscheidung fällen. Erst durch das Handeln vieler sind positive Konsequenzen erreichbar, werden eventuelle Kosten auf einen größeren Personenkreis verteilt bzw. überhaupt gesenkt und entwickeln sich Normen, die das gewünschte Verhalten zu einem häufigen und damit gewohnten Verhalten machen (→ *Lebensqualität;* → *Partizipation und Protest;* → *Umwelt und Werte*).

Literatur

Amelang, M., Tepe, K., Vagt, G. & Wendt, W. (1977). Mitteilung über einige Schritte der Entwicklung einer Skala zum Umweltbewußtsein. Diagnostica 32, 86-88.

Bergius, R. (1984). Sozialwissenschaftliche Forschungen zum Energieproblem der Wirtschaft. Psychologische Rundschau 35, Heft 4, 185-197.

Braun, A. (1983). Umwelterziehung zwischen Anspruch und Wirklichkeit. Frankfurt: Haag und Herchen.

Dawes, R.M. (1980). Social dilemmas. Annual Review of Psychology 31, 169-193.

Dörner, D. (1975). Wie Menschen eine Welt verbessern wollten ... und sie dabei zerstörten. Bild der Wissenschaft 3, 48-53.

Dörner, D., Kreuzig, W., Reither, F. & Stäudel, Th. (Hg.) (1983). Lohhausen. Vom Umgang mit Unbestimmtheit und Komplexität. Bern: Huber.

Eckensberger, L.H. (1976). Der Beitrag der kulturvergleichenden Forschung zur Fragestellung der Umweltpsychologie. In G. Kaminski (Hg.), Umweltpsychologie (S. 73-98). Stuttgart: Klett.

Eckensberger, L.H. (1983). Antrag auf Gewährung einer Sachbeihilfe im Schwerpunkt „Psychologische Ökologie" an die Deutsche Forschungsgemeinschaft. Saarbrücken: Fachrichtung Psychologie, unveröffentlicht.

Federer, R. (1984). Umweltbewußtsein im Bereich Wasser und Gewässerschutz. Unveröffentlichte Diplomarbeit. Freiburg: Psychologisches Institut.

Fietkau, H.J. (1984). Bedingungen ökologischen Handelns. Weinheim: Beltz.

Fietkau, H.J. & Kessel, H. (Hg.) (1981). Umweltlernen. Königstein: Hain.

Fishbein, M. & Ajzen, I. (1975). Belief, attitude, intention, and behavior: An introduction to theory and research. Reading: Addison-Wesley.

Glatzer, W. & Zapf, W. (1984). Lebensqualität in der Bundesrepublik. Objektive Lebensbedingungen und subjektives Wohlbefinden. Frankfurt: Campus.

Heckhausen, H. & Kuhl, J. (1985). From wishes to action: The dead ends and short cuts on the long way to action. In M. Frese & J. Sabini (Eds.), Goal-directed behavior. Psychological theory and research on action. Hillsdale: Erlbaum.

Institut für Demoskopie (IfD) (1984). Wirtschaft und Umweltschutz. Allensbach.

INFAS (1984). Zwei Drittel für den Katalysator. Pressemitteilung Nr. 10 (0019/13867).

Kastka, J. (1981). Psychologische Indikatoren der Verkehrslärmbelästigung. In A. Schick (Hg.), Akustik zwischen Physik und Psychologie (S. 68-86). Stuttgart: Klett-Cotta.

Kley, J. & Fietkau, H.J. (1979). Verhaltenswirksame Variablen des Umweltbewußtseins. Psychologie und Praxis 1, 13-23.

Langeheine, R. & Lehmann, J. (1985). Ursachen des Umweltbewußtseins. In D. Albert (Hg.), Bericht über den 34. Kongreß der Deutschen Gesellschaft für Psychologie in Wien 1984. Band 1: Grundlagenforschung (S. 507). Göttingen: Hogrefe.

LaPière, R.T. (1934). Attitudes vs. actions. Social Forces 13, 230-237.

Maloney, M.P. & Ward, M.O. (1973). Ecology: Let's hear from the people. An objective scale for the measurement of ecological attitudes and knowledge. American Psychologist 28, 583-586.

Mummendey, A. (1979). Zum gegenwärtigen Stand der Erforschung der Einstellungs-Verhaltens-Konsistenz. In H.-D. Mummendey (Hg.), Einstellung und Verhalten (S. 13-30). Bern: Huber.

Olson, M. (1965). The logic of collective action. Cambridge, MA: Harvard University Press.

Opwis, K. & Spada, H. (1985). Erwerb und Anwendung von Wissen über ökologische Systeme. In D. Albert (Hg.), Bericht über den 34. Kongreß der Deutschen Gesellschaft für Psychologie in Wien 1984. Band 1: Grundlagenforschung (S. 258-260). Göttingen: Hogrefe.

Rosenberg, M.J. & Hovland, C.I. (1960). Cognitive, affective, and behavioral components of attitudes. In M.J. Rosenberg, C.I. Hovland, W.J. McGuire, R.P. Abelson, & J.W. Brehm (Eds.), Attitude organization and change (pp. 1-14). New Haven: Yale University Press.

Schultz-Gambard, J. (1983). Crowding: Dichte und Enge als Gegenstand angewandter sozialpsychologischer Forschung. In J. Haisch (Hg.), Angewandte Sozialpsychologie (S. 171-193). Bern: Huber.

Spada, H. & Opwis, K. (1985). Ökologisches Handeln im Konflikt: Die Allmende-Klemme. In P. Day, U. Fuhrer & U. Laucken (Hg.), Umwelt und Handeln (S. 63-85). Tübingen: Attempto.

Spada, H., Opwis, K. & Donnen, J. (1985). Die Allmende-Klemme: Ein umweltpsychologisches soziales Dilemma. Forschungsbericht Nr. 22 des Psychologischen Instituts der Universität Freiburg.

Stapf, K.H. (1982). Einstellungsmessungen und Verhaltensprognose. Kritische Erörterung einer aktuellen sozialwissenschaftlichen Thematik. In H. Stachowiak, T. Ellwein & K.H. Stapf (Hg.), Bedürfnisse, Werte und Normen im Wandel. Band II: Methoden und Analysen (S. 73-130). München: Fink.

Tampe-Oloff, M. (1985). Zur Komplexität als Hindernis problemorientierter Reaktion auf das Waldsterben. Unveröffentlichte Dissertation. Universität Freiburg.

Triandis, H.D. (1975). Einstellungen und Einstellungsänderungen. Weinheim: Beltz.

Wicker, A.W. (1969). Attitudes versus actions: The relationship of verbal and overt behavior responses to attitude objects. Journal of Social Issues 25, 41-78.

Hans Spada
Psychologisches Institut
der Universität Freiburg

Umwelt und Werte

1. Wert-Krise

Die gegenwärtige ökologische Krise spiegelt zugleich eine kulturelle Krise wider. Die unsere kulturelle Tradition charakterisierenden Denk-, Bewertungs- und Handlungs-Strategien versagen offensichtlich in zunehmendem Maße gegenüber einer Welt, die nicht länger als scheinbar unerschöpfliche Ressource zur Verfügung steht (vgl. auch Proshansky 1983). Damit wird ökologisch verantwortliches Handeln in allen Bereichen zur wesentlichen Aufgabe. „Ökologisch verantwortliches Handeln" meint, daß bei allen in die Umwelt eingreifenden Handlungen neben den individuellen, sozialen und gesellschaftlichen Folgen zugleich deren Auswirkungen auf die „natürlichen" Lebensbedingungen mit ins Kalkül gezogen werden müssen – einschließlich ihrer Rückwirkungen auf die „mitmenschliche" und „kulturelle" Umwelt (diese Unterscheidung traf bereits Hellpach 1924) (→ *Umweltbewußtsein*).

Einer aktiven Umsetzung der inzwischen allgegenwärtigen Einsicht in die Notwendigkeit ökologisch verantwortlichen Handelns stehen heute jedoch noch gravierende Hindernisse entgegen. Eine dieser Barrieren beruht auf der Diskrepanz zwischen kulturell tradierten Werten und Werthaltungen und solchen Werten und Werthaltungen, aus denen ökologisch verantwortliches Handeln erst verbindlich abgeleitet, begründet und durchgesetzt werden kann. Die ökologische Krise führte zugleich in eine „Wert-Krise", die seit längerem etwa in der Ökonomie (so bei Immler 1989), der Ethik (u.a. Jonas 1979), der Soziologie (u.a. Klages 1984), aber nicht zuletzt auch in der Psychologie Gegenstand kritischer Diskussionen geworden ist. Im folgenden beziehen wir uns auf einige ausgewählte psychologische Arbeiten, die aus unterschiedlichen Perspektiven und mit unterschiedlichen Fragestellungen „Werte" im Kontext von „Umweltproblemen" thematisieren.

2. „Wert" und „Werthaltung"

Wir sehen uns beim gegenwärtigen Stand der Literatur zur Wertproblematik außerstande, für die weitere Argumentation auf einen konsensfähigen Wertbegriff zurückgreifen zu können (siehe dazu insbesondere den kritischen Literaturüberblick von Graumann & Willig 1983). Daher beschränken wir uns auf solche Komponenten von „Wert" und „Werthaltung", die – aus unserer Sicht – zu einer Aufhellung ihrer handlungsleitenden Funktionen beizutragen vermögen.

(1) „Werte" stellen zunächst Aspekte einer sozial geteilten Konstruktion von Wirklichkeit dar, die – sprachlich vermittelt oder gar erst konstituiert (vgl. Graumann & Willig, a.a.O. oder Lenk 1975) – als Begründungen, Rechtfertigungen oder Bewertungsgrundlagen von Ereignissen und Handlungen in der sprachlichen

Kommunikation einer Gruppe, Gesellschaft oder Kultur verwendet werden. Sie beziehen sich auf mehr oder weniger verbindlich Wünschenswertes oder Gefordertes. Das, was der einzelne wünscht oder für erforderlich hält, muß im Zweifelsfall vor dem Hintergrund der „Werte" gerechtfertigt werden können.

(2) Indem der einzelne die gesellschaftlich konstituierten Werte in individuelle „Richtgrößen" transformiert, schreiben wir ihm eine „Werthaltung" zu, ein individuelles Wertsystem, das seine Deutungen und Bewertungen von Ereignissen sowie seine Entscheidungen und Handlungen mit den Interpretationen und Handlungen der anderen vergleichbar und bewertbar macht – für ihn selbst und für die anderen.

(3) „Werte" und „Werthaltungen" können nur dann motivierend und handlungsrelevant werden, wenn mit ihrer Bewußtwerdung zugleich affektive, emotionale Prozesse aktiviert werden, die von der Person als eine „vitale", in der Unmittelbarkeit ihres Erlebens präsente Bedrohung, Bestätigung oder Erhöhung ihrer Selbstwertschätzung oder ihres Selbstwertgefühls erfahren wird. Der Grad an *affektiver Signifikanz* entscheidet somit über die Handlungsrelevanz eines Wertes (vgl. dazu auch Jones & Gerard 1967, S. 159 oder Witte 1989, S. 405).

(4) Die „Wertigkeit", die wir einer Sache, einem Ereignis oder Personen beimessen, liegt daher nicht in der „Natur" der Dinge selbst oder in der bewertenden „Person" ($\rightarrow$ *Raum und Bewegung*). „Vielmehr konstituieren sich Valenzen aus der Interaktion von (objektiv bestimmt gearteten) Personen, die Ziele haben, mit (objektiv bestimmt gearteten) Umwelten, die diese Ziele sind oder zu ihnen führen." (Graumann & Willig, a.a.O., S. 320). „Werthaftigkeit" stellt demnach ein *interaktionales Konstrukt* dar. Diese Wertigkeit von Dingen erfährt die Person als „Aufforderungscharaktere" (Lewin 1926) oder „Anreize" (Heckhausen 1989) zu einem bestimmten, auf die werthaften Dinge bezogenen Tun.

(5) Individuelle Werthaltungen tragen in hohem Maße zu einer Interpretation der Umwelt als hinreichend kohärent und geordnet bei (Sampson 1985), indem sie aus der Perspektive der Person zur Reduktion von Unbestimmtheit beitragen (vgl. Dörner 1985) und diese zugleich in den sozialen Kontext einbinden. Individuelle Werthaltungen erfüllen damit Anpassungs-, Identitätswahrungs-, Bewertungs-, Orientierungs- und Selbstdarstellungsfunktionen im Vollzug individueller Handlungen (siehe Witte, a.a.O., S. 405).

3. Umweltbezogene Werte als Komponenten individueller Wert-Systeme

Individuelle Werthaltungen gegenüber der natürlichen Umwelt werden durchweg als Teilaspekte des umfassenden Wertsystems einer Person aufgefaßt. So konnten etwa Fietkau, Hassebrauck und Watts (1981), Fietkau, Kessel und Tischler (1982) in einer international vergleichenden Untersuchung zeigen, daß die von Inglehart (1977) postulierten „postmaterialistischen" oder „materialistischen" Wertorientierungen mit unmittelbar umweltbezogenen Wertorientierungen korrespondieren.

Personen, die der Erhaltung der Natur sowie dem Umweltschutz einen hohen Wert beimessen, halten gleichzeitig eine an menschlichen (und nicht primär wirtschaftlichen) Bedürfnissen orientierte Arbeit, politische Partizipation, eine Gesellschaft, die die Menschen hauptsächlich nach ihren menschlichen Qualitäten (und nicht ausschließlich nach ihren Leistungen) beurteilt und eine Gesellschaft, die versucht, Wohlstand nicht um den Preis hoher Risiken zu schaffen, für erstrebenswerte gesellschaftliche Zielvorstellungen. Personen, die sich in der Umweltbewegung engagieren, sind weniger positiv gegenüber Wissenschaft und technischem Fortschritt eingestellt und sind eher bereit, Mensch und Natur als Einheit anzusehen und Grenzen des Wachstums zu akzeptieren (Fietkau 1984, S.103). Auch nach Handley und Watts (1981) oder Bürklin (1982) – neben vielen anderen Autoren – dominieren bei diesen Personen postmaterielle Werte. Sie sorgen sich auch in erheblich stärkerem Maße um die Zukunft der Umwelt. „Verantwortung der lebenden Generation für das Leben der zukünftigen Generation" steht, so vermutet Bergius (1984), an der Spitze der Werthierarchie umweltbewußter Personen, zu der, als untergeordnete Werte, u.a. auch „Ressourcenschonung" und „Umweltschutz" gehören (vgl. dazu auch Kaplan & Kaplan 1982) (→ *Energieverbrauch und Energiesparen*).

In welchem Maße der Stellenwert und die „Semantik" von umweltbezogenen Werten, wie Natur-Erhaltung, „naturnahe Lebensführung", Umweltschutz von ihren Beziehungen zu anderen Werten eines individuellen Wertsystems bestimmt werden, zeigen die Ergebnisse einer Sinus-Studie (1981). Dort konnte eine spezifische rechtsgerichtete „Öko-Ideologie" nachgewiesen werden, die die „bekannte Blut-und-Boden-Romantik des Nationalsozialismus mit modernem Umweltschutz-Impetus verbindet" (Sinus-Studie 1981, S. 74). Es werden „regressive Öko-Leitbilder" junger Nationaldemokraten, aber auch anderer Gruppierungen, selbst von militanten Neonazis, aufgedeckt.

Diese Interdependenz von Stellenwert und Semantik von Umwelt-Werten und anderen individuellen Werten verweisen eindringlich auf den „interaktionalen" Charakter von individuellen Wertigkeits-Zuschreibungen. Die Konzeption von Umwelt-„Wertigkeit" als interaktionales Konstrukt liegt auch Arbeiten zur „Orts-Identität" zugrunde (siehe dazu Korpela 1989, Proshansky, Fabian & Kaminoff 1983 oder auch Schneider i. Vorb.). In der Arbeit von Korpela (1989) werden u.a. folgende Wert- und Bedürfnis-Aspekte thematisiert: „Sich wohlfühlen", „Vertrautheit", „Zugehörigkeit", „Freiheit von externen Zwängen" sowie „Handlungskontrolle". In dem Maße, in dem eine konkrete Umwelt als „Garant" für eine Realisierung solcher Werte und Bedürfnisse gilt, gewinnt diese Umwelt eine hohe positive Wertigkeit für die Person.

Dazu stehen allerdings – angesichts der gegenwärtigen, umfassenden ökologischen Krise – die Chancen nicht zum Besten. Die ökologische Krise verweist auch auf einen progressiven Verlust von gewohnter Handlungs- und Prognose-Kompetenz und Überschaubarkeit (siehe dazu auch Fietkau 1984, S. 25) in und gegenüber einer Umwelt, für dessen Steuerung adäquate Wissensbestände und Handlungs-Strategien nur rudimentär bereitstehen.

4. Zur Handlungsrelevanz umweltbezogener Werthaltungen

Auch eine hohe Zentralität umweltbezogener Werte bietet noch keine Gewähr für umweltverantwortliches Handeln. Solange die Person nicht *weiß*, in welcher Weise sie ihre umweltbezogenen Werte in konkrete Ziele überführen und mit welchen Handlungen sie diese Ziele erreichen kann, sind nur geringe Korrespondenzen zwischen Werthaltung und Handlung zu erwarten. Neben dem notwendigen Handlungswissen müssen infrastrukturelle Verhaltensangebote in ihrer Umgebung vorhanden sein (wie Glas- und Altpapiercontainer, energiesparende Technologien, soziale Gruppierungen, denen sie sich anschließen kann, etc.), damit sie ihre Handlungbereitschaften auch in die Tat umsetzen kann (vgl. dazu u.a. die Zusammenfassung von Fietkau 1984, S. 110) (→ *Energieverbrauch und Energiesparen*).

Aber auch dann, wenn umweltrelevantes Handlungswissen und infrastrukturelle Verhaltensangebote gegeben sind, ist noch keineswegs ökologisch verantwortliches Handeln gewährleistet.

Zahlreiche Studien zu diesem Themenbereich gehen der Frage nach, unter welchen externen und internen Bedingungen umweltbezogene Werte in die individuelle Handlungsregulation hineinwirken. Die Heterogenität ihrer theoretischen Einbettung und empirischen Zugangsweisen erschweren eine zusammenfassende Darstellung der Resultate. Nur selten werden *Prozeß-Analysen* umweltbezogener Handlungen und Entscheidungen vorgenommen (so in den Untersuchungen von Spada, Bayen, Donnen, Ernst, Gutmann, Opwis & Schwierch 1988 oder bei Lantermann, Döring-Seipel, Krahner & Schima 1990).

Die Regel bilden *Rekonstruktionen* von Prozessen, Beweggründen und Bedingungen ökologisch verantwortlicher Handlungen, sei es über die Provozierung verbaler Begründungs-Argumentationen (wie bei Sieloff, Schirk, Kasper, Nieder & Eckensberger 1988, Kasper 1988) oder primär über statistische Analysen individueller Urteile (s. Langeheine & Lehmann 1986, Seligman, Kriss, Darley, Facio, Becker & Pryor 1979 oder Weigel & Newman 1976).

(a) Indem in solchen Untersuchungen oftmals *unmittelbar* nach normativen, moralischen und Wert-Aspekten im Kontext umweltorientierter Handlungen gefragt wird, bleibt unklar, unter welchen Voraussetzungen eine Person in ihrer Handlungsplanung überhaupt explizit, bewußt, auf Werte rekurriert. Es wird etwas a priori unterstellt, was zunächst ein *empirisches* Problem darstellt. Allgemein ist zu vermuten, daß „Werte" vorwiegend in „unbestimmten" und weniger in „bestimmten", klar definierten Situationen zum Gegenstand kognitiv-emotionaler Regulationsvorgänge werden. In Situationen, in denen Handlungsroutinen nicht mehr greifen, Störungen auftreten, man nicht mehr weiß, was zu tun ist und welche Folgen Handlungen nach sich ziehen, in denen intensive Entscheidungs-Konflikte und Problematisierung von Wissen und Handlungen auftreten, werden Reflexionen über Bedingungen und Folgen eigener Handlungen wahrscheinlich (vgl. Dörner 1985) – und damit auch eine Einbeziehung von Werthaltungen in die Handlungsplanung.

Daß aber selbst eine bewußte Verarbeitung umweltbezogener Wertkonflikte nicht notwendigerweise in entsprechende umweltverantwortliche Handlungen mündet, belegen Sieloff, Schirk, Kasper, Nieder & Eckensberger 1988 und Kasper 1988. Danach entscheidet die Art der *Bewältigung emotionaler Belastungen*, die bei einem kognizierten Umwelt-Wert-Konflikt auftreten, wesentlich mit darüber, ob und wie „Werterwägungen" zu handlungsleitenden und -begründenden Komponenten in der Auseinandersetzung mit Umweltkonflikten werden (→ *Umweltstreß*).

(b) Andererseits wirken „Werte" aber nicht nur dann in die Organisation umweltbezogener Handlungen hinein, wenn sie als „bewußte" Informationen verarbeitet werden. Prozeßanalysen von Spada (a.a.O.) oder von Lantermann et al. (a.a.O.) verweisen auf Auswirkungen umweltbezogener Werthaltungen auf Entscheidungen und Handlungen auch dann, wenn jene *nicht bewußt* werden. Implizit bleibende Werthaltungen beeinflussen Informationssuch- und Verarbeitungsprozesse, führen zu Bevorzugungen spezifischer Informationen, tragen zu einer Bewertung des Erfolgs und des Nutzens eigener Handlungen und deren Folgen bei und wirken auf die Ausdehnung der Zeitperspektive ein. Individuelle Werthaltungen, auch wenn sie implizit bleiben, tragen zur Interpretation einer Situation etwa als konfliktgeladen bei und korrespondieren unter bestimmten Bedingungen mit intensiven emotionalen Prozessen, welche die weitere Handlungsregulation beeinflussen (vgl. die vorangestellte Explikation des Wert-Konstrukts). Umweltorientierte Handlungen setzen somit nicht zwingend auch ein entsprechendes „Umwelt*bewußtsein* voraus, das eine bewußte Verarbeitung von Wert-Umwelt-Konflikten impliziert (→ *Umweltbewußtsein*).

(c) Eine weitere Größe, die zwischen „Werthaltung" und umweltorientiertem Handeln vermittelt, ist die „affektive Signifikanz" umweltbezogener Werte, der Grad, mit dem eine Verarbeitung von Wert-Kognitionen mit intensiven, selbstwertbezogenen Emotionen korrespondiert (siehe oben). In dem Maße, in dem Wert-Repräsentationen (als sprachlich oder über andere Modalitäten vermittelte Symbole) zu einer Komponente unmittelbarer, „erlebter" Auseinandersetzungen mit spezifischen Umwelten werden und damit zu Komponenten entsprechender Gefühls-Repräsentationen (Gefühlsschemata), „fühlt" sich eine Person auch bei ihren Entscheidungen und Handlungen diesen affektiv signifikanten Werten verpflichtet. Diese Auffassung findet sich in den meisten Untersuchungen zum „Umweltlernen" wieder (→ *Umwelterziehung*), die die Notwendigkeit unmittelbarer Anschauungen, eines „learning by doing" als geeignetes Mittel zur Erhöhung des „Umweltbewußtseins" betonen (Fietkau & Kessel, 1981).

Nach Graumann und Willig (a.a.O., S. 354) ist es ein Verdienst der Selbstkontrollforschung, „mit Erfolg darauf aufmerksam gemacht zu haben, daß Werte nur dann motivierend und regulierend handlungsrelevant werden können, wenn sie in einer konkreten, bewußt erfahrenen Situation in konkretisierter Weise symbolisch präsent sind."

Reither (1985) hat allerdings auf eine u.E. bedeutsame Einschränkung hingewiesen: In Situationen, die in *besonderem Maße* als bedrohlich und dramatisch empfunden werden, zeigten sich in seiner Untersuchung – wie im übrigen auch in einer noch laufenden Studie der Autoren – gehäuft Diskrepanzen zwischen „Werthaltung" und getroffenen (umweltrelevanten) Entscheidungen. Wir vermuten, daß unter solchen Bedingungen die Handlungsregulation unter die Kontrolle emotionaler Steuerungsprozesse gerät, deren Funktion primär in einer raschen, momentanen, nur das „Hier und Jetzt" berücksichtigenden Wiederherstellung der Handlungs- und Funktionsfähigkeit der Person besteht – auch um den Preis einer Verletzung ansonsten subjektiv bedeutsamer umweltbezogener Werte (→ *Ökologisches Denken und Problemlösen*).

5. Einige Schlußbemerkungen

Die ökologische Krise hat zugleich das Bewußtsein darüber geschärft, daß wir dringend neuer Wertorientierungen bedürfen, eines umfassenden Systemwissens, einer neuen Ethik, die auch räumliche und zeitliche Fernwirkungen unserer Eingriffe in die Umwelt in unsere Verantwortung zurückzuführen erlaubt (Jonas 1979). Erfolgreiche Steuerung komplexer, dynamischer Systeme erfordert jedoch, wie wir meinen, gleichfalls eine veränderte *Haltung* gegenüber unseren Wert*haltungen*. Erfolgreiche Systemsteuerung setzt die simultane Beachtung einer Vielzahl von Parametern voraus, deren Interdependenzen und Dynamiken nur partiell faßbar sind. Jedes Bemühen um eine einseitige Maximierung einzelner Parameter führt rasch zum Zusammenbruch des Gesamtsystems. Wer etwa die „unberührte Natur" zur obersten Maxime seiner Handlungen erklärt, nimmt damit in letzter Konsequenz den physischen Tod einer Vielzahl von Menschen in Kauf. Wer „Naturschutz" verabsolutiert, beschwört eine ökonomische Katastrophe herauf. Anstelle einer Strategie der *einseitigen Wert-Maximierung* wäre eine Strategie der *Wert-Balancierung* angemessen, die allerdings ein hohes Maß an Frustrations- und Ambiguitäts-Toleranz sowie eine hohe Bereitschaft zu Kompromissen voraussetzt. Es wäre bedauerlich, wenn die drohende ökologische Katastrophe nur deshalb nicht abgewendet werden könnte, weil wir zwar über das „richtige" Wissen, die „richtigen" Techniken und die „richtigen" Werte verfügten, aber weiterhin an einer Haltung gegenüber unseren Werten festhielten, die – neben anderem – die ökologische Krise herbeigeführt hat.

Literatur

Bergius, R. (1984). Psychologische Paradigmen und theoretische Ansätze in Forschungen zum Energiesparverhalten und zur Energiepolitik. Psychologische Beiträge, 26, 167-184.
Bürklin, W. (1982). Die Grünen und die „Neue Politik". Politische Vierteljahresschrift, 22, 357-382.
Dörner, D. (1985). Informationsverarbeitung. In T. Herrmann & E.-D. Lantermann (Hg.), Persönlichkeitspsychologie. Ein Handbuch in Schlüsselbegriffen (S. 371-379). München: Psychologie Verlags Union.

Dörner, D. (1985). Verhalten, Denken, Emotionen. In L.H. Eckensberger & E.-D. Lantermann (Hg.), Emotion und Reflexivität (S. 157-181). München: Urban & Schwarzenberg.

Fietkau, H.-J. (1984). Bedingungen ökologischen Handelns. Weinheim: Beltz.

Fietkau, H.-J. & Kessel, H. (1981). Umweltlernen. Königstein/ Taunus: Athenäum.

Fietkau, H.-J., Hassebrauck, M. & Watts, N. (1981). Der internationale Fragebogen: Ein Instrumentarium zur Erfassung umweltbezogener Werte. Berlin: Internationales Institut für Umwelt und Gesellschaft.

Fietkau, H.-J., Kessel, H. & Tischler, W. (1982). Umwelt im Spiegel der öffentlichen Meinung. Frankfurt: Campus.

Graumann, C.F. & Willig, R. (1983). Wert, Wertung, Werthaltung. In H. Thomae (Hg.), Theorien und Formen der Motivation. Enzyklopädie der Psychologie, C, IV, 1 (S. 312-396). Göttingen: Hogrefe.

Handley, D. & Watts, N. (1981). Political psychology and environmentalist politics. Zeitschrift für Umweltpolitik, 4, 295-320.

Heckhausen, H. (1989). Motivation und Handeln (2. Aufl.). Heidelberg: Springer.

Hellpach, W. (1924). Psychologie der Umwelt. In E. Abderhalden (Hg.), Handbuch der biologischen Arbeitsmethoden. Abt.VI, Teil C, Heft 3. Wien: Urban & Schwarzenberg.

Immler, J. (1989). Natur in der ökonomischen Theorie. Teil 3: Vom Wert der Natur. Opladen: Westdeutscher Verlag.

Inglehart, R. (1977). The silent revolution: changing values and political styles in western publics. Princeton: Princeton University Press.

Jonas, H. (1979). Das Prinzip Verantwortung: Versuch einer Ethik für die technologische Zivilisation. Frankfurt: Insel.

Jones, E.E. & Gerard, H.B. (1967). Foundations of social psychology. New York: Wiley, 1967.

Kaplan, S. & Kaplan, R. (1982). Cognition and environment. Functioning in an uncertain world. New York: Praeger.

Kasper, E.(1988). Umweltschutz und Arbeitsplätze. Arbeiten der Fachrichtung Psychologie. Universität des Saarlandes. Nr. 132.

Klages,H. (1984). Wertorientierungen im Wandel. Frankfurt: Campus.

Korpela, K. M.(1989). Place-identity as a product of environmental self-regulation. Journal of Environmental Psychology, 9, 241-256.

Langeheine, R. & Lehmann,J. (1986). Die Bedeutung der Erziehung für das Umweltbewußtsein. Kiel: Institut für die Pädagogik der Naturwissenschaften an der Universität Kiel.

Lantermann, E.-D., Döring-Seipel, E., Krahner, S. & Schima, P. (1990). Werte, Gefühle und Unbestimmtheit: Analysen kognitiv-emotionaler Wechselwirkungen im Umgang mit einem ökologischen System. In K. Pawlik & K. Stapf (Hg.), Psychologische Ökologie.

Lenk, H. (1975). Pragmatische Philosophie. Plädoyers und Beispiele für eine praxisnahe Philosophie und Wissenschaftstheorie. Hamburg: Hoffmann & Campe.

Lewin, K. (1926). Vorsatz, Wille und Bedürfnis. Psychologische Forschung, 7, 375-421.

Proshansky, H.M., Fabian, A.K., & Kaminoff, R. (1983). Place-Identity: Physical world socialization of the self. Journal of Environmental Psychology, 3, 57-83.

Reither, F. (1985). Wertorientierung in komplexen Entscheidungssituationen. Sprache & Kognition, 1, 21-27.

Sampson, E.E. (1985). The decentralization of identity: toward a revised concept of personal and social order. American Psychologist, 40, 1203-1211.

Schneider, G. (i. Vorb.). „Identität von" und „Identifikation mit" städtischer Umwelt. In K. Pawlik & K. Stapf (Hg.), Psychologische Ökologie.

Seligman, C., Kriss, M., Darley, J.M., Facio, R.H., Becker, L.J. & Pryor, J.B. (1979). Predicting summer energy consumption from home owner's attitudes. Journal of Applied Social Psychology, 9, 70-90.

Sieloff, U., Schirk, S., Kaspar, E., Nieder, A. & Eckensberger, L.H. (1988): Eine textanalytische Auswertungstechnik zur Erfassung von Abwehr und Bewältigung beim moralischen Argumentieren. Arbeiten der Fachrichtung Psychologie, Universität des Saarlandes, Nr.118.

Sinus-Studie (1981). 5 Millionen Deutsche: „Wir sollten wieder einen Führer haben ...". Reinbek: Rowohlt.

Spada, H., Bayen, U., Donnen, J., Ernst, A., Gutmann, I., Opwis, K. & Schwierch, M. (1988). Wissensaufbau und Handlungsbewertung bei ökologischen Problemen: Abschlußbericht. Forschungsberichte des Psychologischen Instituts der Albert-Ludwigs-Universität Freiburg. Nr. 42.

Weigel, R.H. & Newman, L.S. (1976). Increasing attitude-behavior correspondence by broadening the scope of the behavioral measure. Journal of Personality and Social Psychology 33, 793- 802.

Witte, E.H. (1989). Sozialpsychologie. Ein Lehrbuch. München: Psychologie Verlags Union.

Ernst-D. Lantermann
und Elke Döring-Seipel
Fachbereich Psychologie
der Universität – Gesamthochschule Kassel

Ökologische Bewegung

1. Ökologische Bewegung: Versuch einer Begriffsbestimmung

Im alltäglichen Sprachgebrauch sind neue soziale Bewegungen, wie sie seit dem Ende des Zweiten Weltkriegs nicht nur in der Bundesrepublik entstanden sind, eine besondere Form von Gruppenhandeln nach dem Modell von Bürgerinitiativen, die sich an der Verfolgung und Durchsetzung bestimmter partikularer Ziele und Interessen orientieren. Im Gegensatz zu Parteien fällt die Praxis einer sozialen Bewegung unmittelbar mit dem Engagement ihrer Mitglieder zusammen; die betreffenden Gruppierungen müssen in ihren Zielen von den Mitgliedern bewußt und aus innerer Überzeugung heraus unterstützt werden. Ferner versuchen soziale Bewegungen, den Status quo einer Gesellschaft im Sinne ihrer Bewegungsziele zu verändern; sie akzeptieren damit einen – wenn auch für partikulare Ziele – zukünftigen gesellschaftlichen Zustand als normativ wünschenswert und potentiell realisierbar (vgl. Rammstedt 1978). Soziale Bewegungen sind sowohl Produkte als auch Produzenten sozialstruktureller Veränderung der Gesellschaft (Raschke 1985).

Wichtige Kriterien des emanzipatorischen Potentials sozialer Bewegungen sind interne Öffentlichkeit, kritische Selbstreflexion des eigenen politischen Handelns und seiner Wirkung auf gesellschaftliche Totalität und demokratische Konsensbildung aller Mitglieder einer sozialen Bewegung über Praxis und politische Ziele, wenn man die Entwicklung der ökologischen Bewegung mit dem Begriff einer emanzipatorischen Bewegung (Hoffmann 1968) vergleicht. Damit ergibt sich eine klare begriffliche Grenzziehung gegenüber der Rezeption des Themas Ökologie, angefangen von Unterorganisationen der Vereinten Nationen über Innen- und Umweltministerien bis hin zu traditionellen Naturschutzvereinen. Denn mit der – tatsächlichen oder nur vorgeblichen – Übernahme des Begriffs Ökologie durch administrative Fachabteilungen, kommerzielle Medien, durch traditionelle Verbände und Minderheitsflügel großer Parteien fällt es zunehmend schwerer, noch die genuine Bewegung zu identifizieren, die den Namen ökologische Bewegung zu Recht tragen soll. Aus diesem Grunde wird die Definition der ökologischen Bewegung eindeutig, wenn man ihre Ziele mit ihrem Anspruch auf direkte Demokratie, Selbstbestimmung und Selbstaufklärung verbindet (Brückner 1983, Vester 1983, Linse 1986).

Oft werden die Begriffe Bürgerinitiativbewegung, Anti-Atomkraft-Bewegung und ökologische Bewegung synonym gebraucht; dabei ist offensichtlich, daß der Begriff Bürgerinitiativbewegung sich bereits zu Anfang der siebziger Jahre eingebürgert hat (Offe 1971, Grossmann 1971), ökologische Bewegung hingegen erst seit 1976 (Brand et al. 1986). *Bürgerinitiativbewegung* bedeutet die Thematisierung langfristiger Befriedigung menschlicher Lebensbedürfnisse durch eine soziale Bewegung, die sich aber neben der Ökologie auch Fragen der Sozialisation (repressionsfreie Erziehung, Errichtung von Kindergärten u.a.), der Stadtteilsanierung, der Verhinderung von Flughafenprojekten und anderem zuwendet. Das besondere Interesse der Bürgerinitiativbewegung liegt quer zu den traditionellen Auseinandersetzungen von Kapital und Arbeit, denn sie thematisiert, oft im Gegensatz zu Parteien und gesellschaftlichen Großorganisationen, Probleme der modernen Industriegesellschaft, die in den Feldern der Reproduktion der Gesamtgesellschaft entstanden sind und diese Reproduktion bedrohen.

Zwar ist die ökologische Bewegung Teil der Bürgerinitiativbewegung (Mayer-Tasch 1976) und aus dieser entstanden, ihre innere Dynamik, Verbreitung in die bundesdeutsche Gesellschaft und medienwirksame Aufmerksamkeit erzielte sie jedoch erst durch ihren Widerstand gegen die Nutzung der Atomenergie.

Die inhaltliche Klammer der *ökologischen Bewegung* sind Prinzipien und Wertvorstellungen, die sich an der Erhaltung einer menschenwürdigen Umwelt, der Schonung der natürlichen Ressourcen und der Sorge um die qualitativen Lebensbedingungen zukünftiger Generationen orientieren (Linse 1986) ($\rightarrow$ *Umwelt und Werte*). Vom herrschenden Institutionsgefüge ausgegrenzte Bedürfnisse wie das nach unzerstörter Natur, nach einem von Luftverschmutzung und saurem Regen unzerstörten Wald stehen im Zentrum der Bewegungsziele, denen publizistische und populärwissenschaftliche Aufmerksamkeit in den Medien gewiß ist.

Aus diesem Wert- und Zielkatalog hat die ökologische Bewegung trotz relativer Heterogenität der Gruppen und Strömungen ihre Identität gewonnen; dazu kommen bestimmte Aktions- und Demonstrationsformen, die in spektakulären Massenaktionen zu Lernprozessen und Umorientierungen der beteiligten Individuen geführt haben. Entgegen früherer Prognosen ist die ökologische Bewegung mittlerweile aus dem Alltag der Bundesrepublik nicht mehr wegzudenken, nehmen doch die Probleme der Umweltverschmutzung eher zu als ab, insbesondere angesichts der sowjetischen Reaktorkatastrophe von Tschernobyl oder den Chemiekatastrophen in Basel und der Bundesrepublik 1986.

2. Ursachen und Entstehungsbedingungen der ökologischen Bewegung

Zwar entstanden erste Bürgerinitiativen in der Phase der Großen Koalition und vermehrten sich explosionsartig seit dem Regierungsantritt der sozialliberalen Koalition 1969; der qualitative Sprung von der Bürgerinitiativbewegung hin zur bundesweit vernetzten ökologischen Bewegung gelang jedoch erst um 1976, wobei die historische Überlagerung der beiden sozialen Bewegungen zu einer schrittweisen Veränderung von Positionen, Forderungen, Ideologien und Aktionen führte (Brand et al. 1986, Rucht 1980).

In den fünfziger Jahren entstand neben der breiten Anti-Atomtod-Bewegung, die sich gegen die Bedrohung des Friedens durch die Atombombe konstituiert hatte, der 1956 gegründete „Kampfbund gegen Atomschäden" um den Arzt Bodo

Manstein, der als erster die kritische Aufmerksamkeit der Öffentlichkeit nachdrücklich auch auf die friedliche Nutzung der Atomenergie richtete und seine Kritik zugleich schon in einen ökologischen Kontext stellte. Ebenso wie der „Kampfbund" rekrutiert sich der 1960 gegründete „Weltbund zum Schutze des Lebens" aus konservativen Kreisen von Ärzten, Physikern und Biologen (Radkau 1983), denen teilweise völkische Argumente zur Begründung der von Atomkraftwerken ausgehenden Gefahr nicht fremd waren. Mit der Entstehung der Opposition gegen das Atomkraftwerk Würgassen, die seit 1968 vom „Weltbund zum Schutze des Lebens" stark unterstützt wurde, verbreitete sich die Bürgerinitiativbewegung gegen die Nutzung der Atomenergie; ihre Ausstrahlung erstreckte sich im Jahre 1970 auf mehr als 200 Gruppen. Mehrere dominante Entwicklungen bestimmen seit Beginn der siebziger Jahre die bundesweite Entwicklung der Bürgerinitiativbewegung, die sich dann 1976 zur ökologischen Bewegung verdichtete: Es entstanden auf dem Hintergrund eines gewachsenen ökologischen Problemdrucks und eines damit einhergehenden Problembewußtseins, einer Veränderung politischer Formen und Stile durch die *Studentenbewegung* und schließlich der vorerst blockierten gesamtpolitischen Reformmaßnahmen der *sozialliberalen Koalition* zahlreiche lokale Bürgerinitiativen, die konkrete Mißstände hier und jetzt zu beseitigen suchten.

Auch wenn es 1972 durch die Zusammenfassung zweier großer Bürgerinitiativen, der „Rhein-Main-Aktion gegen Umweltzerstörung" und der „Rhein-Ruhr-Aktion", zur Gründung des „Bundesverbandes Bürgerinitiativen Umweltschutz" (BBU) kam und damit ein Kristallisationskern der ökologischen Bewegung geschaffen wurde, so ist diese erste Phase der Konstitution der ökologischen Bewegung noch gekennzeichnet von einem Nebeneinander von Ein-Punkt-Aktionen (Rucht 1982). Verstand sich der BBU noch als Korrektiv der Bürger gegen das Ungleichgewicht industrieller und politischer Entscheidungen in bezug auf Umweltfragen, so wurde mit der Platzbesetzung im Wyhler Wald, die gegen den Bau des geplanten Atomkraftwerks in Wyhl im Februar 1975 stattfand, die *Aktionsphase* der Bürgerinitiativbewegung eingeleitet (Rucht 1980, Kitschelt 1980, Karl 1981).

3. Aufstieg und Entwicklung der ökologischen Bewegung

Mit der Bauplatzbesetzung im badischen Wyhl erfuhr die Bürgerinitiativbewegung ihren entscheidenden Aufschwung: durch die Signalwirkung und die regionale Verankerung des Widerstandes, insbesondere bei Bauern und Winzern, wurde ein Lernprozeß bei Teilen der bundesrepublikanischen Bevölkerung in Gang gesetzt. Ab jetzt verbreitete sich innerhalb der Bürgerinitiativbewegung der Anspruch auf direkte Demokratie von unten, Selbstbestimmung und Selbstaufklärung über die ökologische Krise und nukleare Gefährdungspotentiale; damit verbunden war die massenhaft ausgeübte Praxis der Ausbildung von realer *Gegenmacht* gegen staatliche Entscheidungen und die Konfrontation mit der Polizei. Demonstrationen, Blockaden und Platzbesetzungen als Formen gewaltfreien Widerstands (→ *Aneignung*) wurden ebenso zum Charakteristikum der ökologischen Bewegung seit 1976 wie die alle Engagierten verbindende Frontstellung gegen die Nutzung der Atomenergie. Zwar deckt die ökologische Bewegung mehr Problemfelder ab als nur das der Atomenergienutzung, die *Anti-AKW-Bewegung* bildete aber durch die bundesweite Vernetzung, durch Zivilcourage, Selbstorganisation und durch die Praxis der Gegenmacht den ideologischen wie aktionistischen Kristallisationspunkt der ökologischen Bewegung seit 1976. Die einzelnen Etappen und Höhepunkte des antiatomaren Protestes sollen hier nicht nachgezeichnet werden (vgl. dazu Kitschelt 1980, Rucht 1980, Rucht 1982, Brand et al. 1986 u.v.a.), bedeutsam erscheint allerdings die gesellschaftliche Wirkung dieser Protestaktionen, führte sie doch zu einer nachhaltigen Polarisierung der bundesdeutschen Gesellschaft. Insbesondere die Mehrheitsflügel der großen Parteien und die Gewerkschaften initiierten eine differenzierte Gegenstrategie, die von Diffamierung über fachliche Diskussion bis zum Versuch der Integration reichte; deutlich wurde allerdings die Frontstellung von Parteien und Gewerkschaften bei Demonstrationen und in der Konfrontation des hochgerüsteten und taktisch flexiblen Polizeiapparates mit der Gegenmacht der ökologischen Bewegung. Man erinnere sich z.B. an die Brokdorf-Demonstration der ökologischen Bewegung vom Februar 1981 mit mehr als 100.000 Teilnehmern, die sich bewußt gegen das von Gerichten erzwungene Demonstrationsverbot am Bauplatz wandte und damit für einen kurzen Moment massenhaft Loyalität gegenüber juristischem wie politischem Staatsapparat und Parteien aufkündigte.

4. Ausblick

Seit dem Einzug der Grünen in viele Landesparlamente und in den Bundestag 1983 und der Übernahme ökologischer Themen in die Programme der großen Parteien stellt sich für die ökologische Bewegung die Frage nach der Existenzberechtigung, denn ungeachtet ihrer programmatischen und organisatorischen Weiterentwicklung verlor die ökologische Bewegung insgesamt an Konturen, auch zugunsten der konstituierten und konsolidierten Bundespartei der Grünen (Bolaffi & Kallscheuer 1983, Zeuner 1985, Kallscheuer 1986).

Ökologische Katastrophen wie das sowjetische Reaktorunglück von Tschernobyl oder der Chemieunfall in Basel mit der weitreichenden Rheinverseuchung belegen jedoch die Notwendigkeit einer eigenständigen ökologischen Bewegung bei der Existenz großer Gefährdungspotentiale; die Reaktion der Öffentlichkeit, bei Parteien, Verbänden und Kirchen auf diese Unfälle zeigt aber auch die enorme Sachkompetenz, das wissenschaftliche und juristische Wissen und die anscheinend ungebrochene Mobilisierungsfähigkeit der ökologischen Bewegungen. Daß in ihr noch immer ein Überschuß an konkreter Utopie und beharrlichem Durchhaltevermögen vorhanden ist, beweisen neuere, phantasiereiche Aktionen. Die ökologische Bewegung ist aus dem gesellschaftlichen und politischen Leben der

Bundesrepublik nicht mehr wegzudenken; dies dürfte auch so bleiben, solange die Utopie eines friedlichen Umgangs des Menschen mit seiner Umwelt nicht eingelöst worden ist (→ *Partizipation und Protest*).

Literatur

Bolaffi, A. & Kallscheuer, O. (1983). Die Grünen – Farbenlehre eines politischen Paradoxes. Prokla 51 (Juni), 62-105.

Brand, K.-W., Büsser, D. & Rucht, D. (1986). Aufbruch in eine andere Gesellschaft. Neue soziale Bewegungen in der Bundesrepublik. Frankfurt: Campus.

Brückner, P. (1983). Selbstbefreiung. Provokation und soziale Bewegung. Berlin: Wagenbach.

Grossmann, H. (Hg.) (1971). Bürgerinitiativen – Schritte zur Veränderung? Frankfurt: Fischer.

Hoffmann, W. (1968). Ideengeschichte der sozialen Bewegung. Berlin: Göschen.

Kallscheuer, O. (Hg.) (1986). Die Grünen – letzte Wahl? Berlin: Rotbuch.

Karl, F. (1981). Die Bürgerinitiativen. Frankfurt: Röderverlag.

Kitschelt, H. (1980). Kernenergiepolitik – Arena eines gesellschaftlichen Konflikts. Frankfurt: Campus.

Linse, U. (1986). Ökopax und Anarchie. Eine Geschichte der ökologischen Bewegung in Deutschland. München: dtv.

Mayer-Tasch, P.C. (1976). Die Bürgerinitiativbewegung. Reinbek: Rowohlt.

Offe, C. (1971). Bürgerinitiativen und Reproduktion der Arbeitskraft im Spätkapitalismus. In H. Grossmann (Hg.), Bürgerinitiativen – Schritte zur Veränderung? (S. 152ff.). Frankfurt: Fischer.

Radkau, J. (1983). Aufstieg und Krise der deutschen Atomwirtschaft. Reinbek: Rowohlt.

Rammstedt, O. (1978). Soziale Bewegung. Frankfurt: Suhrkamp.

Raschke, J. (1985). Soziale Bewegungen. Ein historisch-systematischer Grundriß. Frankfurt: Campus.

Rucht, D. (1980). Von Wyhl nach Gorleben. München: dtv.

Rucht, D. (1982). Planung und Partizipation. München: dtv.

Vester, M. (1983). Von neuen Plebejern, Emanzipation und Massenstreiks. Thesen zur Klassen- und Schichtstruktur und zu den Entwicklungsperspektiven der neuen sozialen Bewegungen. Frankfurter Rundschau 5.4.1983.

Zeuner, B. (1985). Parlamentarisierung der Grünen. Prokla Nr. 61 (Dez.), 5-21.

Günther Bachmann
Institut für Soziologie
der Universität Freiburg i.Br.

Partizipation und Protest

1. Umweltprobleme als Auslöser von Protestaktivitäten

Seit den 60er Jahren sind Umweltprobleme immer stärker in die Aufmerksamkeit der Öffentlichkeit gerückt, und zwar unter zwei Gesichtspunkten: Zum einen beunruhigt die wachsende Belastung des Ökosystems Umwelt, zum anderen stören Einwirkungen aus der Umwelt den persönlichen Lebensraum. Zum ersten Aspekt zählen vor allem die Verschmutzung der natürlichen Ressourcen, Wasser, Boden und Luft durch Schadstoffe mit vielfältigen Folgewirkungen für Pflanzen- und Tierwelt, aber auch übermäßiger Verbrauch z.B. der Landschaft. Zum zweiten Aspekt sind Immissionen wie Lärm, Gerüche, Schmutz, Erschütterungen usw. zu rechnen, ferner Verhaltensbeschränkungen oder Gefährdungen z.B. durch Verkehr; zumeist werden hier auch Merkmale der baulichen Umwelt – d.h. nachteilige Konsequenzen von Siedlungsarchitektur und Stadtplanung – einbezogen.

In beiden Bereichen haben betroffene Bürger zunehmend versucht, gegen schon eingetretene oder befürchtete Umweltprobleme anzugehen, und dies durch individuellen und kollektiven Protest verdeutlicht.

Aus sozialwissenschaftlichen Erhebungen (s. z.B. Barnes & Kaase 1979) und speziell aus Umfragen bei Bürgerinitiativen (Übersicht z.B. in Rüdig 1980) ergibt sich, daß in den siebziger Jahren Umweltprobleme noch vor Themen wie Städtebau/Wohnen, Schule/Bildung, Arbeit(slosigkeit), politische Konflikte, Frieden/Abrüstung u.a.m. den häufigsten Ausgangspunkt für Protestaktivitäten darstellten; dies dürfte auch derzeit der Fall sein.

Tab. 1: Häufigste Gegenstände Umwelt-bezogener Protestaktivitäten.

Themen von Bürgerinitiativen	*Anlässe für Beschwerden*
Klassifikation von 331 „Umwelt-BI" (lt. Andritzky & Wahl-Terlinden 1978)	Analyse von 5000 Anrufen bei „Umwelt-Telefonen" (lt. Guski 1977)
1. Industrie-Kraftwerke u.ä.	1. Lärm (Verkehr, Betriebe)
2. Verkehr/Verkehrsplanung	2. Luftverschmutzung, Gerüche
3. Landschaft, Natur, Gewässer	3. Landschaftsverunreinigung
4. Stadtplanung, Sanierung	4. Wasserverschmutzung
5. Entsorgung, Müll u.ä.	

Innerhalb der Thematik „Umwelt" haben vor allem zwei Problemfelder den Anstoß für Anwohner-Beschwerden und die Gründung von Bürgerinitiativen gegeben (vgl. dazu Tab. 1): Zum einen Fluglärm, besonders seit der Umstellung des zivilen Luftverkehrs auf Düsenmaschinen und der Intensivierung des militärischen Flugbetriebs (Überblick in Oeser 1977) (→ *Lärm*); zum anderen – seit der zunehmenden Nutzung der Kernenergie für die Energieversorgung – Atomreaktoren bzw. -kraftwerke und Folgeanlagen (s. z.B. Nowotny 1979), wobei Protest und Widerstand hier weit über regionale Grenzen hinausgehen. In jüngster Zeit sind vor allem das Wald-sterben, die Verseuchung von Flüssen und die Abfall-Entsorgung als schwerwiegende Probleme hinzugekommen.

Wenn Umweltprobleme in so enormem Ausmaß zu Protestverhalten geführt und eine generelle ökologische Bewegung bis hin zur Gründung entsprechender Parteien ausgelöst haben (Mayer-Tasch 1981, Langguth 1985), dann liegt dem nicht allein die Sorge um die Erhaltung von Lebens-, Umwelt- und Wohnqualität zugrunde. Vielmehr fehlt offenbar sehr vielen Bürgern das Vertrauen, daß die jeweils 'Verantwortlichen' bzw. die etablierten Regulative des repräsentativen politischen Systems eine 'umweltgerechte' Bewältigung der Probleme ermöglichen. Hier überlagert sich die 'Umweltbewegung' mit der genereller orientierten „neuen sozialen Bewegung" und deren 'alternativen' Verhaltensformen (s. dazu Brand et al. 1983; Übersicht in Rohrmann & Prester 1987) (→ *Alternative Umwelt- und Lebensmodelle*).

2. Arten von Partizipationsverhalten

Unter dem allgemeinen Begriff „Partizipation" werden Aktivitäten zusammenge-faßt, die den jeweiligen Betroffenen Einsicht und Einfluß bei Planungs- und Ent-scheidungsprozessen geben sollen (von Alemann 1975, Smith et al. 1980, Wandersman 1981, Rucht 1982). Welche Handlungsmöglichkeiten dabei für ein Individuum bestehen, ist – vereinfachend – in Abbildung 1 dargestellt.

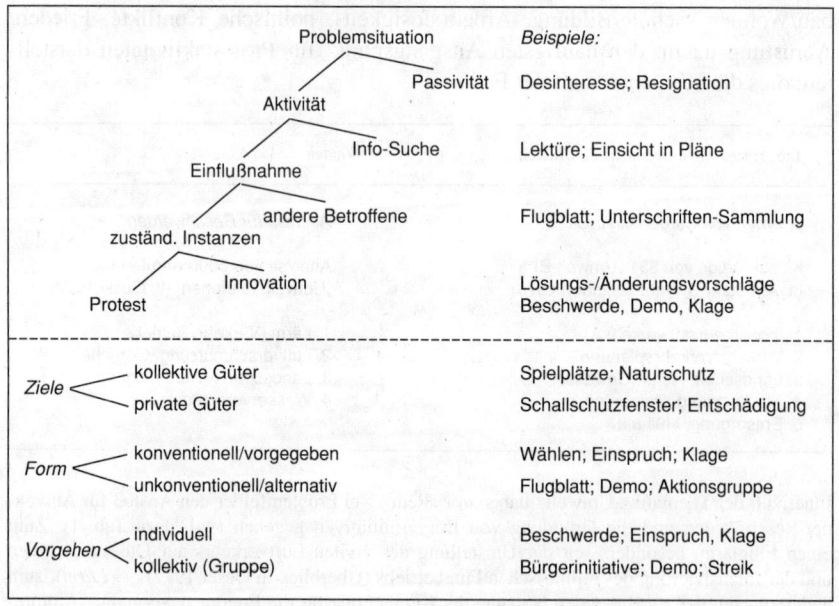

Abb. 1: Klassifikation von Partizipationsarten/Handlungsmöglichkeiten.

Dort sind vier Typen von Partizipation unterschieden, nämlich Informationssuche, Mobilisierung anderer, innovative Beteiligung und Protestverhalten, die sowohl einzeln als auch – häufiger – kombiniert auftreten. Protest wird dabei verstanden als (Versuch der) aktiven Einflußnahme auf regulative bzw. entscheidungsmächtige Instanzen (Verursacher, Administration, Politiker) zur Verhinderung (Vermeidung, Abschaffung) bzw. Veränderung unerwünschter Sachverhalte (Maßnahmen, Einrichtungen usw.).

Eine nähere Analyse des Partizipationsgeschehens kann sich an der Leitfrage orientieren: Wer will was womit bei wem für wen warum bewirken? D.h., es bedarf der Differenzierung nach Akteuren, Zielen, Handlungsformen, Adressaten, Nutznießern und Motivationen.

Weiterhin ist zu unterscheiden, ob sich Partizipation bzw. Protest auf bestehende Zustände (Beispiel: Militärischer Fluglärm) oder auf Planungen (Beispiel: Ausbau eines Kernreaktors) richten, weil dies die Handlungsmöglichkeiten wesentlich beeinflußt.

Die meisten Handlungsformen werden sowohl individuell als auch kollektiv ergriffen; einige sind nur für Gruppen möglich bzw. gehen de facto zumeist von Bürgerinitiativen als mobilisierenden und organisierenden Keimzellen aus. (Zur Bürgerinitiativ-Bewegung s. z.B. Hegner 1980, Mayer-Tasch 1981, Rucht 1982, Nelles & Beywl 1983). (→ *Ökologische Bewegung*).

Die einzelnen Partizipationstypen sind formal unterschiedlich in das administrative System eingebunden: Betroffene können sowohl aus eigener Initiative heraus auf wahrgenommene Probleme reagieren als auch Beteiligungsformen wahrnehmen, die administrativ bzw. gesetzlich vorgesehen sind.

Hierzu zählen z.B. das Petitionsrecht, vorgeschriebene Anhörungen von Betroffenen, die Einspruchsmöglichkeiten innerhalb von Planfeststellungsverfahren sowie spezielle immissionsschutzrechtliche Genehmigungsprozeduren oder Regelungen bei Sanierungsvorhaben, schließlich Klagemöglichkeiten bei Verwaltungsgerichten (s. Albertin et al. 1979, Bundesimmissionsschutzgesetz 1974, Mayer-Tasch 1981).

Kooperativ ausgelegte Konzepte sind insbesondere im Zusammenhang mit Umweltgestaltung, Siedlungsplanung und Wohnungsbau entwickelt worden, um „Nutzerinteressen" umzusetzen (s. z.B. Kaplan & Kaplan 1982). Conyne und Clack (1981) schlugen einen „environmental change agent" vor.

Ein spezielles Partizipationsmodell stellt die Konzeption der „Planungszellen" dar (Dienel 1978), in denen eine ausgewählte Gruppe von Betroffenen ein „Bürgergutachten" erstellt, das für staatliche Planungen als Entscheidungshilfe dienen soll. Das Verfahren hat inzwischen vielfache Anwendung gefunden (Garbe 1986).

3. Erklärungsansätze zu Partizipation und Protest

Angesichts der beträchtlichen Zunahme von Partizipations- und speziell Protestaktivitäten ist zu fragen, wie sich diese Veränderungen erklären lassen; da freilich auch bei sehr drängenden Problemen zumeist nur Minderheiten der Betroffenen tatsächlich aktiv werden, wird Passivität ebenso zum erklärungsbedürftigen Sachverhalt.

Zunächst können Erklärungsansätze auf Makro-Ebene herangezogen werden; so heben entsprechende politologische und soziologische Ansätze vor allem auf gesellschaftliche Rahmenbedingungen und deren Wandel ab. Um die Motivation und das Handeln des einzelnen analysieren zu können, ist jedoch ein Wechsel auf die Mikro-Ebene notwendig, wie sie naturgemäß insbesondere (sozial-)psychologischen Theorien zugrunde liegt.

Im Zusammenhang mit Partizipation, Protest und Inaktivität werden – unter anderem – folgende theoretische Konzepte diskutiert (vgl. z.B. Brand et al. 1983, Nelles & Beywl 1983, Prester 1987):

- Wertwandel bzw. Postmaterialismus-These: Nach Inglehart (1977) hat sich die vorherrschende Wertorientierung bei den jüngeren Generationen von materiellen Bedürfnissen (z.B Wohlstand) zu immateriellen Zielen (z.B. Selbstverwirklichung) hin verändert, wobei das den meist als 'Ökonomie versus Ökologie' umschriebenen Konflikt einschließt.
- Ökonomische Theorie politischen Handelns: Nutzentheoretische Konzepte werden auf Verhalten bei der Beschaffung „kollektiver Güter" angewendet (vgl. Olson 1965, Opp 1978), wobei zusätzlich „soziale Anreize" (Gratifikationen bzw. Sanktionen für das Individuum) als Erklärungsprinzip eingeführt werden.
- Relative Deprivation: Gurr (1970) unterstellt, daß die Wahrnehmung von Diskrepanz zwischen Vergleichsstandards (Erwartungen) und objektiver Situation Unzufriedenheit bewirkt, die sich in Protest und Gewaltpotential umsetzen kann.
- Ressourcen-Mobilisierung: Politische Partizipation bzw. Protestbewegungen entfalten sich, wenn die politische Situation und das gesellschaftliche 'Umfeld' geeignete organisatorische Ressourcen – z.B. soziale Netze – bereitstellen (vgl. z.B. Jenkins 1983, Klandermans 1984).
- Psychologische Streß-Theorie: Nach dem theoretischen Ansatz von Lazarus (1966, Lazarus & Launier 1978) bestimmt nicht der 'objektive' Stressor, sondern dessen subjektive Einschätzung die Reaktion auf Belastungssituationen, d.h. wie zu deren Bewältigung gehandelt wird.
- Stellenwert sozialer Attitüden: Daß Persönlichkeitseigenschaften und speziell politische und ökologische Einstellungen Partizipationsverhalten wesentlich beeinflussen, nehmen z.B. Ellwein et al. (1975), Buse et al. (1978), Rohrmann (1983) an; ein an Fishbein und Ajzen (1975) orientiertes Modell hat Muller (1978) entwickelt.

Angesichts des sehr komplexen Gegenstandes und der Vielfalt – und zugleich Begrenztheit – von theoretischen Konzepten plädieren einige Autoren für eine eklektische Perspektive (z.B. Wilcox 1981).

In Abbildung 2 sind – aus psychologischer Sicht – sechs zentrale Aspekte aufgezeigt, die in einem Erklärungsmodell für (individuelle) Partizipationsentscheidungen zu berücksichtigen wären.

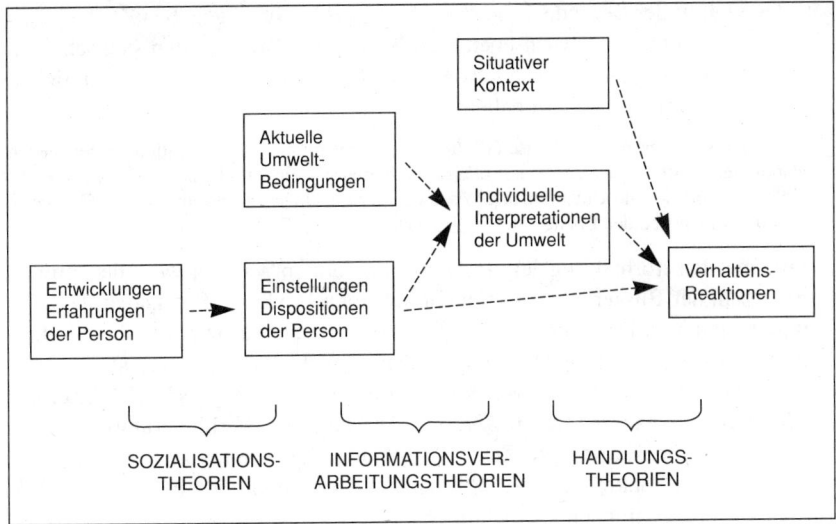

Abb. 2: Ausgangspunkt für ein Erklärungsmodell zu Partizipation.

4. Empirische Befunde zu Partizipationsformen und Protestverhalten

Es sind im wesentlichen drei Forschungsstränge, die empirisches Wissen zum Problemfeld vermitteln (wobei politologische und soziologische Studien vorherrschen):

– Erhebungen bei repräsentativen Bevölkerungsstichproben; s. z.B. Ellwein et al. (1975), Barnes und Kaase (1979), Smith et al. (1980), Fischer und Kohr (1980), Mohr (1984) u.a. Allerdings kann dabei Partizipations- bzw. Protestverhalten nur relativ allgemein (ohne Verknüpfung von Anlässen, Akteuren, Adressaten usw.) abgefragt werden.

– Analysen zu Beschaffenheit und Vorgehen von Bürgerinitiativen, so etwa Lange (1973), Andritzky und Wahl-Terlinden (1978), Parkum und Parkum (1980), Rüdig (1980), Müller (1983). Ganz erhebliche methodische Probleme resultieren aus der Heterogenität des Feldes sowie der Abneigung vieler Bürgerinitiativen gegen eine sozialwissenschaftliche 'Erfassung'.

– Studien, die Determinanten von Partizipation und Protest im Kontext spezifischer Umweltprobleme untersuchen; Beispiele sind Buse et al. 1978 (Problemfeld: → Stadtsanierung), Prester et al. 1982, 1987 (Problemfeld: Verkehrsplanung) oder Opp et al. 1984 (Problemfeld: Atomkraftwerke). Solche Studien sind für psychologische Fragestellungen am aufschlußreichsten, jedoch nur beschränkt generalisierbar.

Aus der Vielfalt der Befunde seien nur einige 'Streiflichter' gegeben:

- Etwa ein Drittel der erwachsenen Bevölkerung der BRD dürften sich schon an Partizipationsaktivitäten wie etwa Unterschriftenaktionen, Demonstrationen oder Beschwerden beteiligt haben.

Insgesamt scheinen die von Kaase (1976) als „unkonventionelle Partizipation" bezeichneten Handlungen mittlerweile zumindest ebenso verbreitet zu sein wie die „konventionelle Partizipation" (so etwa die Unterstützung von Parteien und Mitarbeit in kommunalen Gremien); sehr oft wird auf beiden Ebenen gleichzeitig gehandelt.

- Die meisten formal legalen Partizipationsformen werden von der großen Mehrzahl der Bürger akzeptiert, nicht hingegen Boykotts, Blockaden, Beschädigungen u.ä.m. Dem entspricht, daß die prinzipielle Partizipationsbereitschaft relativ groß (und sehr viel höher als die tatsächliche Partizipation) ist.
- Innerhalb der Bürgerinitiativen scheinen etwa die Hälfte bis drei Viertel der Mitglieder vorrangig 'Kontra-Ziele' (Abschaffung, Verhinderung) und ein Viertel bis die Hälfte 'Pro-Ziele' (Erhaltung, Initiierung) zu verfolgen; die Mehrzahl hat konkrete (lokale) Zielpunkte, doch steigt der Anteil mit generellen bzw. übergreifenden Zielrichtungen.
- Innerhalb einer unmittelbaren Nachbarschaft (z.B. betroffene Anwohner eines umweltbelastenden Betriebes, Flughafens o.ä.) sind etwa 5–25% Protestierende zu erwarten.
- Ob der einzelne Betroffene bei Umweltproblemen partizipiert bzw. protestiert oder nicht, hängt insbesondere von psychologischen Einflußgrößen ab.

Wichtige Variablen dazu sind: die subjektive Beeinträchtigung durch das Problem, erwartete Veränderungen der Belastung, ideologische Wertsetzungen, politische und ökologische Einstellungen sowie spezielle Einstellungen zu Formen und Agenten von Partizipation, die Einschätzung der eigenen Kompetenz, Erfolgserwartungen zur Sache und für die eigene Situation, instrumenteller Nutzen u.a.m. Wesentliche Randbedingungen sind vor allem Informiertheit (über den Problemgegenstand und über Partizipationswege) sowie 'Alltags-Umstände' (Zeit, Gelegenheit, Nähe und dergleichen).

- Ein relativ großer Anteil von Partizipanten schreibt der eigenen bzw. der Gruppen-Aktivität zumindest Teilerfolge – d.h. Einfluß auf Sachverhalte bzw. Maßnahmen – zu (→ *Umweltbewußtsein: Einstellung und Verhalten;* → *Energieverbrauch und Energiesparen*).

Insgesamt erscheint der Forschungsstand – sowohl im Blick auf deskriptives Wissen als auch hinsichtlich von Erklärungsansätzen – derzeit noch unzureichend. Ziemlich selten sind bislang (umwelt-)psychologisch orientierte Studien.

5. Schlußfolgerungen für Forschung und Anwendung

Potentielle Nutzer der bisherigen – überwiegend problemorientierten – Partizipationsforschung sind sowohl die Wissenschaft selbst, vor allem unter theoretischen und methodischen Aspekte, als auch – in pragmatischer Sicht – die Akteure von Partizipationsprozessen, so etwa die Administration oder Bürgerinitiativen. Welche Schlußfolgerungen sind nun nach dem derzeitigen Erkenntnisstand möglich? Inhaltlich scheinen zwei Punkte wesentlich:

– Die untersuchten politischen und gesellschaftlichen Phänomene sind in raschem Wandel begriffen, weshalb viele Befunde mittlerweile veraltet sein dürften (außerdem scheinen Umweltprobleme seit den Katastrophen von Tschernobyl und Basel eine neue Qualität erreicht zu haben). Deshalb ist aktuelle deskriptive Forschung erforderlich.

– Die Determinanten von Partizipation bzw. Protest sind so vielfältig, daß sich die meisten theoretischen Ansätze als zu eng erweisen bzw. unzureichende Erklärungskraft haben (Prester 1987). Nötig scheinen 'breitere' Theorien, die einerseits am individuellen politischen Handeln ansetzen und andererseits gesellschaftliche Bedingungen bzw. Vorgaben berücksichtigen.

– In methodischer Hinsicht beschränken sehr heterogene Definitionen und Operationalisierungen zentraler Variablen sowie die oft unzureichende Stichprobenziehung bzw. -ausschöpfung Interpretierbarkeit und Geltungsbereich der Befunde. Dies dürfte jedoch zu überwinden sein, wenn die verschiedenen 'Forschungsstränge' sich stärker aufeinander beziehen.

Trotz der angedeuteten Mängel sind zahlreiche Erkenntnisse für die 'Partizipations-Praxis' sehr aufschlußreich. Dies betrifft

– Probleme des Informationsflusses zwischen Verwaltung und Betroffenen;

– die Differenzierung von objektiven und subjektiven 'Hürden' aktiver Beteiligung bzw. Beschwerdeführung;

– Entscheidungen zum Einsatz verschiedener Handlungsmöglichkeiten.

Darüber hinaus können sozialwissenschaftliche Befunde einer kritischen Effizienzbewertung von Partizipation dienen oder auch zur Erweiterung von Partizipationsmodellen anregen.

Wiederholt ist beklagt worden, daß sich die (akademische) Ökopsychologie zu wenig für (reale) Umweltprobleme interessierte (Fietkau 1981, Wohlwill 1981), obgleich sie umweltpolitisches Handeln begründen kann (Stokols 1985). Zur Analyse von Partizipation und Protest wäre von daher – aber auch aus theoretischen Gründen – eine engere Verknüpfung zwischen politologischer und umweltpsychologischer Forschung wünschenswert (→ *Umweltbewußtsein;* → *Folgenabschätzung;* → *Lebensqualität*).

Literatur

Albertin, L., Behrmann, G.C., Gabriel, O.W. & Münch, R. (1979). Politische Beteiligung im repräsentativen System. Bonn: Eichholz.

Alemann, U. v. (Hg.) (1975). Partizipation – Demokratisierung – Mitbestimmung. Opladen: Westdeutscher Verlag.

Andritzky, W. & Wahl-Terlinden, U. (1978). Mitwirkung von Bürgerinitiativen an der Umweltpolitik. Berichte 6/87, Berlin: Umweltbundesamt.

Barnes, S.H. & Kaase, M. (Eds.) (1979). Political action. Beverly Hills: Sage.

Brand, K.-W., Büsser, D. & Rucht, D. (1983). Aufbruch in eine andere Gesellschaft – Neue soziale Bewegungen in der BRD. Frankfurt: Campus.

Bundesimmissionsschutzgesetz (1974). Gesetz zum Schutz vor schädlichen Umwelteinwirkungen durch Luftverunreinigung, Geräusche, Erschütterungen und ähnliche Vorgänge. Bonn.

Buse, M., Nelles, W. & Oppermann, R. (1978). Determinanten politischer Partizipation – Theorienansatz und empirische Überprüfung am Beispiel der Stadtsanierung Andernach. Meisenheim am Glan: Hain.

Conyne, R.K. & Clack, R.J. (1981). Environmental assessment and design – A new tool for applied behavioral scientists. New York: Praeger.

Dienel, P.C. (1978). Die Planungszelle – eine Alternative zur Etablishment-Demokratie. Opladen: Westdeutscher Verlag.

Ellwein, T., Lippert, E. & Zoll, R. (1975). Politische Beteiligung in der BRD. Göttingen: Schwartz.

Fietkau, H.J. (1981). Umweltpsychologie und Umweltkrise. In H.J. Fietkau & D. Görlitz (Hg.), Umwelt und Alltag in der Psychologie (S. 113-135). Weinheim: Beltz.

Fischer, A. & Kohr, H.U. (1980). Politisches Verhalten und empirische Sozialforschung. München: Juventa.

Fishbein, M. & Ajzen, I. (1975). Belief, attitude and behavior – An introduction to theory and research. Reading, MA: Addison-Wesley.

Garbe, D. (1986). Planning cell and citizen report: A report on German experiences with new participation instruments. European Journal of Political Research 14, 221-236.

Gurr, T.R. (1970). Why men rebel. Princeton: Princeton University Press.

Guski, R. (1977). An analysis of spontaneous noise complaints. Environmental Research 13, 229-236.

Hegner, F. (1980). Historisch-gesellschaftliche Entstehungsbedingungen und politisch-soziale Funktion von Bürgerinitiativen. In V. Hauff (Hg.), Bürgerinitiativen in der Gesellschaft (S. 11-118). Villingen-Schwenningen: Neckar-Verlag.

Inglehart, R. (1977). The silent revolution. Princeton: Princeton University Press.

Jenkins, J.C. (1983). Resource mobilization theory and study of social movement. Annual Review of Sociology 9, 527-553.

Kaase, M. (1976). Bedingungen unkonventionellen politischen Verhaltens in der BRD. Politische Vierteljahresschrift, SH 7, 179-216.

Kaplan, S. & Kaplan, R. (1982). Participation in environmental design and decision. In S. Kaplan & R. Kaplan (Eds.), Cognition and environment. New York: Praeger.

Klandermans, B. (1984). Mobilization and participation – Social psychological expansions of ressource mobilization theory. American Sociological Review 9, 583-600.

Lange, R.-P. (Hg.) (1973). Zur Rolle und Funktion von Bürgerinitiativen in der BRD und in West-Berlin. Zeitschrift für Parlamentsfragen 4, 247-286.

Langguth, G. (1985). Der grüne Faktor – Von der Bewegung zur Partei. Zürich: Interfrom.

Lazarus, R.S. (1966). Psychological stress and the coping process. New York: McGraw-Hill.

Lazarus, R.S. & Launier, R. (1978). Stress-related transactions between person and environment. In L.A. Pervin & M. Lewis (Eds.), Perspectives in interactional psychology (pp. 287-327). New York: Plenum.

Mayer-Tasch, P.C. (1981). Die Bürgerinitiativ-Bewegung. Reinbek: Rowohlt.

Mohr, H.-M. (1984). Politische und soziale Beteiligung. In W. Glatzer & W. Zapf (Hg.), Lebensqualität in der BRD (S. 157-177). Frankfurt: Campus.

Müller, M. (1983). Bürgerinitiativen in der politischen Willensbildung. Aus Politik und Zeitgeschichte 11, 27-39.

Muller, E.N. (1978). Ein Modell zur Vorhersage aggressiver politischer Partizipation. Politische Vierteljahresschrift 19, 514-558.

Nelles, W. & Beywl, W. (1983). Bürgerinitiativen und Selbsthilfegruppen. In M. Irle (Hg.), Marktpsychologie (Handbuch der Psychologie, Bd. 12/2) (S. 769-837). Göttingen: Hogrefe.

Nowotny, H. (1979). Kernenergie – Gefahr oder Notwendigkeit. Frankfurt: Suhrkamp.

Oeser, K. (Hg.) (1977). Bürger gegen Fluglärm – Für eine bessere Umwelt, gegen die schädlichen Auswirkungen des Luftverkehrs. Stuttgart: Wegra.

Olson, M. (1965). The logic of collective action. Cambridge, MA: Harvard University Press.

Opp, K.D. (1978). Theorie sozialer Krisen – Apathie, Protest und kollektives Handeln. Hamburg: Hoffmann & Campe.

Opp, K.D., Burow-Auffarth, K., Hartmann, P., Witzleben, T. v., Pöhls, V. & Spitzley, T. (1984). Soziale Probleme und Protestverhalten – Eine empirische Konfrontation des Modells rationalen Verhaltens mit soziologischen Hypothesen am Beispiel von Atomkraftgegnern. Opladen: Westdeutscher Verlag.

Parkum, K.H. & Parkum, V.C. (1980). Citizen participation in community planning and decision making. In D.H. Smith, J. Macaulay & Associates (Eds.), Participation in social and political activities (pp. 153-167). San Francisco: Jossey Bass.

Prester, G. (1987). Politischer Protest in der Bundesrepublik Deutschland. Bern: Huber.

Prester, G., Rohrmann, B. & Schellhammer, E. (1982). Environmental evaluations and participation activities – A social-psychological field study. Journal of Applied Social Psychology 17, 749-785.

Rohrmann, B. (1983). Psychologische Determinanten des Protests gegen belästigende Umweltstressoren. In G. Lüer (Hg.), Bericht über den 33. Kongreß der Deutschen Gesellschaft für Psychologie (S. 911-915). Göttingen: Hogrefe.

Rohrmann, B. & Prester, H.G. (1987). Neue soziale und politische Verhaltensformen. In D. Frey & S. Greif (Hg.), Sozialpsychologie – Ein Handbuch in Schlüsselbegriffen (S. 475-483). München: Psychologie Verlags Union.

Rucht, D. (1982). Planung und Partizipation – Bürgerinitiativen als Reaktion und Herausforderung politisch-administrativer Planung. München: Tuduv.

Rüdig, W. (1980). Bürgerinitiativen im Umweltschutz. In V. Hauff (Hg.), Bürgerinitiativen in der Gesellschaft (S. 119-184). Villingen-Schwenningen: Neckar-Verlag.

Smith, D.H., Macaulay, J. & Associates (1980). Participation in social and political activities. San Francisco: Jossey Bass.

Stokols, D. (1985). Theoretical and policy implications of ecological psychology for the management of environmental crises. In P. Day, U. Fuhrer & U. Laucken (Hg.), Umwelt und Handeln (S. 1-28). Tübingen: Attempto.

Wandersman, A. (1981). A framework of participation in community organizations. Journal of Applied Behavioral Science 17, 27-58.

Wilcox, A.R. (1981). Perceived quality of life and political activity. In D. Lasker (Ed.), Applied systems and cybernetics. New York: Pergamon Press.

Wohlwill, J.F. (1981). Environmental psychology and environmental problems. Zeitschrift für Umweltpolitik 4, Special Volume „Environmental Psychology", 157-182.

Bernd Rohrmann
Fakultät PPE
Universität Mannheim

Umwelterziehung

1. Zur Geschichte des Anliegens der Umwelterziehung

Das Grundanliegen kann auf den Naturschutzgedanken zurückgeführt werden, der sich gleichzeitig mit der Perfektionierung der Naturausbeutung seit Ende des 18. Jahrhunderts entwickelte. Der Mensch schuf sich eine planmäßig hergestellte Ersatzwelt (Schwabe 1981) und beutete die Natur so lange aus, bis sich ihre Begrenztheit herausstellte (Meadows, Meadows, Zahn et al. 1972). Bürgerprotest führte zu staatlichem Schutz gefährdeter Naturdenkmäler und zur Entstehung der Naturschutzbewegung (1888: Begriff Naturschutz, 1897: Heimatschutz) (vgl. Buchwald & Engelhardt 1968, S. 877ff.) (→ *Partizipation und Protest*).

Nach dem Zweiten Weltkrieg verschärfte sich das Problem der durch Industrialisierung verursachten Umweltbelastung. 1962 veröffentlichte die nordamerikanische Biologin Rachel Carson ihre Vision vom stummen Frühling. Amerikanische Präsidenten griffen diese Warnungen auf und sorgten so für eine weltweite politische Reaktion. 1972 fand in Stockholm die Weltkonferenz der Vereinten Nationen „On the Human Environment" statt. 1977 definierte die UNESCO-Weltkonferenz zur Umwelterziehung in Tiflis: „Umwelterziehung [muß] als ein Prozeß verstanden werden, in dem der Einzelne und die Gemeinschaft sich der Umwelt und ihrer biologischen, physikalischen und soziokulturellen Komponenten bewußt werden und sich die Kenntnisse, Wertvorstellungen, Fertigkeiten, Erfahrungen und auch den Willen aneignen, individuell und gemeinschaftlich auf die Lösung der gegenwärtigen und künftigen Probleme der Umwelt hinzuwirken" (UNESCO 1979, S. 157). Die Entwicklung eines allgemeinen Umweltbewußtseins sei Voraussetzung für das notwendige gemeinsame Handeln auf nationaler wie auf globaler Ebene.

Die deutsche Anschlußtagung in München 1978 konzentrierte sich auf Realisierungsmöglichkeiten der Umwelterziehung in den verschiedenen Bildungsbereichen (vgl. Eulefeld & Kapune 1979). Für den schulischen Bereich veröffentlichte die Kultusministerkonferenz (KMK) 1980 einen Beschluß „Umwelt und Unterricht" mit Zielen und Themenbereichen (vgl. Fingerle 1981), ein Bericht über Maßnahmen und Initiativen zur Umwelterziehung in den Ländern erschien 1987. In demselben Jahr verabschiedete die Bund-Länder-Kommission für Bildungsplanung und Forschungsförderung einen Kriterienkatalog zur „Einbeziehung von Umweltfragen in das Bildungswesen" (BLK 1988).

2. Schulische Umwelterziehung

Mit dem Naturschutzgedanken entstanden auch Vorschläge zu seiner Umsetzung im Unterricht (vgl. Trommer 1983). Blasche nannte 1815 Naturverehrung und Naturliebe als wichtigste Bildungsziele und entwickelte Anleitungen für selbständige ökologische Schülerarbeiten. Für die preußischen Schulen wurde 1908 die Durchführung von „Unterricht im Freien" verordnet. Seit 1930 war die Naturschutzerziehung Aufgabe aller Fächer. Zwar faßte auch die KMK 1953 den Beschluß, daß Naturschutz und Landschaftspflege in den Schulfächern Biologie und Erdkunde zu berücksichtigen seien, doch spielen Naturschutzfragen erst seit der Umweltschutzdebatte eine ernstzunehmende Rolle für die Unterrichtsplanung.

Die fachdidaktische Arbeit in Biologie und Geographie richtet sich seit Ende der sechziger Jahren verstärkt darauf, ökologische Zusammenhänge zu verdeutlichen, Umweltbelastungen aufzuzeigen, die Rolle des Menschen in der Natur verständlich und seine Verantwortung für die Folgen seines Handelns bewußt zu machen. Die Rolle der unmittelbaren Erfahrungen in der Umwelt wurde für den Sachunterricht in der Primarstufe, für Biologie und Geographie wieder stark betont, Möglichkeiten zur Intensivierung der schulischen Umwelterziehung in Schullandheimen, in Projekten, in Freilandlabors und durch Zusammenarbeit mit Umweltzentren ausgearbeitet. Als Ausgleich für fehlende Naturbereiche entstanden aus Rasenflächen, vor allem an städtischen Schulen, wieder Schulgärten und Arbeitsbiotope. Interdisziplinäre Unterrichtseinheiten erprobten die Zusammenführung naturwissenschaftlicher Arbeitsmethoden und von Erhebungen in der eigenen Gemeinde.

Im Chemieunterricht stehen Experimente im Mittelpunkt: Schadstoffnachweise, Recycling, Luftbelastung. Der Physikunterricht konzentriert sich auf die Bearbeitung von Lärmfragen und Energieproblemen. Der Sozialkundeunterricht betont als Ziel politischen Lernens die Befähigung zum problemlösenden Verhalten. Die kritische Analyse der gesellschaftlichen Umwelt mit ihren ökologischen Problemen soll Handlungsrahmen und Aufforderung zur politischen Aktivität und Veränderung sein. Zentrale Aspekte sind der Widerspruch zwischen „Ökonomie" und „Ökologie" (zwischen rücksichtsloser Ausbeutung und verantwortlicher Nutzung der Natur), also die Probleme von Wirtschaftswachstum, Arbeitsplätzen, Lebensqualität, Gesundheits- und Umweltschutz.

Didaktische Konzeptionen für den Gesamtbereich finden sich in Menesini und Seybold (1978), Janssen und Meffert (1978), Seybold (1979), Bolscho, Eulefeld und Seybold (1980), Dienel, Buchwald, Habrich et al. (1980), Eulefeld, Frey, Haft et al. (1981), Paffrath und Wehnert (1982), Schmack (1982). Bestandsaufnahmen finden sich in Klenk (1987) und in Calliess und Lob (1987).

Der *nichtschulische* Bildungsbereich kann hier nicht im einzelnen erläutert werden, obgleich seine politische Bedeutung wahrscheinlich höher einzuschätzen ist als die der schulischen Umwelterziehung (z.B. Beer 1978, 1982). Übersichten geben Dienel, Buchwald, Habrich et al. (1980), Beer (1982), Bolscho, Eulefeld, Fingerle et al. (1984). Konkrete Möglichkeiten zur Veränderung des Umweltbewußtseins werden von Fietkau und Kessel (1981) diskutiert.

3. Kritik der Umwelterziehung

Die fachdidaktische (biologiedidaktische) Kritik moniert den überzogenen Anspruch des Ökologieunterrichts, mit dem man „einen Beitrag zur Bewältigung des Umweltproblems leisten" will (Fels 1981, S. 198). Die Behandlung der im Rahmen der Umwelterziehung empfohlenen komplexen Themen widersprächen dem Erfordernis der rationalen Begriffsentwicklung (ebd.).

Eine andere Kritik moniert gerade die Tendenz der Umwelterziehung, hauptsächlich ökologisches (biologisches) Wissen zu vermitteln und fordert, daß sie sich vielmehr an den Handlungsmöglichkeiten der von den Problemen selbst betroffenen Schülern orientieren müsse (Meyer 1982).

Die wertorientierte Kritik moniert, daß Umwelterziehung bloßes Umweltwissen vermittele, das aber allein „unser Umweltverhalten nicht ändern" könne (Teutsch 1983). Gefordert wird der engagierte Lehrer, der die Schüler zur Ehrfurcht vor dem Leben erzieht.

Das Konzept der Ökopädagogik kritisiert die Umwelterziehung als angewandte Naturwissenschaft und Sozialtechnik, die die Naturbeherrschung perfektionieren will (De Haan 1984). Der „schlechten Wirklichkeit [ist] das latent Bessere entgegenzuhalten, das im utopischen Denken der Lernenden selbst steckt" (a.a.O., S. 91). „Der Schwerpunkt der Ökopädagogik [liegt] im Nichterziehen. Es wird für ein ‚wildwucherndes Lernen' plädiert" (a.a.O., S. 83).

4. Wirkungen der Umwelterziehung

Wirkungen der Umwelterziehung, die ja letztlich ein stabiles, verhaltenssteuerndes Umweltbewußtsein bei der gesamten Bevölkerung anstrebt, können nur mit beträchtlichen Schwierigkeiten nachgewiesen werden (vgl. Bolscho 1986). Dies hängt nicht zuletzt auch damit zusammen, daß das angezielte sogenannte „ökologische" Verhalten nicht exakt beschreibbar ist.

Fietkau (1984) unterscheidet drei Handlungsebenen: reflektorisches (automatisiertes) Handeln (z.B. Fahrradfahren), rationales Handeln (z.B. Rechenaufgaben lösen), wertbezogenes Handeln (z.B. Entscheidung für Mehrwegflasche).

Die Lösung einer Aufgabe durch rationales Handeln erfordert lückenlose Kenntnis der Problemstruktur. Diese ist bei der Komplexität der Umweltprobleme nicht gegeben. Deshalb ist sowohl das gesellschaftliche (politische) als auch das individuelle Handeln, das durch das Bewußtsein des Problems veranlaßt wird, nicht rational, sondern wertbezogen. Die Handlungsfähigkeit wird durch subjektive Vereinfachung der Problemstruktur mittels Wertung gewährleistet (Mehrwegflasche erhält höheren ökologischen Wert als Einwegflasche – Aufwand für Flaschentransport und Nutzung scharfer Laugen für Reinigung kann gegenüber Aufwand für Neuproduktion nicht abgeschätzt werden). Der Handelnde nimmt lieber

Fehler in Kauf, als handlungsunfähig zu sein, weil ein Problem kognitiv nicht bewältigt werden kann.

Die Untersuchungen haben weiter ergeben, daß der Verlust eines unmittelbaren Umweltbezugs das „postmaterialistische Protestpotential" begünstigt. Eine Umwelterziehung, die konsequent die Wiederhinwendung der Kinder und Jugendlichen zur natürlichen Umwelt fördert, kann also das individuelle Umweltbewußtsein entwickeln, wird die Bereitschaft zum politischen Protest hingegen eher behindern.

Wenn jedoch das Ziel der Umwelterziehung ist, die Fähigkeit zum Lösen von Problemen in neuen, komplexen Situationen auszubilden, muß man nach Dörner (1982, Dörner et al. 1983) die Lernenden dazu erziehen, jedes Thema mit angemessener, nicht übertriebener Genauigkeit bis zu Ende zu behandeln und nicht von Thema zu Thema zu springen, muß man Wißbegier und Selbstsicherheit fördern, einen breiten Wissensbestand und die Nutzung von Ordnungsprinzipien vermitteln, also die Menschen in der intellektuellen Bewältigung von Unbestimmtheit und Komplexität ausbilden.

Langeheine und Lehmann (1986) haben festgestellt, daß „Wissen über Natur und Umwelt" viel stärker von der Schulbildung als z.B. von den Massenmedien oder dem Elternhaus beeinflußt wird. Die Schulbildung bestimmt gleichzeitig das private Bildungsverhalten, nämlich die gezielte Suche nach Informationen aus dem ökologischen Bereich in Medien und Veranstaltungen. Diese Suche ist wiederum abhängig von direkten Naturkontakten in der Jugend. Auch der Einfluß des Elternhauses konnte nachgewiesen werden. Betraf er pfleglichen Umgang mit Lebewesen, dann förderte dies das öffentliche Engagement im Umweltbereich; betraf er pfleglichen Umgang mit Sachen, so war ein sparsamer Umgang mit Energie und Rohstoffen (Recycling) nachweisbar.

Braun (1984) stellte in einer Untersuchung bei 600 Schülern der 10. Klassenstufe 1981 eine „wenig ermutigende kognitive Problemlösungskompetenz" fest, hingegen eine „hohe Sensibilität für Umweltprobleme"; hohes politisches Interesse und aktuelle Handlungserfahrungen in der Schule hatten großen Einfluß auf die Variablen des Umweltbewußtseins. Das Interesse an Umweltproblemen war hoch, bevorzugt wurden aktuelle und problemorientierte Themen.

Umweltunterricht wird heute in mindestens neun Schulfächern mehr oder weniger regelmäßig praktiziert: Sachunterricht, Biologie, Chemie und Erdkunde stehen dabei quantitativ vor Physik, Religion, Arbeitslehre/Technik, Wirtschaft/Politik und Hauswirtschaft (Eulefeld, Bolscho, Rost & Seybold 1988). Dabei kommen aber spezifische Methoden, wie fächerübergreifendes und außerschulisches Arbeiten sowie selbständige Untersuchungen durch Schüler noch relativ selten vor. Dieses Defizit wird zunehmend von Umweltzentren wahrgenommen und durch Zusammenarbeit mit Schulen zu füllen gesucht (Eulefeld & Winkel 1986) (→ *Umweltbewußtsein;* → *Lärm;* → *Energieverbrauch und Energiesparen;* → *Abfall;* → *Umwelt und Werte;* → *Partizipation und Protest*).

Literatur

Beer, W. (1978). Lernen im Widerstand. Berlin: Umweltmagazin Verlag.

Beer, W. (1982). Ökologische Aktion und ökologisches Lernen. Erfahrungen und Modelle für die politische Bildung. Opladen: Westdeutscher Verlag.

Beer, W. & De Haan, G. (Hg.) (1984). Ökopädagogik. Aufstehen gegen den Untergang der Natur. Weinheim: Beltz.

Blasche, B.H. (1815). Naturbildung. Leipzig: Reclam.

Bolscho, D. (1979). Umwelterziehung in den Lehrplänen der allgemeinbildenden Schulen. Deutsche Schule 71, 663-670.

Bolscho, D. (1986). Umwelterziehung in der Schule. Ergebnisse aus der empirischen Forschung. Kiel: IPN 107.

Bolscho, D., Eulefeld, G., Fingerle, K., Hansmeyer, K.H., Kersberg, H. & Seybold, H. (1984). Umwelt und Erziehung. In H. Bick, K.H. Hansmeyer, G. Olschowy & P. Schmoock (Hg.), Angewandte Ökologie – Mensch und Umwelt, Bd. 2 (S. 345-374). Stuttgart: G. Fischer.

Bolscho, D., Eulefeld, G. & Seybold, H. (1980). Umwelterziehung. Neue Aufgaben für die Schule. München: Urban & Schwarzenberg.

Braun, A. (1984). Ist die Umwelterziehung auf dem richtigen Weg? Geographie im Unterricht 9, 322-326.

Buchwald, K. & Engelhardt, W. (Hg.) (1968). Handbuch für Landschaftspflege und Naturschutz. Band 1: Grundlagen. München: Bayerischer Landwirtschaftsverlag.

Bund-Länder-Kommission für Bildungsplanung und Forschungsförderung (1988). Kriterienkatalog des Förderbereichs „Einbeziehung von Umweltfragen in das Bildungswesen". In BLK, Informationsschrift über Modellversuche im Bildungswesen. Bonn.

Calliess, J. & Lob, R. (Hg.) (1987). Praxis der Umwelt- und Friedenserziehung. 3 Bde. Düsseldorf: Schwann.

Carson R.L. (1962). The silent spring. Boston: Houghton Mifflin (dt.: Der stumme Frühling. München: Beck 1979).

Dienel, P.C., Buchwald, K., Habrich, W., Weise, E. & Zillessen, H. (unter Mitarbeit von D. Bick, D. Druschke, B. Koch & E. Zirngiebl) (1980). Umwelterziehung in Schule und Erwachsenenbildung. Berlin: Umweltbundesamt.

Dörner, D. (1982). Umwelterziehung – Verhaltenserziehung. Anatomie von Denken und Handeln. Der Mensch in komplexen Situationen. biologica didactica 5, 2, 56-58.

Dörner, D., Kreuzig, H.W., Reither, F. & Stäudel, Th. (Hg.) (1983). Lohhausen. Vom Umgang mit Unbestimmtheit und Komplexität. Bern: Huber.

Eulefeld, G., Bolscho, D., Rost, J. & Seybold, H. (1988). Praxis der Umwelterziehung in der Bundesrepublik Deutschland. Eine empirische Untersuchung. IPN 115. Kiel: IPN.

Eulefeld, G., Frey, K., Haft, H., Isensee, W., Lehmann, J., Maassen, B., Marquardt, B., Schilke, K. & Seybold, H. (in Zusammenarbeit mit W. Bürger, K.R. Höhn & R. Kyburz-Graber) (1981). Ökologie und Umwelterziehung. Ein didaktisches Konzept. Stuttgart: Kohlhammer.

Eulefeld, G. & Kapune, Th. (Hg.) (1979). Empfehlungen und Arbeitsdokumente zur Umwelterziehung – München 1978. INP-Arbeitsberichte Nr. 36. Kiel: IPN.

Eulefeld, G. & Winkel, G. (Hg.) (1986). Umweltzentren – Stätten der Umwelterziehung. Kiel: IPN.

Fels, G. (1981). Der Fall „Ökologie". Zur Situation des Ökologieunterrichts. Neue Sammlung 21, 197-220.

Fietkau, H.J. & Kessel, (1981). Umweltlernen – Veränderungsmöglichkeiten des Umweltbewußtseins, Modelle – Erfahrungen. Königstein/Ts.: Anton Hain.

Fietkau, H.J. (1984). Bedingungen ökologischen Handelns. Gesellschaftliche Aufgaben der Umweltpsychologie. Weinheim: Beltz.

Fingerle, K. (1981). Umwelterziehung: Empfehlungen und Modelle. Zeitschrift für Pädagogik 27, 145-158.

De Haan, G. (1984). Die Schwierigkeiten der Pädagogik. In W. Beer & G. de Haan (Hg.), Ökopädagogik (S. 77-91). Weinheim: Beltz.

Habrich, W. & Köhler, E. (1979). Stand und Tendenzen einer Umwelterziehung aus geographischer Sicht. Die Deutsche Schule 71, 677-686.

Janssen, W. & Meffert, A. (Hg.) (1978). Umwelterziehung. Beiträge zur Didaktik. Baltmannsweiler: Burgbücherei Schneider.

Klenk, G. (1987). Umwelterziehung in den allgemeinbildenden Schulen. Entwicklung, Stand, Probleme – aufgezeigt am Beispiel Bayern. Frankfurt: Haag & Herchen.

Kultusministerkonferenz: Naturschutz und Landschaftspflege sowie Tierschutz. Beschluß der KMK vom 3.9.1953. Bonn 1953.

Kultusministerkonferenz: Umwelt und Unterricht. Beschluß der KMK vom 17.10.1980. Bonn 1983.

Kultusministerkonferenz: Umwelterziehung in der Schule. Bericht der KMK vom 12.12.1986. Bonn: 1987.

Langeheine, R. & Lehmann, J. (1986). Die Bedeutung der Erziehung für das Umweltbewußtsein. Kiel: IPN 101.

Meadows, D., Meadows, D., Zahn, E. & Milling, P. (1972). Die Grenzen des Wachstums. Bericht des Club of Rome zur Lage der Menschheit. Stuttgart: DVA.

Menesini, M. & Seybold, H. (1978). Umweltschutz in der Schule. Köln: Aulis.

Meyer, P. (1982). Probleme des Ökologieunterrichts. In H. Moser (Hg.), Soziale Ökologie und pädagogische Alternativen (S. 71-100). München: Kösel.

Mikelskis, H. & Lauterbauch, R. (1979). Umwelterziehung im Physikunterricht. Deutsche Schule 71, 687-696.

Paffrath, H. & Wehnert, D. (1982). Ökologie konkret. Bausteine für eine Umwelterziehung in der Sekundarstufe. Bad Heilbrunn: Klinkhardt.

Roloff, E.A. (Hg.) (1980). Natur – Mensch – Technik. Politische Didaktik, Heft 2.

Schmack, E. (1982). Chancen der Umwelterziehung. Düsseldorf: Schwann.

Schwabe, G.H. (1981). Der Beitrag der (Ideen-)Geschichte zum Umweltproblem. In H. Lehmann (Hg.), Hochschulcurriculum Umwelt (S. 313-351). Köln: Aulis.

Seybold, H. (1979). Interdisziplinäre Ansätze in Curricula zur Umwelterziehung. Deutsche Schule 71, 697-709.

Teutsch, G. (1983). Zur Ethik und Pädagogik des Naturschutzes. Schulreport 5, 18-19.

Trommer, G. (1983). Zur historischen Entwicklung des Themas „Naturschutz" im Biologieunterricht. 2 Teile. Der mathematische und naturwissenschaftliche Unterricht 36, 468-474 und 37 (1984), 16-22.

UNESCO-Kommissionen der Bundesrepublik, Österreich und der Schweiz (1979). UNESCO-Konferenzbericht Nr. 4. München: Saur.

Günter Eulefeld
Institut für die Pädagogik der Naturwissenschaften
an der Universität Kiel

Landschaftsveränderung – Landschaftszerstörung

1. Fakten

Das biblische Gebot, die Erde zu bebauen und zu bewahren (1. Buch Mose, Kap. 2,15), wurde seit 200 Jahren weniger beachtet als das Gebot „Machet Euch die Erde untertan". In der BRD ist dies heute so vollständig gelungen, daß von Ökologen nur noch 0,5% der BRD als „natürliche Landschaft" eingestuft werden.

Seit Menschen seßhaft sind, wurde Natur bearbeitet und zur Kulturlandschaft verwandelt. Aber erst seit Anfang des letzten und besonders in diesem Jahrhundert fand eine Landschaftsveränderung statt, die an Geschwindigkeit, Maßstäblichkeit und Dauerhaftigkeit alles bis dahin Abgelaufene geradezu in die romantische Verklärung verweisen mußte. – Es lassen sich zeitliche Schübe der Landschaftsveränderung in den letzten 150 Jahren feststellen:

– In der Phase der raschen Industrialisierung wachsen Fabrikanlagen und Städte aus dem Boden. Sie brauchen Fläche und verbrauchen Landschaft. Das Ruhrgebiet ist heute das anschaulichste Beispiel für die Verwandlung einer bäuerlichen Kulturlandschaft in eine Städtelandschaft. Diese Phase industrieller Landschaftszerstörung gilt heute weitgehend als abgeschlossen. Man bemüht sich jetzt um „Rückbau", d.h. Rekultivierung der verbrauchten Flächen.

– Mit der überregionalen Ausweitung der Märkte und regionaler Arbeitsteilung wurden Verbindungen zwischen Produktionszentren notwendig: Straßen, Schienen, Kanäle, Flughäfen – die gesamte Verkehrsinfrastruktur. Die Möglichkeit, Entfernungen leichter überwinden zu können, prägte auch die Siedlungsstruktur. Sie wurde großmaßstäblicher und großflächiger, bis zur totalen Zersiedelung. – Obgleich die Fläche, die dem Verkehr direkt als verbrauchte Landschaft zugeordnet werden muß, mit 4,7% Gesamtfläche der BRD noch gering erscheint, sind Verkehrsbauten besonders gravierende Landschaftsveränderungen. Durch den Einsatz moderner Bautechnologie und den Anspruch immer schnellerer Geschwindigkeit nehmen sie keine Rücksicht mehr auf Landschaftsformationen (Hügel, Täler). Straßentrassen zerteilen Berge, Spannbetonbrücken greifen über Ortschaften, Kanäle zerstören natürliche Flußläufe. Der Ausbauschwerpunkt des Verkehrsnetzes liegt eindeutig auf dem Straßenbau. Vom Gesamtverkehrsaufkommen werden 90% des Personenverkehrs und 50% des Güterverkehrs über die Straße abgewickelt. Mit steigender Verkehrsdichte spielen auch Lärm und Abgase als Landschaftsverbraucher eine so große Rolle, daß sich, rechnet man die hierdurch für andere Nutzungen unbrauchbar gewordenen Landschaftsteile hinzu, die durch Verkehr verbrauchte Landschaftsfläche auf 8% der Wirtschaftsfläche der BRD erhöht ($\rightarrow$ *Straße und Verkehr;* $\rightarrow$ *Lärm*).

– Die Sprengung geschlossener regionaler Wirtschaftskreisläufe machte auch großmaßstäbliche Ent- und Versorgungsinfrastrukur nötig: Kraftwerke, Staudämme, Hochspannungsleitungen zerschneiden optisch ganze Landschaften; Abraumhalden und Mülldeponien türmen Gebirge im Flachland auf; Wasserleitungen und Regenrückhaltebecken fressen sich in Wald- und Feuchtgebiete.

– Der Einsatz von großen Landmaschinen führte in den landwirtschaftlichen Regionen zu gravierenden Landschaftsveränderungen, hauptsächlich durch Flurbereinigung (Aufgabe der kleinteiligen, in Fauna und Flora abwechslungsreichen Bewirtschaftung zugunsten großflächiger, maschinengerechter Monokulturen und Wirtschaftswege).

– Freizeit- und Fremdenverkehr entwickeln in ihrem Ausmaß historisch völlig neue Ansprüche an die Landschaft. Sie wird für die Erholung „erschlossen". Eine Vielfalt von Freizeitaktivitäten braucht die Landschaft, und dafür wird sie brauchbar gemacht. Wassersport, Baden, Spazierengehen, Skisport, Freizeitwohnen und Autofahren beanspruchen die Landschaft am meisten, nicht zuletzt durch die notwendigen Erschließungsanlagen (Häfen, Anlieger, Liegeplätze, Zufahrten, Parkplätze, Bergbahnen/Lifte, Pisten/Loipen, Bäder, Rastplätze, Wanderwege etc.). Aus wirtschaftlichen Gründen wird hier oft eine Konzentration angestrebt, die die Landschaft zusätzlich verändert. – Für Freizeit und Fremdenverkehr sind bislang vor allem die allgemein „attraktiven" Landschaften verbraucht worden, und zwar so sehr, daß z.T. ihre ursprüngliche Attraktivität verschwunden ist (Landschaftsfresser Tourismus) ($\rightarrow$ *Freiraum, Freizeit, Tourismus*).

– Eine bereits seit Jahrzehnten stattfindende, aber erst in den letzten Jahren bewußt zur Kenntnis genommene Landschaftsveränderung geht mit der Störung des ökologischen Gleichgewichts einher. Mit dem Absterben von ganzen Waldarealen in Harz und Schwarzwald wird diese Landschaftsveränderung zwar auch in der Fläche sichtbar, läßt sich aber nicht mehr flächenmäßig begrenzen. Boden- und Grundwasserveränderungen, Verarmung der Artenvielfalt durch giftige Ablagerungen und andere Belastungen verändern den Charakter der Landschaft z.T. so nachhaltig, daß es nicht mehr reversibel ist. – Belastungsgrenzen für bestimmte Landschaftsteile festzulegen, ist heute noch nicht ohne weiteres möglich. Man behilft sich damit, Landschaftsteile zu Naturschutzgebieten zu erklären oder als Biotope unter Schutz zu stellen. Da gerade diese Landschaftsteile aber meist als besonders attraktiv gelten, ist ein wirksamer Schutz vor den Belastungen durch Freizeitbesucher kaum ohne Kontrollen möglich.

2. Bewertungen

Landschaft kann so unwiederbringlich verbraucht und zerstört werden, daß eine Rückführung in den alten oder einen qualitativ anderen, nicht unbedingt schlechteren Zustand unmöglich wird. Das ist häufig, aber nicht immer der Fall. Wenn z.B. ein Müllberg zur Skipiste, eine Abraumhalde zum bewaldeten Hügel oder eine Kiesgrube zu einem Badesee umgewandelt wird, hat sich die Landschaft zwar verändert. Der das harmonische, überkommene Landschaftsbild gewohnte Spaziergänger wird hierin eine Verschlechterung sehen, der Skifahrer oder Windsurfer hingegen eine Verbesserung. Die Bewertung der Landschaftsveränderungen unterliegt persönlichen Bedürfnissen und Erfahrungen. Sie wiederum entwickeln sich nicht unabhängig von gesellschaftlichen Prozessen.

So sind Landschaft, Natur und Freizeit mit der Herausbildung eines eigenen Lebensbereiches Freizeit eine Wahrnehmungseinheit geworden. In die Freizeit in der „unberührten" Natur werden Sehnsüchte nach Freiheit hineinprojiziert, die im urbanisierten Alltag nicht befriedigt werden. Auf der Suche nach „heilen" Landschaften mit bäuerlichem oder vorindustriellem Charakter fahren viele Bewohner von Großstädten am Wochenende ohne weiteres 100 bis 200 km weit. Auch wenn diese Suche nicht selten in der Liftschlange oder im Massenlauf auf markierten Wanderwegen endet, sie wird immer wieder unternommen. – Je weiter sich Landschaftszerstörungen durchsetzen, um so idealisierter wird die „natürliche" Landschaft gesehen. Bessere Informationen über ökologische Probleme und gestiegenes → *Umweltbewußtsein* haben zwar einerseits das Verständnis für Natur und Landschaft in der Bevölkerung erhöht und die Bereitschaft zum Widerstand gegen weitere Zerstörungen gefördert. Andererseits entsteht aus diesem Bewußtsein aber auch ein erhöhter Leidensdruck, der die Sehnsucht nach „heiler Natur" weiter steigert und dazu führt, daß auch noch das letzte Bergdorf und die kleinste Hallig als Freizeitlandschaft aufgesucht werden.

Kontrovers bleibt in der Diskussion, ob hier nur eine schöne Kulisse für Freizeitaktivitäten gesucht wird, die ebenso in den Städten unternommen werden könnten – oder ob die Landschaft selbst eigentliches Ziel ist. In der Vergangenheit sind häufig Sport- und Spieleinrichtungen in die Landschaft gebaut worden, die mit ihr selbst wenig zu tun haben und ihren Charakter verändern. Heute geht die Tendenz eher wieder mehr in Richtung landschaftsbezogener Freizeitangebote. Was allerdings mit den verbauten und zersiedelten Freizeitregionen geschehen soll, wenn sich diese Tendenz zum allgemeinen Trend erweitert, ist unklar. Hier entstehen dann die „Montanregionen" der Freizeitgesellschaft.

3. Zukunftsaussichten

Landschaftsveränderungen wird es immer geben. Viele Anzeichen sprechen aber dafür, daß in der Bundesrepublik die Phase der großräumigen und großmaßstäblichen Landschaftsveränderungen durch Flächenverbrauch und Verbauung mit der Epoche der Industrialisierung ihrem Ende zugeht:
– Die Bevölkerung nimmt weiter ab. Zwar steigt der Wohnflächenkonsum weiter (über 45 m²/Einwohner im Durchschnitt), aber Maßnahmen flächensparenden Bauens, Revitalisierung alter Bausubstanz und Umwidmung aufgelassener Industrieanlagen zu Wohngebieten dürften sich weiter durchsetzen, so daß sich die Zersiedlung der Landschaft mit Bungalows abschwächen könnte.
– Neue Kommunikationstechnologien werden neue Verkehrsgewohnheiten ent-

stehen lassen. Geschäftsreisen und Gütertransport könnten mittelfristig zurück-gehen, so daß Verkehrsentlastungen eintreten.

– Der noch weiter zunehmende Freizeit- und Reiseverkehr wird sich entzerren, weil die Arbeitnehmer größere Zeitsouveränität beanspruchen können. Der heute an Verkehrsspitzen orientierte Verkehrsausbau könnte reduziert werden.

– Der Widerstand gegen neue Großinfrastrukturprojekte wächst mit dem Um-weltbewußtsein. Sie werden immer schwerer durchsetzbar. Bisher dafür als Standorte festgelegte periphere Räume der BRD entdecken ihren Eigenwert und wehren sich.

Dafür ist eher mit schleichenden, kleinteiligen Veränderungen der Landschaft zu rechnen – positiv wie negativ. Die ökologischen Zeitbomben aus den vergange-nen Jahrzehnten werden mindestens noch gleich viele Jahrzehnte zu immer neuen negativen Überraschungen führen (z.B. Bodenerosionen und Vermurungen eines Bergtales, Verlandung eines Sees, Vernichtung einer Kulturpflanzung durch resi-stente Schädlinge etc.). Ebenso kleinteilig können sich aber auch positive Verän-derungen zeigen: neue Alm- und Kuppelwiesen in einem Bergtal durch Subventi-on der extensiven Weidewirtschaft; blaues Wasser, Seerosen und Schilfgürtel am See durch die funktionierende Ringkanalisation; Mischwälder und Bauerngärten durch konsequente Anwendung der Kenntnisse ökologischer Kreisläufe in Land- und Forstwirtschaft.

Welche Komponenten der Landschaftsveränderung in Zukunft überwiegen, ist in der nachindustriellen Gesellschaft schwer zu sagen. Das hängt nicht zuletzt damit zusammen, ob es gelingt, ein Verhältnis zur Natur zu finden, das sie weder rein utilitaristisch ausnutzt noch zur heilen Welt erklärt (→ *Freiraum, Freizeit, Tourismus;* → *Straße und Verkehr*).

Literatur

Akademie für Raumplanung u. Landesplanung (Hg.) (1982). Deutscher Planungsatlas: Natur-schutzgebiete, Landschaftsschutzgebiete und Naturpark. Hannover: Verlag der ARL.

Bundesforschungsanstalt für Landeskunde und Raumordnung (Hg.) (1982). Langfristszenarien zur Raumentwicklung. Information zur Raumentwicklung (ILR), Heft 8. Selbstverlag.

Bundesminister f. Raumordnung, Bauwesen und Städtebau (Hg.) (1986). Entwicklung ländlicher Räume durch den Fremdenverkehr. Bonn: FUCK-Verlag.

Deutsche Gesellschaft für Freizeit (Hg.) (1981). Landschaft und Erholung. Düsseldorf: Selbst-verlag.

Joerges, B. (Hg.) (1982). Umweltbelastung und Verbrauchsverhalten. Frankfurt: Campus.

Krause, Ch., Adam, K. & Schäfer, B. (1983). Landschaftsbildanalyse. Schriftenreihe für Land-schaftspflege und Naturschutz der BPNAT, Heft 25. Bonn.

Krippendorf, J. (1975). Die Landschaftsfresser. Bern.

Michelsen, G. (in Zusammenarbeit mit dem Öko-Institut) (1984). Der Fischer Öko-Alamanach 84/85. Frankfurt: Fischer.

Romeiß-Stracke, F. & Pürschel, M.B. (1986). Freizeitnachfrage – Naturbedürfnis – Siedlungs-struktur. Münster: Landwirtschaftsverlag.

Scharpf, H. (1980). Belastungsprobleme in den Freizeit- und Erholungslandschaften. Öko-Ma-gazin, Wege aus einer zerstörten Umwelt, Bd. 3 (S. 56-83). Freiburg.

664

Schemel, H.J. (1984). Landschaftserhaltung durch Tourismus. Garten und Landschaft 11. Sonderdruck.

Weiss, H. (1981). Die friedliche Zerstörung der Landschaft. Zürich.

Felizitas Romeiß-Stracke
Büro für Sozial- und Freizeitforschung
München

Lärm

1. Zum Stellenwert des Umweltstressors Lärm

Eine Vielzahl von Geräuschquellen – z.B. Auto-, Eisenbahn- und Flugverkehr, Produktionsanlagen und Werkstätten, Baustellen, Freizeitaktivitäten u.a.m. – wirken auf den häuslichen Lebensbereich oder den Arbeitsplatz von Menschen ein und machen Lärm zum subjektiv prominentesten → *Umweltstressor*. Demoskopischen Erhebungen zufolge fühlen sich etwa 40% aller Bewohner der BRD durch Lärm belästigt (Statistisches Bundesamt 1981), vor allem durch den nahezu omnipräsenten Verkehrslärm. In Gewerbebetrieben ist Lärmschwerhörigkeit trotz aller Schutzmaßnahmen nach wie vor die häufigste Berufskrankheit (Hauptverband Berufsgenossenschaften 1984). Ferner führt Lärm ständig zu Beschwerden bei öffentlichen Instanzen (Guski 1977) und hat die Gründung einer sehr großen Zahl von Bürgerinitiativen ausgelöst (Andritzky & Wahl-Terlinden 1978) (→ *Partizipation und Protest*).

Viele Menschen sind mehrfach belastet: entweder durch verschiedene Lärmarten oder sowohl in ihrer häuslichen Umwelt als auch während der Arbeitszeit. Zu den Geräuschquellen der „externen Umwelt" können ferner Geräuschbelastungen in der „privaten" Umwelt (z.B. beim Autofahren, Heimwerken, Musikhören) hinzukommen.

Die Auswirkungen von Lärm auf den Menschen werden seit etwa 60 Jahren wissenschaftlich untersucht, zunächst vorrangig innerhalb der Arbeitspsychologie (z.B. Laird 1929, Bergius 1939), seit Mitte der 50er Jahre in rasch zunehmendem Umfang auch bezogen auf Umweltprobleme wie etwa Flug- oder Autolärm (z.B. Borsky 1954, McKennell 1963 u.v.a.m.).

2. Klärung wesentlicher Begriffe der Lärmforschung

Der Begriff *Lärm* wird uneinheitlich gebraucht und sowohl auf physikalische als auch auf psychologische Sachverhalte bezogen. Gebräuchliche Definitionen (vgl. z.B. DIN 1969, Guski 1976, Schröder 1981, Rohrmann 1984) besagen, daß es sich um unerwünschte, störende, belästigende, behindernde, gesundheitsschädliche Schallereignisse handelt; daraus läßt sich zusammenfassen: Lärm ist eine negativ bewertete Geräuscheinwirkung. Wesentliche Gesichtspunkte sind:
– Lärm ist von der Wirkung her definiert („belästigend" usw.);
– Lärm ist man ausgesetzt, ohne es zu intendieren („unerwünscht");
– Lärm ist eine subjektive Erlebniskategorie und somit kein akustischer, sondern ein psychologischer Begriff.

Entsprechend kann Lärm nur als Zusammenwirken von Stimulus-Merkmalen mit Eigenschaften der exponierten Person sowie Charakteristika der jeweiligen Situation verstanden werden.

Die zugrundliegenden physikalischen *Schall*ereignisse (Töne bzw. Geräusche = Tongemische) lassen sich durch akustische Größen beschreiben, z.B. die Intensität durch den Schall(druck)pegel L, der auf einer Dezibel-Skala (dB) angegeben wird. Darüber hinaus ist die auftretende Frequenzverteilung zu berücksichtigen; Meßwerte in „dB(A)" beziehen sich auf das dabei vorherrschende Verfahren. Weiterhin sind zur Mittelung über die Zeit hinweg zahlreiche Kennwerte verfügbar (s. z.B. DIN 1969, Bohny et al. 1986, Finke 1980).

Im Kontext der Lärmforschung interessiert das Ausmaß der Geräusche, die auf Menschen bzw. Gebiete einwirken; die dabei auftretenden *Geräuschbelastungen* werden durch akustische Immissionskennwerte beschrieben.

Gegenstand der humanwissenschaftlichen Lärmwirkungsforschung sind *Beeinträchtigungen durch Lärm*, d.h. Auswirkungen von Geräuschbelastungen, die das soziale, psychische und somatische Wohlbefinden mindern oder zu Krankheiten führen.

Dabei werden üblicherweise zwei Sachverhalte unterschieden: *Belästigungen* als störende Wirkungen, die menschliches Erleben und Verhalten bzw. Verhaltensabsichten in unerwünschter Weise beeinflussen, und *Gesundheitsschäden* als manifeste, längerfristige und teils irreversible Auswirkungen mit Krankheitswert. (Diese Begriffe sind auch juristisch relevant, wobei Belästigungen das Kriterium der „Erheblichkeit" erfüllen müssen, um rechtlich bedeutsam zu sein.)

Die Bezeichnung von Lärm als *Umweltstressor* verweist auf den belastenden Charakter dieser Umwelteinwirkung, die Bewältigungsleistungen erforderlich macht.

3. Beeinträchtigende Auswirkungen von Geräuschbelastungen

Lärm ist z.Zt. der meisterforschte Umweltstressor; aus Psychoakustik, Physiologie, Psychologie (Arbeits-, Sozial-, Umweltpsychologie), Soziologie, Planungswissenschaften usw. liegt eine kaum noch überschaubare Menge von Untersuchungen vor (zusammenfassende Darstellungen finden sich z.B. in Cohen & Weinstein 1983, Guski 1987, Jansen & Klosterkötter 1980, Jones & Chapman 1984, Kryter 1985, Rohrmann et al. 1978, Schick 1979, Tempest 1985, WHO 1980; zur aktuellen Forschung s. z.B. Rossi 1983, Schick et al. 1986 Berglund & Lindrall 1988),

Eine grobe Übersicht zu den Hauptwirkungen von Lärm auf Menschen gibt *Tabelle 1*. Diese *Beeinträchtigungen* sind – empirisch gesehen – unterschiedlich häufig und intensiv, unterschiedlich eng und direkt auf die Geräuschbelastung als Ursache bezogen sowie – in normativer Sicht – anthropologisch unterschiedlich bedeutsam, stellen jedoch alle einen beträchtlichen Eingriff in menschliche Lebensbedingungen dar.

Allerdings haben lästige Geräusche nicht prinzipiell beeinträchtigende, sondern teils sogar förderliche Effekte, wie etwa Experimente zum Leistungsverhalten zeigen (Schönpflug & Heckhausen 1976, Loeb 1986) und umgekehrt können auch erwünschte Geräusche Beeinträchtigungen hervorrufen (z.B. Hörschäden durch dauerhaft zu laut gehörte Musik; s. Irion 1979).

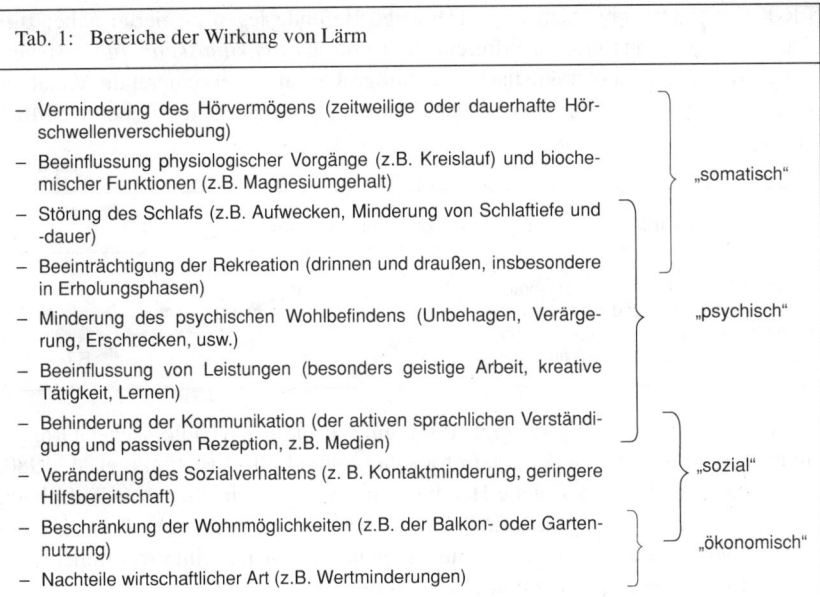

Tab. 1: Bereiche der Wirkung von Lärm

- Verminderung des Hörvermögens (zeitweilige oder dauerhafte Hörschwellenverschiebung)
- Beeinflussung physiologischer Vorgänge (z.B. Kreislauf) und biochemischer Funktionen (z.B. Magnesiumgehalt)
  „somatisch"
- Störung des Schlafs (z.B. Aufwecken, Minderung von Schlaftiefe und -dauer)
- Beeinträchtigung der Rekreation (drinnen und draußen, insbesondere in Erholungsphasen)
- Minderung des psychischen Wohlbefindens (Unbehagen, Verärgerung, Erschrecken, usw.)
  „psychisch"
- Beeinflussung von Leistungen (besonders geistige Arbeit, kreative Tätigkeit, Lernen)
- Behinderung der Kommunikation (der aktiven sprachlichen Verständigung und passiven Rezeption, z.B. Medien)
- Veränderung des Sozialverhaltens (z. B. Kontaktminderung, geringere Hilfsbereitschaft)
  „sozial"
- Beschränkung der Wohnmöglichkeiten (z.B. der Balkon- oder Gartennutzung)
  „ökonomisch"
- Nachteile wirtschaftlicher Art (z.B. Wertminderungen)

Ab welchen Geräuschbelastungen die Beeinträchtigungen somatisch, psychisch und sozial erheblich werden, kann nicht pauschal gesagt werden, sondern ist auf den Wirkungsbereich (vgl. Tab. 1) zu beziehen. Geht man z.B. von der sprachlichen Kommunikation – dem entscheidenden Mittel des Menschen zur Selbstentfaltung und Interaktion mit der Außenwelt – aus, so ist bei Störgeräuschpegeln ab etwa 45 dB(A) mit zunehmender Beeinträchtigung zu rechnen; bei Dauergeräuschen mit Pegeln über 65 dB(A) ist keine akzeptable Kommunikation mehr möglich. (Belastungs-Grenzwerte werden u.a. in Jansen & Klosterkötter 1980 oder Kryter 1985 erörtert.)

In Teilbereichen ist das verfügbare Wissen über Lärmwirkungen noch sehr begrenzt, so etwa über Adaptationsprozesse (vgl. Hörmann 1974) oder über indirekte bzw. Spätfolgen (vgl. Cohen 1980). Dies gilt noch mehr für (Wechsel-)Wirkungen bei multiplen Belastungen durch mehrere (Umwelt-)Stressoren.

4. Modelle der Lärmverarbeitung

Aus den zahlreichen Lärmwirkungsstudien ergibt sich weitgehend übereinstimmend, daß der Zusammenhang zwischen Maßen der Geräuschbelastung und Beeinträchtigungskriterien nicht sehr eng ist (Korrelationen etwa zwischen 0.2 und 0.6). Die Variabilität in den individuellen Reaktionen ist somit bestenfalls zu einem Drittel durch die akustische Stimulussituation determiniert, ein einfaches

S-R-Konzept also unangemessen. Derartige Befunde legen zweierlei nahe: zum einen, die Wirkungsseite zu differenzieren und als *Reaktionskette* zu verstehen, und zum anderen, außerakustische Einflußgrößen als intervenierende Variablen bzw. *Moderatoren* in die Analyse der Lärmverarbeitung einzubeziehen („SMR"-Konzept).

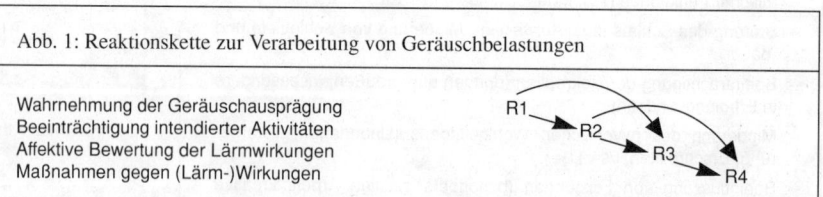

Abb. 1: Reaktionskette zur Verarbeitung von Geräuschbelastungen

Wahrnehmung der Geräuschausprägung
Beeinträchtigung intendierter Aktivitäten
Affektive Bewertung der Lärmwirkungen
Maßnahmen gegen (Lärm-)Wirkungen

R1
R2
R3
R4

Zum ersten Gesichtspunkt zeigt *Abb.1* eine Struktur psychologischer Größen, die an Ergebnisse der Verkehrslärmforschung anknüpft (z.B. Finke et al. 1980, Taylor 1984) und lärmbezogene Handlungen – wie etwa baulichen Schallschutz, Protest oder auch Umzug – als Endglied vorsieht. (Die hier nicht berücksichtigten somatischen Lärmeinwirkungen können gleichermaßen als Primärreaktionen oder als psychisch induzierte Sekundäreffekte auftreten.)

Wie die Störeffekte zustande kommen, ist insbesondere in (Labor-)Experimenten zum Leistungsverhalten vielfach untersucht worden (zusammenfassend: Loeb 1986). Die theoretischen Erklärungen beziehen sich z.B. auf die Einengung der Aufmerksamkeit (vgl. Broadbent 1979), die Maskierung von akustischem Feedback (Poulton 1979), die Kosten des Lärms als belastende Zusatzaufgabe (Schönflug 1979) u.a.m. Allerdings sind nicht nur die empirischen Befunde, sondern auch die Theorien teils widersprüchlich, und die Übertragbarkeit auf Lärmsituationen in der alltäglichen Umwelt scheint begrenzt zu sein.

Als Moderatoren sind vor allem stressorbezogene Einstellungen und Dispositionen bedeutsam (z.B. Lärmempfindlichkeit, subjektives Bewältigungsvermögen, gesundheitliche Befürchtungen wegen Lärm, Einstellungen zur Notwendigkeit, Absehbarkeit, Steuerbarkeit der Geräusche usw.). Einige generelle Persönlichkeitscharakteristika (wie z.B. Alter, Gesundheitszustand, emotional-vegetative Labilität), die allgemeinen Wohn- und Arbeitsbedingungen (neben Lärm) sowie Merkmale der materiellen, sozialen und psychischen Situation, in der Geräuschbelastung auftritt, beeinflussen ebenfalls Art und Ausmaß von Beeinträchtigungen (s. z.B. Schönpflug 1981, Schümer & Schümer-Kohrs 1984). Statistisch gesehen ist die Erklärungskraft derartiger Kodeterminanten für die betrachteten Wirkungsvariablen zumindest ebenso groß wie die der akustischen Stimulusgrößen.

Einige Autoren haben versucht, die verschiedenen Stimulus-, Moderator- und Reaktions-Aspekte in Form von *Kausalmodellen* zu verknüpfen (vgl. Rohrmann 1984). Dabei hat insbesondere die psychologische Streßtheorie mit ihrer Betonung der subjektiven Stressor-Einschätzung und darauf bezogener „Coping"-Mechanismen eine wichtige Rolle gespielt (z.B. Lazarus 1966, Glass & Singer 1972, Leventhal & Nerenz 1983).

Die Wirkungsstruktur für die wichtigsten *Stimulus-*, *Moderator-* und *Reaktions-*
Aspekte aus umweltpsychologisch/sozialwissenschaftlich orientierten Arbeiten
ist in *Abb.2* schematisch dargestellt.

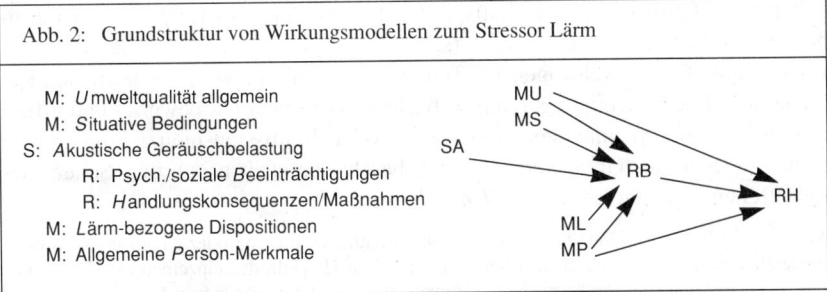

Abb. 2: Grundstruktur von Wirkungsmodellen zum Stressor Lärm

M: *U*mweltqualität allgemein
M: *S*ituative Bedingungen
S: *A*kustische Geräuschbelastung
    R: Psych./soziale *B*eeinträchtigungen
    R: *H*andlungskonsequenzen/Maßnahmen
M: *L*ärm-bezogene Dispositionen
M: Allgemeine *P*erson-Merkmale

Entsprechende Modelle und vor allem die Klärung der Kausalstruktur haben
zweifache Bedeutung für die Lärmforschung: Unter theoretischen Gesichtspunkten ist klärungsbedürftig, was echte und scheinkorrelierte Lärmwirkungen, was
direkte oder indirekte Folgen sind, und wie der Umweltstressor intern verarbeitet
wird. Im Blick auf technologische Anwendungen ist entscheidend, ob, wie und in
welchem Grad sich Veränderungen der akustischen Geräuschbelastung auf die zu
vermindernden Beeinträchtigungen auswirken (können).

5. Methodische Probleme der Lärmforschung

Der Sache nach ist Lärmforschung zumeist interdisziplinäre Forschung, in der
psychologische, medizinische und soziologische Wirkungsdaten auf akustisch ge-
messene Sachverhalte bezogen werden. Demgegenüber haben demoskopische
oder epidemiologische Erhebungen zur Belästigung durch Lärm ohne Geräusch-
messungen nur begrenzten Aussagewert.

Vom Untersuchungsansatz her überwiegen Laboruntersuchungen; die Generalisierbarkeit von
Befunden aus Laborsituationen auf alltäglichen Umweltlärm ist jedoch begrenzt. Bei Felduntersuchungen (vorrangig anwendungsorientierten Studien) ist das wesentliche Problem, die Resultate im Blick auf Ursache-Wirkungs-Relationen zu interpretieren. Die Verknüpfung beider Strategien – wie etwa im DfG-Forschungsbericht Fluglärm 1974 oder bei Cohen et al. (1981) – ist
aufwendig und bislang selten. (Zu methodischen Fragen s. z.B. Cohen et al. 1986, Rohrmann
1984.)

Schließlich ist anzumerken, daß Querschnittstudien völlig dominieren; psychologische Analysen zu Entwicklung und Veränderung von Reaktionen auf Geräuschbelastungen erfordern Längsschnittuntersuchungen (s. z.B. Cohen et al. 1981), an
denen es jedoch noch sehr mangelt.

6. Lärmforschung als umweltpolitische Entscheidungshilfe

Angesichts der weitreichenden Auswirkungen von Lärm auf menschliches Verhalten wird Lärm ein gesellschaftspolitisches Problem. Im Rahmen von Lärmbekämpfung und Lärmschutzpolitik (s. z.B. Bohny et al. 1986; Der Rat von Sachverständigen für Umweltfragen 1987) müssen deshalb die wissenschaftlichen Befunde über Beeinträchtigungen auf kritische Belastungen hin bewertet und effiziente technische Maßnahmen (Emissions- oder Immissionsreduzierung) sowie rechtliche Schritte (Grenzwerte, Betriebsbeschränkungen usw.) zum Schutz der Betroffenen ergriffen werden (→ *Umweltpolitik*).

Allerdings sollte Lärmminderung nicht nur als öffentliche Aufgabe oder technisches Problem verstanden werden; sie muß ebenso beim individuellen Handeln des einzelnen ansetzen – fast alle Menschen sind ja gleichermaßen Lärmbetroffene und Lärmerzeuger. Insofern ist Lärmschutz, ähnlich anderen Bereichen des umweltbewußten Verhaltens, auch ein Problem der Umweltpädagogik (Day 1986, Fietkau 1984) (→ *Umwelterziehung;* → *Umweltbewußtsein*).

In diesem Zusammenhang erwachsen einer problemorientierten Umweltpsychologie vielfältige, wenngleich komplexe Fragestellungen (vgl. Fietkau 1984, Rohrmann 1984, Wohlwill 1981), die zudem teils im Übergangsbereich von empirischer Forschung und normativen Problemen liegen. Im Bereich Lärm betrifft der Erkenntnisbedarf von Administration und Technik vor allem gesundheitlich relevante Wirkungen und die zugrundeliegenden Ursache-Wirkungs-Beziehungen, Bewertungsmaßstäbe bzw. (Un-)Zumutbarkeitskriterien, Möglichkeiten der Verhaltensbeeinflussung sowie Befunde zur objektiven und subjektiven Wirksamkeit von Maßnahmen. Entsprechende Forschung hat schon bisher eine wesentliche *Entscheidungshilfe* dargestellt und wird auch in Zukunft unentbehrlich sein (Vogel 1980). Bei der Umsetzung wissenschaftlicher Kenntnisse in technisches, pädagogisches und politisches Handeln treten freilich ebenso wissenschaftstheoretische wie zahlreiche praktische Schwierigkeiten auf (Irle 1975, Dimentio 1981). Sie können durch bessere theoretische Fundierung, erweiterte Untersuchungsmethoden und vertiefte Kommunikation zwischen „wissenschaftlicher" Lärmforschung und ihren Nutzern überwunden werden.

Literatur

Andritzky, W. & Wahl-Terlinden, U. (1978). Mitwirkung von Bürgerinitiativen an der Umweltpolitik. Umweltbundesamt-Bericht 6/78. Berlin.

Bergius, R. (1939). Die Ablenkung von der Arbeit durch Lärm und Musik und ihre strukturtypologischen Zusammenhänge. Zeitschrift für Arbeitspsychologie 12, 89-114, 133-154.

Berglund, B. & Lindvall, T. (Eds.) (1988). Noise as a public health problem - Proceedings (5 vols.). Stockholm: Swedish Council for Research.

Bohny, H.-M., Borgmann, R., Kellner, K.H., Kühne, R., Müller, H., Vierling, W. & Weigl, P. (1986). Lärmschutz in der Praxis. München: Oldenbourg.

Borsky, P. (1954). Community aspects of aircraft annoyance. National Opinion Research Centre (Report 54), University of Chicago.

Broadbent, D.E. (1979). Human performance and noise. In C.M. Harris (Ed.), Handbook of noise control (2nd ed.) (pp. 10/1-10/34). New York: McGraw-Hill.

Cohen, S. (1980). Aftereffects of stress on human performance and social behavior – a review of research and theory. Psychological Bulletin 88, 82-108.

Cohen, S. & Weinstein, N. (1983). Nonauditory effects of noise on behavior and health. In G.W. Evans (Ed.), Environmental stress (pp. 45-74). Oxford: University Press.

Cohen, S., Evans, G.W., Krantz, D.S., Stokols, D., & Kelly, S. (1981). Aircraft noise and children – longitudinal and cross-selectional evidence on adaption to noise and the effectiveness of noise abatement. Journal of Personality and Social Psychology 40, 331-345.

Cohen, S., Evans, G.W., Stokols, D., & Krantz, D.S. (1986). Behavior, health, and environmental stress, (Ch. 2: Methodological approaches). New York: Plenum.

Day, P. (1986). Noise production and social situation. In A. Schick, H. Höge, & G. Lazarus, (Eds.), Contributions to psychological acoustics (pp. 205-222). Oldenburg: B-I-S.

Der Rat von Sachverständigen für Umweltfragen (1987). Umweltgutachten 1987 (Teil Lärm: S. 832-960). Bonn.

DfG-Forschungsbericht (1974). Fluglärmwirkungen – eine interdisziplinäre Untersuchung über die Auswirkungen des Fluglärms auf den Menschen. Boppard: Boldt.

Dimentio, J.S. (1981). Making useable information on environmental stressors – opportunities for the research and policy communities. Journal of Social Issues 37, 173-204.

DIN (Deutsches Institut für Normung) (Hg.) (1969). DIN 1320: Akustik-Grundbegriffe.

Fietkau, H.-J. (1984). Bedingungen ökologischen Handelns. Weinheim: Beltz.

Finke, H.-O. (1980). Akustische Kennwerte für die Messung und Beurteilung von Geräuschimmissionen und deren Zusammenhang mit der subjektiven Gestörtheit. Diss. Techn. Univ. Braunschweig.

Finke, H.-O., Guski, R. & Rohrmann, B. (1980). Betroffenheit einer Stadt durch Lärm – Bericht über eine interdisziplinäre Untersuchung. Berlin: UBA-Texte.

Glass, C.D. & Singer, J.E. (1972). Urban stress, experiments on noise and social stressors. New York: Academic Press.

Guski, R. (1976). Der Begriff „Lärm" in der Lärmforschung. Kampf dem Lärm 23, 43-57.

Guski, R. (1977). An analysis of spontaneous noise complaints. Environmental Research 13, 229-236.

Guski, R. (1987). Lärm – Wirkungen unerwünschter Geräusche. Bern: Huber.

Hauptverband der gewerblichen Berufsgenossenschaften (Hg.) (1984). Übersicht über die Geschäfts- und Rechnungsergebnisse 1983. Bonn.

Hörmann, H. (1974). Der Begriff der Anpassung in der Lärmforschung. Psychologische Beiträge 16, 152-167.

Irion, H. (1979). Gehörschäden durch Musik – Kritische Literaturübersicht. Kampf dem Lärm 26, 91-100.

Irle, M. (1975). Is aircraft noise harming people? In M. Deutsch & H.A. Hornstein (Eds.), Applying social psychology (pp. 115-138). Hillsdale, NJ: Erlbaum.

Jansen, G. & Klosterkötter, W. (Hg.) (1980). Lärm und Lärmwirkungen – ein Beitrag zur Klärung von Begriffen. AK-Bericht, herausgegeben vom Bundesministerium des Innern. Bonn.

Jones, D.M. & Chapman, A.J. (Eds.) (1984). Noise and society. Chichester: Wiley.

Kryter, K.D. (1985). The effects of noise on man (2nd ed.). New York: Academic Press.

Laird, D.A. (1929). The effects of noise – a summary of experimental literature. Journal of the Acoustical Society of America 1, 256-262.

Lazarus, R.S. (1966). Psychological stress and the coping process. Chichester: McGraw-Hill.

Leventhal, K. & Nerenz, D.R. (1983). A model for stress research with some implications for the control of stress disorders. In D. Meichenbaum & M.E. Jaremko (Eds.), Stress reduction and prevention (pp. 5-38). New York: Plenum.

Loeb, M. (1986). Noise and human efficiency. Chichester: Wiley.

McKennell, A.C. (1963). Aircraft noise annoyance around London (Heathrow) Airport. London: Central Office of Information.

Poulton, E.C. (1979). Composite model for human performance in continuous noise. Psychological Review 86, 361-375.

Rohrmann, B. (1984). Psychologische Forschung und umweltpolitische Entscheidungen: Das Beispiel Lärm. Opladen: Westdeutscher Verlag.

Rohrmann, B., Finke, H.-O., Guski, R., Schümer, R. & Schümer-Kohrs, A. (1978). Fluglärm und seine Wirkung auf den Menschen – Methoden und Ergebnisse der Forschung, Konsequenzen für den Umweltschutz. Bern: Huber.

Rossi, G. (1983). Noise as a public health problem (Proceedings of the 4th International Congress, Vol. 1 u. 2). Milano: Centro Ricerche e Studi Amplifon.

Schick, A. (1979). Schallwirkung aus psychologischer Sicht. Stuttgart: Klett-Cotta.

Schick, A., Höge, H. & Lazarus, G. (Eds.) (1986). Contributions to psychological acoustics. Oldenburg: B-I-S.

Schönpflug, W. (1979). Regulation und Fehlregulation im Verhalten. Psychologische Beiträge 21, 174-202.

Schönpflug, W. (1981). Acht Gründe für die Lästigkeit von Schallen und die Lautheitsregel. In A. Schick (Hg.), Akustik zwischen Physik und Psychologie. Stuttgart: Klett-Cotta.

Schönpflug, W. & Heckhausen, H. (1976). Lärm und Motivation. Opladen: Westdeutscher Verlag.

Schröder, E. (1981). Lärm – Entwurf einer Definition. Zeitschrift für Lärmbekämpfung 28, 154-155.

Schümer, R. & Schümer-Kohrs, A. (1984). Zum Einfluß außer-akustischer Faktoren („Moderatoren") auf die Reaktion auf Verkehrslärm. In A. Schick & K.P. Walcher (Hg.), Beiträge zu einer Bedeutungslehre des Schalls (S. 87-98). Bern: Peter Lang.

Statistisches Bundesamt (Hg.) (1981). 1%–Wohnstichprobe – Wohnumfeld (Fachserie S, Heft 6). Wiesbaden, Dez.

Taylor, S.M. (1984). Path modelling of aircraft noise annoyance. Journal of Sound and Vibration 96, 243-260.

Tempest, W. (Ed.)(1985). The noise handbook. London: Academic Press.

Vogel, A.O. (1980). Die Problematik legislativer Grenzwertentscheidungen im Lärmschutz – Eine Herausforderung für Politik und Wissenschaft. Zeitschrift für Lärmbekämpfung 27, 198-204.

WHO (World Health Organization) (Ed.) (1980). Noise (Environmental health criteria 12). Geneva: WHO.

Wohlwill, J.F. (1981). Environmental psychology and environmental problems. Zeitschrift für Umweltpolitik, Special Volume „Environmental Psychology 4", 157-182.

Bernd Rohrmann
Fakultät PPE
Universität Mannheim

Abfall

Einleitung

In dem seit 1975 bestehenden Abfallbeseitigungsgesetz der Bundesrepublik Deutschland wird „Abfall" definiert als „bewegliche Sachen, deren sich der Besitzer entledigen will, oder deren geordnete Beseitigung zur Wahrung des Wohls der Allgemeinheit geboten ist". Diesem Abfallwirtschaftsprogramm lagen drei Hauptziele zugrunde, die in ihrer Globalität auch heute noch konsensfähig sind (vgl. Brückner & Wiechers 1985):

(1) Reduzierung der Abfälle auf Produktions- und Verbraucherebene durch
 – Verringerung der Produktionsabfälle,
 – Anwendung umweltfreundlicher Produktionsverfahren,
 – Überprüfung des Materialeinsatzes hinsichtlich der Zweckbestimmung von Erzeugnissen,
 – Erhöhung der Haltbarkeit von Produkten,
 – Steigerung der Mehrfachverwendung von Produkten;
(2) Steigerung der Nutzbarmachung von Abfällen durch
 – Verwertung des Rohstoffes im Produktionsprozeß,
 – Ausnutzung des Energieinhaltes,
 – Rückführung in biologische Kreisläufe;
(3) Schadlose Beseitigung.

Die in diesem Gesetz zum Ausdruck kommende Akzentverschiebung von der Abfallbeseitigung zu einer vermeidungs- und verwertungsorientierten Abfallwirtschaftspolitik läßt sich legitimieren mit der gestiegenen Verantwortung, Rohstoffe sparsam mit größtmöglichem Ausnutzungsgrad einzusetzen und die Gefährdung unserer natürlichen Lebensgrundlagen durch Umweltbelastungen zu reduzieren. Im Unterschied zu den Zielen bleiben jedoch die Wege und Mittel einer ökologischen Abfallwirtschaft umstritten (vgl. Hartkopf & Bohne 1983, Koch & Seeberger 1984).

1. Strukturrahmen des Abfallverhaltens privater Haushalte

Aus der Fülle verschiedener Müllarten (z.B. Klärschlamm, landwirtschaftliche Abfälle, Bauschutt, Abraum) wird im folgenden lediglich der Hausmüll weiter betrachtet. Clemens und Joerges (1982) entwickelten einen begrifflichen Bezugsrahmen, um den Prozeß der Entstehung und Verwendung von häuslichem Abfall systematisieren zu können. An fünf Problemfeldern verdeutlichen sie, worin abfallvermindernde Zielsetzungen liegen (→ *Umweltbewußtsein;* → *Umwelterziehung*):

(1) Verpackung: Verringerung der Verpackungsmenge und Mehrfachverwendung von Verpackungen.

(2) Obsoleszenz (Verschleiß): Verlängerung der Lebens- und Nutzungdauer von Konsumgütern.

(3) Zweithand-Produkte: Weiterverteilung von Konsumgütern, die Erstverwender nicht mehr nutzen, an andere Konsumenten.

(4) Getrennte Hausmüllsammlung: Separierung von Abfällen durch die Haushalte.

(5) Altprodukte: Verwendung von Produkten, die ganz oder teilweise zurückgeführte Materialien enthalten.

Für jeden dieser fünf Problembereiche schlagen Clemens und Joerges (1982) eine Reihe von Änderungsstrategien vor, die allerdings nicht nur bei den Personen selbst ansetzen.

(1) Information: Individuelles Handeln bewußtmachen, individuelle Betroffenheit verdeutlichen, Konsequenzen des individuellen Handelns aufzeigen, Vermittlung von Handlungskompetenzen.

(2) Anreize: Finanzielle Anreize (Preismechanismen, Tarife), soziale Anreize.

(3) Mobilisierung: Realisierung veränderter („einfacher") Lebensstile, Ermunterung zu Nachahmung und Solidarität.

(4) Administrative Regulierung: Ge- und Verbote für bestimmte Aktivitäten von Konsumenten, Herstellern, Handel, Rohstoff- und Weiterverarbeitungsindustrie usw.

Aus dieser Vielfalt von Ansatzmöglichkeiten wurden bisher lediglich zwei Bereiche systematisch-empirisch untersucht (v.a. im angelsächsischen Sprachraum):

– Einhaltung geordneter Müllablagerung (littercontrol bzw. anti-littering)
– Teilnahme an Hausmüllrecyclingaktionen.

2. Einhaltung geordneter Müllablagerung (littercontrol)

Die Untersuchungen zur Müllbeseitigung waren zumeist verhaltensmodifizierend angelegt (vgl. Cone & Hayes 1980, Geller 1980a). Zwei Zielverhaltensweisen sollen aufgebaut werden: Gebrauch von Abfallbehältern und Aufsammeln von umherliegendem Unrat. Entsprechend der verhaltensanalytischen Terminologie wird zwischen antezedenten und konsequenzorientierten Maßnahmen unterschieden (Geller, Winett & Everett 1982). Einige empirische Befunde lassen sich wie folgt zusammenfassend bewerten:

– Als antezedente Strategien bewährten sich die vermehrte Aufstellung (stärkere Erreichbarkeit) und Verschönerung von Müllbehältern sowie der Einsatz spezifischer Hinweisschilder und verbaler Instruktionen (Geller, Brasted & Mann 1980). Allerdings kann damit nur das Wegwerfen von Unrat verhindert, nicht aber das Müllaufsammeln erreicht werden (Geller, Witmer & Tuso 1977).

– Bei den vorhergehenden Instruktionen (anti-litter prompts) erwiesen sich einige Charakteristika als erfolgreich: Zeitliche und räumliche Nähe zwischen Hinweis und Zielverhalten; Formulierung spezifischer und konkreter Hinweise

in einer höflichen und nicht fordernden Art und Weise (Geller, Witmer & Orebaugh 1976).
- Werden die verbalen oder schriftlichen Hinweise zu stark als Forderungen aufgefaßt, kommt es zu psychologischer Reaktanz. Die Personen erleben die Hinweise als Bedrohung ihrer persönlichen Freiheit und verweigern die Mitarbeit bzw. zeigen zielkonträre Verhaltensweisen (Reich & Robertson 1979).
- Beim Einsammeln von umherliegendem Müll zeigt eine Kombination von antezedenten und verstärkenden Bedingungen (materielle Belohnungen, Teilnahmemöglichkeit an Lotterien, kleine Geschenke) die höchste Wirksamkeit (Baltes & Haywood 1976).
- Um Belohnungen zu erhalten, werfen die Personen teilweise zunächst Unrat weg, um ihn anschließend wieder aufzusammeln. Erst die Einführung besonderer Abfallmarkierungstechniken gestattete eine Unterbindung dieser ökologisch widersinnigen Verhaltensweisen (Bacon-Prue et al. 1980).
- Nachteilig wirkt sich bei den Belohnungsstrategien der hohe Zeit- und Personenaufwand bei der Evaluation aus. Ferner besteht ein gravierendes Problem darin, daß lediglich kurzfristige Effekte nachweisbar waren. Die Erweiterung durch eine gemeindepsychologische Vorgehensweise (→ *Gemeindepsychologie*) bietet zukunftsträchtige Perspektiven (Geller, Winett & Everett 1982).

3. Teilnahme an Hausmüllrecycling

Die Untersuchungen bezogen sich auf einzelne und spezifische Verhaltensweisen wie Trennung von Altpapier, Altglas oder Aluminium aus dem Hausmüll oder hausmüllähnlichen Abfällen von Behörden und öffentlichen Institutionen (z.B. Schulen, Universitäten). Ein großer Teil der amerikanischen Studien orientierte sich an dem oben bereits geschilderten Grundmuster. In ähnlicher Weise wie beim „anti-littering" dominierte die Suche nach verhaltensmodifizierenden Möglichkeiten einer erhöhten Beteiligung an Recyclingaktionen durch die Variation antezedenter oder belohnungsbezogener Einflußfaktoren (vgl. die Übersichtsartikel von Geller 1980b, 1981).

In den Untersuchungen mit extrinsischen Anreizen gelang es zwar, den Anteil an Personen, die sich am Müllrecycling beteiligten, kurzfristig zu erhöhen. Schwierigkeiten traten allerdings auf, wenn die Belohnungen abgesetzt wurden und langandauernde, stabile Verhaltensänderungen erreicht werden sollten (vgl. Luyben & Bailey 1979). Motivations- bzw. sozialpsychologisch angelegte Studien bieten Ansatzpunkte zur Lösung dieser Unzulänglichkeit.

DeYoung (1985-86) zeigte, daß Hausmüllrecycling auch intrinsisch motiviert sein kann und die Personen eine gewisse innere Zufriedenheit erleben, wenn sie Recyclingaktivitäten ausführen. Die intrinsisch motivierte Zufriedenheit entsteht aus Aktivitäten, in denen Ressourcen sorgfältig verwendet werden bzw. Müll vermieden wird, im Haushalt Wege gefunden werden, genügsam und selbstversorgend zu leben sowie aus dem Empfinden, gebraucht zu werden und durch eigenes

Handeln aktiv einwirken zu können. Die Beziehung zwischen Recyclingverhalten und den Zufriedenheitsskalen verdeutlicht, daß umweltbewahrende Handlungen auch aus sich selbst heraus motiviert sein können (DeYoung 1986) (→ *Umweltbewußtsein*).

Pardini und Katzev (1983-84) untersuchten, ob die öffentliche Verpflichtung (commitment) einer Person gegenüber einer Sache die Beteiligungsrate an Altpapierrecycling erhöhte. Personen, die ihre verbale Zustimmung zur Notwendigkeit des Recyclings gaben oder eine Unterschriftenliste bezüglich Recycling unterschrieben, beteiligten sich verstärkt am Altpapierrecycling. Die Bedeutung des sozialpsychologischen Konstruktes „commitment" als Einflußfaktor auf das individuelle Recyclingverhalten bestätigte sich in weiteren Untersuchungen (vgl. McCaul & Kopp 1982, Burn & Oskamp 1986).

Nielsen und Ellington (1983) betrachteten die Verbreiterung von Recyclingverhalten als Form der *Diffusion* von Neuerungen. Bei der Diffusion von neuen Produkten bzw. Verhaltensweisen wird Innovatoren, die in ihren Bezugsgruppen zugleich als Meinungsführer fungieren, ein zentraler Stellenwert eingeräumt. Hypothesenkonform beteiligen sich in Stadtvierteln, in denen mit Meinungsführern zusammengearbeitet wurde, mehr als doppelt soviel Haushalte an der Recyclingsaktion wie in anderen Stadtvierteln.

Der bisher differenzierteste sozialpsychologische Ansatz zur Erklärung des Recyclingverhaltens stammt von Kok und Siero (1985). In einer Studie mit 586 Personen der holländischen Stadt Zeist verknüpften sie verschiedene theoretische Konzepte zu einem schrittweisen Modell der Teilnahme am Weißblechrecycling. Die Tabelle 1 verdeutlicht die sechs Schritte, die zwischen der anfänglichen kommunikativen Beeinflussung und der kontinuierlichen Teilnahme am Recycling-Programm liegen.

Entsprechend dem sozialpsychologischen Modell der Einstellungsänderung durch persuasive Kommunikation von McGuire (1972) muß zunächst die Aufmerksamkeit auf die Existenz des Programmes gerichtet und die Programmzielsetzung verstanden sein. Die erstmalige Recyclingteilnahme hängt im weiteren davon ab, ob die Überzeugungen und individuellen Bewertungen eine positive Einstellung zum Programm hervorrufen, die sozialen Normen die Verhaltensabsicht verstärken und die Fähigkeit und situative Möglichkeit zur Verhaltensausführung besteht. Hierbei findet das sozialpsychologische Modell der Einstellungs-Verhaltens-Konsistenz von Fishbein und Ajzen (1975) Berücksichtigung. Schließlich hängt die kontinuierliche Recyclingteilnahme noch von den Erfahrungen ab, die eine Person bei der anfänglichen Verhaltensausführung macht.

Dieses Prozeßmodell der Einstellungsänderung bietet m.E. gute Ansatzpunkte für weitere Forschungsaktivitäten, insbesondere wenn die Überlegungen von Petty und Cacioppo (1986) zur Unterscheidung zwischen zeitweiliger und dauerhafter Einstellungsänderung (peripheral vs. central route to persuasion) berücksichtigt werden.

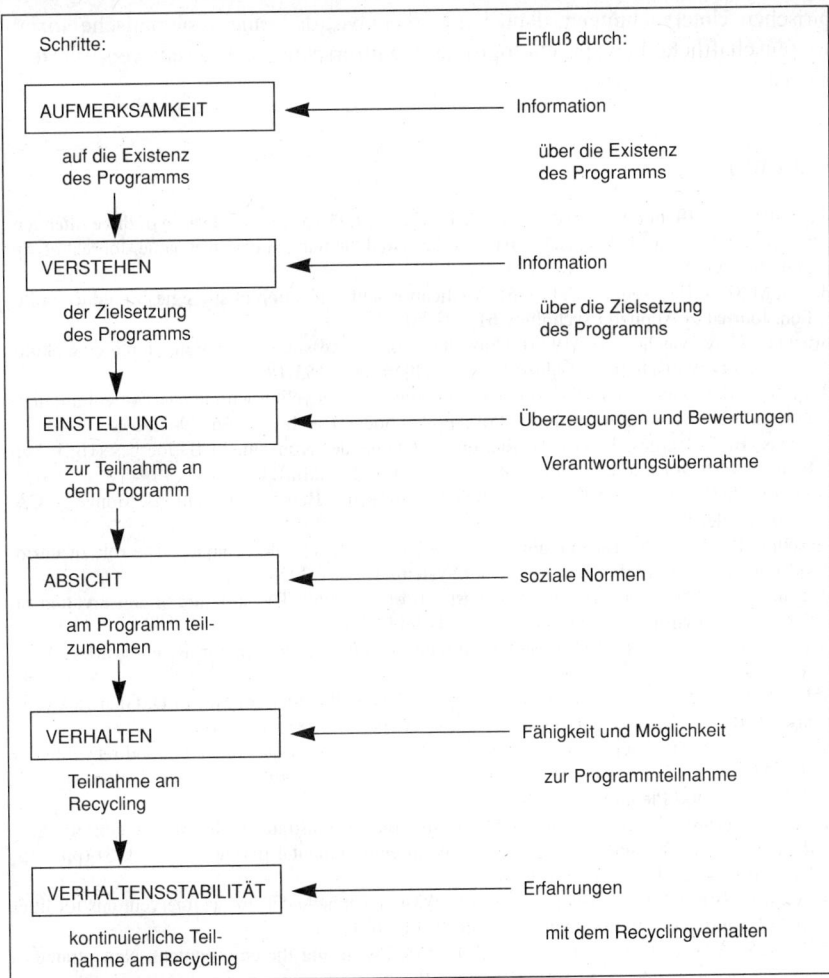

Schritte: Einfluß durch:

AUFMERKSAMKEIT   ◄─────── Information

auf die Existenz   über die Existenz
des Programms   des Programms

VERSTEHEN   ◄─────── Information

der Zielsetzung   über die Zielsetzung
des Programms   des Programms

EINSTELLUNG   ◄─────── Überzeugungen und Bewertungen

zur Teilnahme an   Verantwortungsübernahme
dem Programm

ABSICHT   ◄─────── soziale Normen

am Programm teil-
zunehmen

VERHALTEN   ◄─────── Fähigkeit und Möglichkeit

Teilnahme am   zur Programmteilnahme
Recycling

VERHALTENSSTABILITÄT   ◄─────── Erfahrungen

kontinuierliche Teil-   mit dem Recyclingverhalten
nahme am Recycling

Tab. 1:   Prozeßmodell der Recyclingteilnahme nach Kok & Siero (1985)

4. Abschließende Bemerkung

„Die Abfallwirtschaft der Zukunft erfordert nicht so sehr nur die Suche nach einer technischen Lösung für ein von der Technik aufgeworfenes Problem, sondern setzt einen tiefgreifenden Wandel in unserer geistigen Einstellung voraus" (Brückner & Wiechers 1985, S. 169).

Prinzipiell wird mit einem derartigen Zitat anerkannt, daß das Abfallproblem neben technischen, rechtlichen, politischen und ökonomischen Aspekten auch eine „menschliche" Seite besitzt. Vergleicht man allerdings den von Clemens und Joerges (1982) vorgeschlagenen Strukturrahmen mit den bisher vorliegenden em-

pirischen Untersuchungen, dann wird erkennbar, daß eine systematische sozialwissenschaftliche bzw. psychologische Abfallforschung erst ansatzweise vorhanden ist.

Literatur

Bacon-Prue, A., Blount, R., Pickering, D., & Drabman, R. (1980). An evaluation of three litter control procedures – trash receptacles, paid workers, and the marked item technique. Journal of Applied Behavior Analysis 13, 165-170.
Baltes, M.M. & Haywood, S.C. (1976). Application and evaluation of strategies to reduce pollution. Journal of Applied Psychology 61, 501-506.
Brückner, C. & Wiechers, G. (1985). Umweltschutz und Ressourcenschonung durch eine ökolo-
gische Abfallwirtschaft. Zeitschrift für Umweltpolitik 8, 153-180.
Burn, S.M. & Oskamp, S. (1986). Increasing community recycling with persuasive communica-
tion and public commitment. Journal of Applied Social Psychology 16, 29-41.
Clemens, B. & Joerges, B. (1982). Ressourcenschonender Konsum. In B. Joerges (Hg.), Ver-
braucherverhalten und Umweltbelastung (S.39-100). Frankfurt: Campus.
Cone, J.D. & Hayes, S.C. (1980). Environmental problems: Behavioral solutions. Monterey, CA:
Brooks/Cole.
DeYoung, R. (1985-86). Encouraging environmentally appropriate behavior: The role of intrin-
sic motivation. Journal of Environmental Systems 15, 281-292.
DeYoung, R. (1986). Some psychological aspects of recycling: The structure of conservation sa-
tisfactions. Environment and Behavior 18, 435-449.
Fishbein, M. & Ajzen, I. (1975). Belief, attitude, intention, and behavior. Reading. MA: Addi-
son-Wesley.
Geller, E.S. (1980a). Applications of behavioral analysis for litter control. In D. Glenwick & L.
Jason (Eds.), Behavioral community psychology (pp. 254-283). New York: Praeger.
Geller, E.S. (1980b). Saving environmental resources through waste reduction and recycling. In
G.L. Martin & J.G. Osborne (Eds.), Helping the community: Behavioral applications (pp. 55-
102). New York: Plenum.
Geller, E.S. (1981). Waste reduction and resource recovery: Strategies for energy conservation.
In A. Baum & J.E. Singer (Eds.), Advances in environmental psychology (Vol. 3) (pp. 115-
154). Hillsdale, NJ: Lawrence Erlbaum.
Geller, E.S., Brasted, W. & Mann, M. (1980). Waste receptacle designs as interventions for litter
control. Journal of Environmental Systems 9, 145-160.
Geller, E.S., Winett, R.A., & Everett, P.B. (1982). Preserving the environment. New strategies
for behavioral change. New York: Pergamon Press.
Geller, E.S., Witmer, J.F., & Orebaugh, A.L. (1976). Instructions as a determinant of paper-dis-
posal behaviors. Environment and Behavior 8, 417-438.
Geller, E.S., Witmer, J.F., & Tuso, M.E. (1977). Environmental interventions for litter control.
Journal of Applied Psychology 62, 344-351.
Hartkopf, G. & Bohne, E. (1983). Umweltpolitik. (Bd. 1). Opladen: Westdeutscher Verlag.
Koch, T.C. & Seeberger, J. (1984). Ökologische Müllverwertung. Karlsruhe: Müller.
Kok, G. & Siero, S. (1985). Tin recycling: Awareness, comprehension, attitude, intension, and
behavior. Journal of Economic Psychology 6, 157-173.
Luyben, P.B. & Bailey, J.S. (1979). Newspaper recycling: The effects of rewards and proximity
of containers. Environment and Behavior 11, 539-557.
McCaul, V.D. & Kopp, J.T. (1982). Effects of goal setting on increasing metal recycling. Journal
of Applied Psychology 67, 377-379.
McGuire, W.J. (1972). Attitude change: The information-processing paradigm. In C.G. McClin-
tock (Ed.), Experimental social psychology (pp. 108-141). New York: Holt, Rinehart & Winston.

Nielsen, J.M. & Ellington, B.L. (1983). Social processes and resource conservation: A case study in low technology recycling. In N.R. Feimer & E.S. Geller (Eds.), Environmental psychology (pp. 288-312). New York: Praeger.

Pardini, A.K. & Katzev, R.D. (1983-84). The effects of strength of commitment on newspaper recycling. Journal of Environmental Systems 13, 245-254.

Petty, R.E. & Cacioppo, J.T. (1986). The elaboration model of persuasion. In L. Berkowitz (Ed.), Advances in Experimental social psychology (Vol. 19) (pp. 123-205). Orlando: Academic Press.

Reich, J.W. & Robertson, J.L. (1979). Reactance and norm appeal in antilittering messages. Journal of Applied Social Psychology 9, 91-101.

Wolfgang Nöldner
Institut für Psychologie
der Unversität Regensburg

Energieverbrauch und Energiesparen

1. Einleitung

In den kommenden Jahrzehnten werden (fossile) Energiequellen wie Erdöl, Erdgas usw., auf die die moderne Industriegesellschaft aufgebaut ist, nicht mehr unbegrenzt und kostengünstig zur Verfügung stehen. Diese Einsicht rückte durch die sogenannte Ölkrise des Winters 1973/74 zum ersten Mal eindringlich in den Vordergrund des öffentlichen Bewußtseins. Die westlichen Regierungen zogen hieraus Konsequenzen, die einerseits auf eine Absicherung der eigenen Energievorräte hinausliefen, andererseits die Erforschung, Nutzbarmachung und den Einsatz alternativer Energiequellen forcierten. Dabei wurde als eine „neue Energiequelle" ebenfalls das individuelle Energiesparen entdeckt. Neben den Technikern wendeten sich auch die Sozialwissenschaftler diesem Thema zu. Insbesondere die möglichen Beiträge des einzelnen zur Senkung des Energieverbrauchs im Haushalt und deren psychologische und soziale Determinanten stehen seitdem im Mittelpunkt des wissenschaftlichen Interesses. In der psychologischen Forschung zum Thema Energiesparen lassen sich dabei *aktions-* und *materialspezifische Ansätze* unterscheiden. Aktionsspezifische Ansätze beziehen sich auf den *Umgang* des einzelnen mit energieverbrauchenden Geräten und den darin liegenden Einsparungsmöglichkeiten; materialspezifische Ansätze thematisieren dagegen den *Kauf* energiesparender Geräte bzw. *Investitionen* in energiesparende Maßnahmen (z.B. Wärmedämmung) als Ansatzpunkt für psychologische Interventionen (vgl. Frey et al. 1986).

2. Aktionsspezifische Ansätze zum Energiesparen

2.1. Der verhaltensorientierte Zugang

Verhaltenstheoretischen Ansätzen liegt ein Menschenbild zugrunde, das Verhalten als von externen und internen Reizen gesteuert betrachtet. Dementsprechend wurde in der Forschung nach wirksamen Bekräftigungen gesucht, die Anreize dafür liefern könnten, sich energiebewußt zu verhalten. Neben dem Angebot finanzieller Belohnungen wurden dabei auch verschiedene Arten der Verbrauchsrückmeldung erprobt.

a) Der Einsatz von finanziellen Anreizen
Ein einfaches – und im doppelten Wortsinn ökonomisches – Mittel zur Regulierung des Energieverbrauchs bietet der Preis. Ein hoher Energiepreis reicht jedoch als alleiniger Anreiz zum Energiesparen nicht aus und benachteiligt darüber hin-

aus einseitig die sozial Schwächeren (Winett & Ester 1983). Als „finanzielle Anreize" werden weiterhin Preisnachlässe und Belohnungen für besonders sparsamen Energiekonsum verstanden. So hat man in den USA 1975 damit begonnen, Tageszeitraten einzuführen, die den Stromverbrauch für Sparsamkeit in den Spitzenzeiten mit Billigtarifen in der übrigen Zeit belohnen. Black (1978) berichtet, daß diese Preispolitik grundsätzlich geeignet ist, den Verbrauch in Spitzenzeiten signifikant zu senken, wodurch auf eine kostenträchtige Einschaltung von Zusatzgeneratoren verzichtet werden kann.

Foxx und Hake (1977) boten ihren Versuchsteilnehmern als Anreiz zum Energiesparen bei der Nutzung des eigenen Pkws Belohnungen an, die um so attraktiver waren, je stärker der Verbraucher seine Fahrleistung einschränkte. Mit dieser Strategie erzielten die Autoren bis zu zwanzigprozentige Einschränkungen der Fahrleistung in ihrer Experimentalgruppe im Vergleich zu einer Kontrollgruppe.

Materielle Verstärker für energiebewußtes Verhalten haben sich also in der Forschung durchaus als effektives Mittel, Energieeinsparungen zu erzeugen, erwiesen. Einschränkend muß jedoch hinzugefügt werden, daß der Erfolg solcher Maßnahmen sicher auch davon abhängen wird, ob der gebotene Anreiz von der Zielgruppe als ausreichende Entschädigung für ihre Einbußen an Komfort erlebt wird. Allgemein scheint darüber hinaus ein *alleiniger* massiver Einsatz externer Bekräftigungen energieschonenden Verhaltens zumindest aus motivationspsychologischer Sicht ungünstig: Der auf längere Sicht wirksamere Aufbau einer intrinsischen Motivation zum Energiesparen (zur „overjustification"-Forschung, vgl. Frey 1978) kann durch solche Maßnahmen sogar verhindert werden.

b) Der Einsatz von Verbrauchsrückmeldung
Die Möglichkeit, den Energieverbrauch durch entsprechende Verbrauchsrückmeldung im Haushalt zu reduzieren, wurde in den USA in verschiedenen Feldstudien untersucht. Diese waren so konzipiert, daß eine Versuchsgruppe in unterschiedlichen Intervallen und in verschiedenen Darbietungsformen Informationen über ihren Verbrauch (vorwiegend Stromverbrauch) erhielt, während eine Kontrollgruppe keinen Zugang zu vergleichbaren Informationen besaß. In den verschiedenen Studien variierten das Medium und die zeitliche Latenz der Rückmeldung.

Die Formen der Rückmeldung reichten dabei von schriftlicher Mitteilung meist des täglichen Verbrauchs über optische und/oder akustische Signale, welche sich oberhalb eines kritischen Wertes des Stromverbrauchs einschalteten, bis hin zur Aufstellung von Zählern, an denen der Stromverbrauch fortlaufend abgelesen werden konnte. Die empirischen Untersuchungen zeigten, daß sich durch solche Selbstbeobachtungs- und Rückmeldeverfahren zwischen 10-30% Verbrauchseinsparungen erzielen lassen. Vergleichbare Einsparungsraten konnten auch in bezug auf andere Energiearten wie z.B. Benzin festgestellt werden (vgl. Banowetz & Bintz 1977, Reichel & Geller 1979).
    Ellis und Gaskell (1978) sind der Auffassung, daß Verbrauchsrückmeldungen am wirkungsvollsten sind, wenn sie mit anderen Maßnahmen wie Anreizen, Ermahnungen und Informationen über Energieeinsparmöglichkeiten kombiniert werden. Kohlenberg et al. (1976) bestätigen diese Überlegungen, indem sie durch die Rückmeldung des Verbrauchs und die gleichzeitige Verabreichung finanzieller Anreize Energieeinsparungen von bis zu 50% bewirken konnten. Becker (1978) zeigte ferner, daß sich eine kontinuierliche Verbrauchsrückmeldung erst dann als beson-

ders effektive Maßnahme erweist, wenn die Verbraucher ohnehin motiviert sind, Energie zu sparen. Versuchsteilnehmer, die sich selbst ein Sparziel von 20% gesetzt hatten und zudem Feedback erzielten, verbrauchten weniger, als die die sich nur ein Ziel von 2% gesetzt hatten und ebenfalls über ihren Verbrauch informiert wurden; die Teilnehmer der 1. Gruppe erwiesen sich auch denjenigen überlegen, welche sich ebenfalls ein zwanzigprozentiges Ziel gesetzt hatten, ohne dabei aber Feedback zu bekommen.

Das genaue Ausmaß der durch Verbrauchsrückmeldungen erzielbaren Einsparungen hängt weiterhin davon ab, um welchen Energieträger es sich handelt (Strom, Öl), ob der bisherige Verbrauch unökonomisch oder irrational war, in welcher Form und mit welcher zeitlichen Latenz Feedback angeboten wird und inwieweit Personen Informationen darüber besitzen, durch welche Handlungsstrategien sie den Energieverbrauch reduzieren können. Theoretisch lassen sich die Erfolge von Verbrauchsrückmeldungen so erklären, daß gerade häufiges und direktes Feedback dem Verbraucher überhaupt erst bewußt macht, daß er soeben Energie verbraucht hat *(Salienzeffekt)*. Die Wahrnehmung einer Diskrepanz zwischen Ist- und Sollwert aufgrund der Verbrauchsrückmeldung ist eine notwendige Bedingung für die Motivation zur Reduktion dieser Diskrepanzen. Darüber hinaus wirkt eine Erfolgsrückmeldung als Belohnung (positive Verstärkung) für das eigene energiebewußte Handeln.

2.2 Der kognitive Zugang

Kognitive Ansätze betonen den Einfluß solcher Variablen wie z.B. Einstellungen, Informationen, Modellwirkungen, Vergleichsprozesse mit relevanten Bezugsgruppen. Im Gegensatz zum eben dargestellten verhaltenstheoretischen Ansatz wird beim kognitiven Ansatz nicht das Verhalten direkt beeinflußt, sondern es wird immer eine Änderung der kognitiven Struktur angestrebt, wobei angenommen wird, daß sich diese Änderungen dann ebenfalls im Verhalten niederschlagen. Damit stellt sich aber unmittelbar die Frage nach der Enge der Beziehung zwischen Kognitionen und offenem Verhalten. Obwohl Einstellungen, Meinungen und Verhalten nicht immer miteinander übereinstimmen, konnten verschiedene Autoren zeigen, daß Einstellungen und andere Kognitionen unter bestimmten Bedingungen – z.B. bei direkter Erfahrung mit dem Einstellungsobjekt oder bei Übereinstimmung von einstellungskonsistenten Verhaltensweisen mit sozialen Normen – gute Prädiktoren konkreten Verhaltens darstellen können (vgl. Rosch & Frey 1983) (→ *Umwelt und Werte*).

Dieser Zusammenhang wurde von Seligman et al. (1979) auch in bezug auf das Verhalten von Energiekonsumenten bestätigt. Im Rahmen dieser Untersuchung erfaßten Seligman et al. (1979) die Einstellungen ihrer Versuchsteilnehmer zur Raumklimatisierung. Es stellte sich heraus, daß die Überzeugung, persönlicher Komfort hinge von der Raumklimatisierung ab, 30% der Varianz des sommerlichen Stromverbrauchs aufklärte. Ebenso zeigte sich, daß Personen, die der Überzeugung waren, daß die Reduzierung des Energieverbrauchs eine einfache Art des Geldsparens sei, und daß persönliche Anstrengungen in diesem Sinne auch Einfluß auf den nationalen Verbrauch habe, weniger Energie verbrauchten als Personen, die diese Einstellungen nicht teilten. Black et al. (1985) untersuchten ebenfalls die Vorhersagbarkeit energiebewußten Verhaltens aufgrund von kognitiven Variablen einerseits (wie persönliche Normen bzgl. des Energiesparens, wahrgenommene soziale Normen, Sorge um die nationale Energiesituation usw.) und externen Situations- und Umgebungsfaktoren andererseits (wie Wohnsituation, Einkommen, Energiekosten usw.). Insgesamt gelang den Autoren mit den von ihnen eingeführten Variablen eine Aufklärung der Varianz energiebewußten Verhaltens in der Größenordnung von 10-17%. Dabei zeigte sich zudem, daß kognitive Variablen (insbesondere persönliche Normen) einen größeren Einfluß auf aktives Sparverhalten nahmen als auf Entscheidungen für (kostenintensive) Investitionen.

a) Information

Informationskampagnen besitzen für sich genommen keine bemerkenswerten Einflüsse auf das Energiesparverhalten (vgl. z.B. Heberlein 1975). Dies gilt besonders dann, wenn sie über schriftliche Medien (Broschüren, Prospekte) vermittelt werden (vgl. Geiler et al. 1982). Andererseits muß das durch die Kampagne vermittelbare Wissen der Konsumenten und die Notwendigkeit und Möglichkeit des Energiesparens als notwendige, wenn auch nicht unbedingt hinreichende Voraussetzung energiebewußten Verhaltens betrachtet werden (vgl. den o.g. Zusammenhang zwischen der Motivation zum Energiesparen und dem Erfolg bei Rückmeldeprozeduren). Die Medien können darüber hinaus Modelle für erfolgreiches Energiesparen darbieten, die über stellvertretendes Modellernen (vgl. Bandura 1977) Verhaltensänderungen hervorrufen sollten. Daß diese Strategien bislang noch nicht erfolgreich angewandt wurden, führen Winett und Ester (1983) auf die mangelnde Beachtung von Marketing-Aspekten (z.B. werbewirksame Aufmachung entsprechender Kampagnen) und von notwendigen Randbedingungen zurück, unter denen ein TV-Spot wirksam werden kann (z.B. Dosierung, Dauer, Spezifität, Kontext des dargebotenen Verhaltens). Die Effizienz möglicher Versuche, Einstellungen und Verhalten im Energiesektor durch persuasive Kommunikationen (z.B. über die Massenmedien) zu verändern, ließe sich sicher über dies hinaus noch beträchtlich erhöhen, wenn man die weiteren diesbezüglich relevanten Befunde aus der sozialpsychologischen Forschung berücksichtigt.

Interessante Vorschläge in dieser Richtung wurden in jüngster Zeit von Yates und Aronson (1983) diskutiert. Sie betonen z.B. die Bedeutung der Anschaulichkeit und persönlichen Relevanz von Informationen (vivid and personal information) über Maßnahmen der Energieeinsparung. So können die Erfahrungen des Nachbarn mit bestimmten Maßnahmen/Verhaltensweisen, die den Energiekonsum senken, auf eine Person sehr viel überzeugender wirken als die Darbietung einer exakten und durchaus verständlichen Statistik, die ausweist, daß 90% aller Befragten einer Erhebung positive Erfahrungen mit einer bestimmten energiesparenden Verhaltensweise gemacht haben. Ebenso betonen Yates und Aronson die Bedeutung der konkreten sprachlichen Beschreibung des Zieles energiesparender Maßnahmen: Wird z.B. betont, daß solche Maßnahmen dazu dienen, Geld zu *sparen*, werden sie möglicherweise weniger bereitwillig befolgt als wenn anders herum betont wird, wieviel Geld monatlich *verloren*geht, wenn man das Verhalten nicht in die angesonnene Richtung ändert. Personen, so zeigen Untersuchungen von Kahneman und Tversky (1979), reagieren nämlich in der Regel viel sensibler auf mögliche Verluste als auf mögliche Gewinne. Die verstärkte Anwendung solcher bereits vorliegenden sozialpsychologischen Forschungsergebnisse könnte sich in diesem Rahmen u.E. als äußerst fruchtbar erweisen.

b) Furchterregende Appelle

Es existieren nur wenige empirische systematische Studien, in denen versucht wurde, Einstellungen zum Energiesparen durch mehr oder weniger furchterregende Informationen über die Folgen unsachgemäßen, übermäßigen oder gedankenlosen Energiekonsums zu ändern.

Furchtappelle scheinen eher Meinungsänderungen zu bewirken als Sparappelle bzw. „bloßes" Informieren. Hass et al. (1975) fanden, daß Furchtappelle, in denen die Bedrohung durch eine weitere Energiekrise mit ihren schädlichen Folgen hervorgehoben wurde, starke Auswirkungen auf Einstellungen und zukünftige Absichten bei den Adressaten der Appelle hatten, sich möglichst energiebewußt zu verhalten. Solche Einstellungsänderungen lassen sich möglicherweise jedoch nur in Energiesparverhalten umsetzen, wenn sie durch flankierende Maßnahmen, wie z.B. effiziente Ratschläge zum Energiesparen oder Verbrauchsrückmeldung etc. begleitet werden. Daher überrascht es nicht, daß die Wirksamkeit persuasiver, furchterregender Kommunikationen in weiteren Studien (vgl. als Überblick Frey et al. 1986) nur teilweise bestätigt werden konnte.

c) Induktion von Dissonanz: Selbstverpflichtung (commitment)

Selbstverpflichtung (commitment) ist eine der dissonanztheoretischen Forschung entlehnte Variable. Pallak und Mitarbeiter (Pallak & Cummings 1976, Pallak et al. 1980) gehen davon aus, daß Selbstverpflichtung eine bestehende Einstellung salient macht und diese somit verhaltensleitend werden läßt. D.h., mit Hilfe der Selbstverpflichtung sollte der sonst häufig lockere Einstellungs-Verhaltens-Zusammenhang gestärkt werden.

Auf der Basis dieser Überlegungen führten Pallak und Cummings (1976) Untersuchungen zur Auswirkung der öffentlichen Selbstverpflichtung auf energiebewußtes Verhalten durch. Im ersten Experiment dieser Autoren wurden Wohnungsbesitzer in Iowa (Stadt) mit positiver Einstellung zum Energiesparen von Mitarbeitern der o.g. Autoren aufgesucht, die mit ihnen den Nutzen und die Möglichkeiten individuellen Energiesparens diskutierten. „Öffentliche Selbstverpflichtung" wurde dadurch hergestellt, daß den Vpn gesagt wurde, ihre Sparergebnisse würden namentlich veröffentlicht werden. Bei „privater Selbstverpflichtung" wurde eine anonyme Ergebnisveröffentlichung angekündigt. Teilnehmer einer Kontrollgruppe gaben keinerlei Selbstverpflichtung ab. Die Ergebnisse entsprachen den Vermutungen: Der Strom- und Gasverbrauch war im folgenden Monat bei öffentlicher Selbstverpflichtung geringer als bei privater Selbstverpflichtung und als bei der Kontrollgruppe. Obwohl den Versuchsteilnehmern nach Ablauf dieses ersten Monats das Ende des Experiments und der Abschluß der Verbrauchskontrolle mitgeteilt wurde, setzten die Autoren die Kontrolle der Verbrauchswerte anschließend noch über ein ganzes Jahr fort. Die anfänglich gemessenen Effekte blieben auch über diesen langen Zeitraum stabil. Diese Ergebnisse konnten von Pallak und seinen Mitarbeitern auch in weiteren Experimenten bestätigt werden (vgl. Pallak & Cummings 1976).

3. Materialspezifische Ansätze: Komfortverzicht versus energiesparende Technologie

Der Möglichkeit, Energieeinsparungen ausschließlich durch den bewußten Umgang mit Energie zu erzielen, sind in der Regel Grenzen gesetzt, die durch das Ausmaß noch zumutbaren Komfortverzichts festgelegt sind. Weitere Energieeinsparungen können aber zusätzlich durch den Einsatz neuer energiesparender Technologien erzielt werden, der es ermöglicht, den Energieverbrauch zu drosseln, ohne gleichzeitig einschneidende Einbußen an Lebensqualität, wirtschaftlicher Effektivität usw. hinnehmen zu müssen.

Stern und Gardner (1981) beschrieben die Energieeinsparungen, die über 30 verschiedene Produktgruppen (z.B. beim Kraftfahrzeug, bei der Raumheizung, beim Kühlschrank usw.) hinweg zu erzielen wären, wenn diese nach dem neuesten Stand energiesparender Technologien ausgerichtet werden würden. Nach diesen Berechnungen erscheint das Energiesparpotential, das durch die Installation effizienzsteigernder Technologien erschlossen werden kann, beträchtlich und darüber hinaus bedeutender als die Einsparmöglichkeiten, die in einem Konsumverzicht zumutbaren Ausmaßes liegen würden. Allerdings müssen die neuen, effizienteren Geräte auch gekauft werden, womit spezifische Kosten (für die Anschaffung/Installation) und Mühen (Umgewöhnung, vorübergehende Komforteinbußen während der Installationsphase usw.) verbunden sind.

Die bisherige psychologische Forschung zum Energieverbrauchsverhalten hat sich entweder primär auf Kürzungs-Sparmethoden konzentriert oder den Unterschied zwischen Effizienzsteigerungen (Investitionen in neue Technologien) und Kürzungen nicht thematisiert. Aus psychologischer Perspektive handelt es sich dabei aber um zwei vollkommen verschiedene Verhaltensweisen: Konsequenter Konsumverzicht beinhaltet die häufige Wiederholung energieschonender Verhaltensweisen bzw. die grundsätzliche Änderung von Gewohnheiten und erfordert damit Verhaltensänderungen, die mit verhaltenstheoretisch orientierten Strategien, wie z.B. Belohnungen für das gewünschte Verhalten bzw. Feedback (vgl. 2.1) vermittelt werden können. Problematisch ist an diesen Interventionsstrategien jedoch, daß verhaltensmodifikatorische Ansätze zumeist individuenorientiert, ihrerseits sehr kostenträchtig und damit nur beschränkt generell anwendbar sind.

Investitionen in energieschonende Technologien erfordern dagegen in der Regel nur einmalige Handlungsentscheidungen und deren Umsetzung. Die Förderung solcher „one-shot"-Handlungen muß auf andere Erkenntnisse aus der psychologischen Forschung zurückgreifen als die oben beschriebenen Strategien zur Änderung energiebewußten Verhaltens. Tatsächlich konnten Black, Stern und Ellworth (1985) nachweisen, daß der Konsumverzicht durch ganz andere Faktoren beeinflußt wird als die Entscheidung, in energieschonende Technologien zu investieren. Während entsprechend ihrer Befunde ein Verhalten im Sinne des Konsumverzichts (hier insbesondere in bezug auf die Senkung der Wohntemperatur) direkt von persönlichen Werten und wahrgenommenen sozialen Normen beeinflußt wurde, folgten Entscheidungen vor allem über größere Investitionen, primär ökonomischen Gesichtspunkten: Personen investieren v.a. dann in energiefreundliche Technologien, wenn sie sich davon kurz- oder längerfristige persönliche Gewinne versprachen. Die genaue Analyse des Entscheidungsprozesses, an dessen Ende in energieschonende Technologien investiert wird oder nicht, erscheint damit von unmittelbarem Interesse, will man erfolgreiche Strategien entwickeln, um solche Investitionsentscheidungen zu fördern.

Hierbei ist von Bedeutung, welche Informationen überhaupt zu einer solchen Entscheidungsfindung herangezogen werden, und wie diese bewertet und gewichtet werden. Darley und Beninger (1981) listen einige Dimensionen für die Bewertung von Innovationen durch potentielle Investoren für den Haushaltsbereich auf: Kapitalkosten und subjektiv wahrgenommene Einsparungsmöglichkeiten, Gewißheit der Einsparungen, Unzufriedenheit mit der gegenwärtigen Situation, Erprobungsmöglichkeit von Innovationen, Arbeitsaufwand und Fachkenntnisse für die Installierung technischer Neuerungen usw. Bergius et al. (1982) versuchten darüber hinaus mit Hilfe von Computerprogrammen Kaufentscheidungen (z.B. Einbau einer Heizungsanlage in einem Neubau) zu simulieren (→ *Simulation*), um herauszufinden, welche Faktoren solchen Entscheidungen zugrunde liegen (vgl. dazu auch Wortmann et al., 1988). Besonderes Interesse finden in den letzten Jahren auch in bezug auf Innovationsentscheidungen im Energiesektor die Fehlerquellen menschlicher Informationsverarbeitung, die sich besonders dann bemerkbar machen könnten, wenn Personen sehr komplexe (Investitions-)Entscheidungen treffen müssen (→ *Ökologisches Denken und Problemlösen*).

So führten Slovic et al. (1981) eine Analyse derjenigen kognitiven Prozesse durch, die die Akzeptanz oder Ablehnung einer neuen Technologie im Energiebereich (hier: Kernenergie) nach sich ziehen. Sie zeigen dabei, neben der schon weiter oben beschriebenen Übergewichtung anschaulicher, auffallender, herausragender Informationen (Verfügbarkeits-Heuristik), verschiedene Prinzipien menschlicher Informationsverarbeitung auf, die den Prozeß der Akzeptanz solcher risikobehafteter Technologien bestimmen (→ *Risikoeinschätzung*). Hierzu zählen z.B. das Bedürfnis nach möglichst klaren Entscheidungsgrundlagen, die Perseveranz einmal erworbener Einstellungen und Meinungen sowie die Wahrnehmung, daß das, was prinzipiell möglich ist, auch wahrscheinlich ist.

Slovic et al. (1981) sehen als Konsequenz dieser Informationsverarbeitungsprinzipien sowohl die verzerrte Wahrnehmung von Risiken der Kernenergie in der Bevölkerung als auch eine ebensolche Wahrnehmungsverzerrung auf seiten der technischen Experten (zu großes Vertrauen in die Technologie – Overconfidence, da wichtige Faktoren in der Risikoabschätzung nicht adäquat berücksichtigt werden).

Auch Yates und Aronson (1983) weisen auf die Grenzen menschlicher Informationsverarbeitung hin, die häufig überschritten werden, wenn komplexe Entscheidungen zugunsten oder entgegen einer energiesparenden Investition getroffen werden müssen. Sie erwähnen als Beleg für diese Auffassung ein Experiment von Kempton et al. (1983, zitiert nach Yates & Aronson 1983), in dem die Autoren feststellen, daß der Durchschnittsbürger in seinen Kosten-Nutzen-Analysen in bezug auf die Investition in energiesparende Technologien (z.B. Wärmeisolierung) nur selten die für die Zukunft zu erwartende Steigerung von Brennstoffkosten berücksichtigt.

Die hier beschriebenen Ergebnisse besitzen u.E. für die zukünftige Förderung energiesparender Investitionen wichtige Implikationen. Sie geben Anhaltspunkte einerseits dafür, welche inhaltlichen Informationen in die Entscheidungsfindung der Bürger Eingang finden werden, und andererseits dahingehend, wie solche Informationen übermittelt werden müssen, um den gewünschten Einfluß zu nehmen. Dabei sollte insbesondere der Rolle anschaulicher und persönlicher Informationen Rechnung getragen werden, z.B. durch eine entsprechende Aufbereitung von Informationen, Informationsveranstaltungen oder die Nutzung sogenannter Multiplikatoren, denen besonders günstige (Modell-) Installationen innovativer energiesparender Technologien ermöglicht werden, und die anschließend die Vorteile dieser neuen Technologie in anschaulicher und persönlicher Weise an ihre Umgebung weitertragen können. Ebenso legt die o.g. Forschung nahe, daß, soweit möglich, Fehler der menschlichen Informationsverarbeitung dort, wo sie der Verbreitung *sinnvoller* technischer Innovationen im Wege stehen, als solche erkannt und den Betroffenen bewußt gemacht werden sollten.

4. Interdisziplinäre Ansätze: Energiesparprogramme

Die grundsätzliche Beschränkung der bisher berichteten Ergebnisse (v.a. im aktionsspezifischen Bereich) liegt in der individuenzentrierten Sichtweise des Problems, die gesellschaftliche und politische Rahmenbedingungen weitgehend außer acht läßt. Interdisziplinäre Projekte zwischen den verschiedenen Sozialwissenschaften können hier neue Perspektiven eröffnen. In diesem Sinne fordern Winett und Ester (1983) ein „Metaparadigma" für die Erforschung des Energiesparverhaltens, bestehend aus Beiträgen verschiedenster Wissenschaftszweige (z.B. *Psychologie* (soziale Lerntheorie, → *Gemeindepsychologie*), Kommunikationswissenschaften, Soziologie, Betriebswirtschaft (Marketing). Sie regen an, umfassende Programme zu entwerfen, zu implementieren und im Feldexperiment hinsichtlich ihrer Wirksamkeit zu evaluieren.

Genau diesen Ansatz verfolgte zu Beginn der 80er Jahre eine internationale Arbeitsgruppe um Gaskell und Joerges (1985a, 1985b). In einem 4 Jahre dauernden interdisziplinären Projekt wurden 14 Studien in 8 westlichen Industrieländern durchgeführt, die jeweils drei Analyseebenen getrennt und in ihren Zusammenhängen berücksichtigen: Politik, Energiespar-Programme, Verbraucher. Für einen Erfolg von Energiesparprogrammen (hier die Wohnungsisolierung betreffend) ist es nach den Ergebnissen dieser Studien (für eine zusammenfassende Darstellung vgl. Gaskell & Joerges 1985a) besonders wichtig, daß die Programme flexibel handhabbar und den örtlichen Gegebenheiten sowie den spezifischen Besonderheiten der Zielgruppen ausreichend angepaßt sind. Besonders, wenn wenig sparmotivierte Gruppen wie Mieter, ältere Personen und sozial Schwächere erreicht werden sollen, müssen die einzusetzenden Programme speziell auf die betreffenden Populationen zugeschnitten sein. Erwartungen über einen hohen finanziellen Nutzen des Programms bei den Verbrauchern sowie ein günstiger Kontext innerhalb der Gemeinde (z.B. hohe Kommunikationsdichte zwischen den Haushalten, Unterstützung des Programms durch örtliche Organisation und Politiker) bieten gute Voraussetzungen für den Erfolg des Programms. Ein anschauliches Beispiel für die Vernetzung eines Energiesparprogramms mit den vorhandenen gesellschaftlichen und politischen Gegebenheiten bietet die im Rahmen des Projekts durchgeführte englische Studie (Gaskell & Pike 1983): Hier waren persönlich und ökonomisch benachteiligte Verbraucher die Zielgruppe des Programms zur Verbesserung der Wohnungsisolierung, wobei die Materialkosten für die Isolierung von einem speziellen Fond getragen wurden und die Installation innerhalb von Arbeitsbeschaffungsmaßnahmen von Langzeitarbeitslosen vorgenommen wurde. Neben einer Energieeinsparung (5% gegenüber einer Kontrollgruppe vergleichbarer Haushalte) wurde so auch eine Komfortsteigerung und ein Wohlfahrtsgewinn erzielt.

Weitere Versuche in dieser Richtung erscheinen vielversprechend, da sie auch inter-kulturelle Vergleiche ermöglichen. Allerdings sind solche großangelegten Untersuchungen kostenintensiv. Hier bietet sich als Alternative oder als zusätzliche Forschungsstrategie ein Vorschlag von Winett und Ester (1983) an: Kleinere Studien könnten durchgeführt und systematisch repliziert werden, so daß eine stufenweise Verbesserung von Programmelementen ermöglicht wird.

Umfassende Forschungsvorhaben, wie auch von Politikern entwickelte Energiesparprogramme, dürften erfolgreicher sein, wenn sie berücksichtigen,
– welche Zielgruppe welche Menge an Energie einsparen kann
– welche Maßnahmen bei gerade dieser Zielgruppe erfolgversprechend sind
– in welchem (besonders dem örtlichen) Kontext das Sparverhalten steht
– wie die Förderungsmaßnahmen (wenn sie materieller Art sind) unter dem Aspekt der Verteilungsgerechtigkeit zu bewerten sind.

5. Resümee und Ausblick

Energiesparen ist ein vielschichtiges Phänomen, das nicht durch einzelne psychologische Konzepte zu erklären ist, sondern im politischen und gesellschaftlichen Zusammenhang gesehen werden muß. Die anfangs beschriebenen oft individuell-verhaltensorientierten psychologischen Befunde sind damit nicht wertlos. Sie liefern das Basiswissen für komplexere Programme und theoretische Weiterentwicklungen. Zukünftig sollte allerdings verstärkt bei jeder neu zu erprobenden Strategie der Aspekt ihrer Anwendbarkeit in einem größeren Rahmen mitbedacht werden, da die Forschung zum Energiesparen primär praxisorientiert sein sollte und zu Recht auch unter den Kosten-Nutzen-Überlegungen der Praxis beurteilt wird. Beispielsweise könnten sicherlich für den einzelnen positive Einstellungen und Handlungen durch intensive verhaltensmodifikatorische Maßnahmen herbeigeführt werden (Verhaltensanalyse, Verstärkerpläne etc.), ohne daß aber der Nutzen die Kosten auch nur annähernd erreichen würde. Winett und Ester (1983) messen nicht zuletzt deshalb dem Fernsehen, besonders regionalen und lokalen Stationen, für die Zukunft eine bedeutende Rolle zu, weil sie es potentiell für einen kosten-effektiven Vermittler erwünschter Verhaltensweisen halten. Die Möglichkeiten dieses Mediums sollten daher zukünftig noch intensiver als bisher erforscht werden. Unter dem gleichen Aspekt ist es auch sinnvoll, über die Beiträge, die der einzelne in seinem privaten Umkreis (Haushalt, Verkehr) leisten kann, hinauszugehen, und die Energiesparpotentiale in Industrie und Verwaltung zu erforschen, wo weitreichende energierelevante Maßnahmen oft in den Händen weniger Entscheidungsträger liegen und psychologische Interventionen im Sinne der Entscheidungsberatung oder der Aufdeckung fehlerhafter Urteilsprozesse daher effektiv einsetzbar wären. Hier bieten sich also erfolgreiche zukünftige Ansatzpunkte psychologischer Forschung an (vgl. auch → Umweltbewußtsein).

Literatur

Bandura, A. (1977). Social learning theory. Englewood Cliffs, NY: Prentice Hall.

Banowetz, R.A. & Bintz, L.J. (1977). Field evaluation of miles-per-gallon meters. Washington, DC: US Department of Transportation.

Becker, L.J. (1978). Joint effect of feedback and global setting on performance: A field study of residential energy conservation. Journal of Applied Psychology 63, 4, 428-433.

Bergius, R., Engemann, A., Günther, R., Kimmelmann, G., Radtke, M., Sachs, St. & Schmidt, F. (1982). Sozialpsychologisches Verhaltensmodell: Modellentwicklung und Modelluntersuchungen zum Entscheidungsverhalten von Individuen und Gruppen in Fragen der Energiepolitik. Projektbericht Stiftung Volkswagenwerk Tübingen und Stuttgart.

Black, J.S. (1978). Attitudinal, normative, and economic factors in early response to an energy-use field experiment. Unveröffentlichte Dissertation. Department of Sociology, University of Wisconsin.

Black, J.S., Stern, P.C., & Ellworth, J.T. (1985). Personal and contextual influences on household energy adaptation. Journal of Applied Psychology 70, 3-21.

Darley, J.M. & Beninger, J.R. (1981). Diffusion of energy conserving innovations. Journal of Social Issues 37, 2, 150-171.

Ellis, P. & Gaskell, G. (1978). A review of social research on the individual energy consumer. Unveröff. Manus. (Erhältlich bei George Gaskell, Department of Social Psychology, London School of Economics and Political Science, Houghton Street, London WC2A, England).

Foxx, R.M. & Hake, D.V. (1977). Gasoline conservation: A procedure for measuring and reducing the driving of college students. Journal of Applied Behavior Analysis 10, 61-74.

Frey, D. (1978). Die Theorie der kognitiven Dissonanz. In D. Frey (Hg.), Kognitive Theorien der Sozialpsychologie. Bern: Huber.

Frey, D., Helise, C., Stahlberg, D. & Wortmann, K. (1986). Psychologische Forschung zum Energiesparen. In J. Schultz-Gambard (Hg.), Angewandte Sozialpsychologie. München: Psychologie Verlags Union.

Gaskell, G. & Joerges, B. (1985a). Consumer energy conservation policies. A multinational study. Internationales Institut für Umwelt und Gesellschaft (IIUG) IIUG pn 85-3. Berlin.

Gaskell, G. & Joerges, B. (1985b). Consumer energy conservation policies. A multinational study of local energy conservation. Summary research note. Internationales Institut für Umwelt und Gesellschaft (IIUG) IIUG pn 85-3. Berlin.

Gaskell, G. & Pike, R. (1983). Consumer energy conservation policies and programmes in Britain. CECP Technical Report Vol. IV, IIES, Berlin.

Geiler, E.S., Winett, R.A., & Everett, E.B. (1982). Preserving the environment: new strategies for behavior change. Elmsford, NY: Pergamon.

Hass, J.W., Bagley, G.S., & Rogers, R.W. (1975). Coping with the energy crisis: Effects of fear appeals upon attitudes toward energy consumption. Journal of Applied Psychology 60, 754-756.

Heberlein, T.A. (1975). Conservation information: The energy crisis and electricity conservation in an appartment complex. Energy Systems and Policy 1, 105-117.

Kahneman, D. & Tversky, A. (1979). Prospect theory: An analysis of decision under risk. Econometrica 47, 263-291.

Kempton, W., Gladhart, P., & Keete, D. (1983). Home insulation: The user's view. In S.A. Gloran, D.M. Greason, & J.D. McAllister (Eds.), Thermal insulation, materials, and systems for energy conservation in the 1980s. Philadelphia. American Society for Testing and Materials.

Kohlenberg, R.J., Phillips, T., & Proctor, W. (1976). A behavioral analysis of peaking in residential electricity energy consumption. Journal of Applied Behavior Analysis 9, 13-18.

Pallak, M.S. & Cummings, N. (1976). Commitment and voluntary energy conservation. Personality and Social Psychology Bulletin 2, 27-31.

Pallak, M.S., Cook, D.A., & Sullivan, J.J. (1980). Commitment and energy conservation. Applied Social Psychology Annual 1, 235-253.

Reichel, D.A. & Geller, E.S. (1979). Attempts to modify transportation behavior for energy conservation: A critical review. In A. Baum & J.E. Singer (Eds.), Advances in environmental psychology, Vol. III. Energy conservation: Psychological perspectives. Hillsdale, NJ: Erlbaum.

Rosch, M. & Frey, D. (1983). Soziale Einstellungen. In D. Frey & S. Greif (Hg.), Sozialpsychologie. Ein Handbuch in Schlüsselbegriffen (S. 296-305). München: Urban & Schwarzenberg. (2. erw. Aufl. München: Psychologie Verlags Union 1987).

Seligman, C., Kriss, M., Darley, J.M., Fazio, R.H., Becker, L.J., & Pryor, J.B. (1979). Predicting summer energy consumption from home owners' attitudes. Journal of Applied Social Psychology 9, 1, 70-90.

Slovic, P., Fischhoff, B., & Lichtenstein, S. (1981). Perception and acceptability of risk from energy systems. In A. Baum & J.E. Singer (Eds.), Advances in environmental psychology, Vol. 3 (pp. 155-169). Hillsdale, NJ: Erlbaum.

Stern, P.C.& Gardner, G.T. (1981). Psychological research and energy policy. American Psychologist 36, 329-342.

Winett, R.A. & Ester, P. (1983). Behavioral science and energy conservation: Conceptualizations, strategies, outcomes, energy policy applications. Journal of Economic Psychology 3, 203-229.

Wortmann, K. Stahlberg, D. & Frey, D. (1988). Energiesparen. In D. Frey, C. Graf Hoyos & D. Stahlberg (Hg.), Angewandte Psychologie. München: Psychologie Verlags Union.

Yates, S.M. & Aronson, E. (1983). A social psychological perspective on energy conservation in residential buildings. American Psychologist 38, 435-444.

Dieter Frey, Dagmar Stahlberg
und Klaus Wortmann
Institut für Psychologie
der Universität Kiel

Anhang

Anschriftenverzeichnis der Autoren

Dr. Günther Bachmann
Öko-Institut Freiburg
Hindenburgstr. 20
7800 Freiburg

Professor Dr. Margret M. Baltes
FU Berlin, Universitätsklinikum
Abteilung Gerontopsychiatrie,
Psychiatrische Klinik
Reichsstr. 15
1000 Berlin 19

Professor Dr. Hans-Werner Bierhoff
FB Psychologie d. Universität Marburg
Gutenbergstr. 18
3550 Marburg/Lahn

Professor Dr. Urie Bronfenbrenner
Cornell University
Dept. of Human Development and
Family Studies
Martha van Rensselaer Hall
Ithaca, New York 14853/U.S.A.

Professor Dr. Lothar Buse
Universität Hamburg
Psychologisches Institut I
Von-Melle-Park 6
2000 Hamburg 13

Dr. Peter Day
Psychologisches Intitut
d. Universität Tübingen
Friedrichstr. 21
7400 Tübingen

Dr. Barbara Dippelhofer-Stiem
Institut Frau und Gesellschaft
Goethestr. 29
3000 Hannover 1

Dipl.-Psych. Elke Döring-Seipel
Gesamthochschule Kassel, FB 3
Heinrich-Plett-Str. 40
3500 Kassel

Professor Dr. Lutz Eckensberger
Psychologie im FB 06 d. Universität
d. Saarlandes,
Universität, Bau I
6600 Saarbrücken

Dr. Alwin Engemann
Goldenbergstr. 17
7000 Stuttgart 60

Professor Dr. Heiner Erke
Institut f. Psychologie d. TU
Braunschweig
Spielmannstr. 19
3300 Braunschweig

Günter Eulefeld, Ph.D.
Institut f. Pädagogik d.
Naturwissenschaften
Universität Kiel
Olshausenstr. 62
2300 Kiel 1

Dr. Manfred Fischer
FB I – Fachgebiet Psychologie
d. Universität Trier
Postfach 38 25
5500 Trier

Dr. Antje Flade
Institut Wohnen u. Umwelt
Annastr. 15
6100 Darmstadt

Dipl.-Psych. Friedrich Fleischer
Ochsengässle 5
7408 Jettenburg

Professor Dr. Dieter Frey
Institut für Psychologie
der Universität Kiel
Olshausenstr. 40/60, Geb. N30
2300 Kiel

Professor Dr. Jürgen Friedrichs
Institut f. Soziologie d. Universität
Hamburg
Sedanstr. 19
2000 Hamburg

Dr. Urs Fuhrer
Psychologisches Institut d. Universität
Bern
Laupenstr. 4
CH-3008 Bern

Dr. Eduard Geisler
Bismarckstr. 1
7440 Nürtingen

Professor Dr. Wolfgang Glatzer
J. W. Goethe-Universität
FB Gesellschaftswissenschaften
Robert-Mayer-Str. 5
6000 Frankfurt 1

Dr. Armin F. Goldschmidt
Psychologie im FB 06
d. Universität d. Saarlandes, Bau I
6600 Saarbrücken

Professor Dr. Carl F. Graumann
Psychologisches Institut d. Universität
Hauptstr. 47–51
6900 Heidelberg

Professor Dr. Klaus Grossmann
Lehrstuhl f. Psychologie IV
d. Universität Regensburg
Universitätsstr. 31
8400 Regensburg

Professor Dr. Bernd Hamm
FB IV Soziologie, Universität Trier
Postfach 3825
5500 Trier

Professor Dr. Gerhard Hard
Universität Osnabrück
Neuer Graben/Schloß
4500 Osnabrück

Professor Dr. Hans-Joachim Harloff
TU Berlin, Institut f. Psychologie
Doverstr. 1–5
1000 Berlin 10

Dr. Susanne Hauser, M. A.
Institut f. Linguistik TU Berlin
Ernst-Reuter-Platz 7
1000 Berlin 10

Professor Dr. Stefan E. Hormuth
Psychologisches Institut d. Universität
Heidelberg
Hauptstr. 47–51
6900 Heidelberg

Professor (em.) Dr. Carl Graf Hoyos
Lehrstuhl f. Psychologie d. TU
München
Lothstr. 17
8000 München 2

Professor Dr. Peter Jokusch
FB 12, Gesamthochschule Kassel
Henschelstr. 2
3500 Kassel

Professor Dr. Helmut Jungermann
TU Berlin, Institut f. Psychologie
Doverstr. 1–5
1000 Berlin 10

Dr. H. Jürgen Kagelmann
Veilchenstr. 41
8000 München 21

Professor Dr. Gerhard Kaminski
Psychologisches Institut d.
Universität Tübingen
Friedrichstr. 21
7400 Tübingen

Professor Dr. Heiner Keupp
Institut f. Psychologie d. Universität
München
Abt. Sozialpsychologie
Leopoldstr. 13
8000 München 40

Professor Dr. Hans-Joachim Klein
Institut f. Soziologie d. Universität
Karlsruhe, Schloß, Bau II,
Postfach 6380
7500 Karlsruhe

Professor Dr. Perla Korosec-Serfaty
École d'architecture du paysage
Université de Montréal
Faculté de L'Aménagement
5620 Darlington, Montréal
Québec H3T 3J7/Canada

Professor Martin Krampen, Ph.D.
Am Hochsträß 18
7900 Ulm

Dr. Dagmar Krebs
ZUMA,
Postfach 5969
6800 Mannheim

Bernd Krewer
Universität d. Saarlandes
Umweltzentrum/Umweltpsychologie
Im Stadtwald
6600 Saarbrücken 11

Professor Dr. Lenelis Kruse
Fern Universität Hagen
Ökologische Psychologie
Fleyerstr. 204
5800 Hagen

Professor Dr. Dr. Rikard Kuller
Environmental Psychology
School of Architecture
Institute of Technology, Box 118
S-22100 Lund 7 / Schweden

Dipl.-Psych. Marco Lalli
Institut f. Psychologie d. TH Darmstadt
Steubenplatz 12
6100 Darmstadt

Professor Dr. Ernst -D. Lantermann
Universität GH Kassel FB 3
Heinrich-Plett-Str. 40
3500 Kassel

Dr. Volker Linneweber
Allg. Erziehungswissenschaft
im FB 6 d. Universität d. Saarlandes
6600 Saarbrücken

Dr. Morus Markard
Nymphenburgerstr. 4
1000 Berlin 62

Dr. Rudol Miller
Lehrgebiet Psychologie d.
Fern Universität Hagen
Fleyerstr. 204
5800 Hagen

Dr. Walter Molt
Universität Augsburg
von Cobresstr. 2
8900 Augsburg

Dr. Christian Munz
FB 2, Institut f. Psychologie, TU Berlin
Doverstr. 1–5
1000 Berlin 10

Dr. Eva Maria Neumann
FU Berlin, Universitätsklinik
Charlottenburg, Psychiatrische Klinik
Reichsstr. 15
1000 Berlin 19

Harald Neitzel
Umweltbundesamt
Bismarck Platz 1
1000 Berlin 33

Dr. Peter Noack
Universität Mannheim
Lehrstuhl Erziehungswissenschaft II
Schloß
6800 Mannheim 1

Dr. Wolfgang Nöldner
Universität Regensburg
Inst. f. Psychologie
Postfach
8400 Regensburg

PD Dr. Jean-Luc Patry
Universität Salzburg
Institut f. Erziehungswissenschaften
Franziskanergasse 1
A-5020 Salzburg

Professor Dr. Kurt Pawlik
Psychologisches Institut d. Universität
Hamburg I
Von-Melle-Park 6
2000 Hamburg 13

Dr. Bernd Röhrle
FB Psychologie d.
Philipps-Universität Marburg
Gutenbergstr. 18
3550 Marburg

Professor Dr. Bernd Rohrmann
Universität Mannheim
Fakultät f. Philosophie,
Psychologie u.
Erziehungswissenschaft
Postfach
6800 Mannheim

Dr. Felizitas Romeiss-Stracke
Büro f. Sozial- u. Freizeitforschung
Kuglmüllerstr. 2
8000 München 19

PD Dr. Marita Rosch-Inglehart
Institute for Social Research
University of Michigan
Box 1248
Ann Arbor, MI 48104 / U. S. A.

Dr. Winfried Saup
Lehrstuhl f. Psychologie I
Universität Augsburg
Universitätsstr. 10
8900 Augsburg

Professor Dr. Rainer K. Silbereisen
FB 06 Psychologie
Universität Gießen
Otto-Behaghel-Str. 10F
6300 Gießen

Professor Dr. Hans Spada
Psych. Institut d. Universität Freiburg
Niemensstr. 10
7800 Freiburg i. Br.

Dr. Gottfried Spangler
Institut f. Psychologie
Universität Regensburg
Universitätsstr. 31
8400 Regensburg

Dr. Stefan Summerer
Umweltbundesamt
Bismarck Platz 1
1000 Berlin 33

Dr. Agnes Schaible-Rapp
Hohereuth 13
8580 Bayreuth

Professor Dr. Hugo Schmale
Psychologisches Institut I d.
Universität Hamburg
Von-Melle-Park 11
2000 Hamburg 13

Professor Dr. Klaus Schneewind
Institut f. Psychologie d. Universität
München
Geschwister-Scholl-Platz 1
8000 München 22

Dipl.-Psych. Dipl.-Math.
Gerhard Schneider
Psychosomatische Klinik
Thibautstr. 2
6900 Heidelberg

Professor Dr. Wolfgang Schönpflug
Institut f. Psychologie d. FU Berlin
Habelschwerdter Allee 45
1000 Berlin 33

Hedi Schreiber
Umweltbundesamt
Bismarck Platz 1
1000 Berlin 33

Dr. Jürgen Schultz-Gambard
Lehrstuhl f. Psychologie I
Universität Mannheim
Schloß, Ehrenhof-Ost
6800 Mannheim

Dipl.-Psych. Helmut Schweis
Institut f. Psychologie
TU Berlin
Dovestr. 1-5
1000 Berlin 10

Professor Dr. Rolf Schwendter
FB 4, Gesamthochschule Kassel
Heinrich-Plett-Str. 40
3500 Kassel

Dr. Thea Stäudel
Lehrstuhl Psychologie II
Universität Bamberg
Markusplatz 3
8600 Bamberg

Dr. Dagmar Stahlberg
Institut f. Psychologie Universität Kiel
Olshausenstr. 40/60
2300 Kiel

Professor Dr. Kurt Stapf
Psychologisches Institut d.
Universität Tübingen
Friedrichstr 21
7400 Tübingen

Professor Dr. Egon Stephan
Psychologisches Institut
der Universität zu Köln
Herbert-Lewin Str. 2
5000 Köln 41

Sylvia Stöbe
FB 12, GH Kassel
Henschelstr. 2
3500 Kassel

Dr. Peter Vitouch
Institut f. Psychologie d. Universität
Wien
Liebiggasse 5
A-1010 Wien I

Dr. Horst Waldert

Professor Dr. Heiko Waller
FB Sozialwesen d. Fachhochschule
Niedersachsen
Mustermannkamp1
2120 Lüneburg

Dr. Rudolf Welter
Organisationsberatungen
Dorfstr. 94
CH-8706 Meilen

PD Dr. Gerhard Winter
Psychologisches Institut d. Universität
Tübingen
Friedrichstr. 21
7400 Tübingen

Professor Dr. Joachim F. Wohlwill
College of Health and Human
Development
Pennsylvania State University
verstorben 1987

Dipl.-Psych. Klaus Wortmann
Psychologisches Institut d. Universität
Kiel
Olshausenstr. 40/60
2300 Kiel

Sachverzeichnis

Personenverzeichnis